Dr. Anke Leineweber

Handbuch des Bauvertragsrechts

Eine systematische Darstellung des Rechts der Bauverträge

Nomos Verlagsgesellschaft
Baden-Baden

Die Deutsche Bibliothek – CIP-Einheitsaufnahme

Ein Titeldatensatz für diese Publikation ist bei der Deutschen Bibliothek erhältlich. (http://www.ddb.de)

ISBN 3-7890-6004-6

1. Auflage 2000

Satz: P. Junkermann, Halle (Saale)

Titelbild: © Studio Willebrand, Köln
Planung: Büro DGS, Köln, mit Genehmigung Gatermann + Schossig, Köln.

Vorwort

Ein weiteres Buch zum Baurecht? Angesichts der Fülle der in den letzten zwei Jahrzehnten erschienenen Veröffentlichungen zu Themen des Baurechts stellt sich sicherlich die Frage, inwieweit hierfür ein Bedürfnis besteht. Der interessierte Käufer hat die Qual der Wahl zwischen einer Vielzahl von Publikationen für den Baurechtspraktiker, die schwerpunktmäßig Themen des Bauprozesses und der Beweissicherung behandeln, einer Fülle von Darstellungen zu Teilbereichen des Baurechts, z.B. Architektenrecht, Kauf vom Bauträger, Bauvertrag nach VOB, Kommentare zur VOB oder Spezialthemen wie Mehrkosten aus gestörtem Bauablauf, Gewährleistung beim Bauvertrag, AGB-Klauseln und ähnliches. Ein systematisches Lehrbuch, welches einerseits dem Juristen, der ja nicht im Baurecht ausgebildet wird, und andererseits dem interessierten Techniker oder Baukaufmann die Grundlagen vermittelt, die für ein vertiefendes Studium der Spezialprobleme unerläßlich sind, fehlt jedoch bislang auf dem Markt. Dieses Buch will versuchen, durch eine systematische Darstellung des Rechts der Bauverträge die Einarbeitung in die Spezialmaterie des Baurechts zu erleichtern und die Basis für ein weiterführendes Spezialstudium der einzelnen Fachgebiete zu schaffen. Es differenziert zwischen dem »normalen« Ablauf eines Vertrages, der den Abschluß, die wechselseitige Leistungserbringung und die Beendigung umfaßt, und dem »gestörten« Vertragsverhältnis mit Darstellung der Folgen von Vertragsverletzungen. Im Interesse einer Vereinfachung bzw. Veranschaulichung der oftmals komplizierten tatbestandlichen Voraussetzungen und Rechtsfolgen einer Norm werden Schaubilder eingefügt, die dem Leser eine Orientierungshilfe im Dschungel der baurechtlichen Formen und Fristen sein sollen.

Der konsequente systematische Aufbau der einzelnen Kapitel des Buches entsprechend der hergebrachten Systematik des Schuldrechts ist dazu gedacht, dem Leser Lösungsmöglichkeiten auch für diejenigen Situationen aufzuzeigen, die in Literatur und Rechtsprechung bislang vernachlässigt wurden, weil fehlende Streitfälle zu fehlendem Diskussionsbedarf führten.

Die Zielsetzung dieses Buches als systematisches Handbuch verbietet eine vertiefende Behandlung von Einzelproblemen. Insoweit sollen Rechtsprechungs- und Literaturhinweise dem Leser weitere Orientierungshilfe bieten. Rechtsprechung und Literatur sind bis Frühjahr 2000 berücksichtigt worden. Bei Drucklegung stand die endgültige Fassung der VOB/B 2000 noch nicht fest. Aus diesem Grund besteht für die Nutzer des Buches die Möglichkeit, diese auf den Internetseiten des Nomos Verlages unter *www.nomos.de/nomos/service/service.htm* kostenlos herunterzuladen, sobald der Text zur Verfügung steht.

Köln, im April 2000 *Die Verfasserin*

Inhaltsverzeichnis

Verzeichnis der verwendeten Symbole

	Rechtsprechung	z.B.	Beispiel
✓	Checkliste	Tip	Ratschlag

Abkürzungsverzeichnis

aA	andere Ansicht
aaO	am angegebenen Ort
Abs	Absatz
Abschn	Abschnitt
aE	am Ende
ÄndG	Änderungsgesetz
aF	alte Fassung
AG	Amtsgericht
AGB	allgemeine Geschäftsbedingungen
AGBG	Gesetz zur Regelung des Rechts der Allgemeinen Geschäftsbedingungen v. 9.12.1976, BGBl I 3317
Anm	Anmerkung
Ans	Ansicht
arg	argumentum aus
Art	Artikel
Aufl	Auflage
BauGB	Baugesetzbuch idF der Bek v. 27.8.1997, BGBl I 2141
BauR	Zeitschrift für das gesamte öffentliche und private Baurecht (Jahr u. Seite)
BayNotV	s. MittBayNot
BB	Der Betriebs-Berater
Bd	Band
bestr	bestritten
BeurkG	Beurkundungsgesetz v. 28.8.1969, BGBl I 1513
BFH	Bundesfinanzhof, auch Sammlung der Entscheidungen und Gutachten des BFH (Band u. Seite)
BGB	Bürgerliches Gesetzbuch v. 18.8.1896, RGBl 195, BGBl III 4 Nr. 400-2
BGBl I, II, III	Bundesgesetzblatt, mit 1 oder ohne Ziffer = Teil 1; mit II = Teil II; mit III = Teil III
BGH	Bundesgerichtshof, auch Entscheidungen in Zivilsachen (Band u. Seite)
Bl	Blatt
BPM	(+ Bearbeiter) Bärmann/Pick/Merle, Wohnungseigentumsgesetz, 6. Aufl. 1987
c.i.c.	culpa in contrahendo
DB	Der Betrieb
DNotZ	Deutsche Notar-Zeitschrift
DStR	Deutsches Steuerrecht
DWE	Der Wohnungseigentümer
DWW	Deutsche Wohnungswirtschaft
EGBGB (EG)	Einführungsgesetz zum Bürgerlichen Gesetzbuch idF v. 21.9.1994, BGBl 1 2494
EStG 1990	Einkommensteuergesetz 1990 v. 7.9.1990, BGBl I 1898

EuGH	Gerichtshof der Europäischen Gemeinschaft
EuGVÜ	Übereinkommen der Europäischen Gemeinschaft über die gerichtliche Zuständigkeit und die Vollstreckung gerichtlicher Entscheidungen in Zivil- und Handelssachen v. 27.9.1968, BGBl 72 II 774
GBO	Grundbuchordnung idF v. 26.5.1994, BGBl I 1114
GmbHG	Gesetz betr. die Gesellschaften mit beschränkter Haftung v. 20.4.1992, RGBl 477, BGBl III 4 Nr. 41 23-1
GoA	Geschäftsführung ohne Auftrag
GrZS	Großer Senat in Zivilsachen
HGB	Handelsgesetzbuch v. 10.5.1897, RGBl 219, BGBl III 4 Nr. 4100-1
hL	herrschende Lehre
hM	herrschende Meinung
HOAI	Honorarordnung für Architekten und Ingenieure idf v. 4.3.1991, BGBl I 533
idF	in der Fassung
idR	in der Regel
IHK	Industrie- und Handelskammer
IPR	Internationales Privatrecht
JMBl	Justizministerialblatt
KG	Kammergericht
KO	Konkursordnung idF v. 20.5.1898, RGBl 612, BGBl III 3 Nr 311-4
KUG	Kunsturhebergesetz v. 9.1 .1907, RGBl 7, BGBl III 5 Nr 440-3
lnsO	Insolvenzordnung v. 5.10.1994, BGBl 1 2866
MaBV	Makler- und Bauträgerverordnung idF v. 7.11.1990, BGBl 1 2479
MHG	Gesetz zur Regelung der Miethöhe v. 18.12.1974, BGBl 1 3604
MittBayNot	Mitteilungen des Bayerischen Notarvereins
MRVerbG	Gesetz zur Verbesserung des Mietrechts und zur Begrenzung des Mietanstiegs sowie zur Regelung von Ingenieur- und Architektenleistungen v. 4.11.1971, BGBl 11745
MüKo	(+ Bearbeiter) Münchener Kommentar zum Bürgerlichen Gesetzbuch, 2. Aufl. 1984/90; 3. Aufl. ab 1992 (§§ 705-740 als Sonderdruck)
NJW	Neue Juristische Wochenschrift
NJW-RR	NJW-Rechtsprechungs-Report Zivilrecht
NRW	Nordrhein-Westfalen
OLG	Oberlandesgericht
OLGR	OLG-Report (getrennt für jedes OLG)
OLGZ	Entscheidungen des Oberlandesgerichte in Zivilsachen
ProdHaftG	Produkthaftungsgesetz v. 15.12.1989, BGBl I 2198
pVV	positive Vertragsverletzung
RG	Reichsgericht, auch amtliche Sammlung der RG-Rechtsprechung in Zivilsachen
s	siehe
Staud	(+ Bearbeiter) Staudinger, Kommentar zum Bürgerlichen Gesetzbuch, 12. Aufl. 1978 ff, 13. Aufl 1993ff
str	streitig
UrhG	Urheberrechtsgesetz v. 9.9.1965
UstG	Umsatzsteuergesetz idF v. 9.6.1997, BGBl 11270
vgl	vergleiche
VO	Verordnung

VOB	Verdingungsordnung für Bauleistungen. Fassg. 1979, Banz 1979 Nr. 208
VOL	Verdingungsordnung für Leistungen, ausgenommen Bauleistungen, Teil A, Ausgabe 1984, Aanz Nr. 190
WE	Wohnungseigentum
WEG	Wohnungseigentümergesetz v. 15.3.1951, BGBl 1 175, BGBl III 4 Nr. 403
WM	Zeitschrift für Wirtschafts- und Bankrecht, Wertpapiermitteilungen
WoBauG	1. Wohnungsbaugesetz idF v. 25.8.1953, BGBl 11047
2. *WoBauG*	2. Wohnungsbaugesetz idF v. 19.8.1994, BGBl 1 2137
WuM	Wohnungswirtschaft und Mietrecht
ZfBR	Zeitschrift für deutsches und internationales Baurecht
ZfIR	Zeitschrift für Immobilienrecht
ZIP	Zeitschrift für Wirtschaftsrecht
ZMR	Zeitschrift für Miet- und Raumrecht
ZPO	Zivilprozeßordnung idF v. 12.9.1950, BGBl 535, BGBl III 3 Nr. 310-4
ZS	Zivilsenat
zT	zum Teil

Teil 1

Vertragsabschluß und ordnungsgemäße Vertragsabwicklung

»Bauverträge« sind alle Verträge, die die Errichtung oder deren unmittelbare Vorbereitung, die Veränderung, die Erhaltung von Bauwerken zum Gegenstand haben. Es handelt sich um **privatrechtliche Verträge** unter gleichgeordneten Rechtssubjekten,[1] z.B. die Verträge zwischen einem privaten Auftraggeber und seinem Architekten, Sonderfachmann wie z.B. Statiker, Bauingenieur, seinem Bauunternehmer, den sonstigen mit der Bauausführung ganz oder teilweise, in bautechnischer, wirtschaftlicher oder sonstiger Hinsicht befaßten bzw. beauftragten Personen oder Firmen. Auch **öffentliche Auftraggeber**, öffentliche Körperschaften, Anstalten, Behörden, können Vertragspartner eines Bauvertrages sein. Sie unterscheiden sich, von Besonderheiten des Vergabeverfahrens gemäß VOB Teil A abgesehen, insoweit nicht von privaten Rechtssubjekten. Denn der Staat als Vertragspartner wird hier nicht hoheitlich, sondern ausschließlich fiskalisch und damit privatrechtlich tätig. Der unmittelbare Vertragszweck ist in solchen Fällen immer die Errichtung des Bauwerkes selbst, die privatrechtliche Werkleistung, mag auch der dahinterstehende Zweck in der Erfüllung hoheitlicher Aufgaben liegen. 1

Definition

z.B.

So erfüllt der Staat mit dem Bau z.B. von Krankenhäusern, Schulen, Straßen etc. immer hoheitliche Aufgaben der Gesundheitspflege, des Bildungswesens, der örtlichen und überörtlichen Verkehrsplanung. Die Verträge, die zu diesem Zweck mit Architekten, Sonderfachleuten und Bauhandwerkern abgeschlossen werden, sind jedoch privatrechtlich-fiskalischer, nicht hoheitlicher Natur.[2] Denn **unmittelbarer Vertragszweck** ist immer nur die Errichtung des Bauwerkes. Bauverträge im Sinne dieser Darstellung sind demgemäß immer dem **Privatrecht** zuzuordnen, nicht dem öffentlichen Baurecht, welches die Nutzung des Bodens, die örtliche und überörtliche Planung und Bebauung hoheitlich unter Berücksichtigung der Interessen der Allgemeinheit, der Gesundheit und Sicherheit regelt. Kennzeichnend für den Bereich des öffentlichen Baurechts ist das Verhältnis der Über- bzw. Unterordnung unter Ausübung staatlicher Hoheitsbefugnisse bzw. zur Regelung typisch hoheitlicher Aufgaben. 2

z.B.

Allerdings finden sich auch **gemischte Verträge**, deren Abschluß im öffentlichen Interesse und in Ausübung hoheitlicher Gewalt erfolgt, die in der Abwicklung jedoch zumindest teilweise privatrechtlich ausgestaltet sind. Ein solcher Mischtypus ist z.B. der Vertrag mit dem **Prüfingenieur für Baustatik**, der im öffentlichen Interesse die bei der Baugenehmigungsbehörde als Anlage zum Baugesuch eingereichten Pläne im Hinblick auf statische Sicherheit überprüft. Die Bezahlung durch den Bauantragsteller erfolgt auf privatrechtlicher Basis nach Maßgabe der GOI bzw. LHO, jedoch richtet sich die Haftung des Prüfstatikers nicht 3

Mischformen

z.B.

1 Vgl. Locher, Rn. 6 ff.

2 Ingenstau-Korbion, Einl. Rn. 1.

nach dem Gewährleistungsrecht des BGB. Weist die Prüfstatik Mängel auf, die zur Verursachung von Schäden führen, so haftet anstelle des Prüfingenieurs die öffentlich-rechtliche Körperschaft als Trägerin der Bauaufsicht gemäß § 839 BGB in Verbindung mit Art. 34 GG[3].

4 **Nicht zu den gemischten Verträgen** mit teils privatrechtlichen, teils öffentlich-rechtlichen Elementen gehören diejenigen Verträge des Baurechts, bei denen lediglich die vom Auftraggeber zu zahlende Vergütung von staatlicher Seite geregelt ist. Für den Bereich der Architekten- und einen Teil der Ingenieur-Leistungen ist eine Bindung an die seit 01.01.1977 geltende **HOAI** gegeben, durch die in die Gestaltungsfreiheit des Architekten mit der Folge eingegriffen wird, daß auf dem Verordnungswege Höchst- und Mindestsätze für das Honorar des Architekten und für bestimmte Leistungen des Ingenieurs festgesetzt sind. Hier handelt es sich um Verträge, die in Abschluß und Abwicklung privatrechtlicher Natur sind; lediglich die Höhe des privatrechtlichen Entgeltes ist durch eine die Vertragsfreiheit beschränkende preisrechtliche Verordnung in ihren Höchst- und Mindestgrenzen festgelegt.[4]

5 **Vorgehensweise**

In diesem Buch werden zunächst diejenigen Verträge, die für die Durchführung eines Bauvorhabens notwendig oder üblich sind, in ihrem **normalen Ablauf** geschildert. Der Leser soll einen Überblick darüber erhalten, wie die einzelnen Verträge zustande kommen, wie ihre ordnungsgemäße Durchführung und Beendigung erfolgt, welche Vorschriften hierbei im einzelnen zu beachten sind. Wird ein solcher Vertrag störungsfrei, d.h. ohne Streitigkeiten zwischen den Beteiligten, ohne Baumängel und sonstige Vertragsstörungen abgewickelt, so interessiert gerade den Praktiker weniger, welche Konsequenzen sich in diesem Falle ergeben würden. Umgekehrt ist für denjenigen, der sich über die Rechtsfolgen nicht ordnungsgemäßer Vertragsdurchführung informieren will, die Art und Weise des Zustandekommens, die Schilderung des »Normalablaufs« nicht mehr von Interesse. Aus diesem Grunde wurde – abweichend von den sonst üblichen Aufbauschemata – eine **Aufgliederung** dieses Buches **in zwei Teile** vorgenommen. Der erste Teil des Buches schildert jeweils den Normaltypus des fehlerfrei durchgeführten Vertrages, der zweite Teil behandelt das Recht der **Leistungsstörungen** – ein Aufbau, der nicht nur aus praktischen Gründen, sondern auch im Hinblick auf die allgemeine schuldrechtliche Systematik vertretbar erscheint.

3 Vgl. u. Rn. 188.
4 Hesse-Korbion-Mantscheff-Vygen, Einl. Rn. 9.

I. Der Architektenvertrag

I. Der Architektenvertrag

1. Der Vertragsabschluß

Im Ablauf des Baugeschehens ist der **Architekt** derjenige, der dem Bauherrn und Auftraggeber in erster Linie und am umfassendsten verantwortlich ist. Seine **typischste Aufgabe** ist es, ein Bauvorhaben zu planen, seine Erstellung zu leiten und zu überwachen. Häufig ist er schon vor dem Beginn der eigentlichen Bauaufgabe für den Bauherrn tätig, berät ihn beim Kauf des Baugrundstückes, ermittelt die Kosten für Baureifmachung und Erschließung, übernimmt Rentabilitätsberechnungen oder Kostenanalysen, Schätzungen, Gutachten o.ä. Dem Architekten können sämtliche Aufgaben übertragen sein, die mit der künstlerischen, technischen und wirtschaftlichen Planung einschließlich der Bauüberwachung, der Abwicklung der Rechnungsprüfung und der Beseitigung von Bauschäden zusammenhängen. Seine Tätigkeit kann aber auch nur einzelne Abschnitte oder Leistungen aus der breitgefächerten Palette der möglichen Architektenleistungen umfassen. Die Aufgabenstellung des Architekten hängt jeweils davon ab, ob und welche vertraglichen Beziehungen zum Bauherrn zustande gekommen sind. Auch die rechtliche Zuordnung des Vertrages entweder zu den Vorschriften des Werkvertragsrechts oder des Dienstvertrages sowie die daraus resultierenden wechselseitigen Rechte und Pflichten hängen von der Art der übertragenen Bauaufgabe ab. 6

a) Der Begriff des Architektenvertrages

Die Vielfalt der Aufgaben, die kumulativ oder alternativ vom Architekten übernommen werden können, führt zwangsläufig dazu, die Möglichkeit einer Legaldefinition des Architektenvertrages zu verneinen. Einen **gesetzlich geregelten Typus** des speziellen Architektenvertrages oder auch nur einen typischen Architektenvertrag **gibt es** nach allgemeiner Ansicht daher **nicht**.[1] 7

Allerdings verbindet sich mit dem Begriff des Architektenvertrages generell – nicht nur beim Laien, sondern auch in der Fachwelt – die Vorstellung ganz bestimmter vom Architekten übernommener Aufgaben und Leistungsinhalte. Es handelt sich um diejenigen Verträge, bei denen 8

1 Locher, Rn. 221; Neuenfeld, Bd. 1 I, Rn. 1 m.w.N.

dem Architekten alle Planungs-, Überwachungs- und sonstige Aufgaben übertragen werden, die mit der Durchführung eines bestimmten Bauvorhabens verbunden sind, und die aus dem Planungs- und Bauüberwachungsprozeß nicht herausgenommen werden können, ohne diesen nachhaltig zu stören. Seit der Geltung der HOAI kann beim **typischen Architektenvertrag** davon ausgegangen werden, daß dem Architekten

§ 15 HOAI alle Grundleistungen des § 15 HOAI übertragen sind.[2] § 15 HOAI umschreibt alle diejenigen Leistungen, die der Architekt nach allgemeiner Erfahrung für den Bauherrn zu dessen Unterstützung und zur vollständigen Verwirklichung des Bauvorhabens erbringt.[3] Es handelt sich um den Grundtypus des Architektenvertrages, der immer dann gemeint ist, wenn sich nicht aus den vertraglichen Vereinbarungen der Parteien oder den Umständen des Einzelfalles ergibt, daß ein anderer, engerer oder weiterer Vertragsinhalt gewollt ist oder daß nur einzelne Leistungsphasen übertragen werden sollen.[4]

9 Als gegenüber dem Grundtypus **abweichender Vertragsinhalt** kann jede Leistung vereinbart werden, die von einem Architekten gegenüber

Vertragsfreiheit einem Bauherrn im Zusammenhang mit einer Baumaßnahme – und zwar im weitesten Sinne – erbracht werden kann. Es können einerseits **Mehrleistungen** gegenüber dem Grundtypus erbracht werden. Hier kommen z.B. die in § 15 HOAI aufgeführten Besonderen Leistungen in Betracht, deren Aufzählung nicht abschließend ist, wie sich aus der Aufgliederung der Architekten-Leistungen in § 2 HOAI ergibt. Umgekehrt steht es den Vertragsparteien frei, nur eine oder einzelne der Grundleistungen oder Besonderen Leistungen zum Vertragsgegenstand zu machen, so daß sich lediglich ein **Minus** gegenüber dem Grundtypus ergibt. Der Architekt kann im Rahmen der Vertragsfreiheit jedoch auch solche Aufgaben übernehmen, die im Verhältnis zu den eigentlichen Architekten-Leistungen untypisch sind. Zu diesen **untypischen Leistungen** gehört es z.B.,

z.B.

- dem Bauherrn das Baugrundstück zu verschaffen,
- zur Herbeiführung der Bebaubarkeit einen Bebauungsplan für die zuständige Gebietskörperschaft zu erarbeiten,
- das Bauvorhaben zu finanzieren, die Fremdfinanzierung zu beschaffen oder
- eine Bausummen-Garantie in Form eines Festpreises zu vereinbaren.

Untypisch ist ferner die reine Beratungs- oder Sachverständigentätigkeit des Architekten, insbesondere diejenige, die sich nicht auf das unter

2 Hesse-Korbion-Mantscheff-Vygen, § 15 Rn. 24.
3 Hesse-Korbion-Mantscheff-Vygen, § 15 Rn. 5; Neuenfeld, § 15 Rn. 4.
4 Vgl. Hesse-Korbion-Mantscheff-Vygen, § 15 Rn. 24; OLG Köln, BauR 73, 251 ff. (zu § 19 GoA).

eigener Mitwirkung zustande gekommene Bauwerk, sondern ausschließlich auf Arbeiten Dritter bezieht.

Soweit die vorstehend genannten Tätigkeiten vom Architekten im Zusammenhang mit typischen Architekten-Leistungen erbracht werden, kann der **gesamte Vertrag** noch als Architektenvertrag bezeichnet werden. Werden daneben jedoch keine typischen Architekten-Leistungen erbracht, so ist im allgemeinen eine Zuordnung zu anderen Verträgen des Baurechts vorzunehmen. Z.B. kommt bei den oben erwähnten Tätigkeiten der Beschaffung, Baureifmachung und Finanzierung des Grundstücks unter Umständen eine reine **Baubetreuungstätigkeit** des Architekten in Frage. Für den Architekten, ebenso wie für den Auftraggeber kann diese rechtliche Zuordnung erhebliche **Konsequenzen** haben – einerseits im Hinblick auf die Genehmigungserfordernisse des § 34 c GewO sowie die Schutzvorschriften der Makler- und Bauträger-VO (MaBV), andererseits bezüglich der Haftung und der Möglichkeiten einer Absicherung durch Abschluß einer Architekten-Haftpflicht-Versicherung. Übernimmt der Architekt eine reine Beratungstätigkeit ohne eigene Planungs- und Bauüberwachungsfunktionen, so ist der Vertrag unter Umständen nicht mehr als Architektenvertrag, sondern als reiner **Gutachter-Vertrag** zu bewerten. Auch hier sind die Rechtsfolgen gerade im Hinblick auf die Haftung erheblich, da die vom Gutachter geschuldete Leistung eine andere ist als die des Architekten, selbst wenn durch die Gutachter-Tätigkeit de facto aktiv in den Ablauf des Baugeschehens eingegriffen wird. Beauftragt nämlich der Bauherr bereits während der Erstellung des Bauwerkes einen Architekten als Gutachter, um durch diesen Baumängel oder Mängel der Architektenleistung des mit der Baudurchführung beauftragten Architekten möglichst frühzeitig feststellen zu lassen und so größere Schäden zu verhindern, so kann diese Gutachtertätigkeit zwar unmittelbar in das Baugeschehen einwirken. Zum Bauleiter oder Objektüberwacher wird der als Gutachter tätige Architekt hierdurch jedoch nicht. Denn die von ihm geschuldete Leistung ist die gutachterliche Feststellung der Mängel fremder Bauleistungen und keine eigentliche Architekten-Tätigkeit, die sich unmittelbar im Bauvorhaben selbst realisiert. 10

Typenzuordnung

z.B.

Im Einzelfall mag die Grenze zu anderen Verträgen des Baurechts fließend und die **Abgrenzung** schwierig sein. Maßgebend für die rechtliche Zuordnung der Tätigkeit des Architekten sind jedoch der **Schwerpunkt und die Zielsetzung** seiner Leistung im Hinblick auf die Durchführung eines Bauvorhabens. Hiernach ist – neben dem oben geschilderten Grundtypus – ein **Architektenvertrag** im Sinne des privaten Baurechts jeder Vertrag, durch den ein Architekt sich gegenüber einem Auftraggeber zur Übernahme von Tätigkeiten verpflichtet, die die Durch- 11

Definition Architektenvertrag

führung einer Baumaßnahme bzw. die Erstellung eines Bauwerks zum Gegenstand haben, hierzu beitragen oder zu dienen bestimmt sind.[5]

aa) Die Vertragsparteien

12 Vertragsparteien des Architektenvertrages sind auf der einen Seite der Architekt als Auftragnehmer, auf der anderen Seite der Auftraggeber, der die Architekten-Leistung veranlaßt. Soweit das Werkvertragsrecht des BGB auf den Architektenvertrag Anwendung findet, sind die Begriffe des Unternehmers oder Herstellers im Sinne des § 631 BGB synonym für den im Bereich des Baurechts einschlägigen Begriff des Auftragnehmers, während der Auftraggeber Besteller im Sinne des § 631 BGB ist.

(1) Der Architekt

13 **Geschichtliche Entwicklung**

Den Beruf des Architekten kennzeichnet – schon die Herkunft des Wortes aus dem Griechischen deutet darauf hin – eine nicht nur Jahrhunderte, sondern fast schon Jahrtausende alte **Tradition**.[6] Aus den antiken Kulturen Ägyptens und Mesopotamiens sind bereits die Namen von Oberbaumeistern überliefert, damals noch Künstler, die als Handwerker ohne Ansehen oder gesellschaftlichen Rang tätig sind. Ihre damaligen Aufgaben, der Bau von Brücken, Festungen, Palästen, Tempeln und seit der Christianisierung vorwiegend von Kirchen sind vorherrschend bis weit über das Mittelalter hinaus. Typisch für die Epochen vor Neuzeit und Renaissance sind auch die Anonymität des Künstlers gerade bei den Sakralbauten des Mittelalters, bei denen das Bauwerk selbst und die Persönlichkeit seines Schöpfers hinter seiner Zweckbestimmung, der Ehre Gottes zu dienen, völlig zurücktreten. Erste Ansätze zu berufsständigem Denken bieten die ab dem 12. Jahrhundert sich entwickelnden Bauhütten, Arbeitsgemeinschaften von Künstlern und Handwerkern zur Errichtung einer größeren Kirche unter einer vom Bauherrn eingesetzten künstlerischen und administrativen Leitung. Größere Selbständigkeit gewinnen die Baumeister Ende des 15. Jahrhunderts mit der Überleitung von den **Bauhütten** in die **Zünfte** und der Erweiterung des Arbeitgeberkreises über Kirche und Staat hinaus in die Kreise des städtischen Bürgertums. Die eigentliche Entwicklung zum Berufsbild des heutigen Architekten setzt in der **Renaissance** ein. Hier setzt jene Verwissenschaftlichung der Berufsausübung und Ausbildung ein, die zur Einrich-

5 BGH NJW 79, 158.
6 Vgl. zum Nachfolgenden Neuenfeld, Bd. 1 II, Rn. 4 ff.

tung von Privatakademien und Kunstschulen führt und in den technischen Hochschulen des 19. Jahrhunderts mündet. Zu dieser Zeit beginnt auch die **Trennung von Planung, Ausführung, Konstruktion und Statik**, die zwangsläufig die Trennung des Architekten-Berufes von dem des Bauingenieurs, später auch dem des Statikers, zur Folge hat und die heute als Konsequenz der immer komplizierter und spezialisierter werdenden Bautechniken für die jeweiligen Einzelbereiche eine Vielzahl von Fachingenieuren und Sonderfachleuten erforderlich macht. Hier handelt es sich im wesentlichen um Fachleute für bodenmechanische Untersuchungen, Vermessungen, Drainagen und Außenanlagen der Ver- und Entsorgung, Elektro-, Sanitär-, Klima- und Lüftungstechnik, für Schallschutz und Bauakustik, Bauphysik, Gartengestaltung u.ä. Sie nehmen als Spezialisten Aufgaben wahr, die bisher in den Tätigkeitsbereich des Architekten fielen, und die auch jetzt noch vom Architekten übernommen werden bzw. werden können, wenn er über die erforderliche Sachkunde verfügt, um insoweit die Verantwortung gegenüber Auftraggeber, Behörden oder sonstigen Beteiligten zu tragen. Maßgebend ist die Einschätzung der eigenen Kenntnisse und die Fähigkeiten durch den Architekten selbst.

Angesichts dieser heute noch gegebenen Vielfalt der Ausübungs- und Interpretationsmöglichkeiten des Architekten-Berufes erscheint eine befriedigende **Definition** des Begriffs »Architekt« schwer, wenn nicht unmöglich.[7] Bei rein formaler Betrachtung ist Architekt, wer den Anforderungen der **Architekten-Gesetze** der einzelnen Bundesländer[8] und ihrer Durchführungsverordnungen im Hinblick auf Ausbildung und berufliche Erfahrung genügt und als Architekt bei der für ihn zuständigen Architekten-Kammer eingetragen ist. Mit der Eintragung in die Rolle wird jedoch nur die Führung des Architekten-Titels geschützt und nicht die Berufsausübung durch ungeeignete Personen verhindert.[9] Zudem bestand für die jeweils bei Inkrafttreten der Länder-Architekten-Gesetze bereits als Architekten tätigen Personen eine Art von Bestandsschutz, der die Architektenkammern für einen relativ langen Übergangszeitraum zwang, auch solche Personen in die Architektenrolle aufzunehmen, die nicht die nach der gesetzlichen Zielsetzung erforderliche berufliche Vorbildung aufweisen.[10] 14

Definition Architekt

7 Vgl. Neuenfeld, Bd. 1 I, Rn. 15.

8 Da wegen der Frage der Länderkompetenz das am 11.05.67 vom Bundestag beschlossene Architektengesetz nicht in Kraft trat, wurde die Regelung von den einzelnen Bundesländern durch inhaltlich im wesentlichen übereinstimmende Architektengesetze getroffen.

9 Vgl. § 2 ArchG NW sowie Neuenfeld, Bd. 1 I, Rn. 49 ff.

10 Vgl. §§ 2 und 4 ArchG NW und die VO zur Durchführung des Gesetzes zur Führung der Berufsbezeichnung »Architekt« und die Errichtung einer Architektenkammer im Land NW vom 11.03.70; Neuenfeld, a.a.O.

15 In materieller Hinsicht erscheint die **Definition von Neuenfeld**[11] als die befriedigenste, da sie umfassend und exakt den Begriff »Architekt« umreißt:

> »Architekt ist ein mit künstlerischen und technischen Fähigkeiten begabter Mensch, den Ausbildung und praktische Erfahrung in die Lage versetzen, freischaffend und eigenverantwortlich oder in abhängiger Stellung, allein oder im Verbund mit anderen, die künstlerische, technisch einwandfreie und wirtschaftliche Planung, Gestaltung und Leitung der Durchführung von Bauwerken sowie die Ausarbeitung städtebaulicher Pläne zu vollbringen.«

16 Die Definition Neuenfelds deutet schon hin auf die **Vielfalt der Tätigkeitsformen**, in denen der Architekt tätig sein kann, sei es als freiberuflich Selbständiger, als Angestellter eines oder mehrerer freiberuflich tätiger Architekten, einer Gesellschaft oder sonstigen behördlichen oder privatrechtlichen Institution oder Unternehmensform. Soweit der Architekt als Partner eines Architektenvertrages in Erscheinung tritt, ist die typische Form die des einzelnen **freiberuflich Selbständigen** oder des **Teams als Arbeitsgemeinschaft** mehrerer Architekten, die meist als Gesellschaft des bürgerlichen Rechts zu bewerten ist. Möglich und rechtlich zulässig sind aber sämtliche Gesellschafts- und Unternehmensformen, die das bürgerliche Recht bzw. das Gesellschaftsrecht bieten.[12] Vertragspartner des Bauherrn ist in diesen Fällen nicht der einzelne Architekt, sondern die Gesellschaft oder sonstige Rechtspersönlichkeit, die als »Architekt« bzw. Architektenbüro auftritt. Zwar ergeben sich hier standesrechtliche Probleme einerseits – im Hinblick auf den traditionellen Status des Architekten als selbständiger Freiberufler – und steuerrechtliche Probleme andererseits – im Hinblick auf die Gewerbesteuerpflicht bzw. die Zuordnung zu den freien Berufen gem. § 18 EStG. Für die Rechtswirksamkeit des Architektenvertrages haben diese Umstände jedoch keine Bedeutung.

17 Zunehmende Attraktivität gewinnt für die Architekten, deren Haftung von der Rechtsprechung materiell und hinsichtlich des zeitlichen

GmbH Umfanges immer weiter ausgedehnt wurde,[13] die **Gesellschaftsform der GmbH**, bei der die Haftung gegenüber den Gläubigern auf das Gesellschaftsvermögen beschränkt ist. Angesichts der gerade bei Bauschäden häufig erheblichen Haftungssummen und der Tatsache, daß nicht alle Risiken versicherbar sind,[14] bietet die Gesellschaftsform der GmbH einem Architekten-Team oder ggf. auch einem einzelnen Architekten die praktisch einzige rechtlich zulässige Möglichkeit, sein Privat-

11 Neuenfeld, Bd. 1 I, Rn. 31.

12 Vgl. Neuenfeld, Bd. 1 I, Rn. 59 ff., Pott-Frieling, Rn. 29 f.

13 Vgl. z.B. BGH, NJW 78, 1311.

14 Z.B. nicht die Haftung aus Termins- oder Bausummenüberschreitung, fehlerhaften Massen- oder Kostenermittlungen; vgl. Locher, Rn. 469.

vermögen dem Zugriff eines Bauherrn oder – bei gesamtschuldnerischer Haftung mehrerer Baubeteiligter – dem Rückgriff eines mithaftenden Handwerkers zu entziehen. Denn durch die Vorschriften des AGB-Gesetzes ist gegenüber dem Auftraggeber die Möglichkeit eines **Haftungsausschlusses** oder nur einer Haftungsbeschränkung der Höhe nach, was nachstehend[15] detaillierter erörtert wird, jedenfalls bei der Verwendung von Formular-Verträgen ausgeschlossen bzw. nur sehr eingeschränkt möglich. Den **Vorteilen** der Haftungsbeschränkung stehen allerdings steuerliche **Nachteile** gegenüber, die beim Ausweichen in die Gesellschaftsform der GmbH eine reifliche Interessenabwägung gebieten. Zwar sind die **Nachteile einer Doppelbesteuerung** bei der Ausschüttung von Gewinnen infolge der Einführung der Steuergutschrift bzw. Anrechnung der gezahlten Körperschaftssteuer auf die beim einzelnen Architekten-Gesellschafter anfallende Einkommensteuer inzwischen weggefallen.[16] Die Anhebung des **Körperschaftsteuersatzes** auf derzeit 46 % beinhaltet für den Durchschnitts-Architekten jedoch eine so erhebliche Anhebung der Steuerlast, daß ein Ausweichen auf die GmbH nur für Spitzenverdiener interessant erscheint. Die steuerlichen Nachteile, die Bedenken der Standesorganisationen und nicht zuletzt die – angesichts der Haftungsrisiken verständliche – Zurückhaltung potentieller Auftraggeber gegenüber einer Kapitalgesellschaft als Partner eines Architektenvertrages[17] dürften ursächlich sein für die geringe Bedeutung, die bisher der GmbH für den Zusammenschluß von Architekten-Gemeinschaften zukommt. Demgemäß ist die vorrangige Erscheinungsform des Architekten-Teams immer noch die BGB-Gesellschaft oder das Architektur-Büro, in dem sich der Inhaber eines oder mehrerer angestellter Architekten als Erfüllungsgehilfen bedient.

Haftungsrisikoausschluß versus Steuernachteile

(2) Der Auftraggeber

Auftraggeber und Vertragspartner des Architekten ist im allgemeinen der **Bauherr**, d.h. derjenige, der eigenverantwortlich entweder selbst oder durch Dritte ein Bauvorhaben wirtschaftlich und technisch vorbereitet und durchführt, sei es als Grundstückseigentümer oder kraft schuldrechtlichen Vertrages Berechtigter, für eigene oder fremde Rechnung. Die rechtlichen Akzente beim Bauherren-Begriff sind unterschiedlich, je nachdem, ob es sich um den Bauherrn im Sinne der Baugenehmigungsvorschriften, des Steuerrechts, der gewerberechtlichen Vorschriften des § 34 c GewO oder des privaten Bauvertragsrechtes han- **18**

Definition

15 s.u. Rn. 73 ff.
16 Knobbe-Keuk, Bilanz- und Unternehmenssteuerrecht, S. 601 ff.
17 Neuenfeld, Bd. 1 I, Rn. 136.

delt.[18] Gemeinsam ist diesen unterschiedlichen Ausprägungen des Bauherrn-Begriffes, daß derjenige **Bauherr** ist, der das zu errichtende **Bauwerk** für sich **nutzen** will, sei es durch Eigennutzung oder Vermietung bzw. Verpachtung, und der wirtschaftlich die Last der Finanzierung des Bauvorhabens trägt, sei es aus Eigen- oder Fremdfinanzierungsmitteln.[19] Demgegenüber ist Auftraggeber derjenige, der als Vertragspartei die Leistung des Architekten veranlaßt, der ihm den Auftrag zur Erstellung oder Durchführung des Bauvorhabens oder zur eigenverantwortlichen Mitwirkung daran erteilt. Nach der engeren Definition der HOAI ist Auftraggeber, wer einem Architekten oder Ingenieur Leistungen in Auftrag gibt, die in den Leistungsbildern der Verordnung erfaßt sind.[20]

19 **keine Identität nötig**

Bauherr und **Auftraggeber** können beim Architektenvertrag identisch sein; zwingend ist dies jedoch nicht. So ist beim Erwerb von **schlüsselfertigen Bauten** typischerweise nicht der Erwerber sondern der Bauträger Auftraggeber des Architekten, auch wenn der Erwerber aus steuerlicher Sicht möglicherweise noch als Bauherr zu charakterisieren ist. Beim **Baubetreuungs-Vertrag** sowie Generalübernehmer-Vertrag ist häufig nicht der Betreute sondern der Betreuer oder der Generalübernehmer Auftraggeber des Architekten, und zwar jeweils dann, wenn diese den Vertrag nicht im Namen und für Rechnung des Betreuten sondern im eigenen Namen abschließen. Kraft Gesetzes werden Betreuer und Generalübernehmer Vertragspartner des Architekten, wenn der Betreute diesen keine Vollmacht zum Vertragsabschluß erteilt und auch die Grundsätze der Anscheins- oder Duldungs-Vollmacht keine Anwendung finden, so daß der Architekt seinen unmittelbaren Verhandlungspartner gemäß § 179 BGB auf Erfüllung in Anspruch nehmen muß. Auch der Generalunternehmer, der eigene Bauleistungen erbringt, kann Auftraggeber des Architekten sein, dann nämlich, wenn er sich selbst gegenüber dem Bauherrn zur Erstellung eines schlüsselfertigen Hauses einschließlich der Ingenieur- und Architekten-Leistungen verpflichtet hat.

20 **Architektenrisiken**

Für den **Architekten** ist bei Abschluß und Abwicklung des Vertrages besondere Vorsicht geboten, **wenn Bauherr und Auftraggeber nicht identisch sind**. Einmal wird durch die Mehrheit von Beteiligten, deren Interessenlage zumindest gegenüber dem Architekten und insbesondere bei Durchsetzung von Gewährleistungsansprüchen gleichgelagert ist, die **Beweissituation** für den Architekten verschlechtert. Dies gilt insbesondere bei der Abtretung von Gewährleistungsansprüchen an den Betreuten oder Erwerber, die trotz § 404 BGB für den Architekten

18 Vgl. Brych, ZfBR 79, 181 ff. m.w.N.

19 Dies gilt nur für den Bereich privater Bauvorhaben; bei öffentlichen Auftraggebern bzw. Bauherren erfolgen dagegen Nutzung des Gebäudes und Finanzierung des Bauvorhabens vornehmlich durch Dritte bzw. andere Körperschaften.

20 Locher-Koeble-Frik, § 1 Rn. 2.

immer mit Nachteilen verbunden ist. Zum anderen können sich bei dieser Vertragskonstellation Schwierigkeiten hinsichtlich der Durchsetzbarkeit und Sicherung des Honoraranspruches ergeben, wenn sein Auftraggeber in finanzielle Schwierigkeiten gerät. Das Recht des Architekten auf Eintragung einer Sicherungshypothek gemäß § 648 BGB[21] ist wertlos oder entfällt, wenn zugunsten des Erwerbers auf dem Grundstück des Bauträgers mit Rang vor der **Sicherungshypothek** eine Auflassungsvormerkung eingetragen ist,[22] oder wenn nach der Vertragskonstellation der Auftraggeber nie mit dem Grundstückseigentümer identisch werden kann, weil er selbst nur Betreuer, Generalübernehmer oder -unternehmer ist.[23]

Soweit der Auftraggeber selbst Rechte aus § 648 BGB geltend machen kann, empfiehlt es sich für den Architekten, durch entsprechende Gestaltung seines Vertrages für die teilweise Übertragung dieses Rechtes zu sorgen. Hierfür genügt nicht die isolierte Abtretung der Rechte aus § 648 BGB, auch wenn es sich um einen normalen schuldrechtlichen Anspruch – gerichtet auf Bestellung der Hypothek, d.h. Abgabe einer Willenserklärung – handelt, da § 648 BGB nach seiner Rechtsnatur ein unselbständiges Sicherungsrecht im Sinne des § 401 BGB beinhaltet,[24] das nur zusammen mit der Hauptforderung, der Werklohnforderung des Auftraggebers gegen den Bauherrn, abgetreten werden kann. **Tip**

Die bei jedem Bauvertrag bestehenden Risiken des vorleistungspflichti- **21**
gen Auftragnehmers hat der Gesetzgeber mit Einführung des § 648 a BGB zu mindern versucht. Hiernach steht dem Auftragnehmer kraft Gesetzes ein Anspruch auf Absicherung seiner künftigen Vergütungsforderung durch Bankbürgschaft oder Garantie des Auftraggebers zu, der vertraglich nicht abbedungen werden kann und dem Architekten ein Leistungsverweigerungsrecht gem. § 320 BGB bis zur Stellung der Sicherheit gibt. **Absicherung**

21 Vgl. im einzelnen unten, Rn. 319 ff.

22 Der Sicherungsanspruch erlischt mit Eigentumsumschreibung, wenn nicht zugunsten des Architekten eine – rangwahrende Vormerkung eingetragen war; vgl. Palandt-Sprau, § 648 Rn. 5; OLG Düsseldorf, BauR 77, 361; Werner-Pastor, Rn. 265

23 Palandt-Sprau, § 648 Rn. 3; Lüdtke-Handjery, DB 72, 2193; Ingenstau-Korbion, B § 16, Rn. 313 ff.; Werner-Pastor, Rn. 253 ff.

24 Palandt-Sprau, § 648 Rn. 3.

Tip Auf dieses Sicherungsmittel sollte der Architekt spätestens dann zurückgreifen, wenn sich im Zuge der Vertragsabwicklung Bedenken im Hinblick auf die Zahlungsfähigkeit oder Zahlungsbereitschaft des Auftraggebers ergeben.

22 Auch die Funktion und **Parteistellung** des Auftraggebers kann sowohl von Einzelpersonen wie von Personenmehrheiten, von Personen- oder Kapitalgesellschaften, von Genossenschaften oder Körperschaften des öffentlichen Rechts wahrgenommen werden. **Vertragspartner** des Architekten kann jeder sein, der nach den allgemeinen Bestimmungen Verträge abschließen kann, auch beschränkt Geschäftsfähige oder Geschäftsunfähige, sofern sie beim Vertragsabschluß ordnungsgemäß vertreten werden. Erfolgt die **Auftragserteilung für Dritte** – typisch bei Einschaltung eines Baubetreuers, Generalübernehmers oder Generalunternehmers, der den Architektenvertrag unmittelbar im Namen des Erwerbers bzw. Betreuten abschließt – so hängt die Partei- und Auftraggeberfunktion des Bauherrn nicht zuletzt von der wirksamen Vollmachtserteilung des Dritten ab. Angesichts der offenen bzw. strittigen Rechtsfragen im Zusammenhang mit den Formerfordernissen beim Abschluß der verschiedenen Formen von Betreuungs-Verträgen[25] sowie der Folgen eines Verstoßes gegen die Vorschriften der Makler- und Bauträger-VO[26] ergeben sich auch im Hinblick auf den wirksamen Abschluß des Architektenvertrages Probleme, wenn die **Vollmacht des Betreuers** oder Generalübernehmers in dem Betreuungsvertrag geregelt und dieser gemäß § 313 oder § 134 BGB nichtig oder teilunwirksam ist.

Tip Da eine gesicherte Rechtsprechung zu diesen Fragen nicht vorliegt, sollte der Architekt im Falle der Auftragserteilung durch Baubetreuer, Generalübernehmer oder -unternehmer schon aus Gründen der Rechtssicherheit darauf bestehen, daß sein Vertrag vom Bauherrn unterzeichnet oder bestätigt oder daß ihm zumindest die wirksame Vollmachterteilung nachgewiesen wird.

25 Vgl. im einzelnen u. Rz. 363 ff., 436 ff.; Locher, Rn. 396 ff.
26 Vgl. im einzelnen u. Rz. 353 ff.; Locher, Rn. 419.

bb) Die rechtliche Zuordnung des Vertrages

Da der Architektenvertrag im BGB nicht speziell geregelt ist, muß eine rechtliche Zuordnung zu demjenigen Vertragstypus vorgenommen werden, dem der Architektenvertrag nach dem Inhalt der vertraglich geschuldeten Leistung bzw. den einzelnen Vertragselementen am nächsten kommt. Diese Zuordnung wird durch den Umstand erschwert, daß es angesichts der Vielfalt von möglichen Vertragsgestaltungen einen typischen, festumrissenen Architektenvertrag nicht gibt, sondern allenfalls einen **Grundtypus** mit einer Vielzahl von möglichen Varianten. Schon bei dem in der Praxis wohl noch am häufigsten vorkommenden Grundtypus des Architektenvertrages, der sämtliche Leistungen von der Planung bis zur Bauüberwachung und Mängelfeststellung umfaßt, war in Rspr.[27] und Lit.[28] jahrelang heftig umstritten, ob es sich um einen **Werk- oder Dienstvertrag** handelt. Beim Dienstvertrag wird die bloße Leistung von Diensten, unabhängig vom Eintritt des beabsichtigten Erfolges, geschuldet. Beim Werkvertrag dagegen schuldet der Architekt ein bestimmtes Ergebnis, nämlich die Verkörperung der Planung im Bauwerk selbst als Leistungserfolg. 23

Beim **Dienstvertrag** schuldet der Auftraggeber das Honorar für die bloße Tätigkeit; es ist spätestens bei Ende der Architektentätigkeit fällig und zahlbar, unabhängig von einer Billigung des Auftraggebers. Beim **Werkvertrag** dagegen sind Eintritt des Leistungserfolges und die Anerkennung des Werks als vertragsgemäß – in Form der Abnahme gemäß § 640 BGB – Fälligkeitsvoraussetzungen für die Vergütung und maßgebend für den Gefahrenübergang. Beim Werkvertrag haftet der Architekt im Gegensatz zum Dienstvertrag verschuldensunabhängig für Mängel oder Schlechtleistung, jedoch nur innerhalb der kurzen Gewährleistungsfrist des § 638 BGB, beim Dienstvertrag dagegen 30 Jahre. Beim Werkvertrag hat der Architekt Sicherungsrechte gem. §§ 648, 648 a BGB. Außerdem behält er im Falle der Kündigung des Auftraggebers gemäß § 649 Abs. 1 BGB den Anspruch auf die volle Vergütung einschließlich der noch nicht erbrachten Gegenleistungen. Er muß sich lediglich die ersparten Aufwendungen anrechnen lassen, während ihm bei Kündigung eines Dienstvertrages durch den Auftraggeber von vornherein nur ein Anspruch auf das der anteiligen Leistung entsprechende Teilhonorar zusteht. 24 **Auswirkungen**

27 Vgl. RGZ 86, 75; OLG Stuttgart, Sch-F Z. 3.01 Bl. 3; OLG Schleswig, Sch-F Z. 3.01 Bl. 14; Hans. OLG Hamburg, Sch-F Z. 3.01 Bl. 25; BGHZ 31, 224 = NJW 60, 431.

28 Bindhardt/Jagenburg, § 2, Rn. 62 ff; Roth-Gaber-Hartmann, Kommentar zum Vertragsrecht für Architekten, S. 54 ff.; Locher, Rn. 221 ff.; Neuenfeld, Bd. 1 II, Rn. 65 ff.

25 In seinem **Grundsatzurteil** vom 26.11.1959[29] hat der BGH den Streit jedenfalls für den Grundtypus des Architektenvertrages, der sämtliche Architektenleistungen von der Planung bis zur örtlichen Bauaufsicht umfaßt, dahingehend entschieden, daß ein solcher Vertrag als **Werkvertrag** zu bewerten sei. Maßgebend für diese Zuordnung ist nach Ansicht des BGH die geistige und schöpferische Architektenleistung, die sich in der Planung verkörpert und auf die Erstellung des mängelfreien Bauwerks als Leistungserfolg gerichtet ist. Gegenüber diesem Schwerpunkt der Architektentätigkeit treten sonstige Einzeltätigkeiten – wie künstlerische Oberleitung, Bauführung, Vergabe der Bauarbeiten, Rechnungsprüfung, etc. – die nur der Realisierung und körperlichen Vollendung des Bauplanes dienen, zwar nicht in den Hintergrund. Jedoch bilden sie nur in ihrer Gesamtheit zusammen mit der Planung als Summe von Teilleistungen das eigentliche Architektenwerk. Nur wenn Teilleistungen, die keine gestalterischen Planungselemente enthalten – z.B. die reine Ausschreibungs- bzw. Vergabetätigkeit –, Vertragsgegenstand sind, kann überhaupt noch eine Zuordnung zum Dienstvertragsrecht in Frage kommen.

BGH, NJW 1960, 431

26 Im einzelnen ist hinsichtlich der rechtlichen Zuordnung des Architektenvertrages nach dem Inhalt der geschuldeten Leistung wie folgt zu **differenzieren**: Übernimmt der Architekt die sogenannte **Vollarchitektur** mit sämtlichen in § 15 HOAI genannten Leistungsphasen von der Grundlagenermittlung bis zur Objektbetreuung und Dokumentation, so handelt es sich nach einhelliger Meinung um einen **Werkvertrag**.[30] Auf der Grundlage der bis 01.01.1977 geltenden GOA galt im übrigen dasselbe.[31]

27 Werden nur **Teile aus dem Leistungskatalog** des § 15 HOAI übernommen, so ist die Zuordnung des Vertrages zum Werkvertragsrecht jeweils danach vorzunehmen, ob der Architekt die Herstellung eines individuellen Werkes schuldet und in irgendeiner Form gestaltend an der Verwirklichung des Bauwerkes mitwirkt. Handelt es sich um mehrere Einzelleistungen mit unterschiedlicher Qualifikation, so kommt es für die Zuordnung des Vertrages darauf an, wo – bezogen auf den gesamten Ablauf des Baugeschehens, nicht auf den finanziellen oder zeitlichen Einsatz des Architekten – das Schwergewicht seiner Tätigkeit liegt.

28 Sind dem Architekten **nur die Leistungsphasen 1-4 des § 15 HOAI** – Grundlagenermittlung, Vorplanung, Entwurfsplanung, Genehmigungsplanung – übertragen, so handelt es sich zweifelsfrei um einen **Werkvertrag**, weil der ganz überwiegende Akzent auf der geistig-kreativen Planungstätigkeit liegt. Dasselbe gilt, wenn auch die **Leistungs-**

Regelfall: Werkvertrag

29 BGHZ 31, 224 = NJW 60, 431.

30 Vgl. Schmalzl, BauR 77, 80 ff.; ders., Haftung, Rn. 23 m.w.N.; außerdem Locher, Rn. 223; Werner-Pastor, Rn. 648.

31 Vgl. BGHZ 31, 224.

phasen 5-7, nämlich Ausführungsplanung, Vorbereitung der Vergabe, Mitwirkung bei der Vergabe, hinzutreten – seien es einzelne dieser Tätigkeiten oder alle drei Leistungsphasen – oder wenn die Leistungsphasen 1 und/oder 2 wegfallen. Der Schwerpunkt liegt auch hier bei der Planungstätigkeit, so daß der gesamte Vertrag **Werkvertrag** ist.[32]

Beinhaltet der Architektenvertrag nur die **Leistungsphase 9** (Objektbetreuung und Dokumentation), üblich bei Großprojekten, bei denen nach Abschluß der Bauarbeiten ein kleineres, ortsansässiges Architekturbüro nur mit der Betreuung der Mängelbeseitigungsarbeiten befaßt ist, so liegt ein reiner **Dienstvertrag** vor.[33] Denn der Architekt kann und will nicht das mängelfreie Bauwerk schulden, dies ist ausschließlich Sache der Bauhandwerker, sondern lediglich die nach Abnahme auftretenden Baumängel feststellen bzw. deren ordnungsgemäße Beseitigung überwachen.[34]

Strittig war lange Zeit die Frage, ob die werkvertragliche oder dienst- **29**
vertragliche Komponente überwiegt, wenn dem Architekten **nur die Leistungsphase 8** (Objektüberwachung) **übertragen ist**. Die Minder-Meinung[35] bejahte den reinen Dienstvertragscharakter unter Hinweis auf die bisherige Argumentation zu § 19 GOA. Diese Ansicht wurde der eigenverantwortlichen und auch kreativen Bauüberwachungstätigkeit des Architekten nicht gerecht und ist inzwischen überholt durch die BGH-Rechtsprechung.[36] Bauüberwachung besteht schließlich nicht nur in der Überprüfung der Objektausführung auf Übereinstimmung mit den Plänen und Zeichnungen. Bei der Kontrolle der Bauausführung im Hinblick auf die sich ständig ändernden Regeln der Technik, insbesondere bei neuartigen Baustoffen oder Bauteilen, für die noch keine DIN-Normen oder anerkannten Regeln der Technik bestehen, bei der Koordination der Einzeltätigkeiten der Bauausführenden und Sonderfachleute, beim Aufstellen eines Zeitplanes in Form eines Balkendiagrammes – alles Grundleistungen der Phase 8 – hat der Architekt eine solche von der Planung **unabhängige Gestaltungsfreiheit** und einen so erheblichen Beitrag im Hinblick auf die mängelfreie Erstellung des Bauwerks zu leisten, daß kein sachlicher Grund für eine Zuweisung gerade dieses Teils der Architekten-Tätigkeit zum Dienstvertragsrecht gegeben ist. Ohnehin sind die Grenzen zur planerischen Gestaltung fließend, wenn der bauüberwachende Architekt – auch dies fällt nach der Phase 8 in seinen Leistungsbereich – unmittelbar bei und während der Bauausführung gestal-

32 wohl h.M., vgl. Locher, Rn. 224, Palandt-Sprau, Vor § 631, Rn. 7; Schmalzl, Haftung, Rn. 23 m.w.N.
33 Locher, Rn. 224; a.A. Werner-Pastor, Rn. 503.
34 Hesse-Korbion-Mantscheff-Vygen, § 15 Rn. 195 f.
35 Ingenstau-Korbion, B § 13, Rn. 5; zur GOA: Wussow, BauR 70, 65.
36 BGH, BauR 82, 79.

terisch Lücken der Planung zu schließen oder Änderungen, die sich aus dem Bauablauf heraus ergeben, vorzunehmen hat. Da das maßgebliche Kriterium für die werkvertragliche Qualifikation darin besteht, daß die planende und die bauleitende Tätigkeit dieses Architekten der Herbeiführung desselben Erfolges dienen, nämlich der plangerechten, mängelfreien Verwirklichung des Bauwerks, und daß die Realisierung dieses Erfolges durch die Summe einer Vielzahl von Einzelleistungen geschieht, ist es nur konsequent, auch denjenigen Teilbeitrag als **Werkvertrag** einzustufen, der nur die Bauüberwachung gemäß § 15 Abs. 2 Nr. 8 HOAI umfaßt und zum Gegenstand eines gesonderten Architektenvertrages gemacht ist.[37]

Ausnahme: Dienstvertrag

z.B.

30 Für eine Anwendung des **Dienstvertragsrechts** bleibt somit nur noch dann Raum, wenn dem mit Teilleistungen beauftragten Architekten aufgrund der tatsächlichen[38] oder rechtlichen Gegebenheiten **keinerlei Gestaltungsfreiheit** mehr bleibt oder die Einzeltätigkeit von den üblichen Architekten-Leistungen so losgelöst ist, z.B. Übertragung der Leistungsphasen 6 und/oder 7 (Vorbereitung/Mitwirkung bei der Vergabe) allein,[39] Führung von Verhandlungen mit Behörden, Erledigung der Finanzierung, Rechnungs- oder Aufmaßkontrolle oder Beratung beim Erwerb des Baugrundstückes, daß ein Einstehen des Architekten für den angestrebten Erfolg nicht Vertragsinhalt sein kann.[40] Der Auftrag als Gutachter dagegen, die Erstellung eines Kostenvoranschlages, die Übernahme der verantwortlichen Bauleitung im Sinne des öffentlichen Baurechts wie auch Absteckungs- oder Einmeßarbeiten sind auch nach allgemeiner Ansicht als Werkvertrag zu bewerten.[41]

31 Insgesamt sind die Grundsätze zur Rechtsnatur des Architektenvertrages hiernach wie folgt **zusammenzufassen**: Der **Grundtypus** des Architektenvertrages ist immer **Werkvertrag**. Der Architektenvertrag, der die Übertragung von Teilleistungen beinhaltet, ist in der Regel Werkvertrag. In Ausnahmefällen ist ein solcher Vertrag Dienstvertrag, wenn dem Architekten nämlich keine Gestaltungsfreiheit verbleibt und nach dem Inhalt des Vertrages nur die Leistung von Diensten und nicht das Einstehenmüssen für den Erfolg geschuldet ist.

37 Bindhardt/Jagenburg, § 2 Rn. 72; Schmalzl, BauR 77, 80 ff., 83; Barnikel, BauR 79, 202 ff.; Hesse-Korbion-Mantscheff-Vygen, § 1 Rn. 22; Ingenstau-Korbion, B § 13, Rn. 1 ff.

38 z.B. beim Aufstellen und Zusammensetzen von Fertighäusern, vgl. BGHZ 32, 206 = NJW 60, 1198.

39 a.A. Locher, Rn. 224; Werner-Pastor, Rn. 650.

40 Schmalzl, BauR 77, 80 ff.

41 Bindhardt/Jagenburg, § 2, Rn. 74; Ingenstau-Korbion, B § 13, Rn. 9 ff.; BGH, BauR 73, 332 = NJW 73, 1458.

b) Das Zustandekommen des Architektenvertrages

Wie jeder andere schuldrechtliche Vertrag, der nicht kraft Gesetzes besonderen Formvorschriften unterliegt, kommt der Architektenvertrag gemäß §§ 145 ff. BGB durch **Angebot und Annahme** zustande. Nach dem Grundsatz der **Vertragsfreiheit** kann der Vertrag in jeder denkbaren Form abgeschlossen sein. Demgemäß können Angebot und Annahme schriftlich, mündlich oder – entsprechend den allgemeinen Grundsätzen über konkludente Willenserklärungen – auch nur durch schlüssiges Handeln erklärt werden. Zwar ist in §§ 4, 26, 28 Abs. 3, 33 HOAI die Einhaltung der **Schriftform** zwingend vorgeschrieben. Jedoch führt die Nichteinhaltung der Schriftform nicht zur Unwirksamkeit des Vertrages selbst, sondern nur zur Unwirksamkeit der den Mindestsatz überschreitenden Honorarvereinbarung. **32**

aa) Der Abschluß des Architektenvertrages nach BGB

(1) Der schriftliche Architektenvertrag

Ein **schriftlicher Architektenvertrag** kommt zustande, indem entweder der Architekt dem Auftraggeber oder umgekehrt dieser dem Architekten ein Vertragsmuster übergibt oder übersendet, das der andere Vertragspartner unterzeichnet. Dieses Vertragsmuster ist ein Angebot bzw. Antrag i.S.d. § 145 BGB. Es wird mit der Unterzeichnung durch den anderen angenommen. Maßgebend für die Rechtswirksamkeit des Vertrages ist, da die **Annahme** im allgemeinen eine empfangsbedürftige Willenserklärung darstellt, normalerweise nicht der Zeitpunkt der Unterschriftsleistung, sondern der **Eingang** des unterzeichneten Vertrages beim anderen.[42] Etwas anderes gilt gemäß § 151 S. 1 BGB nur dann, wenn auf die Annahmeerklärung **verzichtet** wurde, was durch Auslegung zu ermitteln ist. Beginnt z.B. der Architekt bereits mit seiner Tätigkeit, ohne den Eingang des unterzeichneten Vertrages abzuwarten, so ist auf einen stillschweigenden Verzicht des Zugangs des Annahmeerklärung zu schließen, mit der Folge, daß der Vertrag bereits mit Unterzeichnung durch den Auftraggeber rechtswirksam abgeschlossen ist. Der Architekt sollte jedoch aus Beweisgründen immer auf der Aushändigung der Vertragsurkunde bestehen, denn im Streitfalle ist der Beweis über Inhalt und Umfang des abgeschlossenen Vertrages vornehmlich durch Vorlage der Vertragsurkunde (§ 420 ZPO) zu führen. Andere **Beweismittel**, wie Zeugenbeweis oder Parteivernehmung des Gegners, sind zwar **33**

Annahme-zeitpunkt

z.B.

42 Palandt-Heinrichs, § 151 Rn. 1; Neuenfeld, Bd. 1 II, Rn. 25.

möglich, jedoch in der Praxis mit großen Risiken und Unwägbarkeiten verbunden.

Tip

Aus diesem Grunde ist jedenfalls dem Architekten, für den es meist um erhebliche Honorarbeträge geht, anzuraten, auf der Rückgabe des unterzeichneten Vertrages möglichst vor Beginn seiner Tätigkeit zu bestehen.

---

§ 150 BGB

34 Zweifel im Hinblick auf Zustandekommen und Inhalt des Vertrages ergeben sich auch dann, wenn der Vertrag zwar unterschrieben ist, vom Unterzeichner jedoch **Abänderungen, Streichungen oder Erweiterungen** vorgenommen wurden. Gemäß § 150 BGB gilt die Rücksendung eines solchen modifizierten Vertrages nicht als Annahme, sondern als Ablehnung, die mit einem neuen Vertragsangebot verbunden ist. Gleiches gilt für die verspätete Vertragsannahme. Da die Annahme des modifizierten Vertrages auch stillschweigend möglich ist,[43] z.B. durch erkennbare Betätigung des Annahmewillens in Form der Erfüllung oder Vorbereitung der eigenen Leistungen bzw. der Entgegennahme der Leistungen des anderen, ist nach Erhalt des unterzeichneten Vertragsexemplares zumindest eine Überprüfung geboten. Allerdings kommt es, da § 150 BGB eine **widerlegbare Auslegungsregel** darstellt, für die Frage der Geltung der einen oder anderen Vertragsversion letztlich auf die Würdigung der Gesamtumstände an, darauf, ob der früher Anbietende die Abänderungen erkannt hat bzw. erkennen mußte und ob der modifiziert Annehmende aus der widerspruchslosen Hinnahme auf einen Annahmewillen des Vertragspartners schließen durfte.[44]

Sonderfälle

35 An dieser Stelle ist auf einige **Besonderheiten** hinzuweisen, die sich beim Vertragsabschluß des Architekten mit **Kirchengemeinden** und **kommunalen Gebietskörperschaften** ergeben. Gem. § 14 Abs. 2 des Gesetzes über die Verwaltung des katholischen Kirchenvermögens verpflichten Willenserklärungen des Kirchenvorstandes die Gemeinde nur dann, wenn sie der Vorsitzende oder sein Stellvertreter und zwei Mitglieder schriftlich unter Beidrückung des Amtssiegels abgeben.[45] Nach § 21 Abs. 2 des Vermögensverwaltungsgesetzes wird ein Vertrag erst durch die Genehmigung der bischöflichen Behörde rechtsgültig,[46] wenn der Vertrag einen Gegenstandswert von mehr als 10.000,00 DM hat. Nach

43 Vgl. Palandt-Heinrichs, § 150, Rn. 3.
44 Vgl. den Meinungsstand bei MüKo-Kramer, § 150 Rn. 3 ff. m.w.N.
45 OLG Düsseldorf, BauR 87, 587.
46 OLG Köln, BauR 94, 112.

zutreffender Ansicht[47] handelt es sich hierbei aber nicht um Formvorschriften im Sinne von § 125 Abs. 1 BGB, sondern um Organisations- und Vertreterregelungen mit vorgeschriebenen Förmlichkeiten. Gleiches gilt für kommunalrechtliche Förmlichkeitsvorschriften, die die Vertretungsmacht der für die **Gemeinde** handelnden Organe einschränken, etwa § 56 Abs. 1 GO NRW. Der BGH legt diese in ständiger Rechtsprechung als Vertretungsregeln aus,[48] da dem Landesgesetzgeber zum Erlaß von echten Formvorschriften im Sinne von § 125 BGB nach Art. 55 EGBGB die Kompetenz fehlt. Wird ein Architekt durch ein zur Vertretung der Gemeinde berufenes Organ – etwa durch den **Bürgermeister** – mündlich beauftragt, so ist der Architektenvertrag gem. § 177 Abs. 1 BGB schwebend unwirksam. Es besteht dann die Möglichkeit der **Genehmigung** des Vertrages gem. § 177 Abs. 1 BGB.[49] Lediglich in Ausnahmefällen kann sich der Architekt darauf berufen, daß der Einwand der Gemeinde, ihre Erklärung sei wegen eines Verstoßes gegen die Vorschriften der Gemeindeordnung unwirksam, **unzulässige Rechtsausübung** darstellt.[50] Einen solchen Fall nimmt der BGH an, wenn der mit der Formvorschrift bezweckte Schutz der öffentlich-rechtlichen Körperschaft und ihrer Mitglieder deshalb bedeutungslos geworden ist, weil das nach der Gemeindeordnung für die Willensbildung zuständige Organ den Abschluß des Verpflichtungsgeschäfts »gebilligt hat«.[51] Erst recht muß dies gelten, wenn das zuständige Organ die Erklärung selbst abgegeben hat.[52] Hingegen ist es nicht stets treuwidrig, wenn sich die Gemeinde darauf beruft, daß bei der Abgabe der Erklärung die Angabe der Amtsbezeichnung oder das Dienstsiegel fehlten.[53] Der Form bedarf nur die zum Vertragsschluß führende Willenserklärung des die Gemeinde vertretenden Organs. Die Erteilung der Vollmacht hingegen muß nach § 167 Abs. 2 BGB nicht den Anforderungen der Gemeindeordnung entsprechen.

nachträgliche Genehmigung

Die Parteien können durch **Rechtsgeschäft** vereinbaren, daß der Architektenvertrag **schriftlich** abgefaßt werden soll. Die Nichteinhaltung der gewillkürten Schriftform führt gem. **§ 125 Abs. 2 BGB** im Zweifel zur Nichtigkeit des Architektenvertrages. Anders ist es, wenn die Form lediglich der **Beweissicherung** oder Klarstellung dienen soll.[54] In einem solchen Fall ist der Architektenvertrag wirksam abgeschlossen, 36

Vereinbarte Schriftform ...

47 BGH, BauR 94, 363; OLG Hamm, BauR 95, 129; Löffelmann-Fleischmann, Rn. 719; Neuenfeld, BauR 98, 458.
48 BGH, BauR 94, 363.
49 BGH, NJW 80, 117.
50 BGH, BauR 94, 363.
51 BGH, NJW 73, 1495.
52 Locher-Koeble-Frik, Einl., Rn. 22.
53 a.A. Locher-Koeble-Frik, Einl., Rn. 22.
54 Palandt-Heinrichs, § 125 Rn. 12.

sobald sich die Parteien über seinen Inhalt einig geworden sind. Nach der **Auslegungsregel** des § 154 Abs. 2 BGB wird allerdings vermutet, daß die Beurkundung – darunter fällt auch die Errichtung einer privatschriftlichen Urkunde – konstitutiv sein soll.[55] Im Zweifel ist der Vertrag also nicht geschlossen, bis die Beurkundung erfolgt ist.

… auch stillschweigend

37 Die Vereinbarung der Form kann **stillschweigend erfolgen**.[56] Sehr weitgehend will der BGH bei **»wichtigen«** Geschäften eine Schriftformvereinbarung widerleglich vermuten.[57] Manche Autoren wollen diese Rechtsprechung auf alle Architektenverträge »mit erheblicher wirtschaftlicher Bedeutung« anwenden.[58] Diese Auffassung ist abzulehnen. Die Begriffe der »Wichtigkeit« und der »erheblichen wirtschaftlichen Bedeutung« eines Vertrages sind zu unbestimmt, um abgrenzen zu können, wann im Zweifel ein Beurkundungserfordernis anzunehmen ist. Jedenfalls praktisch wäre die Formfreiheit aufgehoben. Dies widerspricht dem Grundgedanken des Vertragsrechts des BGB, nach dem es den Parteien frei steht, grundsätzlich entgeltliche Verträge auch dann formfrei abzuschließen, wenn sie wirtschaftlich bedeutsam sind. Auch bei solchen Verträgen ist im Einzelfall zu prüfen, ob die Beurkundung stillschweigend vereinbart wurde. Solches ist etwa dann der Fall, wenn zwischen den Parteien bereits **Entwürfe** von Vertragsurkunden ausgetauscht wurden.[59]

Indiz

38 Der **Umfang** der gewillkürten Schriftform hängt von der Parteivereinbarung ab.[60] Werden in der Vertragsurkunde bestimmte Einzelheiten, etwa eine detaillierte Beschreibung der Baumaßnahme, nicht geregelt, so berührt dies die Wirksamkeit des Vertrages nicht, wenn diese Einzelheiten im Zeitpunkt des Vertragsschlusses noch nicht feststanden und vom Architekten während der Vorplanungen zu erarbeiten waren.[61]

39 Die Parteien können die Formabrede jederzeit einvernehmlich **aufheben**. Dies kann **auch stillschweigend** geschehen. Von einer konkludenten Aufhebung der Schriftformvereinbarung ist auszugehen, wenn die Parteien den formlos geschlossenen Vertrag einverständlich durchführen.[62]

55 Löffelmann-Fleischmann, Rn. 721.
56 Löffelmann-Fleischmann, Rn. 722.
57 BGH, NJW 90, 576.
58 Löffelmann-Fleischmann, Rn. 722.
59 OLG Celle, MDR 60, 398.
60 BGH, ZfBR 98, 147.
61 BGH, ZfBR 98, 147.
62 Löffelmann-Fleischmann, Rn. 723.

(2) Rechtswirkungen von Bestätigungsschreiben

Werden Angebot und Annahme mündlich erklärt, so ist der Architektenvertrag ebenfalls rechtswirksam abgeschlossen. Soweit Einzelheiten für diesen Vertrag nicht vereinbart wurden oder nicht beweisbar sind, gilt das Werkvertragsrecht des BGB in Verbindung mit den preisrechtlichen Vorschriften der HOAI.[63] Dasselbe gilt, wenn nach der mündlichen Absprache der Parteien eine Einigung über den verbindlichen Abschluß des Architektenvertrages bereits vorliegt, die schriftliche Fixierung – insbesondere der Details – aus irgendwelchen Gründen jedoch unterbleibt.[64] **40**

Ein Sonderfall des zunächst mündlich geschlossenen Architektenvertrages liegt vor, wenn einer der Vertragspartner dem anderen die getroffene Abrede schriftlich bestätigt und dieser die Bestätigung widerspruchslos hinnimmt. Nach h.A.[65] sind auch beim Architektenvertrag die Grundsätze über das **Bestätigungsschreiben** anzuwenden, die als Handelsbrauch (§ 346 HGB) zunächst im Verkehr unter Vollkaufleuten entwickelt und dann auf alle diejenigen Personen angewandt wurden, die wie ein Kaufmann im Rechtsverkehr teilnehmen, so daß ihnen gegenüber auch nach kaufmännischen Gepflogenheiten verfahren werden darf.[66] **41**

Die rechtsbegründende Wirkung des Bestätigungsschreibens ist beim Architektenvertrag zu bejahen, wenn es sich auf **42**

Voraussetzungen

- mündlich, fernmündlich oder telegrafisch getroffene Vereinbarungen bezieht,
- inhaltlich eindeutig ist,
- sich zeitlich unmittelbar an die Vertragsverhandlung anschließt und
- sich inhaltlich nicht soweit von den getroffenen Absprachen entfernt, daß der Bestätigende vernünftigerweise mit einer Billigung nicht mehr rechnen konnte.[67]

Deckt es sich mit den vorherigen Absprachen, so wirkt es lediglich deklaratorisch als Beweisurkunde, bringt es den Vertrag erst zustande, so wirkt es konstitutiv. Ist der **Architekt** der **Adressat** des Bestätigungsschreibens, so gelten die vorstehenden Grundsätze uneingeschränkt, weil er zu dem Personenkreis gehört, der in erheblichem Umfange am Geschäftsleben teilnimmt und von dem erwartet werden kann, daß er

63 Werner-Pastor, Rn. 600.
64 Neuenfeld, Bd. 1 II, Rn. 37; OLG Stuttgart v. 23.12.76 – 10 U 36/76.
65 BGH, BauR 75, 67; BGH, WM 73, 1376; Locher, Rn. 213; Neuenfeld, Bd. 1 II, Rn. 37; Werner-Pastor, Rn. 627; Palandt-Heinrichs, § 148 Rn. 9.
66 BGHZ 11, 3; BGH, WM 73, 1376; Palandt-Heinrichs, § 148 Rn. 9; MüKo-Kramer, § 151 Rn. 12 ff., 45; Palandt-Heinrichs, § 148 Rn. 12 ff, 45.
67 Vgl. im einzelnen Palandt-Heinrichs, § 148 Rn. 8 ff.

nach kaufmännischer Sitte verfährt.[68] Dasselbe gilt, wenn Empfänger des Bestätigungsschreibens der **Auftraggeber** ist und der Vertragsabschluß im Rahmen der Ausübung seines Gewerbes oder Berufes liegt. § 344 Abs. 1 HGB dürfte insoweit analog anwendbar sein. Umgekehrt ist die Situation gegenüber einem privaten Auftraggeber als Empfänger eines solchen Bestätigungsschreibens. Bei einer außerhalb des kaufmännischen Lebens stehenden **Privatperson** kann grundsätzlich das Schweigen auf ein Bestätigungsschreiben des Architekten nicht als Zustimmung gewertet werden.[69] Jedoch sind Ausnahmen auch hier denkbar, dann nämlich, wenn im Hinblick auf Person, Alter und geschäftliche Gewandtheit des Auftraggebers eine Gleichsetzung mit einem vollkaufmännischen Vertragspartner nach Treu und Glauben geboten erscheint.

(3) Vertragsschluß durch konkludentes Handeln

43 Entsprechend den allgemeinen Grundsätzen über Willenserklärungen kann der Architektenvertrag, da keine Formvorschrift entgegensteht, auch durch **stillschweigende Willenserklärungen** der Parteien zustande kommen. Im Gegensatz zum vorstehenden Fall des Schweigens auf ein Bestätigungsschreiben, bei dem die Annahmeerklärung des Schweigenden letztlich fingiert wird, handelt es sich bei der konkludenten Erklärung um eine **echte Willenserklärung**.[70] Der Erklärende äußert sich nicht expressis verbis, sondern nimmt Handlungen vor, die mittelbar den Schluß auf einen bestimmten Rechtsfolgewillen zulassen. Typisch für das Zustandekommen eines Architektenvertrages durch schlüssiges Verhalten ist auf seiten des Architekten **das Erbringen von Leistungen** – z.B. Erstellen von Vorplanung oder Entwurfsplanung, Baureifmachung des Grundstückes, Verhandlungen mit Behörden oder Handwerkern – die üblicherweise nur gegen Vergütung zu erwarten sind (§§ 632 Abs. 1, 612 Abs. 1 BGB) und umgekehrt auf seiten des Bauwilligen bzw. Auftraggebers die Entgegennahme oder Verwertung dieser Architektenleistungen. Unabhängig von etwaigen Vorbehalten oder Vorstellungen des Auftraggebers, er habe den Architekten nur unverbindlich oder freibleibend zu Vorschlägen für eine Bebauung veranlassen wollen, ist in solchen Fällen immer ein rechtswirksamer Architektenvertrag

68 BGH, BauR 75, 67; Locher, Rn. 213; Neuenfeld, Bd. 1 II, Rn. 37.
69 OLG Düsseldorf, Betr. 66, 458 (Bankdirektor im privaten Bereich); Neuenfeld, Bd. 1 II, Rn. 37.
70 MüKo-Kramer, Vor § 116 Rn. 20 ff.; Palandt-Heinrichs, Einf. vor § 116 Rn. 6.

zustandegekommen,[71] weil der Auftraggeber sich den objektiven Erklärungswert seines Verhaltens zurechnen lassen muß. Die Rechtsverbindlichkeit des Vertrages läßt sich im übrigen auch im Umkehrschluß ermitteln. Ist nämlich die Architektenleistung mangelhaft und entsteht dem Auftraggeber hierdurch ein Schaden, so kann aus der Unverbindlichkeit auch nicht auf einen Willen des Auftraggebers geschlossen werden, den Architekten von jeder Haftung freizustellen, weil er von diesem bloße Gefälligkeitsleistungen erhalten habe.

Veranlaßt der Auftraggeber durch sein Verhalten Architektenleistungen, so ergibt sich zwingend hieraus allerdings nur die rechtliche Konsequenz, daß ein Vertrag überhaupt zustandegekommen ist. Eine allgemeine Vermutung dahingehend, daß in einem solchen Falle dem Architekten die sogenannte Vollarchitektur mit sämtlichen Leistungen gemäß § 15 HOAI übertragen wurde,[72] besteht nicht, da die Vielfalt der möglichen Vertragsgestaltungen die Aufstellung eines dahingehenden einschlägigen Erfahrungssatzes ausschließt. Vielmehr ist anhand der **Gesamtumstände des Einzelfalles** durch Auslegung zu ermitteln, welchen Leistungsinhalt und -umfang der Vertrag hat und in welcher Höhe ein Honoraranspruch des Architekten – auch unter Berücksichtigung seiner Aufklärungs- und Beratungspflichten – entstanden ist.[73] 44

bb) Der HOAI-Vertrag

Preisrecht

Im Gegensatz zur Verdingungsordnung für Bauleistungen – VOB – regelt die HOAI, von der Fälligkeitsregelung des **§ 8** abgesehen, nicht die vertraglichen Rechte und Pflichten der Parteien im Sinne einer Abänderung der gesetzlichen Vorschriften. Es handelt sich vielmehr um eine **preisrechtliche Vorschrift**, welche die Vergütungsansprüche der Architekten und Ingenieure nach oben und unten begrenzt, sonst aber nicht in die Vertragsfreiheit eingreift.[74] Anders als beim Vertrag mit dem Bauhandwerker, bei dem BGB- oder VOB-Vertrag als alternative Vertragsgestaltungen[75] Grundlage der wechselseitigen Rechte und Pflichten sind, gibt **es beim Architektenvertrag keinen echten Gegensatz zwi-** 45

71 OLG Stuttgart, BauR 73, 63, OLG Schleswig, Sch-F Z. 3.01 Bl. 197; Locher, Rn. 214; Locher-Koeble-Frik, Einl., Rn. 25; Hesse-Korbion-Matscheff-Vygen, § 1, Rn. 8.

72 So für § 19 GOA: OLG Köln, BauR 73, 251 = Vermutung spricht für die Übertragung aller Leistungen; dagegen: Locher, Rn. 215.

73 BGH, BauR 80, 84; OLG Stuttgart, BauR 73, 63; OLG München, BauR 96, 417; Werner-Pastor, Rn. 777 m.w.N.

74 Werner-Pastor, Rn. 600; Neuenfeld, § 1 Rn. 2 ff.

75 Palandt-Sprau, Vor § 61 Rn. 3 ff.

schen BGB-Vertrag und HOAI-Vertrag. Es gilt, soweit nicht individualvertragliche Abreden vorgehen, im Normalfall immer das Werkvertragsrecht des BGB in Verbindung mit den preisrechtlichen Vorschriften der HOAI, die die Bemessungsgrundlage für die Honorarberechnung beinhalten.[76] Als HOAI-Vertrag kann man somit den Architektenvertrag nur dann bezeichnen, wenn einvernehmlich die HOAI als Ganzes oder – bei einem nur Teilleistungen umfassenden Vertrag – die entsprechenden Teilbereiche bzw. Leistungsphasen der HOAI zwischen den Parteien vereinbart wurden. Eine **Rückwirkung der HOAI** in den reinen Vertragbereich ergibt sich allerdings insoweit, als § 631 BGB einen Leistungsinhalt nicht festlegt – es ist nur von der »Herstellung des versprochenen Werkes« die Rede – sondern eine entsprechende Vereinbarung der Parteien voraussetzt. Fehlt eine ausreichend klare oder bestimmte Festlegung des Leistungsinhaltes, so ist nach diesseitiger Ansicht § 15 HOAI zur Bestimmung der Vertragspflichten im Wege der Auslegung heranzuziehen. Zwar enthält § 15 HOAI nach seiner Zweckbestimmung nur eine Festlegung dahingehend, für welche Leistung der Architekt welche Vergütung beanspruchen darf. Da § 15 in den einzelnen Leistungsphasen mit den Grundleistungen jedoch sämtliche Arbeiten eines Architekten umschreibt, die nach allgemeiner Erfahrung zur Unterstützung des Bauherrn zwecks Verwirklichung eines Bauvorhabens erbracht werden,[77] kann hieraus umgekehrt für die normale Bauabwicklung auf den Inhalt der vom Architekten geschuldeten Leistungen geschlossen werden.[78] Die Abgrenzung in § 15 HOAI zwischen Grundleistungen und Besonderen Leistungen ergibt zudem in Zweifelsfällen einen ebenfalls auf allgemeinen Erfahrungssätzen basierenden Auslegungsmaßstab dafür, wo die Grenzen der vertraglichen Leistungspflichten des Architekten liegen, welche Leistungen er verweigern bzw. von der Vereinbarung einer zusätzlichen Vergütung abhängig machen darf.[79]

(1) Der Anwendungsbereich der Verordnung

46 Rechtsgrundlage für die HOAI ist das Gesetz zur Regelung von Ingenieur- und Architektenleistungen (MRVG) vom 04.11.1971 (BGBl. I, S. 1745, 1749), das den Artikel 10 des Gesetzes zur Verbesserung des Mietrechts und zur Begrenzung des Mietanstieges sowie zur Regelung von Ingenieur- und Architektenleistungen bildet. Nach der **Zielvorstellung**

76 Werner-Pastor, Rn. 600.
77 Hesse-Korbion-Mantscheff-Vygen, § 15 Rn. 4.
78 Locher, Rn. 228; Neuenfeld, BauR 98, 450; **a.A.** BGH, BauR 97, 154; BGH, NJW 99, 472: HOAI enthält keine normativen Leitbilder.
79 Neuenfeld, § 15 Rn. 4.

des Gesetzgebers soll die Gebührenordnung zusammen mit den Bestimmungen über die Zweckentfremdung von Wohnraum und zur Regelung der Wohnungsvermittlung dazu beitragen, die durch den Nachfrageüberhang auf dem Wohnungsmarkt und den Anstieg der Baupreise verzerrte Marktsituation zu korrigieren und – mittelbar – den Mieter zu schützen bzw. den Mietanstieg in vertretbaren Grenzen zu halten.[80] Unmittelbarer Ausdruck dieser Zielsetzung ist § 3 des Gesetzes vom 04.11.1971, das die »architektengebundene« Veräußerung von Grundstücken verbietet,[81] um die durch die früher üblichen Kopplungsgeschäfte gegebenen Erschwernisse im Grundstücksverkehr zu beseitigen.

(aa) Der persönliche Anwendungsbereich

Der Anwendungsbereich der HOAI ergibt sich aus **§ 1 HOAI**. Hiernach gelten deren Bestimmungen für die Berechnung der Entgelte für die Leistungen der Architekten und Ingenieure, soweit sie durch die Leistungsbilder oder andere Bestimmungen der HOAI erfaßt werden. Für den hier interessierenden Bereich des Architektenvertrages erhebt sich damit die Frage, ob die HOAI nur auf Leistungen von Personen anzuwenden ist, die nach den landesrechtlichen Bestimmungen zur Führung des Architektentitels berechtigt sind[82] oder ob unabhängig von der beruflichen Qualifikation alle Leistungen von Auftragnehmern, die in den sachlichen Geltungsbereich der HOAI fallen, auch nach Maßgabe ihrer Einzelbestimmungen zu vergüten sind. Der Wortlaut des § 1 HOAI spricht gegen eine Anwendung auch bei Leistungen Berufsfremder. Demgemäß wird teilweise die Ansicht[83] vertreten, die HOAI sei weder unmittelbar noch analog anwendbar, da eine preisrechtliche Verordnung nicht analogiefähig sei; die HOAI könne auch nicht auf dem Umweg über § 632 BGB herangezogen werden, weil es eine »übliche Vergütung« für die Tätigkeit von Nichtarchitekten nicht gebe. Hiernach soll die Vergütung gemäß §§ 315, 316 BGB unterhalb der Mindestsätze der HOAI festzusetzen sein, wenn keine Honorarvereinbarung getroffen ist. Bei Überschreitung der Höchstsätze soll dem Auftraggeber mittels Anfechtung des Vertrages wegen arglistiger Täuschung über die Architekteneigenschaft geholfen werden, weil auch dem Nichtarchitekten insoweit eine Aufklärungspflicht obliegt. Diese Ansicht führt weder zu einer interes- 47

Nur für »berechtigte« Architekten?

80 Hesse-Korbion-Mantscheff-Vygen, Einf., Rn. 29 ff.; zu den Bedenken gegen die Ermächtigungsgrundlage bzw. Kritik an der HOAI: vgl. Neuenfeld, Vorbemerkung 6 ff. vor § 1 HOAI Hesse, BauR 75, 170 ff.

81 Vgl. hierzu unten Rn. 62 ff.

82 s.o. Rn. 13.

83 Locher-Koeble-Frik, § 1 Rn. 12 ff.

sengerechten Lösung noch hilft sie dem Auftraggeber, wenn eine bestimmte Honorarvereinbarung getroffen und auf die fehlende Architekteneigenschaft hingewiesen worden ist. Da der Architektenvertrag in der Regel im Frühstadium des Baugeschehens abgeschlossen wird, kann zudem der bauunkundige Auftraggeber die Tragweite einer etwaigen Aufklärung noch nicht ermessen.

48 Gerade im Hinblick auf den Schutz des Auftraggebers, den auch die Gegenmeinung anstrebt, ist die **Anwendung der HOAI** unabhängig vom Status des Auftragnehmers **auf alle** sachlich von der HOAI erfaßten **Leistungen geboten.**[84] Dann nämlich ist auch der Nichtarchitekt an die Höchstsätze der HOAI gebunden; er muß sich weiter im Hinblick auf den Umfang und die Qualität seiner Leistungen an den Leistungsbildern und Maßstäben der HOAI messen lassen. Hat er die Aufklärung über die fehlende Architekteneigenschaft unterlassen, bleibt dem Auftraggeber eine Anfechtung gemäß § 123 BGB und die Abwicklung nach bereicherungsrechtlichen Grundsätzen unbenommen.[85] Führt die mindere berufliche Qualifikation zu Fehlern der Leistung, so stehen dem Auftraggeber auch bzw. gerade bei Anwendung der HOAI ausreichende Rechtsbehelfe zur Verfügung. Soweit die Mängelansprüche des Auftraggebers Verschulden des Architekten voraussetzen – bei Schadensersatz wegen Nichterfüllung gemäß § 635 BGB und positiver Vertragsverletzung – ist ein Verschulden des Nichtarchitekten grundsätzlich zu bejahen. Denn die Übernahme von Architektenleistungen ohne die entsprechende berufliche Qualifikation ist schon nach allgemeinen Grundsätzen als Außerachtlassung der objektiv gebotenen Sorgfalt und damit als Fahrlässigkeit i. S. d. § 276 BGB zu qualifizieren. Auch das dem Architekten im Zusammenhang mit Baumängeln zugebilligte Nachbesserungsrecht[86] ist dem Nichtarchitekten schlechthin zu versagen, da die besondere Fachkunde, die in Ausnahmefällen einen Mängelbeseitigungsanspruch des Architekten begründen kann, beim Nichtarchitekten gerade zu verneinen ist.

(bb) Der sachliche Anwendungsbereich

49 Der sachliche Anwendungsbereich der HOAI umfaßt alle diejenigen Architekten- und Ingenieurleistungen, die entweder konkret in den spe-
Umfang ziellen Leistungsbildern oder generell durch sonstige Bestimmungen der

84 OLG Düsseldorf, BauR 82, 86; BauR 93, 630; OLG Stuttgart, BauR 81, 404, 405; Hesse-Korbion-Mantscheff-Vygen, § 1 Rn. 23 ff.; Neuenfeld, § 1 Rn. 13.

85 OLG Stuttgart, BauR 79, 259; OLG Düsseldorf, BauR 97, 681; Hesse-Korbion-Mantscheff-Vygen, § 1 Rn. 39.

86 BGHZ 43, 227, 233; KG BauR 72, 384; Locher, Rn. 237 ff.

HOAI umschrieben sind.[87] Für den typischen oder in der Praxis häufigsten Architektenvertrag nimmt **§ 15 HOAI**, der das **Leistungsbild** »Objektplanung für Gebäude und Freianlagen« enthält, eine zentrale Stellung ein. Die sonstigen Architekten-Leistungsbilder der HOAI (z.B. § 37 Flächennutzungsplan; § 40 Bebauungsplan, § 45a Landschaftsplan; § 47 Landschaftsrahmenplan etc.) spielen – außer für spezialisierte Architektenbüros – keine wesentliche Rolle. In der HOAI umschrieben und damit von ihrem sachlichen Geltungsbereich umfaßt, sind nicht nur die Grundleistungen und die neben den Grundleistungen ausdrücklich beschriebenen Besonderen Leistungen – insbesondere des § 15 Abs. 2 HOAI –, sondern alle diejenigen Architektenleistungen, die nach ihrem sachlichen Inhalt der Begriffsbestimmung des § 2 Abs. 3 HOAI entsprechen.[88] Der **Katalog** der in der HOAI detailliert umschriebenen Besonderen Leistungen **ist nicht abschließend**, sondern beispielhaft; sonstige aufgrund der Aufgabenstellung des Architekten zu den Grundleistungen hinzutretende Besondere Leistungen sind damit ohne Rücksicht auf eine Erwähnung in den Leistungsbildern ebenfalls nach Maßgabe der HOAI zu honorieren.

(2) Voraussetzungen der Geltung im einzelnen

Aus den vorstehenden Ausführungen ergibt sich bereits, daß die HOAI **50**
immer dann anzuwenden ist, wenn im Hinblick auf die **Person** des Auftragnehmers und den **Leistungsinhalt** des Vertrages die Voraussetzungen des **§ 1 HOAI** vorliegen. Daraus folgt aber nicht, daß beim Vorliegen dieser Voraussetzungen die Summe aller Bestimmungen der HOAI automatisch Anwendung findet. Hier ist zu differenzieren zwischen denjenigen preisrechtlichen Bestimmungen, die automatisch und ohne jede Erwähnung der HOAI angewendet werden müssen und solchen Vorschriften, die nur kraft ausdrücklicher vertraglicher Vereinbarung der Parteien zur Anwendung gelangen.

(aa) Die automatische Geltung der preisrechtlichen Bestimmungen

Ist der Architektenvertrag – z.B. mündlich oder konkludent – ohne **51**
rechtswirksame Vereinbarung eines bestimmten Honorars abgeschlossen, so gelten **automatisch die Mindestsätze der HOAI**. Während

87 Neuenfeld § 1 HOAI, Rn. 8 ff.; Locher-Koeble-Frik, § 1 Rn. 2 ff.; Hesse-Korbion-Mantscheff-Vygen, § 1 Rn. 8 f.

88 Hesse-Korbion-Mantscheff-Vygen, § 1 Rn. 42 ff.

bezüglich des Ergebnisses in der baurechtlichen Literatur Einigkeit besteht, ist die dogmatische Begründung strittig. Nach der Mindermeinung[89] sind die Mindestsätze der HOAI als »übliche Vergütung« i.S.d. §§ 612 Abs. 2, 632 Abs. 2 BGB anzusehen mit der Folge, daß der Auftragnehmer einen Negativbeweis dahingehend führen muß, daß die vom Auftraggeber behauptete niedrigere Vergütungsvereinbarung nicht besteht und daß es wegen des Fehlens einer Bestimmung über die Höhe des Honorars bei der Regelung des § 632 Abs. 2 BGB verbleibt.[90] Nach h.M.[91] dagegen handelt es sich bei **§ 4 Abs. 2 HOAI** um eine **gesetzliche Fiktion**, bei der ex lege an den Tatbestand – keine Honorarvereinbarung – eine Erklärungswirkung geknüpft wird, die für eine Anwendung der §§ 612 Abs. 2, 632 Abs. 2 BGB keinen Raum mehr läßt. Sie legt gemäß § 4 Abs. 4 HOAI das Honorar bindend auf die Mindestsätze fest, ohne Rücksicht auf die Gepflogenheiten der betroffenen Berufskreise oder den Umfang der übernommenen Architektenleistung, die vielleicht üblicherweise sonst nur zu einem den Mindestsatz übersteigenden oder den Höchstsatz ausschöpfenden Honorar erbracht wird. Bezogen auf die Bestimmungen der §§ 612 Abs. 2, 632 Abs. 2 BGB hat § 4 Abs. 4 HOAI i.V.m. den auf die einzelnen Leistungen bezogenen Regelgebühren der HOAI somit – ähnlich wie die Gebührenordnungen der Ärzte, Zahnärzte, Rechtsanwälte[92] – den Rang einer taxmäßigen Vergütung, die gegenüber der »üblichen Vergütung« vorrangig ist. Diese taxmäßige Vergütung gilt automatisch für jeden Architektenvertrag, bei dem eine Honorarvereinbarung nicht rechtswirksam abgeschlossen wurde.

89 Werner-Pastor, Rn. 763; Palandt-Sprau, § 632 Rn. 5; Ungenau/Koeble, BauR 77, 372 ff.

90 Wobei jedoch an die Führung des Negativbeweises keine unerfüllbaren Voraussetzungen gestellt werden dürfen, vgl. BGH, Sch-F Z. 8.41 Bl. 16; Locher, BauR 74, 293 ff. 300.

91 Jochem, § 4 Rn. 25; Groß, BauR 80, 9, 10, 15; Locher-Koeble-Frik, § 4 Rn. 74; Hesse-Korbion-Mantscheff-Vygen, § 1 Rn. 2.

92 Vgl. Palandt-Putzo, § 612 Rn. 9.

(bb) Die Vereinbarung der Abweichung von den Mindest- bzw. Höchstsätzen

Wollen Architekt und Auftraggeber ein die Mindestsätze der HOAI unterschreitendes oder die Höchstsätze übersteigendes Architektenhonorar vereinbaren, so ist die Vereinbarung nichtig, wenn die **Voraussetzungen des § 4 Abs. 1 HOAI** nicht eingehalten sind. Die HOAI läßt zwar grundsätzlich die Vertragsfreiheit unberührt, indem sie den Umfang und den Inhalt der vom Architekten zu erbringenden Leistungen der freien Vereinbarung der Parteien überläßt. Die Höhe der Gegenleistung ist dagegen der Autonomie der Parteien entzogen. Hier nimmt die HOAI einen seiner Natur nach **preisrechtlichen Eingriff** in die Vertragsfreiheit vor, mit dem hinsichtlich der Höhe des Architektenhonorars Grenzen nach oben und unten gesetzt werden. Eine Abweichung von den Mindestsätzen läßt § 4 HOAI in drei verschiedenen Varianten zu: Eine Unterschreitung der Mindestsätze gemäß § 4 Abs. 2 HOAI, eine Überschreitung der Höchstsätze gemäß § 4 Abs. 3 HOAI und eine Honorarvereinbarung innerhalb der Mindest- und Höchstgrenzen gemäß § 4 Abs. 1 HOAI. Zwingende tatbestandliche Voraussetzungen der rechtswirksamen Honorarvereinbarung ist in allen drei Fällen einerseits die **Einhaltung der Schriftform** und andererseits die Einhaltung des gemäß § 4 Abs. 1 und Abs. 4 HOAI vorgeschriebenen **Zeitpunktes** für den Abschluß der Honorarvereinbarung, nämlich **»bei« Auftragserteilung**. Bei Unterschreitung der Mindestsätze oder Überschreitung der Höchstsätze müssen zusätzlich die in § 4 Abs. 2 bzw. § 4 Abs. 3 HOAI geforderten Voraussetzungen gegeben sein. 52

Die Fälle des § 4 HOAI

Bezüglich der Einhaltung des **Formerfordernisses** sind die tatbestandlichen Voraussetzungen eindeutig; sie ergeben sich aus § 126 BGB. Hiernach beinhaltet die Schriftform, die nur die Honorarvereinbarung selbst betrifft, nicht dagegen die übrigen vertraglichen Vereinbarungen der Parteien, sofern nur die Honorarvereinbarung einem bestimmten Leistungsinhalt eindeutig zugeordnet werden kann, daß eine schriftliche Urkunde vorliegen muß, die von beiden Parteien eigenhändig mit Familien- und Firmennamen **unterzeichnet** ist.[93] Nicht ausreichend ist die Unterzeichnung des Vertragsangebotes durch den einen und die der Annahme in separater Urkunde durch den anderen Vertragspartner, da die Unterschriften beider Vertragspartner den in einer Urkunde enthaltenen Text vollinhaltlich decken müssen.[94] Sind jedoch – wie in der Praxis üblich – mehrere gleichlautende Ausfertigungen des Vertragstextes 53

Schriftform!

93 Palandt-Heinrichs, § 126, Rn. 7; MüKo-Förschler, § 126 Rn. 12 ff. m.w.N.
94 OLG Düsseldorf, BauR 82, 294, 295; Palandt-Heinrichs, § 126 Rn. 12; MüKo-Förschler, § 126 Rn. 13.

vorhanden, so genügt es gemäß § 126 Abs. 2 BGB, wenn jeder der Vertragspartner die für den anderen bestimmte Ausfertigung unterzeichnet.[95] Ist die Schriftform nicht eingehalten, so ist die Honorarvereinbarung nicht etwa gemäß §§ 125, 139 BGB nichtig. Hier wird vielmehr gemäß § 4 Abs. 4 HOAI die Vereinbarung der Mindestsätze fingiert.

54 **Zeitpunkt** Während bezüglich der Einhaltung des Formerfordernisses angesichts der gefestigten Rechtsprechung zu § 126 BGB auch im baurechtlichen Schriftum Einigkeit besteht,[96] sind hinsichtlich des Tatbestandsmerkmales **»bei Auftragserteilung«** die Grenzen des rechtlich Zulässigen strittig. Nach wohl herrschender Ansicht[97] beinhaltet der – insoweit nicht auslegungsfähige – eindeutige Wortlaut des § 4 Abs. 1 HOAI, daß die schriftliche Honorarvereinbarung entweder **gleichzeitig** mit dem eigentlichen Vertragsabschluß getroffen sein muß oder bereits **vorher**, da sie in einem solchen Fall – als Bestimmung einer der Hauptleistungspflichten – integrierender Bestandteil des Architektenvertrages wird. Eine **Vereinbarung nach Vertragsabschluß**, wenn auch in engem zeitlichen Zusammenhang, reicht angesichts des klaren Wortlautes des § 4 Abs. 1 HOAI und der eindeutigen preisrechtlichen Zielsetzung, die Honorarhöhe von vornherein klarzustellen, **nicht** aus.[98] Hier gelten gemäß **§ 4 Abs. 4 HOAI** die Mindestsätze als vereinbart. Ist der Architektenvertrag selbst mündlich, konkludent oder durch Übersendung eines Bestätigungsschreibens abgeschlossen, so muß die dem Formerfordernis des § 126 BGB entsprechende Willenserklärung spätestens beim Wirksamwerden des Vertrages, d.h. bei Zugang der Annahmeerklärung oder des Bestätigungsschreibens vorliegen. Schließen die Parteien mündlich einen Architektenvertrag mit der Maßgabe, daß entweder die Honorarvereinbarung oder der gesamte Architektenvertrag noch schriftlich fixiert und unterzeichnet werden soll, so liegt ein Fall der gewillkürten Schriftform i.S.d. § 127 BGB vor. Hier ist der gesamte Architektenvertrag erst dann wirksam abgeschlossen, wenn die schriftliche Niederlegung erfolgt ist, auch wenn der Architekt mit seinen Leistungen schon begonnen hat. Unterbleibt die schriftliche Fixierung, so ist die primäre Folge nicht die Nichtigkeit gem. § 125 BGB; der Mangel führt vielmehr zum Anspruch auf Nachholung der Form[99] insbesondere dann, wenn die durch den Formmangel begünstigte Vertragspartei die Nachholung der

95 Palandt-Heinrichs, § 126 Rn. 12; MüKo-Förschler, § 126 Rn. 15.

96 Hesse-Korbion-Mantscheff-Vygen, § 4 Rn. 4; Locher-Koeble-Frik, § 4 Rn. 26; Neuenfeld, Bd. 1 II, Rn. 35.

97 Locher-Koeble-Frik, § 4, Rn. 37; Groß, BauR 80, 9, 10; Hesse-Korbion-Mantscheff-Vygen, § 4 Rn. 24; Koeble, BauR 77, 375; Locher, Rn. 339; vgl. zu dieser Frage auch Neuenfeld, BauR 98, 458.

98 BGH, BauR 85, 582; 90, 97; a.A. Werner-Pastor, Rn. 749.

99 Jochem § 4 Rn. 4.

Schriftform arglistig verhindert hat.[100] Nur dann, wenn die Auslegung der Gesamtumstände ergibt, daß die Parteien einen mündlichen Architektenvertrag auch ohne Einhaltung der Schriftform bereits verbindlich abgeschlossen haben und die spätere schriftliche Niederlegung der Umgehung des § 4 Abs. 1 HOAI dienen soll, ist die spätere Honorarvereinbarung unwirksam; es tritt die Sanktionsfolge des § 4 Abs. 4 HOAI ein.

Ändert sich nach der Auftragserteilung der Leistungsumfang – 55
entweder aufgrund von Änderungs- oder Sonderwünschen des Auftraggebers, wegen behördlicher Auflagen oder infolge objektiver Umstände (z.B. des Vorfindens anderer als der vorgestellten Baugrundverhältnisse, die zusätzliche Architektenleistungen erforderlich machen), so ist den Parteien der Abschluß einer **nachträglichen Honorarvereinbarung** – nämlich über diese Zusatzleistungen – unbenommen.[101] Da der Architekt im Rahmen der Vertragsfreiheit nicht gezwungen werden kann, zusätzliche Leistungen über den ursprünglichen Vertragsumfang hinaus zu übernehmen, ist es ihm auch freigestellt, die Übernahme der zusätzlichen Leistungen von einer die Mindestsätze übersteigenden schriftlichen Honorarvereinbarung abhängig zu machen. Eine Bindung an die für den ursprünglichen Auftrag geltenden Mindest- oder vereinbarten Sätze ist preisrechtlich nicht geboten,[102] da die zusätzlichen Leistungen auch zum Gegenstand eines gesonderten Architektenvertrages gemacht werden könnten. Umgekehrt kann allerdings die Honorarvereinbarung nur die zusätzlichen, nicht auch die ursprünglichen Leistungen des Architekten erfassen, es sei denn, hier lag bereits eine schriftliche Honorarvereinbarung vor, die – weil rechtswirksam abgeschlossen – auch nachträglich durch Parteivereinbarung korrigierbar ist.[103]

Nachträgliche Honorarvereinbarung

Eine **Unterschreitung der Mindestsätze** ist nach dem Wortlaut des 56
§ 4, Abs. 2 HOAI nur in Ausnahmefällen möglich. Entgegen der Ansicht des LG Stuttgart und des älteren Schrifttums, das den § 4 Abs. 2 HOAI wegen der Unbestimmtheit der Formulierung »in Ausnahmefällen« für verfassungswidrig hielt und eine Unterschreitung der Mindestsätze

§ 4 Abs. 2 HOAI

100 Hier dürften die zu § 313 i.V.m. § 242 BGB entwickelten Grundsätze entsprechend anzuwenden sein; Locher-Koeble-Frik, § 4 Rn. 4; Palandt-Heinrichs, § 125 Rn. 16; Werner-Pastor, Rn. 557.

101 BGH, BauR 88, 364; vgl. Groß, BauR 80, 9 ff.; Locher-Koeble-Frik, § 4 Rn. 39; Koeble, BauR 77, 375; differenzierend: Korbion-Hesse-Mantscheff-Vygen, § 4 Rn. 31 ff.; Locher, Rn. 339.

102 Locher-Koeble-Frik, § 4 Rn. 9; Locher, Rn. 339; Groß, BauR 80, 9 ff.; Koeble, BauR 77, 372, 376.

103 LG Rottweil, NJW 77, 1692; zustimmend Hesse-Korbion-Mantscheff-Vygen, § 4 Rn. 32; Maier, JZ 77, 255 f.

schlechthin zuließ, sofern nur die Schriftform eingehalten wurde,[104] ist nach der h.M. davon auszugehen, daß die Unterschreitung der Mindestsätze nicht der freien Disposition der Parteien unterliegt.[105]

57 Da den leistungsbezogenen Auslegungskriterien in der Regel schon durch den Umstand Rechnung getragen ist, daß die Schwierigkeit der Architektenleistung und der Zeitaufwand sich in den Honorarermittlungsgrundlagen der HOAI niederschlagen, bleibt hier für die Anwendung des **§ 4 Abs. 2 HOAI** nur Raum, wenn es sich um **kleinere Reparaturen** handelt, bei denen selbst die Mindestsätze im Verhältnis zum Arbeitsaufwand des Architekten eine so unverhältnismäßige Verteuerung der Baumaßnahme bewirken würden, daß eine Unterschreitung sachlich geboten erscheint.[106] Auch aus **persönlichen** oder **sozialen Gründen** (Verwandtschaft, ehrenamtliche Tätigkeit als Vereinsmitglied, Kindergarten- oder Klinikbau, etc.) ist eine Unterschreitung des Mindestsatzes durch schriftliche Vereinbarung zulässig.[107] Diese muß **»bei Auftragserteilung«** getroffen sein. Denn wenn schon eine Abweichung von den Mindestsätzen im zulässigen Rahmen der Von-Bis-Sätze zum Zwecke der Klarstellung und preisrechtlichen Bindung der Parteien nur bei »Auftragserteilung« zulässig ist und andernfalls die Fiktion des § 4 Abs. 4 HOAI eingreift, so muß dies erst recht für den »Ausnahmefall« der Unterschreitung des Gebührenrahmens gelten.[108] Das Ergebnis erscheint auch nicht unbillig, weil diejenigen Umstände, die den Ausnahmefall rechtfertigen, typischerweise bei Vertragsabschluß bekannt sind, so daß zu diesem Zeitpunkt auch die Honorarvereinbarung über die Unterschreitung der Mindestsätze den Parteien möglich und zumutbar ist. Korrekturen sind demgemäß nur im selben Rahmen möglich wie bei der Honorarvereinbarung gem. § 4 Abs. 1 HOAI.

58 Eine **Überschreitung der Höchstsätze** läßt § 4 Abs. 3 HOAI nur bei außergewöhnlichen oder ungewöhnlich lange dauernden Leistungen zu. Während der Gesetzgeber bei der Unterschreitung der Mindestsätze dar-

104 Berufsgericht für Architekten Stuttgart, BauR 79, 67 ff.; Landesberufungsgericht für Architekten Stuttgart, BauR 79, 348 ff. m. Anm. Jochem, BauR 79, 351; Ganten, NJW 77, 2363.

105 Locher, Rn. 333; Werner-Pastor Rn. 700 ff.; Hesse-Korbion-Mantscheff-Vygen, § 4 Rn. 2.

106 Berufsgericht für Architekten Stuttgart, BauR 79, 67 ff., 69; Jochem, § 4 Rn. 14; Neuenfeld § 4, Rn. 5; einschränkend Locher-Koeble-Frik, § 4 Rn. 87, die leistungsbezogene Umstände nur durch die Einordnung in die Honorarbemessungsgrundlagen berücksichtigen und nur persönliche oder soziale Gründe für die Unterschreitung der Mindestsätze zulassen wollen.

107 BGH, JBR 96, 426; Berufsgericht für Architekten Stuttgart, BauR 79, 67, 69 m. Anm. Locher, BauR 79, 70; Jochem, § 4 Rn. 14; Neuenfeld, § 4 Rn. 5.

108 BGH, BauR 87, 706; ebenso Hesse-Korbion-Mantscheff-Vygen, § 4 Rn. 72; Werner-Pastor, Rn. 757; a.A. Groß, BauR 80, 9, 16; Locher-Koeble-Frik, § 4 Rn. 94.

auf verzichtet hat, den genauen Rahmen der gesetzlich zulässigen Ausnahmen festzulegen, ist die Überschreitung der Höchstsätze nur beim Vorliegen eines der beiden bereits normierten Ausnahmetatbestände möglich. Die Regelung der HOAI knüpft hier an die der GOA an, die gem. § 1 Abs. 2 der VO PR Nr. 66/50 über die Gebühren für Architekten vom 13.10.1950 ebenfalls Höchstpreischarakter hatte und für die § 2 der VO PR Nr. 66/50 ebenfalls die Überschreitung der Höchstsätze nur bei außergewöhnlichen Leistungen sowie Leistungen von ungewöhnlich langer Dauer zugelassen war, so daß an den früheren Meinungsstand zur GOA angeknüpft wurde.[109] Hiernach liegt eine **unzulässige Überschreitung** der Höchstsätze immer dann vor, wenn ein übersteigendes Honorar entweder vereinbart wird, obwohl die Leistung weder ungewöhnlich noch ungewöhnlich lange dauernd ist oder wenn indirekt der Höchstpreis umgangen wird, z.B. durch Vereinbarung eines höheren als des zulässigen Stundensatzes oder eines überhöhten Pauschalhonorars, Zugrundelegung falscher Beträge als »anrechenbare Kosten« im Sinne des § 10 HOAI, Vereinbarung des vollen Honorars der Leistungsphasen, wo nicht alle Grundleistungen übertragen sind, etc.[110] **Merkmale**

»Außergewöhnlich« im Sinne des **§ 4 Abs. 3 HOAI** sind solche **59**
Architektenleistungen, die in planerischer, künstlerischer, technischer oder wirtschaftlicher Hinsicht das durchschnittliche Leistungsniveau eindeutig übersteigen.[111] Da der Schwierigkeitsgrad der Leistung bereits bei der Einordnung in die Honorarzonen (z.B. §§ 11, 13 HOAI) oder der Einstufung als Besondere Leistung (§ 15 HOAI) eine Rolle spielt, kommen für das Merkmal der Außergewöhnlichkeit nur solche Umstände in Frage, die nicht bereits für die Einordnung in die Honorarzonen oder Schwierigkeitsstufen, die Vereinbarung von Besonderen Leistungen oder für den Honorarrahmen innerhalb der Von-Bis-Sätze maßgebend sind. **»Ungewöhnlich lange dauernd«** sind solche Leistungen, bei denen die zur Vertragserfüllung erforderliche Zeit entweder den vertraglich festgelegten Rahmen – die Regelzeit – oder die unter normalen Umständen benötigte Zeit erheblich überschreitet.[112] **§ 4 Abs. 3 HOAI**

109 Vgl. Fabricius-v. Nordenflycht-Bindhardt, GOA, 8. Aufl. Erl. zu § 2 VO PR Nr. 66/50 m.w.N.

110 OLG Düsseldorf, BauR 73, 127; OLG Düsseldorf, Sch-F Z. 3.01 Bl. 45; OLG Hamm, BauR 95, 129; Locher, Rn. 332; Locher-Koeble-Frik, § 4 Rn. 1 ff.; Werner-Pastor, Rn. 723.

111 Hesse-Korbion-Mantscheff-Vygen, § 4 Rn. 101 ff.; Locher, Rn. 343; Locher-Koeble-Frik, § 4 Rn. 100; Neuenfeld, § 4 Rn. 7.

112 Hesse-Korbion-Mantscheff-Vygen, § 4 Rn. 106 ff.; Locher, Rn. 343; Locher-Koeble-Frik, § 4 Rn. 101; Neuenfeld § 4 Rn. 7, 10.

60 **Wirksamkeitserfordernis** ist auch bei § 4 Abs. 3 HOAI die **bei Auftragserteilung** getroffene schriftliche Vereinbarung der Parteien.[113] Wenn ein Teil des baurechtlichen Schrifttums[114] das Zeitmoment »bei« Auftragserteilung im Gegensatz zu § 4 Abs. 1 und Abs. 4 HOAI hier nicht als Tatbestandsmerkmal und damit als entbehrlich ansieht, so liegt darin trotz der unterschiedlichen dogmatischen Standpunkte jedenfalls im praktischen Ergebnis nur ein scheinbarer Gegensatz zu der hier vertretenen Meinung. Denn entweder war den Parteien schon bei Auftragserteilung klar, daß die Architektenleistung ungewöhnlich oder von ungewöhnlich langer Dauer sein würde: Dann greift, falls sie keine Honorarvereinbarung getroffen haben, ohnehin § 4 Abs. 4 HOAI ein, der eine spätere Anpassung an bereits bekannte Umstände nicht mehr zuläßt. Oder sie haben eine schriftliche Vereinbarung innerhalb des Honorarrahmens getroffen, die dann ohnehin der Disposition der Parteien unterliegt. War die Außergewöhnlichkeit oder ungewöhnlich lange Dauer der Leistung bei Vertragsabschluß dagegen nicht bekannt, so handelt es sich ohnehin um Leistungen, die vom ursprünglichen Auftrag nicht umfaßt sind mit der Folge, daß eine schriftliche Honorarvereinbarung, die nach Auftragserteilung aber vor Ausführung der Leistung getroffen sein muß,[115] zulässig ist. Bei der außergewöhnlichen Leistung folgt dies bereits aus dem Umstand, daß die außergewöhnliche nicht mit der durchschnittlichen Leistung identisch ist, so daß der Vertragsgegenstand und damit der Inhalt des Auftrages selbst sich ändern. Bei einer unverschuldeten, erheblichen Überschreitung der Regelbauzeit, die für den Architekten mit erheblichem zusätzlichen Arbeitseinsatz verbunden ist, kommt dagegen schon nach den allgemeinen Grundsätzen über den Wegfall der Geschäftsgrundlage, die durch die preisrechtlichen Bindungen der HOAI nicht außer Kraft gesetzt sind, eine Anpassung des Vertrages und damit eine Korrektur des Leistungsgefüges infrage. Wirksamkeitserfordernis der schriftlichen Vereinbarung ist damit auch gem. § 4 Abs. 3 HOAI das Zeitmoment; Einschränkungen oder – scheinbare – Ausnahmen gelten im selben Umfang wie bei der Honorarvereinbarung gem. § 4 Abs. 1 HOAI.

113 Ebenso Hesse-Korbion-Mantscheff-Vygen, § 4 Rn. 104; Werner-Pastor, Rn. 734 ff.

114 Locher-Koeble-Frik, § 4 Rn. 94.

115 Nur so ist das Erfordernis »bei Auftragserteilung« auch hinsichtlich der außergewöhnlichen bzw. außergewöhnlich langen Leistung eingehalten; zu weitgehend: Locher-Koeble-Frik § 4 Rn. 94: Vereinbarung vor Beendigung der Leistung reicht.

c) Die Wirksamkeitserfordernisse beim Architektenvertrag

Während die Überschreitung der preisrechtlichen Schranken der HOAI trotz Verstosses gegen ein gesetzliches Verbot die Wirksamkeit des Architektenvertrages nicht berührt, sondern nur gem. § 140 BGB Ermäßigung der Gebühren auf das gesetzlich zulässige Maß zur Folge hat,[116] **führen andere Verstöße** gegen die dem Architekten gesetzten Grenzen der Vertragsfreiheit **zur Nichtigkeit des gesamten Vertrages gem. § 134 BGB**. **61**

aa) Das Verbot der Architektenbindung

Art. 10, § 3 MRVG: Kopplungsverbot

Gemäß **Artikel 10 § 3** des Gesetzes zur Regelung von Ingenieur- und Architektenleistungen vom 04.11.1971 **(MRVG)** ist eine Vereinbarung, durch die der Erwerber eines Grundstückes sich im Zusammenhang mit dem Erwerb verpflichtet, bei der Planung oder Ausführung eines Bauwerkes auf dem Grundstück die Leistungen eines bestimmten Ingenieurs oder Architekten in Anspruch zu nehmen, unwirksam.[117] Anlaß für das gesetzliche Verbot waren die durch den »architektengebundenen« Verkauf von Grundstücken auf dem Baumarkt entstandenen Wettbewerbsbeschränkungen,[118] die dazu führten, daß der Käufer in der freien Wahl des Architekten bzw. Ingenieurs unangemessen behindert wurde. Denn er war – um ein bestimmtes Grundstück überhaupt erwerben zu können – aufgrund der **monopolartigen Stellung** des den Erwerb vermittelnden Architekten gezwungen, entweder ohne Rücksicht auf dessen fachliche Qualifikation den Architektenvertrag abzuschließen oder ohne Inanspruchnahme von Leistungen das Honorar zu zahlen, um wieder in den Genuß der freien Architektenwahl zu kommen. Angesichts der früheren Auswüchse waren die Gerichte[119] häufiger mit der Frage befaßt, ob die – von den Standesorganisationen der Architekten als standeswidrig angesehene – architektengebundene Veräußerung von Grundstücken gemäß § 138 Abs. 1 BGB wegen Sittenwidrigkeit nichtig sei. Dies wurde regelmäßig dann verneint, wenn der Erwerber nicht unausweichlich an die Person des Architekten gebunden war sondern gemäß § 649 BGB den Architektenvertrag kündigen konnte, oder wenn die Bindung an den **62**

116 h.A., vgl. Werner-Pastor, Rn. 697; Locher-Koeble-Frik, § 4 Rn. 70; Hesse-Korbion-Mantscheff-Vygen, § 4 Rn. 93 ff., 114; Neuenfeld, § 4 Rn. 3.

117 Sog. »Kopplungsverbot«, vgl. Werner-Pastor, Rn. 86 ff.; Locher-Koeble-Frik, § 3 MRVG, Rn. 1 ff.; Pott-Dahlhoff-Kniffka, § 4 Rn. 61 ff.

118 BT-Drucksache VI/1549, S. 14/15 u. VI/2421, S. 6; vgl. auch Hesse, BauR 77, 73.

119 Vgl. BGH, BauR 73, 117 ff.; OLG Düsseldorf, BauR 70, 186, OLG Frankfurt, BauR 73, 392.

Architekten, dessen Qualifikation der Aufgabe entsprach, die einheitliche Bebauung bei einer Gesamtbaumaßnahme sichern sollte.

63 Seit Inkrafttreten des MRVG ist die Rechtslage beim Kopplungsgeschäft eindeutig: Der auf den Erwerb des Grundstückes gerichtete Vertrag ist gemäß § 3 MRVG **wirksam**. Der mit dem Grundstückserwerb gekoppelte Architekten- oder Ingenieur-Vertrag ist dagegen gemäß § 134 BGB **nichtig**. Die **Rückabwicklung** des Vertrages bzw. der beiderseits bereits erbrachten Leistungen erfolgt nach bereicherungsrechtlichen Grundsätzen.[120]

Folgen

64 **Gegenstand** des Kopplungsverbotes sind Grundstücke ohne Rücksicht auf Bebaubarkeit oder Grad der Bauerwartung, Erbbaurechte, bei denen die unerwünschten Folgen der Architektenbindung bzw. der Wettbewerbsverzerrung auf dem Baumarkt dieselben sind, sowie die Bestellung eines Rechtes an einem Grundstück, sofern dieses Recht den Erwerber zur Errichtung eines Gebäudes auf dem Grundstück berechtigt.[121]

(1) Die zeitlichen Grenzen der Kopplung:

65 Die **zeitliche Bindungswirkung** des Kopplungsverbotes erstreckt sich, da Artikel 10 § 3 des Gesetzes vom 04.11.1971 extensiv auszulegen ist,[122] nicht nur auf den Architektenvertrag, der zusammen mit dem Grundstückskaufvertrag oder zum gleichen Zeitpunkt abgeschlossen wird. Auch wenn der Architektenvertrag vor dem Grundstückserwerb abgeschlossen wird, wenn zunächst nur ein Vorvertrag zum Abschluß eines Architektenvertrages zustande kommt, oder wenn der Architektenvertrag zeitlich nachfolgt, ist eine mißbilligte Bindung gegeben.[123] Maßgebend für die Bejahung des »Zusammenhangs« zwischen Grundstückserwerb und Architektenvertrag ist nämlich nicht die zeitliche Nähe, sondern ausschließlich der Umstand, ob dem Auftraggeber ein Erwerb des Grundstückes auch möglich gewesen wäre, ohne daß er den Architektenvertrag abgeschlossen bzw. sich zur Zahlung eines Architektenhonorars verpflichtet hätte.

120 Vgl. im einzelnen unten Rn. 528 ff.

121 Hesse-Korbion-Mantscheff-Vygen, Art. 10 § 3 MRGV, Rn. 11 ff.; Werner-Pastor, Rn. 668 ff.; Hesse, BauR 77, 73 ff., 75.

122 BGH, BauR 78, 232, 233; BauR 78, 495; BauR 83, 93.

123 BGH, BauR 75, 288, 290; OLG Düsseldorf, BauR 76, 64 ff. 65; Hesse-Korbion-Mantscheff-Vygen, Art. 10 § 3 MRGV, Rn. 8 ff.; Locher, Rn. 219; Werner-Pastor, Rn. 516.

(2) Der sachliche Umfang des Kopplungsverbotes:

Derselbe Gesichtspunkt ist auch ausschlaggebend für die Bejahung der **sachlichen Voraussetzungen des Kopplungsverbotes**. Demgemäß ist ein mißbilligter Zusammenhang nicht nur dann gegeben, wenn der Grundstückseigentümer aufgrund seiner Absprachen mit dem Architekten die Grundstücksveräußerung davon abhängig macht, daß der Erwerber mit diesem einen Architektenvertrag abschließt, sondern auch, wenn der Architekt dem Erwerber ein Grundstück beschafft und den Nachweis des Grundstückes vom Abschluß des Architektenvertrages abhängig macht.[124] Da nicht jeder irgendwie geartete Zusammenhang ausreicht, um den Vertrag nichtig zu machen, kommt es auf die Umstände des Einzelfalles an. Schließt z.B. der bauwillige Auftraggeber bereits einen Architektenvertrag und beauftragt er im Rahmen dieses Vertrages den Architekten, ihm das für die geplante Bebauung geeignete Grundstück zu beschaffen, so liegt sicher nur eine über die Grundleistungen der HOAI hinausgehende Besondere Leistung des Architekten vor, nicht aber eine mißbilligte Kopplung im Sinne des Artikel 10 § 3 MRVG. Denn hier wurde die Entscheidungsfreiheit des Erwerbers im Hinblick auf den Abschluß des Architektenvertrages in keiner Weise beeinträchtigt. Es liegt kein Fall vor, bei dem der Architekt, dem das Grundstück »anhand« gegeben wurde, eine monopolartige Stellung ausnutzt, die nicht auf eigener beruflicher Leistung beruht. Der Auftraggeber hat sich vielmehr in freier Wahl für einen Architekten entschieden, mit diesem bereits einen rechtsverbindlichen Vertrag geschlossen und bedient sich seiner fachkundigen Hilfe, um das geeignete Baugrundstück zu finden. Eine Einbeziehung auch dieser Fallgestaltung unter das Verbot des Artikel 10 § 3 MRVG, wie sie das OLG Hamm[125] befürwortet, ist weder vom Wortlaut noch vom Sinn und Zweck des Gesetzes gedeckt. Sie entspricht zwar der Tendenz der zu Artikel 10 § 3 MRVG ergangenen Rechtsprechung,[126] jeden rechtlichen oder tatsächlichen Zusammenhang zwischen Grundstückserwerb und Architektenvertrag dem Kopplungsverbot zu unterstellen. Jedoch rechtfertigt auch die legitime Absicht, Umgehungen des Kopplungsverbotes zu verhindern, keine so extensive Auslegung, die zwangsläufig dazu führen muß, daß der geringste objektive Zusammenhang zwischen Grundstückserwerb und Architektenvertrag, jede irgend- **66** **z.B.**

124 BGH, BauR 75, 288, 290; BGH, BauR 78, 234; Locher, Rn. 218.

125 OLG Hamm, BauR 74, 135; im Sinne der hier vertretenen Ansicht Jagenburg, BauR 79, 91 ff. 99; Koeble, BauR 73, 25 ff., 26, die den »Zusammenhang« im Sinne des § 3 bei Vereinbarungen zwischen Architekt und Erwerber eng auslegen wollen.

126 z.B. LG Köln, BauR 74, 422; OLG Düsseldorf, BauR 75, 138; BGH, BauR 75, 288.

wie geartete Beratung oder Unterstützung des Grundstückserwerbers durch den Architekten die Gefahr der Nichtigkeit des Architektenvertrages heraufbeschwört.

67 Angesichts der inzwischen differenzierenden **BGH-Rechtsprechung,**[127] die nicht mehr jedem Architektenvertrag bzw. jeder Leistung an den Architekten, die in irgendeinem Zusammenhang mit dem Grundstückserwerb steht, gemäß Art. 10 § 3 MRVG die rechtliche Grundlage entzieht, wird die Beurteilung der sachlichen Voraussetzungen des Kopplungsverbotes sich wohl zunehmend an anderen **Kriterien** zu orientieren haben. Entscheidend ist nämlich die Frage, ob die Entscheidungsfreiheit des Erwerbers überhaupt beeinträchtigt wurde bzw. ob er nicht lediglich solche finanziellen Verpflichtungen des Grundstücksveräußerers übernommen hat, die in dessen Person rechtswirksam entstanden waren, und die dieser legitimerweise zu einem Kostenfaktor bei der Veräußerung des Grundstücks machen durfte.[128] Angesichts der extensiven Betrachtung der Kopplung ist jedenfalls für den **Architekten** Vorsicht bezüglich der Mitwirkung am Grundstückserwerb anzuraten. Da nämlich auf der Basis der bisherigen Rechtsprechung im Zweifel jeder räumliche, zeitliche und/oder persönliche Zusammenhang zwischen Architektenvertrag und Grundstückserwerb für eine Kopplung spricht, jedenfalls aber den Beweis des ersten Anscheins begründet, den der Architekt widerlegen muß,[129] sieht dieser sich im Streitfalle mit erheblichen Beweisführungsproblemen konfrontiert, wenn der Auftraggeber später nicht mehr am Vertrag festhalten will.

Tip

Dem Architekten ist daher – wenn schon ein derartiger Zusammenhang besteht oder gesehen werden könnte – jedenfalls zu empfehlen, den Auftraggeber schriftlich, z.B. durch entsprechenden Hinweis im Architektenvertrag, über das Kopplungsverbot aufzuklären. Die **Aufklärung** führt zu einer **verschärften Haftung des Auftraggebers gemäß § 819 BGB** und verhindert damit zumindest, daß ein kundiger Auftraggeber die Dienste des Architekten unentgeltlich in Anspruch nimmt. Zudem kann, wenn der Auftraggeber in Kenntnis des Kopplungsverbotes den Architektenvertrag durchführt bzw. die Architektenleistung in Anspruch nimmt,

127 BGH, BauR 79, 169 f.; BGH, BauR 79, 530.

128 BGH, BauR 78, 232 ff. und 495; vgl. insoweit die berechtigte Kritik von Jagenburg, BauR 79, 91 ff.

129 Hesse, BauR 77, 73 ff.; Werner-Pastor, Rn. 693.

gemäß § 141 BGB unter Umständen der nichtige Architektenvertrag bestätigt und damit die Unwirksamkeit geheilt werden.[130]

Im umgekehrten Fall einer Bindung des Grundstücksveräußerers an den Architekten ist nach den vorstehenden Grundsätzen zwar die Vereinbarung, den Erwerber des Grundstückes an den Architekten zu binden oder ihm eine Abstandszahlung aufzuerlegen, die den Verzicht des Architekten auf eine Bindung künftiger Erwerber entschädigen soll, gemäß § 134 BGB unwirksam.[131] Hat jedoch der Architekt mit dem Grundstücksveräußerer bereits einen wirksamen Architektenvertrag abgeschlossen, und übernimmt der Erwerber im Zusammenhang mit dem Grundstücksgeschäft lediglich die Verpflichtung zur Zahlung einer **Abstandssumme** an den Architekten, so ist diese Verbindlichkeit ebenso als rechtswirksam anzusehen wie die Vereinbarung einer teilweisen Anrechnung auf den Kaufpreis im Falle der Übernahme des Honorars für bereits erbrachte Architektenleistungen.[132] Denn hier soll der Erwerber lediglich den Verkäufer von solchen Ansprüchen freistellen, die dem Architekten nach Maßgabe des bestehenden Architektenvertrages gegenüber dem Veräußerer infolge des Verkaufs des Baugrundstükkes zustehen. 68

Ist der **Architekt** oder ein Familienangehöriger **selbst Grundstückseigentümer**, so unterliegt er nach allgemeiner Ansicht[133] ebenfalls dem Kopplungsverbot des Art. 10 § 3 MRVG. Er darf auch in einem solchen Falle das Grundstücksgeschäft nicht vom Abschluß des Architektenvertrages abhängig machen. 69

Problematisch wird die **Anwendung** des Kopplungsverbotes, wenn der Architekt über die für sein Berufsbild typischen Aufgaben hinaus zusätzliche Leistungen verspricht und damit **wie ein Generalübernehmer, Bauträger und Baubetreuer auftritt**. Seit dem Urteil des BGH vom 09.12.1974[134] ist zwar klargestellt, daß Art. 10 § 3 MRVG nicht auf Verträge mit Wohnungsbau- und Baubetreuungsunternehmen anwendbar ist, zu deren berufstypischer Leistung auch die Beschaffung und Erschließung von Baugrundstücken gehört, weil diese – das zeigt auch die Entstehungsgeschichte des Gesetzes – nach dem ausdrücklichen 70

130 Jagenburg, BauR 79, 91 ff., 102; Neuenfeld, Bd. 1 II, Rn. 44; Weyer, BauR 84, 324 ff., 330; Hesse-Korbion-Matscheff-Vygen, Art. 10 § 3 MRVG, Rn. 35; a.A. OLG Düsseldorf, BauR 80, 480; Werner-Pastor, Rn. 694.

131 BGH, BauR 78, 230, 231; Locher, Rn. 218 f.; Hesse, BauR 77, 72, 78; Hesse-Korbion-Mantscheff-Vygen, Art. 10 § 3 MRVG, Rn. 34.

132 BGH, BauR 78, 230, 231; vgl. auch BGH, BauR 79, 169 ff.; OLG Frankfurt, JBR 95, 168; differenzierend: BGH, BauR 83, 94.

133 OLG Hamm, BauR 93, 494; BGH, BauR 78, 147; Hesse, BauR 77, 73 ff. 78; Jagenburg, BauR 79, 91 ff. 104; Neuenfeld, Bd. 1 II, Rn. 40 f.

134 BauR 75, 128.

Willen des Gesetzgebers eine Sonderstellung einnehmen. Diese Sonderstellung ist nach inzwischen h.A.[135] jedoch nur solchen Unternehmen zuzubilligen, die sich gewerbsmäßig mit der Beschaffung und Erschließung von Bauland befassen und für die sich aus der Verbindung zwischen Grundstücksverkauf und Baubetreuung ein entsprechendes einheitliches Berufsbild entwickelt hat, nicht aber den Architekten und Ingenieuren, auch wenn sie berufsfremde Aufgaben wahrnehmen. Demgemäß ist die Frage, ob auf einen **»Betreuungs-Vertrag«** im weitesten Sinne Art. 10 § 3 MRVG anzuwenden ist, nicht nach sach- und leistungsbezogenen, sondern **nach personenbezogenen Gesichtspunkten zu beantworten**.[136] Für die Anwendung des Kopplungsverbotes kommt es nicht darauf an, ob nach dem Vertrag nur eine typische Architektenleistung, nämlich die Planung und technische Betreuung der Erstellung des Bauwerks, geschuldet wird oder ob die Verschaffung des Eigentums am Grundstück, die finanzielle und wirtschaftliche Betreuung des Bauherrn hinzutreten. Maßgeblich ist ausschließlich, ob **Vertragspartner** des Grundstückserwerbers ein gewerbliches Unternehmen der Wohnungswirtschaft ist, wobei es dahinstehen kann, ob dieser als Bauträger oder Baubetreuer (Baubetreuer im weiteren oder im engeren Sinne)[137] als Generalübernehmer oder Generalunternehmer tätig wird,[138] oder ob es sich umgekehrt um einen Architekten oder Ingenieur handelt, der über die reine Architekten- oder Ingenieurleistungen hinaus Tätigkeiten der Teil- oder Vollbetreuung übernimmt. Da es für Architekten und Ingenieure keine berufstypische gewerbliche Baubetreuungstätigkeit gibt, findet im letzteren Fall das Kopplungsverbot des Art. 10 § 3 MRVG uneingeschränkt Anwendung. Eine Ausnahme kann nur gelten, wenn eine kraft Ausbildung und früherer Berufstätigkeit als Architekt oder Ingenieur einzustufende Person die Berufsbezeichnung nur noch als Titel führt, im übrigen aber ausschließlich als gewerblicher Unternehmer im Bereich der Wohnungswirtschaft tätig ist.[139] Er unterliegt in diesem Falle zwar nicht dem Kopplungsverbot des Art. 10 § 3 MRVG, wohl aber den Vorschriften der **Makler- und Bauträgerverordnung (MaBV)**. Umgekehrt ist Art. 10 § 3 MRVG analog anzuwenden, wenn

Entscheidungskriterien

135 OLG Köln, BauR 76, 290; BGH, NJW 78, 639; Locher-Koeble-Frik, MRVG, § 3, Rn. 10; Werner-Pastor, Rn. 683; Neuenfeld, Bd. 1 II, Rn. 43; a.A. Jagenburg, BauR 79, 91 ff. 106 und Brych-Pause, Rn. 83 ff., die auf das sachbezogene Element des Vertragsinhaltes abstellen und Baubetreuung im engeren oder weiteren Sinne durch den Architekten oder Ingenieur nicht unter das Kopplungsverbot fallen lassen.

136 BGH BauR 84, 192 u. BauR 93, 490.

137 Zur Definition vgl. unten Rz. 348.

138 BGH, BauR 84, 192; 89, 95; Locher-Koeble-Frik, MRVG, § 3 Rn. 10.

139 Abgrenzungskriterium können das Vorliegen einer Erlaubnis gem. § 34 c GewO und die Gewerbesteuerpflicht sein.

das Bauträger- oder Baubetreuungsunternehmen ausschließlich berufstypische Architekten- oder Ingenieurleistungen erbringt und damit lediglich das Kopplungsverbot umgeht.[140]

Die Regelung der **Nichtigkeitsfolge** in Art. 10 § 3 Satz 2 MRVG, wonach das Grundstücksgeschäft wirksam bleibt, enthält eine Abweichung von der generellen Regelung des § 139 BGB, nach der die Nichtigkeit des Architektenvertrages die Unwirksamkeit auch des Grundstückserwerbs zur Folge haben würde. Damit ist eine **Berufung auf § 139 BGB** aber nicht schlechthin versagt. Denn Art. 10 § 3 Satz 2 MRVG besagt nur, daß der Bestand des Grundstücksgeschäfts nicht allein deshalb nicht in Frage gestellt wird, weil der auf eine unzulässige Architektenbindung gerichtete Vertragsteil unwirksam ist. Liegen außer dem Umstand, daß die Architektenbindung entfallen ist, noch **andere Gründe** vor, die für eine der Parteien ein Festhalten an dem wirksamen Teil des Vertragswerkes – dem Grundstücksgeschäft – unzumutbar macht, so ergreift die Unwirksamkeit gemäß § 139 BGB auch den Grundstückserwerb.[141] Angesichts des **Schutzzweckes** des Kopplungsverbotes wird sich in der Regel jedoch **nur der Erwerber** auf die Unwirksamkeit des Grundstücksgeschäftes **berufen** dürfen. Der Verkäufer dagegen kann sich nur in Ausnahmefällen wegen der unwirksamen Architektenbindung vom Grundstücksgeschäft lösen, dann nämlich, wenn auch die Voraussetzungen einer arglistigen Täuschung oder der unzulässigen Rechtsausübung in der Person des Erwerbers gegeben wären, z.B. wenn dieser arglistig über die Zulässigkeit der Architektenbindung getäuscht hat, um den Abschluß des Grundstückserwerbs herbeizuführen.[142] **71**

Verhältnis Art. 10 § 3 Satz 2 MRVG zu § 139 BGB

Wird der Auftraggeber nur deshalb zum Abschluß des Architektenvertrages veranlaßt, weil **ihm der Erwerb des Baugrundstücks in Aussicht gestellt wurde**, so ist der Architektenvertrag auch dann unwirksam, wenn es später nicht zum Abschluß des Grundstücksgeschäftes kommt. Die Gerichte[143] und ihnen folgend Locher[144] und Werner-Pastor[145] begründen dies mit der Wirkung des Kopplungsverbotes, das auch dann eingreifen müsse, wenn der Grundstückserwerb scheitert, weil andernfalls derjenige Erwerber, dem der Grundstückserwerb mißlingt, schlechter gestellt wäre als derjenige, bei dem alle Voraussetzungen des Art. 10 § 3 MRVG vorliegen. Die Begründung dieses – an sich richtigen – Ergebnisses erscheint dogmatisch falsch. Denn auch ein **72**

140 BGH, BauR 91, 114; Hess. VGH, BauR 85, 224.
141 BGH, BauR 78, 232 ff. 234; Hesse, BauR 77, 73, 80; Werner-Pastor, Rn. 669.
142 Hesse, BauR 77, 73, 79.
143 BGH, BauR 82, 512; OLG Düsseldorf, BauR 76, 64.
144 Rn. 220.
145 Rn. 677.

unbilliges Ergebnis kann nicht zu einer Anwendung des Art. 10 § 3 MRVG führen, wenn dessen tatbestandliche Voraussetzungen nicht vorliegen. Da die Vorschrift ausdrücklich an den Tatbestand des Grundstückserwerbs anknüpft, kann das Kopplungsverbot folglich nicht eingreifen, wenn der Auftraggeber nicht »Erwerber« im Sinne des Art. 10 § 3 MRVG ist. Der Architektenvertrag ist in solchen Fällen jedoch **nach allgemeinen Rechtsgrundsätzen** unwirksam, weil der Grundstückserwerb durch den Auftraggeber immer entweder als beiderseitige **Rechtsgrundlage** oder als **Bedingung** des Architektenvertrages zu qualifizieren ist, deren Wegfall bzw. Nichteintritt die Wirksamkeitsvoraussetzungen auch des Architektenvertrages entfallen läßt.[146]

bb) Die Verwendung von allgemeinen Geschäftsbedingungen

73 Verwendet der Architekt oder der Auftraggeber beim Abschluß eines Architektenvertrages ein vorgefertigtes Vertragsmuster, so ergibt sich im Hinblick auf die Wirksamkeit des abgeschlossenen Vertrages die zusätzliche Notwendigkeit, seinen Inhalt bzw. seine einzelnen Bestimmungen auch nach Maßgabe des **Gesetzes zur Regelung des Rechts der Allgemeinen Geschäftsbedingungen (AGBG)** zu überprüfen. Das Gesetz bildet den vorläufigen Schlußpunkt einer Rechtsprechung, die Formularverträge zunehmend gemäß §§ 138, 242, 315, 826 BGB der richterlichen Inhaltskontrolle unterwarf. Einerseits normierte es die durch die Rechtsprechung gefundenen Ergebnisse, andererseits erweiterte es die Inhaltskontrolle durch neue kodifikatorische Regelungen, die den Schutz des Vertragspartners des Verwenders gegen einseitige Verlagerung der Vertragsrisiken und des Vertragsnutzens verstärken sollten. Angesichts der Häufigkeit der Verwendung von Vertragsmustern in Form sogenannter »Einheits-Architekten-Verträge«,[147] die teils von Fachverlagen herausgegeben werden, teils von den beteiligten Gruppen selbst – der Bundesarchitektenkammer, dem Bundesfinanzministerium, den Kirchen, dem Gesamtverband der gemeinnützigen Wohnungsunternehmen, Bauträgern oder öffentlich rechtlichen Körperschaften – kommt der Frage der Inhaltskontrolle nach dem AGBG im Bereich des Architektenvertrags-Rechtes besondere Bedeutung zu.

146 So auch Hesse, BauR 77, 78.
147 Kaiser, BauR 77, 313; Locher-Koeble-Frik, Einleitung, Rn. 95.

(1) Begriff der AGB

»Allgemeine Geschäftsbedingungen« im Sinne des AGBG, die der Inhaltskontrolle dieser Vorschrift unterliegen, sind gemäß **§ 1 AGBG** »alle für eine Vielzahl von Verträgen vorformulierten Vertragsbedingungen, die eine Vertragspartei (Verwender) der anderen Vertragspartei bei Abschluß eines Vertrages stellt«. Diese Begriffsbestimmung legt den Anwendungsbereich des Gesetzes fest. Er wird nur durch die sachlichen und persönlichen Ausnahmen der §§ 23, 24 AGBG eingeschränkt. Hiernach fallen unter den Begriff der Allgemeinen Geschäftsbedingungen alle Vertragsbestimmungen, die den Inhalt eines Vertrages oder Rechtsverhältnisses gestalten sollen, unabhängig von der Art und Rechtsnatur des Vertrages, seiner Charakterisierung als ein- oder zweiseitiges Rechtsgeschäft,[148] so daß auch die vom Verwender vorformulierten einseitigen Erklärungen des Vertragspartners – z.B. Vollmacht, Ermächtigung, Eintragungsbewilligung oder Unterwerfung unter die sofortige Zwangsvollstreckung – der Inhaltskontrolle des AGBG unterliegen. **74**

Definition § 1 AGBG

»Vorformuliert« sind die Vertragsbedingungen dann, wenn sie entweder für eine mehrfache Verwendung schriftlich – gedruckt, in Schreibmaschinenschrift oder handschriftlich – aufgezeichnet oder in sonstiger Weise – CD, Computer, Diskette etc. – fixiert sind.[149] Dabei ist es unerheblich, ob der Verwender den Vertrag oder das Vertragsmuster selbst vorformuliert hat, oder ein Dritter[150] z.B. ein Notar,[151] der – im Ausnahmefall des notariell beurkundeten Architektenvertrages – ein in seiner Kanzlei zur mehrfachen Verwendung ausgearbeitetes Muster benutzt, ein Fachverlag oder eine Standesorganisation, die ihre Formulare entweder öffentlich vertreiben oder einem – wenn auch auf Mitglieder der Standesorganisation beschränkten – Benutzerkreis zugänglich machen. Die tatbestandlichen Voraussetzungen des § 1 AGBG sind daher auch dann gegeben, wenn der Architekt oder sein Auftraggeber bei einem individuellen Einzelvertragsabschluß das im Laden gekaufte Formular eines »Einheits«-Architektenvertrages« zugrundelegt. Desweiteren ist es unerheblich, ob die wörtliche Formulierung der Vertragsbedingungen unverändert übernommen oder ob sie sprachlich variiert wird, sofern sie in der Sache unverändert bleibt.[152] Außerdem ist es unerheblich, ob ein vollständiger Vertragstext oder nur **einzelne Vertragsklau-** **75**

148 Ulmer-Brandner-Hensen, § 1 Rn. 16; Palandt-Heinrichs, § 1 AGBG Rn. 3; Wolf-Horn-Lindacher, § 1 Rn. 10; MüKo-Kötz, § 1 AGBG Rn. 4.

149 Palandt-Heinrichs, § 1 AGBG Rn. 5; Schmidt-Salzer NJW 77, 129, 131 f.

150 MüKo-Kötz, § 1 AGBG Rn. 5; Löwe-Graf v. Westphalen-Trinkner, § 1 Rn. 11; Locher-Koeble, Rn. 96; Korbion-Locher, Rn. 1.

151 Locher-Koeble, Rn. 96; Ulmer-Brandner-Hensen, § 1 Rn. 32a.

152 Palandt-Heinrichs, § 1 AGBG Rn. 5.

seln vorformuliert übernommen werden.[153] Die bloße Übernahme einzelner vorformulierter Vertragsklauseln macht nicht etwa den gesamten Vertrag bzw. Vertragstext zu einem Individualvertrag, sondern führt dazu, daß die jeweils vorformulierten Vertragsklauseln der Inhaltskontrolle des AGBG unterliegen. § 1 AGBG setzt weiter voraus, daß die Vertragsbedingungen für eine »Vielzahl« von Verträgen vorformuliert sind. Im Gegensatz zum früheren Rechtszustand[154] vor Inkrafttreten des AGBG ist es jetzt nach allgemeiner Ansicht[155] unerheblich, ob die Verträge für eine »unbestimmte« Vielzahl von Anwendungsfällen vorformuliert wurden oder eine von vornherein feststehende Anzahl, z.B. bei notariellen Kaufverträgen für Eigentumswohnungen, deren Zahl schon beim ersten Verkauf festliegt. Auch bezüglich der numerischen Festlegung der Untergrenze des Begriffs **»Vielzahl«** besteht im wesentlichen Einigkeit dahingehend, daß **mindestens 3 Vertragsabschlüsse** geplant sein müssen.[156] Gemäß § 24a AGBG reicht schon die Absicht der einmaligen Verwendung, wenn der Verbraucher aufgrund der Vorformulierung keinen Einfluß auf die Vertragsgestaltung nehmen konnte.

»Verwendungsabsicht«?

76 Unklar ist dagegen, ob hier die **subjektive Absicht des Verwenders**, die Vertragsbedingungen für eine Vielzahl von Fällen verwenden zu wollen, erforderlich ist oder ob es ausschließlich auf das **objektive Kriterium** der tatsächlichen Vielzahl der Verwendungsfälle ankommt. Im letzteren Falle würde die rein faktische Feststellung, daß die Vertragsklausel in einer Vielzahl von Fällen verwandt wurde, ausreichen, um diese als AGB zu qualifizieren.[157] Hiergegen spricht die Verwendung des Wortes »vorformuliert« im Gesetzestext, dem eine finalistische Zielsetzung begriffsimmanent ist. Entscheidend für die Einstufung einer Vertragsklausel als AGB ist daher das subjektive Element der Willensrichtung des Verwenders, der von ihm mit der Vorformulierung verfolgte Zweck. Ist die Verwendung für eine Vielzahl von Verträgen geplant, so gelten die Bedingungen auch schon im ersten Verwendungsfall als AGB.[158] Ob es zu einer Verwendung bei weiteren Verträgen noch kommt, ist unerheblich. Umgekehrt werden Vertragsbedingungen, die für einen individuellen Einzelfall erarbeitet wurden, nicht schon dadurch zu AGB, daß die Vertragspartei sich auch bei späteren Vertragsabschlüssen hieran orientiert, solange nicht dem Vorgehen eine gewisse Planmäßigkeit anhaftet. Denn das mehr oder minder zufällige Abschreiben oder

153 Hesse, BauR 75, 82; Löwe-Graf v. Westphalen-Trinkner, § 1 Rn. 8.
154 Vgl. BGHZ 33, 216 ff., 218 = NJW 61, 212.
155 BGH, WM 81, 944, 946 vgl. Ulmer-Brandner-Hensen, § 1 Rn. 25; Palandt-Heinrichs, § 1 AGBG Rn. 6.
156 MüKo-Kötz, § 1 AGBG Rn. 6; Löwe-Graf v. Westphalen-Trinkner, § 1 Rn. 8; Palandt-Heinrichs, § 1 AGBG Rn. 6; Ulmer-Brandner-Hensen, § 1 Rn. 25.
157 Palandt-Heinrichs, § 1 AGBG Rn. 5.
158 MüKo-Kötz, § 1 AGBG Rn. 6; Ulmer-Brandner-Hensen, § 1 Rn. 22 f.

Wiederverwenden von Vertragsklauseln kann nicht ex post die dem Begriff des Vorformulierens immanente Zielsetzung begründen. Wohl aber begründet die faktische Verwendung inhaltlich übereinstimmender Vertragsbedingungen bei einer größeren Zahl von Rechtsgeschäften die **Vermutung** für ihren Charakter als AGB.[159] Der Verwender muß nun den **Beweis des ersten Anscheins** entkräften, daß er nicht tatsächlich bereits bei der ersten oder weiteren Benutzung der Klausel ihre weitere Verwendung in einer Vielzahl von Fällen geplant hat.

Vertragsbedingungen, die für eine Vielzahl von Fällen vorformuliert **77**
wurden, sind gemäß § 1 Abs. 1 AGBG nur dann als AGB einzustufen, wenn der Verwender sie der anderen Vertragspartei **»gestellt«** hat. Diese Voraussetzung liegt vor, wenn er von seinem Vertragspartner den Abschluß zu vorformulierten Vertragsbedingungen verlangt bzw. diese einseitig auferlegt. Tritt also der Architekt an den Auftraggeber oder umgekehrt dieser an den Architekten mit derart vorformulierten Vertragsbedingungen heran, und unterbreitete er sie diesem, so »stellt« er Allgemeine Geschäftsbedingungen.[160] Am Merkmal des Stellens fehlt es, wenn das Verlangen nach Einbeziehung bestimmter AGB von beiden Seiten ausgeht,[161] ein Fall, der gerade beim Architekten- oder Bauvertrag denkbar ist, wenn beide Parteien auf dasselbe gebräuchliche Architektenvertragsmuster oder die VOB/B zurückgreifen. Bringt nicht der Verwender, sondern ein **Dritter** die vorformulierten Bedingungen in den Vertrag, so ist der AGB-Charakter zu verneinen, wenn der Dritte – z.B. Notar, Rechtsberater, Makler, Baubetreuer, etc. – den für einen Einzelfall bestimmten Vertragsentwurf nach einem von ihm ausgewählten oder erstellten Muster fertigt[162] oder nur Standardformulierungen wegen ihrer bisherigen praktischen Bewährung übernimmt, es sei denn, der Verwender bringt diese von sich aus in den Vertrag ein oder muß sie sich zurechnen lassen, weil er von dem Dritten ständig beraten oder vertreten wird.[163]

»Stellen« der AGB

159 Ulmer-Brandner-Hensen, § 1 Rn. 24.

160 Locher-Koeble, Rn. 98; MüKo-Kötz, § 1 AGBG Rn. 8; Korbion-Locher, Rn. 2.

161 Ulmer-Brandner-Hensen, § 1 Rn. 29; Palandt-Heinrichs, § 1 AGBG Rn. 10; Rekken, BauR 78, 417, 418; – a.A. wohl MüKo-Kötz, § 1 AGBG Rn. 9, der hier als Verwender den durch die Klausel Begünstigten ansieht.

162 BGH, NJW 84, 2094; Ulmer-Brandner-Hensen, § 1 Rn. 32.

163 MüKo-Kötz, § 1 AGBG Rn. 8; Korbion-Locher, Rn. 2; Ulmer-Brandner-Hensen, § 1 Rn. 32 e.

(2) Die Abgrenzung zwischen AGB und Individual-Vertrag

78 Beim Architektenvertrag ebenso wie bei anderen Verträgen, ist der AGB-Charakter zu verneinen, wenn die Vertragsbedingungen nicht einseitig gestellt, sondern **individuell ausgehandelt** werden. Ein **»Aushandeln«** im Sinne des § 1 Abs. 2 AGBG liegt vor, wenn der Vertragstext Ausdruck der rechtsgeschäftlichen Selbstbestimmung und Gestaltungsfreiheit beider Vertragspartner geworden ist. Dies setzt voraus, daß der Vertragspartner des Verwenders dessen vorformulierte Klauseln im einzelnen zur Kenntnis nimmt, sie mit dem Verwender detailliert erörtert und von ihm die Möglichkeit zur Einflußnahme auf den Vertragsinhalt eingeräumt bekommt.[164] Wird der gesamte Vertrag im einzelnen abgeändert, so ist der Individualvertragscharakter eindeutig. Wird der Text des Vertragsformulars oder der AGB an keiner Stelle äußerlich sichtbar abgeändert oder ergänzt, so ist der AGB-Charakter nach überwiegender Ansicht[165] gleichwohl zu verneinen, wenn und soweit der Verwender zur Abänderung der Bedingungen bereit und dies dem Geschäftspartner bei Vertragsabschluß bewußt gewesen ist. Denn der Vertragspartner des Verwenders bedarf nicht des besonderen Schutzes des AGBG, wenn die Vertragsbedingungen das Ergebnis einer selbstverantwortlichen Prüfung, Abwägung und möglichen Einflußnahme beider Vertragspartner sind. Auf das rein zufällige Ergebnis, ob der Vertragspartner des Verwenders Abänderungen oder Ergänzungen vorgenommen hat oder nicht, weil die vorformulierten Klauseln seine Zustimmung fanden, kann es hierbei nicht ankommen. Sind nur einzelne Klauseln aus einem vorformulierten Vertragswerk abgeändert oder ergänzt, so ist der gesamte Vertrag als Individualvertrag zu qualifizieren, wenn auch bezüglich der unveränderten Bestimmungen die **Gestaltungsfreiheit und Abänderungsmöglichkeit** gegeben war. Die Abänderung einzelner Klauseln hat einerseits **Indizfunktion** in dem Sinne, daß die Abänderung einzelner Klauseln Indiz dafür ist, daß auch bezüglich der übrigen Klauseln die Gestaltungs- und Abänderungsmöglichkeit gegeben war.[166] Darüber hinaus kann der Abänderung einzelner Klauseln eine Ausstrahlungswirkung zukommen, mit der Folge, daß auch die nicht abgeänderten Klauseln Individualcharakter erlangen.[167] Eine solche **Ausstrahlungswirkung** ist nur dann gegeben, wenn die ausgehandelten Klauseln eine so zentrale Funktion haben, daß trotz der stillschweigenden Übernahme einzelner – weniger

164 Vgl. Locher, NJW 92, 2285; Locher-Koeble, Rn. 101; Wolf-Horn-Lindacher, § 1, Rn. 35.

165 BGH, NJW 83, 385; Locher-Koeble, Rn. 100; MüKo-Kötz, § 1 AGBG Rn. 20; Ulmer-Brandner-Hensen, § 1, Rn. 47 ff.; Palandt-Heinrichs, § 1 AGBG Rn. 18.

166 Ulmer-Brandner-Hensen, § 1, Rn. 63.

167 Locher-Koeble, Rn. 101; a.A. Wolf-Horn-Lindacher, § 1 Rn. 37.

wichtiger oder üblicher – Bestimmungen das Vertragswerk insgesamt als Ergebnis der selbstverantwortlichen Prüfung beider Parteien erscheint.

Die **Beweislast** für den Individualcharakter der Vereinbarung obliegt dem Verwender. Dieser muß spezifiziert diejenigen Tatsachen vortragen, die den Rechtsbegriff des Aushandelns erfüllen.[168] Die im Formularvertrag enthaltene Bestätigung des Vertragspartners, der Vertragsinhalt sei im einzelnen zwischen den Parteien ausgehandelt worden, ist zum Nachweis weder ausreichend noch geeignet,[169] zumal diese formularmäßige Erklärung ohnehin gemäß § 11, Nr. 15 AGBG unwirksam ist. **79**

Wer trägt die Beweislast?

(3) Rechtsfolgen der Verwendung von AGB

Ist ein Architektenvertrag insgesamt oder in Teilen nach den vorstehenden Grundsätzen als AGB anzusehen, so hängt die Rechtswirksamkeit der vorformulierten Bedingungen davon ab, daß sie einerseits entsprechend **§ 2 AGBG in den Vertrag einbezogen** werden und andererseits die durch das AGBG im Hinblick auf Ungewöhnlichkeit, Unklarheit und Unangemessenheit gesetzten Schranken nicht überschreiten. Da die Einbeziehungsvereinbarung gemäß § 2 AGBG kein besonderes Rechtsgeschäft, sondern Teil des jeweiligen Vertrages ist, der sich im Falle der Verwendung von AGB aus dem individuell ausgehandelten Vertragskern und den global einbezogenen AGB zusammensetzt, fällt beim Formularvertrag die Einbeziehungsabrede ununterscheidbar mit dem übrigen Vertragsinhalt zusammen.[170] Mit der Unterzeichnung des Vertrages ist auch das Einverständnis mit der Geltung der AGB gemäß § 2 AGBG erklärt. **80**

Stehen die vorformulierten Bedingungen nicht im Vertragstext selbst, sondern auf einem **Sonderblatt** oder der Rückseite des Angebotes, so werden die AGB nur dann Vertragsbestandteil, wenn der Verwender den Vertragspartner ausdrücklich auf die Bedingungen **hinweist** oder ihm die **Möglichkeit** gibt, in zumutbarer Weise von ihrem Inhalt **Kenntnis zu nehmen**. Der Hinweis muß im Vertrags- oder Angebotstext deutlich sichtbar erfolgen.[171] Eine ausreichende Möglichkeit zur Kenntnisnahme ist nur dann gegeben, wenn der Verwender dem Vertragspartner vor oder beim Vertragsschluß entweder eine Ausfertigung oder Kopie der AGB aushändigt oder ihm zumindest durch Vorlage des Textes Gelegenheit **81**

168 BGH, NJW 77, 624 ff.; Locher-Koeble, Rn. 102.
169 BGH, NJW 77, 624 ff.; Schmidt-Salzer, NJW 77, 129 ff. 134; Ulmer-Brandner-Hensen, § 1 Rn. 37.
170 Palandt-Heinrichs, § 2 AGBG Rn. 1 f.; Löwe-Graf v. Westphalen-Trinkner, § 2 Rn. 5.
171 Locher-Koeble, Rn. 103; Ulmer-Brandner-Hensen, § 2 Rn. 23 ff.; MüKo-Kötz, § 2 AGBG Rn. 6 ff.

zur Einsichtnahme gibt.[172] Das Tatbestandsmerkmal der **»zumutbaren Kenntniserlangung«** ist im Hinblick auf Umfang und Inhalt der Vertragsbedingungen nur dann erfüllt, wenn diese ein Mindestmaß an Übersichtlichkeit und einen im Verhältnis zur Bedeutung des Geschäftes vertretbaren Umfang haben. Da Architektenverträge ebenso wie sonstige Verträge des Baurechts keine Geschäfte des täglichen Lebens betreffen, dürfen AGB im Bauvertragsrecht zwangsläufig **umfangreicher** als sonstige Geschäftsbedingungen sein. Aus demselben Grunde sind auch im Hinblick auf die Verständlichkeit des Textes andere Maßstäbe anzulegen als im Normalfall der AGB, die für den Durchschnittskunden ohne weiteres verständlich sein müssen[173] und bei denen Klauseln, deren Tragweite nur der Jurist versteht, unwirksam sind.[174] Beim **Architektenvertrag** ebenso wie bei anderen Verträgen des Bauvertragsrechts, die im Gesetz selbst nicht detailliert geregelt sind, ist es schon im Hinblick auf den Umfang bzw. Wert der beiderseits zu erbringenden Leistungen im Interesse beider Vertragsparteien, im Vertrag – wenn auch in Form von AGB – eine umfassende Regelung aller vertraglichen Rechte und Pflichten vorzunehmen. Eine Bezugnahme auf gesetzliche Vorschriften z. B. der Gewährleistung, der Abnahme, der Verzugsfolgen, wird dabei vielfach unvermeidbar sein, so daß die rechtliche Tragweite des Vertragswerkes dem Laien unter Umständen nur nach fachkundiger Beratung durch einen Juristen erschlossen wird. Dies gilt aber letztlich für jeden Vertrag aus dem Bereich des Baurechts, das sich in den letzten Jahrzehnten zu einer Spezialmaterie entwickelt hat, so daß die rechtliche Tragweite eines Architekten- oder Bauvertrages auch ohne Verwendung von AGB ohne fachkundige Beratung nur selten zu ermessen sein wird. Demgemäß kann es bei der Beurteilung der Frage, ob die AGB gemäß § 2 AGBG dem Vertragspartner des Verwenders in zumutbarer Weise zur Kenntnis gelangt sind, nicht darauf ankommen, ob der Inhalt vom Durchschnittsbauherrn oder -architekten ohne fachkundigen Rat in seiner gesamten rechtlichen Tragweite verstanden wird – hier greift unter Umständen die Unklarheitenregelung des § 5 AGBG ein – sondern nur, ob eine klare und unzweideutige Formulierung vorliegt.

Begriff, Auslegungshilfen und Grenzen

82 Die Einbeziehungsabrede gem. § 2 AGBG macht die AGB global zum Vertragsbestandteil. Der Vertragspartner soll aber dennoch darauf vertrauen dürfen, daß die Geschäftsbedingungen sich im Rahmen dessen halten, was bei Würdigung aller Umstände bei Verträgen dieser Art zu erwarten ist. Daher wird **gemäß § 3 AGBG** die Bindung an das Einbeziehungseinverständnis nach § 2 AGBG verneint, wenn die AGB **objek-**

§ 3 AGBG

172 Ulmer-Brandner-Hensen, § 2, Rn. 47 ff.; Palandt-Heinrichs, § 2 AGBG Rn. 9.
173 BGH, NJW 83, 159, 162, vgl. Palandt-Heinrichs, § 2 AGBG Rn. 13; Ulmer-Brandner-Hensen, § 2 Rn. 51; Locher-Koeble, Rn. 104.
174 z.B. BGH, NJW 82, 331, 332 a.E.

tiv ungewöhnliche und subjektiv überraschende Klauseln enthalten. Überraschend im Sinne des § 3 AGBG ist nicht jede Klausel, deren Verwendung ungewöhnlich ist. Der Klausel muß vielmehr ein ausgesprochener Überrumpelungs- oder **Übertölpelungseffekt** innewohnen.[175] Sie wird nicht Vertragsbestandteil, wenn der überraschte Vertragspartner sich mit einer unerwarteten Abänderung der gesetzlichen Regelung konfrontiert sieht, mit der er nach den Gesamtumständen des Vertragsschlusses nicht zu rechnen brauchte.[176] Da das Überraschungsmoment bei entsprechender Aufklärung entfällt, kommt bei notariellen Verträgen eine Berufung auf § 3 AGBG wegen der Prüfung und Belehrung durch den Notar bzw. Genehmigung der Niederschrift durch die Vertragsparteien gemäß §§ 13, 17 BeurkG nicht in Frage.[177] Bei der Verwendung von »Einheits«-Architektenverträgen wird in der Regel ebenfalls die Ungewöhnlichkeit zu verneinen sein, da der Auftraggeber, wenn das Vertragsmuster allgemein gebräuchlich ist, mit den darin enthaltenen branchenüblichen Bestimmungen rechnen muß.

Die Auslegung von AGB richtet sich grundsätzlich nach den allgemeinen Regeln; die §§ 133, 157 BGB bleiben in vollem Umfange **83**
anwendbar. Sie werden jedoch modifiziert durch die **Unklarheitenregelung** des **§ 5 AGBG**. **§ 5 AGBG** Ergibt die Auslegung der Klauseln bei objektiver Betrachtung Mehrdeutigkeit oder Widersprüche, die durch andere Auslegungsmittel nicht beseitigt werden können, so sind diese Klauseln gemäß § 5 AGBG unwirksam.[178] Widersprechen sich mehrere Klauseln innerhalb von AGB, so sind diejenigen unwirksam, die den Vertragspartner des Verwenders ungünstiger stellen.[179] In Abweichung vom Grundprinzip des § 139 BGB erfaßt die Nichtigkeit einer Klausel gemäß § 6 AGBG immer nur die einzelne nichteinbezogene oder unwirksame Klausel, während der Vertrag im übrigen bestehen bleibt.

Der wesentliche Anwendungsbereich der richterlichen Inhaltskon- **84**
trolle von AGB betrifft die **Unangemessenheitskontrolle** gemäß den §§ 9-11 AGBG. Um zu gewährleisten, daß der Vertragspartner des Verwenders durch die AGB nicht unangemessen benachteiligt wird, sieht **§§ 9-11 AGBG** das Gesetz in den **§§ 10, 11 AGBG** einen umfangreichen Katalog verbotener Klauseln vor, der durch die Generalklausel des § 9 AGBG ergänzt wird. In der Reihenfolge der Prüfung steht an erster Stelle § 11 AGBG, der keine Wertungsmöglichkeit läßt, dann § 10 AGBG, der die Klauseln

175 Palandt-Heinrichs, § 3 AGBG, Rn. 2 ff.; MüKo-Kötz, § 3 AGBG Rn. 8.
176 BGH, NJW 82, 2369; Löwe-Graf v. Westphalen-Trinkner, § 3 Rn. 13.
177 BGHZ 114, 340; Palandt-Heinrichs, § 3 AGBG Rn. 3.
178 Ulmer-Brandner-Hensen, § 5 Rn. 7; Palandt-Heinrichs, § 5 Rn. 8; Löwe-Graf v. Westphalen-Trinkner, § 5 Rn. 9 ff.; MüKo-Kötz, § 5 AGBG Rn. 5 ff.
179 Ulmer-Brandner-Hensen, § 5 Rn. 28 a; Locher-Koeble, Rn. 111.

mit Wertungsmöglichkeit enthält,[180] danach als Auffangtatbestand **§ 9 AGBG,** der zugleich den Maßstab der Inhaltskontrolle festlegt.[181] Soweit sich durch die Unwirksamkeit einzelner unangemessener Klauseln Lücken ergeben, sind diese gemäß § 6 Abs. 2 AGBG durch das dispositive Recht entsprechend den allgemeinen Grundsätzen, d.h. gemäß § 157 i.V.m. §§ 242, 315 BGB zu füllen und das Vertragswerk entsprechend zu ergänzen. Ausnahmen vom sachlichen Anwendungsbereich des AGBG ergeben sich aus § 24 AGBG, wenn die AGB gegenüber einer juristischen Person des öffentlichen Rechts, einem öffentlich-rechtlichen Sondervermögen oder einem Kaufmann, der den Vertrag im Rahmen seines Handelsgeschäftes abschließt, verwendet werden. Hier entfällt die Unangemessenheitskontrolle in Form der unmittelbaren Anwendung der §§ 10, 11 AGBG – allerdings nicht schlechthin, da die Inhaltskontrolle gemäß § 9 AGBG im kaufmännischen Geschäftsverkehr – der auch Minder- und Scheinkaufleute einschließt[182] – bestehen bleibt. Gegenüber dem öffentlichen oder gewerblichen Auftraggeber des Architekten sind damit zwar weniger strenge Maßstäbe bei der Beurteilung von AGB in Architekten- oder Bauverträgen anzulegen als beim privaten Auftraggeber, jedoch sind auch hier diejenigen Klauseln unwirksam, die den Auftraggeber entgegen Treu und Glauben unangemessen benachteiligen.

(4) Einheitsarchitektenverträge

85 Von Architekten häufig verwendet werden die von der Bundesarchitektenkammer entwickelten Vertragsmuster (sog. »**Einheitsarchitektenvertrag**«), welchen teilweise sog. »Allgemeine Vertragsbestimmungen für Architektenverträge« (AVA) beigefügt sind. Nachdem gegen die in den Jahren 1979 (Bundesanzeiger 1979 Nr. 21) und 1985 (Bundesanzeiger 1985 Nr. 67) veröffentlichten Fassungen zum Teil heftige – allerdings berechtigte – Kritik geäußert wurde,[183] ist im Jahr 1994 eine neue Fassung geschaffen und dem Bundeskartellamt als Konditionsempfehlung gem. § 38 Abs. 2 Nr. 3 GWB vorgelegt worden (Bundesanzeiger

180 Inwieweit einzelne der in »Einheits«-Architektenverträgen oder sonstigen Bauverträgen übliche Klauseln im Hinblick auf §§ 10, 11 AGBG bedenklich sind, z.B. Haftungsbeschränkung, Verkürzung der Gewährleistung, etc., wird jeweils im Zusammenhang mit den Einzelfragen der Haftung, Verjährung etc. erörtert; vgl. u. Rz. 85 ff.

181 Palandt-Heinrichs, Vorb. 1 vor § 8 AGBG.

182 h.M. vgl. Ulmer-Brandner-Hensen, § 24 Rn. 14, Palandt-Heinrichs, § 24 Rn. 11; Löwe-Graf v. Westphalen-Trinkner, § 24 Rn. 8.

183 Ulmer-Brandner-Hensen, Anh. §§ 9-11 Rn. 111 ff.

1994 Nr. 152). Diese Version ist in der Literatur kontrovers diskutiert worden.[184] Einzelne in ihr enthaltene Klauseln halten der Inhaltskontrolle nach dem AGBG immer noch nicht stand. Das Bundeskartellamt hat die genehmigte Fassung inzwischen zurückgezogen. Dessen ungeachtet sind zahlreiche darin enthaltene Klauseln noch gebräuchlich. Im folgenden werden solche Klauseln behandelt, die noch besonders häufig verwendet werden.

(aa) Haftungsbeschränkungen

Wichtige praktische Bedeutung haben Klauseln, mit denen der Architekt seine Haftung formularmäßig beschränkt. Die in den »Allgemeinen Vertragsbestimmungen für Architektenverträge« (1979) enthaltenen Klauseln, die die **Haftung des Architekten** auf **»nachweislich schuldhaft verursachte Schäden« beschränken**, sind gem. § 11 Nr. 10, Nr. 15 a) AGBG unwirksam im allg. Rechtsverkehr, im kaufmännischen Verkehr sind sie gem. § 9 AGBG,[185] nicht wirksam, da sie die verschuldensunabhängigen gesetzlichen Ansprüche abbedingen und entgegen den gesetzlichen Beweisregeln der §§ 282, 285 BGB und den von der Rechtsprechung entwickelten Grundsätzen über die positive Vertragsverletzung und den Anspruch gem. § 635 BGB dem Auftraggeber die Beweislast für das Verschulden des Architekten auferlegen. Sie sind heute erstaunlicherweise immer noch weit verbreitet. **86**

Unwirksam!

Unwirksam sind Klauseln, die die Haftung des Architekten für versicherbare Schäden **»dem Grunde und der Höhe nach auf die Schäden, die der Architekt durch Versicherung seiner gesetzlichen Haftpflicht zu decken hat«** beschränken.[186] Dies gilt jedenfalls dann, wenn dem Auftraggeber nicht deutlich mitgeteilt wird, welches die versicherbaren Schäden sind und wie hoch die Deckungssumme ist. Die Klausel verstößt dann sowohl gegen das Transparenzgebot als auch gegen § 9 AGBG. Beschränkt der Architekt seine Haftung für nicht versicherbare Schäden auf die Honorarsumme, so ist die die Haftungsbeschränkung beinhaltende Klausel ebenfalls gem. § 9 AGBG unwirksam, da die nicht versicherbaren Schäden regelmäßig besonders hoch sind und die Honorarsumme deutlich übersteigen können.[187] **87**

184 Wirth, BauR 99, 319 ff.
185 BGH, BauR 90, 489.
186 OLG Stuttgart, U. v. 10.10.91 – 13 U 190/90; Locher-Koeble-Frik, Einl., Rn. 104.
187 Werner-Pastor, Rn. 2230.

(bb) Kündigungsklauseln

88 Architektenformularverträge enthalten regelmäßig Kündigungsklauseln, die einerseits die Kündigungsbefugnis beider Vertragsparteien auf das Vorliegen eines **»wichtigen Grundes«** beschränken und andererseits regeln, ob und in welcher Höhe der Architekt im Falle der vorzeitigen Beendigung des Architektenvertrages durch Kündigung noch Honorar verlangen kann.

89 **wirksame Kündigung** Üblicherweise enthalten Architektenformularverträge folgende Bestimmung: **»Der Vertrag kann von beiden Teilen nur aus wichtigem Grund gekündigt werden«**. Die h.M. hält diese Klausel, durch die von dem »freien« Kündigungsrecht des § 649 Satz 1 BGB zum Nachteil des Auftraggebers abgewichen wird, für wirksam.[188] Der Architekt habe nämlich ein schützenswertes Interesse daran, Bauwerke vorweisen zu können, die er geplant und deren Errichtung er bewacht habe. Daher sei es dem Bauherren zuzumuten, sich an die einmal getroffene Abrede zu halten (pacta sunt servanda). Die h.M. übersieht, daß das Architektenwerk wenn nicht ausschließlich, so doch vorrangig im Interesse des Bauherren erstellt wird. Regelmäßig wird sich der Bauherr nicht vertraglich verpflichten wollen, zum beruflichen Ansehen und Fortkommen des Architekten beizutragen. Die wirtschaftlichen Interessen des Architekten sind durch § 649 Satz 2 BGB hinreichend geschützt. Darüber hinausgehende Interessen des Architekten sind reine Motive, die nach dem erkennbaren Willen des Auftraggebers weder Vertragsgegenstand noch Geschäftsgrundlage werden sollen. Durch die formularmäßige Beschränkung des Kündigungsrechts werden zudem die Rechte des Eigentümers des Baugrundstücks gem. § 903 Satz 1 BGB unangemessen eingeschränkt, indem nämlich dem Bauherren das vom Architekten geplante Bauwerk selbst dann aufgezwungen wird, wenn er das Grundstück veräußern oder aus anderen Gründen das Bauvorhaben aufgeben will.[189] Aus diesen Gründen ist es nicht möglich, die Kündigung eines Architektenvertrages durch den Auftraggeber durch eine AGB-Klausel auf Fälle eines wichtigen Grundes zu beschränken.[190]

(cc) Abrechnungsklauseln

90 **Typen** Bei den Abrechnungsklauseln ist zu unterscheiden zwischen Klauseln, die den Honoraranspruch des Architekten in dem Fall regeln, in dem der Vertrag aus einem vom Architekten zu vertretenden Grund gekündigt

188 Korbion-Locher, II, Rn. 43.
189 Neuenfeld, Bd. 1 II, Rn. 348.
190 OLG Hamburg, MDR 92, 1059.

wird, und solchen Klauseln, die alle anderen Fälle der Kündigung des Architektenvertrages durch eine der Vertragsparteien regeln.

Gebräuchlich sind Klauseln, die vorsehen, daß dem Architekten im 91
Fall der Kündigung aus einem **von ihm zu vertretenden Grund ein Honorar nur für die bis zur Kündigung erbrachten Leistungen** unwirksam
zusteht. Solche Klauseln sind gem. § 9 Abs. 1 AGBG unwirksam. Nach der gebotenen »kundenfeindlichsten« Auslegung gewährt sie dem Architekten nämlich auch in den Fällen ein Honorar, in denen das Architektenwerk nicht nachbesserungsfähig und deshalb für den Auftraggeber wertlos ist.[191] In solchen Fällen ist aber ein Teilvergütungsanspruch des Architekten von vornherein nicht entstanden.[192] Denn es ist unangemessen und damit gem. § 9 AGBG unwirksam, dem Auftraggeber durch AGB-Klauseln eine Vergütungspflicht für ein nicht brauchbares Architektenwerk aufzuerlegen.

Für die Fälle der Kündigung des Architektenvertrages aus einem 92
nicht vom Architekten zu vertretenden Grund sind nach wie vor Klauseln gebräuchlich, die eine pauschalierte Abrechnung vorsehen. Solche sind nicht unbedingt unwirksam. Bei ihrer Verwendung ist jedoch Vorsicht geboten. Üblicherweise soll nach diesen Regelungen der Architekt den Anspruch auf das vertraglich vereinbarte Honorar behalten, wobei die **ersparten Aufwendungen abzuziehen** sind, die – so heißt es regelmäßig – **»mit 40 % für die vom Auftragnehmer noch nicht erbrachten Leistungen vereinbart werden«**. In der Grundsatzentscheidung vom 10.10.1996 hat der BGH[193] gegen seine frühere Rechtsprechung und die bis dahin h.M. entschieden, daß solche Klauseln jedenfalls dann unwirksam sind, wenn sie dem Auftraggeber den Gegenbeweis abschneiden, daß der Architekt tatsächlich in höherem Umfang Aufwendungen erspart hat (§ 11 Nr. 5 AGBG analog), weil dies in Zeiten guter Konjunktur zu einer unangemessen hohen Vergütung für nicht erbrachte Leistungen führe. Dadurch werde in unangemessener Weise von dem **Grundgedanken des § 649 Abs. 2 BGB** abgewichen, der zwar einen angemessenen Ausgleich für die negativen Folgen der Kündigung, jedoch keine Besserstellung des Auftragnehmers bezwecke. Die Praxis hat auf diese Rechtsprechung dadurch reagiert, daß dem Auftraggeber klauselmäßig ausdrücklich das Recht eingeräumt wurde, einen höheren Anteil an ersparten Aufwendungen nachzuweisen. Hierdurch wurde allerdings die Unwirksamkeit der Klausel nicht beseitigt. Der BGH hat zutreffend in einer weiteren Entscheidung hierzu entschieden, daß durch die geänderte Klausel zwar die ersparten Aufwendungen berücksichtigt

BGH, BB 1996, 2589

191 Niestrate, ZfBR 97, 10.
192 BGH, BB 97, 2395.
193 BB 96, 2589; s. auch BGH, BauR 99, 167.

würden, nicht aber der anderweitige Erwerb des Architekten.[194] Auch diese Klausel verfehle es daher, dem Architekten nicht mehr als einen angemessenen Ausgleich für die Folgen der Kündigung zu bieten. Zwar mag der den tatsächlichen Aufwendungen entsprechende Anteil des Gesamthonorars sehr häufig deutlich unter 40 % liegen. Entgegen anderslautender Stimmen handelt es sich hierbei allerdings nicht um den Regelfall.[195] Unangemessen ist in jedem Fall die Nichtanrechnung anderweitig erworbenen Honorars oder der Ausschluß des Gegenbeweises, solches sei vorhanden oder lediglich durch böswilligen Nichterwerb nicht vorhanden.

(dd) Weisungsbeschränkungen

93 **unwirksam** Unwirksam sind Klauseln, nach denen der Bauherr **»im Interesse eines reibungslosen Bauablaufs«** Weisungen an die am Bau Beteiligten nur im Einvernehmen mit dem Architekten erteilen darf. Solche Klauseln, die im Ergebnis zu einer Entmachtung des Bauherren führen,[196] setzen sich darüber hinweg, daß auch der Architekt ein weisungsgebundener Werkunternehmer ist.[197] Das Bauwerk soll im Interesse des Bauherrn, nicht des Architekten entstehen. Die Freiheit des Bauherrn, über sein Eigentum zu verfügen, kann daher durch AGB-Klauseln nicht abbedungen werden. Aus den gleichen Gründen sind Klauseln unwirksam, nach denen der Bauherr die Abnahme der Leistungen der übrigen Baubeteiligten »im Einvernehmen« mit dem Architekten durchführen soll.[198]

2. Die Vertragspflichten des Architekten

94 Der Architekt ist nach Maßgabe des jeweils abgeschlossenen Architektenvertrages verpflichtet, seine vertraglichen Leistungen zu erbringen. Handelt es sich um einen der atypischen Fälle, bei denen der Architektenvertrag als Dienstvertrag einzustufen ist,[199] so schuldet der Architekt gemäß § 611 BGB die Leistung der versprochenen Dienste, wie sie sich im einzelnen aus den vertraglichen Absprachen ergeben. Bei Geltung des Werkvertragsrechts – d.h. im Regelfall – ist der Architekt gemäß **§ 631 BGB** § 631 Abs. 1 BGB verpflichtet, sein Werk, nämlich die plangerechte Ent-

194 BGH, BB 98, 1710.
195 Ulmer-Brandner-Hensen, Anh. §§ 9-11 Rn. 116.
196 Korbion-Locher, II, Rn. 16.
197 Wirth, BauR 96, 319 ff.
198 Korbion-Locher, II, Rn. 17.
199 s.o. Rn. 28 ff.

stehung und Vollendung des Bauwerks so zu erbringen, daß es die zugesicherten Eigenschaften hat und nicht mit Fehlern behaftet ist, die den Wert oder die Tauglichkeit zu dem gewöhnlichen oder nach dem Vertrag vorausgesetzten Gebrauch aufheben oder mindern.

a) Die Abwicklung des BGB-Vertrages

Maßgebend dafür, welche Leistungspflichten dem Architekten im Einzelfall obliegen, ist in erster Linie der Inhalt des abgeschlossenen Architektenvertrages. Die Parteien können im Rahmen der **Vertragsfreiheit** autonom bestimmen, auf welche Art und Weise die Vertragspflichten erfüllt werden sollen und welche Rechtsfolgen eintreten, wenn die Vertragserfüllung nicht ordnungsgemäß, vollständig und rechtzeitig erfolgt. Schranken sind der Parteiautonomie nur durch die bereits erwähnten gesetzlichen Verbote und das AGBG auferlegt. Soweit im Architektenvertrag keine oder keine wirksame Bestimmung getroffen ist, hat die Ausfüllung der Lücken durch Anwendung der gesetzlichen Vorschriften zu erfolgen. Dies betrifft sowohl die Rechtsfolgen der Nicht- oder Schlechterfüllung des Architektenvertrages wie auch die vorrangige Frage der Festlegung des Leistungsinhaltes und -umfanges, sofern die vertragliche Regelung unklar, unvollständig oder lückenhaft ist. Zu den im Rahmen der ergänzenden Vertragsauslegung heranzuziehenden Bestimmungen zählt an sich nicht die HOAI, sofern deren Geltung nicht ausdrücklich im Architektenvertrag vereinbart wurde, da die **HOAI** als preisrechtliche Verordnung nur die Berechnung der Vergütung regelt und vereinheitlicht, nicht aber die vertraglich geschuldete Leistung festlegt.[200] Die HOAI ist jedoch indirekt, nämlich als Auslegungskriterium für die gesetzlichen Bestimmungen des BGB, die selbst keine speziell auf den Architektenvertrag zugeschnittene Regelung enthalten, heranzuziehen. Denn mit den Leistungsbildern der HOAI hat der Verordnungsgeber nicht willkürlich einen bestimmten Pflichtenkatalog für den Architekten aufgestellt, sondern die aufgrund langjähriger praktischer Erfahrung als typisch geltenden Architektenleistungen umschrieben und in Leistungsbildern bzw. Leistungsphasen gegliedert.[201] Die langjährige Erfahrung, daß der Architekt normalerweise die in den Leistungsbildern aufgeführten Leistungen einwandfrei erbringen muß, um den gemäß § 631 Abs. 1 BGB geschuldeten Leistungserfolg zu erzielen, ist bei der Auslegung der gesetzlichen Vorschriften heranzuziehen. Daher ist auch beim reinen BGB-Architektenvertrag, der die HOAI nicht erwähnt, die Feststellung des Leistungsinhaltes und -umfanges nach Maßgabe der **95**

200 Vgl. o. Rn. 45.
201 Locher, Rn. 228, a.A. BGH, BauR, 99, 187.

Leistungsbilder der HOAI zu treffen,[202] sofern nicht diejenige Partei, die einen abweichenden Leistungsinhalt und -umfang behauptet, eine andere vertragliche Vereinbarung darlegt und beweist.

aa) Der vertragliche Leistungsinhalt

96 Gemäß § 631 Abs. 1 BGB kann das vom Unternehmer geschuldete Werk in der Herstellung einer Sache oder einem durch Arbeit bzw. Dienstleistung herbeizuführenden Erfolg – einem körperlichen oder unkörperlichen Werk – bestehen. Im Gegensatz zum Bauunternehmer, der die Herstellung des Bauwerks selbst schuldet, hat der **Architekt nach h.A.**[203] **als Leistungserfolg das »Entstehenlassen« des Bauwerks**, d.h. das geistige Architektenwerk zu erbringen. Bezüglich der Planungsleistung des Architekten ist es ohne weiteres einleuchtend, daß diese – bezogen auf das Bauwerk – einen geistigen Beitrag zu dessen Erstellung und damit ein unkörperliches Werk darstellt. Jedoch müssen folgerichtig auch alle übrigen Tätigkeiten des planenden und objektüberwachenden Architekten – Erstellung der Ausführungszeichnungen, Ausschreibungen und Vergabe, Überwachung und Koordination der verschiedenen Bauunternehmerleistungen, etc. begrifflich als geistiges Architektenwerk definiert werden, weil sie der Verwirklichung der Planung und damit der Herbeiführung einer einwandfreien baulichen Gesamtleistung dienen. Das geistige Architektenwerk und das körperliche Bauwerk stimmen zwar im Ergebnis weitgehend überein; sie sind jedoch nicht identisch. Demgemäß **haftet der Architekt** auch nicht automatisch für Mängel des Bauwerks, sondern nur für solche Mängel, die entweder auf fehlerhafter Planung oder auf fehlerhafter Bauüberwachung beruhen und die – ebenso wie umgekehrt, das fehlerfreie Bauwerk die vertragsgemäße Architektenleistung verkörpert – in der fehlerhaften Bauausführung verwirklicht wurden.[204]

97 Gegenüber der h.A. argumentiert Ganten[205] mit seiner als **Mindermeinung** vertretenen »erweiterten Werkvertragstheorie« zu unrecht, daß Architekt und Bauunternehmer nicht nur für das gleiche Werk, nämlich

202 Locher Rn. 228, Locher-Koeble-Frik, § 15 Rn. 7.

203 Palandt-Sprau, Vor § 631 Rn. 7; Locher-Koeble-Frik, § 15 Rn. 20; BGH v. 26.11.56 = BGHZ 31, 224 = NJW 60, 431; Schmalzl, Rn. 30 ff.; Locher, Rn. 225 ff.; MüKo-Soergel, § 631 Rn. 127.

204 Vgl. u. Rn. 529 ff; Ingenstau-Korbion, B § 13, Rn. 14 ff.

205 NJW 70, 687 ff., unter Berufung auf Hess, Die Haftung des Architekten für Mängel des errichteten Bauwerks, 66, S. 47 sowie BGH, NJW 66, 1713 f.; BGH, NJW 69, 419 f., deren Entscheidungsgründe die von Ganten vertretene Ansicht jedoch nicht stützen; differenzierend Neuenfeld, Bd. 1 IV, Rn. 2 ff.

das Bauwerk im Sinne der §§ 633 Abs. 2 ff. BGB verantwortlich und gewährleistungspflichtig sind, sondern daß auch der Gegenstand ihrer Erfüllungspflicht gemäß § 631 BGB der gleiche sei. Für Ganten ergibt sich daraus zwangsläufig die Konsequenz, daß der Architekt für die Mängelfreiheit des gegenständlichen Bauwerks verantwortlich ist und dafür nach den Regeln der §§ 633 ff. BGB einzustehen hat, eine Konsequenz, die er nachträglich abzumildern versucht, indem er die Haftung des Architekten auf diejenigen Baufehler beschränkt, die für den Architekten überschaubar sind und die er verhindern kann. Diese Meinung ist weder im Hinblick auf die Abgrenzung der Verantwortlichkeiten dogmatisch klar, noch wird sie der Interessenlage der Parteien gerecht, denen an einer generellen Nachbesserungspflicht des Architekten wenig gelegen sein kann. Denn einen gegenständlichen Erfolg schuldet der Architekt nur insoweit, als ihm die Planung übertragen ist,[206] die sich in den Bauplänen verkörpert und bei denen eine Nachbesserung nur so lange möglich ist, wie die fehlerhafte Planung sich noch nicht im Bauwerk realisiert hat.[207]

Leistungsinhalt

Die vertragsgerechte Leistungserfüllung durch den Architekten setzt voraus, daß dieser seine Werkleistung **mängelfrei** erbringt, und daß sie die nach dem Vertrag – gegebenenfalls nach den im Wege der ergänzenden Vertragsauslegung aufgrund der Gesamtumstände zu ermittelnden – **zugesicherten Eigenschaften** hat. Eine gewisse **künstlerische Gestaltungsfreiheit** ist dem Architekten zuzubilligen, so daß auch Abweichungen von den zugesicherten Eigenschaften des Bauwerks vertretbar sein können. Ihre Grenzen findet die Gestaltungsfreiheit des Architekten jedoch in dem persönlichen Geschmack und Stilempfinden des Bauherrn, soweit dieser bei Auftragserteilung bereits konkrete Vorstellungen geäußert und der Architekt den Auftrag dennoch übernommen hat.[208] 98

Anerkannte Regeln der Baukunst

Zum vertraglichen Leistungsinhalt gehört für den Architekten, auch wenn dies in § 631 Abs. 1 BGB nicht ausdrücklich erwähnt ist, die Einhaltung der **»anerkannten Regeln der Baukunst«**.[209] Der Begriff ist, wenn auch sprachlich unterschieden, in der Sache identisch mit dem in den §§ 4 Nr. 2, Abs. 1; 13 Nr. 1 VOB/B, 330 StGB verwandten Begriff der »anerkannten Regeln der Technik« oder den »allgemein anerkannten Regeln der Baukunst« im Sinne der Landesbauordnungen. Die allgemein anerkannten Regeln der Baukunst beinhalten die Summe der im 99

206 Vgl. BGH NJW 65, 1175, 1176.
207 BGH, BauR 89, 97; Locher, Rn. 237; Locher-Koeble-Frik, Einl. Rn. 48.
208 BGHZ 19, 382; BGH, NJW 71, 556; MüKo-Soergel, § 631 Rn. 134; Locher, Rn. 269.
209 Neuenfeld, Bd. 1 IV, Rn. 4 ff.; Locher-Koeble-Frik, Einl. Rn. 45, vgl. auch u. Rn. 537 ff.

Bauwesen anerkannten wissenschaftlichen, technischen und handwerklichen Erfahrungen, die sowohl in der Wissenschaft wie in der Baupraxis allgemein bekannt sowie als richtig und notwendig anerkannt sind.[210] Für die Anerkennung ist nicht erforderlich, daß die Regeln der Baukunst in schriftlicher Form niedergelegt sind, wenn auch eine Reihe von Normen und Regelwerken veröffentlicht sind, z.B. die **DIN-Normen** des Deutschen Instituts für Normung e.V., die einheitlichen technischen Baubestimmungen **(ETB)**, die Bestimmungen des Deutschen Ausschusses für Stahlbeton, die Bestimmungen des Verbandes Deutscher Elektrotechniker **(VDE)**, die Unfallverhütungsvorschriften der Berufsgenossenschaften, die Bestimmungen des Deutschen Vereins der Gas- und Wasserfachmänner **(DVGW)** sowie die von den Bauaufsichtsbehörden eingeführten technischen Baubestimmungen des Deutschen Instituts für Normung e.V. Sowohl die bekannteren DIN-Normen wie auch die übrigen Bestimmungen und Richtlinien gelten nicht ohne weiteres als anerkannte Regeln der Technik oder Baukunst, sondern nur dann, wenn die oben genannten Voraussetzungen einer allgemeinen Bekanntheit und Anerkennung gegeben sind. Zu ihren Gunsten besteht nur eine tatsächliche, jedoch jederzeit widerlegbare Vermutung, daß sie die allgemein anerkannten Regeln der Technik wiedergeben.[211] Der Architekt oder Bauunternehmer, der entsprechend diesen Regeln geplant oder gebaut hat, kann sich auf die tatsächliche Vermutung der Einhaltung der Regeln der Baukunst berufen. Die **Beweislast** geht auf denjenigen über, der Mängel oder nicht vertragsgemäße Erfüllung behauptet. Die **tatsächliche Vermutung** ist erschüttert, wenn das Regelwerk oder die DIN-Norm nicht oder nicht mehr den anerkannten Regeln der Baukunst oder Technik entspricht. Denn diese ändern sich ständig, weil auch wissenschaftliche Erkenntnis und technische Entwicklung sich laufend ändern,[212] so daß Architekten, Bauunternehmer und sonstige Baubeteiligte sich ständig über die fortschreitende Entwicklung informieren müssen, um ihre Leistungen vertragsgerecht erbringen zu können. Nur dann, wenn die **Abweichung** von den Regeln der Technik **vertraglich vereinbart** ist, kann die Leistung dennoch als vertragsgerecht angesehen werden. Handelt es sich um solche Regeln, die den Schutz vor Gefahren für Leben, Gesundheit oder Eigentum Dritter betreffen (z.B. die Unfallverhütungsvorschriften der Bauberufsgenossenschaften, etc.), so ist eine Abweichung nicht zulässig. Bei technischen Regeln, denen keine Schutzfunktion zukommt, sind dagegen abweichende Lösungen möglich, z.B. weil

z.B.

Vermutungswirkung

210 RGSt 44, 76; Ingenstau-Korbion, B § 4 Rn. 150 ff.; Werner-Pastor, Rn. 1459 ff.

211 OLG Stuttgart, BauR 77, 129; OLG Hamm, BauR 94, 767; Werner-Pastor, Rn. 1461; Ingenstau-Korbion, § 4 Rn. 162.

212 z.B die Entwicklung des Schallschutzes, BGH, BauR 95, 230; Werner-Pastor, Rn. 1464; OLG Frankfurt, BauR 80, 361.

der Bauherr eine billigere Bauausführung wünscht, weil eine neuartige Bauweise versucht oder neue Baustoffe verwendet werden sollen. Derartige Abweichungen von den Regeln der Technik sind nur mit ausdrücklicher Zustimmung des Bauherrn zulässig. Dieser muß vom Architekten so eingehend aufgeklärt und beraten werden, daß er die Risiken einer neuen oder von den Regeln der Technik abweichenden Bauweise gegenüber der Sicherheit des Bewährten abzuschätzen vermag.[213] Aus Beweisgründen sollte der Architekt unter Hinweis auf die erfolgte Aufklärung die Abweichung von den anerkannten Regeln der Technik bzw. Baukunst schriftlich bestätigen.

Eine **Pflicht zur persönlichen Leistungserbringung** ist für den Architekten nach dem Werksvertragsrecht – anders als in § 613 BGB – **nicht gegeben**. Er kann zur Erfüllung der ihm nach dem Architektenvertrag obliegenden Verpflichtungen Dritte als Erfüllungsgehilfen einsetzen, für die er gemäß **§§ 278, 276 BGB** haftet.[214] Auch ohne ausdrückliche vertragliche Vereinbarung ist eine Pflicht zur personengebundenen Erstellung des Werkes jedoch dann zu bejahen, wenn die Auftragserteilung aufgrund der besonderen Kenntnisse und Fähigkeiten gerade dieses Auftragnehmers erfolgt und die Eigenart der Werkleistung persönlichen Einsatz erfordert. Zu den **nicht** auf Gehilfen **übertragbaren Werkleistungen** zählen z.B. die planerische Gestaltung eines nicht alltäglichen Bauwerks durch einen für sein planerisches Schaffen bekannt gewordenen Architekten, die ingenieurmäßige Bearbeitung eines komplizierten Bauwerks durch einen im konstruktiven Ingenieurbau außergewöhnlich bewährten Bauingenieur oder die Erstattung von Gutachten durch Personen, denen aufgrund ihrer Qualifikation und Kenntnis auf bestimmten Fachgebieten besonderes Vertrauen entgegengebracht wird.[215] Im Normalfall ist es dagegen weder vertragswidrig noch ein Kündigungsgrund, wenn der Architekt Leistungen delegiert, und zwar auch dann, wenn der Architektenvertrag ausnahmsweise als Dienstvertrag[216] zu bewerten ist, weil eine entsprechende Arbeitsteilung heutzutage als üblich angesehen werden kann. **100**

Einschaltung von Dritten

z.B.

bb) Der vermutete Leistungsumfang

Im Gegensatz zum Inhalt der Architektenleistung, der bei fehlender oder unvollständiger vertraglicher Absprache durch ergänzende Vertragsauslegung festgestellt werden kann, ist der **Umfang der vom Architekten** **101**

213 BGH, BauR 76, 66.
214 MüKo-Soergel, § 631 Rn. 135 ff.; Bindhardt/Jagenburg, § 8 Rn. 8 ff.
215 MüKo-Soergel, § 631 Rn. 135 ff.
216 Bindhardt/Jagenburg, § 2 Rn. 87.

zu erbringenden Werkleistung und damit umgekehrt der Vergütungspflicht des Auftraggebers dann problematisch, wenn der **Vertragsschluß mündlich oder konkludent** erfolgte. Nach Teilen der älteren Rechtsprechung[217] war davon auszugehen, daß nach den Regeln des **Anscheinsbeweises** im Zweifel dem Architekten sämtliche Arbeiten gemäß § 19 GOA d.h. alle für die Planung und Bauausführung notwendigen Arbeiten übertragen sind, und daß der Auftraggeber für eine abweichende Vereinbarung beweispflichtig ist. Da ein Anscheinsbeweis nur dann eingreift, wenn aus bestimmten Tatsachen auf eine typische Ursache oder einen typischen Geschehensablauf geschlossen werden kann und die HOAI, wie schon die Vergütungsregelung in § 19 HOAI beweist, ebenso wie früher die GOA davon ausgeht, daß auch Einzelleistungen in Auftrag gegeben werden können, gibt es zwar einen typischen Architektenvertrag – nämlich den Grundtypus, der alle Leistungsphasen des § 15 HOAI umfaßt – nicht aber eine tatsächliche Vermutung dafür, daß jeder Architektenvertrag als umfassender Architektenvertrag im Sinne des Grundtypus abgeschlossen ist. Hier ist vielmehr anhand der vorhandenen Einzelumstände zu differenzieren, ob aus den Indiztatsachen auf die Beauftragung mit der Vorplanung, mit der Genehmigungsplanung zur Einreichung des Baugesuchs oder auf die Gesamtarchitektur einschließlich der Objektüberwachung geschlossen werden kann.[218] Erfolgt die schlüssige Beauftragung in einem sehr frühen Stadium, in dem der Bauherr sich durch Vorlage von Vorentwürfen über das Ob und Wie einer Bebauung noch schlüssig werden will, so ist ein Anscheinsbeweis nur im Hinblick auf die Vorplanung als Teilleistung geführt. Sind dem Architekten dagegen bereits Ausführungszeichnungen, Massen- und Kostenberechnungen durch schlüssiges Verhalten honorarpflichtig übertragen, hat er mit Wissen und Billigung des Bauherrn Verhandlungen mit Handwerkern geführt und vielleicht sogar Angebote eingeholt, so spricht die tatsächliche Vermutung für die Übertragung der Gesamtarchitektur.[219]

217 OLG Köln, BauR 73, 251; OLG Düsseldorf, BauR 79, 262.

218 Vgl. BGH, BauR 80, 84; OLG Düsseldorf, BauR 79, 347; ebenso Locher, Rn. 215; Werner-Pastor, Rn. 777 ff.

219 Locher, Rn. 215; Werner-Pastor, Rn. 781.

cc) Die Vollmacht des Architekten

Die Tätigkeit des Architekten beschränkt sich typischerweise nicht auf das Verhältnis zum Auftraggeber. Er hat im Rahmen der Vorbereitung und Durchführung des Bauvorhabens Verhandlungen mit Behörden, Bauhandwerkern und sonstigen Beteiligten zu führen, rechtsgeschäftliche Erklärungen abzugeben, unter Umständen auch Verträge abzuschließen, deren Rechtswirkungen nicht den Architekten, sondern den Bauherrn treffen sollen. Nach allgemeinem Vertragsrecht (**§ 164 Abs. 1 BGB**) ist eine wirksame rechtsgeschäftliche Vertretung des Bauherrn durch den Architekten nur möglich, wenn der Architekt erkennbar nicht im eigenen, sondern im **Namen seines Auftraggebers** handelt, und wenn dieser dem Architekten entsprechende **Vollmacht erteilt hat**. Liegen diese Voraussetzungen vor, so treffen kraft der rechtsgeschäftlichen Vertretungsmacht des Architekten die Rechtswirkungen des Geschäfts den Auftraggeber, der unmittelbar berechtigt oder verpflichtet wird. Hatte der Auftraggeber eine Vollmacht nicht – auch nicht stillschweigend – erteilt, so kann kraft **Rechtscheins** eine unmittelbare Verpflichtung des Auftraggebers dennoch begründet werden, wenn die Voraussetzungen einer Duldungs- oder Anscheinsvollmacht gegeben sind. Eine unmittelbare Verpflichtung des Auftraggebers kraft **Duldungsvollmacht**[220] ist dann gegeben, wenn der Architekt im Rechtsverkehr ohne ausdrückliche Vollmacht als Vertreter des Auftraggebers aufgetreten ist und dieser das Handeln des Architekten als seines Vertreters gekannt und geduldet hat. Eine Haftung kraft **Anscheinsvollmacht**[221] wird begründet, wenn der vertretene Auftraggeber das Handeln des Architekten im Namen des Auftraggebers zwar unbewußt fahrlässig nicht gekannt hatte, es bei pflichtgemäßer Sorgfalt jedoch hätte erkennen und – falls eine Vertretung nicht gewünscht war – verhindern müssen und wenn außerdem der Geschäftsgegner darauf vertraut hat und vertrauen durfte, daß dem Vertretenen das Handeln des Vertreters bekannt sei und er dieses billige. Während bei der Duldungsvollmacht, ebenso wie bei der stillschweigend erteilten Vollmacht, bei der der Vertretene grundsätzlich den Willen zur Vollmachtserteilung hat,[222] letztlich ein rechtsgeschäftlicher Tatbestand vorliegt,[223] handelt es sich bei der Anscheinsvollmacht um die Zurechnung eines schuldhaft verursachten Rechtscheins. Wird der

102 **Voraussetzungen**

220 BGH, NJW 55, 985; Palandt-Heinrichs, § 173 Rn. 11 ff.; MüKo-Schramm, § 167 Rn. 36 ff.

221 BGHZ 65, 13; Palandt-Heinrichs, § 173 Rn. 14 ff.; MüKo-Schramm, § 167 Rn. 43 ff.

222 Palandt-Heinrichs, § 173 Rn. 11; MüKo-Schramm, § 167 Rn. 25.

223 Palandt-Heinrichs, § 173 Rn. 11; differenzierend: MüKo-Schramm, § 167 Rn. 38 f. m.w.N.

Architekt mit einer Leistung betraut, die sich ohne Vertretungsbefugnis nicht durchführen läßt, und weiß dies der Auftraggeber, so ist es eine Frage der Bewertung der Gesamtumstände bzw. der Verkehrssitte, inwieweit die Erteilung des Architektenauftrages die gleichzeitige Erteilung der Vollmacht beinhaltet.[224] Es haben sich im Bauvertragsrecht eine Reihe von Tatbeständen herausgebildet, bei denen typischerweise der Architekt zur rechtsgeschäftlichen Vertretung des Auftraggebers berechtigt ist, so daß die Übertragung der Architektenleistungen die – zumindest stillschweigende – Vollmachtserteilung (originäre Vollmacht) erfaßt, während umgekehrt bei Rechtshandlungen, die weniger bautechnische Fragen als den Bestand und die Abwicklung der Bauverträge betreffen, eine Vertretungsbefugnis des Architekten in der Regel verneint wird. Angesichts der **kasuistischen Rechtsprechung** fällt es schwer, hierzu allgemeingültige Tatbestandsmerkmale aufzustellen.

(1) Erteilung von Bauaufträgen bzw. Zusatzaufträgen

103 Gemäß § 15 Abs. 2 Nr. 6 und Nr. 7 HOAI hat der Architekt zwar die Vergabe vorzubereiten und an ihr mitzuwirken, insbesondere durch Einholung von Angeboten, Prüfen und Werten der Angebote und Mitwirken bei der Auftragserteilung. Ohne ausdrückliche – nicht nur stillschweigende – Billigung seines Auftraggebers darf er jedoch nicht selbständig die **Bauaufträge** für die einzelnen Gewerke erteilen.[225] Damit ist eine Vollmacht des Architekten zur Vergabe von Bauleistungen zwar nicht schlechthin zu verneinen, weil er nach allgemeiner Ansicht[226] durchaus zur Vergabe »einzelner« Bauleistungen berechtigt ist. Es kommt jedoch darauf an, ob die vergebenen Arbeiten sich nach Aufwand und Material in das Bauvorhaben **einfügen,**[227] ob die Auftragssumme im **Verhältnis**
Indizien **zur Gesamtbaussumme** nur geringfügig ist.[228] Rechtsgeschäftliche Erklärungen des Architekten, die dem Bauherrn erhebliche Verpflichtungen auferlegen, insbesondere Vertragsabschlüsse oder -änderungen mit weitreichenden Folgen, werden durch die dem Architekten im Nor-

224 Schmalzl, MDR 77, 622, 623, nennt sie die »originäre« Vollmacht, weil sie sich unmittelbar an den Architektenvertrag knüpft. Die Definition ist übernommen von Werner-Pastor, Rn. 1072 ff.

225 BGH, S.-F. Z. 3.01.Bl. 236, 238; OLG Düsseldorf, BauR 97, 337; Locher, Rn. 328.

226 BGH, NJW 60, 859; BauR 75, 358.

227 OLG Köln, NJW 73, 1798; BauR 86, 443.

228 OLG Köln, MDR 73, 847; Schmalzl, MDR 77, 622 ff. 623; Ingenstau-Korbion, B § 2 Rn. 42.

malfall erteilte Vollmacht nicht gedeckt.[229] Dies betrifft sowohl die konkludent mit Abschluß des Architektenvertrages erteilte Vollmacht, wie auch die ausdrückliche, schriftliche Vollmachtserteilung im Vertrag, sofern dieser nicht ganz konkret eine umfassendere Vertretungsmacht des Architekten festlegt.

Die Frage, inwieweit der Architekt **Zusatz- oder Nachtragsaufträge** **104**
über den vom Bauherrn selbst oder mit seiner Zustimmung bereits abgeschlossenen Bauvertrag hinaus abschließen oder Abänderungen des bereits bestehenden Bauvertrages vornehmen darf, ist nach denselben Kriterien zu beurteilen. Handelt es sich um geringfügige Zusatz- oder Änderungsarbeiten, die sich nach ihrer Natur und ihrem Umfang im Rahmen des bei der Abwicklung eines Bauvorhabens Üblichen halten, weil sie zur vollständigen und ordnungsgemäßen Ausführung des Bauauftrages erforderlich oder zweckmäßig sind, so ist der Architekt vertretungsberechtigt[230] – z.B. bei zusätzlicher Baustahllieferung gemäß Bewehrungsplan, der Durchführung von Umbauarbeiten, die im Zuge einer Kanalanschließung erforderlich werden, etc. Dasselbe gilt für Änderungen eines Bauvertrages, sofern diese geringfügig oder im Interesse des Bauherrn sind, wie z.B. die Vereinbarung von Preisnachlässen oder Skonti.[231] **Wesentliche Eingriffe** in das bestehende Vertragsgefüge dagegen, wie z.B. die Änderung des Fertigstellungstermins, die für den Bauherrn zum Verlust der Ansprüche auf Vertragsstrafe oder Verzugsschaden führen kann, Änderung der Abrechnungsbasis – z.B. Abrechnung auf Stundenlohn, statt auf Einheitspreisbasis, Annahme einer Abtretungsanzeige, Vorbehalt der Vertragsstrafe, Anerkennung von Stundenlohnzetteln, Verzicht auf Gewährleistung, etc. – sind dagegen nicht von der üblichen Architektenvollmacht gedeckt.[232] Hier können zugunsten des Bauunternehmers in der Regel auch nicht die Grundsätze über die **Anscheinsvollmacht** eingreifen, da die Beauftragung des Architekten für sich allein noch keine ausreichende Grundlage für die Anwendung der Rechtsscheinsgrundsätze darstellt. Letztlich kommt es für die Bewertung immer auf den Einzelfall an, darauf, wieviel Handlungsspielraum der Bauherr dem Architekten im Ablauf des Baugeschehens gelassen hat. Ein Bauherr, der das gesamte Baugeschehen erkennbar dem Architekten überläßt, ist auch in Vollmachtsfragen anders zu

z.B.

z.B.

229 BGH, BauR 78, 139 ff. 140; BGH, BauR 75, 358; Hesse-Korbion-Mantscheff-Vygen, § 15 Rn. 154; Locher, Rn. 328; Neuenfeld, Bd. 1 II, Rn. 259 ff.; Werner-Pastor, Rn. 1075.

230 BGH, BauR 78, 314; OLG Düsseldorf, BauR 98, 1023; OLG Köln, NJW 73, 1798; Werner-Pastor, Rn. 1074.

231 a.A. Locher, Rn. 324, 329.

232 BGH BauR 94, 760; OLG Saarbrücken, NJW-RR 99, 668; Werner-Pastor, Rn. 1077; Locher-Koeble-Frik, Einl. Rn. 138.

beurteilen als derjenige Auftraggeber, der fast täglich die Baustelle aufsucht und auch unwesentliche Enstscheidungen selbst trifft.

(2) Beauftragung von Sonderfachleuten

105 Geht es nicht um die Vergabe von Bauleistungen, sondern die Beauftragung von Sonderfachleuten, z.B. des Statikers, Bodengutachters, Heizungsingenieurs, etc., so ist mit der h.M.[233] eine **stillschweigende Ermächtigung** des Architekten zur Auftragsvergabe **zu verneinen**. Weder aus dem Abschluß des Architektenvertrages, noch aus einer im Architektenvertrag etwa enthaltenen Klausel, der Architekt habe Vollmacht zur »Vergabe von Bauleistungen«, kann die zusätzliche Vollmacht zur Beauftragung von Sonderfachleuten gefolgert werden. Der gegenteiligen Auffassung des OLG Koblenz[234] und OLG Hamburg[235] ist zwar zuzugeben, daß die Einschaltung von Sonderfachleuten nach dem heutigen Stand der spezialisierten Bautechnik üblich und – wie die statische Berechnung – unter Umständen unumgänglich zur Erlangung der Baugenehmigung bzw. der ordnungsgemäßen Durchführung des Bauvorhabens ist. Dies gilt aber auch für die Bauleistungen selbst, ohne die das Bauwerk nicht erstellt werden kann und zu deren Vergabe der Architekt ohne ausdrückliche Vollmacht auch nicht ermächtigt ist. Es ist daher nur folgerichtig, eine stillschweigende Vollmacht ebenso zu verneinen, wie das Vorliegen eines Rechtsscheinstatbestandes, der den Schluß auf eine Anscheinsvollmacht zuließe. Bei Sonderfachleuten sind dem Architekten – insoweit gelten dieselben Grundsätze, wie bei der Vergabe von Bauleistungen – nur geringfügige Erweiterungen oder Änderungen eines bereits bestehenden Vertrages gestattet, soweit ihre Notwendigkeit sich aus dem Ablauf der Planung oder der Bauerstellung ergibt. Der Abschluß des Vertrages selbst ist dem Architekten dagegen nicht gestattet, selbst wenn die Einschaltung des Sonderfachmanns geboten ist und im Interesse des Bauherren liegt.

strittige Rechtsauffassungen

233 BGH, BauR 92, 260; BGH, S.-F. Z. 3.01. Bl. 376; Schmalzl, MDR 77, 622 ff. 624; Bindhardt/Jagenburg, Haftung, § 14 Rn. 37, Ingenstau-Korbion, B § 2, Rn. 29 ff.; Locher, Rn. 327; Pott-Frieling, Rn. 367; Werner-Pastor, Rn. 1072 ff.
234 v. 9.5.73 S.-F. Z. 3.002 Bl. 2.
235 v. 8.1.69 S.-F. Z. 3.01 Bl. 389.

(3) Feststellung und Anerkennung des Aufmaßes

Ist dem Architekten die Objektüberwachung gemäß § 15 Abs. 1, Nr. 8 HOAI übertragen, so ergibt sich aus dem Architektenvertrag auch die – originäre – Vollmacht zur Vornahme des Aufmaßes.[236] **§ 15 Abs. 2 Nr. 8 HOAI**, der das gemeinsame Aufmaß mit den bauausführenden Unternehmen als Grundleistung ausdrücklich aufführt, bringt insoweit eine Klarstellung gegenüber der ungenaueren Formulierung des § 19 Abs. 4 GOA, der nur die »Kontrolle der für die Abrechnung erforderlichen Aufmessungen« vorsah. Die Folge des von Architekt und Bauunternehmer festgestellten gemeinsamen Aufmaßes ist aber **keine rechtsgeschäftliche Anerkennung** der Werkleistung als vertragsgerecht im Sinne der §§ 640 BGB, 12 VOB/B.[237] Denn das gemeinsame Aufmaß dient nur dazu, den Umfang der tatsächlich ausgeführten Leistungen nach Maß, Zahl und Gewicht festzustellen.[238] Soweit über die Einzelpositionen des Aufmaßes Einigkeit zwischen Architekt und Unternehmer besteht, bindet das gemeinsame Aufmaß in den Grenzen der tatsächlichen Aufmaßfeststellungen auch den Bauherrn. Diesem sind Einwendungen zwar nicht abgeschnitten, jedoch obliegt ihm der Beweis dafür, daß die Aufmaßfeststellung unrichtig ist.[239] Das gemeinsame Aufmaß ist damit rechtlich als **deklaratorisches Schuldanerkenntnis** im Sinne des § 782 BGB zu bewerten,[240] das aufgrund einer Abrechnung erteilt wird und dessen Anerkenntniswirkung auf die tatsächlichen Feststellungen beschränkt ist. 106

§ 15 Abs. 2 Nr. 8 HOAI

(4) Abnahme der Werkleistung

Inwieweit der Architekt aufgrund seiner originären, aus dem Architektenvertrag abgeleiteten Vollmacht auch die Abnahme der Werkleistungen des Unternehmers durchführen darf, war lange Zeit **umstritten**. Die Abnahme im Sinne des §§ 640 BGB, 12 VOB/B ist eine rechtsgeschäftliche Willenserklärung, da sie nicht nur die körperliche Entgegennahme des Leistungsgegenstandes im Wege der Erfüllung, sondern zugleich 107

236 BGH, S.-F. Z. 2.330 Bl. 6; OLG Oldenburg BauR 97, 523; Hesse-Korbion-Mantscheff-Vygen, § 15 Rn. 174; Bindhardt/Jagenburg, Haftung, § 14 Rn. 26.
237 BGH S.-F. Z. 2330 Bl. 6; Locher, Rn. 322.
238 Ingenstau-Korbion, B § 14, Rn. 27 ff.; Werner-Pastor, Rn. 2033.
239 Werner-Pastor, Rn. 2034, 2038 f.
240 Vgl. Hesse-Korbion-Mantscheff-Vygen, § 15 Rn. 174; Ingenstau-Korbion, B § 14, Rn. 35; OLG Karlsruhe, BauR 72, 381; BGH, BauR 74, 210.

auch die Billigung als vertragsgemäße Leistungserfüllung beinhaltet.[241] Ausgehend von der im Urteil des BGH vom 15.02.1960[242] mehr beiläufig getroffenen Feststellung, die Vollmacht des Architekten umfasse ohne weiteres die Abnahme geleisteter Arbeiten, wird von einem Teil der Rechtsprechung[243] und Literatur[244] eine **stillschweigende Bevollmächtigung** des Architekten zur rechtsgeschäftlichen Abnahme der Bauleistungen jedenfalls dann bejaht, wenn dem Architekten die Objektüberwachung im Sinne des § 15 Abs. 1 Nr. 8 HOAI übertragen ist. Ausgehend von dem Grundsatz, daß die originäre Architektenvollmacht nicht zur Abgabe von rechtsgeschäftlichen Erklärungen – insbesondere solchen von erheblicher Tragweite – berechtigt, **unterscheidet** die h.A.[245] klar **zwischen der rechtsgeschäftlichen und der technischen Abnahme**. Ist die Vollmacht zur rechtsgeschäftlichen Abnahme nicht ausdrücklich vom Auftraggeber erteilt, so ist der Architekt aufgrund seines Vertrages bzw. im Rahmen der Leistungsphase 8 des § 15 HOAI nur zur technischen Abnahme befugt. Diese beinhaltet nur die Entgegennahme der Bauleistung und ihre technische Überprüfung im Hinblick auf Mängelfreiheit und Übereinstimmung mit der Leistungsbeschreibung sowie den sonstigen Ausführungsunterlagen. Eine weitergehende Vollmacht zur rechtsgeschäftlichen Abnahme wird nicht vermutet, sondern ist von demjenigen zu beweisen, der sich auf die Folgen der rechtsgeschäftlichen Abnahme beruft.[246]

(5) Rechnungsprüfung und Anerkennung von Forderungen

Rechtsnatur des Prüfvermerks

108 Reicht der Bauunternehmer dem Architekten Rechnungen ein, seien es Zwischenrechnungen, mit denen Abschlagszahlungen angefordert werden, oder die Schlußrechnung, so werden diese üblicherweise zunächst vom Architekten geprüft und danach dem Auftraggeber – unter Umständen auch unmittelbar dem Bauunternehmer – mit **Prüfvermerk** übersandt. Auch hier stellt sich die Frage nach der Rechtsnatur dieses Prüfvermerks, der entweder eine rein technische Überprüfung oder eine Anerkennung der Werklohnforderung mit Wirkung für den Auftraggeber

241 Ingenstau-Korbion, B § 12 Rn. 7 ff. m.w. N.; zur Abnahme im einzelnen vgl. u. Rz. 204 ff.
242 NJW 60, 859.
243 OLG Frankfurt S.-F.-H. § 638 Nr. 13, LG Essen, NJW 78, 108.
244 Kaiser, ZfBR 80, 263, 266; vgl. Palandt-Sprau, § 782 Rn. 3; BGH, NJW 95, 960.
245 OLG Frankfurt, S.-F.-H. § 638 Nr. 13, OLG Düsseldorf, BauR 97, 647; Jagenburg, BauR 78, 180, 185; Schmalzl, MDR 77, 622; Hesse-Korbion-Mantscheff-Vygen, § 15 Rn. 175; Locher, Rn. 325; Locher-Koeble-Frik, Einl. Rn. 139; Bindhardt/Jagenburg, § 14 Rn. 36.
246 Schmalzl, MDR 77, 622 ff. 623; Pauly, BauR 98, 1143.

beinhalten kann. Bringt der Wortlaut des Prüfvermerks einen Anerkenntniswillen zum Ausdruck,[247] so kann **im Einzelfall ein Anerkenntnis** im Sinne des § 782 BGB vorliegen, wenn der Unternehmer den gekürzten Rechnungsbetrag akzeptiert. Da die darin enthaltene Anerkennung der Werklohnforderung eine rechtsgeschäftliche Erklärung darstellt, die von der originären Architektenvollmacht nicht gedeckt ist, kann – da eine Vollmacht dieses Umfanges nach der Verkehrssitte nicht vermutet wird – eine Bindung des Auftraggebers an das Anerkenntnis nur eintreten, wenn dieser den Architekten hierzu ausdrücklich ermächtigt hatte.[248] Liegt diese Voraussetzung nicht vor, handelt der Architekt als vollmachtsloser Vertreter. Im Regelfall beschränkt sich allerdings der Prüfvermerk nach Inhalt und Wortlaut[249] auf die Feststellung, daß der Architekt bei der Nachprüfung zu einem bestimmten – mit dem Rechnungsbetrag übereinstimmenden oder davon abweichenden – Ergebnis gelangt ist. Ein auf die Erzielung von Außenwirkungen gerichteter, besonderer rechtsgeschäftlicher Erklärungswert kommt dem Prüfvermerk daher nicht zu. Insbesondere liegt in der Feststellung eines bestimmten Rechnungsbetrages keine Anerkennung der angegebenen Massen oder der Einheitspreise oder insgesamt der Werklohnforderung.[250] Auch die Mitteilung des Prüfergebnisses trägt lediglich Informationscharakter ohne rechtsgeschäftliche Elemente.

b) Leistungsbild und vertragliche Hauptpflichten nach der HOAI

Zu dem Werk, das der Architekt aufgrund eines die Objektüberwachung **109**
einschließenden Architektenvertrages schuldet, gehören nicht nur die Planung des Bauwerks, die Leitung, Überwachung und Abnahme der Bauarbeiten, sondern ebenso die Feststellung des Aufmaßes, die Prüfung der Rechnungen sowie die Feststellung der Rechnungsbeträge und der endgültigen Höhe der Herstellungskosten. Erst mit dem Abschluß aller dieser Arbeiten hat er das versprochene Werk hergestellt (§ 631 Abs. 1 BGB) und erst dann kann sein eigenes Werk abgenommen werden (§ 640 Abs. 1 BGB).[251] Während Inhalt und Umfang der vom Architekten zu erbringenden Leistungen beim BGB-Vertrag unter Umständen nur

247 z.B.: »Anerkannt. Fachtechnisch richtig und festgestellt auf ... DM«; vgl. OLG Bamberg S.-F. Z. 2.412 Bl. 3; Hochstein, BauR 73, 333.

248 Hochstein BauR 73; 333 ff. 338.

249 Üblich ist die Klausel: »Sachlich und rechnerisch richtig. Festgestellt auf ... DM.«; vgl. Hochstein, BauR 73, 334; Werner-Pastor, Rn. 2030.

250 Hochstein, BauR 73, 333 ff.; Locher, Rn. 323; Hesse-Korbion-Mantscheff-Vygen, § 15 Rn. 176; Pott-Frieling, Rn. 364; OLG Karlsruhe, BauR 98, 403.

251 BGH 31, 224 ff. 227 = NJW 60, 431.

durch ergänzende Vertragsauslegung festgestellt werden können, ist für §15 Abs. 2 HOAI den Architektenvertrag, der auf die HOAI ausdrücklich Bezug nimmt, in **§ 15 Abs. 2 HOAI** eine **detaillierte Leistungsbestimmung** vorgenommen. Ist der Architekt mit der Planung und Ausführung des Bauwerks nach Maßgabe der HOAI befaßt, so spricht der **Beweis des ersten Anscheins** dafür, daß er sämtliche Grundleistungen des § 15 Abs. 2 HOAI zu erbringen hat.[252]

aa) Die Grundleistungen des § 15 Abs. 2 HOAI

110 Für die Erstellung, den Umbau, Ausbau oder die Modernisierung von Gebäuden sowie Freianlagen enthält das Leistungsbild Objektplanung im einzelnen die folgenden, für die Planung und Überwachung der Bauleistungen notwendigen Architektenleistungen, deren Inhalt im einzelnen festgelegt ist:

Die Grundlagenermittlung (Nr. 1), die Vorplanung (Nr. 2), die Entwurfsplanung (Nr. 3), die Genehmigungsplanung (Nr. 4), die Ausführungsplanung (Nr. 5), die Vorbereitung der Vergabe (Nr. 6), die Mitwirkung bei der Vergabe (Nr. 7), die Objektüberwachung (Nr. 8), die Objektbetreuung und Dokumentation (Nr. 9).

Jede dieser neun Leistungsphasen, die im Verhältnis zum früheren Leistungsbild des § 19 GOA insgesamt umfangreichere Leistungen erfordern,[253] ist mit einem Prozentsatz der Honorare des § 16 für Gebäude und des § 17 für Freianlagen bewertet, deren Gesamtsumme das volle Honorar ausmacht.

111 Die **Leistungsphase 1 (Grundlagenermittlung)**, die den eigentlichen Planungsleistungen vorgeschaltet ist, beinhaltet diejenigen Architektenleistungen, die zur Klärung der planerischen Grundkonzeption als Voraussetzung für die Lösung der Bauaufgabe erforderlich sind. Ihre Schwerpunkte liegen bei den Aufklärungs- und Beratungs- und Hinweistätigkeiten des Architekten,[254] z.B. bezüglich der bauplanungsrechtlich zulässigen Bebauungsmöglichkeiten, der Finanzierungsmöglichkeiten und sonstiger Grund- oder Vorfragen im Vorfeld der architektonischen Beratung.

252 Jochem, § 15 Rn. 2; Hesse-Korbion-Mantscheff-Vygen, § 15 Rn. 5; a.A. wohl BGH, BauR 99, 187; 97, 154.
253 Hesse-Korbion-Mantscheff-Vygen, § 15 Rn. 9.
254 Locher, Rn. 230; Locher-Koeble-Frik § 15 Rn. 15 ff.; Hesse-Korbion-Mantscheff-Vygen, § 15 Rn. 31 ff.; Neuenfeld, § 15 Rn. 7 ff.

Die **eigentliche Planungstätigkeit** des Architekten ist in **vier Leistungsphasen** aufgegliedert, nämlich die Vorplanung (Nr. 2), die Entwurfsplanung (Nr. 3), die Genehmigungsplanung (Nr. 4) und die Ausführungsplanung (Nr. 5). Im Rahmen der dem Vorentwurf der GOA entsprechenden **Vorplanung (Nr. 2)**,[255] sollen die wesentlichen Teile einer Lösung der dem Architekten gestellten Planungsaufgabe erstellt werden. Dies beinhaltet das Aufstellen eines planungsbezogenen Zielkatalogs, eines ersten Planungskonzeptes nebst Varianten oder alternativen Lösungen nach gleichen Anforderungen, die zeichnerisch auch in Form von Strichskizzen niedergelegt oder mündlich erläutert werden können. Alternative Lösungsmöglichkeiten nach grundsätzlich verschiedenen Anforderungen stellen dagegen eine »Besondere Leistung« dar, die gemäß § 5 Abs. 4 HOAI vergütungspflichtig ist. Die Vorplanung umfaßt **Vorverhandlungen mit Behörden** und anderen an der Planung fachlich Beteiligten, deren Leistungen und Erkenntnisse in die eigene Vorplanung zu integrieren sind, sowie eine Kostenschätzung nach DIN 276 oder den wohnungsrechtlichen Bestimmungen der II. Berechnungsverordnung. 112

Die Vorplanung: Inhalt

Bei der **Entwurfsplanung (Nr. 3)**[256] wird stufenweise das mit dem Auftraggeber abgestimmte Vorplanungskonzept zur zeichnerischen Lösung der Bauaufgabe durchgearbeitet und in maßstabsgerechten Plänen (üblich 1:100), Grundrissen, Ansichten, Schnitten, gegebenenfalls auch Detailplänen niedergelegt. Alle wesentlichen Entscheidungen im Hinblick auf Gestaltung, Konstruktion, technische Anlagen und Ausbau werden in Abstimmung mit dem Bauherrn, den Behörden und den an der Planung fachlich Beteiligten getroffen. Es ist die – im Gegensatz zur bloßen Kostenschätzung bereits verbindliche – Kostenberechnung nach DIN 276 zu erstellen. 113

Die Entwurfsplanung: Inhalt

Die **Genehmigungsplanung (Nr. 4)**[257] beschreibt die für ein vollständiges Baugesuch – keine bloße Bauvoranfrage – erforderlichen Architektenleistungen, die nach Art, Inhalt und Beschaffenheit des Bauantrages den jeweiligen Landesbauordnungen, den Bauvorlageverordnungen und sonstigen Verwaltungsvorschriften entsprechen müssen. Mit Einreichung des Baugesuchs und der etwa erforderlichen Anträge auf Ausnahmen und Befreiungen ist die Genehmigungsplanung abgeschlossen. Eine nachträgliche Anpassung oder Vervollständigung des Baugesuchs 114

Die Genehmigungsplanung: Inhalt

255 Locher, Rn. 230; Hesse-Korbion-Mantscheff-Vygen, § 15 Rn. 45 f.; Locher-Koeble-Frik, § 15 Rn. 33; Neuenfeld, § 15 Rn. 19; Löffelmann-Fleischmann, Rn. 101 ff.

256 Locher-Koeble-Frik, § 15 Rn. 67 ff.; Hesse-Korbion-Mantscheff-Vygen, § 15 Rn. 78 f.; Neuenfeld, § 15 Rn. 37; Jochem, § 15 Rn. 30 ff.

257 Hesse-Korbion-Mantscheff-Vygen, § 15 Rn. 96 ff.; Jochem, § 15 Rn. 37 ff.; Locher-Koeble-Frik, § 15 Rn. 105 ff.; Neuenfeld, § 15 Anm. 44.

aufgrund behördlicher Anforderungen gehört noch zum Leistungsumfang, nicht dagegen die Ausarbeitung eines Nachtragsbaugesuchs aufgrund geänderter Zielvorstellungen des Auftraggebers.

115 **Die Ausführungsplanung: Inhalt**

Bei der – fertigungsorientierten – **Ausführungsplanung (Nr. 5)**[258] werden die in der Vor- und Entwurfsplanung festgelegten gestalterischen und funktionellen Konzeptionen bis zur Ausführungsreife durchgebildet, in exakten Ausführungs- und Detailplänen zeichnerisch dargestellt und – soweit erforderlich – im Zuge der Bauausführung jeweils fortgeschrieben.

116 **Vorbereitung der Vergabe: Inhalt**

Die **Vorbereitung der Vergabe (Nr. 6)**[259] erfaßt als Grundleistung nur das Ermitteln und Zusammenstellen der Massen, das Aufstellen von Leistungsbeschreibungen mit Leistungsverzeichnissen nach Gewerken sowie das Abstimmen und Koodinieren mit den übrigen an der Planung fachlich Beteiligten.

117 **Mitwirkung bei der Veragabe: Inhalt**

Im Rahmen der **Leistungsphase 7 (Mitwirken bei der Vergabe)**[260] hat der Architekt alle für die Ausschreibungen und Bauvertragshandlungen notwendigen Vergabeunterlagen zusammenzustellen, für alle Leistungsbereiche Angebote einzuholen, diese zu prüfen, zu werten, zur besseren Vergleichbarkeit einen Preisspiegel und außerdem einen Kostenanschlag gemäß DIN 276 aufzustellen, mit den Bietern zu verhandeln und bei der Auftragserteilung mitzuwirken.

118 **Objektüberwachung: Inhalt**

In der **Leistungsphase 8 (Objektüberwachung)** sind alle während der Bauausführung anfallenden Überwachungs- und Koordinierungstätigkeiten des Architekten zusammengefaßt.[261] Entsprechend vielfältig und umfangreich ist der Pflichtenkatalog: Die Ausführung des Objektes ist zu überwachen im Hinblick auf Übereinstimmung mit der Baugenehmigung, den Ausführungsplänen, den Leistungsbeschreibungen und den anerkannten Regeln der Technik. Die Werkleistungen der Bauhandwerker sind im Hinblick auf Einhaltung der Pläne, Mangelfreiheit, Güte und fachgerechte Auswahl des verwendeten Materials – gegebenenfalls stichprobenweise – zu überprüfen. Der Architekt hat ferner die Tätigkeiten aller an der Bauausführung fachlich Beteiligten[262] zu koordinieren, da anders ein reibungsloser Bauablauf nicht gewährleistet werden kann, einen Zeitplan aufzustellen und ein Bautagebuch zu führen. Er muß die

258 Hesse-Korbion-Mantscheff-Vygen, § 15 Rn. 111 ff.; Locher-Koeble-Frik, § 15 Rn. 127; Neuenfeld, § 15 Rn. 50; Jochem, § 15 Rn. 44 ff.; Löffelmann-Fleischmann, Rn. 240 ff.

259 Hesse-Korbion-Mantscheff-Vygen, § 15 Rn. 125; Locher-Koeble-Frik, § 15 Rn. 125 ff.; Neuenfeld, § 15, Rn. 58.

260 Hesse-Korbion-Mantscheff-Vygen, § 15 Rn. 156 ff.; Locher-Koeble-Frik, § 15 Rn. 136 ff.; Neuenfeld, § 15, Rn. 62.

261 Neuenfeld, § 15 Rn. 65 ff.; Hesse-Korbion-Mantscheff-Vygen, § 15 Rn. 163 ff.; Locher-Koeble-Frik, § 15 Rn. 177.

262 Hesse-Korbion-Mantscheff-Vygen, § 15 Rn. 170; Neuenfeld, § 15 Rn. 73.

technische – nicht rechtsgeschäftliche – Abnahme der Bauleistungen und behördlichen Abnahmen durchführen, mit den Bauhandwerkern das gemeinsame Aufmaß nehmen, die Kosten nach DIN 276 feststellen und die Rechnungsprüfungen vornehmen. Wurden bei den technischen Abnahmen Mängel festgestellt, so ist die Mängelbeseitigung vom Architekten zu überwachen. Seine Objektüberwachungstätigkeit ist erst abgeschlossen mit der Auflistung der Gewährleistungsfristen für die einzelnen Gewerke und der Übergabe des Bauwerks an den Auftraggeber, die allerdings nicht identisch ist mit der Abnahme des Architektenwerks, auch wenn sie zeitlich mit der Abnahme zusammenfallen kann.

Die **Leistungsphase 9**[263] umfaßt zwei verschiedene Aufgabenkreise. **119**

Objektbetreuung und Dokumentation: Inhalt

Die **Dokumentation**, d.h. die systematische Zusammenstellung der zeichnerischen Darstellungen und rechnerischen Ergebnisse des Objekts, ist Grundlage der Gebäudeunterhaltung und schließt sich zeitlich an die Übergabe an. Die **Objektbetreuung** umfaßt die Mängelfeststellung und Überwachung der Mängelbeseitigung bis zum Ablauf der Gewährleistungsfristen der einzelnen Gewerke, sowie die Mitwirkung bei der Freigabe von Sicherheitsleistungen. Hat der Architekt im Rahmen seines Auftrages auch die Leistungsphase 9 übernommen, so ist die von ihm zu erbringende Architektenleistung erst dann vollständig erbracht, wenn die letzte Gewährleistungsfrist der Bauhandwerker abgelaufen ist. Daraus ergibt sich gemäß § 640 BGB die Konsequenz, daß der Architekt von seinem Auftraggeber erst Jahre nach Übergabe des Bauwerks die Abnahme des Architektenwerks fordern kann, die ihrerseits erst die Verjährungsfrist für die Architektengewährleistung in Lauf setzt und gemäß § 641 Abs. 1 BGB die Fälligkeit des Architektenhonorars begründet. Dem Architekten ist daher anzuraten, entweder auf die Übernahme der Leistungsphase 9, die ohnehin nur 3 % des Honorars ausmacht, zu verzichten oder aber im Architektenvertrag den Anspruch auf Abnahme von Teilleistungen so zu verankern, daß nach Abschluß der Leistungsphase 8 auch alle bis dahin erbrachten Architektenleistungen abzunehmen und zu vergüten sind.

bb) Die unvollständige Erbringung von Grundleistungen

Erbringt der Architekt einzelne der in den Leistungsphasen aufgezählten **120**

Möglichkeiten des Auftraggebers

Grundleistungen oder gar eine bzw. mehrere Leistungsphasen des § 15 HOAI nicht, obwohl der Architektenvertrag nicht auf Teilleistungen beschränkt war, so hat der Architekt den vertraglich geschuldeten Leistungserfolg nicht bzw. nicht vollständig erbracht. Ist die Leistung noch

263 Locher-Koeble-Frik § 15 Rn. 222; Hesse-Korbion-Mantscheff-Vygen, § 15 Rn. 195.

nachholbar, hat der Auftraggeber einen **Erfüllungsanspruch**, den er notfalls im Klagewege durchsetzen kann, sowie ein Recht zur Kündigung aus wichtigem Grund.[264] Ist die Nachholung der Einzelleistung dagegen nicht möglich oder angesichts der bereits fortgeschrittenen Bauausführung sinnwidrig, so hat der Architekt den vertraglich geschuldeten Leistungserfolg – das mangelfreie Entstehenlassen des Bauwerks – auch dann erbracht, wenn Teilleistungen fehlen oder unvollständig erbracht sind. Ansprüche auf **Schadensersatz** gem. § 635 BGB oder **Minderungsansprüche** gemäß § 634 BGB kann der Auftraggeber nach h.A.[265] nur dann geltend machen, wenn die unvollständigen Einzelleistungen zu Mängeln geführt haben. Außerdem kann der Auftraggeber ohne Rücksicht auf das Vorhandensein von Mängeln in entsprechender Anwendung des § 5 Abs. 1 HOAI die **Vergütung** um die in § 15 Abs. 1 HOAI ausgewiesenen Prozentsätze **kürzen**, wenn eine oder mehrere Leistungsphasen vollständig fehlen.[266] Eine analoge Anwendung des § 5 Abs. 2 bzw. Abs. 3 HOAI ist dagegen nicht ohne weiteres möglich. Nur dann, wenn die fehlenden Grundleistungen eine zentrale Funktion innerhalb der Leistungsphase darstellen und einen selbständigen Arbeitserfolg verkörpern, ist auch insoweit eine Kürzung der Vergütung gerechtfertigt.[267]

cc) Die besonderen Leistungen

121 **Besondere oder zusätzliche Leistungen**, die im Grundleistungskatalog des § 15 HOAI nicht erfaßt sind, braucht der Architekt nur zu erbringen, wenn hierüber eine gesonderte Vereinbarung getroffen wurde. Es handelt sich insoweit zwar nicht um einen gesonderten Architektenvertrag, sondern um bloße Zusatzleistungen, die nicht den Architektenvertrag selbst, sondern nur den Vertragsumfang ändern, weil sie über den vereinbarten Leistungsinhalt hinausgehen. Aus dem Architektenvertrag kann u.U. die Pflicht des Architekten folgen, die entsprechenden Leistungen zu übernehmen, wenn der Auftraggeber sie verlangt oder die Eigenart des Bauvorhabens es erfordert, **z.B.** z.B. Beschaffung der Zustimmung der Nachbarn, Aufstellung eines Finanzierungsplanes, einer Bauwerks- und Betriebs-Kosten-Nutzen-Analyse, Anfertigung eines Modells, etc. Der Architekt

264 Vgl. u. Rn. 161 ff; 571 ff..
265 Vgl. u. Rn. 575 ff; BGH 45, 372, 376; Hesse-Korbion-Mantscheff-Vygen, § 15 Rn. 13.
266 BGH, NJW 66, 1713; Hesse-Korbion-Mantscheff-Vygen, § 15 Rn. 13; Locher-Koeble-Frik § 5 Rn. 12; Werner-Pastor, Rn. 789.
267 LG Stuttgart, JBR 96, 203; OLG Frankfurt BauR 82, 600; Locher-Koeble-Frik § 5 Rn. 13; Werner-Pastor, Rn. 788; a.A. Jochem, § 5 Rn. 7.

ist aber berechtigt, die Ausführung von besonderen Leistungen davon abhängig zu machen, daß ein zusätzliches, im Rahmen der Höchst- und Mindestsätze liegendes Honorar schriftlich vereinbart wird. Die Einhaltung der **Schriftform** ist gemäß § 5 Abs. 4 HOAI zwingend vorgeschrieben. Außerdem ist eine Honorarvereinbarung über besondere Leistungen, sofern sie nicht eine der in den Leistungskatalogen der HOAI aufgeführten besonderen Leistungen betrifft, gemäß § 2 Abs. 3 HOAI nur dann wirksam, wenn **besondere Anforderungen an die Ausführung** des Auftrages gestellt werden. Dies erfordert nicht etwa qualitativ höherwertige oder langandauernde Architektenleistungen, bei denen gemäß § 4 Abs. 3 HOAI eine Überschreitung der Höchstsätze vereinbart werden kann, sondern nur, daß es sich um gesonderte zusätzliche Leistungen handelt, die über die Grundleistungen hinausgehen oder diese abändern.[268] Auch die Übernahme der in §§ 28-32 HOAI geregelten Architektenleistungen, die einen zusätzlichen Arbeitsaufwand bedingen, kann vom Architekten von einer vorherigen Vereinbarung, die die zusätzliche Vergütung regelt, abhängig gemacht werden. Vom normalen vertraglichen Leistungsinhalt sind sie nicht erfaßt.

c) Vertragliche Nebenpflichten des Architekten

Neben der Pflicht zur Erbringung des geschuldeten Leistungserfolges **122**
als der vertraglichen Hauptpflicht des Architekten bestehen auch eine Reihe von **Nebenpflichten**. Sie haben ihre Grundlage teils im Gesetz, teils im Vertrag. Im wesentlichen aber ergeben sie sich aus dem allgemeinen Grundsatz von Treu und Glauben. Die Verletzung dieser Nebenpflichten ist als positive Vertragsverletzung zu bewerten, die den Architekten zum **Schadensersatz** verpflichtet.

aa) Die Beratungspflicht des Architekten

Im Vordergrund der vertraglichen Nebenpflichten steht die Beratungs- **123**
pflicht des Architekten. Angesichts der schwerwiegenden Haftungsfolgen, die ihre Verletzung auslösen kann, stellt sich die Frage, ob die rechtssystematische Einordnung der Beratungspflicht als Nebenpflicht sachgerecht ist. Im baurechtlichen Schrifttum und der Rechtsprechung[269] zeigt sich deshalb zunehmend die Tendenz, die Beratungs-

Haupt- oder Neben-pflicht?

268 Locher-Koeble-Frik, § 2 Rn. 4; Hesse-Korbion-Mantscheff-Vygen, § 2 Rn. 11; Neuenfeld, § 2 Rn. 7; Locher, Rn. 232.

269 OLG Hamm, BauR 97, 1069; OLG München, NJW-RR 88,85; Werner-Pastor, Rn. 1764; Locher, Rn. 302; Ganten, BauR 74, 78, 85.

pflichten des Architekten – zumindest die für die Erreichung des Werkerfolges bedeutsamen – den vertraglichen Hauptpflichten zuzuordnen, um so ihrer Bedeutung gerecht zu werden. Die Frage hat wegen der sich aus der Zuordnung ergebenden Rechtsfolgen nicht nur rechtstheoretische sondern praktische Relevanz: Die Verletzung von Hauptpflichten löst Erfüllungs- und Gewährleistungsansprüche aus, deren Durchsetzung sich nach den §§ 633 ff. BGB richtet und die der kurzen Verjährung des § 638 BGB unterliegen, während die Verletzung von Nebenpflichten als positive Vertragsverletzung erst in 30 Jahren verjährt. Darüber hinaus geben – unselbständige – Nebenpflichten in der Regel keinen einklagbaren Erfüllungsanspruch, was zu unbefriedigenden Ergebnissen führen kann, wenn der Auftraggeber gerade an der Erfüllung der nebenvertraglichen Beratungs-, Auskunfts-, Verschwiegenheits- oder Herausgabepflicht ein rechtliches Interesse hat, nicht aber – oder nur nachrangig – an dem Schadensersatz, der sich zwar als Konsequenz der Nichterfüllung ergibt, den er aber vielfach entweder gar nicht oder nur mit Schwierigkeiten beziffern kann.

124 Auch wenn die Zuordnung der Beratungspflichten des Architekten zu den vertraglichen Hauptleistungspflichten scheinbar angemessene Lösungen bezüglich der Durchsetzbarkeit und der Sanktionen im Falle der Nichterfüllung bietet, ist diese Lösung aus dogmatischen und rechtssystematischen Gründen abzulehnen. Als vertragliche Hauptpflichten bzw. Hauptleistungspflichten sind nach den allgemeinen Grundsätzen des Schuldrechts nur diejenigen primären Leistungspflichten anzusehen, die die Eigenart des jeweiligen Schuldverhältnisses prägen und für die Einordnung des Vertrages in die verschiedenen Typen der Schuldverhältnisse des BGB entscheidend sind.[270] Beim Architektenvertrag sind es die Pflichten zum Planen und Entstehenlassen des Bauwerks, die in der Rechtsprechung maßgebend für die Einordnung des Vertrages als Werkvertrag waren. Eine Einstufung auch der Beratungs-, Auskunfts- und sonstigen Pflichten des Architekten als Hauptleistungspflichten würde zu einer systematisch nicht mehr vertretbaren Verwässerung des vertraglichen Leistungsinhaltes führen, die eine Abgrenzung des gesamten Vertrages gegenüber dem Dienstvertrag oder Geschäftsbesorgungsvertrag unmöglich macht. Eine systemgerechte Lösung läßt sich daher nur erzielen, wenn man es bei der Bewertung der Beratungs-, Auskunfts- und ähnlichen Pflichten des Architekten als vertragliche Neben- bzw. Nebenleistungspflichten beläßt.[271] Hier ist allerdings je nach dem Gewicht und der Bedeutung der einzelnen Nebenpflicht zwischen selbständigen und unselbständigen Nebenpflichten zu unterscheiden. Bei den unselbständigen Ne-

270 Palandt-Heinrichs, Einl. Rn. 6 vor § 241; MüKo-Kramer, § 241 Rn. 14 ff.
271 So BGH S.-F. Z. 3.01 Bl. 253; differenzierend Bindhardt/Jagenburg, § 1 Rn. 33f.

benleistungspflichten,[272] die nur der pflichtgemäßen Erfüllung der Hauptleistung dienen und keinen eigenen Zweck verfolgen, besteht kein einklagbarer Erfüllungsanspruch, sondern nur eine Sanktion in Form von Schadensersatzansprüchen bei Nichterfüllung. Dagegen verfolgen selbständige Nebenpflichten[273] wie Anzeige-, Auskunfts- oder Rechenschaftspflichten einen eigenen Zweck. Hier hat der Auftraggeber auch einen einklagbaren Erfüllungsanspruch.

Im einzelnen obliegen dem Architekten folgende **Beratungs- und** 125
sonstige Nebenpflichten:

(1) Genehmigungsfähigkeit des Bauvorhabens

Bereits in der Phase der Vorplanung, Entwurfs- und Genehmigungspla- 126
nung ist eine Pflicht zur umfassenden Beratung des Auftraggebers gegeben. Bestehen Bedenken gegen die Genehmigungsfähigkeit des Bauvorhabens – sei es insgesamt, sei es bezüglich einzelner Punkte der Planung bzw. beabsichtigten Bauausführung – so hat der Architekt den Auftraggeber umfassend aufzuklären. Können diese Bedenken oder Unklarheiten durch eine **Bauvoranfrage** bzw. den **Antrag auf Erlaß eines Vorbescheides** (vgl. §§ 84 LBauO NW, 68, IV Hess. LBO, 91 LBauO Bad.Wü.) ausgeräumt werden, so hat der Architekt auf die Möglichkeit der Bauvoranfrage ebenso wie auf die möglichen finanziellen Konsequenzen der Versagung der Baugenehmigung hinzuweisen.[274] Dies gilt insbesondere hinsichtlich der Kosten und Schäden, die dem Auftraggeber dadurch entstehen können, daß er mit dem Bau bereits beginnt oder Verträge mit Handwerkern oder Sonderfachleuten bereits abschließt, ohne daß eine Baugenehmigung oder ein verbindlicher Vorbescheid vorliegt[275] oder endgültig in ihrem rechtlichen Bestand gesichert ist[276] – z.B. wenn weitere behördliche Genehmigungen oder Zustimmungen, die Erfüllung von Auflagen oder die Einholung von Dispensen noch ausstehen. Der Architekt darf auch nicht – weder mit noch ohne Kenntnis des Bauherrn – von dem Inhalt der Baugenehmigung oder den erteilten Auflagen abweichen.[277] Wünscht der Bauherr die Abweichung, so hat er ihn eingehend über die **Risiken zu belehren**.

272 MüKo-Kramer, § 241 Rn. 18.
273 MüKo-Kramer, § 241 Rn. 16.
274 BGH, S.-F. Z. 3.01. Bl. 385; Locher, Rn. 295; Löffelmann-Fleischmann, Rn. 410.
275 BGH, S.-F. Z. 3.01 Bl. 385; Hartmann, BauR 74, 168, 169.
276 BGH, S.-F. Z. 3.00 Bl. 52.
277 OLG Düsseldorf, S.-F. Z. 3.01. Bl. 100.

Tip

Aus Beweisgründen sollte der Architekt die entsprechenden Hinweise schriftlich erteilen, um sich abzusichern gegen etwaige Schadenersatzansprüche des Auftraggebers, der – wie die Erfahrung lehrt – sich im Schadenersatzprozeß gegen den Architekten an nur mündlich ergangene Belehrungen in der Regel nicht mehr erinnern kann.

(2) Zweckmäßige und kostensparende Bauausführung

127 Auch bei der Planung und Ausführung des Bauwerks hat der Architekt den Bauherrn so zu beraten, daß diesem keine **vermeidbaren Kosten** entstehen. Er hat den Bauherrn darüber zu belehren, welche Möglichkeiten der Bauausführung am zweckmäßigsten bzw. risikolosesten sind,[278] welche Nachteile aus unfachmännischen Anweisungen des Auftraggebers entstehen können und wie dessen Vorstellungen vielleicht kostengünstiger zu realisieren sind.[279] Grundsätzlich soll der Architekt nur auf erprobte und bekannte Baumethoden und Werkstoffe zurückgreifen. Bei Verwendung neuer architektonischer Konstruktionen, neuer Baumethoden oder neuartiger Baustoffe und Materialien hat der Architekt eine erhöhte Beratungspflicht,[280] die nur dort ihre Grenze findet, wo eine eigene Sachkunde des Architekten nicht mehr erwartet werden kann. Hier hat er den Bauherrn jedoch über die Risiken bezüglich der Angaben von Lieferfirmen zu unterrichten und gegebenenfalls auf eine Prüfung durch geeignete Fachleute oder Fachinstitute hinzuwirken. Zu den vermeidbaren Kosten, die Gegenstand der Beratungspflicht des Architekten sind, gehört unter Umständen auch das Architektenhonorar selbst. Dann nämlich, wenn der Architekt zunächst unentgeltlich tätig ist oder seine – entgeltliche – Tätigkeit zunächst auf bestimmte Aufgaben oder Leistungsphasen begrenzt ist, kann er im Rahmen seiner Beratungspflicht gehalten sein, den Auftraggeber rechtzeitig darauf hinzuweisen, daß die Leistungen bzw. zusätzlichen Leistungen nur noch gegen Vergütung erbracht werden.[281]

278 BGH, BauR 76, 66; Locher, Rn. 299.
279 BGH, S.-F. H. Nr. 29 zu § 635 BGB.
280 BGH, BauR 76, 66; OLG Köln, BauR 90, 103; Locher-Koeble-Frik, § 15 Rn. 29.
281 OLG Köln, BauR 94, 271; Hesse-Korbion-Mantscheff-Vygen, § 15 Rn. 33; Locher, Rn. 299; wegen der gemäß § 5 Abs. 4 HOAI notwendigen Schriftform kann die frühere Rechtsprechung zu § 3 GOA allerdings nicht mehr herangezogen werden.

(3) Beratung bei Auswahl und Tätigkeit der Bauunternehmer und Sonderfachleute

Bei der Vorbereitung und Vergabe der Bauverträge hat der Architekt den **128** Bauherrn bezüglich der Eignung und Zuverlässigkeit der in Aussicht genommenen Bauunternehmer zu beraten. Die Prüfungs- und Beratungspflicht des Architekten betrifft einerseits die **fachliche Qualifikation des Unternehmers**.[282] Er muß sich vergewissern, ob dieser die notwendigen Fachkenntnisse und die Zuverlässigkeit besitzt, um die Werkleistung – auch ohne entsprechende Anleitung und Überwachung – fachgerecht und mängelfrei auszuführen, den Werkvertrag ordnungsgemäß und ohne Streit zu erfüllen. Über die Bonität und finanzielle Leistungsfähigkeit hat der Architekt – sofern ihm Anhaltspunkte für Bedenken in dieser Richtung vorliegen – ebenfalls zu informieren und zu beraten,[283] einerseits über die Risiken einer Vergabe an finanziell unzuverlässige Unternehmer, auch wenn diese besonders kostengünstig anbieten, andererseits über die Absicherungsmöglichkeiten, z.B. durch Insolvenz- oder Erfüllungsbürgschaft des Unternehmers. Wird der Architekt im Zusammenhang mit der Beauftragung von Sonderfachleuten oder Baustofflieferanten tätig, obliegen ihm ähnliche Beratungspflichten bezüglich der fachlichen Qualifikation und Leistungsfähigkeit.[284] Auch **während der Bauausführung** selbst hat der Architekt den Bauherrn umfassend zu beraten und aufzuklären, z.B. über festgestellte Baumängel,[285] deren Verursachung – auch wenn eine Eigenhaftung des Architekten infrage kommt[286] – sowie die Möglichkeiten einer Mängelbeseitigung. Die Beratungspflicht endet nicht mit der Fertigstellung des Bauwerks oder der Abnahme des Architektenwerks. Sie besteht als **nachvertragliche Pflicht** zur Aufklärung und Beratung des Bauherrn über die Ursachen von Baumängeln und die geeigneten Maßnahmen zur Durchsetzung der Mängelbeseitigungsansprüche weiter fort,[287] jedoch nicht über den Zeitpunkt des Ablaufs der Architektengewährleistung hinaus.[288]

auch nach Bau-abnahme!

282 BGH, S.-F. Z. 2.01 Bl. 318; Locher, Rn. 298; Hesse-Korbion-Matscheff-Vygen, § 15 Rn. 15.
283 Locher, Rn. 298; Hartmann, BauR 74, 168, 170.
284 Löffelmann-Fleischmann, Rn. 74; Locher-Koeble-Frik, § 15 Rn. 18.
285 BGH, S.-F. Z. 3.01 Bl. 253; Locher, Rn. 296.
286 BGH, BauR 85, 97; 86, 112; Löffelmann-Fleischmann, Rn. 446.
287 BGH, NJW 73; 1457; BGH, BauR 85, 97, 232; Hartmann, BauR 74, 171; Locher, Rn. 297.
288 In diesem Sinne BGH, NJW 78, 1311 f., 1312.

(4) Rechtsberatung des Architekten

129 Sowohl im Zusammenhang mit der Gewährleistung der Bauunternehmer wie auch bereits bei der Vergabe der Bauarbeiten bzw. bei der Gebäudeherstellung kann eine Fülle von Rechtsfragen auftauchen. Hier ergibt sich aus der **Sachwalterfunktion** des Architekten ein Recht und unter Umständen auch eine Pflicht zur rechtlichen Beratung des Auftraggebers. Dabei birgt die Frage nach dem Umfang und den zulässigen oder notwendigen Grenzen der Rechtberatung erhebliche Probleme. Denn die Besorgung fremder Rechtsangelegenheiten einschließlich der Rechtsberatung darf gem. **Art. 1 § 1 RBerG** nur von denjenigen Personen betrieben werden, die im Besitz einer entsprechenden Erlaubnis sind oder die unter die Ausnahmeregelung des Art. 1 § 5 RBerG fallen. Da diese Vorschrift nur Vermögensverwalter, Wirtschaftsprüfer, Steuerberater oder bestimmte kaufmännische oder sonstige gewerbliche Unternehmer privilegiert, ist der Architekt als Angehöriger eines freien Berufes nach dem Wortlaut des RBerG nicht zur Rechtsberatung des Auftraggebers berechtigt. Nach h.A.[289] ist der Architekt aber dennoch im Rahmen einer extensiven Auslegung des RBerG in beschränktem Maße zur Rechtsberatung und Interessenwahrnehmung seines Auftraggebers befugt, da andernfalls eine sachgerechte Ausübung der Architektentätigkeit nicht möglich wäre. Die Grenzen zwischen verbotener und erlaubter Rechtsberatung ergeben sich aus dem unmittelbaren Sachzusammenhang mit dem Architektenauftrag selbst und der Pflicht zur Bewirkung des versprochenen Leistungserfolges.

130 Aufgrund dieses unmittelbaren Sachzusammenhanges ist der Architekt nicht nur berechtigt, sondern auch **verpflichtet**, die öffentlich-

Umfang

rechtlichen **Bestimmungen des Baurechts** bzw. der Landesbauordnung sowie die nachbarrechtlichen Bestimmungen des BGB und etwaiger landesrechtlicher Vorschriften **zu kennen** und den Auftraggeber entsprechend zu beraten,[290] um die Genehmigungsfähigkeit des Bauvorhabens abzuschätzen bzw. zu sichern. Er muß im Zusammenhang mit den Leistungsphasen 7-9 des § 15 HOAI die Grundzüge des Werkvertragsrechtes sowohl des BGB wie auch der VOB und unter Umständen des AGBG ebenso wie das Recht der Unternehmereinsatzformen kennen und den Auftraggeber über die rechtliche Tragweite und die rechtlichen Konsequenzen der jeweiligen Bestimmungen belehren und beraten[291]. Denn nur so kann er im Rahmen der Vorbereitung und Durchführung der Ver-

289 Vgl. OVG Münster, NJW 66, 2232; BGH, BauR 78, 60, 62; BGH, BauR 98, 193; Locher, Rn. 301; Locher-Koeble-Frik, Einl. Rn. 89.

290 Locher, Rn. 301; zurückhaltend BGH, NJW 85, 1692.

291 Ganten, BauR 74, 78, 84; Hartmann, BauR 74, 166, 173; BGH, S-F-H Nr. 3 zu § 341 BGB.

gabe, der Abwicklung der einzelnen Bauunternehmerverträge auch seine eigenen Architektenpflichten sachgerecht erfüllen. Im Vordergrund stehen hier die Belehrung über die unterschiedliche **Gewährleistungsregelung des BGB und der VOB**, über Feststellung und Anzeige von Mängeln, über etwa drohende Verjährung von Gewährleistungsansprüchen, über das Erfordernis der Geltendmachung von Vorbehalten oder der Sicherung von Beweisen. Der Architekt muß - falls erforderlich – auf die rechtzeitige Hinzuziehung eines fachkundigen Rechtsberaters hinwirken. Dagegen ist er nicht verpflichtet, baurechtliche Spezialfragen zu kennen oder über juristische Detailkenntnisse zu verfügen, die kraft ihrer Ausbildung dem Anwalt bzw. ausgebildeten Juristen vorbehalten sind.[292] Er ist daher lediglich berechtigt,[293] aber **nicht verpflichtet,**[294] selbst die Interessenwahrnehmung des Bauherrn in **behördlichen oder gerichtlichen Verfahren** (Verwaltungsgericht, nicht Zivilgericht) **zu übernehmen** – soweit nicht prozessuale Vorschriften wie z.B. § 157 ZPO entgegenstehen – oder selbst Fristsetzungen oder Mängelrügen vorzunehmen oder Beweise zu sichern.

Tip

Da eine falsche Beratung Schadensersatzpflichten des Architekten auslöst und dieser schon kraft seiner Ausbildung nicht über die zur eigenverantwortlichen Interessenwahrnehmung in gerichtlichen oder behördlichen Verfahren notwendigen Kenntnisse verfügen kann, sollte der Architekt sich jedoch schon im eigenen Interesse darauf beschränken, lediglich Hinweise auf Problemfragen zu geben und deren Lösung einem kompetenten Juristen zu überlassen.[295]

Die **Grenze der erlaubten Rechtsberatung**, zu der der Architekt nicht nur berechtigt sondern im Rahmen der vertraglichen Obliegenheiten auch verpflichtet ist, wird dann überschritten, wenn die Beratung und Interessenwahrnehmung nicht mehr im unmittelbaren Zusammenhang mit der Erfüllung der Architektenaufgabe steht. Dieser Zusammenhang muß verneint werden bei der Fertigung von Verträgen oder Vertragsentwürfen, die nicht die Herstellung des Gebäudes, sondern seine Veräußerung, Vermietung oder Verwaltung betreffen,[296] z.B. die Kaufverträge

292 Ganten, BauR 74, 78, 85; Locher, Rn. 301.
293 OVG Münster, NJW 66, 2232; Locher, Rn. 301; Hartmann, BauR 74, 168, 173.
294 So Locher, Rn. 301; Hartmann, BauR 74, 168, 173; Ganten, BauR 74, 78, 85.
295 Ganten, BauR 74, 78, 85; Locher, Rn. 301.
296 BGH, BauR 78, 60, 62 = NJW 78, 322; BGH, BauR 76, 367, 369; Locher, Rn. 301.

mit Erwerbern von Häusern oder Eigentumswohnungen, die Gemeinschaftsordnung, der Verwaltervertrag u.ä. Hier liegt ein gem. § 8 RBerG verbotener Rechtsberatungsmißbrauch vor.

(5) Steuerliche Zielvorstellungen des Auftraggebers

131 Eine Beratung im Hinblick auf die beim Bau möglichen Steuervorteile des Bauherrn obliegt dem Architekten **grundsätzlich nicht**.[297] Das bedeutet aber nur, daß der Architekt von sich aus, ohne entsprechende Mitteilung des Auftraggebers über steuerliche Zielvorstellungen und daraus folgende bauliche Notwendigkeiten, keine Beratung des Auftraggebers über Steuervorteile im Zusammenhang mit der Gebäudeherstellung übernehmen muß.[298] Ergibt sich jedoch aus den konkreten Weisungen und Angaben des Bauherren über Gebäudeeigenschaften, daß dieser bestimmte steuerliche Vergünstigungen in Anspruch nehmen will, so folgt aus dem Architektenvertrag die **Nebenpflicht zur ordnungsgemäßen Beratung** des Auftraggebers auch bezüglich der Steuerfragen.[299] Er muß sich in diesem Falle mit den einschlägigen Steuer- und Wohnungsbauförderungsbestimmungen vertraut machen und dafür sorgen, daß deren bauliche Voraussetzungen – z.B. Einhaltung von Wohnflächen-Höchstgrenzen – bei der Planung und Bauausführung eingehalten werden. Ohne erkennbaren Hinweis des Auftraggebers hat der Architekt eine steuerliche Beratungspflicht nur im Ausnahmefall, dann nämlich, wenn sich ihm aufgrund der besonderen Situation – z.B. bedrängte Vermögens- und Einkommensverhältnisse, besondere geschäftliche Unerfahrenheit des Auftraggebers – die Erkenntnis aufdrängen muß, daß dieser die steuerlichen Vorteile mit Sicherheit wahrnehmen würde, wenn sie ihm bekannt wären. In einem solchen Ausnahmefall ist der Architekt von sich aus zur Aufklärung und Beratung in steuerlicher Hinsicht verpflichtet.[300]

132 Ähnlich gelagert ist die Pflicht des Architekten im Hinblick auf die **Finanzierung des Bauvorhabens**. Er hat den Baubeginn, die Planung und Herstellung des Gebäudes den Finanzierungsvoraussetzungen anzupassen, soweit ihm diese bekannt sind, und den Auftraggeber gegebenenfalls auf die Konsequenzen von Versäumnissen hinzuweisen.[301] Allerdings ist hier die Besonderheit zu beachten, daß die aktive Mitwirkung des Architekten bei der Beschaffung und Bearbeitung der Finan-

297 BGH 60, 1; BGH, BauR 73, 120; Locher, Rn. 300.
298 BGH 60, 1; BGH, BauR 73, 120; Locher, Rn. 300; Werner-Pastor, Rn. 1766.
299 BGH 60, 1; Locher Rn. 300; Hartmann, BauR 74, 168, 172.
300 BGH, NJW 73, 237; Locher Rn. 300.
301 Locher, Rn. 300.

zierung gemäß **§ 15 Abs. 2 HOAI** als besondere Leistung zusätzlich zu vergüten ist.

bb) Auskunftspflicht

Zu denjenigen Nebenpflichten des Architekten, die wegen ihrer beson- **133**
deren Bedeutung als selbständige Nebenpflichten einzustufen sind, gehört die Pflicht zur Erteilung aller Auskünfte, die für die Beurteilung der Planung und Gebäudeherstellung von rechtlicher oder tatsächlicher Relevanz sind.[302] Das Auskunftsbegehren, dessen **Durchsetzung** jedenfalls bezüglich der Bauabrechnung **gemäß § 259 BGB erfolgt**, umfaßt alle Vereinbarungen und Nebenabsprachen mit Unternehmern, Sonderfachleuten und sonstigen an dem Bauprojekt beteiligten Personen und Firmen, alle Umstände, die sich auf die Durchführung des Bauvorhabens, Terminverzögerungen, Erschwernisse, Verteuerungen oder Baumängel und deren Beseitigung beziehen. Der Katalog der Auskunftspflichten ist nicht in sich abgeschlossen oder generell eingrenzbar, sondern nach den Umständen des Einzelfalles zu bestimmen. Der Architekt ist bei der Auskunftserteilung **vorleistungspflichtig** und kann in der Regel auch wegen bestehender bzw. rückständiger Honoraransprüche **kein Zurückbehaltungsrecht** geltend machen.[303]

cc) Treue und Verschwiegenheit

Kehrseite der Auskunftspflicht ist die **Verschwiegenheitspflicht** des **134**
Architekten als – unselbständige – vertragliche Nebenpflicht. Sie umfaßt alle Tatsachen und Umstände aus der geschäftlichen und persönlichen Sphäre des Auftraggebers, die dem Architekten entweder aufgrund des erteilten Architektenauftrages oder sonst anläßlich der Durchführung seines Auftrages bekannt werden.[304] Darüber hinaus folgt – wie bei jedem Dienst- oder Geschäftsbesorgungsvertrag, der aufgrund besonderen Vertrauens zwischen den Vertragsschließenden zustande kommt – aus der Sachwalterfunktion des Architekten eine nebenvertragliche Treuepflicht, deren Verletzung **Schadensersatzansprüche** auslösen kann.[305]

302 Neuenfeld, Bd. 1 II, Rn. 218 ff; Locher, Rn. 304.
303 Locher, Rn. 304.
304 Bindhardt/Jagenburg, § 7 Rn. 16; Locher, Rn. 303.
305 Locher, Rn. 307.

dd) Aufbewahrung und Herausgabe der Bauakten

135 Zu den selbständigen und gesondert einklagbaren Nebenpflichten des Architekten zählt die Pflicht zur Herausgabe der Bauakten.[306] Der Begriff der **Bauakten** umfaßt einerseits die vom Architekten selbst gefertigten und in seinem Eigentum stehenden **Pläne** und Zeichnungen, den Architektenvertrag und die mit dem Architekten geführte Korrespondenz. Bezüglich dieser Unterlagen folgt schon aus dem Urheber- und Eigentumsrecht des Architekten, daß er nicht zur Herausgabe der Originale, sondern **nur** von Lichtpausen und **Fotokopien** verpflichtet ist.[307] Die **Kosten** hierfür sind, falls nicht im Architektenvertrag die Erstattung von Auslagen ausdrücklich ausgeschlossen ist, gemäß § 7 HOAI vom Auftraggeber gesondert zu erstatten.

136 Zu den Bauakten zählen zum anderen alle sonstigen Pläne – z.B. Kataster- und Vermessungspläne – die Baugenehmigung, sonstige behördliche Genehmigungen, Bescheide oder Verfügungen, Verträge und Vertragsunterlagen mit den Bauunternehmern, Sonderfachleuten, Nachbarn einschließlich des hierzu gehörigen Schriftwechsels oder Gutachten, soweit sie für den Auftraggeber oder in dessen Namen erstellt wurden. Bezüglich dieses Teils der Bauakten ist – falls keine anderslautende Vereinbarung im Architektenvertrag getroffen wurde – der Auftraggeber als Eigentümer der Urkunden anzusehen.[308] Insoweit ist die **Herausgabepflicht** nicht lediglich als dem Architektenvertrag immanente Nebenpflicht, sondern auch **gemäß § 985 BGB** begründet. Da der Auftraggeber als Eigentümer Anspruch auf Herausgabe der Originale hat, kann der Architekt, soweit er für eigene Zwecke von diesen Unterlagen Lichtpausen oder Kopien fertigt, deren Kosten nicht gemäß § 7 HOAI erstattet verlangen. Etwas anderes gilt, wenn das Herausgabeverlangen vor Beendigung des Architektenauftrages gestellt wird, da der Architekt die Kopien in der Regel für die ordnungsgemäße und vollständige Erledigung seines Architektenauftrages benötigt, so daß die Aufwendungen gemäß § 7 HOAI erforderlich sind. Da der Architekt **grundsätzlich erst nach** bzw. bei vollständiger **Erfüllung** des Architektenvertrages die Bauakten herauszugeben hat, kann er die vorzeitige Herausgabe von der Erstattung der Kosten abhängig machen.

137 Ein besonderes schutzwürdiges Interesse des Auftraggebers oder das Vorliegen außergewöhnlicher Umstände sind dagegen als Voraussetzung für eine **vorzeitige Herausgabe von Bauunterlagen** nicht erforder-

306 Bindhardt/Jagenburg, § 7 Rn. 28; Locher, Rn. 305; OLG Köln, BauR 99, 189; Neuenfeld, Bd. 1 II, Rn. 285.

307 OLG Köln, BauR 73, 251; Bindhardt/Jagenburg, § 7 Rn. 31, S. 116.

308 Locher, Rn. 305, Bindhardt/Jagenburg, § 7 Rn. 32.

lich.[309] Denn soweit die Herausgabepflicht auf den Architektenvertrag selbst gestützt wird, muß der Auftraggeber – wie bei jeder aus Treu und Glauben fließenden vertraglichen Nebenpflicht – ohnehin ein rechtliches Interesse an der vorzeitigen Herausgabe nachweisen, während dem Herausgabeverlangen gemäß § 985 BGB das Besitzrecht des Architekten entgegensteht, solange der Architektenauftrag noch nicht beendet oder zurecht gekündigt ist (§ 986 BGB).

Hat der Architekt einen fälligen Honoraranspruch, so kann er dem **138** Herausgabeverlangen des Auftraggebers – anders als beim Auskunftsanspruch – sein **Zurückbehaltungsrecht gemäß § 273 BGB** entgegensetzen. Allerdings unterliegt die Ausübung des Zurückbehaltungsrechtes in besonderem Maße dem Grundsatz von Treu und Glauben. Seine Ausübung ist **rechtsmißbräuchlich** und kann Schadensersatzansprüche auslösen, wenn der Auftraggeber die Unterlagen für die Durchsetzung seiner Ansprüche gegen Dritte z.B. der Gewährleistungsansprüche gegen die Bauunternehmer – oder zur Abwehr von Werklohnforderungen oder sonstigen Ansprüchen dringend benötigt und der dem Auftraggeber entstehende Schaden gegenüber dem offenen Honoraranspruch des Architekten unverhältnismäßig hoch ist.[310]

Aufbewahrungspflicht

Nach Beendigung des Architektenauftrages ist der Architekt noch **139** eine zeitlang zur **Aufbewahrung der Bauakten** verpflichtet.[311] Eine Aufbewahrung bis zur Verjährung des Herausgabeanspruches – gemäß § 195 BGB 30 Jahre – ist dem Architekten schon aus Gründen der Lagerhaltung nicht zuzumuten. Hat der Architekt dem Auftraggeber die Bauakten in einer den Annahmeverzug begründenden Weise angeboten, so ist er gemäß § 372 BGB zur **Hinterlegung** berechtigt. Da die Hinterlegung wegen des in der Regel erheblichen Umfanges von Bauakten bei der Hinterlegungsstelle auf Schwierigkeiten stoßen dürfte und zudem Kosten verursacht, ist dem Architekten nach Treu und Glauben das **Recht zur Vernichtung** der Bauakten zuzubilligen, wenn Annahmeverzug des Auftraggebers vorliegt und dieser auf die möglichen Nachteile der Urkundenvernichtung ausdrücklich hingewiesen wurde.

Tip

Angesichts der bestehenden Unklarheiten ist dem Architekten dringend anzuraten, eine verbindliche Regelung hierzu im Architektenvertrag zu treffen und – falls dies unterlassen wurde – zwecks Ver-

309 Wie hier; OLG Köln, BauR 99, 189; a.A. Locher, Rn. 305; Bindhardt/Jagenburg, § 7 Rn. 34.

310 OLG Köln, BauR 99, 189: Architekt hat überhaupt kein Zurückbehaltungsrecht; Bruns, BauR 99, 529; Locher, Rn. 305.

311 Bindhardt/Jagenburg, § 7 Rn. 36 zwischen 2 und 5 Jahren; vgl. Locher, Rn. 306; Neuenfeld, Bd. 1 II, B 201.

meidung eigener Beweisschwierigkeiten mit der Vernichtung zu warten, bis die Gewährleistungsansprüche des Auftraggebers gegen den Architekten verjährt sind.

3. Rechte und Pflichten des Auftraggebers

140 Als zweiseitig verpflichtender Vertrag begründet der Architektenvertrag nicht nur für den Architekten sondern auch für den Auftraggeber Rechte und Pflichten, die jeweils umgekehrt mit den Pflichten und Rechten des anderen Vertragspartners korrespondieren.

a) Die Leistungspflichten beim BGB-Vertrag

141 Die Leistungspflichten des Auftraggebers richten sich in erster Linie nach den Bestimmungen des zwischen den Parteien abgeschlossenen Architektenvertrages. Fehlt eine einzelvertragliche Regelung, ist der Vertrag lückenhaft oder sind Vertragsbestimmungen unwirksam,[312] so sind die **gesetzlichen Bestimmungen** des BGB entweder **ergänzend** oder ausschließlich als Grundlage der vertraglichen Rechte und Pflichten des Auftraggebers heranzuziehen.

aa) Die Hauptpflichten des Auftraggebers

142 Welche gesetzlichen Bestimmungen beim Architektenvertrag als Grundlage der vertraglichen Hauptpflichten heranzuziehen sind, hängt von der Rechtsnatur des abgeschlossenen Vertrages ab. Ist dieser nach den oben[313] im einzelnen erörterten Kriterien als **Dienstvertrag** einzustufen, so sind die vertraglichen Hauptpflichten des Auftraggebers auf die Vergütungspflicht gemäß § 611 Abs. 1 BGB beschränkt. Handelt es sich dagegen, wie beim ganz überwiegenden Teil der Architekten-Verträge, um einen **Werkvertrag**, so obliegt dem Auftraggeber über die Vergütungspflicht gemäß § 633 Abs. 1 BGB hinaus auch die vertragliche Hauptpflicht zur Abnahme des vertragsgemäß hergestellten Werkes gemäß § 640 Abs. 1 BGB.

312 Vgl. o. Rn. 73 ff.
313 Vgl. o. Rn. 23 ff.

(1) Die Abnahme des Architektenwerkes

Zwar stellt § 631 BGB der Verpflichtung zur Werkerstellung als unmittelbar korrespondierende – synallagmatische – Pflicht nur die Vergütungspflicht des Auftraggebers gegenüber. Die Abnahmeverpflichtung des Auftraggebers ist jedoch eine nicht nur gleichwertige sondern sogar vorrangige Hauptpflicht des Auftraggebers, da gemäß **§ 641 BGB** die Fälligkeit der Vergütung erst mit der Abnahme der Werkleistung eintritt. **143** **§ 641 BGB**

(aa) Begriff der Abnahme

Unter **Abnahme** ist – hierüber besteht trotz Fehlens einer Legaldefinition Einigkeit[314] die Hinnahme der geschuldeten Werkleistung und ihre Billigung als vertragsgemäß zu verstehen. Sie setzt einerseits die **Vollendung** des Werkes voraus, andererseits seine **körperliche Entgegennahme**. Vollendung des Architektenwerks ist bereits dann gegeben, wenn das Werk – seien es die Pläne oder die das Architektenwerk verkörpernden Bauwerke – bis auf kleinere Mängel oder unbedeutende Restarbeiten, die die Gebrauchsfähigkeit nicht mindern, fertiggestellt ist.[315] Körperliche Entgegennahme ist die Ablieferung z.B. der Pläne, die Übergabe des Bauwerks oder der sonstigen, die geistige Architektenleistung verkörpernden Gegenstände. Sie entfällt bei einer ausschließlich geistigen Architektenleistung; hier tritt gemäß **§ 646 BGB** an die Stelle der Abnahme immer nur die **Vollendung**. Umfaßt der Architektenauftrag außer der Planung und Überwachung der Bauarbeiten auch die Prüfung der Rechnungen, Feststellung der Herstellungskosten oder der Baumängel sowie die Leitung und Überwachung der Nachbesserungsarbeiten, so gehört auch die Beendigung dieser Tätigkeit zur Vollendung und damit zur Abnahmefähigkeit der Werkleistung.[316] Ist das gesamte Leistungsbild des § 15 HOAI übertragen, so kommt eine Vollendung des Werkes und damit eine Abnahme der Architektenleistung im Sinne des § 640 BGB somit erst dann in Betracht, wenn die letzte der Leistungsphasen abgeschlossen ist, somit mit Ablauf der Gewährleistungsfristen der bauausführenden Unternehmer. **144**

314 BGH 48, 257 ff. 263; BGH, NJW 93, 1972; Palandt-Sprau, § 640 Rn. 2; MüKo-Soergel, § 640 Rn. 2; Bindhardt/Jagenburg, § 3, S. 3 ff.

315 BGH, BauR 72, 251, 252; MüKo-Soergel, § 640 Rn. 7; Locher, Rn. 248; Werner-Pastor, Rn. 962.

316 BGH, BauR 81, 284, BGH, BauR 94, 392; Werner-Patsor, Rn. 964; – Die Erfüllung von Schadensersatzansprüchen wegen Werkmängeln gehört allerdings nicht zur Vollendung und damit Abnahmefähigkeit der Architektenleistung, vgl. BGH, NJW 74, 367.

(bb) Form der Abnahme

145 Kraft Gesetzes bedarf die Abnahme **keiner bestimmten Form**. Sie kann schriftlich, mündlich oder durch konkludentes Handeln erfolgen. Eine **förmliche Abnahme**, wie beim Bauvertrag mit dem Bauunternehmer üblich und in § 12 VOB/B geregelt, kann auch beim Architektenvertrag **vereinbart** werden, z.B. in Form einer schriftlichen Abnahmebestätigung des Auftraggebers oder einer förmlichen Abnahmeverhandlung mit Protokollniederschrift,[317] gegebenenfalls nach vorheriger Begehung und Prüfung des Bauwerks. Trotz vereinbarter förmlicher Abnahme können die Abnahmewirkungen dennoch eintreten, wenn die förmliche Abnahme von beiden Parteien vergessen oder – unter Umständen stillschweigend – abbedungen wurde. Hier kann dem Auftraggeber die Berufung auf die Nichteinhaltung der Form nach **Treu und Glauben** verwehrt sein, wenn sein Verhalten die Schlußfolgerung nahelegt, daß er das Architektenwerk als vertragsgemäß billige und auf die förmliche Abnahme verzichte.[318] Durch das am 01.05.2000 in Kraft getretene Gesetz zur Beschleunigung fälliger Zahlungen (Anhang II) ist eine neue, dem BGB bisher unbekannte Abnahmeform hinzugetreten: Die »Abnahme durch Fertigstellungsbescheinigung«. Gemäß § 641 a BGB steht es der Abnahme gleich, wenn dem Auftragnehmer durch einen öffentlich bestellten und vereidigten Gutachter eine Bescheinigung darüber erteilt wird, daß das fertiggestellte Werk frei von Mängeln ist, wobei unwesentliche Mängel gemäß der Neufassung des § 640 BGB außer Betracht bleiben. Bei der »Abnahme durch Fertigstellungsbescheinigung« haben die Parteien das in § 641 a Abs. 2 BGB vorgeschriebene Verfahren einzuhalten. Die Benennung des Gutachters erfolgt durch Einigung der Parteien oder **auf Antrag des Auftragnehmers** durch eine Industrie- und Handelskammer, Handwerks-, Architekten- oder Ingenieurkammer. Der Gutachter hat mindestens einen Ortstermin durchzuführen und dem Auftraggeber eine Gutachtensabschrift zu erteilen. Wegen der weiteren Details wird auf die Ausführungen zum Vertrag mit dem Bauunternehmer verwiesen (vgl. Rz. 330, 333, 205 ff.), bei dem die Neuregelung der Abnahme größere Relevanz als beim Architektenvertrag gewinnen dürfte.

Ausnahmen bei vereinbarter Form

146 Sowohl bei der vergessenen förmlichen Abnahme wie auch beim Fehlen einer vertraglichen Absprache ist eine **Abnahme** im Sinne des § 640 BGB immer dann gegeben, wenn der Auftraggeber durch seine sonstigen mündlichen oder schriftlichen Mitteilungen oder durch schlüssiges Verhalten eindeutig zu erkennen gibt, daß er die Architektenleistung als vertragsgemäß billigt.[319] Ob eine **stillschweigende Abnahme** vorliegt,

317 Bindhardt-Jagenburg, § 3 Rn. 28.
318 BGH, NJW 93, 1063; OLG Stuttgart, BauR 74, 344; Werner-Pastor, Rn. 1350.
319 MüKo-Soergel, § 640 Rn. 32.

hängt von den Umständen des Einzelfalles ab. Sie kann aus der Bezahlung des Honorars,[320] der bestimmungsgemäßen Nutzung der Werkleistung – z.B. dem Bezug des Hauses,[321] der Entgegennahme und Verwendung der Pläne[322] – zu folgern sein. Bezieht sich die Billigung des Auftraggebers nur auf Teile der Architektenleistung, so kann nicht auf **konkludente Teilabnahme**, auch nicht bei Bezug des Bauwerks, geschlossen werden.[323] Denn die Teilabnahme kann nur ausnahmsweise und kraft ausdrücklicher vertraglicher Vereinbarung verlangt werden. Sie stellt einen **Ausnahmefall** dar, für den derjenige beweispflichtig ist, der sich auf die Rechtswirkungen der Teilabnahme beruft.[324] **Indizien**

(cc) Rechtsfolgen der Abnahme

Die **strengen Voraussetzungen**, die an Erkennbarkeit und Unzweideutigkeit der Abnahme gestellt werden, sind verständlich angesichts der weitreichenden rechtlichen Konsequenzen der Abnahme. Gemäß § 641 Abs. 1 S. 1 BGB wird die Fälligkeit des Vergütungsanspruches des Architekten durch die Abnahme begründet. Gemäß § 638 Abs. 1 S. 2 BGB setzt die Abnahme den Beginn der Verjährungsfrist in Lauf. War zwischen den Parteien eine Vertragsstrafe für den Fall der nicht ordnungsgemäßen oder nicht rechtzeitigen Leistung vereinbart, so wird der Auftraggeber mit dem Anspruch auf Zahlung der Vertragsstrafe gemäß § 341 Abs. 3 BGB ausgeschlossen, wenn er sich den Anspruch bei der Abnahme nicht ausdrücklich vorbehalten hat.[325] Außerdem führt die Abnahme zu einem **Rechtsverlust** des Auftraggebers gemäß § 640 Abs. 2 BGB, wenn er sich nicht wegen derjenigen Mängel, die ihm bekannt sind, seine Rechte aus §§ 633, 634 BGB – d.h. auf Nachbesserung, Wandlung oder Minderung – ausdrücklich vorbehält. Lediglich die **Schadensersatzansprüche** gemäß § 635 BGB und aus positiver Vertragsverletzung bleiben ihm bei der vorbehaltlosen Abnahme der Architektenleistung noch erhalten.[326] Mit der Abnahme geht gemäß **§ 644 Abs. 1 S. 1 BGB** die **Gefahr** auf den Auftraggeber **über**. Das Risiko einer zufälligen, von keiner Partei zu vertretenden Zerstörung oder Verschlechterung der Architektenleistung, von Diebstählen etc. ist ab diesem Zeitpunkt vom Auftraggeber zu tragen. Da die Abnahme des § 640 **147**

320 BGH, NJW 70, 421, 422.
321 BGH, BauR 75, 344; 82, 290; LG Nürnberg-Fürth, S-F Z. 3.008 Bl. 2.
322 Neuenfeld, Bd. 1 II, Rn. 101.
323 BGH, S.-F. Z. 3.01 Bl. 250; Bindhardt-Jagenburg, § 3 Rn. 38.
324 BGH, NJW 64, 647; BGH 125, 111; Palandt-Sprua, § 640 Rn. 3.
325 MüKo-Soergel, § 640 Rn. 22; Werner-Pastor, Rn. 2278 ff.
326 BGH, NJW 74, 143; BGH, BauR 80, 460; Werner-Pastor, Rn. 2273.

BGB gleichzeitig als Erfüllungsannahme im Sinne des § 363 BGB gilt, geht mit der Abnahme auch die **Beweislast** für die vertragsgemäße, d.h. vollständige und mangelfreie Erbringung der Architektenleistung auf den Auftraggeber über – und zwar unabhängig davon, ob er eine Überprüfung des Architektenwerks im Hinblick auf Vollständigkeit und Mangelfreiheit überhaupt vorgenommen hat.[327] Gerade die Bedeutung dieser **Beweislastumkehr** wird in der Praxis vielfach verkannt. Gerade bei solchen Mängeln des Architektenwerks, die als Baumangel im Bauwerk selbst verkörpert werden, ist die Feststellung der Mängelursachen und damit des Verursachers fast immer mit erheblichen Kosten und Unannehmlichkeiten verbunden. Oft sind sie nachträglich nicht mehr oder nicht mehr exakt genug feststellbar, so daß nach Durchführung einer gerichtlichen Beweisaufnahme – vorwiegend durch Sachverständigen-Gutachten – noch Zweifel verbleiben. Diese Nachteile gehen zu Lasten desjenigen, der die **Beweislast** für die Mängelursache trägt,[328] bei den erst nach der Abnahme erkannten Mängeln somit zu Lasten des Auftraggebers.

(2) Die Vergütungspflicht des Auftraggebers

148 **§ 641 BGB** Dem Vergütungsanspruch des Architekten steht gemäß § 631 BGB die Pflicht des Auftraggebers zur Zahlung des Architektenhonorars dekkungsgleich gegenüber. Sein Umfang richtet sich, da das Gesetz insoweit keine Regelung trifft, nach den zwischen den Parteien im einzelnen getroffenen vertraglichen Absprachen oder nach den preisrechtlichen Bestimmungen der HOAI.[329] Der **Honoraranspruch** entsteht bereits unmittelbar mit dem Abschluß des Architektenvertrages.[330] Er wird jedoch gemäß § 641 BGB erst **fällig mit der Abnahme** der Architektenleistung. Da diese gesetzliche Fälligkeitsregelung das gesamte Architektenhonorar und nicht nur Teil- oder Restbeträge betrifft, obliegt dem Architekten beim reinen BGB-Vertrag eine Vorleistungspflicht, und zwar während der gesamten Vertragsdauer vom Beginn bis zur Vollendung und Abnahme des Architektenwerks. Ein Anspruch auf Vorschuß oder auf à conto-Zahlungen besteht für die Architektenverträge, die vor dem 1.5.2000 abgeschlossen wurden, nicht, auch wenn diese Regelung im Hinblick auf die oftmals lange Zeitdauer zwischen Beginn und Vollendung bzw. Abnahme des Architektenwerks unbillig erscheinen mag. Nur dann, wenn die Verpflichtung des Auftraggebers zur Zahlung von

327 Bindhardt-Jagenburg, § 3 Rn. 8.
328 Bindhardt-Jagenburg, § 3 Rn. 8.
329 Vgl. im einzelnen o., Rn. 45 ff.
330 MüKo-Soergel, § 631 Rn. 162; Locher-Koeble-Frik, § 8 Rn. 6.

Vorschüssen im Vertrag geregelt wurde, kann der Architekt bereits vor der Abnahme **à conto-Zahlungen** verlangen.[331] Für Verträge, die nach dem 01.05.2000 abgeschlossen wurden, gilt der neu eingeführte gesetzliche Anspruch auf Abschlagszahlungen: Gemäß § 632 a BGB kann der Auftragnehmer für in sich abgeschlossene Teile des Werks Abschlagszahlungen für die erbrachten vertragsmäßigen Leistungen verlangen. Dabei stellt sich für den Architektenvertrag die Frage, welche Leistungsteile denn nun als »in sich abgeschlossen« zu gelten haben. Hier dürften – sowohl bei Architekten- wie auch bei den Ingenieurleistungen – die Leistungsphasen des § 15 HOAI (bzw. die den jeweiligen spezifischen Leistungen zuzuordnenden Leistungsbilder) als Auslegungskriterium heranzuziehen sein. Hiernach ist die jeweils vollständige Erbringung einer Leistungsphase mit den dort angegebenen Grundleistungen als »in sich abgeschlossener« Leistungsteil anzusehen mit der Folge, daß der Architekt bei den nach dem 01.05.2000 neu abgeschlossenen Verträgen ein Recht auf Abschlagszahlung gemäß § 632 a BGB hat, auch wenn § 8 Abs. 2 HOAI, der ohnehin seit jeher den Anspruch des Architekten auf Erhalt von Abschlagszahlungen begründet, mangels ausdrücklicher Einbeziehung in den abgeschlossenen Vertrag nicht gilt oder seine Anwendbarkeit zwischen den Parteien streitig ist.

bb) Die Besonderheiten bei der HOAI

149 Eine von den gesetzlichen Bestimmungen abweichende Vereinbarung können die Parteien des Architektenvertrages entweder individuell in Form von entsprechenden Vertragsklauseln treffen oder durch Einbeziehung der materiellrechtlichen Bestimmungen der HOAI. Denn die Regelung der Zahlungsweise und Zahlungsbedingungen gehört nicht zum Preisrecht und findet daher nicht automatisch oder gewohnheitsrechtlich Anwendung, sondern nur **kraft Parteivereinbarung**; lediglich die Fälligkeitsregelung des § 8 HOAI gilt automatisch und ohne ausdrückliche Vereinbarung.[332]

331 Palandt-Sprau, § 641 Rn. 3; Hesse-Korbion-Mantscheff-Vygen, § 8 Rn. 5; a.A. BGH BauR 74, 215.

332 BGH, BauR 81, 582; 86, 596; Locher-Koeble-Frik, § 8 Rn. 2; Hesse-Korbion-Mantscheff-Vygen, § 8 Rn. 1.

(1) Die Vergütungsregelung des § 8 HOAI

(aa) Das Recht auf Abschlagszahlungen

150 **§ 8 Abs. 2 HOAI** Gemäß § 8 Abs. 2 HOAI wird die Vorleistungspflicht des Architekten gemildert und eingeschränkt durch den Anspruch auf **Abschlagszahlungen**. Begrifflich handelt es sich hier nicht um bloße Vorauszahlungen oder Vorschüsse des Auftraggebers auf das Gesamthonorar, die keine vorherige Erbringung von Gegenleistungen des Architekten vorraussetzen würden. Denn eine Abschlagszahlung kann der Architekt nur für eine nachgewiesene, bereits erbrachte Leistung fordern.[333] In der Zahlungsanforderung ist – zumindest in Grundzügen – anzugeben, auf welche erbrachten Leistungen die Abschlagszahlung sich bezieht. Die **Einzelvoraussetzungen** des Rechts auf Abschlagszahlung sind dieselben wie beim Gesamthonorar: Der Architekt ist beweispflichtig dafür, daß der verlangte Betrag der erbrachten Leistung entspricht, im wesentlichen **mängelfrei** und **vertragsgemäß** ist.[334] Die Berechnungsweise der Abschlagszahlungen bleibt den Parteien überlassen.

Tip Zweckmäßig erscheint die Aufsplittung des voraussichtlichen Gesamthonorars in prozentuale Anteile, die bei entsprechender Aufgliederung der Gesamtbauzeit oder des Gesamtbauvolumens abschnittsweise gezahlt werden, oder aber die Zahlung von Abschlägen nach Abschluß der jeweiligen Leistungsphase des § 15 HOAI.[335]

Zahlungsmodalitäten Die Zahlungen sind in »angemessenen zeitlichen Abständen« zu leisten, wobei die Angemessenheit von der Eigenart des Bauvorhabens und insbesondere vom Leistungsfortschritt abhängt.[336]

(bb) Die Honorarschlußzahlung

151 Da die Berechnung der Abschlagszahlungen trotz des hierfür erforderlichen Nachweises der erbrachten Leistungen nur vorläufigen Charakter hat und weder Nachforderungen noch Rückzahlungen des Auftraggebers

333 Hesse-Korbion-Mantscheff-Vygen, § 8 Rn. 54 ff.; Locher-Koeble-Frik, § 8 Rn. 59; Locher, Rn. 347.
334 Hesse-Korbion-Mantscheff-Vygen, § 8 Rn. 54; Locher-Koeble-Frik, § 8 Rn. 61.
335 Vgl. Hesse-Korbion-Mantscheff-Vygen, § 8 Rn. 54 ff.
336 Hesse-Korbion-Mantscheff-Vygen, § 8 Rn. 56.

ausschließt, ist auch bei der Vergütungsregelung des § 8 HOAI eine **endgültige Abrechnung** – in Form der Honorarschlußrechnung des Architekten – unentbehrlich. Ebenso wie § 641 BGB knüpft § 8 Abs. 1 HOAI für die Fälligkeit der Restzahlung an die vertragsgemäße Erbringung der Leistung und damit an die Vollendung des Architektenwerks an.[337] Die Abnahme der Werkleistung durch den Auftraggeber ist dagegen nicht Fälligkeitsvoraussetzung.[338] Die **Abnahmefähigkeit**, die auch beim Vorliegen nur unerheblicher Mängel bereits gegeben ist, **genügt**. Die fehlende Abnahme des Auftraggebers ist – bezogen ausschließlich auf die Fälligkeit des Honorars – rechtlich unerheblich, sofern nicht der Auftraggeber wegen erheblicher Mängel die Abnahme verweigert.

Abweichend vom Werkvertragsrecht des BGB fordert § 8 Abs. 1 HOAI als zusätzliche Fälligkeitsvoraussetzung die **Überreichung** einer **prüffähigen Honorarschlußrechnung**. Der Begriff der prüffähigen Rechnung ist im Recht der VOB-Bauverträge seit langem geläufig und in Anlehnung an die dort – § 14 Nr. 1 VOB/B – entwickelten Grundsätze zu beurteilen. Hiernach gehören zur Prüffähigkeit als **Mindestangaben** die Angabe aller Bemessungsgrundlagen und Leistungen, die zur sachlichen und rechnerischen Überprüfung der Rechnung im Hinblick auf die Bestimmungen der HOAI erforderlich sind,[339] z.B. die Angabe der anrechenbaren Kosten (§ 10), der Honorarzone (§ 11), der Leistungsbilder (z.B. § 15) und -phasen (§ 15 Abs. 2) sowie der Vomhundertsätze einschließlich sonstiger Bewertungsmerkmale sowie die Aufgabe der erbrachten Leistungen. 152

»prüffähige Rechnung«

Zur **Prüffähigkeit der Schlußrechnung** gemäß § 8 HOAI gilt im einzelnen: Die **anrechenbaren Kosten** sind gem. DIN 276 (in der Fassung von 1981) zu ermitteln. Für die einzelnen Leistungsphasen sind die jeweils zugehörigen **Kostenermittlungen** (Kostenberechnung, Kostenfeststellung) **nachvollziehbar** vorzulegen. Die **Honoraranteile** bzw. Zuschläge für Umbauten (§ 24), Instandhaltung (§ 27), mehrere Vor- oder Entwurfsplanungen (§ 20) sind prüffähig auszuweisen.[340] Die Anforderungen an die Prüfbarkeit der Honorarschlußrechnung ergeben sich aus Sicht des BGH[341] aus den **Informations- und Kontrollinteressen** des Auftraggebers, die den Umfang und die erforderliche Differenzierung der für die Prüfbarkeit erforderlichen Angaben bestimmen. Umgekehrt ist der Auftraggeber mit Einwendungen gegen die Prüffähigkeit der Schlußrechnung ausgeschlossen, wenn er die sachliche und 153

337 Locher-Koeble-Frik, § 8 Rn. 8.
338 Locher, Rn. 348.
339 Hesse-Korbion-Mantscheff-Vygen, § 8 Rn. 38 ff.; Locher-Koeble-Frik, § 8 Rn. 21 ff.
340 OLG Hamm, BauR 96, 437 u. 94, 536; Werner-Pastor, Rn. 970.
341 BGH, NJW 98, 3123.

rechnerische Richtigkeit nicht bestreitet, da die Anforderungen an die Prüffähigkeit einer Schlußrechnung nicht zum »Selbstzweck« bzw. purem Formalismus gedeihen sollen.[342] Aus diesem Grunde ist auch die Vorlage einer nach Mindestsätzen berechneten Schlußrechnung entbehrlich, wenn der Architekt lediglich das – unter den Mindestsätzen liegende – vereinbarte Pauschalhonorar fordert.[343] Hat allerdings der Auftraggeber in Unkenntnis des Erfordernisses einer prüffähigen Schlußrechnung Zahlung geleistet, kann er gem. § 812 BGB Rückzahlung verlangen, sofern nicht der Architekt den Honoraranspruch prüffähig nachweist.[344]

154 Die Schlußrechnung muß **»übergeben«** werden, d.h. in einem Schriftstück verkörpert und dem Auftraggeber **zugegangen** sein.[345] **Zugang** bedeutet hier dasselbe wie in § 130 BGB. Die Schlußrechnung ist i.S.d. § 8 HOAI »überreicht«, wenn sie so in den Machtbereich des Auftraggebers gelangt ist, daß dieser unter normalen Umständen die Möglichkeit der Kenntniserlangung hat. Außerdem ist der Architekt grundsätzlich an die einmal erteilte Schlußrechnung **gebunden**.[346] Die Schlußrechnungserklärung beinhaltet zwar keinen förmlichen Verzicht auf preisrechtlich zulässige Mehrforderungen, wohl aber eine aus § 242 BGB folgende Pflicht des Architekten, über den mit der Schlußrechnung geltend gemachten Betrag hinaus keine Mehrforderungen zu stellen. Ausgenommen von der Bindungswirkung sind daher diejenigen Forderungen – z.B. auf entgangenen Gewinn – die der Architekt in einer für den Auftraggeber erkennbaren Weise bewußt ausgeklammert hat,[347] oder deren Nachforderung auch nach Treu und Glauben gerechtfertigt erscheint, weil der Architekt unverschuldet von falschen Bemessungsgrundlagen ausging und beim Auftraggeber kein Vertrauenstatbestand geschaffen wurde. Eine **Bindung des Architekten an die erteilte Schlußrechnung** ist auch dann nicht gegeben, wenn der Auftraggeber sich selbst vertragsungetreu verhält, z.B. bei grundloser Zahlungsverweigerung, bei der der Auftraggeber keinen Vertrauensschutz verdient. In diesem Fall kann der Architekt, ggf. im Prozeß noch Forderungen nachschieben.[348] Das **Recht zur Nachforderung** hängt davon ab ob die Schlußrechnung des Architekten geeignet ist, beim Auftraggeber ein **schutzwürdiges Vertrauen** darauf zu begründen, daß keine Mehrforde-

Nachforderungen?

342 BGH, BauR 97, 1065; Werner-Pastor, Rn. 971.

343 OLG Düsseldorf, BauR 97, 163; OLG München, BauR 97, 882; Werner-Pastor, Rn. 971.

344 Werner-Pastor, Rn. 971.

345 Hesse-Korbion-Mantscheff-Vygen, § 8 Rn. 49.

346 BGH, ZfBR 85, 222; BauR 74, 213; BGH, BauR 78, 64.

347 Jagenburg, BauR 76, 319, 320.

348 Werner-Pastor, Rn. 801; Locher, Festschr. Heiermann, S. 241 ff.; BGH, BauR 93, 236, 289.

rungen gestellt werden. Außerdem ist abzuwägen, ob nicht dem Interesse des Architekten an der nachträglichen Änderung, für die es gute Gründe geben kann, gegenüber den Interessen des Auftraggebers das höhere Gewicht zukommt.

(2) Die Abgeltung der Umsatzsteuer durch die Honorarsätze

Will der Architekt die Mehrwertsteuer, die er nach den Vorschriften des 155
Umsatzsteuergesetzes ans Finanzamt abzuführen hat, dem Auftraggeber in Rechnung stellen, so mußte dies früher preisrechtlich zulässig und vertraglich vereinbart sein. Seit 01.01.85 stellt § 9 Abs. 1 HOAI klar, daß die **Mehrwertsteuer auch ohne vertragliche Vereinbarung erhoben werden** darf. Die Umsatzsteuer ist also in den Honoraren und Nebenkosten der HOAI nicht enthalten.[349]

Die zusätzliche Berechnung der Mehrwertsteuer beinhaltet daher keinen Verstoß gegen den Höchstpreischarakter der Verordnung.

b) Die vertraglichen Nebenpflichten des Auftraggebers

Ebenso wie dem Architekten obliegen auch dem Auftraggeber vertrag- 156
liche Nebenpflichten, deren Verletzung Schadensersatzansprüche aus **positiver Vertragsverletzung** oder die Sanktionen der §§ 642, 643 BGB zur Folge haben kann.[350] Als Aufklärungs- und Mitwirkungspflichten des Auftraggebers kommen in Betracht:

- Die frühzeitige und umfassende Aufklärung über die Bauabsichten und die finanziellen Möglichkeiten des Bauherrn,
- die Beschaffung der Grundstücks-, Kataster- oder sonstigen Pläne, der statischen Berechnungen etc.,
- die Unterlassung von vermeidbaren Schäden oder Beeinträchtigungen,
- die Unterlassung der eigenmächtigen Erteilung von Weisungen an die bauausführenden Unternehmer oder sonstiger Eingriffe in den Bauablauf über den Kopf des Architekten hinweg.

Je nach dem Grad der Bedeutung dieser Nebenpflichten für die Realisierung des Vertragszwecks handelt es sich entweder um bloße Obliegen-

349 Vgl. Hesse-Korbion-Matscheff-Vygen, § 9 Rn. 22.
350 Jochem, BauR 76, 392.

heiten oder um selbständige Nebenpflichten, auf die ein Erfüllungsanspruch besteht.[351]

c) Die Beendigung des Architektenvertrages

157 Grundsätzlich wird der Architektenvertrag **mit der Erfüllung** der beiderseitigen Vertragspflichten beendet (§ 362 BGB). Daneben können verschiedene andere Gründe zu einer vorzeitigen Beendigung des Architektenvertrages führen, z.B. Kündigung durch eine der Vertragsparteien, einvernehmliche Vertragsaufhebung, Anfechtung und Rücktritt vom Vertrag oder ähnliches.

aa) Die Kündigung des Vertrages

158 Häufigster vorzeitiger Beendigungsgrund ist beim Architektenvertrag die Vertragskündigung.

(1) Kündigung beim Dienstvertrag

159 Handelt es sich um einen der atypischen Fälle, bei denen der Architektenvertrag als **Dienstvertrag** einzustufen ist, so kann der Vertrag nach Maßgabe der §§ 626, 627 BGB gekündigt werden. Der Vertrag kann von jedem der beiden Vertragspartner gem. **§ 626 BGB** gekündigt werden, wenn ein wichtiger Grund dem Kündigenden ein Festhalten am Vertrag unzumutbar macht. § 626 BGB setzt zwar nicht zwingend voraus, daß in der Person oder dem Verhalten des anderen Vertragspartners der wichtige Grund gegeben ist, jedoch bilden diese Fälle den Schwerpunkt beim Kündigungsrecht des § 626 BGB.[352] Da der Architektenvertrag zwischen den Parteien typischerweise eine **Vertrauensstellung** begründet, steht beim Architekten-Dienstvertrag jedoch die Kündigung gem. § 627 BGB im Vordergrund. Hiernach darf der Architekt zwar jederzeit kündigen, jedoch mit der Einschränkung, daß die Kündigung nicht zur Unzeit erfolgt, sofern nicht ein wichtiger Grund für die unzeitige Kündigung vorliegt. Das Kündigungsrecht des Auftraggebers gem. **§ 627 BGB** unterliegt dagegen keiner solchen Beschränkung. Die Folgen der Kündigung ergeben sich aus § 628 BGB: Für die bereits geleistete Tätig-

351 Vgl. o. Rn. 124 ff.
352 Vgl. Palandt-Putzo, § 626 Rn. 37 ff. mit zahlreichen Rechtsprechungsnachweisen.

keit ist anteilig die Vergütung zu entrichten. Bei schuldhafter Verursachung der Kündigung durch den Auftraggeber kann dieser dem Architekten zum Schadensersatz verpflichtet sein, während im umgekehrten Falle der Anspruch auf Honorar völlig entfallen kann, wenn auch die bereits erbrachten Architektenleistungen infolge der Kündigung für den Auftraggeber nicht mehr von Interesse sind.

(2) Kündigung beim Werkvertrag

160 Ist der Architektenvertrag, wie in der weitaus überwiegenden Zahl der Fälle, ein **Werkvertrag**, so steht kraft Gesetzes nur dem Auftraggeber ein Recht zur ordentlichen Kündigung des Vertrages zu. Der Architekt hat kraft Gesetzes kein ordentliches Kündigungsrecht. Er kann nur unter den Voraussetzungen des § 643 BGB, also bei Verletzung von Mitwirkungspflichten durch den Auftraggeber und nach vorheriger Fristsetzung, den Vertrag durch Kündigung vorzeitig beenden. Ein außerordentliches Kündigungsrecht des Architekten ist im Werkvertragsrecht des BGB de lege nicht vorgesehen.

(aa) Die Kündigung des Auftraggebers

161 **§ 649 BGB** Gemäß § 649 BGB steht dem Auftraggeber bis zur Vollendung des Architektenwerks ein Recht zur Kündigung des Vertrags zu, das er jederzeit und ohne Angabe von Gründen ausüben kann. Ein materieller Schaden entsteht dem Architekten als Folge dieses Kündigungsrechtes nicht, da ihm der finanzielle Reinertrag bleibt. Er behält gemäß § 649 BGB den Anspruch auf die volle Vergütung und muß sich nur bezüglich der noch nicht ausgeführten Leistungsteile die insoweit **ersparten Aufwendungen**, die früher allgemein mit 40 % des Honorars für den noch nicht erbrachten Leistungsteil angesetzt wurden,[353] anrechnen lassen.

162 Die früher übliche **Pauschalierung** gilt inzwischen nur noch, wenn diesbezüglich eine ausdrückliche vertragliche Vereinbarung getroffen wurde. Im übrigen muß der Architekt substantiiert darlegen, welche ersparten Aufwendungen (z.B. objektbezogene Bürokosten, externer Bauleiter etc.) und/oder welchen anderweitigen Erwerb (Nachfolgeauftrag oder Beschäftigungslücke) er im einzelnen hatte.[354] Der Honoraranspruch des Architekten entsteht von vornherein nur in Höhe des durch

353 BGH, NJW 69, 419, 421; Werner-Pastor, Rn. 939.

354 BGH, BauR 96, 412 = NJW 96, 1751; BGH, NJW 2000, 653; Palandt-Sprau, § 649 Rn. 5; OLG Celle, NJW RR 98, 1170, Werner-Pastor, Rn. 939 ff.; v. Rintelen, BauR 98, 603.

die Abzugsbeträge geminderten Betrages, was im Streitfalle von Amts wegen zu berücksichtigen ist.[355] Macht der Architekt seinen Honoraranspruch so geltend, daß substantiiert dargelegte Ersparnisse von vornherein abgezogen werden, hat der Auftraggeber die Darlegungs- und Beweislast, wenn er höhere ersparte Aufwendungen behaupten will. In den von Architekten verwendeten Formularverträgen werden häufig

Pauschalkaluseln

Klauseln verwendet, die für den Fall der Kündigung des Vertrages den Honoraranspruch des Architekten für die noch nicht erbrachten Leistungen mit den früher üblichen 60 % und die ersparten Aufwendungen mit 40 % festschreiben. Solche **Pauschalierungsklauseln** sind nach dem AGB-Gesetz unwirksam, wenn sie dem Auftraggeber den Gegenbeweis höherer ersparter Aufwendungen abschneiden und/oder den tatsächlichen anderweitigen Erwerb nicht berücksichtigen.[356]

Tip

Hat der Architekt ein eigenes Interesse an der Erstellung des Bauwerks, weil das fertige Bauwerk für ihn die sichtbarste Form der Werbung darstellt, dann sollte er das freie Kündigungsrecht des Auftraggebers im Architektenvertrag ausschließen oder einschränken. Rechtlich ist dies – individuell ebenso wie in Formularverträgen – zulässig, wenn jedenfalls das Recht des Auftraggebers zur Kündigung aus wichtigem Grund gewahrt bleibt.[357]

163 Auch im Falle der **Kündigung** des Auftraggebers gemäß § 649 BGB kann der Anspruch des Architekten auf Vergütung für die bis zum Zeitpunkt der Kündigung erbrachten Leistungen beschränkt sein. Eine solche Beschränkung wäre an sich gemäß **§ 650 BGB** dann gegeben, wenn das geplante Bauwerk nur mit wesentlicher Überschreitung[358] der veranschlagten Baukosten auszuführen wäre. Hat der Architekt die Kostenüberschreitung nicht zu vertreten und auch keine Baukostengarantie übernommen, so gilt § 650 BGB nach h.A.[359] beim Architektenvertrag nicht, weil die Bausumme nur Grundlage des Honorars, nicht aber Bestandteil der eigenen Leistungen des Architekten ist.

355 BGH, NJW-RR 1992, 1077.

356 BGH, BB 1996, 2589; 98, 1718.

357 Löffelmann-Fleischmann, Rn. 1457; Korbion-Locher, S. 188.

358 Die Toleranzgrenze liegt zwischen 10 % und 27 % – vgl. Palandt-Sprau, § 650 Rn. 2 mit Einzelnachweisen.

359 BGH, BauR 73, 119; Bindhardt-Jagenburg, § 12 Rn. 178; MüKo-Soergel, § 650 Rn. 17 ff. m.w.N.

Ist die Kündigung des Auftraggebers dagegen aus einem wichtigen, **in der Person des Architekten liegenden Grund erfolgt**, so ist der **Honoraranspruch** auf die bereits erbrachten Leistungen beschränkt.[360] Hier ist nicht bloß der Fall der restriktiven Anwendung des § 649 BGB gegeben.[361] Dogmatische Grundlage der Anerkennung des außerordentlichen Kündigungsrechtes ist vielmehr § 626 BGB, dessen analoge Anwendung wegen des für den Architektenvertrag typischen engen Vertrauensverhältnisses zwischen den Vertragspartnern eine sachgerechte Lösung bietet, wenn diese Vertrauensgrundlage entfallen ist. Hiernach ist der Auftraggeber zur Kündigung aus wichtigem Grund berechtigt, wenn z.B. der Architekt von Bauunternehmern und Lieferanten Provisionen[362] oder sonstige finanzielle Vorteile[363] angenommen hat, wenn die Architektenleistungen grob fehlerhaft sind,[364] oder wenn der Architekt eindeutigen Weisungen des Auftraggebers im Hinblick auf die Ausführung des Bauwerks[365] oder dessen Rentabilität[366] zuwider handelt. Ist das Recht des Auftraggebers zur **Kündigung aus wichtigem Grund** nicht kraft Gesetzes, sondern **kraft vertraglicher Vereinbarung** gegeben, so gelten die gleichen Voraussetzungen für die Frage des Vorliegens des wichtigen Grundes. Bei den Rechtsfolgen der Kündigung aus wichtigem Grund ist § 628 BGB als Grundlage heranzuziehen: Die Vergütung ist nur für die erbrachten Leistungen zu zahlen. Sie kann ganz entfallen, wenn die Leistung infolge des vom Architekten gesetzten Kündigungsgrundes für den Auftraggeber kein Interesse mehr hat, wenn sie für den Auftraggeber nicht brauchbar oder ihm die Verwertung nicht zumutbar ist.[367] Außerdem sind dem Auftraggeber, wenn die erbrachten Leistungen mangelhaft sind, die **Rechte auf Minderung oder Schadenersatz** unbenommen; insoweit kann er gegebenenfalls gegenüber dem Honoraranspruch des Architekten die Aufrechnung erklären. 164

Kündigung aus wichtigem Grund

z.B.

360 h.A. vgl. BGH, BauR 77, 363, 364; BauR 90, 632; Werner-Pastor, Rn. 948; Locher-Koeble-Frik, Einl. Rn. 145.
361 Insoweit dogmatisch unklar Palandt-Sprau, § 649 Rn. 4 und das baurechtliche Schrifttum.
362 BGH, BauR 77, 363; OLG Düsseldorf, BauR 96, 574.
363 Locher, Rn. 353.
364 OLG Düsseldorf, BauR 96, 574.
365 Neuenfeld, Bd. 1 II, Rn. 414.
366 BGH, NJW 75, 1657; OLG Hamm, BauR 87, 464; Werner-Pastor, Rn. 953.
367 OLG Hamm, BauR 87, 464.

(bb) Die Kündigung des Architekten

165 **Ausgangslage** Für den Architekten sieht das Werkvertragsrecht des BGB weder ein ordentliches noch ein außerordentliches Kündigungsrecht vor. Lediglich in den seltenen Fällen, in denen ein Mitwirken des Auftraggebers im Sinne des § 642 BGB notwendig ist, kann der Architekt unter den engen Voraussetzungen des **§ 643 BGB** den Vertrag kündigen – wenn wegen der unterlassenen Mitwirkung des Auftraggebers bezüglich der angebotenen Architektenleistung Annahmeverzug eintritt und die Handlung trotz angemessener Nachfristsetzung nicht nachgeholt wird.[368] Wegen der Unbilligkeit dieser Regelung wird dem Architekten ebenfalls – **in analoger Anwendung des § 626 BGB** – ein **außerordentliches Kündigungsrecht** zugebilligt,[369] wenn ihm die Fortsetzung des Vertrages unter Berücksichtigung aller Umstände nicht mehr zugemutet werden kann, z.B. wegen unbegründeter Kündigung seitens des Auftraggebers, wegen schwerwiegender ehrverletzender Äußerungen über die Person des Architekten, wegen der Weigerung zur Zahlung der Vorschüsse gemäß § 8 HOAI – wobei im letzteren Falle § 326 BGB zumindest alternativ in Frage kommen kann. **Konsequenzen** Kündigt der Architekt aus wichtigem Grunde, so steht ihm ebenfalls die **volle Vergütung abzüglich ersparter Aufwendungen** zu.[370] Ein Anspruch des Auftraggebers auf Minderung der Vergütung ist nur wegen Mängeln der bereits erbrachten Architekturleistungen gegeben.

bb) Sonstige Beendigungsgründe

166 **Einvernehmliche Aufhebung** Wird der Architektenvertrag von den Parteien **einvernehmlich vorzeitig** beendet, so ist – falls keine Regelung bezüglich der Vergütung getroffen wurde oder sich aus den Umständen ergibt[371]– das volle Architektenhonorar zu zahlen. Die **ersparten Aufwendungen** werden, da die Zustimmung des Architekten zur Vertragsbeendigung keinen Verzicht auf die Vergütung beinhaltet, nicht in Abzug gebracht.[372] Bestand allerdings zum Zeitpunkt der Vertragsbeendigung seitens des Auftraggebers ein **Kündigungsgrund**, von dem er erst nachträglich Kenntnis erlangt, so

368 Vgl. im einzelnen Jochem BauR 76, 392; Werner-Pastor, Rn. 952.

369 h.A. vgl. BGHZ 59, 339; BGH, NJW 69, 419 ff.; 73, 140; Neuenfeld, Bd. 1 VI Rn. 8 ff.; Werner-Pastor, Rn. 945 ff.

370 BGH, NJW 69, 419 ff.; BGH, BauR 89, 626; differenzierend Werner-Pastor, Rn. 949.

371 BGH, NJW 74, 945; Locher, Rn. 354.

372 a.A. Werner-Pastor, Rn. 960.

darf er diesen **nachschieben** und das Honorar für nicht erbrachte Leistungen verweigern.[373]

Tritt eine der Vertragsparteien vom Vertrag zurück, so wandelt sich der Architektenvertrag kraft Gesetzes in ein **Rückgewährschuldverhältnis**, das gemäß den §§ 346 ff. BGB abzuwickeln ist. Erfolgt eine **wirksame Anfechtung** gemäß § 119 BGB oder § 123 BGB, z.B. wegen Täuschung über die Architekteneigenschaft, so ist der Vertrag als von Anfang an nichtig anzusehen. Die Rückabwicklung bzw. Rückerstattung der beiderseits erbrachten Leistungen erfolgt, sofern nicht dem Anfechtenden ein Schadenersatzanspruch zusteht, nach bereicherungsrechtlichen Grundsätzen. **Stirbt** eine der Vertragsparteien, so wird der Vertrag nicht beendet, da die Erben des verstorbenen Vertragsteils gemäß § 1967 BGB in die Vertragspflichten eintreten. Hier kann aber beiderseits ein wichtiger Kündigungsgrund gegeben sein, z.B. wegen der höchstpersönlichen Natur der vom Architekten übernommenen Verpflichtung oder der wirtschaftlichen Unmöglichkeit zur Durchführung des Projekts auf Auftraggeberseite. **167** **Rücktritt** **Anfechtung** **Tod**

Die **Insolvenz** einer der beiden Vertragsparteien beendet den Architektenvertrag nicht. § 116 InsO, der bei der Eröffnung des Insolvenzverfahrens über das Vermögen des Auftraggebers zum automatischen Erlöschen des Vertrages führen würde, ist entgegen einer im baurechtlichen Schrifttum verbreiteten Ansicht[374] nicht anwendbar. Denn § 116 InsO setzt voraus, daß der vom Gemeinschuldner übertragene Dienst- oder Werkvertrag eine Geschäftsbesorgung im Sinne des § 675 BGB zum Gegenstand hat. Der Architektenvertrag, gleichgültig ob als Dienst- oder Werkvertrag, enthält zwar einzelne Elemente einer Geschäftsbesorgung im Sinne des § 675 BGB, aber nur, soweit Verhandlungen mit Dritten – Behörden, Bauunternehmern, Nachbarn zu führen sind.[375] Der Architektenvertrag selbst wird dadurch nicht zum Geschäftsbesorgungsvertrag,[376] so daß im Insolvenzfalle ausschließlich § 103 InsO anzuwenden ist. Fällt der **Auftraggeber in Insolvenz**, so kann der Insolvenzverwalter vom Architekten die Erfüllung des Vertrages verlangen. Dieser kann allenfalls aus wichtigem Grund kündigen oder gemäß § 321 BGB seine weitere Leistung zurückbehalten,[377] wenn fällige Vorschußzahlungen **168** **Insolvenz**

373 BGH, BauR 76, 139, 140; OLG Karlsruhe, NJW-RR 93, 1368.

374 zu § 23 KO: Locher, Rn. 355; einschränkend aber schon Neuenfeld, BauR 80, 230, 232.

375 So ausdrücklich BGH, NJW 64, 1469; BGHZ 45, 223; MüKo-Seiler, § 675 Rn. 95.

376 Neuenfeld, Bd. 1 II, Rn. 56; Locher-Koeble-Frik, Einl. Rn. 21, differenzierend Palandt-Sprau, Einf vor § 631 Rn. 7; vgl. Kilger-Schmidt, § 23 KO, Rn. 1; Wimmer, § 116 InsO Rn. 3 ff; die den Architektenvertrag unter den Geschäftsbesorgungsverträgen des § 23 KO (§ 116 InsO) gerade nicht erwähnen.

377 Palandt-Heinrichs, § 321 Rn. 2; Leineweber, BauR 80, 510, 517.

nicht geleistet werden oder wegen der Unzulänglichkeit der Insolvenzmasse der Honoraranspruch gefährdet erscheint. Bei der Insolvenz des Architekten steht dem Insolvenzverwalter auch gemäß § 103 InsO das Wahlrecht zu. Wegen der höchstpersönlichen Natur der vom Architekten übernommenen Verpflichtung kann er hiervon aber nur dann Gebrauch machen, wenn der Architekt, z.B. gegen ein vom Insolvenzverwalter zu zahlendes Entgelt, sich hierzu bereit findet. Verlangt der Insolvenzverwalter gemäß § 103 InsO Vertragserfüllung, so wird der Vertrag trotz der Eröffnung des Insolvenzverfahrens weitergeführt, und zwar so, wie er zum Zeitpunkt der Eröffnung bestand. Die bereits erwähnten Kündigungsrechte des Auftraggebers gemäß §§ 649, 626 BGB bleiben daher ebenso bestehen wie sonstige Einwendungen oder Einreden, die dem Auftraggeber gegenüber dem Architekten selbst zugestanden hätten.

4. Das Urheberrecht des Architekten

169 Das Urheberrecht des Architekten hat seine Rechtsgrundlage im »Gesetz über Urheberrechte und verwandte Schutzrechte« (UrHG) vom 09.09.1965, welches das KUG von 1907 abgelöst hat. Durch das Urheberrecht werden sowohl die materiellen, vermögensrechtlichen Interessen, wie auch die geistig immateriellen Rechte des Urhebers geschützt. Dieser Schutz wirkt allgemein **gegenüber jedermann**, nicht nur schuldrechtlich gegenüber dem einzelnen Vertragspartner des Urhebers.

Umfang Gegenstand des Urheberrechts im einzelnen sind – bezogen auf den hier interessierenden Bereich des Architekten- bzw. Bauvertragsrechts – gemäß § 2 Abs. 1 Nr. 4 UrHG Werke der bildenden Künste einschließlich der Werke der Baukunst und deren Entwürfe, gemäß § 2 Abs. 1 Nr. 7 UrHG Darstellungen wissenschaftlicher oder technischer Art, nämlich Zeichnungen, Pläne, Karten, Skizzen, Tabellen und plastische Darstellungen, wie z.B. Modelle von geplanten Bauwerken und ähnliches.

a) Das urheberrechtlich geschützte Werk

170 Zu den urheberrechtlich geschützten Werken im Sinne des Urhebergesetzes zählt aber nicht jedes von einem Architekten geschaffene Bauwerk schlechthin, sondern nur dasjenige Bauwerk, das begrifflich als ein **»Werk der Baukunst«** eingestuft werden kann. Der Jurist ist damit gezwungen, sich auf den unsicheren, ihm fremden Boden der Kunst oder Ästhetik zu begeben und über den höheren oder geringeren künstlerischen Gehalt eines Bauwerks zu entscheiden, um dem Architekten, Bauherrn oder sonstigen Baubeteiligten die schlicht alltägliche Frage zu beantworten, was mit den Plänen oder dem Bauwerk geschehen darf, ob und in welchem Umfange Änderungen oder Nachahmungen zulässig sind.

Das Gesetz selbst bietet **keine zuverlässige Definition**, sondern 171
beschränkt sich in § 2 Abs. 2 UrHG auf die Eingrenzung, daß Werke im Sinne des Urhebergesetzes nur persönliche geistige Schöpfungen sind. Auch die in Rechtsprechung und Literatur unternommenen Definitionsversuche[378] bieten keine allgemeingültigen oder gar praktikablen Abgrenzungskriterien, sondern allenfalls Mindestmerkmale für eine Abgrenzung zwischen urheberrechtlich schutzwürdigen Leistungen und künstlerisch anspruchslosen Produkten. Den Versuch einer allgemeingültigen Legaldefinition des Kunstwerks im Sinne des Urhebergesetzes hat der BGH in seiner Entscheidung vom 29.03.1957[379] unternommen. Hiernach ist das Kunstwerk eine

> »eigenpersönliche geistige Schöpfung, die mit Darlegungsmitteln der Kunst durch formgebende Tätigkeit hervorgebracht ist und deren ästhetischer Gehalt einen solchen Grad erreicht hat, daß nach den im Leben herrschenden Anschauungen noch von Kunst gesprochen werden kann, und zwar ohne Rücksicht auf den höheren oder geringeren Kunstwert oder ohne Rücksicht darauf, ob das Werk neben dem ästhetischen noch einem praktischen Zweck dient.«

BGHZ 24, 55

Dem Baupraktiker bietet dieser Versuch einer umfassenden Legaldefinition wohl kaum eine sichere oder praktikable Richtschnur für die Handhabung des Architekten-Urheberrechts. Für diesen Bereich ist daher der bescheideneren Definition von Locher[380] der Vorzug zu geben. Hiernach ist

> »ein für den Architekten urheberrechtlich geschütztes Werk der Baukunst eine mit den Mitteln der Architektur verwirklichte Schöpfung, die Gestaltung und Individualität aufweist.«

Hiernach sind **einfache Wohn- oder Gewerbebauten** im allgemeinen 172
nicht urheberrechtlich geschützt,[381] weil sie weder eine individuell gestaltete Architektur noch ästhetische Elemente noch eine eigenpersönliche Architektenleistung, die die »Handschrift« des Architekten trägt, im Gesamtbauwerk oder einzelnen Bauteilen erkennen lassen. Entscheidend ist die Individualität des Werkes, nicht seine Zweckbestimmung, so daß umgekehrt im Einzelfall auch reine Zweckbauten wie Fabrik- oder Verwaltungsgebäude, Brücken oder ähnliches dem Urheberrechtschutz

378 RG 79, 397; 76, 339 ff. 344; Hesse, BauR 71, 209 ff. 211; Ern, ZfBR 79, 136; Locher, Rn. 357; Neuenfeld, Bd. 1 III, Rn. 9 ff; vgl. auch Werner-Pastor, Rn. 1941 ff. m.w.N.

379 BGHZ 24, 55 ff. 63.

380 Locher, Rn. 357; vgl. auch Göpfert, BauR 99, 312.

381 Locher, Rn. 358.

unterliegen können.[382] **Individualität** bedeutet auch nicht Einmaligkeit in der Ausführung, so daß auch bei einer Serie von Reihenhäusern, spiegelgleichen oder in Varianten errichteten Häusern der Urheberrechtschutz gegeben ist, wenn das einzelne Bauwerk die Merkmale der kreativen, eigenständigen Schöpfung aufweist und der Entwurf des Architekten nach dessen eigener Zielsetzung entweder von vornherein[383] oder im Zuge der Ausweitung des Bauvorhabens wiederholt Verwendung finden sollte.[384] Urheberrechtlich geschützt sind sowohl das verkörperte

Entwürfe

Werk wie auch die **Pläne und Zeichnungen** allein, so daß auch bereits der **Entwurf** oder Vorentwurf im Einzelfalle als geschütztes Werk im Sinne des § 2 UrHG gelten können.[385]

b) Der Begriff des Urhebers

173 Der Begriff des Urhebers ist in §§ 7-10 UrHG geregelt. Hiernach ist Urheber der **Schöpfer des Werks**. Haben mehrere Architekten gemeinschaftlich zusammengewirkt, so sind sie, wenn ihre Anteile nicht gesondert verwertbar sind, gesamthänderisch **Miturheber** im Sinne des § 8 UrHG. Auch der angestellte und beamtete Architekt genießt gem. § 43 UrHG den Schutz des Urheberrechts, das in seiner Person – nicht in der seines Dienstherrn – entsteht. Aus dem Inhalt und Zweck des Dienstvertrages kann sich, sofern vertraglich keine Regelung getroffen ist, eine Pflicht des angestellten Architekten zur Übertragung der Urheberverwertungsrechte auf den Arbeitgeber ergeben.[386] Nicht übertragbar ist im Zweifel als höchstpersönliches Recht der Anspruch auf Angabe des Urhebernamens **(Urheberbenennungsrecht)**. Wohl aber kann der Angestellte aufgrund seines Vertrages oder gem. Treu und Glauben an der Ausübung gehindert sein.[387]

c) Die Ausübung des Architekten-Urheberrechts

174 Ausdruck der geistig immateriellen Seite des Urheberrechts ist der Anspruch des Architekten auf Erhaltung der unveränderten Gestalt seines Werks (vgl. §§ 14, 23, 29 UrHG). Dieses Recht kann mit dem Eigentumsrecht des Auftraggebers kollidieren, der grundsätzlich mit seinem

382 BGHZ 24, 55; Werner-Pastor, Rn. 1940.
383 Hesse, BauR 71, 209, 215.
384 Hesse, BauR 71, 209, 219.
385 Locher, Rn. 358.
386 Neuenfeld, Bd. 1 III, Rn. 28 ff.; Locher, Rn. 365.
387 Neuenfeld, Bd. 1 III, Rn. 28; Locher, Rn. 365.

Eigentum nach Belieben verfahren, bauliche Änderungen, Umbauten, Instandsetzungen vornehmen darf. Im Einzelfall ist eine **Interessenabwägung** zwischen dem Urheberrecht des Architekten und dem Eigentumsrecht des Auftraggebers vorzunehmen, bei der Gradmesser die künstlerische Gestaltungshöhe des Werkes ist. Je intensiver die schöpferische eigenpersönliche Leistung des Architekten, desto intensiver ist sein Urheberrecht, während bei geringer Kunstqualität das Eigentumsrecht des Auftraggebers gegenüber dem Urheberrecht dominiert oder dieses gar verdrängt,[388] insbesondere bei Umbauten oder Instandsetzungen aufgrund veränderter wirtschaftlicher, technischer oder sozialer Gegebenheiten.

Die **vermögensrechtliche Seite** des Urheberrechts betrifft in der Regel die Nutzungsbefugnis. Hier stellt sich für den Auftraggeber jeweils die Frage, in welchem Umfang ihm die Nutzungsrechte vom Architekten übertragen sind und ob für die Übertragung ein gesondertes Entgelt zu zahlen ist. Sind dem Architekten sämtliche Leistungen gemäß § 15 HOAI oder aber zumindest sämtliche Planungsleistungen (§ 15 Leistungsphasen 1-4) unter Ausschluß der Leistungen im Zusammenhang mit der Erstellung des Bauwerks übertragen, so sind – jedenfalls **stillschweigend – die urheberrechtlichen Nutzungsbefugnisse mitübertragen** und durch das vereinbarte Honorar mit abgegolten.[389] Die Vereinbarung eines zusätzlichen Entgelts ist, wenn die Höchstsätze der HOAI dadurch überschritten würden, nicht zulässig,[390] sofern nicht der besondere künstlerische Gehalt ausnahmsweise eine gesonderte Vergütung als außergewöhnliche Leistung im Sinne des § 4 Abs. 3 HOAI rechtfertigt.[391] Ein Recht zur Wiederverwendung der Pläne bzw. zum Nachbau steht dem Auftraggeber ohne Einwilligung des Architekten bei urheberrechtlich geschützten Plänen nicht zu (§ 53 Abs. 4 UrhG).[392] Bei objektiv widerrechtlicher Urheberverletzung ist er gemäß §§ 97 ff. UrHG zur **Unterlassung**, bei schuldhafter Urheberrechtsverletzung außerdem zum **Schadensersatz** verpflichtet.[393] Umfaßt der Architektenvertrag nur die Leistungsphasen 1-3 des § 15 HOAI, so ist das Urheber- 175

Nutzungsbefugnisse

388 RG 79, 397 (Böcklin-Fresken); BGH, BauR 74, 428 f.; BauR 99, 274; Neuenfeld, BauR 75, 365, 371; Locher, Rn. 359.

389 BGH, BauR 75, 363; OLG Köln, NJW-RR 98, 1097; Ern ZfBR 79, 136, 138 – das Urheberrecht selbst ist dagegen nicht übertragbar (§ 29 UrHG); die Originalpläne bleiben Eigentum des Architekten vgl. OLG Köln, BauR 73, 251; Werner-Pastor, Rn. 1947.

390 OLG München, NJW-RR 95, 474; Locher-Koeble-Frik, § 4 Rn. 65; Werner-Pastor, Rn. 899, 1949.

391 Hesse-Korbion-Mantscheff-Vygen, § 4 Rn. 16.

392 Hesse, BauR 71, 209, 219; Locher, Rn. 361.

393 BGH, BauR 81, 298; OLG Stuttgart, JBR 96, 470; OLG Nürnberg, BauR 98, 168; Werner-Pastor, Rn. 1961.

recht nicht automatisch oder stillschweigend mit übertragen.[394] Eine weitere Verwendung der Pläne, z.B. durch einen anderen Architekten löst, falls nicht vertraglich die Weiterverwendung der Pläne geregelt ist, die Sanktionen der §§ 97 ff. UrHG aus.

176 **Verkauft** oder **überträgt** der Auftraggeber das Grundstück mit dem fertigen oder halbfertigen Bauwerk oder den Plänen an einen Dritten, so überträgt er damit die urheberrechtlichen Befugnisse in demjenigen Umfange, in dem sie ihm selbst übertragen worden waren. Ein gesondertes Entgelt hat der Erwerber dem Architekten nur zu zahlen, wenn durch das mit dem Auftraggeber vereinbarte Architektenhonorar die urheberrechtliche Nutzungsbefugnis nicht mit abgegolten sein sollte.[395] Dasselbe gilt, wenn der Auftraggeber in **Insolvenz** fällt. **Veräußert** oder **versteigert** der Insolvenzverwalter das Grundstück mit den Plänen und/oder dem unvollendeten Bauwerk, so hat der Erwerber oder Ersteigerer dem Architekten für die urheberrechtliche Nutzungsbefugnis kein Entgelt zu zahlen, sofern nach dem Vertrag mit dem Gemeinschuldner durch das Architektenhonorar auch die urheberrechtliche Nutzungsbefugnis bereits abgegolten war.[396] Der Umstand, daß der Honoraranspruch nicht erfüllt oder bloße Insolvenzforderung geworden ist, führt nicht zu einem Wiederaufleben der materiellen Ansprüche aus dem urheberrechtlichen Nutzungsrecht gegen den Insolvenzverwalter oder den Erwerber. Der Architekt ist auf diejenigen Rechte beschränkt, die ihm gegenüber seinem Auftraggeber zuständen. Angesichts der hier offenen Rechtsfragen ist es dem Architekten allerdings dringendst anzuraten, die Frage der urheberrechtlichen Nutzungsbefugnisse vertraglich in eindeutiger Weise zu regeln und sich für den Fall der Insolvenz oder der Weiterveräußerung des Grundstücks abzusichern.

394 BGH, BauR 84, 416; Locher-Koeble-Frik, Einl. Rn. 189; differenzierend Werner-Pastor, Rn. 1947, 902.

395 Argument aus BGH BauR 73, 363; a.A. Ern, ZfBR 79, 137, 139.

396 Kuhn-Uhlenbruck, KO, § 1 Rn. 65; a.A. Neuenfeld, BauR 80, 234.

II. Der Vertrag mit dem Sonderfachmann

II. Der Vertrag mit dem Sonderfachmann

1. Die Abgrenzung gegenüber anderen Baubeteiligten

Wie eingangs beim Architektenbegriff erläutert,[1] hat die zunehmende Spezialisierung auf dem Bausektor dazu geführt, daß der Architekt nicht mehr allein den Ablauf des Baugeschehens planend, beratend und überwachend bestimmt. Bei größeren und – je nach Sachlage – auch bereits mittleren oder kleineren Bauvorhaben sind für einzelne Spezialbereiche so eingehende Fachkenntnisse erforderlich, daß der Architekt zwangsläufig Sonderfachleute hinzuziehen muß, um die eigene Architektenaufgabe im Zusammenwirken mit den Sonderfachleuten ordnungsgemäß erfüllen zu können. Vom Bauunternehmer bzw. Bauhandwerker unterscheidet sich der Sonderfachmann – ebenso wie bereits der Architekt – dadurch, daß er nicht die körperliche Erstellung des Bauwerkes oder der einzelnen technischen Anlagen und Einrichtungen schuldet, sondern das Entstehenlassen des Bauwerks. Der Sonderfachmann leistet demgemäß ebenso wie der Architekt einen geistigen Beitrag zur Errichtung der Bauwerks.[2] **177**

a) Die Rechtsnatur des Vertrages

Der Vertrag mit dem Sonderfachmann ist seiner Rechtsnatur nach ein **Werkvertrag**,[3] da nicht eine Beratung oder die Ausarbeitung von Plänen als Dienstleistung, sondern der Eintritt des Werkerfolges geschuldet wird. Dieser Werkerfolg, der je nach der Art des Fachbereiches in der Statik, der Vermessung, der Planung und Konzeption von technischen Anlagen etc. bestehen kann, unterscheidet den Vertrag des Sonderfachmannes wiederum vom Architektenvertrag. Im Gegensatz zum Architektenvertrag ist aber nicht das künstlerisch gestalterische Element, sondern die **technisch-funktionale Kompenente** das charakteristische Merkmal der Werkleistung. Ebenso wie beim Architekten kann allerdings auch beim Sonderfachmann in Ausnahmefällen der Dienstvertragscharakter des Vertrages zu bejahen sein, wenn der Sonderfachmann eine aus- **178**

Unterschied zum Architektenvertrag

1 o. Rn. 13 ff.

2 OLG Hamm, BauR 92, 78; 90, 104; BGH, NJW 79, 214; Kleine-Möller/Merl/Oelmaier, § 12 Rn. 230.

3 BGH 48, 257; Locher-Koeble-Frik, Einl., Rn. 210; Locher, Rn. 367; MüKo-Soergel, § 631 Rn. 53; Werner-Pastor, Rn. 1403; Vygen, Rn. 12.

schließlich beratende Funktion übernimmt.[4] Handelt es sich dagegen um eine Gutachtertätigkeit, dann ist auch der Vertrag mit dem Sonderfachmann Werkvertrag.[5] Insoweit gelten die gleichen Abgrenzungskriterien wie beim Architektenvertrag.[6] Der Abschluß und die Beendigung des Vertrages mit dem Sonderfachmann erfolgt – insoweit darf ebenfalls auf die Ausführungen zum Architektenvertrags verwiesen werden –[7] entweder schriftlich, mündlich oder durch konkludentes Handeln. Vertragsmuster und Verträge mit AGB-Charakter sind auch hier gebräuchlich, insbesondere bei öffentlich-rechtlichen Körperschaften als Auftraggebern, jedoch nicht in so verbreitetem Maße wie beim Architekten, so daß auch die Problematik des AGB-Gesetzes hier in den Hintergrund tritt.

b) Die Vertragsparteien

179 **Auftraggeber** des Sonderfachmannes ist im Regelfall nicht der Architekt, sondern **der Bauherr selbst**.[8] Denn der Architekt schuldet dem Bauherrn nicht die vom Sonderfachmann zu erbringende Leistung und kann – mangels eigener Sachkunde auf diesem Fachgebiet – auch nicht überprüfen, ob die vom Sonderfachmann eigenverantwortlich erbrachte Werkleistung vertragsgerecht und mängelfrei ist. Aus diesem Grunde wird der Vertrag im allgemeinen unmittelbar im Namen und für Rechnung des Bauherrn abgeschlossen.

Tip

Da die übliche Architektenvollmacht nicht die Ermächtigung zum Abschluß des Sonderfachmann-Vertrages unmittelbar im Namen und für Rechnung des Bauherrn umfaßt,[9] sollte der Architekt den schriftlichen Vertrag schon im eigenen Interesse von seinem Auftraggeber unterzeichnen oder sich gesonderte Abschlußvollmacht erteilen lassen.

Unterläßt er dies, so kann er vom Sonderfachmann unter Umständen gemäß § 179 BGB selbst auf Schadensersatz oder Vertragserfüllung in Anspruch genommen werden, falls der Auftraggeber den Vertragsab-

4 MüKo-Soergel, § 631 Rn. 44; Locher, Rn. 367; a.A. Locher/Koeble/Frik, Einl. Rn. 210 unter Verweis auf BGH, BauR 82, 79.
5 Locher, Rn. 367.
6 Vgl. o. Rn. 23 ff.
7 Vgl. o. Rn. 32 ff.
8 BGH, BauR 70, 62; Werner-Pastor, Rn. 1404.
9 Vgl. o. Rn. 102.

schluß nicht gemäß § 177 Abs. 1 BGB genehmigt. In diesem Fall haftet zwar der Architekt nicht für die Leistungen des Sonderfachmannes, kann aber umgekehrt auch das Entgelt, das er nun selbst dem Sonderfachmann schuldet, dem Auftraggeber nicht in Rechnung stellen, sondern allenfalls einen Ausgleich nach bereicherungrechtlichen Grundsätzen fordern.[10]

Schließt der Architekt dagegen **den Vertrag** mit dem Sonderfachmann von vornherein im eigenen Namen ab – z.B. weil er sich dem Auftraggeber gegenüber zur Erbringung auch der ingenieurmäßigen oder sonstigen Leistungen eines Sonderfachmannes verpflichtet hat – so entstehen Vertragsbeziehungen ausschließlich zwischen dem Architekten und dem Sonderfachmann. Gegenüber dem Auftraggeber haftet der Architekt in diesem Falle nicht für die Auswahl der Sonderfachleute und die Koordination ihrer Arbeiten, sondern für deren vertragsgerechte und mängelfreie Erfüllung schlechthin. Für Fehlleistungen des Sonderfachmannes, der im Verhältnis zum Bauherrn bei dieser Vertragskonstellation als Erfüllungsgehilfe des Architekten in Sinne des § 278 BGB gilt, haftet der Architekt **verschuldensunabhängig und unbeschränkt.**[11] **180** **Haftung!**

Tip

Aus diesem Grunde ist die neuerdings bei größeren Bauvorhaben – insbesondere bei gewerblichen oder öffentlich-rechtlichen Auftraggebern – im Vordringen befindliche Konstruktion des »Generalplaners« eine für den Architekten äußerst gefährliche Vertragsgestaltung.[12] Der Architekt hat ähnlich wie der Generalunternehmer bei der Bauausführung umfassend sämtliche Planungsleistungen sowohl im Bereich der Architektur wie auch der ingenieurtechnischen Planungen zu erbringen. Er schaltet die Sonderfachleute als eigene »Subplaner«, d.h. Subunternehmer ein und hat – obwohl seine eigene Haftpflichtversicherung diesen Bereich i.d.R. nicht abdeckt und er auch nicht über die eigene Sachkunde zur Kontrolle und Überwachung der Sonderfachleute verfügt – uneingeschränkt für die komplette Planungsleistung zu haften.

Umgekehrt kann der Architekt allerdings, da die Leistungen der Sonderfachleute durch die Honorarsätze der HOAI nicht abgegolten sind, hierfür **zusätzlich** gemäß § 5 HOAI ein gesondertes **Honorar verlangen**,

10 Heiermann-Riedl-Rusam, § 2 VOB/B Rn. 175; a.A. Beigel, BauR 85, 40, der aber Aufwendungsersatzansprüche nach den Grundsätzen der Geschäftsführung ohne Auftrag bejaht.

11 Werner-Pastor, Rn. 1405.

12 Wenner, BauR 98, 1150.

dessen Bemessung sich, falls insoweit keine vertragliche Absprache getroffen wurde, an dem zu orientieren hat, was ein entsprechender Sonderfachmann hier üblicherweise in Rechnung stellen würde.

c) *Die Vergütung des Sonderfachmannes*

181 Für die Vergütung der Sonderfachleute gibt es keine einheitliche, für alle Gruppen geltende Gebührenordnung. Allerdings war es bei Schaffung der HOAI von vornherein geplant, die einzelnen Ingenieurleistungsbilder und die jeweilige Honorierung in der HOAI zu integrieren.[13] Sukzessive wurden seit Inkrafttreten bzw. seit der Novellierung 1985 der HOAI alle wesentlichen Ingenieurleistungen von Sonderfachleuten in die HOAI einbezogen.

182 Inzwischen sind die folgenden **Ingenieurleistungen** in die HOAI integriert:

- Städtebauliche Leistungen, Teil V;
- Landschaftsplanerische Leistungen, Teil VI;
- Leistungen bei Ingenieurbauwerken und Verkehrsanlagen, Teil VII;
- Verkehrsplanerische Leistungen, Teil VIIa;
- Leistungen bei der Tragwerksplanung, Teil VIII;
- Leistungen bei der technischen Ausrüstung, Teil IX;
- Leistungen für thermische Bauphysik, Teil X;
- Leistungen für Schallschutz und Raumakustik, Teil XI;
- Leistungen für Bodenmechanik, Erd- und Grundbau, Teil XII;
- Vermessungstechnische Leistungen, Teil XIII.

183 Bei den in den Regelungsbereich der HOAI einbezogenen ingenieurtechnischen Leistungen erfolgt die Vergütung genau wie beim Architekten nach der bei Vertragsabschluß getroffenen **schriftlichen Vereinbarung** (§ 4 Nr. 3 HOAI) im Rahmen der beim jeweiligen Kapitel bzw. Leistungsbild festgelegten Mindest- und Höchstsätze.[14] Für sonstige Leistungen von Sonderfachleuten, die in der HOAI noch nicht geregelt sind (z.B. Inneneinrichtungen und ähnliches) gibt es weder eine allgemein verbindliche Gebühren- oder Honorarordnung noch eine preisrechtliche Bindung.[15] Die Vergütung richtet sich hier nach der im einzelnen getroffenen **vertraglichen Vereinbarung**. Die Vertragsfreiheit ist insoweit keinen Beschränkungen unterworfen. Die Abrechnung derartiger Ingenieurleistungen erfolgt im allgemeinen auf der Basis von Stundensätzen als Zeithonorar, von Prozentsätzen (z.B. 2-5 %) der Auftragssumme des

Honorierungsfragen

13 Hesse-Korbion-Mantscheff-Vygen, Vorb. vor § 51 HOAI Rn. 12.

14 Werner-Pastor, Rn. 1410.

15 Werner-Pastor, Rn. 1414.

Fachgewerks als Projektierungskosten,[16] nach Maßgabe der LHO,[17] der Leistungs- und Honorarordnung für Ingenieure vom 01.06.1969, durch die die früher geltende GOI[18] fortentwickelt und abgelöst wurde, aber auch noch nach Maßgabe der GOI in der Fassung von 1956,[19] soweit diese im Vertrag ausdrücklich zugrunde gelegt wurde.

Im einzelnen gelten für die vertraglich vereinbarte Vergütung die **folgenden Grundsätze**: Handelt es sich um einen Vertrag über die **Tragwerksplanung**, so ist das Honorar nach Maßgabe der §§ 51 ff. HOAI in Verbindung mit den allgemeinen Vorschriften der §§ 1-9, 59 HOAI zu bestimmen. Dasselbe gilt für die jeweils in den einzelnen Teilen der HOAI geregelten **ingenieurtechnischen Leistungen**. Hier gelten ebenfalls die in den Honorartafeln im einzelnen festgelegten Honorare nach Maßgabe der Honorarzone, der anrechenbaren Kosten des Projekts und nach erbrachten Grundleistungen. Bezüglich der Zulässigkeit einer Über- oder Unterschreitung der Höchst- bzw. Mindestsätze, bezüglich der Einhaltung der Schriftform, bezüglich des Zeitpunktes der Honorarvereinbarung ebenso wie bezüglich der Abgeltung der Mehrwertsteuer gelten dieselben Grundsätze wie bei der Vergütung des Architekten. Insoweit wird auf die Ausführungen zum Architektenrecht[20] verwiesen. Ist die Vergütung des Sonderfachmannes im Vertrag nicht oder nicht in eindeutiger Weise geregelt, so hat der Sonderfachmann gemäß § 632 Abs. 2 BGB – beim Dienstvertrag gemäß § 612 Abs. 2 BGB – Anspruch auf die **»übliche« Vergütung**. Soweit die Vergütung sich nach der HOAI richtet, sind als »übliche Vergütung« – ebenso wie beim Architektenhonorar – die **Mindestsätze der HOAI** gemäß § 632 Abs. 2 BGB anzusetzen. Für den Bereich außerhalb der HOAI beziehungsweise derjenigen Leistungen, die frei vereinbart werden können ist streitig, was als übliche Vergütung im Sinne der §§ 632 Abs. 2, 612 Abs. 2 BGB angesetzt werden kann: die LHO[21] oder ein Prozentsatz von 2 % der Ausführungssumme.[22] Gegen die Heranziehung der LHO als übliche Vergütung spricht der Umstand, daß diese lediglich eine Darstellung von Ingenieurleistungen nach dem Stand der Technik sowie einen Honorarrahmen enthält, der die Ermittlung des exakten Honorars erst nach Festlegung des Honorarsatzes, der Bauklasse und gegebenenfalls der Teilleistungssätze

184 (margin, beside "Im einzelnen gelten…")

Streitpunkte (margin, beside "Leistungen, die frei vereinbart…")

16 Mantscheff, BauR 76, 311 ff.
17 Werner-Pastor, Rn. 1414.
18 Vgl. zur GOI im einzelnen Hesse-Korbion-Mantscheff-Vygen, Vorb. vor 51 HOAI Rn. 15 ff.
19 Vgl. BGH, BauR 74, 141; Werner-Pastor, Rn. 1414.
20 Vgl. o. Rz. 51 ff. sowie OLG Düsseldorf, BauR 87, 348 u. 465; OLG Hamm, BauR 87, 467; Locher, Rn. 369.
21 RGRK-Glanzmann, § 632 Rn. 18.
22 v. Lüpke, BB 69, 41 ff., 43.

ermöglicht.[23] Dagegen enthält die LHO keine festen Gebührensätze im Sinne einer taxmäßigen oder üblichen Vergütung. Dasselbe gilt für die GOI, die ebenfalls nur einen Honorarrahmen und keine festen Gebührensätze kennt und außerdem wohl schon deshalb nicht mehr als »üblich« angesehen werden kann, weil sie mit der Einführung der LHO aufgehoben wurde. Auch die Abrechnung nach Prozentsätzen ist nur eine der vielen vertraglich zulässigen Abrechnungsmöglichkeiten, nicht aber die übliche Vergütung der Ingenieure oder Sonderfachleute schlechthin. Demgemäß ist bezüglich der Sonderfachleute davon auszugehen, daß es für den Honorarbereich außerhalb der HOAI keine übliche oder taxmäßige Vergütung gibt,[24] die gemäß §§ 632 Abs. 2, 612 Abs. 2 BGB festgestellt werden könnte. Im Falle des Fehlens einer taxmäßigen oder üblichen Vergütung ergibt sich die rechtliche Konsequenz, daß der **Unternehmer gemäß § 316 BGB selbst die Bestimmung des Honorars vorzunehmen hat**.[25] Im Streitfalle muß er – gegebenenfalls durch Sachverständigengutachten – **nachweisen**, daß die Festlegung der Vergütung der Billigkeit entspricht (**§ 315 BGB**), wobei hier sicherlich als Richtschnur die Honorarsätze der LHO heranzuziehen sind.

Tip Angesichts der offenen Rechtsfragen ist es aber sowohl dem Sonderfachmann wie auch seinem Auftraggeber dringend anzuraten, zwecks Vermeidung von Streitigkeiten bereits mit Vertragsabschluß eine verbindliche und unzweideutige Honorarvereinbarung zu treffen.

2. Die verschiedenen Vertragstypen

185 Die einzelnen Fachgebiete der Sonderfachleute, die im Zuge der fortschreitenden Spezialisierung teils aus dem Aufgabenbereich des Architekten, teils aus dem der Bauingenieure heraus entwickelt und abgetrennt wurden, können nicht abschließend aufgezählt werden, da der Trend zur Entwicklung immer weiterer Spezialdisziplinen sich fortsetzt und ein Ende dieser Entwicklung nicht abzusehen ist. Im folgenden sollen daher nur beispielhaft die häufigsten Sonderfachleute aufgezählt und ihre Arbeitsbereiche kurz charakterisiert werden:

23 Vgl. Werner-Pastor, Rn. 1414.
24 Ebenso MüKo-Soergel, § 632 Rn. 18.
25 Vgl. BGH, NJW 66, 539; Palandt-Sprau, § 632 Rn. 10; MüKo-Soergel, § 632 Rn. 17.

Der **Sonderfachmann für bodenmechanische Untersuchungen** (§§ 91 ff. HOAI, Bodengutachter)[26] erarbeitet durch die geologische Untersuchung des Baugrundes die Grundlagen der weiteren Planung des Bauwerks durch den Architekten und den Tragwerksingenieur. Seine Leistung, nämlich die Baugrunduntersuchung, die in der Regel in Form eines schriftlichen Bodengutachtens erbracht wird, ist dazu bestimmt, ihre Verkörperung im Bauwerk selbst zu finden. Die vertraglich geschuldete Werkleistung und damit die Abnahmefähigkeit[27] sind nicht erst mit der Fertigstellung des Bauwerks selbst erbracht, sondern bereits mit der Vollendung des Werks – d.h. Abschluß der Untersuchung und gegebenenfalls Ablieferung des schriftlichen Gutachtens. Ebenfalls der Vorbereitung der Bebauung dient die Tätigkeit des **Vermessungsingenieurs** (§§ 97 ff. HOAI). Durch seine Werkleistung soll die örtliche Stellung des oder der zu errichtenden Häuser so festgelegt werden, wie es den behördlich genehmigten Plänen entspricht.[28] Seine Werkleistung ist abnahmefähig erbracht mit der richtigen Einmessung, dem ordnungsgemäßen Setzen der Grenzsteine bzw. der Ablieferung der Vermessungspläne. Auch seine Leistung wird verkörpert im Bauwerk selbst, das bei vertragsgerechter Leistung des Ingenieurs an der richtigen Stelle des Baugrundes errichtet wird. Die gleichen Grundsätze gelten beim **Sonderfachmann für Klimatechnik** (§§ 77 ff. HOAI), der die klimatechnischen Anlagen plant und für diesen Sonderbereich Pläne aufstellt bzw. seine Projektierung in die Architektenpläne einzeichnet und nach dessen Planung der dieses Fachgewerk ausführende Bauunternehmer sich richtet. Der **Heizungsingenieur**[29] bzw. der Sonderfachmann für Heizungs- und/oder Lüftung bzw. sanitäre Anlagen (§§ 68 ff. HOAI) hat ebenfalls eine Planungstätigkeit zu erfüllen, nämlich die Planung und Projektierung der in seinen Fachbereich fallenden Installationsanlagen, die einerseits in den hierzu erstellten Plänen, andererseits in dem Bauwerk selbst bzw. den nach Angaben des Fachingenieurs erstellten Installationsanlagen ihre Verkörperung findet. Ist dem Fachingenieur nicht nur die Planung sondern **auch die Objektüberwachung** im Hinblick auf die Ausführung der von ihm geplanten Anlagen übertragen, so kann die Abnahmefähigkeit der Werkleistung nicht bereits mit der Ablieferung der Planungsunterlagen eintreten. Ebenso wie bei der Objektüberwachung des Architekten gemäß § 15 Abs. 2 Nr. 8 HOAI ist hier ausnahmsweise erst mit der Abnahme der verkörperten Werkleistung – hier also der Abnahme des Fachgewerks, für das der Sonderfachmann die Planung und Bauüberwachung übernommen hatte – die gleichzeitige Abnahme der 186

Bodengutachter

Vermessungsingenieur

Klimatechniker

Heizungs-/Lüftungsfachmann

26 Vgl. BGH, S-F-H Nr. 5 zu § 638 BGB.
27 Zur Abnahme und Abnahmefähigkeit im einzelnen vgl. o. Rn. 143 ff.
28 BGH, BauR 72, 255; OLG Düsseldorf, BauR 75, 68.
29 Vgl. hierzu OLG München, NJW 74, 2238 m. Anm. Ganten, NJW 75, 391.

Leistungen des Sonderfachmannes im Sinne des § 640 BGB verbunden. Sind an das Bauwerk besondere Anforderungen im Hinblick auf die **Stark- und Schwachstromanlagen, den Schallschutz und die Raumakustik, die bauphysikalischen Gegebenheiten, die Drainagen und Außenanlagen** oder die Ver- und Entsorgungsanlagen zu stellen, so können auch insoweit Fachingenieure für die Projektierung und gegebenenfalls Überwachung der Ausführung der von ihnen geplanten Anlagen herangezogen werden. Für ihre Tätigkeit gilt das Gleiche wie beim Heizungsingenieur oder Sonderfachmann für Klimatechnik.

Sonstige Fachleute

187 **Statiker**

Wichtigster Sonderfachmann, dessen Tätigkeit bei praktisch keinem Bauvorhaben mehr als entbehrlich betrachtet werden kann, ist der **Statiker-(Tragwerksingenieur, §§ 62 ff. HOAI)**,[30] da nach den Vorschriften der einzelnen Landesbauordnungen dem Baugesuch nicht nur die Architektenpläne sondern auch die statische Berechnung, d.h. der rechnerische Nachweis der Standsicherheit des Bauwerks, beigefügt werden muß. Der vom Statiker geschuldete Werkerfolg beinhaltet **zwei** ineinander greifende verschiedene **Aufgaben**.[31] Die eine – konstruktive – Aufgabe besteht darin, im Rahmen der Architektenpläne die Konstruktionsart und Konstruktionsstärken aller tragenden Teile so festzulegen, daß das Gebäude unter der im Vertrag vorgesehenen Beanspruchung standsicher ist. Die andere – rechnerische – Aufgabe beinhaltet den rechnerischen Nachweis der Standsicherheit des Bauwerks und seiner Teile sowie die Übereinstimmung der Berechnungsgrundlagen mit den Plänen. Im einzelnen ergibt sich der Inhalt und Umfang der vom Statiker (Tragwerksingenieur) zu erbringenden Werkleistung aus den Leistungsbildern bzw. Grundleistungen des § 64 HOAI. Vollendet und abnahmefähig ist das Werk ebenso wie bei den übrigen Sonderfachleuten nicht erst dann, wenn das Bauwerk, in dem der geistige Beitrag des Statikers sich verkörpert, fertiggestellt ist. Abnahmefähigkeit kann auch bereits bei Ablieferung der statischen Planung und Berechnung gegeben sein,[32] sofern die Objektüberwachung und Objektbetreuung, d.h. die Leistungsphasen 8 und 9 des § 64 HOAI, nicht übertragen sind.

188 **Prüfingenieur für Statik**

Eine Sonderstellung nimmt im Rahmen der Sonderfachleute der **Prüfingenieur für Statik**[33] ein. **Vertragspartner** des Prüfingenieurs ist nicht der Bauherr, sondern die **Baugenehmigungsbehörde**, die dem Prüfstatiker einen Teil ihrer eigenen Aufgaben im Baugenehmigungsverfahren, nämlich die statische Beurteilung des Bauvorhabens, über-

30 OLG Stuttgart, BauR 73, 64 und BauR 73, 259; Hesse-Korbion-Mantscheff-Vygen, vor § 62 HOAI Rn. 13; Locher, Rn. 366 ff.

31 So eingehend OLG Stuttgart, BauR 73, 64; vgl. Locher, Rn. 371 ff.

32 BGH, BauR 74, 67; Locher, Rn. 373.

33 BGH, S-F Z.3.00 Bl. 76 ff., 78; S-F Z. 3.00 Bl. 93; Locher, Rn. 378; Locher-Koeble-Frik, Einl. Rn. 246; Trapp/Trapp, BauR 95, 57 ff.

trägt und ihn insoweit in die hoheitliche Verwaltung einbezieht. Der Prüfingenieur für Statik überprüft demgemäß das Baugesuch bzw. die eingereichte statische Berechnung ausschließlich im Hinblick auf das öffentliche Interesse an der Gefahrenabwehr. Er hat weder die Vermögensinteressen des Bauherrn zu wahren noch entstehen irgendwelche vertraglichen Beziehungen zwischen ihm und dem Bauherrn. Eine Haftung bei fehlerhafter Prüfstatik kann allenfalls seitens der Baugenehmigungsbehörde gemäß Art. 34 GG in Verbindung mit § 839 BGB wegen Amtspflichtverletzung in Frage kommen, da der Prüfingenieur in Ausübung eines ihm anvertrauten öffentlichen Amtes tätig wird. Auch der Vergütungsanspruch des Prüfingenieurs entsteht unmittelbar nur gegenüber der auftraggebenden Baugenehmigungsbehörde, nicht gegenüber dem Bauherrn.[34] Soweit in einigen Bundesländern die Zahlung der Vergütung[35] unmittelbar vom Bauherrn an den Prüfingenieur erfolgt, handelt es sich um eine Maßnahme der Verwaltungsvereinfachung, die die Parteistellung nicht verändert. Unmittelbare Rechtsbeziehungen zwischen dem Bauherrn und dem Prüfingenieur können nur dann entstehen, wenn der Bauherr diesem im Rahmen der Ausführungsüberwachung des Bauvorhabens zusätzliche Tätigkeiten überträgt. Hier kommt durch die Beauftragung des Prüfingenieurs ausnahmsweise ein privat-rechtlicher Werkvertrag zwischen dem Bauherrn und dem Prüfingenieur zustande, dessen Inhalt und Abwicklung sich nach den §§ 631 ff. BGB richtet.[36]

34 Werner-Pastor, Rn. 402; LG Mainz, BauR 82, 89; Trapp-Trapp, BauR 95, 57 ff.
35 BGH, S-F Z.3.00 Bl. 93, 95.
36 Locher, Rn. 378.

III. Der Vertrag mit dem Bauunternehmer

III. Der Vertrag mit dem Bauunternehmer

Während der Schwerpunkt der Leistungen des Architekten und des Sonderfachmannes bei der Planung liegt, – beide schulden das »Entstehenlassen« des Bauwerks und damit einen vorwiegend geistig-immateriellen Beitrag im Baugeschehen – schuldet der Bauuntenehmer eine materielle Leistung, nämlich die körperliche Erstellung des Bauwerks oder seiner Teile. Das BGB selbst kennt allerdings keinen speziellen Vertragstyp des »Bauvertrages«, sondern nur wenige Bestimmungen im Werkvertragrecht (§§ 638, 648 BGB), aus denen sich die Zuordnung des Bauvertrages zum Werkvertragsrecht ergibt. Da die §§ 631 ff. BGB weder auf die speziellen Bedürfnisse der Bauerstellung zugeschnitten sind, noch der Vielfalt und Bedeutung der sich im Ablauf des Baugeschehens ergebenden Sondersituationen gerecht werden, hat sich das Bauvertragsrecht zu einer Sondermaterie entwickelt, die im wesentlichen auf der VOB und der umfangreichen baurechtlichen Rechtsprechung und Literatur basiert. Allerdings konnte und kann auch die baurechtliche Rechtsprechung nicht die Unzuträglichkeiten ausgleichen, die sich speziell für den Bauunternehmer dann ergeben, wenn er – auf Basis des BGB, d.h. ohne Vereinbarung der VOB/B – einen Bauvertrag mit einem zahlungsunwilligen und rechtskundigen Auftraggeber abgeschlossen hat, der die Schwächen des BGB-Werkvertragsrechts für sich ausnutzt. Hier sah sich der Gesetzgeber zum Einschreiten veranlaßt. Durch das am 01.05.2000 in Kraft getretene Gesetz zur Beschleunigung fälliger Zahlungen (Anhang II) wurde das BGB einschneidend geändert. Die Änderung erfaßt gemäß Artikel 2 bzw. Artikel 229 der Überleitungsvorschriften diejenigen Werkverträge, die nach dem 01.05.2000 abgeschlossen wurden. Lediglich die Neuregelung der Verzugsfolgen in § 284 Abs. 3 BGB n.F. betrifft auch Vergütungsforderungen, die vor dem 01.05.2000 entstanden sind, jedoch für Rechnungen, die nach dem 01.05.2000 gestellt werden. 189

Gegenstand des Vertrages mit dem Bauunternehmer sind hiernach Bauleistungen im weitesten Sinne, d.h. **Bauarbeiten** jeder Art mit oder ohne Lieferung von Stoffen oder Bauteilen (§ 1 Nr. 1 VOB/A). Unter »Bauarbeiten im Sinne des Bauvertragsrechts« sind nach h.A.[1] bauhandwerkliche oder bauindustrielle Maßnahmen zu verstehen, mit denen Bauwerke unmittelbar geschaffen, erhalten oder geändert werden. Es 190

1 Vgl. BGH, BauR 73, 110; Ingenstau-Korbion, A § 1 Rn. 4 ff. m.w.N.; Vygen, Rn. 304.

handelt sich z.B. um die Errichtung von Gebäuden, selbständigen Kellern, Brücken, Straßen, Kanalisationsanlagen etc. Unter den Begriff der Bauarbeiten fällt nicht nur die Erstellung des gesamten Bauwerks, sondern auch die Erstellung seiner einzelnen Teile,[2] z.B. des Dachstuhls, des Verputzes, der Fußbodenbeläge, der Gesamtheit der eingesetzten Türen und Fenster, sofern nur alle diese Gegenstände mit dem Gebäude fest und dauerhaft verbunden werden.[3] Die bloße **Lieferung von Baustoffen** und Bauteilen ohne Einbau im Bauwerk oder die Lieferung und Montage maschineller Einrichtungen (§ 1 Nr. 2 VOB/A) sind dagegen keine Bauarbeiten. Sie können daher auch nicht Vertragsgegenstand eines Bauvertrages sein. Außerdem zählen bloße **Instandsetzungs- oder Ausbesserungsarbeiten** begrifflich nicht zu den »Arbeiten an einem Bauwerk« (vgl. zur Abgrenzung § 638 BGB), sondern zu den »Arbeiten an einem Grundstück«. Letztere können zwar auch dem Bauunternehmer übertragen und damit zum Gegenstand eines Werkvertrages, auch eines VOB-Vertrages, gemacht werden. Es handelt sich dann aber um einen bloßen Reparaturauftrag,[4] der zwar ebenso wie der typische Bauvertrag gemäß §§ 631 ff. BGB bzw. – falls die Geltung der VOB/B vereinbart ist – nach den Vorschriften der VOB/B abgewickelt wird, nicht aber um den charakteristischen Typ des Bauvertrages, der Arbeiten an einem Bauwerk betrifft und deshalb der 5-jährigen Gewährleistung des § 638 BGB unterliegt. Soweit in diesem Buch ohne besonderen Hinweis von einem Bauvertrag oder Bauwerksvertrag die Rede ist, handelt es sich um einen Vertrag im vorstehenden Sinne, der Arbeiten an einem Bauwerk betrifft. Maßgebend für die Abgrenzung zwischen dem bloßen Reparaturauftrag (Arbeiten an einem Grundstück) und dem typischen Bauvertrag (Arbeit an einem Bauwerk) ist die Frage, ob die Werkleistung für die Konstruktion des Gebäudes oder eines Gebäudeteils, für den Bestand oder die Erhaltung des Bauwerks von wesentlicher Bedeutung ist.[5] Nur wenn diese Frage bejaht werden kann, handelt es sich um Arbeiten an einem Bauwerk im Sinne des § 638 BGB.

z.B.

Abgrenzungen

Abgrenzungsformeln

1. Der BGB – Bauwerksvertrag

191 **Parteien** des Bauvertrages mit dem Bauunternehmer sind einerseits der Auftraggeber bzw. Besteller im Sinne des § 631 BGB und andererseits der Unternehmer. Für den **Begriff des Auftraggebers** gilt dasselbe wie

2 BGH, 19, 319; RG 57, 377; BGH 53, 43; Ingenstau-Korbion, A § 1 Rn. 10.
3 BGH, 53, 43; BGH 19, 319; Ingenstau-Korbion, A § 1 Rn. 15.
4 Vgl. Ingenstau-Korbion, A § 1 Rn. 14 u. b m.w.N.
5 BGH, NJW 56, 1195; BGH, BauR 70, 45; BGH, NJW-RR 89, 209; OLG Hamm, NJW-RR 99, 462.

beim Architektenvertrag.[6] Der Begriff des **Bauunternehmers**[7] umfaßt alle selbständigen natürlichen oder juristischen Personen, die an der Herstellung des Bauwerks beteiligt sind und Leistungen für Ausführungsteilbereiche – Gewerke – übernehmen, z.B. die Rohbau-, Putz-, Installationsarbeiten etc. Soweit im BGB vom »Unternehmer«, in der VOB vom »Auftragnehmer«, aber auch vom »Bieter« oder »Bewerber« und in der Bauwirtschaft vom »Fachunternehmer« die Rede ist, sind diese Begriffe synonym zu verstehen. Etwas anderes beinhalten dagegen die Begriffe des **Generalunternehmers, Subunternehmers, Generalübernehmers oder der ARGE**, die nicht lediglich den Unternehmer als Vertragspartner eines Bauvertrages definieren, sondern bestimmte Unternehmereinsatzformen im Hinblick auf den Inhalt der übernommenen Verpflichtungen oder spezielle Haftungsformen charakterisieren.[8] **z.B.**

a) Der Abschluß des Werkvertrages

192 Der Werkvertrag mit dem Bauunternehmer kommt, da er zu seiner Rechtswirksamkeit keiner bestimmten Form bedarf, durch Angebot und Annahme zustande, wobei gleichgültig ist, von welcher der beiden Parteien das Angebot und von welcher die Annahme erklärt wird. Der Vertragsschluß kann ebenso wie beim Architektenvertrag **schriftlich, mündlich oder in konkludenter Form** erfolgen. Wegen der Einzelheiten kann hier auf die Erläuterungen zum Abschluß des Architektenvertrages[9] verwiesen werden. Allerdings sind die Fälle, in denen nur mündliche Absprachen getroffen werden, hier – im Gegensatz zum Architektenvertrag – seltener und beschränken sich in der Praxis regelmäßig auf kleinere und unbedeutende Handwerkeraufträge.[10] Denn im allgemeinen ist – schon um den Inhalt der vom Bauunternehmer zu erbringenden Werkleistung zu bestimmen – zumindest ein Leistungsverzeichnis mit Einzelleistungen und Preisen oder ein Angebot des Bauunternehmers vorhanden, das der Auftraggeber durch schriftliche oder mündliche Bestätigung oder auch nur konkludent durch tatsächliche Inanspruchnahme der Unternehmerleistungen annimmt.

193 Ein derartiger **stillschweigender Vertragsabschluß** kann insbesondere in denjenigen Fällen in Betracht kommen, in denen zunächst der Architekt, ohne über eine entsprechende Abschlußvollmacht zu verfü-

6 o., Rn. 18 ff.
7 Vgl. Neuenfeld, Bd. 1 VI, Rz. 4; Locher, Rn. 24.
8 Vgl. unten, Rn. 334 ff.
9 o., Rn. 32 ff.
10 Korbion-Hochstein, Rn. 114.

gen[11] den Bauunternehmer beauftragt und der Auftraggeber diesen Vertrag konkludent genehmigt.

194 Schickt der Auftraggeber oder sein Architekt dem Bauunternehmer das **Blankett eines Angebotes**, ein Leistungsverzeichnis oder eine Baubeschreibung zu, so liegt hierin kein eigenes Angebot, selbst wenn den Unterlagen bereits »Allgemeine Vertragsbedingungen«, technische und/oder rechtliche Vorbemerkungen und/oder das vollständige Vertragsmuster beigefügt sind. Denn der Auftraggeber will zunächst das Angebot und insbesondere die Preise des Unternehmers kennen, bevor er diesem verbindlich den Auftrag zur Ausführung der Werkleistung erteilt. Nimmt der Auftraggeber das Angebot des Bauunternehmers ohne Änderungen an, so ist mit dieser – schriftlichen, mündlichen oder stillschweigenden – **Annahme der Vertrag** zustande gekommen.

Abgrenzungen

Tip

Enthält auch das Angebot des Bauunternehmers technische oder rechtliche Vorbemerkungen, Vertragsklauseln oder gar komplette Vertragsbedingungen, so ist für den Auftraggeber oder dessen Vertreter Vorsicht geboten. Denn der Vertrag kommt mit dem Inhalt und zu den Bedingungen des Unternehmerangebotes zustande, sofern nicht der Auftraggeber diesen ausdrücklich widerspricht.

Widerspricht der Auftraggeber oder nimmt er das Angebot des Bauunternehmers seinerseits mit Abänderungen an, so gilt dies gemäß § 150 BGB nicht als Annahme des Unternehmerangebotes, sondern als Ablehnung, die mit einem neuen Auftraggeberangebot verbunden ist, das nun vom Unternehmer angenommen werden muß.[12] Die **Grundsätze über das kaufmännische Bestätigungsschreiben** gelten beim Abschluß des Bauwerksvertrages in gleicher Weise wie beim Architektenvertrag: Ist der Adressat des Bestätigungsschreibens Kaufmann oder zählt er zu denjenigen Personen, die wie ein Kaufmann am Rechtsverkehr teilnehmen,[13] so wirkt das Bestätigungsschreiben rechtsbegründend und nicht nur deklaratorisch als Beweisurkunde für den Inhalt des mündlich bereits abgeschlossenen Vertrages. Der Vertrag ist entsprechend dem Inhalt des Bestätigungsschreibens abgeschlossen, sofern der Empfänger nicht unverzüglich widerspricht.

11 Vgl. o., Rn. 102 ff.
12 Vgl. OLG Düsseldorf, BauR 75, 340.
13 Vgl. BGH 11, 3; BGH, WM 73, 1376; Palandt-Heinrichs, § 148 Rn. 9; MüKo-Kramer, § 151 Rn. 11-45.

Führt der Auftragnehmer die ihm übertragene Werkleistung in **Schwarzarbeit** aus, so kann der Vertrag gemäß § 134 BGB wegen Umgehung des Gesetzes zur Bekämpfung der Schwarzarbeit[14] **nichtig** sein. Mit der h.M.[15] ist die Nichtigkeit des Vertrages jedenfalls dann zu bejahen, wenn entweder beide Parteien objektiv und subjektiv gegen das Schwarzarbeitsgesetz verstoßen oder wenn zwar nur eine Partei hiergegen verstößt, die andere aber diesen Verstoß kennt oder damit rechnet und durch den Vertragsabschluß hieran bewußt mitwirkt. Ist die Bauleistung ganz oder teilweise bereits durchgeführt, so erfolgt der **Ausgleich** der bereits erbrachten Leistungen **nach bereicherungsrechtlichen Grundsätzen**. Im Falle mangelhafter Bauausführung stehen dem Auftraggeber **keine Gewährleistungsansprüche** zu. Da der Schwarzarbeiter nicht gegenüber einem korrekten Auftragnehmer begünstigt werden soll, entfallen Ansprüche wegen mangelhafter Bauausführung aber nicht gänzlich. Da eine rechtswirksame vertragliche Grundlage fehlt, kommen zwar nicht die Gewährleistungsvorschriften der §§ 633 ff. BGB in Frage. Dem Auftraggeber stehen jedoch gegenüber dem Schwarzarbeiter **Schadensersatzansprüche gemäß § 823 BGB** oder in analoger Anwendung der Grundsätze über die positive Vertragsverletzung[16] – richtiger wohl: über die culpa in contrahendo – zu. **195**

Sonderfall Schwarzarbeit

b) *Inhalt und Umfang der Vertragspflichten des Auftragnehmers*

Der **Inhalt und Umfang** der vom Auftragnehmer geschuldeten Leistung ergibt sich beim BGB-Bauwerksvertrag in erster Linie aus dem Vertrag und aus den im einzelnen getroffenen vertraglichen Absprachen. Sind Art und Umfang der Leistungspflicht im Vertrag nicht ausreichend bestimmt und auch nicht gemäß den §§ 631 ff. BGB bestimmbar, so muß der Vertragsinhalt gemäß §§ 133, 157 BGB nach Treu und Glauben unter Berücksichtigung der im Baugewerbe üblichen Verkehrssitte ermittelt werden. Anders als beim Architektenantrag, wo sich aus der HOAI – insbesondere § 15 HOAI der Inhalt der geschuldeten Leistung als »typische Architektenleistung« ohne weiteres ermitteln läßt – **gibt es** beim Bauvertrag wegen der Vielzahl der möglichen Gewerke und Leistungen **keinen »typischen« Leistungsinhalt**. Dieser muß jeweils individuell festgestelt werden. Ausgangspunkt der Auslegung ist dabei der objektive **196**

14 i.d.F. vom 26.07.1994 – BGBl. I, S. 1792.

15 BGH, BauR, 90, 721; OLG Düsseldorf, BauR 87, 562; Ingenstau-Korbion, B § 4 Rn. 37; Werner-Pastor, Rn. 1044; OLG Düsseldorf, BauR 78, 412; Palandt-Heinrichs, § 134 Rn. 22; Neuenfeld, Bd. 1 II, Rn. 243.

16 Vgl. Ingenstau-Korbion, B § 4 Rn. 38; OLG Celle, JZ 73, 246; a.A. OLG Düsseldorf, BauR 93, 487; Werner-Pastor, Rn. 1044.

Inhalt der von den Parteien abgegebenen Erklärungen. Innerhalb dieser Grenzen ist das von den Parteien tatsächlich Gewollte festzustellen. Ist die geschuldete Leistung hiernach nicht oder nicht ausreichend bestimmbar, so ist kein rechtswirksamer Vertrag zustande gekommen.

aa) Der Inhalt der Werkleistung gemäß § 631 BGB

197 Gemäß § 631 BGB schuldet der Bauunternehmer die **Herstellung** der übernommenen **Werkleistung** als Arbeits**erfolg**. Er hat – verschuldungensunabhängig – dafür einzustehen, daß die geschuldete Werkleistung mängelfrei und mit den vertraglich zugesicherten Eigenschaften erstellt wird. Der Begriff der **Mängelfreiheit** beinhaltet sowohl objektive wie subjektive Elemente: Objektiv muß die Bauleistung dem Anspruch des durchschnittlichen Auftraggebers entsprechen. Subjektiv muß die Leistung zu dem nach dem Vertrag vorgesehenen Gebrauchszweck geeignet sein. Die subjektiven Vorstellungen des Auftraggebers sind hier nicht schlechthin maßgebend, sondern nur insoweit, als sie Vertragsinhalt geworden, d.h. erkennbar zum Ausdruck gebracht worden sind. Die **Zusicherung bestimmter Eigenschaften** kann ebenfalls ausdrücklich oder durch schlüssiges Verhalten gegeben werden. Hier kommen, ebenso wie beim Kaufrecht (§ 459 BGB), nicht nur solche Eigenschaften in Betracht, die die natürliche Beschaffenheit der Leistung betreffen, sondern alle nach der Verkehrsauffassung wertbildenden Faktoren.[17] Speziell beim Bauwerksvertrag ergibt sich typischerweise die Zusicherung bestimmter Eigenschaften der Werkleistung aus dem Leistungsverzeichnis[18] oder den technischen Vorbemerkungen zum Angebot bzw. Vertrag. Daher ist die Leistung nicht vertragsgerecht erbracht, wenn Abweichungen von der Leistungsbeschreibung, den technischen Vorbemerkungen, der Baubeschreibung etc. vorliegen, es sei denn, die Abweichung wäre objektiv und subjektiv – im Hinblick auf Wert oder Tauglichkeit der Leistung oder den beiderseits bekannten Vertragszweck so belanglos, daß nach Treu und Glauben die Vertragswidrigkeit zu verneinen ist.[19]

198 **Leistung durch Dritte** Es gilt nicht als vertragswidrig, wenn der Unternehmer seine Leistungspflichten nicht persönlich, sondern durch **Dritte** – z.B. Subunternehmer oder Lieferanten – die eigene Montageleistungen erbringen, erfüllt, da der Unternehmer für die Tätigkeit seiner Erfüllungsgehilfen gemäß § 278 BGB einzustehen hat und seine Leistungspflicht grundsätz-

17 Ingenstau-Korbion, B § 13 Rn. 116; RG 117, 315; Palandt-Putzo, § 459 Rn. 8.
18 Ingenstau-Korbion, B § 13 Rn. 125; MüKo-Soergel, § 631 Rn. 188; Locher, Rn. 27.
19 Ingenstau-Korbion, B § 13 Rn. 128; MüKo-Soergel, § 633 Rn. 20.

lich keine höchstpersönliche ist.[20] Etwas anderes gilt nur, wenn im Vertrag die Vergabe von Leistungen an Subunternehmer oder Drittfirmen ausdrücklich untersagt ist. Hier kann der Auftraggeber unter Umständen die Annahme von Vertragsleistungen oder Nachbesserungsarbeiten verweigern.

bb) Die Inhaltskontrolle nach dem AGB-Gesetz

Ebenso wie beim Architektenvertrag spielt auch beim Bauwerksvertrag **199** die Problematik des AGB-Gesetzs eine **erhebliche Rolle**. Denn wenn beim Abschluß von Bauwerksverträgen Vertragsmuster, vorformulierte Vertragsbedingungen oder allgemeine technische bzw. rechtliche Vorbedingungen zum Leistungsverzeichnis verwandt werden, so unterliegen diese regelmäßig dem Begriff der AGB im Sinne des § 1 AGBG. Die Problematik ist hier dieselbe **wie beim Architektenvertrag**, so daß sowohl wegen der tatbestandlichen Voraussetzungen des § 1 AGBG wie auch der Einbeziehungsproblematik und der Rechtsfolgen der Verwendung von AGB auf die eingehenden Erläuterungen beim Architektenvertrag[21] verwiesen werden darf. Ebenso wie beim Architektenvertrag sind daher auch beim Bauwerksvertrag, sofern AGB oder Formularverträge zugrunde liegen, die einzelnen Klauseln auf ihre Vereinbarkeit mit den einzelnen Bestimmungen der §§ 10 und 11 AGBG zu überprüfen.[22] Für den speziellen Bereich des Abschlusses von Bauwerksverträgen ergeben sich, soweit Abschluß und Abwicklung des Vertrages ohne das Recht der Leistungsstörungen betroffen sind, darüber hinaus folgende Sonderprobleme im Hinblick auf die allgemeinen Vorschriften des AGBG:

Unter dem Gesichtspunkt der **Unklarheitenregelung des § 5 AGBG** **200**
ist die Wirksamkeit des abgeschlossenen Bauvertrages – dies betrifft ebenso den VOB-Vertrag – dann zu prüfen, wenn das gesamte Vertragswerk aus verschiedenen Einzelteilen besteht, die untereinander Subsidiaritätsregelungen enthalten. Typisch und leider häufig sind insoweit Subsidiaritätsklauseln mit dem Inhalt, daß für die vertraglichen Beziehungen der Parteien zunächst der Vertrag, dann die besonderen und/oder zusätzlichen Bedingungen, dann die allgemeinen Bedingungen, danach – beim VOB-Vertrag – die VOB und zuletzt das BGB gelten sollen. Angesichts der sich vielfach überschneidenden Einzelregelungen ist es für den Vertragspartner oft mühsam, aus dem Gesamtvertragswerk durch vergleichende Studien zu ermitteln, was im Einzelfall gilt. Die Frage, ob in einem solchen Fall die Unklarheitenregelung des § 5 AGBG gilt, ist

Besonderheiten

20 Vgl. MüKo-Soergel, § 631 Rn. 135.
21 o., Rn. 73 ff.
22 Vgl. LG Nürnberg-Fürth, S-F-H Nr. 2 zu § 10 Nr. 1 AGBG.

danach zu beurteilen, ob die Subsidiaritätsregelung in sich logisch und widerspruchsfrei ist und – nach dem Verständnis des durchschnittlichen Vertragspartners – eine objektive Auslegung ermöglicht.[23] Kann dies bejaht werden, so greift § 5 AGB nicht ein. Sollen die verschiedenen Vertragsbedingungen, die VOB/B oder das BGB dagegen nebeneinander gelten – z.B. jeweils die dem Verwender günstigste Regelung – so sind die AGB gemäß § 5 AGBG unwirksam.[24]

201 Die Unwirksamkeit von **überraschenden Klauseln gemäß § 3 AGBG** bzw. unangemessen benachteiligenden Klauseln **gemäß § 9 AGBG** wird beim Bauwerksvertrag vor allem im Hinblick auf den Ausschluß der Rechte aus § 648 BGB (Bauwerkssicherungshypothek), der Notwendigkeit des Vorbehalts von Mängeln gemäß § 640 Abs. 2 BGB und von Vertragsstrafen gemäß § 341 Abs. 3 BGB relevant. Bezüglich des Ausschlusses des Anspruchs auf **Eintragung einer Bauwerkssicherungshypothek** war auch bereits vor Inkrafttreten des AGBG anerkannt, daß dieser Anspruch zulässigerweise nur im Bauvertrag selbst, vorrangig also einem Individualvertrag, oder in einem relativ kurzen und übersichtlichen Formularvertrag abbedungen werden kann.[25] Eine Ausschlußklausel, die in umfangreichen und unübersichtlichen Vertragsbedingungen oder Formularverträgen enthalten ist, wurde dagegen auch damals schon als versteckte und überraschende Klausel bewertet, die gemäß § 242 BGB als unwirksam anzusehen ist.[26] Für diese Fälle ist auch gemäß §§ 3, 9 AGBG von der Unwirksamkeit des Ausschlusses auszugehen.[27] In gleicher Weise können durch Formularverträge oder AGB nach h.A. weder das Erfordernis, sich bei der Abnahme die Rechte wegen Sachmängeln vorzubehalten (§ 640 Abs. 2 BGB)[28] noch die Notwendigkeit, sich die Geltendmachung der Vertragsstrafe vorzubehalten,[29] abbedungen werden, da sie einem Gebot materieller Gerechtigkeit entsprechen und ihr Ausschluß den Bauunternehmer unangemessen benachteiligt.

23 Locher, Rn. 83; Locher, BauR 77, 222.
24 Korbion/Locher, Rn. 106.
25 LG Köln, S-F Z. 2.321 Bl. 25; OLG Köln, BauR 74, 282.
26 LG Köln, S-F Z. 2.321 Bl. 26.
27 BGH, NJW 84, 2100; Ulmer-Brandner-Hensen, § Anh. §§ 9-11 Rn. 727; Recken, BauR 78, 424; Korbion/Locher, Rn. 240.
28 Recken, BauR 78, 417; BGH, BauR 83, 80; LG München I, S-F-H Nr. 1 zu § 9 AGB.
29 Kleine-Möller/Merl/Oelmaier, § 2 Rn. 401.

cc) Die Nebenpflichten des Bauunternehmers

Neben der Hauptpflicht zur mangelfreien Erbringung der Werkleistung obliegen dem Bauunternehmer eine Reihe von Nebenpflichten, deren Verletzung Schadensersatzansprüche des Auftraggebers auslösen kann. Die **Aufklärungs- und Beratungspflicht**[30] ergibt sich aus dem beim Bauvertrag nach Treu und Glauben intensiveren Vertrauensverhältnis, bei dem der meist sachunkundige Auftraggeber sich auf die Fachkunde des Unternehmers verläßt. Eigene Sachkunde des Auftraggebers ist für den Umfang der Beratungs- und Aufklärungspflicht unerheblich. Diese kann nur in Ausnahmefällen zu einer Einschränkung der Pflichten des Auftragnehmers führen. Bezüglich des Umfanges der Aufklärungs- und Beratungspflichten kommt es nicht auf die subjektiv vorhandenen, sondern die objektiv erforderlichen Kenntnisse und Fähigkeiten des Unternehmers auf seinem Fachgebiet an. Zu diesen Nebenpflichten gehören unter anderem die Aufklärung des Bestellers darüber, ob die bestellte Werkleistung für den vorgesehenen Zweck tauglich ist und den Bedürfnissen bzw. Zwecken des Auftraggebers entsprechen kann,[31] außerdem Hinweise für die Bedienung, Wartung und geeignete Maßnahmen bei Betriebsstörungen, z.B. der Heizungsinstallation oder sonstiger technischer Anlagen im Bauwerk, die der Unternehmer erstellt hat.[32] Im Hinblick auf die Güte der vom Auftraggeber gelieferten Baustoffe oder die vorgesehene Art der Ausführung, die Leistungen von Vorunternehmern oder die Geeignetheit der eigenen Leistung als Grundlage für die Arbeiten nachfolgender Unternehmer obliegen dem Auftragnehmer auch beim reinen BGB-Bauwerksvertrag Hinweis- und Aufklärungspflichten, die der in § 4 Nr. 3 VOB/B ausdrücklich normierten Hauptpflicht des Auftragnehmers entsprechen.[33] Diese Pflicht entspricht allgemeinen Rechtsgrundsätzen und gilt – nicht lediglich als Nebenpflicht, sondern als Hauptpflicht – gemäß § 242 BGB analog auch für Bauverträge, bei denen die VOB nicht Vertragsgegenstand geworden ist. Ähnliches gilt in Grundzügen auch für die in § 4 Nr. 5 VOB/B normierte Obhuts- und Verwahrungspflicht bezüglich der dem Auftragnehmer vom Auftraggeber überlassenen Baustoffe, Gerätschaften, Baustelleneinrichtungen, Gebäudeteile etc., die er sorgsam und pfleglich zu behandeln, vor Beschädigungen und mißbräuchlicher Benutzung zu schützen hat.[34] 202

einzelne Nebenpflichten

30 Werner-Pastor, Rn. 177 ff.; Palandt-Sprau, § 631 Rn. 13.
31 RG 127, 14.
32 MüKo-Soergel, § 631 Rn. 143.
33 OLG Düsseldorf, S-F Z. 2.0 Bl. 11; BGH, S-F Z. 2.410 Bl. 31, 33; BGH, S-F Z. 2.401 Bl. 1.
34 MüKo-Soergel, § 631 Rn. 145 ff.; Werner-Pastor, Rn. 1771.

Auch hier handelt es sich um allgemeine Rechtsgrundsätze, deren schuldhafte Verletzung Schadensersatzansprüche auslösen kann.

c) Die Pflichten des Auftraggebers

203 Beim BGB-Werkvertrag obliegen dem Auftraggeber als Hauptpflichten nur die Abnahmepflicht gemäß § 640 BGB und die Vergütungspflicht gemäß § 631 Abs. 1 BGB.

aa) Die Abnahme der Bauleistung

204 Ebenso wie beim Architektenvertrag und beim Vertrag mit dem Sonderfachmann kommt auch beim Bauwerksvertrag der Abnahme gemäß § 640 BGB eine zentrale Funktion zu. Der **Begriff der Abnahme** als der körperlichen Hinnahme der vollendeten Leistung und deren Billigung als eine in der Hauptsache vertragsgemäße Leistung[35] ist für das gesamte Werkvertragsrecht und damit auch für die Bauverträge einheitlich. Wegen der Einzelheiten des Begriffs der Abnahme, der einzelnen Formen der Abnahme – förmliche oder stillschweigende Abnahme – sowie wegen ihrer Rechtsfolgen darf daher auf die Erläuterungen im Rahmen des Architektenvertrages[36] verwiesen werden. Speziell für den Bauwerksvertrag ist darauf zu verweisen, daß hier das Schwergewicht – anders als bei der Übergabe von Plänen durch den Architekten oder Sonderfachmann – weniger in der körperlichen Entgegennahme der Werkleistung liegt. Denn im Regelfall hat der Auftraggeber als Grundstückseigentümer ohnehin bereits die tatsächliche Gewalt über die Bauleistung. Er hat bereits mit der festen und dauerhaften Einfügung der Bauleistungen in das Bauwerk gemäß §§ 946, 94 BGB das Eigentum und im Regelfall auch den – zumindest mittelbaren – Besitz erworben. Die »Billigung der Werkleistung« als »vertragsgemäß« beinhaltet daher bei der Abnahme gegenüber dem Bauunternehmer im Regelfall den wesentlichen und zum Teil einzigen Inhalt der Abnahmeerklärung. Die **Rechtsnatur** dieser förmlich oder konkludent erklärten – **Billigung des Wer-**

35 BGH 48, 257 ff. 262; BGH 50, 160 ff.; BGH, NJW 93, 1972; BGH, BauR 96, 386; Palandt-Sprau, § 640 Rn. 2.

36 o. Rz. 143 ff.

kes ist streitig. Nach richtiger Ansicht[37] wird sie, auch wenn sie nur konkludent oder stillschweigend erfolgt, als echte Willenserklärung im Sinne der §§ 116 ff. BGB angesehen, die nicht empfangsbedürftig im Sinne des § 130 BGB ist, sondern lediglich nach außen erkennbar geworden sein muß. Die Gegenmeinung[38] definiert sie als nur »geschäftsähnliche Handlung« oder Anerkennung, »die nichtrechtsgeschäftlicher Natur zu sein« hat. Da das wesentliche Tatbestandsmerkmal der Abnahme in der »Billigung der Leistung als in der Hauptsache dem Vertrag entsprechend«[39] liegt, beinhaltet die Feststellung bzw. Anerkennung der Übereinstimmung zwischen vertraglichem Leistungsinhalt und erbrachtem Leistungserfolg notwendigerweise ein subjektiv-finales Element, d.h. einen bestimmten Rechtsfolgewillen, der seinerseits das wesentliche und charakteristische Merkmal der Willenserklärung darstellt.[40] Folgerichtig muß auch die Billigung der Werkleistung als rechtsgeschäftliche Willenserklärung eingestuft werden. Ein tatsächliches Verhalten des Auftraggebers ist – wie bei jeder konkludenten Willenserklärung – nur dann ausreichend für den Eintritt der Abnahmewirkungen, wenn der Rechtsfolgewillen des Bestellers dadurch schlüssig zum Ausdruck gebracht wird. Aus der Rechtsnatur der Billigung der Werkleistung als Willenserklärung folgt, daß die Abnahme weder förmlich noch stillschweigend von einem **Minderjährigen** oder **Geschäftsunfähigen** vorgenommen werden kann. Eine **Anfechtung** wegen Irrtums oder arglistiger Täuschung ist dagegen – insoweit sind sich die Vertreter beider Meinungen einig[41] – nicht möglich, weil das Gewährleistungsrecht der §§ 633 ff. BGB auch die Tatbestände der Anfechtung mit regelt, wie sich aus den §§ 637, 638 Abs. 1, S. 1 BGB ergibt und als speziellere Regelung die §§ 119 ff. BGB verdrängt.

Die Möglichkeit der **Teilabnahme**, auf die der Unternehmer beim VOB-Vertrag gemäß § 12 Nr. 2 VOB/B einen Rechtsanspruch hat, ist im BGB nicht geregelt. Lediglich die Vergütungsregelung in § 641 Abs. 1 S. 2 BGB läßt erkennen, daß eine Abnahme von Teilen der Werkleistung rechtlich möglich und zulässig ist. Da es sich um eine Ausnahme vom **205**

Teilabnahmen sind möglich

37 Vgl. BGH, BauR 74, 67; 85, 200; Ingenstau-Korbion, B § 12 Rn. 1; Heiermann-Riedel-Rusam, B § 12 Rn. 2; Korbion-Hochstein, Rn. 396; (Der BGH hat in seiner Entscheidung v. 04.11.82 – S-F-H Nr. 4 zu § 123 BGB die Rechtsnatur der Abnahme zwar nicht behandelt, aus der Prüfung der Anfechtungsvoraussetzungen des § 123 ergibt sich aber, daß er die Abnahme als – ggf. anfechtbare im Falle der Drohung – WE ansieht); Zur Anfechtung wegen Täuschung oder Irrtums vgl. Rz. 207.

38 Unklar MüKo-Soergel, § 640 Rn. 10; RGRK-Glanzmann, § 640 Rn. 8 ff.

39 Vgl. z.B. BGH, BauR 96, 386.

40 Vgl. Palandt-Heinrichs, Einf. vor § 116 Rn. 1 m.w.N.

41 Ingenstau-Korbion, B § 12 Rn. 20; MüKo-Soergel, § 640 Rn. 26; Heiermann-Riedl-Rusam, B § 12 Rn. 10.

Regelfall des § 641 Abs. 1 S. 1 BGB handelt, ist der Auftraggeber zur Abnahme von in sich abgeschlossenen Teilen der Werkleistung zwar ohne weiteres berechtigt. Eine **Verpflichtung zur Teilabnahme** besteht jedoch nur dann, wenn diesbezüglich eine ausdrückliche vertragliche

Beweislast Regelung getroffen wurde.[42] **Beweispflichtig** für das vertraglich vereinbarte Recht auf Teilabnahme ist der Unternehmer, da beim BGB-Bauwerksvertrag weder allgemeine Gewohnheit oder Übung noch eine Vermutung für das Recht auf Abnahme von Teilen der Werkleistung spricht.[43] Ein solches Recht ist nur dann gegeben, wenn im Falle vorzeitiger Beendigung des Vertrages die Werkleistung des Unternehmers erst teilweise fertiggestellt ist.[44] Hier handelt es sich begrifflich allerdings nicht um eine Teilabnahme, sondern um eine echte End- bzw. Gesamtabnahme im Sinne des § 641 Abs. 1 S. 1 BGB, die nach den allgemeinen Grundsätzen zu beurteilen ist und demgemäß auch stillschweigend erfolgen kann.[45]

Tip

Dem Auftraggeber ist deshalb bei vorzeitiger Vertragsbeendigung oder Einstellung der Bauarbeiten eine förmliche Abnahme dringend anzuraten.

205a Durch das am 01.05.2000 in Kraft getretene Gesetz zur Beschleunigung fälliger Zahlungen (Anhang II) wird die Rechtsposition des Auftragnehmers gegenüber dem bisherigen Rechtszustand deutlich verbessert. Nunmehr kann der Auftraggeber auch beim BGB-Vertrag die Abnahme wegen unwesentlicher Mängel nicht verweigern. Der geänderte § 640 Abs. 1 BGB übernimmt hier den beim VOB-Vertrag seit langem geltenden Grundsatz, daß **nur wesentliche Mängel** (oder Restarbeiten) die Abnahmefähigkeit ausschließen und den Auftraggeber zur Verweigerung der Abnahme berechtigen.

205b Darüber hinaus regelt die Neufassung des § 640 BGB auch die Rechtsfolgen der zu Unrecht verweigerten – oder lediglich nicht durchgeführten – Abnahme. Wäre der Auftraggeber zur Abnahme verpflichtet, weil Abnahmefähigkeit der Werkleistung gegeben ist, so treten nach der Neufassung des § 640 Abs. 1 BGB die **Abnahmewirkungen kraft**

42 Locher, Rn. 41; MüKo-Soergel, § 640 Rn. 13.
43 Locher, Rn. 41; Palandt-Sprau, § 641 Rn. 4.
44 MüKo-Soergel, § 640 Rn. 14; sinngemäß auch BGH 55, 354 f.
45 MüKo-Soergel, § 640 Rn. 14, der sich allerdings zu Unrecht auf BGH S-F Z.2.510 Bl 12 beruft, da der BGH zu dieser Frage nicht Stellung nimmt. Ist die vorzeitige Vertragsbeendigung durch Mängel der Bauleistung veranlaßt, wird in der Regel allerdings keine Billigung des Auftraggebers vorliegen, so daß auch keine stillschweigende Abnahme vorliegt.

Gesetzes ein, wenn der Auftraggeber die Abnahme nicht innerhalb einer ihm **vom Unternehmer bestimmten angemessenen Frist** durchführt. Da die Abnahmewirkung an den Ablauf der vom Auftragnehmer bestimmten Frist geknüpft ist, muß das Abnahmeverlangen des Auftragnehmers als zwingende Voraussetzung dieser neuen gesetzlichen Abnahmefiktion angesehen werden. Daher ist dem Auftragnehmer aus Beweisgründen dringend anzuraten, das **Abnahmeverlangen** in schriftlicher Form mit Nachweis des Zuganges beim Auftraggeber zu stellen. Die »Angemessenheit« der Frist ist in § 640 Abs. 1 BGB n.F. nicht geregelt. In Anlehnung an § 12 Nr. 1 VOB/B dürfte eine Frist von 12 Werktagen zwischen dem Zugang des Abnahmeverlangens und dem vom Auftragnehmer geforderten Abnahmetermin als ausreichend und damit als angemessen angesehen werden können.

Völlig neu im Werkvertragsrecht des BGB ist die **»Abnahme durch** **205c**
Fertigstellungsbescheinigung« gemäß § 641 a BGB n.F. Diese Neuschöpfung kann sich – anders als z.B. § 640 Abs. 1 BGB n.F. – auch nicht auf eine in der VOB/B bereits enthaltene Regelung stützen, da auch die Abnahmeformen der VOB/B immer in Bezug zu ausdrücklichen oder stillschweigenden Erklärungen des Auftraggebers stehen und auch die Abnahmefiktionen des § 12 Nr. 5 VOB/B anknüpfen an unterlassene Erklärungen des Auftraggebers in einer Situation, in der ihm ein Widerspruch oder eine ausdrückliche Erklärung bzw. Klarstellung des nicht vorhandenen Abnahmewillens zumutbar wären. Bei der neuen Abnahmeform der »Abnahme durch Fertigstellungsbescheinigung« wird die Abnahmewirkung dagegen durch die Erklärung eines Dritten ausgelöst, nämlich die Bestätigung eines öffentlich bestellten und vereidigten Sachverständigen. Attestiert dieser nach Fertigstellung der Werkleistung die Mängelfreiheit, so treten die Abnahmewirkungen gemäß § 641 a Abs. 5 BGB n.F. mit dem Zugang der gutachterlichen Bescheinigung beim Auftraggeber kraft Gesetzes ein.

Voraussetzung für den Eintritt der Abnahmewirkungen ist die Einhaltung des in § 641 a BGB vorgeschriebenen Verfahrens. Hiernach wird die Person des Gutachters bestimmt durch

- Einigung der Parteien (§ 641 a Abs. 2 Nr. 1 BGB)
  oder
- Antrag des Unternehmers
  und
- Bestimmung durch eine IHK, Handwerks-, Architekten- oder Ingenieurkammer.

Der Gutachter muß öffentlich bestellt und vereidigt sein. Er hat gemäß § 641 a Abs. 3 BGB mindestens einen Besichtigungstermin durchzuführen und die Parteien unter Einhaltung einer Mindestfrist von zwei

Wochen und Angabe des Anlasses des Ortstermins – Durchführung der Abnahme und eventuelle Überprüfung der zu diesem Zeitpunkt vorliegenden Mängelrügen des Auftraggebers – einzuladen. Grundlage der Begutachtung ist der dem Gutachter vom Unternehmer vorzulegende **schriftliche** Werkvertrag. Vertragsänderungen, d.h. Änderungen des Leistungsinhaltes, darf der Gutachter dabei nur berücksichtigen, wenn sie

- schriftlich vereinbart sind
  oder
- von beiden Vertragsparteien übereinstimmend vorgebracht werden.

Aus dieser Regelung des Gutachterverfahrens im Gesetz ergibt sich, daß die neu geschaffene »Abnahme durch Fertigstellungsbescheinigung« nur durchgeführt werden kann bei schriftlichen Werkverträgen, nicht dagegen bei nur mündlich abgeschlossenen Bauverträgen, bei denen die zwingend geforderte schriftliche Dokumentation der Vertragsgrundlagen fehlt.

205d Da das Verfahren der »Abnahme durch Fertigstellungsbescheinigung« sich nur dann als effizient erweisen kann, wenn es mit Sanktionen für den abnahmeunwilligen Auftraggeber verbunden ist, hat der Gesetzgeber zugleich eine Regelung für den Fall getroffen, daß der Auftraggeber durch Verweigerung des Zutritts zum Bauwerk die Abnahme zu vereiteln versucht. Gemäß § 641 a Abs. 4 BGB n.F. ist der Auftraggeber verpflichtet, die Untersuchung des Werks oder von Teilen desselben durch den Gutachter zu gestatten. Verweigert er gleichwohl die Untersuchung, so begründet § 641 a Abs. 4 BGB n.F. eine gesetzliche Vermutung dahingehend, daß die Werkleistung vertragsgemäß hergestellt ist. Der Gutachter hat in diesem Falle die Fertigstellungsbescheinigung zu erteilen mit der Folge, daß mit deren Zugang beim Auftraggeber die Abnahmewirkungen gemäß § 641 a Abs. 5 BGB n.F. eintreten. Die Neuregelung – die als gesetzliche Abnahmealternative auch beim VOB-Vertrag gilt – stellt eine erhebliche Verbesserung gegenüber dem bisherigen Rechtszustand dar. Der Auftragnehmer war gegenüber dem abnahmeunwilligen Auftraggeber bisher darauf angewiesen, diesen zu verklagen, nämlich entweder auf Durchführung der Abnahme oder auf die Feststellung, daß die Abnahmewirkungen wegen zu Unrecht verweigerter Abnahme eingetreten waren. Da die Begutachtung durch den gerichtlich bestellten Gutachter sich in einem solchen Falle typischerweise über lange Zeiträume erstreckt, durch Einwendungen und Gegengutachten des Auftraggebers das Verfahren torpediert und durch die Veränderung des Bauwerks bei Nutzerwechsel, Abnutzung etc. zuletzt ad absurdum geführt werden kann, begründet die neue Abnahmeform eine deutliche Verbesserung der Rechtsposition des Auftragnehmers. Er sollte diese in jedem Falle nutzen und sich schon bei Abschluß des Werkvertrages durch Einhaltung der Schriftform – auch bei Vertragsänderungen – die erleichtere Abnahmemöglichkeit durch den Gutachter sichern.

bb) Die Vergütungspflicht

Der Herstellungspflicht des Auftragnehmers entspricht gemäß § 631 **206**
Abs. 1 BGB die Vergütungspflicht des Auftraggebers. Als synallagmatische Pflicht aus dem Werkvertrag entsteht sie bereits mit dem Abschluß des Werkvertrages. Lediglich die **Fälligkeit** der mit dem Vertragsschluß bereits begründeten Pflicht zur Zahlung des Werklohns ist gemäß § 641 BGB bis zur Abnahme der Werkleistung hinausgeschoben. Über die Vergütung selbst, ihre Bemessung oder Berechnung ist beim BGB-Bauwerkvertrag keine detaillierte gesetzliche Regelung vorhanden. Das Gesetz knüpft in § 631 Abs. 1 BGB an die »vereinbarte Vergütung« an und setzt damit voraus, daß die Parteien des Werkvertrages eine entsprechende vertragliche Regelung getroffen haben. Lediglich für den Fall, daß eine Vergütungsregelung entweder gänzlich fehlt oder aber nur dem Grunde nach getroffen wurde, während Absprachen über die Höhe oder die Bemessung des Werklohnes fehlen, greift § 632 BGB ein.

(1) Die Vergütungsregelung des § 632 BGB

§ 632 BGB enthält die **Fiktion** einer Vergütungsvereinbarung für den **207**
Fall, daß die Parteien des Werkvertrages zwar eine Einigung über die Herstellung der Werkleistung, nicht aber über die Entrichtung einer Vergütung – schlechthin oder über die Bezahlung eines bestimmten Werklohnes – getroffen haben.[46] Die Fiktionswirkungen treten unabhängig von den Erwartungen oder dem nach außen nicht erkennbar gewordenen Willen der Parteien – vorrangig des zahlungspflichtigen Auftraggebers – ein. Da die fehlende Vergütungsvereinbarung kraft Gesetzes durch eine Fiktion ersetzt wird, bleibt für eine Anwendung der Bestimmungen über die Anfechtung von Willenserklärungen kein Raum,[47] so daß der Auftraggeber die gemäß § 632 Abs. 1 BGB begründete Vergütungsverpflichtung auch nicht gemäß § 119 BGB mit dem Argument anfechten kann, er habe sich über die Entgeltlichkeit der Vergabe der Bauleistungen geirrt. Denn maßgebend für die Frage, ob nach den Umständen die

46 MüKo-Soergel, § 632 Rn. 1; zur Beweispflicht des Unternehmers gegenüber der Behauptung einer festen Preisabsprache des Auftraggebers: BGH S-F Z.8.41 Bl. 16.

47 MüKo-Soergel, § 632 Rn. 3.

Herstellung der Werkleistung nur gegen Vergütung erwartet werden kann, sind nicht die subjektiven Erwartungen des Auftraggebers, sondern ausschließlich objektive Kriterien. Hiernach ist beim Bauvertrag im Regelfall davon auszugehen, daß die Bauleistung nur gegen Zahlung einer Vergütung zu erwarten ist,[48] da der Auftragnehmer die Bauleistungen im allgemeinen im Rahmen seines Gewerbebetriebes erbringt, so daß nicht nur der objektive Betrachter, sondern auch die Finanzbehörden schon aus der Erbringung der Leistung auf die Entgeltlichkeit schließen und gemäß §§ 13, 16 UStG hieran die Mehrwertsteuerpflicht knüpfen.[49]

(aa) Die Erstattung von Projektierungskosten

208 Von besonderer Bedeutung ist die Frage der Anwendbarkeit der Vergütungsfiktion des § 632 Abs. 1 BGB für die Ausführung von **Vorarbeiten**, d.h. der **sogenannten Blankett- oder Projektierungskosten**. Es handelt sich um Aufwendungen, die beim Unternehmer im Zusammenhang mit der Erarbeitung seines Angebotes anfallen, z.B. die Ausarbeitung von Leistungsverzeichnissen, Plänen, Massen- oder Wärmebedarfsberechnungen etc., die im Falle der Auftragserteilung durch die vereinbarte Vergütung mit abgegolten sind, gleichgültig, ob diese Kosten in die Einheitspreise oder den Pauschalpreis einkalkuliert oder ausnahmsweise gesondert ausgewiesen sind.[50] Kommt der mit der Angebotsabgabe erstrebte Werkvertrag nicht zustande – z.B. weil der Auftrag an eine Drittfirma vergeben wird oder aber gänzlich entfällt – so kann der Unternehmer nach h.A. vom Auftraggeber die vergeblich aufgewendeten Pro-
Regel jektierungskosten **nicht erstattet** verlangen.[51] Hierbei ist es unerheblich, ob die Projektierung vom Auftraggeber veranlaßt oder gar verlangt wurde, ob sie einen hohen oder geringen Kostenaufwand verursacht hat oder ob der Unternehmer die Projektierung unaufgefordert erbracht hat. Denn in jedem Falle würde ein Vergütungsanspruch, auch gemäß § 632 BGB, das rechtswirksame Zustandekommen eines Vertrages voraussetzen, eine Vorbedingung, die deshalb nicht vorliegt, weil die Aufforderung des Auftraggebers zur Abgabe von Angeboten noch keinen werkvertraglichen Verpflichtungswillen enthält. Eine Ausnahme gilt nur dann, wenn die Ausschreibung nach Maßgabe der **Vergabevorschriften**

48 Korbion-Hochstein, Rn. 697.

49 Vgl. insoweit die Neufassung des § 16 Nr. 1 Abs. 1 VOB/B, die mit Rücksicht auf die Änderung der Umsatzsteuerpflicht – Soll- statt Ist-Versteuerung erfolgte.

50 Vgl. BGH, S-F-H Nr. 5 zu § 196 Abs. 1 Nr. 1 BGB; Werner-Pastor, Rn. 1105.

51 BGH, S-F-H Nr. 2 zu § 632 BGB; OLG Hamm, BauR 75, 418; OLG Köln, BauR 92, 98; OLG Koblenz, BauR 98, 542; Werner-Pastor, Rn. 1105; differenzierend Locher, Rn. 55; Palandt-Sprau, § 632 Rn. 5.

der VOB/A durchgeführt wird und gemäß § 20 Nr. 2 Abs. 1 S. 2 VOB/ A ausnahmsweise eine angemessene Entschädigung für die Ausarbeitung der vom Auftraggeber geforderten Projektierungsarbeiten festgesetzt ist. Außerhalb der Vergabe nach VOB/A und insbesondere beim BGB-Bauvertrag kann der Unternehmer eine Vergütung für die Ausarbeitung des Angebotes dagegen nur in extremen Ausnahmefällen verlangen. Ein solcher **Ausnahmefall** kann vorliegen,[52] wenn z.B. der Auftraggeber eine echte Ausschreibung und damit einen Wettbewerb nur vortäuscht, um so den Unternehmer zu einem Angebot zu veranlassen, dessen Ausarbeitung und Abgabe die entsprechenden Projektierungsarbeiten notwendig macht. Will der Auftraggeber auf diese Weise entweder Kosten für die entsprechende Tätigkeit eines Architekten oder Sonderfachmannes oder Teilbeträge des Werklohns der Drittfirma, welcher der Auftrag zugedacht ist, einsparen, so kann der – insoweit beweispflichtige – Unternehmer ausnahmsweise eine Vergütung verlangen. **Anspruchsgrundlage** ist entweder § 812 BGB, mit dem die vom Auftraggeber eingesparten Kosten verlangt werden können, oder der Anspruch aus culpa in contrahendo, der auf das negative Interesse, d.h. Ersatz der dem Unternehmer nachweislich entstandenen Kosten, gerichtet ist. **Ausnahmefälle**

Tip

Will der Unternehmer diese Risiken vermeiden, so muß er vor Angebotsabgabe den Auftraggeber ausdrücklich – aus Beweisgründen möglichst schriftlich – darauf hinweisen, daß er die für die Erarbeitung des Angebots erforderlichen Projektierungskosten vergütet verlangt, falls sein Angebot auf Abschluß des Werkvertrages nicht angenommen wird. Verlangt in einem solchen Fall der Besteller – ausdrücklich oder konkludent – dennoch die Angebotsabgabe, so ist bezüglich der Projektierungskosten ein gesonderter Vertrag zustande gekommen,[53] der den Auftraggeber zur Zahlung der im Hinweisschreiben angegebenen oder gemäß § 632 BGB zu ermittelnden Vergütung verpflichtet.

---

52 Vgl. weitergehend MüKo-Soergel, § 632 Rn. 5, der den Ausnahmefall bereits dann bejaht, wenn die Vorarbeiten so aufwendig sind, daß ihre Erbringung nur in der Hoffnung auf Erhalt des Zuschlages nicht erwartet werden kann; noch weitergehend: Locher, Rn. 55, der den Vergütungsanspruch immer dann bejaht, wenn die Vorarbeiten nicht überwiegend dem Wettbewerb im Rahmen der Auftragsvergabe dienen, sondern dem Auftraggeber die erforderlichen Planungsunterlagen verschaffen sollen.

53 Vgl. für den Parallelfall von Architektenleistungen: BGH, BauR 80, 172.

(bb) Die Bemessung der üblichen Vergütung

209 Ist wegen fehlender vertraglicher Vereinbarung die Vergütungspflicht für den Auftraggeber aufgrund der Fiktion des § 632 Abs. 1 gegeben oder fehlt lediglich eine Absprache über die Höhe des zu zahlenden Entgelts, so greift **§ 632 Abs. 2 BGB** ein. Eine taxmäßige Vergütung, die primär heranzuziehen wäre, existiert im Bauvertragsrecht nicht. Zwar enthält die Baupreisverordnung eine zwingende Preisskala; jedoch ist sie in erster Linie auf die vom Auftragnehmer üblicherweise berechneten Wettbewerbs- bzw. Listenpreise abgestimmt und zudem nur bei öffentlichen oder öffentlich finanzierten Aufträgen heranzuziehen.[54] Demgemäß ist beim Bauvertrag gemäß § 632 Abs. 2 BGB in der Regel die übliche Vergütung geschuldet, d.h. dasjenige Entgelt, das für Leistungen gleicher Art und Güte sowie gleichen Umfangs am Leistungsort nach allgemeiner Verkehrsauffassung gezahlt wird.[55] Die **Feststellung der Üblichkeit** ist, sofern nicht Kalkulationshandbücher oder Auskünfte der Handwerkskammer über die Höhe der Stundensätze etc. weiterhelfen, **durch einen Bausachverständigen** zu treffen.[56] Ist – zum Beispiel wegen des Umfanges der ausgeführten Arbeiten oder mangels ausreichender Vergleichbarkeit mit ortsüblichen Leistungen und Preisen – eine übliche Vergütung im Sinne des § 632 Abs. 2 BGB nicht oder nicht für alle Leistungen bestimmbar, so hat der Unternehmer gemäß §§ 315, 316 BGB sein Entgelt insoweit selbst zu bestimmen.[57] Verbindlich ist die Festlegung nur, wenn sie unter Berücksichtigung der Interessen beider Vertragspartner der Billigkeit entspricht. **Beweispflichtig** sowohl für die Üblichkeit der Vergütung gemäß § 632 Abs. 2 BGB wie auch die Angemessenheit gemäß §§ 315, 316 BGB ist der Unternehmer.[58]

§ 632 Abs. 2 BGB

(2) Die vereinbarte Vergütung beim BGB-Vertrag

210 In der Regel kommt beim Bauvertrag ein Vertragsabschluß ohne Bestimmung des Entgelts nur bei Zusatzaufträgen oder bei Bauaufträgen kleineren Umfanges vor, typischerweise bei Reparaturaufträgen, deren Durchführung dringlich ist und bei denen der Unternehmer den Auf-

54 Vgl. Locher, Rn. 52.

55 MüKo-Soergel, § 632 Rn. 16, Palandt-Sprau, § 632 Rn. 8; Werner-Pastor, Rn. 1134 ff., 1138; Ingenstau-Korbion, B § 2 Rn 9.

56 MüKo-Soergel, § 632 Rn. 16.

57 MüKo-Soergel, § 632 Rn. 15; Palandt-Sprau, § 632 Rn. 8; Korbion-Hochstein, Rn. 698; Ingenstau-Korbion, B § 2 Rn. 9.

58 Locher, Rn. 52; MüKo-Soergel, § 632 Rn. 20; Palandt-Sprau, § 632 Rn. 11; Ingenstau-Korbion, B § 2 Rn. 12 ff.

wand an Lohn und Material vorher nicht genau abzuschätzen vermag. Beim typischen BGB-Bauwerksvertrag ist dagegen eine Vergütungsregelung vor Ausführung getroffen.

(aa) Die Bemessung der vereinbarten Vergütung

211 Die Festlegung der Vergütung nach Umfang, Inhalt und Bemessungsgrundlagen unterliegt der **freien Disposition** der Parteien. Ebenso wie beim VOB-Vertrag ist eine Abrechnung auf der Grundlage von Einheitspreisen, von Stundenlöhnen oder in Form eines Pauschalpreises möglich. Bei der Abrechnung nach **Einheitspreisen**[59] wird die gesamte vom Bauunternehmer zu erbringende Leistung in Teilleistungen aufgegliedert, deren jeweilige Menge nach Maß, Stückzahl oder Gewicht festgestellt werden kann. Der Preis für die jeweilige Einzelmenge wird als **Einheitspreis** bezeichnet, der Preis für die jeweilige Gesamtmenge der erbrachten einzelnen Teilleistungen als **Positionspreis**, wobei die Positionen der Rechnung üblicherweise durchnumeriert werden, während die **Addition der Positionspreise den Gesamtpreis** ergibt.

Einheitspreise

212 Bei dieser Aufteilung, die üblicherweise auch bereits dem Angebot des Bauunternehmers – dem sogenannten Leistungsverzeichnis oder Leistungsbeschrieb – zugrunde liegt, kann die Vergütung erst nach Fertigstellung der Leistungen aufgrund einer Abrechnung ermittelt werden, die ihrerseits eine Ermittlung der tatsächlich ausgeführten Mengen, das sogenannte **Aufmaß**, voraussetzt. Der Positionspreis wird durch Multiplikation der durch Aufmaß ermittelten Menge errechnet. Die Gesamtsumme der Positionspreise ergibt die zu zahlende Vergütung. Diese Abrechnung nach Einheitspreisen, die in der VOB den Grundtyp des Bauwerkvertrages darstellt, dürfte auch beim BGB-Vertrag den Regelfall darstellen, da die Bemessung der Vergütung nur nach den tatsächlich ausgeführten Mengen und Leistungen die Interessen beider Vertragsparteien in angemessener Weise berücksichtigt. Durch die Neufassung des BGB aufgrund des Gesetzes zur Beschleunigung fälliger Zahlungen (Anhang II) wurde im Zusammenhang mit der neuartigen »Abnahme durch Fertigstellungsbescheinigung« zugleich eine für den Auftragnehmer günstige gesetzliche Vermutung bei der Abrechnung geschaffen. Es wird nämlich vermutet, daß ein Aufmaß oder eine Stundenlohnabrechnung, die der Auftragnehmer seiner Rechnung zugrundelegt, zutreffen, wenn der Gutachter dies in der Fertigstellungsbescheinigung bestätigt. Auf dem Umweg über die Abnahme wird für den Auftragnehmer eine

59 Vgl. hierzu eingehend Rz. 240 sowie Ingenstau-Korbion, A § 5 Rn. 7 ff.; Korbion-Hochstein, Rn. 711 ff.; MüKo-Soergel, § 631 Rn. 189; Locher, Rn. 181; Werner-Pastor, Rn. 1162 ff.; Palandt-Sprau, § 632 Rn. 1a.

Beweislasterleichterung in Form einer gesetzlichen Vermutung – die der Auftraggeber widerlegen muß – zugunsten der Richtigkeit seiner Abrechnung geschaffen, wenn die Prüfung des Aufmaßes oder der Stundenrapporte in die gutachterliche Prüfung bzw. Bescheinigung aufgenommen wurde. Angesichts der Probleme, die sich aufgrund der beim Auftragnehmer liegenden Beweislast für die Richtigkeit von Aufmaß und Stundenlohnabrechnung ergeben, kann dem Auftragnehmer nur dringend angeraten werden, für die Abnahme den Weg der gutachterlichen Fertigstellungsbescheinigung zu wählen, weil er auf diese Weise zugleich die Möglichkeit erhält, zeitnah die Richtigkeit seiner Abrechnung prüfen zu lassen, um dann für die gerichtliche Durchsetzung seiner Vergütungsforderung die gesetzliche Vermutung der Richtigkeit gemäß § 641 a BGB n.F. in Anspruch nehmen zu können.

Pauschalpreise

213 Wird dagegen als Vergütung ein **Pauschalpreis**[60] vereinbart, so ist damit die zu zahlende Vergütung von vornherein festgelegt. Eine Abrechnung oder Überprüfung der tatsächlich ausgeführten Leistungen findet nicht statt. Da Mengenschwankungen den Pauschalpreis nicht beeinflussen, geht das Risiko einer Vermehrung der Massen gegenüber den bei der Festlegung des Pauschalpreises vorgestellten oder ermittelten zu Lasten des Auftragnehmers. Umgekehrt trägt der Auftraggeber das Risiko, wenn die Massen sich vermindern oder wenn Leistungen, deren Ausführung nicht mehr notwendig sind, entfallen.

Tip

Angesichts dieser Risiken sollte ein Pauschalpreis von den Parteien immer nur dann vereinbart werden, wenn die Leistungen, die durch den Pauschalpreis abgegolten sind, bei der Preisbildung bereits so vollständig und genau feststehen, daß mit einer irgendwie gearteten Änderung nach Umfang und Inhalt der Bauleistungen nicht mehr zu rechnen ist.

Stundenlohnbasis

Ist nicht die vom Auftragnehmer erbrachte Bauleistung, sondern der Lohnaufwand nach den vertraglichen Absprachen der Parteien Bemessungsgrundlage, so ist die Vergütung für den Stundenlohn zu zahlen. Die **Stundenlohnarbeiten**[61] sind vom Auftragnehmer nachzuweisen und auf der Basis des vereinbarten Stundensatzes abzurechnen. Ist kein bestimmter Stundenlohn vereinbart, so ist die Höhe des Stundensatzes gemäß § 632 Abs. 2 BGB zu bestimmen.

60 Vgl. hierzu Rn. 241 sowie Korbion-Hochstein, Rn. 715 ff.; Ingenstau-Korbion, A § 5 Rn. 12; Werner-Pastor, Rn. 1179; MüKo-Soergel, § 631 Rn. 214 ff.

61 Korbion-Hochstein, Rn. 720 ff.; Werner-Pastor, Rn. 1210 ff.; MüKo-Soergel, § 631 Rn. 228; Ingestau-Korbion, A § 5 Rn. 22 ff.

In dem vereinbarten Entgelt, seien es die Einheitspreise, Stundenlöhne oder der Pauschalpreis, **ist die Mehrwertsteuer mit enthalten.**[62] Demgemäß ist das vereinbarte Entgelt bei allen Vergütungsarten das Bruttoentgelt, sofern nicht ausdrücklich eine andere Vereinbarung getroffen bzw. im Angebot auf die zusätzlich anfallende Mehrwertsteuer hingewiesen wurde. Dies gilt auch für Verträge, bei denen beide Parteien Unternehmer bzw. Kaufleute im Sinne des § 346 HGB sind.[63] Ausnahmsweise könnte im letzteren Fall ein Anspruch auf Überwälzung der Mehrwertsteuer auf den Auftraggeber bei Bestehen eines entsprechenden Handelsbrauches bejaht werden.[64] Ein solcher Handelsbrauch besteht aber nicht, wenn üblicherweise im Angebot auf die Mehrwertsteuer besonders hingewiesen wird, eine Praxis, die in den meisten Handelskammerbezirken überwiegen dürfte.[65] 214

Mehrwertsteuer

Neben dem vertraglich vereinbarten Entgelt hat der Auftragnehmer – was in der Baupraxis häufig übersehen wird – **gemäß § 641 Abs. 2 BGB einen Anspruch auf Verzinsung** des geschuldeten Entgelts. Der Zinssatz beläuft sich gemäß § 286 BGB auf 4 % unter Nichtkaufleuten, bei einem Vertrag, der für beide Teile ein Handelsgeschäft ist, gemäß § 352 HGB auf 5 % Jahreszinsen. Nach der Neufassung des § 288 Abs. 1 S. 1 BGB durch das Gesetz zur Beschleunigung fälliger Zahlungen (Anhang II) ist der Verzugszinssatz allerdings erhöht auf 5 % über dem Basiszinssatz nach § 1 des Diskontsatz-Überleitungsgesetzes vom 09.06.1998 (BGBl I, S. 1242). Der gesetzliche Verzugszinssatz beläuft sich damit derzeit auf 7,68 % Jahreszinsen (2,68 % Basiszinssatz zzgl. 5 % Erhöhung gem. § 288 Abs. 1 S. 1 BGB). Da es sich nicht um Verzugs- sondern **Fälligkeitszinsen** handelt, ist die Zinsverpflichtung bereits ab dem Zeitpunkt der Abnahme, nicht erst ab Verzugseintritt (§ 284 BGB) begründet. Da beim VOB-Vertrag die Fälligkeit der Vergütung gem. § 16 VOB/B erst mit Vorlage des Prüfergebnisses der Auftraggebers bzw. 2 Monate nach Eingang der Schlußrechnung beim Auftraggeber eintritt, sofern nicht ein Pauschalhonorar vereinbart wurde, können die Fälligkeitszinsen hier erst ab konkreter Fälligkeit beansprucht werden. Lediglich dann, wenn der Werklohnanspruch **einredebehaftet** ist, z.B. weil dem Auftraggeber ein Zurückbehaltungsrecht wegen Mängeln der Werkleistung zusteht, entfällt der Anspruch auf die Fälligkeitszinsen ebenso wie der auf die – unter Umständen wesentlich höheren – Verzugszinsen, weil 215

Achtung: Verzinsung

62 h.A.: vgl. OLG Karlsruhe, BauR 72, 243; OLG Düsseldorf, BauR 72, 121; differenzierend OLG Köln, NJW 71, 894; BGH 60, 198, 203; Palandt-Heinrichs, § 157 Rn. 13, Werner-Pastor, Rn. 1270 ff.

63 OLG Oldenburg, NJW 69, 1486; offengelassen in OLG Karlsruhe, BauR 72, 243; a.A. Ingenstau-Korbion, B § 2 Rn. 125.

64 OLG Köln, NJW 71, 894; Werner-Pastor, Rn. 1271.

65 Vgl. OLG Düsseldorf, NJW 76, 1268 mit Hinweis auf eine Umfrage des Deutschen Industrie- und Handelstages; a.A. Schaumburg, NJW 75, 1261.

das Zurückbehaltungsrecht eine verzögernde Einrede begründet, die den Eintritt der Fälligkeit der Werklohnforderung verhindert.[66]

216 **Rechnung?** Umstritten ist beim BGB-Bauwerksvertrag die Frage, ob der Auftraggeber gegenüber dem Auftragnehmer einen **Anspruch auf Erteilung einer Rechnung** hat und ob die Fälligkeit der Vergütung sowie der Verjährungsbeginn bis zum Zeitpunkt der Rechnungsstellung hinausgeschoben sind. Beim VOB-Vertrag stellt sich diese Frage gar nicht erst, weil die Pflicht des Unternehmers zur Erstellung einer prüffähigen Rechnung und die Konsequenzen einer Unterlassung in § 14 VOB/B eingehend geregelt sind. Das BGB enthält dagegen keinerlei Bestimmung über die Abrechnung der vom Unternehmer geleisteten Arbeiten. Ausgehend von einer Entscheidung des Reichsgerichts vom 16.11.1909[67] verneint die h.A.[68] einen Anspruch des Auftraggebers gegen den Auftragnehmer auf Erteilung einer Abrechnung. Diese Meinung wird jedoch den heutigen Erfordernissen des Wirtschaftslebens, die sich gegenüber den Verhältnissen im Jahre 1909 erheblich gewandelt haben, nicht mehr gerecht. Jeder Besteller, sei es nun ein privater oder gewerblich tätiger Auftraggeber, hat heute ein rechtlich und wirtschaftlich erhebliches Interesse daran, binnen angemessener Frist nach Abschluß der Arbeiten eine ordnungsgemäße Rechnung zu erhalten[69] – und zwar nicht nur unter dem Gesichtspunkt einer baldigen Klarstellung der Höhe des noch geschuldeten Betrages. Der gewerbliche Auftraggeber benötigt die Rechnung einerseits zum Nachweis der Vorsteuer, andererseits – z.B. beim Baubetreuer – als Grundlage seiner eigenen Abrechnung gegenüber dem Bauherren, auf die dieser gemäß §§ 675, 666 BGB einen klagbaren Anspruch hat. Der private Auftraggeber braucht die Rechnung, und zwar unabhängig von privater oder gewerblicher Nutzung des Bauobjekts, um Steuervorteile in Form von erhöhten Abschreibungen, Werbungskosten etc. in Anspruch nehmen zu können, die ihm entgehen, wenn er im Zeipunkt der Steuerveranlagung die Höhe der Herstellungs-, Modernisierungs- oder Reparaturkosten nicht anhand von Rechnungen des Unternehmers nachweisen kann. Darüber hinaus erschwert sich die Nachprüfbarkeit der Abrechnung – insbesondere von Stundenlohnarbeiten – mit dem Fortgang der Zeit erheblich. Abweichend von der h.A. ist **Folgerungen** aus diesem Grunde **eine vertragliche Nebenpflicht des Unternehmers auf Rechnungserteilung zu bejahen**.[70] Ihre Grundlage hat diese

66 BGH, BauR 71, 125; OLG Karlsruhe, BauR 95, 246; MüKo-Soergel, § 641 Rn. 6; Palandt-Sprau, § 641 Rn. 5; Werner-Pastor, Rn. 1343.

67 RG 72, 177.

68 Peters, NJW 77, 552 ff. 555; offengelassen in BGH, BauR 81, 199; Palndt-Sprau, § 631 Rn. 13.

69 Locher, Rn. 58.

70 OLG Köln NJW 73, 2111; Locher, Rn. 58.

Nebenpflicht in § 242 BGB in Verbindung mit § 14 Abs. 1 UStG. Wegen ihrer Tragweite ist sie für den Auftraggeber als selbständige vertragliche Nebenpflicht einklagbar. Außerdem ist dem Auftraggeber neben dem Recht auf Festsetzung der Vergütung durch den Richter gemäß § 315 Abs. 3 S. 2, 2. Halbsatz BGB[71] in analoger Anwendung des § 14 Abs. 4 VOB/B ein Anspruch auf Erstellung der Rechnung auf Kosten des Unternehmers zuzubilligen, wenn der Auftragnehmer nach Aufforderung und fruchtloser Fristsetzung durch den Auftraggeber keine Abrechnung erteilt hat.[72] Eine Ausnahme gilt nur dann, wenn aufgrund fester Preisabsprache das Entgelt feststeht, z.B. weil ein Pauschalfestpreis vereinbart wurde, da hier die Rechnungserteilung eine überwiegend deklaratorische Funktion hat.[73] Hier ist der Anspruch auf Rechnungsstellung zwar als vertragliche Nebenpflicht zu bejahen, jedoch nur als unselbständige, nicht einklagbare Nebenpflicht, deren Verletzung jedoch schadensersatzpflichtig machen kann.[74]

Auch im Hinblick auf die **Fälligkeit des Werklohns** ist zwischen **217**
bekannter und erst nach Abrechnung zu ermittelnder Forderung zu differenzieren. Steht das Entgelt, wie beim Pauschalpreis, auch ohne Rechnung bereits fest, so bleibt es bei der Fälligkeitsregelung des § 641 Abs. 1 BGB mit der Folge, daß mit der Abnahme die Verjährungsfrist in Lauf gesetzt wird. Ein Anspruch des Auftragnehmers auf Fälligkeitszinsen gemäß § 641 Abs. 2 BGB oder Verzugszinsen ist dagegen zu verneinen, solange noch keine Rechnung vorliegt, da die Werklohnforderung, solange die vertragliche Nebenpflicht zur Rechnungserteilung noch nicht erfüllt ist, einer einredebehafteten Forderung gleichzusetzen ist.[75] Ergibt sich die Höhe der Werklohnforderung erst aus der Abrechnung, z.B. der erbrachten Massen bei Abrechnung nach Einheitspreisen, aus der Leistungsbestimmung gemäß §§ 315, 316 BGB oder nach Feststellung der üblichen Vergütung des § 632 Abs. 2 BGB, so erhebt sich die Frage, ob die Forderung des Unternehmers bereits mit der Abnahme gemäß 641 Abs. 1 S. 1 BGB fällig wird oder erst mit der **Erteilung der Rechnung**. Die wohl h.A.[76] bejaht in Anlehnung an § 16 Nr. 3 Abs. 1 VOB/B die Erteilung der Schlußrechnung als Fälligkeitsvoraussetzung auch für den BGB-Bauwerksvertrag. Sie vermeidet damit zwar die für

71 Locher, Rn. 58.

72 Zu den Voraussetzungen der Ersatzvornahme vgl. Ingenstau-Korbion, B § 14 Rn. 55 ff.

73 Werner-Pastor, Rn. 1371; Locher, Die Rechnung, S. 4.

74 Z.B., wenn dem Auftraggeber wegen § 15 Abs. 1 Nr. 1 mangels Rechnungserteilung der Vorsteuerabzug entgeht.

75 a.A. Bartmann, BauR 77, 16 ff. 31 a.E.

76 OLG Hamm, S-F-H Nr. 8 zu § 641 BGB; Locher, Rn. 58; Ingenstau-Korbion, B § 14 Rn. 11; Werner-Pastor, Rn. 1370 ff.; Bartmann, BauR 77, 16 ff.; a.A. BGH, BauR 81, 199 OLG Celle, NJW 86, 327; OLG Köln, BauR 96, 725.

den Auftraggeber nachteiligeren Zins- und Verzugsfolgen der Fälligkeit. Sie führt jedoch bei konsequenter Anwendung zu der für den Besteller erheblich nachteiligen Folge, daß durch Hinauszögern der Schlußrechnung der Verjährungsbeginn vom Auftragnehmer beliebig hinausgeschoben werden kann, da nach allgemeinen Grundsätzen[77] dann, wenn Entstehung des Anspruchs und Fälligkeit auseinanderfallen, für den Beginn der Verjährung auf die Fälligkeit abzustellen ist. Hier behilft man sich mit unterschiedlichen Argumenten: Nach der einen Ansicht[78] soll die Fälligkeit zwar erst mit Rechnungserteilung eintreten, jedoch mit der Einschränkung, daß die Verjährungsfrist unabhängig von der Rechnungsstellung bereits mit der Abnahme beginnt. Nach der anderen Auffassung[79] soll der Einwand der unzulässigen Rechtsausübung durchgreifen, wenn der Auftragnehmer die Forderung erst zu einem Zeitpunkt rechtshängig macht, zu dem sie verjährt wäre, wenn er seine Rechnung später als verkehrsüblich erteilt. Eine interessengerechte und dogmatisch richtige Lösung kann nur gefunden werden, wenn man es bezüglich der Fälligkeit der Werklohnforderung bei § 641 Abs. 1 S. 1 BGB beläßt und dem Auftraggeber ein Zurückbehaltungsrecht gegenüber der an sich fälligen, aber noch nicht bezifferten Forderung des Unternehmers zubilligt, bis dieser seine vertragliche Nebenpflicht zur Erteilung der Abrechnung erfüllt hat. Das **Zurückbehaltungsrecht** schließt Zahlungsverzug des Auftraggebers ebenso wie die Zinspflicht gemäß § 641 Abs. 2 BGB aus, **hindert** aber **nicht die Verjährung**. Diese beginnt mit einem dem Auftraggeber bekannten oder jedenfalls zuzurechnenden Willensakt, der Abnahme, die für beide Vertragsparteien ein erkennbares Merkmal für den Verjährungsbeginn setzt. Nach Ablauf der Frist darf der Auftraggeber darauf vertrauen, daß sein Verjährungseinwand durchgreift, da die verzögerte Rechnungserteilung in der Regel im Risikobereich des Auftragnehmers liegt und der Auftraggeber durch den Zeitablauf in Beweisnotstand gerät. Der Umstand, daß der Auftragnehmer für die Höhe der Vergütung beweispflichtig ist, stellt keinen angemessenen Interessenausgleich dar, da der Auftraggeber im Bauprozeß nur durch substantiiertes Bestreiten – d.h. durch Vortrag konkreter und detaillierter Einzeltatsachen – die schlüssigen Behauptungen des Auftragnehmers entkräften kann.

77 vgl. BGH 55, 340, 343.
78 Ingenstau-Korbion, B § 16 Rn. 13; vgl. BGH, NJW 77, 2075 m.w. Hinw.
79 Rother, AcP Bd. 164, 94 ff. 104; in der gleichen Richtung: OLG Düsseldorf, BauR 80, 366, 367.

Tip

Angesichts der trotz der Entscheidung des BGH vom 18.12.1980[80] noch offenen Fragen ist es dem vorsichtigen Auftraggeber anzuraten, notfalls von sich aus die Höhe der Vergütung durch Sachverständigen-Gutachten feststellen zu lassen, falls der Auftragnehmer trotz Mahnung und Nachfristsetzung keine Rechnung erteilt. Die Gutachter-Kosten können in diesem Falle als Verzugsschaden dem Auftragnehmer angelastet und von dessen Forderung abgezogen werden.

(bb) Die Bindung an Kostenanschlag und vereinbarte Vergütung

Liegt dem Werkvertrag ein Kostenanschlag zugrunde, so besteht bei der **218** Rechnungsstellung nicht ohne weiteres ein Anspruch des Auftraggebers auf Abrechnung nach den Preisansätzen des Voranschlages. Denn der Kostenanschlag stellt in der Regel, wie sich aus § 650 BGB ergibt, nur eine **unverbindliche fachmännische Berechnung** der voraussichtlich entstehenden Kosten dar, die zwar für beide Teile die Geschäftsgrundlage des Werkvertrages, nicht aber einen unmittelbaren Bestandteil des Vertrages darstellt.[81] Im Regelfall steht dem Auftraggeber daher, wenn die veranschlagten Kosten überschritten werden, eine **Kündigungsbefugnis** gemäß § 650 BGB zu. Es handelt sich um eine Sonderregelung eines speziellen Falles des Wegfalls der Geschäftsgrundlage.[82] Gemäß § 650 Abs. 2 BGB ist der Unternehmer zur unverzüglichen Anzeige verpflichtet, wenn eine wesentliche[83] Überschreitung der Kostenanschlagsumme zu erwarten ist. Die Unterlassung der Anzeige macht den Auftragnehmer schadensersatzpflichtig in Höhe des negativen Interesses: Der Auftraggeber ist so zu stellen, wie er bei rechtzeitiger Anzeige gestanden hätte. Hätte er in diesem Fall nicht gekündigt, weil z.B. die Mehrkosten notwendig und im Interesse des Auftraggebers waren oder auf seine Anweisungen zurückgingen – wofür aber der Auftragnehmer beweispflichtig ist – so kann im Einzelfall der Schadensersatzanspruch

80 BGH, BauR 81, 199; AG Köln, S-F-H Nr. 1 zu § 641 BGB; im Ergebnis ebenso OLG Düsseldorf, BauR 80, 366 und BGH, BauR 79, 62; – a.A. OLG Hamm, S-F-H Nr. 8 zu § 641 BGB.

81 Palandt-Sprau, § 650 Rn. 1; Locher, Rn. 56.

82 BGH 59, 339, 342.

83 Wesentliche Überschreitung wird ab 15-20 % angenommen; Palandt-Sprau, § 650 Rn. 2; MüKo-Soergel, § 650 Rn. 9 m.w.N.

entfallen,[84] wenn die durch die Mehrkosten entstandene Wertsteigerung des Bauwerks den Mehraufwand des Bauherren übersteigt oder deckt.

219 Hat der Unternehmer die **Garantie für die Einhaltung** der Kostenanschlagssumme übernommen, so ist diese Vertragsbestandteil geworden. In diesem Falle hat der Besteller einen **Erfüllungsanspruch** auf Abrechnung nach Maßgabe der Kostenanschlagsumme.[85] Typischster Fall einer derartigen Garantie ist die Abrechnung nach dem vereinbarten Pauschalpreis. Beruhte der vereinbarte Pauschalpreis auf einem Kalku-
z.B. lationsirrtum des Unternehmers, z.B. über die zugrunde liegenden Massen, über mögliche Massenverschiebungen, Lohn- oder Materialpreiserhöhungen, so kann er die Mehrkosten nicht auf den Auftraggeber überwälzen. Eine Ausnahme gilt gemäß § 242 BGB nur in denjenigen Fällen, in denen wegen Wegfalls der Geschäftsgrundlage dem Unternehmer auch unter Berücksichtigung der berechtigten Auftraggeberinteressen eine Bindung an den Kostenanschlag nicht mehr zuzumuten ist,[86] z.B. wenn der **Kalkulationsirrtum** beiderseitig[87] oder der einseitige Kalkulationsirrtum für den Auftraggeber erkennbar und damit als beachtlicher externer Irrtum offenkundig gewesen ist.[88] Die Toleranzgrenze ist für die benachteiligte Partei im Regelfall aber erst dann überschritten, wenn das Festhalten an der vereinbarten Vergütung für sie

> »zu einer unerträglichen Ungerechtigkeit führen würde und ihr die Erfüllung deswegen schlechterdings nicht mehr zugemutet werden kann.«[89]

Ist eine Abrechnung nach Einheitspreisen oder Stundenlöhnen vereinbart, so gelten bezüglich der Stundensätze und der einzelnen Einheitspreise dieselben Grundsätze: Eine Anpassung ist im Regelfall nur dann möglich, wenn Lohn- oder Materialpreiserhöhungen in Form eines **Preisvorbehalts** oder einer **Gleitklausel** ausdrücklich vereinbart sind.[90] Fehlt ein solcher Preisvorbehalt, ist im Vertrag von dem oder den Festpreisen die Rede oder ist gar eine Ausschlußklausel vereinbart, die die Anpassung untersagt,[91] so sind Mehrforderungen des Unternehmers oder umgekehrt Ansprüche des Auftraggebers auf Minderung der Vergütung nach Grund und Höhe nur in demjenigen Umfange möglich, in dem die sehr strengen Voraussetzungen über den Wegfall der Geschäftsgrundlage eingreifen.

84 Locher, Rn. 57; MüKo-Soergel, § 650 Rn. 13.
85 MüKo-Soergel, § 650 Rn. 2; Palandt-Sprau, § 650 Rn. 1; Locher, Rn. 56
86 Ingenstau-Korbion, B § 2 Rn. 150 ff., 157 mit ausführlichen Rechtsprechungshinweisen; vgl. auch Locher, Rn. 189.
87 Palandt-Heinrichs, § 242 Rn. 149.
88 Locher, Rn. 53.
89 OLG Düsseldorf, BauR 76, 363.
90 OLG Hamburg, NJW 74, 2049; Ingenstau-Korbion, B § 2 Rn. 150 ff. 162.
91 Was im Einzelfall sittenwidrig sein kann, vgl. Ingenstau-Korbion, B § 2 Rn. 175.

d) *Beendigung des BGB-Bauwerksvertrages*

Im Regelfall wird der Bauwerksvertrag **durch** die **Erfüllung** der beiderseitigen Vertragspflichten beendet. Eine vorzeitige Beendigung ist, ebenso wie beim Architektenvertrag, möglich mittels **Kündigung** des Vertrages durch eine der beiden Vertragsparteien, durch einvernehmliche Vertragsaufhebung, Anfechtung, Rücktritt vom Vertrag oder als Folge der Eröffnung des Insolvenzverfahrens über das Vermögen eines der beiden Vertragspartner. Im einzelnen gelten hier dieselben Grundsätze wie bei der Beendigung des Architektenvertrages, soweit dieser Werkvertrag ist, so daß wegen der Einzelheiten auf die Erörterungen zum Architektenvertrag[92] verwiesen werden kann. Eine Abweichung ergab sich früher im Hinblick auf den Vergütungsanspruch gemäß § 649 BGB, wo beim Architekten ein Satz von 40 % des Honorars als Erfahrungssatz für die ersparten Aufwendungen zugrunde gelegt wurde. **Vertraglich** kann der Architekt auch heute noch einen pauschalen Prozentsatz für ersparte Aufwendungen fixieren.[93] Dagegen ist der **Bauunternehmer** immer zum konkreten Nachweis verpflichtet. Da der Auftragnehmer sich nur bezüglich des nicht erbrachten Leistungsteils die ersparten Aufwendungen anrechnen lassen muß, nicht aber im Hinblick auf die bereits ausgeführten Leistungsteile, ist für diese die volle Vergütung zu zahlen. Ist eine Abrechnung nach **Einheitspreisen** oder **Stundenlöhnen** vereinbart, so kann auf der Grundlage der Vertragspreise die Vergütung für die bereits erbrachten Leistungen mittels Aufmaß bzw. Abrechnung der geleisteten Stunden ohne weiteres festgestellt werden.[94] **220**

Ist ein **Pauschalpreis** vereinbart, so ist das Verhältnis des Pauschalpreises zur gesamten geschuldeten Werkleistung maßgebend für die Ermittlung des auf die bereits erbrachten Leistungen entfallenden Anteils der Pauschalvergütung.[95] Die Abrechnung wird in diesem Falle für den Auftragnehmer meist sehr kompliziert. Denn er muß zunächst die Höhe der Vergütung für die erbrachten Leistungen – und zwar in Relation zur Gesamtleistung bzw. der Pauschale – ermitteln und in der Abrechnung im einzelnen darlegen. Lag dem Pauschalvertrag ein detailliert aufgeschlüsseltes Einheitspreisangebot zugrunde, ist die Abrechnung der erbrachten Leistungsteile auf dieser Basis möglich; ebenso dann, wenn eine nachvollziehbare Kalkulation mit Aufgliederung von Einzelleistungen (noch) vorliegt. Sind solche Abrechnungsgrundlagen **221**

komplizierte Berechnung

92 S.o. Rn. 157 ff.

93 o. Rn. 162; BGH, NJW 69, 419, 421; MüKo-Soergel, § 649 Rn. 22; Werner-Pastor, Rn. 939.

94 Ingenstau-Korbion, B § 8 Rn. 22; MüKo-Soergel, § 649 Rn. 11.

95 BGH, BauR 99, 632; Ingenstau-Korbion, B § 8 Rn. 22; MüKo-Soergel, § 649 Rn. 11.

nicht vorhanden, muß der Auftragnehmer im einzelnen darlegen, wie sich unter Beibehaltung des Preisniveaus der Pauschale der Abrechnungspreis für die erbrachten Teilleistungen errechnet.[96] Bezüglich der nicht ausgeführten Leistungsteile ist dann noch der Betrag der ersparten Aufwendungen in Abzug zu bringen. Eine Rückrechnung »von oben«, d.h. nur durch Gutschrift für die nicht erbrachten Leistungsteile, ist nicht zulässig, auch wenn diese Abrechnungsprozedur insbesondere dann unbillig erscheint, wenn der Auftraggeber ohne wichtigen Grund kündigt oder der Auftragnehmer gemäß §§ 642, 643 BGB wegen fehlender Mitwirkungshandlungen des Auftraggebers den Vertrag beenden mußte. Ist eine Vergütungsvereinbarung nicht getroffen, so muß zunächst die übliche Vergütung für die gesamte Werkleistung ermittelt und diese dann anteilig für die erbrachten Leistungsteile errechnet werden.[97]

222 Bezüglich der **nicht ausgeführten Leistungsteile**[98] ist beim Pauschalpreis sowie der üblichen Vergütung der Restbetrag des vereinbarten bzw. als üblich festgestellten Entgelts Bemessungsgrundlage. Beim Einheitspreis ist die anteilige Vergütung für nicht ausgeführte Leistungsteile anhand der Massen und Preise des Angebots zu ermitteln. Beim Stundenlohnvertrag ist die voraussichtliche Endvergütung durch Schätzen des Zeit- und Materialaufwandes zu ermitteln. Das Entgelt für die nicht erbrachten Leistungsteile mindert sich gemäß § 649 S. 2, 2. Halbsatz BGB um die Aufwendungen, die der Unternehmer tatsächlich erspart oder böswillig zu ersparen unterlassen hat. Die **Darlegungs- und Beweislast** für die mindernden Umstände liegt nach der seit 1996 h.A.[99] beim Auftragnehmer, da der Auftraggeber i.d.R. weder die Kalkulation des Auftragnehmers noch deren Grundlagen kennt oder kennen kann und dies zur Risikosphäre des Auftragnehmers gehört. Pauschale Behauptungen ohne unmittelbaren Bezug auf den konkreten Bauvertrag reichen nicht aus.[100] Auch die **allgemeinen Geschäfts- oder Bürokosten** sind nicht mindernd herauszuziehen,[101] weil sie unabhängig von dem gekündigten Bauvertrag angefallen wären, sondern nur die infolge der Vertragsbeendigung ersparten Herstellungskosten für diejenigen Bauleistungen, die Gegenstand des gekündigten Vertrages waren. War die Vergütungsvereinbarung für den Unternehmer ohnehin nicht kostendeckend

96 BGH, ZfBR 96, 310, BGH, BauR 94, 655; Heiermann-Riedl-Rusam, B § 8, Nr. 1 Rn. 49.

97 Ingenstau-Korbion, B § 8 Rn. 22; MüKo-Soergel, § 649 Rn. 11.

98 Ingenstau-Korbion, B § 8 Rn. 22; MüKo-Soergel, § 649 Rn. 11.

99 BGH, NJW 96, 3270 u. 97, 362 (EPreis); BGH, NJW 96, 1751 (Pauschalbetrag); BauR 96, 382; OLG Celle, NJW-RR 98, 1170; Palandt-Sprau, § 649 Rn. 5.

100 BGH, NJW 96, 1751; zum Umfang der Substantiierungspflicht vgl. BGH, BauR 99, 642.

101 Ingenstau-Korbion, B § 8 Rn. 29; MüKo-Soergel, § 649 Rn. 13.

oder gar ein Verlustgeschäft,[102] so entfällt der Vergütungsanspruch bezüglich der nicht ausgeführten Leistungsteile, da die ersparten Aufwendungen die Vergütung übersteigen bzw. decken. Erfolgt die Vertragskündigung bereits vor Beginn der Ausführung der Werkleistung, so hat der Auftragnehmer nur Anspruch auf die Vergütung gemäß § 649 S. 2 BGB. Diese entspricht seinem **Reingewinn**, der beim Bauunternehmer im Regelfall mit 10 % der vereinbarten Vergütung anzusetzen ist,[103] sofern nicht der Auftraggeber einen konkreten Gegenbeweis für eine niedrigere Gewinnspanne oder das Vorliegen eines Verlustgeschäftes führt. Bei der Vergütung für die nicht ausgeführten Leistungsteile kann der Auftragnehmer die Mehrwertsteuer nicht zusätzlich beanspruchen, da mangels Leistungserbringung kein umsatzsteuerrechtliches Austauschgeschäft vorliegt.[104]

Kündigt der Auftraggeber den Vertrag aus einem wichtigen, vom 223
Auftragnehmer zu vertretenden Grund, so entfällt der Vergütungsanspruch für die nicht ausgeführten Leistungsteile.[105] Hier ist, wie beim Architektenvertrag, wegen der gleichen Interessenlage eine analoge Anwendung des § 626 BGB geboten.[106]

2. Der VOB-Bauwerksvertrag

Die Verdingungsordnung für Bauleistungen – VOB – ist Vertragsrecht 224
für den speziellen Bereich des Baurechts. Sie besteht aus den Teilen A, B und C, in denen zusammengefaßt ist, was im Verdingungs- und Bauvertragswesen nach allgemeiner Erfahrung als zweckdienlich und gerecht empfunden wird, um einen der Eigenart des Bauvertrages angepaßten, gerechten Ausgleich zwischen den Belangen des Bauherrn und des Bauunternehmers zu schaffen.[107] Die erste Fassung der VOB[108] wurde in den Jahren 1921 bis 1926 vom Reichsverdingungsausschuß geschaffen. Sie wurde vom Deutschen Verdingungsausschuß für Bauleistungen (DNA) 1952 in neuer, überarbeiteter Fassung herausgegeben. Während **Teil C**, der die allgemeinen technischen Normen enthält, jeweils fortlaufend der technischen Entwicklung angepaßt wird, wurden

102 MüKo-Soergel, § 649 Rn. 12; Locher, Rn. 61, a.A. Ingenstau-Korbion, B § 8 Rn. 29.
103 So OLG Düsseldorf, S-F Z.2.13 Bl. 19; Locher, Rn. 61
104 BGH, BauR 81, 198, 199; 86, 577.
105 BGH, BauR 78, 55; OLG Hamm, BauR 93, 482; Werner-Pastor, Rn. 1314 ff.
106 Vgl. o. Rz. 164.
107 BGH, S-F Z. 2.414 Bl. 49 ff. 51; vgl. auch OLG Düsseldorf, S-F Z. 2.O Bl. 11
108 Zur historischen Entwicklung im einzelnen: Korbion-Hochstein, Rn. 23 ff.; Locher, Rn. 66; Ingenstau-Korbion, Einl., Rn. 6 ff.; Heiermann-Riedl-Rusam, Einl., Rn. 18 ff.

Teil A und B 1973 überarbeitet und neugefaßt. Änderungen einzelner Vorschriften wurden 1975 nach Neufassung der ZPO (§ 38), 1979 nach Inkrafttreten des AGB-Gesetzes und Änderung des USt-Gesetzes sowie 1988, 1990 und zuletzt 1992 im Zuge einer Überarbeitung und Aktualisierung vorgenommen. Die jetzt gültige **Gesamtausgabe** der drei Teile der VOB wird als **»Ausgabe 1992«**, für Teil B mit dem Zusatz »in der Fassung des Ergänzungsbandes 1998«, bezeichnet. Die Neufassung der VOB – VOB/B 2000[111a] – soll im Laufe des Jahres 2000 in Kraft treten.

225 **Teil A der VOB (DIN 1960)** enthält die »Allgemeinen Bestimmungen für die Vergabe von Bauleistungen«. Er regelt in Ergänzung und teilweiser Abänderung des BGB den Ablauf des Vergabeverfahrens bis zum endgültigen Vertragsabschluß in einer Form, die der Vermeidung von Streitigkeiten, der Klarstellung des Vergabeverfahrens und der Wettbewerbsgleichheit der Bieter dienen soll; darüber hinaus enthält er allgemeine Begriffsbestimmungen,[109] die für das gesamte Bauvertragswesen der VOB gelten. Der Schwerpunkt der Anwendung der VOB/A liegt bei Auftragsvergaben durch öffentlich-rechtliche Auftraggeber. Diese sind überwiegend daran gebunden, bei der Vergabe von Bauaufträgen die VOB/A zugrunde zu legen, nachdem die zuständigen Bundes- und Landesbehörden die VOB mit bindender Wirkung für die nachgeordneten Stellen eingeführt haben. Gegenüber dem privaten Auftraggeber begründet die Submission nach Maßgabe der VOB/A keinen einklagbaren Rechtsanspruch auf Einhaltung der in Teil A enthaltenen Vergabebestimmungen.[110] Nur gegenüber dem öffentlichen Auftraggeber und lediglich indirekt bietet sich über den Weg der Anrufung der Vergabeprüfstelle bzw. des Vergabeüberwachungsausschusses bzw. seit 1.1.99 der Zivilgerichte[111] die Möglichkeit einer Überprüfung des behördlichen Verhaltens im Vergabeverfahren durch die übergeordnete Behörde. **Sanktionen aus einer Verletzung der Vergabevorschriften** des Teils A ergeben sich nur dann, wenn der öffentliche Auftraggeber diese Regeln schuldhaft verletzt und hierdurch einen Schaden beim Bieter verursacht. Da beim Eintritt in Vergabeverhandlungen ein vertragsähnliches Vertrauensverhältnis begründet wird, kann der Bieter nach den Grundsätzen über die culpa in contrahendo Schadensersatz in Form des negativen Interesses, d.h. Ersatz der ihm entstandenen Aufwendungen, fordern,

109 z.B. die Definition der »Bauleistungen« in § 1, der einzelnen Vertragstypen in § 5 oder die Anforderungen der Leistungsbeschreibung in § 9.

110 Korbion-Hochstein, Rn. 30 ff.; Locher, Rn. 70; MüKo-Soergel § 631 Rn. 25.

111 Gemäß § 57 HausHGrG, vgl. Heiermann-Ax, Rn. 17 ff., 66 ff.; Noch, Vergaberecht Kompakt, S. 43 ff.; seit 01.01.99 ist der Zivilrechtsweg mit speziell eingerichteten Vergabekammern bei den Landgerichten bzw. Vergabesenaten bei den Oberlandesgerichten eröffnet; vgl. Korbion, Vergaberechtsänderungsgesetz, § 107 GWG, Rz. 2 ff.; vgl. auch Brandeburgisches OLG, BauR 99, 1175.

111a Zur Neufassung der VOB/B 2000 vgl. Kraus/Sienz, BauR 2000, 631 ff.

wenn er ohne das regelwidrige Verhalten des Auftraggebers den Zuschlag erhalten oder sich nicht am Vergabeverfahren beteiligt hätte, wenn ihm bekannt gewesen wäre, daß der Ausschreibende wesentliche Vergaberegeln in gravierender Weise verletzen würde.[112] Einen Anspruch auf das Erfüllungsinteresse, durch das er so gestellt wird, als wäre der Vertrag zustande gekommen, hat der Bieter dagegen nur in besonderen Ausnahmefällen. Denn hier muß der Bieter beweisen können, daß ihm bei korrekter Einhaltung der Vergabevorschriften der Zuschlag mit Sicherheit erteilt worden wäre.[113] Ein solcher Nachweis kann nur ganz ausnahmsweise geführt werden, da für die Zuschlagserteilung nicht das niedrigste Angebot schlechthin, sondern das unter Berücksichtigung von Sachkunde, Leistungsfähigkeit und Zuverlässigkeit annehmbarste Angebot (§ 25 Nr. 2 VOB/A) maßgebend ist.

Teil B der VOB (DIN 1961) enthält die »Allgemeinen Vertragsbe- **226** stimmungen für die Ausführung von Bauleistungen«. Er regelt die rechtlichen Beziehungen der Bauvertragspartner vom Vertragsschluß an bis zur vollständigen und abschließenden Erfüllung der vertraglichen Leistungs-, Gewährleistungs- und Nebenpflichten. Gegenüber den gesetzlichen Bestimmungen zum Werkvertrag, die die besonderen Gegebenheiten des Bauvertragsrechts nicht ausreichend berücksichtigen, bietet Teil B der VOB ein abgeschlossenes und ausgewogenes Vertragswerk, dessen Einzelvorschriften detaillierte Ergänzungen und Sonderregelungen zum BGB enthalten. Demgemäß treten die gesetzlichen Bestimmungen des BGB beim VOB-Vertrag immer dort zurück, wo Teil B abweichende Regelungen enthält, während es im übrigen bei der gesetzlichen Regelung verbleibt.

Im **Teil C der VOB**[114] sind die »Allgemeinen technischen Vorschrif- **227** ten für Bauleistungen« enthalten. Es handelt sich um eine Vielzahl von DIN-Normen, die in Teil C nach Baugewerken aufgegliedert sind und einen Überblick über den jeweiligen Stand der Bautechnik geben. Sie enthalten schriftliche Fixierungen von anerkannten Regeln der Baukunst, welche mit den jeweils neuesten Regeln der Technik, die fortlaufend verändert und der Entwicklung angepaßt werden, zwar übereinstimmen können, aber nicht unbedingt identisch sein müssen. Insoweit begründen die DIN-Vorschriften eine, wenn auch jederzeit widerlegbare, tatsächliche Vermutung dafür, daß sie die anerkannten Regeln der Bautechnik wiedergeben.[115] Teil C der VOB, der gemäß § 1 Nr. 1 S. 2

112 BGH, BauR 98, 1232; OLG Köln BauR 77, 343; Korbion-Hochstein, Rn. 31; Locher, Rn. 72; Heiermann-Riedl-Rusam, Einl., Rn. 3.

113 BGH, BauR 2000, 254; 98, 1246; OLG Karlsruhe S-F-H Nr. 1 zu § 24 VOB/A; Locher, Rn. 73; Heiermann-Riedl-Rusam, Einl., Rn. 3.

114 Vgl. im einzelnen: Ingenstau-Korbion, Einl., Rn. 14; Korbion-Hochstein, Rn. 53 ff.; Locher, Rn. 75.

115 OLG Stuttgart, BauR 77, 129; OLG Hamm, BauR 94, 767; Ingenstau-Korbion, B § 4 Rn. 162; Korbion-Hochstein, Rn. 53 ff., 60.

VOB/B beim VOB-Bauwerksvertrag auch ohne ausdrückliche Erwähnung immer Vertragsgegenstand wird, bestimmt in technischer Hinsicht den Inhalt der vom Unternehmer zu erbringenden Werkleistung. Er wirkt sich darüber hinaus im Wege der Vertragsauslegung auch auf reine BGB-Bauwerksverträge aus, da der Unternehmer auch im Rahmen einer vertragsgerechten Leistungserbringung gemäß §§ 631, 633 Abs. 1 BGB die **allgemein anerkannten Regeln der Technik** beachten muß. Bei der Beurteilung der Frage, ob die Leistung des Bauunternehmers allgemeinen technischen Anforderungen entspricht, ob und welcher Maßstab für eine bauvertragliche Normalausführung gilt, ist daher ebenfalls die VOB/C heranzuziehen.[116]

a) Der Abschluß des VOB-Vertrages

228 Da die VOB weder Gesetz noch Rechtsverordnung ist,[117] sondern **Vertragsrecht** darstellt, kann die VOB für die Beurteilung der Rechte und Pflichten der Bauvertragsparteien nur dann herangezogen werden, wenn die Geltung der VOB – im privaten Bauvertragsrecht ist damit praktisch immer nur Teil B gemeint – ausdrücklich vereinbart wurde.

aa) Die Vereinbarung der VOB

229 Probleme und Rechtsfragen ergeben sich bei der Vereinbarung oder Einbeziehung der VOB oder von Teilen der VOB unter zwei verschiedenen rechtlichen Aspekten: Einerseits hängt die Anwendbarkeit der VOB bei einem Bauvertrag von der allgemeinen vertragsrechtlichen Frage ab, ob die Geltung der VOB zwischen den Parteien vereinbart wurde. Andererseits kommt es, wenn diese Frage bejaht werden kann, nach der speziellen AGB-Regelung darauf an, ob die Einbeziehung nach Maßgabe des § 2 Abs. 1 AGBG erfolgte und ob auch der Inhalt der einbezogenen Klauseln der Inhaltskontrolle des AGBG standhält.

230 Die erste Frage stellt sich deshalb, weil die VOB weder Gewohnheitsrecht noch Handelsbrauch darstellt, so daß sie nur dann zum Vertragsinhalt wird, wenn die Parteien dies **ausdrücklich vereinbaren**. Eine solche ausdrückliche Vereinbarung, die die VOB vollständig zum Vertragsinhalt und den Bauvertrag damit zum »VOB-Vertrag« macht, ist immer dann gegeben, wenn im schriftlichen oder auch mündlichen Bauvertrag

116 BGH, BauR 78, 222; Locher, Rn. 75; Korbion-Hochstein, Rn. 22; 60 f.
117 BGH, S-F-H Z.2.0 Bl. 3; BGH, BauR 92, 221; Ingenstau-Korbion, Einl., Rn. 18 ff.; Werner-Pastor, Rn. 1005; Korbion-Hochstein, Rn. 45; Locher, Rn. 67.

in unzweideutiger Form auf die VOB mit ihren Teilen A, B und C Bezug genommen wird. Die Einhaltung einer Form – insbesondere der **Schriftform** – ist für den Abschluß des VOB-Vertrages nicht erforderlich. Auch die Einbeziehung des Textes der VOB ist für die bloße vertragliche Vereinbarung in der Regel nicht notwendig.[118] Einschränkungen können sich hier nur im Hinblick auf das AGBG und auf § 313 BGB ergeben,[119] wenn der Bauvertrag wegen seines tatsächlichen oder rechtlichen Zusammenhanges mit einem Grundstückskauf notariell beurkundet wird. Die Vertragsabsprache über die Geltung der VOB kann – läßt man die Einbeziehungsproblematik des § 2 Abs. 1 AGBG zunächst beiseite – nach allgemeinen Rechtsgrundsätzen **auch konkludent** oder **stillschweigend** erfolgen. Die Geltung der VOB ist z.B. konkludent vereinbart, wenn der Unternehmer dem Auftraggeber ein Angebot oder Leistungsverzeichnis mit Hinweis auf die VOB übersendet und dieser in Kenntnis des Angebotsinhaltes die Bauleistungen entgegennimmt[120] oder wenn beim Bau mehrerer Häuser und Wohnungen des gleichen Typs nur für ein Haus oder eine Wohnung ein Vertrag abgeschlossen wird, der auf die VOB Bezug nimmt, während bei den übrigen keine weitere Absprache getroffen, sondern auf den ersten Vertrag verwiesen wird.[121] Auch bei Zusatz- oder Nachtragsaufträgen, die in engem zeitlichen Zusammenhang mit dem Hauptauftrag stehen, wird stillschweigend die VOB Vertragsinhalt, wenn auch beim Hauptauftrag die VOB vereinbart war, sofern nicht die Gesamtumstände des Parteiverhaltens einen entsprechenden Vertragswillen ausschließen.[122] Dagegen kann aus dem Umstand, daß die Parteien bereits Verträge nach Maßgabe der VOB abgeschlossen haben oder gar in ständiger Geschäftsverbindung stehen, nicht die Schlußfolgerung gezogen werden, daß auch bei jedem weiteren Vertrag die VOB zum Vertragsinhalt wird. Da hier der enge zeitliche und insbesondere auch sachliche Zusammenhang fehlt, kann nur die konkrete und unzweideutige Bezugnahme auf früheree Verträge die VOB erneut zum Vertragsinhalt machen.

Formfragen

z.B.

Der Umstand der **Einbeziehung** der VOB in den Bauvertrag – als Ganzes oder in Teilen – muß sich ebenfalls **unzweideutig** aus den vertraglichen Absprachen der Parteien ergeben. Ist im Bauvertrag oder seinen Anlagen nur Teil C der VOB erwähnt, so wird der vertragsrechtliche 231

Einbeziehungsfälle

118 Ingenstau-Korbion Einl., Rn. 20.

119 Vgl. u. Rn. 232 ff.

120 BGH NJW BauR 83, 161; OLG Stuttgart BauR 72, 238; Locher, Rn. 69; beim Nichtkaufmann steht hingegen § 2 Abs. 1 Nr. 1 AGBG (ausdrückl. Hinweis) der stillschweigenden Einbeziehung entgegen.

121 BGH S-F Z. 2.331 Bl. 45 ff; Locher, Rn. 69.

122 OLG Düsseldorf BauR 77, 61, OLG Hamm, BauR 97, 472; Ingenstau-Korbion vor B § 1 Rn. 10; Korbion-Hochstein, Rn. 100.

Teil der VOB, also Teil B, nicht zum Vertragsinhalt.[123] Da die technischen Vorschriften des Teils C ohnehin auch beim BGB-Bauvertrag zur Vertragsauslegung mitherangezogen werden, handelt es sich bei der Bezugnahme auf Teil C nur um eine inhaltliche Konkretisierung der ohnehin bestehenden Vertragspflichten, nicht um eine Erweiterung oder Änderung des Vertragsinhaltes. Wird beim Abschluß des Bauvertrages nur auf Teil B der VOB Bezug genommen, so gilt nur der vertragsrechtliche Teil, nämlich Teil B und – gemäß § 1 Nr. 1 Satz 2 VOB/B Teil C der VOB.[124] Wird ohne Erwähnung der einzelnen Teile auf »die« VOB Bezug genommen, so sind die Teile A – C gemeint.[125] Allerdings kann der Einbeziehung des Teils A hier keine Bedeutung mehr zukommen, da das Vergabeverfahren, falls es durchgeführt wurde, zum Zeitpunkt der Bezugnahme bereits abgeschlossen ist und rückwirkend kein Vertrauenstatbestand mehr geschaffen werden kann, so daß Schadensersatzansprüche wegen Verletzung der Vergabevorschriften ausscheiden. Wird nicht auf einzelne Teile, sondern nur auf einzelne Bestimmungen der VOB/B Bezug genommen – z.B. »Garantie nach VOB« oder »Aufmaß und Abrechnung nach VOB« – so handelt es sich um einen BGB-Bauwerksvertrag, bei dem lediglich anstelle der §§ 633-635, 638 BGB die §§ 4, 13 VOB/B[126] bzw. anstelle der Vergütungsregelung der §§ 631, 641 BGB die §§ 2, 16 VOB/B[127] gelten sollen. Im Hinblick auf das – vorrangig zu beachtende – AGBG kann die isolierte Vereinbarung einzelner VOB-Bestimmungen zwar rechtlich bedenklich sein[128] nicht aber nach den allgemeinen Grundsätzen über Abschluß und Inhalt von Verträgen. Hier ist jedoch zu beachten, daß eine nur schlagwortartige Bezeichnung ohne unmißverständliche Benennung der einzelnen VOB-Bestimmung oft zu Unklarheiten darüber führt, welche der VOB-Bestimmungen anzuwenden ist und in welchem Umfange.

Tip

Schon aus Gründen der Rechtssicherheit und der Klarstellung des Vertragsinhaltes sollten daher die – in der Baupraxis häufigen – Kurzformeln vermieden werden, die schon von vornherein die Basis für spätere Streitigkeiten schaffen. Zweifel, die auch nach ergänzender Vertragsauslegung noch verbleiben, gehen zu Lasten desjenigen, der die unklare Klausel in den Vertrag eingeführt hatte,

123 Ingenstau-Korbion Einl., Rn. 23.
124 Vgl. o. Rn. 227.
125 Locher, Rn. 69.
126 BGH, BauR 70, 48; Ingenstau-Korbion, Einl., Rn. 21; Locher, Rn. 69.
127 Korbion-Hochstein, Rn. 51; LG Köln, S-F Z. 2.-2.330 Bl. 24.
128 Vgl. u. Rn. 238.

so daß es unter Umständen bei einer Anwendung ausschließlich der BGB-Vorschriften verbleibt.

bb) VOB-Vertrag und AGBG

Wie beim Architektenvertrag[129] und beim BGB-Bauwerksvertrag[130] spielt auch beim VOB-Bauwerksvertrag das AGBG eine wesentliche Rolle bei der Beurteilung der Wirksamkeit des Vertrages bzw. einzelner Vertragsbestimmungen. Vor Inkrafttreten des AGBG am 01.04.1977 war die VOB zwar nach herrschender Rspr.[131] und Lehre[132] nicht den Prüfungskriterien des Rechts der Allgemeinen Geschäftsbedingungen zu unterziehen, weil sie als ausgewogenes Ganzes in angemessener Weise die Interessen sowohl der Auftraggeber wie auch der Auftragnehmer berücksichtigt und an ihrem Zustandekommen sowohl die Auftraggeber- wie auch die Auftragnehmerseite im Verdingungsausschuß mitgewirkt hat. Hier ist mit der gesetzlichen Normierung des früheren Gewohnheitsrechts, das durch richterliche Rechtsfortbildung geschaffen wurde, insoweit ein Wandel eingetreten, als § 23 Abs. 2 Nr. 5 AGBG die VOB ausdrücklich erwähnt und die §§ 10 Nr. 5 und 11 Nr. 10 f AGBG bei VOB-Verträgen für nicht anwendbar erklärt. Hieraus folgt im Wege des Umkehrschlusses, daß die **VOB nach der Vorstellung des Gesetzgebers AGB-Charakter hat**,[133] so daß ihre Bestimmungen der Inhaltskontrolle des AGBG zu unterwerfen sind. Dies gilt jedenfalls für den vertragsrechtlichen Teil,[134] nämlich VOB/B, aber auch VOB/C und A,[135] soweit Bestimmungen mit materiell-vertragsrechtlichem Charakter darin enthalten sind, die nicht bloß die Vergabe und damit den Geschehensablauf vor Vertragsabschluß betreffen (wie § 19 VOB/A) oder die den Vertragsgegenstand bzw. den Umfang der Leistungspflichten modifizieren, wie die Allgemeinen Technischen Vorschriften des Teils C. **232**

Die Anwendung des AGBG im Hinblick auf die Vereinbarung der VOB kommt hiernach immer dann in Betracht, wenn eine der beiden Vertragsparteien die VOB/B oder Teile der VOB/B zum Bestandteil **233**

129 Vgl. o. Rn. 73 ff.
130 Vgl. o. Rn. 199 ff.
131 Vgl. BGH, BauR 71, 124.
132 Vgl. Hesse, BB 73, 546; a.A. Schmidt-Salzer, Beilage 1/73 zu BB 73.
133 Ingenstau-Korbion, A § 10 Anh., Rn. 45; Korbion-Hochstein, Rn. 90; Ulmer-Brandner-Hensen, § 1 Rn. 70.
134 Ingenstau-Korbion, A § 10 Anh. Rn. 46; Pauly, BauR 96, 328; a.A. Siegburg, BauR 93, 9.
135 Ingenstau-Korbion, A § 10 Anh. Rn. 47.

ihres Vertragsangebotes, ihrer Ausschreibung oder der Auftragserteilung macht und sie so dem anderen Partner einseitig auferlegt.[136] Hierbei ist es gleichgültig, ob der Auftragnehmer, der Auftraggeber oder für diesen sein Architekt die Einbeziehung der VOB/B fordert. Machen dagegen **beide Vertragspartner wechselseitig und unabhängig voneinander die VOB zum Bestandteil ihres Angebotes**, was angesichts der Häufigkeit und Üblichkeit der Heranziehung der VOB/B im Bauvertragsrecht nicht ungewöhnlich erscheint, so fehlt es schon begrifflich am Merkmal des »**Stellens**« von AGB im Sinne einer einseitigen Auferlegung von Vertragsbedingungen.[137] Das AGBG findet in diesem Fall keine Anwendung, weil die tatbestandlichen Voraussetzungen des § 1 Abs. 1 AGBG nicht vorliegen. Maßgebliches Kriterium der Abgrenzung ist, ob lediglich das Einverständnis des anderen Vertragspartners zur Einbeziehung der VOB/B vorliegt – dann muß (vgl. § 2 Abs. 1 AGBG) der AGB-Charakter bejaht werden – oder ob die Gegenpartei völlig unabhängig selbst die VOB/B gefordert hat. Außerdem ist – insoweit gelten die gleichen Grundsätze wie beim Architektenvertrag – auch bei Vereinbarung der VOB der AGB-Charakter gemäß § 1 Abs. 2 AGBG dann zu verneinen, wenn die Vertragsbedingungen zwischen den Parteien **ausgehandelt**[138] wurden. Beweispflichtig ist auch hier der Verwender, d.h. derjenige, auf dessen Vertragsbedingungen oder Angebot die Einbeziehung der VOB/B zurückzuführen ist.

234 Ist im Einzelfall der AGB-Charakter der VOB/B je nach der Art des Zustandekommens des Bauvertrages zu bejahen, so stellt sich dann auch die weitere Frage nach der **wirksamen Einbeziehung** der VOB/B gemäß § 2 AGBG. Im Rahmen der Einbeziehungsproblematik[139] ist nach dem derzeitigen Meinungsstand strittig, welche Anforderungen angesichts des Verbreitungsgrades der VOB/B an das Merkmal der zumutbaren Kenntniserlangung zu stellen sind. Nach der einen Ansicht[140] muß der Verwender der VOB/B seinem Vertragspartner den Inhalt in der Weise zur Kenntnis bringen, daß bei mündlichem Vertragsabschluß ein Exemplar zur Einsichtnahme vorliegt, während bei schriftlichem Vertragsabschluß der VOB-Text beizufügen ist. Die Gegenmeinung[141] hält es angesichts des Verbreitungs- und Bekanntheitsgrades der VOB/B für ausreichend, wenn der Verwender seinen Vertragspartner auf die Erhält-

136 Korbion-Hochstein, Rn. 62 ff.
137 Ulmer-Brandner-Hensen, § 1 Rn. 29; Palandt-Heinrichs, § 1 AGBG Rn. 7 ff.; Ingenstau-Korbion, A § 10 Anh. Rn. 28; Korbion-Hochstein, 62 ff.; a.A. MüKo-Kötz, § 1 AGBG Rn. 9.
138 Vgl. o. Rn. 78 zur Abgrenzung zwischen Individualvertrag und AGB.
139 Vgl. im einzelnen o. Rn. 79 ff.
140 Staudinger-Schlosser, § 2 AGBG Rn. 31.
141 Heiermann-Riedl-Rusam, A § 10 Rn. 62; Locher, Rn. 82; Locher, BauR 77, 221, 222.

lichkeit des VOB-Textes im Buchhandel oder die Möglichkeit zur Einsichtnahme verweist. Richtiger erscheint hier eine differenzierende Behandlung:[142] Kann der Verwender bei seinem Vertragspartner oder dessen bevollmächtigtem Vertreter[143] die Kenntnis der VOB/B voraussetzen, weil dieser Bauunternehmer oder Architekt ist, sich als Auftraggeber gewerblich auf dem Bausektor betätigt[144] oder jedenfalls schon häufiger gebaut hat, so ist der bloße Hinweis auf die VOB[145] für deren wirksame Einbeziehung ausreichend. Dem **unkundigen Vertragspartner** muß dagegen der VOB-Text zur Verfügung gestellt oder zumindest angeboten werden.

Eine **stillschweigende Vereinbarung** der VOB/B ist auch nach Maß- **235**
gabe des AGBG grundsätzlich möglich, da der Vertragspartner des Verwenders sein Einverständnis zur Einbeziehung der VOB/B auch konkludent erklären kann.[146] Da das Einverständnis des Vertragspartners in rechtlich erheblicher Weise nur erklärt werden kann, wenn der VOB-Verwender zuvor den Obliegenheiten des § 2 Abs. 1 Nr. 1 und 2 AGBG in ausreichender Weise genügt hat, kann ein konkludentes Einverständnis der Vertragspartner dann nicht angenommen werden, wenn Zweifel bestehen, ob die Forderung nach Einbeziehung der VOB ausreichend deutlich gemacht wurde. Denn das Gesetz setzt für ein – auch stillschweigendes – Einverständnis jedenfalls positive Kenntnis von der Einbeziehungsforderung voraus; das bloße **»Kennen-Müssen« genügt dagegen nicht**.[147] Aus dem unterlassenen Widerspruch, dem Schweigen, aber auch aus positivem Tun – z.B. der Entgegennahme der Werkleistung durch den Auftraggeber oder den Beginn der Ausführung durch den Unternehmer – kann somit nur dann der Schluß auf ein stillschweigendes Einverständnis zur Einbeziehung der VOB gezogen werden, wenn Vertragsangebot und Einbeziehungsforderung so miteinander verbunden sind, daß die Zustimmung zum Vertragsschluß zwangsläufig auch das Einverständnis zur Einbeziehung der VOB umfaßt.[148]

142 BGH, BauR 83, 161; 90, 205; 94, 617; Ingenstau-Korbion, Einl. Rn. 94; Korbion-Hochstein, Rn. 96 ff.; Palandt-Heinrichs, § 2 AGBG Rn. 9; Werner-Pastor, Rn. 1009.

143 z.B. Der Architekt als Vertreter des selbst unkundigen Auftraggebers; vgl. OLG Hamm, BauR 91, 385.

144 BGH, BauR 83, 161; ist der Vertragspartner Kaufmann im Sinne der §§ 1-7 HGB, der den Bauvertrag im Rahmen seines Handelsgewerbe abschließt, so ist § 2 AGBG ohnehin nicht anwendbar – vgl. § 24 Abs. 1 Nr. 2 AGBG.

145 Nicht dagegen auf die DIN 1961, da diese Bezeichnung weniger gebräuchlich ist.

146 Palandt-Heinrichs, § 2 AGBG Rn. 16; Ulmer-Brandner-Hensen, § 2 Rn. 61; Heiermann-Riedl-Rusam, A § 10 Rn. 63.

147 Locher, Rn. 82, differenzierend Korbion-Hochstein, Rn. 67, 96 ff.

148 Vgl. Heiermann-Riedl-Rusam, A § 10 Rn. 63 mit Hinweis auf BGH, DB 77, 1311; OLG Düsseldorf, NJW 77, 253.

cc) Die Vereinbarung der VOB/B in Teilen oder als Ganzes

236 **VOB als Ganzes ist AGB-fest**

Ist die Geltung der VOB/B zwischen den Bauvertragsparteien vereinbart, so unterliegt diese zwar grundsätzlich der **Inhaltskontrolle des AGBG**. Aus der Privilegierungsvorschrift des § 23 Abs. 2 Nr. 5 AGBG ergibt sich jedoch, daß die VOB/B – jedenfalls soweit sie vollständig vereinbart wird – als ein in sich ausgewogenes Vertragswerk, das die Interessen sowohl der Auftraggeber – wie auch der Auftragnehmerseite in angemessener Weise berücksichtigt, der Inhaltskontrolle des AGBG standhält.[149] Die Privilegierung beschränkt sich daher nicht nur auf die in § 23 Abs. 2 Nr. 5 AGBG genannten Klauselverbote der §§ 10 Nr. 5 (fingierte Erklärungen) und 11 Nr. 10 f (Verkürzung der Gewährleistungsfrist), die erkennbar auf die Abnahmefiktion des § 12 Nr. 5 Abs. 2 VOB/B und die Verjährungsregelung des § 13 Nr. 4 VOB/B zielen. Vielmehr sind auch solche Bestimmungen der VOB/B inhaltlich wirksam, die – wie z.B. die Fiktionen der §§ 16 Nr. 3 VOB/B (vorbehaltlose Annahme der Schlußzahlung), § 16 Nr. 6 S. 2 VOB/B (Zahlung an Gläubiger des Auftragnehmers) und § 15 Nr. 3 S. 5 VOB/B (Anerkennung von Stundenlohnzetteln) – isoliert betrachtet von den Klauselverboten betroffen sein könnten. Die Vereinbarung der VOB/B als Ganzes führt somit dazu, sämtliche VOB-Bestimmungen aus der AGB-Kontrolle überhaupt auszuklammern.

237 **Ergänzungsvereinbarungen**

Die VOB/B ist auch dann in zulässiger Weise **»als Ganzes«** vereinbart und damit privilegiert, wenn durch Ergänzungen, Zusatzvereinbarungen, Allgemeine oder Besondere Vertragsbedingungen solche Tatbestände geregelt oder Lücken geschlossen werden, die entweder in der VOB selbst nicht angesprochen sind, wie z.B. die Bauhandwerker-Sicherungshypothek – oder die auch nach dem Sinngehalt der VOB-Bestimmung noch regelungsbedürftig sind, etwa die Vereinbarungen über Vertragsstrafe oder Sicherheitseinbehalt, die in den §§ 11, 17 VOB/B nicht abschließend geregelt sind.[150] Soweit derartige **Ergänzungsvereinbarungen** selbst AGB-Charakter haben, sind sie einer gesonderten Inhaltskontrolle nach dem AGBG zu unterwerfen, die sich dann an der Frage zu orientieren hat, ob die Ergänzungs- oder Zusatzvereinbarung den Vertragspartner des Verwenders gegenüber der gesetzlichen Regelung unangemessen benachteiligt.[151] Wird die VOB/B dagegen durch Allgemeine, Zusätzliche oder Besondere Vertragsbedingungen nicht lediglich

149 H.A. vgl. BGHZ 83, 161; ausführlich Schmidt, BayNotMitt 80, 137 ff. 140; Ingenstau-Korbion, A § 10 Anh. Rn. 57; Korbion-Hochstein, Rn. 102; Heiermann-Riedl-Rusam, A § 10 Rn. 69 ff.; Locher, Rn. 84, 223; zweifelnd Ulmer-Brandner-Hensen, § 23 Rn. 43; u. Anh. §§ 9-11 Rn. 904.

150 Ingenstau-Korbion, A § 10 Anh. Rn. 58 ff.; Korbion-Hochstein, Rn. 104 ff.

151 Ulmer-Brandner-Hensen, § 23 Rn. 45.

ergänzt, sondern **abgeändert**, so gilt etwas anderes. Werden durch die Änderung die maßgeblichen bauvertraglichen Rechte und Pflichten so modifiziert, daß hierdurch das der VOB/B immanente Gleichgewicht zwischen Auftraggeber- und Auftragnehmerinteressen erheblich gestört wird, so entfällt die Privilegierung.[152] Es muß dann im Einzelfall geprüft werden, ob das gesamte Vertragswerk der Inhaltskontrolle des AGBG standhält.

wesentliche Abänderung

Verlangt eine der Bauvertragsparteien anstelle der Einbeziehung der VOB als Ganzes die **Einbeziehung von einzelnen Klauseln** oder Teilen der VOB, so entfällt die Privilegierung des § 23 Abs. 2 Nr. 5 AGBG ebenfalls.[153] In einem solchen Fall muß jede einzelne der herangezogenen VOB-Bestimmungen daraufhin untersucht werden, ob sie eine von der gesetzlichen Regelung abweichende, den Vertragspartner des Verwenders unangemessen benachteiligende Regelung enthält und ob eine etwaige Benachteiligung durch konkrete Vorteile kompensiert wird.[154] Im Rahmen einer derartigen Interessenabwägung werden z.B. für zumutbar und damit rechtlich zulässig gehalten: Die Anzeigepflicht des Auftragnehmers gemäß § 2 Nr. 6 Abs. 1 VOB/B,[155] das Kündigungsrecht des Auftraggebers gemäß § 4 Nr. 7 VOB/B, das Recht auf Einschaltung von Subunternehmern gemäß § 4 Nr. 8 Abs. 1 S. 3 VOB/B,[156] der Übergang der Preisgefahr gemäß § 7 VOB/B,[157] der Ausschluß des Wandlungsrechtes des Auftraggebers gemäß § 13 Nr. 6 VOB/B[158] sowie der Ausschluß von Nachforderungen bei vorbehaltloser Annahme der Schlußzahlung gemäß § 16 Nr. 3 Abs. 2 VOB/B.[159] Im Mittelpunkt der Diskussion stand beim Problem der Einbeziehung von Einzelbestimmungen der VOB über Jahre hinweg die – heftig umstrittene – Frage, **ob die Gewährleistungsregelung der §§ 4 Nr. 6 und Nr. 7, 13 VOB/B isoliert vereinbart** werden kann.[160] Die Befürworter[161] einer isolierten Vereinbarung der VOB beriefen sich neben der Gesetzesbegründung vor 238

Einzelklauseln

z.B.

152 BGH, BauR 87, 694; 91, 212; Ingenstau-Korbion, A § 10 Anh. Rn. 60; Locher, Rn. 84; Korbion/Hochstein, Rn. 108.
153 BGH, BauR 86, 89; Ingenstau-Korbion, A § 10 Anh. Rn. 80; Korbion-Hochstein, Rn. 102 ff.
154 Locher, BauR 77, 221, 223.
155 Ingenstau-Korbion, B § 2 Rn. 290 f.
156 Ulmer-Brandner-Hensen, Anh. §§ 9-11 Rn. 906.
157 Ingenstau-Korbion, B § 7 Rn. 1; a.A. Ulmer-Brandner-Hensen, Anh. §§ 9-11 Rz. 906.
158 Ulmer-Brandner-Hensen, Anh. §§ 9-11 Rn. 911.
159 Recken, BauR 78, 417, 422.
160 Die Frage wurde vorrangig im Zusammenhang mit Bauträgerverträgen diskutiert, ist jedoch als Grundsatzfrage auch für den reinen Bauwerksvertrag relevant
161 Schmidt, BauR 81, 119 ff. 127; Ulmer-Brandner-Hensen, Anh. §§ 9-11 Rn. 909; differenzierend Palandt-Heinrichs, § 11 AGBG Rn. 71 f; Heiermann-Riedl-Rusam, A § 10 Rn. 71.

allem auf den Umstand, daß die Gewährleistungsregelung des § 13 VOB/B nicht einseitig auftragnehmerfreundlich gesehen werden könne, sondern als in sich ausgewogene, sachgerechte und interessenausgleichende Lösung. Nach ihrer Ansicht war die Verkürzung der Gewährleistung deshalb angemessen, weil Baumängel im Regelfall innerhalb von zwei Jahren nach Abnahme erkennbar würden und im Interesse des Rechtsfriedens bei den atypischen, später auftretenden Mängeln keine Abweichung von den branchenüblichen Regelfristen zugelassen werden könnten. Dem ist mit der inzwischen h.A.[162] entgegenzuhalten, daß der Verkürzung der Gewährleistung von 5 auf 2 Jahre in § 13 Nr. 5 Abs. 1 VOB/B nur der Vorteil einer vereinfachten Verjährungsunterbrechung durch schriftliche Anzeige entgegensteht. Diese Vereinfachung bietet jedoch kein Äquivalent für die generelle Verkürzung der Gewährleistung, für den Wegfall des Minderungsrechtes des Auftraggebers, des Schadensersatzes gemäß § 635 BGB und aus positiver Vertragsverletzung wegen entfernterer Mangelfolgeschäden, zumal auch bei schriftlicher Mängelanzeige der Auftraggeber zur gerichtlichen Durchsetzung seines Nachbesserungsanspruches gezwungen ist, und zwar zu einem wesentlich früheren Zeitpunkt als bei 5-jähriger Gewährleistung. Zudem kann das Zutagetreten von Mängeln innerhalb von zwei Jahren nicht als Regelfall gelten, da der Gesetzgeber gerade den Umstand, daß bei Bauwerken Mängel oft später und schwerer erkennbar sind, zum Anlaß genommen hat, um im § 638 BGB die 5-Jahres-Frist als Regelfrist zu statuieren.[163] Die Privilegierung des § 23 Abs. 2 Nr. 5 AGBG kommt daher nur zum Tragen, wenn die VOB als Ganzes oder in ihren wesentlichen Teilen einbezogen ist.

b) Die Vertragstypen beim VOB-Vertrag

239 Während das Werkvertragsrecht des BGB nur einen einheitlichen Typ des Bauwerksvertrages kennt, differenziert die VOB zwischen verschiedenen Vertragstypen, deren Rechtsnatur durch die Art der zugrundeliegenden Vergütungsvereinbarung bestimmt wird. Die Verschiedenheit dieser Vertragstypen ist ihrer Natur nach keine rechtsdogmatische wie die der einzelnen Verträge des Besonderen Schuldrechts des BGB,[164] weil der Inhalt der Hauptleistungpflichten – Erbringung des Werkerfolges auf der einen und Zahlung der vereinbarten Vergütung auf der anderen Seite – bei den einzelnen Vertragstypen der VOB kein wesentlich

162 BGH, BauR 86, 89; Ingenstau-Korbion, A § 10 Anh. Rn. 81 f; Korbion-Hochstein, Rn. 85; Locher, Rn. 84.
163 So ausdrücklich Palandt-Sprau, § 638 Rn. 9.
164 Vgl. Palandt-Putzo, Überblick vor § 433 Rn. 2.

anderer ist.[165] Im Hinblick auf die sonstigen, speziell in der VOB normierten Vertragspflichten kann die Frage nach der Zuordnung zu den einzelnen Vertragstypen jedoch – über die bloße Vergütungsbemessung hinaus – **erhebliche Bedeutung** gewinnen, z.B. bezüglich der Pflicht zur Aufstellung eines Aufmaßes, zur Einreichung einer prüffähigen Schlußrechnung, von der die Fälligkeit und Verzinsung des Werklohns abhängen, zur Einreichung von Stundenlohnzetteln etc. Gemäß § 2 Nr. 2 VOB/B und § 5 VOB/A unterscheidet man zwischen dem **Leistungsvertrag** des § 5 Nr. 1 VOB/A, bei dem der Wert der zu erbringenden Werkleistung Bemessungsgrundlage für die Vergütung ist, dem **Stundenlohnvertrag** gemäß § 5 Nr. 2 VOB/A und dem **Selbstkostenerstattungsvertrag** gemäß § 5 Nr. 3 VOB/A. Der Oberbegriff des Leistungsvertrages umfaßt sowohl den Einheitspreisvertrag (A § 5 Nr. 1a) wie auch den Pauschalvertrag (A § 5 Nr. 1b), bei denen lediglich die Vergütungsberechnung für den Wert der zu erbringenden Leistung unterschiedlich vorgenommen wird. Einen Begriff des **»Festpreisvertrages«** dagegen kennt die VOB – entgegen einem auch in Kreisen der Bauwirtschaft verbreiteten Mißverständnis – dagegen nicht. Denn grundsätzlich beinhaltet jede der vorgenannten Vergütungsformen Festpreise, an die der Unternehmer gebunden ist.[166] Eine Anpassung ist nur zulässig, wenn ein Vorbehalt über Preisänderungen vertraglich vereinbart wurde. Im Gegensatz zum BGB sieht die VOB/A in § 15 die Zulässigkeit einer Änderung der Vergütung jedoch ausdrücklich vor, wenn Änderungen der Preisermittlungsgrundlage zu erwarten sind, deren Eintritt oder Ausmaß ungewiß ist. Demgemäß finden sich vornehmlich in VOB-Bauwerksverträgen häufig **Lohn- und/oder Materialpreisleitklauseln**,[167] die zugunsten des Auftragnehmers eine prozentuale Erhöhung der jeweils vereinbarten Preise vorsehen, wenn sich während der Bauzeit die Materialpreise, die Tariflöhne oder die Mehrwertsteuer erhöhen. Angesichts der Einschränkung, die **§ 11 Nr. 1 AGBG** für Preiserhöhungen gebracht hat, sind solche Preisvorbehalte im nichtkaufmännischen Bereich nur noch bei solchen Bauleistungen zulässig, bei denen die Leistungszeit sich wegen des Umfanges der Bauleistung von vornherein über mehr als vier Monate erstreckt.[168]

165 Ingenstau-Korbion, A § 5 Rn. 1.
166 Vgl. o. Rn. 211 ff.
167 Vgl. BGH, BauR 74, 347; BGH, BauR 75, 274; Korbion-Hochstein, Rz. 709 f.
168 OLG Düsseldorf, BauR 83, 470; differenzierend Ulmer-Brandner-Hensen, § 11 Nr. 1 Rn. 12 ff.

aa) Der Einheitspreisvertrag

240 Beim Einheitspreisvertrag (§ 5 Nr. 1 a VOB/A) werden für technisch und wirtschaftlich einheitliche Teilleistungen, die jeweils eine gleichartige Leistung betreffen und sowohl die Lohn- wie die Materialkosten[169] und den allgemeinen Verwaltungsaufwand des Auftragnehmers einschließen, Einheitspreise gebildet. Die **Menge** ist nach Maß, Gewicht oder Stückzahl anzugeben – z.B. für laufende Meter Installationsleitungen, Quadratmeter Putz, Estrich, Oberboden, Stückzahlen, bei Fenstern oder Türen, etc. Der **Angebotsendpreis**, der aus der Summe der Einheitspreise bzw. Positionspreise gebildet wird,[170] beinhaltet keine verbindliche Festlegung der an den Auftragnehmer zu zahlenden Vergütung,[171] sondern stellt für den Auftraggeber nur einen mehr oder minder konkreten Anhaltspunkt dafür dar, mit welchen Kosten er nach Erbringung der Werkleistung zu rechnen hat. Er kann mit der Schlußrechnungssumme identisch sein, wenn im Leistungsverzeichnis die Mengenansätze und die für den Werkerfolg notwendigen Einzelleistungen abschließend und exakt ermittelt wurden. Er kann aber auch erheblich abweichen, wenn die Ermittlung der Massen und Einzelleistungen nur überschlägig erfolgte oder sich im Bauablauf wesentliche Leistungsänderungen ergaben. Da die Vergütung gem. § 2 Nr. 2 VOB/B nicht nach den angebotenen, sondern den tatsächlich ausgeführten Leistungen berechnet wird, sieht die VOB/B zum Nachweis der Mengenberechnungen in § 14 VOB/B die Aufstellung eines sogenannten Aufmaßes vor und macht dem Auftragnehmer in den §§ 14 Nr. 1, 16 Nr. 1 Abs. 1 S. 2 die Prüffähigkeit seiner Abrechnung zur Pflicht. Umgekehrt ist der Auftragnehmer hinsichtlich des Inhalts und des Umfanges der im Leistungsverzeichnis vom Auftraggeber angegebenen Leistungen, die die Kalkulationsgrundlage für den angebotenen Einheitspreis darstellen, insoweit geschützt, als er gemäß § 2 VOB/B sowohl bei Abänderung seiner Bauleistung durch Veranlassung des Auftraggebers wie auch bei erheblichen Unter- oder Überschreitungen des Mengenansatzes die Vereinbarung eines neuen Einheitspreises, der diese Umstände berücksichtigt, verlangen kann. Der **Einheitspreisvertrag** stellt, schon wegen der ausgewogenen Relation zwischen erbrachter Leistung und Vergütung, den **Normaltyp des Bauvertrages** dar; wer sich auf eine abweichende Vertragsgestaltung bzw. Preisvereinbarung beruft, ist insoweit **beweispflichtig**.[172]

Beweislast

169 z.B. LG Bochum, BauR 80, 78.

170 S. im einzelnen o. Rn. 211.

171 Ingenstau-Korbion, A § 5 Rn 7 ff.; MüKo-Soergel, § 631 Rn. 189.

172 h.L., vgl. MüKo-Soergel, § 631 Rn. 160; Ingenstau-Korbion, A § 10 Rn. 7; Werner-Pastor, Rn. 1114, 1163; dagegen die Rspr.: BGH, BauR 81, 308; 84, 667.

bb) Der Pauschalvertrag

Beim Pauschalvertrag (§ 5 Nr. 1 b VOB/A) ist ebenfalls der Wert der zu erbringenden Leistung Bemessungsgrundlage für die Vergütung. Maßgebend für die Endabrechnung ist jedoch nicht die durch Aufmaß ermittelte Gesamtleistung nach Maßgabe der Einheitspreise des Angebotes, sondern, ohne Berücksichtigung der Einheits- oder Positionspreise, der **Angebotsendpreis**, der im Regelfall auf glatte Summen auf- oder abgerundet wird.[173] Maßgeblich ist auch nicht die tatsächlich erbrachte, sondern die im Leistungsverzeichnis nach Inhalt und Umfang beschriebene Leistung. Daher trägt, sofern nicht im Extremfall die Voraussetzungen eines Wegfalls der Geschäftsgrundlage oder der §§ 2 Nr. 3 Abs. 4, Nr. 6 oder Nr. 7 VOB/B gegeben sind, der Auftragnehmer das **Risiko** von Vermehrungen der Massen oder Bauleistungen, der Auftraggeber von Verminderungen oder vom Wegfall von Leistungen.[174] Faktisch liegt nicht nur eine Pauschalierung des Preises, sondern auch des Leistungsinhaltes vor, da der Auftragnehmer im Rahmen des Pauschalvertrages alle zur Herstellung des im Leistungsverzeichnis beschriebenen Bauvorhabens bzw. Baugewerks erforderlichen Leistungen übernimmt.[175] Voraussetzung für den Abschluß des Pauschalvertrages ist gemäß § 5 Nr. 1 b VOB/A die genaue Bestimmbarkeit der Leistungen nach Umfang und Ausführung und – aus der Sicht bei Vertragsschluß – der Ausschluß jeglicher Leistungsänderung, was eine vollständig abgeschlossene Planung und eine möglichst exakte Kostenberechnung (§ 15 Abs. 2 Nr. 3 HOAI und DIN 276) voraussetzt. 241

Diese Anforderungen – für den öffentlichen Auftraggeber bindend, für den privaten eine Empfehlung – sollten unbedingt eingehalten werden, da Nachlässigkeiten bei der Festlegung von Inhalt und Umfang der Leistung zwangsläufig die Basis für Streitigkeiten schaffen und im Extremfalle – wegen der Unbestimmtheit der zu erbringenden Leistung – zur Unwirksamkeit des Vertrages selbst führen können.[176] **Tip**

---

173 Kein Pauschalvertrag sondern ein Einheitspreisvertrag mit Nachlaß zugunsten des Auftraggebers liegt vor, wenn lediglich die Angebotssumme nach unten auf einen glatten Betrag abgerundet wird, während der sonstige Vertragsinhalt für eine Abrechnung nach exakten Leistungen spricht; Ingenstau-Korbion, B § 2 Rn. 189; Korbion-Hochstein, Rn. 718; a.A. OLG Hamburg BB 70, 688.

174 Locher, Rn. 182; Korbion-Hochstein, Rn. 715 ff.

175 Ingenstau-Korbion, B § 2 Rn. 188.

176 Ingenstau/Korbion, A § 5 Rn. 13.

Ist den vorstehenden Anforderungen genügt, so bietet die Abwicklung des Pauschalvertrages beiden Parteien erhebliche Vereinfachungen. Der Auftragnehmer braucht weder ein Aufmaß noch eine prüfbare Abrechnung aufzustellen, während dem Auftraggeber die Finanzplanung des Bauvorhabens und die Abwicklung der Fremdfinanzierung ebenso erleichtert wird wie die für steuerliche Zwecke notwendige Zusammenstellung der Herstellungskosten (§§ 7, 7b EStG).

Vorteile

cc) Der Stundenlohnvertrag

242 Eine Abweichung vom Vertragstyp des Leistungsvertrages und insbesondere vom Regelfall des Einheitspreisvertrages ist der Stundenlohnvertrag des § 5 Nr. 2 VOB/A, bei dem Bemessungsgrundlage der Aufwand an Arbeit in Form des Arbeitslohnes ist. In der Praxis unterscheidet man zwischen **selbständigen Stundenlohnarbeiten**, bei denen die gesamte Werkleistung gemäß §§ 2 Nr. 10, 15 VOB/B abgerechnet wird, und **unselbständigen** oder **angehängten Stundenlohnarbeiten**, die lediglich Teil einer Hauptleistung gemäß § 5 Nr. 1 sind und als Nachtrags- oder Zusatzaufträge in technischem und rechtlichem Zusammenhang mit dem Hauptauftrag stehen.[177] Im letzteren Fall hat der Auftragnehmer § 2 Nr. 6 VOB/B zu beachten. Er muß den Vergütungsanspruch – z.B. für zusätzliche Stemm- oder Schlitzarbeiten – entweder gemäß § 2 Nr. 6 VOB/B vor Ausführung ankündigen oder von vornherein gemäß § 2 Nr. 10 VOB/B im Vertrag eine Vergütungsregelung für zusätzlich anfallende Stundenlohnarbeiten vereinbaren.[178] Sind die Zusatzleistungen nach dem Inhalt der einzelnen DIN-Vorschriften des Teils C – was oft übersehen wird – dagegen **kostenlos** zu erbringen, z.B. die Einweisung des Bedienungs- und Wartungspersonals nach Fertigstellung der Werkleistung, bei Heizungs-, Gas-, Wasser- und Abwasserinstallationen,[179] so entfällt die Vergütungspflicht wegen § 2 Nr. 1 VOB/B auch bei vorheriger Ankündigung oder vorsorglicher Vereinbarung, da diese Leistungen durch die Preise der Hauptleistung bereits abgegolten sind.[180] Die selbständigen Stundenlohnarbeiten sind nach der Intention der VOB und des baurechtlichen Schrifttums[181] auf Bauleistungen geringeren Umfanges – kleinere Reparaturen, Nachbesserungen durch Drittfirmen gemäß § 13 Nr. 5 Abs. 2 VOB/B beschränkt, die vorwiegend Lohnkosten

kostenlose Zusatzleistungen

177 Ingenstau-Korbion, A § 5 Rn. 26; Heiermann-Riedl-Rusam, A § 5 Rn. 10.
178 Heiermann-Riedl-Rusam, A § 5 Rn. 10.
179 Vgl. DIN 19380 Ziff. 4.1.15 u. DIN 18381 Ziff. 4.1.13.
180 Vgl. Ingenstau-Korbion, B § 2 Rn. 132.
181 Ingenstau-Korbion, A § 5 Rn. 24; Korbion-Hochstein, Rn. 722; Locher, Rn. 184

verursachen.[182] Angesichts der Welle der Altbaumodernisierungen der jüngeren Zeit, die wegen der enormen Baukosten für Neubauten und insbesondere der neugewonnenen steuerlichen Attraktivität[183] zur Ausbildung eines neuen Zweigs in der Bauwirtschaft geführt haben, dürfte sich diese Meinung nicht aufrecht erhalten lassen. Denn die **Altbausanierung** ist für den Bauunternehmer mit so erheblichen Überraschungen und Risiken verbunden, deren Ausmaß sich vor Beginn der Ausführung nicht abschätzen läßt, daß in diesem Bereich ganze Gewerke von erheblichem Umfang ausschließlich als – selbständige – Stundenlohnverträge vergeben werden. Hier liegt in der Regel ein gemischter Vertrag vor. Der reine **Materialaufwand** ist nach Einheitspreisen abzurechnen, während im übrigen § 15 VOB/B eingreift.

dd) Der Selbstkostenerstattungsvertrag

Eine weitere Ausnahme vom Regelfall des Leistungs- bzw. Einheitspreisvertrages stellt der Selbstkostenerstattungsvertrag dar, der gemäß § 5 Nr. 3 VOB/A nur ausnahmsweise bei solchen Bauleistungen größeren Umfanges vereinbart werden soll, bei denen die Leistungen vor der Vergabe nicht so eindeutig und erschöpfend bestimmt werden können, daß eine einwandfreie Preisermittlung möglich wäre. Hier wird bei Auftragserteilung lediglich festgelegt, wie Löhne, Stoffe, Gerätevorhaltung, Gemeinkosten etc. zu vergüten und der Gewinn des Auftragnehmers zu bemessen sind. Da der Auftraggeber sich hier von der Rentabilität des Betriebes des Auftragnehmers abhängig macht und die letztlich geschuldete Vergütung weder überschaubar noch abschätzbar ist, stellt dieser Vertragstyp[184] eine Ausnahmeerscheinung dar, der im privaten Bauvertragsrecht **keine Bedeutung** zukommt. **243**

Anwendungsbereich

c) Der Inhalt der Werkleistung nach der VOB

Während beim BGB-Bauwerksvertrag § 631 Abs. 1 BGB den Inhalt der vertraglichen Leistung des Auftragnehmers bestimmt, ist beim VOB-Vertrag § 1 i.V.m. § 4 Nr. 2 Abs. 1 VOB/B maßgebend für Art und **244**

182 Ingenstau-Korbion, A § 5 Rn. 25; Lohnanteil mehr als 50 %, übrige Kosten insgesamt – Planung, Baustoffe, Baustelleneinrichtung etc. – weniger als 50 %.

183 Schreiber, Neue Möglichkeiten der Steuerersparnis durch Erwerb von Wohnungseigentum nach dem Bauherrenmodell, S. 116 ff. m.w.N.; Schmider-Wagner, HdB, Bd. 1, 1017, Rz. 5 ff.; vgl. u. Rn. 411.

184 Vgl. Korbion-Hochstein, Rn. 727; Locher, Rn. 185; Ingenstau-Korbion, A § 5 Rn. 30 ff.

Umfang der Leistung des Bauunternehmers und verdrängt insoweit den § 631 Abs. 1 BGB. **Leistung** im Sinne der §§ 1,4 Nr. 2 Abs. 1 VOB/B ist der Gesamtgegenstand des abgeschlossenen Vertrages; der Auftragnehmer schuldet alle Tätigkeiten und Aufwendungen, die zur Erbringung des versprochenen Werkerfolges erforderlich sind. Im Gegensatz zum BGB, bei dem die Herstellung jedes beliebigen Werkes Inhalt der Leistungspflicht sein kann, darf beim VOB-Vertrag **nur eine Bauleistung**[185] im Sinne der Begriffsbestimmung des § 1 VOB/A zum Leistungsgegenstand gemacht werden. Hiernach können sowohl Arbeiten an einem Bauwerk[186] wie auch Arbeiten an einem Grundstück[187] den Inhalt der Werkleistung und damit den Gegenstand des VOB-Vertrages bilden. Wird dagegen nicht die – körperliche – Errichtung oder Wiederherstellung eines Gebäudes zum Vertragsgegenstand gemacht, sondern die **bloße Lieferung** und **Montage von Maschinen, Baustoffen oder Baumaterialien**,[188] so ist die VOB nicht anwendbar. Dasselbe gilt für Verträge, die einen vorwiegend **geistigen Beitrag** zur Herstellung des Bauwerks betreffen, z.B. die Architekten-, Ingenieur- und Statikerverträge sowie die reinen Baubetreuungsverträge,[189] bei denen im Gegensatz zum Bauträgervertrag nicht die materielle Erstellung des Bauwerks sondern die wirtschaftliche, finanzielle und ggf. technische Betreuung bei der Bauerstellung geschuldet wird.

Anwendungsbereich

Tip

Die Vereinbarung der VOB ist bei derartigen Verträgen im Rahmen der Vertragsfreiheit zwar rechtlich zulässig, jedoch nicht empfehlenswert, da sie zwangsläufig den Keim legt für Streitigkeiten darüber, welche der VOB-Klauseln der Interessenlage angepaßt und damit anwendbar sind, welche in abgewandelter Form und welche überhaupt nicht angewendet werden können.

Werden – was bei größeren Unternehmen vorkommt – in einheitlichen Verträgen Lieferungen, Bau-, Architekten-, Ingenieur- und/oder Betreuungsleistungen zusammengeschlossen, so handelt es sich um **Mischformen**,[190] die aus Elementen verschiedener Vertragstypen zusammengesetzt sind. Rechtlich sind hier für die jeweiligen einzelnen Leistungsbe-

185 Vgl. im einzelnen o. Rn. 190.
186 Korbion-Hochstein, Rn. 141.
187 Korbion-Hochstein, Rn. 141.
188 Die Abgrenzung kann schwierig sein, wenn diese für ein bestimmtes Bauwerk hergestellt oder bearbeitet werden, auch wenn der Auftragnehmer keinerlei Montagetätigkeit ausführt, vgl. BGH, BauR 79, 54; 80, 355.
189 Ingenstau-Korbion, A § 1 Rn. 30.
190 Ingenstau-Korbion, A § 1 Rn. 27 ff.; Korbion-Hochstein, Rn. 147 f.

reiche die jeweils spezifischen gesetzlichen Maßstäbe anzulegen. Bei denjenigen Leistungen, die Bauarbeiten im Sinne der VOB betreffen, richten sich der Inhalt der Werkleistung des Auftragnehmers und die wechselseitigen Rechte und Pflichten nach der VOB. Bei diesem Teilbereich der beiderseitigen Leistungspflichten handelt es sich im Grunde genommen um einen VOB-Bauwerksvertrag, der lediglich in einen umfassenderen Gesamtvertrag eingegliedert ist.

aa) Die vertraglichen Hauptpflichten des Auftragnehmers

In systematischer Hinsicht ist beim VOB-Vertrag, ebenso wie beim **245** Werkvertragsrecht des BGB, zwischen Erfüllungs- und Gewährleistungspflichten zu unterscheiden. Bei beiden Vertragstypen erlöschen die Erfüllungsansprüche mit der Abnahme (§§ 640 BGB, 12 VOB/B) und konkretisieren sich auf reine Nachbesserungs- bzw. sonstige Gewährleistungsansprüche des Auftraggebers.[191] Die Erfüllungsansprüche des Auftraggebers sind in der VOB/B den Erfordernissen der Baupraxis angepaßt. Im Gegensatz zum BGB, das nur eine einzige Hauptpflicht des Auftragnehmers, die Herstellungspflicht gemäß § 631 Abs. 1 BGB kennt, regelt die VOB in § 4 wesentlich detaillierter die einzelnen Leistungspflichten des Bauunternehmers, deren Erfüllung für eine eigenverantwortliche und sachgerechte Erbringung der Bauleistung unabdingbar ist und die entsprechend dem Maß ihrer Bedeutung für den Eintritt des Leistungserfolges entweder als vertragliche Hauptpflicht oder als Nebenpflicht eingestuft werden.

(1) Die Ausführung der Bauleistung

Maßgebend für die Erfüllung der Hauptpflicht des Auftragnehmers ist **246** die Generalklausel des **§ 4 Nr. 2 VOB/B**. Hiernach hat der Unternehmer die **Bauleistung** unter eigener Verantwortung nach dem Vertrag **auszuführen** und dabei die anerkannten Regeln der Technik und die gesetzlichen und behördlichen Bestimmungen zu beachten. Die Ausführung der Arbeiten darf gemäß § 4 Nr. 8 VOB/B nur durch den Betrieb des Auftragnehmers erfolgen; eine vollständige oder auch nur teilweise **Übertragung** der Ausführung auf Subunternehmer ist ohne schriftliche Zustimmung des Auftraggebers nicht zulässig. Der **Vertragsinhalt des VOB-Bauwerksvertrages** ergibt sich typischerweise aus der Leistungsbeschreibung, den dazugehörigen technischen und vertraglichen Unter-

191 BGH 61, 42, 46; Palandt-Sprau, § 640 Rn. 5; MüKo-Soergel, § 640 Rn. 1.

lagen, den einzelnen Vertragsbedingungen und den Allgemeinen Technischen Vorschriften des Teils C. Hinzu kommen solchen Leistungen, die nach der gewerblichen Verkehrssitte mit zur Leistungspflicht des Auftragnehmers gehören.[192]

247 Der hiernach festgelegte Vertragsinhalt kann – abweichend von den allgemeinen vertragsrechtlichen Grundsätzen – durch **einseitige Anordnung des Auftraggebers** geändert werden. Um die in der Baupraxis notwendige Flexibilität der Planung und die Anpassung der Bauausführung an geänderte oder anders vorgefundene Umstände[193] zu ermöglichen, ist dem **Auftraggeber** durch § 1 Nr. 3 VOB/B das **Recht zur einseitigen Änderung des Bauentwurfs** vorbehalten. Unter Bauentwurf[194] ist über die bloße zeichnerische Darstellung hinaus die aufgrund der Planung in Verbindung mit der Leistungsbeschreibung gemäß § 1 Nr. 1 VOB/B bestimmte Bauleistung zu verstehen.[195] Inhalt und Umfang des bisherigen Entwurfs müssen im wesentlichen gewahrt bleiben, da der Auftragnehmer sich um eine bestimmte Bauleistung beworben und mit Vertragsabschluß darauf eingestellt hat. Das zulässige Änderungsverlangen des Auftraggebers findet dort seine Grenze, wo es nicht mehr um Änderung, sondern um **Neugestaltung** des Bauentwurfs geht oder wo die Abänderung des Vertragsinhalts so erheblich ist, daß sie dem Unternehmer nach Treu und Glauben nicht zuzumuten ist.[196] Hier kann nur eine einvernehmliche Vertragsänderung erfolgen.

einseitige Bauentwurfsänderung

248 Neben der Abänderung der Leistung kann der Auftraggeber gemäß § 1 Nr. 4 VOB/B einseitig die Ausführung zusätzlicher, nicht vereinbarter Leistungen fordern, wenn diese zur Vertragserfüllung erforderlich sind, d. h. wenn die Bauleistung ohne sie nicht oder nicht fachgerecht ausgeführt werden kann. Die VOB weicht auch insoweit von den allgemeinen Vertragsgrundsätzen ab und erweitert die Vertragspflichten des Auftragnehmers gegenüber denjenigen des BGB-Bauwerkvertrages. Ein **Kontrahierungszwang** des Auftragnehmers ist zu verneinen, wenn sein Betrieb auf die Zusatzleistung nicht eingerichtet ist.[197] Maßgebend sind

192 Vgl. § 2 Nr. 1 VOB/B.

193 Z.B. des Baugrundes, der eine Änderung der vorgesehenen Art der Gründung erfordert.

194 Nach der Definition des § 15 Abs. 2 Nr. 3 HOAI die »zeichnerische Dastellung des Gesamtentwurfs, z.B. durchgearbeitete, vollständige Vorentwurfs- und/oder Entwurfszeichnungen.«

195 Ingenstau-Korbion, B § 1 Rn. 29; Heiermann-Riedl-Rusam, B § 1 Rn. 24.

196 Ingenstau-Korbion, B § 1 Rn. 37; Korbion-Hochstein, Rn. 167 ff.; Locher, Rn. 97; Heiermann-Riedl-Rusam, B § 1 Rn. 25 b.

197 Vgl. Ingenstau-Korbion, B § 1 Rn. 47: Wurden in der Betondecke Öffnungen vergessen, so ist der Betrieb des Installateurs unter Umständen nicht auf zusätzliche Stemm- oder Schlitzarbeiten eingerichtet.

die individuellen Verhältnisse beim Auftragnehmer; auf objektive Kriterien wie Branchenüblichkeit kommt es hier nicht an.

Gemäß § 4 Nr. 2 VOB/B hat der **Unternehmer** die Leistung nicht nur vertragsgemäß, sondern auch **eigenverantwortlich** durchzuführen. Hier ergeben sich – weniger im Hinblick auf den Inhalt der Erfüllungspflichten als bezüglich der Haftung – Abgrenzungsprobleme gegenüber der Eigenverantwortung des Auftraggebers, des Architekten oder des Sonderfachmannes.[198] Grundsätzlich hat der Unternehmer gemäß § 4 Nr. 2 VOB/B für objektiv ausreichende Fachkunde einzustehen und notfalls sachkundigen Rat einzuholen oder geeignete Fachleute heranzuziehen.[199] Da der Auftragnehmer keinen Anspruch darauf hat, bei der Ausführung der Bauarbeiten durch den Bauherrn oder eine geeignete fachkundige Person überwacht zu werden, entfällt die Eigenverantwortung des Unternehmers weder aufgrund besonderer Sachkunde des Auftraggebers noch durch die Wahrnehmung von Überwachungsaufgaben durch einen bauleitenden Architekten oder Sonderfachmann.[200] Anordnungen und Weisungen des Auftraggebers oder seines Architekten schränken ebenfalls die Eigenverantwortlichkeit des Unternehmers nicht ein, insbesondere dann nicht, wenn dieser über Sonderkenntnisse verfügt, die der Bauherr und sein Architekt nicht haben oder haben können.[201] Umgekehrt beschränkt sich die Eigenverantwortung des Auftragnehmers auf den eigenen Leistungsbereich. Ein Einstehen für Leistungen des Architekten, Sonderfachmannes, Mängel in den Vorleistungen anderer Unternehmer oder für sachwidrige Weisungen (vgl. § 4 Nr. 1 Abs. 3 VOB/B) des Auftraggebers kommt im Rahmen der Erfüllung der vertraglichen Leistungspflicht gemäß § 4 Nr. 2 VOB/B nicht in Frage, sondern allenfalls als Folge einer unterlassenen Aufklärung gemäß § 4 Nr. 3 VOB/B. **249** **Haftung**

(2) Die Prüfungs- und Anzeigepflicht des Auftragnehmers

Bei der in **§ 4 Nr. 3 VOB/B** normierten **Hinweispflicht** des Auftragnehmers handelt es sich um eine Konkretisierung des allgemeinen Grundsatzes, daß der Unternehmer als Fachmann auf bautechnischem Gebiet **250**

198 Vgl. im einzelnen u. Rn. 650 ff., 766.

199 Korbion-Hochstein, Rn. 215 ff. ausführlich; Heiermann-Riedl-Rusam, B § 4 Rn. 19.

200 BGH, BauR 73, 190 = BGH S-F Z. 2.410 Bl. 26; Ingenstau-Korbion, B § 4 Rn. 108 ff.; Korbion-Hochstein, Rn. 216; Heiermann-Riedl-Rusam, B § 4 Rn. 18 ff.; Locher, Rn. 95.

201 BGH, S-F Z.2.400 Bl. 25; Ingenstau-Korbion, B § 4 Rn. 113; Korbion-Hochstein, Rn. 216; differenzierend Werner-Pastor, Rn. 1516.

den Auftraggeber als seinen Vertragspartner vor Schaden zu bewahren hat.[202] Nach h.A.[203] handelt es sich um eine **vertragliche Hauptpflicht** des Auftragnehmers, nicht um eine bloße Nebenpflicht, die die Hauptleistungspflicht gemäß § 4 Nr. 2 VOB/B ergänzt und deren Verletzung Gewährleistungsansprüche des Auftraggebers auslöst. Als vertragliche Leistungspflicht kann diese Hinweispflicht nur gegenüber dem Auftraggeber als dem Vertragspartner des Bauunternehmers bestehen, nicht gegenüber sonstigen an der Bauausführung beteiligten Dritten. Daher ist der Auftragnehmer grundsätzlich nicht verpflichtet, dem nachfolgenden Unternehmer irgendwelche Hinweise zu geben, sofern er selbst seiner Pflicht zur Ausführung der Bauleistung gemäß § 4 Nr. 2 VOB/B so nachgekommen ist, daß sie eine geeignete Grundlage für die darauf aufbauenden weiteren Leistungen bildet.[204] Eine Hinweispflicht des Auftragnehmers ist ausnahmsweise dann gegeben, wenn wegen der Eigenart der von ihm erbrachten Bauleistung die Gefahr besteht, daß der **Nachfolgeunternehmer** auch bei Anwendung der gebotenen Sorgfalt und Einhaltung der Regeln der Technik nicht erkennen kann, ob die Vorleistung eine geeignete Arbeitsgrundlage darstellt.[205] Dogmatisch ist die Pflicht zur Aufklärung hier nicht als Hauptleistungspflicht einzustufen, da sie nicht die eigene Werkleistung, sondern die eines Dritten betrifft, sondern als **vertragliche Nebenpflicht**, die ihre Grundlage in § 242 BGB findet. Ihre Verletzung begründet daher keine Gewährleistungsansprüche des Auftraggebers, sondern Schadensersatzansprüche wegen positiver Vertragsverletzung.[206]

Adressat des Hinweises

251 Die **Prüfungspflicht** des Auftragnehmers – in § 4 Nr. 3 VOB/B nicht ausdrücklich erwähnt, jedoch logische Voraussetzung der dort normierten Hinweispflicht – orientiert sich nach **Inhalt und Umfang** an den Umständen des Einzelfalles.[207] Für die Prüfungspflicht lassen sich nur zwei objektive Kriterien aufstellen: einerseits die eigene vertragliche Leistungspflicht des Unternehmers, über deren Ordnungsmässigkeit die Prüfungspflicht nicht hinausgehen muß,[208] zum anderen – als genereller Maßstab für die Prüfung – die Sorgfalt eines ordentlichen Unternehmers

Sorgfaltsmaßstab

202 BGH, S-F Z.2.400 Bl. 25; BauR 87, 79; Korbion-Hochstein, Rn. 223; Ingenstau-Korbion, B § 4 Rn. 182.

203 Ingenstau-Korbion, B § 4 Rn. 180; Korbion-Hochstein, Rn. 225; Heiermann-Riedl-Rusam, B § 4 Rn. 28; BGH, BauR 75, 341.

204 BGH, BauR 75, 341; Ingenstau-Korbion, B § 4 Rn. 234; BGH, S-F-H Nr. 2 zu § 4 Nr. 3 VOB (73).

205 BGH, BauR 70, 57; BauR 75, 341; Ingenstau-Korbion, B § 4 Rn. 235; BGH, S-F-H Nr. 2 zu § 4 Nr. 3 VOB/B (73).

206 Ingenstau-Korbion, B § 4 Rn. 235.

207 Ingenstau-Korbion, B § 4 Rn. 195.

208 BGH, BauR 70, 57; Ingenstau-Korbion, B § 4 Rn. 198; Locher, Rn. 101; Korbion-Hochstein, Rn. 227.

dieser Fachbranche, der über den jeweils anerkannten Stand der Regeln der Technik informiert ist.[209] Die Prüfungspflicht kann ausnahmsweise über den allgemeinen Sorgfaltsmaßstab hinaus verstärkt sein, wenn der Unternehmer eine **Fachfirma** ist, von der aufgrund des Vertrages Spezialkenntnisse erwartet werden.[210] Umgekehrt kann die Prüfungspflicht des Auftragnehmers gemindert sein oder im Extremfall gänzlich entfallen, wenn der Auftraggeber selbst – zum Beispiel als Generalunternehmer, Bauträger oder Architekt – oder der von ihm als Fachmann für dieses Spezialgebiet eingesetzte Bauleiter über die erforderliche Sachkunde verfügt und außerdem erkennbar eine Überprüfung mit positivem Ergebnis vorgenommen hat.[211] Eine Entlastung des Auftragnehmers ist dagegen nicht schlechthin bereits dadurch gegeben, daß der Auftraggeber aus der Baubranche kommt oder einen Architekten als Bauleiter einsetzt,[212] weil auch in diesen Fällen mit mangelnder Fachkunde gerechnet werden muß.

Der **Prüfungspflicht** unterliegen gemäß § 4 Nr. 3 VOB/B die vorgesehene Art der Ausführung, die Sicherung gegen Unfallgefahren,[213] welche sich aus der gewünschten Art der Ausführung ergeben könnten, die vom Auftraggeber gelieferten Stoffe oder Bauteile sowie die Leistungen anderer Unternehmer. Die vom Auftragnehmer zu prüfende vorgesehene Art der Ausführung **umfaßt die gesamte Leistung**[214] einschließlich der vom Architekten oder Sonderfachmann gefertigten oder angeordneten Planung[215] soweit sie den Leistungsbereich des Auftragnehmers tangiert, insbesondere die Ausführungszeichnungen, die Angaben im Leistungsverzeichnis,[216] die Einhaltung der Regeln der Technik und der von der Auftraggeberseite festgelegte Bauablauf. Auch die Überprüfung des Baugrundes, der Bodenverhältnisse, Grundwasserprobleme, aber auch die konstruktive Planung, Stärke und Tragfestigkeit des Betons oder dessen Wasserdichtigkeit sind nicht nur Sache des Auftraggebers. Der Auftragnehmer kann diese Fragen jedenfalls dann nicht ausschließlich dem

252

Umfang

z.B.

209 Ingenstau-Korbion, B § 4 Rn 193 ff., 199; Korbion-Hochstein, Rn. 220 ff.; Locher, Rn. 101.
210 Locher, Rn. 101.
211 BGH, S-F- Z.2.400 Bl. 54 ff.; Ingenstau-Korbion, B § 4 Rn. 214; Korbion-Hochstein, Rn. 228.
212 LG Berlin, BauR 76, 130; OLG Saarbrücken, BauR 70, 109; Locher, Rn. 101; Ingenstau-Korbion, B § 4 Rn. 215; Korbion-Hochstein, Rn. 228.
213 Hier ist nur die dem Auftraggeber obliegende Unfallverhütungspflicht – Verkehrssicherungspflicht – gemeint, da der Auftragnehmer gem. § 4 Nr. 2 für die Einhaltung der Sicherheitsbestimmungen ohnehin eigenverantwortlich zu sorgen hat – vgl. Ingenstau-Korbion, B § 4 Rn. 220 f.
214 Ingenstau-Korbion, B § 4 Rn. 205 ff.; Korbion-Hochstein, Rn. 229 ff.
215 BGH, BauR 73, 190; 89, 467.
216 BGH, BauR 75, 278.

Auftraggeber, seinem Architekten oder Ingenieur überlassen, wenn die vertragsgerechte Erbringung der eigenen Werkleistung – zum Beispiel beim Rohbauunternehmer – hiervon abhängt. Zwar muß er keine eigenen technischen, chemischen oder physikalischen Untersuchungen oder eine Materialprüfung der vom Auftraggeber angeordneten Materialien oder Baustoffe durchführen,[217] jedoch auf eine ausreichende Klärung dieser Punkte durch den Auftraggeber hinwirken und diesen gegebenenfalls auf die Notwendigkeit entsprechender Untersuchungen hinweisen. Das gleiche gilt für vom Auftraggeber gelieferte Stoffe und Materialien. Auch hier ist der Auftragnehmer im Rahmen der Verkehrs- und Gewerbeüblichkeit[218] verpflichtet, eine Überprüfung vorzunehmen und gegebenenfalls den Auftraggeber auf die Möglichkeit oder Notwendigkeit einer Materialprüfung hinzuweisen, insbesondere dann, wenn neue Baustoffe oder Bauteile verwendet werden sollen.[219] Der Lieferung durch den Auftraggeber steht, wie der Rückschluß aus § 13 Nr. 3 VOB/B ergibt, das Vorschreiben bestimmter Baustoffe und Materialien – zum Beispiel in der Leistungsbeschreibung oder durch sonstige Weisung des Auftraggebers oder seines Architekten – gleich.[220]

253 Zur **Prüfung der Leistungen anderer Unternehmer** ist der Auftragnehmer gemäß § 4 Nr. 3 VOB/B nicht generell, sondern nur insoweit verpflichtet, als seine eigene Leistung auf der Vorleistung des anderen aufbaut oder mit dieser in so unmittelbarem Zusammenhang steht, daß ein Mangel in der Leistung des anderen auch zur Mangelhaftigkeit der eigenen Werkleistung führt oder führen kann.[221] **z.B.** So muß sich zum Beispiel der Fußbodenleger vor der Ausführung seiner Fliesen-, Naturstein- oder Parkettarbeiten vergewissern, ob der vom Estrichleger oder – bei Balkonen und Terrassen – vom Dachdecker ausgeführte Untergrund eine ausreichende Grundlage für die eigene Arbeit darstellt, ob er waagerecht, mit dem richtigen Gefälle und technisch einwandfreiem seitlichen Anschluß ausgeführt ist. Führt der Hinweis des Auftragnehmers zur Nachbesserung der Vorleistung, so hat der Unternehmer diese erneut zu prüfen und gegebenenfalls auf die Unzulänglichkeit oder Erfolglosigkeit der Nachbesserung hinzuweisen.[222] Die in § 4 Nr. 3 VOB/B normierte Hinweispflicht des Auftragnehmers ergibt sich als notwendige Folge der Prüfung, sofern diese zu Bedenken Anlaß gibt.

217 BGH, BauR, 73, 188, OLG Karlsruhe, BauR 88, 598.
218 BGH, S-F Z.2410 Bl. 29; Ingenstau-Korbion, B § 4 Rn. 226.
219 BGH, S-Z Z.2.401 Bl. 21; Ingenstau-Korbion, B § 4 Rn. 228.
220 BGH, BauR 73, 188; OLG Stuttgart, BauR 75, 56.
221 Vgl. BGH, BauR 74, 202; Korbion-Hochstein, Rn. 235 ff.
222 BGH, BauR 74, 128; 87, 79; Ingenstau-Korbion, B § 4 Rn. 239; Korbion-Hochstein, Rn. 238; Locher, Rn. 103.

Die **Hinweispflicht** ist nur dann vertragsgerecht erfüllt, wenn die Mitteilung des Auftragnehmers formgerecht, inhaltlich erschöpfend und fachlich richtig sowie an den richtigen Adressaten gerichtet ist. Die Einhaltung der **Schriftform** ist in § 4 Nr. 3 VOB/B vorgeschrieben, um in zuverlässiger und nachweisbarer Form die Bedenken des Auftragnehmers zum Ausdruck zu bringen. Der nur **mündliche Hinweis** des Auftragnehmers ist zwar nicht unbeachtlich, führt jedoch nur in Ausnahmefällen zur alleinigen Haftung des Auftraggebers,[223] im Regelfall dagegen nur zu einem Mitverschulden des Auftraggebers gemäß § 254 BGB, das lediglich bei der Schadensverteilung Berücksichtigung finden kann.[224] Richtiger **Adressat** der Mitteilung ist in jedem Falle der Auftraggeber selbst, so daß dem Auftragnehmer zu empfehlen ist, den schriftlichen Hinweis grundsätzlich an diesen zu richten. Im Regelfall kann die Anzeige zwar auch an den planenden oder bauleitenden Architekten[225] gerichtet werden.[226] Hält dieser die Bedenken des Auftragnehmers jedoch für unbeachtlich[227] oder richten sich die Bedenken des Unternehmers gerade gegen Planungs- oder Bauleitungsfehler des Architekten,[228] so ist dieser nicht der richtige Adressat. Hier kann nur der an den Auftraggeber gerichtete Hinweis den Auftragnehmer entlasten. 254

Formfragen

bb) Die Nebenpflichten des Bauunternehmers

Ebenso wie beim BGB-Bauwerksvertrag treffen den Unternehmer beim VOB-Vertrag eine Reihe von Nebenpflichten, deren Verletzung ihn schadensersatzpflichtig macht. Neben denjenigen vertraglichen Nebenpflichten, die aus dem allgemeinen Grundsatz von Treu und Glauben fließen und die auch beim reinen BGB-Vertrag[229] gelten, finden sich in der VOB noch eine Reihe von Beratungs-, Anzeige- und Obhutspflichten, die in den einzelnen VOB-Bestimmungen ausdrücklich geregelt sind. Gemäß **§ 4 Nr. 5 VOB/B** obliegen dem Auftragnehmer Erhaltungs- und Schutzpflichten sowohl im Hinblick auf die eigene Werkleistung wie auch bezüglich der Rechtsgüter des Auftraggebers, die ihm zur Aus- 255

223 BGH, S.F. Z.2.400 Bl. 31; BGH, BauR 75, 278.
224 BGH, S.F. Z.2.400 Bl. 25; BGH, BauR 75, 278; Korbion-Hochstein, Rn. 244.
225 Nicht ausreichend: der vom Architekten bestellte Bauleiter, offengelassen in BGH, S.F. Z. 2.410 Bl. 54.
226 Ingenstau-Korbion, B § 4 Rn. 258; Korbion-Hochstein, Rn. 243; Locher, Rn. 105; Werner-Pastor, Rn. 1525.
227 BGH, BauR 78, 54; 89, 467; 97, 301.
228 BGH, S.F. Z.2.400 Bl. 33; BGH, BauR 89, 467; 97, 301.
229 Vgl. o. Rn. 202.

führung der Leistung übergeben wurden. Er hat sie bis zur Abnahme vor **Diebstahl** und **Beschädigung**, auf Verlangen des Auftraggebers auch vor **Winterschäden** und **Grundwasser** zu schützen. Findet der Auftragnehmer bei der Ausführung seiner Werkleistung Gegenstände von Altertums-, Kunst- oder wissenschaftlichem Wert, so ist er gemäß § 4 Nr. 9 VOB/B zur Anzeige des Fundes und zur Ablieferung an den Auftraggeber verpflichtet. Durch das Subunternehmerverbot des § 4 Nr. 8 VOB/B, das allerdings nicht für Generalunternehmer gilt, wird der Auftragnehmer zur Eigenleistung oder zur vorherigen Einholung der Zustimmung des Auftraggebers verpflichtet. Gemäß § 5 Nr. 1 VOB/B ist der Auftragnehmer verpflichtet, die Leistung nach den Vertragsfristen zu beginnen, angemessen zu fördern und zu vollenden. Ist eine **Fristvereinbarung** im Sinne des § 5 Nr. 1 VOB/B im Bauvertrag nicht getroffen, so hat der Auftragnehmer gemäß § 5 Nr. 2 VOB/B binnen 12 Werktagen nach Aufforderung des Auftraggebers zu beginnen und diesem den Beginn der Ausführung anzuzeigen. Glaubt sich der Auftragnehmer in der ordnungsgemäßen Ausführung seiner Leistung behindert, so hat er dem Auftraggeber gemäß § 6 Nr. 1 VOB/B ebenfalls Anzeige zu erstatten. Die Anzeige bedarf der Schriftform und kann nur unterbleiben, wenn dem Auftraggeber die Tatsache der **Behinderung** offenkundig und ihre behindernde Wirkung bekannt ist. Trotz der Behinderung ist der Auftragnehmer gemäß § 6 Nr. 3 VOB/B im Rahmen des Möglichen zur Weiterführung seiner Arbeiten verpflichtet. Außerdem muß er unverzüglich nach Wegfall des Hinderungsgrundes die Arbeit wieder aufnehmen und den Auftraggeber benachrichtigen. Ebenfalls der Anzeige bedarf gemäß § 15 Nr. 3 VOB/B der Beginn der Ausführung von Stundenlohnarbeiten, um dem Auftraggeber eine hinreichende Kontrolle der geleisteten Arbeit und damit der Vergütungsgrundlagen zu ermöglichen. Außerdem hat der Auftragnehmer dem Auftraggeber – dies gilt für jeden Vertragstyp der VOB – gemäß § 2 Nr. 6 Abs. 1 VOB/B den Anspruch auf besondere Vergütung anzukündigen, sofern eine im Vertrag nicht vorgesehene Leistung gefordert bzw. erforderlich wird.

Fristen, Anzeigepflichten etc.

256 Der Kreis der vertraglichen Nebenpflichten des Bauunternehmers ist in der VOB nicht abschließend geregelt. Es können sich im Einzelfall **weitere Obliegenheiten** ergeben, wenn Treu und Glauben weitere Handlungen oder auch Unterlassungen gebieten, um den Auftraggeber vor Schaden zu bewahren, z.B. Aufklärung über Schmiergeldangebote des Architekten oder sonstiger Baubeteiligter, Mitteilung über beabsichtigte Maßnahmen von Nachbarn oder ähnliches. Abgrenzungskriterium für die Frage, ob die einzelnen Obliegenheiten den vertraglichen Nebenpflichten oder den Hauptpflichten zuzuordnen sind, ist der geschuldete Leistungserfolg.[230] Ist die Handlung oder Unterlassung zur mängelfrei-

230 Vgl. MüKo-Soergel, § 631 Rn. 138.

en Erbringung der Werkleistung erforderlich, so zählt sie im weiteren Sinne zur vertraglichen Hauptpflicht des Unternehmers. Dient sie lediglich dem Schutz der sonstigen Rechtsgüter des Auftraggebers – auch noch nach Vertragserfüllung[231] – ist sie den vertraglichen Nebenpflichten zuzuordnen.

d) Die Pflichten des Auftraggebers beim VOB-Vertrag

Ebenso wie beim BGB-Bauwerksvertrag besteht die Hauptleistungs- **257**
pflicht des Auftraggebers einerseits in der **Pflicht zur Abnahme** der Bauleistung, die allerdings in § 12 VOB/B wesentlich detaillierter geregelt ist als in § 640 BGB, andererseits in der **Pflicht zur Zahlung** der vereinbarten Vergütung gemäß § 16 VOB/B, der ebenfalls eine viel eingehendere Regelung als § 631 Abs. 1 BGB trifft. Neben diese vertraglichen Hauptpflichten treten beim VOB-Vertrag eine Reihe von Obliegenheiten und Mitwirkungspflichten des Auftraggebers, die in der Verdingungsordnung – insbesondere in den § 3 und 4 VOB/B – näher beschrieben sind. Sie gehören als Bestandteil der sogenannten Ablaufplanung und Ablaufsteuerung zu den originären Auftraggeberaufgaben.[232] Wegen ihrer Bedeutung für die ordnungsgemäße Bauausführung werden die Mitwirkungs- und Koordinierungspflichten des Auftraggebers zwar als **Grundpflichten** des Auftraggebers bezeichnet.[233] Dogmatisch sind diese Obliegenheiten jedoch als bloße vertragliche Nebenpflichten einzustufen. Je nach dem Grad ihrer Bedeutung für den Ablauf des Baugeschehens haben sie entweder den Charakter von selbständigen Nebenpflichten, die selbständig eingeklagt werden können,[234] oder von typischen – also unselbständigen – Nebenpflichten, deren Verletzung ausschließlich Schadensersatzansprüche oder sonstige in der VOB/B normierte Sanktionen auslösen kann.

aa) Die Abnahme gem. § 12 VOB/B

Beim VOB-Bauwerksvertrag kommt der Abnahme eine ebensolche zen- **258**
trale Funktion zu wie beim BGB-Vertrag. Dabei ist der Begriff der Abnahme im Sinne des § 640 BGB und des § 12 VOB/B identisch; ebenso sind es die Rechtsfolgen der Abnahme. Auch beim VOB-Vertrag **§ 12 VOB/B**

231 Zu den nachvertraglichen Pflichten vgl. OLG Düsseldorf, S.F. Z.2.414 Bl. 124.
232 Ingenstau-Korbion, B § 3 Rn. 1.
233 Vgl. Korbion-Hochstein, Rz. 177 ff.
234 Vgl. o. Rn. 124.

beinhaltet der **Begriff der Abnahme** nach h.A.[235] nicht nur die körperliche Hinnahme der Bauleistung, sondern auch ihre Billigung als in der Hauptsache vertragsgemäße Leistungserfüllung. Die **Wirkungen der Abnahme** sind tatbestandlich zwar – jedenfalls teilweise – in der VOB selbst geregelt, sachlich jedoch dieselben wie beim BGB-Werkvertrag, so

- der Eintritt der Fälligkeit der Vergütung[236] (§ 641 Abs. 1 S. 1 BGB bzw. § 16 Nr. 3 VOB/B); beim VOB-Vertrag muß als weiteres Erfordernis die prüfbare Abrechnung hinzukommen (§ 14 VOB/B),
- der Wegfall der Vorleistungspflicht des Auftragnehmers (§ 641 Abs. 1 S. 1 BGB),
- die Beschränkung des Erfüllungsanspruchs auf das konkrete Werk (arg. aus § 633 Abs, 2 BGB bzw. § 13 Nr. 5 VOB/B),
- der Übergang der Leistungsgefahr auf den Auftraggeber (§ 12 Nr. 6 VOB/B), sofern der Übergang nicht bereits gemäß § 7 VOB/B erfolgte,
- die Umkehr der Beweislast für Mängel (arg. aus § 363 BGB i.V.m. § 4 Nr. 7 VOB/B),[237]
- der Verlust nicht vorbehaltener Mängel- und Vertragsstrafenansprüche (§ 12 Nr. 4 Abs. 1, Nr. 5 Abs. 3, § 11 Nr. 4 VOB/B)
- sowie der Beginn der Verjährung von Gewährleistungsansprüchen (§ 13 Nr. 4 VOB/B).

Formenwahl

259 Die **Form der Abnahme** ist im BGB und VOB/B dagegen unterschiedlich geregelt. Während das BGB bislang, d.h. bis zum 01.05.2000, nur eine einzige Form der Abnahme kennt, nämlich die einseitige, rechtsgeschäftliche Willenserklärung des Auftraggebers, die nach Vollendung des Werkes ausdrücklich oder stillschweigend abgegeben wird, bietet § 12 VOB/B **verschiedene Formen** der Abnahme, die sich entweder nach ihrem sachlichen Inhalt oder nach ihrer äußeren Form unterscheiden. Vom sachlichen Inhalt – oder genauer: dem Gegenstand der Abnahme – ist zu differenzieren zwischen der **Abnahme der Gesamtleistung** gem. § 12 Nr. 1 VOB/B und der Abnahme von **Teilleistungen** gemäß § 12 Nr. 2 VOB/B. Hinsichtlich der Abnahmeform unterscheidet man zwischen der **gewöhnlichen Abnahme** des § 12 Nr. 1, der **förmlichen Abnahme** gem. § 12 Nr. 4 und der **fiktiven Abnahme** des § 12 Nr. 5 VOB/B. Die seit dem 01.05.2000 neu geschaffene Abnahmeform einer »Abnahme durch Fertigstellungsbescheinigung« eines Dritten, nämlich

235 BGH, BauR 70, 48; Ingenstau-Korbion, B § 12 Rn. 7; Locher, Rn. 138; vgl. auch o. Rn. 204.

236 BGH, BauR 81, 199; OLG Düsseldorf, BauR 99, 494; Heiermann-Riedl-Rusam, B § 12 Rn. 11 ff.; Werner-Pastor, Rn. 1377.

237 Vgl. BGH, BauR 73, 313, 316.

eines öffentlich bestellten und vereidigten Sachverständigen (vgl. o. Rz. 205 c und Anhang II), gemäß § 641 a BGB n.F. ist eine völlig neue Form der Abnahme. Sie ist losgelöst vom tatsächlichen oder vermuteten Willen des Auftraggebers und kann auch gegen seinen Willen vorgenommen werden. Da die Bestimmungen der VOB/B das Werkvertragsrecht des BGB nicht vollständig verdrängen, sondern nur dort ergänzen, wo die VOB/B die speziellere Regelung enthält, dürfte § 641 a BGB auch auf VOB-Verträge anwendbar sein. Solange noch keine gesicherte Rechtsgrundlage besteht, sollte der Auftragnehmer allerdings im eigenen Interesse dafür sorgen, daß in dem - schriftlichen - Werkvertrag neben der VOB/B auch auf die Bestimmungen des BGB sowie insbesondere des § 641 a BGB Bezug genommen wird. Da die Einhaltung der Schriftform ohnehin Voraussetzung für die Durchführung der »Abnahme durch Fertigstellungsbescheinigung«, kann durch entsprechenden Hinweis für Rechtsklarheit gesorgt werden. Wegen der Einzelheiten der Durchführung dieses speziellen Abnahmeverfahrens wird auf die Ausführungen zum BGB-Vertrag (Rz. 205 c) verwiesen.

(1) Die Abnahme der Gesamtleistung

Die Abnahme der Gesamtleistung des Auftragnehmers stellt nach dem **260**
Werkvertragsrecht des BGB die einzige gesetzlich vorgesehene Abnahmeform dar, von der nur kraft ausdrücklicher Parteivereinbarung abgewichen werden darf, da dem Auftragnehmer kein Rechtsanspruch auf Teilabnahme zusteht.[238] Die Abnahme der Gesamtleistung – zwecks Unterscheidung von der Teilabnahme auch als **Endabnahme** bezeichnet, stellt auch beim VOB-Vertrag den Regelfall dar, da das Recht auf Teilabnahme gem. § 12 Nr. 2 VOB/B an bestimmte tatbestandliche Voraussetzungen geknüpft ist, die bei einer Reihe von Bauwerken schon aus der Natur der Sache heraus nicht eintreten können, z.B. beim Rohbau,[239] bei den Abdichtungsarbeiten,[240] beim Innenputz oder ähnlichen Gewerken. Als Abnahmeformen kommen bei der Gesamt- oder Endabnahme sowohl die verlangte oder gewöhnliche Abnahme des § 12 Nr. 1 wie auch die förmliche Abnahme des § 12 Nr. 4 VOB/B in Betracht. Bei der fiktiven Abnahme des § 12 Nr. 5 Abs. 1 VOB/B ist sie die einzig mögliche Form der Abnahme, da eine Mitteilung über die Fertigstellung der Werkleistung bereits denklogisch die Erbringung der Gesamtleistung voraussetzt.

238 Vgl. o. Rn. 204 ff., 205.
239 BGH 50, 160.
240 Ingenstau-Korbion, B § 12 Rn. 72 ff., 73 mit Hinweis auf OLG Düsseldorf vom 8.07.69.

261 **Voraussetzungen**

Vollendung der Leistung im Sinne einer Abnahmefähigkeit ist bereits dann gegeben, wenn die Bauleistung funktionell fertiggestellt ist und ungehindert in den bestimmungsgemäßen Gebrauch übernommen werden kann.[241] Wird die schlüsselfertige Erstellung eines Hauses oder einer Wohnung geschuldet, so ist die Bezugsfertigstellung mit der Abnahmefähigkeit der Werkleistung gleichzusetzen.[242] Nicht identisch ist die Abnahme dagegen mit der behördlichen Gebrauchsabnahme, die ausschließlich öffentlich-rechtlicher Natur ist und lediglich die Übereinstimmung zwischen Bauausführung und Baugenehmigung bzw. dem öffentlichen Baurecht festzustellen hat.[243] Weder das **Ausstehen geringfügiger Restarbeiten** noch das **Vorhandensein von Mängeln** schließen die Abnahmefähigkeit der Werkleistung und damit die Pflicht des Auftraggebers zur Abnahme gemäß § 12 VOB/B aus, wie der Rückschluß aus § 12 Nr. 3 VOB/B ergibt.[244] Insoweit bietet die VOB eine erhebliche Besserstellung der Rechtsposition des Auftragnehmers, da das Werkvertragsrecht des BGB keine derartige Einschränkung kennt. Gemäß § 640 BGB kann der Auftraggeber auch wegen unbedeutender Restarbeiten oder geringfügiger Mängel die Abnahme ablehnen, während die Abnahmeverweigerung gemäß § 12 Nr. 3 VOB/B das Vorhandensein von wesentlichen Mängeln im Sinne des § 13 Nr. 1 VOB/B voraussetzt.[245] Verweigert der Auftraggeber die Abnahme zu Recht, so treten die Abnahmewirkungen nicht ein; gegenüber dem Vergütungsanspruch des Auftragnehmers hat er die Einrede des nichterfüllten Vertrages gemäß § 320 BGB.[246] Verweigert er die Abnahme dagegen zu Unrecht, zum Beispiel wegen vorgeblicher Mängel, so gerät er in Schuldnerverzug[247] und kann auf Durchführung der Abnahme verklagt werden; die Rechtswirkungen der Abnahme treten in diesem Fall auch ohne sein Zutun ein.

Vorteile für den Auftragnehmer

241 Ingenstau-Korbion, B § 12 Rn. 17; OLG Düsseldorf, BauR 82, 168.
242 BGH v. 27.5.74 – VIII ZR 151/72; OLG Hamm, NJW-RR 93, 594; Ingenstau-Korbion, B § 12 Rn. 18.
243 Hochstein-Korbion, Rn. 401.
244 BGH, BauR 81, 284; Ingenstau-Korbion, B § 12 Rn. 82; Korbion-Hochstein, Rn. 422.
245 BGH, BauR 81, 284; Ingenstau-Korbion, B § 12 Rn. 82; Heiermann-Riedl-Rusam, B § 12 Rn. 36; Motzke-Schreiber, BauR 99, 24.
246 Ingenstau-Korbion, B § 12 Rn. 87.
247 BGH, S.-F. Z. 2.10 Bl. 25; Locher, Rn. 139; Thode, ZfBR 99, 116, 119.

(2) Die Abnahme von Teilleistungen

Die Teilabnahme des § 12 Nr. 2 VOB/B wird auf Verlangen des Auftragnehmers[248] entweder ausdrücklich oder stillschweigend durchgeführt. Bei der Teilabnahme wird zwischen der sogenannten **»echten« Teilabnahme** des § 12 Nr. 2 a VOB/B und der sogenannten **»unechten«** oder **technischen Abnahme** des § 12 Nr. 2 b VOB/B unterschieden. Gegenstand der echten Teilabnahme gemäß Nr. 2 a können nur in sich abgeschlossene Teile der Bauleistung sein, die von den übrigen Teilleistungen funktionell unabhängig und trennbar sind, zum Beispiel eine eingebaute Heizungsanlage[249] oder Sanitärinstallation, nicht dagegen Teile des Rohbaus wie zum Beispiel einzelne Betondecken oder Stockwerke.[250] Die **Rechtsfolgen der Teilabnahme** gemäß Nr. 2 a sind dieselben wie bei der Gesamtabnahme,[251] so daß der Auftraggeber sich seine Rechte wegen bekannter Mängel oder Vertragsstrafen ausdrücklich vorbehalten muß. Die Teilabnahme gemäß Nr. 2 b dagegen dient lediglich der technischen Überprüfung von Teilleistungen, die durch die Weiterführung der Bauleistung der Prüfung und Feststellung entzogen werden und damit vornehmlich der Beweissicherung.[252] Sie führt zwar zu einer **Umkehr der Beweislast** bezüglich der festgestellten Mängel, löst aber keine weiteren Abnahmewirkungen aus, da sie die spätere rechtsgeschäftliche Abnahme lediglich vorbereiten soll. **262**

z.B.

Beweislastfragen

(3) Die förmliche Abnahme

Mit der förmlichen Abnahme ist in § 12 Nr. 4 VOB/B eine Regelung getroffen, die dem Werkvertragsrecht des BGB unbekannt ist. Kraft ausdrücklicher Parteivereinbarung kann die Durchführung der förmlichen Abnahme mit Niederschrift aber auch beim BGB-Bauwerkvertrag zur Pflicht gemacht werden.[253] Dabei handelt es sich um einen Fall der gewillkürten Schriftform, die sich – falls nicht durch entsprechende Vertragsklauseln die VOB-Regelung übernommen wurde – jedoch grundsätzlich nur auf die Abnahmeerklärung selbst bezieht, nicht dagegen auf **263**

248 Aber auch des Auftraggebers – vgl. Ingenstau-Korbion, B § 12 Rn. 70.
249 BGH, BauR 75, 423.
250 BGH, 50, 160.
251 BGH, BauR 75, 423; Korbion-Hochstein, Rn. 409.
252 a.A., vgl. BGH a.a.O. (Anm. 249); Korbion-Hochstein, Rn. 410; Ingenstau-Korbion, B § 12 Rn. 76 ff.; Locher, Rn. 140.
253 BGH, S.-F. Z. 2.50 Bl. 9; BGH, BauR 74, 63; Ingenstau-Korbion, B § 12 Rn. 89; Heidland, BauR 71, 18

die schriftliche Mängelfeststellung oder die Prüfung der Bauleistung.[254] Beim VOB-Vertrag ist die förmliche Abnahme ohne besondere Absprache immer zulässig. Sie kann jederzeit vom Auftraggeber oder vom Auftragnehmer verlangt werden, sofern eine verlangte Abnahme gemäß § 12 Nr. 1 VOB/B oder eine fiktive Abnahme gemäß § 12 Nr. 5 VOB/B noch nicht stattgefunden hat. Das Abnahmeverlangen ist an keinerlei Form gebunden.

Tip Es sollte jedoch aus Beweisgründen schriftlich gestellt werden, da die Zwölftagefrist des § 12 Nr. 1 VOB/B, die als mittlere Frist auch für Nr. 4 gilt,[255] erst mit dem Zugang des Abnahmeverlangens beim Vertragspartner in Gang gesetzt wird.

Bei der förmlichen Abnahme kann jede Partei gemäß Nr. 4 Abs. 1 S. 2 auf ihre Kosten einen **Sachverständigen** hinzuziehen, um die Beschaffenheit der Werkleistung zu überprüfen. Zu empfehlen ist dies insbesondere dem Auftraggeber, wenn er selbst oder sein Vertreter, zum Beispiel der Architekt, nicht über die zur fachlichen Beurteilung der Werkleistung erforderliche Sachkunde verfügt.[256] Zieht der Auftraggeber den Sachverständigen wegen bereits bestehender Mängel hinzu, so kann er gemäß §§ 4 Nr. 7 S. 2 bzw. 13 Nr. 5 oder Nr. 7 Abs. 1 VOB/B die **Sachverständigen-Kosten als Schadensersatz** geltend machen.[257]

264 Gemäß § 12 Nr. 4 Abs. 1 S. 2 VOB/B ist der Abnahmefund in gemeinsamer Verhandlung **schriftlich niederzulegen**. Dabei können die als ordnungsgemäß festgestellten Leistungen oder Leistungsteile generell gebilligt werden.

Tip Die übereinstimmend festgestellten oder strittigen Mängel sollten dagegen möglichst detailliert aufgenommen werden – einerseits zu Beweiszwecken, andererseits wegen der Ausschlußwirkung des § 640 Abs. 2 BGB.

Die Aufnahme eines Mangels ins Abnahmeprotokoll stellt **für den Auftragnehmer** nur eine Tatsachenfeststellung dar, nämlich der Beschaf-

254 Heiermann-Riedl-Rusam, B § 12 Rn. 38; Ingenstau-Korbion, B § 12 Rn. 89.
255 Ingenstau-Korbion, B § 12 Rn. 92; Heiermann-Riedl-Rusam, B § 12 Rn. 38.
256 Eine Pflicht zur Prüfung besteht seitens des Auftraggebers dagegen nicht: vgl. Locher, Rn. 143; a.A. Heidland, BauR 71, 18 ff.
257 Ingenstau-Korbion, B § 12 Rn. 98.

fenheit der Werkleistung, nicht aber eine rechtliche Wertung in Form einer Anerkennung des Mangels, der Gewährleistungsverpflichtung[258] oder der vom Auftraggeber vorbehaltenen Vertragsstrafe.[259] Der Auftragnehmer kann aus diesem Grunde auch nachträglich durch Sachverständigen-Gutachten die Feststellungen im Abnahmeprotokoll angreifen[260] oder sich mit dem Hinweis auf § 13 Nr. 3 VOB/B seiner Gewährleistungspflicht entziehen. **Für den Auftraggeber** dagegen hat die Abnahmeniederschrift über die reine Tatsachenfeststellung hinaus auch **Rechtsfolgen**. Denn gemäß § 12 Nr. 4 Abs. 1 S. 4 VOB/B sind in die Abnahmeniederschrift etwaige Vorbehalte wegen bekannter Mängel, wegen Vertragsstrafen sowie Einwendungen des Auftragnehmers aufzunehmen. Werden diese Vorbehalte nicht in die Niederschrift aufgenommen, so **verliert** der Auftraggeber **seine Ansprüche** auf Nachbesserung, Minderung bzw. Vertragsstrafe wegen bekannter Mängel.[261] Bezüglich des Vorbehalts der Vertragsstrafe gilt dies allerdings nur, soweit die Parteien nicht im Bauvertrag oder in Allgemeinen Vertragsbedingungen eine abweichende Regelung getroffen haben, da § 341 Abs. 3 BGB dispositives Recht enthält. Demgemäß findet sich in den im Baugewerbe üblichen AGB häufig die – zulässige[262] – Klausel, daß die **verwirkte Vertragsstrafe** noch bis zur Schlußzahlung geltend gemacht werden kann; ein Vorbehalt im Abnahmeprotokoll ist in diesem Fall nicht erforderlich. Eine **Unterzeichnung** der Abnahmeniederschrift durch die Vertragsparteien ist gemäß § 12 Nr. 4 VOB/B **nicht erforderlich**. Haben die Parteien allerdings im Bauvertrag vereinbart, daß das Abnahmeprotokoll unterzeichnet wird, so ist die Unterschriftsleistung Teil der Abnahme.[263] In einem solchen Fall ist das Erfordernis des **Vorbehalts** noch gewahrt, wenn der Auftraggeber seinen Vorbehalt vor der Unterzeichnung des Protokolls in dieses einfügt.[264] Voraussetzung ist allerdings, daß ein enger zeitlicher Zusammenhang zwischen Baustellenbegehung und Unterzeichnung der Niederschrift besteht. Gemäß § 12 Nr. 4 Abs. 1 S. 5 VOB/B erhält jede Partei eine Ausfertigung des Protokolls.

Vorsicht für den Auftraggeber

Ist der Abnahmetermin zwischen den Parteien vereinbart oder hat der Auftraggeber mit genügender Frist dazu eingeladen, kann die förmliche Abnahme gemäß § 12 Nr. 4 Abs. 2 VOB/B **auch in Abwesenheit des Auftragnehmers** stattfinden. In diesem Fall hat der Auftraggeber zwar **265**

258 Ingenstau-Korbion, B § 12 Rn. 102.
259 OLG Koblenz, S.-F. Z. 2.411 Bl. 52; Ingenstau-Korbion, B § 12 Rn. 102.
260 Z.B. wegen der Frage, ob die ausgeführte Bauleistung den DIN-Vorschriften entspricht.
261 BGH, BauR 73, 192.
262 BGH, v. 12.10.78 S.-F.-H. Nr. 2 zu § 341 BGB; Glatzel-Hofmann-Frikell, S. 252.
263 BGH, S.-F. Z.2.502 Bl. 1; = BauR 1974, 206; Heiermann-Riedl-Rusam, B § 12 Rn. 41.
264 BGH, S.-F. Z. 2.5032 Bl. 1.

keine Abnahmeniederschrift im Sinne der Nr. 4 Abs. 1 zu fertigen. Jedoch muß er dem Auftragnehmer das Ergebnis der Abnahme **alsbald**[265] **mitteilen**. Diese Mitteilung muß ebenso wie die Abnahmeniederschrift etwaige Vorbehalte wegen bekannter Mängel oder wegen Vertragsstrafen enthalten und zudem erkennen lassen, ob die Abnahme erklärt oder verweigert wurde.[266] Ist der Auftragnehmer aus wichtigem Grund an der Wahrnehmung des Abnahmetermins gehindert, so kann er vom Auftraggeber die Verlegung verlangen.[267] Erscheint er ohne vorherige Entschuldigung nicht, so kann ihm ein Anspruch auf Wiederholung des Abnahmetermins in entsprechender Anwendung des § 233 ZPO nur zugebilligt werden, wenn er durch ein unabwendbares Ereignis an der Teilnahme gehindert wurde.[268] Die vom Auftraggeber allein vorgenommene Abnahme löst in diesen Fällen keine Rechtswirkungen aus.

(4) Die fiktive Abnahme

266 Bei der fiktiven Abnahme des § 12 Nr. 5 VOB/B handelt es sich um einen Sonderfall der Abnahme, die dem Werkvertragsrecht des BGB unbekannt ist. Sie ist nicht identisch mit der stillschweigenden oder konkludenten Abnahme, die eine echte Willenserklärung des Auftraggebers enthält[269] und gleichermaßen beim BGB-Werkvertrag wie beim VOB-Vertrag möglich und zulässig ist.[270] Die Abnahmewirkungen werden vielmehr – unabhängig vom Willen des Auftraggebers – bei der Fiktion des § 12 Nr. 5 ausschließlich durch den Eintritt bestimmter äußerer Tatbestände ausgelöst. Es handelt sich um ein sogenanntes **typisiertes Verhalten** mit normierter Wirkung, bei dem subjektive Momente keine Rolle spielen.[271] Aus diesem Grunde ist dem Auftraggeber auch die Möglichkeit einer Anfechtung gemäß § 119 BGB verwehrt,[272] wenn er sich über die rechtliche Erheblichkeit der in § 12 Nr. 5 VOB/B normierten Tatbestände und deren Rechtsfolgen geirrt hat. Als fingierte Abnahmeerklärung unterliegt § 12 Nr. 5 VOB/B an sich dem Verbot des § 10

keine Anfechtung möglich!

265 Innerhalb von 12 Werktagen – Ingenstau-Korbion, B § 12 Rn. 110.
266 Ingenstau-Korbion, B § 12 Rn. 108; Heiermann-Riedl-Rusam, B § 12 Rn. 44.
267 Ingenstau-Korbion, B § 12 Rn. 107; Locher, Rn. 144.
268 Heiermann-Riedl-Rusam, B § 12 Rn. 43; Ingenstau-Korbion, B § 12 Rn. 107.
269 Zu den Voraussetzungen der konkludenten Willenserklärung bzw. Abnahme vgl. o. Rn. 43 u. 204.
270 OLG München, S.-F.-H. Nr. 4 zu § 16 Nr. 3 VOB (73); BGH, BauR 70, 48; Ingenstau-Korbion B § 12 Rn. 55; Vygen, Rn. 303.
271 Vgl. BGH, BauR 75, 344.
272 Zur Irrtumsanfechtung bei fingierten Willenserklärungen vgl. MüKo-Kramer, § 119 Rn. 60 ff. m.w.Nachw.

Nr. 5 AGBG. Hier greift jedoch dann, wenn die VOB/B als Ganzes vereinbart ist,[273] die Ausnahmeregelung des § 23 Abs. 2 Nr. 5 AGBG ein.

Da die fiktive Abnahme nicht als Teilabnahme, sondern nur als End- 267
abnahme zulässig ist, können die **Abnahmewirkungen** bei beiden Alternativen des § 12 Nr. 5 VOB/B nur dann eintreten, wenn die Bauleistung abnahmefähig – wenn auch nicht vollständig mängelfrei – fertiggestellt ist und der Vertrag nicht vorzeitig gekündigt wurde.[274] Außerdem ist für eine fiktive Abnahme dann kein Raum, wenn ein der Abnahme **entgegenstehender Wille** des Auftraggebers vor Ablauf der in § 12 Nr. 5 VOB/B genannten Fristen entweder ausdrücklich erklärt oder erkennbar zutage getreten ist: Zum Beispiel dann, wenn der Auftraggeber die Abnahme unmißverständlich verweigert,[275] wenn er erklärt, daß er sich die Abnahme ausdrücklich vorbehalte,[276] oder wenn der Auftraggeber eine rechtsgeschäftliche Abnahme gemäß § 12 Nr. 1 oder Nr. 4 VOB/B verlangt.[277]

z.B.

Sind die vorstehenden Voraussetzungen gegeben, so gilt die Baulei- 268
stung gemäß § 12 Nr. 5 Abs. 1 VOB/B mit Ablauf vom 12 Werktagen nach schriftlicher Mitteilung über die Fertigstellung als abgenommen. Die **Schriftform ist zwingend**; eine nur mündliche Mitteilung genügt nicht.[278] Dagegen sind an den Inhalt der schriftlichen Mitteilung keine übermäßigen Anforderungen zu stellen. Es gilt als ausreichend, wenn diese wenigstens sinngemäß die Erklärung des Auftragnehmers enthält, er habe seine Arbeiten ausgeführt. Aus diesem Grunde ist sowohl die **Zusendung** der als solche eindeutig ausgewiesenen **Schlußrechnung**[279] wie auch die Erklärung über die erfolgte Räumung der Baustelle[280] als Mitteilung im Sinne des § 12 Nr. 5 Abs. 1 VOB/B anzusehen. Die **Zwölftagefrist** beginnt mit dem Zugang der Mitteilung beim Auftraggeber. Innerhalb dieser Frist hat der Auftraggeber seine Vorbehalte wegen Mängeln der Bauleistung oder wegen Vertragsstrafen mündlich oder schriftlich geltend zu machen. Ein vor oder nach dieser Frist erklärter

Fristbeginn

273 Korbion-Hochstein, Rn. 418; Vygen, Rn. 386.
274 BGH, BauR 79, 159; OLG Düsseldorf, BauR 76, 433; Ingenstau-Korbion, B § 12 Rn. 118; Heiermann-Riedl-Rusam, B § 12 Rn. 46.
275 BGH, S.-F.-H. Nr. 11 zu § 16 Nr. 2 VOB/B; KG BauR 88, 230. Entgegen der Ansicht von Ingenstau-Korbion, B § 12 Rn. 114, 112, kommt es nicht darauf an, ob der Auftraggeber gemäß § 12 Nr. 3 die Abnahme zurecht verweigert. Denn schon nach allgemeinen Grundsätzen ist für eine Erklärungsfiktion kein Raum, wenn eine ausdrückliche anderslautende Erklärung – gleichgültig, ob zu Recht oder zu Unrecht – abgegeben wurde.
276 BGH, S.-F. Z. 2.50 Bl. 4.
277 Ingenstau-Korbion, B § 12 Rn. 114; Heiermann-Riedl-Rusam, B § 12 Rn. 46
278 Ingenstau-Korbion, B § 12 Rn. 120 ff., 122; Locher, Rn. 146.
279 a.A. BGH, BauR 71, 126; 77, 280; OLG Düsseldorf, BauR 97, 842; BGH, BauR 80, 357; Ingenstau-Korbion, B § 12 Rn. 123.
280 Ingenstau-Korbion, B § 12 Rn. 123.

Vorbehalt des Auftraggebers ist prinzipiell unbeachtlich. In Ausnahmefällen allerdings kann eine kurz vor Fristbeginn vom Auftraggeber geäußerte Mängelrüge zur Wahrung seiner Rechte ausreichen, wenn sich aus seinem Verhalten ergibt, daß er auch innerhalb der Frist die Rüge erkennbar aufrecht erhalten will.[281]

269 Die **Fiktionswirkung** der Abnahme tritt gemäß § 12 Nr. 5 Abs. 2 VOB/B **nach Ablauf von 6 Werktagen**[282] auch dann ein, wenn der Auftraggeber die Bauleistung oder einen in sich abgeschlossenen Teil der Leistung in **Benutzung** genommen hat. Tatbestandliche Voraussetzung ist auch hier die abnahmefähige, im wesentlichen vollständige und mängelfreie Fertigstellung der Werkleistung oder Teilleistung. Außerdem ist für eine Abnahmefiktion kein Raum, wenn die förmliche oder die verlangte Abnahme (§ 12 Nr. 1 VOB/B) ausdrücklich gefordert[283] oder verweigert[284] wurde. Als Benutzung im Sinne des § 12 Nr. 5 Abs. 2 VOB/B gilt zum Beispiel der Bezug eines Neubaues oder auch eines um- bzw. ausgebauten Bauwerks durch den Bauherrn oder seinen Mieter,[285] die Übergabe der vom Subunternehmer erstellten Bauleistung durch den Haupt- oder Generalunternehmer an den Bauherrn und die Nutzung oder Inbetriebnahme durch diesen,[286] aber auch jede sonstige Nutzung entsprechend dem bestimmungsgemäßen Endzweck.[287] Eine **bloße Erprobung** der Funktionsfähigkeit der Bauleistung, zum Beispiel der Probelauf einer Heizung oder einer Fabrikationsanlage, gilt dagegen nicht als Benutzung im Sinne des § 12 Nr. 5 Abs. 2 VOB/B.[288] Umgekehrt ist auch im Falle einer bestimmungsgemäßen Benutzung des Bauwerks für eine Abnahmefiktion kein Raum, wenn die Nutzung lediglich unter dem Zwang der Verhältnisse oder zum Zweck der Schadensminderung erfolgt.[289]

270 Die **Abgrenzung** zwischen fiktiver und stillschweigender Abnahme kann im Fall der Benutzung der Bauleistung nur subjektiv vorgenommen werden: In beiden Fällen werden die Abnahmewirkungen an den äußeren Tatbestand der bestimmungsgemäßen Nutzung geknüpft. Im Fall der stillschweigenden Abnahme hat der Auftraggeber auch subjektiv den Willen zur Abnahme, während es bei der Abnahmefiktion nicht darauf

281 BGH, BauR 75, 344; OLG Düsseldorf, NJW-RR 94, 408; Ingenstau-Korbion, B § 12 Rn. 127; Locher, Rn. 146; Heiermann-Riedl-Rusam, B § 12 Rn. 49.

282 Die Frist wird durch den Beginn der Nutzung in Gang gesetzt: vgl. BGH, BauR 75, 344

283 Ingenstau-Korbion, B § 12 Rn. 132; Locher, Rn. 147.

284 BGH, BauR 75, 344; OLG Düsseldorf, BauR 76, 433, 137.

285 BGH, BauR 75, 344.

286 KG BauR 73, 244; Ingenstau-Korbion, B § 12 Rn. 133.

287 BGH, BauR 71, 128; Ingenstau-Korbion, B § 12 Rn. 133.

288 Ingenstau-Korbion, B § 12 Rn. 136; Locher, Rn. 147.

289 BGH, BauR 79, 152.

ankommt, ob subjektiv ein Abnahmewille oder gar ein entgegenstehender Wille des Auftraggebers vorhanden ist. Daher kann im Falle der Benutzung der Bauleistung eine stillschweigende – rechtsgeschäftliche – Abnahme auch dann stattfinden, wenn die fiktive Abnahme vertraglich ausgeschlossen ist.[290] Die Rechtsfolgen der stillschweigenden Abnahme treten bereits mit Abgabe der konkludenten Willenserklärung, d.h. mit Beginn der Benutzung ein, während die Rechtsfolgen der Abnahmefiktion des § 12 Nr. 5 Abs. 2 VOB/B erst eintreten, wenn die Sechstagefrist abgelaufen ist und der Auftraggeber innerhalb dieser Frist keine Abnahmeverweigerung erklärt hat.[291] Der Frage ob eine stillschweigende Abnahme rechtswirksam stattgefunden hat, kommt dann besondere Bedeutung zu, wenn zwischen den Parteien im Bauwerksvertrag eine förmliche Abnahme als alleinige Abnahmeform ausdrücklich vereinbart, ihre Durchführung jedoch verabsäumt oder vergessen wurde. Läßt in einem solchen Falle das Verhalten des Auftraggebers den Rückschluß auf eine stillschweigende Abnahme der Werkleistung zu – zum Beispiel durch Benutzung der fertiggestellten Bauleistung, andauerndes Schweigen auf die Übersendung der Schlußrechnung oder auf Mahnungen des Auftragnehmers, Unterlassung von Mängelrügen – so bedarf es nach inzwischen h.A.[292] der vertraglich vereinbarten, förmlichen Abnahme nicht mehr. Insbesondere kann der Auftraggeber gegenüber der Restwerklohnforderung des Auftragnehmers nicht einwenden, diese sei wegen der fehlenden förmlichen Abnahme noch nicht fällig.[293] Da nämlich die Vereinbarung der förmlichen Abnahme als gewillkürte Schriftform der Parteidisposition unterliegt, kann die Einhaltung der Schriftform von den Werkvertragsparteien sowohl ausdrücklich wie stillschweigend abbedungen werden, und zwar selbst dann, wenn auch für Vertragsänderungen die Schriftform vereinbart ist. Gerade weil der konkludente Verzicht auf die vereinbarte förmliche Abnahme eine – wenn auch stillschweigende – Vertragsänderung darstellt, ist bei der Auslegung des Verhaltens des Auftraggebers aber Zurückhaltung geboten. Das Vorliegen eines konkludenten Verzichts auf die Abnahmeförmlichkeit kann nur bejaht werden, wenn **eindeutige Anhaltspunkte** den Rückschluß auf einen diesbezüglichen Parteiwillen zulassen.[294] Fehlen derartige Anhaltspunkte – haben die Parteien die Abnahme tatsächlich nur vergessen – so hat auch keine Abnahme stattgefunden. In diesem

vergessene förmliche Abnahme

290 Ingenstau-Korbion, B § 12 Rn. 61.
291 BGH, S.-F. Z. 2.50 Bl. 3 f.; BauR 79, 152.
292 BGH, BauR 77, 344; 89, 727; OLG Stuttgart, BauR 74, 344; Ingenstau-Korbion, B § 12 Rn. 92 eingehend Hochstein, BauR 75, 221 ff.; Locher, Rn. 148; zu weitgehend: Brügmann, BauR 79, 277 ff.; zu einschränkend: Dähne, BauR 80, 223 ff.
293 So bereits BGH, S.-F. Z.2.50 Bl. 9, der die Entscheidung aber noch allgemein auf Treu und Glauben stützt.
294 Vgl. Hochstein, BauR 75, 221, 232.

Falle kann es dem Auftraggeber nur ausnahmsweise nach Treu und Glauben versagt sein, sich auf die fehlende Abnahme als Fälligkeitsvoraussetzung zu berufen, dann nämlich, wenn er sich damit in Widerspruch zu seinem bisherigen Verhalten setzt. Im übrigen treten die Abnahmewirkungen nicht ein, es sei denn, die fehlende Abnahme wird noch nachgeholt.

bb) Die Vergütungspflicht des Auftraggebers beim VOB-Vortrag

271 Der Herstellungspflicht des Auftragnehmers entspricht auch beim VOB-Bauwerksvertrag die Vergütungspflicht des Auftraggebers als vertragliche Hauptpflicht. Die Vergütungspflicht als solche wird in der VOB/B vorausgesetzt und nicht besonders geregelt. Im Hinblick auf die Bemessung der **Vergütung**, die Fälligkeit, die Art und Weise der Zahlung, enthält die VOB/B dagegen differenzierte Regelungen, die den Bedürfnissen der Baupraxis im einzelnen angepaßt sind. So ist für eine Anwendung des § 632 Abs. 1 BGB kein Raum, weil in **§ 2 VOB/B** festgelegt ist, daß die Erbringung der Werkleistung durch den Bauunternehmer vergütungspflichtig ist. Dagegen kommt § 632 Abs. 2 BGB auch beim VOB-Bauvertrag zur Anwendung, wenn die Parteien keine vertragliche Vereinbarung über die Höhe der Vergütung getroffen haben. **»Übliche Vergütung«** im Sinne des § 632 Abs. 2 BGB ist beim VOB-Vertrag aber nicht die – gegebenenfalls durch Sachverständigen zu ermittelnde – pauschale Gesamtvergütung,[295] sondern die in § 2 Nr. 1 S. 1 VOB/A erwähnte und in § 25 Nr. 2 VOB/A näher bestimmte **»angemessene Vergütung«**, die gemäß § 2 Nr. 2 VOB/B grundsätzlich nach Einheitspreisen und tatsächlich ausgeführten Leistungen zu berechnen ist.[296] **Beweispflichtig** für die Höhe der vereinbarten oder üblichen Vergütung ist im Streitfalle der Auftragnehmer. Beansprucht er die übliche Vergütung, so ist er, falls der Auftraggeber die Vereinbarung eines Festpreises behauptet, in der Regel zum Gegenbeweis verpflichtet.[297] Abweichend von diesen allgemeinen Grundsätzen gilt beim VOB-Vertrag allerdings die Besonderheit, daß derjenige, der entgegen § 2 Nr. 2 VOB/B einen anderen Berechnungsmodus als den nach Einheitspreisen behauptet, insoweit beweispflichtig ist.[298]

Beweisfragen

295 Vgl. o. Rn. 241.

296 Korbion-Hochstein, Rn. 698; Ingenstau-Korbion, B § 2 Rn. 178; Locher, Rn. 176.

297 BGH, BauR 75, 281; 84, 667; 88, 121.

298 Korbion-Hochstein, Rn. 703; Ingenstau-Korbion, B § 2 Rn. 180; a.A. noch BGH, BauR 81, 3 ff.: Beweislast liegt beim Auftragnehmer, wenn er nach Einheitspreisen abrechnen will.

(1) Die Bemessung der Vergütung beim VOB-Vertrag

Im Gegensatz zum BGB, das nur den einheitlichen Begriff der vereinbarten Vergütung kennt, unterscheidet die VOB zwischen **verschiedenen Vergütungsarten**. Welche Berechnungsart – Abrechnung nach Einheitspreisen, Stundenlöhnen, Selbstkosten oder Zahlung eines Pauschalpreises – bei der Ermittlung der Vergütung zur Grundlage genommen wird, hängt davon ab, welcher der Vertragstypen der VOB[299] zwischen den Parteien vereinbart wurde. Ebenso wie § 5 VOB/A vom Einheitspreisvertrag als dem Grundtyp des Bauvertrages ausgeht, bestimmt **§ 2 Nr. 2 VOB/B** die Berechnung nach den **vertraglichen Einheitspreisen** und den tatsächlichen ausgeführten Leistungen als diejenige Berechnungsart, nach der beim Bauvertrag im Regelfall abzurechnen ist. Eine abweichende Art der Bemessung der Vergütung findet hiernach nur statt, wenn dies ausdrücklich vereinbart wurde. Daher bleibt es auch dann bei der Vergütung nach Einheitspreisen als Grundregel, wenn im Vertrag zwar Anhaltspunkte dafür vorhanden sind, daß eine andere Berechnungsart gewollt sein könnte, dies im Wege der Auslegung aber nicht eindeutig zu ermitteln ist.[300] Typisch und in der Baupraxis häufig ist der **Grenzfall**, bei dem Leistungsbeschreibung und Angebot eindeutig nach Einheitspreisen ausgerichtet sind, während im Bauvertrag oder im Auftragsschreiben eine Pauschalsumme genannt ist. In der Regel handelt es sich dabei um eine Auf- oder Abrundung der Summe der Positionspreise des Angebots. Eine Abrechnung und Zahlung auf der Basis der Pauschalsumme kommt nur in Betracht, wenn die vertraglichen Vereinbarungen einen eindeutigen Parteiwillen erkennen lassen, auch eine Pauschalierung der Bauleistungen vorzunehmen und in jedem Falle die Vergütung nach der im Auftrag genannten Pauschalsumme zu bemessen. Im Regelfall, d.h. beim Fehlen konkreter Anhaltspunkte, verbleibt es dagegen auch hier bei Abrechnung nach Einheitspreisen und erbrachten Leistungen.[301] 272

Grund-regel

(aa) Die Grundregel des § 2 Nr. 1 VOB/B

Als Grundregel für den Vergütungsumfang gilt § 2 Nr. 1 VOB/B. Hiernach werden durch die vereinbarten Preise – seien es nun Einheits-, Pauschal-, Stundenlohn- bzw. Selbstkostenpreise – alle Leistungen abgegolten, die nach der Leistungsbeschreibung, den Vertragsbedingungen, den 273

299 Vgl. o. Rn. 239 ff.
300 Ingenstau-Korbion, B § 2 Rn. 178.
301 Ingenstau-Korbion, B § 2 Rn. 178; Korbion-Hochstein, Rn. 718; Vygen, ZfBR 79, 133 ff. 135.

Allgemeinen Technischen Vorschriften für Bauleistungen und der gewerblichen Verkehrssitte zur vertraglichen Leistung gehören. Werden Art und Umfang der Leistung durch Zeichnungen und Baupläne konkretisiert, so sind auch diese Pläne bei der Ermittlung der Vergütung heranzuziehen.[302] Hat der Auftraggeber bei bestimmten Bauleistungen ein Wahlrecht – z.B. Farbton der Sanitärobjekte, Fliesen, Teppichböden etc. – so liegt insoweit ein **Wahlschuldverhältnis** im Sinne der §§ 262 ff. BGB vor. Die entsprechend der Wahl des Auftraggebers ausgeführte Leistung ist dann durch den vereinbarten Preis abgegolten.[303] Verstößt die Ausübung des Wahlrechts gegen Treu und Glauben, so kann der Auftragnehmer ausnahmsweise eine höhere Vergütung fordern.[304] Ist die Leistungsbeschreibung vom Auftraggeber ungenau oder lückenhaft erstellt, so gehören hierdurch veranlaßte Mehraufwendungen des Auftragnehmers zum vertraglichen Leistungsumfang und sind durch die vereinbarten Preise abgegolten. Etwas anderes gilt nur, wenn er den Auftraggeber auf die Lücken hingewiesen und rechtzeitig Zusatzangebote unterbreitet hat.[305]

(bb) Abrechnung und Aufmaß beim VOB-Vertrag

274 Ist der Bauwerksvertrag als **Pauschalvertrag** abgeschlossen, so steht die Höhe der Vergütung von vornherein fest. Da sie nicht von der tatsächlich erbrachten Leistung abhängt, bedarf es weder eines Aufmaßes noch einer sonstigen prüfbaren Abrechnung.[306] Der Auftragnehmer kann nach Fertigstellung der Arbeiten und Abnahme seiner Werkleistung[307] ohne weiteres den vereinbarten Pauschalpreis in Rechnung stellen.

275 Ist zwischen den Parteien ein **Stundenlohnvertrag** vereinbart oder sind im Rahmen des Einheitspreisvertrages Bauleistungen im Stundenlohn durchzuführen, so ist die Abwicklung der Arbeiten, der Leistungsnachweis und die Abrechnung gemäß § 15 VOB/B durchzuführen. Gemäß § 15 Nr. 3 VOB/B hat der Auftragnehmer dem Auftraggeber zur Erleichterung der Leistungskontrolle die **Stundenlohnarbeiten** vor

302 OLG Düsseldorf, S.-F. Z.2.301 Bl. 5; Ingenstau-Korbion, B § 2 Rn. 112.

303 BGH, S.-F. Z.2.311 Bl. 5 ff.; Ingenstau-Korbion, B § 2 Rn. 114.

304 Ingenstau-Korbion, B § 2 Rn. 114 mit Hinweis auf BGH v. 27.06.57 – VII ZR 293/56 – allerdings nur dann, wenn dem Auftragnehmer andernfalls ein Festhalten am Vertrag nicht zuzumuten ist. Es müssen praktisch die Voraussetzungen eines Wegfalls der Geschäftsgrundlage vorliegen.

305 BGH, S.- F. Z.2.310 Bl. 38; BGH, S.-F. Z.2.11 Bl. 4.

306 Eine Ausnahme gilt nur in den Ausnahmefällen des § 2 Nr. 3-10 VOB/B s.u. Rn. 283 f.

307 Siehe hierzu im einzelnen o. Rn. 258 ff.

Beginn der Ausführung **anzuzeigen**. Die Anzeige ist keine Anspruchs- oder Fälligkeitsvoraussetzung für die Vergütung sondern vertragliche Nebenpflicht. Die **Folgen** der **unterlassenen Anzeige** sind strittig. Nach der einen Ansicht[308] begründet die Unterlassung Schadensersatzansprüche des Auftraggebers wegen positiver Vertragsverletzung. Dies erscheint zwar dogmatisch richtig, im praktischen Ergebnis jedoch nicht interessengerecht, weil der Vergütungsanspruch des Auftragnehmers aufgrund der Schadensersatzpflicht ja nicht wegfällt. Da der Schaden nur im Wegfall der Kontrollmöglichkeit des Auftraggebers besteht, ist der Ersatzanspruch des Auftraggebers, der bei Schadensersatz aus positiver Vertragsverletzung Grund und Höhe des Schadens darlegen und beweisen muß, kein geeigneter Weg, um gegenüber dem vertragsungetreuen Auftragnehmer irgendwelche Sanktionen durchzusetzen. Interessengerechter – insbesondere im Hinblick auf die Darlegungs- und Beweislast des Auftragnehmers – ist die **entsprechende Anwendung des § 15 Nr. 5 VOB/B.**[309] Hiernach muß der Auftragnehmer die tatsächlich erbrachten Leistungen nachweisen. Er kann hierfür gemäß Nr. 1 Abs. 2 nur den wirtschaftlich vertretbaren Aufwand an Arbeitszeit und Material verlangen. Die Höhe der Stundenlohnvergütung richtet sich (§ 15 Nr. 1 Abs. 1) nach den vertraglichen Vereinbarungen, bei Fehlen einer Vereinbarung nach der **ortsüblichen Vergütung** (§ 15 Nr. 1 Abs. 2 VOB/B, der insoweit der Systematik des § 632 Abs. 2 BGB folgt). Falls die ortsübliche Vergütung nicht oder nur mit erheblichem Aufwand festgestellt werden kann, richtet sie sich hilfsweise nach der Regelung des § 15 Nr. 1 Abs. 2 S. 2 VOB/B. Abrechnungsgrundlage sind die Stundenlohn- oder Rapportzettel, die der Auftragnehmer gemäß § 15 Nr. 3 VOB/B einzureichen hat. Gibt der Auftraggeber sie nicht oder nicht rechtzeitig zurück oder erhebt er keine Einwendungen, so gilt der im Rapportzettel angegebene Leistungsumfang als anerkannt.[310] Dieses **Anerkenntnis** wirkt deklaratorisch mit der Folge, daß der Auftraggeber an den angegebenen Leistungsumfang gebunden ist, sofern er nicht nachweist, daß die Angaben des Auftragnehmers unrichtig sind und er diese Unrichtigkeit nicht gekannt hat.[311]

Anzeigepflicht

Bei der Abrechnung nach Einheitspreisen ist die tatsächlich erbrachte Bauleistung Berechnungsgrundlage der Vergütung des Auftragnehmers. **276**

308 Locher, Rn. 199; Heiermann-Riedl-Rusam, B § 15 Rn. 26, Werner-Pastor, Rn. 1213.

309 Ingenstau-Korbion, B § 15 Rn. 35 ff.; Korbion-Hochstein, Rn. 825; vermittelnd: Locher, Rn. 199.

310 Es handelt sich um eine Fiktion, die trotz § 10 Nr. 5 AGBG jedenfalls dann wirksam ist, wenn die VOB/B als Ganzes vereinbart wird, vgl. Ingenstau-Korbion, B § 15 Nr. 3 Rn. 56; Recken, BauR 78, 417, 421.

311 BGH, BauR 70, 239 ; BGH, S.- F. Z.2.302 Bl. 22; Ingenstau-Korbion, B § 15 Rn. 52 ff.; Werner-Pastor, Rn. 1215.

Um diese zu ermitteln, bedarf es gemäß **§ 14 VOB/B** sowohl einer prüfbaren Abrechnung wie eines – möglichst gemeinsamen – Aufmaßes. Als generelle Abrechnungsvorschrift gilt § 14 VOB/B für alle Vergütungsarten der VOB.[312] Da beim Pauschalvertrag Leistung und Vergütung pauschaliert sind und beim Stundenlohnvertrag gemäß § 15 VOB/B abzurechnen ist, gewinnt § 14 VOB/B bei diesen Vertragstypen jedoch nur Bedeutung im Hinblick auf Änderungen und Ergänzungen des Auftrags sowie das formale Erfordernis der prüfbaren schriftlichen Rechnungserteilung.[313] Der Schwerpunkt der Anwendung des § 14 VOB/B liegt daher beim Einheitspreisvertrag.

277 **prüfbare Abrechnung** Prüfbar im Sinne des § 14 Nr. 1 VOB/B ist die Abrechnung des Auftragnehmers nur dann, wenn die Rechnung schriftlich aufgestellt, übersichtlich gegliedert und auch äußerlich mit den Vertragsunterlagen – dem Leistungsverzeichnis und seinen Einzelpositionen – vergleichbar ist.[314] Änderungen und Ergänzungen des Auftrags sind in der Rechnung zu kennzeichnen und auf Wunsch des Auftraggebers gesondert abzurechnen. Massenberechnungen, Abrechnungs- und Ausführungszeichnungen sowie sonstige Belege müssen der Rechnung beigefügt werden, soweit dies zu ihrem Verständnis erforderlich ist. Für die Prüfbarkeit der Abrechnung kommt es grundsätzlich auf das Prüfungsvermögen des nicht fachkundigen Bauherrn an, dessen Schutz § 14 Nr. 1 VOB/B dient.[315] Hat der Auftraggeber einen Architekten mit der Bauüberwachung beauftragt, so gehören zu dessen Aufgaben auch die Rechnungsprüfung und das gemeinsame Aufmaß (§15 Abs. 1 Nr. 8 und Abs. 2 Nr. 8 HOAI). In diesem Fall genügt es, wenn die Abrechnung nur für einen Fachmann prüfbar ist.

278 **pVV** Die prüfbare Abrechnung gemäß § 14 VOB/B ist **vertragliche Nebenpflicht** des Auftragnehmers, deren Verletzung Schadensersatzansprüche wegen positiver Vertragsverletzung begründet.[316] Der Schaden kann z.B. in entgangenen Baukreditmitteln oder öffentlichen Zuschüssen, dadurch bedingten höheren Zwischenfinanzierungszinsen, entgangenen Steuervorteilen oder erhöhtem Aufwand bei der Rechnungsprüfung liegen. Außerdem ist die Aufstellung einer prüfbaren Abrechnung **Fälligkeitsvoraussetzung** für die vom Auftragnehmer geforderte Zahlung. Für die Fälligkeit von Abschlagszahlungen ergibt sich dies expres-

312 Ingenstau-Korbion, B § 14 Rn. 4; Locher, Rn. 193.

313 Zur Prüfbarkeit der Rechnung beim Pauschalvertrag: BGH, BauR 79, 525; Ingenstau-Korbion, B § 14 Rn. 4.

314 Ingenstau-Korbion, B § 14 Rn. 16 ff. Die Grundsätze der Prüfbarkeit gelten auch für EDV-erstellte Rechnungen, die der Auftraggeber nur akzeptieren muß, wenn ihm entsprechende Prüfungsmittel zu Verfügung gestellt werden, vgl. Heiermann-Riedl-Rusam, B § 14 Rn. 16 ff.

315 Rückschluß aus BGH, S.- F. Z.2.330 Bl. 25.

316 Ingenstau-Korbion, B § 14 Rn. 8; Locher, Rn. 194; BGH S.-F. Z. 2331 Bl. 50.

sis verbis aus § 16 Nr. 1 Abs. 3 VOB/B. Bei der Schlußzahlung ist nach h.A.[317] die prüfbare Abrechnung ebenfalls Fälligkeitsvoraussetzung, weil der Schutzgedanke des § 14 Nr. 1 VOB/B auch und erst recht für die Schlußzahlung gilt, mit der der Auftraggeber den Vergütungsanspruch des Auftragnehmers nicht nur vorläufig sondern endgültig anerkennt. Zudem ergibt auch der Rückschluß aus § 16 Nr. 3 Abs. 1 VOB/B der die Prüfung und damit zwangsläufig die Prüffähigkeit der Schlußrechnung voraussetzt, daß diese Fälligkeitsvoraussetzung für die Zahlung ist. Eine Ausnahme gilt nach Treu und Glauben nur dann, wenn der Auftraggeber ausdrücklich oder stillschweigend auf die prüfbare Abrechnung verzichtet.[318]

Eine **Bindung des Auftragnehmers** an die einmal erteilte Rechnung **279**
besteht nur im Rahmen des § 16 Nr. 3 Abs. 2 VOB/B nach vorbehaltloser Annahme der Schlußzahlung. Im übrigen besteht keine Bindung an die erteilte Abrechnung. Ist diese falsch oder unvollständig, so ist nicht einmal eine Irrtumsanfechtung gemäß § 119 BGB erforderlich, da die Aufstellung der Abrechnung keine rechtsgeschäftliche Willenserklärung enthält. Der Auftragnehmer kann vielmehr den zu wenig geforderten Betrag nachträglich mit einer neuen – ebenfalls prüfbaren – Abrechnung geltend machen.[319] Umgekehrt kann der Auftraggeber den infolge der unrichtigen Abrechnung zuviel gezahlten Betrag gemäß §§ 812 ff. BGB zurückfordern.[320]

Grundlage der prüfbaren Abrechnung ist gemäß § 14 Nr. 2 VOB/B **280**
das **Aufmaß**, mit dem die tatsächlich erbrachten Bauleistungen nach Massen, d.h. nach Zahl, Maß und Gewicht, festgestellt werden. Das Aufmaß soll »möglichst gemeinsam« durchgeführt werden, um Zweifelsfragen sofort zu klären und späteren Streit zu vermeiden. Eine Pflicht zur Mitwirkung am gemeinsamen Aufmaß besteht für die Vertragsparteien nicht.[321] Verweigert der Auftraggeber trotz entsprechender Aufforderung des Auftragnehmers ohne triftigen Grund die **Mitwirkung** am **gemeinsamen Aufmaß**, so führt dies zugunsten des Auftragnehmers zu einer **Umkehr der Beweislast** hinsichtlich des von diesem festgestellten Leistungsumfanges.[322] Außerdem kann die Weigerung des Auftraggebers im Einzelfall als Behinderung der Bauausführung zu bewerten sein, die gemäß § 6 VOB/B für den Auftraggeber nachteilige Konsequenzen

Kooperation beim gemeinsamen Aufmaß

317 BGH, BauR 90, 605; OLG Celle, BauR 96, 264; LG Hanau, BauR 79, 256; Ingenstau-Korbion, B § 14 Rn. 11 ff.; Locher, Rn. 194; Heiermann-Riedl-Rusam, B § 14 Rn. 25 ff.

318 BGH, S.- F. Z.2.331 Bl. 50; Heiermann-Riedl-Rusam, B § 14 Rn. 25; Ingenstau-Korbion, B § 14 Rn. 13.

319 BGH, BauR 88, 218; Ingenstau-Korbion, B § 14 Rn. 24.

320 OLG Düsseldorf, BauR 77, 64.

321 Ingenstau-Korbion, B § 14 Rn. 30; Heiermann-Riedl-Rusam, B § 14 Rn. 32.

322 Ingenstau-Korbion, B § 14 Rn. 31; Heiermann-Riedl-Rusam, B § 14 Rn. 32, 34.

hat.[323] Im umgekehrten Fall einer Weigerung des Auftragnehmers, am gemeinsamen Aufmaß teilzunehmen, gehen Beweisnachteile zu seinen Lasten.

281 **Rechtsfolgen** Erfolgte die Durchführung des Aufmaßes und die **Feststellung** des vom Auftragnehmer erbrachten Leistungsumfanges **gemeinschaftlich**, so ist damit eine beiderseits bindende Vereinbarung getroffen.[324] Denn das gemeinsame Aufmaß ist rechtlich als **Schuldanerkenntnis** im Sinne der §§ 781, 782 BGB zu werten, von dem die Parteien sich, falls die Aufmaßberechnung fehlerhaft ist, nur unter den Voraussetzungen der §§ 119, 123 BGB lösen können.[325] Hat der Auftraggeber einen Architekten mit der Bauüberwachung beauftragt, so gilt dieser gemäß § 15 Abs. 2 Nr. 8 HOAI als bevollmächtigt zur Durchführung des gemeinsamen Aufmaßes.[326] Die Anerkenntniswirkung des Aufmaßes – gleichgültig, ob vom Auftraggeber selbst oder seinem Architekten durchgeführt – beschränkt sich allerdings auf die hinsichtlich des Leistungsumfanges getroffenen tatsächlichen Feststellungen. Mit **Einwendungen anderer Art**, z.B. bezüglich der Höhe oder Angemessenheit der in der Rechnung ausgewiesenen Einheitspreise, der richtigen Berechnung nach VOB, der Vergütungspflicht von Nebenleistungen etc. sind die Parteien durch das Aufmaß nicht ausgeschlossen. Das Aufmaß bereitet die Abrechnung nur vor, ersetzt diese aber nicht.

282 **Schlußrechnung** Gemäß **§ 14 Nr. 3 VOB/B** ist der Auftragnehmer verpflichtet, nach Fertigstellung seiner Leistungen dem Auftraggeber die **Schlußrechnung einzureichen**. Die Vorschrift dient der Beschleunigung der Gesamtabrechnung des Bauvorhabens und bezieht sich nicht auf Zwischen- oder Abschlagsrechnungen, sondern nur auf die Schlußrechnung, diese allerdings unter Einbeziehung von zusätzlichen Leistungen und Erweiterungen des ursprünglichen Auftrages. Kommt der Auftragnehmer seiner Pflicht zur Einreichung der Schlußrechnung innerhalb der in § 14 Nr. 3 VOB/B gesetzten Frist, deren Dauer sich jeweils nach der vertraglichen Ausführungsfrist richtet, nicht nach, so kann der Auftraggeber gemäß § 14 Nr. 4 VOB/B die prüfbare Rechnung auf dessen Kosten selbst erstellen. Allerdings muß der Auftraggeber dem Auftragnehmer vorher eine angemessene Frist – deren Dauer sich nach Art und Umfang der Bauleistung richtet – für die Einreichung der prüfbaren Rechnung

323 Ingenstau-Korbion, B § 14 Rn. 31, Locher, Rn. 196.
324 BGH, BauR 74, 210; Werner-Pastor, Rn. 2034.
325 OLG Karlsruhe, BauR 72, 381; OLG Stuttgart, BauR 92, 318; a.A. BGH, BauR 74, 210: nur deklaratorische Schuldanerkenntnis; offengelassen in OLG Hamm, BauR 92, 242.
326 Differenzierend: Werner-Pastor, Rn. 2038; vgl. o. Rz. 106.

setzen. Das **Recht zur Selbstaufstellung** der Rechnung ist auch dann gegeben, wenn der Auftragnehmer eine Schlußrechnung zwar einreicht, diese bei objektiver Würdigung aber nicht prüfbar ist.[327]

(cc) Die Änderung der Vergütung

Im Gegensatz zum Werkvertragsrecht des BGB, das lediglich in § 650 zu einem Sonderfall der Vergütungsänderung eine ausdrückliche Regelung trifft,[328] behandelt die VOB in § 2 Nr. 3-10 eine Reihe von Tatbeständen der **Preisänderung**, die den typischen Fallgestaltungen im Baugeschehensablauf Rechnung tragen. **283**

Da gemäß § 2 Nr. 1 durch den vereinbarten Preis nur die in der Leistungsbeschreibung und den Vertragsbedingungen erfaßten Leistungen abgegolten werden, während – jedenfalls beim Einheitspreisvertrag – die Abrechnung gemäß § 2 Nr. 2 nach den tatsächlich ausgeführten Leistungen erfolgt, können sich bei der Bauausführung **Mengenabweichungen** ergeben, die die Kalkulationsgrundlagen des Unternehmers erheblich beeinflussen. Den **Toleranzrahmen**, innerhalb dessen Mengenänderungen von beiden Parteien hinzunehmen sind, legt § 2 Nr. 3 fest. Hiernach sind Mengenabweichungen **bis zu 10 %** ohne Korrektur des Einheitspreises hinzunehmen. Maßgeblich für die Feststellung des Prozentsatzes der Mengenänderung ist jeweils der Vergleich der von einem Einheitspreis erfaßten Position im Angebot mit dem tatsächlichen Ergebnis gemäß Aufmaß bzw. Rechnung.[329] Liegen die geleisteten Mengen über den Massen des Angebots aber innerhalb der Grenze von 10 %, so sind die Mehrmengen mit den Einheitspreisen des Angebots zu vergüten. Wird bei den geleisteten Mengen der Einzelposition der Toleranzrahmen von 10 % **überschritten**, so ist für 110 % der geleisteten Mengen die Vergütung nach den Einheitspreisen des Angebots zu bemessen,[330] während für die über 110 % hinausgehenden Mengen auf Verlangen entweder des Auftraggebers oder des Auftragnehmers ein neuer Einheitspreis zu vereinbaren ist. Dabei ist die Preisermittlungsgrundlage des bisherigen Einheitspreises als Bemessungsbasis mit heranzuziehen.[331] Wird dagegen der ursprüngliche Mengenansatz um mehr als 10 % **unterschritten**, so kann eine Erhöhung des Einheitspreises nur **284**

Berechnungsmodalitäten

327 Ingenstau-Korbion, B § 14 Rn. 56; Heiermann-Riedl-Rusam, B § 14 Rn. 51 ff., 52.

328 Vgl. o. Rn. 218 f.

329 BGH, BauR 76, 135.

330 BGH, S.-F. Z.2.311 Bl. 31 ff.; OLG Hamm, S.-F. Z.2.310 Bl. 32, 36.

331 BGH, S.-F. Z.2. 311 Bl. 31 ff. Ingenstau-Korbion, B § 2 Rn. 214; Heiermann-Riedl-Rusam, B § 2 Rn. 85.

nach Maßgabe des § 2 Nr. 3 Abs. 3 – Verteilung der Gemeinkosten auf die geringere Menge – und unter der Voraussetzung erfolgen, daß nicht durch Massenerhöhungen bei anderen Positionen oder in sonstiger Weise hierfür ein Ausgleich erfolgt. Liegt der Mengenunterschreitung eine Teilkündigung gemäß § 2 Nr. 4 oder eine Änderung gemäß § 2 Nr. 5 zugrunde, ist dagegen eine neue Preisvereinbarung zu treffen.

285 Erbringt der Auftragnehmer eine im Vertrag **nicht vorgesehene Leistung**, so hat er gemäß § 2 Nr. 6 nur dann einen Anspruch auf zusätzliche Vergütung, wenn er vor Ausführung der Zusatzleistung **den Anspruch** auf die Mehrkosten dem Auftraggeber ausdrücklich **ankündigt**. Die Ankündigungspflicht ist Entstehungsvoraussetzung für den Anspruch auf zusätzliche Vergütung.[332] Sie soll den Auftraggeber vor überraschenden Zusatzforderungen schützen und zugleich seine Dispositionsfreiheit im Hinblick auf die Ausführung und Preisgestaltung von Zusatzleistungen wahren. Auf die Pflicht zur Vorankündigung kann daher nur in extremen Ausnahmefällen und nur dann verzichtet werden, wenn die im Vertrag nicht vorgesehene Leistung unbedingt notwendig ist und der Auftraggeber sich über die Pflicht zur zusätzlichen Vergütung im klaren war oder es hätte sein müssen.[333] Liegt kein derartiger Ausnahmetatbestand vor oder erbringt der Auftragnehmer eigenmächtig zusätzliche Leistungen, so besteht ein Vergütungsanspruch weder nach dem Vertrag noch gemäß §§ 812 ff. BGB. In einem solchen Fall kann der Auftraggeber gemäß § 2 Nr. 8 Beseitigung der Leistung und Ersatz der durch das eigenmächtige Handeln des Auftragnehmers entstandenen Schäden verlangen. Die Schadensersatzverpflichtung entfällt allerdings, wenn nach den Vorschriften über die Geschäftsführung ohne Auftrag (§§ 677 ff. BGB) das Handeln des Auftragnehmers geboten war, z.B. wenn Bausicherungsmaßnahmen dem öffentlichen Interesse oder der Abwehr einer dem Auftraggeber drohenden Gefahr dienten.[334] Einen **Vergütungsanspruch für die nicht bestellten Leistungen** hat der Auftragnehmer dagegen **nur ausnahmsweise** unter den Voraussetzungen des § 2 Nr. 8 Abs. 2 VOB/B, der Elemente der Geschäftsführung ohne Auftrag und der ungerechtfertigten Bereicherung in sich vereinigt und als Sondervorschrift beim VOB-Vertrag die §§ 677, 683, 812 ff. BGB verdrängt. **Erkennt** der Auftraggeber **ausdrücklich oder stillschweigend**[335] **die Zusatzleistungen an** – das gemeinsame Aufmaß oder der Prüfvermerk des Architekten reichen hier nicht, weil sie nur der Feststellung und

332 OLG Düsseldorf, S.-F. Z.2.302 Bl.15 ff.; Ingenstau-Korbion, B § 2 Rz. 298 ff.; Heiermann-Riedl-Rusam, B § 2 Rz. 130 ff.

333 BGH, S.-F. Z.2.310 Bl. 40; Ingenstau-Korbion, B § 2 Rn. 301; Heiermann-Riedl-Rusam, B § 2 Rn. 131; weitergehend: OLG Celle, BauR 82, 381.

334 Ingenstau-Korbion, B § 2 Rn. 366 ff.

335 Heiermann-Riedl-Rusam, B § 2 Rn. 165 a.

nicht der Anerkennung der Bauleistung dienen[336] – so hat der Auftragnehmer Anspruch auf die gemäß § 2 Nr. 6 Abs. 2 angemessene[337] Vergütung. Dasselbe gilt, wenn die Zusatzleistungen **objektiv notwendig** waren, dem mutmaßlichen Willen des Auftraggebers entsprachen und diesem unverzüglich – spätestens mit Beginn der Ausführung – angezeigt wurden. Beim **Pauschalvertrag** ist eine Änderung des vereinbarten Pauschalpreises nur gemäß § 2 Nr. 7 VOB/B zulässig. Hiernach kommt ein Ausgleich von Mehr- oder Minderkosten nur in Betracht, wenn sich die Geschäftsgrundlage des Pauschalvertrages so erheblich ändert, daß einer der Vertragsparteien ein Festhalten am vereinbarten Pauschalpreis nach Treu und Glauben nicht zuzumuten ist. Das Ausgleichsverlangen ist gemäß § 2 Nr. 7 VOB/B begründet, wenn die ausgeführte Leistung von der vertraglich vereinbarten ganz erheblich abweicht und zu einem untragbaren Mißverhältnis zwischen Pauschalpreis und erbrachter Leistung führt.[338] Bei unverändertem Leistungsinhalt kann ebenfalls eine Preisanpassung in Betracht kommen, wenn infolge unvorhergesehener Umstände, die nicht in den Risikobereich einer der Parteien fallen, völlig extreme, unvorhersehbare Kostensteigerungen ausgelöst werden.[339] Im übrigen gelten auch beim Pauschalvertrag die Nr. 4, 5 und 6 des § 2 VOB/B, so daß eine Änderung des Pauschalpreises immer dann gefordert werden kann, wenn der Auftraggeber Leistungen selbst übernimmt (Nr. 4), wenn die Preisgrundlage durch Änderungen des Bauentwurfs oder sonstige Anordnungen des Auftraggebers verändert wird (Nr.5) oder wenn von diesem zusätzliche Leistungen gefordert werden (Nr. 6).

Sehr viel problematischer als die Preisänderung gem. § 2 Nr. 6 VOB/ **286**
B ist die in § 2 Nr. 5 VOB/B geregelte **Preisänderung wegen Leistungsänderung**. Ob eine Leistung bisher überhaupt nicht vorgesehen war und neu hinzutritt, ist rechtlich und technisch relativ einfach abzuschätzen. Hier ergeben sich die Abwicklungsprobleme i.d.R. aus der fehlenden Vorankündigung oder dem Streit über die Angemessenheit der Zusatzvergütung. Bei § 2 Nr. 5 VOB/B geht es dagegen um eine Änderung bereits beauftragter Leistungen, bei denen sich im Zuge der Bauausführung aus den unterschiedlichsten Gründen Leistungsänderungen ergeben können. Dabei ist nicht jede Änderung preisrelevant. Denn es liegt in der

336 BGH, BauR 74, 210; Ingenstau-Korbion, B § 2 Rn. 376; Heiermann-Riedl-Rusam, B § 2 Rn. 165 a. Der Prüfvermerk des Architekten gilt ohnehin nur im Innenverhältnis, sofern nicht ausnahmsweise Vollmacht zu verbindlicher Rechnungsanerkennung erteilt ist – vgl. Hochstein, BauR 73, 333; BGH, NJW 60, 859; Ingenstau-Korbion, B § 2 Rn. 374.

337 Ingenstau-Korbion, B § 2 Rn. 378.

338 BGH, BauR 72, 118; 96, 250; Heiermann-Riedl-Rusam, B § 2 Rn. 149; Korbion-Hochstein, Rn. 775; Vogel, BauR 97, 556.

339 Vgl. Heiermann-Riedl-Rusam, B § 2 Rn. 149; Ingenstau-Korbion, B § 2 Rn. 341.

Natur des Baugeschehens, daß bei der Ausführung Anpassungen und Korrekturen vorzunehmen sind, die i.d.R. keine Auswirkungen auf die Vergütung haben. Lediglich dann, wenn die Änderung zugleich Auswirkungen auf die Preisgrundlage hat, führt sie zugleich auch zu einer Änderung der Vergütung. Sind die Voraussetzungen des § 2 Nr. 5 VOB/B gegeben, so ergibt sich daraus ein Rechtsanspruch des Auftragnehmers auf einseitige Abänderung des Preises – eine Vorschrift, die im BGB keinerlei Parallele findet. Das **einseitige Preisanpassungsrecht des Auftragnehmers** ist zwangsläufige Konsequenz des dem Auftraggeber in § 1 Nr. 3 VOB/B eingeräumten Rechts, durch einseitige Weisung vom Auftragnehmer eine geänderte Leistung zu verlangen, welches ebenfalls im BGB keine Entsprechung hat.

287 Tatbestandliche **Voraussetzung** des Anspruchs auf Preisanpassung ist

- eine Änderung des Bauentwurfs,
- eine sonstige Anordnung des Auftraggebers und
- deren Auswirkung auf die Preisgrundlagen des Vertrages.

288 **Änderungen des Bauentwurfs** sind alle Veränderungen im Leistungsverzeichnis, die entweder auf Planungsänderungen oder Änderung der Bauausführung beruhen,[340] z.B. Planungsänderungen aufgrund Nachbarwiderspruchs, aufgrund einer statisch erforderlichen bzw. vom Prüfingenieur geforderten Änderung, aber auch Ausführungsänderungen im Hinblick auf technische Verfahren (Verbau im Schlitzwandverfahren statt im Berliner Verbau oder als Bohrpfahlwand, Baugrubenaushub im aufwendigen Handbetrieb statt mit Großgeräten wegen archäologischer Funde oder wegen des Auftretens von Altlasten, die eine »Sortierung« beim Boden erforderlich machen) oder im Hinblick auf Baumaterialien (gemauerte Zwischenwände statt Trockenbau, andere Auswahl von Oberböden, Sanitärobjekten etc.).

289 **»Anordnungen« des Auftraggebers** im Sinne des § 2 Nr. 5 VOB/B sind nicht nur technische Änderungen, sondern auch solche, die den zeitlichen Bauablauf betreffen und eine Verzögerung des Beginns, eine Verlängerung der Ausführungszeit oder Unterbrechungen zur Folge haben können. Dies ist vom Grundsatz her zwar allgemein anerkannt.[341] In der Rechtsprechung[342] wurden solche Mehrvergütungsansprüche bislang aber fast immer verneint, weil im konkreten Fall eine eindeutige, dem

340 Vygen, Hdb., Rn. 769 ff.; Ingenstau-Korbion B § 2 Nr. 5 Rn. 268 ff; OLG Düsseldorf, BauR 95, 706 = NJW 95, 3323.

341 BGH, BauR 85, 561 = NJW 85, 2475; Ingenstau-Korbion, B § 2 Nr. 5 Rn. 272; Heiermann-Riedl-Rusam, B § 2 Nr. 5 Rn. 110; Vygen-Schubert-Lang, Rn. 159 ff.

342 Vgl. BGH, BauR 85, 561; OLG Düsseldorf, BauR 96, 115; zusprechend LG Hildesheim v. 12.2.98 – 4O 581/96.

Auftraggeber zuzurechnende »Anordnung« nicht festgestellt bzw. bewiesen werden konnte. Die verbindlich vereinbarte bzw. kalkulierte **Leistungszeit** ist angesichts der erheblichen Bedeutung des Zeitfaktors bei der Kalkulation des Preises zu einem der brennendsten Probleme der Bauabwicklung – jedenfalls bei größeren Bauvorhaben – geworden. Trotz einer Flut juristisch-baubetrieblicher Literatur zur Problematik des gestörten Bauablaufs[343] fehlen bislang einschlägige Grundsatzentscheidungen der Gerichte, die der Bauwirtschaft den Weg in die »richtige« Methode der Abwicklung weisen könnten, zumal gerade öffentliche **Problemzone** Auftraggeber zwecks Vermeidung von Piloturteilen berechtigte Ansprüche vergleichen. Fakt ist: ein Anspruch auf Änderung – i.d.R. Erhöhung – der Vergütung steht dem Auftragnehmer nur zu, wenn die Anordnung des Auftraggebers ausdrücklich – möglichst schriftlich – erteilt wurde oder die konkludente bzw. stillschweigende Anordnung in zulässiger Weise den Schluß auf einen entsprechenden Rechtsfolgewillen des Auftraggebers zuläßt.[344] Bloße Erschwernisse bei der Ausführung der Leistung ohne jede Einwirkung des Auftraggebers berechtigen dagegen nicht zur Preisänderung gem. § 2 Nr. 5 VOB/B.

(2) Die Zahlung nach VOB

Die Vergütungspflicht des Auftraggebers und insbesondere die Art und Weise der Zahlung ist in der VOB wesentlich detaillierter geregelt als im BGB, das in § 641 lediglich die Fälligkeit und die Verzinsung der Vergütung normiert und damit den Bedürfnissen der Baupraxis nur unzureichend Rechnung trägt. Insbesondere die uneingeschränkte Vorleistungspflicht des § 641 BGB bürdet dem Unternehmer Risiken auf, die bei umfangreicheren und längerdauernden Bauleistungen weder rechtlich zumutbar noch wirtschaftlich tragbar sind. Die VOB stellt demgegenüber in § 16 ein differenziertes System der Zahlungsabwicklung auf, das einerseits dem Interesse des Unternehmers nach Einschränkung des Vorleistungsrisikos und andererseits des Auftraggebers nach abschließender und endgültiger Abwicklung entgegenkommt. Charakteristisch für die Vergütungsregelung des § 16 VOB/B sind die Abschlagszahlung sowie die Vorauszahlung einerseits, die Schlußzahlung bzw. Teilschlußzahlung andererseits sowie die gegenüber dem BGB abweichende Regelung der Verzinsung. **290**

343 Vygen-Schubert-Lang, Bauverzögerung und Leistungsänderung; Kapellmann, Nachträge und Behinderungsfolgen beim Bauvertrag., Bd. 1.
344 Heiermann-Riedl-Rusam, B § 2 Nr. 5 Rn. 111.

(aa) Die Abschlagszahlungen des Auftraggebers

291 Gemäß § 16 Nr. 1 VOB/B hat der Auftraggeber **»auf Antrag«**, d.h. auf entsprechende Anforderung des Auftragnehmers hin, **Abschlagszahlungen** in Höhe des Wertes der jeweils nachgewiesenen vertragsgemäßen Leistungen einschließlich des ausgewiesenen, darauf entfallenden Umsatzsteuerbetrages in möglichst kurzen Zeitabständen zu gewähren.

292 Die Fassung 1973 der VOB sah nur Nettobeträge ohne Mehrwertsteuer für die Abschlagszahlungen vor, weil im Rahmen der damals geltenden Soll-Versteuerung auch für den Auftragnehmer die Mehrwertsteuer erst mit der Ausführung der Bauleistung, in der Regel also nach der Endabnahme, fällig wurde (vgl. § 13 Abs. 1 Nr. 1 a UStG, Fassung 1973). Die Neuregelung der Abschlagszahlungen in der Fassung 1979 der VOB basiert auf der Neufassung des § 13 Abs. 1 Nr. 1 a UStG, die zum 01.01.1980 wirksam geworden ist und bei der – wie vor dem 01.01.1968 – von der sogenannten Mindest-Ist-Besteuerung ausgegangen wird.[345] Hiernach entsteht die **Umsatzsteuer** bei Berechnung der Steuer nach vereinbarten Entgelten (§ 16 Abs. 1 S. 1 UStG) mit Ablauf des Voranmeldungszeitraums, in dem die Leistungen – oder Teilleistungen – ausgeführt worden sind. Wird das Entgelt ganz oder teilweise vor Ausführung der Leistung vereinnahmt, so entsteht die Umsatzsteuer mit Ablauf des Voranmeldungszeitraumes, in dem die Leistungen oder Teilleistungen ausgeführt worden sind. Wird das Entgelt ganz oder teilweise vor Ausführung der Leistung vereinnahmt, so entsteht die Umsatzsteuer mit Ablauf des Voranmeldungszeitraumes, in dem das Entgelt oder Teilentgelt vereinnahmt wurde, es sei denn, der Betrag läge unter 10.000,-- DM und der Unternehmer hätte seine Rechnung ohne Mehrwertsteuerausweis erteilt. Da es im Ermessen des Auftragnehmers steht, mit seinen Abschlagszahlungen Beträge über oder unter 10.000,-- DM – im letzteren Falle mit oder ohne Mehrwertsteuerausweis – zu fordern, kann er trotz § 13 Abs. 1 Nr. 1 a UStG den Anfall der Umsatzsteuer zeitlich steuern. Dem Auftraggeber steht kein Anspruch auf Erteilung von Rechnungen mit Mehrwertsteuerausweis zu, auch wenn ihm – wie z.B. beim Bauherrenmodell oder beim gewerblichen Auftraggeber – Steuervorteile in Form der Vorsteuer während der Bauzeit entgehen. Hiergegen kann er sich nur durch entsprechende vertragliche Vereinbarung absichern.[346]

Steuerliche Aspekte

293 Die Höhe der vom Auftraggeber zu leistenden **Abschlagszahlung** richtet sich nach dem Wert der »vertragsgemäß« erbrachten Leistung. Mängel der Werkleistung sind, da nur die mängelfreie Leistung »vertragsgemäß« ist, in Form eines angemessenen Abzuges zu berücksichti-

345 Vgl. Ingenstau-Korbion, B § 16 Rn. 39; Heiermann-Riedl-Rusam, B § 16 Rn. 29; Rutkowsky, NJW 80, 680, 681.

346 Vgl. Ingenstau-Korbion, B § 16 Rn. 40.

gen. Bezüglich der Höhe der **angemessenen Kürzung** gelten dieselben Grundsätze wie bei der Einrede des Auftraggebers aus **§ 320 BGB**: Es kann nicht nur der durch die Mangelhaftigkeit der Leistung bedingte objektive Minderwert in Abzug gebracht werden, sondern der mehrfache – nämlich zwei- bis vierfache – Betrag der Mängelbeseitigungskosten[347]. Durch das Druckmittel der höheren Kürzung soll der Auftragnehmer zur umgehenden Nachbesserung veranlaßt werden. Der **Nachweis der Mängelfreiheit** obliegt dem Auftragnehmer, der die Abschlagszahlung fordert und für deren Voraussetzungen beweispflichtig ist. Gemäß § 16 Nr. 1 Abs. 2 VOB/B kann der Auftraggeber außerdem Gegenforderungen einbehalten. Die **Gegenforderung** muß nicht aus dem Bauwerksvertrag selbst herrühren. Sie kann auch aus einem anderen Vertrag, einem gesetzlichen Schuldverhältnis oder Haftungstatbestand stammen, sofern nur die Aufrechenbarkeit im Sinne der §§ 387 ff. BGB gegeben ist.[348] Im Gegensatz zur erklärten Aufrechnung, die gemäß § 389 BGB zum Erlöschen der beiden Forderungen führt und die auch gegenüber der Abschlagsforderung möglich ist, hat der Einbehalt vorläufigen Charakter. Er kann bei geänderter Sachlage entfallen. Andere Einbehalte sind nur kraft Gesetzes (z.B. §§ 812 f., 823 f. BGB) oder kraft vertraglicher Vereinbarung zulässig, typischerweise dann, wenn im Bauvertrag gemäß § 17 VOB/B ein **Sicherheitseinbehalt** vereinbart wurde. Hier darf der Auftraggeber die Abschlagszahlungen um jeweils den vereinbarten Prozentsatz bis höchstens 10 % kürzen (§17 Nr. 6 Abs. 1 VOB/B), bis die vereinbarte Sicherheitssumme erreicht ist.[349] Beim AGB-Vertrag dürfte ein Einbehalt von 5 % als zulässige Höchstquote gelten, da nach der Rspr. des BGH[350] andernfalls der Kerngehalt der VOB verletzt und die Wirksamkeit der Klausel in Frage gestellt sein kann. Allerdings kann der Auftragnehmer auch hier das wirtschaftliche Risiko der Vorleistung – insbesondere für den Fall der Insolvenz des Auftraggebers – mindern, indem er den Einbehalt durch Bankbürgschaft ablöst oder gemäß § 17 Nr. 6 VOB/B die Einzahlung auf Sperrkonto fordert.

Die vorstehende Regelung der Abschlagszahlungen gilt auch für Stoffe oder Bauteile, die entweder auf der Baustelle angeliefert oder aber eigens für die vertragliche Leistung angefertigt und vom Auftragnehmer **294**

347 BGH, BauR 79, 159; 88, 474; OLG Hamm, BauR 99, 767; Ingenstau-Korbion, B § 16 Rn. 37 (»angemessener Betrag«); Heiermann-Riedl-Rusam, B § 16 Rn. 81, 577. Die Einbehalte wegen Mängeln führen bei der gerichtlichen Geltendmachung der Abschlagforderung nicht zur Klageabweisung mangels Fälligkeit, sondern nur zur Verurteilung Zug um Zug gegen Mängelbeseitigung – vgl. BGH, BauR 79, 159; 88, 474.

348 a.A. Ingenstau-Korbion, B § 16 Rn. 62; Heiermann-Riedl-Rusam, B § 16 Rn. 32; (Gegenforderung muß sich aus dem konkreten Bauvorhaben ergeben).

349 Heiermann-Riedl-Rusam, B § 16 Rn. 36.

350 BGH, BauR 87, 694.

– nicht notwendig auf der Baustelle, gegebenenfalls in seinem Betrieb oder bei Dritten[351] – bereitgestellt, d.h. von sonstigen Materialien abgesondert werden. Außerdem muß dem Auftraggeber nach seiner Wahl entweder Sicherheit geleistet oder das Eigentum, gegebenenfalls durch Besitzkonstitut oder Abtretung des Herausgabeanspruchs (§§ 930, 931 BGB) übertragen werden. Da Eigentumsvorbehalte bei Baustofflieferanten üblich sind, obliegt dem Auftraggeber, falls er gutgläubig erwerben will, eine gewisse Erkundigungspflicht.[352]

295 In allen Fällen der Abschlagszahlung hat der Auftragnehmer eine **prüfbare Aufstellung** der erbrachten Teilleistungen bzw. gelieferten oder bereitgestellten Bauteile zu übermitteln, die dem Auftraggeber die Überprüfung der Abschlagsrechnung ermöglicht. Leistet der Auftraggeber binnen 12 Werktagen nach Zugang der Aufstellung nicht, so kann der Auftragnehmer die Rechte aus § 16 Nr. 5 Abs. 3 VOB/B geltend machen und insbesondere seine Arbeiten bis zur Zahlung einstellen. Das Recht auf Abschlagszahlungen ist **zeitlich begrenzt**: Es kann nur bis zur Fertigstellung der Gesamtleistung geltend gemacht werden. Nach Fertigstellung und insbesondere Abnahme seiner Werkleistung kann der Auftragnehmer keine Abschlagsrechnung mehr stellen.[353] Er muß stattdessen seine Schlußrechnung aufstellen und die sich aufgrund der Schlußrechnung ergebende Restvergütung – gegebenenfalls den unbestrittenen Betrag des Guthabens gemäß § 16 Nr. 3 Abs. 1 S. 3 VOB/B[354] – gerichtlich geltend machen. Gegenüber der kurzen Fälligkeit bei Abschlagszahlungen hat die Stellung der Schlußrechnung gem. § 16 Nr. 3 VOB/B für den Auftragnehmer den Nachteil, daß die Fälligkeit der Schlußzahlung um den vom Auftraggeber benötigten Prüfungszeitraum – i.d.R. 2 Monate, bei Großbauvorhaben unter Umständen länger – hinausgeschoben ist. Dem zahlungsunwilligen Auftraggeber wird hier gem. § 16 VOB/B zwangsläufig ein weiterer Zahlungsaufschub gewährt.

Tip Um dies zu vermeiden, sollte der Auftragnehmer kurz vor der Fertigstellung noch eine letzte Abschlagsrechnung stellen. Denn Forderungen aus unerledigten Abschlagsrechnungen können auch nach Fertigstellung und vor Fälligkeit der Schlußrechnung einge-

351 BGH, BauR 86, 361; 92, 632; Heiermann-Riedl-Rusam, B § 16 Rn. 11 ff.; Ingenstau-Korbion, B § 16 Rn. 48 ff.

352 Ingenstau-Korbion, B § 16 Rn. 56.

353 OLG Köln, BauR 73, 324, LG Hamburg, BauR 95, 399; Ingenstau-Korbion, B § 16 Rn. 75; Heiermann-Riedl-Rusam, B § 16 Rn. 9 a.

354 Locher, Rn. 201; Ingenstau-Korbion, B § 16 Rn. 113; Heiermann-Riedl-Rusam, B § 16 Rn. 69.

klagt werden, wobei ab Fälligkeit der Schlußrechnung eine Umstellung der Klage möglich und auch empfehlenswert ist.

(bb) Vorauszahlungen des Auftraggebers

Bei den Vorauszahlungen des Auftraggebers wird entgegen der Systematik des BGB und auch der VOB eine Vorleistungspflicht des Auftraggebers begründet, der noch keine vom Auftragnehmer erbrachte Leistung gegenübersteht. Der Anspruch auf Vorauszahlung[355] muß ausdrücklich vertraglich vereinbart sein, und zwar entweder nach Vertragsschluß (§ 16 Nr. 2 Abs. 1 VOB/B) oder bereits mit oder vor Abschluß des Bauvertrages.[356] In allen Fällen der Vorauszahlung hat der Auftragnehmer auf Verlangen des Auftraggebers **Sicherheit zu leisten**, die nach Art und Höhe das Risiko des Auftraggebers angemessen abzudecken hat.[357] Mangels anderweitiger vertraglicher Vereinbarung sind die Vorauszahlungen gemäß § 16 Nr. 2 Abs. 1 S. 2 VOB/B zu **verzinsen** und außerdem gemäß § 16 Nr. 2 Abs. 2 VOB/B auf die nächstfälligen Zahlungen **anzurechnen**, damit möglichst bald die Vorauszahlungen und die erbrachten Leistungen in ein reales Verhältnis gebracht und die Zinszahlung reduziert, bzw. die vom Auftragnehmer erbrachte Sicherheit abgebaut werden kann.[358] **296**

(cc) Die Schlußzahlung des Auftraggebers

Der Auftraggeber hat nach der Systematik der VOB/B den Werklohn nicht in Form einer einmaligen Gesamtvergütung zu zahlen, wie in den §§ 631 Abs. 1, 641 Abs. 1 BGB vorgesehen,[359] sondern sukzessive in Form von leistungsgerechten Abschlagszahlungen, auf die nach Beendi- **297**

355 Diese können grundsätzlich mit dem entsprechenden Umsatzsteueranteil gefordert werden; gem. § 13 Abs. 1 Nr. 1 a UStG gilt hier dasselbe wie bei Abschlagszahlungen vgl. Ingenstau-Korbion, B § 16 Rn. 86; Heiermann-Riedl-Rusam, B § 16 Rn. 59.

356 Heiermann-Riedl-Rusam, B § 16 Rn. 48 ff., 51; Ingenstau-Korbion, B § 16 Rn. 81 ff., 84.

357 Ingenstau-Korbion, B § 16 Rn. 87; Locher, Rn. 202; Heiermann-Riedl-Rusam, B § 16 Rn. 53.

358 OLG Karlsruhe, BauR 86, 227; Ingenstau-Korbion, B § 16 Rn. 89, 91; Heiermann-Riedel-Rusam, B § 16.2 Rn. 56.

359 In der Baupraxis sind auch beim BGB-Vertrag Abschlagszahlungen üblich. Sie müssen jedoch – da in § 641 BGB nicht vorgesehen – ausdrücklich vereinbart werden. vgl. Locher, Rn. 54; Werner-Pastor, Rn. 1218.

gung der Arbeiten die Rest- oder Schlußzahlung folgt. Begriff, Fälligkeit und Rechtsfolgen der Schlußzahlung, die als Rechtsbegriff im allgemeinen Zahlungsverkehr außerhalb der VOB keine Verbreitung gefunden hat, sind in § 16 Nr. 3 VOB/B geregelt. Wegen der weitreichenden Konsequenzen der **Schlußzahlung** und der gemäß § 16 Nr. 3 einzuhaltenden Formalien ist für beide Vertragsparteien hier besondere Vorsicht geboten.

298 **Begriff** Als **»Schlußzahlung«** im Sinne des § 16 Nr. 3 VOB/B, die begrifflich mit der »Restzahlung« identisch ist, gilt nach h. A.[360] die endgültige Begleichung der Unternehmervergütung aus dem jeweiligen Bauvertrag, und zwar unter Abzug bereits geleisteter Abschlags-, Voraus- oder Teilschlußzahlungen sowie ohne Berücksichtigung etwa vereinbarter Sicherheitsleistungen oder Sicherheitseinbehalte. Die Charakterisierung einer Zahlung oder eines der Zahlung gleichstehenden Vorganges als Schlußzahlung erfolgt nicht objektiv nach Maßgabe der dem Auftraggeber tatsächlich zustehenden Restvergütung, sondern subjektiv aus der Sicht des Auftraggebers. Es handelt sich um die dem Auftragnehmer aus der Sicht des Auftraggebers noch zustehende restliche Werklohnforderung.[361]

299 **Voraussetzungen** Die Schlußzahlung setzt, wie sich aus der Fälligkeitsregelung des § 16 Nr. 3 Abs. 1 VOB/B ergibt, notwendig die vorherige **Einreichung einer prüffähigen Schlußrechnung** durch den Auftragnehmer voraus.[362] Eine Kennzeichnung als »Schluß-« oder »Endabrechnung« ist nicht erforderlich,[363] sofern die vorgelegte Abrechnung den verbindlichen Willen des Auftragnehmers erkennen läßt, mit der geltend gemachten Forderung die Gesamtabrechnung des Bauvertrages einschließlich etwaiger Zusatz- oder Nachtragsaufträge – vornehmen zu wollen.[364] Außerdem muß die prüfbare Schlußrechnung nicht notwendig vom Auftragnehmer stammen. Verzögert oder unterläßt der Auftragnehmer die Einreichung der Schlußrechnung, so kann der Auftraggeber gemäß § 14 Nr. 4 VOB/B ihm eine angemessene Frist hierfür setzen und nach deren

360 Vgl. BGH, BauR 79, 525, 83, 165; 70, 240; Ingenstau-Korbion, B § 16 Rn. 93; Korbion-Hochstein, Rn. 858; Heiermann-Riedl-Rusam, B § 16 Rn. 60; Vygen, Rn. 903; Werner-Pastor, Rn. 2299.

361 OLG München, BauR 76, 61; Ingenstau-Korbion, B § 16 Rn. 94; Heiermann-Riedl-Rusam, B § 16 Rn. 60; Locher, Rn. 203; Vygen, Rn. 903.

362 BGH, BauR 79, 342; 82, 377; Vygen, Rn. 904.

363 Bei hinreichender Kennzeichnung kann diese auch aus mehreren Einzelrechnungen bestehen oder aus einer Abschlagsforderung, über die hinaus dann – z.B. wegen Kündigung, vorzeitiger Beendigung des Vertrages oder aus sonstigen Gründen – keine weiteren Forderungen mehr gestellt werden; vgl. OLG Düsseldorf, BauR 73, 386; BGH, BauR 75, 282; Ingenstau-Korbion, B § 16 Rn. 96.

364 BGH, BauR 75, 344; OLG Hamm, JBR 96, 13; LG Hamburg, BauR 95, 399; Ingenstau-Korbion, B § 16 Rn. 96.

Ablauf die Schlußrechnung selbst auf Kosten des Auftragnehmers aufstellen.

Die **Fälligkeit** der vom Auftraggeber zu leistenden Schlußzahlung richtet sich nach § 16 Nr. 3 Abs. 1 VOB/B. Hiernach hat der Auftraggeber die Schlußzahlung »alsbald nach Prüfung und Feststellung« der vom Auftragnehmer vorgelegten Schlußrechnung zu leisten, **spätestens innerhalb von 2 Monaten nach deren Zugang**. Ein Hinausschieben der Fälligkeit durch **AGB** – z.B. bis zur Vorlage von Mängelfreiheitsbescheinigungen Dritter – ist wegen Verstoßes gegen den § 9 AGBG unwirksam.[365] Lediglich in extremen Ausnahmefällen, z.B. bei Verhaftung des Architekten und Beschlagnahme seiner Bauunterlagen[366] oder in sonstigen Fällen, in denen – z.B. wegen des Umfanges des Bauvorhabens oder besonderer Schwierigkeiten bei der Abrechnung – die Schlußrechnungsprüfung dem Auftraggeber objektiv und trotz aller zumutbaren Anstrengungen nicht innerhalb der Zweimonatsfrist möglich ist, kann die Fälligkeit der Schlußzahlung über die Frist des § 16 Nr. 3 Abs. 1 VOB/B hinaus aufgeschoben sein. In einem solchen Fall ist aber jedenfalls der unbestrittene Teil des Guthabens gemäß § 16 Nr. 3 Abs. 1 S. 3 VOB/B sofort zu zahlen. In allen übrigen Fällen bleibt es für die Fälligkeit bei der Höchstgrenze des § 16 Nr. 3 Abs. 1 S. 1 VOB/B: Die Schlußzahlung ist mit Ablauf der Zweimonatsfrist fällig, auch wenn der Auftraggeber die Rechnungsprüfung noch nicht vorgenommen oder abgeschlossen hat. Sie ist bereits früher fällig, wenn das Ergebnis der Rechnungsprüfung, d.h. der inhaltlichen Nachprüfung der Rechnungsangaben, und ihr Vergleich mit den bauvertraglichen Vereinbarungen bzw. erbrachten Leistungen, bereits vorher vorliegt, z.B. beim Pauschalvertrag, bei dem die Rechnungsprüfung keinen größeren Arbeitsaufwand erfordert. Weitere Fälligkeitsvoraussetzung ist nach inzwischen h.A.[367] die **Abnahme** der Werkleistung, auch wenn die VOB/B sie nicht gesondert erwähnt. Da auch nach dem System der VOB/B eine zweckentsprechende Abhängigkeit zwischen Leistung und Gegenleistung bestehen soll und die VOB/B insoweit keine von § 641 Abs. 1 BGB abweichende Regelung enthält, kann die Fälligkeit der Schlußzahlung nur dann eintreten, wenn die Werkleistung vom Auftraggeber abgenommen oder die Abnahme zu Unrecht verweigert wurde. **300**

Gemäß § 16 Nr. 3 Abs. 2 VOB/B hat der Auftraggeber die Möglichkeit, einen über die Schlußzahlung hinausgehenden Vergütungsanspruch des Auftragnehmers abzulehnen, mit der Folge, daß dieser – unabhängig **301**

365 OLG Köln, S.-F.-H. Nr. 2 zu § 641 BGB; LG München I, S.-F.-H. Nr. 1 zu § 9 AGBG; OLG München, BauR 95, 138; Ingenstau-Korbion, B § 16 Rn. 102.
366 Locher, Rn. 204 a; Ingenstau-Korbion, B § 16 Rn. 110 ff.
367 BGH, BauR 81, 201; Korbion-Hochstein, Rn. 866 ff.; Ingenstau-Korbion B § 16 Rn. 16; Vygen, Rn. 894.

von der Begründetheit des Anspruches – nicht mehr durchgesetzt werden kann, falls der Auftragnehmer nicht rechtzeitig Vorbehalte anmeldet. Es handelt sich um das dem Werkvertragsrecht des BGB unbekannte Rechtsinstitut der **»vorbehaltlosen Annahme der Schlußzahlung«**, dessen Voraussetzungen und Rechtsfolgen besondere Aufmerksamkeit des Auftragnehmers verdienen, weil die Nichtbeachtung der in § 16 Nr. 3 Abs. 2 VOB/B vorgesehenen Fristen und Förmlichkeiten ihm empfindliche Restverluste eintragen kann. Die vorbehaltlose Annahme der Schlußzahlung führt zwar nicht automatisch zu einem Rechtsverlust wie die vorbehaltlose Abnahme der Werkleistung gemäß § 640 Abs. 2 BGB. Sie begründet aber eine **Einrede**, deren Geltendmachung im Ermessen des Auftraggebers steht und die inhaltlich ebenso wie in ihrer Durchsetzbarkeit (z.B. § 390 S. 2 BGB[368]) der Verjährungseinrede gleichgestellt ist.[369] Die Ausschlußwirkung der Schlußzahlungseinrede erfaßt alle Ansprüche des Auftragnehmers aus dem Bauvertrag einschließlich der Vergütungsansprüche aus Zusatz- oder Nachtragsaufträgen, der Schadensersatzansprüche aus Verzug oder positiver Vertragsverletzung.[370]

302 Die tatbestandlichen **Voraussetzungen der Schlußzahlungseinrede** liegen vor, wenn

- die Schlußrechnung eingereicht ist;
- der Auftraggeber die Schlußzahlung leistet oder eine gemäß § 16 Nr. 3 Abs. 2 VOB/B der Zahlung gleichgestellte Erklärung abgibt;
- der Auftraggeber über die Schlußzahlung schriftlich unterrichtet und die in § 16 Nr. 3 Abs. 2 vorgeschriebene Belehrung erteilt;
- der Auftragnehmer einen Vorbehalt nicht, verspätet oder ohne ausreichende Begründung erklärt.

303 Die Schlußrechnung kann sowohl vom Auftragnehmer selbst wie auch – falls die Voraussetzungen des § 14 Nr. 4 VOB/B vorliegen – vom Auftraggeber aufgestellt sein. Stellt der Unternehmer die Schlußrechnung auf, so kommt es für die Erhebung der Schlußzahlungseinrede nicht auf deren Prüfbarkeit an,[371] weil von dieser nur die Fälligkeit der Zahlung abhängt. Der Auftraggeber hat in diesem Fall ein Wahlrecht: Er kann entweder die Rechnung als nicht prüfbar und damit nicht fällig zurück-

368 BGH, BauR 82, 499, Werner-Pastor, Rn. 2286 ff., 2289; Ingenstau-Korbion, B § 16 Rn. 173 ff.; a.A. OLG Düsseldorf, BauR 77, 360, 361 ff.

369 BGH BauR 74, 132; 81, 374; Ingenstau-Korbion, B § 16 Rn. 164; Werner-Pastor, Rn. 2289; OLG Frankfurt, BauR 94, 251.

370 BGH, BauR 74, 132 f.; Ingenstau-Korbion, B § 16 Rn. 178 ff.

371 Strittig: Für die Prüfbarkeit der Rechnung als Voraussetzung der Einrede: OLG Düsseldorf, BauR 82, 383 ; OLG Köln, S.-F.-H. Nr. 11 zu § 16 Nr. 3 VOB/B (73); Ingenstau-Korbion, B § 16 Rn. 163; gegen dieses Erfordernis: Werner-Pastor, Rn. 2297; Leineweber, BauR 80, 303, 304; BGH, BauR 87, 329; OLG Frankfurt, BauR 88, 615.

weisen oder – da er zur Prüfung rechtlich nicht verpflichtet ist – die Schlußzahlung leisten und den Auftragnehmer damit zur Vorlage der prüfbaren Rechnung innerhalb der Frist des § 16 Nr. 3 Abs. 2 S. 5 VOB/B zwingen.

Als **Schlußzahlung** im Sinne des § 16 Nr. 3 VOB/B gilt jede im **304**
Zusammenhang mit der Schlußrechnung vorgenomme Zahlung des Auftraggebers, die in einer für den Unternehmer zweifelsfrei erkennbaren **Definition**
Weise den Willen zur endgültigen und abschließenden Begleichung der Forderungen aus dem Bauvertrag erkennen läßt.[372] Die Verwendung des Wortes »Schlußzahlung« ist zwar empfehlenswert, jedoch nicht zwingend, da **jede** sonstige **eindeutige Kennzeichnung** der Zahlung als Schlußzahlung ausreicht.[373] **Form** Diese kann schriftlich, mündlich oder durch konkludentes Verhalten des Auftraggebers erfolgen. Als ausreichende Kennzeichnung gilt[374] auch ein entsprechender Vermerk auf einem Scheck, Wechsel oder Überweisungsträger, sofern dieser dem Auftragnehmer zugegangen ist.[375] Allerdings beginnt im letzteren Fall die Vorbehaltsfrist nicht bereits mit der Gutschrift des gezahlten Betrages auf dem Empfängerkonto, sondern mit dem Eingang des Überweisungbelegs beim Auftragnehmer.[376] Da die Aufrechnung ebenso wie die Zahlung eine Tilgung der Werklohnforderung bewirkt, ist die **Aufrechnungserklärung** des Auftraggebers nach h.A.[377] der Schlußzahlung gleichzusetzen, wenn damit weitere Zahlungen abgelehnt werden – z.B. bei der Aufrechnung mit Vertragsstrafenansprüchen, Verzugsschäden oder sonstigen Schadensersatzansprüchen. Gemäß § 16 Abs. 3 VOB/B ist die schriftliche endgültige Ablehnung weiterer Zahlungen unter Hinweis auf bereits geleistete Zahlungen der Schlußzahlung gleichgestellt. Hier ist der Auftragnehmer nach Ansicht des Auftraggebers durch die bereits geleisteten Abschlags- oder Vorauszahlungen entweder vollständig oder sogar überbezahlt. Die Ablehnungserklärung muß zwar keine Begründung enthalten, wohl aber eine Aufschlüsselung der bisherigen Zahlungen nach Daten und Beträgen, um dem Auftragnehmer eine Über-

372 Vgl. o. Rn. 298 u. Fn. 360
373 BGH, BauR 87, 96; OLG Frankfurt, BauR 94, 251; Ingenstau-Korbion, B § 16 Rn. 96; Werner-Pastor, Rn. 2299.
374 BGH S.-F.-H. Nr. 15 zu § 16 Nr. 3 VOB/B (73); BGH, BauR 84, 65; 87, 96; Ingenstau-Korbion, B § 16 Rn. 122; Werner-Pastor, Rn. 2300; Heiermann-Riedl-Rusam, B § 16 Rn. 60.
375 Beweispflichtig dafür, daß er den Überweisungsbeleg von seiner Bank nicht erhalten hat, ist der Auftragnehmer vgl. LG Düsseldorf, S.-F.-H. Nr. 6 zu § 16 Nr. 3 VOB/B (73); einschränkend BGH, BauR 84, 65; 87, 96.
376 BGH, S.-F.-H. Nr. 15 zu § 16 Nr. 3 VOB/B (73).
377 BGH, BauR 80, 174; BauR 87, 329; Korbion-Hochstein, Rn. 881; Werner-Pastor, Rn. 2301.

prüfung zu ermöglichen.[378] Außerdem ist hier wegen der einschneidenden Wirkung der Ablehnungserklärung die **Schriftform** Wirksamkeitserfordernis. Durch die Neufassung des § 16 Nr. 3 Abs. 2 VOB/B, der nunmehr einen **schriftlichen Hinweis** auf die Schlußzahlung sowie insbesondere einen ausdrücklichen **Hinweis des Auftraggebers auf die Ausschlußwirkung** fordert, ist der bei den früheren Fassungen des § 16 Nr. 3 gegebene Überraschungseffekt entfallen. Ein Rechtsverlust des Auftragnehmers als Folge der Schlußzahlung dürfte angesichts der beim »Hinweis« nun notwendigen ausführlichen Belehrung nur noch bei grob nachlässigem Verhalten des Auftragnehmers – oder seines Rechtsberaters – vorkommen.

305 Der **Vorbehalt**, den der Unternehmer zur Vermeidung von Rechtsnachteilen erklären muß, ist eine einseitige empfangsbedürftige Willenserklärung, an deren Inhalt und Form nach h.A.[379] keine allzu strengen Anforderungen zu stellen sind. Es genügt, wenn der Auftragnehmer schriftlich, mündlich oder konkludent zum Ausdruck bringt, daß er sich mit der Schlußzahlung des Auftraggebers, seiner Ablehnung weiterer Zahlungen oder gar Rückforderung geleisteter Zahlungen nicht zufrieden gibt, sondern auf der Begleichung seiner Forderung bestehen bleibt. Die Vorbehaltserklärung muß **innerhalb von 24 Werktagen** dem Auftraggeber zugehen (§ 16 Nr. 3 Abs. 5 VOB/B). Maßgebend für den **Fristbeginn** ist der Tag der Übergabe von Bargeld, Scheck oder Wechsel, bei Überweisung der Tag des Einganges des Überweisungsbelegs beim Auftragnehmer.[380] **Adressat der Vorbehaltserklärung** ist grundsätzlich der Auftraggeber selbst, dessen Architekt nur dann, wenn er zur Bauabrechnung und Auseinandersetzung über den Vergütungsanspruch ausdrücklich, stillschweigend oder kraft Duldungsvollmacht ermächtigt ist.[381] Als ordnungsgemäßer Vorbehalt gilt auch die Einreichung von Zahlungsklage oder Mahnbescheid, sofern die Zustellung demnächst erfolgt (§ 270 Abs. 3 ZPO),[382] nicht dagegen die bloße Streitverkündung in einem anderen Verfahren,[383] sofern sie nicht eine ausdrückliche Vorbe-

378 st. Rspr.: BGH, BauR 84, 645; 87, 329; OLG Karlsruhe, BauR 89., 208; differenzierend Ingenstau-Korbion, B § 16 Rn. 209.

379 BGH, BauR 70, 117; Ingenstau-Korbion, B § 16 Rn. 226 ff., 231; Werner-Pastor, Rn. 2307.

380 Vgl. Ingenstau-Korbion, B § 16 Rn. 192 ff., 239; Werner-Pastor, Rn. 2312; Geht dem Auftragnehmer nur der Kontoauszug ohne Beleg zu, muß er unverzüglich die Kopie des Beleges anfordern oder Nachforschungsauftrag erteilen; andernfalls läuft die Frist des § 16 Nr. 3 VOB/B – vgl. Anm. zu LG Düsseldorf, S.-F.-H. Nr. 6 zu § 16 Nr. 3 VOB/B (73) sowie BGH, BauR 84, 65; 87, 96.

381 Ingenstau-Korbion, B § 16 Rn. 234; BGH BauR 77, 356; 78, 314.

382 BGH, BauR 77, 135; 80, 174; Werner-Pastor, Rn. 2309; Heiermann-Riedl-Rusam, B § 16 Rn. 103.

383 BGH, BauR 77, 287; Werner-Pastor, Rn. 2308.

haltserklärung enthält. Der Vorbehalt ist nur dann entbehrlich, wenn der Vergütungsanspruch im Zeitpunkt der Schlußzahlung bereits gerichtlich anhängig gemacht ist[384] oder ausnahmsweise nach Treu und Glauben, wenn der Auftragnehmer im engen zeitlichen Zusammenhang mit der Schlußzahlung erklärt hat, er werde seine Forderung in vollem Umfange aufrecht erhalten und dies dem Auftraggeber bei der Zahlung bekannt war.[385] Im Regelfall muß ein vor der Zahlung erfolgter Vorbehalt innerhalb der 24-Tage-Frist erneuert werden. Der Vorbehalt wird gemäß § 16 Nr. 3 Abs. 2 S. 5 VOB/B hinfällig, wenn nicht binnen weiterer 24 Werktage eine prüfbare Rechnung eingereicht oder, falls dies nicht möglich ist, der Vorbehalt eingehend begründet wird. Diese Bestimmung ist zurückhaltend auszulegen; das Begründungserfordernis entfällt, wenn eine prüfbare Schlußrechnung vorliegt oder der Auftraggeber sonst hinreichend informiert ist und der Auftragnehmer hierauf hinweist.[386]

Im Gegensatz zu den Bestimmungen des BGB, das eine Zahlung mit **306**
befreiender Wirkung nur an den Gläubiger selbst zuläßt (§ 362 Abs. 1 BGB), räumt die VOB/B in § 16 Nr. 6 dem Auftraggeber das Recht ein, **Zahlungen an Dritte** zu leisten, um so die Weiterführung des Bauvorhabens zu sichern. **Zahlung an Dritte** Die Zahlung darf nur an solche Dritte erfolgen, die gegen den Auftragnehmer eine fällige Forderung aus einem Dienst- oder Werkvertrag haben, z.B. die Subunternehmer, die Beschäftigten des Unternehmers oder die von ihm beauftragten Architekten, Ingenieure und Sonderfachleute.[387] Lieferanten von Baustoffen oder Bauteilen scheiden im Regelfall aus, weil sie zum Auftragnehmer nur in kaufvertraglicher Beziehung stehen. An sie darf der Auftraggeber gemäß § 16 Nr. 6 VOB/B nur dann zahlen, wenn ausnahmsweise ein Werkvertrag (§§ 651, 633 ff. BGB) vorliegt, weil unvertretbare Sachen für ein bestimmtes Bauvorhaben hergestellt und geliefert werden, z.B. Betonfertigteile oder eloxierte Fenster- und Türrahmen.[388] Die Befugnis zur schuldbefreienden Zahlung setzt außerdem voraus, daß der Auftragnehmer sich gegenüber seinem Gläubiger in Zahlungsverzug (§§ 284 ff. BGB) befindet. Sie endet mit der Eröffnung des Insolvenzverfahrens über das Vermögen des Auftragnehmers[389] oder dem Erlaß eines allgemeinen Veräußerungsverbotes gemäß § 21 InsO, da die Leistung an den Dritten im Verhältnis zum Auftragnehmer als Erfüllung, d.h. Einziehung

384 BGH, BauR 77, 135; Heiermann-Riedl-Rusam, § 16 Rn. 103; OLG Hamm, S.-F. Z.2.310 Bl. 32; Korbion-Hochstein, Rn. 889.
385 Ingenstau-Korbion, B § 16 Rn. 219; BGH, BauR 70, 240; 80, 278.
386 Ingenstau-Korbion, B § 16 Rn. 246 ff., 247; BGH, BauR 80, 178; OLG Karlsruhe, BauR 89, 208.
387 BGH, BauR 90, 724; 94, 624; Korbion-Hochstein, Rn. 917.
388 Dähne, BauR 76, 31; Ingenstau-Korbion, B § 16 Rn. 325.
389 Ingenstau-Korbion, B § 16 Rn. 335.

der Forderung gilt, die dem Auftragnehmer im Rahmen des Veräußerungsverbotes untersagt ist. [390]

cc) Nebenpflichten des Auftraggebers

307 Dem Auftraggeber obliegen neben der Hauptpflicht zur Abnahme und Bezahlung der Werkleistung auch beim VOB-Vertrag eine Reihe vertraglicher Nebenpflichten, deren Erfüllung für den ordnungsgemäßen Bauablauf notwendig ist.[391] Sie sind im einzelnen in den §§ 3 und 4 VOB – detaillierter als in § 642 BGB – normiert: Hiernach hat der Auftraggeber gemäß § 3 Nr.1 und 2 VOB/B **Mitwirkungs- und Bereitstellungspflichten**, nämlich zur rechtzeitigen Übergabe der Ausführungsunterlagen, zum Abstecken der Hauptachsen der baulichen Anlagen und der Grenzen des Baugeländes. Verletzt der Auftraggeber diese Nebenpflichten, so kann der Auftragnehmer die Rechte aus § 6 VOB/B geltend machen:[392] Er muß die Behinderung der Ausführung anzeigen und kann die Verlängerung der Ausführungsfristen sowie Ersatz des nachweislich entstandenen Schadens – seiner Mehrkosten – verlangen, außerdem den entgangenen Gewinn, wenn dem Auftraggeber Vorsatz oder grobe Fahrlässigkeit nachgewiesen werden kann. Außerdem kann der Auftragnehmer den Vertrag kündigen: gemäß § 6 Nr. 7 VOB nach mehr als 3-monatiger Unterbrechung der Bauausführung, gemäß § 9 Nr. 2 nach fristloser Nachfristsetzung.

308 Gemäß § 4 Nr. 1 und 4 VOB/B hat der Auftraggeber **Koodinierungs- und Bereitstellungspflichten**, deren Erfüllung den Auftragnehmer überhaupt erst in die Lage versetzt, seine Bauleistung ordnungsgemäß, d.h. vertrags- und fristgerecht zu erbringen. Der Auftraggeber hat dem Auftragnehmer das Baugrundstück tatsächlich und rechtlich bebauungsfähig zur Verfügung zu stellen[393] eine Pflicht, die insbesondere dann relevant werden kann, wenn der Auftraggeber nicht oder noch nicht Eigentümer des Grundstücks ist. Er hat die **notwendigen Genehmigungen** – insbesondere die Baugenehmigung – zu beschaffen. Ihr Fehlen ist zwar ohne Einfluß auf die zivilrechtliche Wirksamkeit des Bauvertrages,[394] hindert den Auftragnehmer jedoch rechtlich an der Bauausfüh-

390 Vgl. Kuhn-Uhlenbruck, § 106 Rn. 4.
391 Ingenstau-Korbion, B § 3 Einl.
392 Korbion-Hochstein, Rn. 183, 288 ff.; Heiermann-Riedl-Rusam, B § 3 Rn. 7 ff.
393 Ingenstau-Korbion, B § 4 Rn. 3, 31 ff.
394 Diese ist auch nicht Geschäftsgrundlage des Bauvertrages im Sinne der Grundsätze über den Wegfall der Geschäftsgrundlage, da ihre Beschaffung in der Regel in den Risikobereich des Auftraggebers fällt – OLG München, BauR 80, 274; Ingenstau-Korbion, B § 4 Rn. 17 ff., 34.

rung,[395] so daß er mit seiner Leistung auch nicht in Verzug kommen kann.[396] Beginnt er in Kenntnis des Fehlens der Genehmigung dennoch, so kann sein Vergütungsanspruch für erbrachte Leistungen gemäß § 254 BGB gemindert sein, wenn die Genehmigung endgültig versagt wird.[397] Gemäß § 4 Nr. 1 VOB/B ist der Auftraggeber zur Koordinierung der Leistungen der verschiedenen Unternehmer, zur Aufrechterhaltung der allgemeinen Ordnung auf der Baustelle und – gemäß § 4 Nr. 4 – zur Überlassung der notwendigen Lager- und Arbeitsplätze, der vorhandenen Anschlüsse für Wasser und Baustrom sowie der Zufahrtswege und Anschlußgleise verpflichtet. Bei schuldhafter Pflichtverletzung ist der Auftraggeber zum Schadensersatz wegen positiver Vertragsverletzung verpflichtet.[398]

Schadenersatzpflicht

e) Die Sicherheitsleistung gemäß § 17 VOB/B

Die VOB regelt in § 17 die Möglichkeit, durch Sicherheitsleistung die Gefahr künftiger Rechtsverletzungen oder Benachteiligungen abzuwenden. Die Bestimmung gelangt nicht automatisch bei jedem VOB-Vertrag zur Anwendung. § 17 VOB/B setzt vielmehr voraus, daß die Verpflichtung zur Erbringung der Sicherheitsleistung in der Regel durch den Auftragnehmer – im Bauvertrag selbst oder den Allgemeinen oder Besonderen Vertragsbedingungen ausdrücklich getroffen wurde.[399] Haben die Parteien eine Sicherheitsleistung vereinbart, was im übrigen auch beim BGB-Bauwerksvertrag möglich ist, so muß als Mindestvoraussetzung eine Abrede über die Höhe der Sicherheitsleistung getroffen sein.[400] Fehlt sie, so ist im Wege der Auslegung beim VOB-Vertrag § 14 Ziff. 2 VOB/A heranzuziehen, wonach die Sicherheitsleistung sich auf max. 5 % der Bruttoauftragssumme belaufen soll.[401] **309**

§ 17 VOB/B

395 Ingenstau-Korbion, B § 4 Rn. 17 ff.

396 BGH, BauR 74, 274; 98, 613; Ingenstau-Korbion, B § 4 Rn. 17 ff., 31.

397 BGH, BauR 74, 274; Ingenstau-Korbion, B § 4 Rn. 17 ff., 31.

398 BGH, 50, 175 f. = NJW 68, 1873 f.; Heiermann-Riedl-Rusam, B § 4 Rn. 5 a.

399 Eine Üblichkeit oder einen Handelsbrauch zur Sicherheitsleistung gibt es nicht; vgl. Ingenstau-Korbion, B § 17 Rn. 9; Locher, Rn. 428.

400 Beim BGB-Vertrag muß außerdem eine Zweckbestimmung getroffen sein, die beim VOB-Vertrag entfallen kann, weil § 17 Ziff. 1 VOB den Zweck der Sicherheitsleistung – vertragsgemäße Ausführung der Werkleistung und Gewährleistung – festlegt; vgl. Locher, Rn. 428.

401 Werner-Pastor, Rn. 1261; Heiermann-Riedl-Rusam, B § 17.1 Rn. 12.

310 Die Sicherheitsleistung kann mit einem **bestimmten Betrag oder einem Prozentsatz** – üblicherweise der Bruttoauftragssumme – festgelegt werden.[402] Dabei ist ein Einbehalt von 5 % als Gewährleistungssicherheit branchenüblich,[403] während bei Abschlagszahlungen Einbehalte zwischen 5 und 10 % in der Bauwirtschaft als üblich und auch angemessen angesehen werden.

übliche Höhe

311 Die Sicherheit kann, soweit nichts anderes vereinbart ist, durch Einbehalt von Zahlungen oder Hinterlegung von Geld oder durch Stellung einer Bankbürgschaft bzw. Bürgschaft eines Kreditversicherers geleistet werden. Das **Wahlrecht** steht gemäß § 17 Nr. 3 VOB/B dem Auftragnehmer zu, soweit nicht ausdrücklich eine andere Vereinbarung getroffen wird. Wird das Wahlrecht des Auftragnehmers entweder gänzlich ausgeschlossen (Bareinbehalt ohne Ablösungsrecht) oder deutlich eingeschränkt (Ablösung nur durch Bürgschaft auf erstes Anfordern ohne Wahl der Einzahlung auf Sperrkonto), so stellt dies auch bei einem Vertrag unter Kaufleuten eine unangemessene Benachteiligung des Auftragnehmers dar, die gem. § 9 AGBG zur Unwirksamkeit der Einbehaltsklausel führt.[404] Wird der Gewährleistungseinbehalt formularmäßig auf 10 % für die volle Gewährleistungsdauer von 5 Jahren angehoben, so liegt ebenfalls eine wegen **§ 9 AGBG** unwirksame Klausel vor.[405] Angesichts der deutlichen Einschränkung der Gestaltungsmöglichkeiten des Auftraggebers bei Formularverträgen empfiehlt sich die Beibehaltung der in § 17 VOB/B enthaltenen Regelung. Denn die Sanktion des AGBG – Unwirksamkeit der Klausel – führt nicht etwa im Wege der geltungserhaltenden Reduktion zur Anwendung der VOB-Regelung – sondern läßt die Klausel vollständig wegfallen mit der Folge, daß der Auftragnehmer überhaupt keine Sicherheit mehr leisten muß, sondern die Auszahlung der vollen Restvergütung verlangen kann.

Arten

312 Bei der **Sicherheitsleistung durch Einbehalt** darf der Auftraggeber bereits bei den Abschlagszahlungen Kürzungen vornehmen – gemäß § 17 Nr. 6 VOB/B jeweils bis zu maximal 10 % der jeweiligen Rechnungssumme – bis der Gesamtbetrag der vereinbarten Sicherheitsleistung (z.B. 5 oder 10 % der Auftragssumme) erreicht ist. Höhere Einbehalte darf der Auftraggeber nur vornehmen, wenn wegen nicht vertragsgemäßer Werkleistung Gegenforderungen oder Zurückbehaltungsrechte gemäß den §§ 320, 273 BGB bzw. § 17 Nr. 1 Abs. 2 VOB/B gegeben sind. Der Einbehalt steht – was häufig übersehen wird nicht zur freien

402 Heiermann-Riedl-Rusam, B § 17.1 Rn. 12.

403 Werner-Pastor, Rn. 1262, OLG Frankfurt, BauR 93, 375 hält allerdings auch 10 % für AGB-mäßig zulässig.

404 BGH, BauR 97, 829 = NJW 97, 2598, Werner-Pastor, Rn. 1263.

405 Heiermann-Riedl-Rusam, B § 17 Rn. 34; OLG München, BauR 95, 859.

Verfügung des Auftraggebers,[406] sondern ist von diesem gemäß § 17 Nr. 6 VOB/B auf ein Sperrkonto bei einem Geldinstitut einzuzahlen, über das – arg. aus § 17 Nr. 5 VOB/B – nur beide Parteien gemeinsam[407] verfügen können. Durch diese Regelung soll der Auftragnehmer gegen die Gefahr des Vermögensverfalles oder der **Insolvenz**[408] des Auftraggebers geschützt werden. Zahlt der Auftraggeber trotz Aufforderung des Auftragnehmers und trotz Nachfristsetzung den einbehaltenen Sicherheitsbetrag nicht auf ein Sperrkonto ein, so kann der Auftragnehmer gemäß § 17 Nr. 6 Abs. 3 VOB/B die sofortige Auszahlung des Sicherheitseinbehalts verlangen, ohne weitere Sicherheit – z.B. durch Bankbürgschaft – leisten zu müssen. Erfolgt die Sicherheitsleistung durch **Bankbürgschaft**, so muß die Bürgschaft gemäß § 17 Nr. 4 VOB/B schriftlich, unter Verzicht auf die Einrede der Vorausklage, ohne zeitliche Begrenzung und durch einen tauglichen Bürgen abgegeben werden und nach der Vorschrift des Auftraggebers – z.B. dem von ihm vorgegebenen Muster – aufgestellt sein. Verspricht der Bürge, »auf erste Anforderung hin« zu zahlen, so beinhaltet dies in der Regel kein vom Bestand der Hauptforderung unabhängiges Garantieversprechen, sondern die Verpflichtung des Bürgen, unter Verzicht auf Aufrechnung oder Zurückbehaltung zunächst Zahlung zu leisten und Einwendungen gegen die Bürgschaftsverpflichtung aus dem Hauptschuldverhältnis erst in einem Rückforderungsprozeß (§ 812 BGB) geltend zu machen.[409] Der Auftraggeber hat Zug um Zug gegen Aushändigung einer ordnungsgemäßen Bankbürgschaft etwaige Sicherheitseinbehalte auszuzahlen.[410] Nach Ablauf des vertraglich vereinbarten Zeitpunktes, spätestens nach Ablauf der Gewährleistungsfrist, ist die Sicherheit, soweit sie nicht in Anspruch genommen wurde, zurückzugeben. Ein weiterer Einbehalt ist nur gerechtfertigt, wenn zu diesem Zeitpunkt Ansprüche des Auftraggebers, – z.B. wegen Mängeln – erhoben, aber noch nicht erledigt sind.

406 OLG Stuttgart, BauR 77, 65; LG Tübingen, BauR 77, 207; Locher, Rn. 430; Leineweber, BauR 80, 510, 513 f.; Ingenstau-Korbion, B § 17 Rn. 85.

407 Leineweber, BauR 80, 510, 514.

408 Zur Abwicklung im Insolvenzfall vgl. Leineweber, BauR 80, 510 ff.; AG Frankfurt, BauR 88, 491.

409 BGH, BauR 88, 594; 89, 618; Werner-Pastor, Rn. 1257 ff.

410 Vgl. KG, BauR 82, 386; OLG Köln, BauR 97, 524; der Bürge darf – damit der Auftraggeber nicht doppelte Sicherheit erhält – die Wirksamkeit des Bürgschaftsversprechens aufschiebend bedingt von der Auszahlung des entsprechenden Sicherheitsbetrages, nicht aber von der Rückgabe aller Sicherheiten oder des gesamten Restwerklohns abhängig machen; vgl. BGH, BauR 97, 1026; NJW 98, 2057.

f) Die Beendigung des VOB-Vertrages

313 Der VOB-Vertrag wird ebenso wie der BGB-Bauwerksvertrag entweder nach Beendigung der Arbeiten durch **Erfüllung** oder vorzeitig durch **einvernehmliche Vertragsaufhebung** beendet. Er kann durch Anfechtung, Rücktritt, Kündigung oder als Folge der Insolvenz eines der Vertragspartner ein Ende finden.[411] Besonderheiten ergeben sich für die Fälle der Kündigung und der Insolvenz, da die VOB/B in den §§ 8 und 9 insoweit eine detaillierte Sonderregelung trifft, die die gesetzlichen Vorschriften verdrängt.

aa) Die Kündigung des Auftraggebers

314 Der Auftraggeber kann gemäß **§ 8 Nr. 1 VOB/B** den Bauvertrag jederzeit kündigen. Die Regelung entspricht in Voraussetzung und Rechtsfolgen dem § 649 BGB; die Vergütung ist in gleicher Weise[412] abzurechnen, d.h. der Auftragnehmer hat Anspruch auf die volle Vergütung für die erbrachten Leistungen und für die nicht erbrachten Leistungen auf die um die ersparten Aufwendungen gekürzte Teilvergütung, d.h. den entgangenen Gewinn und den Kostendeckungsbeitrag.

315 **Form** Während beim BGB-Bauwerksvertrag die Kündigung an keine Form gebunden ist, hat sie beim VOB-Vertrag in allen Fällen der Kündigung gemäß § 8 Nr. 5 VOB/B **schriftlich** zu erfolgen. Die Einhaltung der Schriftform ist gemäß § 125 S. 2 BGB Wirksamkeitsvoraussetzung.[413] Sie ist auch dann einzuhalten, wenn der Auftragnehmer die Vertragserfüllung bereits ernsthaft und endgültig verweigert hat.[414]

316 Gemäß § 8 Nr. 2 VOB/B kann der Auftraggeber den Vertrag kündigen, wenn der Auftragnehmer seine Zahlungen einstellt[415] (vgl. § 17 Abs. 2 InsO), die Eröffnung des Insolvenzverfahrens beantragt oder wenn das Insolvenzverfahren eröffnet wird.[416] Das Kündigungsrecht des Auftraggebers gemäß § 8 Nr. 2 VOB/B ist gegenüber dem Wahlrecht des Insol-

411 Insoweit kann auf die Ausführungen zum BGB-Vertrag – o. Rn. 220 ff. – verwiesen werden.

412 Vgl. o. Rn. 220.

413 Ingenstau-Korbion, B § 8 Rn. 6.

414 OLG Celle, BauR 73, 49.

415 »Zahlungseinstellung« liegt nach h.A. vor, wenn der Auftragnehmer wegen eines voraussichtlich dauernden Mangels an Zahlungsmitteln erkennbar nicht in der Lage ist, seine fälligen Geldschulden ganz oder teilweise zu erfüllen; vgl. Kuhn-Uhlenbruck, § 102 Rn. 2 f.

416 Ingenstau-Korbion, B § 8 Rn. 52 ff.

venzverwalters gemäß § 103 InsO vorrangig[417] und – anders als umgekehrt das Kündigungsrecht des Auftragnehmers gemäß § 9 Nr. 1 b – an keine Nachfristsetzung gebunden. Die bereits ausgeführten Leistungen sind nach erfolgter Kündigung gemäß § 6 Nr. 5 VOB/B abzurechnen. Wegen der nicht ausgeführten Leistungsteile hat der Auftraggeber einen – wirtschaftlich allerdings meist wertlosen – Schadensersatzanspruch wegen Nichterfüllung.

Hat der Auftragnehmer trotz Nachfristsetzung und Kündigungsandro- **317**
hung Baumängel nicht beseitigt (§ 4 Nr. 7 VOB/B) oder seine Verpflichtungen gemäß § 5 Nr. 4 VOB/B nicht erfüllt, kann der Auftraggeber gemäß § 8 Nr. 3 VOB/B nach fruchtlosem Fristablauf[418] kündigen. Die Entziehung des Auftrages kann gemäß § 8 Nr. 3 VOB/B auch auf in sich abgeschlossene Leistungsteile beschränkt werden. In diesem Fall liegt nur eine Teilkündigung vor; bezüglich der nicht gekündigten Leistungsteile wird der Vertrag normal abgewickelt. Im übrigen hat der Auftraggeber bei einer Kündigung gemäß § 8 Nr. 3 Abs. 1 VOB/B die Alternative, entweder den noch nicht vollendeten Leistungsteil einschließlich der gerügten, aber noch unerledigten Mängel zu Lasten des Auftragnehmers durch einen Dritten ausführen zu lassen (Ersatzvornahme). Oder er verzichtet auf die weitere Ausführung und verlangt Schadensersatz wegen Nichterfüllung, wenn die Ausführung der Restleistung aus den Gründen, die zur Kündigung geführt haben, für ihn kein Interesse mehr hat. Im ersteren Fall hat der Auftraggeber einen verschuldensunabhängigen[419] Schadensersatzanspruch auf Erstattung der Mehrkosten, die ihm gegenüber den Kosten des Gekündigten durch die **Ersatzvornahme** des Drittunternehmers entstanden sind. Gemäß § 8 Nr. 3 Abs. 3 VOB/B kann der Auftraggeber bei der Ersatzvornahme die bereits angelieferten Stoffe und Bauteile sowie Geräte, Gerüste und sonstige auf der Baustelle vorhandenen Einrichtungen des Gekündigten gegen angemessenes Entgelt beanspruchen. Da der Auftraggeber im Rahmen seiner Schadensersatzpflicht gehalten ist, die Kosten der Ersatzvornahme so niedrig wie möglich zu halten, kann er hierzu sogar verpflichtet sein.[420] Umgekehrt ist der Auftraggeber nicht verpflichtet, mit der Ersatzvornahme den billigsten Anbieter zu beauftragen, wenn ein anderer Anbieter zuverlässiger oder qualifizierter ist und die Vergabe zu angemessenen Preisen erfolgt.[421] Die Abrechnung der Mehrkosten muß binnen 12 Werktagen

417 BGH, BauR 86, 91; Ingenstau-Korbion, B § 8 Rn. 59; Heidland, BauR 98, 643 (zu § 103 InsO).

418 BGH, BauR 73, 319; OLG Düsseldorf, BauR 95, 706. Die Nachfristsetzung ist nur dann entbehrlich, wenn der Auftragnehmer schon vorher die Vertragserfüllung ernsthaft verweigert vgl. OLG Düsseldorf, S.-F.-H. Nr. 1 zu § 8 VOB/B.

419 Ingenstau-Korbion, B § 8 Rn. 89.

420 Korbion-Hochstein, Rn. 378; Locher, Rn. 125.

421 OLG Düsseldorf, BauR 74, 61; Werner-Pastor, Rn. 1818.

nach Abrechnung mit dem Drittunternehmer erfolgen (§ 8 Nr. 3 Abs. 4 VOB/B), wobei die Überschreitung der Frist nicht zum Verlust des Anspruchs führt, da es sich tatsächlich um eine Sollbestimmung handelt. Daneben hat der Auftraggeber einen – verschuldensabhängigen – Schadensersatzanspruch auf Ersatz des »weiteren Schadens«, z.B. bereits entstandener Verzugsschäden. Der Auftraggeber muß so gestellt werden, als sei die Vertragsleistung ordnungsgemäß und fristgerecht erbracht. Kündigt der Auftraggeber den Vertrag gemäß § 8 Nr. 4 VOB/B wegen einer nach Vertragsabschluß aufgedeckten unzulässigen Wettbewerbsabrede des Auftragnehmers, so sind die Rechtsfolgen dieselben wie bei der Kündigung aus § 8 Nr. 3, auf den die Nr. 4 verweist.

bb) Die Kündigung des Auftragnehmers

318 Das Kündigungsrecht des Auftragnehmers richtet sich nach **§ 9 VOB/B**, der zwei verschiedene Kündigungsgründe kennt: Gemäß § 9 Nr. 1 a VOB/B kann der Auftragnehmer kündigen, wenn der Auftraggeber sich wegen der Verletzung der ihm nach dem Bauvertrag oder den Bestimmungen der VOB – § 4 Nr. 1 und 4, § 3 Nr. 1, 2 und 4 – obliegenden Pflichten in Annahmeverzug befindet und die unterlassene Mitwirkung ursächlich[422] dafür ist, daß der Auftragnehmer seine Leistung nicht ausführen kann. Dieses Kündigungsrecht entspricht dem des § 643 BGB. Gemäß § 9 Nr. 1 b kann der Auftragnehmer kündigen, wenn der Auftraggeber mit einer vertraglichen Hauptpflicht oder fälligen Zahlung in Schuldnerverzug gerät (vgl. §§ 284 ff., 326 BGB). In beiden Fällen der Kündigung ist gemäß § 9 Nr. 2 eine Nachfristsetzung mit Kündigungsandrohung erforderlich, der dann die Kündigung in einer weiteren Erklärung[423] folgt. Die Nachfristsetzung ist nur in Ausnahmefällen bei ernst-
Form hafter und endgültiger Erfüllungsverweigerung entbehrlich.[424] Die Kündigung bedarf ebenso wie bei § 8 VOB/B der Schriftform. Die Kündigungsfolgen richten sich nach § 9 Nr. 3. Hiernach hat der Auftragnehmer seine bisherigen Leistungen nach den Vertragspreisen abzurechnen. Daneben ist ihm gemäß § 642 BGB – verschuldensunabhängig – eine Abfindung[425] zu zahlen. Weitergehende Ansprüche des Auftragnehmers, z.B. aus positiver Vertragsverletzung oder wegen Verzugsschadens, bleiben unberührt.

422 Vgl. Ingenstau-Korbion, B § 9 Rn. 19 ff.; OLG München, BauR 80, 274.
423 BGH, BauR 73, 319; Werner-Pastor, Rn. 1332.
424 Korbion-Hochstein, Rn. 390.
425 OLG Düsseldorf, BauR 95, 706; OLG München, BauR 80, 274; Ingenstau-Korbion, B § 9 Rn. 54.

3. Die Bauhandwerker-Sicherungshypothek

Der Unternehmer eines Bauwerks kann zur Sicherung seines Vergü- 319
tungsanspruches gemäß § 648 BGB die Einräumung einer Sicherungshypothek am Baugrundstück des Bestellers verlangen. Dies gilt auch für den VOB-Bauwerksvertrag, da die VOB die gesetzlichen Bestimmungen nur insoweit verdrängt, als sie Sonderregelungen enthält.

Der Anspruch des Auftragnehmers gemäß § 648 BGB **kann vertrag-** 320
lich durch Individdualvertrag **ausgeschlossen werden**. Ein Ausschluß durch AGB ist dagegen im Regelfall wegen Verstoßes gegen § 9 AGBG unwirksam,[426] weil der Ausschluß den Unternehmer entgegen dem gesetzlichen Leitbild unangemessen benachteiligt und ihm das – neben § 648 a BGB – einzige Sicherungsmittel[427] nimmt, das zum Ausgleich seiner nahezu uneingeschränkten Vorleistungspflicht geschaffen wurde. Ein Ausschluß durch Allgemeine Geschäftsbedingungen kann wirksam sein, wenn die Benachteiligung des Auftragnehmers durch eine andere angemessene Sicherheit – z.B. Erfüllungsbürgschaft oder Sicherungsbürgschaft gem. § 648a BGB des Auftraggebers, in ausreichender und angemessener Höhe – ausgeglichen wird.[428] Auch ein wirksamer Verzicht des Auftragnehmers auf die Rechte aus § 648 BGB basiert immer auf der – stillschweigend zugrunde gelegten – Geschäftsgrundlage, daß die Vermögensverhältnisse des Auftraggebers geregelt sind. Tritt während der Bauausführung eine wesentliche Verschlechterung in den Vermögensverhältnissen des Auftraggebers ein oder wurde der Auftragnehmer durch eine arglistige Täuschung zum Verzicht veranlaßt, so leben die Rechte des Auftragnehmers aus § 648 BGB wieder auf.[429]

Die tatbestandlichen Voraussetzungen des § 648 BGB sind gegeben, 321
wenn der Anspruchsteller

- Unternehmer eines Bauwerks ist;
- eine Forderung aus einem wirksamen Bauvertrag besteht und das Grundstück durch die Leistung des Unternehmers eine Wertsteigerung erfahren hat;
- das Baugrundstück im Eigentum des Bestellers steht.

426 BGH, BauR 84, 413; Werner-Pastor, Rn. 193; Palandt-Sprau, § 648 Anm. 1; MüKo-Soergel, § 648 Rn. 2; Ingenstau-Korbion, B § 16 Rn. 403 ff.; OLG Karlsruhe, BauR 96, 905; 97, 486.

427 Vgl. Leineweber, BauR 80, 510 ff.; OLG Karlsuhe, BauR 97, 486.

428 Werner-Pastor, Rn. 193; MüKo-Soergel, § 648 Rn. 2; Ingenstau/Korbion, B § 16 Rn. 404.

429 OLG Köln, BauR 74, 282; 11; Leineweber, BauR 80, 518; Werner-Pastor, Rn. 192.

322 Der Begriff des Bauwerks in § 648 BGB entspricht dem der baulichen Anlage in den §§ 1 VOB/A und VOB/B.[430] Er umfaßt jede Errichtung, Ergänzung oder Veränderung eines Bauwerks oder seiner Teile, die für den Bestand oder für die Erhaltung des Bauwerks wesentlich ist.[431] Unternehmer i.S.d. § 648 BGB ist jeder, der durch Vertrag mit dem Grundstückseigentümer die Herstellung des Bauwerks oder von Teilen desselben übernommen hat – z.B. der Bauunternehmer, der Architekt, Sonderfachmann oder Baubetreuer, nicht dagegen der Subunternehmer, der keine direkten vertraglichen Beziehungen zum Bauherrn hat.[432]

323 **Gesichert** werden gemäß § 648 BGB **die werkvertraglichen Forderungen**: Der Werklohnanspruch des Bauunternehmers, die Honorarforderung des Architekten oder Sonderfachmannes, der Vergütungsanspruch des Baubetreuers. Außerdem werden alle sonstigen Forderungen des Unternehmers gesichert, die ihre Rechtsgrundlage in dem Werkvertrag mit dem Besteller haben,[433] auch die Ansprüche auf Schadensersatz und Vertragsstrafe. Die Forderung muß noch nicht fällig sein.[434] Sie muß aber bereits entstanden sein.[435] Ist die Forderung bereits verjährt oder kann der Auftraggeber sich zulässigerweise auf den Schlußzahlungseinwand gemäß § 16 Nr. 3 Abs. 2 VOB/B berufen, so besteht kein Sicherungsanspruch aus § 648 BGB mehr.[436] Der Auftraggeber kann die **Löschung einer im Grundbuch eingetragenen Vormerkung verlangen**, wenn im Zeitpunkt der Schlußzahlung oder des Eintritts der Verjährung die Sicherungshypothek selbst noch nicht eingetragen oder der Anspruch auf Bewilligung noch nicht gerichtlich anhängig gemacht war. Ist die Hypothek zu diesem Zeitpunkt bereits eingetragen, kann der Unternehmer sich dagegen gemäß § 223 Abs. 1 BGB befriedigen.[437] Da der Anspruch aus § 648 BGB nur dann besteht, wenn das Baugrundstück des Bestellers bereits eine Wertsteigerung erfahren hat, muß mit der Werkleistung bereits begonnen sein; bloße Planungs- und Vorbereitungsarbeiten genügen nicht.[438] Weist die Werkleistung Mängel auf, so

430 Werner-Pastor, Rn. 203 ff.; Heiermann-Riedl-Rusam, B § 2 Rn. 43.

431 BGH 57, 60; Werner-Pastor, Rn. 203 ff.; Locher, Rn. 432 b; Ingenstau-Korbion, B § 16 Rn. 364 ff., A § 1 Rn. 4 ff.

432 Ingenstau-Korbion, B § 16 Rn. 372; Locher, Rn. 432 b; Werner-Pastor, Rn. 196 ff., 211 ff.; Siegburg, BauR 90, 32 ff., 34.

433 BGH, BauR 74, 419; Werner-Pastor, Rn. 222 ff., 228 ff.; Korbion-Hochstein, Rn. 978; a.A. Siegburg, BauR 90, 32; diff. OLG Jena, NJW-RR 99-384.

434 Werner-Pastor, Rn. 222 ff., 225; OLG Stuttgart, S.-F. Z.2.321 Bl. 16; BGH, BauR 77, 208; OLG Koblenz, NJW RR 94, 786.

435 BGH, BauR 77, 208; Werner-Pastor, Rn. 222 ff., 224.

436 Werner-Pastor, Rn. 233; LG Aurich, NJW-RR 91, 1240.

437 BGH, NJW 81, 1784.

438 BGH, BauR 77, 208; LG Fulda, BauR 92, 110; Werner-Pastor, Rn. 222, 237 ff.; MüKo-Soergel, § 648 Rn. 13.

hat der Unternehmer nach h.A.[439] einen Sicherungsanspruch gemäß § 648 BGB nur in der Höhe, in der das Grundstück trotz der Mängel eine Wertsteigerung erfahren hat. Der Anspruch auf Einräumung der Sicherungshypothek vermindert sich daher um den Betrag des dem Auftraggeber zustehenden Minderungs- oder Schadensersatzanspruches bzw. der voraussichtlichen Nachbesserungskosten – im letzteren Falle um den einfachen Kostenbetrag, nicht um den mehrfachen Betrag wie beim Zurückbehaltungsrecht.

Sicherungsgegenstand ist gemäß § 648 BGB das Baugrundstück des **324**
Bestellers. Ist der Besteller nicht Eigentümer des Grundstücks oder hat er sein Eigentum vor der Eintragung der Sicherungshypothek bereits auf einen Dritten übertragen, so kann der Auftraggeber wegen **fehlender Identität** zwischen **Auftraggeber** und **Grundstückseigentümer** keine Sicherungshypothek beanspruchen. Sind der Auftraggeber und der Grundstückseigentümer zwar wirtschaftlich, nicht aber rechtlich identisch – Auftraggeber ist z.B. die Bauträger GmbH bzw. GmbH & Co. KG, Grundstückseigentümer der bzw. die Gesellschafter selbst als natürliche Personen – so ist ebenfalls kein Anspruch aus § 648 BGB gegeben.[440] Sowohl der eindeutige Wortlaut des § 648 BGB, der vom »Baugrundstück des Bestellers« spricht, wie auch die aus der Anwendung reiner Biligkeitsgrundsätze sich ergebende Rechtsunsicherheit verbieten eine analoge Anwendung des § 648 BGB auf Fälle bloßer wirtschaftlicher Identität.[441] Eine Verpflichtung des Grundstückseigentümers ist hier nur gegeben, wenn er kraft vertraglicher Vereinbarung – z.B. Bürgschaft, Schuldübernahme, Ermächtigung des Bestellers[442] – für die Verbindlichkeiten des Auftraggebers aus dem Werkvertrag haftet, wenn er kraft Gesetzes für die Verbindlichkeiten des Bestellers einzustehen hat,[443] wenn eine Inanspruchnahme des Eigentümers nach den Grundsätzen über die Durchgriffshaftung[444] gerechtfertigt erscheint oder er sich gem § 242 BGB wie ein Besteller behandeln lassen muß[445].

439 BGH, BauR 77, 208; OLG, Köln BauR 98, 794; OLG Rostock, BauR 95, 262; OLG Hamm, BauR 99, 776; Locher, Rn. 436; Werner-Pastor, Rn. 234 ff.; Ingenstau-Korbion, B § 16 Rn. 395; Heiermann-Riedl-Rusam, B § 2 Rn. 46; a.A. OLG Düsseldorf, BauR 76, 211.

440 BGH, BauR 88, 88; OLG Köln, BauR 86, 703.

441 Strittig: für den Anspruch aus § 648 BGB: KG, NJW 78, 325; OLG München, NJW 75, 220; Palandt-Sprau, § 648 Rn. 1; Werner-Pastor, Rn. 207 ff.; – dagegen: BGH, BauR 88, 88; OLG Hamm BauR 82, 286 f.

442 Werner-Pastor, Rn. 254.

443 Als persönlich haftender Gesellschafter einer OHG oder KG, vgl. OLG Hamm, BauR 78, 58.

444 Zur Durchgriffshaftung siehe BGH, NJW 77, 1449 u. NJW 74, 1371.

445 BGH, BauR 88, 88.

325 Besteht das Baugrundstück aus »mehreren Grundstücken« im Sinne des Grundbuchrechts – d.h. aus mehreren Flurstücken – oder wird bei gleichzeitiger Bebauung mehrerer Grundstücke – im Sinne des allgemeinen Sprachgebrauchs – eine einheitliche Vergütung vereinbart, so kann der Unternehmer eine **Gesamtsicherungshypothek** beanspruchen.[446] Teilt der Auftraggeber nach der Entstehung des Sicherungsanspruchs das Baugrundstück in mehrere selbständige Einzelgrundstücke oder bildet er später Wohnungseigentum, so kann der Unternehmer eine Gesamthypothek in Höhe seiner Gesamtforderung an allen Einzelgrundstücken oder Eigentumswohnungen verlangen.[447]

Gesamtsicherungshypothek

---

326 Der Unternehmer muß somit, wenn er es mit einem gewerblichen Auftraggeber zu tun hat oder wenn die Veräußerung des Baugrundstücks zu befürchten ist, sowohl bei Vertragsabschluß wie auch im Zuge der Bauausführung das Grundbuch kontrollieren, um sich gegebenenfalls rechtzeitig durch Eintragung einer Vormerkung zu sichern.

Tip

---

4. Die Absicherung des Auftragnehmers gem. § 648 a BGB

327 Weitaus größere Bedeutung als die Sicherung gem. § 648 BGB hat in der kurzen Zeit seit Inkrafttreten der Vorschrift[448] der Sicherungsanspruch des Auftragnehmers gem. § 648 a BGB gewonnen. Er stellt bezüglich der Voraussetzungen, Folgen, Durchsetzbarkeit und insbesondere Verwertbarkeit ein wesentlich einfacheres Sicherungsinstrument dar als die Vormerkung. Unterschiede bzw. Vorteile ergeben sich wie folgt:

328 • Der Anspruch auf Sicherheit gem. § 648 BGB kann vertraglich – wenn auch nicht durch AGB – ausgeschlossen werden. Ein v**ertraglicher Ausschluß** des § 648 a ist dagegen gem. Abs. 7 schlechthin **unwirksam**.

✓

329 • § 648 BGB begründet nur den Anspruch auf dingliche Sicherheit (Hypothek) im Grundbuch. Die Durchsetzung ist im Wege der einstweiligen Verfügung zwar schnell, soweit es um die Eintragung der rangsichernden Vormerkung geht. Danach aber ist gegen den Auf-

446 OLG Hamm, BauR 90, 365; Locher, Rn. 437; Ingenstau-Korbion, B § 16 Rn. 376; Werner-Pastor, Rn. 244; a.A.: OLG Frankfurt, NJW 74, 62.
447 OLG Köln, S.-F. Z.2.321 Bl. 37; 213; OLG Hamm, NJW-RR 99, 383; Palandt-Sprau, § 648 Rn. 3; Werner-Pastor, Rn. 243; Locher, Rn. 437.
448 am 1.5.93.

traggeber, wenn er die Bewilligung der Hypothek nicht freiwillig in notarieller Form erklärt, zunächst noch eine Zivilklage – Bewilligung der Hypothek als Vollrecht im Grundbuch statt der bloß rangwahrenden Vormerkung – erforderlich. Ist die Hypothek als Vollrecht dann endlich eingetragen, sieht der Auftragnehmer sich nicht am Ende, sondern am Beginn seiner Verwertungsbemühungen. Denn die nun zwecks der Versilberung des Sicherungsrechts erforderliche Zwangsversteigerung ist eine Materie, mit der nur wenige Juristen vertraut sind. Sie ist kompliziert und ihr Erfolg für den Auftragnehmer, wenn er nicht an sicherer Rangstelle im Grundbuch eingetragen ist, mehr als ungewiss. Dagegen bietet das Sicherungsmittel, das der Auftraggeber gem. **§ 648 a BGB** zu stellen hat – Bürgschaft bzw. Bankgarantie oder sonstiges Zahlungsversprechen eines Kreditinstituts – ein **sehr leicht zu handhabendes Sicherungsmittel**. Zur Auszahlung der Bürgschaftssumme hat der Auftragnehmer zwar die Zustimmung des Auftraggebers oder aber ein Urteil auf Zahlung des Werklohns vorzuweisen. Letzteres muß er gegenüber dem Auftraggeber aber ohnehin erstreiten, wenn dieser nicht zahlt.

- Wenn und solange der Auftraggeber die Sicherheit gem. § 648 a BGB **330** nicht stellt, hat der Auftragnehmer kraft Gesetzes ein **Leistungsverweigerungsrecht**, das ebenfalls nicht wirksam abbedungen werden kann. Es bietet dem Auftragnehmer den Vorteil, ab der Stellung des Sicherungsverlangens keine (weiteren) Vorleistungen mehr erbringen zu müssen. Er kann von sich aus den Schwebezustand, d.h. Zurückhaltung der eigenen Leistung bis zum ungewissen Zeitpunkt der Stellung der Sicherheit durch den Auftraggeber, beenden durch **Fristsetzung** und **Kündigung** gem. §§ 642, 643 BGB. Kommt es wegen der Verweigerung bzw. Nichtlieferung der Sicherheit zur Kündigung, stehen dem Auftragnehmer die Vergütung für die erbrachten Leistungen und außerdem Schadensersatzansprüche zu. Die Schäden, die er im Vertrauen auf die Vertragsdurchführung erleidet, sind dem Auftragnehmer vom Auftraggeber zu erstatten. Bezüglich der Schadensberechnung ergibt sich für den Auftragnehmer aus § 649 BGB, wie und mit welcher Berechnungsmethode er den Anspruch auf die Vergütung wegen der nicht ausgeführten Leistungsteile darzulegen hat. Eine beachtenswerte Beweislasterleichterung bietet der aufgrund des Gesetzes zur Beschleunigung fälliger Zahlungen (Anhang II) neu gefaßte § 648 a BGB n.F. Kündigt der Auftraggeber in zeitlichem Zusammenhang mit dem Sicherheitsverlangen gemäß § 648 a BGB, so wird vermutet, daß der Schaden des Auftragnehmers 5 % der Vergütung beträgt. Zwar läßt der Gesetzgeber offen, welches die Bezugsgröße ist, d.h. ob 5 % von der Gesamtvergütung oder von der Vergütung für die infolge der Kündigung nicht mehr ausgeführten Leistungsteile gemeint sind. Aus dem Bezug zu § 649 BGB dürfte sich jedoch mit hinreichender Klarheit ergeben, daß die ausgeführten Leistungsteile mit den vertraglich vereinbarten Preisen – d.h. insoweit zu 100 % – abzurechnen sind, während die Schadensvermutung sich denknotwendig auf die nicht ausgeführten Leistungsteile bezieht. Die Einführung einer gesetzlichen Vermutung entbindet den Auftragnehmer von der bisher gegebenen Notwendigkeit, zwecks Vorlage einer konkreten Schadensberechnung seine gesamte Kalkulation offenzulegen, um den Anspruch auf Erstattung des Schadens – i.d.R. in Form des entgangenen Gewinns – überhaupt nachweisen zu können. Es bleibt abzuwarten, inwieweit die Schadensvermutung des neu gefaßten § 648 a Abs. 5 BGB n.F. auch auf andere Bestimmungen ausstrahlen wird, z.B. auf § 649 BGB, wo ein Anscheinsbeweis oder eine gesetzliche Vermutung zur Schadenshöhe ebenfalls für beide Vertragsparteien sinnvoll wäre, da sie das Risiko einer Vertragskündigung für beide Seiten kalkulierbarer macht.

331 § 648 a BGB sichert den Anspruch wegen noch zu erbringender Vorleistungen. Sind die Arbeiten schon ausgeführt, eventuell sogar abgenommen, kann wegen **rückständiger Abschlagszahlungen** keine Sicherheit mehr verlangt werden.[449] Stehen dagegen noch zu erbringende Werkleistungen aus, so kann der Auftragnehmer rückständige Abschlagsforderungen in den Gesamt-Sicherungsbetrag einbeziehen und in voller Höhe die Sicherheit verlangen.[450] Verlangt der Auftraggeber nach Fertigstellung bzw. Abnahme vom Auftragnehmer Nachbesserung, kann dieser ausnahmsweise noch Absicherung gem. § 648a BGB verlangen, da er weitere Vorleistungen erbringen soll[451]

332 Aus der Formulierung, daß der Auftragnehmer Sicherheit **»bis zur Höhe«** des voraussichtlichen Vergütungsanspruchs verlangen kann, folgt zugleich, daß er nicht nur auf die Absicherung von Raten oder Teilleistungen beschränkt ist. Dem Auftragnehmer steht die Sicherheit in Höhe der vollen Auftragssumme abzüglich bereits erhaltener Abschlagszahlungen zu,[452] und zwar auch bei Verträgen mit langer Laufzeit und beträchtlicher Vergütung, wie z.B. bei Generalunternehmerverträgen über große Projekte. Der Auftragnehmer kann daher zwar die volle Sicherheit verlangen. Er kann sich aber auch zunächst mit einer eingeschränkten Sicherheit – z.B. 10 % entsprechend den üblichen Sätzen von Vertragserfüllungsbürgschaften – begnügen und erst bei gestör-

449 Werner-Pastor, Rn. 327; OLG Karlsruhe, BauR 96, 556.
450 OLG Karlsruhe, BauR 96, 556; Ingenstau-Korbion, B § 16, Rn. 425; Werner-Pastor, Rn. 328.
451 LG Bonn, BauR 97, 857; Liepe, BauR 98, 860; Schulze-Hagen, BauR 2000, 28.
452 Palandt-Sprau, § 648a, Rn. 10; Werner-Pastor, Rn. 328; a.A. Hofmann-Kapellmann, BauR 94, 305; nur in Höhe des »Vorleistungsrisikos«, d.h. 1.-2. Baurate.

ter Zahlungsabwicklung die volle Absicherung verlangen und insoweit sein Leistungsverweigerungsrecht ausüben. Der Gesetzgeber hat inzwischen erkannt, daß die prozessualen Nebenleistungen – Gerichts- und Rechtsanwaltskosten sowie Zinsen – neben der gesicherten Hauptforderung in erheblichem Maße zu Buche schlagen können, wenn der Hauptsacheprozeß über die Vergütung sich hinzieht und der Auftragnehmer am Ende mit der Absicherung der Nominalforderung nur einen Teil seiner Gesamtforderung abdeckt. Gemäß § 648 a Abs. 1 BGB n.F. (vgl. Anhang II) kann der Auftragnehmer seit dem 01.05.2000 auch die Absicherung der Nebenforderungen verlangen.

»Sicherheit« ist eine Garantie oder ein sonstiges Zahlungsverspre- **333**
chen eines Kreditinstituts, üblicherweise eine Bürgschaft. Probleme kann die Beschaffung der Sicherheit dem Auftraggeber dann bereiten, wenn das die Baufinanzierung liefernde Kreditinstitut die Bürgschaft nicht im Rahmen des durch Grundschuld gesicherten Baukredits stellt, sondern diese als zusätzliches Aval, d.h. als separaten weiteren Kredit, betrachtet, für den der Auftraggeber der Bank weitere Sicherheit stellen muß. Dies ist bankrechtlich zulässig, führt jedoch bei projektbezogenen Finanzierungen bzw. projektbezogenen Auftraggeber-Gesellschaften oft zum Scheitern der Abwicklung gem. § 648 a.

Tip

Hier können die Parteien sich durch Abtretung der – soweit noch nicht ausgezahlten und auch noch nicht valutierenden – Grundschuld an den Auftragnehmer bei gleichzeitigem Abschluß einer Treuhandvereinbarung zwischen Auftragnehmer und Bank behelfen – eine Lösung, die jedenfalls beim Generalunternehmervertrag, wo nur einem Auftragnehmer die Sicherheit zu stellen ist, zur adäquaten Absicherung des Auftragnehmers bei gleichzeitiger Einbindung in die Baufinanzierung führt.

Die Übertragung des Rechtsinstituts des Pool-Vertrages vom Bankvertragsrecht auf das Baurecht kann hier zu interessengerechter Absicherung des Auftragnehmers bei gleichzeitiger Wahrung der Interessen der Bank und des Auftraggebers führen.[453]

453 Vgl. Leineweber, BauR 2000, 159.

IV. Die Unternehmereinsatzformen

IV. Die Unternehmereinsatzformen

Nach der Grundvorstellung des BGB und auch der VOB ist der Auftragnehmer in der Regel ein **Alleinunternehmer**,[1] der im Rahmen seines Betriebes alle diejenigen Bauleistungen ausführt, die ihm nach dem Bauvertrag übertragen sind. Typischerweise handelt es sich um die Ausführung von Einzelgewerken. Alleinunternehmer kann eine Einzelperson sein, er kann aber auch eine Gesellschaft des Bürgerlichen Rechts, des HGB oder eine Kapitalgesellschaft sein.[2] Beim privaten Auftraggeber, der unter Mitwirkung seines Architekten und unter Hinzuziehung von Sonderfachleuten ein Gebäude erstellt oder instandsetzt, ist diese Vertragsgestaltung auch heute noch die typische. Demgegenüber haben sich im Laufe der Jahre im Bereich der gewerblichen Bauwirtschaft eine Reihe von Unternehmereinsatzformen herausgebildet, die sich im wesentlichen nach dem Inhalt der übernommenen Leistung, aber auch in ihren Beziehungen zum Bauherrn oder zu anderen Baubeteiligten unterscheiden. Innerhalb der Vielfalt der in der Vergangenheit entwickelten Begriffe, die für den Laien oft verwirrend ist,[3] zeichnet sich allmählich eine einheitliche Tendenz heraus. 334

1. Der Generalunternehmer

Sowohl im Bereich der öffentlichen wie auch der privaten Bauwirtschaft gewinnt der Generalunternehmer ganz erhebliche Bedeutung. Er schuldet typischerweise die **schlüsselfertige Erstellung des Bauwerks** oder einer einheitlich ausgeführten Mehrzahl von Bauwerken, z.B. einer Vielzahl von Einfamilienhäusern, die im Rahmen eines größeren Bauvorhabens zu einer einheitlichen Baumaßnahme zusammengefaßt sind. Im letzteren Fall wird häufig auch die einheitliche Erschließung der Gesamtbaumaßnahme im Sinne der §§ 127 ff. BauGB mit übernommen. Zum vertraglichen Leistungsumfang des Generalunternehmers gehört begriffsnotwendig die Übernahme sämtlicher für die schlüsselfertige Erstellung notwendiger Bauleistungen.[4] Außerdem werden dabei zwangsläufig vom Generalunternehmer auch Architekten- oder Inge- 335

Typus

1 Ingenstau-Korbion, A Anh. Rn. 2; Heiermann-Riedl-Rusam, A Einf. § 8.
2 Ingenstau-Korbion, A Anh. Rn. 2.
3 Vgl. Heiermann-Riedl-Rusam, A Einf. § 8.
4 Ingenstau-Korbion, A Anh. Rn. 116 f., 121; Werner-Pastor, Rn. 1050 f.

nieurleistungen geschuldet, z.B. die Objektüberwachung, die Erbringung von Planungsleistungen, typischerweise der Ausführungsplanung.[5] Werden sämtliche Planungs- und Ingenieurleistungen mit übernommen, so handelt es sich um einen sogenannten Totalunternehmer[6] und damit eine in Deutschland weniger häufige Unternehmereinsatzform. **Begriffsnotwendig** für die Unternehmereinsatzform des Generalunternehmers ist weiterhin, daß dieser einen Teil der **Bauleistungen selbst ausführt**[7] und mit Genehmigung des Auftraggebers (§ 4 Nr. 8 VOB/B) die übrigen Teile an sogenannte Subunternehmer oder Nachunternehmer vergibt. Wenn der Auftragnehmer, der die schlüsselfertige Herstellung des gesamten Bauwerks schuldet, keine Bauleistungen selbst ausführt,[8] handelt es sich nicht um einen Generalunternehmer, sondern einen **Generalübernehmer**, bei dem nur noch die Regie- und Koordinierungsaufgaben, die Bauaufsicht und etwa übernommene Planungsleistungen verbleiben. Schuldet der Unternehmer nicht sämtliche zu einem Bauvorhaben gehörenden Leistungen, sondern nur einen **Teilbereich**, allerdings ebenfalls mit der Maßgabe, daß er einen Teil seines eigenen Auftrags an Nachunternehmer vergeben darf, so handelt es sich um einen sogenannten **Hauptunternehmer**,[9] der sich vom Generalunternehmer ausschließlich durch den Umfang der geschuldeten Werkleistung unterscheidet, im übrigen aber sowohl im Hinblick auf den Inhalt der vertraglichen Leistung wie auch bezüglich der Gewährleistung sowie der Stellung zwischen Auftraggeber und Nachunternehmer dem Generalunternehmer gleichsteht. Die nachstehenden Ausführungen zum Generalunternehmer gelten daher in gleicher Weise für den Hauptunternehmer.

Unterschiede Generalunternehmer/ Hauptunternehmer

a) *Der Begriff des Generalunternehmers*

336 Der Vertrag zwischen dem Generalunternehmer und dem Auftraggeber ist rechtlich als **Werkvertrag** im Sinne der §§ 631 ff. BGB einzustufen. Ist die Geltung der VOB vereinbart, so handelt es sich um einen VOB-Bauwerksvertrag, bei dem dem Auftragnehmer, ohne daß dies besonderer Erwähnung bedarf, die Übertragung von Teilleistungen an Subunternehmer gestattet ist. Werden vom Generalunternehmer im Rahmen sei-

5 Locher, Rn. 391.
6 Ingenstau-Korbion, A Anh. Rn. 134.
7 Ingenstau-Korbion, A Anh. Rn. 121; Locher, Rn. 389; a.A. Werner-Pastor, Rn. 1050 ff.
8 Locher, Rn. 390; Heiermann-Riedl-Rusam, A Einf. § 8 Rn. 48 f.; Palandt-Sprau, § 631 Rn. 9.
9 Ingenstau-Korbion, Anh. Rn. 121 f.; Locher, Rn. 389.

nes Auftrags auch reine **Planungsaufgaben** – Architekten- und Ingenieurleistungen – erbracht, so stellt sich seit dem Inkrafttreten des AGBG die Frage, ob und **inwieweit die VOB auf solche Planungsleistungen anzuwenden ist**. Die Frage wird vor allem bei der Gewährleistungsdauer relevant. Geht man davon aus, daß Gegenstand eines VOB-Vertrages nur Bauleistungen im Sinne des § 1 VOB/B sein können, bei denen die körperliche Erstellung des Bauwerks oder seiner Teile geschuldet wird, nicht dagegen Planungsleistungen, so entfällt die Privilegierung des **§ 23 Abs. 2 Nr. 5 AGBG** jedenfalls bei Formularverträgen für diejenigen Teilleistungen des Generalunternehmers, die keine Bauleistungen, sondern Planungsaufgaben beinhalten.[10] Soweit im Generalunternehmervertrag eine Differenzierung beim Vertragsgegenstand, z.B. Aufgliederung der Leistungen, vorgenommen ist und die Architekten- und Ingenieurleistungen gesondert – unter Umständen unter Bezugnahme auf die Leistungsphasen der HOAI – ausgewiesen sind, wie häufig beim öffentlichen Auftraggeber, kann der Vertragsgegenstand in der rechtlichen Beurteilung getrennt werden. Hier handelt es sich um einen **gemischten Vertrag**, der bezüglich der Bauleistungen nach der VOB/B, bezüglich der Architekten- und Ingenierleistungen nach den §§ 631 ff. BGB und nach den Bestimmungen der HOAI zu beurteilen ist. Schuldet der Generalunternehmer dagegen einen einheitlichen Vertragserfolg – die schlüsselfertige Erstellung des Bauwerks nach Maßgabe der Baubeschreibung oder dem Leistungsverzeichnis – so ist die VOB/B auf den gesamten Vertrag anzuwenden. Soweit die Bestimmungen der VOB/B nach ihrem sachlichen Inhalt überhaupt auf Planungsleistungen anwendbar sind, z.B. bezüglich der Gewährleistung, Abnahme, Abrechnung und Zahlung, gilt die VOB/B daher auch für Architekten- und Ingenieurleistungen des Generalunternehmers.[11] Diese sind lediglich Teil des gemäß § 631 BGB geschuldeten einheitlichen Leistungserfolges, dessen Schwerpunkt – insbesondere auch von der Kostenverteilung her – bei den Bauleistungen liegt, die dem Generalunternehmervertrag insgesamt sein Gepräge geben.

VOB-Anwendung

b) Die Beurkundungspflicht beim Generalunternehmervertrag

Die Einhaltung einer Form – der Schriftform oder gar der notariellen **337**
Beurkundung – ist beim Generalunternehmervertrag im Regelfall nicht erforderlich. Die **Schriftform** wird jedoch üblicherweise schon wegen des Umfanges und der wirtschaftlichen Bedeutung der beiderseits übernommenen Verpflichtungen eingehalten. Eine Pflicht zur notariellen

10 BGH, BauR 86, 89; 87, 702; so Ingenstau-Korbion, Anh. Rn. 134.
11 A.A. Locher, Rn. 391; Ingenstau-Korbion, Anh. Rn. 134.

Beurkundung des Generalunternehmervertrages besteht gemäß § 313 BGB grundsätzlich nicht.[12] Die **notarielle Form** kann aber dann erforderlich werden, wenn der Generalunternehmervertrag mit dem Grundstückskaufvertrag so verknüpft ist, daß die Verträge in ihrem Bestand voneinander abhängen, z.B. wenn ein verdeckter Bauträgerkauf vorliegt, oder wenn beim Bauherrenmodell der Generalunternehmervertrag so in ein Leistungspaket eingebunden ist, daß er mit dem Grundstückserwerb in untrennbaren Zusammenhang steht.[13] Der Generalunternehmervertrag unterscheidet sich rechtlich vom Bauträgervertrag dadurch, daß der Generalunternehmer entweder auf dem Baugrundstück seines Auftraggebers oder aber dem Grundstück eines Dritten, der zwar nicht zum Generalunternehmer wohl aber zu dessen Auftraggeber in Vertragsbeziehung steht, das Gebäude errichtet. Er erstellt den Bau im Namen und für Rechnung seines Auftraggebers und schuldet diesem als Vertragsleistung die Herstellung des Bauwerks, nicht dagegen die Verschaffung des Grundstücks. Demgegenüber errichtet der Bauträger das Bauwerk auf einem Grundstück, das sein Eigentum ist oder wird, im eigenen Namen und für eigene Rechnung. Er schuldet dem Käufer als einheitliche Leistung die Herstellung des Gebäudes und die Übertragung des Grundstücks, und zwar unabhängig davon, ob ein Gesamtpreis vereinbart oder der Gebäudeanteil gesondert ausgewiesen ist.

Unterschied zum Bauträgervertrag

338 Gelegentlich wird der einheitliche Bauträgervertrag in **zwei getrennte Verträge aufgesplittet**. Beabsichtigt ist entweder die Einsparung von Grunderwerbsteuer,[14] die früher unter Umständen nur auf der Grundlage des Grundstückskaufpreises – ohne die Herstellungskosten – bemessen wird, oder aber die Verkürzung der Gewährleistungsfrist auf zwei Jahre gem. § 13 VOB/B bzw. Verlängerung der Verjährungsfrist für den Vergütungsanspruch (§ 196 Abs. 1 Nr. 1 BGB).[15] Tatsächlich liegt hier ein verdeckter Bauträgervertrag vor, der entsprechend beurteilt wird. Der **Generalunternehmervertrag** ebenso wie ein **Generalübernehmervertrag**, der die Verpflichtung zur Herstellung des Bauwerks gegen Zahlung einer die Herstellungskosten einschließenden Vergütung zum Gegenstand hat, ist in einem solchen Fall **beurkundungspflichtig**. Dasselbe gilt für sonstige Verträge oder Vereinbarungen, die mit dem Grundstückserwerb in untrennbarem Zusammenhang stehen.

Vorteile

12 Reinelt, BB 81, 706, 707.

13 BGH, BauR 81, 67; 94, 239; OLG Hamm, BauR 98, 545.

14 Vgl. BFH, BB 83, 45 m.w.N.: so wurde bei der Grunderwerbsteuer ein einheitliches Geschäft gesehen.

15 Seit BGH NJW 79, 156; 81, 273 gilt allerdings die kurze Verjährung gem. § 196 Abs. 1 S. 1 BGB insgesamt, d.h. auch für das Grundstück, statt § 195 BGB.

Als Richtlinie ergeben sich für den Bereich des Bauträgerrechts auf 339
der Grundlage der Rechtsprechung die folgenden Grundsätze:[16]

a) Aus den Vereinbarungen ergibt sich der übereinstimmende[17] oder einseitige,[18] vom anderen jedoch gebilligte oder hingenommene Verknüpfungswille der Parteien, der die Verträge in ihrem Bestand voneinander abhängig macht. [19]

b) Die Niederlegung von Vereinbarungen in verschiedenen selbständigen Verträgen begründet zwar die Vermutung, daß kein rechtlicher Zusammenhang besteht, obwohl ein Gebäude nicht ohne Grundstück errichtet werden kann. Diese Vermutung wird jedoch dann widerlegt, wenn der Verknüpfungswille erkennbar geworden ist.

c) Für die Verknüpfung ist nicht erforderlich, daß an jedem der verschiedenen Rechtsgeschäfte jeweils dieselben Parteien beteiligt sind. Es genügt, daß nach dem übereinstimmenden Willen der Parteien ein Nebengeschäft zum Grundstückskauf vorliegt.

Beim **Bauherrenmodell** werden häufig nur der Treuhandvertrag und der 340
Grundstückskaufvertrag **notariell beurkundet**, die übrigen Verträge dagegen nur privatschriftlich abgeschlossen.[20] Hiergegen wird im Schrifttum[21] eingewandt, im Bauherrenmodell müsse das gesamte Vertragsbündel beurkundet werden, weil in Wirklichkeit alle Leistungen – der Grundstückskauf, der Werkvertrag mit dem Generalunternehmer oder Generalübernehmer, der Baubetreuungsvertrag, der Architektenvertrag und die Garantieverträge – einschließlich des Vertriebs aus einer Hand angeboten und erbracht würden. Diese Auffassung wird der heutigen Praxis beim Bauherrenmodell nicht mehr gerecht. Die Finanzverwaltungen und Finanzgerichte versagen bereits seit Jahren die Steuervorteile,[22] wenn dem Bauherren die Abschluß- und Gestaltungsfreiheit genommen und statt dessen ein Vertragspaket »verkauft« wird. Von den Zivilgerichten wird[23] sowohl dem Baubetreuer wie auch den Garantiegebern, Initiatoren und Prospektherausgebern die Haftung für den Eintritt der im Prospekt zugesagten Steuervorteile auferlegt. Dies hat die Initiatoren von Bauherrenmodellen aufgeschreckt und dazu geführt, daß nun regelmäßig die Vertragspartner des Bauherrn – der Grundstücksver-

16 Vgl. Greuner-Wagner, NJW 83, 193, 195.
17 BGH, BauR 81, 67.
18 BGH, BauR 80, 167; 81, 67.
19 BGH, BauR 81, 67.
20 Vgl. Maser, NJW 80, 963.
21 Maser, NJW 80, 961 f.; Locher, Rn. 398 b; Ingenstau-Korbion, A Anh. Rn. 234; vgl. auch BGH, BauR 94, 239.
22 Vgl. BFH, BB 81, 1620; NJW 90, 729.
23 Vgl. BGH, BauR 94, 635; OLG Köln, OLGR 96, 237; OLG München, v. 2.04.82 23 U 4208/81; LG Köln, v. 8.12.82 4 O 388/81; Palandt-Heinrichs, § 276 Rn. 23.

käufer, der Werkunternehmer, der Architekt, die jeweiligen Garantiegeber, der Treuhänder, der gewerbliche Anmieter, etc. – untereinander und voneinander unabhängig sind. Es fehlen verbindende Klauseln in den einzelnen Verträgen. Dem Bauherren bzw. der Bauherrenversammlung wird nach Abschluß des Grundstückkaufvertrages die Entscheidung über die endgültige Planung und den Abschluß des Generalunternehmervertrages – unter Umständen gar die Auswahl unter verschiedenen Angeboten – überlassen. Bei einer solchen Fallgestaltung besteht **keine Beurkundungspflicht** für den Generalunternehmervertrag.[24]

341 **Vertragspartner**

Vertragliche Beziehungen bestehen beim Generalunternehmervertrag nur zwischen dem Auftraggeber und dem Generalunternehmer, nicht dagegen zwischen dem **Subunternehmer** und dem Auftraggeber. Der Subunternehmer ist vielmehr dem Auftraggeber gegenüber **Erfüllungsgehilfe des Generalunternehmers**.[25] Der Auftraggeber kann daher seine Ansprüche auf Erfüllung, Vertragsstrafe, Schadensersatz, wegen Verzugs oder wegen Mängeln der Werkleistung nur gegen den Generalunternehmer als seinen Vertragspartner richten, gegen dessen Subunternehmer nur dann, wenn der Generalunternehmer ihm seine eigenen Ansprüche gegen den Subunternehmer abtritt. Umgekehrt **haftet der Generalunternehmer** im Rahmen seiner eigenen Pflicht zur Erbringung des Leistungserfolges **verschuldensunabhängig** für Mängel oder Fristüberschreitungen, die vom Subunternehmer verursacht sind. Im Rahmen des § 278 BGB hat er außerdem auch für ein arglistiges Verschweigen von Mängeln durch den Subunternehmer einzustehen,[26] wenn dieser entweder mit der Ablieferung des Werkes an den Auftraggeber betraut ist oder dabei mitwirkt oder aber wenn der Generalunternehmer dem Subunternehmer die Leistung zur eigenverantwortlichen Ausführung übertragen und es unterlassen hat, diesen ordnungsgemäß zu überwachen.

2. Der Generalübernehmervertrag

342 **Typus**

Der Generalübernehmervertrag ist Werkvertrag im Sinne der §§ 631 ff. BGB. Der **Generalübernehmer** schuldet dem Auftraggeber ebenso wie der Generalunternehmer in der Regel das schlüsselfertige Bauwerk. Er **führt jedoch selbst keine Bauleistungen aus**,[27] sondern vergibt diese

24 Greuner-Wagner, NJW 83, 193, 194; a.A. BGH, BauR 94, 239.
25 BGH, BauR 76, 131; 81, 383; Werner-Pastor, Rn. 1052; Ingenstau-Korbion, Anh. Rn. 124.
26 BGH, BauR 76, 131; Locher, Rn. 392; vgl. auch u. Rz. 786 ff. zum Org.-verschulden.
27 Vgl. Ingenstau-Korbion, Anh. Rn. 129 ff.; Locher, Rn. 390.

im eigenen Namen an Dritte. Gegenüber diesen Nachunternehmern ist er selbst Auftraggeber[28] bzw. Besteller im Sinne der §§ 631 ff. BGB. Die Vergabe erfolgt entweder in Einzelgewerken, die vom Generalübernehmer koordiniert werden, oder an einen Generalunternehmer, der das Gebäude zum Festpreis erstellt. Typisch für den Leistungsinhalt ist beim Generalübernehmer die **Erbringung der Planungsleistung** – entweder selbst oder durch Dritte – und die **Koordination** und **Überwachung** der Bauausführung einschließlich der Tätigkeit der Sonderfachleute. Der Generalübernehmer vergibt die Bauleistungen an Nachunternehmer im eigenen Namen und für eigene Rechnung. Allerdings sind auch **Sonderformen** denkbar, bei denen die Stellung des Generalübernehmers der des Baubetreuers angenähert ist und die Vergabe der Bauleistungen unmittelbar im Namen und für Rechnung des Bauherrn erfolgt.[29] **Entscheidend für die Abgrenzung** zwischen Generalübernehmervertrag und Baubetreuungsvertrag ist die Übernahme des **Kalkulationsrisikos**:[30] Beim Generalübernehmervertrag trägt es der Auftragnehmer, beim Baubetreuungsvertrag der Bauherr. Der Generalübernehmer unterliegt in der Regel nicht den Vorschriften der Makler oder Bauträgerverordnung.[31] Er darf – anders als der Betreuer oder Bauträger – daher schon während der Bauzeit Zahlungen vereinbaren, ohne seinem Auftraggeber Sicherheit leisten zu müssen. Bezüglich der Formbedürftigkeit gelten dieselben Grundsätze wie beim Generalunternehmervertrag, so daß auch hier eine Beurkundungspflicht wegen der Verknüpfung des Generalübernehmervertrages mit dem Grundstückskauf gegeben sein kann.

3. Der Subunternehmervertrag

Der Subunternehmer[32] oder Nachunternehmer ist in der Regel Alleinunternehmer im Sinne der VOB, der sich durch BGB- oder VOB-Vertrag zur Ausführung von Einzelgewerken verpflichtet. Sein **Auftraggeber** ist begriffsnotwendig nicht der Bauherr, sondern der vom Bauherrn beauftragte Unternehmer, d.h. der Generalunternehmer, der Generalübernehmer, der Hauptunternehmer oder ein Subunternehmer, da auch eine hintereinander geschaltete Kette von Subunternehmern möglich und zulässig ist. Bestehen dagegen unmittelbare Vertragsbeziehungen zum Bau- **343**

Typus

28 BGH, BauR 78, 220.

29 OLG Köln, BauR 76, 288; Ingenstau-Korbion, Anh. Rn. 131.

30 Schulze-Hagen, BauR 92, 320.

31 BGH, BauR 78, 220; BVerwG, NJW 87, 511; zweifelnd Reithmann-Meichssner-v. Heymann, Rn. 40 ff.

32 Ingenstau-Korbion, Anh. Rn. 139; Heiermann-Riedl-Rusam, A Einf. § 8 ff, Rn. 11.

herrn, so handelt es sich nicht um einen Subunternehmer, sondern um einen Nebenunternehmer.[33] Die Rechtsposition des Subunternehmers ist gegenüber der des Hauptunternehmers ungünstiger, weil ihm mangels direkter vertraglicher Beziehung zum Bauherrn kein Anspruch aus § 648 BGB zusteht. Der Hauptunternehmer darf ihn durch Allgemeine Geschäftsbedingungen nicht noch ungünstiger stellen, z.B. durch Hinausschieben der Abnahme auf den Zeitpunkt der Abnahme des Gesamtgewerks, der behördlichen Gebrauchsabnahme oder der Erteilung von Mängelfreiheitsbescheinigungen Dritter. Derartige AGB-Klauseln sind auch bei Kaufmannseigenschaft des Subunternehmers gemäß § 9 AGBG unwirksam.[34]

4. Der ARGE-Vertrag

344 **Typus** Schließen mehrere Unternehmer sich zur gemeinsamen Ausführung eines Auftrages zusammen, so handelt es sich um eine sogenannte **Arbeitsgemeinschaft** oder **ARGE**[35] bei der die beteiligten Unternehmer sich für die Dauer des Auftrages zu einer BGB-Gesellschaft[36] zusammenschließen. Sie kann als sogenannte **Bietergemeinschaft** bereits im Vergabeverfahren auftreten. Bei der Ausführung des Auftrages kann eine Aufteilung in Baulose erfolgen, die von den einzelnen Unternehmern eigenverantwortlich und selbständig ausgeführt werden. Die Haftung der ARGE-Mitglieder ist im Regelfall gesamtschuldnerisch. Sie kann durch Vereinbarung mit dem Auftraggeber aber auch auf die von den einzelnen ARGE-Partnern ausgeführte Bauleistung beschränkt werden.

33 Heiermann-Riedl-Rusam, Einf. § 8 Rn. 16.

34 Ingenstau-Korbion, Anh. Rn. 140; Ulmer-Brandner-Hensen, Anh. §§ 9-11 Rn. 720 ff.; OLG Düsseldorf, BauR 99, 497; BGH BauR 89, 322.

35 Ingenstau-Korbion, Anh. Rn. 3 ff.; Werner-Pastor, Rn. 1061 ff.; Heiermann-Riedl-Rusam, A Einf. Rn. 24.

36 BGH, S.-F. Z. 2224 Bl. 4.

V. Der Kauf vom Bauträger

V. Der Kauf vom Bauträger

Der Kauf vom Bauträger, die Baubetreuung und der Erwerb im Bauherrenmodell sind als spezielle Vertragstypen dem BGB unbekannt. Sie haben sich in den Jahrzehnten nach Kriegsende und Währungsreform entwickelt, als der Nachholbedarf an Wohn- und Geschäftsraum zu einer bislang unbekannten Ausdehnung des Bau- und Grundstückswesens führte. Maßgeblich für die Entwicklung des Bauträgerkaufs waren in wirtschaftlicher Hinsicht folgende Faktoren: Der Bauträger kann dem Erwerber durch Vereinbarung eines **Festpreises** die beim Eigenbau unvermeidbaren **Risiken der Finanzierung** und Baukostensteigerung **abnehmen**. Er kann ihm Preisvorteile vermitteln, die sich bei der Durchführung großer Baumaßnahmen mit einer Vielzahl von Häusern oder Wohnungen für das einzelne Objekt ergeben. Er kann größere Areale durch Baureifmachung oder Erschließung, die gemäß § 123 BauGB von der Kommune auf Bauträger- und Baubetreuungsgesellschaften übertragen werden darf, um Bauland zum Zwecke der Bebauung schaffen. Zusätzliche Impulse ergaben sich für den gewerblichen Wohnungsbau durch die 1951 mit Einführung des WEG geschaffene Möglichkeit, **Wohnungs- und Teileigentum** zu bilden. Dadurch wurde einerseits weniger zahlungskräftigen Käuferschichten die Möglichkeit zum Erwerb von Grundeigentum eröffnet. Andererseits machte die beim Bau von Eigentumswohnanlagen notwendige Koordination der Wohnungseigentümer hier erst recht die Einschaltung von Bauträgern oder Betreuern erforderlich. Rechtlich wurde der Kauf vom Bauträger zunächst ohne Berücksichtigung seiner Besonderheiten in das vorhandene Schuldrechtsystem »eingepaßt« und als Kauf den §§ 433 ff. BGB zugeordnet. Hier setzte sich erst allmählich die Erkenntnis durch, daß eigentlich ein gemischter Vertrag vorliegt, für den die §§ 433 ff. BGB nur in Teilbereichen eine systemgerechte Lösung bieten. Die Rechtsentwicklung wurde darüberhinaus beeinflußt von Mißständen, die sich in Zeiten der Hochkonjunktur entwickelt hatten: **345**

Wirtschaftliche Hintergründe

- einseitige Vertragsgestaltungen, durch die das Haftungsrisiko gegenüber den gesetzlichen Bestimmungen zu Lasten des Käufers verschärft wurde, was zu schärferer Inhaltskontrolle durch die Gerichte und schließlich zu gesetzlichen Einschränkungen im AGBG vom 9.12.1976 führte; **346**
- unangemessene einseitige Erwerbsverpflichtungen des Käufers, die eine Änderung des § 313 BGB zur Folge hatten;

- unzureichende finanzielle Absicherung des Erwerbers, die den Erlaß der Makler- und Bauträgerverordnung von 1975 notwendig machte.

1. Der Begriff des Kaufs vom Bauträger

347 Nach heutigem Stand des Gesetzes sowie der baurechtlichen Rspr. und Lit. ergibt sich für den Kauf vom Bauträger folgende Situation:

Die **Einordnung des Bauträgervertrages** in das System des BGB ist zwar inzwischen abgeschlossen.[1] Bei der Vertragsgestaltung werden jedoch immer noch Begriffe aus dem Kaufrecht, dem Werkvertrag, der Geschäftsbesorgung und dem Steuerrecht miteinander vermengt, obwohl die Begriffsinhalte – z.B. der Begriff des Bauherrn im Steuerrecht einerseits und im Zivilrecht andererseits – sich nicht decken. Die Entwicklung einheitlicher Definitionen benötigte Jahrzehnte, was zu einer Verwirrung der Begriffe[2] geführt hat. Steuerliche und zivilrechtliche Zielsetzungen mit gegenläufiger Tendenz wurden miteinander gekoppelt, obwohl sie letztlich – im Rahmen einer einheitlichen Vertragsgestaltung und Abwicklung – unvereinbar sind. Dies gilt insbesondere für das Bestreben, einerseits möglichst viele Steuervorteile in Anspruch zu nehmen, zu deren Erlangung die Übernahme des Bauherrenrisikos unverzichtbar ist, andererseits dem Erwerber durch Festpreisvereinbarungen größtmögliche Sicherheit zu geben, obwohl hierdurch das Bauherrenrisiko auf den Generalunternehmer oder Generalübernehmer verlagert wird. Problematisch ist insbesondere die Abgrenzung des Bauträgers vom Baubetreuer, bei der sich zahlreiche Streitfragen ergeben haben, die im Hinblick auf die rechtliche Zuordnung der Verträge, die unterschiedlichen Sicherheitsleistungen gem. §§ 2, 3 MaBV und die Verschiedenheit der Gewährleistung relevant werden können.

348 **»Bauträger«** ist jede Person bzw. jedes Unternehmen, das gewerbsmäßig Wohnraum zum Zweck der Veräußerung erstellt, das Grundstück

Definition bereitstellt und erschließt und die Herstellung des Gebäudes entweder selbst oder – der häufigere Fall – durch dritte Unternehmer durchführt. Bauträger[3] und nicht Baubetreuer ist, wer:

a) auf einem ihm gehörenden oder von ihm zu beschaffenden Grundstück baut;

1 Locher, Rn. 406 u. NJW 67, 326; Koeble, NJW 74, 721; Groß, BauR 75, 12.
2 Vgl. Reithmann-Brych-Manhart, Rz. 22; Koeble, NJW 74, 721.
3 So die Definition des BGH v. 20.11.80 – BauR 81, 188, 189; vgl. auch Locher-Koeble, Rn. 12 ff; Brych-Pause, Rn. 32; Ingenstau-Korbion, Anh. Rn. 173.

b) das Bauvorhaben im eigenen Namen und für eigene Rechnung errichtet;
c) das Bauherrenrisiko trägt und die Bauherreneigenschaft besitzt.

Schaubild des Kaufs vom Bauträger

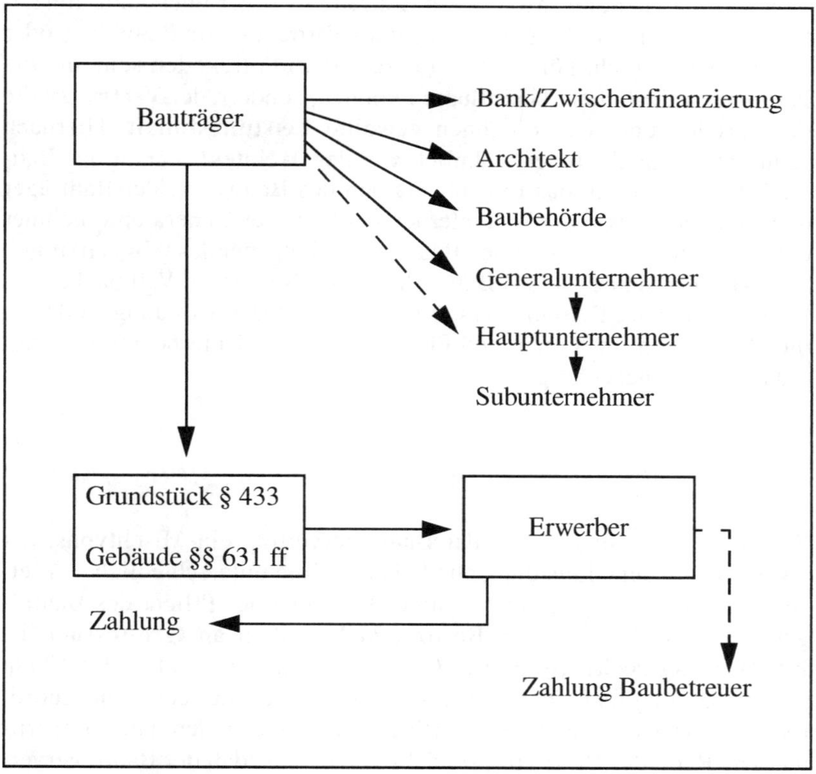

Demgegenüber ist **Baubetreuer im Sinne des § 34 c GewO**, wer gewerbsmäßig Bauvorhaben im fremden Namen und für fremde Rechnung wirtschaftlich vorbereitet oder durchführt.

Angesichts der in der Praxis vorkommenden **Mischformen** ist strittig, **349**
welches der vorstehenden Kriterien für die Abgrenzung maßgeblich ist, ob es die Eigentumsverhältnisse am Grundstück sind,[4] die Bauherrenei-

4 Gläser, NJW 75, 1006.

Zuordnungskriterien

genschaft oder das übernommene Bauherrenrisiko.[5] Stellt man entscheidend auf die Eigentumsverhältnisse am Baugrundstück ab, so wird man den in der Praxis häufigen Zufälligkeiten und Verzögerungen nicht gerecht, die sich bei der Eigentumsumschreibung ergeben können. Wenn z.B. bei der Vermarktung größerer Areale eine Vielzahl von Einzelparzellen neu vermessen, katastermäßig fortgeschrieben und im Grundbuch durch Anlegung neuer Grundbuchblätter erfaßt werden müssen oder wenn Wohnungsgrundbücher neu angelegt werden, kann die behördliche Abwicklung sich über Monate, im Extremfall sogar über Jahre hinziehen. Maßgebend für die Zuordnung eines Vertrages zum Bauträger- oder Baubetreuungsrecht können nicht derartige Zufälligkeiten sein, die die Parteien vielfach nicht beeinflussen können, sondern der **Vertragswille** der Parteien und der von ihnen gewollte **Leistungsinhalt**. Hiernach schuldet der Baubetreuer – ähnlich wie der Architekt – nicht das Bauwerk selbst sondern das Entstehenlassen des Bauwerks, der Bauträger dagegen ebenso wie der Bauunternehmer bzw. der Generalunternehmer die körperliche Erstellung des Bauwerks. Maßgebendes **Abgrenzungskriterium** ist daher, ob das Bauvorhaben im Namen, in Vollmacht[6] und für Rechnung des Betreuten erstellt wird – dann Baubetreuung – oder ob die Herstellung im Namen und für Rechnung des Unternehmers erfolgt – dann Bauträgervertrag.[7]

a) Die Rechtsnatur des Vertrages

350 Seiner Rechtsnatur nach ist der Bauträgervertrag ein Mischtypus, der zwei verschiedene Leistungsinhalte hat, auf die unterschiedliche Gesetzesbestimmungen anzuwenden sind. Bezüglich der Pflicht des Bauträgers zur Verschaffung von Besitz und Eigentum an **Grundstück** ist **Kaufvertragsrecht** (§§ 433 ff. BGB) anzuwenden. Bezüglich der Pflicht zur Herstellung und Übergabe des Bauwerks war die rechtliche Zuordnung, insbesondere bei bereits fertiggestellten Gebäuden, lange umstritten. Die Rspr. des BGH ging zunächst davon aus, daß der Bauträgervertrag einheitlich als Kaufvertrag[8] zu qualifizieren sei, unabhängig davon, ob das Gebäude bereits fertiggestellt ist oder noch erstellt wird. Im Rahmen der Entwicklung zum Werkvertragsrecht hin wurde dann der Werkvertragscharakter bejaht,[9] wenn das Gebäude im Zeitpunkt des Vertrags-

5 Ingenstau-Korbion, Anh. Rn. 191.
6 BGH, BauR 81, 188.
7 BGH, BauR 75, 203, 204; Locher-Koeble Rn. 13; Reithmann-Meichssner-v. Heymann, Rz. 20.
8 BGH, NJW 65, 1269.
9 BGH, WM 69, 96; MDR 69, 748.

abschlusses erst in der Planung oder einem frühen Baustadium war. In seiner Grundsatzentscheidung vom 16.04.1973[10] hat der BGH dann auf die Errichtungsverpflichtung abgestellt und die Sachmängelansprüche des Erwerbers von noch zu errichtendem Wohnraum dem **Werkvertragsrecht** unterstellt. In den folgenden Jahren wurde die werkvertragliche Einstufung aufgrund der vom Bauträger übernommenen Errichtungsverpflichtung zunehmend ausgedehnt auf Fälle, in denen das Gebäude bei Vertragsabschluß bereits teilweise[11] oder – bis auf unwesentliche kleinere Arbeiten – vollständig fertiggestellt[12] war. Mit seiner Entscheidung vom 05.05.1977[13] hat der BGH in konsequenter Fortentwicklung seiner bisherigen Grundsätze auch denjenigen Vertrag dem Werkvertragsrecht zuordnet, bei dem das Bauvorhaben bereits vollständig abgeschlossen, im Vertrag jedoch – weil der Bauträger es verabsäumt hatte, nach der Fertigstellung des Gebäudes die Formularverträge zu ändern – eine Pflicht zur Errichtung des Gebäudes nach den Plänen und der Baubeschreibung enthalten war. Den endgültigen Wechsel zum Werkvertragsrecht – unabhängig vom Fertigstellungsgrad des Gebäudes hat der BGH dann mit Entscheidung vom 29.06.1981[14] vollzogen. Hiernach ist die werkvertragliche Qualifikation und damit die Gewährleistung nach den §§ 633 ff. BGB immer dann zu bejahen, wenn es sich um den Verkauf neu errichteter Wohnungen oder Häuser handelt, weil diese vom Erwerber jedenfalls noch abzunehmen und dabei festgestellte Mängel vom Veräußerer zu beseitigen sind. Die übrige Rspr.[15] und die werkvertragliche Lit.[16] sind dieser Entwicklung bis auf wenige Ausnahmen[17] gefolgt. Hiernach kommt es für die Zuordnung zum Werkvertragsrecht entscheidend darauf an, ob sich aus dem Vertrag selbst – Zahlung nach Baufortschritt, Errichtung nach Bauplänen oder Baubeschreibung – oder den Umständen des Vertragsschlusses eine **Herstellungsverpflichtung** ergibt, ob der Erwerber das neu errichtete Bauwerk noch **abzunehmen** und der Bauträger die dabei festgestellten **Mängel** zu beseitigen hat. **Auf die** von den Parteien **gewählte Bezeichnung** – Kaufvertrag oder Werkvertrag – **kommt es nicht an.**[18] Ist dagegen das Gebäude bereits seit län-

Abgrenzung zum Kaufvertrag

10 BGHZ 60, 362 = BauR 73, 247.
11 BGHZ 63, 96 = BauR 75, 59.
12 BGHZ 65, 359 = BauR 76, 133.
13 BGH, BauR 77, 271.
14 BGH, BauR 81, 571 ff; S-F-H. Nr. 35 zu § 633 BGB (Musterhausfall); BauR 89, 219.
15 OLG Köln BauR 71, 193; OLG München NJW 81, 2472; OLG Hamm, BauR 83, 173.
16 Vgl. Locher-Koeble Rz. 23; Brych-Pause, Rn. 38 ff; Werner-Pastor, Rn. 1444.
17 Köhler, NJW 84, 1321; Hochstein, FS Locher, S. 77.
18 BGH, BauR 81, 572; 90, 466; 97, 1030.

gerem fertiggestellt[19] oder gar bezogen[20], so ist eine Zuordnung zum Werkvertrag nur dann gerechtfertigt, wenn der Bauträger einem Dritten die Räumlichkeiten entweder ausschließlich oder ganz überwiegend deshalb zur Nutzung zur Verfügung gestellt oder vermietet hatte, weil er die werkvertragliche Haftung umgehen wollte. Soweit der BGH[21] auch in solchen Fällen Werkvertragsrecht anwendet, in denen der Veräußerer das Haus oder die Wohnung nach der Fertigstellung bereits in Benutzung genommen, unter Umständen bereits mehrere Monate bewohnt oder vermietet hatte, begegnet dies erheblichen dogmatischen Bedenken. Entscheidendes **Abgrenzungskriterium zwischen Kauf- und Werkvertrag** ist der Umstand, daß beim Kauf eine vorhandene fertige Sache übergeben oder übereignet wird, während beim Werkvertrag der Leistungserfolg, d.h. die Herstellung der fertigen Sache, erst noch geschaffen werden muß. Soweit der BGH bei bereits fertigen Gebäuden darauf abstellt, daß zum Leistungserfolg nicht nur die Fertigstellung an sich, sondern die mängelfreie Fertigstellung gehört, erscheint es noch systemgerecht, den Bauträgervertrag bezüglich des Gebäudeanteils dem Werkvertragsrecht zu unterwerfen. Wenn dagegen dieser Leistungserfolg bereits eingetreten, das Gebäude abgenommen und in Benutzung genommen ist, kann wenn nunmehr der Verkauf erfolgt – die Erfüllung einer »Herstellungspflicht« durch den Veräußerer aus der Natur der Sache heraus nicht mehr möglich sein, da es nichts mehr herzustellen gibt. Entgegen der Ansicht des BGH ist daher der Verkauf derartiger »gebrauchter Häuser« oder Wohnungen dogmatisch insgesamt als Kauf im Sinne der §§ 433 ff. BGB einzustufen.[22] Etwas anderes gilt nur für die sog. **Erwerber- oder Sanierungsmaßnahmen**, bei denen der Verkauf vom Bauträger bei gleichzeitiger Instandsetzungs- oder Sanierungsverpflichtung erfolgt, da hier ein werkvertraglicher Leistungserfolg geschuldet ist. Hier ist die gewerbsmäßige Veräußerung von »gebrauchten« Immobilien dem Werkvertragsrecht zuzuordnen.

351 **Der »Normalfall«**

Da der typische Bauträgervertrag den Verkauf von noch zu errichtenden oder neu hergestellten, noch nicht bewohnten Häusern oder Wohnungen zum Gegenstand hat, handelt es sich somit im Regelfall um einen

19 OLG Schleswig, BauR 82, 60.
20 a.A. BGH, BauR 82, 58.
21 BGH, BauR 82, 58; 86, 345; 89, 597; NJW 85, 1551.
22 Ähnlich OLG Schleswig, BauR 82, 60; Locher, Rn. 407; OLG Köln, S-F-H. Nr. 33 zu § 635 BGB; Sturmberg, NJW 89, 1832.

gemischten Vertrag (Vertrag sui generis):[23] Er enthält Kaufvertragsrecht, soweit die Pflicht zur Verschaffung von Besitz und Eigentum am Grundbesitz betroffen ist. Dagegen enthält er Werkvertragsrecht, soweit die Gebäudeherstellung betroffen ist. Inhaltlich entspricht dieser Teil des Vertrages dem Generalunternehmervertrag. Ausnahmsweise kann auch der Bauträgervertrag ein reiner Kaufvertrag sein, dann nämlich, wenn der Bauträger vermietete Wohnungen oder Häuser – insbesondere Altbauten – im sogenannten Ersterwerbermodell oder Sanierungsmodell an Kapitalanleger veräußert ohne irgendeine Renovierungs- oder Sanierungspflicht zu übernehmen. Vielfach handelt es sich um Objekte, die der Bauträger in Zeiten der Krise bzw. rückläufigen Konjunktur nicht veräußern konnte und die er vermietet hat, um wenigsten die Zinsen aus dem Baukredit teilweise abdecken zu können. Bei derartigen Objekten, die oft bereits seit Jahren bewohnt und schon zum zweiten oder dritten Mal vermietet und ggf. renoviert sind, wäre die Anwendung des Werkvertragsrechts nicht mehr systemgerecht.

Soweit **nachfolgend** vom Bauträgervertrag die Rede ist, handelt es **352** sich um den Regelfall des »Verkaufs« einer noch zu errichtenden Wohnung bzw. eines noch zu errichtenden Hauses. Bei der Erörterung wird als »Grundfall« der Kauf eines Einfamilienhauses zugunde gelegt. Für den Kauf einer Eigentumswohnung gelten die Ausführungen in gleicher Weise. Soweit sich Abweichungen ergeben, z.B. bei der Abnahme von Gemeinschafts- oder Sondereigentum, bei der Geltendmachung von Gewährleistungsansprüchen durch den einzelnen Wohnungseigentümer, die Gemeinschaft der Wohnungseigentümer oder den Wohnungseigentumsverwalter, sind diese gesondert dargestellt.

23 Auch soweit der Bauträger eine Errichtungs- bzw. Herstellungsverpflichtung übernommen hat, sind die Ansichten über die dogmatische Zuordnung nach wie vor kontrovers. Die Bandbreite der Meinungen reicht vom reinen Kaufvertrag einerseits, Werkvertrag andererseits Werklieferungsvertrag gem. § 651 BGB, Werklieferungsvertrag mit Geschäftsbesorgungscharakter bis zum zusammengesetzten Vertrag mit echtem Mischcharakter – vgl. BGH, NJW 85, 2573; 86, 925; BauR 89, 219; 91, 85; Brych-Pause, Rn. 40; Werner-Pastor, Rn. 1444; Schulze-Hagen, BauR 92, 320; Locher-Koeble Rz. 21 ff.; Eine grundsätzliche Stellungnahme des BGH zur Rechtsnatur des Bauträgervertrages liegt noch nicht vor; dieser hatte bisher lediglich zu Teilfragen aus dem Bereich der Gewährleistung, der Beurkundungspflicht und des Rücktrittsrechts zu beurteilen. Allerdings spielen die unterschiedlichen Meinungen zur dogmatischen Beurteilung des Bauträgervertrages im praktischen Ergebnis keine Rolle. Bezüglich der Baumängel (Mängel am Gebäude) wird ohnehin Werkvertragsrecht angewendet, bei Sach- oder Rechtsmängeln am Grundstück Kaufvertragsrecht: entweder unmittelbar, weil es sich um einen Mischvertrag handelt oder kraft Verweisung gem. § 651 Abs. 1 2 BGB (wenn Werklieferungsvertrag) oder analog (wenn Geschäftsbesorgungsvertrag oder Werkvertrag mit Geschäftsbesorgungscharakter).

b) Abschluß und Form des Vertrages

353 Der Bauträgervertrag kommt zustande durch Angebot und Annahme als korrespondierende Willenserklärungen. Da die Leistungspflicht des Bauträgers typischerweise die Übertragung von Eigentum oder Miteigentum am Baugrundstück umfaßt, bedarf der Vertrag gemäß § 313 BGB (bei Eigentumswohnungen gem. § 4 Abs. 3 WEG i.V.m. § 313 BGB) **Form** immer der **notariellen Beurkundung**. Vom Formzwang sind sowohl die Veräußerungspflicht des Bauträgers wie auch die Erwerbspflicht des Käufers[24] betroffen. Es kommt nicht darauf an, ob die Erklärungen der Parteien in einer oder mehreren Urkunden enthalten sind. Die notarielle Beurkundung ist bei allen Erklärungen erforderlich, die mit der Veräußerungs- oder Erwerbspflicht in untrennbarem Zusammenhang stehen. Dies gilt auch dann, wenn das Gesamtgeschäft in mehrere separate Verträge – z.B. Grundstückskauf und Generalunternehmervertrag bzw. Generalübernehmervertrag – aufgesplittet ist. [25]

354 Formbedürftig ist gem. § 313 BGB nicht nur der Bauträgervertrag selbst oder das Vertragswerk, aus dem dieser sich zusammensetzt, sondern auch bereits der Abschluß eines **Vorvertrages**, sofern der Erwerber oder Bauträger durch den Vorvertrag eine mittelbare oder unmittelbare Erwerbs- oder Veräußerungsverpflichtung eingeht. Die Beurkundungspflicht ergibt sich aus dem Normzweck des § 313 BGB:[26] Die Parteien sollen vor übereilten Entschlüssen bewahrt und fachkundig sowie unparteiisch beraten werden (Warn- und Schutzfunktion). Der Beweis über den Vertragsinhalt (Beweisfunktion) und über die vollständige, richtige und rechtswirksame Wiedergabe des Vertragswillens (Gewährsfunktion) soll durch die notarielle Beurkundung sichergestellt werden. Eine unmittelbare Erwerbs- oder Veräußerungsverpflichtung liegt vor, wenn der Vertrag, der Optionsvertrag oder die Reservierungsvereinbarung für eine der beiden Parteien eine Pflicht zum Abschluß des Hauptvertrages begründet. Eine unmittelbare Verpflichtung, die den Vorvertrag ebenfalls beurkundungsbedürftig macht,[27] ist dann gegeben, wenn der Vorvertrag für den Fall, daß der Hauptvertrag nicht zustande kommt, Sanktionen vorsieht, die der gesetzlichen Regelung, z.B. bei der culpa in contrahendo, nicht entsprechen. Das betrifft die Vereinbarung zur Zahlung

24 § 313 BGB wurde mit Wirkung zum 01.07.73 – BGBl. I 501 neu gefaßt, nachdem die frühere Formfreiheit für die Erwerbsverpflichtung zu einer Benachteiligung des Käufers und zu erheblichen Mißbräuchen geführt hatte, weil der Käufer sich durchweg einseitig durch Anwärter – bzw. Bewerbervertrag gebunden hatte, vgl. Staudinger-Wufka, § 313 Rz. 2; Brych-Pause, Rn. 53 ff.

25 Vgl. o. Rz. 337 ff.

26 Vgl. Palandt-Heinrichs, § 313 Rn. 2.

27 BGH NJW 70, 1915; 71, 557; 73, 517; Locher-Koeble, Rn. 72; Palandt-Heinrichs, § 313 Rn. 52.

von Aufwendungs- oder Schadenersatz, von Vertragsstrafe oder Provision, sofern der Betrag der konkret nachgewiesenen Aufwendungen oder des als angemessen anerkannten Pauschalsatzes überschritten wird. Eine Ausnahme kann sich allenfalls im sozialen Wohnungsbau ergeben: gem. **Ausnahme** § 56 des II. WoBauG kann der Erwerber aus einem nicht beurkundeten Vorvertrag den Abschluß des notariellen Kaufvertrages fordern, wenn der Abschlußzwang beim Wohnungsunternehmen gem. **§ 56 WoBauG** zu bejahen ist.

aa) Der Umfang des Formzwanges

Der Umfang des Formzwanges ergibt sich aus § 313 BGB i.V.m. den **355** Bestimmungen des BeurkG. Hiernach sind sämtliche Vereinbarungen, aus denen sich nach dem Willen der Parteien der schuldrechtliche Vertrag zusammensetzen soll,[28] zu beurkunden. Zum notwendigen Inhalt des Bauträgervertrages und der gem. §§ 9 ff. BeurkG aufzunehmenden Niederschrift gehören daher eine hinreichend **genaue Bezeichnung** des veräußerten Grundstücks oder Grundstücksteiles, die bei noch zu vermessenden Parzellen notfalls anhand eines Lageplanes getroffen werden muß, die **exakte Beschreibung des zu errichtenden Gebäudes** sowie die **konkrete Bestimmung der Gegenleistung des Erwerbers**. Die Gegenleistung kann betragsgemäß exakt angegeben sein, nämlich als notarieller Festpreis für das Gebäude nebst Grundstück oder Grundstücksanteil. Sie kann bei noch zu vermessenden Grundstücksflächen bzw. zu errichtenden Häusern oder Wohnungen aber auch mit einem bestimmten Betrag pro qm Grundstücks- oder Wohnfläche angegeben sein, so daß der exakte Gesamtbetrag sich erst nach Vermessung der verkauften Parzelle oder der Errichtung des Gebäudes durch Abrechnung

28 H.A. vgl. BGHZ 63, 359; Locher-Koeble, Rn. 78; Palandt-Heinrichs, § 313 Rn. 25 ff.; Ingenstau-Korbion, A Anh. Rn. 234; Brych-Pause, Rn. 57.

ermitteln läßt. Inhalt der Niederschrift können gem. § 9 BeurkG[29] Karten, Zeichnungen und Pläne sein, aber auch sonstige Erklärungen der Beteiligten oder Dritter, auf die verwiesen wird.

bb) Die Beurkundung von Plänen und Anlagen

356 Die **Baubeschreibung**,[30] die die Herstellungspflicht des Bauträgers konkretisiert und oft sehr umfangreich ist, kann hiernach entweder im Text des notariellen Bauträgervertrages mitenthalten oder auch als Protokollanlage gem. § 9 Abs. Abs. 1 S. 2 BeurkG der Niederschrift des Bauträgervertrages beigefügt sein. Auch muß sie als Protokollanlage gem. § 13 BeurkG vorgelesen und genehmigt werden. Lediglich dann, wenn die Baubeschreibung Gegenstand einer anderen notariellen Beurkundung – nicht einer bloßen Beglaubigung – ist, braucht sie gem. § 13a BeurkG der Niederschrift des Bauträgervertrages nicht beigefügt zu werden, sofern die Beteiligten hierauf ausdrücklich verzichten. Sie muß auch dann nicht vorgelesen werden, wenn die Beteiligten erklären, daß ihnen der Inhalt bekannt ist und sie auf das Vorlesen verzichten. Dieselben Grundsätze gelten für die **notarielle Teilungserklärung**,[31] die **Gemeinschaftsordnung** der künftigen Wohnungseigentümergemeinschaft oder den **Verwaltervertrag**, sofern sie in gesonderten Urkunden enthalten sind, die den Voraussetzungen des § 13 BeurkG entsprechen.

357 **Karten, Zeichnungen oder Abbildungen**, auf die in der Niederschrift verwiesen wird, müssen gem. § 9 Abs. 1 S. 3 BeurkG den Beteiligten zur Durchsicht vorgelegt werden und sind der Niederschrift beizufügen. Es handelt sich typischerweise um Lagepläne, Bauzeichnungen

29 Durch die am 27.02.80 in Kraft getretene Änderung des BeurkG (durch BeurkÄndG vom 20.02.80 – BGBl. I 157) hat der Gesetzgeber die Unzuträglichkeiten beseitigt, die sich aus drei BGH-Urteilen aus dem Jahre 79 ergaben. Der BGH hatte hier, abweichend von der jahrzehntelangen Praxis der Notare und Gerichte, entschieden, daß bei der Beurkundung von Rechtsgeschäften die Verweisung auf öffentliche Urkunden, Karten und Zeichnungen grundsätzlich nur dann zulässig sei, wenn diese der Niederschrift beigefügt und mit vorgelesen bzw. mit erörtert worden waren. Vgl. BGH 74, 346, 351; NJW 79, 1495, 1498; 1984; Palandt-Heinrichs, § 313 Rn. 27; Locher-Koeble, Rz. 79; Brych-Pause, Rn. 59 ff. Durch die neugefaßten §§ 9, 13 u. 13a BeurkG wurde das BeurkG für den Fall von Verweisungen und Bezugnahmen so vereinfacht und klargestellt, daß die Mitbeurkundung von Bauplänen, Baubeschreibungen, Teilungserklärungen und Gemeinschaftsordnungen nicht mehr zu Schwierigkeiten oder Rechtsunsicherheiten führt. Außerdem wurde durch die §§ 1 und 2 BeurkÄndG die Wirksamkeit der vor dem 27.02.80 beurkundeten und gegen die BGH-Richtlinien verstoßenden Verträge sichergestellt.

30 Vgl. BGH NJW 79, 1984; Locher-Koeble, Rn. 79; Brych-Pause, Rn. 59 ff.

31 Locher-Koeble, Rn. 79; Brych-Pause, Rz. 62 ff.

des Architekten, aus denen sich Grundriss, Schnitt und äußere Gestaltung des zu errichtenden Gebäudes ergeben, Kopien von Modellfotos etc. Hier ist eine ergänzende Bezugnahme unter Verzicht auf Durchsicht und Beifügung zur Niederschrift gem. § 13a Abs. 4 BeurkG nur möglich, wenn es sich um behördliche Karten oder Zeichnungen[32] handelt, die von einer Behörde gem. § 415 ZPO mit Unterschrift und Stempel oder Siegel versehen wurden, z.B. die genehmigten Baupläne, die Abgeschlossenheitsbescheinigung oder der Aufteilungsplan gem. § 7 Abs. 4 Nr. 1 WEG, amtliche Vermessungsurkunden, Katasterpläne und Grenzbescheinigungen.

cc) Die Heilung von Formmängeln

Schriftstücke, Pläne und Zeichnungen, die nicht nach Maßgabe des BeurkG formwirksam zum Gegenstand der Beurkundung des Bauträgervertrages gemacht wurden, können allenfalls im Rahmen der Vertragsauslegung mit herangezogen werden, sofern der Hauptinhalt der durch den Bauträgervertrag zu begründenden Rechte und Pflichten sich hinlänglich klar und vollständig aus der notariellen Niederschrift ergibt.[33] Enthält die notarielle Urkunde selbst dagegen keine ausreichende Konkretisierung und Individualisierung der Vertragspflichten, so ist der gesamte Bauträgervertrag gem. § 125 BGB nichtig. **358**

Eine Heilung des Formmangels ist gem. **§ 141 BGB** durch Bestätigung – d.h. formgerechte Neuvornahme und damit Neubeurkundung des vollständigen Vertrages – oder gem. **§ 313 S. 2 BGB** durch Auflassung und Eintragung des Eigentumswechsels im Grundbuch möglich. Die Auflassung muß, um die Heilung des Formmangels gem. § 313 S. 2 BGB zu bewirken, rechtswirksam erklärt sein. Dies kann bereits dann der Fall sein, wenn die Auflassungserklärung der Parteien in dem formunwirksamen Bauträgervertrag enthalten ist. Sie wird in diesem Falle als sogenanntes abstraktes Verfügungsgeschäft von dessen Formmangel nicht betroffen,[34] weil beide Verträge – auch wenn sie in einer Notarurkunde zusammengefaßt sind – kein einheitliches Geschäft i.S. des § 139 BGB beinhalten. Die Heilungswirkung tritt in diesem Falle ohne weiteres mit der Eigentumsumschreibung ein. Wird die Auflassung dagegen nicht im Bauträgervertrag, sondern in einer gesonderten Urkunde erklärt, so ist, wenn diese zeitlich später liegt als der Abschluß des Bauträgervertrages, zu beachten, daß die Willensübereinstimmung der Parteien bis zur Auf- **359**

32 Basty, Rn. 44; Locher-Koeble, Rn. 79.

33 BGH, NJW 80, 2126, 2127; BGH, BauR 91, 282.

34 Staudinger-Wufka, § 313 Rz. 248 ff.; MüKo-Kanzleiter, § 313 Rz. 73; Palandt-Heinrichs, § 313 Rn. 47.

lassung fortdauern muß[35] Gibt es zu diesem Zeitpunkt bereits Streit – z.B. über den Umfang der Leistungspflichten des Bauträgers, weil die Baubeschreibung unklar oder lückenhaft ist – so kann die Heilungswirkung der Auflassung entfallen, wenn die Differenzen so erheblich sind, daß von einer Willensübereinstimmung der Parteien im Zeitpunkt der Auflassung nicht mehr die Rede sein kann.

360 Die vorstehenden Grundsätze gelten in gleicher Weise, wenn die Parteien nur einen formunwirksamen **Vorvertrag, Reservierungsvertrag oder Optionsvertrag** abgeschlossen haben.[36] § 313 S. 2 BGB ist hier entsprechend anwendbar. Dasselbe gilt für beurkundungspflichtige[37] **Abänderungsvereinbarungen**, die die Leistungspflichten der Parteien **wesentlich** ändern – z.B. der Wegfall kompletter Gewerke, die vom Erwerber in Eigenregie übernommen werden, oder die Vereinbarung von Sonderwünschen in einem den üblichen Rahmen erheblich übersteigenden Maße.

c) Der zulässige Inhalt des Bauträgervertrages

aa) Der Individualvertrag

361 Im Rahmen der Vertragsfreiheit ist die inhaltliche Ausgestaltung des Bauträgervertrages grundsätzlich in die **freie Disposition** der Parteien gestellt. Grenzen sind den Parteien hier nur gem. §§ 134, 138, 242 BGB durch ausdrückliche gesetzliche Verbote, die guten Sitten sowie Treu und Glauben gesetzt. Außerdem ist es nicht ins freie Ermessen der Parteien gestellt, welche gesetzlichen Bestimmungen auf den Bauträgervertrag anzuwenden sind. Im Hinblick auf die rechtliche Zuordnung ist die Umqualifizierung des Vertrages als Kaufvertrag daher selbst dann wirkungslos, wenn ein Individualvertrag vorliegt, sofern der Bauträger eine Errichtungsverpflichtung übernommen hat.[38] Die mit der Umqualifizierung bezweckte Verkürzung der Gewährleistung auf die Frist des § 477 BGB ist bei einem echten Individualvertrag dagegen rechtswirksam.

362 Ein echter Individualvertrag[39] ist beim Bauträgervertrag allerdings untypisch. In der Praxis kommt er nur dann vor, wenn der Erwerber aufgrund eigener Sachkunde und Erfahrung oder aufgrund fachkundiger

35 BGH, NJW-RR 93, 522; MüKo-Kanzleiter, § 313 Rz. 73; Staudinger-Wufka, § 313 Rz. 241 ff.

36 BGH, NJW 82, 759; 94, 588; Palandt-Heinrichs, § 313 Rn. 49; Staudinger-Wufka, § 313 Rn. 64, 76 ff, 80 ff.

37 BGH, NJW 82, 434; Locher-Koeble, Rz. 76.

38 Vgl. o. Rz. 350.

39 Zum Begriff im einzelnen s.o. Rz. 78.

Rechtsberatung einen eigenen Vertragsentwurf vorlegt, den der Bauträger akzeptiert und beurkundet.[40] War das vom Bauträger vorgelegte Formularvertragsmuster Grundlage für eine vom Erwerber vorgenommene Überarbeitung und war der Bauträger in allen Punkten des Vertrages zu einem »Aushandeln« bereit, so liegt ebenfalls ein Individualvertrag vor, auch wenn der Erwerber oder sein Berater einzelne, den Bauträger einseitig begünstigende Klauseln unverändert gelassen haben.

bb) Formularvertrag und AGB-Gesetz

Handelt es sich – wie in der Praxis üblich – bei dem Bauträgervertrag um **363** einen Formularvertrag, der entweder vom Bauträger selbst, seinem Rechtsberater oder einem von ihm ständig beauftragten Notar[41] vorformuliert ist, so unterliegt dieser Bauträgervertrag trotz der dem Notar gemäß § 17 BeurkG obliegenden Prüfungs- und Belehrungspflicht nach h.A.[42] in vollem Umfange der **Inhaltskontrolle des AGBG**. Bezüglich der »Allgemeinen Vorschriften« des AGBG (1. Abschnitt, 1. Unterabschnitt) kann auf die Ausführungen zum Architektenvertrag[43] und zum Vertrag mit dem Bauunternehmer[44] verwiesen werden, die in gleicher Weise für den Bauträgervertrag gelten. Es handelt sich um die generelle Problematik der Abgrenzung zwischen Formularvertrag und Individualvertrag, der Einbeziehungsproblematik des § 2 AGBG und der Unklarheitenregelung des § 5 AGBG. Die im Hinblick auf die Klauselverbote der §§ 10 und 11 AGBG problematischen und in Bauträgerverträgen häufigen Vertragsklauseln werden dagegen, da sie typischerweise Abänderungen des Gesetzes im Bereich der Leistungsstörungen betreffen, jeweils im Zusammenhang mit der Gewährleistungsverpflichtung des Bauträgers, dem Rücktritt bzw. Zahlungsverzug des Käufers erörtert [45]. Der Bauträgervertrag unterliegt in stärkerem Maße als der Bauvertrag mit dem Bauunternehmer dem AGBG: Da der Erwerber beim Bauträgervertrag i.d.R. eine natürliche Person ist, erfolgt die erleichterte Einbeziehung des AGBG über die Verbraucherschutzbestimmung des § 24 AGBG.

40 diese Fallgestaltung ist angesichts der völlig gewandelten Konjunktur und Marktsituation und dem wesentlich kritischeren Marktbewußtsein der Erwerber nicht mehr ungewöhnlich.

41 Vgl. insoweit zum Begriff des »vorformulierten Vertrages« o. Rz. 75.

42 BGH, NJW 81, 2343; BauR 82, 493; OLG München, NJW 81, 2472; Locher, Rz 410 ff, 411; Locher-Koeble, Rz. 96 ff.; Brych-Pause, Rz. 184; Reithmann-Meichssner-v. Heymann, A Rz. 67.

43 o. Rz. 73 ff.

44 o. Rz. 199 ff.

45 Vgl. unten Rz. 807 ff, 837 ff.

2. Die Vertragspflichten des Bauträgers

364 Ebenso wie dem Architekten, dem Sonderfachmann und dem Bauunternehmer obliegen dem Bauträger vertragliche Hauptleistungspflichten sowie Nebenpflichten, die dem Grundsatz von Treu und Glauben entspringen und deren Verletzung Schadensersatzansprüche auslösen kann, während die Verletzung vertraglicher Hauptpflichten zur Aufhebung des Vertrages, zur Minderung des Kaufpreises oder zur Nachbesserung führt.

a) Die Hauptleistungspflichten des Bauträgers

365 Entsprechend dem Mischcharakter des Vertrages hat der Bauträger – insoweit im Gegensatz zum Architekten, Sonderfachmann oder Bauunternehmer – nicht nur eine, sondern zwei Hauptleistungen zu erbringen. Denn er schuldet sowohl die **Verschaffung** von **Besitz und Eigentum am Grundstück** wie auch die **Herstellung des Gebäudes**, wobei die einzelnen Leistungshandlungen ebenso wie der Eintritt des Leistungserfolges zeitlich und sachlich auseinanderfallen können. Die Vertragsabwicklung erfolgt für den Bereich des Grundstückskaufs gem. §§ 433 ff., 873 ff., 925 ff. BGB, für den Bereich der Gebäudeerrichtung gem. den §§ 631 ff. BGB, allerdings mit der Besonderheit, daß Leistungsstörungen aus dem einen Bereich zwangsläufig auch im anderen Rechtsfolgen auslösen. Liegen Verzug, Unmöglichkeit oder Mängel (Sach- oder Rechtsmängel) im einen Leistungsbereich vor, so sind die Rechtsfolgen einheitlich für den gesamten Bauträgervertrag, wenn es um Wandlung, Rücktritt, Schadensersatz oder Minderung geht.[46] Lediglich der Anspruch auf Nachbesserung von Baumängeln gem. § 633 BGB unterliegt einer isolierten Beurteilung und Realisierung, wobei im Falle der verweigerten oder fehlgeschlagenen Nachbesserung der Anspruch auf Minderung oder Wandlung gem. § 634 BGB wiederum den gesamten Bauträgervertrag erfaßt.[47]

aa) Die Grundstücksübergabe und Eigentumsverschaffung

366 Gem. § 433 BGB hat der Bauträger dem Erwerber Besitz und Eigentum am verkauften Grundbesitz zu verschaffen. Im Gegensatz zur Vorleistungspflicht des Werkunternehmer kennt das Kaufvertragsrecht keine

46 Reithmann-Meichssner-v. Heymann, B Rz. 50 ff.
47 Brych-Pause, Rn. 560, 593, 598

Vorleistungspflicht des Verkäufers. Sofern im notariellen Vertrag nicht ausdrücklich eine andere Regelung getroffen wurde, gilt daher **§ 271 BGB** mit der Folge, daß der Erwerber Besitz und Eigentum am verkauften Grundbesitz nur Zug um Zug[48] gegen Zahlung des Kaufpreises – und zwar des vollständigen Kaufpreises – verlangen kann. Wird nach Baufortschritt gezahlt, so hat der Käufer erst mit Zahlung der letzten Baurate Anspruch auf Übertragung von Besitz und Eigentum am Grundstück.

Besitz/ Eigentums-erwerb

Kommt es bei der Abnahme des Hauses oder der Wohnung zu Differenzen wegen Baumängeln oder Restarbeiten, so steht dem Erwerber zwar gem. § 320 BGB ein **Zurückbehaltungsrecht** in Höhe des zwei- bis dreifachen Betrages der Mängelbeseitigungskosten zu. Die Übertragung von Besitz und Eigentum am Grundstück kann er dagegen nicht verlangen, es sei denn, sein Einbehalt wäre so geringfügig, daß § 320 Abs. 2 BGB eingreift. Der Erwerber ist **nicht berechtigt, sich eigenmächtig den Besitz an dem gekauften Objekt zu beschaffen**, indem er z.B. die Schlösser austauscht oder von einem Subunternehmer die Schlüssel besorgt und dann einzieht. Ein solches Verhalten wäre verbotene Eigenmacht, gegen die der Bauträger sich gem. § 861 BGB wehren darf – gegebenenfalls sogar im Wege der einstweiligen Verfügung gem. §§ 935, 940 ZPO.[49] Der Erwerber kann in einem solchen Fall die Übertragung des **Besitzes** nur im Wege der Klage verlangen, und zwar Zug-um Zug gegen Zahlung des vereinbarten Kaufpreises. Will er weniger bezahlen als vereinbart, so muß er gleichzeitig darlegen und beweisen, daß er wegen der Mängel zur Minderung oder zur Aufrechnung mit einem Anspruch auf Schadensersatz bzw. Vorschuß zur Mängelbeseitigung berechtigt ist. 367

Klage-»zwang«

Neben dem Besitz hat der Bauträger auch das **Eigentum** am verkauften Grundbesitz zu verschaffen – und zwar frei von nicht übernommenen Belastungen, frei von Sach- oder Rechtsmängeln. Der Bauträger schuldet allerdings nicht die Eintragung[50] des Eigentumswechsels im Grundbuch – hier handelt es sich um behördliche Tätigkeit, auf die er keinen unmittelbaren Einfluß nehmen kann – sondern diejenigen Handlungen bzw. Willenserklärungen, die für die Herbeiführung der Umschreibung erforderlich sind. Hierzu gehören in erster Linie die Erklärung der Auflassung und der Eintragungsbewilligung, sofern diese nicht bereits im Bauträgervertrag mitbeurkundet wurde. Der Bauträger muß die Voreintragung oder Zustimmung des Grundstückseigentümers herbeiführen,[51] 368

48 Palandt-Putzo, § 433 Rn. 31.

49 Vgl. OLG Frankfurt, FamRZ 79, 515; OLG Stuttgart, NJW-RR 96, 1516; Palandt-Bassenge, § 861 Rn. 11.

50 Staudinger-Köhler, § 433 Rz. 81; Palandt-Putzo, § 433 Rn. 10; RG 118, 100 f. 101.

51 RGZ 113, 403; Staudinger-Köhler, § 433 Rn. 98.

wenn er selbst noch nicht im Grundbuch eingetragen ist (§ 39 GBO), die Eintragungsanträge beim Grundbuchamt stellen, Eintragungshindernisse beseitigen und die vom Verkäufer zu tragenden Steuern bezahlen.[52] Hierzu gehört nicht die **Grunderwerbsteuer**, für die gem. §§ 13 Nr. 1 GrEStG, 421 BGB beide Parteien gegenüber den Finanzbehörden als Gesamtschuldner haften. Im Innenverhältnis hat der Käufer gem. § 449 BGB die Grunderwerbsteuer allein zu tragen,[53] sofern im Kaufvertrag nichts anderes vereinbart ist. Hat der Bauträger alle ihm als Verkäufer obliegenden Handlungen erbracht, so hat er bezüglich des Grundstücks seine vertragliche Hauptleistungspflicht erfüllt. Vollständig erfüllt – auch im Sinne des § 103 InsO – ist der Vertrag allerdings erst dann, wenn die Eigentumsumschreibung vollzogen und damit der Leistungserfolg eingetreten ist. Sind zur Herbeiführung des Leistungserfolges Mitwirkungshandlungen des Erwerbers erforderlich – z.B. die dingliche Einigungserklärung des Käufers bei der Auflassung (§ 873 Abs. 1 BGB), die Zahlung der Beurkundungs- und Eintragungskosten sowie der Grunderwerbsteuer gem. § 449 BGB – so handelt es sich um vertragliche Hauptpflichten[54] des Erwerbers. Bei schuldhafter Nichterfüllung stehen dem Bauträger, da insoweit die Voraussetzungen des Schuldnerverzuges vorliegen, die Rechte aus den §§ 320 ff., 326 BGB zu, mit der Folge, daß er entweder auf Erfüllung klagen oder gem. § 326 BGB vom Vertrag zurücktreten bzw. Schadensersatz wegen Nichterfüllung verlangen kann. Fehlt zur Eigentumsumschreibung lediglich die steuerliche Unbedenklichkeitsbescheinigung, so kann der Bauträger auch gem. § 13 Nr. 1 GrEStG die Steuer zahlen und vom Erwerber gem. § 426 BGB zurückverlangen.

bb) Die Herstellung des Gebäudes

369 Neben der Übertragung von Besitz und Eigentum am Grundstück schuldet der Bauträger die Herstellung des verkauften Hauses als Leistungserfolg i.S.d. § 633 BGB.[55] Der Bauträger schuldet ebenso wie der Bauunternehmer oder der Generalunternehmer das Bauwerk als körperliche

52 RGZ 118, 100 f.

53 OLG Karlsruhe, NJW-RR 88, 1237; Palandt-Putzo, § 449 Rn. 5; mit anderer Begründung Staudinger-Köhler, § 449 Rn. 11.

54 Palandt-Putzo, § 433 Rn. 19.

55 behandelt man den Bauträgervertrag als gemischten Vertrag, so ergibt sich das unmittelbar aus § 633 BGB, ebenso beim Werklieferungsvertrag gem. § 651 i.V.m. § 633 BGB. Bei Annahme eines Geschäftsbesorgungsvertrages oder umgekehrt eines Kaufvertrages müßte § 633 BGB analog angewendet werden, weil man sonst nicht zu systemgerechten Lösungen gelangt.

Sache,[56] obwohl er häufig,[57] ähnlich wie ein Generalübernehmer, selbst keine Bauleistungen erbringt, sondern die Bauausführung anderen Firmen überträgt.

(1) Der geschuldete Leistungserfolg

Der geschuldete Leistungserfolg besteht in der schlüsselfertigen Errichtung des verkauften Hauses. Der Begriff **»schlüsselfertig«** bedeutet beim Bauträger ebenso wie beim Generalunternehmer oder Generalübernehmer, daß der Auftragnehmer eine Gesamtbauleistung auf eigenes technisches, wirtschaftliches Risiko und im Rahmen alleiniger Verantwortung gegenüber dem Auftraggeber/Erwerber erbringt.[58] Die geschuldete Bauleistung umfaßt beim Bauträger – insoweit umfassender als der typische Generalunternehmervertrag – die gesamte Planung und Projektvorbereitung einschließlich aller für die Durchführung des Bauvorhabens erforderlichen Architekten- und Ingenieurleistungen. Außerdem übernimmt der Bauträger im Gegensatz zum Generalunternehmer oder Generalübernehmer das sogenannte **Bauherrenrisiko**. Damit ist als typisches Risiko[59] das Kostenrisiko für atypische oder unvorhersehbare Baugrundverhältnisse und daraus resultierende höhere Gründungskosten übernommen. Demgegenüber errichtet der Generalunternehmer oder Generalübernehmer seine Bauleistung auf einem vom Auftraggeber zur Verfügung gestellten Baugrundstück, das dieser in einem tatsächlichen und rechtlich bebauungsfähigen Zustand zur Verfügung zu stellen hat.[60] Ist das Grundstück in der vertraglich vorgesehenen Form und mit der geplanten Gründungsmaßnahme nicht bebaubar, weil der Baugrund sich – z.B. nach dem Ausschachten oder nach Probebohrungen – wegen Auftretens von Treibsand, Grundwasser, Fels, Fundamenten früherer Bebauung o.ä. als nicht oder nicht in der vertraglich vorgesehenen Form bebaubar erweist, so hat der Auftragnehmer zwar gem. § 4 Nr. 3 VOB/B eine Hinweispflicht.[61] Er hat aber auch beim Pauschalvertrag gem. § 2 **370**

Risikofaktoren beim Bauträger

56 Locher-Koeble, Rn. 169; LG Köln, BauR 71, 193, 195.

57 In den früheren Jahren wurden als Bauträger in der Regel Unternehmen der Wohnungswirtschaft tätig, die selbst keine Bauleistungen ausführten. In den letzten Jahren treten zunehmend auch größere Bauunternehmungen als Bauträger auf, die dann jedenfalls den Rohbau selbst erstellen und nur den Innenausbau an Subunternehmer vergeben.

58 Ingenstau-Korbion, A § 9 Rn. 11; Locher-Koeble, Rn. 177.

59 Vgl. Brych-Pause, Rn. 813 ff.

60 Ingenstau-Korbion, B § 4 Rz. 2 f.

61 Ingenstau-Korbion, B § 4 Rz. 246 ff.

VOB/B bzw. § 631 BGB einen Anspruch auf zusätzliche Vergütung.[62] Beim Bauträgervertrag dagegen trägt der Bauträger dieses Risiko allein. Eine Aufhebung des Vertrages oder Anpassung des vereinbarten Festpreises kann er nur dann verlangen, wenn die Mehrkosten so erheblich sind, daß die allgemeinen Grundsätze über den Wegfall der Geschäftsgrundlage eingreifen.

371 Da der Bauträger im Rahmen seiner vertraglichen Leistungspflicht auch das Risiko der rechtlichen Bebauungsfähigkeit des Grundstücks übernimmt, **haftet er verschuldensunabhängig**, wenn die **Baugenehmigung** für das nach Maßgabe der Baubeschreibung zu errichtende Haus nicht oder nicht in dieser Form erteilt wird oder wenn die Baugenehmigung nachträglich – z.B. aufgrund von Widersprüchen der Nachbarn – eingeschränkt oder wieder entzogen wird.

372 Zum Leistungsumfang der vom Bauträger geschuldeten Bauleistung gehört auch die **Erschließungsanlage**, ohne die eine Nutzung des Gebäudes nicht möglich ist. Begrifflich ist zwischen der sogenannten **»inneren Erschließung«** (Hausanschlußkosten) und der sogenannten **»äußeren Erschließung«** zu unterscheiden. Unter der äußeren Erschließung versteht man die gem. §§ 123 ff. BauGB von den Gemeinden als Hoheitsträgern zu schaffenden Erschließungsmaßnahmen. Hierunter sind diejenigen baulichen Maßnahmen zu verstehen, die die bauliche Nutzung des Grundstücks als solche ermöglichen: nämlich die Herstellung der für die Allgemeinheit bestimmten örtlichen Verkehrs- und Grünanlagen, der öffentlichen Wasserversorgungsanlagen, des öffentlichen Abwassernetzes, der öffentlichen Anlagen zur Versorgung des Baugrundstückes mit Elektrizität, Gas und Wärme.[63] Zur Erschließung i.S.d. BauGB gehören dagegen nicht die baulichen Maßnahmen, welche die Vorgänge auf dem Baugrundstück selbst betreffen,[64] z.B. die Anschlüsse an das öffentliche Versorgungs- und Abwassernetz (Hausanschlüsse) oder die Anlage der Zufahrtswege auf dem Baugrundstück selbst (innere Erschließung). Die Kosten für die sogenannte innere Erschließung (Hausanschlußkosten) gehören zur Gebäudeherstellung und sind vom Bauträger – dies gilt ebenso für den Generalunternehmer oder Generalübernehmer – im Rahmen der Gebäudeherstellung zu übernehmen. Die sogenannte äußere Erschließung gehört zur Baureifmachung des Grundstücks. Der Bauträger hat sie entweder im Rahmen sei-

62 Dieser entfällt bei nur ausdrücklicher vertraglicher Vereinbarung, wobei die Klausel, daß der Auftragnehmer zu einem »absoluten Festpreis« abschließt oder »die Baugrundverhältnisse untersucht hat« für eine Überwälzung auch unvorhersehbarer Gründungsrisiken (und damit des Bauherrenrisikos) nicht ausreicht.

63 Ernst/Zinkahn/Bielenberg, BauGB, § 123 Rz. 1 ff; BVerwG, NJW 80, 1406.

64 Ernst/Zinkahn/Bielenberg, BauGB, § 123 Rz. 4; Locher-Koeble, Rz. 410.

ner vertraglichen Hauptleistungspflicht selbst zu erbringen[65] oder, falls die Gemeinde die Erschließungsanlage selbst erstellt – die Kosten hierfür (Erschließungskosten bzw. Anliegerbeiträge) zu übernehmen.[66] Die Kosten für die notwendigen Erschließungsanlagen sind nur dann nicht im notariellen Festpreis enthalten, wenn im Vertrag eine ausdrückliche Überwälzung dieser Kosten auf den Käufer vorgesehen ist.[67]

(2) Sonderwünsche

Sonderwünsche sind Abweichungen vom vertraglich festgelegten Leistungsinhalt, der Standardausführung, die sich aus der Bau- und Ausstattungsbeschreibung ergibt. Da der Bauträger nur die vertraglich vereinbarte Leistung zu erbringen hat, besteht beim Bauträgervertrag, anders als beim Bauherrenmodell, kein Rechtsanspruch des Erwerbers auf Ausführung von Sonderwünschen. Ein derartiger Anspruch ist dem Käufer nach **Treu und Glauben** nur dann zuzubilligen, wenn für ihn die Ausführung der Sonderwünsche noch im Zuge der Ausführung des Bauvorhabens von erheblicher Bedeutung ist, weil eine Ausführung nach Abnahme mit unverhältnismäßigen Mehrkosten verbunden oder technisch nicht möglich ist – und wenn außerdem die Ausführung der Sonderwünsche für den Bauträger ohne weiteres möglich ist, keine unzumutbare Mehrbelastung oder Mehrarbeit verursacht und den Bauablauf nicht verzögert. Der Bauträger darf die Ausführung von Sonderwünschen von der vorherigen Vereinbarung der Vergütung abhängig machen. Er hat auch ohne vorherige Preisabsprache einen zusätzlichen Vergütungsanspruch gem. § 632 BGB bzw. gem. § 677 BGB, wenn die Vergabe im Namen des Käufers unmittelbar an die Bauunternehmer erfolgte. Im letzteren Falle bestehen Gewährleistungsansprüche unter Umständen nicht gegenüber dem Bauträger, sondern nur gegenüber dem unmittelbar beauftragten Bauunternehmer.[68] **373**

65 Bei Erschließung größerer Areale wird gem. § 123 BauGB die der Gemeinde obliegende Erschließung häufig durch Erschließungsvertrag dem Bauträger übertragen, der dann – sowohl gegenüber der Gemeinde wie auch gegenüber dem Käufer – die Herstellung der Anlage schuldet.

66 OLG Düsseldorf, BauR 94, 803; Brych-Pause, Rn. 315; – einschränkend Locher-Koeble, Rn. 411.

67 z.B. für diejenigen Erschließungsanlagen, die von der Gemeinde erst nach dem Tage des Übergangs von Besitz, Nutzungen, Lasten und Gefahr erstellt werden oder für die Beitragsbescheide erst nach diesem Stichtag ergehen.

68 OLG Düsseldorf, BauR 96, 868.

(3) *Die Vereinbarung der VOB/B im Bauträgervertrag*

374 **kürzere Verjährung versus AGBG** Im Zusammenhang mit der Errichtungsverpflichtung des Bauträgers stellt sich die Frage, ob der Bauträger in seinem Vertrag die VOB als ganzes oder in Teilen vereinbaren darf. Ausgelöst wird diese Frage durch den Umstand, daß in vielen Bauträgerverträgen eine **zweijährige Gewährleistung** oder »Gewährleistung gem. § 13 VOB/B« vereinbart[69] oder zumindest angestrebt wird, die Rechtswirksamkeit einer solchen Vereinbarung angesichts des Verbots der Verkürzung gesetzlicher Gewährleistungsfristen in § 11 Nr. 10 f AGBG aber fraglich erscheint. Soweit in den Bauträgervertrag nur die Bestimmung des § 13 VOB/B aufgenommen ist, gelten im Hinblick auf das AGBG dieselben Grundsätze wie beim Vertrag mit dem Bauunternehmer:[70] die **isolierte Vereinbarung** des § 13 verstößt gegen § 11 Nr. 10 f AGBG, beinhaltet eine einseitige Verkürzung der Rechte des Erwerbers und ist damit unwirksam.[71] Etwas anderes gilt dagegen für die **Vereinbarung der VOB als ganzes**: wenn man mit der h.A.[72] den Werkvertragscharakter der vom Bauträger übernommenen Errichtungsverpflichtung bejaht und den Bauvertrag entweder als gemischten Vertrag oder als Werklieferungsvertrag beurteilt, dann ist es nur konsequent, bezüglich der Errichtungsverpflichtung des Bauträgers auch die VOB anwenden zu dürfen. Wenn die Vertreter der Gegenmeinung[73] argumentieren, die VOB als ganzes könne nicht zum Gegenstand eines Bauträgervertrages gemacht werden, weil die Leistung des Bauträgers anders geartet sei als die typische VOB-Leistung, weil sie über die in der VOB beschriebenen Leistungen weit hinausgehe und weil der Bauträger in der Regel selbst keine Bauleistungen erbringe, sondern diese an Fremdfirmen vergebe, so erscheint dies weder angemessen noch sachgerecht. Aus § 4 Nr. 8 VOB/B ergibt sich, daß die höchstpersönliche Leistung des Auftragnehmers für den VOB-Vertrag keineswegs zwingend ist. Der Auftragnehmer darf seine Leistung auch beim VOB-Vertrag auf Subunternehmer übertragen; er bedarf lediglich der schriftlichen Zustimmung des Auftraggebers. Außerdem ist die vollständige Vergabe der Bauleistungen an Drittfirmen heute keineswegs

69 Bedingt durch den Umstand, daß der BGH die 5-jährige Subsidiärhaftung des Bauträgers im Falle der Freizeichnung und Abtretung von Gewährleistungsansprüchen bejaht hatte, vgl. unten Rz. 815 ff.

70 Vgl. ausführlich o. Rz. 232 ff.

71 Strittig: Für Wirksamkeit der isolierten Vereinbarung einzelner Bestimmungen der VOB im Bauträgervertrag: Löwe-v. Westphalen-Trinkner, § 23 II Nr. 5 Rn. 10; Recken, BauR 78, 417, 418; Schmidt, BauR 81, 119; dagegen BGH, BauR 86, 89; 87, 439; 88, 461; Ingenstau-Korbion, A § 10 Rn. 81 ff.; Palandt-Heinrichs, § 11 AGB Rz. 10 f.

72 Vgl. o. Rz. 350 mit den dortigen Zitaten.

73 Reithmann-Meichssner-v. Heymann, O Rz. 5; Brych-Pause, Rn. 199 ff.

mehr die Regel, da auch Bauunternehmungen, die typischerweise den Rohbau selbst erstellen, auf dem Wohnungsmarkt als Bauträger auftreten. Der Umstand, daß der Bauträger neben der körperlichen Erstellung des Bauwerks auch noch die Architekten- und Ingenieurleistungen sowie die Verschaffung von Besitz und Eigentum an dem Grundstück schuldet, schließt ebenfalls die Anwendbarkeit der VOB als ganzes nicht aus. Denn die Erbringung von Planungsleistungen, die typischerweise zum Aufgabenbereich des Architekten oder Fachingenieurs gehören, ist auch beim Generalunternehmervertrag üblich, ohne daß hier die Möglichkeit der Vereinbarung der VOB/B in Frage gestellt würde. Wenn bezüglich des Leistungsgegenstandes und der Gewährleistung ohnehin bereits eine Aufspaltung des Gesamtvertrages in verschiedene Vertragsbereiche vorgenommen wird, dann muß im Rahmen einer solchen Aufspaltung für denjenigen Vertragsbereich, der die Errichtungsverpflichtung des Bauträgers betrifft, zulässigerweise auch die Geltung der VOB vereinbart werden können.[74] Die Bestimmungen der VOB über den Pauschalvertrag sind, da im allgemeinen ein Festpreis vereinbart ist, sinngemäß anzuwenden. Auf den **wirtschaftlich-finanziellen Leistungsbereich** des Bauträgers ebenso wie auf die **rein geistigen Architekten- und Ingenieurleistungen** (Planungsleistungen), die in dem Leistungspaket des Bauträgervertrages mit enthalten sind, passen die Bestimmungen der VOB dagegen nicht, so daß es insoweit bei den Bestimmungen des BGB-Werkvertragsrechts verbleibt. Werden in diesem Bereich Vertragsklauseln vereinbart, die unter die Verbotsklauseln des AGBG fallen, wird allerdings für Leistungen des Bauträgers aus diesen Leistungsbereichen die Inhaltskontrolle des AGBG eingreifen, so daß z.B. eine Verkürzung der Gewährleistungsfrist auf 2 Jahre für den Planungsbereich unzulässig ist.

b) Die vertraglichen Nebenpflichten des Bauträgers

Dem Bauträger obliegen neben den vertraglichen Hauptleistungspflichten zur Grundstücksverschaffung und zur schlüsselfertigen Errichtung des Bauwerks eine Reihe von vertraglichen Nebenpflichten, nämlich **Beratungs-, Betreuungs- und Sicherungspflichten**, deren Verletzung Schadensersatzansprüche des Erwerbers auslösen sowie Einreden gegenüber dem Vergütungsanspruch des Bauträgers begründen kann. **375**

74 Locher-Koeble, Rn. 341; Werner-Pastor, Rn. 1017; Ulmer-Brandner-Hensen, Anh. §§ 9-11, Rn. 905; Korbion-Locher, Rn. 137; allerdings hat der Bauträger dann zu beachten, daß der Erwerber auch die Schlußzahlungseinrede gem. § 16 Nr. 3 VOB/B erheben kann; – vom BGH ist die Frage bislang offen gelassen worden, vgl. BGH, BauR 87, 702.

aa) Die Pflichten des Bauträgers gem. § 34 c GewO i.V.m. den Vorschriften der Makler- und Bauträgerverordnung (MaBV)

376 Der oben[75] definierte Begriff des Bauträgers ist identisch mit dem des Bauherrn i.S.d. § 34 c Abs. 1 Nr. 2 a GewO bzw. des Bauträgers i.S.d. § 3 der MaBV. Der Bauträger[76] hat daher die zur Sicherung des Erwerbers erlassenen Bestimmungen des § 3 MaBV einzuhalten, sofern er ein noch zu errichtendes Bauwerk veräußert und vor der Bezugsfertigstellung[77] vom Erwerber Zahlungen auf den Kaufpreis fordert. Er darf gem. § 3 Abs. 1 MaBV die **erste Zahlung** überhaupt **erst dann fordern**, wenn

- der Vertrag rechtswirksam ist, erforderliche Genehmigungen vorliegen und dem Bauträger kein vertragliches Rücktrittsrecht eingeräumt ist;
- zugunsten des Erwerbers eine ranggerechte Auflassungsvormerkung im Grundbuch eingetragen oder beim Grundbuchamt bewilligt ist, ohne daß unerledigte, den Auflassungsanspruch beeinträchtigende Eintragungsanträge vorliegen;
- die Freistellung des Vertragsobjekts von allen Grundpfandrechten, die der Auflassungsvormerkung vorgehen, gleichstehen oder nicht übernommen werden, sichergestellt ist – und zwar auch für den Fall, daß das Bauvorhaben steckenbleibt oder scheitert;
- die Baugenehmigung rechtswirksam erteilt ist
- oder eine Bestätigung der Baugenehmigungsbehörde oder des Bauträgers über die Freistellung von der Genehmigungspflicht vorgelelgt worden ist[78].

377 Außerdem darf der Bauträger Zahlung der Vergütung nur nach Baufortschritt verlangen. Die Höhe der Teilbeträge ist in einem Zahlungsplan zu vereinbaren, der sich nach den Rahmenvorgaben des § 3 Abs. 2 MaBV richten muß. **Zusätzliche Sicherheiten** gem. § 2 MaBV sind vom Bauträger nicht zu erbringen, weil er im Rahmen der Zahlung nach Baufortschritt für die einzelnen Raten ohnehin vorleistungspflichtig ist. Wohl aber gilt die Pflicht zur objektgebundenen Verwendung der Bauraten (§ 4 MaBV) auch für den Bauträger, der mit den Bauraten die am Objekt

75 Rz. 348; zur Definition vgl. auch BGH, S-F-H Nr. 2 zu § 34 c GewO.

76 Privilegiert sind Organe der staatlichen Wohnungspolitik, die einer Erlaubnis gem. § 34 c GewO nicht bedürfen und daher auch nicht den Vorschriften der Makler- und Bauträgerverordnung unterliegen – vgl. § 34c Abs. 5 GewO.

77 Wird ein bereits bezugsfertiges Bauwerk veräußert, weil der Bauträger entweder im Vorratsbau gebaut hat oder das Objekt vorher nicht los wurde, so unterliegt er weder der Erlaubnispflicht des § 34 c noch den Bestimmungen der Makler- und Bauträgerverordnung – vgl. Marcks, § 3 MaBV Rz. 4.

78 Basty, Rn. 80 f.; Brych-Pause, Rn. 43 ff.; Reithmann-Meichssner-v. Heymann, B Rz. 93 ff.

tätigen Subunternehmer bezahlen, nicht aber finanzielle Löcher in anderen Bauvorhaben stopfen soll.

Verstoßen die im Bauträgervertrag vereinbarten Zahlungsmodalitäten gegen § 3 der MaBV, so führt dies nicht zur Nichtigkeit des Vertrages.[79] Dogmatisch ist die Pflicht des Bauträgers zur Einhaltung der in der MaBV verankerten Sicherungspflichten – ebenso wie die Beratungspflicht des Architekten[80] – als vertragliche Nebenpflicht einzustufen, deren Verletzung nach den Grundsätzen über die positive Vertragsverletzung zum Schadensersatz verpflichtet.[81] Wegen ihrer zentralen Bedeutung für die Hauptleistungspflicht des Erwerbers ist die Erfüllung der Sicherungspflicht nach der MaBV als sogenannte **selbständige Nebenpflicht einklagbar**. Außerdem stehen dem Erwerber hier die Rechte aus § 326 BGB zu mit der Folge, daß er vom Vertrag zurücktreten[82] oder Schadensersatz wegen Nichterfüllung verlangen kann. Gegenüber der Forderung des Bauträgers auf Zahlung von Bauraten kann der Erwerber den Anspruch auf Sicherung einredeweise geltend machen: durch den Einwand mangelnder Fälligkeit, wenn die Zahlungsvorraussetzungen gem. § 3 MaBV nicht gegeben sind, durch die Einrede gem. § 273 BGB, wenn die objektgebundene Verwendung der Baugelder nicht sichergestellt ist. Ist die Geltung der VOB/B als ganzes vereinbart, so ist der Erwerber zur Durchsetzung seines Anspruchs aus § 4 MaBV auch berechtigt, gem. § 16 Nr. 3 VOB/B Zahlungen an die Subunternehmer des Bauträgers zu leisten. 378

Rechtsfolgen bei Verstoß gegen § 3 MaBV

bb) Die Beratungs- und Mitwirkungspflichten des Bauträgers

Dem Bauträger obliegen ebenso wie dem Architekten, Sonderfachmann oder Bauunternehmer vertragliche Nebenpflichten zur Beratung, Aufklärung und Mitwirkung, die ihre Grundlage im allgemeinen Grundsatz von Treu und Glauben haben und deren Verletzung Schadensersatzansprüche wegen positiver Vertragsverletzung auslösen kann. Die vertraglichen Nebenpflichten tendieren in die Richtung der vom Baubetreuer oder Treuhänder zu erbringenden Hauptleistungspflichten,[83] sind aber 379

Rechtliche Einordnung

79 OLG Bremen, NJW 77, 638; Locher-Koeble, Rn. 61; Brych-Pause, Rz. 176.
80 Zur dogmatischen Abgrenzung zwischen unselbständigen und selbständigen Nebenpflichten sowie den aus der Abgrenzung sich ergebenden Rechtsfolgen vgl. o. Rz. 122.
81 Ebenso OLG Bremen NJW 77, 638 und Locher-Koeble Rn. 61, die die Sicherungspflicht des Bauträgers allerdings nicht als selbständige Nebenpflicht sondern als vertragliche Hauptpflicht einstufen.
82 OLG Bremen NJW 77, 638.
83 Vgl. u. Rz. 437 ff.

nicht mit diesen gleichzusetzen,[84] da der Bauträger im Gegensatz zum Baubetreuer nicht die Betreuung und Vertretung des Bauherrn als Geschäftsbesorgung oder Dienstleistung, sondern das Bauwerk als körperliche Sache schuldet. Es ist daher nicht gerechtfertigt, im wirtschaftlichen Leistungsbereich die Leistungspflichten des Bauträgers denen des Baubetreuers gleichzusetzen. Denn im Regelfall des Kaufs vom Bauträger übernimmt dieser gegenüber dem Käufer keinerlei Betreuungsleistung, auch nicht im Bereich der Finanzierung, deren Beschaffung üblicherweise dem Käufer obliegt. Der Bauträger kann sich zwar vertraglich verpflichten, im wirtschaftlichen Bereich – insbesondere bei der Abwicklung der Finanzierung – Betreuungsaufgaben zu übernehmen. In diesem Fall schuldet er den Eintritt des wirtschaftlichen Erfolges als vertragliche Hauptpflicht. Beim typischen Bauträgervertrag schuldet er eine Mitwirkung oder Beratung bei der Finanzierung dagegen nur in Ausnahmefällen und nur als vertragliche Nebenpflicht.[85]

(1) Abwicklung und Sicherung der Finanzierung

380 Aus **§ 434 BGB** folgt, daß der Bauträger den verkauften Grundbesitz frei von Rechten Dritter, also auch frei von den im Grundbuch eingetragenen Belastungen, zu übertragen hat. In der Regel ist im **Grundbuch** zugunsten der Bank des Bauträgers eine Globalbelastung eingetragen, die zur Finanzierung des Grundstückskaufpreises und gegebenenfalls der Gebäudeerstellung dient. Verlangt der Bauträger Zahlungen nach Baufortschritt, so muß er dafür Sorge tragen, daß die Verkäuferfinanzierung sukzessive durch die **Kaufpreisfinanzierung** des Käufers abgelöst werden kann. Hierzu gehört die rechtzeitige Vermessung und Parzellierung des Gesamtareals bei Einfamilienhäusern bzw. die Anlegung von Wohnungsgrundbüchern bei Eigentumswohnungen, die Aufteilung der Globalbelastung bzw. Sicherstellung der Pfandfreigabe durch Treuhandauftrag der Bauträger-Bank an den beurkundenden Notar, durch den dieser ermächtigt wird, von der Pfandfreigabe Gebrauch zu machen, wenn bei ihm Gelder der Kreditinstitute eingehen, die die Kaufpreisfinanzierung des Erwerbers übernommen haben. Ist der Erwerber als Laie in Finanzierungsfragen unkundig, so treffen den Bauträger unter Umständen weitergehende **Pflichten zur Aufklärung** über die manchmal recht komplizierten Vorgänge der Finanzierungsabwicklung, insbesondere

84 Zu weitgehend Locher-Koeble, Rz. 173, die im wirtschaftlichen Leistungsbereich keinerlei Differenzierung zwischen Bauträger und Baubetreuer vornehmen.

85 Vgl. MüKo-Westermann, § 433 Rn. 67; a.A. Brych-Pause, Rn. 645.

dann, wenn der Bauträger oder der von ihm beauftragte Vertrieb den Käufer beim Erwerb über die Finanzierungsmöglichkeiten beraten hat.

Finanzierungsberatung?

Der Bauträger ist zwar nicht[86] verpflichtet, für den Käufer einen **Finanzierungsplan** aufzustellen, der die Beschaffung der Fremdmittel für die Endfinanzierung ausweist und gegebenenfalls Angaben über die Bauzwischenfinanzierung enthält. Insbesondere kann er ohne vertragliche oder vorvertragliche Vereinbarung über die Finanzierungsberatung nicht als verpflichtet angesehen werden, unter mehreren Finanzierungsalternativen die für den Käufer günstigste auszuwählen und diesen entsprechend zu beraten. Sofern der Bauträger jedoch tatsächlich, z.B. zur Förderung des Kaufentschlusses des Erwerbers, im Rahmen der vorvertraglichen Verhandlungen einen Finanzierungsplan aufstellt oder Finanzierungsmodelle erarbeitet und so beim Käufer das begründete Vertrauen erweckt, die Finanzierungsbeschaffung und -abwicklung werde vom Verkäufer erledigt, dann ist er auch verpflichtet, den Käufer ordnungsgemäß und umfassend zu beraten, ihn auf kostengünstige Alternativen hinzuweisen und die für die Käuferfinanzierung erforderlichen Unterlagen zu beschaffen.[87] Die Pflichten des Bauträgers sind umfassender, wenn er im Notarvertrag vom Käufer ermächtigt wird, die Korrespondenz mit den Darlehensgebern des Käufers zu führen, für diese Grundpfandrechte zu bestellen und Zahlungsraten unmittelbar abzufordern. 381

Dagegen ist der Erwerber selbst gehalten, seine Vermögensinteressen wahrzunehmen, wenn er sich seine Finanzierung selbst beschafft oder außergewöhnliche Finanzierungsmöglichkeiten sucht,[88] oder im Notarvertrag vom Bauträger ermächtigt wird, dessen Grundbesitz bis zu einem Höchstbetrag zu belasten. Verletzt der Bauträger im Zusammenhang mit der Finanzierung seine Beratungs- und Mitwirkungspflichten, so hat dies zur **Folge**, daß der Käufer nicht in Schuldnerverzug gerät, wenn er fällige Bauraten nicht oder erst verspätet aus den vorgesehenen Fremdmitteln bezahlen kann.[89] Vom Vertrag lösen kann sich der Erwerber in einem solchen Falle allerdings nur dann, wenn die Voraussetzungen eines Schadensersatzanspruches aus culpa in contrahendo vorliegen und er ausschließlich infolge der fehlerhaften Finanzierungsberatung[90]

86 a.A. Locher-Koeble, Rn. 174, die auch ohne entsprechende vertragliche Vereinbarung die Pflicht des Bauträgers zur Aufstellung eines Finanzierungsplans und zur Beratung über die günstigsten Finanzierungsmöglichkeiten bejahen.

87 Wobei die Kosten, z.B. für die Beschaffung von Grenzattest, Wertgutachten, etc. vom Käufer zu übernehmen und ggf. vorzuschießen sind.

88 Locher-Koeble, Rn. 174; Brych-Pause, Rn. 345; Reithmann-Meichssner-v. Heymann, B Rz. 203.

89 BGH, NJW 78, 1482; LG Köln v. 7.3.72 – 17 O 547/71; Locher-Koeble, Rn. 176.

90 Verkäufer weist auf den Abzug des Disagios nicht hin, setzt bei der Wirtschaftlichkeitsberechnung beim Darlehensvertrag mit variablem Zins einen unrealistischen Zinssatz ein oder läßt die Tilgungsbeträge weg.

des Bauträgers zum Abschluß eines Kaufvertrages veranlaßt wurde, der wegen erkennbarer Finanzlücken nicht durchführbar ist.

(2) Durchsetzung von Steuervorteilen

382 Zur Beratung über steuerlich günstige Gestaltungsmöglichkeiten ist der Bauträger nicht verpflichtet. Er muß jedoch auf Anforderung des Käufers diesem die zur Erlangung von Steuervorteilen erforderlichen **Bescheinigungen ausstellen**,[91] z.B. über die Aufspaltung des Gesamtpreises in Grundstücks- und Herstellungskosten (wegen § 7 b und § 7 V EStG). Außerdem bestehen weitergehende Beratungs- oder Mitwirkungspflichten, wenn der Bauträger in seinen **Prospekten** mit Steuervorteilen wirbt. Treten die zugesagten Steuervorteile nicht ein, weil der Bauträger es verabsäumt hat, die hierfür notwendigen steuerlichen Voraussetzungen zu schaffen, so haftet er nach den Grundsätzen über die **Prospekthaftung**,[92] oder nach den allgemeinen Grundsätzen über die **culpa in contrahendo**.

(3) Rechnungslegung und Herausgabe von Bauunterlagen

383 Ist ein **Festpreis** vereinbart, so ist der Bauträger **zur Rechnungslegung nicht verpflichtet**. [93] Verändert sich der Festpreis, weil Sonderwünsche des Erwerbers ausgeführt und/oder Leistungen weggefallen sind, so hat eine Abrechnung – allerdings nicht der Gesamtleistung des Bauträgers sondern nur der Mehr- und Minderleistungen – stattzufinden. Waren die Preise für die Mehr- und Minderleistungen nicht vorher ausgehandelt, so hat der Bauträger die Rechnungen der Subunternehmer zum Nachweis der Minderkosten bei weggefallenen Standardleistungen und ausgeführten Sonderwünschen vorzulegen, wobei ihm bei den letzteren ein Generalunternehmerzuschlag von 10 bis 15 %[94] auf die nachgewiesenen Sonderwunschkosten für deren Bearbeitung zuzubilligen ist. Es besteht auch keine Pflicht zur Herausgabe von Bauunterlagen,[95] sofern der Bauträger nicht die Gewährleistungsansprüche gegen die am Bau Beteiligten an den Käufer abgetreten hat und diesem gem. § 402 BGB zur Vorlage verpflichtet ist. Nach Treu und Glauben kann sich nur dann eine vertragli-

91 OLG Hamm, MDR 75, 401; Brych-Pause, Rz. 646.

92 Vgl. im einzelnen Rz. 863 ff.

93 Brych-Pause, Rn. 343; Locher-Koeble, Rn. 173 u. 426; Er hat auch keine Abrechnung der im Kaufpreis enthaltenen Erschließungskosten vorzunehmen.

94 Vgl. LG Köln v. 16.6.83 – 29 O 131/82 –.

95 OLG Karlsruhe, NJW 75, 694.

che Nebenpflicht zur Herausgabe[96] von Bauunterlagen ergeben, wenn diese für den Betrieb des Gebäudes erforderlich sind, z.B. Revisionspläne, Schalt- und Fließschemata, Bedienungsanleitungen, wenn er sie tatsächlich in Besitz hat.

3. Die Pflichten des Erwerbers

Der Erwerber ist vertraglich verpflichtet, die Leistung des Bauträgers abzunehmen und die vereinbarte Vergütung zu zahlen. **384**

a) Die Abnahme der Leistung des Bauträgers

Dem Erwerber obliegt, ebenso wie dem Auftraggeber beim Architektenvertrag und beim Vertrag mit dem Bauunternehmer, die Pflicht zur Abnahme der Bauträger-Leistung als vertragliche Hauptpflicht. Rechtliche Probleme können sich allenfalls daraus ergeben, daß die Leistung des Bauträgers sich nicht in der Herstellung des schlüsselfertigen Bauwerks erschöpft, sondern die Lieferung des Grundstücks mit umfaßt. Denn beim Kaufvertrag schuldet der Käufer die Abnahme gem. § 433 Abs. 2 BGB in der Regel nur als vertragliche Nebenpflicht.[97] Außerdem genügt bei Grundstücken die bloße Inbesitznahme nicht, hier muß die **Eigentumsumschreibung** hinzutreten,[98] die gerade beim Kauf vom Bauträger typischerweise erst nach Abnahme und Übergabe und nach vollständiger Bezahlung des Kaufpreises vorgenommen wird. **385**

aa) Die Einheitlichkeit der Abnahme

Da der Bauträger das schlüsselfertige Bauwerk und das Grundstück als einheitliche, untrennbar miteinander verbundene Leistung schuldet, ist auch der Abnahmewille der Parteien typischerweise auf die Abnahme einer einheitlichen Leistung gerichtet. Der Schwerpunkt dieser Leistung liegt – auch vom Wert her gesehen – beim Gebäude und damit der Werkleistung des Bauträgers. Damit richtet sich auch die Abnahme insgesamt nach § 640 BGB. **386**

96 Nicht im Original, sondern in Kopie oder Lichtpause und gegen Erstattung der Kosten; vgl. auch OLG Köln BauR 80, 283 (hier bestand allerdings der Herausgabeanspruch gem. §§ 676, 677 BGB gegenüber dem Bauträger als Wohnungseigentumsverwalter).

97 Staudinger-Köhler, § 433 Rn. 196; Palandt-Putzo, § 433 Rn. 36.

98 RGZ 69, 103; BGHZ 58, 246; Staudinger-Köhler, § 433 Rn. 189.

387 Es ist zwar rechtlich möglich und tatsächlich denkbar, diese Abnahme – ebenso wie die getrennte Abnahme von Gemeinschafts- und Sondereigentum – in zwei rechtlich gesonderte Akte zu zerlegen: Der eine beinhaltet die Abnahme des Grundstücks gem. § 433 Abs. 2 BGB und ist erst mit der Eigentumsumschreibung vollzogen, so daß die Verjährung der Gewährleistungsansprüche für Sach- und Rechtsmängel erst ab diesem Zeitpunkt in Gang gesetzt wird. Der zweite beinhaltet die Abnahme des Bauwerks gem. § 640 BGB und setzt für diesen Leistungsteil – isoliert – die Gewährleistungsfrist für die Ansprüche gem. § 633 ff. BGB in Lauf.

388 Dem Parteiwillen wird eine solche isolierte Betrachtung allerdings nicht gerecht. Denn die Parteien des Bauträgervertrages haben – insoweit anders als bei der Abnahme von Gemeinschafts- und Sondereigentum – in der Regel weder den Willen noch überhaupt die Vorstellung einer getrennten Abnahme von Grundstück und Gebäude. Sofern nicht besondere Umstände hinzutreten, ist daher die Abnahme als **einheitlicher Willensakt gem. § 640 BGB** durchzuführen und eine etwaige Klage auf Abnahme auf eine einheitliche Leistung zu richten. Etwas anderes kann ausnahmsweise dann gelten, wenn der Käufer den Besitz an Grund-

Ausnahme stück und Gebäude bereits übernimmt, dieses auch bezieht oder vermietet, die Abnahme der Werkleistung jedoch wegen Baumängeln verweigert. In diesem Fall kann, wenn die Umstände eine – zumindest stillschweigende – Billigung des Grundstücks als vertragsgerecht erkennen lassen, eine isolierte Abnahme des Grundstücks unterstellt werden, so daß insoweit die Abnahmewirkungen bereits eintreten.

bb) Die Abnahme von Wohnungseigentum

389 Besonderheiten können sich bei der Abnahme von Wohnungseigentum ergeben. Da die Abnahmeverpflichtung ihre Grundlage in dem jeweiligen einzelnen Kauf- bzw. Bauträgervertrag hat, kann nur der einzelne Käufer bzw. Wohnungseigentümer die Abnahme durchführen. Dies gilt sowohl bezüglich des Sondereigentums wie auch bezüglich des Gemeinschaftseigentums.[99] Auch beim **Gemeinschaftseigentum** wird daher für jeden einzelnen Erwerber mit der Einzelabnahme der Wohnung eine gesondert laufende Verjährungsfrist in Gang gesetzt,[100] obwohl der Anspruch auf Minderung oder Schadensersatz bei diesen Mängeln nicht der Disposition des einzelnen, sondern nur der gemeinschaftlichen Beschlußfassung der Wohnungseigentümergemeinschaft unterliegt.[101]

99 Locher-Koeble, Rn. 372; Brych-Pause, Rn. 431.
100 BGH, BauR 83, 573; 85, 314; Reithmann-Meichssner-v. Heymann, B Rz. 33.
101 BGH, BauR 79, 420; 88, 336; 90, 354; vgl. u. Rz. 840.

Die **Gewährleistungsverpflichtung** des Bauträgers endet damit erst mit Ablauf der Gewährleistungsfrist bei der zuletzt abgenommenen Wohnung. Eine einheitliche Abnahme des Gemeinschaftseigentums durch die Gemeinschaft selbst, den Beirat oder den Verwalter kann nur dann gefordert werden, wenn dies in den Verträgen ausdrücklich vereinbart wurde.[102] In diesem Fall werden mit der Abnahme zwar die Gewährleistungsfristen aus den Einzelverträgen in Gang gesetzt, jedoch mit einem einheitlichen Fristenlauf, der vom einzelnen dann wieder mit unterschiedlichen Maßnahmen gehemmt oder unterbrochen werden kann.

Im Hinblick auf die Voraussetzungen, die Rechtswirkungen und Modalitäten der Abnahme gelten dieselben Grundsätze wie bei der Abnahme des Architektenwerks[103] oder der Werkleistung des Bauunternehmers,[104] auf die insoweit verwiesen werden kann.

b) Die Zahlung des Kaufpreises an den Bauträger

Der Erwerber ist nicht nur zur Abnahme, sondern vorrangig zur Zahlung **390** der vereinbarten Vergütung verpflichtet. Es handelt sich um eine vertragliche Hauptpflicht, die in §§ 433, 631 BGB begründet ist. Wurden die Vergütungsanteile für das Grundstück und für das Gebäude getrennt ausgewiesen – eine im Hinblick auf die unterschiedlichen steuerlichen Abschreibungsbestimmungen gebräuchliche Regelung – können die Vergütungsteile dogmatisch getrennt dem jeweiligen Rechtstypus, d.h. dem Kaufvertrag oder dem Werkvertrag, zugewiesen werden. Ist die Gesamtvergütung des Bauträgers in einer Summe ausgewiesen, richtet sich die Vergütungspflicht des Erwerbers insgesamt nach § 631 BGB, da der Schwerpunkt der Bauträgerleistung auf der Gebäudeherstellung liegt.

4. Steuerrechtliche Aspekte des Kaufs vom Bauträger

Das Steuerrecht hat dem Wandel auf dem Bausektor, der durch die Ent- **391** wicklung der gewerblichen Wohnungswirtschaft eingetreten war, nicht bzw. kaum Rechnung getragen. Der sog. »echte« Bauherr konnte steuerliche Vergünstigungen in Anspruch nehmen, die die Steuervorteile des Ersterwerbers bei weitem überstiegen. Dies hat einerseits zur Hochkonjunktur des Bauherrenmodells[105] geführt, andererseits aber auch zum

102 Locher, Rz. 372; Brych-Pause, Rn. 433.
103 o. Rz. 143 ff.
104 o. Rz. 204 ff.
105 Vgl. im einzelnen Rz. 402 ff.

Versuch, durch konsequente Ausnutzung der Steuervorteile beim Bauträgerkauf diesem als sogenanntes »Ersterwerbermodell« oder »Sanierungsmodell« zu neuer Blüte zu verhelfen.

392 Beim sogenannten **(Erst-)Erwerbermodell** erwirbt der Anleger durch notariellen Kaufvertrag ein Haus, eine Eigentumswohnung oder Eigentumsanteile an einem Objekt. Es handelt sich um[106]

- ein vom Bauträger gerade fertiggestelltes oder noch zu errichtendes Objekt,
- ein innerhalb der letzten zehn Jahre errichtetes oder älteres, aber innerhalb dieses Zeitraumes völlig modernisiertes Objekt,
- ein renovierungs- und modernisierungsbedürftiges älteres Objekt, vielfach unter Denkmalschutz stehend.

393 Der Modellcharakter dieser Erwerbermodelle liegt darin begründet, daß ebenso wie beim Bauherrenmodell zusätzliche Dienstleistungen mit Werbungskostencharakter angeboten werden, auf die die Grundsätze der Bauherrenerlasse vom 13.08.1981 bzw. 31.08.1990[107] entsprechend anzuwenden sind.

a) Der Begriff des Ersterwerbers

394 **Typus** Charakteristisch für die steuerlichen Aspekte des Kaufs vom Bauträger ebenso wie für das »steuerlich aufgeputzte« Ersterwerbermodell ist der Umstand, daß der Erwerber nicht die Bauherreneigenschaft im Sinne des Bauherrenerlasses vom 31.08.1990 besitzt, sondern diese dem Initiator bzw. Bauträger überläßt. Dieser und nicht der Käufer ist Bauherr i.S.d. § 15 Abs. 1 ESstDV bzw. des Bauherrenerlasses. Ersterwerber ist, wer eine Immobilie erwirbt und nicht als Bauherr auf eigene Rechnung und Gefahr baut und dabei das Baugeschehen beherrscht.[108] Im einzelnen ergeben sich die Abgrenzungskriterien aus den Bauherrenerlassen vom 13.08.1981 und 31.08.1990 bzw. aus der früheren Negativliste der Bauherrenerlasse der Oberfinanzdirektionen.[109]

106 Vgl. Richter, HdB 2010 Rz. 1; Brych-Pause, Rn. 832.
107 BStBl 81 I 604
108 Vgl. Dornfeld, HdB 2030 Rz. 22; Brych-Pause, Rn. 832.
109 Vgl. im einzelnen unten Rz. 402 ff, 414.

b) Die Grunderwerbsteuer

Bei der Grunderwerbsteuer war bis zum 31.12.1982[110] der Erwerb des Grundstücks durch den Bauträger unter bestimmten Voraussetzungen steuerfrei, der Erwerb durch den Ersterwerber unter bestimmten Voraussetzungen[111] steuerbegünstigt, weil lediglich der die festgesetzten Freibeträge[112] überschießende Kaufpreisbetrag zu versteuern war. Durch das GrEsG 1983 wurden die Befreiungstatbestände beseitigt. Seitdem ist grundsätzlich **jeder Immobilienerwerb vom Bauträger mit 3,5 % von der Gegenleistung zu versteuern**. Bemessungsgrundlage ist gem. § 9 Abs. 1 Ziff. 1 GrEstG der Kaufpreis, der beim Bauträgervertrag die Herstellungskosten umfaßt, so daß der Bauherr im Bauherrenmodell begünstigt ist, weil hier bei steuerlich einwandfreier Gestaltung des Modells der Grundstückskaufpreis Bemessungsgrundlage ist. Wird beim Bauträgermodell ein »Dienstleistungspaket« mitverkauft, so werden wegen der Einheitlichkeit des Vertragswerks die Entgelte aus den Werbungskostenverträgen und die **Zwischenfinanzierungszinsen** zur Bemessungsgrundlage gerechnet. Dies gilt nach der Rechtsprechung der Finanzgerichte in jedem Fall der Errichtung von Eigentumswohnungen.[113] Jedoch ist die Tendenz zur Erfassung des Gesamtaufwandes als Bemessungsgrundlage zunehmend auch bei der Veranlagung von Grundstücken zum Erwerb von Einfamilienhäusern gegeben (§ 10e EStG ab 01.01.1987). **395**

c) Die Einkommensteuer

Einkommensteuerrechtlich relevant sind beim Kauf vom Bauträger der Abzug der Werbungskosten im Rahmen der Einkünfte aus Vermietung und Verpachtung sowie die Höhe der Abschreibung der Herstellungskosten gem. den §§ 7 b und 7 V EStG. **396**

110 Stichtag ist gem. § 23 GrEStG 83 die Verwirklichung – z.B. rechtswirksame Beurkundung – des Kaufs bis zum 31.12.82.

111 Das Objekt dient zu mehr als 2/3 der Grundfläche Wohnzwecken, der Kaufvertrag ist nach dem 31.12.76 abgeschlossen, das Objekt wird vom Erwerber, seinem Ehegatten oder Verwandten in gerader Linie innerhalb eines Zeitraumes von 5 Jahren ab Bezugfertigstellung mindestens ein Jahr lang eigengenutzt.

112 Eigentumswohnungen und Einfamilienhäuser 250.000,00 DM, Zweifamilienhäuser 300.000,00 DM, Erbbaurechte 100.000,00 DM.

113 BFH, DB 82, 1602; BB 83, 45; hier ist allerdings auch beim Bauherrenmodell immer der Gesamtaufwand Bemessungsgrundlage, da die isolierte Herstellung der einzelnen Einheit bautechnisch nicht möglich ist; vgl. Tewes, Praxishdb. Bd. 1, Teil 4/7, S. 5; Bd. 2 Teil 9/2; Brych-Pause, Rn. 809; Schmider-Wagner, HdB, 2. Aufl. 1210, Rn. 73 ff.

aa) Der Abzug von Werbungskosten

397 Der Erwerber einer Immobilie erzielt Einkünfte, die gem. §§ 21, 2 EstG der Einkommensteuer unterliegen, und zwar unabhängig davon, ob das Objekt vermietet ist und ihm damit tatsächlich Einnahmen in Form der Miete zufließen oder ob er es selbst nutzt. Im letzteren Fall wird ihm gem. §§ 21 Abs. 2, 21 a EStG der Nutzungswert seiner Wohnung als **»fiktive Miete«** zugerechnet. Der Einkommensteuer unterliegt gem. § 2 Abs. 2 Nr. 2 EstG nur der Überschuß der Einnahmen über die **Werbungskosten**. Zu den gem. § 2 Abs. 2 Nr. 2 abzuziehenden Werbungskosten gehören gem. § 9 Abs. 1 S. 1 EStG alle diejenigen Aufwendungen, die zur Erwerbung, Sicherung und Erhaltung der jeweiligen Einnahmen gemacht werden. Keine Werbungskosten i.S.d. § 9 Abs. 1 S. 1 EStG sind die Kosten der Anschaffung, d.h. der Grundstückskaufpreis und die Herstellungskosten, während alle diejenigen Kosten, die im Bereich der Vermietung anfallen, zu den abzugsfähigen Werbungskosten gehören. Das Bemühen, den Bereich der sofort abzugsfähigen Werbungskosten zu erweitern, um so Verluste aus Vermietung und Verpachtung zu schaffen, die mit positiven Einkünften – dem laufenden Einkommen – verrechnet werden können, hat im Bereich der Bauherrenmodelle zur Ausprägung eines **»Werbungskostenkatalogs«**[114] geführt, der grundsätzlich auch für den Ersterwerber gilt. Besonderheiten für den Ersterwerber gelten insoweit, als dieser im Gegensatz zum Bauherrenmodell nur für die Zeit nach dem Erwerb, das heißt nach Beurkundung des Kaufvertrages, Werbungskosten geltend machen kann. Beim Kauf vom Bauträger dient der Erwerb zudem häufig der späteren Eigennutzung durch den Erwerber, der damit den Beschränkungen des § 21 a Abs. 3 EstG unterliegt: Schuldzinsen für das Objekt dürfen ab Bezug bei Eigennutzung nur bis zur Höhe des Grundbetrages, das heißt 10 % des festgesetzten Einheitswertes, abgesetzt werden,[115] so daß sich keine höheren Verluste aus den Schuldzinsen ergeben können. Allerdings unterliegt ein Bauherr, der im Bauherrenmodell »erwirbt« und das Objekt selbst nutzt, denselben Beschränkungen gem. § 21 a Abs. 3 EStG, während der Ersterwerber, der das Objekt vermietet, Schuldzinsen und sonstige Werbungskosten während der Vermietungsphase in voller Höhe abschreiben und damit entsprechende Verluste steuerlich unbeschränkt geltend machen kann.

114 Vgl. u. Rz. 495.

115 Bei Beantragung der Baugenehmigung nach dem 30.09.82 und Herstellung oder Anschaffung vor dem 01.01.87 bis zu den in § 21a Abs. 4 EStG genannten Höchstbeträgen; vgl. Schmidt, EStG, § 21a Rz. 4 ff.

bb) Die Absetzung für Abnutzung – AfA

Zu den Werbungskosten i.S.d. § 2 Abs. 2 Nr. 2 EStG gehört auch die Absetzung für Abnutzung (AfA), das heißt die **zeitanteilige Abschreibung der Herstellungskosten** gem. den §§ 7, 7 V und 7 b EStG. Grundsätzlich können gem. § 7 Abs. 4 EStG die Anschaffungs- oder Herstellungskosten nur mit einem Betrag von 2 % pro Jahr – bezogen auf die Nutzungsdauer von 50 Jahren – abgeschrieben werden. Höhere Absetzungen sind nur unter bestimmten persönlichen und sachlichen Voraussetzungen gem. § 7 V bzw. 7 b EStG im Rahmen der sog. degressiven AfA möglich. **398**

Die degressive AfA gem. § 7 V EStG konnte bis 1978 nur der Bauherr in Anspruch nehmen, seit 1979 gilt sie auch für Ersterwerber, sofern diese bis zum Ende des Jahres der Fertigstellung erworben haben. Sie gilt umgekehrt nicht bei der Ermittlung des Nutzungswertes gem. § 21 a, das heißt bei Eigennutzung des Objektes, und zwar unabhängig davon, ob der Steuerpflichtige Bauherr oder Ersterwerber ist.[116] **399**

Erhöhte Abschreibungen können unter bestimmten Voraussetzungen auch gem. § 7 b EStG geltend gemacht werden. Die Vorschrift wurde seit 1975 wiederholt geändert.[117] Sie gilt für Eigentumswohnungen, Ein- und Zweifamilienhäuser, sofern das Objekt zu mehr als 66 % Wohnzwecken dient, bei Ausbauten und Erweiterungen zu mehr als 80 % der ausgebauten oder erweiterten Gebäudeteile. Begünstigt ist nicht nur der Bauherr oder Ersterwerber, sondern nunmehr jeder, auch der Zweiterwerber oder jeder folgende Erwerber. Die erhöhte Absetzung kann erstmals im Jahr der Fertigstellung oder Anschaffung des Objektes sowie in den folgenden 7 Jahren mit 5 % der Anschaffungs- oder Herstellungskosten (ohne Grundstückskaufpreis) geltend gemacht werden,[118] wenn das Objekt aufgrund eines nach dem 31.12.1995 gestellten Bauantrags errichtet wurde. Die 7b-Vergünstigung unterliegt dem **Objektverbrauch**. Sie kann grundsätzlich nur einmal für ein Objekt geltend gemacht werden, bei zusammen veranlagten Ehegatten für zwei Objekte.

116 Vgl. Hinke, Teil 10 8.7.

117 Vgl. die Übersicht bei Hinke, Teil 10 9.3 S. 3-5; Schmidt-Drenseck, EStG, § 7a Rn. 69; »Fertigstellung« i.S.d. § 7 V ist die Bezugsfertigstellung in bauchtechnischer Sicht; auf die Anlegung der Grundbücher, d.h. die rechtliche »Fertigstellung«, kommt es nicht an, vgl. BFH v. 26.1.99, DB 99, 1245 f.

118 Seit 29.7.81; vgl. § 7 Abs. 5 EStG. Bemessungsgrundlage sind die Anschaffungs- oder Herstellungskosten, vgl. Schmidt-Drenseck, § 7 EStG Rn. 60.

Schaubild:
Übersicht über die degressive AfA gem. § 7 V EStG von 1973 bis 1999

<table>
<tr><th>Sachliche Voraussetzungen</th><th>Berechtigte Personen</th><th>Begünstigtes Objekt</th><th>Abschreibungssatz</th></tr>
<tr><td>Antrag auf Baugenehmigung bis 09.05.1973</td><td></td><td>alle</td><td rowspan="4">Im Jahr der Herstellung oder Anschaffung u.i.d. folgenden 11 Jahren je 3,5 v.H., 20 Jahre je 2,0 v.H.,
18 Jahre je 1,0 v.H.
der Herstellungs- oder Anschaffungskosten</td></tr>
<tr><td>Antrag auf Baugenehmigung nach dem 08.05.1973</td><td>Nur für Bauherren</td><td>Beschränkt auf Objekte des sozialen Wohngsbaus</td></tr>
<tr><td>Fertigstellung des Gebäudes nach dem 31.08.1977</td><td></td><td>alle</td></tr>
<tr><td>Fertigstellung des Gebäudes nach dem 31.12.1977</td><td rowspan="2">Bauherren;
Ersterwerber
nur für Erwerber bis zum Ende der Fertigstellung</td><td>alle</td></tr>
<tr><td>Antrag auf Baugenehmigung oder rechtswirksam geschlossener Kaufvertrag oder tatsächlicher Baubeginn nach dem 29.07.1981</td><td>alle</td><td>Im Jahr der Fertigstellung oder Anschaffung u.i.d. folgenden 7 Jahren je 5,0 v.H., 6 Jahre je 2,5 v.H., 36 Jahre je 1,25 v.H. der Herstellungs- oder Anschaffungskosten</td></tr>
<tr><td>Herstellung: Bauantrag bis 1.1.1994 gestellt oder Abschluß Kaufvertrag vor dem 1.1.1994</td><td>Bauherr und Ersterwerber</td><td>alle</td><td>Im Jahr der Fertigstellung
10 v.H.,
folgenden 3 Jahre je 10 v.H.,
folgenden 3 Jahre je 5 v.H.,
folgenden 18 Jahre 2,5 v.H.</td></tr>
<tr><td>Herstellung: Bauantrag bis 1.1.1995 gestellt oder Abschluß Kaufvertrag vor dem 1.1.1995</td><td>Bauherr und Ersterwerber</td><td>alle</td><td>Im Jahr der Fertigstellung
5 v.H.,
folgenden Jahre je 5 v.H.,
folgenden 6 Jahre je 2,5 v.H.,
folgenden 36 Jahre 1,25 v.H.</td></tr>
<tr><td>Herstellung: Bauantrag zwischen 28.1.89 - 31.12.1995 gestellt oder Kaufvertrag zwischen 28.1.1989 - 31.12.1995 geschlossen</td><td>Bauherr und Ersterwerber</td><td>nur Wohngebäude</td><td>Im Jahr der Fertigstellung
7 v.H.,
folgenden 3 Jahre je 7 v.H.,
folgenden 6 Jahre je 5 v.H.,
folgenden 6 Jahre 2 %,
folgenden 24 Jahre 1,25 v.H.</td></tr>
</table>

Herstellung: Bauantrag nach dem 31.12.1995 gestellt oder Anschaffung 31.12.1995 *und* B.H. hat weder Afa gem. § 7 V noch erhöhte bzw. Sonderabschreibung in Anspruch genommen	Bauherr und Ersterwerber, letzterer mit Einschränkung	alle	Im Jahr der Fertigstellung 5 v.H., folgenden 7 Jahre je 5 v.H., folgenden 6 Jahre je 2,5 v.H., folgenden 36 Jahre 1,25 v.H.

Begünstigte Objekte sind gem. § 7 V a EStG jeweils Gebäude, Gebäudeteile oder Eigentumswohnungen bzw. Teileigentumseinheiten.

cc) Die Mehrwertsteuer-Option

Eine Mehrwertsteuer-Option, die zur Rückgewähr der dem Erwerber in **400** Rechnung gestellten Vorsteuern führt, war beim sogenannten Ersterwerbermodell in gleicher Weise möglich und zulässig wie beim Bauherrenmodell.[119] Da die Mehrwertsteuer-Option bei Wohngebäuden für nach dem 01.04.1985 fertiggestellte Objekte gem. §§ 9, 27 Abs. 4 UStG entfiel – es erfolgte wegen der vielen noch im Bau befindlichen Objekte dann noch eine Verlängerung bis zum 31.12.1985 –, kommt ihr für spätere Bauherrenmodelle keine Bedeutung mehr für den Bereich der Vertragsabwicklung zu. Etwas anderes gilt für die **Abwicklung von Gewährleistungsfällen**. Im Bereich der Leistungsstörungen dürften Fragen der Mehrwertsteuer-Option noch jahrelang die Gerichte beschäftigen, da zum einen die Zahl der Regressfälle wegen Nichteintritts der prospektmäßig zugesagten Steuervorteile lawinenartig angestiegen ist und zum anderen der Schaden und damit der Regressfall typischerweise erst nach Ablauf einer ganzen Reihe von Jahren erkennbar wird. Erst wenn nach erfolgter steuerlicher Überprüfung und rechtskräftiger Steuerfestsetzung der Schaden durch Nichtanerkennung der Umsatzsteuer feststeht, stellt sich die Frage nach einem Regress gegenüber dem Bauträger. Da die Verjährungsfrist sich sowohl für die Erfüllung von Garantieansprüchen wie auch bei Schadensersatz aus c.i.c. gem. § 195 BGB auf 30 Jahre beläuft, wird sich die juristische Klärung von Störfällen noch lange nicht durch Zeitablauf erledigen.[120] Allerdings sind gerichtlich ausgetragene Regressfälle ausgesprochen selten, da wegen der fehlenden Spezialkenntnisse sowohl in Anwalts- wie auch in Richterkreisen

119 Bryh-Pause, Rn. 1226.

120 Vgl. Entscheidung LG Düsseldorf vom 12.01.98 – Az.: 1 O 260/97; Entscheidung BGH vom 12.11.98 – Az.: III ZR 275/97.

die Grundvoraussetzungen für eine erfolgversprechende Rechtsverfolgung fehlen.

VI. Der Immobilienerwerb im Bauherrenmodell

VI. Der Immobilienerwerb im Bauherrenmodell

Seit Beginn der 70er Jahre[1] hat sich auf dem Immobiliensektor das sogenannte Bauherrenmodell als steuerbegünstigte Kapitalanlage entwickelt. Charakteristisch für das Bauherrenmodell ist die konsequente Ausschöpfung der mit einem Immobilienerwerb verbundenen oder im Zusammenhang stehenden Steuervorteile – die keineswegs neu sind – in Verbindung mit vielfältigen Service- und Garantieleistungen, die dem Anleger die Risiken und den Arbeitsaufwand des eigenen Bauens abnehmen sollen.[2] **401**

1. Grundzüge und Formen des Bauherrenmodells

Steuervorteile beim Erwerb bzw. der Errichtung von Häusern und Eigentumswohnungen können sich einerseits durch Anwendung besonderer Vergünstigungsvorschriften ergeben – degressiver oder erhöhter Abschreibung gem. §§ 7 V bzw. 7b EStG, seit 01.07.87 statt dessen der neue **§ 10e EStG**, seit 01.01.1996 das Eigenheimzulagengesetz (EigZulG) – Grundsteuerermäßigung, Wegfall bzw. Ermäßigung der Grunderwerbssteuer[3] oder durch den **Steuersparniseffekt**, der sich bei Anwendung der allgemeinen Steuerbestimmungen als Folge von soge- **402**

Das Prinzip

1 Die erstmalige systematische Trennung zwischen Herstellungskosten und Werbungskosten wurde laut Mitteilung der Consulta AG 1969 auf Initiative v. Graebner und Dr. Rüger beim Witag Fond Nr. 1 (Herkules-Hochhäuser) in Form einer vermögensverwaltenden KG praktiziert, das erste »Kölner Modell« 1971 von der Consulta-Gruppe (Meschenich, Auf dem Kölnberg), das erste »Mietkauf-Modell« 1971 von der Dr. Amann-Gruppe. Vgl. auch Böger-Knief in: Rädler-Raupach, Handbuch der steuerbegünstigten Kapitalanlagen S. 405 ff.

2 Vgl. Schmider in: HdB = Handbuch der Bauherrengemeinschaften und geschlossenen Immobilienfonds, 1450, Rz. 18, 20.

3 Bis zum Inkrafttreten des GrEStG 83 am 01.01.83; geringere Bemessungsgrundlage bei Errichtung von Häusern.

nannten Verlustzuweisungen[4] ergibt: Vor Bezugsfertigstellung der Immobilie entstehen Werbungskosten, die zu negativen Einkünften aus Vermietung und Verpachtung führen und – indem sie mit positiven Einkünften aus anderen Einkunftsarten verrechnet werden – das steuerpflichtige Einkommen des Anlegers mindern.[5] Die Folge ist eigentlich keine echte Steuerersparnis, sondern eine langfristige Steuerstundung, weil den höheren – sofort abzugsfähigen – Werbungskosten der Bauphase später entsprechend geringere Abschreibungen auf die Herstellungskosten gegenüberstehen. Diese Stundung bewirkt aber einen Liquiditäts- und damit auch Zinsvorteil, weil der Anleger mit den – vorläufigen – Steuervorteilen sein Eigenkapital ganz oder teilweise finanziert.[6] Zudem kann sich – je nach Kostensituation – der nur vorläufige Steuervorteil in einen endgültigen wandeln, wenn der Anleger nach Ablauf der **zweijährigen Spekulationsfrist**[7] das Objekt unter Mitnahme einer Wertsteigerung der Immobilie wieder verkaufen kann. Da in den Anfangsjahren des Bauherrenmodells die Immobilien jährlich erhebliche Wertsteigerungen verzeichneten, konnte hier ein echter Steuersparungserfolg verzeichnet werden. Dieser fällt allerdings weg in Zeiten der Stagnation oder der konjunkturbedingten Rückläufigkeit der Immobilienwerte. Der Modellcharakter des Bauherrenmodells besteht nicht im sachlichen Inhalt – denn jeder private Bauwillige kann dieselben Vertragsgestaltungen wählen– sondern in der im großen Stil betriebenen Vermarktung dieser Form

4 Die Verlustzuweisung wird in Prozenten des Eigenkapitals ausgedrückt. Sie hängt von der Relation zwischen den Rechengrößen Eigenkapital und Werbungskosten ab, diese jeweils bezogen auf den Gesamtaufwand der Kosten (= 100 %). Z.B. bedeutet eine Verlustzuweisung von 150% bei einem Eigenkapitaleinsatz von 20%, daß 30% des Gesamtaufwandes (100%) Werbungskosten darstellen (30 verhält sich zu 20 wie 150 zu 100) – vgl. Böger-Knief a. a. O. S. 412. Soweit König in seiner Tabelle (Locher-König, Bauherrenmodelle Rz. 70) von »Steuervorteilen« statt von Verlustzuweisungen spricht, ist dies mißverständlich und gefährlich: Denn der »Steuervorteil« ergibt sich nur aus der Relation zu den positiven Einkünften und der ohne die Verlustzuweisung gegebenen Steuerprogression, so daß die Verwendung des Begriffs »Steuervorteil« in einem Werbeprospekt als »Irreführung« im Sinne des § 3 UWG gewertet werden kann – vgl. Pabst-Quast-Schmider-Richter, Praxis der steuerbegünstigten Kapitalanlagen Bd. IX Rz. 27 mit Hinweis auf LG Köln vom 9.02.82 – 83 O 180/81 –; LG Köln vom 10.03.82 – 84 O 181/81 –; LG Mannheim vom 02.11.82 – 23 O 212/82 –; LG Berlin vom 2.11.82 – 16 O 234/82 –.

5 Vgl. Reithmann-Meichssner-v. Heymann, E Rz. 23 ff.; Locher-König, Rz. 68; Böger-Knief a. a. O. S. 412.

6 Vgl. Tewes, Steuerlich anerkannte Bauherrenmodelle, Bd. 1, Teil 4 Kap. 15 S. 2: Diese Finanzierung erfolgt, indem bereits gezahlte Einkommenssteuervorauszahlungen zurückerstattet oder die laufenden Vorauszahlungen nach Glaubhaftmachung der Höhe des voraussichtlichen Verlustes aus Vermietung und Verpachtung herabgesetzt werden.

7 § 23 EStG.

des Immobilienerwerbs durch die gewerbliche Wohnungswirtschaft und die **Abschreibungsbranche**. Die Abschreibungsbranche suchte nach neuen Möglichkeiten der steuerbegünstigten Anlage für sogenannte Kapitalanleger, nachdem durch das zweite StÄndG 1971 vom 15.08.1971 die Möglichkeiten steuerbegünstigter Kapitalanlagen durch Beteiligungen an sogenannten Abschreibungsgesellschaften im Zonenrandgebiet, in Berlin, bei Schiffahrt-, Luftfahrt- und Entwicklungshilfeprojekten eingeschränkt worden waren.[8] Die gewerbliche Wohnungswirtschaft, die bis dahin vorrangig für Eigennutzer gebaut hatte, suchte nach Ende des Baubooms und mit Beginn der Rezession (1974/1975) nach Möglichkeiten, sich einen neuen Markt – den des reinen Kapitalanlegers – zu erschließen.

Während die Zielsetzung aller Bauherrenmodelle im vorstehend **403**
geschilderten Sinne die gleiche ist, werden für die rechtliche Ausgestaltung unterschiedliche Formen auf der Basis des geltenden Zivilrechts gewählt. Diese sind entsprechend den jeweils aktuellsten Erfahrungen mit der Anerkennung des einzelnen Modells durch die Finanzverwaltungen sowie den von der Rechtsprechung entwickelten Haftungsgrundsätzen in ständigem Wandel begriffen. Allerdings hat die Phase, in der es um die Klärung der steuerrechtlichen Grundlagen des Bauherrenmodells überhaupt – und die daraus folgende zivilrechtliche Vertragsgestaltung – ging, ihren Abschluß durch den sogenannten **Bauherrenerlaß** vom 13.08.1981[9] gefunden, der erstmals positiv die tatbestandlichen Voraussetzungen des Bauherrenbegriffs und der steuerlich anerkennungsfähigen Werbungskosten definierte. Er wurde durch den Bauherrenerlaß vom 31.08.1990 abgelöst, der die derzeitige Grundlage des Bauherrenmodells bildet.

a) Das Kölner Modell

Das bekannteste Bauherrenmodell, das auch wirtschaftlich die größte **404**
Bedeutung auf diesem Anlagesektor gewonnen hat, ist das sogenannte Kölner Modell. Ein oder mehrere Initiatoren[10] schließen sich zur Konzeption eines Bauherrenmodells bzw. Vermarktung eines bestimmten Grundbesitzes zusammen, wobei vielfach nur lose Absprachen ohne schriftliche Vertragsausgestaltung zu Grunde liegen. Die Initiative geht im Regelfall von einem gewerblichen Wohnungsunternehmen aus, das

– Prinzip
– Ausgestaltung
– Akteure

8 Böger-Knief, a.a.O., S. 407.

9 Schreiben des BMin Finanzen vom 13.08.81 – IV B 1 – S 2253a – 3/81 an die Finanzminister (-senatoren) der Länder, abgedruckt (DB 81, 03).

10 BMF-Schr. vom 31.8.1990, BStBl. I 1990, S. 366, abgedruckt in Brych-Pause, Anh. VII.

entweder aus der Zeit der Bauträgerschaft noch Grundstücke im Vorratseigentum hält oder geeignete Grundstücke »an der Hand« hat und die Funktion des Generalunternehmers und/oder des Baubetreuers und/oder des Grundstücksverkäufers übernimmt. Die Initiative kann auch von großen Bauunternehmungen ausgehen, die das Grundstück »an der Hand« haben und Funktionsträger[11] sowie Vertriebsfirmen suchen, oder von umsatzstarken Vertriebsgruppen, die einen Grundstamm von Anlegern, Anlageberatern etc. »an der Hand« haben und sich das geeignete Baugrundstück, den Treuhänder, Betreuer, Generalunternehmer und die Funktionsträger selbst suchen.

405 Beim Kölner Modell werden die im Rahmen der schlüsselfertigen Erstellung eines Gebäudes anfallenden **Gesamtkosten** – einschließlich der Finanzierung – **aufgeteilt in Anschaffungskosten** für den Grund und Boden, **Herstellungskosten** des Gebäudes sowie sofort abziehbare **Werbungskosten**. Durch den Bauherrenerlaß vom 31.08.1990 wird dies massiv eingeschränkt. Modelltypische Aufwendungen, die in dem Zeitraum bis zur Fertigstellung/Übergabe des Bauobjekts an die Anbieterseite gezahlt werden, gehören zu den Anschaffungskosten.[12] Sie sind damit nicht sofort abzugsfähig, sondern nur im Rahmen der regulären Afa. Dabei werden die Gesamtkosten soweit wie möglich in den Bereich der Werbungskosten verlagert. Zentrale Figur des Vertragsgeschehens ist der Treuhänder, dem der Anleger entsprechende Vollmachten erteilt und der dann – im Namen des Anlegers – für diesen die entsprechenden Verträge abschließt:

Figur des Treuhänders

- den Grundstückskaufvertrag;
- den Gesellschaftsvertrag, falls Eigentumswohnungen oder eine aus Häusern bestehende Gesamtwohnanlage von der Gemeinschaft der Bauherren errichtet werden;
- den Generalunternehmer- bzw. Generalübernehmervertrag oder, bei Durchführung in Einzelgewerken, die Architekten- und Bauverträge;
- die Darlehensverträge für Zwischen- und/oder Endfinanzierung nebst Belastung des Grundbesitzes mit Grundpfandrechten;
- die Garantieverträge wie: Bürgschaft für die Finanzierung, Zinshöchstkostengarantie, Vermietungsgarantie etc.;

11 Als Fachausdruck branchenüblich für diejenigen Firmen oder Personen, die die sogenannten Werbungskostenverträge wie Finanzierungsvermittlung und/oder -bearbeitung, Vermietungsvermittlung und/oder Vermietungsgarantie etc. übernehmen.

12 Tewes, Praxishdb., Teil 6/2.1, S. 2.

- die Vermietung an einen gewerblichen Zwischenmieter im Falle der MwSt-Option;
- Mietgarantieverträge verschiedener Art zur Gewährleistung der dem Anleger zugesicherte Rendite in der Zeit nach Bezugsfertigstellung und für Zeiträume zwischen 1 und 10 Jahren.

Je nach Umfang der Baumaßnahme und der Zahl der Beteiligten wird im Schrifttum[13] zwischen »großem« und »kleinem« Bauherrn- bzw. Kölner Modell unterschieden. Die Konzeption und rechtliche Ausgestaltung ist im Prinzip dieselbe. Das »große« Modell ist vorrangig für den Kapitalanleger gedacht, der zwecks Erzielung einer möglichst hohen Verlustzuweisung den Bereich der Werbungskosten weitgehend ausschöpft – was mit dem Abschluß einer entsprechenden Vielzahl von Verträgen verbunden ist, die das Modell für den Laien kompliziert und unüberschaubar machen. Beim »kleinen« Modell, das eher für Eigennutzer in Frage kommt und das rechtlich zwischen Bauträgerkauf und echtem Bauherrenmodell steht, entfallen eine Reihe von Verträgen: z.B. über Zwischenvermietung und Vermietungsgarantie wegen der Eigennutzung, über Vermittlung und/oder Bearbeitung von Zwischenfinanzierung bzw. Endfinanzierung, weil der Bauherr seine eigene Finanzierung über Bausparvertrag oder seine Hausbank bereits mitbringt etc. Die Funktionsbereiche Grundstückskauf, Baubetreuer, Generalunternehmer, Treuhänder und Finanzierungsbereich sind überschaubarer und die Risiken – einerseits die steuerlichen Risiken des Bauherren, andererseits die Haftungsrisiken der an der Konzeption und Durchführung des Modells Beteiligten – eingegrenzt. **406**

Eine im Anfang sehr erfolgreiche **Variante** des Kölner Modells stellte das sogenannte **Mietkaufmodell**[14] dar. Dieses wurde bis zur Bezugsfertigstellung des Gebäudes steuerlich und zivilrechtlich genauso abgewikkelt wie das klassische Kölner Modell. Dem Bauherren wurde für die Zeit ab Fertigstellung nicht nur die Vermietung, sondern auch der spätere Verkauf des Objektes an den Mieter verbindlich zugesichert bzw. vermittelt. Der Mieter zahlte neben einer geringen Miete eine monatliche Optionsgebühr, die später auf den Kaufpreis angerechnet wurde, und erhielt umgekehrt vom Bauherren mit Mietbeginn ein unwiderrufliches Verkaufsangebot oder eine bindende Kaufoption. Da die Bauherrenstellung von vorneherein auf die Verlustphase begrenzt und die Erzielung eines Überschusses (langfristig gesehen) damit ausgeschlossen war, hat **407**

13 Vgl. Locher-Koeble, Rz. 547; Tewes, Bd. 1, Teil 4, Kap. 4; Brych-Pause, Rn. 24 ff.

14 Vgl. Locher-König, Rz. 4 und Locher-Koeble, Rz. 550; Reithmann-Brych-Manhart, Rz. 146.

der BdF[15] dem Mietkaufmodell die steuerliche Anerkennung versagt: die negativen Einkünfte der Verlustphase gelten als steuerlich unbeachtliche Liebhaberei; sie werden nicht gem. § 21 EStG als Einkünfte aus Vermietung und Verpachtung besteuert. Mangels ausreichender steuerlicher Anerkennung wurde dieses Modell schlagartig bedeutungslos. Es hat die Rechtspraxis allerdings im Zusammenhang mit der Abwicklung von Schadensersatzansprüchen wegen Nichteintritts zugesagter Steuervorteile oder wegen der Erfüllung von Rücknahmegarantien noch eine Reihe von Jahren beschäftigt.[16]

b) Das Berliner Modell

408 **Prinzip** Beim Berliner Modell[17] handelt es sich um eine Kapitalanlage, deren Attraktivität auf der Verbindung von – zeitweise extrem hohen – Steuervorteilen und der **Wohnungsbauförderung in Berlin beruht**. Für die Wohnungsbauförderung in Berlin gibt es den sog. 1. und 2. Förderweg. Grundlage des **1. Förderweges** ist das II. Wohnungsbaugesetz (II. WoBauG), welches breiten bzw. geringverdienenden Bevölkerungsschichten die Verschaffung von Wohnraum zu annehmbaren Mietbedingungen sicherstellen soll. Beim 1. Förderweg erhält der Bauherr Subventionen per Verwaltungsakt (Bewilligungsbescheid) mit Belegungsrecht für den Staat zugeteilt. Er ist verpflichtet, die Wohnung langfristig nur an Bewerber zu vermieten, die bestimmte Einkommensgrenzen nicht überschreiten, und zwar zu den festgelegten Sozialmieten (§§ 43, 46, 72 II. WoBauG). Da die öffentlich-rechtliche Bindung bis zu 50 Jahre nach Erstvermietung dauert, eine Verkürzung nur unter eingegrenzten Voraussetzungen möglich ist (§ 16 WoBindG) und die festgelegte Miete die des sozialen Wohnungsbaus ist, werden Kapitalanlagen nach dem Berliner Modell i.d.R. auf Basis des 2. Förderweges konzipiert. Allerdings sollte

15 BMin Finanzen, Schreiben vom 08.12.79 – IV B 1 -S 2253 -76/79 in BB 80, 31 mit zust. Anm. Stuhrmann; Tewes, Bd. 2, Teil 7, Kap. 4; die Ansicht des BMin Finanzen ist steuerrechtlich konsequent, wohnungspolitisch jedoch bedauerlich. Dem einkommensschwächeren Mietkäufer wird nämlich die Möglichkeit gegeben, ohne jeden Eigenkapitaleinsatz »ratenweise« ein Haus oder eine Wohnung zu erwerben, er kann während der Mietzeit und vor dem Erwerb beurteilen, ob und welche Baumängel vorhanden sind und ggf. vom Optionsvertrag wegen der Mängel zurücktreten (vgl. OLG Düsseldorf BB 79, 962).

16 Tewes, Bauherrenmodelle, Teil 4 Kap. 4 S. 3; Haushaltsstrukturgesetz vom 22.12.81, (BGBl. I S. 1523; § 1 Abs. 3 der 3. VO über steuerliche Konjunkturmaßnahmen vom 7.06.73, BGBl. I S. 530); vgl. im übrigen BGH, BauR 85, 215 ff.; OLG Celle, BauR 85, 220; Rosenberger, BauR 85, 136 ff.

17 Tewes, Praxishandbuch, Teil 3/7.1 ff.

der Bauherr sich vor dem Beitritt vergewissern, daß »seine« Kapitalanlage tatsächlich auf dem 2. Förderweg basiert.

Beim **2. Förderweg** wird zwischen den Bauherren und der öffentlichen Hand, letztere repräsentiert durch die Investitionsbank Berlin (IBB, früher: Wohnungsbauförderungsanstalt des Landes Berlin), ein Vertrag über die Förderung freifinanzierten Wohnungsbaus abgeschlossen. Es werden gem. § 88 Abs. 2 d II. WoBauG nichtöffentliche Mittel zur Schaffung freifinanzierten Wohnraums eingesetzt. Der Bauherr erhält die Fördermittel in Form von – nicht rückzahlbaren – **Aufwendungszuschüssen** oder aber **Aufwendungsdarlehen** für den Förderzeitraum (zwischen 7 und 25 Jahren ab Bezugsfertigkeit) in Form der Differenz zwischen der Kostenmiete, die auf Basis der Herstellungskosten des Gebäudes ermittelt wird, und der gem. §§ 25, 116 II. WoBauG festgelegten Höchstmiete. In der Investitionsphase, d.h. vor Fertigstellung, ist außerdem seit 01.01.1995 eine **Sonderabschreibung** von 50 % zulässig. Rechtlich ist das Berliner Modell – schon seit jeher – nur zulässig in Form einer BGB-Gesellschaft als Aufbaugemeinschaft, bei der nach der Aufteilung in Wohnungseigentum die Auseinandersetzung in Form der Zuteilung einer dem BGB-Gesellschaftsanteil entsprechenden Wohnung erfolgt. Nach den Förderbestimmungen **muß** diese BGB-Gesellschaft **durch** einen **Geschäftsführer vertreten werden**, der alleiniger Ansprechpartner der IBB ist und die periodischen Auszahlungen der Fördermittel entgegennimmt bzw. diese zuteilt. Da in der Förderzeit, meist 12 Jahre ab Bezugsfertigstellung, die BGB-Gesellschaft weder auseinandergesetzt noch eine Aufteilung in WEG vorgenommen werden kann, führen **Störfälle** – z.B. in Form der Insolvenz einzelner Mitgesellschafter – während der Förderphase unter Umständen zu erheblichen Abwicklungsproblemen, im Extremfall zum Scheitern des Modells. 409

Figur des Geschäftsführers

c) *Das Ersterwerbermodell*

Beim sogenannten Ersterwerbermodell handelt es sich nicht um eine echte Variante des Bauherrenmodells, sondern um einen Kauf vom Bauträger, der im Hinblick auf die größere Attraktivität des echten Bauherrenmodells in werbewirksamer Weise steuerlich »aufgeputzt« wird. Der **wesentliche Unterschied** zum »echten« Bauherrenmodell besteht darin, daß das Gebäude bereits fertiggestellt ist, und daß die Häuser oder Wohnungen **im Regelfall vermietet** sind. Vor dem BFH-Erlaß vom 31.8.1990 wurden durch die Aufspaltung der Anschaffungskosten in Kosten für Grund und Boden einerseits sowie die Kosten für die Gebäudeherstellung andererseits sowie außerdem sofort abzugsfähige Werbungskosten, die nach dem Zeitpunkt des Erwerbs anfallen, hohe Ver- 410

Das Prinzip

lustzuweisungen geschaffen, die Prozentsätze zwischen 100 % und 200 % des Eigenkapitals[18] erreichen konnten. Im Hinblick auf diese Werbungskosten werden neben dem Grundstückskaufvertrag, der den Erwerb des fertigen Hauses bzw. der fertigen Wohnung zum Gegenstand hat, weitere Verträge über zusätzliche Dienstleistungen abgeschlossen. Sie entsprechen denen des echten Bauherrenmodells bzw. dem Werbungskostenkatalog des Bauherrenerlasses vom 31.08.1990, der nach h.A.[19] insoweit auch auf Ersterwerbermodelle anzuwenden ist. Der Gesamtbetrag der **Gebühren** und **Kosten mit Werbungskostencharakter** z.B. Treuhandgebühr, Steuerberatergebühr, Geldbeschaffungskosten und Disagio, Vermietungsgarantie – ist gegenüber dem echten Bauherrenmodell zwangsläufig geringer, weil die Bauphase und die darauf entfallenden Zwischenfinanzierungskosten fehlen und für Garantien, die **Vorteil** sich ausschließlich auf die Durchführung und Fertigstellung des Bauvorhabens beziehen, kein Raum ist. Umgekehrt **entfällt das Bau- bzw. Baukostenrisiko**, so daß das wirtschaftliche Risiko des Bauherrn erheblich gemindert ist. Auch vom Ersterwerbermodell ist die steuerliche Anerkennung von Werbungskosten durch den BFH-Erlaß vom 31.8.1990 deutlich eingeschränkt, da der Löwenanteil dieser Kosten nun den Anschaffungskosten zuzurechnen ist.

d) Das Altbausanierungsmodell

411 **Prinzip** Beim Altbausanierungsmodell handelt es sich um eine **Sonderform des Ersterwerbermodells**. Die Initiatoren erwerben Altgebäude, die zur Aufteilung im Wohnungseigentum geignet sind. Sie bereiten in der Regel noch vor der Weiterveräußerung an den Anleger die Sanierung rechtlich – durch Erwirkung der Abgeschlossenheitsbescheinigung, gelegentlich auch schon durch Teilung gemäß § 8 WEG – sowie tatsächlich durch Entfernen aller modernisierungsunfähigen Gebäudeteile vor. Die Anleger schließen sich zu einer **Bauherrengemeinschaft (Sanierungsgemeinschaft)** in der Form der BGB-Gesellschaft zusammen, die gemäß § 8 WEG die Teilung in Wohnungseigentum vornimmt und die Modernisierung des Gebäudes – unter Umständen unter Einschaltung eines Treuhänders und/oder Baubetreuers – durch einen Generalunternehmer oder in Einzelgewerken durchführen läßt. Die Modernisierungsmaßnahme ist am Katalog des § 82a EStDV und dessen Anlage 7 orientiert, damit der Anleger die sich aus § 82a EStDV oder entsprechenden Vorschriften ergebenden Steuervergünstigungen in Anspruch nehmen kann. Für die Anerkennung der Bauherreneigenschaft des Anlegers –

18 Vgl. Tewes, Bauherrenmodelle, Teil 4, Kap. 5 S. 2, Richter in HdB 2010 Rz. 3.
19 Richter in HdB 2010 Rz. 2.

bezogen auf den Modernisierungsaufwand – sowie die sofortige Abzugsfähigkeit der Werbungskosten gelten die Grundsätze des **Bauherrenerlasses vom 31.08.1990**.[20] Zwar zählen nach dem Bauherrenerlaß vom 31.8.1990 auch hier die meisten der an die Anbieterseite gezahlten Vergütungen zu den Anschaffungskosten, nicht zu den sofort abzugfähigen Werbungskosten. Bei denkmalgeschützten Gebäuden sind jedoch die Altbau-Sanierungsmodelle nach wie vor steuerlich sehr attraktiv,[21] da alle Modernisierungs- und Erhaltungsmaßnahmen – d.h. auch die reinen Baukosten – gemäß § 7 EStGB innerhalb von (nur) 10 Jahren abgeschrieben werden können. Liegt der Altbau in den neuen Bundesländern, kommt gemäß § 4 des FördergebietsGes eine 50 %ige Sonderabschreibung hinzu (ausgelaufen am 31.12.1998). Die übrigen Steuervorteile ergeben sich aus dem Zusammentreffen der Voraussetzungen der §§ 7 V, 7i, 9 EStG mit §§ 82a, 82b und ggf. 82g und 82i EStDV.

e) *Sonstige Modellformen*

Keine Gestaltungsform des Bauherrenmodells, sondern eine **Kapitalanlage**, die nur eine indirekte Beteiligung am Grundbesitz vermittelt, sind 412
der **offene** und der **geschlossene Immobilienfond**. Beim offenen Fond[22] ist eine Kapitalgesellschaft (GmbH oder AG) rechtlicher und wirtschaftlicher Eigentümer; der Anleger erhält Ausschüttungen, die als Einkünfte aus Kapitalvermögen besteuert werden. Beim geschlossenen Fond[23] ist die Form der vermögensverwaltenden Kommanditgesellschaft üblich. Der Anleger ist Kommanditist, der – wenn eine natürliche Person Komplementär ist – Einkünfte[24] aus Vermietung und Verpachtung erzielt. Auch beim sog. **Hamburger Modell**,[25] das in der zivilrechtlichen Aus-

offener/ geschlossener Immobilienfond

Hamburger Modell

20 Richter in HdB 2010 Rz. 1; Tewes, Bauherrenmodelle, Teil 4 Kap. 6.1, S. 1 u. Praxishdb, Bd. 1, Teil 4/10.

21 Tewes, Praxishandbuch, Bd. 1, Teil 4/6.1, S. 4 f

22 Vgl. im einzelnen Tewes, Bauherrenmodelle, Teil 4 Kap. 7 u. Praxishdb., Bd. 1 Teil 4/2; Quast-Richter-Schmider, Praxis der steuerbegünstigten Kapitalanlagen Bd. V Rz. 1 ff.; Reithmann-Meissner, v. Heymann, Rn. 6.

23 Quast-Richter-Schmider, Praxis der steuerbegünstigten Kapitalanlagen, Bd. V Rz. 105 ff. m.w.N.; Tewes, Teil 4 Kap. 7.

24 Zur Problematik der Begrenzung der Ausgleichung von Verlusten gegenüber positiven Einkünften nur bis zum Betrag der geleisteten Einlage – § 21 Abs. 1 Satz 2 i.V.m. § 15 a EStG – vgl. Quast-Richter-Schmider, Praxis der steuerbegünstigten Kapitalanlagen, Bd. V Rz. 98 ff. und 105 ff.

25 Vgl. im einzelnen Schreiber, Neue Möglichkeiten der Steuerersparnis, S. 13 ff.; Tewes, Teil 4 Kap. 8 u Praxishdb. Bd. 1 Teil 4/3; Quast-Richter-Schmider, Praxis Bd. V Rz. 81 u. 103; Brych-Pause, Rn. 1210.

gestaltung dem geschlossenen Immobilienfond ähnlich ist, wird der Anleger nicht selbst Bauherr, sondern Kommanditist einer vermögensverwaltenden Kommanditgesellschaft. Komplementär muß eine natürliche Person sein, weil andernfalls nicht Einkünfte aus Vermietung und Verpachtung, sondern gewerbliche Einkünfte im Sinne des § 2 Abs. 2 Ziffer 2 GewStG erzielt werden. Nicht der Anleger, sondern die Kommanditgesellschaft erwirbt das Grundstück, errichtet das Gebäude, teilt das Eigentum gemäß § 8 WEG und verwaltet bzw. vermietet die fertigen Wohnungen. Die Auseinandersetzung findet nach Ablauf der im Gesellschaftsvertrag vorgesehenen Frist in Form einer Realteilung statt, bei der dem Kommanditisten als Sachwertabfindung das Alleineigentum an »seiner« Wohnung übertragen wird. Die **Steuervorteile**, die der Anleger in Form von Verlustzuweisungen erhält, sind im Prinzip dieselben wie beim Kölner Modell, weil er über seine Pflichteinlage hinaus bis zur Höhe der Gesamtkosten der von ihm gezeichneten Eigentumswohnung haftet.[26] Allerdings sind die wirtschaftlichen Risiken – insbesondere bei Insolvenz der Kommanditgesellschaft – größer, weil der Anleger zunächst keinen Grundbesitz sondern nur einen schuldrechtlichen Anspruch auf Übertragung »seiner« Wohnung erwirbt.

Angesichts der vorrangigen Bedeutung des **Kölner Modells** werden die zivilrechtlichen und steuerlichen Fragen nachfolgend anhand dieses als klassisch geltenden Bauherrenmodells erläutert.

2. Der Bauherr im Bauherrenmodell

Begriff des Bauherrn

413 Die zentrale Figur im Ablauf des Baugeschehens ist bei allen Varianten des Bauherrenmodells der **»Bauherr«**. Es handelt sich um einen Rechtsbegriff, an den sowohl im allgemeinen Sprachgebrauch wie auch im Recht bzw. Steuerrecht unterschiedliche tatbestandliche Voraussetzungen und Begriffsinhalte geknüpft sind,[27] je nachdem, ob es sich um den Bauherren im Sinne der öffentlich rechtlichen Bauvorschriften, der Gewerbeordnung, des privaten Bauvertragsrechts oder des Steuerrechts handelt. Maßgebend für den Bereich des Bauherrenmodells ist der **steuerrechtliche Begriff des Bauherren**. Wegen der Notwendigkeit einer einheitlichen Beurteilung sowohl der zivilrechtlichen wie auch der steuerrechtlichen Seite des jeweiligen Vertrages ist dieser ausnahmsweise auch im Rahmen der zivilrechtlichen Beurteilung – z.B. der Werk-

26 Vgl. Schreiber S. 15; Quast-Richter-Schmider, Praxis der steuerbegünstigten Kapitalanlagen, Bd. V Rz. 103.
27 Vgl. o. Rz. 18.

oder Dienstverträge[28] – maßgebend für das von den Parteien Gewollte.[29] In den Steuergesetzen ist der Begriff des Bauherren zwar erwähnt, aber nicht im einzelnen definiert, was in der Anfangsphase der Bauherrenmodelle zu erheblichen Unsicherheiten führte. In den Anfangsjahren des Bauherrenmodells wurde der Begriff des Bauherren nämlich lediglich durch einen Negativkatalog der Finanzverwaltungen[30] umgrenzt, aus dem sich ergab, wann die Bauherreneigenschaft zu verneinen war.

a) *Die Bauherreneigenschaft nach dem Bauherrenerlaß 1990*

Der Bauherrenerlaß vom 13.08.1981[31] hatte insoweit eine **entscheidende Änderung** gebracht, als er erstmals eine positive Definition des »Bauherren« aufstellte und sowohl die tatbestandlichen Voraussetzungen für die Anerkennung der Bauherreneigenschaft wie auch der steuerlich zulässigen und abzugsfähigen Gebühren und Werbungskosten definierte. Die Jahre nach dem Bauherrenerlaß 1981 waren geprägt von den widerstreitenden Bemühungen einerseits der Kapitalanlagebranche, Kosten möglichst weitgehend zu sofort abzugsfähigen Werbungskosten umzufunktionieren, während die Finanzgerichte wie auch die Finanzverwaltungen immer wieder mit restriktiven Entscheidungen Einschränkungen des Bauherrenbegriffs und der steuerlichen Abzugsmöglichkeiten formulierten. Gemäß § 15 Abs. 1 EstDV gilt als Bauherr, wer ein Gebäude auf eigene Rechnung und Gefahr baut oder bauen läßt. Wird ein Gebäude von einer Mehrheit von Personen gemeinsam – z.B. in Form einer Bauherrengemeinschaft – errichtet, sind diese einkommenssteuerlich als Bauherren anzusehen, wenn sie selbst das Baugeschehen beherrschen. Nach der Grundsatzentscheidung des Bundesfinanzhofes vom 14.11.1989[32] sind Anleger bei einem Bauherrenmodell oder einem diesem vergleichbaren Modell einkommenssteuerlich jedoch regelmäßig nicht als Bauherren, sondern als Erwerber des bebauten Grundstücks/der errichteten Eigentumswohnung einzustufen, wenn sie sich aufgrund eines von den Projektanbietern vorformulierten Vertragswerks am Modell beteiligen und sich bei den damit zusammenhängenden Rechts- 414

28 Vgl. auch §§ 41, 42 AO.

29 In § 7 V EStG bis 79, in § 11 C III EStDV i. d. Fassung v. 11.06.81 sowie § 15 Abs. 1 EStDV; vgl. BGH, NJW 77, 294; 80, 992; Reithmann-Meichssner-v. Heymann, C Rn. 803.

30 Vgl. BdF Schreiben v. 31.08.72 (1. BH-Erlaß) in BStBl 72 I S. 486; Gemeinsame Rundverfügung aller Oberfinanzdirektionen v. 02.10.78 (2. BH-Erlaß); sowie Entscheidung des BFH v. 22.04.80, BStBl 80 I S. 441.

31 BdF, Schr. vom 13.8.81; BStBl 81 I S. 604.

32 BStBl. II 1990, S. 299; vgl. auch Tewes, Praxishdb., Bd. 2 Teil 6/5.

geschäften durch die Projektanbieter, z.B. den Treuhänder, Baubetreuer etc., vertreten lassen. Aufwendungen, die auf den Erwerb der bezugsfertig errichteten Immobilie gerichtet sind, stellen nach Auffassung des BFH Anschaffungskosten dar. Die in früheren Entscheidungen zum Grunderwerbsteuerrecht aufgestellten Rechtsgrundsätze[33] wurden auch auf die ertragssteuerliche Beurteilung der Bauherrenmodelle übertragen.[34]

415 Die obersten Finanzbehörden des Bundes und der Länder haben diese der bisherigen Verwaltungsauffassung entgegenstehende Rechtsprechung zum Anlaß genommen, den Bauherrenerlaß vom 13.08.1981 zu bearbeiten, der Rechtsprechung des BFH anzupassen und zur einkommenssteuerlichen Behandlung der Einkünfte aus Vermietung und Verpachtung im Rahmen von Bauherrenmodellen und vergleichbaren Modellen klare Grundsätze aufzustellen.

416 Dieser neue – nunmehr **4. – Bauherrenerlaß vom 31.08.1990**[35] stellt auf der Grundlage der BFH-Rechtsprechung zur einkommenssteuerlichen Behandlung der Einkünfte aus Vermietung und Verpachtung im Rahmen von Bauherrenmodellen und vergleichbaren Modellen klare Maximen zur steuerlichen Behandlung bzw. Anerkennung auf.

417 Der **Anleger ist nur Bauherr**,[36] wenn er auf eigene Rechnung und Gefahr ein Gebäude baut oder bauen läßt und das Baugeschehen beherrscht. Er muß das umfassend zu verstehende Bauherrenwagnis, d.h. die für die Durchführung des Bauvorhabens auf seinem Grundstück typischen Risiken, wirtschaftlich tragen. Er muß rechtlich und tatsächlich die Planung und Ausführung in der Hand haben. Ein Anleger, der sich aufgrund des von dem Projektanbieter vorformulierten Vertragswerks beteiligt, sich von diesem umfassend vertreten läßt und vor dem Beitritt bereits ausgehandelte Verträge entweder selbst oder durch den Vertreter abschließt, gilt dagegen nicht als Bauherr sondern als Erwerber des bebauten und schon sanierten oder modernisierten Grundstücks. Wird ein **Höchstpreis** vereinbart, über den nach Abschluß der Bauarbeiten nicht gegenüber den Beteiligten detailliert abzurechnen ist, gilt der Anleger ebenfalls als Erwerber und nicht als Bauherr, da er das **wirtschaftliche Risiko** im positiven wie negativen Sinne nicht trägt. Dasselbe gilt, wenn die Differenz zwischen den tatsächlichen Kosten und dem vereinbarten Höchstpreis mittels Höchstpreisgarantie abgesichert ist.

33 Reithmann-Brych-Manhart, Rz. 123b.
34 Schmider, Hdb., 1410 Rn. 24.
35 BMF, Schr. v. 31.8.1990, BStBl. I 1990, S. 366; Tewes, Bauherrenmodelle, Bd. 2 Kap. 6/2.3.
36 Reithmann-Meichssner-v. Heymann, E Rz. 5 ff.; Brych-Pause, Rn. 1212; Tewes, Praxishdb., Bd, 2 Teil 6/4; 6/5.

Nach diesen Kriterien gilt der Anleger i.d.R. steuerrechtlich als Erwerber und nicht als Bauherr (Ziff. 1.1. des Bauherrenerlasses).

Die **Kosten**, die der Erwerber bzw. Bauherr im Zusammenhang mit 418
dem Immobilienprojekt aufzubringen hat, können entweder Anschaffungskosten des Grund und Bodens, Anschaffungskosten des Gebäudes bzw. der Eigentumswohnung oder sofort abziehbare Werbungskosten sein. Zu den Anschaffungskosten gehören grundsätzlich alle aufgrund des vorformulierten Vertragswerks an die Anbieterseite geleisteten Aufwendungen, die auf den Erwerb des Grundstücks mit dem bezugsfertigen Gebäude gerichtet sind, d.h. nicht nur die Baukosten, die Betreuungsgebühren, Treuhandgebühren, Finanzierungsvermittlungsgebühren, Maklergebühren, Disagio sondern auch die Kosten für Plazierungsgarantie, Ausarbeitung der technischen, wirtschaftlichen und steuerlichen Grundkonzeption, Prospektprüfung und sonstige Vorbereitungskosten sowie die Gebühren für die Übernahme von Garantien und Bürgschaften. Eine **Aufsplittung dieser Aufwendungen** in sofort abziehbare Werbungskosten und Anschaffungskosten danach, ob sie auf die Finanzierung, die steuerliche Beratung oder die Gebäudeerrichtung entfallen, **kommt entgegen den früher geltenden Richtlinien nicht in Betracht**.

Sofort abzugsfähige Werbungskosten sind nur solche Aufwendungen, die nicht auf den Erwerb des Grundstücks mit dem bezugsfertigen Gebäude gerichtet sind und die auch der Erwerber eines bebauten Grundstücks außerhalb eines Gesamtobjekts als **Werbungskosten** abziehen könnte. Werden sie an die Anbieterseite geleistet, sind sie nur dann als Werbungskosten anzuerkennen, wenn bereits vor der Zahlung klare Vereinbarungen über Grund und Höhe der Aufwendungen bestanden, die vereinbarten Leistungen und das jeweilige Entgelt den tatsächlichen Gegebenheiten entsprachen, die Vergütung nur für eine in Anspruch genommene Gegenleistung zu zahlen ist und die rechtliche und tatsächliche Abwahlmöglichkeit der Leistung und die dann eintretende Ermäßigung des Gesamtpreises im Vertrag klar und eindeutig zum Ausdruck kommen. Zinsen und Bearbeitungskosten des Kredits sind dagegen Entgelt für die Überlassung des Kredits und damit Werbungskosten. In einem umfangreichen Katalog werden dann die einzelnen Werbungskosten und deren potentielle Zuordnung zum Bereich der **Anschaffungskosten** erörtert. Hiernach gehören:

- Zinsen und Bearbeitungskosten des Baukredits zu den Werbungsko- 419
sten; – Zinsgarantiegebühr und Zinsen im Rahmen einer solchen Garantie zu den Anschaffungskosten;
- vorausgezahlte Schuldzinsen zu den Anschaffungskosten, wenn für mehr als 12 Monate vorausbezahlt wird;

- Zinsfreistellungsgebühren, mit denen der Anleger für mehrere Jahre von der Zinszahlung gegenüber dem Darlehensgläubiger gegen Entrichtung von Gebühren freigestellt wird, Werbungskosten in Höhe der hierdurch ersparten Zinsen, im übrigen Anschaffungskosten;
- Damnum/Disagio, Bearbeitungs- und Auszahlungsgebühren Werbungskosten, soweit die marktüblichen Beträge (max. 10 % Damnum bei Zinsfestschreibung mind. 5 Jahre) nicht überschritten werden;
- Kosten der Darlehenssicherung Werbungskosten nur in Höhe der anteiligen Notariats- und Grundbuchkosten;
- Gebühren für die Übernahme von Garantien und Bürgschaften im Zusammenhang mit der Vermietung Werbungskosten, wenn das vom Garantiegeber oder Bürgen getragene Risiko im Verhältnis zu der dafür erhobenen Gebühr als wirtschaftlich ernsthafte Gegenleistung anzusehen ist und der Garantiegeber/Bürge zur Erfüllung der Garantieverpflichtung wirtschaftlich in der Lage ist;
- Gebühren für Erstvermietung des Objektes Werbungskosten in Höhe der ortsüblichen Maklerposition, d.h. maximal 2 Monatsmieten;
- Gebühren für die Mietgarantie Werbungskosten, wenn tatsächlich ein Mietausfallwagnis besteht, bis zur Höhe von 4 Monatsmieten bei einer üblichen Garantiezeit von 5 Jahren;
- Gebühren im Zusammenhang mit der Endfinanzierung Werbungskosten in den oben für die Zwischenfinanzierung aufgezeigten Grenzen;
- Gebühren an Steuer- oder Rechtsberater im Zusammenhang entweder mit der Anschaffung des Grund und Bodens oder der Errichtung des Immobilienobjektes Anschaffungskosten entsprechend der jeweiligen Zuordnung;
- Beiträge zu Sach- und Haftpflichtversicherungen (Bauwesenversicherung, Bauherrenhaftpflicht) für während der Bauzeit eintretende Schäden Werbungskosten, wenn der Bauherr Versicherungsnehmer ist,

wenn der Anleger Ersterwerber ist.

- Gebühren für Vermittlung und Bearbeitung der Zwischen- und Endfinanzierung Werbungskosten in marktüblicher Höhe, d.h. 2 % der vermittelten Darlehen, im übrigen Anschaffungskosten;
- Vermittlungsgebühren anteilige Herstellungskosten;
- Kosten für die Ausarbeitung der Konzeption, Prospektprüfung etc. Herstellungskosten;
- Treuhandgebühren teilweise Werbungskosten, soweit sie die Geldbeschaffung und spätere Vermietung betreffen; Anschaffungskosten, soweit sie die Anschaffung des Grund und Bodens betreffen und Herstellungskosten, soweit sie im Zusammenhang mit der Herstellung des Gebäudes oder der Wohnung stehen;

- Baubetreuungskosten Herstellungskosten, soweit die Leistungen des Betreuers die Herstellung des Gebäudes oder der Eigentumswohnung betreffen einschließlich der hierzu gehörenden Schlußabrechnung, Koordination und Wirtschaftlichkeitsberechnung; dagegen Werbungskosten, soweit die Entgeltanteile die Wirtschaftlichkeitsberechnung, die Finanzierung, den Vermietungsbereich oder den Betreuungsbereich nach Fertigstellung des Objekts betreffen;
- Bürgschaftsgebühren Werbungskosten in Höhe der banküblichen Avalprovision (2 % jährlich des verbürgten und zugesagten Betrags);
- Gebühren für die Preissteigerungs-, Vertragsdurchführungs-, Fertigstellungsgarantie Herstellungskosten des Gebäudes bzw. der Wohnung;

wenn der Anleger Bauherr ist.

In Anspruch nehmen kann der Bauherr Steuervorteile nur **ab dem Zeitpunkt seines Beitritts zum Bauherrenmodell**. Als Beitritt gilt dabei die Unterzeichnung einer unwiderruflichen Beitrittserklärung zum Modell, auch wenn die zur zivilrechtlichen Wirksamkeit ggf. erforderlichen notariell zu beurkundenden Verträge erst später abgeschlossen werden.[37] Unwiderruflich und bindend ist die Beitrittserklärung – i.d.R. in der Form der Vollmachtserteilung an den Treuhänder – bei Erklärung des Beitritts in notariell beglaubigter Form. Zwar bedarf die Bevollmächtigung gem. § 167 Abs. 2 BGB grundsätzlich nicht der Form des Rechtsgeschäfts selbst. In denjenigen Fällen, in denen die formfreie Bevollmächtigung im Ergebnis zu einer Umgehung der Formvorschrift des § 313 BGB führen würde, ist jedoch auch bereits diese formbedürftig, z.B. die unwiderrufliche Vollmacht zum Grundstücksverkauf oder Grundstückserwerb, die den Vollmachtgeber rechtlich und tatsächlich in gleicher Weise bindet wie die Vornahme des formbedürftigen Geschäfts selbst[38]. **420**

Bauherr im Sinne einer Anerkennung der vorstehend aufgezeigten Werbungskosten oder Anschaffungskosten ist der Anleger beim Bauherrenmodell immer nur dann, wenn er **selbst Vertragspartner** der jeweils abgeschlossenen Verträge ist, nicht einer der übrigen Projektbeteiligten. **421**

b) Übersicht über das Vertragsbündel beim Bauherrenmodell

Entsprechend dem oben aufgezeigten Katalog der steuerlich abzugsfähigen Werbungskosten bzw. bedingt abzugsfähigen Anschaffungskosten **422**

Strukturen

37 Tewes, Praxishandbuch, Bd. 2, Teil 6/4; 6/5.
38 Palandt-Heinrichs, § 167 Rn. 24; § 313 Rn. 20.

ergibt sich zivilrechtlich die breite Palette der insoweit möglichen Verträge und Vertragsgestaltungen. Zwischen »kleinem Bauherrenmodell«, bei dem nur ein Baubetreuer, ggf. auch ein Treuhänder und/oder Generalübernehmer oder Generalunternehmer eingeschaltet wird, und dem »großen Bauherrenmodell«, das aus einer Vielzahl von Verträgen mit unterschiedlichen Partnern und unterschiedlichen Leistungsinhalten besteht, sind alle Varianten und Gestaltungsmöglichkeiten denkbar. Die Schwierigkeiten der zivilrechtlichen Gestaltung liegen im Steuerrecht, das oft auf wenig sachgerechte Kriterien abstellt. Demgemäß werden aus steuerlichen Gründen häufig Vertragsgestaltungen gewählt, die kompliziert, für den Laien unverständlich und für den Juristen nur unter Schwierigkeiten in die Systematik des BGB einzuordnen sind. Zentrale Funktion haben der Vertrag mit dem Treuhänder, mit dem Baubetreuer und der Gesellschaftsvertrag der Bauherren untereinander sowie der Grundstückskaufvertrag. Daneben gibt es eine Vielzahl von Verträgen, für die sich der Begriff der **»Werbungskostenverträge«** oder auch der **»Funktionsträgerverträge«** eingebürgert hat, weil es bei ihnen um Leistungen des Bauherren geht, die steuerlich nicht als Anschaffungs- oder Herstellungskosten, sondern als sofort abzugsfähige Werbungskosten anerkannt werden sollen. Im Gegensatz zu den Anschaffungs- oder Herstellungskosten, die nur zeitanteilig über die Zeit der Nutzungsdauer des Gebäudes abgeschrieben werden können, mindern sie mit dem vollen Betrag der geleisteten Zahlung im Jahre des Zahlungsabflusses das steuerpflichtige Einkommen des Bauherren und damit seine Einkommensteuerverpflichtung gegenüber den Finanzbehörden.[39] Vertragspartner dieser Werbungskostenverträge ebenso wie der übrigen Verträge, die der Anschaffung des Grundstücks und der Gebäudeherstellung dienen, ist immer der Bauherr. Er wird beim Abschluß der Verträge ebenso wie bei ihrer Abwicklung im Regelfall vom Treuhänder vertreten. Vertragspartner sind der Grundstücksverkäufer, der Baubetreuer, der Generalunternehmer oder Generalübernehmer, die finanzierenden Banken sowie im Rahmen der sogenannten Werbungskostenverträge eine mehr oder minder große Vielzahl von Personen oder Firmen, die Garantien oder einzelne Vermittlungsleistungen übernehmen und für die sich der Begriff des **»Funktionsträgers«** eingebürgert hat.

39 Reithmann-Meichssner-v. Heymann, E Rz. 15.

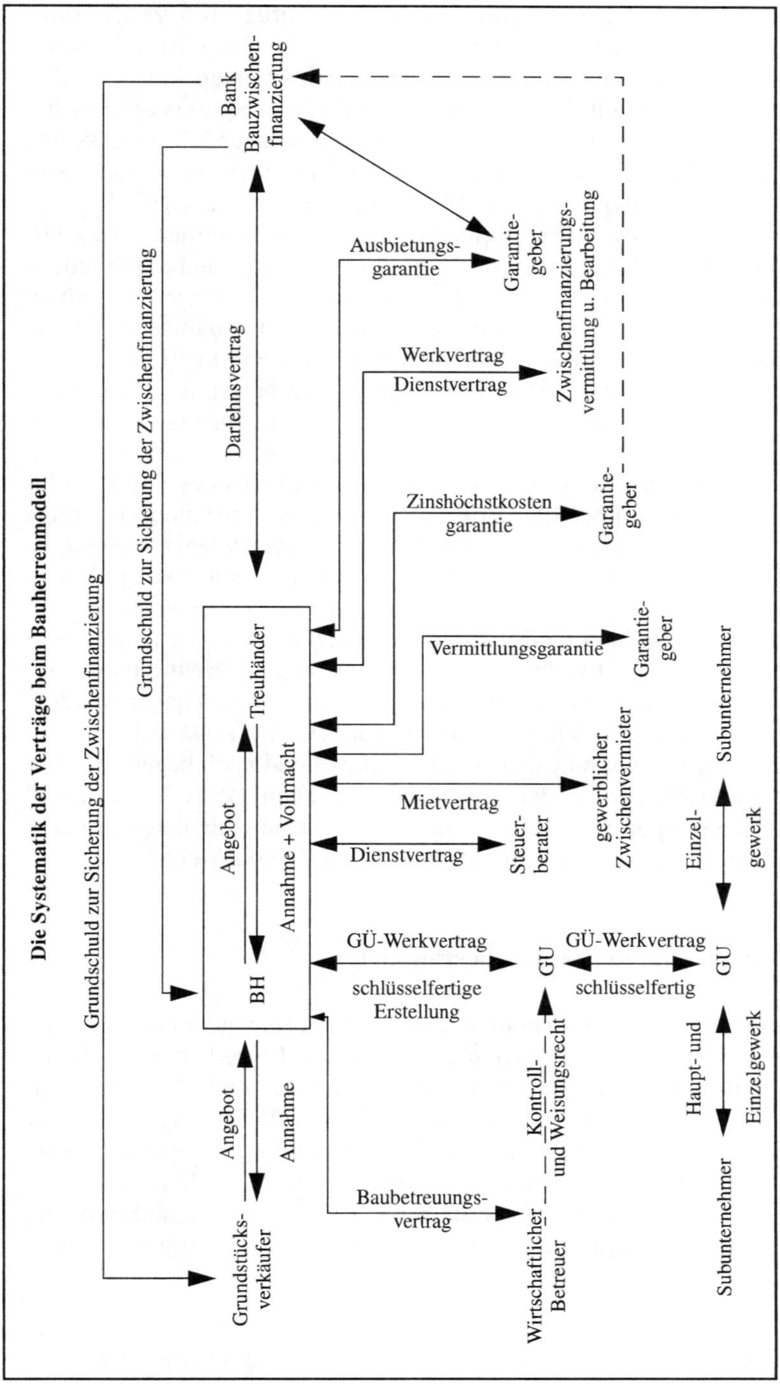

Die Systematik der Verträge beim Bauherrenmodell

423 Das vorstehende Schaubild zeigt nur die wesentlichen Verträge, ohne hier eine abschließende Aufzählung vorzunehmen. Die Phantasie cleverer Anlageberater und Initiatoren brachte in der Vergangenheit – im ständigen Widerstreit mit der restriktiven Anerkennungspraxis der Finanzverwaltungen und Finanzgerichte – immer wieder neue Werbungskosten – Vertragstypen hervor. Allerdings sind im Zuge einer Welle von Insolvenzen im Bereich der Funktionsträger und Initiatoren auch die Kapitalanleger kritisch geworden gegenüber steuerlich fragwürdigen und zivilrechtlich unsinnigen Verträgen, die die Kosten eines Bauherrenmodells unnötig aufblähen, denen keine echte Leistung als Gegenwert gegenüber steht und die finanziell nur dem Vertragspartner des Bauherren zugute kommen. Angesichts der Tatsache, daß durch den am 01.08.1986 in Kraft getretenen **§ 264a StGB** der Kapitalanlagebetrug im Zusammenhang mit dem Vertrieb von Wertpapieren, Bezugsrechten oder Anteilen, die eine Beteiligung an dem Ergebnis eines Unternehmens gewähren sollen, unter Strafe gestellt wird, wenn in Prospekten oder ähnlichen für die Entscheidung über den Erwerb erheblichen Umstände unrichtige Angaben gemacht oder nachteilige Tatsachen verschwiegen werden, ist für die Kapitalanlagebranche nunmehr ein nachhaltiger Zwang für eine Rückkehr zur Seriosität gegeben. Denn im Rahmen einer extensiven Auslegung des § 264a StGB könnte die Vorschrift auch unrichtige oder lückenhafte Prospektwerbung im Zusammenhang mit Bauherrenmodellen umfassen. Für die Zukunft kann daher davon ausgegangen werden, daß das Bauherrenmodell, wenn auch auf anderer Basis als in den Boomzeiten, nach wie vor eine steuerlich attraktive und auch begehrte Anlageform darstellen wird, daß sich jedoch nur noch solche Modelle und Initiatorengruppen auf dem Markt werden behaupten können, deren rechtliche und wirtschaftliche Solidität außer Zweifel steht.[40]

Strafrechtliche Relevanz

3. Der Treuhänder im Bauherrenmodell

424 Im Rahmen der Vertragsbeteiligten nimmt der Treuhänder beim Bauherrenmodell die zentrale Funktion überhaupt ein. Er vertritt in der Regel den Bauherrn gegenüber allen Vertragspartnern und Behörden einschließlich der Finanzbehörden, schließt für ihn alle Verträge ab, die für die Herstellung des Bauwerks, die Baufinanzierung, die Sicherstellung des Bauherren im Rahmen der Bauabwicklung, die Sicherstellung der Vermietung und der Mieteinkünfte sowie für die steuerliche Betreuung des Bauherren erforderlich sind. Ein solch umfassend tätiger Treuhän-

Aufgaben des Treuhänders

40 Vgl. Deubner, Einleitung A I in Dornfeld-Pabst-Schmider, Praxis Bd. XIV.

der[41] handelt im Namen und Interesse des Bauherren, so wie wenn er selbst als Bauherr fachkundig und durchsetzungskräftig die Verträge durchsetzen wollte. Er nimmt dem Bauherren alle Überwachungsfunktionen ab, führt für ihn die Zahlungen aus und übt im Rahmen der Bauherrengemeinschaft koordinierende Funktionen für das Zusammenwirken aller Bauherren – seiner Treugeber – aus, unabhängig davon, ob diese sich förmlich zu einer BGB-Gesellschaft zusammengeschlossen haben oder ob nur eine faktische Gemeinschaft besteht. Zwingend ist die Einschaltung eines Treuhänders allerdings nicht. Bei kleineren Bauvorhaben kann der Bauherr auch allein den Grundstückskaufvertrag über das Grundstück oder einen Grundstücksbruchteil abschließen, allein oder zusammen mit anderen Bauherren einen Generalübernehmer beauftragen, der alle Leistungen einschließlich der Architekten- und Betreuungsleistungen erbringt, und ggf. einen Gesellschaftsvertrag mit seinen Mitbauherren abschließen. Möglich ist auch der Abschluß eines Treuhandvertrages, der dem Treuhänder nur eingeschränkte Vollmachten verschafft, z.B. beim reinen Finanztreuhänder, der lediglich die Zahlungsabwicklung des Baukontos nach Überprüfung der bauvertraglichen Fälligkeitsraten (Baufortschritt) übernimmt.

Typisch für das klassische Bauherrenmodell ist allerdings nicht die 425
eingeschränkte, sondern **die umfassende Form der Treuhandschaft**.

Tip

Aus diesem Grunde sollte der Bauherr sich vor Abschluß des Treuhandvertrages vergewissern, ob der Treuhänder mit dem Initiator des Modells wirtschaftlich und/oder rechtlich verflochten oder diesem sogar weisungsgebunden ist (eine derartige Fallgestaltung kam in den Anfangszeiten des Bauherrenmodells häufig vor, wurde jedoch dem Bauherren verschwiegen) oder ob er der Anbieterseite wirtschaftlich, personell oder interessenmäßig verbunden ist.[42]

Unbedenklich im Hinblick auf die Interessenwahrnehmung zugunsten der Treugeber ist eine **wirtschaftliche oder interessenmäßige Verknüpfung des Treuhänders mit der Anbieterseite** nur dann, wenn es sich bei der letzteren um eine Vertriebsgesellschaft handelt, die – weil sie z.B. langfristige Dauerkunden hat – sich ausschließlich an den Erfordernissen des Schutzes »ihrer« Anleger orientiert und sich innerhalb des Bauherrenmodells als deren Partner versteht. In einem solchen Falle können die Fachkunde und Erfahrung der Vertriebsgesellschaft und

41 Vgl. Brych-Pause, Rn. 837 ff.; 876 ff.; Reithmann-Meichssner-v. Heymann, B Rz. 63 ff.

42 Vgl. Brych-Pause, Rn. 841 ff., 941.

»ihres« Treuhänders sogar die Position des Bauherren gegenüber marktbeherrschenden Initiatorengruppen, gegenüber dem Generalunternehmer oder den Banken verstärken. Eine Aufklärung des Bauherren über die Unabhängigkeit des Treuhänders ist – ggf. bereits im Prospekt – geboten und heutzutage branchenüblich. Die Unterlassung einer derartigen Aufklärung kann ggf. zur Haftung des Treuhänders aus dem Gesichtspunkt der Prospekthaftung oder generell der culpa in contrahendo führen.

a) Der Abschluß des Treuhandvertrages

aa) Zustandekommen des Vertrages

426 Der Treuhandvertrag zwischen dem Bauherren und dem Treuhänder kommt, wie jeder zweiseitige Vertrag des BGB, durch korrespondierende Willenserklärungen zustande. Es handelt sich nach h.A.[43] um einen **Dienstvertrag mit Geschäftsbesorgungscharakter**, so daß – da es sich um eine entgeltliche Tätigkeit handelt – die §§ 611 ff., 675 BGB i.V.m. §§ 663, 665-670, 672-674 BGB anzuwenden sind. Derartige Dienstverträge mit Geschäftsbesorgungscharakter bestehen bei schriftlichem Vertragsabschluß im Regelfall in einer einheitlichen Urkunde. Da Bauherrenmodelle überregional vertrieben werden und demgemäß Treuhänder und Bauherr meist nicht am selben Ort wohnen, hat sich speziell bei diesem Vertragstypus jedoch die Trennung von Angebot und Annahme eingebürgert. Gibt der Treuhänder ein Angebot zum Abschluß des Treuhandvertrages ab, so kommt der Vertrag gemäß § 145 BGB durch die Annahmeerklärung des Bauherren zustande. Gibt umgekehrt der Interessent – meist auf der Grundlage des ihm vorgelegten Vertragsmusters des Treuhänders – das Angebot ab, so bedarf es zum Vertragsschluß der Annahmeerklärung des Treuhänders. Dem Angebot ist in der Regel der vollständige Vertragstext des Treuhandvertrages sowie der Text der dem Treuhänder zu erteilenden Vollmacht beigefügt. Außerdem wird in der Praxis häufig als Anlage bereits ein Satz Vertragsmuster überreicht, aus dem sich der Inhalt aller oder der wesentlichen, vom Treuhänder für den Bauherren abzuschließenden Verträge ergibt, nämlich des Grundstückskaufvertrages, des Baubetreuungsvertrages, des Generalübernehmervertrages bzw. Generalunternehmervertrages über die schlüsselfertige Gebäudeherstellung.

43 Vgl. BGH, NJW 75, 869; Brych-Pause, Rn. 838; Locher-Koeble, Rn. 18 ff.; Tewes, Praxishdb., Bd. 1 Teil 5/3.2.2.1, S. 9.

Tip

Es ist zwar nicht zu empfehlen, das komplette Vertragsbündel bereits als Anlage zur Vollmacht oder zum Treuhandvertrag zu nehmen, weil hierdurch die Entscheidungsmöglichkeiten und die Flexibilitiät des Treuhänders in zivilrechtlich unnötiger und steuerrechtlich unter Umständen bedenklicher Weise eingeschränkt werden und die Anerkennung der Steuervorteile nach Maßgabe des B.H. Erlasses 1990 hierdurch gefährdet wird. Wohl aber empfiehlt sich die Festlegung der Mindestanforderungen der abzuschließenden Verträge zur Vermeidung von späteren Streitigkeiten über die Frage, ob ihr Inhalt üblich ist oder die Interessen des Bauherren in ausreichender Form wahrt.[44]

bb) Der Formzwang beim Treuhandvertrag

Die Frage, ob und in welchem Umfange der Treuhandvertrag oder gar das gesamte vom Treuhänder für den Bauherren abzuschließende Vertragsbündel der **notariellen Beurkundung** bedarf, war in den Anfangsjahren des Bauherrenmodells strittig. Grundsätzlich ist weder beim Geschäftsbesorgungsvertrag noch bei der Vollmacht – § 167 Abs. 2 BGB – die notarielle Beurkundung erforderlich. Lediglich mit Rücksicht auf § 29 GBO muß die Vollmacht notariell beglaubigt sein, damit Grundbucheintragungen mit Wirkung für den Bauherren vorgenommen werden können. Beim Treuhandvertrag bedarf dagegen nach h.A.[45] sowohl die Vollmacht wie auch der Abschluß des Treuhändervertrages selbst der notariellen Beurkundung, weil sie – unmittelbar oder mittelbar – die Verpflichtung des Bauherren zum Grundstückserwerb begründen bzw. mittelbar die Eigentumsänderung bewirken. Dies gilt sogar dann, wenn die dem Treuhänder erteilte Vollmacht jederzeit widerruflich ist.[46] In diesem Falle ist gemäß § 313 BGB die Einhaltung der Beurkundungsformel zwingend; ihr Fehlen führt zur Formnichtigkeit des abgeschlossenen Vertrages. **427**

Sind der dem Bauherren angebotene Werkvertrag (Generalübernehmer/Generalunternehmervertrag) oder gar alle angebotenen Verträge **428**

44 Z.B. bei Vereinbarung der VOB mit 2jähriger Gewährleistung im GÜ-/GU-Vertrag, bei Vereinbarung einer Unterwerfungsklausel betreffend die sofortige Zwangsvollstrekkung im notariellen Grundstückskaufvertrag, die nicht in allen Notarkammerbezirken üblich ist.

45 BGH, NJW 88, 132; 97, 132; Brych-Pause, Rn. 847; Reithmann-Meichssner-v. Heymann, D Rn. 118; Tewes, Praxishdb., Teil 5/3.2.1.

46 BGH, NJW 92, 3237.

rechtlich so miteinander verknüpft, daß sie eine Einheit bilden, so gilt der **Formzwang** des § 313 BGB auch für diese Verträge.[47] Allerdings dürfte eine solche Verknüpfung nur bei älteren oder dilettantisch konzipierten Modellen gegeben sein, da mit Rücksicht auf die schon nach dem Bauherrenerlaß vom 13.08.1981 und erst recht vom 31.08.1990 notwendige Gestaltungsfreiheit des Bauherren in der Regel eine Abwählbarkeit aller oder jedenfalls der meisten Verträge vorgesehen sein muß, um die steuerliche Anerkennung der Bauherreneigenschaft nicht zu gefährden. Hierdurch werden die einzelnen Verträge zwangsläufig in ihrem Bestand voneinander unabhängig, sodaß das Erfordernis der Gesamtbeurkundung entfällt.

429 **Heilungsfragen**

Ist der Treuhandvertrag wegen **Nichteinhaltung der Form** nichtig, so folgt aus § 139 BGB auch die Nichtigkeit der Vollmacht, und zwar trotz § 167 Abs. 2 BGB.[48] Die vom Treuhänder gleichwohl im Namen und für Rechnung des Bauherren eingegangenen Rechtsgeschäfte sind gemäß § 177 BGB zu beurteilen. Sie entfalten eine Rechtswirkung für und gegen den Bauherren nur dann, wenn er das Geschäft ausdrücklich genehmigt, wenn Heilung durch Auflassung und Eintragung im Grundbuch eintritt[49] oder wenn der Dritte als Vertragspartner des Bauherren nach den Grundsätzen über die Duldungs- oder Anscheinsvollmacht auf die Wirksamkeit der dem Treuhänder erteilten Vollmacht vertrauen darf.[50] Im letzteren Fall muß der vertretene Bauherr aber zumindest wissen oder damit rechnen, daß die Vollmacht unwirksam ist. Nimmt der Bauherr in einem solchen Falle gleichwohl die – ihm bekannte – Tätigkeit des Treuhänders hin, so kann darin eine **Genehmigung durch schlüssiges Verhalten** des Bauherren liegen. Maßgebend für den Umfang der gegenseitigen Verpflichtungen ist in einem solchen Fall der Inhalt des Treuhandvertrages, der durch die konkludente Genehmigung in vollem Umfang wirksam geworden ist.

430 **Nichtigkeitsfragen**

Problematisch sind die Fälle, in denen es bei der Formnichtigkeit des Vertrages bleibt, **der Treuhänder** jedoch gleichwohl für den – vermeintlichen – Bauherren **tätig geworden ist**, Verfügungen zugunsten oder zu Lasten des Bauherren getroffen oder sonstige Ausführungsakte getätigt hat. In einem solchen Fall sind die wechselseitigen Vertragsbeziehungen der Parteien nach den Regeln der **Geschäftsführung ohne Auftrag** zu beurteilen. Der Treuhänder hat in einem solchen Falle gemäß § 677 BGB

47 BGH, NJW-RR 90, 340; ZfBR 93, 13; Staudinger-Wufka, § 313, Rn. 170..
48 Vgl. OLG Köln, BB 85, 825; Rössner u. Schmitt, BB 85, 833.
49 Palandt-Heinrichs, § 313 Rn. 47; Rössner u. Schmitt, BB 85, 833 m. Hinweis auf Petersen, FWW 80, 12; Reithmann-Meichssner-v. Heymann, D Rn. 141 ff.
50 BGH, MittBayNot. 97, 33; Rössner u. Schmitt, BB 85, 833 ff.; für den Zeitraum um 79 durfte eine Bank angesichts der ungeklärten Frage der Beurkundung allerdings noch auf die Formwirksamkeit der nur schriftlich erteilten Vollmacht vertrauen, vgl. BGH, BB 85, 82.

die Interessen des Bauherren zu beachten. Maßstab für die Sorgfaltspflichten des Treuhänders ist bei dieser Fallgestaltung der Inhalt des – formunwirksamen – Treuhandvertrages, der als Auslegungskriterium, für die Beurteilung des mutmaßlichen Parteiwillens heranzuziehen ist.[51] Verletzt der Treuhänder die ihm hiernach obliegenden Sorgfalts- und Schutzpflichten, so macht er sich dem Bauherren gegenüber nach den Grundsätzen über **die positive Vertragsverletzung** schadensersatzpflichtig.[52] Die Formnichtigkeit des Vertrages stellt in derartigen Fällen somit keinen Freipaß für den Treuhänder dar. Dieser haftet unter Umständen länger und umfassender als bei rechtswirksamem Vertragsschluß, weil der Schadensersatzanspruch wegen Verletzung der Pflichten aus § 677 BGB der 30-jährigen Verjährung unterliegt[53] und etwaige im Vertrag enthaltene Haftungsbeschränkungsklauseln – sofern sie denn wirksam sind – nicht greifen. Praktisch relevant wird der Fall des formunwirksamen Treuhandvertrages nicht nur in denjenigen Fällen, in denen die notarielle Annahme des Treuhandangebotes schlicht unterbleibt. Da gemäß § 150 Abs. 2 BGB die Annahme eines Angebotes unter Einschränkungen, Erweiterungen oder sonstigen Änderungen nicht als Annahme sondern als neues Angebot gilt – welches nun wiederum vom Vertragsgegner formwirksam angenommen werden muß – liegt immer dann ein formnichtiger Treuhandvertrag vor, wenn das notarielle Angebot vom Treuhänder ausgeht, der Anleger dies in modifizierter Form (z.B. Änderung der Eigenkapitalsfälligkeit) annimmt und der Treuhänder nun seinerseits übersieht, daß die Änderung eine gesonderte notarielle Annahme erforderlich macht. Wird in einem solchen Fall das Bauprojekt ganz oder auch nur teilweise abgewickelt, so ist der Vertrag ebenfalls nach den Grundsätzen über die Geschäftsführung ohne Auftrag zu beurteilen, sofern nicht der Anleger durch Teilnahme an Bauherrenversammlungen, Erteilung von Weisungen etc. den formnichtigen Vertrag bestätigt.

Hinsichtlich des **Umfanges der Beurkundungspflicht** ist strittig, ob **431**
sämtliche Details der Vertragsabwicklung einschließlich nachträglicher Änderungen, Ergänzungen oder Einschränkungen dem Formzwang des § 313 BGB unterliegen[54] oder ob dem Weisungsrecht des Bauherren bzw. der Bauherrengemeinschaft oder auch der Flexibilität des Treuhänders ein gewisser Spielraum gelassen werden muß.[55] Da eine extensive Ausweitung des Formzwanges erfahrungsgemäß die Belehrungs- und Warnfunktion der notariellen Beurkundung verwässert und nach dem

51 Vgl. OLG Köln, BB 85, 825.
52 OLG Köln, BB 85, 825; vgl. Palandt-Thomas, § 677 Rn. 15.
53 Palandt-Thomas, § 677 Rn. 17.
54 LG Hamburg v. 23.11.82, RPK U 33/85, zitiert bei Lode, BB 86, 85.
55 Vgl. Lode, BB 86, 85.

Normzweck des § 313 BGB die Vertragsparteien lediglich vor dem Eingehen übereilter oder unbedachter Verpflichtungen geschützt werden sollen, erscheint es sachgerecht, den Formzwang auf Essentialia des Vertrages zu beschränken,[56] sofern sich der übrige Vertragsinhalt durch Auslegung ermitteln läßt.[57] Sinngemäß gilt dies auch für spätere Vertrags- bzw. Vollmachtsänderungen, die nur dann beurkundungspflichtig sind, wenn wesentliche Leistungspflichten berührt werden.

432 Zu den wesentlichen Leistungspflichten, die der Beurkundungspflicht jedenfalls unterliegen, gehören:

- Die hinreichend bestimmte Bezeichnung des Baugrundstücks,[58]
- die hinreichende Bestimmung der zu errichtenden Baulichkeit,[59]
- Festlegung ihrer wesentlichen Ausstattungsmerkmale (Baubeschreibung und Grundriß),
- Festlegung des Betrages und der Fälligkeit des Eigenkapitals,
- Festlegung des voraussichtlichen Gesamtaufwandes bzw. der aufzuwendenden Fremdmittel,[60]
- Festlegung der voraussichtlichen Zwischenfinanzierungskonditionen.[61]
- Angabe des Kataloges der vom Treuhänder abzuschließenden Verträge.

433 **Heilung** Werden bezüglich dieser Essentialia nachträglich Änderungen vereinbart, so bedürfen diese ebenfalls der notariellen Beurkundung. Der **Formmangel** sowohl des Treuhandvertrages selbst wie auch etwaiger Ergänzungen oder Änderungen wird allerdings dann **geheilt**, wenn **Auflassung und Eintragung des Eigentums** im Grundbuch erfolgt sind.[62] Zwar ist der Zweck des Treuhandvertrages noch nicht mit der grundbuchmäßigen Eintragung des Treugebers, sondern in der Regel erst mit der Bezugsfertigstellung des Gebäudes erreicht. Da jedoch die Formbe-

56 sinngemäß: Goldbeck-Uhde, Rz. 342 ff.; vgl. Lode, BB 86, 85 ff.; a.A. Staudinger-Wufka, § 313 Rn. 142.

57 BGH, NJW 81, 1736 f.

58 Hierzu gehört die Grundbuch- oder Katasterbezeichnung, bei noch zu vermessenden Parzellen eine hinreichende Individualisierung, z.B. durch Lageplan, vgl. Staudinger-Wufka, § 313 Rn. 146.

59 BGH, NJW 78, 102; Staudinger-Wufka, § 313 Rz. 147.

60 Vgl. im einzelnen Staudinger-Wufka, § 313 Rz. 148 f. m.w. Nachw.

61 Hier kann die Angabe der Darlehenskonditionen ggf. durch den Hinweis auf »marktübliche« Konditionen ersetzt werden, sofern klargestellt wird, auf welche Art von Konditionen, z.B. 1 a Hypothekendarlehn, Geschäftskredit, Lebensversicherung etc. sich diese beziehen.

62 BGH, NJW 85, 266; Palandt-Heinrichs, § 313 Rn. 47; Rössner-Schmitt, BB 85, 833; Reithmann-Meichssner-v. Heymann, D. Rz. 141 ff.; Brych-Pause, Rn. 876 ff.; Tewes, Praxishdb., Bd. 1, Teil 5/3.2.2.

dürftigkeit des Treuhandvertrages nur aus dem Umstand resultiert, daß der Grundstückskauf einen Bestandteil des gesamten Vertragsbündels darstellt, ist es umgekehrt nur konsequent, den Formzwang dann enden zu lassen, wenn der formpflichtige Teil des Vertragsbündels durch Erfüllung erloschen ist.

b) Der Leistungsinhalt beim Treuhandvertrag

Das BGB kennt keinen eigenen Vertragstyp des Treuhandvertrages, weder speziell im Zusammenhang mit Bauherrenmodellen noch generell für den Bereich des Zivilrechts überhaupt. Gewohnheitsrechtlich hat sich im Bereich des Bauherrenmodells allerdings ein **branchenüblicher Regelinhalt** herausgebildet, der von mehr oder minder detaillierten bzw. umfangreichen Einzelregelungen umrankt wird. Hiernach wird der Treuhänder vom Anleger beauftragt, seine Rechte und Interessen im Zusammenhang mit dem Erwerb des Grundstücksanteils, bei der Errichtung und Finanzierung des Bauvorhabens und bei Abschluß sowie Abwicklung der hiermit – gegebenenfalls auch mit der Vermietung – im Zusammenhang stehenden Verträge wahrzunehmen.[63] Im Regelfall werden Treuhandvertrag und Vollmacht in einer Urkunde zusammengefaßt, obwohl es sich um zwei verschiedene Rechtsakte handelt. 434 **Typus**

Die **Vollmacht** betrifft das Außenverhältnis zu Dritten. Sie berechtigt den Treuhänder zum Handeln im Namen des Bauherren als Treugeber. Es handelt sich um eine einseitige, empfangsbedürftige Willenserklärung, auf die die Bestimmungen der § 164 ff. BGB anzuwenden sind. Sie ist im Regelfall frei widerruflich, sofern nicht im Vertrag bzw. der Vollmachtserteilung etwas anderes bestimmt ist. Praxisüblich ist allerdings die entweder generell oder ab dem Zeitpunkt des Abschlusses des notariellen Kaufvertrages unwiderrufliche Treuhändervollmacht, die gleichzeitig die Befreiung von den Beschränkungen des § 181 BGB beinhaltet.[64] Anders als bei den konventionellen Formen der Treuhandschaft z.B. dem typischen Fall des Strohmanns, bei denen der Treuhänder zwar für fremde Rechnung aber im eigenen Namen – meist in verdeckter Vollmacht – handelt, ist die Treuhandschaft im Bauherrenmodell durch das Handeln nicht nur für fremde Rechnung sondern auch im fremden Namen gekennzeichnet. Diese Vertragskonstellation ist durch die **steuerliche Zielsetzung** geboten. Der Bauherr muß, um steuerlich als Bauherr anerkannt zu werden, die Verträge im eigenen Namen abschließen, das Herstellungs–, Kosten- und Finanzierungsrisiko eingehen. Werden Verträge treuwidrig abgeschlossen oder Gelder zweckwidrig verwendet, 435

63 Vgl. Quast, HdB 1010 Rz. 63 ff.; Goldbeck-Uhde, Rz. 359 ff.
64 Vgl. Quast, HdB 1010 Rz. 79; kritisch Brych-Pause, Rn. 874.

so trägt der Bauherr das – zivilrechtliche – Risiko, an die in seinem Namen eingegangenen Verpflichtungen gebunden zu sein und gegebenenfalls doppelt zahlen zu müssen. Die betragsmäßige Begrenzung des Gesamtaufwandes stellt eine – nur im Innenverhältnis wirkende – Vollmachtsbegrenzung dar, die Dritte als Vertragspartner des Bauherren nur dann gegen sich gelten lassen müssen, wenn sie die Vollmachtsbegrenzung und die daraus resultierende Beschränkung der Vollmacht des Treuhänders kannten oder kennen mußten.[65]

436 Das **Innenverhältnis** zwischen Treuhänder und Anleger besteht aus dem **eigentlichen Treuhandvertrag**,[66] der die Rechtsgrundlage für die dem Treuhänder erteilte Vollmacht darstellt und nach den Regeln über die entgeltliche Geschäftsbesorgung zu beurteilen ist (§§ 611 ff., 675 BGB). Beide Rechtsakte werden im Regelfall in einem Vertrag zusammengefaßt, wobei in den Fällen der Sukzessivbeurkundung Angebot und Annahme zeitlich auseinander fallen können. Eine isolierte Beurkundung nur der Vollmacht ist unzulässig,[67] da gerade der Treuhandvertrag und die dem Treuhänder erteilte Vollmacht typischerweise so miteinander verknüpft sind, daß nach dem übereinstimmenden Parteiwillen der eine Rechtsakt nicht unabhängig von dem anderen bestehen soll.

aa) Die Hauptpflichten des Treuhänders

437 Der Treuhänder schuldet, anders als der Architekt, der Bauunternehmer oder der Bauträger, nicht das Gebäude selbst oder das Entstehenlassen des Bauwerkes als Leistungserfolg, sondern **die umfassende wirtschaftliche** – je nach Vertragsgestaltung auch technische – **Betreuung und Beratung des Bauherren** als Tätigkeit (§ 675 BGB i.V.m. §§ 611 ff. BGB).[68]

Seine Tätigkeit ist vergleichbar der eines Baubetreuers, welcher nicht die Errichtung des Bauwerkes, sondern nur die wirtschaftliche und ggf. auch technische Betreuung als Dienstleistung schuldet.[69] Die **Grenzen zwischen Baubetreuer und Treuhänder** sind angesichts der Vielfalt der auf dem Markt üblichen oder gebräuchlichen Gestaltungsformen nicht klar zu ziehen. Häufig sind Modelle, bei denen ein umfassend täti-

65 Vgl. BGH, BB 85, 84; WM 87, 179.
66 Vgl. Tewes, Bauherrenmodelle, Teil 5 Kap. 3.1.S.4.
67 Vgl. o. Rz. 429; BGH BB 85, 82 = BauR 85, 85; WM 92, 1662; Tewes, Bauherrenmodelle, Teil 5 Kap. 3.2.1.S. 2; Greiner-Wagner NJW 83, 193 f.
68 BGH, NJW 75, 869; Tewes, Praxishdb., Bd. 1, Teil 5/3.2.2.1.; Brych-Pause, Rn. 876 ff.
69 MüKo-Seiler, § 675 Rn. 86 ff., 90.

ger »Zentraltreuhänder« einen Teil seiner Aufgaben auf einen Baubetreuer delegiert, der dann – weniger umfassend – die finanzielle und/oder bautechnische Steuerung und Überwachung des Baugeschehens unter Kontrolle des Treuhänders bzw. im Zusammenwirken mit diesem übernimmt. Im Regelfall ist die steuerliche Motivation maßgebend dafür, daß neben dem Treuhänder auch noch ein Baubetreuer mit einem mehr oder minder umfangreichen Aufgabenbereich tätig wird. Die Beschränkung der Höhe der abzugsfähigen Werbungskosten in den Bauherrenerlassen vom 13.08.1981 und 31.08.1990[70] – 0,5 % vom Gesamtaufwand für die reine Treuhandtätigkeit sowie 0,5 % vom Gesamtaufwand für die im Erlaß aufgezählten wirtschaftlichen Baubetreuungstätigkeiten – hat die Initiatorenkreise nämlich prompt veranlaßt, neben dem Treuhänder zusätzlich noch einen wirtschaftlichen Baubetreuer vorzusehen, damit der Höchstbetrag der insoweit abzugsfähigen Werbungskosten auf 1 % vom Gesamtaufwand angehoben werden konnte. Da die von den Beteiligten aus steuerlichen Motiven heraus vereinbarten Vertragspflichten auch zivilrechtliche Gültigkeit haben,[71] schuldet der Treuhänder – ebenso wie der neben ihm eingeschaltete Baubetreuer oder sonstige Vertragsparteien – alle diejenigen Tätigkeiten, die im schriftlichen Vertrag im einzelnen aufgeführt sind.

Zu den **branchentypischen Vertragspflichten eines Treuhänders** 438
gehören:[72]

- Der Abschluß und die Abwicklung der für die schlüsselfertige Ge- 439
bäudeerstellung erforderlichen bzw. im Prospekt oder Treuhandvertrag vorgesehenen Verträge sowie die Abgabe der dem Bauherren obliegenden Erklärungen gegenüber Finanz- oder Baubehörden, z.B. Bauantrag, Generalunternehmer- bzw. Generalübernehmervertrag und/oder Baubetreuungsvertrag, notarieller Kaufvertrag, Bauherrengesellschaftsvertrag mit Errichtungs- bzw. Aufbauverpflichtung der Bauherren untereinander, Vertrag über Vermittlung und/oder Bearbeitung von Zwischen- und Endfinanzierung sowie Beibringung der dinglichen und persönlichen Sicherheiten, diverse Bürgschafts- und Garantieverträge, außerdem Teilungserklärung und WEG-Verwaltervertrag sowie – für die Zeit ab Fertigstellung – gewerblicher Zwischenmietvertrag bzw. Endmietverträge;

70 Vgl. Schreiben des BMin Finanzen an die Finanzminister der Länder v. 13.08.81 – AZ IV B 1-S 2253a-3/81; Richter-Schmider, Der neue Bauherren-Erlaß, Steuertelex, Sonderinformation, 5. Aufl. 81 S. 31, 35.

71 BGH, NJW 77, 294 f.; 80, 992 = BB 80, 1298; Reithmann-Meichssner-v. Heymann, C Rn. 803.

72 Vgl. Goldbeck-Uhde, Rn. 395 ff.; Quast, HdB 1010 Rn. 66 ff.

440 • Abruf und Mittelverwendungskontrolle der jeweils zu zahlenden Gebühren bzw. Vergütungen, die Auszahlung von Baugeldern für die Herstellung des Bauwerks allerdings nur nach Baufortschritt, wobei der Treuhänder die Zahlungsmodalitäten der Makler- und Bauträger-VO zu beachten hat, wenn der Vertragspartner des Bauherren, z.B. der Baubetreuer oder Generalübernehmer, zu den in der VO aufgeführten Gewerbetreibenden gehört;

441 • nach Bezugsfertigstellung bzw. mit Beendigung seiner Treuhandtätigkeit: Die Abrechnung des Bauvorhabens bzw. Rechnungslegung bzw. die Kontrolle der Bauherrenbuchhaltung und Bauabrechnung des Baubetreuers, sofern ein solcher eingeschaltet war;

442 • im Zusammenhang mit der steuerlichen Anerkennung des Bauvorhabens: Je nach Vertragsinhalt die Abgabe von Steuererklärungen für den Bauherren, die Vorbereitung und Mitwirkung an den das Objekt betreffenden Steuerprüfungen.

443 Erfüllt im Sinne des § 362 BGB hat der Treuhänder seine Vertragspflichten nur dann, wenn er alle ihm durch den Treuhandvertrag übertragenen Leistungen ordnungsgemäß und vollständig erbracht hat. Dieser Fall tritt in der Regel durch Zweckerreichung dann ein, wenn das Bauwerk bezugsfertig erstellt und abgenommen ist und der Treuhänder die Endabrechnung des Bauvorhabens erstellt bzw. übermittelt hat.

Die in den branchenüblichen Treuhandverträgen vorgesehene **Pflicht des Treuhänders zur »Endabrechnung«** beinhaltet lediglich eine Konkretisierung der kraft Gesetzes ohnehin bestehenden Pflicht zur Auskunftserteilung und Rechnungslegung (§ 666 BGB). Es handelt sich um eine vertragliche **Hauptleistungspflicht** des Treuhänders, die als solche selbständig einklagbar ist; ihre Nichterfüllung führt nicht lediglich zu einem Schadensersatzanspruch des Auftraggebers[73] aus positiver Vertragsverletzung.

444 Die dem Treuhänder gem. § 666 BGB obliegenden **Pflichten** bestehen aus:[74]

- Der Informations- oder Benachrichtigungspflicht, die in der laufenden oder periodischen Information des Bauherren besteht[75];
- der Pflicht zur Auskunftserteilung über den Stand des Geschäftes bzw. den Ablauf des Baugeschehens und der Finanzierung;

73 MüKo-Seiler, § 666 Rn. 3; Brych-Pause, Rn. 892.

74 Vgl. Locher-Koeble, Rn. 522 ff.; Brych-Pause, Rn. 892 ff.; Reithmann-Meichssner-v. Heymann, M Rz. 40 ff.

75 Sie kann schriftlich oder mündlich erteilt werden, z.B. in Form von Mitteilungen bei Bauherrenversammlungen oder der Beantwortung telefonischer Anfragen des Bauherrn.

- der Pflicht zur Rechnungslegung binnen angemessener Frist[76] nach Beendigung bzw. Zweckerreichung des Treuhandauftrages in Form einer erschöpfenden, vollständigen und übersichtlichen Darlegung der Einnahmen und Ausgaben sowie etwaiger noch offener Verbindlichkeiten.[77]

Dabei hat der Treuhänder seiner Informations- und Benachrichtigungspflicht von sich aus zu genügen. Dem **Anspruch** auf **Auskunftserteilung** und **Rechnungslegung** muß er dagegen **nur auf ausdrückliches Verlangen des Bauherren** nachkommen.[78] Zur ordnungsgemäßen Rechnungslegung gehört auch die Aushändigung von Belegen,[79] wobei es angesichts der eigenen steuerlichen Aufbewahrungspflichten des Treuhänders als ausreichend angesehen werden dürfte, wenn er nicht die Originale, sondern Kopien der Belege aushändigt. **445**

Auskunftsanspruch

Nach h.A.[80] ist **§ 666 BGB dispositiv**. Seine Geltung kann hiernach auch beim Treuhandvertrag im Bauherrenmodell in rechtlich zulässiger Weise abbedungen werden. Der **Verzicht** ist gem. §§ 138, 242 BGB nur dann unwirksam, wenn er gegen Treu und Glauben verstößt oder wenn sich nachträglich begründete Zweifel an der Zuverlässigkeit des Beauftragten ergeben.[81] **446**

Soweit es sich beim Treuhandvertrag um einen **Formularvertrag** handelt, auf den die Vorschriften des **AGB-Gesetzes** anzuwenden sind,[82] dürfte ein formularmäßiger Ausschluß des Anspruchs auf Auskunftserteilung und Rechnungslegung aber gem. § 9 AGB-Gesetz als unwirksam anzusehen sein. Da es sich bei diesem Anspruch aus § 666 BGB um eine vertragliche Hauptleistungspflicht des Geschäftsbesorgers handelt, gehört sie folgerichtig auch zu den »Grundgedanken der gesetzlichen Regelung«, auf die gem. § 9 Abs. 2 Nr. 1 AGB-Gesetz formularmäßig nicht wirksam verzichtet werden kann. Dies ergibt sich auch aus dem Grundgedanken des § 8 MaBV. Dieser ist zwar auf den Treuhänder am Bauherrenmodell jedenfalls dann nicht unmittelbar anwendbar, wenn **447**

AGB-Probleme beim Ausschluß

76 Vgl. Brych-Pause, Rn. 898 ff., 904.

77 BGH, MDR 85, 578; OLG Köln, DB 89, 773; MüKo-Seiler, § 666 Rn. 10; zu weitgehend Locher, NJW 68, 2324, der im Rahmen der »Rechenschaftslegung« vom Geschäftsbesorger eine Bilanz nebst Erläuterungen verlangt. Steuerlich ausreichend und branchenüblich ist dagegen die Aufstellung einer Einnahmen- und Ausgabenrechnung im Sinne des § 4 III EStG, bei deren Vorlage sicherlich auch der Rechnungslegungspflicht gem. §§ 666, 259 BGB genügt ist

78 Staudinger-Wittmann, § 666 Rn. 6 und 8.

79 MüKo-Seiler, § 666 Rn. 9; OLG Köln, DB 89, 773.

80 OLG Stuttgart, NJW 68, 2338; Locher, NJW 69, 1439 und NJW 68, 2324 ff.; Staudinger-Wittmann, § 666 Rn. 12; Palandt-Thomas, § 666 Rn. 1.

81 OLG Stuttgart, NJW 68, 2338; BGH, LM § 242 Be Nr. 19; Locher, NJW 68, 2324 ff.; Staudinger-Wittmann, § 666 Rn. 12; Palandt-Thomas, § 666 Rn. 1.

82 Vgl. im einzelnen u. Rz. 453 ff.

der Treuhänder Angehöriger der rechts- und steuerberatenden Berufe ist und damit zwangsläufig nicht unter den Begriff des Gewerbetreibenden im Sinne des § 34c GewO fällt.[83] § 8 MaBV hat jedoch insoweit Leitbildfunktion, als eine Auskunfts- und Rechnungslegungspflicht immer dann unabdingbar ist, wenn der Beauftragte Vermögenswerte des Auftraggebers erhält oder verwendet. In solchen Fällen – dies gilt sowohl für den Treuhänder wie auch für den wirtschaftlichen Baubetreuer – kann der Anspruch aus § 666 BGB jedenfalls nicht formularmäßig in wirksamer Weise abbedungen werden.[84]

448 Für den Bereich der Rechnungslegung – nicht den der Auskunftserteilung – dürfte eine Ausnahme dann gelten, wenn der Treuhänder die Pflicht zur Abrechnung des Bauvorhabens in zulässiger Weise delegiert hat, z.B. auf einen zusätzlich eingeschalteten Baubetreuer. Da eine doppelte Rechnungslegung sowohl durch den Treuhänder wie auch durch den Baubetreuer weder rechtlich notwendig noch wirtschaftlich sinnvoll ist, kann der Treuhänder seine Tätigkeit hier auf die Überprüfung und Weiterleitung der vom Baubetreuer erstellten Bauabrechnung beschränken.

bb) Nebenpflichten des Treuhänders

449 Ebenso wie beim Architekten bestehen auch beim Treuhänder neben der hauptvertraglichen Dienstleistungspflicht eine Reihe von vertraglichen Nebenpflichten, die ihre Grundlage entweder im schriftlichen Treuhandvertrag oder – da es eine gesetzliche Normierung insoweit nicht gibt – im Grundsatz von Treu und Glauben haben. Ebenso wie beim Architekten[85] ergibt sich die dogmatische Abgrenzung zwischen Haupt- und Nebenpflichten aus dem Umstand, ob es sich um selbständig einklagbare Hauptleistungspflichten handelt oder um Beratungs-, Aufklärungs-, Treue- und Verschwiegenheitspflichten, deren Verletzung lediglich Schadensersatzansprüche auslöst. Dabei ist der Treuhänder in noch umfassenderer Weise als der Architekt als Sachwalter des Bauherren tätig, da seine vertraglichen Nebenpflichten nicht nur die Gebäudeerrichtung, sondern auch die gesamte Finanzierung sowie die Abwicklung diverser Garantie- und Dienstleistungsverträge mit umfassen. Dabei ist die Beurteilung der Rechtslage für beide Parteien mit einem Höchstmaß an Ungewißheit verbunden, weil bei dem relativ neuartigen Vertragsty-

83 Goldbeck-Uhde, Rn. 426 ff.

84 Locher-König, Rdz. 34; Brych, Betr. 80, 532; Wolfsteiner, DNotZ 70, 591; Wolf-Horn-Lindacher, AGB, § 23 Rn. 296; vgl. auch Staudinger-Schlosser, § 9 AGBG Rn. 10, Goldbeck-Uhde, Rn. 369, Quast, HdB 1010 Rn. 96.

85 Vgl. o. die Ausführungen zu Rz. 122 ff.

pus des Treuhandvertrages im Bauherrenmodell noch nicht auf eine gesicherte Rechtsprechung oder Literatur zurückgegriffen werden kann. Ausgehend von einer noch ungefestigten Haftungsrechtsprechung können derzeit nur **grobe Richtlinien** aufgestellt werden.

Hiernach schuldet der Treuhänder im Vorfeld des Vertrages Aufklä- **450**
rung darüber, ob er von anderen Funktionsträgern bzw. den Initiatoren weisungsabhängig oder mit diesen – juristisch und/oder wirtschaftlich – **verflochten** ist.[86] Er hat, wenn er an der **Prospektgestaltung** beteiligt ist, diesen auf Wahrheitsgehalt und Vollständigkeit hin zu prüfen und den Bauherren ggf. aufzuklären.[87] Er hat, wenn er Verträge mit Wirkung für den Bauherren abschließt, darauf zu achten, daß keine unüblichen oder den Bauherren **unangemessen benachteiligenden Vertragsgestaltungen** gewählt werden.[88] Eine unangemessene Beteiligung des Bauherren liegt z.B. vor, wenn Funktionsträger erfolgsunabhängige Provisionen erhalten sollen,[89] wenn kürzere als die gesetzlichen Gewährleistungsfristen vereinbart werden[90] – ausgenommen die Geltung der VOB/B als Ganzes – oder wenn unangemessene Haftungsausschlüsse vereinbart werden.[91] Der Treuhänder hat die **Vermögensinteressen des Bauherren** so umfassend wahrzunehmen, daß **unnötige Risiken vermieden werden** – z.B. durch Zahlung von Herstellungskosten nur nach Baufortschritt,[92] möglichst in Anlehnung an die Bauratenfestlegung der MaBV oder gegen Bürgschaft zur Besicherung von Rückforderungsansprüchen, Zahlung von Funktionsträgergebühren (Werbungskosten) nur nach Stellung von Sicherheiten, sofern diese vertraglich vereinbart waren.[93] Im Zusammenhang mit der Absicherung bei Funktionsträgergebühren kann vom Treuhänder allerdings nicht generell verlangt werden, daß dieser einen etwaigen Gebührenrückfluß für den Fall des Nichteintritts des Garantiefalles, des Nichteintritts des Vermittlungserfolges (z.B. Finanzierungsvermittlung) oder der Nichtinanspruchnahme von Leistungen durch Bürgschaften o.ä. sicherstellt. Denn im Regelfall wünscht der Bauherr den sofortigen Abfluß aller Werbungskosten, um möglichst schnell in den Genuß der im Prospekt vorgesehenen Steuervorteile zu

Einzelpunkte

z.B.

86 BGH, NJW-RR 91, 599; Brych-Pause, Rn. 941.
87 Locher-Koeble, Rn. 554; zu weitgehend Quast, HdB 1010 Rn. 93; der generell den Treuhänder für verpflichtet hält, den Prospekt auf Wahrheit und Vollständigkeit zu überprüfen; vgl. auch Brych-Pause, Rn. 973; Tewes, Bauherrenmodell, Bd. 2, Teil 5/3.3.4.
88 Vgl. Tewes, Bauherrenmodell, Bd. 2, Teil 5/3.3; OLG Koblenz, RPK Nr. 155/84 und LG Koblenz RPK Nr. 156/84, zitiert bei Tewes.
89 BGH BB 84, 564; Locher-Koeble, Rn. 554.
90 Locher-König, Rn. 33.
91 Locher-König, Rn. 3.
92 Locher-Koeble, Rn. 554; Quast, HdB 1010 Rn. 86.
93 BGH, BauR 86, 590, 591; Brych-Pause, Rn. 947.

kommen. Diese steuerliche Zielsetzung ist aber nur realisierbar, wenn die Empfänger der Werbungskosten über diese frei verfügen können.[94] Das zivilrechtliche Sicherungsbedürfnis ist mit der steuerlichen Zielsetzung daher im Regelfall nicht vereinbar, so daß dem Treuhänder im allgemeinen keine Verletzung von Fürsorge- oder Obhutspflichten zur Last gelegt werden kann, wenn er entsprechend dieser steuerlichen Zielsetzung den sofortigen Abfluß von Werbungskosten veranlaßt. Etwas anderes gilt nur dann, wenn ihm im Zeitpunkt der Zahlungsanweisung bekannt oder infolge grober Fahrlässigkeit nicht bekannt ist, daß im Hinblick auf die Bonität oder den rechtlichen Fortbestand der Person bzw. Firma des Gebührenempfängers die Erbringung der diesem obliegenden Gegenleistungen gefährdet ist.

451 Im Zuge der **Mittelverwertungskontrolle** obliegt dem Treuhänder auch die **Überprüfung der Fälligkeit von Bauraten**, ggf. nach vorherigem Abruf durch den Baubetreuer. Eine Architekten- oder Gutachtertätigkeit kann vom Treuhänder insoweit aber nicht erwartet werden. Bestehen Zweifel an der Fälligkeit von Raten,[95] so ist der Treuhänder berechtigt und ggf. auch verpflichtet, für den oder die Bauherren **einen Sachverständigen einzuschalten**, wobei die hierdurch veranlaßten Kosten in der Regel nicht im Gesamtaufwand enthalten, sondern vom Bauherrn zusätzlich aufzubringen sind.

452 Bei einem Widerstreit zwischen den Interessen des einzelnen und denen der Gesamtheit der Bauherren hat der Treuhänder für einen **angemessenen Interessenausgleich** zu sorgen. Bei einem solchen Widerstreit zwischen den Interessen der Gesamtheit und denen eines einzelnen – vertragsuntreuen oder säumigen – Bauherren ist für den Treuhänder allerdings Vorsicht geboten. Zwar kann ein einzelner Bauherr, der sein Eigenkapital verspätet oder gar nicht einzahlt, die Auszahlung von Fremdfinanzierungsmitteln blockiert oder den Treuhänder zu Unrecht zur Nichtzahlung von Bauraten anweist, die gesamte Bauherrengemeinschaft behindern oder gar schädigen und sich damit auch gegenüber den
Achtung Mitbauherren schadensersatzpflichtig machen. Zu **Sanktionen** gegenüber dem einzelnen Bauherren ist **der Treuhänder** aufgrund der aus der singulären Vertrauensbeziehung herrührenden Treupflicht **jedoch nicht berechtigt**,[96] auch wenn das Vertragswerk derartige Sanktionen – z.B. in Form von Beitreibungsmaßnahmen – vorsieht.

94 Zum Abfluß-Prinzip vgl. Goldbeck-Uhde, Rn. 1442 ff., insbesondere Rn. 1454; vgl. auch BGH, BB 84, 564 zur steuerlichen Zielsetzung bei der zivilrechtlichen Vertragsgestaltung.

95 Weil der Bautenstand nicht erreicht ist oder Baumängel bestehen, vgl. o. Rz. 291 ff.: Einbehalt beim Bauvertrag.

96 Goldbeck-Uhde, Rn. 586.

Hier können effiziente und zugleich auch zulässige Maßnahmen nur in Form der Einschaltung von – leistungsfähigen – Garantievertragspartnern oder durch entsprechende Vertragsgestaltung beim BGB-Gesellschaftsvertrag getroffen werden, z.B. in Form einer Nachschußpflicht durch einfachen Mehrheitsbeschluß entgegen der gesetzlichen Regelung des § 707 BGB. **Tip**

cc) Treuhandvertrag und AGB

Beim Bauherrenmodell und seinen einzelnen Vertragstypen stellt sich, **453**
ebenso wie bei allen anderen Verträgen aus dem privaten Baurecht, die Frage nach der **Geltung des AGBG**. Nach h.A.[97] handelt es sich beim Vertragswerk des Bauherrenmodells um Vertragsbedingungen, die für eine Vielzahl von Verträgen vorformuliert wurden. Unabhängig davon, ob der einzelne Vertrag notariell beurkundet[98] oder nur privatschriftlich vereinbart wurde, findet in jedem Falle das AGBG – gem. § 24a AGBG schon deshalb, weil der Anleger »Verbraucher« i.S.d. § 24a ist – Anwendung, es sei denn, der Vertrag wurde individuell ausgehandelt – eine beim Bauherrenmodell absolut untypische und extrem seltene Fallgestaltung. Bezüglich der generellen Rechtsproblematik des individuellen Aushandelns oder der Verwendung von AGB, des Begriffs der AGB, der Einbeziehungsproblematik, der Unklarheitenregelung etc. gelten dieselben Grundsätze wie beim Architektenvertrag, dem Vertrag mit dem Bauunternehmer oder dem Bauträgerkauf. Insoweit kann grundsätzlich auf die obigen Ausführungen[99] verwiesen werden. **Sonderprobleme** ergeben sich aus der steuerlichen Zielsetzung der Verträge. Die im Rahmen eines Bauherrenmodells abgeschlossenen Verträge sollen nämlich so abgefaßt sein, daß die Finanzverwaltung zur Gewährung möglichst hoher Steuervorteile veranlaßt wird. Die insoweit gewählten Rechtskonstruktionen sind häufig vom wirtschaftlichen Vertragszweck her nicht erforderlich und dienen nur der Verminderung der Steuerlast. Sie bilden aus diesem Grunde in der Regel den Bestandteil eines einheitlich konzipierten Vertragssystems, aus dem einzelne Verträge oder Vertragsklauseln nicht herausgelöst werden können, ohne daß der steuerliche Zweck

97 OLG München, DB 82, 1003 ff.; LG München, BB 84, 1773; BGH, BB 84, 564 ff.; BGH, DB 85, 525 f.; BGH, DB 84, 2242 f.; Pabst in Dornfeld-Pabst-Schmider, Praxis Bd. XIV Rdn. 36 ff.; Quast, HdB 1010 Rdn. 94 ff.; Goldbeck-Uhde, Rdn. 498; Wagner, BB 84, 1757 f.; Brych, BB 85, 158 ff.; Lode, BB 86, 84 f.

98 Vgl. im einzelnen Bunte, ZIP 84, 1313 ff.

99 Vgl. o. Rz. 73 ff., 199 ff., 363 ff.

des Vertragswerkes vereitelt oder gefährdet wäre.[100] Der – an der Konzeption des Modells nicht beteiligte – **Anlageinteressent kann daher nur entweder vom Beitritt absehen oder das Modell mit seinen Einzelverträgen akzeptieren**. Er kann je nach Fallgestaltung unter Umständen auch auf einige nicht benötigte Verträge verzichten, z.B. die Verträge mit dem gewerblichen Zwischenmieter, dem Mietvermittler oder Mietgaranten im Falle der beabsichtigten Eigennutzung. Eine echte Abänderung des Vertragsinhaltes der durchzuführenden Verträge ist dagegen aus den vorstehenden Gründen in der Regel nicht möglich.[101] Demgemäß stellt sich zwangsläufig bei jedem im Rahmen eines Bauherrenmodells abgeschlossenen Vertrag bzw. Vertragsbündel die Frage nach Anwendung des AGBG.

(1) Der AGB-Charakter des Treuhandvertrages

454 Wird das Angebot zum Abschluß eines Treuhandvertrages vom Treuhänder abgegeben, so erfüllt das vorformulierte Vertragswerk den Tatbestand der AGB. **Der Treuhänder ist Verwender i.S.d. § 1 Abs. 1 AGBG**. Der Vertrag unterliegt, da ein privater Anleger in der Regel zu den gem. § 24a AGBG schutzbedürftigen Personen gehört, voll der Inhaltskontrolle des AGBG. Dasselbe gilt, wenn das Vertragsangebot nicht vom Treuhänder abgegeben wird, sondern vom Bauherren, sofern dieser ein vom Treuhänder oder vom Initiator vorformuliertes Angebotsmuster verwendet. In diesem Falle ist nicht der Bauherr Klauselverwender, sondern der Treuhänder.[102] Der Vertragsinhalt des Treuhandvertrages unterliegt in diesen Fällen der Inhaltskontrolle nach dem AGBG. Zu den Klauseln, die nach dem AGBG unwirksam sind, zählen – neben der Verjährungsfristverkürzung, die im Gewährleistungsteil behandelt wird
§ 11 Nr. 7 AGBG – vorrangig **Haftungsbeschränkungsklauseln**. Gemäß § 11 Nr. 7 AGBG ist eine Haftungsbeschränkung für Vorsatz und grobe Fahrlässigkeit unzulässig. Nur die Haftung für leichte Fahrlässigkeit kann abbedungen werden. Handelt es sich beim Treuhänder um einen Angehörigen

100 BGH, BB 84, 564; vgl. auch Korbion-Locher, Rn. 233.

101 dies gilt in der Regel auch in dem von Wagner, BB 84, 1757 ff., 1759 beschriebenen Fall, daß Vertriebsgesellschaft u. Treuhänder nur den Interessen des Bauherrn verpflichtet sind. Auch hier ist aus steuerlichen Gründen normalerweise keine Abänderung der Formularverträge möglich. Sie ist aus der Sicht des Bauherren im allgemeinen aber auch nicht erforderlich, weil derartige bauherrenfreundliche AGB nach dem wohlverstandenen Interesse des Bauherren konzipiert sind, so daß sich allenfalls aus der Sicht des Vertragspartners die Frage nach dem Eingreifen des AGBG stellt, wenn dessen Rechtsposition unangemessen verkürzt wurde.

102 BGH, BB 84, 1638 f.; Brych, BB 85, 158; Brych-Pause, Rn. 887.

der rechts- und steuerberatenden Berufe, so kann eine nach dem jeweiligen Berufsrecht standeswidrige Freizeichnung gleichzeitig gegen § 9 AGBG verstoßen.[103] Hier ist ein völliger Haftungsausschluß insbesondere dann unzulässig, wenn der Treuhänder im Rahmen des Treuhandvertrages berufstypische Leistungen erbringt, die er im Rahmen seiner Berufshaftpflicht versichert hat oder – ohne einzelobjektbezogene Zusatzversicherung – versichern könnte. Eine Haftungsbegrenzung auf die Mindestversicherungssumme oder eine Beschränkung der Haftung bei leichter Fahrlässigkeit ist dagegen zulässig.[104] Unwirksam dürfte auch eine Nicht-Rückzahlungsklausel sein, durch die dem Treuhänder die volle vertragliche Vergütung auch für denjenigen Fall versprochen wird, daß der Treuhandvertrag aus nicht vom Treugeber zu vertretenden Gründen vorzeitig beendet wird (§§ 10 Nr. 7 und 11 Nr. 5 AGBG).[105] Eine Anpassung der Vergütung entsprechend dem Umfang der bereits erbrachten Leistungen oder eine Pauschalierung des Aufwendungsersatzes in den Grenzen des § 11 Nr. 5 AGBG ist dagegen zulässig.

(2) Sonstige Verträge und AGBG

Bei den Verträgen, die der Treuhänder nach Abschluß des Treuhandvertrages im Namen des Betreuten mit den jeweiligen sonstigen Vertragspartnern abschließt, stehen ebenfalls die Fragen nach der Zulässigkeit einer erfolgs- und leistungsunabhängigen Vergütung oder Provision sowie des Umfanges von Haftungseinschränkungen oder Freizeichnungen im Vordergrund. Eine Korrektur oder Inhaltskontrolle ist bei diesen Verträgen jedoch nur in eingeschränkter Form möglich. Das AGBG ist nämlich nach der Rspr.[106] und Lit.[107] auf vertragliche Gestaltungen im Bauherrenmodell dann nicht anwendbar, wenn der Treuhänder selbst dem Vertragsgegner **die Vertragsbedingungen auferlegt** oder zusammen mit diesem erarbeitet hat. Hat dagegen der Vertragsgegner dem Treuhänder die Vertragsbedingungen gestellt[108] oder hat der Treuhänder **455**

Schutzzweck des AGBG

103 Pabst in Dornfeld-Pabst-Schmider, Praxis Bd. XIV Rn. 58 ff.; Tewes, Bauherrenmodelle, Bd. 2, Teil 5/3.3.9 S. 2; Korbion-Locher, Rn. 25.

104 Korbion-Locher AGBG und Bauerrichtungsverträge Rn. 25; Löwe- v. Westphalen-Trinkner III 35.1 Rn. 9.

105 Goldbeck-Uhde, Rn. 498; vgl. auch OLG München, DB 82, 1003 und BGH, BB 85, 1151 ff. zum Fall der Finanzierungsvermittlung.

106 BGH, BB 84, 564 ff.; DB 85, 525; LG München I, BB 84, 1773; BGH, BB 85, 1151 ff.

107 Korbion-Locher, Rn. 233; Pabst in Dornfeld-Pabst-Schmider Praxis Bd. XIV Rn. 38 ff.; Brych BB 85, 158 ff.; abweichend Wagner, BB 84, 1757 ff. u. Tewes, bauherrenmodell, Bd. 2, Teil 5/3.2.3. S. 10

108 OLG München, DB 82, 1003; BGH, NJW 94, 2825.

vor Abschluß des Treuhandvertrages den Vertrag für den späteren Vertragsgegner entworfen bzw. überarbeitet und dann später den Vertrag ohne Einwendungen akzeptiert,[109] ist jener der Verwender mit der Folge, daß das AGBG eingreift. Die Vereinbarung einer erfolgs- oder leistungsunabhängigen Vermittlungsprovision ist im letzteren Falle gem. § 9 Abs. 2 Nr. 1 AGBG unwirksam mit der Konsequenz, daß der Bauherr seine Provision vom Vertragsgegner – im entschiedenen Fall dem Finanzierungsvermittler – zurückfordern kann.[110] Auch eine mit den gesetzlichen Grundgedanken unvereinbare **Haftungseinschränkung** oder **Haftungsfreizeichnung** dürfte in einem solchen Falle als – den Bauherren unangemessen benachteiligend – unwirksam gelten. **Schutzlos** ist **der Bauherr** allerdings auch in denjenigen Fällen nicht, in denen die unmittelbare Anwendung des AGBG daran scheitert, daß sein Treuhänder der Klauselverwender ist. Hier kann im Streitfalle die richterliche Inhaltskontrolle eingreifen, mit der Maßgabe, daß die unangemessene Vertragsregelung unwirksam ist, wenn der Treuhänder pflichtwidrig handelt und der Vertragsgegner

- die Pflichtwidrigkeit des Treuhänders ausnutzt (§ 138 BGB, beiderseitige Sittenwidrigkeit) oder
- den Vollmachtsmißbrauch des Treuhänders kennt (§ 242 BGB, unzulässige Rechtsausübung).[111]

456 Der Bauherr kann in diesem Fall dem Zahlungsanspruch des Vertragsgegners den Einwand der unzulässigen Rechtsausübung entgegensetzen oder die bereits gezahlte Provision zurückfordern. Er kann aber auch statt dessen vom Treuhänder Schadensersatz wegen positiver Vertragsverletzung fordern.

dd) Die Pflichten des Bauherren aus dem Treuhandvertrag

457 Die vertragliche Hauptleistungspflicht des Bauherren gegenüber dem Treuhänder besteht darin, ihm für seine entgeltliche Geschäftsbesorgung (§ 675 BGB) die vertraglich vereinbarte Vergütung zu zahlen. Diese Pflicht ist in den Vorschriften des BGB über den Geschäftsbesorgungsvertrag nicht ausdrücklich normiert. Sie ergibt sich nur indirekt aus den inhaltlich übereinstimmenden Vorschriften der §§ 611, 612 bzw. §§ 631, 632 BGB. Lediglich die Verpflichtung des Geschäftsherrn zum Aufwendungsersatz ist in den §§ 669, 670 BGB geregelt. Kraft Gesetzes steht

109 BGH, DB 85, 1151 ff.
110 BGH, DB 85, 1151; DB 84, 2242; Korbion-Locher, Rn. 237.
111 BGH, BB 84, 564 ff. 565; Pabst in Dornfeld-Pabst-Schmider, Praxis Bd. XIV Rn. 47.

daher nur die Vergütungspflicht als solche fest. Die **Höhe der Vergütung** sollte im Treuhandvertrag in jedem Falle ausdrücklich festgelegt sein. Fehlt eine unzweideutige Regelung, so muß die ortsübliche oder branchenübliche Vergütung (§§ 612, 632 BGB) festgestellt werden, was in der Praxis auf Schwierigkeiten stoßen dürfte.[112] Die Festlegung der auf den Werbungskostenbereich entfallenden Treuhandgebühr mit **maximal 0,5 % des Gesamtaufwandes** des Objektes in den Bauherrenerlassen vom 13.08.1981 und 31.08.1990[113] kann **allenfalls Orientierungshilfe** dafür sein, welche Höchstbeträge steuerlich anerkennungsfähig und in der Branche daher üblich geworden sind. Auf eine **»übliche Vergütung«** in Höhe von 5 % des Gesamtaufwandes kann wegen der Vielfalt der möglichen Leistungsinhalte und der bei kleineren Modellen häufig niedrigeren Festlegung der Treuhandgebühren dagegen nicht geschlossen werden. **Auslegungskriterium** ist im Zweifel auch der Prospekt, welcher dem Abschluß des Treuhandvertrages zugrunde gelegen hat.

Neben der vereinbarten Vergütung schuldet der Bauherr dem Treuhänder die **Erstattung der notwendigen Auslagen**, z.B. Sachverständigenkosten für Bautenstands- und Mängelfeststellungen, soweit diese Kosten nicht bereits im finanzierten Gesamtaufwand enthalten sind, Gerichts- und Rechtsanwaltskosten für Beweissicherungen oder sonstige gerichtliche und außergerichtliche Maßnahmen, die im Falle der Vertragsuntreue oder der Insolvenz von Vertragspartnern erfoderlich werden können. Da der Treuhänder nicht verpflichtet ist, derartige Kosten aus eigenen Mitteln zu verauslagen, hat er gem. § 669 BGB **Anspruch auf Zahlung** eines angemessenen **Vorschusses**, der im Falle der Zahlungsverweigerung des Bauherren auch gerichtlich einklagbar ist.[114] 458

z.B.

ee) Die vertraglichen Nebenpflichten des Bauherren

In Lit. und Rspr. ist die Frage, ob und welche Nebenpflichten dem Bauherren aus dem Treuhandvertag erwachsen können, bislang vernachlässigt worden.[115] Da vertragliche Verbindlichkeiten generell sowohl Haupt- und Nebenpflichten wie auch sogenannte Gläubigerobliegenheiten umfassen,[116] versteht es sich jedoch schon aufgrund allgemeiner schuldrechtlicher Grundsätze von selbst, daß dem Bauherren auch im Rahmen eines Treuhandvertrages Nebenpflichten oder Obliegenheiten 459

112 Vgl. Tewes, Bauherrenmodelle, Bd. 2, Teil 5/3.4.1.
113 Vgl. o. Rdz. 419.
114 Palandt-Thomas, § 669 Rn. 1, Staudinger-Wittmann, § 669 Rn. 3.
115 Vgl. Tewes, Bauherrenmodelle, Bd. 2, Teil 5/3.4.1.
116 BGH, NJW 54, 229; BGH, BB 68, 729; MüKo-Soergel, § 642 Rn. 1.

erwachsen, nach denen er zur Mitwirkung, zur Auskunftserteilung oder zur Interessenwahrung verpflichtet ist. Aus der Zuordnung des Treuhandvertrages zum Dienstvertragsrecht[117] ergibt sich, daß dem Bauherren Pflichten zur Interessenwahrung und zur Auskunftserteilung obliegen können.

460 Hierbei stehen die **Auskunfts- und Mitwirkungspflichten** im Rahmen der Baufinanzierung im Vordergrund: Der Bauherr ist auf Anforderung verpflichtet, Auskunft über seine Vermögensverhältnisse zu erteilen, Steuerbescheide und Steuererklärungen vorzulegen, bankmäßige Selbstauskünfte zu erteilen oder die Einholung von Kreditauskünften zu gestatten.[118] Soweit die Mitwirkungspflichten des Bauherren im Zusammenhang mit der Gebäudeerrichtung stehen, erscheint die analoge Anwendung der §§ 642, 643 BGB geboten, die – auch wenn der Treuhandvertrag nicht als Werkvertrag zu bewerten ist – eine interessengerechte Konfliktlösung bieten. Der Bauherr macht sich hiernach schadensersatzpflichtig und riskiert bei Verzug die Kündigung des Vertrages durch den Treuhänder, wenn er solche notwendigen Mitwirkungshandlungen verabsäumt oder verweigert, die nicht in die Entscheidungsbefugnis des Treuhänders fallen. Hierzu gehören Entscheidungen über die Bauausführung bei Änderungen gegenüber der Ursprungskonzeption – z.B. nach Nachbarwiderspruch oder aufgrund behördlicher Anordnungen – oder die Entscheidung über vertraglich nicht vorgesehene Mehrkosten, die z.B. infolge unvorhergesehener Gründungsrisiken, wegen unvorhersehbarer Schäden in vorhandener Altbausubstanz, wegen der Beauftragung eines teureren Nachfolgeunternehmers bei Insolvenz oder Vertragsbruch des zunächst beauftragten Unternehmers entstehen können.

Rechtsfolgen

461 Die analoge Anwendung der §§ 642, 643 BGB empfiehlt sich auch dann, **wenn der Bauherr sein Eigenkapital nicht, nur teilweise oder verspätet einzahlt**. Da das Eigenkapital nicht bzw. nur bedingt mit der dem Treuhänder geschuldeten Vergütung identisch ist, liegt kein Schuldnerverzug, sondern die Verletzung einer sonstigen Gläubigerobliegenheit vor, die – wenn sie zu einer Verzögerung oder gar zum Scheitern des Gesamtbauhabens führt – sich gegenüber den Mitbauherren als Verletzung der Pflichten aus dem Gesellschaftsvertrag bzw. – wenn eine Bauherren-BGB-Gesellschaft nicht besteht – als culpa in contrahendo darstellen und den säumigen Bauherren zum Schadensersatz verpflichten kann.

117 Vgl. o. Rz. 426.
118 Tewes, Bauherrenmodelle, Bd. 2, Teil 5 Kap. 3.4.1.

Im Interesse der Gesamtbauherrengemeinschaft ist es dem Treuhänder in einem derartigen Falle zu empfehlen, rechtzeitig nach Fristsetzung den Vertrag gem. § 643 BGB zu kündigen oder einvernehmlich zu beenden, um Bauverzögerungen oder Schäden der Mitbauherren zu vermeiden, die dann entstehen können, wenn der Generalunternehmer seine Rechte aus den §§ 6, 16 Nr. 5 Abs. 3 VOB/B wegen Zahlungsverzuges mit Teilen von Bauraten geltend macht. **Tip**

Problematisch wird die Rechtslage dann, **wenn die Bauherren untereinander nicht durch vertragliche Beziehungen gebunden sind**, wie z.B. beim Bau von Einzelhäusern im Rahmen einer Gesamtbaumaßnahme üblich. Soweit durch die Säumnis eines der Bauherren die übrigen geschädigt werden, bieten weder das Rechtsinstitut der culpa in contrahendo noch das der Drittschadensliquidation noch die Anwendung der Grundsätze über die faktische Gesellschaft eine zufriedenstellende Antwort auf die Frage, ob und in welchem Umfange eine Erstattung dieser Schäden verlangt werden kann. **462**

Den Initiatoren bzw. dem Treuhänder ist daher anzuempfehlen, im Treuhandvertrag eine vertragliche Grundlage für solche Problemfälle zu schaffen, für die das Gesetz bzw. die Rechtsprechung Lösungen derzeit noch nicht bieten. **Tip**

c) Die Beendigung des Treuhandvertrages

Der Treuhandvertrag endet entweder durch Zweckerreichung oder durch Kündigung. **463**

aa) Zweckerreichung

Die Bauherrengemeinschaft wird ordnungsgemäß beendet, wenn das Bauwerk planmäßig fertiggestellt ist. Damit endet auch der Treuhandvertrag durch **Zweckerreichung**.[119] Zwar bleibt der Treuhänder nach **464**

119 Tewes, Praxishandbuch, Bd. 2, Teil 5/3.2.6; Söffing, HdB 1551 Rn. 12; Brych-Pause, Rn. 912 ff.

Baufertigstellung im Regelfall noch zu Abwicklungsarbeiten, wie z.B. der Erteilung der Schlußabrechnung oder deren Kontrolle, der Mitwirkung bei Steuerprüfungen etc., ermächtigt und – in dem im Vertrag vorgesehenen Umfange – auch verpflichtet. Hierbei handelt es sich aber um Abwicklungsarbeiten. Eine Beendigung des Auftrages – auch im Sinne eines Beginns der Verjährungsfrist gem. § 51 BRAGO – ist bereits mit Zweckerreichung gegeben.

bb) Kündigung

465 Im Treuhandvertrag ist das Recht zur **ordentlichen Kündigung** bis zur **Zweckerreichung** üblicherweise **ausgeschlossen**. Die Notwendigkeit hierzu ergibt sich systemimmanent aus der Notwendigkeit, die Bauherren insgesamt während der Dauer der Bauzeit an das Bauvorhaben und den gemeinsamen Treuhänder zu binden. Demgemäß ist der Ausschluß des ordentlichen Kündigungsrechtes als zulässig und mit den §§ 627 BGB, 11 Nr. 12 AGBG vereinbar anzusehen.[120] Das Recht zur **außerordentlichen Kündigung** kann dagegen nicht wirksam abbedungen werden. Bei Wegfall der Vertragsgrundlage – die schon bei Meinungsverschiedenheiten gefährdet sein kann – greift das außerordentliche Kündigungsrecht der §§ 626, 627 BGB ein, welches zulässigerweise im Formularvertrag nicht abbedungen werden kann.[121] Da die Kündigung eines einzelnen Treuhandvertrages sich auf die Gemeinschaft der Bauherren bzw. die Mitbauherren nachhaltig auswirken kann, sollten die Gründe für eine außerordentliche Kündigung im Treuhandvertrag genau definiert werden, um Störfälle für die Gemeinschaft zu vermeiden.

4. Der Bauherrengesellschaftsvertrag

a) Gründung und Rechtsform

466 Bei jeder Art von Bauherrenmodell oder Sanierungsmodell, das die Errichtung von Eigentumswohnungen oder die Sanierung von Altgebäuden betrifft, schließen die Bauherren sich stillschweigend oder ausdrücklich zur Verfolgung gemeinsamer Interessen zusammen, nämlich zum Zwecke der Errichtung bzw. Sanierung des Gebäudes. Solch ein

120 Tewes, Bauherrenmodelle, Teil 5/3.5; Goldbeck-Uhde, Rn. 488.
121 Vgl. Palandt-Thomas, § 705 Rn. 1 u. § 675 Rn. 31.

Zusammenschluß stellt **regelmäßig eine BGB-Gesellschaft** i.S.d. §§ 705 ff. BGB dar.[122]

aa) Die Besonderheiten der Bauherren-BGB-Gesellschaft

Es handelt sich nach h. Rspr.[123] und Lit.[124] um eine **atypische Gesellschaft**, die in allen wesentlichen Kriterien eine vom gesetzlichen Grundtypus der BGB-Gesellschaft abweichende Ausgestaltung hat, und zwar unabhängig davon, ob dies in einem schriftlichen BGB-Gesellschaftsvertrag ausdrücklich niedergelegt ist oder nicht. 467

- Die Gesellschafter haben entgegen §§ 718, 179 BGB kein Gesamthandeigentum, sondern ausschließlich Bruchteilseigentum in Form von Miteigentumsanteilen am Baugrundstück. 468
- Die Gesellschafter schulden entgegen § 706 BGB der Gesellschaft keine Beiträge, sondern erbringen die zum Grundstückserwerb und zur Gebäudeerrichtung erforderlichen Finanzbeiträge aufgrund von Verträgen, die sie – als BGB-Gesellschaft oder einzeln – mit dem Treuhänder, dem Generalunternehmer/Generalübernehmer, dem Grundstücksverkäufer und sonstigen Vertragspartnern geschlossen haben. 469
- Die Gesellschafter haften entgegen §§ 733, 421 BGB ihren Vertragspartnern, z.B. den Bauunternehmern, nicht mit einem »Gesellschaftsvermögen« oder gesamtschuldnerisch, sondern ausschließlich anteilig im Verhältnis entweder ihrer Miteigentumsanteile am Grundstück oder ihrer prozentualen Anteile am Gesamtaufwand.[125] 470
- Die Gesellschafter haben typischerweise keine Gesamtvertretungstretungsbefugnis. Die Gesellschaft wird im Außenverhältnis regelmäßig durch den als Geschäftsführer agierenden Treuhänder oder Baubetreuer vertreten. 471

Während in den Ursprungsjahren des Bauherrenmodells **schriftliche Gesellschaftsverträge** seltener vorkamen, sind sie inzwischen die Regel geworden. Ausschlaggebend war die Haltung des Bundesfinanzhofs und der Finanzverwaltungen,[126] die die Bauherreneigenschaft – steuerwirk- 472

122 Palandt-Thomas, § 705 Rn. 1, 39
123 BGH, NJW 80, 992 f.; 79, 1821 f.; BGH v. 18.06.79 VII ZR 187/78, zitiert in HdB 1033 Rn. 7 ff.; BGH, NJW-RR 96, 869; 88, 220.
124 Quast, HdB 1010 Rn. 111 ff.; Brych-Pause, Rn. 1019.
125 Vgl. BGH, NJW 80, 992.
126 BFH v. 06.10.76 BStBl II 77, 88; NRW-Erlaß v. 22.05.80 – S 4509 – 14 – VA 2, zitiert bei Tewes, Bauherrenmodelle, Teil 14 Kap. 3.2.3 S. 5 und DB 80, 1143; vgl. auch Brych-Pause, Rn. 1016 f.

sam – nur noch dann anerkannten, wenn eine Bauvereinbarung oder ein Aufbauvertrag der zukünftigen Wohnungseigentümer vorlag und die Erwerber sich zur gemeinsamen Errichtung der Eigentumswohnungen zusammengeschlossen hatten. Angesichts der möglichen Störfälle, die bei Vertragsuntreue, Wegfall oder Insolvenz eines oder mehrerer Bauherren oder ihrer Vertragspartner, bei unvorhergesehener Erhöhung der Baukosten oder in sonstigen Problemsituationen auftreten können, ist diese Entwicklung begrüßenswert, da die vorerwähnten Problemfälle nur dann zu einer interessengerechten Lösung führen, wenn ein sinnvoll gestalteter BGB-Gesellschaftsvertrag der Bauherren geeignete Regelungen enthält.

Tip

Empfehlenswert ist der Abschluß eines geeigneten BGB-Gesellschaftsvertrages im übrigen auch bei der Errichtung von Reihenhäusern. Typischerweise betreffen solche Modelle Häuser einer in sich geschlossenen Wohnanlage, bei der wegen gemeinschaftlicher Erschließungsanlagen, sonstiger Gemeinschaftsanlagen oder auch nur wegen der Preiskalkulation des Generalunternehmers, der alle Häuser der Anlage in einer einheitlichen Gesamtbaumaßnahme erstellt, die Regelung der Gemeinschaftsbeziehungen der Bauherren untereinander und gegenüber Dritten sinnvoll erscheint.

bb) Die Beurkundungspflicht

Basisvertrag

473 Die Frage, ob der Abschluß des BGB-Gesellschaftsvertrages der Bauherren der notariellen Beurkundung bedarf, hängt davon ab, ob die Bauherren sich mit Abschluß des Gesellschaftsvertrages lediglich zur Errichtung des Gebäudes oder auch zum Erwerb des Grundstücks verpflichten. In der Praxis wird der Gesellschaftsvertrag erst nach Schließung der Bauherrengemeinschaft – ggf. durch Eintritt von Plazierungsgaranten oder Initiatoren des Modells – abgeschlossen. Die Verpflichtung zum Grundstückserwerb ist in diesen Fällen durch Abschluß der Treuhandverträge und der Grundstückskaufverträge bereits wirksam begründet. Der Gesellschaftsvertrag regelt in solchen Fällen nur noch den Inhalt der Aufbauverpflichtung der Bauherren. Er ist nicht gem. § 313 BGB beurkundungspflichtig.[127] Eine **Beurkundungspflicht** kann sich ausnahmsweise dann ergeben, wenn die Bauherren zuerst den Gesellschaftsvertrag – mit Verpflichtung zum Grundstückserwerb –

127 Goldbeck-Uhde, Rn. 537 ff.; Locher-König, Rn. 60; Brych-Pause, Rn. 1022; – a.A. BayObLG DNotZ 82, 770; Maser, NJW 80, 961, 963.

abschließen und danach erst den Treuhandvertrag und den Grundstückskauf beurkunden. Entsprechend der oben[128] vertretenen Ansicht wird ein solcher – zunächst formungültiger – Gesellschaftsvertrag aber seinem ganzen Inhalt nach wirksam, wenn die Auflassung und die Eintragung der Bauherren im Grundbuch erfolgt sind.[129] Darüber hinaus greifen bei Formunwirksamkeit die Regeln über die faktische Gesellschaft ein mit der Folge, daß der Vertrag als internes Verpflichtungsverhältnis bestehen bleibt, wenn die Gesellschaft in Vollzug gesetzt ist.[130]

cc) Gesellschaftsvertrag und AGBG

Handelt es sich bei dem Gesellschaftsvertrag der Bauherrengemeinschaft um ein Vertragsmuster, welches der Treuhänder formularmäßig zu verwenden pflegt, so unterliegt der Inhalt dieses Vertrages im Verhältnis zu den Bauherren der Inhaltskontrolle des AGBG. Darüber hinaus gilt auch bei Individualverträgen gem. § 242 BGB eine gewisse Inhaltskontrolle in analoger Anwendung des AGBG.[131] Hiernach sind Sondervorteile einzelner Gesellschafter, insbesondere aus dem Kreise der Initiatoren, unzulässig. Es gilt das **Verbot der reinen Dritt-Organschaft**: Der Einfluß der Gesellschaft auf Willensbildung und Geschäftsführung muß erhalten bleiben, die Abberufung eines Fremdgeschäftsführers aus wichtigem Grund darf nicht durch die Notwendigkeit qualifizierter Mehrheiten erschwert werden. **474**

b) Gesellschaftszweck und Gesellschaftsverhältnis

Zum **regelungsbedürftigen Inhalt** des Gesellschaftsvertrages gehören die Verpflichtung zur Errichtung eines bestimmten Bauobjektes, die Aufteilung des Grundstücks in Miteigentumsanteile, die Regelung der Zahlungspflichten der Gesellschafter im Verhältnis zu den Vertragspartnern und untereinander – insbesondere die Regelung von Störfällen –, Regelung von Beginn, Dauer und Ende der Gesellschaft, nämlich durch Zweckerreichung sowie Überleitung in die Wohnungseigentümergemeinschaft, sowie ggf. die Regelung der Geschäftsführung durch Übertragung entsprechender Befugnisse auf den Treuhänder. **475**

128 Rz. 429.
129 ähnlich Tewes, Bauherrenmodelle, Bd. 2, Teil 5/4.2.2.
130 Quast, HdB 1010 Rn. 114; vgl. auch BGH, WM 76, 1026; BGH 17, 167; Palandt-Thomas, § 705 Rn. 11.
131 Vgl. BGH, BB 82, 201; Tewes, Bauherrenmodelle, Bd. 2, Teil 5/4.2.2; v. Westphalen, DB 83, 2745.

aa) Das Verhältnis der Gesellschafter untereinander

476 Der Gesellschaftsvertrag der Bauherrengemeinschaft sollte, um beim Auftreten von Störfällen die Handlungsfähigkeit der Gesellschaft zu erhalten und den Eintritt erheblicher Schäden zu vermeiden, **geeignete Regelungen zur Krisenbewältigung** treffen, unter anderem bezüglich

✓

- der Aufbringung der im Prospekt genannten Gesamtkosten durch die Bauherren und die Verteilung der kalkulierten Gesamtkosten im Innenverhältnis der Bauherren untereinander;
- der Planung, der Planungsdurchführung, der evtl. Neuvergabe notleidend gewordener Verträge, der Durchführung evtl. Beweissicherungsverfahren oder sonstiger gerichtlicher und außergerichtlicher Maßnahmen sowie der **Aufbringung** der hier erforderlichen, im kalkulierten Gesamtaufwand regelmäßig **nicht enthaltenen Kosten**;
- die Regelung einer etwaigen **Nachschußpflicht**;
- die Konsequenzen im Falle der Verletzung der Beitragspflichten durch einzelne Bauherren.

477 Der in der Praxis **häufigste Störfall**, der unter Umständen zum Scheitern des ganzen Bauvorhabens führen kann, besteht in der **Nichtaufbringung der Finanzbeiträge** durch einzelne Bauherren.

Tip

Weitgehend verhindert werden kann dieser Störfall nur dann, wenn das Bauherrenmodell mit sämtlichen Verträgen erst dann in Vollzug gesetzt wird, wenn sämtliche Bauherren, auch diejenigen, die nur aufgrund von Plazierungsgarantien, Bürgschaften oder als Initiatoren zwecks Schließung des Modells beigetreten sind, über eine gesicherte, den Zeitraum bis Baufertigstellung abdeckende Zwischenfinanzierung verfügen und alle zur Auszahlung der Darlehnsvaluta erforderlichen Unterlagen beigebracht bzw. alle bankmäßigen Prüfungen abgeschlossen sind, so daß die finanzierende Bank auf Anforderung die Bauraten auch auszahlen muß.

---

478 **Praxisprobleme**

In der Praxis scheitert eine solche bankmäßig gesicherte Abwicklung häufig an der Tatsache, daß die bereits beigetretenen »echten Bauherren« ihre Steuervorteile für bestimmte Zeiträume ab Beitrittserklärung erwarten bzw. benötigen, so daß bei diesen Bauherren die sogenannten »Werbungskostenvergütungen« bereits abfließen und mit dem Bau, zwecks Erhaltung der Steuervorteile für die bereits vorhandenen Bauherren, bereits begonnen wird. Für die Störfälle, die hier auftreten können, sollten die Bauherren entweder bereits im Gesellschaftsvertrag oder spätestens mit entsprechender Beschlußfassung in den ersten Bauherren-Gesellschafterversammlungen Vorsorge treffen.

Empfehlenswert ist eine Regelung dahingehend, daß Bauherren, die mit ihren Finanzbeiträgen ausfallen oder säumig sind, durch qualifizierte Mehrheit aus der Bauherrengemeinschaft ausgeschlossen werden können. Der Gesellschaftsvertrag und auch bereits die notarielle Vollmacht des Treuhänders sollten für diesen Fall der »Rückabwicklung« eine Ermächtigung dahingehend vorsehen, daß der Grundstücksanteil des ausgeschlossenen Gesellschafters freihändig verwertet, auf einen neu eintretenden Bauherrn oder Garanten übertragen oder der Kaufvertrag rückabgewickelt werden kann.[132] **479**

Tip

Für den Fall der Ausschließung eines Bauherrn müssen auch dessen **480**
Anspruch auf Befreiung von den Gesellschaftsschulden gem. §§ 733, 737, 738 BGB sowie sein Abfindungsanspruch für bereits erbrachte Leistungen bzw. geschaffenes Vermögen angemessen geregelt werden.[133] Umgekehrt kann der ausgeschlossene Bauherr im Falle schuldhafter Verletzung der Pflicht zur rechtzeitigen Bereitstellung der Finanzmittel, des rechtlich unbegründeten Widerrufs von Vollmachten, insbesondere der des Treuhänders, oder im Falle sonstiger schuldhafter Verletzung essentieller Gesellschafterpflichten den übrigen Gesellschaftern zum Schadensersatz verpflichtet sein.[134]

Es ist angesichts der noch weitgehend unklaren Rechtslage empfehlenswert, die Ausgestaltung der Haftung bereits im Gesellschaftsvertrag zu regeln – einerseits zur Vermeidung von Prozessen mit möglicherweise ungewissem Ausgang und andererseits im Sinne einer Warnfunktion zwecks Vermeidung derartiger Haftungsfälle. Die Grundzüge des Gesellschaftsvertrages sollten im Sinne dieser Warnfunktion bereits im Emissionsprospekt wiedergegeben sein.

Tip

---

132 Vgl. Quast, HdB 1010 Rn. 129, 133; Goldbeck-Uhde, Rn. 584 ff. 590 ff.; Tewes, Bauherrenmodelle, Bd. 2, Teil 5/4.2.3 S. 3.

133 BGH, NJW 79, 104; Tewes, Bauherrenmodelle, Bd. 2, Teil 5 Kap. 4.2.3 S. 4; Hennerkes-Binz, NJW 83, 73.

134 BGH, NJW 80, 339; NJW-RR 96, 869; Goldbeck-Uhde, Rn. 607.

481 Ein weiterer in der Praxis häufiger Störfall tritt ein, wenn der Vertrag mit dem Generalunternehmer/Generalübernehmer – oder bei Vergabe in Einzelgewerken mit einzelnen Bauunternehmern – notleidend wird, sei es wegen **Insolvenz des Unternehmers**, wegen **streitiger Mängel** bzw. Teilfälligkeiten und anschließender Einstellung der Bauarbeiten, wegen **behördlicher Baustillegung** infolge von Nachbarwidersprüchen und ähnliches mehr.

Tip

Da diese Fälle typischerweise mit Überschreitung der Baukosten verbunden sind und das Gesetz eine Nachschußpflicht der Gesellschafter ausschließt bzw. von einem einstimmigen Beschluß (§ 707 BGB) abhängig macht, sollte der Gesellschaftsvertrag für diese Störfälle eine Nachschußpflicht der Gesellschafter – auf Basis eines Mehrheitsbeschlusses – vorsehen und im einzelnen regeln.

Fehlt eine gesellschaftsvertragliche Grundlage – in der Praxis regelmäßig –, so könnte eine **Nachschußpflicht** der Bauherren – stillschweigend bzw. aus den Umständen – sich nur dann ergeben, wenn die Bauherren sich zum Zwecke der Errichtung des Bauwerks zusammengeschlossen haben, ohne die von ihnen zu erbringenden Beiträge der Höhe nach ausdrücklich zu begrenzen.[135] Ist der Beitrag des Bauherren-Gesellschafters durch Festlegung des von ihm zu erbringenden Anteils an Gesamtaufwand begrenzt – in der Praxis geschieht dies typischerweise durch Begrenzung der Treuhändervollmacht und vielfach durch entsprechende Festlegung im Gesellschaftsvertrag –, so ist eine stillschweigende Erhöhung der Beitragspflicht ausgeschlossen.

482 Ergibt sich die **Nachschußpflicht** in diesem Falle aufgrund einer im Außenverhältnis wirksamen Verpflichtung – z.B. Erhöhung der Baukosten infolge von Baustillstand oder Verzögerungen infolge von Umständen, die in der Sphäre des Auftraggebers liegen –, so können die Mitbauherren im Außenverhältnis vorfinanzieren und gem. § 426 Abs. 2 BGB aus übergegangenem Recht – nicht dagegen auf gesellschaftsrechtlicher Grundlage – von dem säumigen Mitbauherrn seinen Beitrag einfordern.[136] Soll im Außenverhältnis die vertragliche Grundlage für den erhöhten Betrag erst geschaffen werden – typischerweise im Falle der Insolvenz oder Kündigung des bisherigen Unternehmers und Neubeauftragung eines anderen, teureren Unternehmers mit der Restfertigstellung –, so kann als Grundlage für eine Erstattung der durch die Mitbauherren

135 BGH, NJW 80, 339, 340; Tewes, Bauherrenmodelle, Bd. 2, Teil 5 Kap. 4.2.3 S. 2; vgl. Palandt-Thomas, § 707 Rn. 1.

136 Palandt-Thomas, § 707 Rn. 1.

vorfinanzierten Beiträge allenfalls § 683 BGB in Frage kommen. Es entspricht in der Regel dem Interesse und mußmaßlichen Willen des Mitbauherrn, keine Bauruine zu schaffen, sondern das Gebäude – wenn auch mit erhöhtem Kostenaufwand – fertigzustellen. Im Verhältnis zur zwischenfinanzierenden Bank kann sich zu Lasten des betroffenen Mitbauherrn unter Umständen gem. §§ 1133, 1134 BGB auch eine – von der Bank erzwingbare – Verpflichtung zur Verbesserung des Grundstücks und damit zum Nachschuß ergeben.[137] Allerdings kommt eine Erstattung der anteiligen erhöhten Kosten nur dann gem. § 683 BGB in Betracht, wenn der betroffene Mitbauherr zum Nachschußverlangen der Gemeinschaft sich nicht äußert oder sich lediglich finanziell außer Stande sieht, den erhöhten Beitrag zu leisten.

Widerspricht er ausdrücklich dem Verlangen nach Nachschuß, so ist 483 ein Aufwendungsersatzanspruch gegen ihn gem. §§ 678, 679 BGB ausgeschlossen. Auch eine Ausschließung des unwilligen Mitbauherrn wegen Verletzung der Treuepflicht oder der berechtigten Interessen der Gesellschaft dürfte hier nicht möglich sein, da § 707 BGB nicht über den Umweg der dem Gesellschaftsverhältnis immanenten Treupflichten der Gesellschafter unterlaufen werden kann. In einem solchen Fall müssen die Mitbauherren notgedrungen die Fertigstellung der betroffenen Einheiten soweit mitfinanzieren – rohbaumäßig incl. Fenster, Türen und Heizung –, als dies zur Fertigstellung der eigenen Einheiten baulich unabdingbar ist. Die Probleme der Nachschußpflicht können allerdings vermieden werden, wenn leistungsfähige Garantiegeber die Gewähr – in Form von Bürgschaften oder Garantieverträgen (Plazierungsgarantie, Fertigstellungsgarantie, Baukostengarantie) übernommen haben und im Rahmen ihrer Garantie eintreten.

bb) Das Verhältnis der Gesellschafter zu Dritten

Probleme im Verhältnis der Bauherrengemeinschaft zu Dritten ergeben 484 sich im Regelfall nur bezüglich der Erstellung des Bauwerks, da der Treuhandvertrag, die Verträge bezüglich der Baubetreuung, Finanzierung, Vermietung sowie alle sonstigen Garantie- bzw. Werbungskostenverträge meist, wie auch der Vertrag über den Erwerb des Grundstücksanteils, zwar gleichlautend, aber jeweils separat mit dem einzelnen Bauherrn und dem Unternehmer abgeschlossen werden. Auch der Werkvertrag über die schlüsselfertige Gebäudeerstellung wird häufig – aber nicht immer – als Einzelvertrag zwischen dem jeweiligen Bauherrn und dem Unternehmer abgeschlossen. Zum Zwecke der Vereinfachung der

137 Staudinger-Scherübl, § 1133 Rn. 6; MüKo-Eickmann, § 1133 Rn. 10.

Abwicklung und zur weitestgehenden Minimierung des Baukostenrisikos wird im allgemeinen mit einem **Generalübernehmer** oder **Generalunternehmer**[138] ein Vertrag über die schlüsselfertige Erstellung des Bauvorhabens zum Pauschalfestpreis abgeschlossen. Bei größeren Bauvorhaben mit entsprechend leistungsfähigen Partnern wird als zusätzliche Sicherheit für die Bauherren häufig auch noch die Stellung einer Vertragserfüllungsbürgschaft durch den Generalübernehmer/Generalunternehmer – in Form einer selbstschuldnerischen Bankbürgschaft in Höhe von 10 % der Vertragssumme – vereinbart, die das Risiko einer teureren Herstellung durch Drittunternehmer im Insolvenzfalle absichert.

keine gesamtschuldnerische Haftung

485 Im Hinblick auf die Haftung im Außenverhältnis ist es letztlich unerheblich, ob mit dem Generalunternehmer/Generalübernehmer Einzelverträge oder ein einheitlicher Werkvertrag – mit der Gemeinschaft der Bauherren als Auftraggeberin – abgeschlossen wird. Die **Haftung im Außenverhältnis** ist nach h.A.[139] nicht gesamtschuldnerisch, sondern **nur anteilig** im Verhältnis der Miteigentumsanteile bzw. im Verhältnis der Anteile an der Gesellschaft. Ist im Zeitpunkt der Auftragsvergabe die Bauherrengemeinschaft noch nicht geschlossen, so haften die bei Vertragsabschluß vorhandenen Bauherren ebenfalls nur nach Maßgabe ihrer eigenen Anteile. Neu eintretende Gesellschafter haften im Außenverhältnis kraft Gesetzes für die ab dem Zeitpunkt ihres Beitritts entstehenden Kosten der Restfertigstellung, kraft Vertrages dagegen in der Regel für die gesamten auf ihre Einheit entfallenden Baukosten.[140] Bleiben bis zur Baufertigstellung **unveräußerte Einheiten**, so kann unter Umständen eine Haftung des Treuhänders oder Baubetreuers gem. § 179 BGB gegenüber dem Generalunternehmer in Frage kommen, wenn er bezüglich derjenigen Einheiten, für die es gar keinen Betreuten gibt, gleichwohl den Vertrag abgeschlossen hat.[141] Unter Umständen kommen, wenn der Generalunternehmer/Generalübernehmer über fehlende Bauherren nicht informiert waren, Bereicherungsansprüche gegen den im Grundbuch eingetragenen Eigentümer der nicht gezeichneten Einheiten gem. § 812 BGB in Betracht. Allerdings pflegen versierte Unternehmer sich vor Baubeginn zu vergewissern, ob die Bauherrengemeinschaft geschlossen ist, um dann mit dem/den Initiatoren oder den Plazierungsgaranten einen Vertrag über die Erstellung der nicht gezeichneten Einheiten abzuschließen, bei dem dann im Falle des späteren Beitritts eines

138 Zur Abgrenzung vgl. o. Rz. 335 ff., 342.

139 BGH, NJW 80, 992 f. = BauR 80, 262; LG Kiel NJW 82, 390; OLG Karlsruhe, BauR 85, 696; Locher-Koeble, Rn. 123 ff. m.w.N.; Brych-Pause, Rn. 1092.

140 BGH, NJW 80, 992; BGH, BauR 83, 457; BGH, WM 87, 1078; Brych-Pause, Rn. 1035 f.

141 Locher-Koeble, Rn. 128, 150; Locher-König, Rn. 53.

Bauherrn ein Austausch des Vertragspartners stattfindet. Umgekehrt pflegen versierte Initiatoren mit dem Generalunternehmer eine Vereinbarung abzuschließen, mit der der Generalunternehmer sich – gegen Erhalt einer entsprechenden zusätzlichen Vergütung - verpflichtet, beim Bau auch diejenigen Wohnungen bzw. Häuser fertigzustellen, die noch nicht an Bauherren veräußert sind (sog. **Restanten**). Hier übernimmt der Generalunternehmer die teilweise Vorfinanzierung des Bauvorhabens für die Restanten.

Werden bei Erstellung einer Eigentumswohnanlage Einzelverträge **486**
pro Bauherr abgeschlossen, so **trägt** ohnehin **der Generalunternehmer/Generalübernehmer** weitgehend **das wirtschaftliche Risiko** der Schließung der Gemeinschaft, sofern er sich nicht durch entsprechende Vertragsgestaltung mit den Initiatoren gesichert hat, außerdem das Risiko des Zahlungsverzuges einzelner Bauherren. Technisch ist es nicht möglich, einzelne Einheiten auszusparen und rechtlich hat er gegenüber den vertragsgetreuen Bauherren keine Ansprüche wegen des Zahlungsverzugs einzelner Mitbauherren, so daß er de facto gezwungen ist, jedenfalls diejenigen Teile der Wohneinheit fertigzustellen, die bautechnisch für eine ordnungsgemäße Erstellung der übrigen Einheiten erforderlich sind. Er kann gegenüber der säumigen Bauherren zwar die Rechte aus § 648 BGB und Zahlungsansprüche geltend machen bzw. im Grundbuch – soweit Einzelgrundbücher bereits angelegt sind – absichern. Wenn die Grundschulden zur Absicherung der Zwischenfinanzierung bereits im Grundbuch eingetragen sind, ist eine solche Absicherung allerdings regelmäßig wegen der Vorlasten wertlos. Der Unternehmer kann in einem solchen Falle lediglich mittels vertraglicher Absprachen – einerseits mit der Bank über die Fertigstellung und Zahlung durch die Bank, die damit eine leichter verwertbare Immobilie als Pfand erhält, andererseits mit dem Treuhänder der Bauherrengemeinschaft zwecks Ausschließung und Ersetzung des säumigen Mitbauherrn durch einen zahlungskräftigen Nachfolger, ggf. auch durch Selbsteintritt – versuchen, die wirtschaftlichen Folgen des übernommenen Risikos zu mildern.

Ist der Generalunternehmer/Generalübernehmervertrag als ein ein- **487**
heitlicher Werkvertrag mit »der Gemeinschaft der Bauherren« als Auftraggeber abgeschlossen, so treffen die Folgen des **Zahlungsverzuges** einzelner Bauherren die Gemeinschaft als Ganzes, sofern nicht im Vertrag mit dem Generalunternehmer die ausdrückliche Vereinbarung getroffen wurde, daß die Folgen des Zahlungsverzuges ausschließlich den Säumigen selbst treffen. Gem. **§ 16 Nr. 5 Abs. 3 VOB/B**, die üblicherweise beim Bauvertrag mit dem Generalunternehmer/Generalübernehmer vereinbart ist, hat der Auftragnehmer das Recht zur Berechnung von **Verzugszinsen** und insbesondere das **Recht zur Einstellung der Bauarbeiten** auch dann, wenn nur Teile der fälligen Bauraten, nämlich

Absicherung

die der einzelnen säumigen Mitbauherren, nicht gezahlt werden. Zwecks Vermeidung der Verzugsfolgen gem. § 16 Nr. 5 Abs. 3 VOB/B sind in diesem Falle die übrigen Bauherren gezwungen, im Außenverhältnis die Raten des Säumigen zu übernehmen bzw. vorzufinanzieren. Sie haben im Innenverhältnis dann wiederum den Ausgleichsanspruch gem. § 426 BGB gegen den säumigen Mitbauherrn und – bei entsprechender gesellschaftsvertraglicher Regelung – das Recht auf Ausschluß und ggf. Verwertung des Grundstücksanteils bzw. der Wohneinheit.

488 Problematisch wird die Situation der **»faktischen Mithaftung«** der Bauherren dann, wenn der Generalunternehmer gem. § 648 a BGB die Absicherung seiner Vergütung in voller Höhe fordert und von der Stellung der Sicherheit entweder den Beginn der Ausführung oder die Weiterführung der Bauarbeiten abhängig macht. Da **§ 648 a BGB** nicht abbedungen werden kann, ist in diesem Falle das Scheitern des Projekts vorprogrammiert, wenn nicht durch das Bestehen einer Plazierungsgarantie in Verbindung mit einer entsprechenden Baufertigstellungsgarantie die Stellung der Bürgschaft von vornherein gesichert ist, z.B. durch die das Gesamtobjekt zwischenfinanzierende Bank.

Tip

Auch hier empfiehlt sich unter Umständen der Abschluß einer Treuhandvereinbarung zwischen Generalunternehmer – Treuhänder – Bank, um die für die Zwischenfinanzierung ohnehin bestellte bzw. eingetragene Globalgrundschuld zugleich als Sicherungsmittel für den Generalunternehmer gem. § 648 a BGB einzusetzen.

c) *Die Beendigung der Gesellschaft*

489 Die Gesellschaft der Bauherren endet durch Zweckerreichung oder durch Auflösung und Kündigung. Die **Zweckerreichung** (§ 726 BGB) tritt ein mit Bezugsfertigstellung des Gesamtvorhabens und Übergabe der Einheiten an die Bauherren.[142] Bestand der Gesellschaftszweck in der Errichtung einer Wohnanlage, die aus Einzelhäusern bzw. Reihenhäusern besteht, so endet damit die Gemeinschaftsbindung. Handelt es sich um Eigentumswohnungen, so wird die BGB-Gesellschaft der Bauherren **in die Gemeinschaft der Wohnungseigentümer übergeleitet**. Diese ist rechtlich bereits mit Teilung gem. § 8 WEG und Eintragung der

142 BGH, WM 88, 661; Quast, HdB 1010 Rn. 134; zu weitgehend Goldbeck-Uhde Rn. 668, die erst mit Ablauf der Gewährleistungsfristen – unter Umständen nach Verlängerung infolge schriftlicher Mängelrügen – die Zweckerfüllung bejahen; ebenso Brych-Pause, Rn. 1037.

Sondereigentümer im Grundbuch entstanden, so daß beide Gemeinschaftsformen eine zeitlang nebeneinander bestehen. Ab Bezugsfertigstellung und Abnahme richten sich die Rechtsbeziehungen der Bauherren untereinander nach dem WEG, soweit nicht noch Abwicklungstätigkeiten aus der BGB-Gesellschaft erforderlich sind, z.B. im Hinblick auf gemeinschaftliche Veranlagung bei den Finanzbehörden, steuerliche Betriebsprüfung etc. Im Außenverhältnis der Bauherren zu Dritten sind die jeweiligen Verträge maßgebend, wobei für die Gewährleistungsansprüche der nunmehrigen Wohnungseigentümer die insoweit von der Rechtsprechung entwickelten Besonderheiten zu beachten sind.[143]

Die Gesellschaft der Bauherren endet durch **Auflösung**, unter **490**
Umständen **auch durch Kündigung gem. § 723 BGB** aus wichtigem Grunde, wenn die Durchführung des Bauvorhabens unmöglich wird, wenn es nicht durchgeführt werden kann, weil die Bauherrengemeinschaft nicht geschlossen wurde oder wenn nachträglich Bauherren, z.B. infolge Ablehnung der Finanzierung durch die zwischenfinanzierende Bank wegen nicht ausreichender Bonität, wegfallen. Die Gesellschaft wird in diesem Falle gem. den Auseinandersetzungsbestimmungen im Gesellschaftsvertrag oder – soweit keine vertragliche Vereinbarung vorliegt – gem. den §§ 731 ff. BGB auseinandergesetzt. Soweit Beiträge in Form von Eigenkapitalzahlungen oder aus der Finanzierung bereits geflossen sind, müssen diese – nach Berichtigung etwaiger Gesellschaftsschulden, z.B. im Falle des bereits in Verzug gesetzten Modells – an den Bauherrn zurückerstattet werden. Soweit Vergütungen an die Vertragspartner bereits geflossen sind und nicht oder nur teilweise rückzahlbar sind oder kraft vertraglicher Vereinbarung in jedem Falle geschuldet werden, trägt der Bauherr das finanzielle Risiko des Scheiterns. Er muß die dem gekündigten Werkunternehmer gem. § 649 BGB nach Abzug der ersparten Aufwendungen zustehende Vergütung zahlen und die dem Treuhänder, der zwischenfinanzierenden Bank und den Funktionsträgern für den Fall der vorzeitigen Beendigung der Verträge ganz oder teilweise zustehenden Gebühren auszahlen. Soweit Rückzahlungsansprüche des Bauherrn – z.B. bei sogenannten erfolgsunabhängigen Vermittlungsprovisionen – bestehen, trifft ihn das wirtschaftliche Risiko der Insolvenz des Vertragspartners. Demgemäß haben die Bauherren, wenn das Modell erst im Zuge der Bauerstellung zu scheitern droht, sehr wohl abzuwägen, welche finanziellen Nachteile größer sind: die des Nachschusses und der Kostenerhöhung oder die des endgültigen Scheiterns mit dem Risiko des Verlustes sowohl der Steuervorteile wie auch der bereits an Dritte geleisteten Zahlungen.

Rückabwicklung

143 Vgl. u. Rz. 820 ff.

5. Der Grundstückswerb

491 Im Vorfeld des Grundstückserwerbs durch die künftigen Bauherren steht die Problematik der »Sicherung« des Grundbesitzes schon vor dem Vertrieb und dem Beitritt der einzelnen Bauherren, und zwar ohne Grunderwerbsteuer für das gesamte Projekt auszulösen. Die Praxis löst diese Probleme durch **Trennung von Angebot und Annahme**.[144] Der Grundstücksverkäufer bietet dem vom Treuhänder – oder dem sogenannten Benennungsberechtigten – zu benennenden Dritten bezüglich der einzelnen Miteigentumsanteile den Abschluß eines konkreten Kaufvertrages in notariell beurkundeter Form an. Nach Abschluß der notariellen Treuhandverträge und Vollmachtserteilung nimmt der Treuhänder für die dem Modell beigetretenen Bauherrn entweder in separaten Urkunden oder in einer einheitlichen Annahmeerklärung, in der alle Bauherren im Vertrag selbst oder einer Anlage namentlich aufgeführt sind, das Kaufangebot an. Ist der Initiator selbst Grundstückseigentümer – typisch beim Ersterwerbermodell und häufig beim Altbausanierungsmodell –, so wird der Kauf in der Regel in einheitlicher Urkunde vollzogen.

Tip

Zur Sicherheit der Erwerber wie auch der Initiatoren sollte der Kaufvertrag – bereits im Angebot – die für die Durchführung des Modells erforderliche bauliche Ausnutzung des Grundbesitzes gewährleisten und für den Fall, daß die Bauherrengemeinschaft noch nicht geschlossen ist und das Modell vor seiner Realisierung scheitert, zweckdienliche Regelungsmechanismen für die Rückabwicklung enthalten.

492 In **steuerlicher Hinsicht** steht die Problematik im Raume, daß gem. § 1 Abs. 2 des GrEStG 1983 bereits das Angebot an den Benennungsberechtigten Grunderwerbsteuer auslösen kann, so daß möglicherweise vorzeitig oder – im Extremfall – **doppelte Grunderwerbsteuer** anfällt, wenn der Beitritt des Bauherrn dann als zweiter grunderwerbsteuerbarer Vorgang gewertet wird. Angesichts der Tendenz der Finanzverwaltungen zur weitestgehenden Unterwerfung von Tatbeständen unter die Grunderwerbsteuerpflicht sind hier Risiken für alle Beteiligten gegeben. Unter Umständen sollte in das Angebot die Schließung der Bauherrengemeinschaft als eindeutige Vorbedingung für die Annahme des Angebots – auch i.S.d. § 14 Nr. 1 GrEStG – aufgenommen werden, um die Risiken in zivilrechtlicher und steuerlicher Hinsicht zu mindern.

144 Vgl. im einzelnen Quast, HdB 1010 Rn. 164 ff.; Tewes, Praxishdb., Bd. 1, Teil 5/6.2.

6. Der Vertrag der Bauherrengemeinschaft mit dem Generalunternehmer bzw. Generalübernehmer

Die Gebäudeerstellung erfolgt beim Bauherrenmodell typischerweise in der Form, daß einem Generalübernehmer oder Generalunternehmer der Auftrag zur schlüsselfertigen Erstellung des Gebäudes bzw. der Wohnanlage einschließlich aller Erschließungsleistungen übertragen wird. Die Vergabe in Einzelgewerken ist nur in seltenen Ausnahmefällen und auch nur bei kleineren Maßnahmen anzutreffen. Bezüglich der Erläuterung der Fragen zum Generalübernehmer/Generalunternehmervertrag und insbesondere zu den Fragen des Beurkundungszwanges bei diesen Verträgen kann auf die Erläuterungen im Teil I Kap. 4[145] verwiesen werden. Der Abschluß des Generalunternehmer/Generalübernehmervertrages erfolgt durch den Treuhänder als den bevollmächtigten Vertreter der Bauherrengemeinschaft. In den Anfangsjahren des Bauherrenmodells stand der Generalübernehmer/Generalunternehmer von vornherein fest und das Vertragsmuster des abzuschließenden Vertrages war entweder Bestandteil des Treuhandvertrages oder diesem als sogenanntes Muster beigefügt. Infolge des von den Finanzverwaltungen geforderten Nachweises der Planungshoheit und der Abschlußfreiheit der Bauherren hat sich die Praxis dahingehend entwickelt, daß in der **Beitrittsphase** verschiedene **Angebote unterschiedlicher Generalunternehmerfirmen** vorliegen, unter Umständen mit Planungs- und Ausführungsalternativen, so daß dann die Bauherrengemeinschaft in der ersten Gesellschafterversammlung über ihre endgültige Planung und die Bauvergabe im Beschlußwege entscheidet.[146] Den Bauherren wird im Vertrag – nicht zuletzt zur Dokumentation der Planungshoheit und Sicherstellung der Bauherreneigenschaft gegenüber den Finanzbehörden – weitgehende Freiheit bezüglich der Bauausführung gelassen. Praktische Auswirkungen hat diese Freiheit nach der Festlegung der Planung durch Beschluß der Bauherren-Gesellschafter allerdings nur noch bezüglich der Ausgestaltung innerhalb des Sondereigentums. Nach Bezugsfertigstellung des Bauvorhabens findet zwischen dem Generalunternehmer/Generalübernehmer und/oder dem Treuhänder bzw. dem zusätzlichen eingeschalteten Baubetreuer die **werkvertragliche Abnahme** statt, und zwar üblicherweise in Form einer Begehung mit **schriftlicher Niederschrift**. Häufig werden die Bauherren selbst vom Treuhänder und/oder dem Generalunternehmer/Generalübernehmer ebenfalls zur Abnahme einge- 493

Teilnahme des Bauherrn an der Abnahme

145 Vgl. Rz. 335 ff.

146 Quast, HdB 1010 Rn. 122 ff.; diese Handhabung ist heute allgemeinüblich, unabhängig davon, ob der Anleger nach den Kriterien des BH.-Erlasses v. 31.8.90 als »echter« Bauherr oder (id.R.) als Erwerber einzustufen ist – vgl. auch Brych-Pause, Rn. 1025.

laden. In der Praxis hat sich diese Handhabung bewährt, da besonders kritischen Bauherren die Gelegenheit gegeben wird, sich ein persönliches Bild vom Bauzustand zu machen und all diejenigen Reklamationen vorzutragen, die nach ihrer Ansicht als Baumängel ins Protokoll aufgenommen werden sollen. Da mit der Bezugsfertigstellung des Gebäudes und der Erstellung der Schlußrechnung über die Verwendung der eingesetzten Mittel die Tätigkeit des Treuhänders üblicherweise endet, ist der Bauherr im Hinblick auf die Durchsetzung von Gewährleistungsansprüchen auf eigene Aktivitäten angewiesen, sofern nicht ausnahmsweise der Treuhandvertrag hier noch Abwicklungstätigkeiten des Treuhänders – ggf. gegen zusätzliche Vergütung – vorsieht. Ist ein Baubetreuer eingeschaltet, so endet dessen Tätigkeit in der Regel mit dem Ablauf der Gewährleistungsfrist, so daß der Bauherr insoweit auf eine fachkundige Vertretung und Unterstützung zurückgreifen kann. Stammt der Baubetreuer allerdings aus der Sphäre des Generalunternehmers/Generalübernehmers, so ist dem Bauherrn – bei Mängeln am Gemeinschaftseigentum der Bauherren/Wohnungseigentümergemeinschaft – die Einschaltung eines unabhängigen Gutachters oder Architekten anzuempfehlen, damit eine nachhaltige Interessenvertretung des Bauherrn gegenüber dem Werkunternehmer gewährleistet ist.

7. Die Werbungskostenverträge

494 Wie eingangs bereits dargelegt, liegt der Anreiz für die Beteiligung an einem Bauherrenmodell in den mit dieser Form des Immobilienerwerbs verbundenen Steuervorteilen, die vom Gesetzgeber zur Förderung des freifinanzierten Wohnungsbaus geschaffen wurden. Die **Steuervorteile** liegen vorrangig im Bereich der **Einkommensteuer**. Bei den – ausgelaufenen – Modellen mit **Mehrwertsteueroption** lag der Steuervorteil in dem Anspruch auf Erstattung der relativ hohen Vorsteuern aus den Bauleistungen und sonstigen Vergütungen, denen nur die relativ geringe Steuerbelastung bei der Umsatzsteuer auf die vereinnahmten Mieten gegenüberstand. Im Bereich der **früheren Vermögens-, der Erbschafts- und Schenkungssteuer** ergibt sich die Steuerersparnis aus dem Umstand, daß der Grundbesitz nur mit dem 1,4-fachen des Einheitswertes, der in der Regel nur mit einem Bruchteil des Verkehrswertes festgesetzt wird, als Vermögensposten angesetzt wird, die damit zusammenhängenden Schulden jedoch mit ihrem Nennwert. Der Steuerminderungseffekt bei der Einkommen- bzw. Lohnsteuer ergibt sich in erster Linie durch die Aufteilung der Gesamtkosten des Objektes in sofort, d.h. im Jahr der Zahlung, abzugsfähige Werbungskosten, im Wege der Abschreibung auf die Nutzungsdauer des Gebäudes zu verteilende

Gebäudeherstellungskosten und in nicht absetzbare Kosten des Grundstückserwerbs[147]. Je höher die sofort abzugsfähigen Werbungskosten gegenüber den Kosten der Herstellung und den Anschaffungskosten für den Grundbesitz sind, desto größer ist gem. § 9 EStG die momentane Steuerersparnis. Bei entsprechend hoher Steuerbelastung des Bauherrn und entsprechend hohem Anteil der Werbungskosten oder auch der kurzfristig abschreibbaren Herstellungskosten kann das vom Bauherrn zu erbringende Eigenkapital ganz oder teilweise aus der Steuerersparnis – Minderung der Progression – geleistet werden.[148] Entsprechend dem in den Bauherrenerlassen vom 13.08.1981 und 31.08.1990[149] entwickelten Katalog der abzugsfähigen Werbungskosten, der keineswegs abschließend ist und der Findigkeit cleverer Initiatoren Spielraum für die Entwicklung neuer »Werbungskostenverträge« läßt, werden »beim Bauherren« i.S.d. Erlasses als sofort **abzugsfähige Werbungskosten** anerkannt:[150]

- die **Treuhandgebühr**, soweit sie auf Geldbeschaffung und spätere Nutzung anfällt, pauschal mit 1/4 der vereinbarten Treuhandgebühr und max. bis 0,5 % des Gesamtaufwandes; die restliche Treuhandgebühr zählt zu den Herstellungskosten; **495**
- die **Baubetreuung**, soweit sie auf den Bereich der Finanzierung, Vermietung, späteren Verwaltung und die Wirtschaftlichkeitsberechnung für die Zeit nach Bezugsfertigstellung entfällt, pauschal mit 1/8 der Baubetreuungskosten und max. bis 0,5 % des Gesamtaufwandes; die restliche Baubetreuungssgebühr, insbesondere für die technische Betreuung, Koordination und Abrechnung in der Bauphase und die Schlußabrechnung zählen zu den Herstellungskosten;[151]
- **Schuldzinsen** und Zinsfreistellungsgebühren, bei Vorauszahlung für mehr als ein Jahr nur zeitanteilig;
- **sonstige Finanzierungskosten** wie Disagio, Bearbeitungsgebühren etc. in marktüblicher Höhe; übersteigende Beträge sind auf die Laufzeit des Darlehns bzw. den Zinsfestschreibungszeitraum zu verteilen;

147 Tewes, Bauherrenmodelle, Teil 4/15.1.1; Schmider, HdB 1460 Rn. 9 ff.; Goldbeck-Uhde, Rn. 1399 ff.

148 Vgl. die Übersichtstabellen bei Tewes Teil 4/15.1.1.

149 Vgl. o. Rz. 414.

150 Tewes, Praxishdb., Bd. 2, Teil 7; Brych-Pause, Rn. 1217.

151 Da gem. Tz. 1.2 des Erlasses vom 31.8.90 bei einem Bauherrnmodell oder vergleichbaren Modell der Anleger i.d.R. steuerlich als »Erwerber« gilt, zählen die Treuhand- und Betreuungsgebühr in den meisten Fällen in voller Höhe zu den Anschaffungskosten; die Herausrechnung einer Werbungskostenanteils entfällt.

- **Vermittlungs- und Bearbeitungsgebühren** für die Endfinanzierung in marktüblicher Höhe, in der Regel mit max. 2 % des vermittelten Darlehens; überschießende Beträge sind anteilig den Herstellungskosten und den Grundstücks-Anschaffungskosten zuzurechnen;
- **Kosten der Darlehnsicherung**, nämlich anteilige Notar- und Grundbuchkosten sowie Rechtsanwaltsgebühren;
- **Beiträge für Versicherungen**, z.B. Bauherrenhaftpflicht für die Bauphase;
- **Bürgschafts- und Garantiegebühren**, z.B. Bürgschaft für die Zwischenfinanzierung in Höhe der banküblichen Avalprovision mit max. 2 % p.a. des verbürgten und valutierten Betrages, Bürgschaft für die Endfinanzierung bis max. 0,5 % des valutierten Darlehns, Ausbietungsgarantien, Zinshöchstkostengarantien, Zinsgarantien für die Dauer der Bauzeit etc. – allerdings mit der Einschränkung, daß die vereinbarte Gebühr eine ernsthafte wirtschaftliche Gegenleistung für das übernommene Risiko darstellt und der Garantiegeber oder Bürge zur Erfüllung der übernommenen Verpflichtungen wirtschaftlich in der Lage ist;
- **Vermietungs- und Mietgarantiegebühren** in Höhe der ortsüblichen Maklerprovision, d.h. bis zu vier Monatsmieten bei 5-jähriger Garantie.

496 Entsprechend den Kostenpositionen, in die sich der Gesamtaufwand gliedert, schließt der Treuhänder mit einer Vielzahl von Vertragspartnern Verträge ab, die die von den betreffenden Vertragspartnern zu erbringenden Leistungen sowie die Höhe und ggf. Fälligkeit der vom Bauherrn zu zahlenden Vergütung regeln. Der von Kritikern des Bauherrenmodells erhobene Einwand, bei den sogenannten Werbungskostenverträgen handele es sich um steuerrechtlich motivierte Scheinverträge ohne ernsthaften zivilrechtlichen Bindungswillen,[152] dürfte inzwischen als ausgeräumt gelten. Die Zivilrspr.[153] hat, anders als die Finanzverwaltung, festgestellt, daß die im Rahmen eines Bauherrenmodells getroffenen Vereinbarungen ernstlich gewollt sind und entsprechende Leistungspflichten begründen – auch den Nachweis der erfolgten Vermittlung bei Maklerverträgen, bei denen die Vereinbarung einer erfolgsunabhängigen Vergütung gem. § 9 AGBG unzulässig ist. Kritisch gewordene Bauherren und deren Treuhänder pflegen seitdem darauf zu achten, daß die Gegenleistungen für vereinbarte bzw. gezahlte Entgelte auch tatsächlich erbracht werden und – falls Provisionen zu Unrecht gezahlt wurden und die Leistung wegen Zeitablaufs nicht mehr nachholbar ist – diese auch zurückzufordern.

152 Vgl. im einzelnen Goldbeck-Uhde, Rn. 731 m. w. Nachw.
153 BGH, NJW 77, 294 f; 80, 292; OLG München, DB 82, 1003 f. m. Anm. Brych.

Aus dem **Katalog der Werbungskostenverträge** können nachstehend nur die wesentlichsten skizziert werden, da eine detaillierte Darstellung aller möglichen oder in der Praxis vorkommenden Werbungskostenverträge den Rahmen dieses Buches sprengen würde.

a) Der Baubetreuungsvertrag

Die Baubetreuung hat ihre Grundlage in den Bestimmungen über die **497**
Förderung des sozialen Wohnungsbaus, die zum Schutze des unkundigen Bauherrn und zur Sicherstellung der zweckgerechten Verwendung der öffentlichen Mittel den Einsatz eines fachkundigen Baubetreuers vorschrieben.[154] Hieraus entwickelten sich Formen der Baubetreuung auch im freifinanzierten Wohnungsbau, die nach relativ kurzer Entwicklungszeit eine echte Alternative zum Bauträgerkauf darstellten.[155] Der klassische Bauträgerkauf wurde in getrennte Verträge über Grundstückskauf und Baubetreuung »zerlegt«, wobei der Baubetreuer sich zur schlüsselfertigen Errichtung des Hauses oder der Wohnung zum Pauschalfestpreis verpflichtete, die entstehenden Verträge allerdings im Namen und für Rechnung des Betreuten abschloß. Für den Betreuten hatte diese Vertragsgestaltung den Vorteil der größeren grundbuchmäßigen Absicherung[156], allerdings auch den Nachteil des finanziellen Risikos einer Insolvenz oder zweckwidrigen Verwendung der Baugelder durch den Betreuer. Steuerlich war diese Gestaltung für den Betreuten außerdem wenig attraktiv, weil er außer den Vorteilen der erhöhten Abschreibung, z.B. § 7b EStG, nur relativ wenig an Werbungskosten, z.B. die Zinsen aus der Bauzeit, das Betreuungsentgelt, Notarkosten etc., steuerwirksam geltend machen konnte. Aus diesem Grunde hat der Baubetreuungsvertrag in der Praxis neben dem Erwerb vom Bauträger immer nur eine **untergeordnete Rolle** gespielt. Erst im Rahmen des Bauherrenmodells hat die Funktion der Baubetreuung eine neue Ausprägung erhalten, insbesondere seit der Beschränkung der Höhe der jeweils als Werbungskosten anzuerkennenden Gebühren durch den Bauherrenerlaß vom 13.08.1981. Da nach diesem Erlaß die Treuhandgebühr bis max. 0,5 % des Gesamtaufwandes abzugsfähig ist und ebenso die Gebühr für die rein wirtschaftliche Baubetreuung bis max. 0,5 % des Gesamtaufwandes (Damnum plus Vertriebsprovision sind verher abzuziehen) abzugsfähig sind, kommt der Bauherr auf ca. 1 % des Gesamt-

Neugewonnene Attraktivität

154 Vgl. Locher, Rn. 396; Locher-Koeble, Rn. 1 ff.

155 Zur Abgrenzung zwischen Bauträger u. Baubetreuer vgl. o. Rz. 350.

156 Bis zur Änderung des § 24 KO durch G. v. 22.06.77 war die zugunsten des Käufers eingetragene Auflassungsvormerkung nämlich nicht konkursfest, vgl. Kuhn-Uhlenbruck, KO § 24 Rn. 10 m.w.N.w. Jetzt gilt insoweit § 106 InsO

aufwandes als Werbungskosten, wenn nebeneinander ein Treuhänder und ein wirtschaftlicher Baubetreuer eingeschaltet sind. Die Anerkennung der Baubetreuungsgebühr als Werbungskosten ist durch den BH-Erlaß vom 31.8.90 zwar weitgehend weggefallen. Jedoch erfreut sich die Baubetreuung nach wie vor großer Beliebtheit und hat sich vor allem bei größeren Bauprojekten – insbesondere mit dem Schwerpunkt der Projektsteuerung – bewährt.

498 Als **Vertragstypen** finden sich 3 verschiedene Formen der Baubetreuung:

- die **rein technische Baubetreuung**, bei der der Betreuer im wesentlichen Architektenleistungen erbringt, nämlich Bauüberwachung, Koordination der eingesetzten Unternehmer, Aufstellung eines Baufristenplanes in Koordination mit einem Geldbedarfs- und Zahlungsplan, Vertretung des Bauherrn gegenüber den Baubehörden und Baubeteiligten, Beschaffung der Baugenehmigung etc.[157];
- die **rein wirtschaftliche Betreuung**, bei der der Baubetreuer verschiedene Dienstleistungen erbringt, z.B. Vorbereitung und Abschluß von Verträgen, Koordination aller für die Durchführung des Bauvorhabens erforderlichen kaufmännischen Leistungen, Unterstützung bei der Durchsetzung von Ansprüchen gegenüber anderen Beteiligten des Modells in rechtlicher und wirtschaftlicher Hinsicht, Aufstellung von Wirtschaftlichkeitsberechnungen, Führung von Baukonten, Abwicklung des Zahlungsverkehrs oder seiner Vorbereitung, Vorbereitung und Erstellung der Schlußabrechnung des Bauvorhabens, ggf. auch von Zwischenabrechnungen, soweit dies bei einem Wechsel des Generalunternehmers erforderlich ist;[158]
- die sogenannte **Vollbetreuung**, die sowohl die technische wie auch die wirtschaftlichen Betreuungsleistungen umfaßt.

499 Bei der **technischen Baubetreuung** liegt ein Werkvertrag mit Geschäftsbesorgungscharakter i.S.d. §§ 631, 675 BGB vor.[159] Der Betreuer schuldet die zugesagten Betreuungsleistungen im Sinne eines Werkerfolgs. Dasselbe gilt für den Fall der **Vollbetreuung**. Die zum technischen Bereich hinzutretenden wirtschaftliche Betreuungsleistungen ändern nichts an der rechtlichen Zuordnung des Vertragstypus zum Werkvertragsrecht.[160] Bei Teilbetreuung allein im **wirtschaftlichen Bereich** ist der Vertrag als **Dienstvertrag** einzustufen,[161] bei dem – da

157 Tewes, Praxishdb., Bd. 2, Teil 7/2.6.2.
158 Brych-Pause, Rn. 999.
159 Locher-Koeble, Rn. 18; Locher, Rn. 397; Werner-Pastor, Rn. 1443.
160 BGH, NJW 76, 1635 = BauR 76, 376; Locher, Rn. 397; Ingenstau-Korbion, Anh. Rn. 158.
161 Locher, Rn. 397; Locher-Koeble, Rn. 19 ff.; Brych-Pause, Rn. 1001

es sich um eine Vertrauensstellung mit erheblichem finanziellen Gewicht für den Bauherrn handelt – eine Kündigung nur unter den Voraussetzungen der §§ 627, 628 BGB zulässig ist.

Bei der **wirtschaftlichen Betreuung** endet die Tätigkeit des Betreuers in der Regel nach Bezugsfertigstellung und Abnahme des Bauobjektes und Erteilung der Schlußabrechnung durch den Baubetreuer. Zu einzelnen Abwicklungshandlungen im Sinne von nachvertraglichen Pflichten ist der Betreuer im Bedarfsfall verpflichtet, z.B. zu Mitwirkungshandlungen bei der steuerlichen Schlußbetriebsführung, die in der Regel erst Jahre später stattfindet. **500**

Ende der Baubetreuung

Bei **isolierter technischer** Betreuung und bei **Vollbetreuung** enden – in Anlehnung an § 15 Abs. 2 Phase 9 HOAI – die Leistungspflichten des Betreuers erst mit Ablauf der Gewährleistungsfristen, sofern im Vertrag nicht ausdrücklich eine frühere Beendigung vereinbart ist. Ebenso wie der Treuhänder ist der Baubetreuer dem Bauherrn zur Auskunftserteilung und Rechnungslegung verpflichtet. Insoweit gelten dieselben Grundsätze wie beim Treuhänder, so daß auf die obigen Ausführungen verwiesen werden kann.[162]

b) Die Verträge im Finanzierungsbereich

Typischerweise wird beim Bauherrenmodell die Finanzierung im Rahmen des Gesamtpakets mit angeboten. Darüber hinaus wird zur Beschaffung der umfangreichen, durch ein hohes Beleihungsvolumen gekennzeichneten Fremdfinanzierung ein Finanzierungsvermittler eingeschaltet. Zu den **Leistungspflichten des Finanzierungsvermittlers** gehören im Regelfall:[163] **501**

- Die Vermittlung der Bauzwischenfinanzierung;
- die Vermittlung der langfristigen Endfinanzierung;
- die Bearbeitung der Finanzierung durch Beschaffung und Aufbereitung aller für die Darlehensgewährung bzw. Auszahlung der Darlehensvaluta erforderlichen Beleihungsunterlagen.

Der Finanzierungsvermittlungsvertrag ist seiner Rechtsnatur nach **Maklervertrag** i.S.d. § 652 BGB, auch wenn die Finanzierungsbearbeitung als Dienstleistung mitenthalten ist.[164] Der Finanzierungsvermittler schuldet den Nachweis die Vermittlung der End- bzw. Zwischenfinanzierung. Nimmt der Bauherr die ihm angebotene Finanzierung nicht ab, **502**

162 Vgl. o. Rz. 443 ff.
163 Vgl. Goldbeck-Uhde, Rn. 844 ff.
164 h.A., vgl. BGH, BB 84, 564; NJW 85, 2477; OLG München, DB 82, 1003 ff., 1005; Brych-Pause, Rn. 1001; Korbion-Locher, M, Rn. 27.

weil er z.B. eine eigene, günstigere Finanzierung beschaffen kann, so ist er – vom Regelfall des Formularvertrags ausgehend – zur Zahlung der Vergütung nicht verpflichtet. Die Vereinbarung einer **erfolgsunabhängigen Vermittlungsprovision** ist – da mit dem Wesen des Maklervertrages unvereinbar – wegen Verstoßes gegen § 9 Abs. 2 Nr. 1 AGBG nichtig.[165] Eine gleichwohl gezahlte Vergütung kann gem. § 812 BGB zurückgefordert werden. Unterläßt er die Rückforderung, so erleidet der Bauherr auch steuerliche Nachteile, weil die Finanzverwaltung erfolgsunabhängig gezahlten Kreditvermittlungsgebühren die Anerkennung als Werbungskosten versagt.[166] Der Finanzierungsvermittler hat nur dann Anspruch auf Vergütung, wenn er die vom Bauherrn selbst beschaffte Finanzierung bearbeitet und abwickelt;[167] allerdings nicht auf die volle Provision, sondern nur auf den laut Vertrag auf die reine Finanzierungsbearbeitung entfallenden Vergütungsanteil. Fehlt eine Aufsplittung, ist die angemessene Vergütung ggf. gem. § 612 Abs. 2 BGB zu ermitteln. Die vorstehenden Grundsätze gelten in gleicher Weise, wenn neben der Finanzierungsvermittlung auch Garantiefunktionen übernommen werden.

c) *Garantieverträge und Bürgschaften*

503 Trotz Bindung der Vertragspartner an feste Preise oder Konditionen für die Dauer der Bauzeit beinhaltet die Durchführung der Gesamtbaumaßnahme für den einzelnen Bauherren immer noch erhebliche **finanzielle Risiken.** Typischerweise wird der kalkulierte Gesamtkostenaufwand gesprengt, wenn sich vor Abschluß der Baumaßnahme die Gesamtkosten gegenüber der Kalkulation erheblich verteuern, wenn die Zwischenfinanzierungszinsen steigen, wenn Bauverzögerungen eintreten oder Mehrkosten – z.B. aufgrund des Baugrundrisikos – eintreten oder wenn Mitbauherren bzw. Vertragspartner ausfallen. Zur **Absicherung** gegen derartige Risiken werden in der Regel eine ganze **Reihe von Garantie- oder Bürgschaftsverträgen** abgeschlossen, mittels derer Garantiegeber oder Bürgen das finanzielle Risiko des Bauherren abdecken.

504 **Bürgschaften** werden typischerweise im Rahmen der Finanzierung abgegeben, weil der Finanzierungsrahmen – in der Regel 80 % des Gesamtaufwandes – die Grenzen der Beleihungsrichtlinie übersteigt und die Banken damit Zusatzsicherheiten fordern. Leistungsinhalt und Vertragspflichten der Beteiligten ergeben sich aus dem Inhalt der abge-

165 BGH, BB 84, 564; OLG München, DB 82, 1003; BGH, NJW 84, 2162; Palandt-Sprau, § 652 Rn. 52; Brych-Pause, Rn. 1104.

166 sie werden den Anschaffungskosten zugerechnet.

167 vgl. Tewes, Bauherrenmodelle, Bd. 3, Teil 8/2.9.2. f.

schlossenen Verträge und dem bankmäßig vorgegebenen Bürgschaftsformular sowie den §§ 765 ff. BGB. Werbungskostencharakter hat die vom Bauherren gezahlte Bürgschaftsgebühr nur dann, wenn der Kreditgeber die Bürgschaft nachweislich gefordert und auch erhalten hat, wenn die Höhe der Gebühr in angemessener Relation zum übernommenen Risiko steht und der Bürge wirtschaftlich leistungsfähig ist.[168] Stellt sich nach Abschluß der Baumaßnahme heraus, daß die Bürgschaft gar nicht vorlag, so hat der Bauherr auch insoweit einen Rückforderungsanspruch gem. § 812 BGB.

Garantieverträge finden sich beim Bauherrenmodell in mannigfa- 505
cher Form. Das Wesen des Garantievertrages besteht darin, daß der Garant für einen bestimmten Erfolg einsteht, ohne allerdings verpflichtet zu sein, diesen Erfolg herbeizuführen.[169] Er hat den Garantienehmer so zu stellen, als wenn der Erfolg – dieser wird im Garantievertrag im einzelnen festgelegt – eingetreten wäre, d.h. er hat ihn schadlos zu halten. Hauptsächlich finden sich beim Bauherrenmodell die folgenden Garantien:[170]

aa) Kostengarantien

Für den Fall der Überschreitung der kalkulierten Gesamtkosten oder 506
bestimmter Kostenarten hat der Garantiegeber die kostenüberschreitenden Nachforderungen zu übernehmen und den Bauherrn insoweit freizustellen oder ihm die nachgewiesenen Mehrkosten zu erstatten. Hauptanwendungsfälle sind die **Baukostengarantie** und die **Zinshöchstkostengarantie**, die sich in zwei alternativen Varianten finden: Dem Bauherrn wird entweder garantiert, daß die Zinsen in der Phase der Zwischenfinanzierung oder für eine bestimmte Laufzeit der Endfinanzierung den Prozentsatz von ... % Jahreszinsen nicht übersteigt – üblich insbesondere bei variablem Zwischenfinanzierungszins – oder aber daß über die Gesamtlaufzeit des Garantievertrages der fixe Gesamtbetrag von ... DM nicht überschritten wird. Die vom Bauherrn zu zahlende Vergütung ist fällig mit Abschluß des Garantievertrages bzw. Abgabe der Garantieerklärung durch den Garanten. Tritt der **Garantiefall** ein, so ist der Bauherr im Außenverhältnis gegenüber seinem Vertragspartner, z.B. der finanzierenden Bank, zur Zahlung verpflichtet. Er hat gegenüber dem Garantiegeber einen Erstattungsanspruch. Darüber hinaus ist dem Bauherrn, wenn der Eintritt des Garantiefalles sicher feststeht, gegenüber dem Garanten ein Freistellungsanspruch zuzubilligen, da der Garant zur

168 vgl. Tewes, Bauherrenmodelle, Bd. 3, Teil 8/2.13.
169 BGH, BB 84, 564; Palandt-Sprau, Einf. v. § 765 Rn. 16.
170 Brych-Pause, Rn. 1108 ff.; Tewes, Praxishdb., Bd. 2, Teil 7/2

Schadloshaltung – ähnlich wie beim Vorschuß zur Mängelbeseitigung gem. § 633 Abs. 3 BGB – und nicht lediglich zum Schadensersatz verpflichtet ist.

bb) Erfolgsgarantien

507 Durch die Abgabe einer Erfolgsgarantieerklärung übernimmt der Garant die Gewähr für den Eintritt bestimmter Ergebnisse,[171] z.B. Vollplazierung oder Schließung der Bauherrengemeinschaft durch Selbsteintritt, Rücknahme der gezeichneten Einheit oder Ausbietungsgarantie für den Fall der Zwangsversteigerung. Beinhaltet die Garantie eine bedingte Erwerbsverpflichtung, z.B. Rücknahmegarantie und Ausbietungsgarantie, so bedarf sie gem. § 313 BGB der notariellen Beurkundung.[172]

cc) Verträge im Vermietungsbereich

508 Für die Zeit nach Bezugsfertigstellung der Immobilie werden in der Regel ebenfalls eine Reihe von Vermittlungs–, Garantie- und/oder Leistungsverträgen abgeschlossen, die dem Bauherrn die nach dem Prospekt zugesicherte Wirtschaftlichkeit des Objekts sichern sollen. Durch Abschluß eines **Mietvermittlungsvertrages** wird die **Beschaffung** eines Endmieters oder gewerblichen Zwischenmieters gesichert; insoweit handelt es sich um einen Maklervertrag i.S.d. § 652 BGB. Durch Abschluß einer – in der Regel 5- oder 10jährigen – **Mietgarantie** wird ein bestimmter wirtschaftlicher Erfolg garantiert. Der Mietgarant hat für die Differenz zwischen erzielter und garantierter Miete einzustehen – bei Leerstand mit dem vollen Mietbetrag – wobei die Vermietung entweder durch den Bauherrn selbst oder einen Mietverwalter erfolgt. Tritt eine Firma aus dem Bereich der Initiatoren selbst als Mieter ein – z.B. als Zwischenmieter – so ist Vorsicht im Hinblick auf die Absicherung des Bauherrn geboten. Vertragspartner des Endmieters, der die Wohnung bewohnt, ist nicht der Bauherr, sondern der Zwischenmieter. Im Falle seiner Insolvenz ist der Bauherr als Eigentümer zwar zur Tragung der Lasten und Kosten der Immobilie verpflichtet, die eingehenden Endmieten unterliegen jedoch dem Zugriff der Gläubiger des Zwischenmieters.

Risiken beim gewerblichen Zwischenvermieter

171 Palandt-Sprau, Einf. vor § 765 Rn. 16; Goldbeck-Uhde, Rn. 1156 ff.
172 Goldbeck-Uhde, Rn. 1164; a.A. Palandt-Heinrichs, § 313 Rn. 14.

Der Bauherr sollte sich daher unbedingt die Endmieten zur Sicherheit vorausabtreten lassen. **Tip**

Fehlt eine solche Sicherungsabtretung – eine recht häufige Fallgestaltung – so bleibt dem Bauherrn nur der langwierige Weg einer Kündigung des Zwischenmieters nebst Räumungs- und Zahlungsklage, um den Besitz an dem eigenen Objekt wiederzuerlangen, ggf. unmittelbare vertragliche Beziehungen zum Endmieter zu begründen und die künftigen Mieten zu pfänden. Sind diese bereits anderweitig gepfändet oder abgetreten, so hat der Bauherr im Falle der Insolvenz des Zwischenmieters das Nachsehen.

Gerade im Hinblick auf die Langzeitwirkung derjenigen Vertrags- **509**
mängel oder Unzulänglichkeiten, die den Vermietungsbereich betreffen, ist dem Bauherrn wie auch seinem Treuhänder besondere Sorgfalt im Hinblick auf die Seriosität der Vertragsgestaltung und die Prüfung der wirtschaftlichen Zuverlässigkeit der Vertragspartner geboten. Bestehen hier Zweifel, so sollte der Bauherr auf die entsprechenden Verträge verzichten und die Immobilie nach Bezugsfertigstellung entweder selbst verwalten oder einem eingesessenen Wohnungsverwaltungsunternehmen vor Ort die Verwaltung übertragen, um sich langfristigen Ärger mit Vertragspartnern aus dem Initiatorenkreis zu ersparen. **Tip**

Teil 2

Die Leistungsstörungen im Bauvertragsrecht

I. Einleitung: Die Systematik der werkvertraglichen Gewährleistung

I. Einleitung: Die Systematik der werkvertraglichen Gewährleistung

Wird beim Bauvertrag, sei es nun ein Architekten- oder Ingenieurvertrag, ein Werk-, Kauf oder ein Baubetreuungsvertrag, von einer der beiden Vertragsparteien nicht ordnungsgemäß erfüllt, so stellt sich die Frage nach den **Rechtsfolgen** einer solchen Vertragsverletzung. Die Regelung dieser Rechtsfolgen ist in nahezu allen Vertragstypen des Bauvertragsrechtes einheitlich. Sie ergibt sich ganz vorrangig aus der Regelung der Mängelansprüche im Werkvertragsrecht des BGB. Die Gewährleistungsbestimmungen des Kaufvertrages (§§ 459 ff. BGB) sind nur in Ausnahmefällen anwendbar, namlich beim Kauf vom Bauträger, soweit die Übertragung des Grund und Bodens betroffen ist.[1] Ist der Vertrag ausnahmsweise als Dienstvertrag anzusehen, kommt nur eine Haftung aus positiver Vertragsverletzung in Betracht, da das Dienstvertragsrecht des BGB keine Gewährleistung kennt.[2] Bei sämtlichen Vertragstypen sind grundsätzlich die Vorschriften des allgemeinen Schuldrechts (§§ 275 ff., 323 ff. BGB) heranzuziehen, soweit sie nicht durch die spezielleren Haftungsbestimmungen des Werkvertragsrechts verdrängt werden. 510

1. Der Begriff der Leistungsstörung

Eine **Leistungsstörung** liegt immer dann vor, wenn eine der Vertragsparteien die geschuldete Leistung verweigert, sie unmöglich macht, sie verspätet oder schlecht erfüllt. Wird die Leistung verweigert, so kann der andere Vertragspartner seinen Erfüllungsanspruch aus § 631 BGB – der Auftraggeber bzw. Besteller den auf Herstellung der Werkleistung, der Unternehmer den auf Zahlung der Vergütung – **einklagen**. Wird die Erbringung der Leistung **objektiv oder subjektiv unmöglich**, so richten sich die Ansprüche des Auftragnehmers – damit ist jeweils der Architekt, der Ingenieur, der Bauunternehmer, der Bauträger oder der Baubetreuer gemeint – nach den §§ 323 ff BGB, sofern die Leistungsverpflichtung des Bestellers betroffen ist. Hiernach kann der Anspruch auf die Gegenleistung wegfallen oder bestehen bleiben oder es entsteht ein Anspruch auf Rücktritt oder Schadensersatz, je nachdem, ob der Gläubiger oder der Schuldner der Leistung oder keiner von beiden das 511

1 Locher, Rn. 224; vgl. Brych-Pause, Rn. 463; vgl. o. Rz. 349 ff.
2 Werner-Pastor, Rn. 1634.

Unmöglichwerden der Leistung[3] zu vertreten hat. Wird dagegen dem Unternehmer die Erbringung seiner Herstellungspflicht unmöglich, so greift die Sonderregelung beim Werkvertrag ein: Für die nachfolgende Unmöglichkeit vor der Abnahme gilt die Regelung der §§ 644, 645 BGB, nach der Abnahme der §§ 633 ff. BGB.[4] Auch im Falle **verspäteter Leistung** sind die Rechtsfolgen unterschiedlich geregelt. Gerät der Auftraggeber, darunter sind sowohl der Bauherr, der Betreute oder der Käufer beim Kauf vom Bauträger zu verstehen, mit seiner vertraglichen Hauptpflicht zur Zahlung in Verzug, so kann der Auftragnehmer die Rechte aus § 326 BGB geltend machen und nach erfolgter Nachfristsetzung mit Ablehnungsandrohung entweder Schadensersatz wegen Nichterfüllung verlangen oder vom Vertrag zurücktreten. Beim VOB-Bauwerksvertrag greift insoweit die detaillierte Regelung der §§ 16 Nr. 5 und Nr. 6, 9 VOB/B ein.[5] Verzögert der Auftraggeber die Abnahme der Werkleistung, so gerät er nicht in Schuldner-, sondern in **Gläubiger- bzw. Annahmeverzug**. Gem. § 644 Abs. 1 S. 2 BGB geht die Gefahr des zufälligen Untergangs der Bauleistung auf ihn über. Im übrigen gelten die §§ 300 ff. BGB: Der Auftragnehmer hat nur noch Vorsatz und grobe Fahrlässigkeit zu vertreten, seine Zinspflicht entfällt, er kann Mehraufwendungen für die Erhaltung und Sicherung der Bauleistung verlangen.

512 Erfüllt umgekehrt der **Auftragnehmer seine Herstellungspflicht nicht** rechtzeitig, so greift anstelle der allgemeinen schuldrechtlichen Bestimmungen die **Sonderregelung des § 636 BGB** ein. Hiernach steht dem Auftraggeber immer ein vom Verzug – und damit vom Verschulden – des Unternehmers unabhängiges Rücktrittsrecht gem. § 636 Abs. 1 S. 1 BGB zu, das auch – Verzug vorausgesetzt – die Geltendmachung von Verzögerungsschäden erlaubt. Voraussetzung ist nur, daß er dem Unternehmer gem. § 634 Abs. 1 S. 1 BGB eine Frist mit Ablehnungsandrohung gesetzt hat, sofern nicht die Fristsetzung gem. § 634 Abs. 2 BGB entbehrlich war. Hat der Unternehmer dagegen die Verzögerung verschuldet, so kann der Auftraggeber gem. § 636 Abs. 1 S. 2 i.V.m. §§ 286, 326 BGB alternativ fordern: entweder bei Aufrechterhaltung des Vertrages – d.h. neben dem Erfüllungsanspruch – den Ersatz des Verzögerungsschadens gem. § 286 Abs. 1 BGB oder die Rechte aus § 326 BGB, d.h. alternativ Rücktritt oder Schadensersatz wegen Nichterfüllung.

3 Z.B. der Bauträger wird nicht Eigentümer des veräußerten und zu bebauenden Grundstücks. Er kann gegenüber dem Käufer seine Verpflichtung zur Bebauung und Eigentumsübertragung nicht erfüllen (subjektive Unmöglichkeit). Gegenüber den Architekten, Ingenieuren oder dem Bauunternehmer wird die Erfüllung seiner vertraglichen Mitwirkungspflichten unmöglich, weil das Grundstück, das beplant und bebaut werden soll, nicht zur Verfügung steht.

4 Palandt-Sprau, Vor § 633 BGB Rn. 3.

5 Vgl. u. Rz. 792 ff.

2. Die Rechtsfolgen der Leistungsstörung

Erbringt der Unternehmer eine mangelhafte Werkleistung, so können dem Besteller je nach Sachlage Ansprüche auf Nachbesserung, Wandelung, Minderung, Schadensersatz wegen Nichterfüllung oder wegen positiver Vertragsverletzung zustehen. Der Inhalt der dem Auftraggeber zustehenden Ansprüche hängt entscheidend davon ab, ob die Leistung **gem. § 640 BGB abgenommen wurde**. Vor der Abnahme hat der Auftraggeber Erfüllungsansprüche, nach der Abnahme Gewährleistungsansprüche. Der wesentliche Unterschied besteht darin, daß der Erfüllungsanspruch uneingeschränkt auf vertragsgerechte – d.h. einwandfreie – Herstellung der versprochenen Werkleistung zielt, so daß der Besteller die mangelhafte Leistung ablehnen und Neuherstellung verlangen kann. Der Gewährleistungsanspruch dagegen ist primär auf Nachbesserung gerichtet. Zu einer Neuherstellung ist der Auftragnehmer nicht bzw. nur ausnahmsweise dann verpflichtet, wenn eine ordnungsgemäße Mängelbeseitigung nur durch Neuherstellung möglich ist.[6] **Vor der Abnahme** hat der Besteller bei mangelhafter Werkleistung im einzelnen die im umseitigen Schaubild aufgezeigten Erfüllungsansprüche. 513

- primär den Anspruch auf Neuherstellung gem. § 631 Abs. 1 BGB;
- sekundär den Anspruch auf Nachbesserung gem. § 633 Abs. 1 S. 1 BGB;
- ausnahmsweise, entsprechend dem Grundgedanken des § 633 Abs. 2 S. 3 BGB, nur die Nachbesserung, wenn die Neuherstellung unverhältnismäßigen Aufwand erfordert und die Nachbesserung den gleichen oder annähernd gleichen Erfolg verspricht.[7]

Wahlrecht des Auftraggebers

Erfüllt der Unternehmer den begründeten Anspruch des Auftraggebers auf **Neuherstellung** oder **Nachbesserung** nicht, so kann dieser **entweder auf Erfüllung** klagen **oder** ihm gem. § 634 Abs. 1 S. 1 BGB **eine Frist zur Beseitigung mit Ablehnungsandrohung setzen**. **Nach fruchtlosem Fristablauf** kann der Auftraggeber gem. § 634 Abs. 1 BGB verlangen: 514

- entweder Wandelung, d.h. Rückgängigmachung des Vertrages,
- oder Minderung, d.h. Herabsetzung der Vergütung um denjenigen Betrag, der im Verhältnis zwischen mängelfreier und mangelhafter Werkleistung entspricht.

6 BGH, BauR 86, 93; Vygen, Rn. 406.
7 Ingenstau-Korbion, B § 4 Rn. 348 ff.; Vygen, Rn. 483.

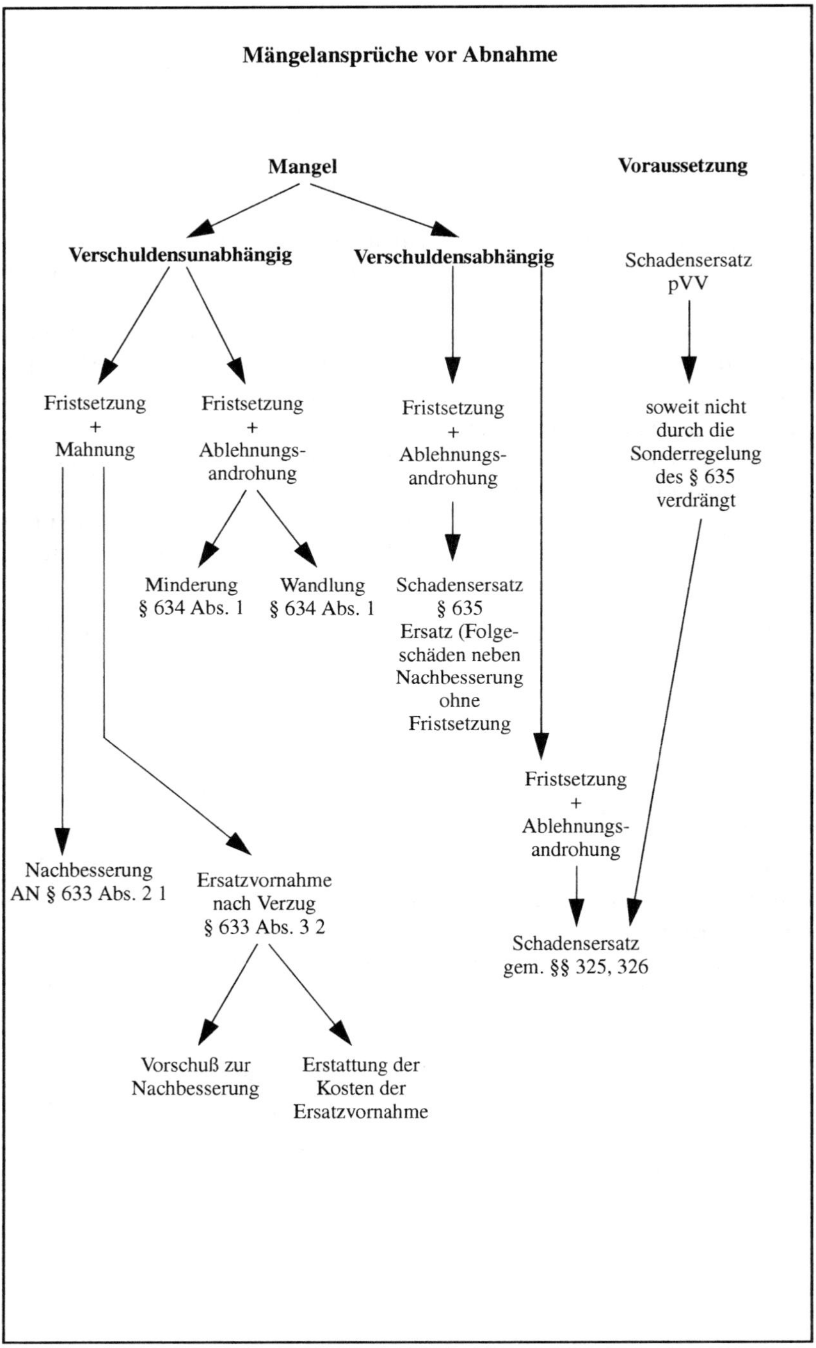
Mängelansprüche vor Abnahme
Mangel
Voraussetzung
Verschuldensunabhängig
Verschuldensabhängig
Schadensersatz pVV
Fristsetzung + Mahnung
Fristsetzung + Ablehnungs-androhung
Fristsetzung + Ablehnungs-androhung
soweit nicht durch die Sonderregelung des § 635 verdrängt
Minderung § 634 Abs. 1
Wandlung § 634 Abs. 1
Schadensersatz § 635 Ersatz (Folge-schäden neben Nachbesserung ohne Fristsetzung
Fristsetzung + Ablehnungs-androhung
Nachbesserung AN § 633 Abs. 2 1
Ersatzvornahme nach Verzug § 633 Abs. 3 2
Schadensersatz gem. §§ 325, 326
Vorschuß zur Nachbesserung
Erstattung der Kosten der Ersatzvornahme

Statt der Wandelung oder Minderung, die gegenüber der Nachbesserung sekundäre Mängelrechte darstellen, kann der Besteller gem. **§ 633 Abs. 3 BGB die Ersatzvornahme** durchführen, indem er den Mangel selbst beseitigt oder beseitigen läßt und die dabei entstehenden Kosten vom Unternehmer ersetzt verlangt. Eine **Fristsetzung** mit Ablehnungsandrohung ist für die Ersatzvornahme **nicht erforderlich**. Der Unternehmer muß aber – das ist tatbestandliche Voraussetzung – **mit der Mängelbeseitigung in Verzug sein**. Seitens des Unternehmers setzt dies Verschulden voraus, wobei sich das **Verschulden** aber nicht auf die Verursachung des Mangels bezieht – für die Mängelfreiheit hat der Unternehmer verschuldensunabhängig einzustehen –, sondern auf die Unterlassung der Nachbesserung trotz Fälligkeit und Mahnung. Die Aufforderung zur Mängelbeseitigung und die Mahnung sind nur ausnahmsweise entbehrlich, wenn der Unternehmer den Mangel ernstlich und ernsthaft verweigert oder wenn dem Auftraggeber eine Mängelbeseitigung durch seinen Vertragspartner nicht zuzumuten ist,[8] weil dieser sich als unzuverlässig oder als unfähig erwiesen hat oder Gefahr im Verzug ist. 515

Ersatzvornahme und deren Voraussetzungen

Ist die Werkleistung gem. § 640 BGB **abgenommen**, so stehen dem Auftraggeber bei mangelhafter Leistung folgende **Gewährleistungsansprüche** zu (vgl. nachfolgendes Schaubild): 516

- nach **Fristsetzung** und **Mahnung**:
  - die Nachbesserung durch den Auftragnehmer gem. § 633 Abs. 2 S. 1 BGB;
  - die Ersatzvornahme durch den Auftraggeber gem. § 633 Abs. 3 BGB, sofern der Auftragnehmer mit der Beseitigung in Verzug ist;
- nach **Fristsetzung** und **Ablehnungsandrohung**:
  - die Wandelung gem. § 634 Abs. 1 BGB;
  - die Minderung gem. § 634 Abs. 1 BGB.

Anstelle der Wandelung oder Minderung kann der Auftraggeber, wenn die tatbestandlichen Voraussetzungen des § 634 BGB erfüllt sind und der Mangel der Werkleistung außerdem vom Unternehmer schuldhaft verursacht wurde – wenn er den Mangel bzw. seine Ursache »zu vertreten« hat – gem. **§ 635 BGB Schadensersatz wegen Nichterfüllung** verlangen. Der Schadensersatzanspruch gem. § 635 BGB setzt voraus, daß die Werkleistung abgenommen (§ 640 BGB) oder zumindest ausgeführt 517

8 Palandt-Sprau, § 633 Rn. 8; OLG Stuttgart, BauR 80, 363; OLG Koblenz, BauR 95, 395.

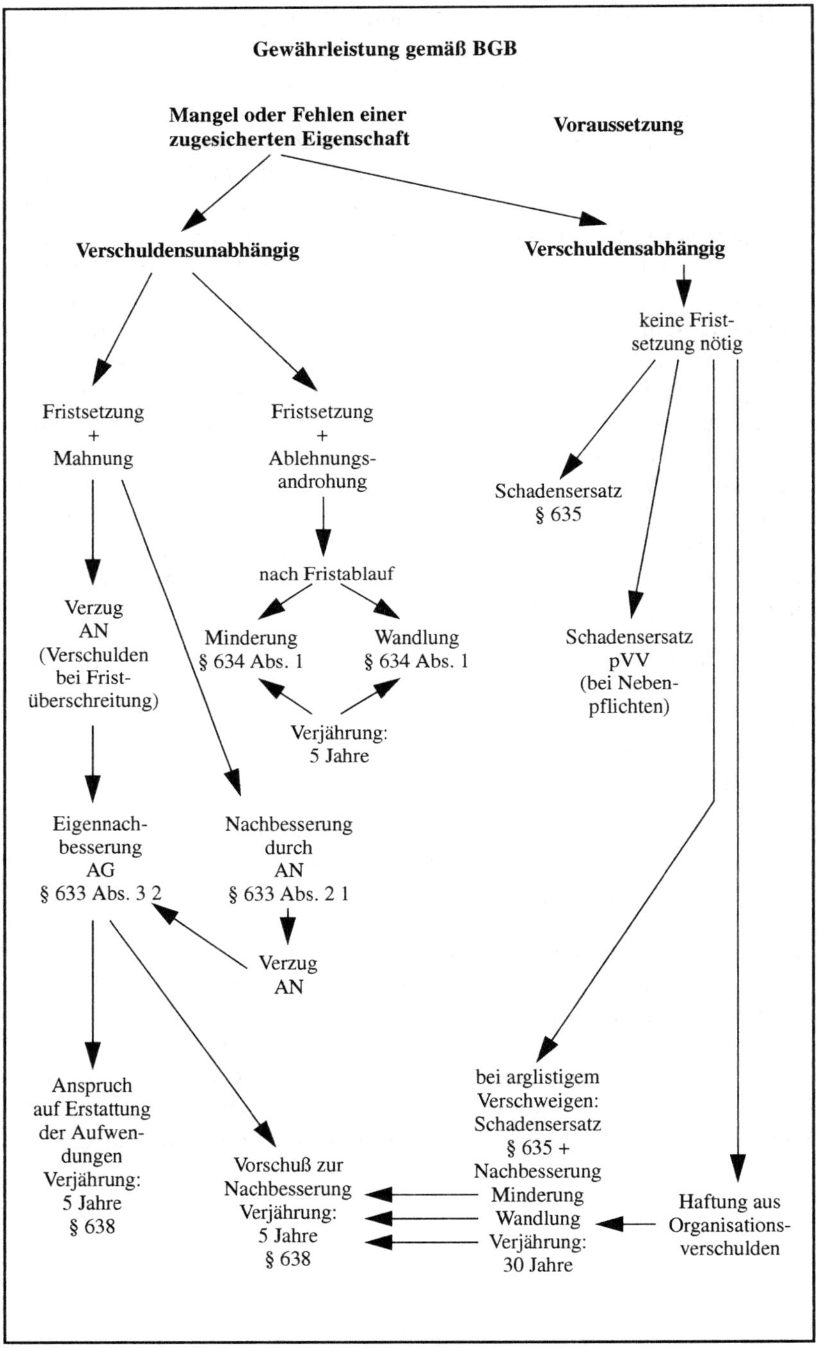
Gewährleistung gemäß BGB
Mangel oder Fehlen einer zugesicherten Eigenschaft
Voraussetzung
Verschuldensunabhängig
Verschuldensabhängig
keine Fristsetzung nötig
Fristsetzung + Mahnung
Fristsetzung + Ablehnungsandrohung
Schadensersatz § 635
nach Fristablauf
Verzug AN (Verschulden bei Fristüberschreitung)
Minderung § 634 Abs. 1
Wandlung § 634 Abs. 1
Schadensersatz pVV (bei Nebenpflichten)
Verjährung: 5 Jahre
Eigennachbesserung AG § 633 Abs. 3 2
Nachbesserung durch AN § 633 Abs. 2 1
Verzug AN
Anspruch auf Erstattung der Aufwendungen Verjährung: 5 Jahre § 638
Vorschuß zur Nachbesserung Verjährung: 5 Jahre § 638
bei arglistigem Verschweigen: Schadensersatz § 635 + Nachbesserung Minderung Wandlung Verjährung: 30 Jahre
Haftung aus Organisationsverschulden

(§ 646 BGB) worden ist.[9] Die Entschädigung ist abweichend von § 249 BGB grundsätzlich in Geld zu leisten.[10]

3. Die Abgrenzung von Mangelschaden und Mangelfolgeschaden

Bei der Einordnung der unter § 635 BGB fallenden Schäden ist zwischen **dem reinen Mangelschaden** und dem **Mangelfolgeschaden** zu unterscheiden. Der reine Mangelschaden ist gem. § 635 BGB zu ersetzen, so auch der enge Mangelfolgeschaden, der entferntere Mangelfolgeschaden nach den Grundsätzen über die positive Vertragsverletzung. Unter den Begriff der **positiven Vertragsverletzung**, die als Gewohnheitsrecht gesicherter Bestandteil des Schuldrechts geworden ist, fallen alle Pflichtverletzungen im Rahmen eines bestehenden Schuldverhältnisses, die weder Unmöglichkeit noch Verzug herbeiführen und deren Folgen nicht von den gesetzlichen Gewährleistungsvorschriften erfaßt werden.[11] Der Haftungsbereich der positiven Vertragsverletzung umfaßt zwei Grundtatbestände: den der Schlechtleistung bei einer vertraglichen Hauptpflicht und den der Verletzung von Nebenpflichten. Bei Verträgen ohne gesetzliche Gewährleistungsvorschriften, z.B. dem Dienstvertrag, Maklervertrag, Geschäftsbesorgungsvertrag, richten sich die Rechtsfolgen der vom Schuldner zu vertretenden Schlechtleistung allein nach den Grundsätzen über die positive Vertragsverletzung – vorbehaltlich konkurrierender Ansprüche aus unerlaubter Handlung (§§ 823 ff. BGB). Bei Verträgen mit gesetzlichen Gewährleistungsvorschriften, z.B. dem Kaufvertrag oder dem Werkvertrag, besteht eine Haftung des Schuldners aus positiver Vertragsverletzung dagegen nur, soweit das Gewährleistungsrecht des BGB Regelungslücken enthält. Im Kaufrecht z.B. regeln die §§ 459 ff. BGB grundsätzlich nur die Rechte, die dem Käufer wegen der unmittelbaren Wirkung mangelhafter Lieferung zustehen. Die Haftung für die durch die Schlechtlieferung entstehenden weiteren Schäden – nämlich Mangelfolgeschäden – richtet sich nach den Regeln der positiven Vertragsverletzung.[12] Während im Kaufrecht die Abgrenzung des Mangelfolgeschadens sich als relativ unproblematisch erweist, ist im Werkvertragsrecht die Abgrenzung zwischen Schadensersatzanspruch gem. § 635 BGB und der Haftung aus positiver Vertragsverletzung für Mangelfolgeschäden, die mit Mängeln der Werkleistung zusammenhängen, wegen der Gleichartigkeit der Haftungsvoraussetzungen ausgespro- **518**

pVV – Anwendungsbereich

praktische Bedeutung der Unterscheidung § 635/pVV

9 BGH, NJW 69, 838; OLG Hamm, NJW-RR 89, 468; Werner-Pastor, Rn. 1676; Palandt-Sprau, § 635 Rn. 5.
10 BGH, NJW RR 89, 86; BGH, BauR 87, 89; Palandt-Sprau, § 635 Rn. 7.
11 BGH, NJW 78, 260; Palandt-Heinrichs, § 276 Rn. 107.
12 BGH, NJW 80, 1950; Palandt-Putzo, vor § 459 Rn. 6.

chen schwierig. Dabei hat die **Zuordnung entweder zum Tatbestand des § 635 BGB oder zur positiven Vertragsverletzung** bei allen Vertragstypen des Bauvertragsrechts ganz erhebliche praktische Bedeutung. Denn der Schadensersatzanspruch gem. § 635 BGB unterliegt der kurzen Verjährung des § 638 BGB, der Anspruch aus positiver Vertragsverletzung der 30-jährigen Verjährung des § 195 BGB, sofern er sich nicht mit dem Anspruch aus § 635 BGB deckt[13] oder der Schaden unmittelbar am Werk entsteht.[14] **Der Anspruch aus positiver Vertragsverletzung** kann – anders als der Schadensersatzanspruch gem. § 635 BGB – ohne die Voraussetzungen des § 634 Abs. 1 S. 1 BGB, d.h. ohne Fristsetzung mit Ablehnungsandrohung und wahlweise neben Minderung und Wandelung – auch noch nach deren Durchführung – geltend gemacht werden.[15] **Ansprüche aus § 635 BGB setzen** die erfolgte **Abnahme voraus**, während die Ansprüche aus **positiver Vertragsverletzung von der Abnahme völlig unabhängig** sind. Von besonderer praktischer Bedeutung ist die Abgrenzung im Hinblick auf die **Versicherbarkeit**. Weder Erfüllungsansprüche noch Ansprüche auf Ersatzleistungen, die an deren Stelle treten – im Bauvertragsrecht die verschuldensunabhängigen Gewährleistungsansprüche und der Schadensersatz gem. § 635 BGB – sind nach den Allgemeinen Versicherungsregelungen für die Haftpflichtversicherung versicherbar. Dagegen schützt die Haftpflichtversicherung vor Ansprüchen wegen Schäden, die außerhalb des Erfüllungsinteresses liegen und vom Schadensersatz wegen positiver Vertragsverletzung erfaßt werden.[16] Die Versicherbarkeit von Mangelfolgeschäden ist damit nicht nur im Hinblick auf die Berufshaftpflichtversicherung der Architekten und Bauingenieure interessant, sondern insgesamt für den Bereich des Bauvertragsrechtes, da zunehmend auch Bauunternehmer (vgl. § 13 Nr. 7 Abs. 2 d) VOB/B) und sogar Baubetreuer bzw. Bauträger entsprechende Haftpflichtversicherungen abschließen.

Verjährungsfolgen beachten!

Versicherbarkeit

Tip

Dem Auftraggeber ist anzuraten, von seinem Vertragspartner den Nachweis einer entsprechenden Versicherung zu fordern, da die Anerkennung von entfernteren Mangelfolgeschäden durch den Vertragspartner häufig davon abhängt, ob dieser den – meist erheblichen – Schadensbetrag von der Haftpflichtversicherung ersetzt bekommt.

13 BGH, NJW 97, 50.
14 OLG Düsseldorf, NJW-RR 98, 347.
15 Vygen, Rn. 579.
16 Vygen, Rn. 579.

Die **Zuordnung des Schadens** entweder zum Bereich des Mangelschadens (§ 635 BGB) oder des entfernteren Mangelfolgeschadens (p.V.V.) wirft erhebliche Abgrenzungsprobleme auf. Es handelt sich um **eines der zentralen baurechtlichen Probleme**, das zu erheblichen Kontroversen geführt hat,[17] weil die Rechtsprechung[18] in einer großen Zahl von Fällen kasuistisch und ausschließlich ergebnisorientiert entschieden hat, ohne klare Leitlinien zu schaffen, die das Problem einer dogmatischen Lösung hätten zuführen können. **519**

Schadensfallzuordnung

Zu den **unmittelbaren, unter § 635 BGB fallenden Schäden** zählen diejenigen Nachteile der vom Auftragnehmer erbrachten Werkleistung, die mit dieser im engen und unmittelbaren Zusammenhang stehen, weil sie unbrauchbar, wertlos oder minderwertig ist. Der **enge Zusammenhang** zwischen Mangel und Schaden ist nicht kausal, sondern lokal, nämlich am Leistungsobjekt orientiert und unter angemessener Risikoverteilung zu ermitteln. Hiernach fallen unter § 635 BGB **alle Mängel am Bauwerk selbst einschließlich des technischen oder merkantilen Minderwertes**. Dies gilt auch für Architekten- oder Ingenieurverträge, die reine Planungsleistungen beinhalten, weil die Mängel der Planung in den Mängeln des Bauwerkes verwirklicht werden. Unter § 635 BGB fallen **auch reine Vermögensschäden** wie der entgangene Gewinn, der Miet- oder Nutzungsausfall, die zusätzlichen Finanzierungskosten bzw. -zinsen sowie die vom Auftraggeber aufgewandten Gutachterkosten. Als **entferntere Mangelfolgeschäden**, die der **positiven Vertragsverletzung** zuzuordnen sind, gelten dagegen die Schäden, die mit dem Bauwerk oder der Werkleistung nicht im Zusammenhang stehen oder die lediglich eine weitere Folge des Mangels in Form einer Verletzung eines **selbständigen Rechtsgutes** darstellen. Zu diesen selbständigen Rechtsgütern zählen das Leben, die Gesundheit, aber auch das sonstige Eigentum des Auftraggebers, wie z.B. bei einem Brand oder Wasserschaden, der erst als Folge des Baumangels entsteht. **520**

§ 635 BGB

z.B.

pVV

Eine Schadensersatzpflicht aus dem Gesichtspunkt der positiven Vertragsverletzung wird nicht nur durch Mangelfolgeschäden ausgelöst, sondern **auch durch die Verletzung vertraglicher Nebenpflichten. Es handelt sich um die Aufklärungs-, Beratungs-, Hinweis- und Treuepflichten**, deren Inhalt bei den einzelnen Vertragstypen des Bauvertragsrechtes unterschiedlich sein kann. Sie obliegen wechselseitig sowohl dem Auftraggeber wie auch dem Auftragnehmer. Ihre Verletzung löst beiderseits – und zwar nach den allgemeinen Grundsätzen über die **521**

17 Vgl. Werner-Pastor, Rn. 1688 ff., 1752 ff.; Palandt-Sprau, Vor § 633 Rn. 23 ff.; MüKo-Soergel, § 635 Rn. 18, 24 ff.

18 BGH, NJW 72, 625; 72, 1195; 91, 2418; BauR 82, 489; NJW-RR 96, 1203; OLG München, BauR 90, 736; OLG Bamberg, BauR 95, 394; vgl. auch die Übersicht bei Werner-Pastor, Rn. 1692 ff.

positive Vertragsverletzung – Schadensersatzpflichten aus. Im Einzelfall können **auch nach Vertragsbeendigung** aus dem Gesichtspunkt von Treu und Glauben noch nachvertragliche Pflichten[19] entstehen, deren Verletzung den Verpflichteten ebenfalls schadensersatzpflichtig macht. Umgekehrt kann bereits durch den Eintritt in Vertragshandlungen zwischen den Beteiligten ein vertragsähnliches Vertrauensverhältnis entstehen, das nicht etwa völlig unverbindlich ist, sondern wechselseitige Aufklärungs- und Beratungspflichten begründet.[20] Die Verletzung dieser Pflichten führt zu einer Haftung des Betroffenen wegen Verschuldens beim Vertragsschluß – der sogenannten **culpa in contrahendo**. Sie verpflichtet ihn zum Ersatz des durch die Verletzung des vorvertraglichen Pflicht entstandenen Vertrauensschadens. Der Vertrauensschaden umfaßt i.d.R. die dem Geschädigten infolge der Pflichtverletzung entstandenen Kosten und Auslagen. Ausnahmsweise kann der Ersatzanspruch sich auch auf das Erfüllungsinteresse[21] erstrecken, wenn das Geschäft ohne die culpa in contrahendo mit dem vom Geschädigten erstrebten Inhalt zustande gekommen wäre.

cic-Haftung: Vertrauensschaden

19 BGH, NJW-RR 90, 141; Palandt-Heinrichs, § 242 Rn. 29; LG Heidelberg, NJW RR 92, 662.

20 Palandt-Heinrichs, § 276 Rn. 65 ff.

21 BGH, NJW 88, 2234; Palandt-Heinrichs, § 276 Rn. 101; Werner-Pastor, Rn. 1886; Kleine-Möller/Merl-Oelmaier, § 5 Rn. 129.

II. Leistungsstörungen und Gewährleistung beim Architektenvertrag

II. Leistungsstörungen und Gewährleistung beim Architektenvertrag

Die Haftung des Architekten beinhaltet – wie jede werkvertragliche Haftung im Bereich des Bauvertragsrechts – das Einstehenmüssen für Fehler sowie für zugesicherte Eigenschaften. Sie umfaßt als Oberbegriff jegliches Einstehen für den vertraglich geschuldeten Leistungserfolg sowohl im Sinne des Erfüllungsanspruches, d.h. des Anspruches auf Neuherstellung oder Nachbesserung, wie auch des Gewährleistungsanspruches, der auf Nachbesserung oder Schadensersatz gerichtet sein kann. Da dem Architekten nicht nur vertragliche Hauptpflichten, sondern auch Nebenpflichten obliegen, fällt unter den Haftungsbegriff auch der Schadensersatz aus positiver Vertragsverletzung sowie aus culpa in contrahendo. 522 **Grundsatz**

1. Verschulden bei Vertragsschluß

Die Aufnahme von Vertragsverhandlungen zwischen dem Architekten und seinem potentiellen Auftraggeber kann, auch ohne daß es zum beabsichtigten Vertragsabschluß kommt, zwischen den Parteien ein **vertragsähnliches Vertrauensverhältnis** begründen. Hierdurch kann, je nach Intensität der Verhandlungen, bereits eine breitgefächerte Palette von Treuepflichten entstehen, insbesondere von Aufklärungs-, Offenbarungs-, Beratungs-, Obhuts- und Sorgfaltspflichten, deren Verletzung schadensersatzpflichtig macht. 523

a) Die Haftung des Architekten

Der Architekt ist aufgrund seiner vorvertraglichen Treuepflicht gehalten, den Auftraggeber über alle Umstände zu informieren, von denen er bei gewissenhafter Überlegung annehmen muß, daß sie für die Entscheidung des Auftraggebers über den Vertragsabschluß von Bedeutung sind oder sein könnten.[1] Die **Aufklärungspflicht** des Architekten erstreckt sich z.B. auf Umstände, die in der Person des Architekten begründet sind. Ist er mangels Eintragung in die Architektenliste nicht zur Führung der Berufsbezeichnung berechtigt, so muß er den potentiellen Auftrag- 524 **z.B.**

1 BGH, NJW 79, 1983; BGHZ 66, 54 ff.; Bindhardt-Jagenburg, § 4 Rn. 25; Locher, Rn. 217, 246.

geber auf das Fehlen der Architekteneigenschaft hinweisen.[2] Erwartet der Auftraggeber für die Planung und Bauüberwachung ein großes, leistungsfähiges Büro oder bestimmte Architekteneigenschaften, so muß der Architekt ihn aufklären, falls die Erwartungen des Bauherrn bezüglich seiner Eignung nicht zutreffen.[3] Im Hinblick auf das beabsichtigte Bauvorhaben ist der Architekt zur Mitteilung über ihm bekannte, negative Umstände, die zu einer Schädigung des Bauherrn führen können, verpflichtet – z.B. über besonders ungünstige Bodenverhältnisse,[4] über fehlende bzw. eingeschränkte Bebaubarkeit des zu erwerbenden Grundstücks,[5] über die zu erwartenden Baukosten oder ähnliches. Allerdings sind die vorvertraglichen Pflichten des Architekten nicht ohne weiteres denjenigen vertraglichen Nebenpflichten gleichzusetzen, die ihm im Rahmen des abgeschlossenen Vertrages obliegen und deren Verletzung Schadensersatzansprüche wegen positiver Vertragsverletzung auslöst.[6]

Pflichten-intensität

Die vorvertraglichen Pflichten und die vertraglichen Nebenpflichten können zwar im Einzelfall deckungsgleich sein. Da der Architektenvertrag in wesentlich stärkerem Maße als jeder andere Werkvertrag von einem besonders engen Treue- und Vertrauensverhältnis der Vertragsparteien getragen wird,[7] muß für den Regelfall jedoch davon ausgegangen werden, daß die dem Architekten im Vorfeld des Vertragsabschlusses obliegenden Treue- und Aufklärungspflichten **noch nicht von derselben Intensität sind wie diejenigen, die er mit dem Abschluß des Architektenvertrages übernimmt**. Aus diesem Grund ist der Architekt auch nicht zum Schadensersatz verpflichtet, wenn er seine Entscheidung über den Abschluß des Architektenvertrages verzögert oder den Vertragsschluß ablehnt, auch wenn der Auftraggeber im Vertrauen auf das Zustandekommen bereits Aufwendungen gemacht hat.[8] Im letzteren Fall kommt nur dann eine Pflichtverletzung des Architekten in Betracht, wenn er zuvor den Auftraggeber über das Zustandekommen des Vertra-

2 OLG Köln, BauR 80, 372; OLG Düsseldorf, BauR 93, 630; Werner-Pastor, Rn. 1879.

3 Locher, Rn. 217; Groß, Haftungsrisiken, Teil 10 Rn. 43; OLG Düsseldorf, BauR 70, 119 bezügl. der Eignung des Architekten im Sinne der Richtlinien für den sozialen Wohnungsbau.

4 BGH, NJW 78, 42 ; Groß, Haftungsrisiken, Teil 10 Rn. 44.

5 Groß, Haftungsrisiken, Teil 10 Rn. 44.

6 Zu weitgehend Jagenburg, in: Bindhardt-Jagenburg, § 4 Rn. 25, der die positive Vertragsverletzung und das Verschulden bei Vertragsabschluß gleichsetzt, z.B. den Architekten im Rahmen der c.i.c. für die fehlerhafte Kostenschätzung voll haften läßt.

7 Finnern, Anm. zu OLG Schleswig, S-F Z. 3.01 Bl. 14.

8 OLG Koblenz, NJW-RR 97, 974; Groß, Haftungsrisiken, Teil 10 Rn. 41; Werner-Pastor, Rn. 1884.

ges in Sicherheit wiegt und dann völlig grundlos die Verhandlungen abbricht.[9]

Hat der Architekt seine vorvertraglichen Pflichten verletzt, so muß er dem Auftraggeber den **Vertrauensschaden**, das sogenannte **negative Interesse**, ersetzen und ihn so stellen, wie wenn die Vertragsverhandlungen oder das schädigende Ereignis nicht stattgefunden hätten.[10] Der Vergütungsanspruch des Architekten entfällt, soweit die Architektenleistung für den Auftraggeber infolge der Pflichtverletzung wertlos ist und er anderweitige Auslagen nicht erspart hat,[11] z.B. dann, wenn bei falscher vorvertraglicher Kostenschätzung die Durchführung des Bauvorhabens für den Bauherrn nicht mehr von Interesse ist, weil er die finanziellen Mittel in der tatsächlich benötigten Höhe nicht hat. 525 **Haftungsfolgen**

b) Die Haftung des Auftraggebers

Das vorvertragliche Vertrauensverhältnis begründet nicht nur für den Architekten, sondern auch für den Auftraggeber Treue- und ggf. Aufklärungspflichten. Sind die Geldmittel des Auftraggebers oder seine Kapitalausstattung (bei einer GmbH z.B.) völlig unzureichend, so daß das Bauvorhaben zum Scheitern verurteilt ist, muß er den Architekten aufklären, damit dieser nicht Arbeit und Kosten investiert, deren Erstattung durch den Auftraggeber völlig ungewiß ist. Sind die Vertragsverhältnisse auf der Auftraggeberseite besonders undurchsichtig, z.B. in Bezug auf die Identität zwischen Auftraggeber und Grundstückseigentümer oder die gesellschaftsrechtlichen Verhältnisse, so ist er zum Hinweis verpflichtet, wenn diese Umstände für die Willensbildung des Architekten entscheidend sind. Handelt es sich bei dem Verhandlungspartner des Architekten um den Initiator oder Promoter eines Bauherrenmodells,[12] so muß er seinen insoweit unerfahrenen Architekten auf die Risiken hinweisen, die sich aus der Notwendigkeit der Schließung des Bauherrenmodells vor Vollzug der Verträge ergeben, sofern nicht die Schließung durch Selbsteintritt eines der Initiatoren oder Plazierungsgarantie gesichert ist. 526 **z.B.**

9 BGH, NJW 96, 1884; Palandt-Heinrichs, § 276 Rn. 72 f.

10 BGH, NJW 81, 1673; Bindhardt-Jagenburg, § 4 Rn. 26; Groß, Haftungsrisiken, Teil 10 Rn. 40; Locher, Rn. 246.

11 BGH, NJW 78, 322 = BauR 78, 60; OLG Köln, BauR 80, 372; Bindhardt-Jagenburg, § 4 Rn. 26; zur falschen Kostenschätzung vgl. Rz. 554.

12 Vgl. insoweit Brych-Pause, Rn. 944.

527 Ist der **Auftraggeber eine GmbH**, so kann deren **Geschäftführer** im Rahmen der Haftung aus culpa in contrahendo als Gehilfe **persönlich in Anspruch genommen** werden, wenn er die Verhandlungen im eigenen Interesse maßgeblich führt und aus dem Geschäft eigenen Nutzen oder Gewinn erstrebt,[13] oder aber wenn er für sich persönlich Vertrauen in Anspruch genommen und hierdurch die Vertragsverhandlungen beeinflußt hat.[14] Der Schadensersatzanspruch des Architekten geht nur auf das **Vertrauensinteresse**, d.h. auf Erstattung der von ihm getätigten Aufwendungen, nicht auf das Erfüllungsinteresse in Form des Architektenhonorars. Der Aufwendungsersatz kann aber betragsmäßig mit diesem identisch sein, wenn es um Aufwendungen für bereits erbrachte Architektenleistungen geht.

Geschäftsführerhaftung?

Haftungsfolgen

c) *Die Rückabwicklung unwirksamer Verträge*

528 Steht dem Auftraggeber gegen den Architekten wegen Verschuldens bei Vertragsabschluß ein Schadensersatzanspruch zu, der auf Herstellung des früheren, vor Vertragsabschluß bestehenden Zustandes gerichtet ist, so erfolgt die **Rückabwicklung** der beiderseits bereits erbrachten Leistungen **nach bereicherungsrechtlichen Grundsätzen**.[15] Dieselbe Regelung gilt, wenn der Architektenvertrag wegen Verstoßes gegen das Kopplungsverbot des Art. 10 § 3 MRVG unwirksam ist.[16] Grundsätzlich sind hiernach die wechselseitig erbrachten Leistungen zurückzugewähren und z.B. dem Architekten die gelieferten Pläne zurückzugeben, wenn diese für den Auftraggeber wertlos sind.[17] Sind die vom Architekten bereits erbrachten Leistungen für den Bauherrn insoweit von Wert, als er durch sie anderweitige Ausgaben erspart hat, so hat er dem Architekten dessen Aufwendungen – in Form eines an den Mindestsätzen der HOAI orientierten Honoraranspruches – zu erstatten.[18]

13 BGH, NJW 90, 1907; Palandt-Heinrichs, § 276 Rn. 93 ff.
14 BGH, NJW 87, 2512; Palandt-Heinrichs, § 276 Rn. 96.
15 Vgl. Bindhardt-Jagenburg, § 4 Rn. 26 und § 6 Rn. 1 ff., hier ist der Fall des späteren Wegfalls des Rechtsgrundes gem. § 812 Abs. 1 S. 2 BGB gegeben.
16 Werner-Pastor, Rn. 695; Locher-Koeble-Frik, § 3 MRVG Rn. 16.
17 OLG Köln, BauR 80, 372, 374; OLG Düsseldorf, BauR 93, 630.
18 BGH, BauR 82, 83; OLG Hamm, BauR 86, 710; Werner-Pastor, Rn. 695.

2. Die mangelhafte Architektenleistung

Gem. § 633 BGB hat der Architekt seine Leistung so zu erbringen, daß sie die zugesicherten Eigenschaften hat und nicht mit Fehlern behaftet ist, die den Wert oder die Tauglichkeit zum gewöhnlichen oder nach dem Vertrag vorgesehenen Gebrauch aufheben oder mindern. Mängel des Architektenwerkes können sich einerseits im technischen Leistungsbereich niederschlagen, nämlich in Form einer fehlerhaften Planung, Koordinierung oder Bauüberwachung, andererseits im Kostenbereich. **529**

a) Mängel im Planungsbereich

Die **Pflichten des Architekten** im technischen Leistungsbereich richten sich nach den im Einzelfall getroffenen vertraglichen Absprachen. Fehlen detaillierte Einzelabsprachen über die einzelnen Leistungspflichten oder ist auf die HOAI verwiesen, so ergibt sich der Pflichtenkreis des Architekten entweder direkt durch Bezugnahme im Vertrag oder im Wege der ergänzenden Vertragsauslegung auf Basis der einzelnen Leistungsphasen der **HOAI**, beim Grundtypus des Architektenvertrages auf Basis der Leistungsbilder des § 15 HOAI. Jeder einzelnen dieser Pflichten steht korrespondierend bei einer Verletzung die entsprechende Haftung des Architekten gegenüber. Da die dem Architekten obliegenden Hauptpflichten sich nicht in der Erbringung einer technisch einwandfreien Planung und Bauüberwachung erschöpfen, sondern auch die Beratung des Bauherrn in wirtschaftlich-finanzieller Hinsicht, im Hinblick auf Auswahl und Koordination von Sonderfachleuten etc. umfassen, kann auch bei Verletzung dieser letzteren Pflichten ein Mangel der Architektenleistung mit entsprechender Haftungsfolge[19] – nicht nur eine Verletzung von Nebenpflichten – vorliegen. In der Praxis liegt der Schwerpunkt der Verletzung von Hauptpflichten durch den Architekten allerdings in der fehlerhaften Planung einschließlich Koordinierung sowie in der fehlerhaften Bauüberwachung. **530**

Pflichtenkreis

aa) Die fehlerhafte Planung

Die vertragsgerechte und mängelfreie Planung des Architekten muß genehmigungsfähig und technisch einwandfrei sein; sie hat den Gestaltungswünschen und den wirtschaftlichen Belangen des Auftraggebers Rechnung zu tragen. **531**

19 Locher-Koeble-Frik, § 15 Rn. 28.

532 Da eine ordnungsgemäße Planung **genehmigungsfähig** sein muß – und zwar unabhängig davon, ob das Bauvorhaben im Einzelfall genehmigungspflichtig, anzeigepflichtig oder anzeigefrei ist – hat der Architekt die einschlägigen öffentlich-rechtlichen Bauvorschriften einzuhalten. Ist die Planung nicht genehmigungsfähig, so ist die Architektenleistung mangelhaft.[20] Sind, um die Genehmigungsfähigkeit zu erreichen, kleinere Änderungen und Umplanungen erforderlich und liegen diese im Rahmen des in der Baupraxis üblichen, so liegt kein Mangel vor.[21] Kann die Genehmigung nur durch eine grundlegende, umfangreiche Umplanung[22] oder die Erteilung eines Baudispenses erreicht werden, so ist die Leistung des Architekten zwar mangelhaft, aber unter Umständen nachbesserungsfähig. Beinhaltet der Planungsfehler nur rechtliche, **durch Dispens zu beseitigende Hindernisse**, ohne daß gleichzeitig die Gebrauchsfähigkeit des Bauwerks beeinträchtigt wäre, so hat der Architekt Anspruch auf Nachbesserung durch Dispenseinholung.[23] Bei der **Notwendigkeit einer Umplanung** hängt die Nachbesserungsfähigkeit der Planung davon ab, wie weit sich die im Rahmen der Umplanung erforderlichen Änderungen des Bauentwurfs von den Bauvorstellungen des Auftraggebers entfernen und ob dessen Einverständnis zu erwarten ist. Dieser ist im Zweifel berechtigt, aber nicht verpflichtet, die Nachbesserung der – an sich fehlerhaften – Planung hinzunehmen. Über **die Bedenken bezüglich der Genehmigungsfähigkeit** der Planung hat der Architekt den Auftraggeber schon vor Einreichung des Baugesuchs aufzuklären. Er muß ihn insbesondere auf die Möglichkeit hinweisen, im Wege der **Bauvoranfrage** kostengünstiger die Genehmigungsfähigkeit durch die Baubehörden überprüfen zu lassen.[24] Bevor die Zweifel bezüglich der Genehmigungsfähigkeit der Planung nicht ausgeräumt sind, darf der Architekt keine unnötigen Leistungen erbringen oder vermeidbare Aufwendungen des Bauherrn – z.B. durch Beauftragung von Sonderfachleuten oder gar Bauunternehmern – veranlassen.[25] Die Haftung des Architekten ist in einem solchen Fall nur ausnahmsweise zu verneinen, wenn der Auftraggeber über die Bedenken bezüglich der Genehmigungsfähigkeit aufgeklärt wurde und trotz umfassender Aufklärung auf der Einreichung des Baugesuchs und der Erbringung der – bei Versagung der Genehmigung – unnötigen Architektenleistungen

Genehmigungsfähigkeit

Hinweispflicht

20 BGH, BauR 98; 579; OLG Düsseldorf, BauR 96, 287; 97, 159; Groß, Haftungsrisiken, Teil 10 Rn. 102.

21 Bindhardt-Jagenburg, § 6 Rz. 67; Groß, Haftungsrisiken, Teil 10 Rn. 102; Locher, Rn. 250.

22 Locher-Koeble-Frik, § 15 Rn. 87.

23 Locher, Rn. 250.

24 Bindhardt-Jagenburg, § 6 Rn. 72; OLG Köln, BauR 93, 358; OLG Düsseldorf, BauR 96, 287.

25 OLG Düsseldorf, BauR 80, 376; Locher-Koeble-Frik, § 15 Rn. 89 f.

besteht.[26] **Hängt** die **Genehmigungsfähigkeit vom Ermessen der Baubehörde** z.B. bei Bauvorhaben im unbeplanten Innenbereich oder im Außenbereich gem. §§ 34, 35 BauGB – oder von politischen Faktoren **ab**, die der Auftraggeber glaubt beeinflussen zu können, so nimmt er die Risiken bewußt in Kauf. Die mangelhafte Genehmigungsfähigkeit stellt in diesem Fall keinen Planungsfehler dar.

Tip

Da den Architekten die Beweislast dafür trifft, daß er den Auftraggeber rechtzeitig und umfassend über die Risiken des Baugesuchs[27] informiert hat, sollte er aus Beweisgründen den Hinweis **schriftlich** vornehmen oder auf einer schriftlichen Bestätigung durch den Auftraggeber bestehen.

Die vorstehenden Grundsätze gelten gleichermaßen für die **Einhaltung von Auflagen der Baubehörden** oder Abweichungen von den genehmigten Plänen. Wird das Bauwerk nicht in Übereinstimmung mit den genehmigten Plänen und unter Beachtung etwaiger Bauauflagen durchgeführt, so ist die Architektenleistung mangelhaft.[28] Geht die Abweichung auf Wünsche oder Anweisungen des Bauherrn zurück, so muß der Architekt ihn, will er seine eigene Haftung vermeiden, über die Risiken im Hinblick auf Baueinstellung oder Versagung des Gebrauchsabnahmescheins in gleicher Weise aufklären[29] wie bezüglich der Genehmigungsfähigkeit der Planung. **533**

Wird die Erteilung der Baugenehmigung von den Baubehörden zu Unrecht versagt, so liegt ebenfalls ein Mangel der Planung vor, weil der Architekt seine Planung nicht auf eine rechtlich zweifelsfreie Grundlage gestellt und gestalterische Einwendungen der Behörde vor Stellung des Baugesuchs geklärt hat. Beruht die Versagung der Genehmigung auf einer offensichtlichen Fehlentscheidung der Bauaufsichtsbehörden, so ist dem Auftraggeber die **Einlegung von Rechtsmitteln** zuzumuten. Unterläßt er dies, so kann er dem Architekten nicht den Vorwurf machen, er habe eine mangelhafte – weil nicht genehmigungsfähige – Planung erbracht.[30] In allen sonstigen Fällen ist der Auftraggeber zur Einlegung von Rechtsmitteln nicht verpflichtet. **534**

26 OLG Düsseldorf, BauR 86, 469; 96, 287; Bindhardt-Jagenburg, § 6 Rn. 85; Locher, Rn. 250.
27 Locher, Rn. 250; Groß, Haftungsrisiken, Teil 10 Rn. 104.
28 Löffelmann-Fleischmann, Rn. 398.
29 Ddf. S-F Z. 3.01 Bl. 100; BGH, NJW 73, 237 = BGHZ 60, 1 ff.
30 OLG Düsseldorf, BauR 96, 287; Bindhardt-Jagenburg, § 6 Rn. 77 f.; Locher, Rn. 250; Groß, Haftungsrisiken, Teil 10 Rn. 105; Werner-Pastor, Rn. 1482.

535 Die Planung des Architekten ist in technischer Hinsicht mangelhaft, wenn sie entweder die berechtigten Wünsche des Bauherren nicht berücksichtigt oder den anerkannten Regeln der Technik nicht entspricht oder aber wenn die Durchführung der Planung notwendig zu einem Mangel des Bauwerks selbst führt.

(1) Die subjektiv fehlerhafte Planung

536 Da die Werkleistung des Architekten gem. § 633 I BGB objektiv fehlerfrei sein und die zugesicherten Eigenschaften haben muß, liegt ein **Planungsmangel** vor, wenn die **berechtigten Wünsche oder Weisungen des Auftraggebers nicht berücksichtigt wurden**.[31] Hat z.B. der Auftraggeber beim Bau einer Lagerhalle eine ganz bestimmte Höhe und Dachneigung gefordert, damit im Rahmen der geplanten Nutzung Europaletten bis zu einer bestimmten Höhe gelagert und mit Gabelstaplern transportiert werden können, so ist die Planung mangelhaft, wenn die Vorgaben des Bauherren nicht eingehalten werden, auch wenn die Halle im übrigen technisch einwandfrei und nutzbar ist. Geht es um die **künstlerisch-ästhetische Gestaltung** des Bauwerks, so liegt ebenfalls ein Planungsmangel vor, wenn der Architekt verbindliche Anweisungen des Auftraggebers nicht beachtet hat.[32] Allerdings hat der Architekt im künstlerisch-ästhetischen Bereich eine gewisse Gestaltungsfreiheit, deren Umfang und Spielraum im Einzelfall vom Ruf und der künstlerischen Eigenart des Architekten einerseits und dem nach den vertraglichen Absprachen vorgestellten künstlerischen Wert des Bauwerks andererseits abhängen. Maßgebend ist im Streitfall aber die Weisung des Bauherren, der die Planungshoheit hat, und nicht die künstlerische Zielvorstellung des Architekten.

z.B.

(2) Der Verstoß gegen die Regeln der Technik

537 Entsprechen die Leistungen des Architekten nicht den Regeln der Technik,[33] so ist seine Planung ebenfalls fehlerhaft. Eine Vielzahl typischer Planungsfehler betrifft die **Boden- und Untergrundverhältnisse** sowie die **Entwässerung**. Um Planungsfehler zu vermeiden, muß der Architekt, wenn er die Bodenverhältnisse nicht kennt, sich entsprechend informieren und ggf. darauf hinwirken, daß der Auftraggeber durch einen

Einschaltung Dritter

31 BGH, BauR 98, 356.
32 Bindhardt-Jagenburg, § 6 Rn. 59.
33 Vgl. im einzelnen oben Rz. 99.

Fachingenieur eine Boden- oder Grundwasseruntersuchung vornehmen läßt.[34] Sind Zweifelsfragen im Bereich des Schall–, Wärme- und Feuchtigkeitsschutzes gegeben, so hat der Architekt für die Einschaltung eines Bauphysikers Sorge zu tragen. Desgleichen ist bei Problemen im Bereich der Statik, der Schalldämmung, der Akustik etc. ein Spezialingenieur zur Lösung der technischen Probleme heranzuziehen.[35] Unterbleibt die Einschaltung eines fachkundigen Sonderfachmanns, so haftet der Architekt uneingeschränkt, wenn sich nun die Mängel der Planung in Mängeln des Bauwerks realisieren. Darüber hinaus haftet der Architekt originär und ohne die Möglichkeit einer Abwälzung der Verantwortlichkeit immer dann, wenn seine Planung als solche mängelbehaftet ist, z.B. Wände fehlen, Deckenhöhen unzureichend sind, Trennfugen nicht angeordnet oder Dehnungsfugen vergessen oder nicht ordnungsgemäß angeordnet wurden oder wenn die einschlägigen DIN-Vorschriften nicht eingehalten worden sind.

Angesichts der Vielfalt möglicher Fehler im technischen Bereich ist **538**
eine detaillierte Behandlung der einzelnen möglichen Planungsfehler nicht möglich. Nachstehend seien **beispielhaft typische Planungsmängel** genannt, für die der Architekt – unter Umständen neben Sonderfachleuten und Bauunternehmern – gem. §§ 633 ff. BGB haftet:

z.B.

- unterlassene Baugrunduntersuchung mit der Folge unzureichender Fundamente[36]
- oder des Auftretens von Rissen als Folge unterschiedlicher Setzungen des Gebäudes;[37]
- unterlassene Grundwasseruntersuchung bzw. nicht ausreichende Sicherung des Gebäudes gegen Grundwasser oder Oberflächenwasser[38] mittels Einbringung einer Drainage oder sonstiger geeigneter Schutzmaßnahmen;
- unzureichende oder unterlassene Planung von Dehnungsfugen oder von Gebäudetrennfugen mit der Folge von Rißbildungen[39] oder von Schallmängeln;

34 OLG Hamm, BauR 97, 1069; OLG Düsseldorf, BauR 93, 124; BGH, BauR 96, 404; Bindhardt-Jagenburg, § 6 Rn. 44.

35 Vgl. Bindhardt-Jagenburg, § 6 Rn. 27 ff., 45.

36 Bindhardt-Jagenburg, § 6 Rn. 13; Locher, Rn. 252.

37 BGH, BauR 71, 265; OLG Oldenburg, BauR 81, 399; OLG Hamm, BauR 97, 1069.

38 BGH, BauR 97, 488; OLG Köln, BauR 93, 756; Bindhardt-Jagenburg, § 6 Rn. 15; OLG Celle, BauR 83, 483; OLG Düsseldorf, BauR 85, 341; 92, 106, 532; Werner-Pastor, Rn. 1484.

39 OLG Düsseldorf, BauR 73, 252; Hesse-Korbion-Mantscheff-Vygen, § 15 Rn. 90.

- unzureichende Wärmedämmung, Schaffung von Kältebrücken, geometrischen Wärmebrücken – mit der Folge von Schimmelpilz- und Stockfleckenbildung;[40]
- Unterlassung der Anwendung notwendiger Holzschutzmaßnahmen gegen Pilz oder sonstigen Schädlingsbefall;
- Verwendung von Baumaterialien oder Bautenschutzmitteln, die zu Gesundheitsbeeinträchtigungen führen können, z.B. bei Verwendung von Formaldehyd, Lindan, PCB oder ähnlichen, überwiegend krebserzeugenden Substanzen;[41]
- Nichteinhaltung der in der DIN 4109 enthaltenen Empfehlungen für einen erhöhten Schallschutz.[42]

Thema Lärmschutz/ Gesundheitsschutz

539 Speziell den Problemen des **Schallschutzes** sowie der Verwendung ökologisch unbedenklicher Baumaterialien dürfte der Architekt in Zukunft besondere Aufmerksamkeit zuzuwenden haben, um Planungsmängel und die daraus resultierende Eigenhaftung zu vermeiden. Sowohl aufgrund der Änderungsvorschläge zur alten DIN 4109 wie auch aufgrund der seither ergangenen höchstrichterlichen Entscheidungen und der Neufassung 1989 steht fest, daß Lärm krank machen kann und daß der Wunsch nach einem ruhigen, von störendem Geräusch freien Heim zu den vorrangigen Interessen und Motiven für den Erwerb eines Eigenheimes zählt.[43] Hinzu tritt das immer stärker werdende Umweltbewußtsein sowie die Erkenntnis, daß eine unbekannte Vielzahl von gebräuchlichen Bautenschutzmitteln – insbesondere von Holzschutzmitteln, Abdichtungs- und Imprägniermitteln sowie Parkett- und Fliesenklebern – gesundheitsgefährdende Substanzen enthalten, die in ihrer Langzeitwirkung noch weitgehend unerforscht sind. Plant der Architekt den Einsatz derartiger Mittel, so muß er sich – notfalls durch Einholung von Sicherheitszeugnissen oder Unbedenklichkeitsgarantien der Hersteller – vergewissern, ob der vorgesehene Einsatz von Bautenschutzmitteln und die vorgesehene Verarbeitungsweise unbedenklich sind. Angesichts der Tatsache, daß der Bauherr beim Auftreten gesundheitsgefährdender Gase u.U. den vollständigen Abriß des Hauses im Wege des Schadensersatzes verlangen kann,[44] weil in der Regel eine andere Form der Sanierung nicht möglich oder nicht zumutbar ist, ist für den Architekten insoweit

40 OLG Hamm, BauR 83, 173 mit Anm. Kamphausen; OLG Köln, BauR 87, 460.
41 OLG Köln, BauR 91, 759.
42 OLG Hamm, BauR 88, 340; 94, 246; OLG Frankfurt, BauR 80, 361; Bindhardt-Jagenburg, § 6 Rn. 28.
43 So ausdrücklich OLG Hamm, BauR 88, 343; 87, 569; BGH, BauR 98, 872; vgl. OLG Köln, SFH Nr. 4 zu § 13 Nr. 6 VOB/B.
44 So ausdrücklich OLG Saarbrücken v. 03.12.85 – 2 U 61/84 sowie 2 U 185/83 und 2 U 141/83 (betreffend das Holzschutzmittel Avenarol, welches vom Fertighaushersteller unsachgemäß verarbeitet worden war).

besondere Vorsicht geboten. Ein breites Feld für künftige Planungs-, Vergabe- und Überwachungsfehler mit entsprechend kostenträchtigen Schadensfällen dürfte für die Zukunft auch der Bereich der **Stadtsanierung** und **Altbauerneuerung** bieten. Angesichts der steuerlichen Attraktivität der §§ 82 g) und 82 i) EStGVO und der zunehmenden Beliebtheit von Steuermodellen im Bereich des Denkmalschutzes gewinnen Baumaßnahmen auf diesem Sektor sowohl im Rahmen privater Bauvorhaben wie auch im Bereich vermarkteter »Modelle« zunehmend an Bedeutung. Darüber hinaus wird auch im Neubausektor mit gestiegenem Umweltbewußtsein zunehmend Wert auf biologische Bauweisen und Baumaterialien gelegt. Hier ergibt sich das Problem, daß viele Bauunternehmen und Handwerksbetriebe mit dem Einsatz althergebrachter Techniken und dem Einsatz entsprechender Baumaterialien nicht vertraut sind. Hier ist der Architekt im Rahmen der Planung, Vergabe und Bauüberwachung besonders gefordert, insbesondere dann, wenn er selbst – wie die meisten der heute tätigen Architekten – in der Vergangenheit ebenfalls ausschließlich auf dem Neubausektor tätig war, so daß ihm Erfahrung und ggf. die erforderliche spezielle Sachkunde fehlen.

(3) Der Mangel als objektive Pflichtwidrigkeit

Die Beurteilung der Fehlerhaftigkeit der Planung hängt nach inzwischen h.A.[45] ausschließlich davon ab, ob eine sogenannte **»objektive Pflichtwidrigkeit«** vorliegt. Maßgebend für die Beurteilung ist nicht die Zeit der Planung oder der Baudurchführung, sondern die Zeit der Abnahme bzw. des Ablaufs der Gewährleistungsfrist. Da der Begriff des Werkmangels ausschließlich objektiv im Sinne des Nichteintritts eines Leistungserfolges zu verstehen ist, kann ein Mangel der Werkleistung auch dann vorliegen, wenn die Planung bzw. Bauausführung den zur Zeit der Planung oder Erstellung des Bauwerks geltenden Regeln der Baukunst bzw. den neuesten technischen Erkenntnissen entsprach. Erweist sich erst später – u.U. erst innerhalb der Gewährleistungsfrist die Mangelhaftigkeit, so liegt objektiv ein Baumangel im Sinne der §§ 633 ff. BGB vor.[46] Entsprach die Planung bzw. Bauausführung den früheren bautechnischen Erkenntnissen, so ist allerdings kein vorwerfbarer Pflichtenverstoß im Sinne eines Verschuldens des Auftragnehmers gegeben. Eine Schadens- **540**

Zeitpunkt der Beurteilung

45 BGH, NJW 71, 92 = BauR 71, 58 mit Anm. Korbion; OLG Frankfurt (Blasbachtalbrücke), NJW 83, 456 = BauR 83, 156; BGH, BauR 84, 510; BauR 85, 567.
46 OLG Frankfurt, BauR 94, 510; OLG Köln, BauR 91, 759; 99, 426; OLG Koblenz, NJW-RR 95, 787.

ersatzverpflichtung des Architekten muß, da § 635 BGB Verschulden voraussetzt, in einem solchen Falle verneint werden. Wohl aber kann der Auftraggeber im Wege der Gewährleistung gem. § 634 Abs. 1 BGB – verschuldensunabhängig – nachträglich eine Minderung des Honorars verlangen.[47] Im Rahmen des § 634 Abs. 1 BGB haftet der Architekt somit nach der Rspr. auch für Mängel, die auf der Nichteinhaltung von technischen Regeln berufen, welche zum Zeitpunkt der Leistungserbringung noch nicht bekannt oder noch nicht anerkannte Regeln der Technik waren.

541 Eine weitergehende Haftung des Architekten kann aus dem Gesichtspunkt der **positiven Vertragsverletzung** wegen Verletzung vertraglicher Beratungspflichten dann in Betracht kommen, wenn die bautechnischen Erkenntnisse sich zwar nach Abschluß der Planung aber vor Vollendung des Bauwerks ändern. Wäre in einem solchen Falle durch Umplanung bzw. Änderung der Bauausführung – die vom Auftraggeber allerdings zusätzlich zu vergüten sind – der später realisierte Baumangel zu vermeiden gewesen, so haftet der Architekt wegen schuldhaft unterlassener Aufklärung für die Differenz zwischen dem tatsächlichen Schadensbetrag und den Kosten der Umplanung und Änderung der Bauausführung.

bb) Fehler im wirtschaftlichen Bereich

542 Die Planung des Architekten ist auch dann mangelhaft, wenn sie in wirtschaftlicher Hinsicht nicht den vertraglichen Absprachen der Parteien entspricht, den Bauherren mit objektiv unnötigen Kosten bzw. Leistungen belastet oder wenn die veranschlagten Kosten schuldhaft in ganz erheblichem Maße überschritten werden.[48] Insoweit korrespondieren die vertraglichen Hauptleistungspflichten sowie vertraglichen Nebenpflichten des Architekten mit den Gewährleistungsansprüchen der §§ 634, 635 BGB und den Schadensersatzansprüchen aus positiver Vertragsverletzung bzw. culpa in contrahendo.

(1) Fehlerhafte Kostenermittlung

543 Gemäß **§ 15 HOAI** schuldet der Architekt beim HOAI-Vertrag als vertragliche Hauptleistungspflicht im Zuge des Fortschritts der Planung und Ausführung des Bauvorhabens verschiedene Kostenermittlungen,

47 BGH, BauR 85, 567.
48 OLG Köln, SFH Nr. 23 zu § 635 BGB; BGH, NJW 75, 1657 = BauR 75, 434; BGH, BauR 84, 420; Ddf. S-F Z. 3.01 Bl. 133; Werner-Pastor, Rn. 1486 ff., 1774 ff.

deren Genauigkeitsgrad im Zuge des Planungs- und Baufortschritts ansteigt. Im einzelnen schuldet der Architekt dem Bauherren die folgenden Kostenermittlungen:

- in der Vorplanung (Phase 2) = die Kostenschätzung;
- in der Entwurfsplanung (Phase 3) = die Kostenberechnung und die Kostenkontrolle;
- in der Vergabe (Phase 7) = den Kostenanschlag und die Kostenkontrolle;
- in der Objektüberwachung (Phase 8) = die Kostenfeststellung und Kostenkontrolle.

Mangelhaft sind die einzelnen Kostenermittlungen dann, wenn die **544** Gesamtkosten falsch – nämlich zu niedrig – ermittelt werden, wenn notwendige Leistungspositionen vergessen, zu niedrige Einheitspreise kalkuliert, Sonderwünsche des Bauherren kostenmäßig nicht in Ansatz gebracht werden, wenn die Berechnung des umbauten Raumes fehlerhaft ist oder bei der Baukostenschätzung falsche Kubikmeterpreise zugrunde gelegt werden.[49] In den jeweiligen Stufen der Kostenermittlungen hat der Architekt mit der im Verkehr erforderlichen berufsüblichen Sorgfalt die nach Lage des Falles mögliche und erforderliche Genauigkeit einzuhalten. Ihm ist ein gewisser Toleranzrahmen zuzubilligen, der sich mit fortschreitender Genauigkeit des Planungskonzeptes stufenweise reduziert. Als **Richtwerte** für die Überschreitung des Toleranzrahmens können – Identität der Planung vorausgesetzt – Prozentsätze von 30 % bei der vorvertraglichen Kostenschätzung, von 20 % bei der Kostenschätzung in der Vorplanung (Phase 2) und von 10 % bei der Kostenberechnung (Phase 3) angenommen werden.[50] Hier handelt es sich um eine Faustregel, da der Toleranzrahmen sich nicht generell in Prozentsätzen fassen läßt, sondern von den Umständen des Einzelfalles und dem erkennbaren Interesse des Auftraggebers an einem genau fixierten Kostenrahmen abhängt.[51]

Toleranzrahmen

Bei vorsätzlich oder fahrlässig falscher Kostenschätzung, Kostenberechnung bzw. Kostenanschlag ist eine vertragliche Hauptleistungspflicht des Architekten verletzt. Als Folge stehen dem Auftraggeber bis zur Abnahme der Werkleistung Erfüllungsansprüche zu, nach der Abnahme Gewährleistungsansprüche gem. §§ 633 ff. BGB. Teilweise[52] wird argumentiert, der Preis eines Bauwerks sei weder eine Eigenschaft noch ein Gebrauchsfaktor. Aus diesem Grunde seien wegen fehlerhaft falscher **545**

Rechtsfolgen

49 Hesse-Korbion-Mantscheff-Vygen, § 15 Rn. 70 ff., 94; BGH, BauR 97, 335; Bindhardt-Jagenburg, § 6 Rn. 179; Locher, Rn. 276; Werner-Pastor, Rn. 1705.
50 Bindhardt-Jagenburg, § 6 Rn. 179; Locher, Rn. 279.
51 BGH, BauR 88, 734; 97, 494; Locher-Koeble-Frik, Einl. Rn. 59.
52 OLG Stuttgart, BauR 77, 426 ff.; Groß, Haftungsrisiken, Teil 10 Rn.165.

Kostenermittlung keine Gewährleistungsansprüche, sondern Schadensersatzansprüche aus positiver Vertragsverletzung wegen Verursachung eines Vermögensschadens gegeben. Diese Argumentation ist dogmatisch nicht richtig. Es kommt auf die Ursache der Bausummenüberschreitung an. Ist der eingetretene Schaden auf unzureichende Aufklärung, Belehrung und Beratung des Architekten zurückzuführen, so handelt es sich um die Verletzung vertraglicher Nebenpflichten, bei denen immer eine Haftung aus positiver Vertragsverletzung gegeben ist. Ist dagegen die vom Architekten aufgestellte Kostenermittlung falsch, so verletzt er eine vertragliche Hauptleistungspflicht, die in § 15 Abs. 2 HOAI ausdrücklich als solche normiert ist. Schließlich besteht der vom Architekten geschuldete Leistungserfolg nicht in dem Bauwerk selbst, sondern im Entstehenlassen des Bauwerks in Form einer technisch **und** wirtschaftlich einwandfreien Planung. Ist die Planung nur in technischer, nicht aber in wirtschaftlicher Hinsicht einwandfrei, so hat der Architekt seine Leistungspflichten verletzt. Dem Bauherren stehen die Gewährleistungsansprüche der §§ 633 ff. BGB zu, ein eingetretener Vermögensschaden ist – dogmatisch folgerichtig – gem. § 635 BGB zu ersetzen.[53]

546 Allerdings können sich im Einzelfall auch **Überschneidungen** und Anspruchskonkurrenzen ergeben: Hat der Bauherr vom Architekten noch vor Abschluß des Architektenvertrages eine überschlägige Kostenschätzung erbeten und auch erhalten und hat sich der Bauherr aufgrund dieser – falschen – Kostenschätzung überhaupt erst zur Durchführung des Bauvorhabens sowie zum Abschluß des Architektenvertrages entschlossen, so haftet der Architekt aus dem Gesichtspunkt der culpa in contrahendo (c.i.c.).[54] Kommt im Zuge der Vertragsabwicklung auch noch eine falsche Kostenermittlung gem. § 15 Abs. 2 HOAI hinzu, so treten vertragliche und vorvertragliche Schadensersatzansprüche in Anspruchskonkurrenz. Allerdings ist die Zielrichtung i.d.R. unterschiedlich: Beim Schadensersatz aus culpa in contrahendo haftet der Architekt auf das negative Interesse: Der Bauherr kann verlangen, so gestellt zu werden, wie wenn er das Bauvorhaben nicht begonnen bzw. durchgeführt hätte, d.h. Erstattung der nutzlos getätigten Aufwendungen.[55] Beim Schadensersatz gem. § 635 BGB steht dem Bauherren das Erfüllungsinteresse zu, i.d.R. der Mehrkostenbetrag zwischen geschätzten und aufgewendeten Kosten, u.U. auch der entgangene Gewinn,[56] z.B. bei Renditeobjekten die entgangene Miete, etc.

53 OLG Düsseldorf, BauR 88, 237; Locher, Rn. 276, 278; Bindhardt-Jagenburg, § 1 Rn. 29 und § 6 Rn. 81; Werner-Pastor, Rn. 1774.

54 OLG Stuttgart, BauR 79, 174; Locher-Koeble-Frik, Einl. Rn. 62; Bindhardt-Jagenburg, § 6 Rn. 177.

55 Vgl. auch OLG Stuttgart, BauR 79, 174; sowie o. Rz. 523.

56 Palandt-Sprau, § 635 Rn. 7.

(2) Die Haftung für Bausummenüberschreitung

Einen Sonderfall der Haftung im Kostenbereich stellt die sog. Haftung für Bausummenüberschreitung dar. Eine **Bausummenüberschreitung** liegt immer dann vor, wenn sich gegenüber den veranschlagten oder den vom Bauherren zur Verfügung gestellten Mitteln die Herstellungskosten für das Gebäude einschließlich der Nebenkosten erhöhen. Die Kostenüberschreitung kann die unterschiedlichsten **Ursachen** haben, die sich im wesentlichen in zwei Ursachenbereiche gliedern: **547**

- Die Kosten sind von vornherein fehlerhaft ermittelt, weil von zu geringen Kubikmeterpreisen, von zu geringen Einheitspreisen für bestimmte Bauleistungen oder einem zu niedrigen Baukostenindex ausgegangen wurde oder weil für die Bauausführung notwendige Leistungen nicht berücksichtigt wurden;
- die Kostenschätzung bzw. Kostenberechnung war ursprünglich mangelfrei. Es wurde jedoch verabsäumt, den Bauherren auf die Mehrkosten aufwendiger Sonderwünsche bzw. Planungs- oder Ausführungsänderungen hinzuweisen. Es gab Mehrkosten durch Lohn- und Materialpreiserhöhungen, Insolvenz von Bauhandwerkern, nachträgliche Auflagen der Baubehörden, z.B. infolge von Nachbarwidersprüchen, erhöhte Baukosten durch aufwendigere Gründung oder Abdichtung gegen Grundwasser und ähnliches mehr.

Ebenso wie bei der Haftung für die fehlerhafte Kostenermittlung kann die Haftung des Architekten entweder gem. § 635 BGB oder nach den Grundsätzen über die positive Vertragsverletzung wegen der Verletzung vertraglicher Nebenpflichten, nämlich von Beratungs- bzw. Aufklärungspflichten, begründet sein.[57] Eine generelle Zuordnung zum Bereich des § 635 oder der positiven Vertragsverletzung ist nicht möglich. Der Architekt haftet vielmehr dann gem. **§ 635 BGB**, wenn er eine **vertragliche Hauptleistungspflicht** verletzt hat, z.B. im Falle unrichtiger Kostenermittlung, im Fall einer zu aufwendigen Bauausführung als Folge eines Planungsfehlers, bei unrichtiger Ausschreibung und Vergabe sowie bei fehlerhafter Rechnungsprüfung. Verletzt der Architekt dagegen **vertragliche Nebenpflichten**, z.B. Hinweis- und Aufklärungspflichten bezüglich der Kosten der Sonderwünsche des Bauherren, der Möglichkeit eines Kostenausgleichs in anderen Leistungsbereichen oder bezüglich steuerlich ungünstiger Konsequenzen der gewählten Bauausführung, so haftet er nach den **Grundsätzen der positiven Vertragsverletzung**. Unabhängig davon, ob die Haftung des Architekten gem. § 635 BGB oder nach den Grundsätzen über die positive Vertragsverletzung **548**

57 OLG Düsseldorf, BauR 88, 237; 94, 133; OLG Stuttgart, BauR 87, 462; Werner-Pastor, Rn. 1775; Hesse-Korbion-Mantscheff-Vygen, § 15 Rn. 71.

begründet ist, müssen in jedem Falle die nachfolgenden Voraussetzungen gegeben sein:

- Es liegt objektiv eine Pflichtverletzung vor.
- Dem Architekten ist Verschulden zur Last zu legen.
- Dem Bauherren ist ein Schaden entstanden.

(aa) Die objektive Pflichtverletzung

549 Jeder Schadensersatzanspruch des Bauherren, gleichgültig ob aus § 635 BGB oder positiver Vertragsverletzung, setzt zunächst einmal eine **haftungsbegründende Handlung** des Architekten als Tatbestandsmerkmal voraus.[58] Die **Darlegungs- und Beweislast** obliegt insoweit dem Bauherren. Angesichts der vielen Risikofaktoren und Unwägbarkeiten, die jedem Bauvorhaben immanent und nicht vollständig auszuschließen sind, billigt die h.A.[59] dem Architekten einen gewissen Toleranzrahmen zu, der je nach den Umständen des Einzelfalles weiter oder enger sein kann. Bei Neubauten, die kalkulierbarer sind, ist der **Toleranzrahmen** sicherlich deutlich enger zu bemessen als z.B. bei Umbauten, Altbausanierungen oder auch solchen speziellen Bauarbeiten, die ihrer Natur nach große Unsicherheitsfaktoren enthalten, wie z.B. Arbeiten im U-Bahn-Bau u.ä. Generell dürfte die Toleranzgrenze hier in einem Rahmen von rd. 25 bis 30 % Kostenüberschreitung zu ziehen sein[60] – dies aber nur als Faustregel, von der je nach den Umständen des Einzelfalles Abweichungen nach oben oder unten möglich sind. Der Genauigkeitsgrad der Kostenermittlung hat entsprechend dem Baufortschritt allerdings zuzunehmen, so daß der Spielraum des Architekten im Bereich der Vorplanung und der Kostenschätzung ein größerer ist, als nach Abschluß der Planungsphase bzw. nach Abschluß der kompletten Ausschreibung und Vergabe. Gegen die hohen Haftungsrisiken, die für den Architekten gem. Ziff. II 2 der Besonderen Bedingungen für die Haftpflichtversicherung von Architekten und Bauingenieuren auch nicht versicherbar sind, kann dieser sich zweckmäßigerweise nur in der Form schützen, daß er eine möglichst korrekte und zuverlässige Kostenermittlung nach DIN 276 jeweils in den einzelnen Planungsstadien erstellt und fortschreibt.

Kalkulationsspielraum

z.B.

58 Vgl. im einzelnen unten Rz. 582.

59 BGH, BauR 97, 494 u. 335: keine Toleranzen bei groben Kostenermittlungsfehlern.

60 Loche,r Rn. 279; LG Ddf S-F Z.3.01 Bl. 240; Hesse-Korbion-Mantscheff-Vygen, § 15 Rn. 71: 20 %.

Tip

Darüber hinaus sollte er den Bauherren – aus Beweisgründen schriftlich – detailliert darüber aufklären, mit welchen Mehrkostenrisiken bei der Durchführung eines Bauvorhabens generell – sowie spezifisch bezogen auf die Eigenart des Bauvorhabens – zu rechnen ist. Er sollte darüber hinaus von vornherein im Rahmen seiner detaillierten Beratung mit dem Bauherren abklären, ob und in welchem Umfange dieser etwaige Mehrkosten überhaupt aufbringen oder zusätzlich finanzieren kann oder ob der finanzielle Spielraum des Bauherren so eng bemessen ist, daß eine Baukostenüberschreitung zwangsläufig zum Scheitern des Bauprojektes führt oder zwingend durch Einsparungen oder Eigenleistungen des Bauherren ausgeglichen werden muß.

(bb) Das Verschulden des Architekten

Es ist **Sache des Bauherren**, die objektive Pflichtverletzung des Auftragnehmers und ihre Ursächlichkeit für den entstandenen Schaden darzulegen und zu beweisen. Dies gilt sowohl für Schadensersatzansprüche gem. § 635 BGB wie auch für die Ansprüche aus positiver Vertragsverletzung. Der Architekt hat sich demgegenüber zu exkulpieren.[61] Er muß entsprechend den Grundsätzen der **Beweislastverteilung nach Gefahrenbereichen** sein fehlendes Verschulden beweisen. Für die Ansprüche aus positiver Vertragsverletzung gilt dies – analog § 282 BGB – jedenfalls dann, wenn die Schadensursache in seinem Gefahrenbereich liegt. An den vom Architekten zu führenden Nachweis dürfen allerdings keine unerfüllbaren Anforderungen gestellt werden.[62] Der Architekt hat insoweit den Nachweis zu führen, daß der Schaden auch bei pflichtgemäßem Verhalten eingetreten wäre. Bei Ansprüchen aus positiver Vertragsverletzung kann er den Gegenbeweis führen mittels des Nachweises, daß die Ursachen für die Verteuerung nicht in seinem, sondern dem Gefahrenkreis des Bauherren lagen. 550

Als Beispiele für eine mögliche **Exkulpation des Architekten** seien genannt: 551

61 Hesse-Korbion-Mantscheff, § 15 Rn. 71; OLG Ddf, S-F-H § 635 BGB Nr. 95; Locher, Rn. 280.

62 Locher-Koeble-Frik, § 15 Rn. 155; BGH, NJW 81, 2182 = BauR 81, 482; LG Aachen, NJW-RR 88, 1364; Löffelmann-Fleischmann, Rn. 335; Locher, Rn. 280.

- Das Bauvorhaben wurde durch unvorhersehbare Lohn- und Materialpreissteigerungen, Baustillstand infolge Streik oder Insolvenz eines Bauunternehmers, unvorhersehbare Gründungsrisiken oder Baustop infolge von nicht vorhersehbaren Nachbarwidersprüchen verteuert.
- Der Bauherr hatte mit dem Bau begonnen, bevor die Finanzierung auszahlungsreif gesichert war, so daß die Bauunternehmer gem. § 15 Nr. 5 Abs. 3 VOB/B die Arbeiten einstellen und Verzugsschäden geltend machten.
- Der Bauherr verzögert die Erbringung baulicher Eigenleistungen oder notwendiger Mitwirkungspflichten im Sinne des § 642 BGB trotz entsprechender Belehrung durch den Architekten, so daß die nachfolgenden Bauarbeiten nur mit Verzögerungen und Mehrkosten durchgeführt werden können.
- Bei unterlassener Aufklärung über die Mehrkosten, die aus Sonderwünschen des Bauherren resultieren, weist der Architekt nach, daß der Bauherr trotz entsprechender Aufklärung in jedem Falle die Sonder- und Änderungswünsche, ohne Rücksicht auf die anfallenden Mehrkosten hätte ausführen lassen, z.B. weil man Wert auf eine repräsentative Aussattung legte oder weil bestimmte Ausstattungsdetails dem Auftraggeber oder seiner Ehefrau unverzichtbar erschienen.

552 Der dem Architekten für seine Planung vorgegebene Kostenrahmen ist umso enger, je klarer ihm vom Bauherrn zu Beginn der Planungstätigkeit der im Hinblick auf die Renditeerwartung eines Mietobjektes oder die zur Verfügung stehenden Eigenmittel und Kreditmittel die finanziellen bzw. wirtschaftlichen Grenzen aufgezeigt wurden. Mangelhaft ist die Architektenleistung immer dann, wenn entweder der subjektiv vom Bauherrn vorgegebene finanzielle Rahmen nicht eingehalten wurde oder objektiv keine wirtschaftlich sinnvolle Relation zwischen den eingesetzten finanziellen Mitteln und dem Wert bzw. der Nutzbarkeit des errichteten Bauwerks gegeben ist. Die Mangelhaftigkeit der Architektenleistung begründet zwar Gewährleistungsansprüche des Bauherrn. Ein Schadensersatzanspruch in Höhe der Differenz zwischen den vorgegebenen und den tatsächlichen Kosten scheitert allerdings in der Regel an dem bei der Schadensbemessung erforderlichen Vorteilsausgleich.

cc) Der Schaden

553 Beim Schadensersatz aus Bausummenüberschreitung haftet der Architekt dem Bauherrn auf den Erfüllungsschaden. Er hat den Bauherrn finanziell so zu stellen, wie er ohne die Pflichtverletzung gestanden hätte. Entgegen der irrigen Meinung vieler Bauherren besteht der vom Architekten zu leistende Schadensersatz nicht etwa in der Erstattung der angefallenen Mehrkosten. Es ist vielmehr – wie bei jedem Schadensersatzanspruch – eine Vorteilsangleichung vorzunehmen. Insoweit wird auf die Ausführungen unter Rz. 597 ff. verwiesen.

cc) Mängel bei der Vorbereitung der Bauausführung

Der Vorbereitung der Bauausführung dienen die Leistungsphasen 6 und **554**
7 des § 15 HOAI. Analog den dort beschriebenen Leistungspflichten ergibt sich deckungsgleich auch jeweils der Mangel der Leistung und damit die Gewährleistungspflicht des Architekten.

(1) Mängel bei der Vorbereitung der Vergabe

Werden bei der **Ermittlung und Zusammenstellung der Mengen** und **555**
der sich anschließenden Erstellung der **Leistungsverzeichnisse** für die einzelnen Gewerke Fehler gemacht, so handelt es sich um einen Mangel der Architektenleistung selbst, nicht um die Verletzung bloßer Nebenpflichten. Der Mangel kann sich in einem Mangel des Bauwerks selbst verkörpern, indem als **Folge** der fehlerhaften Ausschreibung Bauleistungen entweder unvollständig oder in sich mangelhaft sind, z.B.:

- die nicht ausgeschriebene Drainage oder Hohlkehle wird vom Unternehmer nicht ausgeführt, was zu Mängeln bei der Bauwerksabdichtung führt;[63] **z.B.**
- es wird Kiefernholz als Außenverkleidung ausgeschrieben, die dann aber notwendige zusätzliche Leistung der Imprägnierung bzw. des Schutzes vor Bläue und Pilzbefall jedoch vergessen;[64]
- der Architekt schreibt die Herstellung und Vorhaltung der Deckenschalung aus, nicht jedoch deren anschließende Entfernung, so daß diese im Bauwerk verbleibt.[65]

Die mangelhafte bzw. lückenhafte Ausschreibung **realisiert sich** typi- **556**
scherweise dann **in Bauwerksmängeln**,

- wenn der ausführende Unternehmer den Fehler oder die Lücke in der Ausschreibung nicht erkennt; ✓

63 OLG Celle, BauR 92, 801.
64 LG Düsseldorf, SF Z.3.01 Bl. 240; Locher, Rn. 253.
65 Hesse-Korbion-Mantscheff-Vygen, § 15 Rn. 135.

- wenn er entgegen seiner aus § 4 Nr. 3 VOB/B folgenden auch beim reinen BGB-Vertrag geltenden Hinweis- und Aufklärungspflicht die falsch bzw. unvollständig beschriebene Bauleistung ebenso ausführt;
- wenn die in der Ausschreibung vergessene, notwendige Teilleistung bei gewerkeweiser Ausschreibung ebenso von einem Folgeunternehmer ausgeführt werden kann und der Auftragnehmer meint, die Leistung gehöre zum Nachfolgegewerk.

557 Die fehlerhafte Ausschreibung kann aber auch zu **unnützen Verteuerungen** bzw. finanziellen Mehrbelastungen des Bauherrn führen. Diese Folge ergibt sich in der Regel dann, wenn der ausführende Unternehmer den **Fehler** oder die Lücke in der Ausschreibung **rechtzeitig erkennt** und die Änderung oder Zusatzleistung zu einem Preis anbietet, der wesentlich höher liegt als wenn die Leistung von vornherein im Rahmen der Ausschreibung und damit des Preiswettbewerbs angeboten worden wäre, z.B.

z.B.

- Zusatzarbeiten im Stundenlohn statt im Akkord bzw. Einheitspreis pro Leistungseinheit;[66]
- Mehrkosten gem. § 2 Nr. 5 VOB/B für geänderte Leistungen;
- Behinderungskosten gem. § 6 Nr. 6 VOB/B, wenn die Klärung der Lücke bzw. des Fehlers in der Ausschreibung zu Baustillstand bzw. Behinderung des Bauunternehmers führt.

(2) Mängel bei der Mitwirkung an der Vergabe

558 Zur mangelfreien Vorbereitung der Bauausführung gehört auch die Schaffung von Wettbewerb. Im Rahmen der Leistungsphase 7 hat der Architekt für die **Einholung einer ausreichenden Vielzahl von Angeboten** für die jeweils ausgeschriebene Leistung zu sorgen. Er darf sich nicht auf die Einholung nur eines Angebots beschränken, selbst wenn er den von ihm angesprochenen Unternehmer für den geeignetsten hält.[67] Der ausreichenden Transparenz dient der im Rahmen der Leistungsphase 7 aufzustellende **Preisspiegel**. Ist dieser mangelhaft, weil die Angebote nicht vollständig erfaßt sind oder nicht alle Bieter identische Ausschreibungsunterlagen erhalten haben, haftet der Architekt, wenn auf Basis des unrichtigen Preisspiegels der Bauherr eine falsche Vergabeentscheidung trifft, die zu unnützen Mehrkosten, z.B. in Form von Nachträgen des beauftragten Unternehmers, führt.[68]

66 Locher-Koeble-Frik, § 15 Rn. 155.
67 Locher-Koeble-Frik, § 15 Rn. 168; Hesse-Korbion-Mantscheff-Vygen, § 15 Rn. 149.
68 Locher-Koeble-Frik, § 15 Rn. 168.

Der Architekt schuldet eine **sachgerechte Auswahl von geeigneten und zuverlässigen Bauunternehmern**. **Bedenken** im Hinblick auf die Zuverlässigkeit oder Geeignetheit eines Anbieters hat er dem Bauherrn mitzuteilen, z.B. 559

z.B.

- den Umstand, daß der »Inhaber« der Baufirma schon etliche Konkurse hinter sich hat;
- daß der Anbieter bei anderen Bauvorhaben durch nachlässige bzw. mangelhafte Bauausführung aufgefallen ist;
- daß der Bieter sich bei anderen Aufträgen in terminlicher Hinsicht als besonders unzuverlässig erwiesen hat;
- daß er den Bieter weniger aufgrund seiner fachlichen Qualifikation als wegen besonderer persönlicher Kontakte (Freundschaft/Verwandtschaft, Vereins- oder Verbandsmitgliedschaft) beauftragen möchte.

Im Rahmen seiner **Haftung** schuldet der Architekt allerdings nicht den Ausgleich des Schadens, der durch Realisierung des in der Person des Anbieters liegenden Risikos entstanden ist, sondern den Ausgleich des Schadens aus der unterlassenen Aufklärung. Hätte der Bauherr den Anbieter auch nach gebotener Aufklärung beauftragt – z.B. wegen des besonders günstigen Preises – liegt kein auszugleichender Schaden vor. 560

Eine mangelhafte Architektenleistung liegt auch dann vor, wenn der Architekt den Auftraggeber im Zusammenhang mit dem Abschluß der Bauverträge **falsch berät**. Der Architekt schuldet zwar keine juristische Beratung im Hinblick auf den Inhalt der abzuschließenden Bauverträge. Er sollte vielmehr dem Auftraggeber empfehlen, fachkundigen Rechtsrat einzuholen, wenn im Hinblick auf die Sicherung von Terminen und Preisen oder sonstige Vertragsinhalte eine zuverlässige juristische Unterstützung des Auftraggebers bei oder vor Vertragsabschluß geboten erscheint. Wohl aber schuldet der Architekt dem unkundigen, nicht gewerblichen Bauherrn[69] die gebotene Aufklärung bezüglich der vom BGB abweichenden Regelungen der VOB/B[70] – insbesondere die verkürzte Verjährungsfrist des § 13 Nr. 4 VOB/B – wenn dem Bauherrn entweder vom Architekten selbst oder vom Bauunternehmer der Abschluß eines VOB-Vertrages angetragen wird. 561

Beratungshaftung

Stellt der Architekt dem Bauherrn **Vertragstexte**, Besondere Vertragsbedingungen oder Vertragsklauseln als Grundlage für den Bauvertrag zur Verfügung, bei denen er selbst Aufsteller oder Verwender der **AGB** ist, so haftet er dem Bauherrn dafür, daß das dort jeweils angestrebte Vertragsziel tatsächlich in rechtlich zulässiger und wirksamer Form 562

69 Kniffka, ZfBR 94, 259; Hesse-Korbion-Mantscheff-Vygen, § 15 Rn. 152.
70 BGH, BauR 83, 168 = NJW 83, 870; Löffelmann-Fleischmann, Rn. 383.

realisiert wird.[71] Dies gilt z.B. für die Begrenzung der Vertragsstrafe als Voraussetzung für deren Gültigkeit[72] oder die Vereinbarung einer erschwerten Ablösung des Sicherheitseinbehalts nur durch Bürgschaft auf erstes Anfordern ohne Wahl der Einzahlung auf Sperrkonto, die den Anspruch des Auftraggebers auf den Sicherheitseinbehalt vollständig entfallen läßt.[73]

Tip

Da schon der »Einbau« von Vertragsklauseln mit AGB-Charakter in Schriftstücke mit technischer Zielsetzung – z.B. in die »Vorbemerkungen« zum Leistungsverzeichnis – ein haftungsträchtiges Unterfangen sein kann, ist dem Architekten dringend anzuraten, nur bauwerksbezogene technische Angaben zur Bauausführung und zum Baugrundstück, ggf. auch zur Leistungszeit, in die Ausschreibungsunterlagen einzusetzen und auf juristische Eigenkreationen zu verzichten. Dies gilt insbesondere angesichts der Tatsache, daß bezüglich der Schäden aus falscher Rechtsberatung des Bauherrn kein Versicherungsschutz besteht.

dd) Die fehlerhafte Objektüberwachung

563 Für die Objektüberwachung gilt in gleichem Maße wie für die Planungsleistungen des Architekten: Er haftet nur für das plangemäße und mängelfreie »Entstehenlassen« des Bauwerks, nicht dagegen für Mängel der Bauausführung selbst.[74] Eine Haftung des Architekten ist insoweit nur gegeben, wenn die mangelhafte Objektüberwachung für die Entstehung des Bauausführungsmangels mitursächlich geworden ist. Dem Architekten obliegen bei der Objektüberwachung vornehmlich **Wahrnehmungspflichten**. Er hat die Bauausführung zu überwachen und bei Abweichungen von der Planung bzw. bei mangelhafter Bauausführung den Auftraggeber unverzüglich zu unterrichten, damit dieser die Gelegenheit erhält, durch geeignete Maßnahmen den Bauunternehmer zur vertragsgemäßen Bauausführung und zur Beseitigung von Mängeln anzuhalten.[75]

71 Vgl. Locher-Koeble-Frik, § 15 Rn. 172.
72 BGH, BauR 88, 86; 89, 327 und 459.
73 BGH, NJW 97, 2598.
74 h.A. vgl. BGH, VersR 69, 473; BauR 89, 77; Bindhardt-Jagenburg, § 6 Rn. 110 ff.; Hesse-Korbion-Mantscheff-Vygen ,§ 15 Rn. 188 ff.; Werner-Pastor, Rn. 1496 ff.
75 Hesse-Korbion-Mantscheff-Vygen, § 15 Rn. 188; Locher, Rn. 256.

Die **Intensität** der Überwachung und die Häufigkeit der Baustellenbesuche hängen davon ab, ob einfache, gängige Bauarbeiten ausgeführt werden, bei denen der Handwerker keiner besonderen Anweisung durch den Architekten bedarf oder ob es sich um besonders wichtige bzw. kritische Bauphasen handelt, die der ständigen Kontrolle bedürfen. Treten bei der Ausführung von gängigen Routinearbeiten Ausführungsmängel auf, obwohl der Architekt die Bauarbeiten mit der üblichen Sorgfalt überwacht und kontrolliert, so ist eine Mithaftung für die Ausführungsmängel nicht gegeben,[76] z.B. bei der Ausführung von Platten- bzw. Fliesenarbeiten,[77] von Innenputz[78] oder von Hinterfüllungsarbeiten.[79] 564

Eine **gesteigerte Überwachungstätigkeit** ist jedoch auch bei einfacheren Handwerksleistungen gefordert, wenn sich im Rahmen von Stichproben Fehlleistungen des Bauunternehmers zeigen, wenn der Architekt den Unternehmer von vornherein für besonders ungeeignet oder unzuverlässig hält[80] oder wenn der Bauherr gar Schwarzarbeiter einsetzt. In diesen Fällen ist die Überwachungspflicht des Architekten nicht etwa reduziert, sondern im Gegenteil gesteigert. Er kann sich aus diesem Dilemma nur befreien, indem er gem. § 642 BGB den Auftraggeber auffordert, im Rahmen seiner Mitwirkungspflicht für eine Entfernung des ungeeigneten Bauausführenden zu sorgen. Kommt der Auftraggeber entsprechenden Aufforderungen des Architekten nicht binnen angemessener Frist nach, kann der Architekt gem. § 643 BGB den Vertrag kündigen und auch die Tätigkeit als Fachbauleiter im Sinne der Bauordnung niederlegen, wenn er dies dem Auftraggeber zuvor unmißverständlich angekündigt hat.[81] Eine Haftung des Architekten für Bauausführungsmängel ist in diesen Fällen nicht gegeben, weil der Architekt seiner Pflicht zur Objektüberwachung nachgekommen ist und die notwendigen Kontrollmechanismen betätigt hat. 565

Eine gesteigerte Überwachungsverpflichtung ergibt sich bei besonders wichtigen bzw. kritischen Bautätigkeiten, die typischerweise ein **hohes Mangelrisiko** begründen. Zu den kritischen Bauausführungsphasen mit gesteigertem Überwachungsbedarf gehören z.B. 566

- alle mit der Isolierung/Abdichtung eines Bauwerks zusammenhängenden Leistungen wie z.B. Anbringung der Abdichtungsfolie oder 567

76 Löffelmann-Fleischmann, Rn. 415; OLG München, NJW-RR 88, 337; Werner-Pastor, Rn. 1499.

77 OLG Hamm, BauR 90, 638.

78 LG Köln, VersR 81, 1191.

79 BGH, VersR 69, 473.

80 BGH, BauR 86, 112; Löffelmann-Fleischmann, Rn. 416 ff.; Locher-Koeble-Frik, § 15 Rn. 210.

81 Hesse-Korbion-Mantscheff-Vygen, § 15 Rn. 190 f.

z.B. -beschichtung vor der nachfolgenden Verfüllung der Baugrube,[82] der Schutz vor drückendem bzw. nicht drückendem Wasser (Grundwasser),[83] die Abdichtung von Terrassen und Loggien,[84] die Verlegung einer Drainage;[85]

- alle Arbeiten im Zusammenhang mit dem Abbruch,[86] der Ausschachtung[87] und dem Verbau, insbesondere im innerstädtischen Bereich mit geschlossener Bauweise und älteren Nachbargebäuden bzw. im Boden verlegten öffentlichen Versorgungsleitungen;
- alle Arbeiten, die für die Konstruktion und die Standsicherheit eines Bauwerks bzw. zur Vermeidung von konstruktiven Schäden von wesentlicher Bedeutung sind wie z.B. Überwachung der Betonqualität[88] und der Stahlbewehrung[89] gem. Statik;
- alle wesentlichen Ausführungsdetails bei der Dachkonstruktion[90] insbesondere in den Randbereichen sowie den jeweils angrenzenden Gewerken (Ringbalken/Dachpfette zu Dachkonstruktion/Dachentwässerung).

568 Angesichts der zunehmenden Bedeutung, die sowohl der **Schallschutz** gewonnen hat, wie insbesondere auch die Vermeidung von **Gesundheitsschäden**, die aus der Verwendung giftstoffbelasteter Baumaterialien entstehen können, ist eine erhöhte Überwachungspflicht des Architekten gegeben bei der Überwachung derjenigen Bauleistungen, die für die Verursachung von Mängeln der Schall- und Wärmeisolierung besonders kritisch sind.[91] Darüber hinaus ist dem Architekten auch im Rahmen der ohnehin bestehenden **Materialprüfungspflicht**[92] eine gesteigerte Überwachungstätigkeit zuzumuten im Hinblick auf die Vermeidung solcher Baustoffe, die als typische Gefahrenquelle gelten (Holzschutzmittel, Spanplatten, Parkettkleber bzw. sonstige mit Formaldehyd, PCP, Asbest oder Lindan belastete Bauhilfsstoffe) oder die neuartig und noch nicht erprobt sind (Produktbeschreibung/Herstellergarantie, Referenzliste).

82 BGH, NJW 91, 563; OLG Hamm, BauR 90, 638 = NJW-RR 90, 158.
83 OLG Düsseldorf, BauR 94, 546.
84 BGH, BauR 86, 113; OLG Hamm, NJW-RR 90, 158.
85 OLG München, BauR 94, 145; Hesse-Korbion-Mantscheff-Vygen, § 15 Rn. 188.
86 BGH, NJW 61, 1523; BGH, BauR 70, 123; OLG Köln, NJW-RR 94, 89.
87 BGH, VersR 67, 260; BGH, BauR 75, 67.
88 BGH, BauR 74, 66; BGH, NJW 77, 893 = BauR 77, 430; OLG München, NJW-RR 88, 337.
89 BGH, S-F Z.3.01 Bl. 189; Bindhardt-Jagenburg, § 6 Rn. 116.
90 BGH, BauR 70, 62; OLG Düsseldorf, BauR 98, 810; Werner-Pastor, Rn. 1501; Löffelmann-Fleischmann, Rn. Rn. 414.
91 Locher-Koeble-Frik, § 15 Rn. 208.
92 Vgl. Bindhardt-Jagenburg, § 6 Rn. 125; OLG Bamberg, BauR 96, 284; Kleine-Möller-Merl-Oelmaier, § 12 Rn. 240.

Im Rahmen der gesteigerten Überwachungspflicht kann eine besonders gesteigerte **Baustellenpräsenz** – bis hin zur ganztägigen Anwesenheit des Architekten bzw. seines Bauleiters – zwecks Erteilung konkreter Weisungen und Kontrolle ihrer Befolgung durch die Bauunternehmer als erforderlich angesehen werden. Fehlende Präsenz des Architekten kann hier als **Beweis des ersten Anscheins** für die Mitverursachung des Bauausführungsmangels durch den Architekten gelten, insbesondere bei solchen kritischen Ausführungsphasen, die sich über etliche Tage bzw. Wochen erstrecken. **569**

Mängel der Objektüberwachung,[93] die eine entsprechende Haftung des Architekten begründen können, liegen auch vor bei unterlassener bzw. **lückenhafter Führung des Bautagebuches** (Beweisverlust für den Auftraggeber), bei **Fehlern der Aufmaßfeststellung** (Beweiserschwerung, u.U. sogar nachteilige Bindungswirkung für den Auftraggeber) sowie bei **fehlerhafter Rechnungsprüfung** (Risiko der Überzahlung des Auftragnehmers durch den Auftraggeber). Der auszugleichende Nachteil liegt in der Erschwerung der Beweisführung gegenüber dem Bauunternehmer, u.U. auch in dem Vermögensverlust, den der Auftraggeber erleidet, wenn der Überzahlungsanspruch wegen Insolvenz des Auftragnehmers nicht realisierbar ist. **570**

b) Der Anspruch auf Nachbesserung gem. § 633 BGB

Mängel der Architektenleistung begründen entsprechend der Systematik des BGB primär einen Nachbesserungsanspruch des Auftraggebers gegen den Architekten gem. § 633 Abs. 2 BGB. Da der Architekt nicht das Bauwerk als körperliche Sache schuldet, sondern das »Entstehenlassen« entsprechend den einzelnen Stufen der Architektenleistung (Planungsphasen, Vergabe, Bauüberwachung), besteht die Nachbesserung gem. § 633 Abs. 2 BGB zwangsläufig nicht in der Beseitigung von Baumängeln, sondern in der Nachbesserung der mangelhaft erbrachten Architektenleistung. Solange diese in den jeweiligen Stufen **noch nicht** realisiert bzw. **im Bauwerk verkörpert** ist, kann der Architekt seine Werkleistung noch nachbessern,[94] ggf. neu erbringen. Dies bedeutet für die jeweiligen Leistungsphasen: **571**

- Die mangelhafte Grundlagenermittlung bzw. Vorplanung ist nachzubessern durch richtige Klärung der Aufgabenstellung und Umplanung. **572**

93 Vgl. Locher-Koeble-Frik, § 15 Rn. 216 ff.
94 BGH, BauR 96, 735; 88, 592; Locher, Rn. 237 ff.; Werner-Pastor, Rn. 1638 ff.

Nachbesserung in der Praxis

- Entwurfs- und Genehmigungsplanung sind durch Umplanung nachzubessern, solange die Planung noch nicht zur Verkörperung der Bauleistung geführt hat.[95]
- Desgleichen kann die mangelhafte Ausschreibung nachgebessert werden, solange die verbindliche Auftragserteilung an den Unternehmer noch nicht erfolgt ist; dasselbe gilt für die fehlerhafte Rechnungsprüfung, soweit sie nachholbar ist.[96]

573 Hatte sich die fehlerhafte Architektenleistung bereits in einem Bauwerksmangel verkörpert, so ist eine Nachbesserung des Architektenwerks selbst nicht möglich. In diesem Falle ist der Architekt jedoch verpflichtet, gem. § 633 Abs. 2 BGB im Rahmen seiner Gewährleistung diejenigen Architektenleistungen zu erbringen, die im Zusammenhang mit der Nachbesserung des Bauausführungsmangels erforderlich sind:[97] Umplanung bzw. Planung der Nachbesserung durch den Bauunternehmer, Ausschreibung bei Ersatzvornahme durch Drittunternehmer sowie Abnahme und Abrechnung der Ersatzvornahmeleistung.

Eigen- oder Fremdnachbesserung

574 Bezüglich des Bauwerksmangels selbst trifft den Architekten zwar keine Verpflichtung, selbst nachzubessern, wenn der bauausführende Unternehmer dies verweigert. Er ist jedoch berechtigt, selbst die Mängelbeseitigung durchzuführen. Er kann dem Bauherren den **Einwand des Mitverschuldens gem. § 254 Abs. 2 BGB** jedenfalls dann entgegenhalten, wenn er nachweislich die Nachbesserung preisgünstiger hätte durchführen können.[98] In Höhe der Differenz zwischen den tatsächlichen Ersatzvornahmekosten und den vom Architekten nachgewiesenen niedrigeren »Eigenkosten« kann der Architekt den Schadensersatzanspruch des Bauherren mindern, wenn die von ihm angebotene »Eigennachbesserung« erfolgversprechend und dem Auftraggeber zumutbar war.[99] Ein Anspruch auf **Erstattung der Drittunternehmerkosten** – d.h. der Kosten für die Einschaltung eines anderen Architekten, der die Mängel der Architektenleistungen beseitigt, indem er umplant, neu ausschreibt und ggf. die neue Bauausführung überwacht – ist gem. § 633 Abs. 3 BGB nur begründet, wenn der Architekt sich mit der Nachbesserung in Verzug befindet. Wie bei jedem anderen werkvertraglichen Aufwendungsersatzanspruch ist die **Fristsetzung mit Mahnung** tatbestandliche Voraussetzung für den Erstattungsanspruch gem. § 633 Abs. 3

§ 633 Abs. 3 BGB

95 OLG Hamm, BauR 78, 326; BGH BauR 89, 97; Locher, Rn. 238; Werner-Pastor, Rn. 1639.
96 OLG Düsseldorf, BauR 73, 25; 88, 237; Locher, Rn. 238.
97 Locher, Festschrift v. Craushaar S. 21 ff.; Locher, Rn. 328; Hesse-Korbion-Mantscheff-Vygen, § 15 Rn. 186.
98 BGH, BauR 78, 498; 96, 735; 72, 62; Werner-Pastor, Rn. 1642; Locher, Rn. 239.
99 BGH, BauR 72, 384; Werner-Pastor, Rn. 1643.

BGB.[100] Die Fristsetzung mit Mahnung **ist** immer **nur dann entbehrlich**,[101] wenn der Architekt die Nachbesserung seiner Leistung ernsthaft und endgültig verweigert – wobei diese Verweigerung auch im Bestreiten des Mangels liegen kann – oder dem Bauherrn die Nachbesserung durch diesen Architekten nicht mehr zuzumuten ist, weil die Vertrauensgrundlage nachhaltig zerstört ist, z.B. aufgrund vorangegangener erfolgloser Nachbesserungsversuche.

c) Der Minderungsanspruch gem. § 634 BGB

Der Anspruch auf Minderung des Architektenhonorars ist gem. § 634 BGB nach **Fristsetzung mit Ablehnungsandrohung** begründet. Ebenso wie bei der Nachbesserung und beim Schadensersatz entfällt das Erfordernis der Fristsetzung dann, wenn der Mangel des Architektenwerks sich bereits im Bauwerk verkörpert hat und die mangelfreie Architektenleistung nicht mehr **nachholbar** ist. In diesem Falle ist die Mangelbeseitigung unmöglich im Sinne des § 634 Abs. 2 BGB,[102] so daß der Auftraggeber auch ohne Fristsetzung mit Ablehnungsandrohung das Architektenhonorar mindern kann. 575 **Voraussetzungen**

Tip

Da der werkvertragliche Minderungsanspruch verschuldensunabhängig ist,[103] empfiehlt sich die Geltendmachung des Minderungsanspruchs für den Auftraggeber in denjenigen Fällen, in denen entweder der nachbesserungspflichtige Bauunternehmer die Mängelbeseitigung durchführt, so daß kein vom Architekten auszugleichender Schaden verbleibt, oder aber der für § 635 BGB erforderliche Verschuldensnachweis nicht gelingt.

Da die mangelhafte Architektenleistung in diesem Falle ganz oder teilweise wertlos ist, bietet die Minderung gem. § 634 BGB einen angemessenen Interessenausgleich. Der **Vollzug der Minderung** erfolgt, indem der Wert der mangelhaften Architektenleistung in Relation zu dem Wert 576 **Berechnung**

100 BGH, S-F Z.3.01 Bl. 342 und Bl. 348; OLG Hamm, BauR 95, 413; OLG Düsseldorf, BauR 88, 237 ff.; Werner-Pastor, Rn. 1645; vgl. auch unten Rz. 687 ff.
101 Vgl. im einzelnen Rz. 701 ff. und Rz. 703; OLG Düsseldorf, BauR 96, 112; OLG Hamm, BauR 95, 413; Werner-Pastor, Rn. 1639, 1657 ff.
102 OLG Hamm, BauR 93, 729; Werner-Pastor, Rn. 1645; OLG Düsseldorf, BauR 88, 237 ff. 240.
103 Vgl. Schaubild Gewährleistung, Rz. 660.

der mangelfreien Architektenleistung gesetzt wird.[104] Letzterer ergibt sich aus dem vereinbarten Architektenhonorar – z.B. einem vereinbarten Pauschalhonorar – oder der Gesamt-Honorarsumme bei Abrechnung gem. HOAI. Der Abzug von wertlosen Architekten-Teilleistungen erfolgt entweder – z.B. bei Wegfall kompletter Grundleistungen – durch Abzug entsprechend der Bewertungstabelle für die einzelnen Grundleistungen des HOAI[105] oder durch Bewertung der Teilleistungen von Grundleistungen nach einer der gängigen Punkte-Tabellen, z.B. der »Steinfort-Tabelle«[106] oder der Tabelle gem. Pott/Dahlhoff.[107]

d) Der Anspruch auf Schadensersatz gem. § 635 BGB

577 Der Anspruch auf Schadensersatz ist in der Praxis die häufigste und wichtigste Regressmöglichkeit des Auftraggebers, da die Mängel meist erst nach Fertigstellung des Bauwerks im Rahmen der Nutzung bzw. nach Feststellung der Gesamtkosten zutage treten.

578 Eine Schadensersatzverpflichtung des Architekten ist entweder gem. § 635 BGB wegen mangelhafter Erbringung vertraglicher Hauptleistungspflichten begründet oder nach den Grundsätzen über die positive Vertragsverletzung wegen der Verletzung vertraglicher Nebenpflichten, nämlich von Beratungs- und Aufklärungspflichten.[108] Eine generelle Zuordnung des Schadensersatzes zum Bereich des § 635 BGB oder der positiven Vertragsverletzung ist nicht möglich; sie hängt im Einzelfall davon ab, ob die Pflichtverletzung des Architekten dem Bereich der Hauptpflichten oder Nebenpflichten zuzuordnen ist. Die Differenzierung hat nicht lediglich dogmatische oder rechtstheoretische Bedeutung. Denn die Ansprüche **unterscheiden** sich sowohl nach den tatbestandlichen Voraussetzungen:

Unterschiede § 635 BGB/pVV

- bei § 635 BGB Fristsetzung mit Ablehnungsandrohung, sofern nicht der Ausnahmefall der Entbehrlichkeit der Fristsetzung vorliegt, und Verschulden;
- bei pVV nur Verschulden;

wie auch bei den Folgen:

- bei § 635 BGB Verjährungsfrist 5 Jahre (§ 638 BGB);
- bei pVV Verjährungsfrist 30 Jahre (§ 195 BGB).

104 Locher, Rn. 242.
105 die umgekehrt den Maßstab für die Berechnung von Abschlagszahlungen für Teilleistungen darstellt – vgl. Hesse-Korbion-Mantscheff-Vygen, § 8 Rn. 54.
106 abgedruckt in: Der Gemeindehaushalt 1980, 268 ff.
107 Pott-Dahlhoff-Kniffka, Anh. III.
108 Locher, Rn. 244, 275 ff., vgl. u. Rz. 600 ff.

Die **Verletzung einer vertraglichen Hauptpflicht** liegt vor 579

- bei mangelhafter Planung, die sich im Bauausführungsmangel, im Fehlen zugesicherter Eigenschaften (Rendite) oder in zu aufwendiger Bauausführung verkörpert;
- im Falle unrichtiger Kostenschätzung, Kostenberechnung, mangelhafter Vorbereitung bzw. Vergabemitwirkung oder mangelhafter Aufmaß- bzw. Rechnungsprüfung, die zu einer unnützen Verteuerung des Bauvorhabens führen;
- bei unzureichender Objektüberwachung, die zur Mitverursachung von Bauausführungsmängeln führt.

Die **Verletzung einer vertraglichen Nebenpflicht** ist dagegen gegeben, 580
wenn der Architekt den Auftraggeber nicht ausreichend informiert

- über die Kosten von verteuernden Sonderwünschen, über die Möglichkeit eines Kostenausgleichs in anderen Leistungsbereichen;
- über die steuerlich ungünstigen Konsequenzen der gewählten Ausführungsart (Wegfall von Steuervergünstigungen bei Überschreitung der Wohnflächen-Begrenzung);
- über negative Folgen der vom Auftraggeber gewählten Vertragsgestaltung bei den Verträgen mit den Bauunternehmern (Abkupfern von AGB-widrigen Verträgen).

Unabhängig davon, ob die Haftung des Architekten aus § 635 BGB oder 581
aus positiver Vertragsverletzung hergeleitet wird, müssen in jedem Falle die **nachfolgenden Voraussetzungen** gegeben sein:

- Es liegt eine objektive Pflichtverletzung vor.
- Der Architekt hat schuldhaft gehandelt.
- Dem Bauherrn ist ein in Geld meßbarer Schaden entstanden.

aa) Die objektive Pflichtverletzung

Tatbestandliche Voraussetzung ist auch beim Schadensersatzanspruch 582
die **objektive Pflichtwidrigkeit** als haftungsbegründender Umstand.[109] Bei Planungsfehlern, die unter Verstoß gegen die Regeln der Technik oder die vertragliche Festlegung der Eigenschaften des Bauwerks begangen werden, ist die Feststellung der Pflichtverletzung relativ unproblematisch. Hat der Architekt bei technisch einwandfreier Lösung der Bauaufgabe dagegen im **wirtschaftlichen Bereich** versagt, z.B. bei der Einhaltung des ihm vom Auftraggeber gesetzten oder vom Architekten

109 Vgl. Bindhardt-Jagenburg, § 4 Rn. 3 ff.

durch die Kostenberechnung selbst vorgegebenen Kostenrahmens, so kann die Feststellung der objektiven Pflichtwidrigkeit erhebliche Probleme aufwerfen. Jedes Bauvorhaben bietet Unwägbarkeiten und Risikofaktoren, die vom Architekten vor der Durchführung des Projekts weder ausgeschlossen noch kalkuliert werden können. Hierzu zählen die Risiken unvorhergesehener Boden- und Grundwasserverhältnisse ebenso wie die bei Umbauten, Altbausanierungen bzw. Abbruchmaßnahmen denkbaren Überraschungen. Dem Architekten muß hier – objektiv – ein **gewisser Spielraum** nicht nur im Rahmen der Planung, sondern insbesondere im Rahmen der Erfassung der notwendigen oder empfehlenswerten Baumaßnahmen wie auch bei den insoweit zu kalkulierenden Kosten gelassen werden. Bei Neubauten, die kalkulierbarer sind, ist die Toleranzgrenze enger zu ziehen als bei Bauvorhaben, die ihrer Natur nach große Unsicherheitsfaktoren bieten, wie z.B. die Sanierung im Denkmalschutzbereich oder Arbeiten im U-Bahn-Bau. Realisieren sich solche typischen Risiken in Form von Umplanungen und Kostenerhöhungen, so ist die Haftung des Architekten nicht lediglich wegen fehlenden Verschuldens zu verneinen, sondern wegen fehlender objektiver Pflichtverletzung. Die **Darlegungs- und Beweislast** für die objektive Pflichtwidrigkeit obliegt, wie bei jedem Schadensersatzanspruch, dem Auftraggeber als dem Anspruchsteller.

bb) Die Ursächlichkeit der Pflichtverletzung

583 Nach den allgemeinen Grundsätzen über den Schadensausgleich[110] hat der Berechtigte, d.h. der Bauherr, die **Ursächlichkeit** zwischen der Pflichtwidrigkeit des Architekten und dem eingetretenen Schaden zu **beweisen**.[111] Der Mangel der Architektenleistung muß für den eingetretenen Schaden **kausal** sein, wobei das Unterlassen – z.B. der ordnungsgemäßen Kontrolle bei unzureichender Überwachung der Bauausführung – ausreicht, wenn der Architekt zum Einschreiten verpflichtet gewesen wäre.

Beweislast

584 **Beweiserleichterungen** zu Gunsten des Auftraggebers in Form des sogenannten **Anscheinsbeweises** können zu Gunsten des Bauherrn dann eingreifen, wenn aufgrund allgemeiner Erfahrungssätze das Erscheinungsbild des Mangels den zwingenden Rückschluß auf die Verursachung oder Mitverursachung[112] des Mangels durch die Pflichtverletzung

110 Vgl. Palandt-Heinrichs, § 249 BGB Rn. 54 ff.
111 Bindhardt-Jagenburg, § 4 Rn. 10.
112 Palandt-Heinrichs, § 249 Rn. 73 ff.

des Architekten zuläßt.[113] Der Beweis des ersten Anscheins, der im übrigen nicht nur hinsichtlich der Verursachung durch den Architekten, sondern auch bezüglich der Verursachung durch einen bestimmten bauausführenden Unternehmer gilt, ist z.B. gegeben bei

- der Verwendung von Teerpappe als Ursache von Parkettverfärbungen, weil dies typischwerweise das Risiko von Verfärbungen begründet;[114] **585**

z.B.

- mangelhafter Verlegung eines Elektrokabels als Brandursache;[115]
- Wasseraustritt aus der Heizung wenige Wochen nach Durchführung einer Reparatur;[116]
- mangelhafter Ausführung eines Flachdaches, bei dem der Dachdekker die Abdichtungsbahnen nur auflegt, statt sie vollflächig zu verkleben.

Wenn im letzteren Falle die Ausführung der Arbeiten sich über einen **586** Zeitraum von mehreren Wochen erstreckt, ergibt sich der Rückschluß auf mangelhafte Bauüberwachung durch den Architekten, da dieser bei einem so **langen Ausführungszeitraum** die mangelhafte Ausführung auch dann hätte feststellen und Maßnahmen ergreifen müssen, wenn es sich nicht um ein kritisches Gewerk handelt, bei dem ohnehin eine lükkenlose Überwachung geschuldet ist.

Dem Architekten ist in diesen Fällen keineswegs die Möglichkeit ver- **587** wehrt, den **Anscheinsbeweis zu entkräften**. Wenn er einen anderen möglichen Kausalverlauf aufzeigt[117] oder aber darlegt, daß der Mangel auch bei pflichtgemäßem Verhalten aufgetreten wäre, ist eine Haftung des Architekten wegen fehlender Zurechenbarkeit nicht gegeben.

cc) Das Verschulden des Architekten

Der Schadensersatzanspruch gem. § 635 BGB ist begründet, wenn der **588** Architekt den Mangel der Architektenleistung zu vertreten hat. Das Verschulden ist gem. §§ 276, 278 BGB zu beurteilen. Hiernach haftet der Architekt für Vorsatz und Fahrlässigkeit. Er hat auch für das Verschulden seiner Erfüllungsgehilfen einzustehen.

113 Vgl. BGH, BauR 97, 326, 673; Bindhardt-Jagenburg, § 4 Rn. 11; Löffelmann-Fleischmann, Rn. 564 ff.; Werner-Pastor, Rn. 2596 ff.

114 BGH, BauR 75, 346.

115 BGH, VersR 70, 61.

116 BGH, NJW-RR 97, 338 = BauR 97, 306; Werner-Pastor, Rn. 2603.

117 BGH, BauR 84, 77 ff. ; Bindhardt-Jagenburg, § 4 Rn. 11.

589 **Vorsätzliches Handeln** des Architekten ist nicht etwa nur dann gegeben, wenn der Architekt bewußt und gezielt den Bauherren schädigen will – ein in der Praxis kaum denkbarer Fall. Da auch im Architektenrecht der subjektive Mangelbegriff des Bauvertragsrechts gilt,[118] liegt im Rechtssinne ein Mangel auch bei technisch einwandfreier Architektenleistung dann vor, wenn zugesicherte Eigenschaften fehlen oder entgegen den Vorstellungen des Bauherren geplant bzw. gebaut wurde. Setzt sich der Architekt bewußt über die geschmacklichen Vorstellungen des Auftraggebers hinweg, um seine eigene architektonische Idee verwirklichen zu können – weil er z.B. die des Bauherren für kitschig, unmodern oder geschmacklich verfehlt hält – so liegt eine vorsätzlich begangene Pflichtverletzung vor, die gem. § 635 BGB zum Schadensersatz verpflichtet.[119] Problematisch kann in diesem Falle allenfalls die **Schadensberechnung** werden. Grundsätzlich schuldet der Architekt den Geldbetrag, der zur Mangelbeseitigung erforderlich ist bzw. den mangelbedingten Minderwert des Werks, wenn der Mangel sich im Bauwerk verkörpert hat und nicht mehr beseitigt werden kann. Objektiv führt die technisch einwandfreie Bauausführung, mit der der Architekt dem Bauherrn seine Auffassung bzw. künstlerische Gestaltung aufgezwungen hat, nicht zu einem Minderwert des Bauwerks. Subjektiv ist dagegen ein Mangel und damit eine Pflichtwidrigkeit gegeben, die umso schwerer wiegt, als sie vorsätzlich begangen wurde. Hier schuldet der Architekt als Schadensersatz die zur Änderung der Bauausführung erforderlichen Kosten, notfalls die fiktiven Kosten, wenn die Änderung technisch nicht oder nur mit unverhältnismäßig hohem Aufwand durchführbar ist. Will der Architekt diese Konsequenz vermeiden, muß er sich das Recht zur Durchsetzung seiner eigenen künstlerischen Zielvorstellungen ausdrücklich im Architektenvertrag verankern lassen.[120]

Subjektiver Mangelbegriff

590 Der Architekt haftet im übrigen für die **fahrlässige Verursachung** des Mangels. Fahrlässigkeit heißt gem. der Definition des § 276 BGB: Außerachtlassung der im Verkehr erforderlichen Sorgfalt. Grundlage für die Beurteilung ist dasjenige Maß an Sorgfalt, welches ein gewissenhafter und verantwortungsbewußter Architekt im Hinblick auf die konkrete Situation (Größe bzw. Kompliziertheit des Bauvorhabens) und die Größe der Gefahr (kritische bzw. problemträchtige Bauphase) aufgebracht hätte.[121] Dabei liegt **bewußte Fahrlässigkeit** vor, wenn der Architekt mit dem möglichen Eintritt des schädlichen Erfolgs gerechnet, aber fahrlässig darauf vertraut hat, der Schaden werde nicht eintreten z.B. dann,

118 Vgl. im einzelnen unten Rz. 651 ff.
119 BGH, NJW 71, 556; OLG Köln, S-F Z.3.01 Bl. 81; Bindhardt-Jagenburg, § 6 Rn. 59 ff.
120 Vgl. BGHZ 19, 382; Bindhardt-Jagenburg, § 6 Rn. 61.
121 Locher, Rn. 244; Neuenfeld, IV Rn. 76 f.

wenn der Architekt wegen Arbeitsüberlastung eine Baustelle unzureichend überwacht, jedoch darauf hofft, der Bauhandwerker werde auch ohne ihn mangelfrei ausführen. Bei **unbewußter Fahrlässigkeit** hat der Architekt den möglichen Eintritt des schädlichen Erfolgs nicht erkannt, hätte ihn aber bei gehöriger Sorgfalt voraussehen und verhindern können[122] – z.B. bei mißverständlichen Arbeitsanweisungen (Höhenangaben etc.) an die Bauhandwerker.

Aus **§ 282 BGB** folgt für das Verschulden eine **Beweislastumkehr** **591** jedenfalls dann, wenn die Schadensursache im Gefahrenbereich des Architekten liegt.[123] Der Architekt kann auch insoweit die Verschuldensvermutung entkräften, indem er den Nachweis führt, daß der Schaden – z.B. die Bausummenüberschreitung – auch bei pflichtgemäßem Verhalten eingetreten wäre.[124]

Mit Rücksicht auf die nicht unerheblichen Haftungsrisiken, die bei **592** Bausummenüberschreitungen nicht einmal versichert bzw. versicherbar sind (Ziffer II der besonderen Bedingungen für die Haftpflichtversicherung von Architekten und Ingenieuren), ist dem Architekten dringend anzuraten, sich gegen diese Risiken in der Form abzusichern, daß er in jedem Stadium der Abwicklung eine möglichst korrekte und zuverlässige Kostenermittlung nach DIN 276 erstellt und in den jeweiligen Leistungsphasen entsprechend fortschreibt. Außerdem sollte er in den einzelnen Leistungsphasen den Bauherren aus Beweisgründen jeweils schriftlich detailliert darüber aufklären, mit welchen Kosten bei regulärer Abwicklung des Bauvorhabens zu rechnen ist, welche Mehrkosten aufgrund der Eigenart des Bauvorhabens anfallen werden und welche zusätzlichen Kosten bzw. Zeitverzögerungen aus eventuellen Sonderwünschen des Bauherrn resultieren können. Darüber hinaus sollte er von vornherein den finanziellen Spielraum des Bauherrn genau abklären und gemeinsam mit diesem feststellen bzw. auch schriftlich festlegen, ob eine Baukostenüberschreitung zwangsläufig zum Scheitern des Bauprojekts führt, ob unvermeidbare Mehrkosten zwingend durch Einsparungen in anderen Bereichen ausgeglichen werden müssen oder ob Verteuerungen durch eine Nachfinanzierung bzw. vorhandene Eigenmittel des Bauherrn aufgefangen werden können.

Tip

---

122 Vgl. Palandt-Heinrichs, § 276 Rn. 13.
123 Bindthardt-Jagenburg, § 4 Rn. 45.
124 Vgl. o. Rz. 551 ff.

dd) Der auszugleichende Schaden

593 Der Schadensausgleich erfolgt gem. § 635 BGB in Geld. Naturalrestitution gem. § 249 BGB scheidet aus, da sie der Erfüllung bzw. der Nachbesserung gleichkommen würde, die nach Eintritt der Voraussetzungen des § 635 BGB ausgeschlossen sind.[125] Anders als bei der Nachbesserung von Mängeln der bereits im Bauwerk verkörperten Architektenleistung (§ 633 Abs. 3 BGB), bei der dem Architekten ausnahmsweise ein Recht zur eigenen Mängelbeseitigung unter dem Gesichtspunkt der Schadensminderung (§ 254 BGB) zugebilligt wird,[126] ist der Schadensersatzanspruch (§ 635 BGB) seiner Natur nach auf Geldausgleich gerichtet.

(1) Mangelschaden und Mangelfolgeschaden

594 Als Schadensersatz schuldet der Architekt dem Auftraggeber nach dessen Wahl entweder die **Wertdifferenz** zwischen dem mangelfreien und dem mit dem Architektenmangel behafteten Bauwerk **oder** aber den zur Schadensbeseitigung erforderlichen **Geldbetrag**.[127] Letzteren kann der Auftraggeber auch dann verlangen, wenn er den Schadensbetrag gar nicht zur Schadensbehebung verwendet, da der Ersatzanspruch gem. § 635, anders als der Vorschuß gem. § 633 Abs. 3 BGB, nicht abzurechnen ist.[128] Es ist auch unerheblich, ob der Auftraggeber das Bauwerk vor Erhalt der Schadenssumme veräußert[129]oder ob der eigene Abnehmer – z.B. beim Bauträger – seinerseits (schon) Schadensersatzansprüche geltend gemacht hat. [130]

595 **Mangelschaden** Zum **Mangelschaden** gehören auch die Gutachterkosten,[131] die Kosten eines Vorprozesses gegen den »falschen« Verursacher,[132] der entgangene Gewinn aus der Weiterveräußerung[133] sowie der Miet- bzw. Nutzungsausfall.[134]

125 BGH, BauR 87, 89; Palandt-Sprau, § 635 Rn. 7.
126 Werner-Pastor, Rn. 1642; vgl. o. Rz. 573 ff.
127 OLG Hamm, NJW 78, 1060; BGH, BauR 98, 356; Palandt-Sprau ,§ 635 Rn. 7; Werner-Pastor, Rn. 1678 ff.; vgl. auch unten Rz. 717 ff.
128 BGHZ 99, 81 = BauR 87, 89; NJW 96, 2924; 97, 520.
129 BGH, BauR 96, 735; 87, 89.
130 BGH, NJW 77, 1819; Werner-Pastor, Rn. 1678.
131 BGH, NJW 85, 381; NJW-RR 92, 1049; 98, 1027.
132 BGH, NJW-RR 91, 1428; Jenzen, BauR 98, 62.
133 Werner-Pastor, Rn. 1691.
134 BGH, BauR 95, 692.

Die **entfernteren Mangelfolgeschäden** sind ebenfalls in Geld auszugleichen,[135] wie z.B. Kosten einer Entsorgung von ölverseuchtem Boden nach ausgelaufenem Tank, die Kosten der Inanspruchnahme des Auftraggebers aus Personenschäden, aber auch die Schäden aus einem Brand oder Einbruch als Mangelfolge. **596**

(2) Bausummenüberschreitung und Vorteilsausgleichung

Entgegen der irrigen Meinung vieler Bauherren liegt bei der Bausummenüberschreitung der dem Auftraggeber entstandene bzw. vom Architekten auszugleichende Schaden nicht etwa in der Differenz zwischen den tatsächlichen Kosten des Bauvorhabens und den veranschlagten Kosten. Diese ist allenfalls Ausgangsbasis der Berechnung. Da dem Architekten von vornherein ein gewisser Toleranzrahmen im Hinblick auf Kostensteigerungen zugebilligt wird, ist diese Toleranz (maximal ca. 30 %) von vornherein abzuziehen. **Ausgangspunkt der Schadensberechnung** sind daher die zum Zeitpunkt der Kostenermittlung als realistisch anzusehenden Kosten.[136] **597**

Vorteilsausgleich

Darüber hinaus ist nach h. A.[137] die **Wertsteigerung der Gesamtbaumaßnahme** zu Gunsten des Architekten im Rahmen der **Vorteilsausgleichung** in Abzug zu bringen. Denn ein Schaden besteht bei Berücksichtigung der widerstreitenden Interessen nicht etwa in der »relativen« Summe der zu hohen Ausgaben für das Bauvorhaben, sondern in der »absoluten« Summe, die sich per Saldo im Vergleich der Baukosten mit dem Verkehrswert des Bauobjekts ergibt.[138] Die Wertsteigerung kann in der Vergrößerung der Wohn- und Nutzflächen gegenüber der ursprünglichen Kubatur, in der Erhöhung des Sachwertes aufgrund höherwertigerer Ausstattung, aber auch in der allgemeinen Verkehrswertsteigerung bei Grundbesitzobjekten begründet sein. Letzteres gilt insbesondere bei einem langwierigen, durch mehrere Instanzen hindurch geführten Schadensersatzprozeß, da **maßgebend** für den **Zeitpunkt der Berechnung der Wertsteigerung** der Zeitpunkt der **letzten mündlichen Tatsachenverhandlung ist**.[139] Durch die bei Bauprozessen leider üblich geworde- **598**

135 Vgl. die Übersicht bei Werner-Pastor, Rn. 1692, sowie OLG Stuttgart, BauR 97, 850; BGH, NJW 72, 1195; 91, 2418; OLG Bamberg, BauR 95, 394 sowie unten Rz. 720 ff.

136 OLG Köln, NJW-RR 93, 986; Werner-Pastor, Rn. 1796.

137 BGH, BauR 97, 335 und 494; 94, 268; OLG Celle, BauR 98, 1030; OLG Hamm, BauR 93, 628; OLG Köln, NJW-RR 93, 986; Werner-Pastor, Rn. 1797 ff.; Palandt-Sprau, § 635 Rn. 8 a.

138 BGH, BauR 97, 335.

139 BGH, BauR 97, 335; a.A. Locher, Rn. 284 mit Hinweis auf OLG Stuttgart vom 24.06.80 (6 U 111/79).

ne lange Verfahrensdauer kann sich so ein ursprünglich begründeter Schadensersatzanspruch erheblich reduzieren bzw. wegfallen, weil er durch die Verkehrswertentwicklung »aufgefressen« wurde.[140] Dies mag unbillig erscheinen angesichts der Tatsache, daß die Wertentwicklung kein Verdienst des Architekten ist. Umgekehrt führt in Zeiten des konjunkturell bedingten Verfalls der Preise auf dem Baumarkt – nach den Baukrisen der letzten Jahrzehnte auch nichts Ungewöhnliches – ein Wertverfall zu einer Vergrößerung des Schadens.

599 Der Auftraggeber kann sich auch nicht mit dem Argument wehren, bei der Wertsteigerung handle es sich um eine »aufgedrängte Bereicherung«, die er nicht gewollt habe.[141] § 635 BGB ist keine bereicherungsrechtliche Vorschrift, sondern Grundlage für die Erstattung eines Schadens, dessen Bemessung ausschließlich aufgrund objektiver Kriterien erfolgt. Zu diesen zählt auch die Wertsteigerung, die der Bauherr schließlich, wenn er es denn wollte, durch Verkauf des Objekts realisieren könnte. Eine Einschränkung der Vorteilsausgleichung erfolgt gem. Treu und Glauben (§ 242 BGB) lediglich in denjenigen Fällen, in denen die Belastung aus der Finanzierung der Gesamtbaukosten die persönliche Opfergrenze des Bauherren übersteigt,[142] weil entweder die Belastungen aus der Mehrfinanzierung seine Möglichkeiten übersteigen oder zu einer absolut unzumutbaren Einschränkung der Lebenshaltung führen.

e) Der Schadensersatz bei Verletzung von Nebenpflichten

600 Die Verletzung von Nebenpflichten durch den Architekten führt zum Schadensersatz aus positiver Vertragsverletzung. Entsprechend dem oben[143] beschriebenen Katalog der vertraglichen Beratungs-, Fürsorge- und Treuepflichten ergibt sich die Verpflichtung des Architekten zum Ausgleich der aus der Verletzung bzw. unterlassenen Wahrnehmung dieser Pflichten resultierenden Schäden.

aa) Die Sekundärhaftung aus positiver Vertragsverletzung

601 Der in der Praxis wichtigste Schadensersatzanspruch wegen Verletzung von Nebenpflichten betrifft die **unterlassene Aufklärung** des Architek-

140 Werner-Pastor, Rn. 1804.

141 Vgl. OLG Hamm, BauR 93, 628; OLG Köln, NJW-RR 93, 686; Löffelmann-Fleischmann, Rn. 1723 f.; Werner-Pastor, Rn. 1803.

142 OLG Köln, NJW-RR 93, 986; OLG Hamm, BauR 93, 628; Locher, Rn. 283.

143 Vgl. oben Rz. 122 ff.

ten **über die Ursachen von sichtbar gewordenen Mängeln** und die mögliche Eigenhaftung des Architekten. Seit den 1984/1985 ergangenen Grundsatzentscheidungen des BGH[144] gilt als gesichert, daß der Architekt die ihm obliegende Aufklärungs- und Beratungspflicht hinsichtlich solcher Baumängel, deren Entstehung er selbst zu vertreten hat, verletzt, wenn er den Auftraggeber vor Ablauf der Gewährleistungsfrist für die Architektenmängel nicht auf die **mögliche Eigenhaftung** hinweist. Als Folge der unterlassenen Aufklärung haftet er dem Auftraggeber aus positiver Vertragsverletzung – somit 30 Jahre lang – dahin, daß die Verjährung als nicht eingetreten gilt. Über die positive Vertragsverletzung verlängert sich die Haftung des Architekten somit auf 30 Jahre.

Aus dem Umstand, daß die HOAI in § 15 Abs. 2 Phase 9 die »Mängelsuche« des Architekten zur Hauptpflicht und Grundleistung des § 15 macht, folgern Löffelmann/Fleischmann,[145] daß der unterlassene Hinweis sich nunmehr als Verletzung einer Hauptpflicht darstelle, mit der Folge, daß die Verjährung gem. § 638 BGB sich nur auf 5 Jahre ab Abnahme der Architektenleistung – Erbringung der Phase 9 – belaufe. Bezüglich der erst nach Abnahme erkennbar gewordenen Mängel handele es sich zwar um eine Nebenpflichtverletzung, bei der jedoch – analog § 638 BGB – die Verjährung nur verkürzt ab Schadensentstehung laufe, damit der Architekt hinsichtlich der Sekundärhaftung mit anderen Freiberuflern gleichgestellt werde. Dogmatisch ist diese Ansicht schon deshalb unzutreffend, weil die unterlassene Aufklärung (Nebenpflicht) mit der mangelhaften Grundleistung (Begehung zur Mängelfeststellung) gerade nicht gleichzusetzen ist. Sie widerspricht der neueren Tendenz zur Ausweitung der Haftung (Organisationsverschulden)[146] bei unterlassener Aufklärung über Mängel bzw. Mängelursachen und ist auch sachlich angesichts der i.d.R. langwierigen Feststellung von Mängelursachen und Verantwortlichkeiten nicht gerechtfertigt. Die mögliche Sanktion eines Fehlverhaltens des Architekten über die verlängerte p.V.V.-Haftung ist im übrigen eher geeignet, den Architekten zur ordnungsgemäßen Vertragserfüllung in Phase 9 anzuhalten. Die Aufgabe des bisherigen Rechtsstandpunktes würde dagegen die Gefahr begründen, daß der Architekt grundsätzlich die Übernahme der Phase 9 ablehnt, um 5 Jahre nach Beendigung der Phase 8 in den Genuß des Verjährungsablaufs zu kommen – womit der Auftraggeber in der dornenvollen Phase nach Fertigstellung dann endgültig alleingelassen wäre. **602**

144 BGH, BauR 85, 97; 86, 112.
145 Rn. 1586 ff.
146 Vgl. unten Rz. 768 ff.

bb) Schadensersatz bei Verletzung sonstiger vertraglicher Nebenpflichten

603 Geht es um die Verletzung sonstiger Nebenpflichten, ist Grundlage des Schadensersatzanspruches immer nur die positive Vertragsverletzung, da es um Pflichten außerhalb des Kernbereichs des »Entstehenlassens« des Bauwerks handelt. Führt die unterlassene oder fehlerhafte Erfüllung der Nebenpflicht zu einem Schaden, so hat der Architekt diesen auszugleichen, wenn der Auftraggeber den Nachweis der Pflichtwidrigkeit sowie der Kausalität für die Schadensfolge führt.

cc) Rechtsfolgen bei Verzug des Architekten

604 Für die Überschreitung von Fristen durch den Auftragnehmer sieht das Werkvertragsrecht des BGB – anders als die VOB/B in § 5 – keine Sanktionen bzw. speziellen Rechtsfolgen vor. Hier ist nur der Rückgriff auf allgemeine schuldrechtliche Bestimmungen möglich, nämlich die §§ 284, 285 und 326 BGB. Da der Bauherr beim Abschluß des Architektenvertrages i.d.R. keine Vertragsfristen festlegt, obwohl dies zweckmäßig wäre angesichts der Sorglosigkeit, mit der viele Architekten den Zeitrahmen zur Erbringung ihrer Leistungen einschätzen, ist die Leistungszeit gemäß § 271 BGB zu beurteilen. Die Architektenleistung wird zu dem Zeitpunkt fällig, der sich aus den Umständen des Vertrages ergibt oder nach billigem Ermessen durch Vertragsauslegung ermittelt wird.[147] Erbringt er seine Architektenleistung nicht, kann der Auftraggeber ihn durch Mahnung, d.h. Aufforderung mit Fristsetzung gemäß § 284 BGB, in Verzug bringen. Erst danach stehen dem Auftraggeber die gesetzlichen Ansprüche auf Erstattung des Verzugsschadens gemäß § 286 BGB bzw. auf Fristsetzung mit Ablehnungsandrohung gemäß §§ 325, 326 BGB zu. Erbringt der Architekt auch innerhalb der gemäß § 326 BGB gesetzten Frist seine Leistungen immer noch nicht, kann der Auftraggeber entweder gemäß § 326 BGB alternativ den Rücktritt vom Vertrag erklären oder Schadensersatz wegen Nichterfüllung geltend machen.[148]

147 Palandt-Heinrichs, § 271 Rn. 4.
148 BGH, NJW-RR 89, 1248; OLG Köln, MDR 96, 903; Palandt-Sprau, § 649 Rn. 7.

3. Leistungsstörungen im Auftraggeberbereich

Der Auftraggeber schuldet dem Architekten als vertragliche Hauptleistung die Zahlung der vereinbarten Vergütung gem. § 631 BGB sowie die Abnahme seiner Werkleistung gem. § 640 BGB. Im Grundsatz ist die Situation dieselbe wie beim Vertrag mit dem Bauunternehmer.[149] In den Einzelheiten unterscheidet sich die Abwicklung naturgemäß aufgrund der Eigenart der abzunehmenden Werkleistung und des in § 8 Abs. 2 HOAI verankerten Rechts des Architekten auf Abschlagszahlungen. **605**

a) Der Zahlungsverzug des Auftraggebers

Gem. §§ 284, 285 BGB kommt der Auftraggeber in Zahlungsverzug, wenn er bei fälliger und einredefreier Zahlungsverpflichtung trotz Mahnung des Architekten keine Zahlung leistet. Darüber hinaus ist der Architekt gem. § 320 BGB zur Leistungsverweigerung berechtigt und kann nach erfolgloser Nachfristsetzung mit Ablehnungsandrohung den Architektenvertrag gem. § 326 BGB beenden. **606**

aa) Sonstige Fälle des Auftraggeber-Verzugs

Kommt der Auftraggeber der **Pflicht zur Abnahme** der Architektenleistung, insbesondere der nach Leistungsphase 8 im Bauwerk selbst verkörperten Architektenleistung, nicht nach, kann der Architekt durch Mahnung den Auftraggeber hinsichtlich der Abnahme in Verzug setzen. Im Falle der zu Unrecht verweigerten Abnahme treten gem. §§ 293, 300, 304 BGB die Abnahmewirkungen gleichwohl ein;[150] die Verjährungsfrist für die Gewährleistung beginnt, die Vergütungsgefahr geht auf den Auftraggeber über und der Auftraggeber schuldet dem Architekten die Kosten für das erfolglose Anbieten der Leistung, z.B. Sachverständigenkosten für den Abnahmetermin, wenn wegen streitiger Mängel oder angeblich fehlender Abnahmefähigkeit vom Architekten ein Sachverständiger hinzugezogen wurde. **607**

Einen besonderen, für das Werkvertragsrecht typischen Fall des Verzugs regelt **§ 642 BGB**. Werden vom Auftraggeber **notwendige Mitwirkungshandlungen** nicht erbracht, typischerweise Planungs- oder Bemusterungsentscheidungen des Auftraggebers oder Entscheidungen über Auftragsvergaben an Bauunternehmer, kann der Architekt dem **608**

149 Vgl. unten Rz. 778 ff.

150 Vgl. Kleine-Möller-Merl-Oelmaier, § 11 Rn. 128.

Auftraggeber eine Frist zur Mitwirkung setzen. Kommt der Auftraggeber nach Mahnung des Architekten in Annahmeverzug, so kann der Architekt entweder Schadensersatz verlangen, z.B. entgangene Vergütung für einen Folgeauftrag, den der Architekt wegen der Bindung an das Bauvorhaben des säumigen Auftraggebers nicht annehmen oder durchführen konnte, oder er kann gem. § 643 BGB den Vertrag kündigen und dann die Rechte aus § 649 BGB geltend machen.

bb) Der Verzugsschaden

609 Bei Zahlungsverzug des Auftraggebers hat der Architekt gem. §§ 286, 288 BGB Anspruch auf Erstattung von Verzögerungsschäden, typischerweise in Form von Bankzinsen. Der **Zinsschaden** kann entweder im Verlust von Anlagezinsen oder in der Aufwendung von Kreditzinsen bestehen.[151] Gem. § 288 BGB schuldet der Auftraggeber als gesetzlichen Zinssatz 4 % Jahreszinsen ohne weiteren Schadensnachweis – ein in Zeiten niedriger Zinssätze schon recht interessenter Zins, der unter Umständen über den Anlagezinsen für Geldanlagen liegt. Aufgrund des Gesetzes zur Beschleunigung fälliger Zahlungen (Anhang II) ist der gesetzliche Verzugszinssatz deutlich angehoben worden, um der gerade auf dem Bausektor krassen Zahlungsunmoral der Auftraggeber entgegenzuwirken. Seit dem 01.05.2000 gilt – nicht nur für die nach diesem Zeitpunkt neu abgeschlossenen Werkverträge, sondern für alle Rechnungen, die ab diesem Datum gestellt werden – gemäß § 288 Abs. 1 S. 1 BGB n.F. ein erhöhter Zinssatz von 5 % über dem Basiszinssatz gemäß § 1 des Diskontsatz-Überleitungsgesetzes vom 05.06.1998. Der Diskont beläuft sich derzeit auf 2,68 %, der gesetzliche Verzugszins damit auf 7,68 % Jahreszinsen. Der Schaden in Form von – höheren – Kreditzinsen ist konkret nachzuweisen, zweckmäßigerweise durch Vorlage einer Bankbestätigung der kreditgebenden Bank. Einen etwaigen weitergehenden Verzugsschaden kann der Architekt gem. § 288 Abs. 2 BGB bei konkretem Schadensnachweis darüber hinaus geltend machen.

610 Im Falle der Kündigung des Vertrages wegen verzögerter Mitwirkungshandlung hat der Architekt gem. § 643 BGB i.V.m. § 649 BGB den **Anspruch auf die volle Vergütung** für die **erbrachten** Leistungen und auf das um die ersparten Aufwendungen gekürzte Honorar für die **nicht erbrachten** Leistungen.[152] Es handelt sich bei § 649 BGB zwar um einen Vergütungs- und nicht um einen Schadensersatzanspruch. Er kommt letzterem aber faktisch gleich, da er jedenfalls den Anspruch auf entgangenen Gewinn zugesteht, wobei der entgangene Gewinn auch als direk-

151 Palandt-Heinrichs, § 288 Rn. 5.
152 Vgl. oben Rz. 165.

ter Schadensersatzanspruch gem. § 643 BGB geltend gemacht werden kann.

cc) Die verzögerte Sicherheitsleistung, § 648 a BGB

Einen Sonderfall des auftraggeberseitigen Verzugs regelt § 648 a Abs. 5 BGB. Der Architekt hat in gleicher Weise wie der Bauunternehmer Anspruch auf Sicherheitsleistung des Auftraggebers.[153] Anders als § 648 BGB, der die erbrachte Architektenleistung sichert und zudem, wenn es um das Architektenhonorar geht, eine Wertsteigerung des Grundstücks als Folge der Architektenleistung, z.B. Baureifmachung verlangt,[154] **sichert § 648 a BGB die zukünftige Vergütung** und kann gem. § 648 a Abs. 7 BGB vertraglich nicht abbedungen werden. Verlangt der Architekt die Sicherheit gem. § 648 a BGB für seine – volle – Vergütung, steht ihm, sofern der Auftraggeber diese nicht innerhalb der ihm gesetzten Frist stellt, ein **Leistungsverweigerungsrecht** gem. § 648 a Abs. 1 BGB zu. Darüber hinaus kann der Architekt gem. §§ 643, 645 Abs. 1 BGB wegen Nichtstellung der Sicherheit Schadensersatz fordern. Gemäß § 648 a Abs. 5 BGB n.F. beläuft sich der Schaden aufgrund gesetzlicher Vermutung (vgl. o. Rz. 333) auf jedenfalls 5 % der Vergütung. Aus dem Sicherungszweck des § 648 a BGB ergibt sich, daß etwa bereits entstandene Abschlagsforderungen in die zu sichernde Vergütung einbezogen werden dürfen.[155] **611**

Tip

Da hier weder die Fälligkeit (z.B. formale Fälligkeit im Sinne einer prüffähigen Abschlagsrechnung gem. § 8 HOAI) noch die Einredefreiheit Voraussetzung für das Sicherheitsverlangen ist, kann dem Architekten nur dringend angeraten werden, seine Rechte aus § 648 a BGB geltend zu machen, wenn Zweifel an der Vertragstreue und insbesondere Leistungsbereitschaft des Auftraggebers bestehen.

b) Die Unmöglichkeit der Vertragsdurchführung

Eine Leistungsstörung in Form der Unmöglichkeit oder des nachträglichen Unvermögens kann auch beim Architektenvertrag eintreten. Wegen **612**

153 LG Hamburg, BauR 96, 895.
154 OLG Düsseldorf, NJW 72, 1863; Palandt-Sprau, § 648 Rn. 2.
155 Vgl. o. Rz. 331 ff.

der Definition und des Anwendungsbereichs wird auf die ausführliche Erörterung beim Bauwerksvertrag verwiesen.[156] Der typische Fall der nachträglichen Unmöglichkeit ist gegeben, wenn der Auftraggeber das Baugrundstück nicht mehr zur Verfügung stellen kann, weil sein Erwerbsvorgang – z.B. Erbfolge, Kauf – sich als nichtig erweist, weil die Baugenehmigung definitiv verweigert wird oder das Baugelände sich als Überschwemmungsgebiet erweist. Bei zu vertretender Unmöglichkeit haftet der Auftraggeber dem Architekten auf Schadensersatz gem. § 325 BGB. Ist die Unmöglichkeit von keiner der beiden Vertragsparteien zu vertreten, entfällt wechselseitig der Anspruch auf die Gegenleistung, § 323 BGB.

c) *Die Verletzung von Nebenpflichten*

613 Wie dem Architekten obliegen umgekehrt auch dem Auftraggeber gegenüber seinem Vertragspartner diverse Nebenpflichten, die sich als Treue-, Obhuts-, Hinweis- und Fürsorgepflichten darstellen.[157] Die Verletzung von Nebenpflichten begründet keine Gewährleistungsrechte, die das Gegenstück zu den vertraglichen Hauptpflichten darstellen, sondern Schadensersatzansprüche aus positiver Vertragsverletzung. Für eine Pflichtverletzung des Auftraggebers, z.B. rufschädigende Behauptungen, und die Kausalität zum eingetretenen Schaden, nämlich entgangene Aufträge oder Kreditmöglichkeiten, ist der **Architekt beweispflichtig**.

Tip In dieser Grauzone der Nebenpflichten kann allerdings naturgemäß der Nachweis der Pflichtverletzung – Rufmord, unberechtigter Vorwurf der Schmiergeldannahme etc. – größeren Schaden verursachen als die Pflichtverletzung selbst, so daß dem Architekten – oder seinem Rechtsberater – von einer allzu emotionalen Interessenwahrnehmung abzuraten ist.

4. Verjährung

614 Verjährung im Sinne der §§ 194 ff. BGB ist der Zeitablauf, der für den Schuldner der jeweiligen Leistung das Recht begründet, die Leistung zu verweigern. Sie führt nicht zu einem – automatischen – Erlöschen des

156 Vgl. unten Rz. 645 ff.
157 Vgl. oben Rz. 156.

Anspruches, sondern zur Begründung eines dauernden Leistungsverweigerungsrechts (§ 222 Abs. 1 BGB):[158] Der Schuldner kann sich auf die **Einrede** berufen, er muß es jedoch nicht.[159]

a) Die Verjährung der Ansprüche des Architekten

Der Honoraranspruch des Architekten verjährt in 2 Jahren (§ 196 Abs. **615**
1 Nr. 7 BGB). Die 2-jährige Verjährung beginnt gem. §§ 198, 201 BGB mit Ablauf des Jahres, in dem die Vergütung fällig geworden ist. Gem. § 8 HOAI tritt die **Fälligkeit** ein mit

- der vertragsgemäßen Erbringung der Leistung;
- der Erteilung einer prüffähigen Rechnung;
- der Übergabe der Rechnung an den Auftraggeber.

Die Abnahme des Architektenwerks ist entgegen § 641 BGB aufgrund der spezielleren Regelung des § 8 HOAI nach h.A.[160] dagegen nicht Voraussetzung für die Fälligkeit und damit den Verjährungsbeginn. Es muß nur **Abnahmefähigkeit** gegeben sein.

Der Architekt könnte, indem er die Erteilung der Rechnung hinaus- **616**
schiebt, hiernach beliebig auch den Verjährungsbeginn hinauszögern. Dies kann der Auftraggeber verhindern, indem er dem säumigen Architekten eine angemessene **Frist zur Erteilung einer dem § 8 HOAI entsprechenden Abrechnung** setzt. Nach fruchtlosem Ablauf dieser Frist tritt dann gleichwohl Fälligkeit im Sinne des Verjährungsrechts ein. Der Architekt muß sich gem. §§ 162 Abs. 1, 242 BGB so behandeln lassen, als habe er die Rechnung erteilt, so daß zum 1. Januar des Folgejahres die Verjährungsfrist beginnt.[161]

Tip

Mit Ablauf der vom Auftraggeber gesetzten Frist zur Rechnungsertei- **617**
lung befindet der Architekt sich in Verzug mit der ihm insoweit obliegenden Mitwirkungspflicht. Gem. §§ 286, 288 BGB hat er dem Auftraggeber einen etwaigen **Verzugsschaden** zu ersetzen. Ist der Auftraggeber vorsteuerabzugsberechtigt bzw. wegen Erlangung entweder von Steuervorteilen oder von Zuschüssen oder Subventionen auf die rechtzeitige

158 Palandt-Heinrichs, Überbl. vor § 194 Rn. 2.
159 BGH, BauR 82, 187 ff.; 91, 489; Locher ,Rn. 349.
160 BGH, BauR 86, 596 und 91, 489; Werner-Pastor, Rn. 2370.
161 BGH, BauR 86, 596; Locher, Rn. 349; Werner-Pastor, Rn. 2370.

Rechnungsstellung angewiesen, so liegt der zu erstattende Schaden in den entgangenen Steuer- bzw. Subventionsvorteilen.

b) Die Verjährung der Ansprüche des Auftraggebers

618 Die Gewährleistungsansprüche des Auftraggebers gegen den Architekten verjähren gem. § 638 BGB in 5 Jahren,[162] soweit die Architektenleistung sich im Bauwerk verkörpert hat. Erschöpft sich die Architektenleistung in Plänen, die ausschließlich Arbeiten an einem Grundstück betreffen, gilt gem. § 638 BGB eine Verjährungsfrist von einem Jahr.[163] Bei einem Architektenvertrag, der nach den oben[164] aufgezeigten Grundsätzen als Dienstvertrag einzustufen ist, gilt gem. § 195 BGB eine Frist von 30 Jahren. Letztere gilt auch bei arglistigem Verschweigen von Mängeln (§ 638 Abs. 1 BGB) bzw. bei der Haftung für Organisationsverschulden,[165] die auch den Architekten trifft, sowie insbesondere bei der Haftung aus positiver Vertragsverletzung. Im Grenzfall der Bausummenüberschreitung ist zu differenzieren:[166] Ist der Kernbereich der Architektentätigkeit angesprochen, so handelt es sich um einen Schadensersatzanspruch gem. § 635 BGB, der der 5-jährigen Verjährung gem. § 638 BGB unterliegt. Ist Ursache der Bausummenüberschreitung nicht die mangelhafte Erbringung von Hauptleistungen (Planung, Kostenberechnung etc.), sondern die Verletzung von Nebenpflichten (falsche Beratung), liegt positive Vertragsverletzung mit der Folge der 30-jährigen Verjährung vor.

Sonderfall: Bausummenüberschreitung

619 Die **Verjährungsfrist beginnt** gem. § 638 Abs. 1 S. 2 BGB mit der Abnahme der Architektenleistung, sofern die Parteien eine solche förmlich durchführen, bzw. mit der Vollendung (§ 646 BGB) der vom Auftraggeber gebilligten Architektenleistung.[167] Die Frist beginnt auch mit der Kündigung des Architektenvertrages durch eine der Parteien[168] oder aber mit der endgültigen Ablehnung der Architektenleistung.[169] Ist die Verjährungsfrist abgelaufen, kann der Architekt gegenüber dem Gewährleistungsverlangen des Auftraggebers die Einrede der Verjährung erheben. Die Durchsetzung der Gewährleistungsansprüche ist dem Auftraggeber dann auf Dauer verwehrt.

162 BGHZ 37, 341 ff.; 32, 206; Palandt-Sprau, § 638 Rn. 13; Werner-Pastor, Rn. 2395
163 BGH, BauR 93, 219; BGHZ 121, 94.
164 Rz. 23 ff.
165 Vgl. unten Rz. 768 ff.; Werner-Pastor, Rn. 2395; 157.
166 Locher, Rn. 278; OLG Stuttgart, BauR 87; 462; OLG Düsseldorf, BauR 88, 237.
167 BGHZ 125, 111; NJW-RR 98, 1027.
168 BGH, NJW 71, 1890; Palandt-Sprau, § 638 Rn. 13.
169 BGH, NJW-RR 98, 1027; Locher, Rn. 248.

III. Der Vertrag mit dem Sonderfachmann

Ebenso wie der Architekt haftet der **Sonderfachmann** für Mängel seiner Leistung gemäß §§ 633 ff. BGB. Es gelten sowohl im Hinblick auf die Verpflichtung des Ingenieurs zur Nachbesserung der noch nicht im Bauwerk verkörperten Planung – bzw. der jeweiligen ingenieurtechnischen Leistung entsprechend den Leistungsbildern der HOAI – wie auch bezüglich der Wandelung, Minderung und des Schadensersatzes dieselben Grundsätze. Daher wird wegen der Einzelheiten der Haftung des Sonderfachmanns auf die ausführliche Darstellung im vorstehenden Kapitel verwiesen. Mängel, für die der Sonderfachmann entsprechend seinem jeweiligen Fachbereich zu haften hat, sind z.B.: **620**

- Beim Statiker bzw. Tragwerksplaner: **621**

– Die Wärmedämmungsmaßnahmen als statisch relevante Teile des Bauwerks sind in der statischen Berechnung und/oder der zeichnerischen Darstellung entweder lückenhaft, gar nicht oder falsch bemessen worden.[1] **z.B.**

  – Die **Auflagerung** des **Stahlträgers** auf das Mauerwerk ist schon vom Archiktekten falsch geplant und vom Statiker übernommen worden.[2]

  – Die **Berechnung** der **Bewehrung** für Betonwände ist falsch, so daß Risse auftreten und die Standsicherheit des Gebäudes gefährdet ist. [3]

  – Die **konstruktive Verbindung** nicht tragender mit tragenden Teilen des Gebäudes (mit Kragplatten starr verbunde Fassadenteile) ist mangelhaft, da keine Bewegungsfugen eingeplant wurden.[4]

- Beim Vermessungsingenieur: **622**

  – Die Grenzvermessung ist unrichtig, die Grenzsteine wurden daraufhin falsch gesetzt und die Einfriedung zwischen den Nachbargrundstücken muß abgerissen bzw. neu errichtet werden.[5]

1 OLG Frankfurt, BauR 91, 785.
2 OLG Stuttgart, BauR 75, 432.
3 BGH, NJW 67, 2259.
4 OLG Düsseldorf, BauR 94, 395.
5 OLG Düsseldorf, BauR 75, 68.

- Der **Standort** des neu zu errichtenden Hauses ist **falsch** eingemessen und abgesteckt worden; das Haus wurde an der »falschen« Stelle errichtet, so daß ein merkantiler Minderwert des Bauwerks gegeben ist.[6]

623 • Beim **Bodengutachter**:
- Nach Durchführung einer **Bodenuntersuchung** wird eine bestimmte Form der Gründung – Hallenfußboden auf einer Auffüllung aus verdichtetem Kiessand – als ausreichend angegeben; in der Folgezeit kommt es zur **Absenkung** des Bodens.[7]

624 • Beim **Sonderfachmann** für **Heizungs-, Sanitär- bzw. Elektroplanung**:
- Bei der heizungstechnischen Ausstattung eines Gebäudes werden technisch **ungeeignete Aluminium-Heizkörper** geplant, ausgeschrieben und eingebaut; wegen der galvanisch ungeeigneten Verbindung Messing/Aluminium kommt es zu Korrosionsschäden.[8]
- Die Planung und Ausschreibung eines **Deckenleuchtensystems** widerspricht den Regeln der Technik (VDE-Richtlinien).[9]

625 In der Praxis werden relativ häufig die Sonderfachleute nicht mit einer der sogenannten **»Vollarchitektur«**, d.h. der Übertragung sämtlicher Leistungsphasen des § 15 HOAI, entsprechenden Gesamtleistung beauftragt, die sowohl die Planung, fachtechnische Oberleitung und die Bauleitung umfaßt. Die Übertragung einer solchen umfassenden Ingenieurleistung ist nur bei großen und fachtechnisch komplizierten Bauvorhaben üblich. In der Regel werden dem Sonderfachmann nur **Teilleistungen** aus seinem jeweiligen **Gesamt-Leistungskatalog** übertragen, während die übrigen Leistungen – z.B. **Objektüberwachung** – von dem **Architekten** alleine wahrgenommen werden. In diesem Falle ergibt sich bezüglich der Pflicht zur unverzüglichen und umfassenden Aufklärung über Mängelursachen sowie Aufdeckung eventueller eigener Versäumnisse des Sonderfachmanns keine Gleichstellung mit dem Architekten. Eine **Sekundärhaftung** des Sonderfachmanns aus positiver Vertragsverletzung wegen unterlassener Aufklärung – mit der Folge der 30-jährigen Haftung – ist daher im Regelfall nicht gegeben.[10] Eine Gleichstellung mit dem Architekten wird nur bejaht, wenn eine umfassende Beauftragung erfolgt, die eine mit der des Architekten vergleichbare Sachwalterstellung begründet. [11]

6 BGH, BauR 72, 255.
7 BGH, NJW 79, 214.
8 BGH, BauR 85, 567.
9 OLG Hamm, BauR 90, 104.
10 OLG Köln, BauR 91, 649 ff.
11 BGH, BauR 88, 739 = NJW-RR 88, 1361.

Eine **Mitverantwortlichkeit** des **Architekten** für Mängel der Leistungen des Sonderfachmannes ist im allgemeinen nicht gegeben, weil der Architekt sich auf das Spezialwissen des Sonderfachmanns verlassen darf.[12] Umgekehrt ist auch keine Mitverantwortung des Sonderfachmanns für Mängel der Architektenleistung gegeben, weil es sich nicht um seinen Leistungs- bzw. Kompetenzbereich handelt. Eine Mitverantwortung wird **ausnahmsweise** in denjenigen Fällen begründet,[13] in denen der Sonderfachmann die Mängel der Architektenleistung **erkennt**, ohne den Bauherren darauf **hinzuweisen** und damit die Verkörperung des Mangels im fertigen Bauwerk zu vermeiden. Dasselbe gilt im umgekehrten Verhältnis ebenfalls; der Architekt ist verpflichtet, auf von ihm erkannte Mängel der Fachplanung hinzuweisen und den Eintritt des Schadensfalles zu vermeiden. Die entsprechende Verpflichtung ergibt sich letztlich aus dem Grundsatz von **Treu und Glauben** (§ 242 BGB), der im Bauvertragsrecht seine spezielle Ausprägung in § 4 Nr. 3 VOB/B gefunden hat und der als allgemeiner Rechtsgrundsatz generell bei den Verträgen des Baurechts zur Anwendung kommt, auch wenn die Geltung der VOB/B im konkreten Fall entweder nicht vereinbart ist oder nicht vereinbart werden kann, wie typischerweise beim Architekten- und Ingenieurvertrag, bei dem ein geistiger Beitrag zur Entstehung des Bauwerks geschuldet ist und nicht das Bauwerk selbst. **626**

12 Vgl. LG Kaiserslautern, BauR 98, 824.

13 BGH, BauR 70, 62; OLG Köln, BauR 88, 241; OLG Köln, BauR 86, 714; BGH, BauR 71, 265; OLG Nürnberg, BauR 90, 492; OLG Köln, BauR 92, 804.

IV. Leistungsstörungen und Gewährleistung beim Vertrag mit dem Bauunternehmer

IV. Leistungsstörungen und Gewährleistung beim Vertrag mit dem Bauunternehmer

Im Vordergrund der Leistungsstörungen stehen beim Vertrag mit dem Bauunternehmer die Rechte des Auftraggebers wegen **Baumängeln**. Hier ist der oft fachunkundige Auftraggeber mit der komplizierten Gewährleistungsregelung des BGB-Werkvertragsrechts oder der VOB/B konfrontiert, die die Einhaltung von **Formen und Fristen** erfordern. Nicht nur beim fachunkundigen Laien, sondern auch beim gewerblichen Auftraggeber oder gar bei der öffentlichen Hand führen Unkenntnis oder falsche Einschätzung derartiger Form- bzw. Fristerfordernisse häufig zum Verlust von Ansprüchen in nicht unbeträchtlicher Höhe. Das gilt allerdings nicht nur im Zusammenhang mit Ansprüchen wegen Baumängeln, sondern auch bei Verzug oder sonstigen Leistungsstörungen. **627**

1. Die Rechte des Auftraggebers vor der Abnahme

Solange der Unternehmer sein Werk noch nicht erbracht und der Auftraggeber die Leistung noch nicht abgenommen hat, stehen ihm neben dem Anspruch auf **Vertragserfüllung** bei verspäteter Fertigstellung oder bei Einstellung der Bautätigkeit vor Eintritt des Leistungserfolges die Ansprüche wegen Verzuges zu, bei mangelhafter Bauausführung dagegen die **Gewährleistungsansprüche** der §§ 633 ff. BGB bzw. § 4 Nr. 6 und 7 VOB/B. **628**

a) Die verzögerte Fertigstellung

Voraussetzungen des Verzugs

Ob eine Bauleistung vom Unternehmer rechtzeitig fertiggestellt wird, hängt von den vertraglichen **Vereinbarungen** der Parteien ab. Ist ein fester Zeitpunkt bestimmt, zum Beispiel in Form der kalendermäßigen Festlegung des **Fertigstellungszeitpunktes** (z.B.: 31.12.1986 oder: Ende 1986), so kommt der Unternehmer gem. § 284 Abs. 2 BGB bei Überschreitung des festgesetzten Endzeitpunktes in Verzug, ohne daß es einer weiteren Handlung des Auftraggebers, z.B. einer Mahnung, bedarf. Dies gilt sowohl für den reinen **BGB-Bauwerksvertrag** wie auch für den **VOB-Vertrag**, bei dem ein solcher kalendermäßig bestimmter Termin die vertragliche Endfrist im Sinne des § 5 VOB/B darstellt. Ist im Bauvertrag nur eine bestimmte Frist ab einem festgeleg- **629** ten Ereignis (z.B. ein Jahr nach Baubeginn, Fertigstellung nach 160 Arbeitstagen) festgelegt, so liegt zwar eine **Berechenbarkeit** nach dem Kalender vor. Einen fixen Endzeitpunkt im Sinne des § 284 Abs. 2 BGB stellt das Ende der Frist jedoch nicht dar. Bei Überschreitung des festgelegten Termins kommt der Auftraggeber daher nicht automatisch in Verzug. Es bedarf vielmehr einer **Mahnung** des Auftraggebers nach Eintritt der Fälligkeit, d.h. nach Ablauf des Endzeitpunktes, um Verzugsfolgen auszulösen.[1] Allerdings kann eine solche Festlegung durchaus eine Vertragsfrist im Sinne des § 5 VOB/B darstellen, sofern die Angabe der Daten zwingend im Sinne der Festlegung einer verbindlichen Ausführungsfrist ist.[2] Ist ein kalendermäßiger Endzeitpunkt oder eine **Vertragsfrist** im Sinne des § 5 VOB/B dagegen nicht festgelegt, so muß aus den Vereinbarungen der Vertragsparteien festgestellt werden, wann die Bauleistung vom Unternehmer fertigzustellen bzw. wann seine Leistung fällig ist. Kann eine solche Feststellung anhand des Vertragstextes bzw. der vertraglichen Absprachen nicht getroffen werden, so ist die Feststellung des Leistungszeitpunktes den Umständen zu entnehmen. In jedem Falle hat der Unternehmer unverzüglich nach Abschluß des Werkvertrages mit seiner Leistung zu beginnen und sie binnen angemessener Frist zügig durchzuführen. Die Frage der **Angemessenheit** bestimmt sich danach, binnen welcher Frist **branchenüblich** die vereinbarte Werkleistung erbracht zu werden pflegt.

aa) Die verzögerte Fertigstellung beim BGB-Vertrag

630 Beim **BGB-Bauwerksvertrag** richten sich bei verspäteter Fertigstellung der Bauleistung oder Teilen derselben die Ansprüche des Auftraggebers nach der **Sonderregelung** des § 636 BGB, der die allgemeinen schuldrechtlichen Bestimmungen des BGB ersetzt. »Nicht rechtzeitig« hergestellt im Sinne des § 636 BGB ist die Werkleistung, wenn die vertraglich vereinbarten Fristen **überschritten** werden. Dann kann der Auftraggeber gem. § 636 Abs. 1 i.V.m. § 634 BGB eine angemessene **Frist** zur Fertigstellung setzen, die mit der Androhung der Ablehnung der weiteren Werkleistung im Falle der Nichteinhaltung der Frist verbunden ist. Nach fruchtlosem Fristablauf kann er gem. §§ 636, 634, 327 BGB vom Vertrag zurücktreten. Er schuldet dem Unternehmer nur die Vergütung für die bereits erbrachten Leistungen, die der Unternehmer **prüfbar abzurechnen** hat. Ist der fertiggestellte Teil der Werkleistung als bloßes Stückwerk bzw. Teilwerk für den Auftraggeber wertlos, so entfällt der Vergütungsanspruch des Unternehmers gänzlich. Gleiches gilt, wenn

1 Palandt-Heinrichs, § 284 Rn. 22; OLG Hamm, MDR 81, 884; Bott, WM 85, 1077.
2 Vgl. Ingenstau-Korbion, § 5 Rn. 8.

nur Teile der Werkleistung verspätet fertiggestellt werden. Hier liegt ein **Teilverzug** vor, bei dem die Frage, ob der Auftraggeber den Rücktritt vom gesamten Vertrag oder nur wegen der nicht fertiggestellten Teile erklären kann, davon abhängt, ob die fertiggestellten Teile der Werkleistung, bei denen der Unternehmer nicht verzögerlich gearbeitet hat, wertlos sind oder nicht. Neben den Ansprüchen auf Rückabwicklung hat der Auftraggeber Anspruch auf Ersatz des ihm durch die Verzögerung entstandenen **Verzugsschadens**, z.B. in Form höherer Baufinanzierungszinsen, Mietausfall, Zahlung von Behinderungskosten oder höherer Vergütung an Nachfolgeunternehmer bzw. den Architekten, sofern das Bauleitungshonorar nach Zeitaufwand abgerechnet wird.

Anstelle des Rücktritts kann der Auftraggeber sich gem. § 326 BGB **631**
auch dafür entscheiden, **Schadensersatz** wegen **Nichterfüllung** zu verlangen. Hieran ist er durch eine zuvor erfolgte Androhung des Rücktritts nicht gehindert.[3] Nur dann, wenn der Rücktritt bereits erklärt und nicht nur angedroht wurde, ist ein solcher Wechsel nicht mehr möglich. Nach fruchtlosem Fristablauf sollte der Auftraggeber daher die Entscheidung, ob er den Rücktritt oder den Schadensersatz wegen Nichterfüllung wählt, unter Umständen zurückstellen, bis feststeht, mit welchem Aufwand ein Nachfolgeunternehmer die Bauleistung des früheren Vertragspartners fertiggestellen wird, d.h. jedenfalls bis zur Vorlage des entsprechenden Drittunternehmer-Angebots.

Einer **Nachfristsetzung** bedarf es gem. § 634 Abs. 2 BGB **nicht**, **632**
wenn der Unternehmer die Fertigstellung der Bauleistung ohnehin verweigert, wenn klar erkennbar ist, daß er die ihm gesetzte – angemessene – Nachfrist ohnehin nicht einhalten kann oder wenn der Anspruch auf Rücktritt ohne vorherige Fristsetzung durch ein besonderes Interesse des Auftraggebers gerechtfertigt wird. Die Nachfristsetzung kann nur in besonderen **Ausnahmesituationen** entfallen, z.B. dann, wenn der Unternehmer schuldhaft die Vertrauensgrundlage der Parteien so nachhaltig zerstört hat, daß die weitere Zusammenarbeit unzumutbar ist.[4] Außerdem entfällt das Erfordernis der Nachfristsetzung, wenn die Festlegung des Fertigstellungszeitpunktes ausnahmsweise im Sinne eines Fixzeitpunktes gem. § 361 BGB gemeint ist, so daß mit Fristüberschreitung das Rücktrittsrecht bereits gegeben ist.[5]

3 BGH, BauR 79, 323; Locher, Rz. 60.
4 BGH, NJW 85, 381; MüKo-Soergel, § 634 Rz. 17 f.
5 Vgl. Palandt-Heinrichs, § 361 Rn. 3.

633 Der **Grund** für die Terminsüberschreitung **ist unerheblich**, da § 636 BGB kein Verschulden des Auftragnehmers voraussetzt. Etwas anderes gilt jedoch, wenn die Verzögerung vom Auftraggeber oder seinem Erfüllungsgehilfen, z.B. dem Architekten, verursacht ist. Dies gilt insbesondere bei unterlassenen **Mitwirkungshandlungen** des Auftraggebers, der rechtzeitig die Baugenehmigung zu beschaffen[6] und die für die Bauausführung notwendigen Planungsunterlagen vorzulegen hat. Dasselbe gilt bei Behinderungen, die der Auftragnehmer ordnungsgemäß angezeigt hat und die der Auftraggeber nicht oder nicht rechtzeitig beseitigt hat.

Kein Verschulden des Auftragnehmers erforderlich

bb) Die verzögerte Bauleistung beim VOB-Vertrag

634 Die Bestimmungen des BGB tragen dem Ablauf des Baugeschehens und der bei umfangreichen Bauvorhaben oft langen Bauzeit nur unzureichend Rechnung. Demgegenüber enthält die VOB/B in den §§ 4, 6 eine detaillierte, nach Voraussetzungen und Rechtsfolgen komplizierte Einzelregelung der für die Bauausführung geltenden Fristen, der Rechtsfolgen bei Fristüberschreitung, Arbeitsunterbrechung und ähnlichem. Für beide Vertragsparteien sind dabei Formen und Fristen einzuhalten, deren Nichtbeachtung zum Ausschluß von Ansprüchen führt.

(1) Die Bauverzögerung gem. § 5 VOB

635 Nach der **Grundregel** des § 5 Nr. 1 VOB/B hat der Auftragnehmer die Ausführung seiner Bauleistung nach den Vertragsfristen zu beginnen, sie angemessen zu fördern und nach den **Vertragsfristen** fertigzustellen. Vertragsfristen im Sinne des § 5 VOB/B sind nur die im Vertrag selbst, einer Anlage zum Vertrag oder zeitlich späteren Vertragsergänzung bestimmten, verbindlichen Fristen, z.B. in Form von **kalendermäßiger Festlegung** der Anfangs- und Enddaten oder der **fixen Angabe** der Zahl der **Arbeitstage**. Ca.-Angaben oder sonstige nicht als zwingend aufzufassende Formulierungen sind nicht geeignet, die Bauzeitangaben zur Vertragsfrist zu machen.[7] Gleiches gilt für Bauzeitpläne, Balkenterminpläne, Diagramme oder ähnliches, sofern sie nicht ausdrücklich kraft Parteivereinbarung im Vertrag zur verbindlichen Vertragsfrist im Sinne des § 5 Nr. 1 VOB/B gemacht werden, da sie im allgemeinen nur der zeitlichen und sachlichen **Koordination** der verschiedenen Gewerke die-

Fristen vertraglich festlegen

6 BGH, NJW 74/1080; BauR 76, 128; MüKo-Soergel, § 636 Rz. 33.
7 OLG Düsseldorf, BauR 82, 582; Ingenstau-Korbion, B § 5 Rn. 8.

nen.[8] Ist der Beginn der Ausführung nicht kalendermäßig festgelegt, kann der Auftraggeber gem. § 5 Nr. 2 VOB/B den Beginn der Ausführung abrufen. Die Frist des § 5 Nr. 2 VOB/B stellt eine verbindliche Vertragsfrist dar. Da bei größeren Bauaufträgen 12 Werktage[9] für die zeitliche Diposition des Auftragnehmers knapp bemessen sein können, ist in einem solchen Fall dem Auftragnehmer anzuraten, entweder auf eine vertragliche Verlängerung der 12-Tages-Frist hinzuwirken oder aber ausreichend früh vom Auftraggeber die gem. § 5 Nr. 2 VOB/B auf entsprechende Anfrage hin geschuldete **Auskunft** über den voraussichtlichen Baubeginn einzuholen. Kommt der Auftraggeber dann seiner Pflicht zur Auskunfterteilung – eine Mitwirkungspflicht im Sinne des § 642 BGB – nicht nach, so kann der Auftragnehmer gem. § 6 Nr. 1, Nr. 2 a VOB/B eine angemessene **Verlängerung** der Ausführungsfrist verlangen.[10] Handeln der Auftraggeber oder sein Erfüllungsgehilfe schuldhaft, hat der Unternehmer außerdem Anspruch auf Schadensersatz gem. § 6 VOB/B.

Abruf der Leistung

636

Abhilfeverlangen vor Terminsüberschreitung

Läßt sich der Auftragnehmer im Bauvertrag auf verbindliche Ausführungsfristen ein, so muß er rechtzeitig für die Gestellung von Baumaterialien, Geräten und qualifizierten Arbeitskräften sorgen. Ist bereits während der Bauzeit **abzusehen**, daß der Einsatz der **Arbeitsmittel** viel zu **unzureichend** ist, um eine Einhaltung des vertraglichen Endtermins oder von Zwischenfristen zu gewährleisten, so muß der Auftraggeber bei Geltung der VOB **nicht abwarten**, ob die befürchtete Terminüberschreitung tatsächlich eintritt. Er kann – anders als beim BGB-Vertrag, bei dem erst die Überschreitung des Endtermins Konsequenzen auslöst – gem. § 5 Nr. 3 VOB/B vom Auftragnehmer **unverzügliche Abhilfe** verlangen. Maßgebend ist nur das – objektiv zu beurteilende – Mißverhältnis zwischen den vereinbarten Fristen und dem Einsatz der Arbeitsmittel. Die unzureichende Ausstattung des Betriebes des Auftragnehmers ist nicht geeignet, diesen zu exkulpieren, selbst dann nicht, wenn die vereinbarte Vergütung besonders niedrig war, weil der Auftragnehmer wegen geringer Betriebsgröße entsprechend kostengünstig kalkuliert. Läßt er sich auf Vertragsfristen ein, die von der Betriebskapazität her gar nicht eingehalten werden können, so riskiert er unter Umständen gem. § 8 Nr. 3 VOB/B die Erstattung der Kosten des erheblich teureren Drittunternehmers, der als Konkurrenzanbieter in der Ausschreibung wegen seines höheren Preises den Auftrag nicht erhielt.

8 Korbion-Hochstein, Rn. 89.

9 Zu den Werktagen zählen auch die Samstage, obwohl der arbeitsfreie Samstag an sich branchenüblich ist – vgl. BGH, BauR 78, 485; Korbion-Hochstein, Rn. 262.

10 Ingenstau-Korbion, B § 5 Rn. 66; Vygen, BauR 83, 210.

Ansprüche des Auftraggebers bei verzögerter oder unterbrochener Bauausführung gemß §§ 5, 6 VOB/B

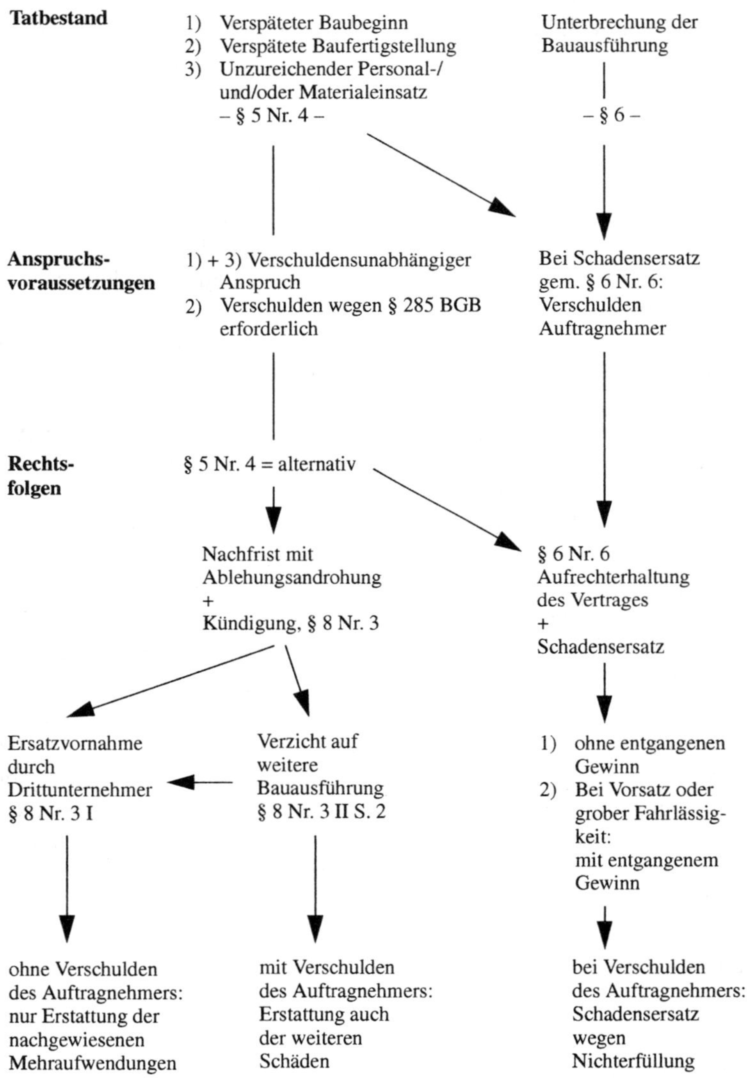

Die **Vollendung** der Leistung innerhalb der Vertragsfrist beinhaltet die **abnahmereife, mangelfreie Werkleistung**. Die vorherige Baustellenräumung ist in der Regel nicht erforderlich, es sei denn, die noch vorhandene Baustelleneinrichtung behindere die Benutzung des Bauwerks oder die Tätigkeit der Nachfolgewerke. 637

(2) Die Rechtsfolgen der Verzögerung

Bei Verletzung der Pflicht zum termingerechten Beginn, zur fristgerechten Vollendung oder zur Verstärkung der Arbeitsmittel hat der Auftraggeber gem. § 5 Nr. 4 VOB/B ein **Wahlrecht**: Er kann entweder den **Vertrag aufrechterhalten** und auf der Fertigstellung der Werkleistung durch den Unternehmer bestehen. Dann steht ihm gem. § 6 Nr. 6 VOB/B ein Anspruch auf Ersatz des nachgewiesenen Schadens zu, sofern die Vertragsverletzung vom Auftragnehmer verschuldet ist. Handelt dieser vorsätzlich oder grob fahrlässig, so kann der Auftraggeber über die Erstattung der nachgewiesenen Aufwendungen und Kosten hinaus auch noch Ersatzansprüche wegen entgangenen Gewinns stellen. Statt am Vertrag festzuhalten, kann der Auftragnehmer nach entsprechender Fristsetzung aber auch gem. § 8 Nr. 3 VOB/B den **Auftrag entziehen**. Die Rechtsfolgen sind dieselben wie bei verspäteter Bauausführung: Nach fruchtlosem Fristablauf kann der Auftraggeber den Vertrag kündigen. Da das Kündigungsrecht des § 8 Nr. 3 VOB erst mit dem fruchtlosem Fristablauf entsteht, ist es unzulässig, bereits bei der Fristsetzung eine – aufschiebend bedingte – Kündigung auszusprechen.[11] 638

Erfordernis der Schriftform

Die Einhaltung der **Schriftform** ist gem. § 8 Nr. 5 VOB/B **Wirksamkeitserfordernis** für die Kündigung. Die ohne Einhaltung der Schriftform ausgesprochene Kündigung ist gem. § 125 S. 2 BGB nichtig, und zwar auch in denjenigen Fällen, in denen der Unternehmer die Erfüllung ernsthaft und endgültig verweigert.[12] Dagegen bedarf die **Fristsetzung mit Ablehnungsandrohung** nicht der Schriftform. Dem AG ist jedoch **anzuraten**, die Schriftform jedenfalls **zu Beweiszwecken** einzuhalten, da die Kündigung ohne vorherige Fristsetzung i.d.R. unwirksam ist. 639

Wirksamkeit der Kündigung bei Zugang

Die **Kündigung** wird, wie jede Willenserklärung, gem. § 130 BGB erst **mit** dem **Zugang** beim Empfänger **wirksam**. Der AG hat daher zu beachten, daß er den Zugang des Kündigungsschreibens nicht nur **bewirken**, sondern diesen Umstand im Streitfalle auch **beweisen** muß. Da weder für normale Postsendungen noch für Einschreiben oder Tele- 640

11 BGH, BauR 73, 319; Ingenstau-Korbion, B § 8 Rn. 79; Beck'scher VOB-Komm, Motzke, § 8 Rn. 25.

12 OLG Düsseldorf, NJW 92, 1050; OLG Celle, BauR 73, 49; Ingenstau-Korbion, B § 8 Rn. 47; Korbion-Hochstein, Rz. 262.

fax-Übermittlung ein Beweis des ersten Anscheins dafür gegeben ist, daß die Sendung den Empfänger auch erreicht,[13] sollte er das Kündigungsschreiben entweder per **Einschreiben mit Rückschein** absenden oder dem Unternehmer durch Zeugen bzw. in Gegenwart von Zeugen übergeben. **Verweigert** der Aufragnehmer, der mit einer Kündigung rechnet, die **Annahme** des Schreibens, so gilt das Kündigungsschreiben mit dem Zeitpunkt des Angebots der Aushändigung als zugegangen.[14] Holt der AN eine abholbereite Einschreibesendung trotz ordnungsgemäßer Benachrichtigung nicht ab, obwohl ihm dies möglich wäre, geht dies ebenfalls zu Lasten des AN[15] und nicht des AG. Die Kündigung ist in diesen Fällen wirksam ausgesprochen, auch wenn das Kündigungsschreiben den Empfänger infolge seines **eigenen Fehlverhaltens** nicht erreicht. Am zweckmäßigsten ist hier die Zustellung per Einwurf-Einschreiben, bei der der Postbote den Brief in den Briefkasten einwirft und die Zustellungsurkunde ausfertigt.

641 **Ist** die **Kündigung ausgesprochen**, so hat der AG wegen seiner weiteren Ansprüche wiederum ein **Wahlrecht**. Er kann entweder gem. § 18 Nr. 3 Abs. 2 VOB/B einen **Drittunternehmer** mit der weiteren Bauausführung anstelle des gekündigten AN beauftragen oder aber gem. § 8 Nr. 3 Abs. 2 S. 2 VOB/B auf die weitere Bauausführung **gänzlich verzichten**, wenn die weitere Ausführung der Bauleistung für ihn aus den Gründen, die bereits zur Auftragsentziehung geführt haben, kein Interesse mehr hat.

642 Im Hinblick auf den **Umfang des Schadensersatzanspruches** ist diese zweite Alternative für den AG interessanter. Denn er kann nicht nur den nachgewiesenen Betrag seiner Mehraufwendungen verlangen, sondern den gesamten Schadensersatz wegen Nichterfüllung einschließlich etwaiger Folgeschäden (z.B. Mietausfall, Gutachterkosten etc.), die das Vermögen des AG infolge der Vertragsuntreue des AN, die zugleich den Kündigungsgrund darstellt, vermindert haben.[16] Maßgebend für den Schadensumfang ist die Verschlechterung des Vermögens des AG gegenüber der bei ordnungsgemäßer Vertragserfüllung sich ergebenden voraussichtlichen Vermögenslage. Die vom AN bereits erbrachten Leistungsteile sind dabei nur in demjenigen Umfange in die Schadensberechnung einzubeziehen, in dem sie trotz des Interessenwegfalls des AG für diesen von Wert sind.

13 BGH, NJW 64, 1176; 95, 665; OLG Köln, NJW-RR 95, 1463; Palandt-Heinrichs, § 130 Rn. 21.
14 BGH, NJW 83, 930; Palandt-Heinrichs, § 130 Rn. 17.
15 Vgl. BGH, LM Nr. 1 zu § 130 BGB; BGHZ 67, 278; Palandt-Heinrichs, § 130 Rn. 6.
16 BGH, NJW 67, 2262; OLG Düsseldorf, JBR 96, 146; Ingenstau-Korbion, B, § 8 Rn. 103 ff., 112.

Im Hinblick auf die tatbestandlichen **Voraussetzungen** des **Schadensersatzes** gem. § 8 Nr. 3 Abs. 2 S. 2 VOB/B ist der Anspruch jedoch wesentlich enger als die Voraussetzungen der Ersatzvornahme. Voraussetzung ist nämlich der **Verzicht** auf die **Weiterführung** der vom gekündigten AN übernommenen Leistung schlechthin, nicht nur der Verzicht auf die Weiterführung durch den vertragsuntreuen AN. Infolge der Vertragsverletzung des AN muß sich das **Interesse** des AG an der vereinbarten Werkleistung **wesentlich geändert** haben oder weggefallen sein. Betroffen sind Fälle, in denen die Werkleistung **termingebundene** Zweckbauten, z.B. für Ausstellungen oder Messen, betrifft oder in denen der AG selbst terminlich gebunden war, z.B. beim Verhältnis Subunternehmer – Hauptunternehmer – Generalunternehmer – Bauherr, und ihm infolge der Vertragsverletzung des AN sein eigener Vertrag gekündigt wurde.[17] **643**

Verzicht auf die Weiterführung der Bauleistung

Als **weitere Tatbestandsvoraussetzung**, die jedoch in § 8 Nr. 3 Abs. 2 S. 2 VOB/B **nicht ausdrücklich erwähnt** ist, muß das **Verschulden** des AN gemäß §§ 276, 278 BGB hinzukommen.[18] Dies ergibt sich aus den allgemeinen gesetzlichen Grundsätzen, die beim Schadensersatz wegen Nichterfüllung (§§ 326 Abs. 2, 286 Abs. 2, 635 BGB) immer ein Verschulden des Verpflichteten voraussetzen und die auch für die VOB/B mangels konkreter anderweitiger Regelung maßgebend sind. Da für die Kündigung wegen Überschreitung des vertraglichen Endtermins das schuldhafte Handeln des AN ohnehin Voraussetzung ist, muß das Verschulden als zusätzliches Tatbestandsmerkmal nur in den Fällen des **verspäteten Arbeitsbeginns** oder des **unzureichenden Arbeitsmitteleinsatzes** gesondert **geprüft** werden. Neben dem Schadensersatzanspruch aus § 8 Nr. 3 Abs. 2 S. 2 VOB/B ist ein gesonderter Schadensersatzanspruch wegen positiver Vertragsverletzung nicht gegeben, weil § 8 Nr. 3 Abs. 2 S. 2 VOB/B die Fälle der mangelhaften oder vertragswidrigen Leistung abschließend regelt.[19] Dagegen stellt die endgültige, unberechtigte Weigerung des AN, den Vertrag zu erfüllen, eine in der VOB nicht abschließend geregelte positive Vertragsverletzung dar, die über die bloße Leistungsverzögerung des § 5 Nr. 4 VOB/B weit hinausgeht und die den AN auch dann zum Schadensersatz einschließlich des entgangenen Gewinns verpflichtet, wenn das Interesse des AG an der Bauleistung nicht weggefallen ist.[20] **644**

Voraussetzung: Verschulden

17 Ingenstau-Korbion, B § 8 Rn. 104; BGH, BauR 74, 208.
18 Ingenstau-Korbion, B § 8 Rn. 31; Kaiser, Das Mängelhaftungsrecht der VOB, 5. Aufl. Rn. 34.
19 BGH, NJW 68, 1527; OLG Karlsruhe, BauR 87, 448; Korbion-Hochstein, Rn. 381.
20 BGH, BauR 80, 465, 467; Korbion-Hochstein, Rn. 381.

b) Die Unmöglichkeit der Erbringung der Werkleistung

645 **Unmöglichkeit oder Unvermögen?** Die **allgemeinen gesetzlichen Bestimmungen** über die Unmöglichkeit (§§ 275 ff., 306 BGB) gelten auch für Bauverträge, soweit die Unmöglichkeit nicht die Frage der Beseitigung von Baumängeln betrifft und damit durch die Sonderregelungen der §§ 633 ff. BGB bzw. § 4 Nr. 7, § 13 VOB verdrängt wird. Die Frage, ob die Erbringung der nach dem Vertrag geschuldeten Leistung objektiv unmöglich ist oder infolge Unvermögens des Schuldners, d.h. des Auftragnehmers eines Werkvertrages, nicht erbracht werden kann, ist auch keineswegs nur von rechtstheoretischer Bedeutung. Sie gewinnt insbesondere dann Relevanz, wenn der Leistungserfolg als solcher zwar – objektiv – realisierbar ist, jedoch nicht mit der im Leistungsverzeichnis beschriebenen Methode. Wird z.B. die Schaffung eines Verbindungsstollens in einem Bergwerk[21] oder eines Tunnels, der Abbruch einer Brückenkonstruktion mit einer bestimmten ingenieurtechnischen Methode, die Sanierung eines hochwassergeschädigten Rohbaus mit einer bestimmten Methode (Rissverpressung) oder aber die Sanierung eines einsturzgefährdeten Baudenkmals zum Gegenstand eines Bauvertrages gemacht, so hängt das Schicksal des Vertrages davon ab, ob die Herbeiführung des Leistungserfolges an sich – für jedermann – unmöglich ist oder nur die Herbeiführung mit der im Bauvertrag festgelegten Methode. Liegt zum Zeitpunkt des **Vertragsabschlusses Unmöglichkeit** vor, so ist der Vertrag gem. § 306 BGB **nichtig** und der Auftragnehmer von seiner Leistungspflicht frei. Ist dagegen die Herbeiführung des Leistungserfolges nur subjektiv unmöglich (**anfängliches Unvermögen**), begründet das Leistungsversprechen des Auftragnehmers eine stillschweigende **Garantie** für die Herbeiführung des Erfolgs mit der Folge, daß der Auftraggeber vom Auftragnehmer Schadensersatz wegen Nichterfüllung verlangen[22] oder vom Vertrag zurücktreten kann.[23]

646 **Objektive Unmöglichkeit** mit der **Nichtigkeitsfolge** des § 306 BGB ist nur dann gegeben, wenn der Leistungserfolg nach dem Stand von Wissenschaft und Technik nicht erbracht werden kann:[24] Der Stollen oder Tunnel ist vorgesehen in einem Gelände mit einer Bodenbeschaffenheit, bei der mit keiner anerkannten bautechnischen Methode die Tunnel- oder Stollendurchführung möglich ist, das Baudenkmal ist **z.B.** bereits so geschädigt, daß der Einsturz mit keiner bautechnischen Sanie-

21 Vgl. Lauenroth, BauR 73, 21.
22 BGH, NJW 97, 939; Palandt-Heinrichs, § 306 Rn. 9.
23 BGH, NJW 88, 2878.
24 Palandt-Heinrichs, § 275 Rn. 5: Herbeiführung eines Erfolgs – Abschirmung gegen Erdstrahlen, der nach physikalischen Erkenntnissen nicht erreicht werden kann.

rungsmaßnahme zu vermeiden ist. Beim Beispiel des Abbruchs der Brückenkonstruktion ist dagegen der Leistungserfolg – Abbruch bzw. Entfernung der Brücke – in irgendeiner Form immer erzielbar, nur unter Umständen nicht mit der beschriebenen bautechnischen Methode (z.B. abschnittsweiser Rückbau) sondern einer völlig anderen (Sprengung, Einsatz von Großkränen). Es erscheint dogmatisch **bedenklich**, wenn der BGH[25] die Beantwortung der Frage, ob objektive Unmöglichkeit vorliegt, von **Zumutbarkeitskriterien** abhängig macht: Ob der scheinbar unmögliche Leistungserfolg auf einem anderen zumutbaren Wege herbeigeführt werden kann. Gerade beim Bauvertrag läßt sich die Frage, worin der geschuldete Leistungserfolg besteht, nicht losgelöst von der Frage beantworten, mit welcher bautechnischen bzw. handwerklichen Methode eben dieser Leistungserfolg herbeigeführt werden soll. Dies beweisen schon die Regelungen in § 1 Nr. 3 und 4, § 2 Nr. 5 und 6 VOB/B, die überflüssig wären, wenn der Auftragnehmer unter allen Umständen die Herbeiführung des Leistungserfolges schuldete. Dann nämlich müßte die Verpflichtung des Auftragnehmers zur Erbringung einer im Vertrag entweder gar nicht oder so nicht beschriebenen Bauleistung in § 1 Nr. 3 und Nr. 4 VOB/B nicht erst ausdrücklich geregelt werden. Auch die in § 2 Nr. 5, 6 und 7 VOB/B geregelte **Vergütungsanpassung** wäre **überflüssig**, wenn der Auftragnehmer den – technisch möglichen – Leistungserfolg **ohnehin schulden** würde. Denn dann würde die vereinbarte Vergütung sowieso die Gegenleistung für die Herbeiführung des Leistungserfolges darstellen und könnte nur in **Ausnahmefällen**, bei Wegfall der Geschäftsgrundlage,[26] **angepaßt** werden. Beim Bauvertrag ist daher die in der Leistungsbeschreibung oder dem Bauvertrag selbst definierte **Methode der Leistungserbringung** zugleich **Definition** des vertraglich geschuldeten **Leistungserfolgs** mit der Folge, daß der Vertrag gem. § 306 BGB nichtig und der Auftragnehmer von der Leistungsverpflichtung befreit ist, wenn das beschriebene Verfahren bautechnisch nicht durchführbar ist. Gem. § 307 BGB ist derjenige der beiden Bauvertragspartner, dem dieser Umstand bereits bei Vertragsabschluß bekannt war oder hätte bekannt sein müssen, dem anderen zum Schadensersatz in Form des Vertrauensschadens (negatives Interesse) verpflichtet.

BGH im Widerspruch zur Regelung der VOB/B

Gem. § 275 BGB, der grundsätzlich für alle Schuldverhältnisse gilt,[27] ist die erst **nach Vertragsabschluß** eintretende – ojektive – Unmöglichkeit wie auch das – subjektive – Unvermögen des Schuldners **Befreiungsgrund**. Voraussetzung ist in beiden Fällen, daß der die Unmöglichkeit oder das Unvermögen herbeiführende Umstand vom Schuldner der **647**

Nachträgliche Unmöglichkeit

25 DB 90, 1559; vgl. auch BGH, BauR 99, 37; Palandt-Heinrichs, § 306 Rn. 3.
26 Vgl. Palandt-Heinrichs, § 242 Rn. 112 ff. m.w.Hinw.
27 Palandt-Heinrichs, § 275 Rn. 2.

Leistung **nicht zu vertreten** ist; andernfalls hat der Gläubiger das Recht zum Rücktritt vom Vertrag oder auf **Schadensersatz** in Form des **positiven Interesses**,[28] d.h. des Erfüllungsschadens einschließlich des entgangenen Gewinns.

648 Bezüglich der objektiven Unmöglichkeit gelten die vorstehend zu § 306 BGB aufgestellten Kriterien. Der Anwendungsbereich des § 275 BGB ist jedoch wesentlich breiter. Unmöglichkeit i.S.d. § 275 BGB kann eintreten durch **Zeitablauf**,[29] z.B. bei Errichtung eines Messestandes oder einer Musical-Halle für einen bestimmten Messe- oder Aufführungszeitraum. Es kann **rechtliche Unmöglichkeit** eintreten,[30] z.B. bei Versagung der Baugenehmigung, weil die Genehmigungsvoraussetzungen nach dem BauGB fehlen, Nachbarzustimmungen verweigert werden, ein erhoffter Dispens ausbleibt oder die nach dem GrdstVerkG erforderliche Genehmigung nicht erteilt wird. »Unmöglich« im Sinne des § 275 BGB ist die Leistung auch dann, wenn der damit verbundene **Aufwand** in einem ganz offensichtlichen **Mißverhältnis** zu ihrem **Wert** steht,[31] oder wenn Zweckerreichung bzw. Zweckfortfall eintritt[32] – z.B. das abzureißende Gebäude stürzt vorher infolge Baufälligkeit oder durch Sturm zusammen; das Haus, in dem die Bauleistungen (Maler-, Putzer-, Installationsarbeiten etc.) zu erbringen sind, brennt ab.

649 **Leistungshindernisse** erfüllen nur dann den Tatbestand der §§ 306, 275 BGB, wenn sie nicht nur vorübergehend, sondern **von Dauer** sind, es sei denn, durch das vorübergehende Leistungshindernis tritt zugleich Zweckfortfall ein.[33] Beim VOB-Vertrag gilt für vorübergehende Leistungshindernisse die Sonderregelung des § 6 Nr. 5 bis 7 VOB/B. Hiernach hat der Auftragnehmer Anspruch auf Abrechnung der bisher ausgeführten Leistungen zu den Vertragspreisen. Bei **Unterbrechung** der Arbeiten für mehr als **3 Monate** steht jedem der beiden Bauvertragspartner gem. § 6 Nr. 7 VOB/B das Recht zur **Kündigung** und Abrechnung der bisher erbrachten Leistungen zu. Trifft einen der beiden Vertragspartner die Schuld für die Unterbrechung, so haftet er dem anderen auf Ersatz des nachgewiesenen Schadens ohne entgangenen Gewinn, auf letzteren auch dann, wenn Vorsatz oder grobe Fahrlässigkeit ursächlich waren.

28 Vgl. o. Anm. 22) und 23).
29 Palandt-Heinrichs, § 275 Rn. 6.
30 OLG Köln, BauR 97, 307; Palandt-Heinrichs, § 275 Rn. 7 ff. 26 ff. m.w.Hinw.
31 BGH, NJW 83, 2874; Palandt-Heinrichs, § 275 Rn. 8; Korbion-Hochstein, Rn. 312.
32 Palandt-Heinrichs, § 275 Rn. 9 ff.
33 BGHZ 47, 50; BGHZ 83, 200; OLG München, NJW-RR 96, 48; Palandt-Heinrichs, § 275 Rn. 18.

c) Die Rechtsfolgen der Feststellung von Werkmängeln vor der Abnahme

Da der Auftragnehmer die vertraglich vereinbarte Leistung schuldet und hierfür haftet, stehen dem Auftraggeber vor der Abnahme **Erfüllungsansprüche**, nach der Abnahme **Gewährleistungsansprüche** zu, wenn die Werkleistung mangelhaft ist. **650**

aa) Der Mangelbegriff beim Bauvertrag

Da der **Bauunternehmer** – anders als Architekt und Sonderfachmann – die Bauleistung als **körperliche Sache** schuldet, ist der Leistungserfolg, für den er einzustehen hat, naturgemäß ein etwas anderer als beim Architekten- oder Ingenieurvertrag. Dagegen macht es keinen Unterschied, ob es sich um einen BGB- oder einen VOB-Vertrag handelt, da hier der Mangelbegriff übereinstimmt.[34] Eine Bauleistung ist hiernach **mangelhaft**, wenn ihr **zugesicherte Eigenschaften fehlen** oder sie mit **Fehlern** behaftet ist, die den Wert oder die Tauglichkeit beeinträchtigen – § 633 Abs. 1 BGB. Diese Definition ist identisch mit der Regelung in § 13 Nr. 1 VOB/B, der zudem die Klarstellung enthält, daß eine Leistung außerdem mangelhaft ist, wenn sie gegen **anerkannte Regeln** der Technik verstößt. Dies beinhaltet keine Erweiterung des Mangelbegriffs, da auch beim BGB-Vertrag bei einem Verstoß gegen die anerkannten Regeln der Technik ein Mangel vorliegt. **651**

Der Begriff des Fehlers oder Mangels ist ein vorrangig **subjektiver Begriff**. Entscheidendes Beurteilungskriterium ist die vertragliche Sollbeschaffenheit,[35] die durch Vertragsauslegung zu ermitteln ist, neben die als objektives Merkmal die Minderung des Wertes oder der Tauglichkeit tritt.[36] **652**

Ein Mangel der Bauleistung liegt hiernach vor, wenn (subjektive Kriterien) **653**

- die Sollbeschaffenheit der Bauleistung im Vertrag ausdrücklich festgelegt ist, **z.B.**
- die Sollbeschaffenheit im Vertrag konkludent festgelegt und durch Auslegung zu ermitteln ist,

34 Kleine-Möller-Merl-Oelmaier, § 12 Rn. 109.

35 Siegburg, Gewährleistung Rn. 92 ff., mit Darstellung der Theorien zum Fehlerbegriff und zur Kasuistik der Rechtsprechung; Heiermann-Riedl-Rusam, B § 13 Nr. 30; Kleine-Möller-Merl-Oelmaier, § 12 Rn. 173; vgl. BGH, BauR 84, 510; 99, 37; OLG Düsseldorf, BauR 99, 172.

36 BGH, BauR 85, 567; OLG Köln, BauR 91, 759 ff. 761.

- bei Fehlen einer vertraglichen Festlegung die »Normalbeschaffenheit« (gewöhnlicher Gebrauch) sich als objektives Kriterium auf der Grundlage der Verkehrsauffassung ermitteln läßt,

und wenn die Ist-Beschaffenheit der Bauleistung hinter deren Sollbeschaffenheit zurück bleibt sowie darüber hinaus (objektive Kriterien)

- der Wert der Bauleistung oder
- ihre Tauglichkeit zu dem vom Auftraggeber vorgesehenen Zweck
- entweder aufgehoben oder
- gemindert ist oder
- ein Verstoß gegen die anerkannten Regeln der Bautechnik vorliegt.

654 Als Beispiele für das Bestehen eines Baumangels können angesichts der Fülle der baurechtlichen Entscheidungen nur die typischsten genannt werden. Hiernach liegt ein Baumangel vor bei:

z.B.

- mangelnder Abriebfestigkeit eines Bodens,[37]
- fehlerhafter Ausschachtung,[38]
- fehlerhafter Außendämmung,[39]
- mangelhafter Ausführung von Dach- oder Balkonabdichtung,[40] z.B. Aufbau entgegen den Flachdachrichtlinien, mangelhafte Befestigung der Dachbahn,
- optischer Beeinträchtigung bei Farbveränderungen einer Schieferfassade,[41] eines Marmorbodens,[42] eines Teppichbodens bei »Shading«,[43]
- Mängeln der Installationsarbeiten, z.B. Lochfraßrisiko bei hartgelöteten Kupferrohren,[44] mangelhafter Materialkombination,[45]
- nicht ausreichendem Schallschutz, z.B. im Bereich von Haustrennwänden,[46] bei Mehrfamilienhaus mit Eigentumswohnungen,[47] bei Schallbrücken,[48] als Folge mangelhafter Randausbildungen im Flie-

37 BGH, BauR 98, 123.
38 OLG Düsseldorf, BauR 93, 254; OLG Hamm, BauR 92, 78.
39 OLG Stuttgart, BauR 95, 850.
40 OLG Hamm, BauR 95, 852; OLG Düsseldorf, BauR 94, 245; 97, 355; OLG Frankfurt, BauR 87, 322.
41 OLG Düsseldorf, NJW-RR 94, 342.
42 OLG München, OLG Z 1996, 86.
43 OLG Düsseldorf, NJW-RR 91, 223.
44 OLG Köln, BauR 97, 831 und SFH Nr. 15 zu § 13 Nr. 1 VOB/B (1993); BauR 99, 426.
45 OLG Hamm, BauR 91, 343; OLG Frankfurt, NJW-RR 98, 669.
46 OLG Hamm, BauR 89, 735; OLG Düsseldorf, BauR 91, 752; OLG München, BauR 99, 399.
47 OLG Düsseldorf, BauR 97, 1046.
48 OLG Köln, NJW-RR 94, 470; OLG Düsseldorf, NJW-RR 94, 1046.

senbelag oder Estrich, bei der Sanitärinstallation, bei nicht schallentkoppelter Wohnungstreppe,[49] bzw. Rollgitter.[50]

Der **Verstoß** gegen die **anerkannten Regeln der Bautechnik** ist als **selbständiger Tatbestand** nur in § 13 Nr. 1 VOB/B normiert, **nicht** dagegen in § 633 BGB. Nach h.A.[51] ist ein Verstoß gegen die Regeln der Bautechnik beim BGB-Vertrag jedoch als **Fehler** zu bewerten, da die Sollbeschaffenheit einer Bauleistung durch den allgemeinen Stand der Technik festgelegt wird. Für die tatbestandlichen Voraussetzungen des Mangels gibt es hiernach beim VOB-Vertrag 3 Alternativen, nämlich **655**

- das Fehlen einer vertraglich zugesicherten Eigenschaft,
- das Vorhandensein eines Fehlers oder
- der Verstoß gegen die anerkannten Regeln der Technik.

Beim BGB-Vertrag gibt es nach dem Wortlaut des § 633 BGB nur 2 Alternativen, nämlich

- das Fehlen einer vertraglich zugesicherten Eigenschaft und
- das Vorhandensein eines Fehlers, wobei die Abweichung zu § 13 Nr. 1 VOB/B nur eine scheinbare ist, da der Verstoß gegen die Regeln der Technik auch beim BGB-Vertrag Gewährleistungsansprüche begründet, jedoch als »Fehler« im Sinne eines Fehlens verkehrsüblicher Eigenschaften eingestuft wird.

Beiden Bestimmungen – § 633 BGB wie auch § 13 Nr. 1 VOB/B – ist gemeinsam, daß als weitere tatbestandliche Voraussetzung der Wegfall oder die Minderung entweder des Wertes der Bauleistung oder der nach dem Vertrag vorausgesetzen **Gebrauchstauglichkeit** hinzutreten muß. »Wert der Bauleistung« ist deren objektiver **Verkehrswert**. Er wird nach der allgemeinen Verkehrsauffassung bestimmt und ist unabhängig von der Höhe der vereinbarten Vergütung oder dem individuellen Nutzen für den Auftraggeber.[52] Die »Tauglichkeit« zum gewöhnlichen oder vertraglich vorausgesetzten Gebrauch ist ebenfalls objektiv zu beurteilen: **656**

Maßstab ist die **übliche** Funktions- bzw. Leistungsfähigkeit, die Haltbarkeit oder das übliche optische Erscheinungsbild, so daß auch Schönheitsfehler eine Einschränkung der Gebrauchstauglichkeit darstellen können.[53] Die nach dem Vertrag vorausgesetzte **Tauglichkeit** kann sich aus der **Leistungsbeschreibung** ergeben, sofern diese konkrete Anfor- **657** **übliche oder vertraglich vorausgesetzte**

49 BGH, BauR 95, 230.

50 LG Hamburg, BauR 97, 839.

51 Vgl. BGH, BauR 84, 401; Vygen, Rn. 426; Palandt-Sprau, § 633 Rn. 2; Kleine-Möller-Merl-Oelmaier, § 12 Rn. 186; Ingenstau-Korbion, B § 13 Rn. 133.

52 Heiermann-Riedl-Rusam, B § 13.1 Rn. 41.

53 BGH, BauR 81, 577;Vygen, Rn. 433.

Tauglichkeit derungen an die Gebrauchstauglichkeit definiert (exakte Angabe von Maßtoleranzen, Schallschutzwert, Wärmedurchlaßwert, Materialeigenschaften etc.), oder aus dem **Vertrag selbst** (treppenfreier Zugang bei behindertem Bauherren) durch **Auslegung** zu ermitteln ist.[54] Bei der Feststellung der vertraglich vorausgesetzten Gebrauchstauglichkeit kann die Höhe der Vergütung als Indiz für den Ausführungsstandard herangezogen werden.[55] Erhöhter Schallschutz gilt z.B. für Luxus- oder Komfortwohnungen,[56] während bei einfacherer »Sparausführung« die Anforderungen der DIN 4109 ausreichen. Geringfügige Abweichungen in der Horizontalen bei Decken und Wänden[57] schränken im Wohn- oder Bürobereich die Gebrauchstauglichkeit ein, nicht dagegen in Kellern oder in Tiefgaragen.

658 Maßgebender **Zeitpunkt** für die Erbringung des **Leistungserfolges** ist derjenige der **Abnahme**.[58] **Ändern** sich zwischen Vertragsabschluß und Abnahme die für die Einstufung als Mangel maßgeblichen Kriterien – i.d.R. die Regeln der Bautechnik und/oder die DIN-Normen – so ist die **Leistung** des Auftragnehmers **mangelhaft**, wenn sie diesen **geänderten Kriterien nicht entspricht**. Der Einwand, daß er entsprechend den bei Vertragsabschluß geltenden Normen gearbeitet habe, ist dem Auftragnehmer, der verschuldensunabhängig für den Eintritt des Leistungserfolges haftet, versagt. Er hätte vor Ausführung der Werkleistung den Auftraggeber auf die geänderte Norm **hinweisen** und – falls die Ausführung dann teurer gekommen wäre – einen **neuen Preis vereinbaren** müssen. Allerdings kann der Auftragnehmer gegenüber Gewährleistungsansprüchen des Auftraggebers die Differenzkosten gegenrechnen, die bei rechtzeitigem Hinweis als Mehrkosten – sogenannte Sowieso-Kosten – für die Erbringung der den geänderten Normen entsprechenden Leistung hätten aufgewendet werden müssen.

bb) Mängelrechte des Auftraggebers vor der Abnahme beim BGB-Vertrag

659 Trotz der zentralen Bedeutung der Abnahme und der damit verbundenen tiefgreifenden Veränderung der Rechtsposition des Auftraggebers[59]

54 BGH, BauR 99, 254; OLG Düsseldorf, BauR 99, 172; Vygen, Rn. 423; Cuypers, Rn. 46.
55 Cuypers, Rn. 47.
56 OLG München, BauR 92, 517; Siegburg, Rn. 104.
57 BGH, S-F Z.2.411 Bl. 24 = BB 66, 267; Vygen, Rn. 433.
58 H.A., vgl. BGH, BauR 77, 346; Heiermann-Riedl-Rusam, B § 13.1 Rn. 42; Kleine-Möller-Merl-Oelmaier, § 12 Rn. 189 ff.; Vygen, Rn. 438.
59 Vgl. oben Rn. 204 ff.

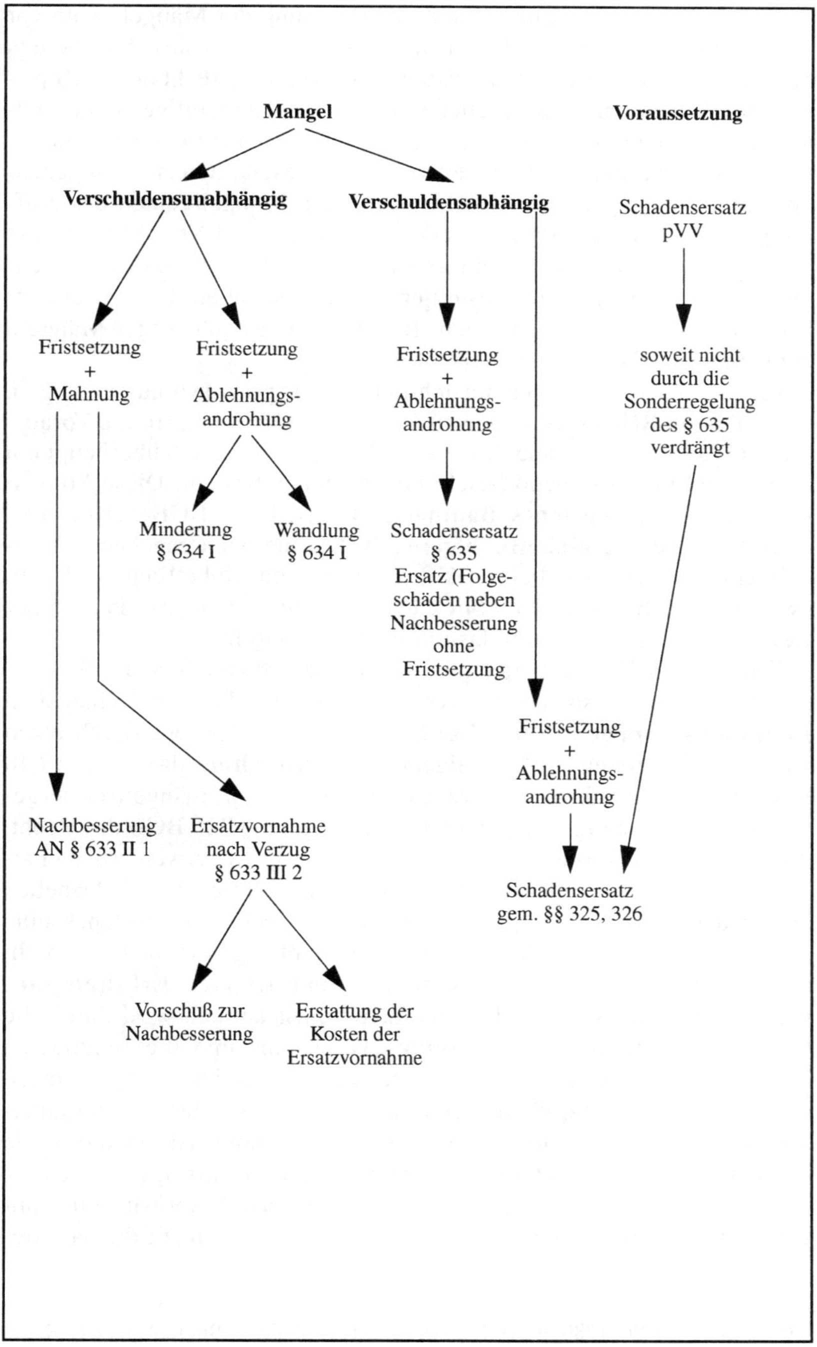
Mangel
Voraussetzung
Verschuldensunabhängig
Verschuldensabhängig
Schadensersatz pVV
Fristsetzung + Mahnung
Fristsetzung + Ablehnungs-androhung
Fristsetzung + Ablehnungs-androhung
soweit nicht durch die Sonderregelung des § 635 verdrängt
Minderung § 634 I
Wandlung § 634 I
Schadensersatz § 635 Ersatz (Folge-schäden neben Nachbesserung ohne Fristsetzung
Fristsetzung + Ablehnungs-androhung
Nachbesserung AN § 633 II 1
Ersatzvornahme nach Verzug § 633 III 2
Schadensersatz gem. §§ 325, 326
Vorschuß zur Nachbesserung
Erstattung der Kosten der Ersatzvornahme

kennt das BGB keine unterschiedliche Regelung der Mängelrechte vor oder nach Abnahme der Bauleistung. Dies resultiert aus dem bereits mehrfach erwähnten Umstand, daß das Werkvertragsrecht des BGB primär die Werkverträge des täglichen Lebens als kurzzeitige Austauschverhältnisse regelt und nicht auf die speziellen Bedürfnisse der Bauverträge mit ihrer typischen Langzeitwirkung zugeschnitten ist. Demgegenüber unterscheidet die VOB/B zwischen den Mängelrechten des Auftraggebers für vor der Abnahme erkannte Mängel (§ 4 Nr. 7 VOB/B) und den eigentlichen Gewährleistungsansprüchen (§ 13 VOB/B), die sich auf die nach der Abnahme festgestellten Mängel beziehen. Demgegenüber kennt das BGB nur die einheitliche Regelung der Rechte wegen Mängeln gem. §§ 633, 634 und 635 BGB.

660 Identität besteht dagegen hinsichtlich der Anspruchsvoraussetzungen. Sowohl beim BGB-Vertrag wie auch bei der VOB/B ist primäre Voraussetzung für die Geltendmachung von Mängelrechten, daß überhaupt ein Baumangel im vorstehend beschriebenen Sinne besteht. Diese Voraussetzung – **Bestehen eines Baumangels** – ist beim BGB-Vertrag und beim VOB-Vertrag **einheitlich geregelt**. Die hiernach gegebenen Mängelrechte richten sich beim BGB-Vertrag dann einheitlich nach den §§ 633 ff. BGB. Einen Überblick über die breit gefächerte Palette der Gewährleistungsrechte gibt das umseitige Schaubild.

661 **Mängelbeseitigungsrecht vor Abnahme**

Wird beim **BGB-Vertrag** ein Baumangel bereits im Zuge der Bauausführung entdeckt, so hat der Auftraggeber die **Wahl** zwischen dem **Erfüllungsanspruch** (§ 631 BGB), den er im Klagewege durchsetzen kann, und dem Recht zur **Verweigerung der Abnahme**, da er gem. § 640 BGB nur zur Abnahme der »vertragsgemäß« – d.h. mängelfrei hergestellten Werkleistung verpflichtet ist. Er hat gem. § 320 BGB das Recht, die Zahlung des Werklohns – und zwar insgesamt zu verweigern, da Fälligkeit der Vergütung mangels Abnahme nicht eintreten kann.[60] Daneben hat er das Mängelbeseitigungsrecht gem. § 633 BGB, welches eine Abnahme nicht voraussetzt und – solange nicht abgenommen ist – nicht als Gewährleistungsrecht, sondern als **modifizierter Erfüllungsanspruch** charakterisiert wird.[61] Der Erfüllungsanspruch wird durch die Geltendmachung des Nachbesserungsverlangens und die sekundären Rechte aus § 633 Abs. 3 BGB nicht verdrängt. Lediglich die eigentlichen **Gewährleistungsansprüche** der §§ 634, 635 BGB treten, da hier tatbestandliche Voraussetzung die Ablehnungsandrohung ist, an die Stelle des **Erfüllungsanspruchs**, der mit Ablauf der vom Auftraggeber gesetzten Frist erlischt. Wegen der sich dann ergebenden Ansprüche auf Mängelbeseitigung bzw. Gewährleistung wird im einzelnen auf die nachste-

60 BGH, NJW 96, 1280; BGH, NJW-RR 92, 1078; Palandt-Sprau, vor § 633 Rn. 3.
61 BGH, BauR 94, 242; Siegburg, Rn. 173.

henden Ausführungen[62] verwiesen, da in der Praxis der Schwerpunkt der Abwicklung auf den erst nach Abnahme erkannten Mängeln liegt.

cc) Ansprüche des Auftraggebers wegen Mängeln vor Abnahme beim VOB-Vertrag

Haben die Parteien die Geltung der VOB/B vereinbart, wird die gesetz- **662**
liche Regelung der §§ 633-635, 638 BGB verdrängt durch § 4 Nr. 6 und 7 VOB/B für die vor Abnahme erkannten Mängel und im übrigen durch § 13 VOB/B.[63]

Der frühzeitigen Verhinderung von Mängeln dient die – dem System **663**
des BGB unbekannte – Bestimmung des § 4 Nr. 6 VOB/B. Während § 633 BGB – wie auch § 4 Nr. 7 VOB/B – ein Einschreiten des Auftraggebers erst gestattet, wenn der Baumangel bereits existent ist, gestattet § 4 Nr. 6 VOB/B dem Auftraggeber schon ein Einschreiten vor Eintritt des Schadensfalles. Bauteile oder Baustoffe, die entweder selbst mängelbehaftet sind oder aber – mit dem Einbau – einen mangelhaften Zustand herbeiführen würden (falsches Material, falsche Farbe bzw. vertragswidriges Fabrikat etc.) müssen auf **Weisung des Auftraggebers** von der Baustelle **entfernt** werden. Kommt der Auftragnehmer der Weisung nicht innerhalb der vom Auftraggeber gesetzten, angemessenen Frist nach, hat der Auftraggeber ein **Selbsthilferecht**. Er darf die beanstandeten Baumaterialien selbst entfernen (lassen) und auf Kosten des Auftragnehmers veräußern. Dem Auftragnehmer steht in diesem Fall ein Anspruch auf Auskunftserteilung und Rechnungslegung gegenüber dem Auftraggeber zu.

Wesentlich häufiger tritt allerdings der Fall des § 4 Nr. 7 VOB/B auf. **664**
Schon **vor der Fertigstellung** der Werkleistung werden **Mängel festgestellt**. Der Auftraggeber muß nicht die Endfertigstellung abwarten und damit unter Umständen wissentlich höhere Schadensfolgen in Kauf nehmen, um sein Recht auf mängelfreie Werkleistung durchzusetzen. Gem. § 4 Nr. 7 VOB/B hat der Auftraggeber Anspruch auf

- Beseitigung des Mangels durch den Auftragnehmer; ✓
- Ersatz des durch den Mangel verursachten Schadens, wenn der Auftragnehmer den Mangel schuldhaft verursacht hat;
- Einbehalt fälliger Abschlagszahlungen;

62 Rn. 678 ff.
63 Vgl. Vygen, Rn. 477; Korbion-Hochstein, Rn. 257.

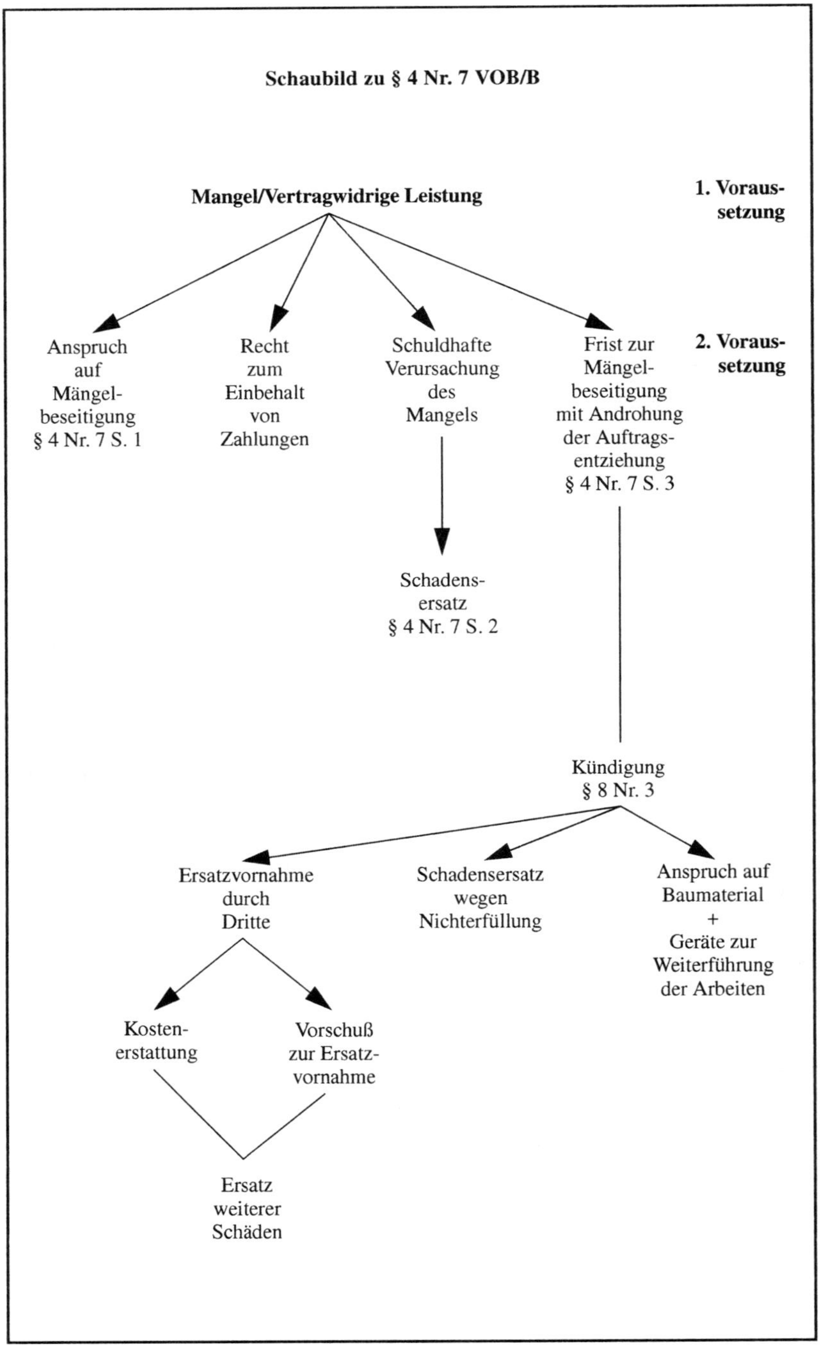
Schaubild zu § 4 Nr. 7 VOB/B
Mangel/Vertragwidrige Leistung
1. Voraussetzung
Anspruch auf Mängelbeseitigung § 4 Nr. 7 S. 1
Recht zum Einbehalt von Zahlungen
Schuldhafte Verursachung des Mangels
Frist zur Mängelbeseitigung mit Androhung der Auftragsentziehung § 4 Nr. 7 S. 3
2. Voraussetzung
Schadensersatz § 4 Nr. 7 S. 2
Kündigung § 8 Nr. 3
Ersatzvornahme durch Dritte
Schadensersatz wegen Nichterfüllung
Anspruch auf Baumaterial + Geräte zur Weiterführung der Arbeiten
Kostenerstattung
Vorschuß zur Ersatzvornahme
Ersatz weiterer Schäden

- Kündigung oder Teilkündigung des Bauvertrages entweder ganz oder wegen Teilleistungen gem. § 8 Nr. 3 VOB/B, d.h. nach Fristsetzung zur Mängelbeseitigung, Ankündigung der Auftragsentziehung und Ablauf der Frist.

In **systematischer Hinsicht** handelt es sich um einen **echten Erfüllungsanspruch**,[64] der faktisch dem Gewährleistungsanspruch des § 13 VOB/B entspricht, sich mit diesem nach Voraussetzungen und Folgen aber nur teilweise deckt. Für Mängel, die vor Abnahme festgestellt werden, enthält § 4 Nr. 7 VOB/B eine abschließende Regelung. Daneben sind die §§ 633 ff. BGB (Gewährleistung) bzw. die §§ 275, 279 bis 282 BGB (Unmöglichkeit) weder direkt noch analog anwendbar, ausgenommen bei Leistungsstörungen, die nicht Folge eines Baumangels sind,[65] – was für den Auftraggeber jedenfalls dann mißlich ist, wenn er die Schriftform der Kündigung (§ 8 Nr. 3 VOB/B) nicht eingehalten hat. **665**

666 **Vorrang der Neuherstellung**

Der **Anspruch** auf **sofortige Beseitigung** des Mangels gem. § 4 Nr. 7 VOB/B kann vom Auftraggeber im Klagewege durchgesetzt werden. Der Auftragnehmer **schuldet grundsätzlich** die mangelfreie bzw. vertragsgemäße **Neuherstellung**. Eine bloße Nachbesserung des Mangels ist zulässig,[66] wenn dies nach Treu und Glauben mit den Interessen des Auftraggebers vereinbar ist und die Nachbesserung Erfolg verspricht, d.h. nicht nach bereits erfolglos durchgeführten Nachbesserungsversuchen. Muß mit einem nicht unerheblichen **Minderwert** der bloß nachgebesserten Bauleistung gerechnet werden, so schuldet der Auftragnehmer gem. § 4 Nr. 7 VOB/B die **Neuherstellung** seiner Leistung. Zur Mängelbeseitigung gehört auch die Beseitigung von Schäden an fremden Gewerken, die durch die Nachbesserung entstehen.[67] Erfolgt zu einem Zeitpunkt, zu dem der Anspruch aus § 4 Nr. 7 VOB/B noch nicht erledigt ist, die Abnahme der gesamten Werkleistung des Auftragnehmers, so setzt sich dieser Anspruch als Gewährleistungsanspruch gem. § 13 VOB/B fort.[68] Die Verjährung richtet sich dann nach § 13 Nr. 4 VOB/B.[69]

Schadensersatz gem. § 4 Nr. 7 S. 2 VOB/B hat der Auftragnehmer dann zu leisten, wenn er den Mangel zu **vertreten** hat, d.h. wenn dieser vom Auftragnehmer oder seinen Erfüllungsgehilfen schuldhaft verur- **667**

64 BGHZ 51, 275 = NJW 69, 653; Korbion-Hochstein, Rn. 257.

65 Heiermann-Riedel-Rusam, B § 4 Nr. 7 Rn. 80.

66 Vgl. Kleine-Möller-Merl-Oelmaier, § 12 Rn. 512; Ingenstau- Korbion, B § 4 Nr. 7 Rn. 346; BGH, NJW-RR 88, 310; OLG München OLG Z 1971, 8; Vygen, Rn. 483.

67 BGH, NJW 86, 922 ff. (Hinterfüllung im Tiefbau), außerdem z.B. in Putz und Anstrich beim Austausch von Türzargen oder Fensterrahmen.

68 BGH, BauR 82, 277; Werner-Pastor, Rn. 1612.

69 BGH, BauR 72, 172; Vygen, Rn. 493.

sacht wurde. Es handelt sich um einen bauvertraglich geregelten **Sonderfall der positiven Vertragsverletzung**, der weitergehende Ansprüche aus demselben Rechtsgrund – d.h. p.V.V. im allgemeinen – ausschließt.[70] Der Schadensersatz ist gem. §§ 249 ff. BGB zu leisten und umfaßt alle unmittelbaren und mittelbaren Schäden, die dem Auftraggeber trotz durchgeführter Mängelbeseitigung als Begleitschäden oder Folgeschäden entstehen[71] – z.B. Gutachterkosten, Mietausfall, erhöhte Finanzierungskosten, Mehrkosten wegen Behinderung oder Stillstand von Folgegewerken, entgangener Gewinn aus der beabsichtigten Veräußerung des Bauwerks, aber auch die entgangene eigene Nutzungsmöglichkeit bei eigengenutzten Wohnraum.[72]

668 Das Bestehen eines Mangels berechtigt den Auftraggeber zum **Einbehalt** der gem. § 16 Nr. 1 VOB/B fälligen **Abschlagszahlungen**. Der Nachbesserungsanspruch gem. § 4 Nr. 7 VOB/B begründet sowohl ein **Leistungsverweigerungsrecht** gem. § 320 BGB wie auch ein **Zurückbehaltungsrecht** gem. § 273 BGB,[73] und zwar auch dann, wenn bei den Abschlagszahlungen ein Sicherheitseinbehalt ohnehin vereinbart ist.[74]

669 Kommt der Auftragnehmer seiner Pflicht zur Mängelbeseitigung nicht nach, hat der Auftraggeber unter den in § 4 Nr. 7 S. 3 VOB/B normierten Voraussetzungen das Recht zur Auftragsentziehung mit den dann aus § 8 Nr. 3 VOB/B resultierenden Rechten auf **Erstattung von Drittunternehmerkosten** bzw. **Schadensersatz**. Die etwas kompliziertere Gestaltung der Formalien führt auch bei branchenerfahrenen Auftraggebern häufig zu nicht nachholbaren **Fehlern** und damit zu vermeidbaren **Rechtsverlusten**.

670 Generelle **Anspruchsvoraussetzung** für die Auftragsentziehung ist das **Vorhandensein eines Mangels** im Sinne der oben beschriebenen[75] Definition der VOB/B. Insoweit stimmt § 4 Nr. 7 VOB/B in seinen Anspruchsvoraussetzungen mit den §§ 633 BGB, 13 VOB/B überein. Auch ein **Verschulden** des Auftragnehmers ist bezüglich der Verursachung des Mangels **nicht erforderlich**. Der Auftraggeber hat den Auftragnehmer unmißverständlich zur Beseitigung des Mangels aufzufordern und dabei den Mangel so konkret in seinem Erscheinungsbild oder seinen Ursachen zu **beschreiben**, daß der Auftragnehmer genau weiß, welche Mängelbeseitigung von ihm gefordert wird.[76] Der Auftraggeber hat dem Auftragnehmer zur Mängelbeseitigung eine angemessene **Frist**

70 BGH, BauR 72, 172; BGH, BauR 78, 306; Vygen, Rn. 495.
71 BGH, BauR 78, 402; 83, 465; Vygen, Rn. 495 ff.; Ingenstau-Korbion, B § 4 Nr. 7 Rn. 361 ff.
72 BGH, BauR 87, 312; 87, 318; Ingenstau-Korbion, B § 4 Nr. 7 Rn. 365.
73 BGH, BauR 88, 474; Ingenstau-Korbion, B § 16 Nr. 1 Rn. 66.
74 BGH, BauR 81, 577 = NJW 81, 2801; Ingenstau-Korbion, B § 16 Nr. 1 Rn. 67.
75 Vgl. oben Rz. 651 ff.
76 BGH, BauR 82, 66; Heiermann-Riedl-Rusam, B § 4.7 Rn. 97

zu setzen. Eine unangemessen kurze Frist ist rechtlich nicht wirkungslos. Sie setzt die im konkreten Fall – im Hinblick auf Witterungsbedingungen, notwendigen Arbeitsvorlauf etc. – **angemessene Frist in Gang**,[77] wobei dann bezüglich des Fristendes u.U. Ungewißheit entsteht, deren spätere gerichtliche Klärung Überraschungen bieten kann. Die Frist hat sich auf die Bewirkung der Leistung, d.h. die **Vollendung der Nachbesserung** zu beziehen. Eine Frist zum Beginn der Ausführung oder zur Erklärung des Auftragnehmers, daß er die Mangelbeseitigung durchzuführen bereit ist, dürfte zwar im Hinblick auf die weiteren Dispositionen des Auftraggebers in der Praxis nützlich sein. Da der Auftraggeber gem. § 4 Nr. 7 VOB/B – insoweit analog § 13 VOB/B bzw. § 633 BGB – keinen Anspruch auf eine Willenserklärung des Auftragnehmers, sondern auf Mängelbeseitigung hat, sollte der Auftraggeber jedoch an den Ablauf einer von ihm gesetzten Erklärungsfrist noch keine Sanktionen knüpfen, sondern nur an die dann erklärte Verweigerung der Mängelbeseitigung.

Die **Aufforderung** zur Mängelbeseitigung bedarf im Gegensatz zur Auftragsentziehung **nicht der Schriftform**. Jedoch muß der **Zugang** der Willenserklärung – mündlich unter Zeugen, durch Boten, per Einschreiben mit Rückschein – im Streitfalle bewiesen werden können.[78] **671**

Zugang muß beweisbar sein

Die Aufforderung zur Mängelbeseitigung kann schon mit der Androhung des Auftragsentzuges verbunden werden, so daß zwei hintereinander folgende Fristsetzungen nicht nötig sind.

Tip

Die Fristsetzung mit Androhung der Auftragsentziehung muß unmißverständlich erkennen lassen, daß der Auftraggeber nach Fristablauf die dann angebotene Leistung nicht mehr annehmen, sondern einen anderen Unternehmer beauftragen wird.[79]

Entbehrlich ist die **Fristsetzung** mit Kündigungsandrohung nur ausnahmsweise, wenn **672**

- der Auftragnehmer die Nachbesserung ernsthaft und endgültig verweigert,[80]

✓

77 OLG Celle, BauR 84, 409; Werner-Pastor, Rn. 1617; Ingenstau-Korbion, B § 4 Nr. 7 Rn. 385.

78 Nur in Ausnahmefällen mit langer Frist zwischen Beginn und Ende der Ausführung kann neben der Aufforderung zu Beginn auch eine Erklärung bzw. ein Nachweis des Auftragnehmers, daß er überhaupt zur Ausführung bereit und in der Lage ist, gefordert werden – vgl. BGH, BauR 83, 73; Vygen, Rn. 504.

79 Vgl. BGH, BauR 83, 258; Heiermann-Riedl-Rusam, B § 4.7 Rn. 100.

80 BGH, BauR 85, 450; 90, 466; Ingenstau-Korbion, B § 4.7 Rn. 387.

- der Auftragnehmer den Mangel oder seine Verantwortung bestreitet,[81]
- der Auftragnehmer die Mangelbeseitigung zu Unrecht von Zahlungen des Auftraggebers oder sonstigen Vorleistungen abhängig macht,[82]
- die Beseitigung des Mangels technisch oder rechtlich unmöglich ist,[83]
- dem Auftraggeber ein Festhalten am Vertrag nicht zuzumuten ist, weil der Auftragnehmer die Vertrauensgrundlage zerstört hat.[84]

schriftliche Kündigung

673 **Nicht entbehrlich** ist dagegen die **Auftragsentziehung selbst**, die häufig vergessen wird, weil die Mängelrechte des Auftraggebers gem. § 13 VOB/B schon mit Fristablauf – gewissermaßen automatisch – »entstehen«. Bei § 4 Nr. 7 VOB/B dagegen entsteht das Gestaltungsrecht[85] des § 8 Nr. 3 VOB/B erst mit Ablauf der Frist; erst mit seiner Ausübung erlöschen bezüglich der entzogenen Leistung die Erfüllungsansprüche des Auftraggebers. Gem. § 8 Nr. 5 VOB/B muß die **Auftragsentziehung schriftlich erklärt** werden. Die Einhaltung der Schriftform ist **Wirksamkeitserfordernis**.[86]

674 Da die **Aufforderung** des Auftraggebers gem. § 4 Nr. 7 VOB/B sich nicht auf die Gesamtleistung des Auftragnehmers beziehen muß, sondern sich auf die **mangelhafte Teilleistung beschränken** kann, ergibt sich daraus zwangsläufig die Möglichkeit einer **Teilkündigung** nur der mangelhaften Teilleistung. Anders als bei der Teilabnahme (§ 12 Nr. 2 VOB/B) können **nicht nur in sich abgeschlossene Leistungsteile** gesondert entzogen werden, sondern die jeweils betroffene Teilleistung.[87]

675 Nach der Kündigung hat der Auftraggeber die Wahl zwischen den nach Voraussetzungen und Rechtsfolgen unterschiedlichen Ansprüchen auf Ersatzvornahme bzw. Schadensersatz wegen Nichterfüllung.

81 BGH, BauR 83, 258 = NJW 83, 1731.

82 BGH, BauR 88, 592 ff.; BGH, NJW-RR 95, 939 – ausgenommen, wenn der AN die Nachbesserung von der Stellung einer Bürgschaft gem. § 648 a BGB abhängig macht, vgl. LG Bonn BauR 97, 857; OLG Karlsruhe, BauR 96, 556; Liepe BauR 98, 860.

83 BGH, BauR 88, 592 ff.

84 BGH, BauR 75, 280; 85, 450; OLG Düsseldorf, BauR 96, 112; Vygen, Rn. 505.

85 Vgl. Vygen, Rn. 508.

86 H.A.: BGH, BauR 73, 319 = NJW 73, 1463; Ingenstau-Korbion, B § 8 Nr. 5 Rn. 148 ff.

87 Kohler in Beck'scher VOB-Kom. § 4 Nr. 7 Rn. 236; Heiermann-Riedl-Rusam, B § 4 Nr. 7 Rn. 102 c.

Bei der **Ersatzvornahme** (§ 8 Nr. 2 Abs. 2 S. 1 VOB/B) handelt es sich um einen **verschuldensunabhängigen Aufwendungsersatzanspruch**:[88] Der Auftraggeber kann den gekündigten Teil der Leistung zu Lasten des Auftragnehmers entweder **durch Dritte vollenden** lassen oder **selbst ausführen** und die Mehraufwendungen[89] – d.h. die Differenz zwischen den Kosten des gekündigten Auftragnehmers und den Ersatzvornahmekosten – vom Auftragnehmer verlangen. Der Anspruch geht entweder nach durchgeführter Ersatzvornahme und Abrechnung der Mehrkosten gem. § 8 Nr. 3 Abs. 4 VOB/B auf **Erstattung der angefallenen Mehrkosten**. Der Auftraggeber kann aber auch – analog den sonstigen Fällen der Ersatzvornahme – einen Vorschuß auf die voraussichtlichen Mehrkosten der Ersatzvornahme verlangen[90] und hat diesen später abzurechnen. Neben dem Recht auf Ersatzvornahme verbleibt dem Auftraggeber das verschuldensabhängige – Recht auf Schadensersatz gem. § 4 Nr. 7 S. 2 VOB/B wegen der weiteren Negativfolgen des Mangels, z.B. Verzugsschäden etc. 676

Ersatzvornahme und Mehrkostenersatz

Anstelle der Ersatzvornahme kann der Auftraggeber **Schadensersatz wegen Nichterfüllung** verlangen, wenn der **Mangel** vom Auftragnehmer **schuldhaft verursacht** wurde und die **weitere Ausführung** der Werkleistung aus denjenigen Gründen, die zur Auftragsentziehung geführt haben, für den Auftraggeber nicht mehr von Interesse ist – z.B. bei termingebundenen Werkleistungen. 677

Schadensersatz wegen Nichterfüllung

2. Die Rechte des Auftraggebers nach der Abnahme beim BGB-Vertrag

a) Der Nachbesserungsanspruch gem. § 633 Abs. 2 S. 1 BGB

Mit der **Abnahme der Werkleistung** gehen die **Erfüllungsansprüche** des Auftraggebers **unter** bzw. wandeln sich in Gewährleistungsansprüche um, deren Geltendmachung sich beim BGB-Vertrag nach den §§ 633-635 BGB richtet. Auch die Rechte wegen der **vor Abnahme gerügten** bzw. bei der Abnahme **vorbehaltenen Mängel gehen in Gewährleistungsansprüche über**. Nach dem werkvertraglichen Gewährleistungssystem hat der Auftraggeber die Wahl zwischen verschiedenen, nach Voraussetzungen und Folgen unterschiedlichen Gewährleistungsrechten. 678

88 KG, BauR 84, 527.
89 OLG Düsseldorf, BauR 80, 276; Heiermann-Riedl-Rusam, B § 8.3 Rn. 29.
90 BGH, BauR 89, 462; KG BauR 84, 527; OLG Celle, BauR 94, 250; Ingenstau-Korbion, B § 8 Nr. 3 Rn. 90.

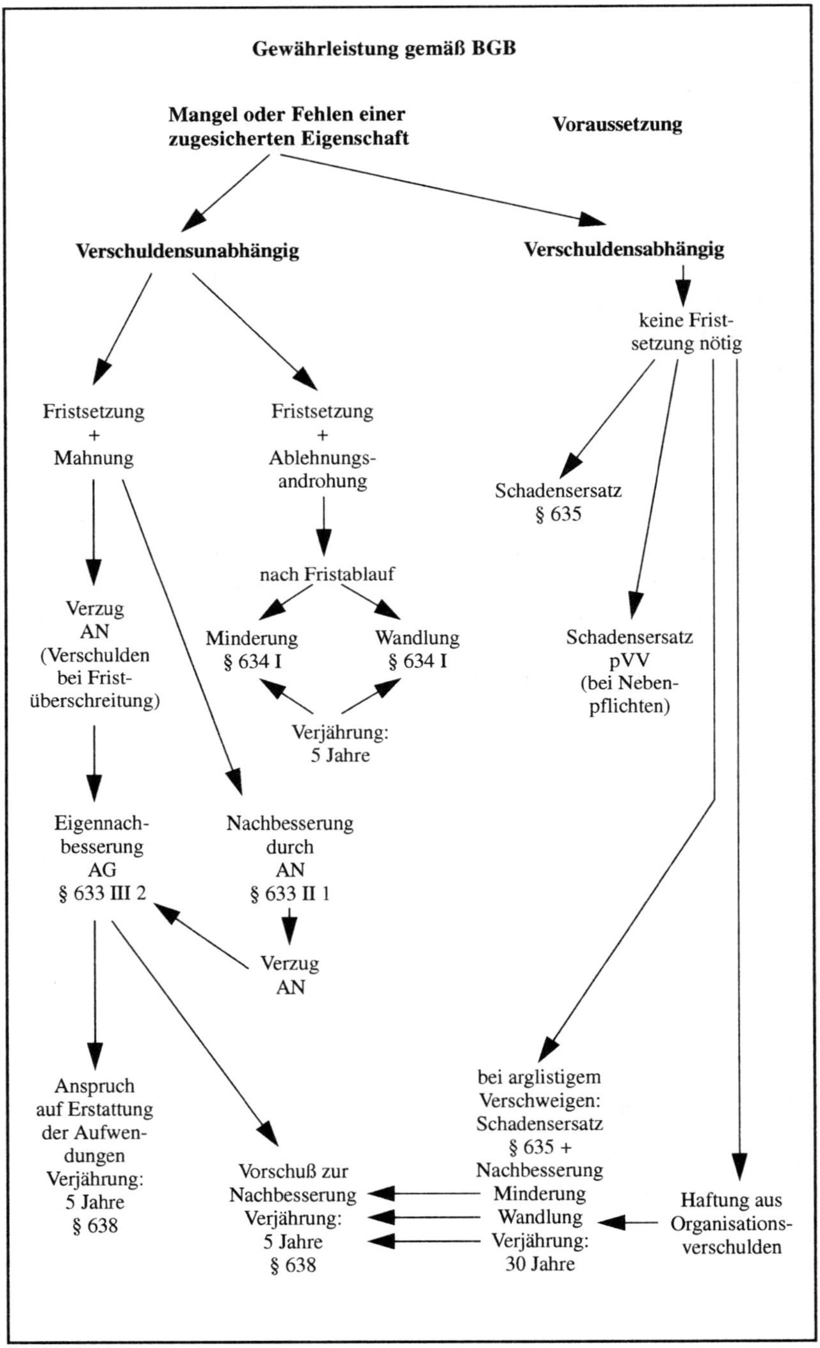
Gewährleistung gemäß BGB
Mangel oder Fehlen einer zugesicherten Eigenschaft
Voraussetzung
Verschuldensunabhängig
Verschuldensabhängig
keine Fristsetzung nötig
Fristsetzung + Mahnung
Fristsetzung + Ablehnungsandrohung
Schadensersatz § 635
nach Fristablauf
Verzug AN (Verschulden bei Fristüberschreitung)
Minderung § 634 I
Wandlung § 634 I
Schadensersatz pVV (bei Nebenpflichten)
Verjährung: 5 Jahre
Eigennachbesserung AG § 633 III 2
Nachbesserung durch AN § 633 II 1
Verzug AN
Anspruch auf Erstattung der Aufwendungen Verjährung: 5 Jahre § 638
Vorschuß zur Nachbesserung Verjährung: 5 Jahre § 638
bei arglistigem Verschweigen: Schadensersatz § 635 + Nachbesserung Minderung Wandlung Verjährung: 30 Jahre
Haftung aus Organisationsverschulden

Absoluten Vorrang hat der Mängelbeseitigungsanspruch gem. § 633 Abs. 2 BGB, der als **modifizierter Erfüllungsanspruch** bezeichnet wird,[91] weil die Nachbesserung inhaltlich mit dem ursprünglichen Erfüllungsanspruch übereinstimmt. Der Auftragnehmer schuldet – anders als beim Anspruch vor Abnahme – gem. § 633 Abs. 2 BGB grundsätzlich nur eine Nachbesserung und **keine Neuherstellung** seiner Werkleistung als Ganzes oder in Teilen.[92] **Ausnahmsweise** kann der Auftraggeber **auch nach der Abnahme** die **Neuherstellung** verlangen, wenn nur auf diese Weise der Eintritt des Leistungserfolgs in Form einer vollständigen und nachhaltigen Mängelbeseitigung erreicht werden kann.[93] **679**

Modifizierter Erfüllungsanspruch

Der **Nachbesserungspflicht** des Auftragnehmers steht deckungsgleich sein aus § 634 Abs. 1 BGB herzuleitendes **Nachbesserungsrecht** gegenüber.[94] Der Auftraggeber ist hiernach **verpflichtet**, die **Nachbesserung** durch den Auftragnehmer **zu dulden**. Dem Auftraggeber stehen die Rechte auf Ersatzvornahme, Minderung, Wandlung und Schadensersatz – mit Ausnahme der neben der Nachbesserung auszugleichenden Folgeschäden – nicht zu, wenn er dem Auftragnehmer nicht zuvor die Gelegenheit zur Nachbesserung eingeräumt hat. [95] Ein Anspruch auf Erstattung von Ersatzvornahmekosten ist wegen der abschließenden Regelung des § 633 Abs. 3 BGB nicht einmal aus ungerechtfertigter Bereicherung gegeben. **680**

Nachbesserungsrecht des Auftragnehmers

Da der Auftragnehmer den Leistungserfolg eigenverantwortlich herbeizuführen und das Risiko des Fehlschlagens der Nachbesserung zu tragen hat, steht ihm umgekehrt auch das Recht zu, **Art und Weise** der Nachbesserung selbst zu bestimmen.[96] Der Auftraggeber kann nicht auf der Vornahme bestimmter Nachbesserungsarbeiten bestehen. Eine Ausnahme gilt nur dann, wenn Streit über verschiedene Nachbesserungsmethoden besteht, von denen nur eine aus Sicht des Auftraggebers zum nachhaltigen Erfolg führt bzw. den Regeln der Technik entspricht.[97] **681**

91 Staudinger-Peters, § 633 Rn. 159 ff. 161; BGH, BauR 94, 242, 244; Kleine-Möller-Merl-Oelmaier, § 12 Rn. 246.

92 Vygen, Rn. 530.

93 BGH, BauR 86, 93 = NJW 86, 711; OLG Düsseldorf, BauR 98, 126, 127 = NJW-RR 97, 145; Werner-Pastor, Rn. 1559; OLG Köln, NJW-RR 94, 1430.

94 Staudinger-Peters, § 633 Rn. 189 und § 634 Rn. 3 ff.; Locher, Rn. 153.

95 BGH, NJW 76, 143; 81, 1779; Locher, Rn. 153; Kleine-Möller-Merl-Oelmaier, § 12 Rn. 494.

96 BGH, BauR 76, 430, 432; NJW-RR 88, 208; OLG Düsseldorf, BauR 92, 72; Werner-Pastor, Rn. 1565; Locher, BauR Rn. 154.

97 OLG Köln, BauR 77, 275 ff.; Werner-Pastor, Rn. 1565 ff.; Kleine-Möller-Merl-Oelmaier, § 12 Rn. 267.

682 **Verweigerung der Nachbesserung**

Der Auftragnehmer kann die Durchführung der Nachbesserung gem. § 633 Abs. 2 S. 2 BGB verweigern, wenn sie einen unverhältnismäßig hohen Aufwand erfordert. Es handelt sich um einen gesetzlich normierten Anwendungsfall von Treu und Glauben. Entscheidend ist weder die Höhe der Mängelbeseitigungskosten als absolute Zahl noch deren Relation zu den Herstellungskosten der mangelhaften Bauleistung. Ausschlaggebend ist vielmehr das **Verhältnis der Nachbesserungkosten** zu dem bei ihrer Durchführung **erzielbaren Erfolg**, insbesondere im Hinblick auf die Funktion der Bauleistung, die konkrete Nutzung des Bauwerks oder den optischen Eindruck.[98] Die **Unverhältnismäßigkeit** wird bejaht bei

- geringfügigen optischen Mängeln, die den Verkehrswert des Bauwerks nicht beeinträchtigen,[99]
- unerheblichen Farbabweichungen beim industriell genutzten Hallenfußboden,[100]
- geringfügigen Maßdifferenzen bzw. Toleranzüberschreitungen ohne technische Beeinträchtigung.[101]

Dagegen ist **keine Unverhältnismäßigkeit** gegeben, wenn

- der optische Mangel den architektonisch beabsichtigten Gesamteindruck verändert, z.B. der mangelhafte Anstrich oder Edelkratzputz bei der Fassade eines Repräsentationsbaus oder nicht unerhebliche Farbabweichungen der einzelnen Platten bei Marmor- oder sonstigen Natursteinböden;
- der Nachbesserungsaufwand zur Beseitigung eines erheblichen Mangels erforderlich ist,[102] z.B. zur Erzielung der Standsicherheit des Gebäudes[103] oder zur Verbesserung des Trittschallschutzes.[104]

683 Das Recht zur **Verweigerung** der Nachbesserung besteht nicht, wenn der Baumangel mutwillig verursacht wurde, z.B. bei vorsätzlicher Verwendung eines gegenüber der Leistungsbeschreibung billigeren und minderwertigen Materials.[105] Auch wenn der Auftragnehmer den Mangel grob fahrlässig herbeiführt,[106] z.B. bei einem massiven Verstoß

98 BGH, BauR 96, 858; 97, 638; Werner-Pastor, Rn. 1575 ff.; Siegburg, Rn. 176.
99 OLG Düsseldorf, BauR 98, 126 ff.; OLG Celle, BauR 98, 401 ff.
100 BGH, SFH Nr. 70 zu § 633 BGB.
101 OLG Celle, BauR 99, 406; Werner-Pastor, Rn. 1575.
102 BGH, NJW 85, 1836; OLG München, BauR 85, 453; Kleine-Möller-Merl-Oelmaier, § 12 Rn. 346.
103 BGH, NJW 92, 2481 ff.
104 OLG Düsseldorf, NJW-RR 94, 341.
105 Ingenstau-Korbion, B § 13 Rn. 625; Vygen, Rn. 552.
106 OLG Düsseldorf, BauR 87, 572; 93, 82; a.A. OLG Köln, SFH Nr. 4 zu § 13 Nr. 6 VOB/B (1973): Nur Minderung bei erheblichen Mängeln der Schallisolierung.

gegen die Regeln der Technik, ist ihm die Berufung auf § 633 Abs. 2 S. 3 BGB versagt. In diesen Fällen ist zwar tatbestandlich die Unverhältnismäßigkeit gegeben; jedoch wird dem Auftragnehmer das Recht zur Verweigerung der Nachbesserung wegen seines **eigenen treuwidrigen Verhaltens** abgesprochen.[107]

Greift der Einwand der Unverhältnismäßigkeit, so entfällt lediglich **684**
die Nachbesserungspflicht des Auftragnehmers. Die übrigen Gewährleistungsrechte des Auftraggebers bleiben bestehen, wobei i.d.R. der Minderungsanspruch an die Stelle des Nachbesserungsanspruchs tritt.

Die **Kosten** der Nachbesserung einschließlich der hierzu erforderli- **685**
chen Transport-, Material-, Personalkosten sowie Nebenarbeiten für das Aufspüren von Schadstellen, Demontage und Wiedermontage von Bauteilen sowie Nacharbeiten an Folge- oder Anschlußgewerken hat der Auftragnehmer gem. §§ 633 Abs. 2 S. 2, 476 a BGB selbst zu tragen.[108]

Er hat gegen den Auftraggeber einen Anspruch auf Zahlung eines **686**
Zuschusses zu den Kosten der Nachbesserung, wenn

- der Mangel durch ausdrückliche Anweisung des Auftraggebers (trotz Hinweises des Auftragnehmers) mitverursacht wurde;[109] ✓
- der Mangel durch den Auftraggeber oder seinen Erfüllungsgehilfen (Architekt/Sonderfachmann) mitverursacht wurde;[110]
- bei ordnungsgemäßer Bauausführung diese von vornherein teurer gekommen wäre (sog. Sowieso-Kosten);[111]
- der Auftraggeber durch die Nachbesserung einen geldwerten Vorteil erhält (Abzug »Neu für Alt«/Vorteilsausgleichung), der billigerweise von diesem auszugleichen ist.[112]

b) Die Ersatzvornahme gem. § 633 Abs. 3 BGB

Kommt der Auftragnehmer dem Nachbesserungsverlangen des Auftrag- **687**
gebers trotz angemessener Fristsetzung nicht nach, stehen dem Auftraggeber die Rechte aus § 633 Abs. 3 BGB zu.

107 OLG Hamburg, MDR 74, 489; Palandt-Sprau, § 633 Rn. 7.
108 BGH, NJW 79, 2095; Werner-Pastor, Rn. 1569.
109 BGH, NJW 73, 754; OLG Hamm, BauR 92, 123; Werner-Pastor, Rn. 1562.
110 Werner-Pastor, Rn. 1562.
111 BGH, BauR 84, 510; BauR 90, 84; BauR 94, 776 = NJW 94, 2825; Vygen, Rn. 590.
112 BGH, NJW 80, 2187; Werner-Pastor, Rn. 2468 ff.

aa) Der Verzug des Auftragnehmers

688 Tatbestandsvoraussetzung ist **Verzug** des **Auftragnehmers**, den der Auftraggeber darzulegen hat.[113] Gem. §§ 284, 285 BGB setzt der Verzug eine Mahnung des Auftraggebers bzw. fruchtlosen Ablauf der Frist sowie Verschulden des Auftragnehmers voraus. Das Verschulden ist nicht zu beziehen auf die Mangelverursachung, da der Auftragnehmer insoweit verschuldensunabhängig haftet, sondern auf die Fristüberschreitung. **Entschuldigungsgründe** tatsächlicher oder rechtlicher Art hindern den Verzugseintritt, z.B.

Verzugs-voraussetzungen

z.B.

- schwere Krankheit des Auftragnehmers, wenn dieser persönlich leistet oder zu leisten hat;[114]
- Naturereignisse, widrige Witterungsbedingungen,[115] bei denen nicht gearbeitet werden kann, z.B. bei Dachdeckerarbeiten im Winter;
- fehlende Genehmigungen oder Zustimmungen von Behörden[116] oder Nachbarn, z.B. zum Betreten des Nachbargrundstücks, wenn nur von dort aus gearbeitet werden kann.

bb) Das Selbsthilferecht des Auftraggebers

689 Unter den vorgenannten Voraussetzungen hat der Auftraggeber das Recht zur Selbsthilfe. Er kann entweder die Mängelbeseitigung selbst durchführen oder durch Drittunternehmer durchführen lassen. I.d.R. erfolgt die Ersatzvornahme durch Drittunternehmer, da eine Eigennachbesserung nur dann in Frage kommt, wenn der Auftraggeber – als Haupt-/Generalunternehmer – selbst Bauunternehmer ist oder es sich um Leistungen handelt, z.B. Malerarbeiten, die ein handwerklich geschickter Auftraggeber selbst erledigen kann. Bei beiden Varianten hat der Auftraggeber die Wahl, entweder zuerst die Ersatzvornahme durchzuführen und anschließend die Erstattung der aufgewendeten Kosten zu verlangen, oder aber einen angemessenen Vorschuß zur Nachbesserung vor deren Durchführung zu beanspruchen.

113 OLG Frankfurt, NJW-RR 89, 409; Siegburg, Rn. 203.
114 Kleine-Möller-Merl-Oelmaier, § 12 Rn. 307.
115 Palandt-Heinrichs, § 285 Rn. 2.
116 Palandt-Heinrichs, § 285 Rn. 3.

cc) Der Aufwendungsersatz, § 633 Abs. 2 BGB

Da der Auftragnehmer den Ersatz der »erforderlichen« Aufwendungen schuldet, hat der Auftraggeber hinsichtlich der Kosten der Ersatzvornahme in vernünftigem Maße auf Kostenersparnis zu achten.[117] Der Rahmen ist aber nicht zu eng zu ziehen, da der doppelt vertragsbrüchige Auftragnehmer (Mangelverursachung + fehlende Mangelbeseitigung) nur begrenzt schutzwürdig ist.[118] Danach ist der Auftraggeber weder gehalten, eine Ausschreibung zur Ermittlung des günstigsten Anbieters durchzuführen noch hat er den billigsten oder am nächsten sitzenden Drittunternehmer zu beauftragen.[119] Er darf einen Unternehmer seines Vertrauens beauftragen, bei dem die Gewähr für den Eintritt des Nachbesserungserfolgs gegeben ist, solange die Preise noch im – gemessen an der Ausführungszeit – ortsüblichen bzw. angemessenen Rahmen liegen. Eine im Ergebnis teurere Vergabe von Stundenlohnarbeiten ist zulässig,[120] wenn die Nachbesserung keine kompletten Gewerke sondern »Stückwerk« beinhaltet, da hier eine Abrechnung nach Einheitspreisen unüblich ist. Auch die Kosten eines erfolglosen Nachbesserungsversuchs sind erstattungsfähig, wenn den Auftraggeber insoweit kein Verschulden trifft.[121] Bessert der Auftraggeber im eigenen Betrieb nach, hat er Anspruch auf Erstattung aller angefallenen Kosten einschließlich eines angemessenen Zuschlags für Allgemeinkosten; lediglich der Aufschlag für Gewinn entfällt.[122] Bei Eigennachbesserung durch einen privaten Auftraggeber sind die Materialkosten und der Zeitaufwand – Arbeitsleistung des Auftraggebers oder seiner Angehörigen – zu erstatten,[123] und zwar auf Basis des üblichen Mittellohns eines in abhängiger Stellung tätigen Bauhandwerkers. **690**

dd) Der Anspruch auf Vorschuß zur Nachbesserung

Der Anspruch auf **Vorschuß zur Nachbesserung** ist weder im Gesetz noch in § 13 VOB/B verankert. Er wurde im Wege der **Rechtsfortbildung** auf der Grundlage der §§ 13 Nr. 5 VOB/B bzw. 633 Abs. 3 BGB i.V.m. §§ 242, 669 BGB entwickelt[124] und ist inzwischen **gewohnheits-** **691**

Vorschuß zur Nachbesserung

117 BGH, BauR 89, 97 ff. 101; BauR 91, 329; Siegburg, Rn. 216;
118 OLG Düsseldorf, BauR 96, 151.
119 OLG Köln, SFH Nr. 27 zu § 633 BGB; Werner-Pastor, Rn. 1584.
120 OLG Köln, SFH § 633 BGB Nr. 34.
121 Siegburg, Rn. 221.
122 Locher, Rn. 155.
123 BGHZ 59, 328 = NJW 73, 46; Staudinger-Peters, § 633 Rn. 203.
124 BGHZ 47, 272; OLG Hamm, NJW-RR 96, 272.

rechtlich anerkannt.[125] Der vom Auftragnehmer zu zahlende Kostenvorschuß soll es dem Auftraggeber ermöglichen, die eigentlich vom Auftragnehmer geschuldete Nachbesserung durch Dritte durchführen zu lassen, ohne diese selbst vorfinanzieren zu müssen. Darüber hinaus können im Rahmen des Vorschußprozesses alle Streitfragen geklärt werden, ohne daß durch die vorherige Nachbesserung die Beweismöglichkeiten beeinträchtigt werden.[126]

692 Die Höhe des Vorschusses, den der Auftraggeber nach Eintritt der Voraussetzungen des § 633 Abs. 3 BGB beanspruchen kann, richtet sich nach den zu erwartenden Ersatzvornahmekosten[127] zzgl. etwaiger Gutachterkosten[128] oder Regiekosten[129] für Planung, Ausschreibung und Überwachung der Nachbesserung durch einen Architekten, sofern diese nach dem Umfang der Arbeiten erforderlich sind.

693 Vom Auftraggeber noch geschuldeter **Werklohn** ist auf den Vorschußanspruch **anzurechnen**,[130] auch wenn dieser z.B. mangels Abnahme derzeit noch nicht fällig ist, weil der Auftraggeber in diesem Fall zur Vorfinanzierung der Ersatzvornahme auch die dem Auftragnehmer geschuldete Vergütung verrechnen kann – und soll. Ist Auftraggeber dagegen eine **Wohnungseigentümergemeinschaft**, so soll nach h.A.[131] insoweit keine Aufrechnungsbefugnis des Auftragnehmers bestehen, da Schuldner des Werklohns der einzelne Eigentümer, Gläubiger des Vorschußanspruches dagegen die Gemeinschaft ist. Dies erscheint jedoch unbillig,[132] da hier dem aus einer Personenmehrheit bestehenden Auftraggeber zu Lasten des Auftragnehmers deutlich mehr an Liquidität zugestanden wird, als zur Vorfinanzierung der Ersatzvornahme erforderlich ist.

125 OLG Köln, BauR 88, 483 ff.; KG, BauR 84, 527 ff.; OLG Oldenburg, BauR 94, 371; Siegburg, Rn. 234; Locher, Rn. 157; Vygen, Rn. 545 ff.; Werner-Pastor, Rn. 1587 ff.; Kleine-Möller-Merl-Oelmaier, § 12 Rn. 326.

126 vgl. OLG Oldenburg, BauR 94, 371.

127 BGH, BauR 97, 129; OLG Hamm, BauR 98, 1019 ff.; Werner-Pastor, Rn. 1587; Kleine-Möller-Merl-Oelmaier, § 12 Rn. 329.

128 Werner-Pastor, Rn. 1587, 1573.

129 SchlH OLG, OLG R 97, 254.

130 BGH, NJW 67, 1366; OLG Oldenburg, NJW-RR 94, 529; OLG Köln, NJW-RR 93, 533; Kleine-Möller-Merl-Oelmaier, § 12 Rn. 331; Siegburg, Rn. 242.

131 BGH, BauR 92, 88 = NJW 92, 345; OLG Karlsruhe, BauR 90, 622; Kleine-Möller-Merl-Oelmaier, § 12 Rn. 332.

132 Ebenso Werner-Pastor, Rn. 1596; im Ergebnis wohl auch Siegburg, Rn. 242, der den Vorschuß als »ultima ratio« zur Durchführung der Mangelbeseitigung auf Kosten des Auftragnehmers ansieht.

Der Auftraggeber hat den erhaltenen Kostenvorschuß **binnen angemessener Frist** abzurechnen. Angemessen dürfte i.d.R. ein Zeitraum von ca. **1 Jahr** ab Erlangung des Vorschusses – durch Zahlung des Auftragnehmers oder Verrechnung – gelten,[133] da man in diesem Zeitraum eine Nachbesserung ohne weiteres planen, ausschreiben und ausführen kann. Der Zeitraum kann im Einzelfall länger zu bemessen sein, wenn sich eine längere Frist aus der Natur der Nachbesserungsarbeiten ergibt. Wird der Vorschuß durch Aufrechnung mit der Vergütung des Auftragnehmers erlangt, so darf bei Streit über die Aufrechnung der Auftraggeber den Ausgang des Rechtsstreits abwarten (§ 322 ZPO), bevor er den Kostenvorschuß verwendet.[134] 694

Auftraggeberpflichten bei Kostenvorschuß

Die Abrechnung des Vorschusses erfolgt durch Rechnungslegung bzw. Nachweis der Nachbesserungkosten nach Abschluß der Mängelbeseitigung.[135] Reicht der Vorschuß zur Abdeckung der Mängelbeseitigung nicht aus, hat der Auftraggeber ein **Nachforderungsrecht** wegen der **Differenzkosten**. 695

Tip

Dieses kann bei Titulierung des Vorschußanspruchs durch Urteil auch nach Ablauf der regulären Verjährungsfrist noch geltend gemacht werden, da die Klage auf Vorschuß die Verjährung insgesamt – nicht nur hinsichtlich des bezifferten Betrages – unterbricht.[136]

Sind die aufgewendeten Nachbesserungskosten niedriger ausgefallen, hat der Auftraggeber den **nicht verbrauchten Vorschuß** an den Auftragnehmer **zurückzuzahlen**.[137] Der Rückforderungsanspruch entspricht deckungsgleich dem Vorschußanspruch – bei umgekehrter Zielrichtung. Er ist **kein Bereicherungsanspruch**, sondern ebenso wie der Vorschußanspruch, der einen vorweggenommenen Aufwendungsersatz gem. § 633 Abs. 3 BGB darstellt, ein vertraglicher Anspruch, der letztlich aus § 242 BGB herzuleiten ist.[138] An die Abrechnung des Vorschusses sind dieselben Anforderungen zu stellen wie an den Nachweis bereits entstandener Mängelbeseitigungskosten gem. § 633 Abs. 3 BGB.[139] 696

133 Kleine-Möller-Merl-Oelmaier, § 12 Rn. 327; Staudinger-Peters, § 633 Rn. 214
134 OLG Celle, BauR 94, 250; BGH, BauR 84, 406, 408.
135 BGH, NJW 90, 1475; NJW 88, 2728.
136 BGHZ 66, 138 = NJW 76, 956 = BauR 76, 205; OLG München, SFH Nr. 4 zu § 209 BGB; Werner-Pastor, Rn. 1599.
137 BGH, BauR 77, 271; BGH, NJW-RR 88, 1105 u. 2728; Kleine-Möller-Merl-Oelmaier, § 12 Rn. 333.
138 BGH, BauR 85, 569, 570; BGH, BauR 89, 201; OLG Köln, BauR 88, 483.
139 BGH, BauR 89, 201, 202.

697 Der **Rückforderungsanspruch** des Auftragnehmers entsteht mit Ablauf der für die Verwendung als angemessen anzusehenden Frist. Einer Kündigung oder Fristsetzung des Auftragnehmers bedarf es insoweit nicht.[140] Der Rückforderungsanspruch kann auch schon vorzeitig geltend gemacht werden, wenn der Auftraggeber

- gar nicht die Absicht hat, die Mängelbeseitigung überhaupt durchzuführen,[141]
- wenn er den erhaltenen Vorschuß zweckwidrig verwendet; [142]
- wenn er die Mängelbeseitigung durchgeführt hat und feststeht, daß die Kosten geringer ausgefallen sind als der erhaltene Vorschuß.

698 Im ersteren Fall – Fehlen der Verwendungsabsicht – kann der Auftragnehmer auch bereits die Zahlung des Vorschusses verweigern, wenn dieser Umstand aufgrund konkreter Anhaltspunkte beweisbar ist.[143]

699 Da der Vorschuß an die Stelle des Aufwendungsersatzanspruches gem. § 633 Abs. 3 BGB tritt, besteht genau wie bei diesem noch das Recht des Auftraggebers, auf andere Gewährleistungsrechte – bei Einhaltung der jeweiligen Voraussetzungen – zu wechseln. Der Auftraggeber ist daher mit der Geltendmachung und Erfüllung des Vorschußanspruches nicht endgültig gebunden und auf diesen beschränkt. Vor der Verwendung des Vorschusses kann der Auftraggeber daher zum Minderungs- oder Schadensersatzanspruch übergehen und diesen gegenüber dem Rückforderungsanspruch des Auftragnehmers aufrechnen.[144]

700 Die neben dem Vorschuß gem. §§ 288 Abs. 1, 291 BGB, 352 HGB gezahlten Prozeßzinsen verbleiben beim Auftraggeber; eine Verrechnung findet nicht statt. Lediglich die anteiligen Prozeßzinsen, die auf den Rückforderungsanspruch entfallen, weil der Vorschuß zu hoch war oder nicht verbraucht wurde, sind anteilig dem Auftragnehmer zurückzuerstatten.[145]

140 Siegburg Rn. 251; Werner-Pastor, Rn. 1607.

141 OLG Düsseldorf, BauR 88, 607.

142 Vygen, Rn. 548.

143 OLG Düsseldorf, BauR 88, 607; BGH, NJW 67, 1366; Kleine-Möller-Merl-Oelmaier, § 12 Rn. 326.

144 BGH, BauR 89, 201; Werner-Pastor, Rn. 1607; Siegburg, Gewährleistung Rn. 258.

145 BGH, BauR 85, 569; Werner-Pastor, Rn. 1609; Kleine-Möller-Merl-Oelmaier, § 12 Rn. 334.

c) *Wandlung und Minderung beim BGB-Vertrag*

Gem. § 634 BGB hat der Auftraggeber nach Eintritt bestimmter Voraussetzungen die Möglichkeit, statt der Nachbesserung bzw. der Ersatzvornahme die sog. sekundären Gewährleistungsrechte auf Wandlung oder Minderung, d.h. Herabsetzung der Vergütung, geltend zu machen. Beide Ansprüche setzen voraus, daß nicht nur ein Baumangel[146] vorhanden ist, sondern dem Auftragnehmer zunächst die Gelegenheit zur Nachbesserung gegeben wurde.[147] Denn zunächst gibt es nur den Anspruch auf Mängelbeseitigung. Erst wenn der Auftragnehmer die ihm gebotene Möglichkeit der Nachbesserung nicht wahrnimmt, stehen dem Auftraggeber die Rechte aus § 633 Abs. 3 BGB einerseits und aus § 634 BGB andererseits zu. Der Auftraggeber hat daher den Auftragnehmer zuerst unter **Fristsetzung** zur Mangelbeseitigung aufzufordern und dabei den Mangel nach seinem äußeren Erscheinungsbild oder den Mangelursachen – ggf. in laienhafter Umschreibung – hinreichend zu konkretisieren. Die §§ 633 Abs. 3, 634 BGB sind insoweit hinsichtlich der tatbestandlichen Voraussetzungen identisch. Das Recht auf Wandlung oder Minderung entsteht nur dann, wenn die Fristsetzung zur Mangelbeseitigung mit der **Ankündigung** verbunden ist, die Beseitigung des Mangels abzulehnen. **701**

Fristsetzung mit Ablehnungsandrohung

Tip

Der Auftraggeber hat an dieser Stelle bereits die Wahl, ob er anstelle der für die Ersatzvornahme erforderlichen Mahnung schon gleich eine Ablehnungsandrohung mit der Fristsetzung verbinden will, um so direkt nach Fristablauf zum Wandlungs- oder Minderungsanspruch übergehen zu können. Er kann aber auch zunächst die Mängelanzeige mit der Fristsetzung zur Beseitigung verbinden, hat dann noch die Wahlmöglichkeit zwischen der Klage auf Nachbesserung, auf Vorschuß zur Nachbesserung oder auf Erstattung der Kosten der Ersatzvornahme, um sich dann doch für die Rechte aus § 634 BGB zu entscheiden. Im letzteren Falle muß er, da die erste Fristsetzung nur mit einer Mahnung verbunden war, dann eine zweite Fristsetzung vornehmen und diese dann mit der Ablehnungsandrohung verbinden.

---

146 Zum Begriff vgl. oben Rz. 651 ff..

147 BGH, NJW 81, 1779; OLG Düsseldorf, BauR 82, 587; Kleine-Möller-Merl-Oelmaier, § 12 Rn. 381; Palandt-Sprau, § 634 Rn. 9; Staudinger-Peters, § 634 Rn. 3 ff.

702 Eine den Voraussetzungen des § 634 BGB genügende »Ablehnungsandrohung« liegt nur vor, wenn der Auftraggeber unmißverständlich zum Ausdruck bringt, daß er nach Fristablauf weder die Nachbesserung durch den Auftragnehmer dulden noch eine Ersatzvornahme durchführen sondern die Beseitigung des Mangels ablehnen wird.[148] Die Ankündigung des Auftraggebers, er werde nach Fristablauf die Mangelbeseitigung ablehnen und den Mangel zu Lasten des Auftragnehmers beseitigen lassen, ist dagegen als Ankündigung der Ersatzvornahme gem. § 633 Abs. 3 BGB und nicht als Ablehnungsandrohung gem. § 634 BGB zu werten.[149]

703 Die Fristsetzung mit Ablehnungsandrohung gem. § 634 BGB ist – ebenso wie die Fristsetzung mit Mahnung gem. § 633 Abs. 3 BGB nur unter bestimmten Voraussetzungen ausnahmsweise entbehrlich, nämlich wenn

✓

- die Beseitigung des Mangels unmöglich ist;
- die Mangelbeseitigung vom Auftragnehmer verweigert wird;
- die sofortige Geltendmachung des Wandlungs- bzw. Minderungsrechts durch ein besonderes Interesse des Auftraggebers gerechtfertigt wird. Insoweit gilt dasselbe wie für die Entbehrlichkeit der Fristsetzung bei § 633 Abs. 3 BGB oder auch § 4 Nr. 7 VOB/B.[150]

704 Die bestimmte und **endgültige Verweigerung** der Nachbesserung durch den Auftragnehmer, gleichgültig, ob berechtigt – wegen Unverhältnismäßigkeit – oder grundlos, ist als tatbestandliche Voraussetzung einigermaßen klar festzustellen. Auch die – nach objektiven Kriterien zu beurteilende – **Unmöglichkeit der Mangelbeseitigung** ist, notfalls durch Sachverständigengutachten, eindeutig zu definieren. Problematischer ist jedoch die Feststellung des **»besonderen Interesses«** des Auftraggebers am sofortigen Vollzug von Wandlung oder Minderung, zumal die Bestimmung restriktiv auszulegen und auf Ausnahmesituationen zu beschränken ist, um einen voreiligen Ausschluß des Nachbesserungsrechts des Auftragnehmers zu verhindern. § 634 Abs. 3 3. Alt. BGB dient auch nicht als Auffangtatbestand für diejenigen Fälle, in denen der Auftraggeber die Formen und Fristen der §§ 633 Abs. 3 , 634 Abs. 1 BGB nicht eingehalten hat.

705 Zu **bejahen** ist das »besondere Interesse« des Auftraggebers hiernach, wenn die Durchführung der Nachbesserung zu **unzumutbaren Folgeschäden** führt[151] wie erheblichen Mietausfällen, drohenden Vertragsstrafen bzw. Verzugsschäden, die den Auftraggeber als Hauptunternehmer treffen, Betriebsunterbrechung oder wenn zur Nachbesserung

Voraussetzungen

148 Kleine-Möller-Merl-Oelmaier, § 12 Rn. 385.
149 BGH, NJW 87, 889; OLG Hamm, NJW-RR 96, 272.
150 Vgl. oben Rz. 672 zu § 4 Nr. 7 VOB/B.
151 Kleine-Möller-Merl-Oelmaier, § 12 Rn. 392; Staudinger-Peters, § 634 Rn. 30.

eine Rückholung gefertigter Bauteile aus dem entfernteren Ausland notwendig würde.[152] Es ist weiter gegeben, wenn der Auftragnehmer die Vertrauensgrundlage zerstört hat und die weitere Zusammenarbeit unzumutbar ist, d.h. in Fällen, in denen auch ein Recht zur Kündigung aus wichtigem Grund gegeben wäre.[153] Auch begründete Zweifel am Erfolg der Nachbesserung können das »besondere Interesse« begründen, z.B. nach etlichen bereits fehlgeschlagenen Nachbesserungsversuchen oder offenkundiger Untauglichkeit der vom Auftragnehmer vorgeschlagenen Maßnahme.[154]

Wandlung und Minderung bedürfen zum Vollzug der **Zustimmung** des Auftragnehmers. Bei der **Wandlung** hat der Auftraggeber einen Anspruch auf Rückabwicklung des Werkvertrages, bei der Minderung auf Herabsetzung der Vergütung. Wandlung bzw. Minderung sind erst vollzogen, wenn sie vom Auftragnehmer anerkannt oder durch rechtskräftiges Urteil bestätigt werden (§§ 634 Abs. 4, 465 BGB). Im Streitfalle hat der Auftraggeber auf Vollzug – Klage auf Zustimmung, d.h. Abgabe einer Willenserklärung – zu klagen, wobei die Leistungsklage auf Zahlung des Minderungsbetrages oder Rückzahlung des Werklohns bzw. die Aufrechnung im Werklohnprozeß des Auftragnehmers inzident die Entscheidung über den Vollzug mit herbeiführt. **706**

Zustimmungserfordernis

aa) Die Wandlung

Die Wandlung ist gem. § 634 Abs. 3 BGB nur bei unerheblichen Mängeln unzulässig. Sie ist allerdings faktisch beim Bauvertrag generell ausgeschlossen, weil i.d.R. die Rückgewähr der erbrachten Bauleistung tatsächlich unmöglich ist. Gleichwohl hält die h.A.[155] die Wandlung beim BGB-Bauvertrag für **uneingeschränkt zulässig**. Die Unmöglichkeit des Rückaustauschs der wechselseitig erbrachten Leistungen führt dann aber zum Wertausgleich durch gegenseitige Verrechnung der Leistungen und entspricht damit wirtschaftlich dem Vollzug der Minderung.[156] **707**

152 OLG München, NJW-RR 92, 1523.
153 Staudinger-Peters, § 634 Rn. 32.
154 BGH, NJW 67, 388; OLG Düsseldorf, BauR 96, 260; OLG Nürnberg, NJW-RR 93, 1300.
155 Vgl. Staudinger-Peters, § 634 Rn. 35; Werner-Pastor, Rn. 1660.
156 Werner-Pastor, Rn. 1661; Locher, Rn. 44; Siegburg, Rn. 282.

bb) Die Minderung

708 Die Minderung wird vollzogen durch **Herabsetzung** des Werklohns entsprechend dem Verhältnis zwischen mangelfreier und mangelhafter Werkleistung. Hierbei gilt die Formel:[157]

$$\text{geminderte Vergütung} = \text{vereinbarte Vergütung} \times \frac{\text{Wert der mangelhaften Leistung}}{\text{Wert der mangelfreien Leistung}}$$

709 Die Höhe der Minderung bestimmt sich nach dem durch den Mangel verursachten Verlust an Wert oder Tauglichkeit, nämlich in Form des

- **technischen Minderwerts**[158] bei Verlust von Nutzungsmöglichkeiten, Lebensdauer oder erhöhten Instandhaltungskosten;
- **merkantilen Minderwerts**[159] bei reduzierter Verwertungsmöglichkeit, z.B. Minderung des Verkaufs- oder Beleihungswertes bei verbleibenden Risiken (Setzungen, Ausgasung von Schadstoffen) oder Mangelfolgen (optische Beeinträchtigung).

Berechnung der Höhe der Minderung

710 Der technische bzw. merkantile Minderwert ist allerdings nur einer der Berechnungsfaktoren. Denn die Höhe der Minderung ergibt sich nach h.A.[160] aus der Addition der Mängelbeseitigungskosten zzgl. des technischen oder merkantilen Minderwertbetrages. Die fiktiven Nachbesserungskosten bleiben nur ausnahmsweise bei der Berechnung der Minderung außer Betracht, dann nämlich, wenn der Auftragnehmer wegen Unverhältnismäßigkeit des Aufwandes die Mängelbeseitigung gem. § 633 Abs. 2 S. 3 BGB verweigern darf.[161] In diesem Falle ist der Minderwert entweder anhand einer Nutzwertanalyse[162] oder in anderer Weise, z.B. in Form eines Prozentsatzes der fiktiven Nachbesserungskosten

157 Vgl. Locher, Rn. 44; Kleine-Möller-Merl-Oelmaier, § 12 Rn. 398.

158 OLG Hamm, NJW-RR 89, 602 f.; OLG Düsseldorf, BauR 98, 126.

159 BGH, NJW 86, 428 ff.; BauR 79, 158; LG Nürnberg-Fürth, NJW-RR 89, 1106.

160 BGHZ 58, 181 ff. = NJW 72, 821 = BauR 72, 242; OLG Stuttgart, BauR 89, 611; OLG Karlsruhe, BauR 94, 378; Kamphausen, BauR 95, 343 ff.; Werner-Pastor, Rn. 1667; Siegburg, Gewährleistung Rn. 271; OLG Köln, BauR 88, 223.

161 OLG Düsseldorf, BauR 93, 733; OLG München, BauR 93, 124; Siegburg, Gewährleistung Rn. 271; Werner-Pastor, Rn. 1667.

162 OLG Celle, BauR 98, 401.

zzgl. technischer/merkantiler Minderwert, gem. § 287 ZPO zu schätzen. Ist die Bauleistung völlig unbrauchbar, mindert sich der Vergütungsanspruch auf Null. Bereits geleistete Abschlagszahlungen sind in diesem Falle vom Auftraggeber gem. § 812 BGB zu erstatten.[163] Im Falle der Mitverursachung durch den Auftraggeber oder seinen Erfüllungsgehilfen erfolgt eine Quotierung entsprechend dem Verursachungs- bzw. Verschuldensanteil.[164]

d) Schadensersatz gem. § 635 BGB und Ersatz von Mangelfolgeschäden

Der Schadensersatzanspruch, den der Auftraggeber gegenüber dem Auf- **711**
tragnehmer geltend machen kann, ist im Hinblick auf die jeweiligen Voraussetzungen sowie die Geltendmachung entweder neben oder statt dem Anspruch auf Nachbesserung bzw. Minderung vielschichtig. Allen Varianten ist gemeinsam, daß der Auftragnehmer die Entstehung des Mangels zu vertreten haben muß. Insoweit unterscheidet sich der Schadensersatzanspruch von den Ansprüchen aus §§ 633 Abs. 3, 634 BGB, bei denen die Haftung des Auftragnehmers immer verschuldensunabhängig ist.

aa) Die Voraussetzungen des § 635 BGB

§ 635 BGB setzt das Bestehen eines Baumangels voraus. Dieser Mangel **712**
muß vom Auftragnehmer zu vertreten sein. Tatbestandliche Voraussetzung ist ein pflichtwidriges Verhalten des Unternehmers. Die Pflichtwidrigkeit ist gegeben, wenn

pflichtwidrig

- die unmittelbare Herbeiführung des Mangels schon pflichtwidrig ist, z.B. Weglassung von Dehnungsfugen oder Randstreifen im Estrich (Schallbrücken), Verwendung ungeeigneter Materialien (einfache Gipskartonplatten anstelle von feuerhemmenden, nicht frostbeständige Fliesen im Außenbereich); **z.B.**
- der Mangel durch mangelhafte Vorleistungen (Planer/Vorunternehmer), auf denen die Leistung des Auftragnehmers aufbaut, herbeigeführt wird und der Auftragnehmer die ihm gem. § 4 Nr. 3 VOB/B obliegende Prüfungs-, Hinweis- und Aufklärungspflicht verletzt hat, die als vertragliche Hauptpflicht auch beim BGB-Vertrag gilt.[165]

163 Siegburg, Gewährleistung, Rn. 271; Staudinger-Peters, § 634 Rn. 55.
164 Werner-Pastor, Rn. 1673; Kleine-Möller-Merl-Oelmaier, § 12 Rn. 412.
165 H.A. vgl. Ingenstau-Korbion, B § 4 Nr. 3 Rn. 182 m.w.Nachw.

713 Voraussetzung ist weiter, daß der Auftragnehmer den Mangel zu **vertreten** hat. Dabei muß nicht nur die **Verursachung** durch den Auftragnehmer gegeben sein – wobei die Kausalität zwischen Pflichtwidrigkeit und Mangel i.d.R. indiziert wird[166] – sondern **Verschulden** im Sinne der §§ 276, 278, 279 BGB. Vorsatz ist gegeben bei gezielter Verwendung anderer, minderwertigerer Materialien bzw. Ausstattungsgegenstände als in der Leistungsbeschreibung vorgegeben. Fahrlässigkeit als regelmäßige Verschuldensform ist dann zu bejahen, wenn die anerkannten Regeln der Technik oder übliche Leistungsstandards nicht eingehalten wurden. Maßstab ist der Sorgfalts- und Kenntnisstand eines durchschnittlichen Fachunternehmers, sofern es sich beim Auftragnehmer nicht um einen Spezialunternehmer handelt, an dessen Kenntnisstand höhere Anforderungen zu stellen sind.[167]

Vertreten-müssen

714 Da der Schadensersatzanspruch gem. § 635 BGB »statt der Wandlung oder Minderung« besteht, müssen nach h.A.[168] sämtliche Voraussetzungen des § 634 BGB neben den vorgenannten weiteren Anspruchsvoraussetzungen des § 635 BGB vorliegen. Schadensersatz gem. § 635 BGB kann somit nur verlangt werden, wenn auch die nachfolgenden **Voraussetzungen** gegeben sind, nämlich

✓

- Fristsetzung mit Ablehnungsandrohung und
- Unzweideutigkeit der Ablehnungsandrohung oder
- Unmöglichkeit der Beseitigung,
- Verweigerung der Nachbesserung durch den Auftragnehmer,
- besonderes Interesse des Auftraggebers am Wegfall der Frist.

715 Ohne Fristsetzung mit Ablehnungsandrohung kann der Auftraggeber nur Ersatz derjenigen Schäden verlangen, die einer Nachbesserung nicht zugänglich sind und durch diese nicht ausgeglichen oder verhindert werden,[169] z.B. die unmittelbaren Folgeschäden wie entgangener Gewinn oder entgangene Miete bzw. Eigennutzung, Finanzierungskosten, Produktionsausfall oder auch Gutachterkosten. Auch Schäden an Fremdgewerken sind ohne Fristsetzung mit Ablehnungsandrohung erstattungsfähig, da es hier nicht um die Nachbesserung der eigenen Werkleistung des Auftragnehmers geht.

166 vgl. BGHZ 61, 118 = NJW 73, 1688; Staudinger-Peters, § 635 Rn. 7.
167 Staudinger-Peters, § 635 Rn. 9; Kleine-Möller-Merl-Oelmaier, § 12 Rn. 443.
168 BGH, BauR 88, 592; Siegburg, Rn. 287; Werner-Pastor, Rn. 1676; Palandt-Sprau, § 635 Rn. 2 – a.A. Staudinger-Peters, § 635 Rn. 21.
169 BGH, NJW 85, 381 = BauR 85, 83; 90, 466; 91, 212; OLG Düsseldorf, BauR 98, 126.

Der Schadensersatzanspruch ist grundsätzlich auf Entschädigung[170] in Geld statt auf Naturalrestitution (§ 249 S. 1 BGB) gerichtet, weil der Schadensausgleich in natura auf Erfüllung bzw. Nachbesserung hinauslaufen würde, die nach Fristablauf nun gerade ausgeschlossen ist.[171] Allerdings hat der Auftraggeber die Wahl zwischen dem »kleinen« und dem »großen« Schadensersatz. 716

Art und Umfang des SE-Anspruchs

bb) Der Umfang des Schadensersatzes

Beim sogenannten **kleinen Schadensersatz** behält der Auftraggeber die Werkleistung und verlangt als Schaden den aus der mangelhaften Erfüllung des Vertrages entstandenen Schaden. Da der Auftraggeber so zu stellen ist, wie er bei mangelfreier Ausführung gestanden hätte, kann er grundsätzlich die zur Mangelbeseitigung erforderlichen Kosten und den nach Nachbesserung noch verbleibenden, mangelbedingten technischen oder merkantilen Minderwert verlangen.[172] Er kann aber auch stattdessen den mangelbedingten Minderwert des Bauwerks bzw. der Bauleistung geltend machen, der ggf. durch Sachverständigen festzustellen ist.[173] Wählt der Auftraggeber den sogenannten **großen Schadensersatz**, ist er so zu stellen, als sei der Vertrag nicht geschlossen worden. Er kann in diesem Falle die Zahlung der Vergütung insgesamt verweigern und bereits geleistete Abschlagszahlungen zurückfordern.[174] 717

Der Schadensersatzanspruch gem. § 635 BGB umfaßt vom Gegenstand bzw. Umfang her nur diejenigen **Schäden, die der Werkleistung unmittelbar anhaften**, weil sie »infolge des Mangels unbrauchbar, wertlos oder minderwertig ist.«[175] Auch diejenigen Mangelfolgeschäden, die mit dem Werkmangel eng zusammenhängen – **enge Mangelfolgeschäden** – sind dogmatisch dem § 635 BGB zuzuordnen.[176] Dagegen unterfallen die sogenannten **entfernteren Mangelfolgeschäden**, die zwar ihre Ursache ebenfalls in dem Mangel haben, mit diesem aber nicht mehr in engem und unmittelbaren Zusammenhang stehen, nicht dem § 635 BGB, sondern der Haftung aus **p.V.V.**[177] 718

170 BGH, BauR 86, 211 = NJW 86, 922.
171 H.A.: BGH, NJW-RR 89, 86; BauR 87, 89; Palandt-Sprau, § 635 Rn. 7.
172 BGH, BauR 91, 744; OLG Düsseldorf, BauR 98, 126 f.; OLG Celle, NJW-RR 91, 1175; Werner-Pastor, Rn. 1681; Siegburg, Rn. 297, 300.
173 Werner-Pastor, Rn. 1681.
174 Werner-Pastor, Rn. 1680; Kleine-Möller-Merl-Oelmaier, § 12 Rn. 456.
175 BGH, NJW 69, 1710.
176 Siegburg, Rn. 306; BGH, ZIP 93, 598 f.
177 Vygen, Rn. 576; BGH, BauR 71, 51 BauR 76, 354; Locher, Rn. 45.

cc) Die Abgrenzung von engen zu entfernteren Mangelfolgeschäden

719 Die unterschiedliche Zuordnung als »enger« oder »entfernterer« Mangelfolgeschaden ist nicht nur von rechtstheoretischem, sondern von handfestem praktischen Interesse. Denn die Ansprüche aus § 635 BGB verjähren gem. § 638 BGB in 5 Jahren ab Abnahme, während für die Ansprüche aus p.V.V. § 195 BGB gilt mit der Folge, daß die Verjährungsfrist 30 Jahre beträgt.[178] Darüber hinaus bedarf der Anspruch aus p.V.V. – anders als § 635 BGB – nicht der vorherigen Fristsetzung mit Ablehnungsandrohung, sondern kann ohne Einhaltung entsprechender Formalien jederzeit geltend gemacht werden.[179] Darüber hinaus können als entferntere Mangelfolgeschäden auch diejenigen Schäden geltend gemacht werden, die ihre Grundlagen in Mängeln haben, welche dem Auftraggeber vor Abnahme bekannt waren, bei dieser aber – versehentlich oder aus Rechtsunkenntnis – nicht vorbehalten wurden.

Auswirkung auf Verjährung

720 Letzteres gilt allerdings auch für Schadensersatzansprüche aus § 635 BGB. Denn der unterlassene Vorbehalt führt gem. der ausdrücklichen Bestimmung des § 640 Abs. 2 BGB nur zum Ausschluß des Nachbesserungs- und Minderungsrechts, nicht auch des Schadensersatzanspruches gem. § 635 BGB. Hierbei ist allerdings zu beachten, daß § 635 BGB »statt« der Wandlung oder Minderung geltend gemacht wird, so daß auch hier **Anspruchsvoraussetzung** die vorherige **Fristsetzung mit Ablehnungsandrohung** ist. Hat sich der Auftraggeber die Rechte wegen bekannter Mängel bei der Abnahme nicht vorbehalten, so muß er, um die Formalien der §§ 635, 634 BGB einzuhalten, den Auftragnehmer gleichwohl unter Fristsetzung mit Ablehnungsandohung zur Nachbesserung auffordern, um sich die Rechte aus § 635 BGB zu sichern. Der Auftraggeber hat in diesem Fall wegen § 640 Abs. 2 BGB zwar keinen Rechtsanspruch auf Nachbesserung mehr. Da der unterlassene Vorbehalt gem. § 640 Abs. 2 BGB nur zu einem Rechtsverlust des Auftraggebers führt, für den Auftragnehmer dagegen weder einen Nachteil noch einen Verlust des Nachbesserungsrechts bewirken soll,[180] **darf** der Auftragnehmer innerhalb der ihm gesetzten Frist noch nachbessern. Anspruch auf Schadensersatz hat der Auftraggeber erst nach fruchtlosem Fristablauf.

721 Die Abgrenzung zwischen den engeren (§ 635 BGB) und den entfernteren (p.V.V.) Mangelfolgeschäden bereitet dogmatisch erhebliche Schwierigkeiten. In der Rspr.[181] erfolgt die Abgrenzung je nach Art des

178 BGH, ZIP 93, 598 f.; Siegburg, Rn. 306.
179 BGH, BauR 90, 466; vgl. Vygen, Rn. 568.
180 Vgl. Vygen, Rn. 568.
181 BGH, NJW 61, 1256; 79, 1651 = BauR 79, 321; NJW 81, 2182 = BauR 81, 482; NJW 83, 2078; 86, 2307; 91, 2418; 93, 923.

Schadens in kasuistischer, jeweils ergebnisorientierter **Einzelfalllösung**, die dem Rechtssuchenden bzw. seinem Berater die Wahl der »richtigen« Anspruchsgrundlage erschwert.

Dem Bereich des **»engen« Mangelfolgeschadens** und damit der Anspruchsgrundlage § 635 BGB sind z.B. zuzuordnen: **722**

z.B.

- Privatgutachterkosten zur Feststellung der Baumängel;[182]
- Regiekosten (Architekt/Ingenieur) zur Überwachung der Nachbesserung;[183]
- Kosten für zusammenhängende Nachbesserungsarbeiten in Fremdgewerken;[184]
- technischer[185] bzw. merkantiler[186] Minderwert des Gebäudes;
- Ausfälle an Miete,[187] an betrieblichen Gewinnen, Nutzungsausfall, Zinsverluste.[188]

Dagegen gehören zum Bereich der **entfernteren Mangelfolgeschäden** z.B. **723**

z.B.

- der Einbruchsschaden als Spätfolge einer mangelhaften Alarmanlage;[189]
- ein Brandschaden[190] oder Wasserschaden[191] als Folge eines mangelhaft eingebauten Bauteils;
- verseuchtes Erdreich nach auslaufendem Öl als Folge mangelhafter Installationsarbeiten;[192]
- Schäden am Nachbargrundstück;[193]
- Schäden an der Einrichtung des Hauses;[194]
- Körper- und Gesundheitsschäden bei Unfall infolge mangelhafter Bauleistung (Treppenanlage).[195]

182 BGH, NJW-RR 98, 1027; NJW 85, 381; OLG Hamm, NJW-RR 92, 1049.
183 OLG Düsseldorf, BauR 72, 117.
184 BGH, NJW 70, 421.
185 OLG Düsseldorf, BauR 98, 126 f.
186 OLG Stuttgart, BauR 89, 611.
187 BGH, BauR 95, 692.
188 BGH, NJW 67, 340.
189 BGHZ 115, 32 = NJW 91, 2418.
190 BGHZ 58, 305 = NJW 72, 1195.
191 BGH, VersR 62, 480.
192 BGH, BauR 72, 127; OLG Köln, OlG R 97, 61; a.A. OLG München, BauR 90, 736.
193 BGH, NJW 89, 1922.
194 Kleine-Möller-Merl-Oelmaier, § 12 Rn. 463.
195 BGH, NJW 72, 625; NJW 79, 1651.

724 Wie bei jedem Schadensersatzanspruch ist gem. § 254 BGB der Einwand **mitwirkenden Verschuldens** zu **berücksichtigen**. Trägt der Auftraggeber selbst oder sein Architekt bzw. Ingenieur (Sonderfachmann) aufgrund fehlerhafter Planung, fehlerhafter technischer Berechnung oder in sonstiger Weise zur Entstehung des Schadens ursächlich bei, so hat der Auftraggeber sich eine entsprechende Quote, die dem quotalen Verursachungs- bzw. Verschuldensanteil entspricht, bei der Bemessung des vom Auftragnehmer auszugleichenden Schadens anrechnen zu lassen.[196] Beim mangelbedingten Miet- oder Nutzungsausfall darf der Auftraggeber nicht untätig abwarten, sondern hat sich um baldmögliche Behebung des Mangels zu bemühen.[197]

Mitverschulden

Schadensminderungspflicht

725 Im Rahmen einer **Vorteilsausgleichung** sind auch die sogenannten **Sowieso-Kosten** vom Schadensbetrag in Abzug zu bringen.[198] Da der Geschädigte durch den Schadensfall nicht besser gestellt werden darf als ohne das schädigende Ereignis, muß der Auftraggeber sich diejenigen Kosten abziehen lassen, die er für eine mangelfreie Bauausführung – damit Vermeidung des Schadensfalles – ohnehin an Mehr hätte aufwenden müssen.[199] Bei der Vorteilsausgleichung handelt es sich nicht etwa um einen Gegenanspruch des Auftragnehmers, der zu seiner Anerkennung der Geltendmachung – z.B. im Wege der Aufrechnung – durch den Auftragnehmer bedarf. Der Schadensersatzanspruch des Auftraggebers ist vielmehr von vornherein beschränkt um den zur Vorteilsausgleichung anzusetzenden Betrag,[200] so daß **automatisch** eine Reduzierung bzw. **»Verrechnung«** stattzufinden hat, die im Prozeß von Amts wegen zu berücksichtigen ist.

Anrechnung der Sowieso-Kosten

automatische Verrechnung

726 Anders als beim Vorschuß zur Mängelbeseitigung ist der Auftraggeber nicht verpflichtet, die Schadensersatzleistung tatsächlich zur Nachbesserung zu verwenden.[201] Denn der Schaden besteht – abstrakt – in der Wertdifferenz zwischen der vertragsgemäßen bzw. mangelfreien Leistung und der mängelbehafteten Werkleistung. Der Schadensersatzanspruch des Auftraggebers erlischt daher auch nicht bei Veräußerung[202] oder Zwangsversteigerung[203] des Bauobjekts vor Erhalt der Schadenssumme. Anders als bei der Wandlung ist beim Schadensersatz die Erheb-

196 H.A. vgl. Kleine-Möller-Merl-Oelmaier m.w.Nachw. BGH, NJW 84, 1676; 81, 1448.
197 BGH, BauR 95, 692.
198 BGH, BauR 90, 84; 93, 722; OLG Celle, BauR 88, 613; Siegburg, Rn. 317.
199 BGH, BauR 84, 510 = BGHZ 91, 206 ff.
200 OLG Hamm, NJW-RR 93, 1236 f.; OLG Köln, BauR 91, 468; Siegburg, Rn. 326; Vygen, Rn. 574
201 BGH, BauR 96, 735; Vygen, Rn. 562
202 BGH, BauR 96, 735; 87, 89; OLG Hamm, BauR 96, 298; Werner-Pastor, Rn. 1679
203 OLG Bremen, NJW-RR 90, 218

lichkeit des Mangels nicht Anspruchsvoraussetzung.[204] Die Geringfügigkeit des Mangels schlägt sich in diesem Falle in der Bemessung des Schadensbetrages nieder, führt jedoch nicht zum Ausschluß des Anspruchs.

3. Die Rechte des Auftraggebers nach der Abnahme beim VOB-Vertrag

Die Regelung der Gewährleistung in § 13 VOB/B deckt sich in den Einzelregelungen teilweise mit den Bestimmungen des BGB, teilweise enthält die VOB/B erhebliche Abweichungen. Da die VOB eine abschließende Regelung der Rechte – aber auch der Pflichten – des Auftraggebers für den Gewährleistungsfall enthält, ist ein **punktuelles Ausweichen** in die BGB-Gewährleistung beim VOB-Vertrag **nicht zulässig**. Anstelle der einzelnen Gewährleistungsbestimmungen des BGB gelten vielmehr: 727

beim Anspruch auf Nachbesserung → 728
§ 13 Nr. 5 Abs. 1 Satz 1 VOB/B – statt § 633 Abs. 2 Satz 1 BGB;

beim Anspruch auf Ersatzvornahme →
§ 13 Nr. 5 Abs. 2 VOB/B – statt § 633 Abs. 3 Satz 2 BGB;

bei der Wahl zwischen Erstattung von Drittunternehmerkosten oder Vorschuß zur Mängelbeseitigung →
§ 13 Nr. 5 Abs. 2 VOB/B – statt § 633 Abs. 3 Satz 2 BGB;

bei der Minderung →
§ 13 Nr. 6 VOB/B – statt § 634 BGB;

bei der Wandlung →
Ausschluß des Wandlungsrechts – statt § 634 Abs. 3 , 4 BGB;

beim Schadensersatz →
§ 13 Nr. 7 VOB/B – statt § 635 BGB.

Die Systematik der Gewährleistungsrechte ist gleichermaßen kompliziert wie im BGB, für den rechtsunkundigen Auftraggeber jedoch **gefährlicher**, weil – anders als beim BGB – keine freie Wahl zwischen den einzelnen Gewährleistungsrechten möglich, sondern die in § 13 729

204 Werner-Pastor, Rn. 1678.

VOB/B **bestimmte Reihenfolge** einzuhalten ist.[205] Dabei ist Voraussetzung eines jeden Gewährleistungsanspruchs gem. § 13 VOB/B, daß ein Baumangel im Sinne der obigen[206] Definition vorliegt bzw. der Auftragnehmer seine Verpflichtung zur vertragsgemäßen Leistung gem. § 13 Nr. 1 VOB/B nicht erfüllt hat.

730 Soweit die Gewährleistungsregelungen des § 13 VOB/B sich mit den jeweiligen BGB-Bestimmungen decken, wird im einzelnen nachstehend auf die jeweiligen Ausführungen zum BGB verwiesen. Die nachfolgenden Erläuterungen dienen vorrangig der Darstellung der abweichenden VOB-Regelung.

a) Der Nachbesserungsanspruch gem. § 13 Nr. 5 VOB/B

731 Das Ziel der VOB/B ist, stärker noch als bei der BGB-Gewährleistung, die Mängelfreiheit der Werkleistung mittels Nachbesserung herbeizuführen. Deshalb besteht gem. § 13 VOB/B nicht nur eine Nachbesserungspflicht des Auftragnehmers, sondern insbesondere auch die Verpflichtung des Auftraggebers – im Sinne einer vertraglichen Mitwirkungspflicht – diese entgegenzunehmen.[207] Nach fruchtlosem Ablauf der vom Auftraggeber gesetzten Frist zur Nachbesserung hat der Auftraggeber – anders als beim BGB – nicht die Wahl zwischen Ersatzvornahme und Minderung bzw. Schadensersatz. Denn die Ansprüche auf Minderung bzw. Schadensersatz sind nur unter den dort genannten zusätzlichen Voraussetzungen gegeben. Fehlen diese, so hat der Auftraggeber gem. § 13 Nr. 5 Abs. 2 VOB/B nur den Anspruch auf Durchführung der Ersatzvornahme. Befindet sich der Auftragnehmer mit der Mängelbeseitigung in Verzug, hat der Auftraggeber in gleicher Weise wie gem. § 633 Abs. 3 BGB den Anspruch entweder auf Erstattung der Ersatzvornahmekosten oder Vorschuß zur Nachbesserung. Der Umfang und die Abwicklung der Ansprüche decken sich mit der BGB-Regelung.[208]

732 Gem. § 13 Nr. 5 Abs. 1 S. 1 VOB/B bedarf die Mängelbeseitigungsaufforderung der **Schriftform**. Anders als bei der Kündigung gem. § 8 Nr. 5 VOB/B ist die Einhaltung der Schriftform jedoch nicht Wirksamkeitserfordernis für das Nachbesserungsverlangen und die nach Fristablauf entstehenden weiteren Gewährleistungsrechte.[209] Die Schriftform

205 Vgl. Werner-Pastor, Rn. 1703 ff.
206 Vgl. o. Rz. 651 ff.
207 Vygen, Rn. 514; Ingenstau-Korbion, B § 13 Rn. 464 ff.
208 Vgl. o. Rz. 687 ff.
209 BGH, BauR 72, 311 = NJW 72, 1280; Heiermann-Riedl-Rusam, B § 13.5 Rn. 126; Beck'scher VOB-Kom. § 13 Nr. 5 Rn. 24.

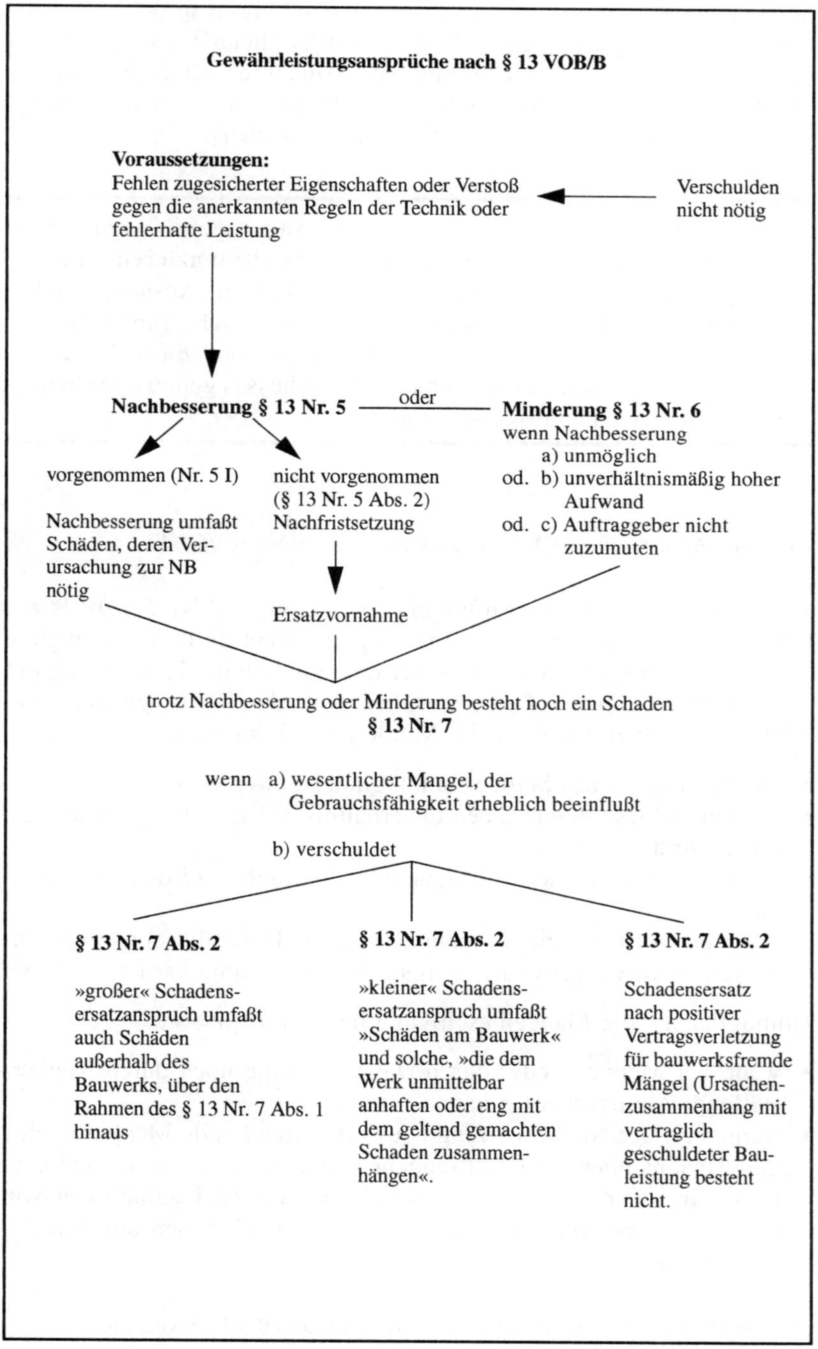
Gewährleistungsansprüche nach § 13 VOB/B
Voraussetzungen:
Fehlen zugesicherter Eigenschaften oder Verstoß gegen die anerkannten Regeln der Technik oder fehlerhafte Leistung
Verschulden nicht nötig
Nachbesserung § 13 Nr. 5
oder
Minderung § 13 Nr. 6
wenn Nachbesserung
a) unmöglich
od. b) unverhältnismäßig hoher Aufwand
od. c) Auftraggeber nicht zuzumuten
vorgenommen (Nr. 5 I)
Nachbesserung umfaßt Schäden, deren Verursachung zur NB nötig
nicht vorgenommen (§ 13 Nr. 5 Abs. 2)
Nachfristsetzung
Ersatzvornahme
trotz Nachbesserung oder Minderung besteht noch ein Schaden
§ 13 Nr. 7
wenn a) wesentlicher Mangel, der Gebrauchsfähigkeit erheblich beeinflußt
b) verschuldet
§ 13 Nr. 7 Abs. 2
»großer« Schadensersatzanspruch umfaßt auch Schäden außerhalb des Bauwerks, über den Rahmen des § 13 Nr. 7 Abs. 1 hinaus
§ 13 Nr. 7 Abs. 2
»kleiner« Schadensersatzanspruch umfaßt »Schäden am Bauwerk« und solche, »die dem Werk unmittelbar anhaften oder eng mit dem geltend gemachten Schaden zusammenhängen«.
§ 13 Nr. 7 Abs. 2
Schadensersatz nach positiver Vertragsverletzung für bauwerksfremde Mängel (Ursachenzusammenhang mit vertraglich geschuldeter Bauleistung besteht nicht.

dient lediglich der Erhaltung des Nachbesserungsanspruchs über die Regel-Verjährungsfrist des § 13 Nr. 4 VOB/B hinaus.[210] Von ihr hängt die Unterbrechung der Verjährungsfrist ab, nicht jedoch die Nachbesserungsverpflichtung des Auftragnehmers oder der Anspruch des Auftraggebers auf Selbsthilfe gem. § 13 Nr. 5 Abs. 2 VOB/B.

---

733 Tip

Ebenso wie beim BGB-Vertrag ist der Auftraggeber nicht verpflichtet, die Kosten der Ersatzvornahme **vorzufinanzieren**. Er hat im gleichen Umfange wie beim BGB-Vertrag Anspruch auf **Kostenvorschuß** zur Mängelbeseitigung. Anspruchsgrundlage ist hier § 13 Nr. 5 Abs. 2 VOB/B i.V.m. §§ 242, 669 BGB. Für die Durchsetzung sowie Abrechnung des Vorschusses gelten dieselben Grundsätze wie beim BGB-Vertrag.[211]

---

b) Der Anspruch auf Minderung gem. § 13 Nr. 6 VOB/B

734 Das Minderungsrecht des Auftraggebers ist gem. § 13 Nr. 6 VOB/B von engeren Voraussetzungen abhängig als gem. § 634 BGB. Vorbedingung für die Minderung ist beim BGB-Vertrag lediglich die Fristsetzung mit Ablehnungsandrohung. Demgegenüber steht dem Auftraggeber gem. § 13 Nr. 6 VOB/B das Recht zur Minderung nur zu, wenn

- die Beseitigung des Mangels unmöglich ist **oder**
- die Mängelbeseitigung einen unverhältnismäßig hohen Aufwand erfordert **und**
- aus diesem Grunde der Auftragnehmer die Nachbesserung verweigert **oder**
- wenn der Auftraggeber ausnahmsweise die Durchführung der Nachbesserung verweigern darf, weil sie für ihn unzumutbar ist.

735 Unmöglichkeit der Mangelbeseitigung liegt nur dann vor,

- wenn der Mangel weder durch Nachbesserung noch durch Neuherstellung beseitigt werden kann,
- wenn statt der Neuherstellung bauwerksverändernde Mängelbeseitigungsmaßnahmen dem Auftraggeber ohne weiteres zuzumuten sind (z.B. Einziehen von Unterzügen bei zu geringer Tragfähigkeit von Decken, Kaschieren von Putz- oder Mauerwerksrissen durch Holzverkleidung)

210 BGH, BauR 74, 280 ff.; Heiermann-Riedl-Rusam, B § 13.5 Rn. 126.
211 Vgl. o. Rz. 691 ff.

- wenn die Mangelbeseitigung aus Rechtsgründen unmöglich ist (z.B. eine nicht genehmigungsfähige Umplanung erforderlich wäre, um zu geringe Wohnflächen oder Deckenhöhen zu vermeiden).[212]

Beim BGB-Vertrag gelten hinsichtlich der »Unmöglichkeit« dieselben Grundsätze.

Weigerungsrecht des Auftragnehmers

Auch das **Leistungsverweigerungsrecht** des **Auftragnehmers** wegen Unverhältnismäßigkeit des Nachbesserungsaufwandes entspricht nach Voraussetzungen und Umfang denselben Kriterien wie das auf Grundlage von Treu und Glauben beim BGB-Vertrag anerkannte Verweigerungsrecht des Auftragnehmers.[213] Während beim BGB-Vertrag der Auftraggeber in diesem Fall dann aber die Wahl zwischen Minderung, Wandlung und Schadensersatz hat, ist beim VOB-Vertrag die Konsequenz des Leistungsverweigerungsrechts ausschließlich der Minderungsanspruch des Auftraggebers.[214] Die **Wandlung** ist stattdessen **ausgeschlossen**; der Schadensersatzanspruch nur in demjenigen Umfange gegeben, in dem der Schaden nicht durch Nachbesserung oder Minderung abgedeckt ist.

Eingeschränkte Wahlmöglichkeit des Auftraggebers

Die dritte Alternative der Minderung gem. § 13 Nr. 6 VOB/B entspricht dem in § 634 Abs. 2 Alt. 3 BGB geregelten Fall, daß die sofortige Minderung – ohne vorherige Fristsetzung mit Ablehnungsandrohung – durch ein **»besonderes Interesse«** des Auftraggebers gerechtfertigt wird. Um zu vermeiden, daß das Nachbesserungsrecht des Auftragnehmers unterlaufen wird, sind auch hier strenge objektive Maßstäbe an den Begriff der Unzumutbarkeit zu legen.[215] Berechnung und Vollzug der Minderung sind aufgrund der Verweisung auf die §§ 634 Abs. 4, 472 BGB in § 13 Nr. 6 VOB/B auf der Grundlage der kauf- und werkvertraglichen Bestimmungen des BGB vorzunehmen. Die VOB/B enthält hierfür keine eigene Regelung. Allerdings ist, da § 13 Nr. 6 VOB/B diese Voraussetzung nicht enthält, Fristsetzung mit Ablehnungsandrohung als Voraussetzung der Minderung nicht erforderlich. 736

Besonderes Interesse des Auftraggebers

c) Die Wandlung beim VOB-Vertrag

Nach h.A.[216] ist das Wandlungsrecht des Auftraggebers beim VOB-Vertrag ausgeschlossen. Dies folgt zum einen aus der abschließenden Rege- 737

212 Kleine-Möller-Merl-Oelmaier, § 12 Rn. 672 ff.
213 Vgl. o. Rz. 682 ff.
214 BGH S F Z.2.414 Bl. 127; Werner-Pastor, Rn. 1704 f.
215 Vgl. Siegburg, Rn. 277; Ingenstau-Korbion, B § 13 Nr. 6 Rn. 632 f.
216 Vgl. Korbion-Hochstein, Rn. 457; Heiermann-Riedl-Rusam, B § 13.6 Rn. 169, Siegburg, Rn. 282.

lung der Gewährleistung in § 13 VOB/B, der keinerlei Regelung zur Wandlung enthält. Zum anderen ergibt sich der Ausschluß der Wandlung aus der beim Bauvertrag i.d.R. gegebenen technischen Unmöglichkeit der Rückgabe der bereits erbrachten Bauleistung, die – je nach Gewerk – eine Zerstörung entweder des Bauwerks oder aber der streitgegenständlichen Bauleistung zur Folge haben würde. Da die Regelung des Schadensersatzes in § 13 Nr. 7 VOB/B für den Fall der völligen Unbrauchbarkeit der erbrachten Bauleistung einen vollständigen **Wegfall der Vergütungspflicht** des Auftraggebers vorsieht, besteht für die Wandlung auch kein praktisches Bedürfnis, da der Schadensersatz in diesem Falle faktisch auf eine Wandlung hinausläuft.

d) Der Schadensersatzanspruch gem. § 13 Nr. 7 VOB/B

738 § 13 Nr. 7 VOB/B enthält 2 Schadensersatzansprüche, nämlich den sogenannten »**kleinen**« Schadensersatzanspruch gem. § 13 Nr. 7 Abs. 1 VOB/B, der sich in Voraussetzungen und Folgen mit § 635 BGB deckt,[217] und den sogenannten »**großen**« Schadensersatzanspruch gem. § 13 Nr. 7 Abs. 2 VOB/B. Beide Ansprüche aus § 13 Nr. 7 haben gemeinsam, daß der Auftraggeber den Schadensersatz nicht **anstelle** der Nachbesserung oder Minderung fordern kann, sondern **nur daneben** – nämlich in demjenigen Umfange, in dem nach durchgeführter Nachbesserung oder Minderung noch ein darüber hinausgehender Schaden verbleibt.[218] Der kleine Schadensersatzanspruch beschränkt sich auf den auch nach erfolgter Nachbesserung oder Minderung noch verbleibenden Schaden an der baulichen Leistung selbst. Der große Schadensersatz ist dagegen auf Erstattung der darüber hinausgehenden Schäden gerichtet, die durch die mangelhafte Werkleistung verursacht sind, nämlich die Mangelfolgeschäden und entferntere Mangelfolgeschäden.[219] Insoweit tritt § 13 Nr. 7 VOB/B an die Stelle des Anspruchs aus p.V.V.[220]

739 Gemeinsame **Voraussetzung** sowohl des kleinen wie auch des großen **Schadensersatzanspruches** ist das Bestehen eines Leistungsmangels. Anders als bei § 635 BGB, der Ersatzansprüche bei jedem Baumangel begründet, können Ansprüche aus § 13 Nr. 7 VOB/B nur geltend gemacht werden, wenn der Schaden durch

- einen wesentlichen Mangel verursacht wurde;
- der die Gebrauchsfähigkeit der Bauleistung erheblich beeinträchtigt.

217 BGHZ 96, 124 = BauR 86, 105; BGHZ 99, 81 = BauR 87, 89; Siegburg, Rn. 320.
218 Heiermann-Riedl-Rusam, B § 13.7 Rn. 171 a.
219 Vygen, Rn. 563.
220 Werner-Pastor, Rn. 1722.

Ein wesentlicher Mangel liegt nur dann vor, wenn er nach der allgemeinen Verkehrsauffassung im Hinblick auf das vertragliche Leistungsziel als so beachtlich anzusehen ist (objektive Voraussetzung), daß ein Ausgleich in Geld gerechtfertigt erscheint.[221] Das vertragliche Leistungsziel muß dem Auftragnehmer bei der Ausführung der Werkleistung bekannt gewesen sein oder hätte bekannt sein müssen (subjektive Voraussetzung).[222] Eine erhebliche Beeinträchtigung der Gebrauchsfähigkeit ist immer dann zu bejahen, wenn der Wert oder die Tauglichkeit zum vertraglich vorausgesetzten Zweck vollständig weggefallen ist. Ist sie lediglich eingeschränkt, so liegt ein schwerwiegender Mangel nur dann vor, wenn nach den Umständen des Einzelfalls die Beeinträchtigung – im Sinne eines technischen oder merkantilen Minderwerts – so schwerwiegend ist, daß die Nachbesserung oder Minderung noch keinen gerechten Ausgleich darstellt. [223] **740**

Wesentlicher Mangel

Voraussetzung beider Schadensersatzansprüche aus § 13 Nr. 7 VOB/B ist weiter das Verschulden des Auftragnehmers. Leichte Fahrlässigkeit reicht für den kleinen Schadensersatz aus, § 276 BGB.[224] Verursacht der Auftragnehmer den Mangel vorsätzlich oder grob fahrlässig, so erhöht sich der Umfang der Haftung gem. § 13 Nr. 7 Abs. 2 a VOB/B. Im übrigen ist bei leichter Fahrlässigkeit der »große« Schadensersatzanspruch des § 13 Nr. 7 Abs. 2 gegeben, wenn eine der anderen 3 Alternativen (b bis d) hinzutritt. **741**

Maßgeblich für die Beurteilung des Verschuldens ist der **Sorgfaltsmaßstab** innerhalb der Berufsgruppe des Auftragnehmers.[225] Dieser kann sich nicht mit dem Hinweis auf fehlende Spezialkenntnis oder Erfahrung exculpieren, da diese beim Fachunternehmer gerade vorausgesetzt werden. **742**

Der **kleine Schadensersatzanspruch** gem. § 13 Nr. 7 Abs. 1 VOB/B ist seinem Umfang nach begrenzt auf den Schaden an der baulichen Anlage selbst, zu deren Herstellung, Instandhaltung oder Änderung die Werkleistung diente. Zwischen mittelbaren und unmittelbaren Schäden wird dabei allerdings nicht unterschieden. Ersatzfähig sind auch die **Fol-** **743**

221 BGH, NJW 62, 1569; Heiermann-Riedl-Rusam, B § 13.7 Rn. 187; Siegburg, Rn. 332; Vygen, Rn. 564
222 OLG Stuttgart BauR 79, 432; Vygen, Rn. 564.
223 BGH, BauR 86, 103; Heiermann-Riedl-Rusam, B § 13.7 Rn. 188; Ingenstau-Korbion, B § 13 Nr. 7 Rn. 691; Siegburg, Rn. 691, 232.
224 Ingenstau-Korbion, B § 13 Nr. 7 Rn. 695.
225 BGH, NJW 71, 374; Heiermann-Riedl-Rusam, B § 13.7 Rn. 189.

geschäden, sofern sie **eng und unmittelbar** mit dem **Werkmangel zusammenhängen**,[226] z.B.[227]:

z.B.
- Setzrisse als Folge mangelhafter Fundamente,
- Durchfeuchtungen in den Zimmern als Folge mangelnden Gefälles auf dem Balkon.

744 Der **große Schadensersatzanspruch** gem. § 13 Nr. 7 Abs. 2 VOB/B erfordert weitergehende Voraussetzungen, die in Abs. 2 a bis d im einzelnen aufgezählt sind. Der Anspruch des Auftraggebers ist hiernach begründet, wenn

- der Mangel auf Vorsatz oder grober Fahrlässigkeit beruht;
- der Mangel auf einem Verstoß gegen die anerkannten Regeln der Technik beruht;
- der Mangel in dem Fehlen einer vertraglich zugesicherten Eigenschaft besteht;
- es sich um einen versicherten oder versicherbaren Schaden handelt.

745 **Vorsatz** liegt vor, wenn der Mangel **absichtlich oder wissentlich herbeigeführt** oder **billigend in Kauf genommen** wurde – direkter oder bedingter Vorsatz – wie z.B. beim Rohbauer, der zwecks Kosteneinsparung beim Betonieren zu wenig Stahl verwendet. **Fahrlässigkeit** liegt vor, wenn der Auftragnehmer mit dem möglichen Schadenseintritt gerechnet, jedoch darauf vertraut hat, er werde nicht eintreten (bewußte Fahrlässigkeit), oder wenn er den möglichen Schaden nicht erkannt hat, bei sorgfältigem Handeln jedoch hätte erkennen und vermeiden können (unbewußte Fahrlässigkeit)

746 **Verstoß gegen** die **anerkannten Regeln der Technik** ist jeder objektive Regelverstoß.

747 Das **Fehlen zugesicherter Eigenschaften** ergibt sich aus einem Soll-Ist-Vergleich zwischen vertraglichem Leistungsinhalt, definiert z.B. in der Leistungsbeschreibung oder dem Raumbuch, und der tatsächlichen Bauausführung.

748 Versicherte Schäden sind solche, für die beim Auftragnehmer Versicherungsschutz besteht; versicherbare diejenigen, die zu tarifmäßigen Prämien über einen Haftpflichtversicherer hätten abgedeckt werden können. Die Versicherbarkeit ergibt sich aus dem VVG i.V.m. den Allgemeinen Versicherungsbedingungen für Haftpflichtversicherer (AHB).

226 BGH, NJW 70, 421 ff.; 82, 2244 f.; BauR 72, 311; 87, 89; Heiermann-Riedl-Rusam, B § 13.7 Rn. 190.

227 Palandt-Heinrichs, § 276 Rn. 12 ff.

Gegenstand des »großen« Schadensersatzanspruchs sind Schäden an **gewerksfremden** Rechtsgütern, die adäquat-kausal auf den vom Auftragnehmer schuldhaft verursachten Schaden zurückzuführen sind.[228] Erstattungsfähig sind[229] Körper- und Gesundheitsschäden, Beschädigung von Einrichtungsgegenständen im Gebäude, an parkenden Kraftfahrzeugen, Baumaterialien, die auf der Baustelle lagern, aber auch entgangene Gebrauchsvorteile oder sonstige vermögenswerte Nachteile. **749**

Gegenstand des großen Schadensersatzes

§ 13 Nr. 7 Abs. 2 VOB/B umfaßt damit, anders als § 635 BGB, **auch Schäden aus p.V.V.**, sofern diese durch einen Mangel der in § 13 Nr. 7 Abs. 1 VOB/B näher bezeichneten Art entstehen. Die Vorschrift verdrängt aber nicht generell die Ansprüche des Auftraggebers aus p.V.V. Handelt es sich um die Verletzung vertraglicher Nebenpflichten, so können die hierdurch verursachten Schäden nach den allgemeinen Grundsätzen der p.V.V. vom Auftraggeber – statt oder neben dem Schadensersatz gem. § 13 Nr. 7 VOB/B – geltend gemacht werden. **750**

4. Schadensersatz außerhalb der Gewährleistung

Auch außerhalb der eigentlichen Gewährleistung können Ansprüche des Auftraggebers auf Schadensersatz bzw. Zahlung/Überzahlung nach den allgemeinen zivilrechtlichen Grundsätzen gegeben sein, soweit sie nicht durch die Spezialregelungen in den §§ 633 ff. BGB bzw. § 13 VOB/B verdrängt werden. **751**

a) Die Verletzung von Nebenpflichten

Dem Auftragnehmer obliegen zahlreiche Nebenpflichten gegenüber dem Auftraggeber. Sie bestehen aus Beratungs-, Hinweis-, Anzeige- und Aufklärungspflichten, aber auch aus Obhuts- und Fürsorgepflichten bezüglich der **Rechtsgüter des Auftraggebers**. In der VOB/B sind zahlreiche dieser Nebenpflichten im einzelnen definiert, z.B. in den §§ 4 Nr. 1 Abs. 4, § 4 Nr. 5, Nr. 8 und Nr. 9, § 6 Nr. 1 und Nr. 3, § 15 Nr. 3 VOB/B und auch hinsichtlich der Rechtsfolgen geregelt. Das BGB-Werkvertragsrecht enthält keine solchen ausdrücklichen Festlegungen von Nebenpflichten des Auftragnehmers. Daraus ergibt sich aber keinesfalls ein Wegfall vertraglicher Nebenpflichten beim BGB-Vertrag.[230] Die entsprechenden Nebenpflichten ergeben sich aus **Treu und Glauben** i.V.m. **752**

228 Kleine-Möller-Merl-Oelmaier § 12 Rn. 771; vgl. Heiermann-Riedl-Rusam, B § 13.7 Rn. 208; Locher, Rn. 169.
229 Vgl. Vygen, Rn. 575; Kleine-Möller-Merl-Oelmaier, § 12 Rn. 771.
230 Vgl. Werner-Pastor, Rn. 1772.

der Verkehrssitte, wobei die in der VOB/B geregelten Nebenpflichten i.d.R. die Verkehrssitte wiedergeben. **Hinweispflichten** bestehen hiernach: bezüglich Nachfolgearbeiten,[231] über die Notwendigkeit von besonderen Sicherungsmaßnahmen zur Vermeidung von Wasserschäden,[232] Reduzierung der Durchfahrtshöhe bezüglich des ausgewählten Garagentors.[233] Obhutspflichten bestehen zur Absicherung der Baustelle,[234] zur Sicherung des Eigentums des Auftraggebers.[235]

z.B.

b) Die Haftung aus unerlaubter Handlung

753 Die mangelhafte Bauleistung selbst stellt keine unerlaubte Handlung dar, so daß eine Schadensregulierung über § 823 Abs. 1 BGB nicht in Frage kommt, wenn an sich ein Gewährleistungsanspruch gegeben wäre, der verjährt ist, während Ersatzansprüche gem. § 852 BGB (Verjährung: 3 Jahre) noch nicht verjährt sind.[236] Eine Eigentumsverletzung, die Ansprüche aus § 823 BGB neben oder anstelle von Gewährleistungsansprüchen begründet, liegt vielmehr nur dann vor, wenn durch die mangelhafte Bauleistung in eine bereits vorhandene und **vorher unversehrt gewesene körperliche Sache** (Gebäude oder Gebäudeteil, Grund und Boden) eingewirkt wird bzw. diese **beschädigt** oder unbrauchbar gemacht wird.[237] Deckt sich der geltend gemachte Schaden mit dem durch den Mangel begründeten Unwert der Sache (Stoffgleichheit), ist kein deliktischer Anspruch gegeben.[238]

Integritätsinteresse des Auftraggebers

754 Eine Haftung des Auftragnehmers aus § 823 BGB – vorrangig gegenüber Dritten – ist im übrigen gegeben bei Verletzung der Verkehrssicherungspflicht.[239] Derjenige, der eine **Gefahrenquelle** schafft (Einrichtung der Baustelle, Durchführung von Bauarbeiten) ist verpflichtet, die notwendigen Sicherungsmaßnahmen zu treffen. Der Umfang ergibt sich aus den DIN-Normen und den berufsgenossenschaftlichen Unfallverhütungsvorschriften.

Verkehrssicherungspflicht des Auftragnehmenrs

231 BGH, BauR 83, 70.
232 OLG Hamm, NJW 89, 233.
233 Werner-Pastor, Rn. 1772 m.Hinw. auf OLG Köln, NJW-RR 93, 1432.
234 BGH, VersR 75, 41.
235 BGH, VersR 66, 1154.
236 BGH, BauR 92, 388 = NJW 92, 1225; OLG Koblenz, BauR 98, 351.
237 BGH, BauR 77, 277; 92, 388; OLG Koblenz, BauR 98, 351; 92, 388; OLG Köln, NJW-RR 95, 337 f.
238 BGHZ 117, 183, 187 = BauR 92, 388 ff.
239 BGH, BauR 91, 111; OLG Düsseldorf, NJW-RR 95, 403; Werner-Pastor, Rn. 1846 ff.

5. Die Verjährung der Rechte des Auftraggebers

Die Dauer der **Verjährung** von Gewährleistungsrechten des Auftraggebers hängt davon ab, ob die VOB/B vereinbart wurde oder § 638 BGB gilt. Darüber hinaus ist für die Verjährungsdauer erheblich, ob der Mangel vom Auftragnehmer **arglistig verschwiegen** wurde oder ein sogenanntes **Organisationsverschulden** vorliegt. 755

a) Die Regelverjährung

Die dem Rechtsfrieden und der Schaffung von Rechtsklarheit dienende Verjährung begründet ein dauerndes Leistungsverweigerungsrecht – Einrede – des Berechtigten gem. § 222 Abs. 1 BGB. Die Gewährleistungsansprüche gehen mit Ablauf der Verjährungsfrist weder unter noch erlöschen sie. Der Berechtigte kann sich auf sein Leistungsverweigerungsrecht berufen, er muß es jedoch nicht. Unter bestimmten Umständen ist ihm die Erhebung der Einrede sogar gem. § 242 BGB als treuwidrig verwehrt. Auch ein förmlicher Verzicht auf die Einrede ist rechtlich zulässig und wirksam. 756

Leistungsverweigerungsrecht

aa) Die Verjährung beim BGB-Vertrag

Gem. § 638 BGB verjähren Gewährleistungsansprüche bei Bauwerken in 5 Jahren, bei Arbeiten an einem Grundstück in einem Jahr und bei beweglichen Sachen in **6 Monaten ab der Abnahme** der Werkleistung. Für Bauwerksverträge spielt naturgemäß nur die Abgrenzung zwischen den **Arbeiten an einem Grundstück** und an einem **Bauwerk** eine Rolle. Zu den **Bauwerksleistungen** zählen alle diejenigen vertraglichen Leistungen, die sich auf die Herstellung, Instandhaltung, Veränderung oder Beseitigung einer baulichen Anlage beziehen. Daher gehören nicht alle Reparaturen an einem Gebäude automatisch zu den Bauwerksleistungen, sondern nur solche, die für die Erneuerung oder den Bestand des Bauwerks von wesentlicher Bedeutung sind,[240] z.B. die mit dem Gebäude fest verbundenen Bauleistungen wie Anstrich, Putz, Estrich, Dach aber auch Türen und Fenster. 757

Abgrenzung Arbeiten an Bauwerk/an Grundstück

Maßgebend für die Zuordnung ist entweder die dauernde, feste Verbindung mit dem Bauwerk oder der Umstand, daß das Bauteil mit seinem Einbau wesentlicher Grundstücksbestandteil im Sinne des § 94 758

240 BGH, BauR 97, 640; OLG Hamm, NJW-RR 96, 919; vgl. Vygen, Rn. 594.

BGB geworden ist.[241] In diesem Sinne gehört auch die Lieferung von Bauteilen, die für ein spezielles Bauvorhaben und nach dessen besonderen Erfordernissen hergestellt sind, zu den Bauwerksleistungen gem. **z.B.** § 638 BGB – z.B. Herstellung und Lieferung von speziell nach Bauplan oder statischer Berechnung gefertigten Teilen, Sonderanfertigung von Rolladen, eloxierten Fenstern und Türen etc.,[242] nicht jedoch ein Öltank, der an die vorhandene Ölheizung angeschlossen wird.[243]

759 Zu den »**Arbeiten an einem Grundstück**« zählen dagegen reine Erdarbeiten (Baggerarbeiten, Planieren, Gartenanlage), sofern sie nicht im direkten Zusammenhang mit der Errichtung des Gebäudes stehen wie **z.B.** z.B. die Ausschachtung der Baugrube,[244] oder die Verfüllung der Arbeitsräume. Dazu zählen aber auch bloße Ausbesserungs- und Instandsetzungsarbeiten, die nicht dem Erhalt des Gebäudes dienen.[245]

760 Die **Gewährleistungsfrist** des § 638 BGB gilt für alle vertraglichen Gewährleistungsansprüche, gleichgültig, worauf sie gerichtet sind. Hierzu gehören nicht die Schadensersatzansprüche, die auf den Ausgleich der sogenannten entfernteren Mangelfolgeschäden gerichtet sind. Da Anspruchsgrundlage hier die p.V.V. ist, für die generell die allgemeine Verjährungsfrist des § 195 BGB gilt, beträgt die Verjährungsfrist hier 30 Jahre.[246]

bb) Die Verjährung gem. VOB/B

761 Die Regelung der Verjährungsfristen in § 13 Nr. 4 VOB/B ist gegenüber der BGB-Regelung differenzierter. Die Verjährungsfrist beträgt

- für Bauwerke generell 2 Jahre anstelle der 5 Jahre des § 638 BGB;
- für Holzerkrankungen 2 Jahre;
- für Arbeiten an einem Grundstück 1 Jahr;
- für die vom Feuer berührten Teile von Feuerungsanlagen 1 Jahr;
- bei maschinellen und elektrotechnischen/elektronischen Anlagen oder Teilen derselben 1 Jahr, sofern mit dem Auftragnehmer kein Wartungsvertrag abgeschlossen wurde.

241 BGH, BauR 90, 603; 97, 640; Kleine-Möller-Merl-Oelmaier, § 12 Rn. 902; Siegburg, Rn. 488.
242 BGH, NJW 68, 1087; 79, 158; BauR 80, 355 und 90, 603.
243 BGH, BauR 86, 437; 97, 1018.
244 BGH, BauR 77, 203.
245 BGH, BauR 78, 303 u. 70, 106.
246 H.A. vgl. BGH, NJW 83, 2439; Kleine-Möller-Merl-Oelmaier, § 12 Rn. 906.

Die **Abgrenzung** zwischen den Bauwerksarbeiten und den »Arbeiten an einem Grundstück« wird bei der VOB/B in gleicher Weise vorgenommen wie beim BGB. Der Schwerpunkt liegt bei den Bauwerksarbeiten, die den Regelfall des bauvertraglichen Leistungsinhalts darstellen. Der gegenüber dem BGB deutlich verkürzten regelmäßigen Verjährung steht mit der Verjährungsunterbrechung durch schriftliche Mängelanzeige eine deutlich erleichterte Unterbrechung der Verjährung gegenüber. Während beim BGB-Bauwerksvertrag die Verjährung nur mit der allgemeinen zivilrechtlichen Methode der Erhebung von Klage oder Mahnbescheid (§§ 209 BGB) oder der speziell beim Kauf- und Werkvertrag geltenden Beweissicherung (§§ 485 ff. ZPO) möglich und zulässig ist, genügt beim VOB-Vertrag die **schriftliche Mängelanzeige** gem. § 13 Nr. 5 VOB/B, um die **Verjährung zu unterbrechen**. 762

Verjährungsunterbrechung

Tip

Der Auftraggeber hat gem. § 13 Nr. 5 Abs. 1 S. 1, 2 VOB/B die Möglichkeit, durch einfache schriftliche Mängelbeseitigungsaufforderung die regelmäßig geltende Verjährungsfrist einseitig zu verlängern, ohne insoweit gerichtliche Maßnahmen einleiten zu müssen.[247] Allerdings unterbricht die schriftliche Mängelanzeige nur insoweit, als der **Mangel** in der schriftlichen Anzeige **konkret** entweder nach seinem äußeren Erscheinungsbild (Symptomtheorie) oder nach seinen Ursachen **bezeichnet** wurde.[248] Eine generelle Unterbrechung der Verjährung von Mängelansprüchen findet insoweit nicht statt. § 13 Nr. 5 I 1 VOB bezieht sich darüber hinaus nur auf die in § 13 Nr. 5 bis 7 geregelten Mängelansprüche.

Eine Verjährungsunterbrechung bezüglich der sonstigen Ansprüche des Auftraggebers – entferntere Mangelfolgeschäden, allgemeine p.V.V. – findet nicht statt.

b) Die 30-jährige Verjährung beim Bauwerksvertrag

Beim Bauvertrag ergibt sich in **Ausnahmefällen** eine längere Gewährleistungsfrist, nämlich die 30-jährige Frist des § 195 BGB, die immer dann als »reguläre« Verjährungsfrist gilt, wenn nicht das Gesetz (§ 638 BGB) oder die VOB/B (§ 13 Nr. 5) kürzere Fristen festlegen.[249] 763

247 Vgl. Ingenstau-Korbion, B § 13 Nr. 5 Rn.; Siegburg, Rn. 588.
248 BGH, BauR 89, 81; Siegburg, Rn. 571.
249 Siegburg, Rn. 594.

aa) Die Verjährung bei Arglist

764 Arglistiges Verschweigen liegt immer dann vor, wenn der Auftragnehmer die Mangelhaftigkeit seiner Leistung erkannt hat und ihm bewußt war, daß durch diesen Mangel die Funktionsfähigkeit oder der Bestand seiner Bauleistung erheblich beeinträchtigt wird oder werden kann.[250] In diesem Fall hat der Auftragnehmer gegenüber dem Auftraggeber eine

Arglist

Offenbarungspflicht, deren Verletzung den Tatbestand des arglistigen Verschweigens erfüllt. Dem Auftraggeber obliegt zwar die Beweislast für die das arglistige Verschweigen begründenden Tatsachen.[251] Jedoch können Art und Umfang eines erheblichen Baumangels ein gewichtiges Indiz für die Arglist des Auftragnehmers[252] begründen und je nach Lage

Beweislastumkehr

des Einzelfalls zu einer **Beweislastumkehr** führen mit der Folge, daß der Auftragnehmer nun seinerseits den Gegenbeweis führen muß. § 638 Abs. 1 Satz 1 BGB verlangt auch keine Absicht der Schädigung des Auftraggebers oder der Erlangung eigener Vorteile für den Auftragnehmer. Es genügt, daß der Auftragnehmer nachlässig oder unfachmännisch gearbeitet oder die Vorgaben des Leistungsverzeichnisses nicht eingehalten hat, obwohl ihm bewußt war, daß die Kenntnis dieser Umstände für den Auftraggeber erheblich ist.[253]

765 Auch beim VOB-Vertrag gilt für den Fall des arglistigen Verschweigens von Mängeln die 30-jährige Verjährungsfrist des § 195 BGB. § 13 VOB/B enthält zwar weder eine dem § 638 Abs. 1 Satz 1 BGB entsprechende Regelung noch eine Verweisung auf diese Vorschrift. Aus § 637 BGB, der den Ausschluß bzw. die Einschränkung der Haftung für arglistiges Verschweigen in abweichender vertraglicher Vereinbarung – und eine solche ist auch die VOB/B – für nichtig erklärt, ergibt sich jedoch zwingend die Geltung des § 638 Abs. 1 Satz 1 BGB auch für den VOB-Vertrag.

766 **Maßgebender Zeitpunkt** für die Pflicht zur Offenbarung ist der der Abnahme der Werkleistung.[254] Die Erkennbarkeit des Mangels für den

Hinweispflicht auch bei Erkennbarkeit

Auftraggeber oder seinen Architekten entbindet den Auftragnehmer nicht von seiner Verpflichtung, auf den Mangel bzw. die sich daraus ergebenden Risiken **hinzuweisen**.[255] Dasselbe gilt, wenn der Auftraggeber bzw. sein Architekt zwar den Mangel als solchen bei der Abnahme

250 BGH, BauR 86, 215; OLG Köln, BauR 84, 525; Vygen, Rn. 598.
251 BGH, NJW 83, 2699, 2701; 96, 1826; BauR 92, 500; OLG Oldenburg, BauR 95, 105.
252 Siegburg, Rn. 579.
253 BGH, BauR 86, 215; OLG Köln, BauR 84, 525; BGHZ 117, 318 = BauR 92, 500; OLG Köln, BauR 91, 468 f.
254 BGH, NJW 86, 980; Kleine-Möller-Merl-Oelmaier, § 12 Rn. 952, 954.
255 BGH, NJW 86, 980.

erkennen (z.B. falsch eingesetzte Fensterrahmen), jedoch offensichtlich seine Bedeutung bzw. Folgen und Folgeschäden falsch einschätzen[256] (z.B. als bloßen Schönheitsfehler, ohne die Folgen nicht ausreichender Isolierung zu bedenken).

Gem. § 278 BGB hat der Auftragnehmer für das Verschulden seiner **767** Erfüllungsgehilfen einzustehen. Bedient sich der Auftragnehmer zur Erfüllung seiner werkvertraglichen Verpflichtung einer Hilfsperson – z.B. seines Bauleiters oder Poliers – oder eines Subunternehmers, so haftet er gem. § 638 Abs. 1 Satz 1 BGB auch dann, wenn nicht er selbst, sondern die Hilfsperson den Mangel arglistig verschweigt. Der Auftragnehmer kann sich seiner eigenen Haftung nicht entziehen, indem er Dritten die Überwachung der Werkleistung ohne eigene, effiziente Kontrollmechanismen überläßt und sich auf diese Weise unwissend hält.[257] Da es für den Tatbestand des arglistigen Verschweigens auf den Zeitpunkt der Abnahme ankommt, haftet der Auftragnehmer nicht für jeden mit der Erbringung der Vertragsleistung befaßten Erfüllungsgehilfen, sondern nur denjenigen, der von ihm im Zusammenhang mit der Abnahme der Werkleistung eingesetzt wurde.[258]

bb) Die Haftung für das sog. Organisationsverschulden

Der Anwendungsbereich des § 638 Abs. 1 Satz 1 BGB wurde von der **768** Rspr. erheblich erweitert in denjenigen Fällen, in denen es sich entweder um besonders schwerwiegende, auffällige Mängel handelt[259] oder aber die Vielzahl verschiedener, weniger schwerwiegender Mängel[260] als Indiz für eine unzureichende Überwachung durch den Auftragnehmer bzw. unzureichende Organisation derselben zu werten sind.

In seiner **Grundsatzentscheidung**,[261] die allerdings einen besonders **769** schwerwiegenden Fall der Mängelverursachung mit extremen Unfallrisiken für den Schadensfall betraf, hat der BGH ohne weitere dogmatische Begründung eine Gleichstellung des schlecht organisierten Werkunternehmers mit dem arglistig Handelnden vorgenommen: »Der Werkunternehmer, der ein Bauwerk arbeitsteilig herstellen läßt, muß die organisatorischen Voraussetzungen schaffen, um sachgerecht beurteilen zu können, ob das Bauwerk bei der Ablieferung mangelfrei ist. Unterläßt er dies, so verjähren Gewährleistungsansprüche des Bestellers – wie bei

256 BGH, NJW 74, 553 f.
257 BGHZ 66, 43 = NJW 76, 516.
258 Vygen, Rn. 599.
259 BGH, BauR 92, 500 = NJW 92, 1754.
260 OLG Köln, BauR 95, 107; OLG Oldenburg, BauR 95, 105.
261 BauR 92, 500.

arglistigem Verschweigen eines Mangels – erst nach 30 Jahren, wenn der Mangel bei richtiger Organisation entdeckt worden wäre.«

770 Es erscheint in dogmatischer Hinsicht konsequenter, die 30-jährige Verjährung in diesen Fällen unmittelbar auf das Organisationsverschulden und damit auf die p.V.V. zu stützen.[262] Hiernach schuldet der Werkunternehmer dem Besteller generell eine **Organisation**, die ein **Aufdecken von Baumängeln** mindestens **ermöglicht**. Der Auftraggeber darf erwarten, daß der Auftragnehmer alle den Umständen nach angemessenen organisatorischen Anstrengungen unternommen hat, um die Fehlerfreiheit des Werkes zu gewährleisten. Eine Enttäuschung dieser Erwartung begründet - wie auch in den anderen Fällen der Sekundärhaftung z.B. des freiberuflich tätigen Rechtsanwalts, Steuerberaters etc. – die Haftung aus enttäuschtem Vertrauen, d.h. aus p.V.V.

Organisationsverschulden

771 **Mangelhafte Organisation** ist z.B. gegeben,[263]

z.B.

- wenn kritische Bauabschnitte und typische Gefahrenquellen nicht sorgfältig überwacht werden;
- wenn für die Kontrolle fachlich nicht qualifizierte oder als unzuverlässig bekannte Personen eingesetzt werden;
- wenn eine Vergabe an unqualifizierte Subunternehmer ohne hinreichende laufende Kontrolle der Bauausführung erfolgt.

772 Die Verletzung der Organisationspflicht führt nicht auf direktem Wege zum Ausgleich des Mangelschadens. Der Auftraggeber ist vielmehr so zu stellen, wie wenn ihm bei der Abnahme der Baumangel offenbart worden wäre, wobei zu unterstellen ist, daß der Auftraggeber dann die entsprechenden Maßnahmen zur Verjährungsunterbrechung getroffen hätte.[264] Da es allerdings auch bei ordnungsgemäßer Organisation unmöglich ist, menschliches Versagen auszuschließen, haftet der Auftragnehmer nicht, wenn ihm der Nachweis gelingt, daß der Mangel auch bei ordnungsgemäßer Organisation und Kontrolle nicht vermieden worden wäre.[265]

773 Im Rahmen der Verteilung von Darlegungs- und Beweislast hat der Auftraggeber Anhaltspunkte für eine mangelhafte Organisation vorzutragen.

Beweislast

Tip

Es ist Sache des Auftragnehmers, durch sorgfältige Dokumentation der Arbeits-, Überwachungs- und Prüfungsabläufe den Vorwurf des

262 So Kniffka, ZfBR 93, 255.
263 Vgl. Kniffka, ZfBR 93, 255 ff. 257.
264 Siegburg, Rn. 585.
265 Vgl. Wirth, BauR 94, 33 ff.

Organisationsverschuldens zu entkräften.[266] Dabei dürften für die Zukunft die im Rahmen der Normenreihe DIN IN ISO 9000 – 9004 aufgestellten Normen zur Qualitätssicherung und die durch unabhängige Zertifizierungsstellen ausgestellten Zertifikate über das ordnungsgemäße Funktionieren eines unternehmensbezogenen Qualitätssicherungssystems eine geeignete Grundlage zur Entlastung des Werkunternehmers darstellen.[267]

cc) Abweichende Vereinbarungen

Die Dauer der Verjährung – entweder 5 Jahre gem. § 638 BGB oder 2 Jahre gem. § 13 Nr. 3 VOB/B – kann durch vertragliche Vereinbarung abweichend geregelt werden; ein völliger **Ausschluß** ist dagegen gem. § 225 BGB **unwirksam**. Dabei zielt das Interesse des Auftragnehmers typischerweise auf eine Verkürzung der Verjährungsfrist, die des Auftraggebers dagegen auf Verlängerung. **774**

Durch **individualvertragliche** Absprache kann sowohl die Verlängerung wie auch die Verkürzung der Gewährleistungsdauer wirksam vereinbart werden. Bei **Formularverträgen** sind dagegen die Einschränkungen des AGB-Gesetzes zu beachten. Gem. § 11 Nr. 10 f AGBG ist sowohl die direkte wie auch die indirekte Verkürzung der gesetzlichen Mängel-Gewährleistungsfristen unwirksam. **775**

6. Die Rechte des Auftragnehmers bei Leistungsstörungen im Auftraggeberbereich

Beim Vertrag mit dem Bauunternehmer hat der Auftraggeber zwei vertragliche Hauptpflichten: Die **Pflicht zur Abnahme** der Werkleistung nach deren Vollendung und die **Pflicht zur Zahlung** der vereinbarten Vergütung. **776** **Abnahme**

266 Kniffka, ZfBR 93, 255, 257.
267 Vgl. Anker-Sinz, BauR 95, 629, 631 f.; Kniffka, ZfBR 93, 255, 258.

a) Die verzögerte Abnahme

777 Der Auftraggeber hat die Abnahme beim BGB-Vertrag gem. § 640 BGB und beim VOB-Vertrag gem. § 12 VOB/B durchzuführen.[268] Leistungsstörungen bezüglich der Abnahme ergeben sich, wenn der Auftraggeber die abnahmefähige Werkleistung trotz Aufforderung nicht abnimmt – indem er einfach untätig bleibt oder förmlich die Abnahme verweigert. Die dem Auftragnehmer gegebenen Möglichkeiten sind in diesem Falle für den BGB-Vertrag wie auch den VOB-Vertrag dieselben. Der Auftragnehmer kann entweder den Auftraggeber auf Abnahme verklagen oder aber ihm eine förmliche Nachfrist setzen, nach deren Ablauf der Auftraggeber mit der Abnahme in Verzug gerät. Erleichtert wird die Durchführung der Abnahme für den Auftragnehmer bei nach dem 01.05.2000 abgeschlossenen schriftlichen Werkverträgen. Hier kann der Auftragnehmer den neu geschaffenen Weg der »Abnahme durch Fertigstellungsbescheinigung« wählen (vgl. Rz. 333 und Anhang II) und auf diese Weise relativ schnell zu einer vom Willen des Auftraggebers unabhängigen Abnahmebescheinigung kommen. Mit Eintritt des **Annahmeverzugs** (§ 293 BGB), d.h. mit der vergeblichen Aufforderung zur Abnahme, geht die Vergütungsgefahr auf den Auftraggeber über (§ 644 Abs. 1 BGB). Der Auftragnehmer haftet gem. § 300 BGB nur noch für Vorsatz und grobe Fahrlässigkeit. Er kann gem. § 304 BGB sowohl die Kosten für das erfolglose Angebot, z.B. Kosten für den Sachverständigen beim geplatzten Abnahmetermin, mehrfache TÜV-Gebühren etc., verlangen. Der Auftragnehmer hat außerdem Anspruch auf Erstattung der zusätzlichen Kosten, die für die Erhaltung und den Schutz seiner Werkleistung – z.B. Abdichtung als Wetterschutz – entstehen. Aufgrund der Tatsache, daß die Abnahme Hauptpflicht ist, gerät der Auftragnehmer nach Ablauf der ihm gesetzten Nachfrist zur Abnahme zugleich in **Schuldnerverzug** gem. §§ 284, 285 BGB. Dieser begründet Ansprüche auf Erstattung etwaiger Schäden. Der Verstoß des Auftraggebers gegen die Abnahmeverpflichtung begründet darüber hinaus nach h.A.[269] den **Eintritt der Abnahmewirkungen**. Die Beweislast für Mängel geht auf den Auftraggeber über, die Verjährungsfrist beginnt. Rechte wegen bereits bekannter Mängel oder auf Vertragsstrafe sind ausgeschlossen, da sie bei dem Eintritt der Abnahmewirkung nicht vorbehalten wurden.

Abnahme: Rechtsfolgen bei Annahmeverzug

268 Vgl. im einzelnen oben Rz. 204 ff., 258 ff.

269 BGH, NJW 73, 1792 f.; BGH, SF Z 3.010 Bl. 20; OLG Hamm, SF H Nr. 15 zu § 640 BGB; Kleine-Möller-Merl-Oelmaier, § 11 Rn. 129.

b) Die verzögerte Zahlung

Kommt der Auftraggeber seiner vertraglichen Hauptpflicht zur Zahlung der vereinbarten Vergütung nicht nach, so hängt die Möglichkeit effizienter Durchsetzung für den Auftragnehmer davon ab, ob er seine Gegenleistung schon vollständig erbracht hat und ob ihm ein Recht auf Abschlagszahlungen zusteht. **778**

aa) Die Zahlungsverzögerung beim BGB-Vertrag

779 **Nachteile des BGB-Vertrages**

Das Werkvertragsrecht des BGB kannte bis zum 01.05.2000 kein Recht auf Abschlagszahlungen. Hiernach ist »die« vereinbarte Vergütung gemäß § 641 BGB erst nach Abnahme fällig und zahlbar. Zahlt der Auftraggeber nicht, bleibt dem Auftragnehmer nur die Möglichkeit der Zahlungsklage, wobei dem zahlungsunwilligen Auftraggeber im Rahmen eines langwierigen Bauprozesses genügend Verzögerungsmöglichkeiten zur Verfügung stehen.

Bei Verträgen, die nach dem 01.05.2000 neu abgeschlossen werden, hat der Auftragnehmer allerdings kraft Gesetzes ein – an die VOB/B angelehntes – Recht auf Abschlagszahlungen. Der Auftragnehmer kann gemäß § 632 a BGB n.F. (Anhang II) Abschlagszahlungen für in sich abgeschlossene Teile des Werks verlangen. Auch bei Bauteilen oder Baustoffen, die eigens für die Baustelle angefertigt oder angeliefert sind, kann der Auftragnehmer eine Abschlagszahlung verlangen. Der Anspruch besteht allerdings nur, wenn der Auftragnehmer dem Auftraggeber Eigentum an den Teilen des Werks, den gelieferten bzw. angefertigten Stoffen bzw. Bauteilen beschafft. Insoweit findet sich bei der Regelung des gesetzlichen Anspruchs auf Akontozahlungen Übereinstimmung mit § 16 Nr. 1 Abs. 1 S. 3 VOB/B. Ist der Auftraggeber zugleich der Grundstückseigentümer, so geht das Eigentum an den bereits eingebauten Stoffen oder Bauteilen kraft Gesetzes – § 946 BGB – auf den Auftraggeber über. Ist der Auftraggeber nicht zugleich Eigentümer des Baugrundstücks oder bestehen kollidierende Eigentumsvorbehalte der Vorlieferanten an den gelieferten Stoffen oder Bauteilen, so wirft die Neuregelung des § 632 a BGB n.F. zunächst mehr Fragen auf, als sie beantwortet. Hier wird man wohl das Recht des Auftragnehmers auf Abschlagszahlung bejahen müssen, wenn er – aufschiebend bedingt auf den Fall der Zahlung des Auftraggebers – das Eigentums- bzw. Anwartschaftsrecht überträgt, so daß zugleich mit der Erbringung der Abschlagszahlung das Eigentum auf den Auftraggeber übergeht. In den bei Gewährleistungsbürgschaften üblichen Bürgschaftsformularen findet sich häufig eine solche bankmäßige Übernahme der Bürgschaftsverpflichtung unter der aufschiebenden Bedingung der Zahlung des Sicherungsnehmers (»Aus der Bürgschaft werden wir [Bürge] nur verpflichtet, wenn die Zahlung des Betrages von ... DM [Bürgschaftsbetrag] auf dem bei uns geführten Konto Nr. ... [des Auftraggebers/Sicherungsgebers] bei uns eingeht.«). Der Parallelfall der Bürgschaft könnte auch für die neu aufgeworfenen Fragen zur Abschlagszahlung gemäß § 632 a BGB n.F. Lösungsmöglichkeiten aufzeigen.

Das Recht auf Abschlagszahlung ist, insoweit enger als § 16 Nr. 1 VOB/B, eingeschränkt auf »in sich abgeschlossene« Teile der Werkleistung. Dieser Begriff findet sich im Baurecht sonst nur in § 12 Nr. 2 a VOB/B als Voraussetzung für den Anspruch des Auftragnehmers auf Durchführung einer Teilabnahme. Hier stellt sich bei der Anwendung der neuen Gesetzesbestimmung die Frage, ob an den Begriff der »in sich abgeschlossenen Teile« des Werkes bei § 12 Nr. 2 a VOB/B anzuknüpfen ist oder ob entsprechend § 16 Nr. 1 VOB/B lediglich der Baufortschritt und die nachgewiesene Leistung maßgebend für den Anspruch auf Abschlagszahlung sein sollen. Angesichts der Tatsache, daß der Gesetzgeber bewußt die bei § 12 Nr. 2 a VOB/B verwendete Formulierung gewählt hat, wird man den Rückschluß ziehen müssen, daß die Abschlagszahlung gemäß § 632 a BGB n.F. nur gefordert werden kann in denjenigen Fällen, in denen – da sprachliche Gleichstellung – auch eine Teilabnahme gemäß § 12 Nr. 2 a VOB/B gefordert werden könnte.

Tip

Nur wenn die Vertragsparteien eines BGB-Vertrages Abschlagszahlungen **ausdrücklich vereinbart** haben, hat der Auftragnehmer beim Ausbleiben der fälligen Abschlagszahlung überhaupt die Möglichkeit, die weitere Ausführung, mit der er normalerweise in Vorleistung treten müßte, gemäß §§ 320, 273 BGB zu verweigern bzw. vom Ausgleich der rückständigen Abschlagszahlung abhängig zu machen. Zwar kann der Unternehmer bei einem nach dem 01.05.2000 abgeschlossenen Werkvertrag auch kraft Gesetzes Abschlagszahlungen fordern. Angesichts der vorstehend aufgezeigten noch offenen Fragen ist dem Auftragnehmer jedoch auch für die Zukunft dringend anzuraten, jedenfalls die Modalitäten der Abschlagszahlungen mit dem Auftraggeber bei Vertragsabschluß zu regeln.

bb) Die Zahlungsverzögerung beim VOB-Vertrag

Ist die Geltung der VOB/B vereinbart, hat der Auftragnehmer gemäß **780**
§ 16 Nr. 1 VOB/B einen Anspruch auf Abschlagszahlungen; einer ausdrücklichen Vereinbarung der Bauvertragsparteien bedarf es hier nicht. Unter der Voraussetzung, daß die Stellung der Abschlagsrechnung gemäß § 16 Nr. 1 VOB/B vertragsgemäß erfolgt und keine Gegenforderung besteht, die den Auftraggeber zum Einbehalt berechtigt (§ 16 Nr. 1 Abs. 2 VOB/B), hat der Auftragnehmer gemäß § 16 Nr. 5 VOB/B die Möglichkeit, dem Auftraggeber nach Fälligkeit der Abschlagszahlung (18 Werktage nach Zugang, sofern nicht im Vertrag andere Zahlungsfristen vereinbart werden) eine **Nachfrist** zur Zahlung zu setzen. § 16 Nr. 5 VOB/B enthält eine von den Verzugsvorschriften des BGB (§ 284) abweichende Regelung: Der Auftraggeber kommt nicht durch bloße Mahnung und insbesondere auch nicht durch das Verstreichen eines Fixtermins in Verzug,[270] sondern nur durch den Ablauf der ihm gesetzten Nachfrist.

Tip

Da beim Bauvertrag auch die Prüfung von Abschlagsrechnungen zeit- und arbeitsintensiv sein kann, soll der Auftraggeber durch das Erfordernis der Nachfristsetzung noch einmal auf seine Zahlungspflicht hingewiesen werden, bevor die Verzugsfolgen eintreten.[271] Allerdings ist die Nachfrist gemäß § 16 Nr. 5 VOB/B, wie jede sonstige Nachfristsetzung auch, dann entbehrlich, wenn der Auftraggeber durch unmißverständliche, endgültige Zahlungsverweigerung zum Ausdruck gebracht hat, daß er keine weitere Zahlung leisten will. [272]

Ab dem fruchtlosen Ablauf der Nachfrist hat der Auftragnehmer **781**
Anspruch auf **Verzugszinsen** in Höhe von 1 % über dem Lombardsatz der Deutschen Bundesbank oder auf Erstattung des nachgewiesenen höheren **Verzugsschadens** – entweder in Form des nachgewiesenen, höher verzinslichen Bankkredits oder der sonstigen, konkret nachgewiesenen Verzugsschäden. An die Stelle des Lombardsatzes ist gemäß der Lombardsatz-Überleitungs-VO vom 18.12.1998 (LombardVO) mit Wirkung ab dem 01.01.1999 der sog. SRF-Satz getreten (Zinssatz der Spit-

270 Ingenstau-Korbion, B § 16 Nr. 5 Rn. 279; OLG Düsseldorf, BauR 82, 593.
271 Heiermann-Riedl-Rusam, B § 16.5 Rn. 117.
272 BGH, NJW 64, 820; OLG Köln SFH § 16 Nr. 5 VOB/B Nr. 1; OLG Düsseldorf, BauR 82, 593; Ingenstau-Korbion, B § 16 Nr. 5 Rn. 305; Heiermann-Riedl-Rusam, § 16.5 Rn. 118.

zenfinanzierungsfazilität der Europäischen Zentralbank jeweils angepaßt. Am 21.01.1999 wurde er auf 4,5 % festgelegt, zum 09.04.1999 auf 3,5 % gesenkt und nunmehr auf 4,25 % Jahreszins festgesetzt. Günstiger und deutlich einfacher im Nachweis ist für den Auftragnehmer damit der derzeit gesetzliche Zins, der sich gemäß § 288 BGB auf 4 %, unter Vollkaufleuten gemäß § 352 HGB auf 5 % beläuft. Durch die am 10.12.1999 beschlossene Änderung der VOB/B, die im Laufe des Jahres 2000 in Kraft treten soll[273] ist der § 16 Nr. 5 Abs. 3 VOB/B auch bezüglich der Höhe des Verzugszinssatzes geändert worden. Nach dem Ablauf der Nachfrist hat der Auftragnehmer Anspruch auf Zinsen in Höhe von 5 % über dem Zinssatz der Spitzenrefinanzierungsfacilität der Europäischen Zentralbank (SRF-Satz). Da dieser sich derzeit auf 4,25 % beläuft, wird der Auftragnehmer nach dem Inkrafttreten der VOB 2000 Verzugszinsen in Höhe von derzeit 9,25 % nach Eintritt des Verzugsfalles gemäß § 16 Nr. 5 Abs. 3 VOB/B 2000 verlangen können. Der gesetzliche Zinssatz gemäß § 288 Abs. 1 BGB ist ebenfalls mit Wirkung ab dem 01.05.2000 deutlich angehoben worden. Dieser beläuft sich nun auf 5 % über dem Basiszinssatz gemäß § 1 des Diskontsatz-Überleitungsgesetzes und damit auf derzeit 7,68 % (5 % über dem derzeitigen Diskont von 2,68 %). Gemäß § 16 Nr. 5 VOB/B ist der Auftragnehmer außerdem ab dem Ablauf der Nachfrist berechtigt, die Bauarbeiten bis zur Zahlung **einzustellen**. Da die Arbeitseinstellung für den Auftraggeber schwerwiegende Folgen haben kann, darf der Auftragnehmer von dem Recht zur Arbeitseinstellung entsprechend dem Grundgedanken des § 320 Abs. 2 BGB – dann nicht Gebrach machen, wenn der Zahlungsrückstand relativ geringfügig ist.[274] Nach Treu und Glauben muß der Auftragnehmer die Arbeitseinstellung ankündigen.[275]

Tip

Ohnehin ist die Arbeitseinstellung des Auftragnehmers ein gefährliches Druckmittel: Stellt sich später heraus, daß dem Auftraggeber wegen Mängeln der Werkleistung ein Zurückbehaltungsrecht zustand, entfällt der Verzug und damit das Recht des Auftragnehmers zur Einstellung der Bauarbeiten. Erweist sich damit nachträglich die Arbeitseinstellung als rechtswidrig, so führt diese unter Umständen zur Schadensersatzverpflichtung des Auftragnehmers. Von dem Recht aus § 16 Nr. 5 VOB/B sollte der Auftragnehmer daher nur in absolut eindeutigen Fällen Gebrauch machen.

---

273 Vgl. Joussen-Schranner, BauR 2000, 334 ff.

274 OLG Düsseldorf, BauR 75, 428; Heiermann-Riedl-Rusam, § 16.5 Rn. 121.

275 OLG Düsseldorf, BauR 75, 428; OLG Frankfurt, BauR 88, 599; Ingenstau-Korbion, B § 16 Nr. 5 Rn. 310.

Ist die Werkleistung fertiggestellt, geht nach h.A.[276] der Anspruch auf Abschlagszahlung unter. Der Auftragnehmer ist gehalten, die Schlußrechnung zu stellen. Die Zahlungsklage ist dann auf Zahlung der Schlußrechnung zu richten, wobei eine schon anhängig gemachte Klage auf Abschlagszahlung umzudeuten ist in den Anspruch auf Zahlung des unbestrittenen Guthabens aus der Schlußrechnung. **782**

c) *Nebenpflichten des Auftraggebers*

Wie oben ausgeführt,[277] obliegen auch dem Auftraggeber zahlreiche **Nebenpflichten** – die Bereitstellung des Baugrundstückes und der **Ausführungsunterlagen**, die **Mitwirkung** im Hinblick auf Bemusterung bzw. Treffen von Entscheidungen zur Bauausführung bzw. zur Freigabe der Ausführung. Verletzt der Auftraggeber seine ihm gegenüber dem Auftragnehmer obliegenden Mitwirkungspflichten, hat der Auftragnehmer Schadensersatzansprüche aus positiver Vertragsverletzung.[278] Ist der Auftragnehmer aufgrund der Verletzung von Mitwirkungspflichten des Auftraggebers an der ordnungsgemäßen Bauausführung behindert, kann er beim BGB-Bauvertrag dem Auftraggeber gemäß §§ 642, 643 BGB eine angemessene Frist zur Nachholung der Mitwirkungshandlung – z.B. Lieferung der für die Ausführung benötigten Pläne – setzen und diese mit einer Kündigungsandrohung verbinden. Nach fruchtlosem Ablauf der Frist gilt dann der Vertrag gemäß § 643 BGB als aufgehoben. Anders als z.B. bei § 8 Nr. 3 VOB/B bedarf es nach Fristablauf keiner zusätzlichen Kündigungserklärung des Auftragnehmers mehr. Der Werkvertrag ist nach ergebnislosem Fristablauf aufgelöst.[279] Schon mit der Begründung des Annahmeverzuges des Auftraggebers kann der Auftragnehmer außerdem gemäß § 642 BGB eine angemessene Entschädigung verlangen. Der **Entschädigungsanspruch** gemäß § 642 BGB soll den Auftragnehmer dafür entschädigen, daß er Arbeitskraft und Kapital bereithält und daß seine zeitliche Disposition durchkreuzt wird. Er besteht neben dem Anspruch auf die – anteilige oder vollständige – Vergütung, wenn die Werkleistung dann nur teilweise oder aber doch ganz hergestellt wird.[280] **783**

Auflösung des Vertrages bei Nebenpflichtverletzung

276 Vgl. BGH, BauR 91, 81 = NJW 91, 565; Werner-Pastor, Rn. 1228.
277 Vgl. oben Rz. 307 sowie BGH, NJW 87, 644.
278 Werner-Pastor, Rn. 1773; Palandt-Sprau, § 642 Rn. 1.
279 Palandt-Sprau, § 643 Rn. 2.
280 Palandt-Sprau, § 642 Rn. 2.

Nebenpflichtverletzung in VOB/B

784 Die VOB/B regelt die Verletzung von Nebenpflichten des Auftraggebers ähnlich wie das BGB, jedoch **differenzierter**. Die direkte Anwendung der §§ 642, 643 BGB ist außerdem ausgeschlossen, soweit die speziellere VOB-Regelung nicht ausdrücklich auf das BGB verweist wie der § 9 Nr. 3 VOB/B. Hiernach begründet die Verletzung von Nebenpflichten durch den Auftraggeber gemäß § 9 VOB/B das Recht des Auftragnehmers, den Vertrag zu kündigen, wenn die verzögerte oder verweigerte Mitwirkung des Auftraggebers ein Leistungshindernis für den Auftragnehmer darstellt. Der Annahmeverzug des Auftraggebers (§ 293 ff. BGB) ist Voraussetzung für die Ausübung dieses Kündigungsrechts. Das Kündigungsrecht des § 9 Nr. 1 VOB/B besteht (lit. b) auch dann, wenn der Auftraggeber eine fällige Zahlung nicht leistet oder sonst in Schuldnerverzug gerät. Insoweit sind die Anwendungsmöglichkeiten des § 9 VOB/B breiter als die des § 642 BGB, beziehen sich allerdings auch auf Fälle des Schuldnerverzuges bei Hauptpflichten, nämlich der Leistung von Abschlagszahlungen.

Schriftliche Kündigungserklärung

785 Anders als bei § 642 BGB, wo mit ergebnislosem Fristablauf der Vertrag ohne weitere Erklärung des Auftragnehmers aufgelöst wird, bedarf es bei § 9 VOB/B noch einer weiteren Handlung des Auftragnehmers. Da das Kündigungsrecht des § 9 VOB/B als Gestaltungsrecht – ebenso wie das des § 8 Nr. VOB/B – erst mit fruchtlosem Fristablauf entsteht,[281] kann die Kündigung nicht mit der Fristsetzung verbunden werden. Die Kündigung ist nach Fristablauf **schriftlich** zu erklären, wobei die Einhaltung der Schriftform Wirksamkeitserfordnis ist.[282] Als Folge der Kündigung hat der Auftragnehmer gemäß § 9 Nr. 3 VOB/B Anspruch auf:

- Abrechnung bzw. Bezahlung der bis zur Kündigung erbrachten Leistungen;
- angemessene Entschädigung gemäß § 642 BGB;
- Erstattung etwaiger weitergehender Schäden und Aufwendungen, z.B. Mehraufwendungen gemäß § 304 BGB.[283]

d) *Die verzögerte Stellung der Sicherheit gem. § 648 a BGB*

786 Ein gesetzliches Leistungsverweigerungsrecht eigener Art begründet § 648 a Abs. 1 BGB. Hiernach kann der Auftragnehmer seine Arbeiten einstellen, wenn der Auftraggeber die von ihm geforderte Sicherheits-

281 BGH, NJW 73, 1463; Ingenstau-Korbion, B § 9 Rn. 47.
282 Heiermann-Riedl-Rusam, § 9.2 Rn. 15; OLG Düsseldorf, NJW 92, 1050.
283 Ingenstau-Korbion, B § 9 Nr. 3 Rn. 58.

leistung nicht in der gesetzten Frist stellt.[284] Zwar stellt die Pflicht zur Sicherheitsleistung gemäß § 648 a BGB keine vertragliche Hauptpflicht dar, deren Verletzung die Einrede des nicht erfüllten Vertrages gemäß § 320 BGB begründen könnte. Jedoch handelt es sich um eine vertragliche Nebenpflicht, wie nicht zuletzt die Verweisung auf die §§ 642, 643 BGB im § 648 a Abs. 5 BGB beweist. Neben dem Leistungsverweigerungsrecht des § 648 a Abs. 1 BGB hat der Auftragnehmer außerdem das Recht zur Kündigung gemäß § 643 BGB mit der Folge, daß er aus der vertraglichen Bindung frei wird und zudem Schadensersatz in Form des Vertrauensschadens verlangen kann.[285]

e) Die Verjährung der Rechte des Auftragnehmers

Die **Verjährung** der Ansprüche des Auftragnehmers richtet sich nach 787
dem §§ 194 ff. BGB. Dies gilt auch für Ansprüche aus einem VOB-Vertrag, da die VOB keine eigene Verjährungsregelung für die Vergütung kennt. Grundsätzlich fallen alle Leistungen von Bauunternehmern unter § 196 Abs. 1 Nr. 1 BGB, weil es für die Einstufung als Handwerker i.S.d. Nr. 1 nicht auf die Person oder die Eintragsform der Firma, sondern die **Art der ausgeübten Geschäfte** ankommt, und Bauleistungen in irgendeiner Form immer aus handwerksmäßiger Tätigkeit herrühren.[286] Die Vergütungsansprüche des Bauunternehmers verjähren daher in der 2-Jahres-Frist des § 196 BGB, die gemäß §§ 198, 201 BGB mit Ablauf desjenigen Jahres beginnt, in dem der Anspruch entsteht, d.h. **fällig** geworden ist.

Werden die Bauleistungen für den **Gewerbebetrieb** des Auftragge- 788
bers erbracht, verlängert sich die Verjährungsfrist gemäß § 196 Abs. 1 Nr. 1 BGB auf **4 Jahre**. »Gewerbebetrieb« im Sinne des § 196 BGB ist jeder von einer natürlichen oder juristischen Person berufsmäßig, in der Absicht dauernder Gewinnerzielung unterhaltene **Geschäftsbetrieb**.[287] Hierzu zählt auch der demnächst zu eröffnende Gewerbebetrieb – Errichtung einer Fabrik oder eines Bürogebäudes – oder die Leistung an einen Bauträger.[288] Dagegen ist die Bautätigkeit für einen Kapitalanleger, der ein eigenes Renditeobjekt errichtet, um Einkünfte aus Vermietung/Verpachtung zu erzielen, nicht für den Gewerbebetrieb des Auftraggebers, selbst wenn es sich um ein größeren, institutionellen Anleger

284 Vgl. o. Rz. 330.
285 Palandt-Sprau, § 648 a Rn. 19.
286 BGH 39, 255; Palandt-Heinrichs, § 196 Rn. 7.
287 Palandt-Heinrichs, § 196 Rn. 12.
288 BGH, BB 73, 499; BGH, NJW 81, 1665.

handelt,[289] es sei denn, wegen der Größe des Objektes handele es sich – ausnahmsweise – um eine gewerbsmäßige Grundstücksverwaltung.[290]

789 **Beginn der Verjährung** Beim BGB-Bauwerksvertrag ist die Abnahme bzw. Abnahmefähigkeit die einzige Fälligkeitsvoraussetzung, so daß der Lauf der Verjährungsfrist mit dem Ende des Jahres der Abnahme bzw. Abnahmefähigkeit in Gang gesetzt wird, auch wenn der Auftragnehmer seine Vergütungsforderung noch nicht beziffert bzw. in Rechnung gestellt hat.[291] Durch das Hinausschieben der Rechnungsstellung kann der Auftragnehmer daher den Auflauf der Verjährung nicht hinausschieben. Außerdem ergeben sich bezüglich der zuverlässigen Fristberechnung für den Auftragnehmer bzw. seinen Rechtsberater erhebliche Unsicherheiten und Risiken, wenn die Abnahme stillschweigend erfolgte und der Fristbeginn damit nicht durch ein sicher erkennbares Merkmal definiert wird. Beim **VOB-Vertrag** ist die rechtliche Situation anders, da gemäß § 16 Nr. 3 Abs. 1 VOB/B die Erteilung – d.h. Aufstellung und Übergabe – der **Schlußrechnung** sowie der **Ablauf der Prüfungsfrist** tatbestandliche Voraussetzungen für die Fälligkeit der Vergütung sind. Hier wird die Verjährungsfrist frühestens mit Erteilung der Schlußrechnung und spätestens mit Ablauf der Prüfungsfrist (2 Monate) in Gang gesetzt.[292] Der Auftragnehmer kann beim VOB-Vertrag somit den Verjährungsbeginn hinausschieben. Dies beinhaltet auch keine Benachteiligung des Auftraggebers, da dieser gemäß § 14 Nr. 4 VOB/B die Schlußrechnung auch selbst stellen kann und es daher in der Hand hat, selbst die Voraussetzungen für den Verjährungsbeginn zu schaffen.

790 Schadensersatzansprüche des Auftraggebers gegen den Auftraggeber aus **positiver Vertragsverletzung** verjähren innerhalb der Regelfrist des § 195 BGB, d.h. innerhalb von 30 Jahren. Allerdings wird sich der Auftraggeber auf der Einwand der Verwirkung[293] berufen können, wenn der Auftragnehmer über längere Zeit hinweg seinen Anspruch nicht geltend gemacht hat und der Auftraggeber sich nach dessen Gesamtverhalten darauf einrichten durfte und eingerichtet hat, daß in der Zukunft kein Anspruch mehr erhoben werden wird.

289 BGHZ 74, 273; BGH, NJW 63, 1397.
290 BGH, NJW 67, 2353.
291 Vgl. o. Rz. 217; BGH, NJW 81, 814; OLG Stuttgart, NJW-RR 94, 17; Kleine-Möller-Merl-Oelmaier, § 10 Rn. 238.
292 BGH, NJW 89, 836; h.A. vgl. Kleine-Möller-Merl-Oelmaier, § 10 Rn. 239.
293 BGHZ 43, 289, 292; BGH, NJW 82, 1999; Palandt-Heinrichs, § 242 Rn. 87 ff.

V. Vertragsverletzungen beim Kauf vom Bauträger

V. Vertragsverletzungen beim Kauf vom Bauträger

791 Entsprechend dem Mischcharakter des Bauträgervertrages, der kaufvertragliche Elemente hinsichtlich des Grundstücks mit den werkvertraglichen Komponenten bezüglich der Bauerrichtung miteinander vereint, ist auch bei den Gewährleistungsansprüchen zu differenzieren zwischen den Ansprüchen gem. §§ 459 ff. BGB wegen Sachmängeln beim Grund und Boden und den Ansprüchen gemäß §§ 633 ff. BGB wegen Mängeln am Bauwerk. Daneben treten die Ansprüche aus der Verletzung vertraglicher Nebenpflichten und aus Terminsverzug.

1. Die Rechte des Käufers

792 Der Schwerpunkt der Betrachtung liegt sowohl im baurechtlichen Schrifttum wie auch in der Rspr. bei den Rechtsfolgen der Schlechterfüllung des Vertrages durch den Bauträger.

a) Der Verzug bzw. die Terminsüberschreitung

793 Die verspätete Leistungserbringung durch den Bauträger kann sich entweder auf die **Eigentumsverschaffung** am Grundstück oder die **Herstellung** des Bauwerks oder beides beziehen. Eine isolierte Verzögerung der Grundstücksübertragung kann eintreten, wenn trotz zeitgerechter Gebäudeerrichtung die Übertragung des Grundstückseigentums auf den Erwerber noch nicht möglich ist, weil z.B. die Eigentumsübertragung vom Vorverkäufer auf den Bauträger, die Anlegung der Wohnungsgrundbücher oder die Vermessung und Parzellierung der veräußerten Einzelgrundstücke sich verzögert. Ob dem Käufer in dieser Situation überhaupt Ansprüche gegen den Bauträger zustehen, hängt davon ab, ob dem Bauträger eine **schuldhafte Verzögerung** vorzuwerfen ist. Ansprüche wegen der Verzögerung stehen dem Erwerber nur zu, wenn der Bauträger sich in Verzug befindet oder durch Mahnung des Käufers in Verzug gesetzt werden kann, d.h. wenn er die Terminsüberschreitung verschuldet hat. Hierzu zählen alle Fallgestaltungen, bei denen der Bauträger die Verzögerung tatsächlich zu vertreten hat: z.B. bei verspäteter Zahlung des Grundstückskaufpreises an den Voreigentümer, fehlender Erbringung von notwendigen Mitwirkungshandlungen wie z.B. der Abgabe von Grundbucherklärungen, fehlender Vorlage der notwendigen

Verzögerungsschäden: Voraussetzung = Verzug

Vermessungs- und Katasterunterlagen. In allen diesen Fällen stehen dem Käufer, da das BGB speziellere Verzugsregelungen für den Grundstückskauf nicht kennt, die Rechte aus § 326 BGB zu.[1] Nach Fristsetzung und Ablehnungsandrohung kann der Erwerber anstelle der Erfüllung entweder den Rücktritt vom Vertrag oder Schadensersatz wegen Nichterfüllung verlangen. Will der Erwerber dagegen die Immobilie behalten, so muß er auf Erfüllung, d.h. auf Auflassung und Eigentumsumschreibung klagen. Ist die Auflassung im Bauträgervertrag bereits beurkundet – die in der Praxis häufigste Fallgestaltung – so hat der Käufer auf Abgabe einer Willenserklärung zu klagen, nämlich auf Zustimmung zur Eintragung des Eigentumswechsels im Grundbuch bzw. Erteilung einer Anweisung an den beurkundenden Notar, den Umschreibungsantrag zu stellen.

794 Praktische Bedeutung kommt dem Anspruch auf Eigentumsumschreibung – damit dem isolierten Bauträgerverzug hinsichtlich des Grundstücksteils des Vertrages – in den relativ häufigen Fällen zu, in denen der Erwerber wegen Mängeln des Bauwerks Einbehalte vornimmt, die nach Grund und/oder Höhe strittig sind.

Tip

Während des oft Jahre dauernden Rechtsstreits über das Bestehen der Mängel bzw. die Berechtigung der Einbehalte wird vielfach vergessen, dem Bauträger wegen der Eigentumsumschreibung eine Frist zu setzen und damit gemäß § 284 BGB den Verzug zu begründen.

Entstehen dem Käufer dann Schäden nur aus der verzögerten Eigentumsumschreibung, z.B. in Form höherer Zwischenfinanzierungszinsen, wenn die Überleitung in die Endfinanzierung vom vorher erfolgten Eigentumswechsel abhängt, so können **verzugsbedingte Schäden** vom Käufer nur geltend gemacht werden, wenn im Bauträgervertrag insgesamt ein Fixtermin vereinbart war, so daß bei verzögerter oder mangelhafter Fertigstellung zugleich auch der Verzug bezüglich der Eigentumsumschreibung eingetreten ist.

795 Verzögert sich die Eigentumsumschreibung allerdings aus Gründen, die nicht vom Bauträger zu vertreten sind, so hat auch der Käufer keine Ansprüche gegenüber dem Bauträger. Hier handelt es sich um diejenigen Fälle, in denen der Bauträger alle seiner Sphäre zuzurechnenden Handlungen ordnungsgemäß und fristgerecht erbracht hat und aufgrund **verzögerter Bearbeitung** durch Gerichte und Behörden Zeitverzögerungen

1 LG Köln, BauR 1971, 195; Locher, Rn. 409; Reithmann-Meichssner-v. Heymann, B Rz. 233.

Ansprüche des Käufers bei verspäteter Herstellung des Objekts

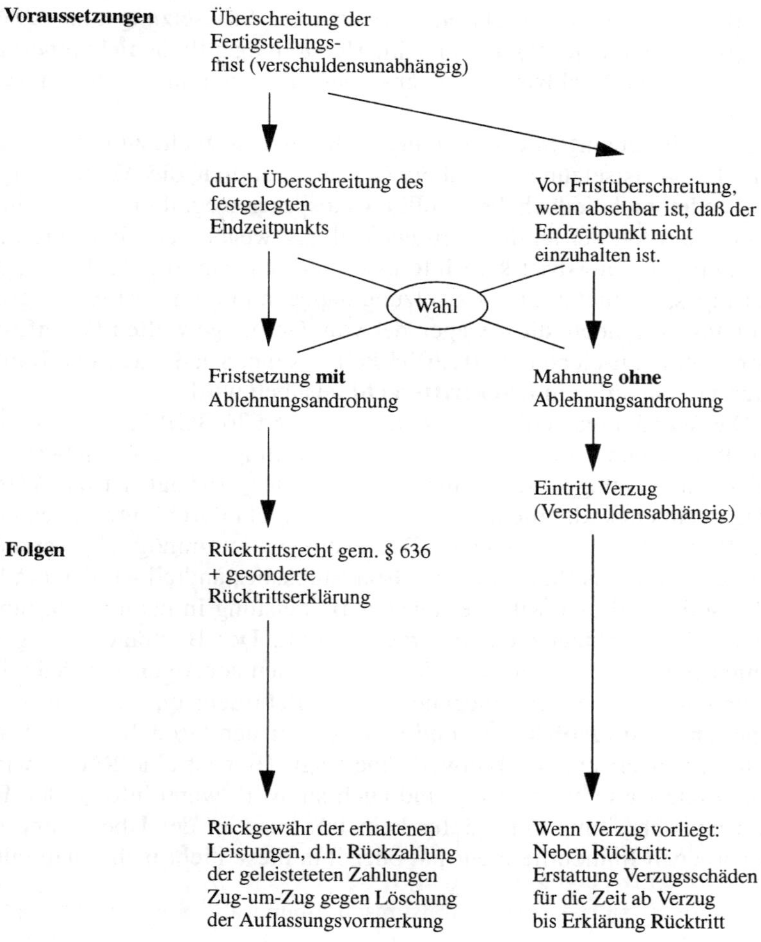

entstehen. Versäumnisse z.B. der Liegenschaftskataster oder der Grundbuchämter – in den neuen Bundesländern in den Jahren nach der Wiedervereinigung ein häufiges Abwicklungshindernis – hat der Bauträger weder zu vertreten noch hat er hierfür zu haften.[2]

796 **Verzögerter Bau** Wird die Bauerrichtungsverpflichtung nicht oder verspätet erfüllt, hat der Erwerber die Rechte aus § 636 BGB.[3] Er kann gemäß §§ 636, 634 BGB vom Vertrag zurücktreten, wenn trotz Fristsetzung und Ablehnungsandrohung der Bauträger seine Herstellungspflicht nicht innerhalb der gesetzten Nachfrist – die angemessen sein muß[4] – erfüllt (vgl. Schaubild).

797 Die Fristsetzung mit Ablehnungsandrohung ist nicht zu verwechseln mit der »Fristsetzung + Mahnung«, die lediglich die Verzugsfolgen begründet, nicht jedoch den Erfüllungsanspruch wegfallen läßt.[5] Geht es dem Erwerber, der an der Vertragserfüllung wegen der Überschreitung der Fertigstellungsfrist kein Interesse mehr hat, um die Auflösung des Vertrages, so muß er die Fristsetzung dagegen mit einer Ablehnungsandrohung verbinden, die – wegen der vom Gesetz gewollten **Warnfunktion** – mit hinreichender **Deutlichkeit** erkennen läßt, daß der Käufer nach Fristablauf sein **Rücktrittsrecht** ausüben wird.

798 **Wandlung beim Bauträgervertrag** Das Wandlungsrecht des Bestellers gem. § 636 BGB hat im Baurecht im allgemeinen keine Bedeutung. Da der Auftragnehmer typischerweise seine Bauleistungen auf fremdem Grundstück erbringt, ist das Wandlungsrecht entweder nicht praktikabel oder nicht durchführbar, denn die Rückgewähr bereits erbrachter Bauleistungen ist unmöglich, wenn die Bauteile bzw. das Bauwerk zum Grundstücksbestandteil wurden (§§ 94, 946 BGB) und eine Rückgewähr der Bauleistung in natura, d.h. durch Aus- oder Rückbau nicht in Frage kommt. Der Bauträgervertrag als gemischter Vertrag unterscheidet sich von den sonstigen Verträgen des Baurechts insoweit grundlegend, als der Bauträger typischerweise auf **eigenem Grundstück** baut und dem Käufer den Grundbesitz mitsamt dem darauf errichteten Bauwerk überträgt. Hier ist eine Rückabwicklung ohne weiteres möglich[6] und auch sinnvoll, wenn infolge der Terminsüberschreitung der Käufer kein Interesse an der Übernahme der erworbenen Immobilie mehr hat oder ihm diese nicht mehr zuzumuten ist.

2 Vgl. BGH, ZfBR 87, 232 f.
3 Vgl. Brych-Pause, Rn. 361 ff.
4 Reithmann-Meichssner-von Heymann, B Rz. 233 ff.: z.B. zwei bis vier Wochen als Nachfrist.
5 Vgl. Werner-Pastor, Rn. 1656 ff., 1809
6 Vgl. Reithmann-Meichssner-von Heymann, O Rz. 64.

Ist die vom Erwerber gesetzte Frist fruchtlos verstrichen, so kommt es nicht automatisch zur Wandlung bzw. zum Rücktritt. Da das Rücktrittsrecht mit dem fruchtlosen Fristablauf überhaupt erst entsteht, bedarf es zur Auslösung der Rücktrittsfolgen erst noch der Erklärung des Rücktritts durch den Erwerber gegenüber dem Bauträger. Es handelt sich um eine einseitige, empfangsbedürftige Willenserklärung, die dem Bauträger in nachweisbarer Form **zugehen** muß. Da – anders als bei den Kündigungserklärungen gem. VOB/B – der Rücktritt gem. §§ 636, 634 BGB nicht der Schriftform bedarf, reicht zur Ausübung des Rücktritts eine mündliche Erklärung aus. **799**

Rücktrittserklärung erforderlich

Aus Beweisgründen ist gleichwohl anzuempfehlen, den Rücktritt schriftlich und mit nachgewiesenem Zugang (Einschreiben/Rückschein oder quittierte Übergabe durch Boten) zu erklären bzw. diesen noch zu bestätigen, damit bezüglich der Ausübung dieses Gestaltungsrecht Rechtsklarheit geschaffen ist. **Tip**

Einer Fristsetzung mit Ablehnungsandrohung bedarf es gem. § 634 Abs. 2 BGB nicht, wenn der Bauträger die Vertragserfüllung bereits ernsthaft und **endgültig verweigert** hat, da es in einem solchen Falle unnötige Förmelei darstellen würde, dem Käufer noch eine Fristsetzung zuzumuten, obwohl deren Nichtbeachtung durch den anderen Vertragspartner von vornherein feststeht. Nicht verzichtbar ist dagegen die Rücktrittserklärung des Käufers, da erst die Ausübung des ihm zustehenden Gestaltungsrechts den Erfüllungsanspruch erlöschen und den Vertrag gem. § 349 BGB in ein Rückabwicklungsverhältnis gelangen läßt. **800**

Eine Fristsetzung kann nach dem Wortlaut des §§ 634 Abs. 2 BGB auch dann entfallen, wenn die sofortige Geltendmachung des Wandlungsanspruches durch ein besonderes Interesse des Erwerbers gerechtfertigt ist. **801**

Für den Käufer ist hier Vorsicht geboten. Während beim Wandlungsrecht wegen Mängeln durchaus Fälle denkbar sind, bei denen die Schwere des Mangels oder die technische Unmöglichkeit der Beseitigung ein besonderes Interesse des Käufers am Wegfall der Fristsetzung begründen können, dürfte bei verzögerter Fertigstellung nur in einem besonders extrem gelagerten Ausnahmefall[7] das **Tip**

7 Z.B., wenn der Käufer schon aus seiner bisherigen Wohnung ausziehen mußte oder obdachlos wird und sich – auch im Interesse der Schadensminderung – überraschend bzw. sofort für den Erwerb eines Ersatzobjektes entscheiden muß.

»besondere Interesse« am Wegfall der Frist bejaht werden können. In der Regel ist dem Käufer zumindest eine sehr knappe Fristsetzung zuzumuten, damit dem Bauträger entsprechend dem gesetzlichen Grundgedanken noch eine **Nachholung** seiner Vertragspflichten ermöglicht wird.

---

802 Entsprechend dem in § 634 Abs. 3 BGB zum Ausdruck kommenden Prinzip von Treu und Glauben, daß eine nur unerhebliche Beeinträchtigung der Käuferrechte nicht die Basis einer Wandlung darstellen kann, ist ein Rücktrittsrecht des Käufers zu verneinen, wenn die Terminsverzögerung geringfügig und eine baldige, abnahmefähige Fertigstellung des Bauwerks zu erwarten ist.

803 Beim Entstehen des Rücktrittsrechtes kann zugleich **Verzug** des Bauträgers gegeben sein, dann nämlich, wenn er die Verzögerung **zu vertreten** hat und entweder die im Vertrag vereinbarte Fertigstellungsfrist – als Fixtermin – verstrichen ist oder er zu einem Zeitpunkt, zu dem die Fertigstellung den Umständen nach erwartet werden konnte, aufgrund einer **Mahnung** des Käufers in Verzug geraten ist. Treten die Voraussetzungen und die Begründung des Verzugs neben die Fristsetzung mit Ablehnungsandrohung und den darauf erfolgten Rücktritt, so gilt: Ab Zugang der Rücktrittserklärung besteht ein Erfüllungsanspruch des Käufers nicht mehr. Er hat Anspruch auf Rückzahlung der bereits nach Baufortschritt geleisteten Kaufpreisraten Zug-um-Zug gegen Löschung der im Grundbuch für ihn eingetragenen Auflassungsvormerkung.[8] Daneben hat der Käufer gemäß § 636 Abs. 1 Satz 2 BGB i.V.m. §§ 286, 288 BGB den Anspruch auf Erstattung des **Verzugsschadens** für die Zeit ab dem Eintritt des Verzugs bis zum Zugang der Rücktrittserklärung – aber auch nur bis zu diesem Zeitpunkt, da ab dem Wegfall des Erfüllungsanspruches auch keine Verzugsfolgen wegen der verzögerten Erfüllung mehr geltend gemacht werden können.[9]

Tip

Will daher der Käufer trotz der Verzögerung am Vertrag festhalten, weil er gerade dieses Eigenheim bewohnen möchte oder bereits erhebliche Investitionen im Hinblick auf Sonderwünsche getätigt hat,[10] so ist ihm anzuraten, die Fristsetzung nicht mit einer Ablehnungsandrohung zu verbinden sondern mit einer Mahnung, die den

8 BGH, NJW-RR 89, 201.
9 BGH, NJW 84, 42.
10 Bei denen eine Rückabwicklung vielleicht nicht möglich ist, weil insoweit Verträge direkt mit den bauausführenden Firmen geschlossen und Zahlungen getätigt wurden.

Verzug des Bauträgers nachweisbar begründet. Bei dieser Fallgestaltung **bleibt** ihm der Erfüllungsanspruch gegenüber dem Bauträger, d.h. der Anspruch auf Verschaffung des Eigentums am Grundstück und auf Herstellung des Bauwerks, und zwar neben dem Anspruch auf Erstattung aller Verzugsschäden gem. §§ 286, 288 BGB.

Der vom Bauträger zu erstattende Verzugsschaden umfaßt alle diejenigen Schäden, die dem Erwerber als Folge der Terminsverzögerung entstanden sind. Hierzu gehören typischerweise die Schäden aus dem Bereich der **Baufinanzierung**,[11] z.B. die Differenz zwischen einem höheren **Zwischenfinanzierungszins** und dem Zinssatz der späteren **Endfinanzierung**, der Schaden aus der längeren Laufzeit der Zwischenfinanzierung oder der Verlust von Anlagezinsen, wenn angesparte Guthaben für die erwarteten Kaufpreisraten bereitgestellt werden, obwohl der Käufer sie bei vorheriger Kenntnis der Verzögerung länger angelegt hätte. War das vom Bauträger gekaufte Objekt zur Vermietung vorgesehen, so kann als Verzugsschaden auch der **Mietausfall** für den Zeitraum der Verzögerung geltend gemacht werden – unter Umständen, d.h. bei Verfall des Mietpreisniveaus, auch die Differenz zwischen demjenigen Mietzins, den der Erwerber bei rechtzeitiger Fertigstellung hätte erzielen können und dem nach Fertigstellung und Übergabe des Objektes tatsächlich erzielten bzw. objektiv erzielbaren Mietzins – bezogen auf die gesamte Laufzeit des Vertrages. Allerdings können Mietausfallschaden und Schäden aus der Baufinanzierung in der Regel nicht kumulativ geltend gemacht werden sondern nur alternativ, es sei denn, der Käufer weist im Wege der konkreten Schadensberechnung exakt nach, welche Kosten und Mieteinnahmen ohne die Terminsverzögerung angefallen wären und welche demgegenüber im konkreten Falle entstanden sind. **804**

Umfang des Schadensersatzes

Im Falle der beabsichtigten **Eigennutzung** hat der Käufer ebenfalls Anspruch auf Erstattung des Schadens, der durch die verspätete Nutzung entsteht. Seit der Grundsatzentscheidung des BGH[12] ist auch für den Bauträgervertrag anerkannt,[13] daß der Nutzungswert der eigengenutzten Wohnung/des Hauses einen in Geld **meßbaren Vermögenswert** darstellt, so daß die aus der verspäteten Herstellung des Bauobjektes resultierende verspätete Nutzung sich als Vermögenswert bzw. Vermögensschaden darstellt, der vom Bauträger als Verzugsschaden zu ersetzen ist. Bemessungsmaßstab ist ebenso wie bei der steuerlichen Ermittlung des **805**

Vermögenswerte Eigennutzung

11 Vgl. BGH, BauR 90, 464; Palandt-Heinrichs, § 286 Rn. 10.

12 Gr. Senat v. 9.7.86; BGHZ 98, 212 = NJW 87, 50.

13 BayObLG 87, 50; BGH, NJW 92, 1500 – allerdings nicht bei nur vorübergehender Vorenthaltung; Brych-Pause, Rn. 371 ff.

Nutzungswertes der eigengenutzten Wohnung die ortsübliche – fiktive – Miete, die für das Objekt erzielbar gewesen wäre.

806 Problematisch wird der Fall der verzögerten Herstellung – wie auch der gleichgelagerte Fall der verzögerten Beseitigung der vor der Abnahme erkannten Mängel – wenn der Bauträger auf Fristsetzungen mit Mahnung nicht reagiert bzw. die Fristen verstreichen läßt und der Käufer das Objekt in jedem Falle behalten möchte. Bei konsequenter Anwendung des Werkvertragsrechts auf den Bauträgervertrag würde dem Erwerber das freie Kündigungsrecht des § 649 BGB zustehen mit der Folge, daß er jederzeit durch (Teil-) Kündigung des Bauerrichtungsteils des Vertrages den Bauträger »ausschließen«, das Grundstück bzw. den Miteigentumsanteil am Grundstück behalten und den Bau selbst errichten könnte.

Kein freies Kündigungsrecht

Die Vertragsauslegung unter Berücksichtigung der beiderseitigen Interessen ergibt, daß grundsätzlich das freie Kündigungsrecht des § 649 BGB für den Bauträgervertrag nicht gilt.[14] Die **Vorlaufkosten** des Bauträgers für die Aquisition des Bauareals, für die Erschließung des Geländes wie auch sein Gewinn bzw. seine allgemeinen Geschäftskosten werden nicht durch den Vergütungsanteil abgegolten, der im Bauträgervertrag für das **Grundstück** bzw. den Miteigentumsanteil am Grundstück angegeben und mit Rücksicht auf steuerliche Belange meist sehr niedrig beziffert ist. Sein Gewinn und damit die Motivation für den Vertragsabschluß liegt vielmehr in dem wertmäßig weitaus höher zu bemessenden **Bauerrichtungsteil** des Vertrages. Darüber hinaus ergibt sich bei der Errichtung von Eigentumswohnungen oder einer kompletten Wohnanlage – auch wenn sie aus Einzelhäusern besteht - aus der Pflicht des Bauträgers zur Gesamterfüllung der Verträge denknotwendig ein Ausschluß des freien Kündigungsrechtes. Erfüllt der Bauträger dagegen seine Pflichten gegenüber einem oder mehreren Käufern schuldhaft nicht, so zerstört er damit selbst die Basis zur Gesamterfüllung. In einem solchen Falle, d.h., wenn der Bauträger selbst einen wichtigen Grund zur Kündigung geliefert hat, erscheint es gerechtfertigt, § 649 BGB auch auf den Bauträgervertrag anzuwenden und dem Käufer bei Vorliegen der Voraussetzungen des § 634 BGB bzw. § 326 BGB das Recht zur Teilkündigung des Vertrages bezüglich der noch nicht oder mangelhaft erbrachten Bauleistung zu geben.[15] Denn § 649 BGB bietet für den Fall der nur teilweisen Herstellung des Bauwerks eine für beide Parteien interessengerechte Lösung: Der Käufer behält den Anspruch auf Übertragung des Vertragsobjektes mit dem erreichten Bautenstand und der Bauträger den Anspruch auf den Vergütungsanteil für den Grundbesitz (-anteil) und die

14 BGHZ 96, 275 = ZfBR 1986, 19; Reithmann-Meichssner-v. Heymann, B Rz. 56; Palandt-Sprau, § 649 Rn. 1.

15 Basty, Rn. 455; Brych-Pause, Rz. 258 ff.; Doerry, WM 91, Sonderbeilage Nr. 8 S. 5; BGH v. 21.11.1985, BGHZ 96, 275 = ZfBR 86, 19.

teilweise erbrachten Bauleistungen. Für die Berechnung bzw. den Nachweis der **anteiligen Vergütung** gilt § 649 BGB und die hierzu ergangene neuere Rspr.,[16] wonach es Sache des Bauträgers ist, die anteilige Vergütung – in Relation zu der vereinbarten Pauschalsumme – mit ihren kalkulatorischen Einzelansätzen darzulegen und zu **beweisen**. Gegebenenfalls ist gem. § 632 Abs. 2 BGB die Vergütung für die erbrachte Teilleistung durch Sachverständigengutachten zu ermitteln.

b) Die mangelhafte Bauträgerleistung

Entsprechend dem Mischcharakter des Bauträgervertrages ergibt sich deckungsgleich auch eine aus kaufvertraglichen und werkvertraglichen Elementen bestehende **Gewährleistung** des Bauträgers. Soweit Mängel des verkauften Grundbesitzes betroffen sind, richten die Ansprüche des Erwerbers sich nach **Kaufvertragsrecht**, während bei Mängeln bezüglich der Errichtung des Bauwerks die Abwicklung der Gewährleistung nach den Bestimmungen des **Werkvertragsrechts** erfolgt.[17] Besonderheiten ergeben sich darüber hinaus als Folge der **Gemeinschaftsgebundenheit** bei der Errichtung von Eigentumswohnungen. Hier kann der Käufer wegen Mängeln am Sondereigentum unabhängig von der Gemeinschaft seine Gewährleistungsansprüche isoliert verfolgen. Bei Mängeln am Gemeinschaftseigentum bedarf es dagegen für die Geltendmachung von Minderungs- und Schadensersatzansprüchen einer Beschlußfassung durch die Gemeinschaft oder aber Ermächtigung des einzelnen Wohnungseigentümers durch die übrigen Miteigentümer. Die unterschiedliche Zuordnung der Gewährleistungsansprüche gewinnt Bedeutung einerseits wegen der hieraus resultierenden, teilweise unterschiedlichen Ansprüche und andererseits wegen der um 4 Jahre differierenden **Verjährungsfristen**. Das Kaufrecht sieht bei Mängeln alternativ (§ 462 BGB) die Wandlung, d.h. die Rückgängigmachung des Vertrages, oder die Minderung, d.h. Herabsetzung des Kaufpreises, vor. Schadensersatz wegen Nichterfüllung kann dagegen nur beim Hinzutreten weiterer Anspruchsvoraussetzungen gefordert werden, d.h. beim Fehlen zugesicherter Eigenschaften oder beim arglistigen Verschweigen eines Fehlers durch den Verkäufer (§ 463 BGB). Die Gewährleistungsfrist beträgt gemäß § 477 BGB nur ein Jahr ab Übergabe des Grundstücks, sofern nicht der – in der Beweisführung äußerst problematische – Fall der Arglist (Verjährung 30 Jahre) vorliegt. Das Werkvertragsrecht sieht dagegen primär und verschuldensunabhängig die Nachbesserung (§ 633 BGB) **807**

Unterschiedliche Gewährleistungsansprüche

16 BGHZ 131, 362; BGH, NJW 96, 3270; BGH, NJW 97, 733; Palandt-Sprau, § 649 Rn. 5 f.

17 Basty, Rn. 475; Reithmann-Meichssner-v. Heymann, B Rz. 50.

Grundstücksübertragung:
Gewährleistung beim Kaufvertrag

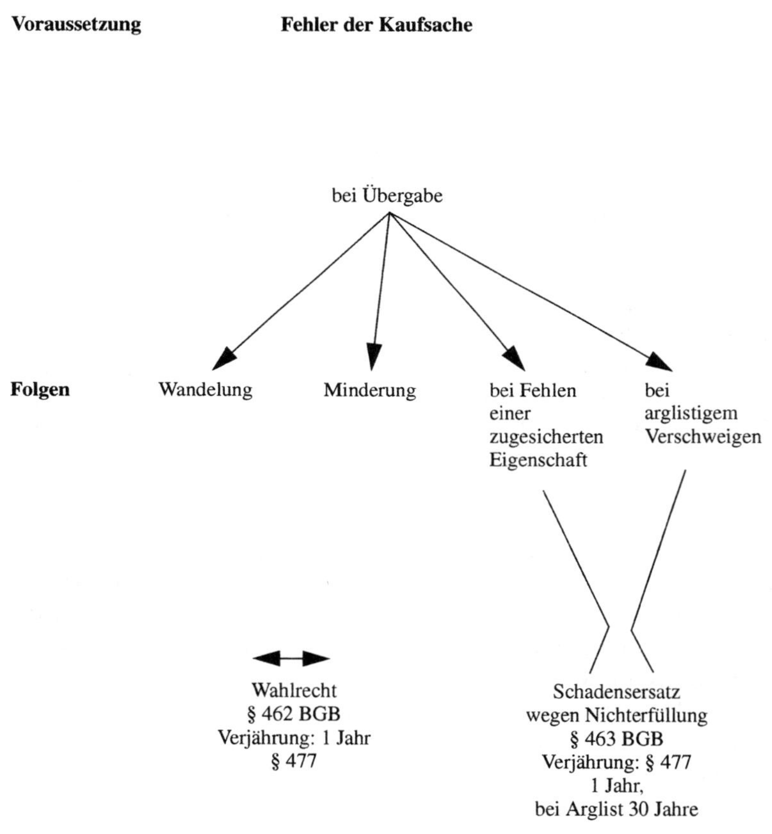

vor. Schadensersatz kann dagegen nur bei Hinzutreten eines weiteren Tatbestandsmerkmals verlangt werden, nämlich bei schuldhafter Verursachung des Mangels (§ 635 BGB) durch den Bauträger oder seine Erfüllungsgehilfen, d.h. den Architekten oder die Bauhandwerker. Kommt der Bauträger der Nachbesserungspflicht nicht nach, so hat der Erwerber die Alternative zwischen

- Fristsetzung + Mahnung (§ 633 BGB)
  Danach Anspruch auf Erstattung der aufgewendeten Drittunternehmerkosten oder Anspruch auf Vorschuß zur Nachbesserung durch den Drittunternehmer;
- Fristsetzung + Ablehnungsandrohung (§ 634 BGB)
  Danach Minderung oder Wandlung.

Die Gewährleistungsfrist beträgt gemäß § 638 BGB fünf Jahre, im Ausnahmefall des arglistigen Verschweigens von Mängeln oder des Organisationsverschuldens wiederum 30 Jahre.

aa) Mängel des veräußerten Grundstücks

Eine **isolierte Anwendung** der **kaufvertraglichen** Gewährleistungsbestimmungen ist immer dann gegeben, wenn spezifische Mängel des Grund und Bodens vorliegen und sich diese nicht auf das Bauwerk durchschlagen, d.h. die Nutzbarkeit des Bauwerks beeinträchtigen. In erster Linie kommen hier die in § 468 BGB geregelten Fälle der Nichteinhaltung einer bestimmten Grundstücksgröße in Betracht.[18] Hier ist das Wandlungsrecht des Käufers eingeschränkt auf diejenigen Fälle, bei denen wegen der Erheblichkeit der Abweichung kein Interesse des Käufers an der Vertragserfüllung mehr besteht. Bei der Minderung ist ein Abzug auf Basis des im Kaufvertrag angegebenen Anteils der Gesamtvergütung für den Grundstücksanteil vorzunehmen. Sonstige Fälle des Grundstücksmangels sind z.B. die Sichtbehinderung,[19] das Fehlen von Plänen für ein Gasleitungsnetz,[20] das Fehlen der Gartenanlage,[21] soweit nicht im Rahmen der Bauerrichtung geschuldet. Strittig sind Fälle der **808** **z.B.**

18 BGH v. 27.04.1984, WM 1984, 941 (Reihenhaus mit »etwa« 540 m² Grundstück laut Vertrag, tatsächlich nur 480 m²); NJW 86, 920; Palandt-Putzo, § 468, Rn. 1 f.; Reithmann-Meichssner-v. Heymann, B Rz. 65; Basty, Rn. 476; BGH, WM 1978, 1291.

19 OLG Köln, SFH Nr. 6 zu § 635 BGB; Reithmann-Meichssner-v. Heymann, B Rz. 65; BGH, WM 71, 1382.

20 Reithmann-Meichssner-v. Heymann, B Rz. 65.

21 Basty, Rn. 476.

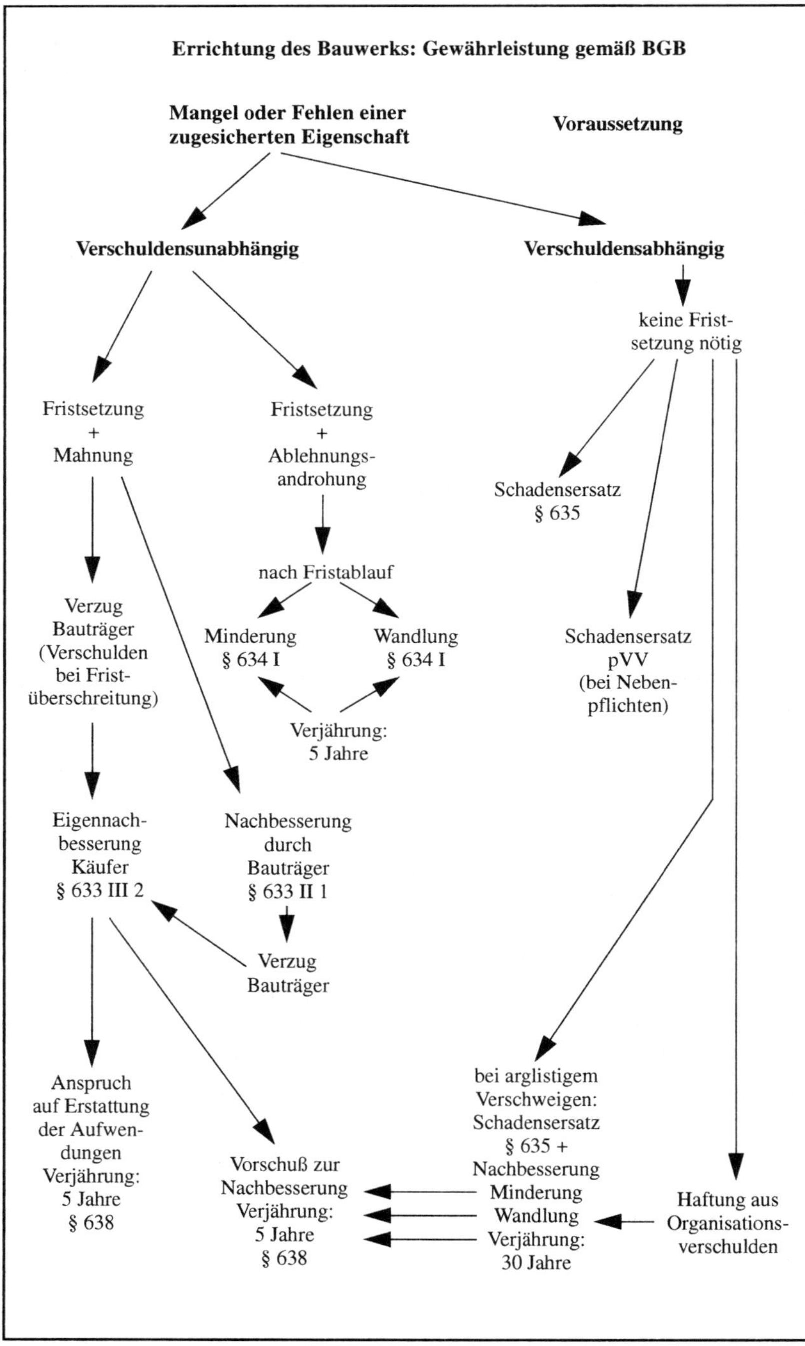
Errichtung des Bauwerks: Gewährleistung gemäß BGB
Mangel oder Fehlen einer zugesicherten Eigenschaft
Voraussetzung
Verschuldensunabhängig
Verschuldensabhängig
keine Fristsetzung nötig
Fristsetzung + Mahnung
Fristsetzung + Ablehnungsandrohung
Schadensersatz § 635
nach Fristablauf
Verzug Bauträger (Verschulden bei Fristüberschreitung)
Minderung § 634 I
Wandlung § 634 I
Schadensersatz pVV (bei Nebenpflichten)
Verjährung: 5 Jahre
Eigennachbesserung Käufer § 633 III 2
Nachbesserung durch Bauträger § 633 II 1
Verzug Bauträger
Anspruch auf Erstattung der Aufwendungen Verjährung: 5 Jahre § 638
Vorschuß zur Nachbesserung Verjährung: 5 Jahre § 638
bei arglistigem Verschweigen: Schadensersatz § 635 + Nachbesserung Minderung Wandlung Verjährung: 30 Jahre
Haftung aus Organisationsverschulden

Bodenkontamination (»Altlasten«), die gemäß OLG Karlsruhe[22] zu den Grundstücksmängeln zählen. Da nach den Regeln der Bautechnik zum ordnungsgemäßen Bodenaushub, der der Rohbauerstellung vorausgeht, auch die ordnungsgemäße Entsorgung von verunreinigtem Boden gehört[23] und die Abfallbeseitigungsgesetze der Länder dem Grundstückseigentümer, d.h. dem Bauträger, die Verpflichtung zur Entsorgung immer dann auferlegen, wenn durch eine Veränderung des Altbestandes – hier: Durchführung der Baumaßnahme – der »Bestandsschutz« entfällt, dürften die Fälle der Bodenkontamination eher den Bauwerksmängeln zuzurechnen sein.[24] Dies muß jedenfalls dann gelten, wenn die Schadstoffe im Boden eine Beeinträchtigung des Bauwerks selbst oder seiner Funktionsfähigkeit (Ausgasungen, Gesundheitsbeeinträchtigungen für die Bewohner) zur Folge haben. **öffentlich-rechtliche Verpflichtungen**

bb) Mängel des Bauwerks

Wegen der Mängel am zu errichtenden **Bauwerk** stehen dem Erwerber die werkvertraglichen **Gewährleistungsansprüche** der §§ 633 ff. BGB zu. Seine Rechtsposition ist, wenn es um die Errichtung von Häusern geht und der Erwerber Alleineigentümer einer dem jeweiligen Bauwerk zuzuordnenden Grundstücksparzelle wird, nicht anders als die des Auftraggebers beim BGB – Bauwerksvertrag. Auf die dortigen Ausführungen[25] wird daher verwiesen. Handelt es sich um die Errichtung von **Eigentumswohnungen**, ist der Erwerber dagegen gewissen **Einschränkungen** unterworfen,[26] soweit es um die Geltendmachung von Ansprüchen bezüglich des Gemeinschaftseigentums geht. Nachstehend wird daher nur auf einige für das Vertragsverhältnis zwischen Käufer und Bauträger typische Fallgestaltungen eingegangen. **809**

Häufiger Streitpunkt ist die Zusicherung bzw. Angabe der Größe, der Wohn- oder Nutzfläche der Wohnung bzw. des Hauses. Ist diese Fläche **kleiner** als vom Käufer erwartet, stehen ihm Gewährleistungsansprüche nur zu, wenn eine bestimmte Fläche vertraglich **zugesichert** war. Die Angabe der Wohnungsgröße lediglich in der als Anlage zum Kaufvertrag genommenen Teilungserklärung oder den hierzu gehörenden Aufteilungsplänen beinhaltet nur eine Mengen- bzw. Beschaffenheitsangabe, **810**

22 OLG Karlsruhe v. 08.01.1991 = NJW 91, 1836; Reithmann-Meichssner-v. Heymann, B Rz. 65.
23 vgl. DIN 18320 Ziff. 3.1.10 sowie insbes. DIN 18299 Ziff. 4.2.4.
24 So im Ergebnis auch Basty, Rn. 476.
25 Vgl. Rz. 627 ff.
26 Vgl. nachstehend Rz. 820.

nicht aber die Zusicherung einer bestimmten Eigenschaft.[27] Enthält der Urkundstext keine Angabe oder Zusicherung des Bauträgers, für diese Größe verschuldensunabhängig auch einstehen zu wollen, so begründet das Schweigen des Urkundstextes eine Vermutung gegen die Zusicherung einer bestimmten Wohnungsgröße.[28] Ergibt sich dagegen aus dem notariellen Bauträgervertrag entweder direkt oder indirekt – nämlich aus der Baubeschreibung oder den Bauplänen, sofern diese ausdrücklich zum Vertragsgegenstand gemacht wurden – eine bestimmte Größenangabe, so ist diese vertraglich zugesichert.[29] Ist sie unterschritten, schuldet der Bauträger Schadensersatz oder Minderung. Da die für die Berechnung von Wohnflächen früher maßgebende DIN 283 zwischenzeitlich zurückgezogen wurde, ist sie nur – als **Berechnungsgrundlage** – heranzuziehen, wenn im Vertrag auf die DIN Bezug genommen wurde.[30] Sonst ist, da der allgemeine Sprachgebrauch mit dem Begriff der Wohnfläche keine bestimmte Berechnungsmethode verbindet, zur Feststellung der Wohnfläche ein **Sachverständiger** heranzuziehen, der in der Regel die Berechnungsmethode der für den öffentlich geförderten Wohnungsbau maßgeblichen II. Berechnungsverordnung (§§ 42-44) zu Grunde legen wird.[31] Da beim Bauen immer mit gewissen Toleranzen zu rechnen ist, wie nicht zuletzt die DIN 18202 – Maßtoleranzen im Hochbau – markant beweist, sind dem Bauträger auch bei Zusicherung einer bestimmten Wohnungsgröße als Mindestgröße gewisse **Toleranzen zuzubilligen**. Da schon bei der Umrechnung von Rohbaumaß auf lichtes Innenmaß nach der II. Berechnungsverordnung ein pauschaler Abzug von 3 % (für den Innenputz) vorzunehmen ist[32] und da weiter bei Berücksichtigungder zulässigen Toleranzen im Hochbau gemäß der DIN 18202 Unebenheitstoleranzen z.B. durch Aufbringung von Putzmehrstärken oder Hartfaserplatten zu kaschieren sind, erscheint eine maximale Toleranz von 5 % angemessen und auch zumutbar. Umgekehrt ist bei grober Unterschreitung der angegebenen Mindestgröße – 10 % weniger als im Vertrag angegeben – auch dann von einem zur Minderung berechtigenden Mangel auszugehen, wenn der Größenangabe nicht die Qualität

27 Vgl. OLG Hamm, BauR 95, 739 L = BB 95, 1210; Jagenburg, NJW 1997, 2364; Palandt-Putzo, § 468 Rn. 1.

28 BGH, NJW 91, 912.

29 Vgl. OLG Düsseldorf, BauR 1997, 477; BGH v. 14.05.1998, BauR 1998, 1117 = NJW RR 98, 1169; vgl. auch BGH, SFH Nr. 75 zu § 635 BGB.

30 OLG Hamm, NJW-RR 97, 1551.

31 Vgl. BGH, NJW 91, 912; OLG Hamm, NJW RR 97, 1551.

32 Vgl. Basty, Rn. 508.

einer Zusicherung zukommt.[33] Hier ist aus § 468 BGB der allgemeine Rechtsgedanke abzuleiten, daß jedenfalls eine »erhebliche« Abweichung vom Käufer nicht mehr als vertragsgemäße Leistung akzeptiert werden muß, zumal gerade beim Kauf vom Bauträger der Quadratmeterpreis in der Regel die Bemessungsgrundlage für die Ermittlung der Pauschalvergütung darstellt.

Aus dem **Gemeinschaftsbezug** bei Errichtung einer Wohnanlage **811** können für den Bauträger, obwohl er nur die Errichtung des Vertragsgegenstandes selbst schuldet, **weitergehende Gewährleistungspflichten** resultieren. Wird bei der Errichtung von Reihen- oder Doppelhäusern das gemäß Gesamtplanung angrenzende Haus (noch) nicht errichtet, so liegt ein Mangel vor, wenn dem Kaufgegenstand deshalb (vorläufig) die erforderliche Wärme- und Feuchtigkeitsisolierung fehlt.[34] Wirbt der Bauträger in den Verkaufsprospekten mit unverbaubarer Aussicht, so ist die Sichtbeeinträchtigung durch ein später dennoch errichtetes Bauwerk oder Bauteil auch dann als Mangel zu bewerten, wenn die unverbaubare Sicht nicht verbindlich im Vertrag garantiert wurde.[35]

Gewährleistung bei Sonderwünschen

Kompliziert wird die Durchsetzung von Gewährleistungsansprüchen **812** für den Käufer auch dann, wenn es um Mängel bei der Ausführung von **Sonderwünschen** geht. Sind diese nach dem Kaufvertrag unmittelbar den mit der Bauausführung befaßten Bauhandwerkern in Auftrag zu geben – die in der Praxis häufigste Vertragsgestaltung – so ist sein Vertragspartner und Adressat der Gewährleistungsansprüche nur der Bauhandwerker. Nur dann, wenn Bauträgerleistung und Sonderwunsch so miteinander verzahnt sind, daß eine einheitliche Bauleistung betroffen ist, bleibt der Bauträger für die **Gesamtleistung** gewährleistungspflichtig.[36] Der Käufer hat daneben aber auch eigene Gewährleistungsansprüche gegen den Bauhandwerker, die sich mit denen gegen den Bauträger überschneiden.[37]

33 So KG, NJW-RR 89, 459 f.: Zwar in der Begründung dogmatisch inkonsequent, da die Flächenangabe entweder rechtlich unbeachtliche Beschaffenheitsangabe ist oder Eigenschaftszusicherung; letztere fängt nicht erst bei einem bestimmten Prozentsatz an – im Ergebnis jedoch so richtig, da krasse Mindergrößen nicht tolerabel sind.

34 BGH v. 28.10.1993, NJW 94, 314; Basty, Rn. 481; Brych-Pause, Rz. 490.

35 OLG Köln, SFH Nr. 6 zu § 635 BGB; LG Hannover, NJW-RR 86, 320.

36 Beispiel Fliesenarbeiten: Der Sonderwunsch betrifft nur Auswahl bzw. Qualität der Fliese. Bei mangelhafter Ausführung, z.B. zu große bzw. unterschiedliche Fugenbreiten, ist das Gesamtgewerk mangelhaft, damit auch die vom Bauträger durch Erfüllungsgehilfen erbrachte Leistung »Gewerk Fliesenarbeiten«.

37 OLG Celle, BauR 98, 802, 804 f.

c) Der Umfang und die Grenzen von Haftungsfreizeichnung

813 Bauträgerverträge sind fast immer für eine Vielzahl von Verträgen vorformuliert und damit im Sinne des § 1 Abs. 1 AGBG vom Bauträger »gestellt«. Denn aus der gewerblichen Tätigkeit des Bauträgers ergibt sich zwangsläufig die Absicht, das vorformulierte Vertragswerk für 3 oder mehr Vertragsabschlüsse zu verwenden mit der Folge, daß der Vertrag – auch wenn es sich um ein vom Notar entwickeltes Vertragsmuster handelt – der **Inhaltskontrolle des AGBG** unterliegt.[38] Wird der Vertrag zwischen dem gewerblich tätigen Bauträger und einer natürlichen Person abgeschlossen, »die den Vertrag zu einem Zweck abschließt, der weder einer gewerblichen noch einer selbständigen beruflichen Tätigkeit zugerechnet werden kann« so handelt es sich gem. § 24 a AGBG um einen **Verbrauchervertrag**, der auch bei erstmaliger oder nur einmaliger Verwendung der vollen Inhaltskontrolle des AGBG unterliegt. Typischerweise ist beim Bauträgervertrag der Käufer »Verbraucher« im Sinne der vorgenannten Bestimmung, so daß praktisch jeder Bauträgervertrag den Anforderungen des AGBG genügen muß.

814 **Haftungsbeschränkung und AGB** Zentrales Problem ist beim Bauträgervertrag die Frage, ob überhaupt und in welchem Umfang der Bauträger seine **Haftung** gegenüber dem Erwerber ausschließen oder einschränken kann. Eine vollständige Haftungsfreizeichnung ist gemäß § 11 Nr. 10 a AGBG ausgeschlossen. Beim Individualvertrag wäre der Haftungsausschluß zwar theoretisch zulässig. Faktisch ist er gemäß § 242 BGB jedoch auch beim Individualvertrag unwirksam, wenn der Notar nicht den Käufer ausführlich über die einschneidenden Rechtsfolgen belehrt hat,[39] insbesondere dann, wenn im Individualvertrag eine »formelhafte«, d.h. in Formularverträgen übliche Klausel, verwendet wurde.[40]

Tip Angesichts der für den Notar gegebenen Haftungsrisiken bei nicht ausreichender Belehrung empfehlen die Notarkammern, derartige Freizeichnungen nicht mehr zu beurkunden.

---

38 Basty, Rn. 3; Löwe-von Westphalen-Trinkner, AGBG, § 1 Rz. 8; BGH, NJW 85, 852; BGH, NJW-RR 91, 342; BGH, NJW 95, 2034 f.; Reithmann-Meichssner-v. Heymann, O Rz. 16; BGH v. 11.10.1984, WM 84, 1610.

39 Reithmann-Meichssner-v. Heymann, O Rz. 19; BGH WM 86, 799; BGH, WM 87, 1018; KG, BauR 89, 488.

40 BGH, WM 87, 1018; BGH, NJW 88, 1972; BGH, WM 89, 1537; Reithmann-Meichssner-v. Heymann, O Rz. 19.

Eine **Einschränkung** der Gewährleistungspflichten des Bauträgers in inhaltlicher oder zeitlicher Hinsicht oder aber eine **Freizeichnung** bei gleichzeitiger Abtretung von Gewährleistungsansprüchen gegen die Erfüllungsgehilfen des Bauträgers ist nur in den Grenzen des § 11 Nr. 10 a) bis f) AGBG zulässig. **815**

Im Vordergrund steht die Problematik des § 11 Nr. 10 a) AGBG, d.h. **816** die Freizeichnung bei gleichzeitiger Abtretung von Gewährleistungsansprüchen gegen die am Bau beteiligten Unternehmer und Ingenieure. Diese kann wirksam nur für den Tätigkeitsbereich Dritter, nicht dagegen für Fälle des Eigenverschuldens des Bauträgers im technischen (Fehler in Planung, Koordinierung, Bauaufsicht) oder im wirtschaftlich-finanziellen Bereich (falsche Angaben zu Steuervorteilen, Finanzierungsbeschaffung) vereinbart werden.[41] Die Freizeichnung gilt nur insoweit, als der Erwerber die abgetretenen Gewährleistungsansprüche tatsächlich realisieren kann. Im Rahmen der sogenannten Subsidiärhaftung, d.h. des Wiederauflebens der Gewährleistungsansprüche gegen den Bauträger, haftet dieser einschränkungslos, wenn die Realisierung der abgetretenen Ansprüche fehlschlägt,[42] z.B. wegen Insolvenz des Bauunternehmers, unangemessener Verzögerung oder Verweigerung der Nachbesserung. Von der gerichtlichen Geltendmachung der abgetretenen Ansprüche darf der Bauträger seine Subsidiärhaftung nicht abhängig machen;[43] der Erwerber ist nur zum nachdrücklichen, außergerichtlichen Versuch der Durchsetzung von abgetretenen Ansprüchen verpflichtet. Läßt der Käufer den Anspruch gegen den Dritten schuldhaft verjähren, obwohl er vom Bauträger hinreichende Hilfestellung zur Durchsetzung seiner Ansprüche erhielt, ist ein Rückgriff gegen den Bauträger im Rahmen der Subsidiärhaftung nicht möglich,[44] weil der Bauträger den Einwand der Arglist erheben kann. Hinreichende Unterstützung hat der Bauträger dann gewährt, wenn er gemäß § 402 BGB die notwendigen **Auskünfte** erteilt hat. Hierzu gehört als Minimalvoraussetzung die Bekanntgabe des bzw. der für den Mangel verantwortlichen Handwerker/Architekten/Ingenieure, die Unterrichtung über den Inhalt der Verträge und die Abnahme(n).[45] Bei gerichtlicher Verfolgung der abgetretenen Ansprüche durch den Käufer hat der Bauträger alle für eine ordnungsgemäße Prozeßführung erforderlichen weiteren Dokumente – z.B. Ausschrei-

Unterstützungspflichten

41 Reithmann-Meichssner-v. Heymann, O Rz. 21 ff.
42 BGHZ 92, 123 = NJW 84, 2573; Locher, Rn. 411 ff.
43 Palandt-Heinrichs, § 11 AGBG Rn. 53; Locher, Rn. 412.
44 Palandt-Heinrichs, § 11 AGBG, Rz. 53; BGH, NJW-RR 91, 342; Locher, Rn. 412; OLG Düsseldorf, BauR 90, 752; BGH, BauR 91, 85.
45 BGH, NJW-RR 89, 467; BGH, NJW 84, 2094.

bung, Rechnungen, Aufmaße, weitere Korrespondenz – jedenfalls in Kopie zur Verfügung zu stellen. [46]

Voraussetzungen

817 Die subsidiäre Eigenhaftung des Bauträgers ist aufschiebend bedingt – nämlich für den Fall des **Fehlschlagens** der abgetretenen Ansprüche. Der Bedingungseintritt erfolgt erst zu dem Zeitpunkt, in dem der Mißerfolg der vom Käufer versuchten Schadloshaltung feststeht.[47] Unter Umständen steht erst kurz vor der Verjährung der abgetretenen Ansprüche deren Nichtrealisierbarkeit fest. Da die fünfjährige Eigenhaftung des Bauträgers gemäß § 11 Nr. 10 f) AGBG nicht verkürzt werden kann,[48] führt die Freizeichnung faktisch zu einer deutlichen Verlängerung des Haftungsrisikos des Bauträgers – im Extremfall auf nahezu 10 Jahre.

Kostenerstattungsanspruch gegen Bauträger

Der Käufer kann zudem die Erstattung der bei der versuchten Realisierung der abgetretenen Ansprüche entstandenen Kosten (Prozeßkosten, Gutachter- und Rechtsanwaltskosten) vom Bauträger auf Basis des Auftragsrechts verlangen.[49]

Tip

Bei Abwägung aller **Risiken** dürften die Nachteile der Subsidiärhaftung gegenüber den Vorteilen der Freizeichnung deutlich **überwiegen,**[50] worauf der den Bauträger beratende Rechtsanwalt oder Notar diesen – zur Vermeidung eigener Regressrisiken – deutlich **hinzuweisen** hat. Dies gilt nicht zuletzt unter dem Aspekt, daß dem Käufer wegen der subsidiären Eigenhaftung gegenüber dem Bauträger ein Leistungsverweigerungsrecht in Höhe der 2- bis 5-fachen Nachbesserungskosten zusteht, solange die Mängel nicht beseitigt sind – und zwar nicht erst ab Eintritt der Bedingung, d.h. ab Eintritt der subsidiären Haftung, sondern von vornherein. [51]

---

46 Zu weitgehend m.E. Locher, Rn. 412, der den Bauträger für verpflichtet hält, alle Leistungsverzeichnisse, Angebote, Verträge, Schlußrechnungen, Korrespondenz bezüglich Mängel, herauszugeben. Zum einen reicht die Übergabe von Kopien, zumal der Bauträger aufgrund eigener steuerlicher Aufbewahrungspflichten Rechnungen und Geschäftsbriefe im Original behalten muß. Zum anderen genügt die Herausgabe der tatsächlich zur Durchsetzung benötigten Dokumente – statt sämtlicher Bauunterlagen.

47 BGHZ 92, 123 = NJW 84, 25 73; Reithmann-Meichssner-v. Heymann, O Rz. 23; weitergehend: OLG Düsseldorf, NJW RR 92, 1108: die fünfjährige Eigenhaftung des Bauträgers beginnt mit dem Fehlschlagen neu zu laufen.

48 BGHZ 96, 129; NJW 87, 2373; Palandt-Heinrichs, § 11 AGBG Rn. 71; Basty, Rn. 531 ff.

49 BGHZ 92, 123 = NJW 84, 2573 = BauR 84, 634.

50 Vgl. Basty, Rn. 500; Reithmann-Meichssner-v. Heymann, B Rz. 63.

51 BGH, NJW 91, 1048; WM 78, 951; 81, 563; 81, 1108; 84, 243; Reithmann-Meichssner-v. Heymann, O Rz. 26; Palandt-Heinrichs, § 320 Rn. 11; Locher, Rn. 411; BGH, BauR 78, 398.

Inhaltliche Einschränkungen der gesetzlichen Bauträger-Gewährleistung unterliegen der Inhaltskontrolle des § 11 Nr. 10 b) d) AGBG. Hiernach kann eine Beschränkung der Gewährleistungsansprüche auf das Nachbesserungsrecht nur dann wirksam vereinbart werden, wenn für den Fall des Fehlschlagens der Nachbesserung dem Käufer das Recht auf Wandlung oder auf Minderung eingeräumt wird. Der formularmäßige Ausschluß des Wandlungsrechts ist, obwohl der Schwerpunkt der Bauträgerleistung auf der Errichtung des Bauwerks und damit der Erbringung von Bauleistungen liegt, nach h.A.[52] nicht zulässig. Bei Bauwerksverträgen, die nicht zugleich eine Grundstücksübertragung zum Gegenstand haben, kann zwar gemäß § 11 Nr. 10 b) AGBG das Wandlungsrecht ausgeschlossen werden, weil beim Bauen auf fremdem Grundstück der Vollzug der Wandlung zwangsläufig zur Zerstörung der auf dem Grundstück des Auftraggebers geschaffenen Werte führen würde. Da die Wandlung beim Bauträgervertrag auch die **Rückgabe des Grundstücks** beinhaltet, besteht für den Ausschluß des Wandlungsrechts jedoch kein Bedürfnis. **818**

kein Ausschluß der Wandlung in AGB

Die Nachbesserung ist fehlgeschlagen, wenn sie technisch unmöglich ist, ernsthaft und endgültig verweigert, unzumutbar verzögert oder vergeblich versucht worden ist.[53] In diesem Falle hat der Käufer die Wahl zwischen der Klage auf Nachbesserung oder auf Vorschuß zur Nachbesserung, auf Minderung oder Wandlung – natürlich jeweils nach Einhaltung der entsprechenden Formalien, d.h. Fristsetzung mit Mahnung oder Fristsetzung mit Ablehnungsandrohung. Wird im Bauträgervertrag das Recht auf Schadensersatz ausgeschlossen, was gemäß § 11 Nr. 10 a) AGBG zulässig ist, so hat der Käufer keine Ansprüche aus § 635 BGB. Bei schuldhafter Verletzung der Nachbesserungspflicht kann er jedoch Schadensersatz gemäß § 286 BGB wegen Verzugs sowie aus positiver Vertragsverletzung geltend machen, sofern nicht auch diese Ansprüche ausdrücklich ausgeschlossen wurden.[54] Beschränkungen des Schadensersatzanspruchs entweder der Höhe nach oder auf den unmittelbaren Schaden sind in den Grenzen des § 11 Nr. 7 AGBG zulässig. Hiernach ist eine Begrenzung in Fällen leichter Fahrlässigkeit möglich, nicht jedoch bei Vorsatz oder grober Fahrlässigkeit.[55] **819**

52 Palandt-Heinrichs, § 11 AGBG Rn. 59; OLG Köln, NJW 86, 330; OLG Koblenz, NJW-RR 95, 1104; OLG Hamm, NJW-RR 98, 1031; wohl auch BGHZ 101, 378; Basty, Rn. 528; Reithmann-Meichssner-v. Heymann, O Rz. 30.

53 Palandt-Heinrichs, § 11 AGBG Rn. 57; BGH, NJW 94, 1005; BGHZ 93, 62; OLG Köln, NJW-RR 92, 1147; Locher, Rn. 412

54 Reithmann-Meichssner-v. Heymann, O Rz. 30

55 Reithmann-Meichssner-v. Heymann, O Rz. 28, 31

d) Besonderheiten bei der Ausübung von Gewährleistungsansprüchen durch Wohnungseigentümer

820 Das Wohnungseigentum[56] setzt sich gemäß § 1 WEG aus zwei verschiedenen Eigentumsphären zusammen, nämlich dem **Sondereigentum** an der Wohnung und dem – **ideellen** – Anteil am **Gemeinschaftseigentum**. Das Gemeinschaftseigentum besteht aus dem Grund und Boden einerseits sowie denjenigen Teilen, Anlagen und Einrichtungen des Gebäudes, die für dessen Bestand oder Sicherheit erforderlich sind oder dem gemeinschaftlichen Gebrauch der Wohnungseigentümer dienen (§ 5 WEG). Soweit die Teilungserklärung eine exakte Zuordnung der einzelnen Gebäudebestandteile vornimmt, gehören zum Gemeinschaftseigentum z.B.: der Rohbau mit Fundamentplatte, tragenden Konstruktionen wie Außen- und tragenden Innenwänden, Geschoßdecken, Dach, Außenputz, Fenster und Fensterbänke, Wasser, Gas- und Heizungsanlagen nebst Steigeleitungen, Feuchtigkeitsisolierungen von Fußböden, Balkonen, Terrassen, Estrich als Trittschallschutz, Wärmeisolierschicht, Aufzüge etc.[57] In Zweifelsfällen wird die Zugehörigkeit zum Gemeinschaftseigentum gesetzlich vermutet, da Sondereigentum gem. §§ 3, 5 WEG nur entsteht, soweit es ausdrücklich eingeräumt bzw. durch Teilung begründet wird.

z.B.

821 Da Gewährleistungsansprüche wegen Baumängeln als vertragliche Ansprüche ihre Grundlage in dem jeweiligen einzelnen Bauträgervertrag haben, ist Inhaber und **Anspruchsberechtigter** dieser Ansprüche stets der einzelne Erwerber, nicht etwa die Wohnungseigentümergemeinschaft oder gar deren WEG-Verwalter.[58] Bezüglich des Sondereigentums versteht sich dies von selbst, da dies – wie das Volleigentum gemäß § 903 BGB – seinen Inhaber berechtigt, damit nach Belieben zu verfahren und andere von jeder Einwirkung auszuschließen. Bei Mängeln am Gemeinschaftseigentum ergeben sich hier jedoch **Einschränkungen** als Folge der Gemeinschaftsbindung.

56 Die Unterscheidung in Wohnungseigentum einerseits und Teileigentum andererseits ergibt sich nach der Definition des § 1 WEG aus der unterschiedlichen Nutzung. Räume eines Gebäudes, die nicht zu Wohnzwecken dienen – z.B. Büros, Läden oder sonstige gewerblichen Einheiten – sind Teileigentum und als solches im Grundbuch einzutragen, während die zu Wohnzwecken genutzten oder zu nutzenden Räumlichkeiten Wohnungseigentum sind. Die Rechte und Ansprüche des Käufers sind bei Wohnungs- wie auch Teileigentum identisch. Zur Vereinfachung ist im Text dieses Buches nur von »Wohnungseigentum« die Rede.

57 Vgl. die Übersicht bei Werner-Pastor, Rn. 468 ff. mit Hinweisen auf die zahlreiche Rechtsprechung.

58 H.A., vgl. BGHZ 114, 383 ff. = NJW 91, 2480; BGH, BauR 97, 488 f.; OLG Köln, NJW 68, 2063; OLG München, NJW 73, 2027; Groß, BauR 75, 12; Pause, NJW 93, 553; Werner-Pastor, Rn. 471 sowie BGH, BauR 94, 105 = NJW 94, 443.

Ansprüche, deren Durchsetzung nicht zu einem Eingriff in das gemeinschaftliche Eigentum führen können, dürfen vom einzelnen Erwerber uneingeschränkt geltend gemacht werden. Es bedarf weder einer Ermächtigung noch einer Mitwirkung der Gemeinschaft. Hierzu gehört primär das Recht des Käufers, wegen Mängeln am Gemeinschaftseigentum zu wandeln.[59] Die Gemeinschaft wird durch den Vollzug der Wandlung nicht tangiert, da an die Stelle des Käufers wieder der Bauträger tritt und in seiner Eigenschaft als Miteigentümer die Kosten und Lasten anteilig zu tragen hat.[60] **822**

Bezüglich der **Erfüllungs-** wie auch der auf Beseitigung des Mangels **823**
zielenden **Nachbesserungsansprüche**, d.h. der sogenannten **primären Gewährleistungsansprüche**, ist jeder einzelne Käufer berechtigt, diese auch ohne zuvor ergangenen Mehrheitsbeschluß gerichtlich gegenüber dem Bauträger geltend zu machen. Denn er kann aufgrund seines Vertrages die Herstellung des vertragsgemäßen Zustandes verlangen, ohne daß ihm dies unter Berufung auf die Verwaltungsbefugnis der Wohnungseigentümergemeinschaft verwehrt werden kann.[61] Zwar kann der einzelne Käufer dann keine Nachbesserung verlangen, wenn die Wohnungseigentümergemeinschaft mehrheitlich beschlossen hat, wegen dieses Mangels zu mindern.[62] Hierauf kann sich der Bauträger gegenüber dem Nachbesserungsverlangen des Käufers jedoch nicht berufen, da Beschränkungen bei der Durchsetzung von Gewährleistungsansprüchen nur das Innenverhältnis betreffen.[63] Die Klagebefugnis des einzelnen kann nur dann entfallen, wenn die Eigentümergemeinschaft nach entsprechender Beschlußfassung den WEG-Verwalter mit der gerichtlichen Geltendmachung dieser Ansprüche beauftragt hat, da in dieser Ermächtigung zugleich die Übertragung der materiell-rechtlichen Verfügungsmacht über den eingeklagten Anspruch liegt.[64]

Gewährleistungsrechte des Zweiterwerbers

Hat ein Käufer seine Wohnung zwischenzeitlich weiterveräußert, so hat der Zweiterwerber grundsätzlich nur dann Gewährleistungsrechte gegenüber dem Bauträger, wenn er durch Abtretung Inhaber des Anspruchs geworden ist. Fehlt

59 BGH, WM 1971, 1251; BGH, NJW 79, 2207; Groß, BauR 75, 12 ff. 18; Werner-Pastor, Rn. 475; Reithmann-Meichssner-v. Heymann O Rz. 94.

60 Palandt-Bassenge, § 16 WEG Rn. 22 ff.; Werner-Pastor, Rn. 475

61 BGHZ 62, 388 = BauR 1977, 271; NJW 90, 1663 = BauR 90, 353; NJW 94, 443 = BauR 94, 105; Werner-Pastor, Rn. 478; Reithmann-Meichssner-v. Heymann, O Rz. 92 ff.

62 OLG Düsseldorf, NJW RR 93, 89; Reithmann-Meichssner-v. Heymann, O Rz. 92.

63 BGH, BauR 1980, 69 f. = WM 79, 1364; BGHZ 68, 372, 377 = BauR 77, 271; Werner-Pastor, Rn. 479; Reithmann-Meichssner-v. Heymann O Rz. 92.

64 BGH, NJW 79, 2207, 2208; BGH, NJW 81, 1841; BGH, NJW-RR 86, 755.

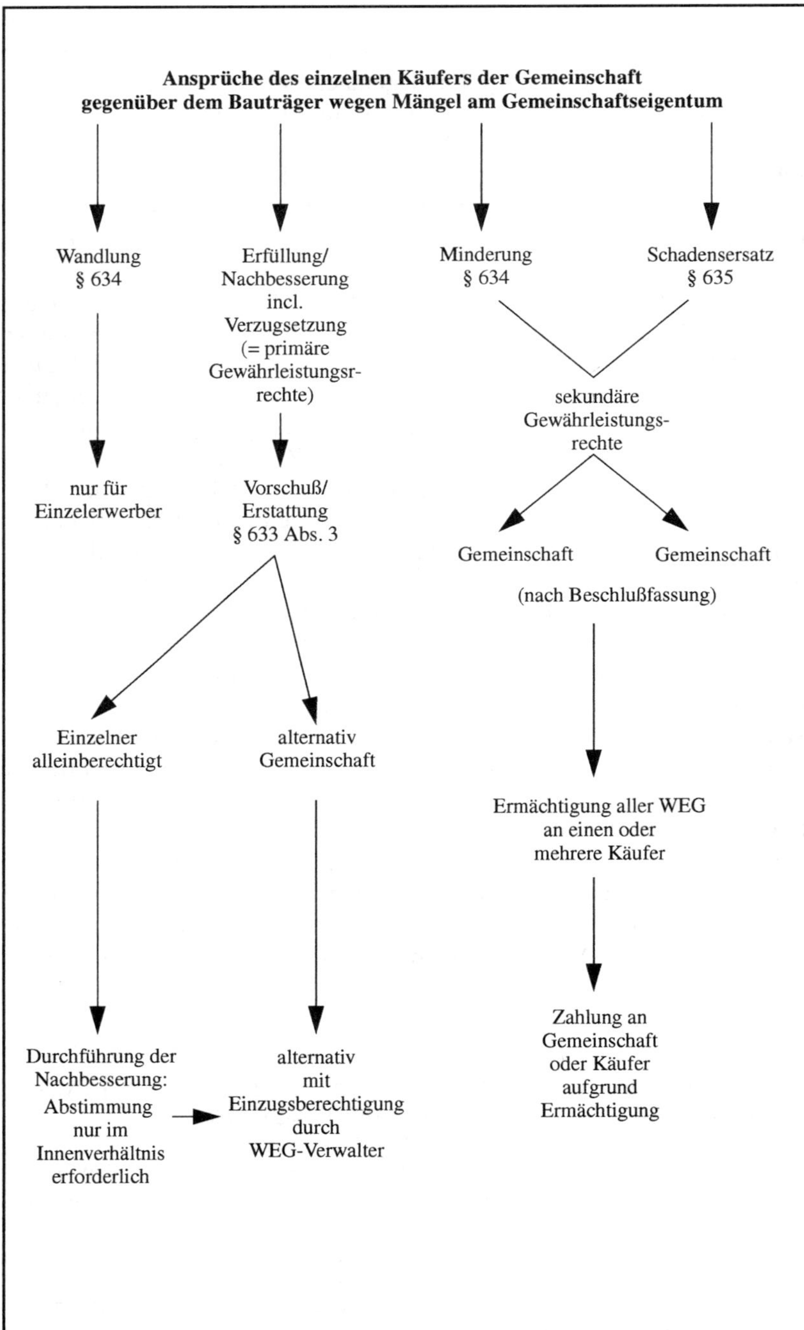
Ansprüche des einzelnen Käufers der Gemeinschaft gegenüber dem Bauträger wegen Mängel am Gemeinschaftseigentum
Wandlung § 634
Erfüllung/ Nachbesserung incl. Verzugsetzung (= primäre Gewährleistungsrechte)
Minderung § 634
Schadensersatz § 635
nur für Einzelerwerber
Vorschuß/ Erstattung § 633 Abs. 3
sekundäre Gewährleistungsrechte
Gemeinschaft
Gemeinschaft
(nach Beschlußfassung)
Einzelner alleinberechtigt
alternativ Gemeinschaft
Ermächtigung aller WEG an einen oder mehrere Käufer
Zahlung an Gemeinschaft oder Käufer aufgrund Ermächtigung
Durchführung der Nachbesserung: Abstimmung nur im Innenverhältnis erforderlich
alternativ mit Einzugsberechtigung durch WEG-Verwalter

eine förmliche Abtretung, so gilt der Zweiterwerber nach Ansicht des BGH[65] »in der Regel« als vom Ersterwerber stillschweigend ermächtigt.

Bezüglich der primären Gewährleistungsrechte aus § 633 Abs. 3 BGB sind die einzelnen Erwerber Mitgläubiger im Sinne des § 432 BGB,[66] da die Nachbesserung am Gemeinschaftseigentum eine unteilbare Leistung darstellt, die nur gegenüber allen Wohnungseigentümern gemeinsam erbracht werden kann. Der einzelne Erwerber kann hiernach Leistung nur an alle Wohnungseigentümer verlangen.[67] Die Erfüllung des Nachbesserungsanspruchs durch den Bauträger wirkt gegenüber allen und läßt den Nachbesserungsanspruch **insgesamt** erlöschen.[68] **824**

Da der einzelne Erwerber Inhaber der aus dem jeweiligen Kaufvertrag abzuleitenden Gewährleistungsrechte ist, steht zwangsläufig auch dem Einzelnen – trotz der Gemeinschaftsgebundenheit – sowohl der Anspruch auf Vorschuß zur Mängelbeseitigung gem. § 633 Abs. 3 BGB wie auch umgekehrt die Einrede des nicht erfüllten Vertrages gem. § 320 BGB zu. Problematisch im Sinne eines gerechten **Interessenausgleichs** zwischen dem Schuldnerinteresse des Bauträgers und dem Gläubigerinteresse des Käufers wird hierbei die Frage, ob der Anspruch jeweils in Höhe der gesamten Nachbesserungskosten geltend gemacht werden darf oder nur in Höhe des auf den einzelnen Erwerber entfallenden **Anteils**. **825**

Benachteiligung des Bauträgers

Wenn wegen desselben Mangels am Gemeinschaftseigentum jeder einzelne von einer Vielzahl von Käufern den Anspruch auf Vorschuß zur Nachbesserung in voller Höhe gerichtlich durchsetzen kann, so wird der Bauträger unangemessen benachteiligt, da er wegen der isolierten Erhebung des Vorschußanspruches durch einzelne Käufer ein **Vielfaches** dessen zu zahlen hat, was tatsächlich für die Nachbesserung erforderlich ist. Die bisherige Argumentation des BGH,[69] dies sei nicht unbillig, da der Vorschuß ja nichts Endgültiges sei sondern abgerechnet und – soweit er nicht verbraucht sei – zurückgezahlt werden müsse, vermag nicht zu überzeugen. Da der einzelne Erwerber weder aufgrund seines Kaufvertrages noch nach den Bestimmungen des WEG verpflichtet ist, den erhaltenen Vorschuß an die Gemeinschaft auszukehren,[70] kann durch Zahlung dieses Vorschusses die Durchführung der Nachbesserung nicht sichergestellt werden. Der Bauträger trägt das **Risiko der Insolvenz** des einzelnen Käufers, der den Vorschuß vielleicht zweckwidrig verwendet, und ist noch dazu zur **Mehrfachzahlung** verpflichtet, selbst wenn fest- **826**

Einzelansprüche in voller Höhe

Gefahr der Insolvenz

65 BGH, BauR 97, 488 = ZfBR 97, 185; so auch Werner-Pastor, Rn. 478.

66 BGH, NJW 79, 2207 ff. 2208: Gesamtgläubigerschaft; BGH, BauR 80, 69 ff. 71; Weitnauer, WEG § 8 Anh. 54; Kleine-Möller-Merl-Oelmaier, Rn. 853; Reithmann-Meichssner-v. Heymann, O Rz. 97.

67 Vgl. Palandt-Putzo, § 432 Rn. 8; Brych-Pause, Rn. 671.

68 Werner-Pastor, Rn. 484.

69 BGHZ 47, 272, 274; BGHZ 66, 138 ff. 141.

70 Vgl. Staudinger-Bub, WEG § 21 Rn. 271.

steht, daß der bereits an einen anderen Käufer gezahlte Vorschuß – weil nicht verbraucht – zurückgezahlt werden muß. Da es in der Regel um erhebliche Beträge geht, erscheint es schon unbillig, den Bauträger liquiditätsmäßig so zu belasten, daß die Mehrfachzahlung eines Vorschusses für denselben Mangel unter Umständen dessen Insolvenz herbeiführt – insbesondere in denjenigen Fällen, in denen nicht der Bauträger selbst, sondern die von ihm beauftragten Bauunternehmer den Mangel verursacht haben und der Bauträger Liquidität benötigt, um seinen Erfüllungsgehilfen auf Zahlung oder Vorschuß verklagen zu können. Die bisherige Haltung des BGH ist auch dogmatisch **nicht konsequent**, da ja bei den sekundären Gewährleistungsansprüchen – Minderung und Schadensersatz – ohnehin die **Individualrechtstheorie aufgegeben** und wegen der Gemeinschaftsbezogenheit dieser Ansprüche sowohl die Wahl zwischen Minderung und Schadensersatz wie auch die Durchsetzung dieser Ansprüche ausschließlich der Gemeinschaft vorbehalten wird.[71]

Tip

Ein für alle Vertragsbeteiligten billiges Ergebnis kann nur erzielt werden, wenn schon der primäre Gewährleistungsanspruch mit Rücksicht auf die gem. § 21 WEG gegebene Gemeinschaftsbindung in die Mitgläubigerschaft einbezogen und die Geltendmachung des Anspruchs durch den einzelnen nur nach Maßgabe des § 432 BGB gestattet wird.[72] Hiernach kann zwar auch ein einzelner Erwerber den Vorschußanspruch in voller Höhe geltend machen. Er kann jedoch nur Leistung an die Gesamtgemeinschaft fordern. Die mehrfache Geltendmachung durch verschiedene Käufer ist dann ausgeschlossen.

---

827 In gleicher Weise problematisch ist die Frage, ob jeder einzelne Käufer wegen Mängeln am Gemeinschaftseigentum ein unbeschränktes Leistungsverweigerungsrecht in Höhe der gesamten voraussichtlichen Nachbesserungskosten oder gar – wie beim Bauwerksvertrag – in Höhe des zwei- bis fünffachen Betrages[73] einwenden kann. Auch hier besteht die Gefahr, daß bei unbeschränkter Leistungsverweigerung wegen nur geringfügiger Mängel ein unverhältnismäßig hoher Betrag einbehalten

71 BGH v. 30.04.1998, BauR 98, 783 = NJW 98, 2967; BGH, BauR 80, 69; BGH, NJW 79, 2207, 2208.

72 BGH, NJW 92, 435; Kleine-Möller- Merl-Oelmaier Rn. 852; Koeble, Fs. Soergel S. 129; Pause, NJW 93, 553, 557; Ingenstau-Korbion, A Anh. Rn. 277; Staudinger, § 432 Rn. 12 ff.; Staudinger-Bub, § 21 WEG Rn. 269 ff.

73 BGH, BauR 1998, 783, 785 = NJW 98, 2967; Werner-Pastor, Rn. 483.

wird. Ein angemessener Interessenausgleich läßt sich auch hier bei konsequenter Anwendung des Prinzips von § 432 BGB erzielen. Hiernach steht das Leistungsverweigerungsrecht ungeschmälert, d.h. in Höhe der zwei- bis fünffachen Gesamtnachbesserungskosten, der **Gemeinschaft** der Wohnungseigentümer zu. Wird nur ein einzelner Käufer vom Bauträger auf Zahlung in Anspruch genommen, kann er einredeweise das der Gemeinschaft zustehende Leistungsverweigerungsrecht in voller Höhe geltend machen.[74] Werden dagegen mehrere Erwerber vom Bauträger auf Zahlung der jeweiligen restlichen Vergütung in Anspruch genommen, so können sie das Leistungsverweigerungsrecht nur **anteilig**, d.h. entsprechend dem Verhältnis der Miteigentumsanteile, berechnen.

Da der »Druckzuschlag« der Erhöhung auf den zwei- bis fünffachen Betrag bleibt, erfüllen die mehreren anteiligen Leistungsverweigerungsrechte zusammen ihren Zweck, ohne den Bauträger unverhältnismäßig zu belasten oder die Rechte der Erwerber zu schmälern.[75]

Gegenüber dem Zahlungsverlangen des Bauträgers kann der Käufer **828**
bei Mängeln am Gemeinschaftseigentum Zurückbehaltungsrechte geltend machen. Eine Aufrechnung ist jedoch wegen der Gemeinschaftsbezogenheit nicht möglich. Weder kann der Bauträger gegenüber dem Vorschußanspruch mit Ansprüchen gegen einzelne Erwerber aufrechnen, noch kann umgekehrt der einzelne Käufer gegenüber dem Zahlungsverlangen des Bauträgers die Aufrechnung mit Vorschuß- oder Erstattungsansprüchen, die Mängel am Gemeinschaftseigentum betreffen, erklären.[76]

Keine Aufrechnung

Bei den sog. sekundären Gewährleistungsrechten führt nach h.A.[77] **829**
die Gemeinschaftsbezogenheit zu einem **Verlust** der **Sachbefugnis** des einzelnen Erwerbers. Sowohl der Minderungsanspruch sowie der »kleine« Schadensersatzanspruch gem. § 635 BGB wie bereits die Wahl zwischen beiden Ansprüchen können nur von der Gemeinschaft geltend gemacht werden. Klagt der einzelne Käufer, muß er hierzu durch Gemeinschaftsbeschluß ermächtigt sein. Er kann Zahlung nur an die Gemeinschaft oder deren WEG-Verwalter, nicht aber an sich persönlich verlangen. Eine Ausnahme gilt bezüglich des »großen« Schadensersatzanspruches. Während beim sogenannten »kleinen« Schadensersatzanspruch der Erwerber die Immobilie behält und den Differenzschaden

74 BGH, BauR 98, 783 ff. = NJW 98, 2967.

75 BGH, NJW 84, 725, 727; Kleine-Möller-Merl-Oelmaier Rn. 858; Werner-Pastor, Rn. 482; Reithmann-Meichssner-v. Heymann, O Rz. 93.

76 BGH, BauR 92, 88 = NJW 92, 435; Werner-Pastor, Rn 485; Kleine-Möller-Merl-Oelmaier, Rn. 853.

77 BGH, BauR 98, 783 ff. = NJW 98, 2967; BGHZ 114, 382 ff. = NJW 91, 2480 ff.; BGHZ 74, 258 ff. = NJW 79, 2207 ff.; Kleine-Möller-Merl-Oelmaier, § 12 Rz. 859 ff.; Werner-Pastor, Rn. 487 ff.; Reithmann-Meichssner-v. Heymann, O Rz. 95 ff.

geltend macht, gibt er beim »großen« Schadensersatzanspruch das gekaufte Objekt zurück und berechnet den Schaden so, als habe er überhaupt nichts erhalten. Diese Form der Schadensabwicklung entspricht **faktisch** der Wandlung bzw. Rückgängigmachung des Vertrages, weshalb dieser spezielle Anspruch individualrechtlich zu behandeln ist, mit der Folge, daß das Recht zu seiner Ausübung dem einzelnen Käufer verbleibt.[78] Eine weitere Ausnahme gilt bei Mängeln am gemeinschaftlichen Eigentum, die nicht behebbar sind und sich ausschließlich am Sondereigentum auswirken, wie dies oft bei Schallmängeln der Fall sein kann. Auch hier sind keine schützenswerten Gemeinschaftsinteressen betroffen, so daß die Entscheidung über Minderung oder Schadensersatz sowie deren gerichtliche Durchsetzung dem hierdurch betroffenen Einzelerwerber überlassen werden können.[79]

e) Die Verletzung vertraglicher Nebenpflichten

830 Der typische Bauträgervertrag beinhaltet ausschließlich die Verpflichtung des Bauträgers zur **Übereignung** des verkauften Grundstücks oder Miteigentums sowie zur schlüsselfertigen **Errichtung** und **Übergabe** des im Vertrag, der Baubeschreibung und ggf. den Bauplänen beschriebenen Bauwerks. Der Bauträger kann – bei atypischer Vertragsgestaltung – auch weitergehende Verpflichtungen übernehmen, die dem Betreuungsvertrag bzw. Formen des Bauherrenmodells entliehen sind. Die Beschaffung des Kaufpreises bzw. der Kaufpreisfinanzierung ist in der Regel Sache des Käufers. Wird die Finanzierung vom Bauträger »mitgeliefert«, hat er die Finanzierung entsprechend den ihm vom Käufer wahrheitsgemäß mitgeteilten Einkommens- und Vermögensverhältnissen zu vermitteln. Er hat den Käufer bei der Auswahl der Kreditmöglichkeiten wie auch bei der Abwicklung fachgerecht zu beraten und zu unterstützen, z.B. bei der Beschaffung von öffentlich geförderten Krediten oder Zuschüssen, die an bestimmte Personengruppen gewährt werden. Hierbei handelt es sich, auch wenn mit der Beschaffung und Abwicklung der Finanzierung zugleich die des Kaufvertrages selbst »steht und fällt«, um reine Nebenpflichten, da die Hauptleistungspflicht in der Verschaffung des Grundbesitzes und der Bauwerkserrichtung besteht. Die Schlechterfüllung derartiger Nebenpflichten begründet keine Gewährleistungsansprüche sondern ausschließlich Schadensersatzansprüche nach den Grundsätzen über die **positive Vertragsverlet-**

78 BGHZ 74, 258 = NJW 79, 2207; Werner-Pastor, Rn. 491; Kleine-Möller-Merl-Oelmaier, § 12 Rn. 863.

79 BGHZ 110, 258 f. = NJW 90, 1663 = BauR 90, 353; Werner-Pastor, Rn. 489, Reithmann-Meichssner-v. Heymann, O Rz. 96.

zung.[80] Der Käufer ist vom Bauträger so zu stellen, wie er bei ordnungsgemäßer Finanzierungsvermittlung und/oder -beratung gestanden hätte. Sind die Bonität bzw. die Einkommensverhältnisse des Käufers so, daß eine Abwicklung der Finanzierung von vornherein zum Scheitern verurteilt ist, schuldet der Bauträger die durch den verbindlichen Abschluß des Darlehensvertrages entstandenen Kosten, z.B. Bearbeitungsgebühr, Bereitstellungszinsen, verlorenes Disagio etc. Veranlaßt der Bauträger den Abschluß eines im Verhältnis zu marktüblichen Konditionen ungünstigen Darlehens, z.B., weil er hierzu durch eine Provision des Kreditgebers veranlaßt wurde, schuldet er als Schadensersatz die Differenz zwischen dem marktüblichen Zins und dem überhöhten Zins des vermittelten Vertrages. Kann der Erwerber nach dem Inhalt des Bauträgervertrages Sonderwünsche ausschließlich den vom Bauträger beauftragten Bauunternehmern direkt in Auftrag geben, ist der Bauträger zum Hinweis verpflichtet, wenn ihm bekannt ist oder wird, daß Insolvenz des Bauunternehmers und damit Verlust der vom Käufer auf Sonderwünsche geleisteten Anzahlungen droht. Ist der Bauträger nach dem Vertrag zu Änderungen der Bauausführung berechtigt, sofern diese auf baubehördlicher Anordnung oder Auflage beruhen, kann eine Schadensersatzpflicht des Bauträgers bestehen, wenn durch Einlegung von Rechtsmitteln eine sachlich oder rechtlich nicht gerechtfertigte Entscheidung der Behörde mit zumutbaren Mitteln hätte vermieden oder aufgehoben werden können.

f) Die Verjährung

Die Gewährleistungsansprüche gegen den Bauträger **verjähren** i.d.R.[81] **831**
binnen **fünf Jahren ab Abnahme** gem. § 638 BGB. Da die Abnahme eine vertragliche Hauptpflicht des Bestellers/Erwerbers ist und nicht lediglich die Besitzübernahme sondern zugleich die Anerkennung des Werkes als vertragsgemäße beinhaltet,[82] kommt es für den Beginn der Verjährung auf die vom einzelnen Käufer durchgeführte Abnahme an.

Zeitlich getrennte Abnahme

Sonder- und Gemeinschaftseigentum können vom Käufer zeitgleich oder aber zeitlich getrennt abgenommen werden, da eine **Zuordnung** zum einen oder anderen Bereich **tatsächlich möglich** ist. Hieraus folgt, bezogen auf den einzelnen Erwerber, ein unterschiedlicher Beginn – damit auch Ende – der jeweiligen Verjährungsfrist.[83] Die Abnahme des Gemeinschaftseigentums wirkt nur für den jeweils einzelnen Erwerber,

80 Vgl. Rz. 379 ff.
81 Vgl. oben, Rz. 807 ff.; Brych-Pause, Rn 607 ff.
82 Vgl. Palandt-Sprau, § 640 Rn. 1 f.
83 BGH, BauR 83, 573 ff. 575; Brych-Pause, Rn. 439.

auch wenn im Bauträgervertrag u.U. eine Abnahme durch »die Gemeinschaft« und/oder deren WEG-Verwalter vorgesehen ist, da weder der WEG-Verwalter noch die Gemeinschaft ohne besondere Ermächtigung eine Abnahme mit Wirkung für den Erwerber vornehmen können.[84] Haben hiernach die einzelnen Erwerber das Gemeinschaftseigentum zu **unterschiedlichen** Zeitpunkten abgenommen, ist der Lauf der Verjährungsfrist für jeden Käufer individuell zu berechnen. Solange noch ein einziger Käufer unverjährte Gewährleistungsansprüche hat, kann er gegenüber dem Bauträger den Anspruch auf Herstellung eines mangelfreien Werks, d.h. auf Nachbesserung des Gemeinschaftseigentums, ohne Einschränkungen durchsetzen.[85] Streitig ist die Frage, ob ein Nachzügler gegenüber dem Bauträger Minderung oder Schadensersatz in voller Höhe oder nur in Höhe seiner eigenen **Quote**, d.h. im Verhältnis seines Miteigentumsanteils, verlangen kann, wenn die Ansprüche der übrigen Käufer bereits verjährt sind.[86] Die konsequente Anwendung des § 432 BGB auf die sekundären Gewährleistungsansprüche führt zwangsläufig dazu, daß derjenige Käufer, der als letzter noch unverjährte Ansprüche hat, diese in voller Höhe gegenüber dem Bauträger geltend machen kann. Denn die »unteilbare Leistung« des Bauträgers gegenüber der Gemeinschaft besteht in der gemeinschaftsgebundenen Gewährleistungsverpflichtung. Diese wird nicht deshalb zu einer teilbaren, weil die Erfüllung der Verpflichtung durch Zahlung eines – teilbaren – Geldbetrages erfolgt.[87]

unterschiedlicher Verjährungsbeginn

Nachzügler-Erwerber

2. Die Rechte des Bauträgers

a) *Der Erfüllungsanspruch*

832 Der Anspruch des Bauträgers gegen den Käufer zielt in erster Linie auf **Erfüllung**, d.h. Zahlung des Kaufpreises für das schlüsselfertig errichtete Bauobjekt. Anspruchsgrundlage für die Zahlung des Kaufpreises ist § 433 Abs. 2 BGB, da das **Kaufvertragsrecht** die klassische Grundlage für den Bauträgervertrag darstellt und die baurechtliche Rspr.[88] sowie

84 Vgl. OLG München, DB 78, 2360; BGH, NJW 85, 1551 = BauR 85, 314.

85 BGH, NJW 85, 1551 = BauR 85, 314 = ZfBR 1985, 132.

86 für die anteilige Quote der V. Senat des BGH: BGHZ 108, 156 ff. = NJW 89, 2534, 2535; BGH, NJW 96, 1056 f.; für den vollen Schadensersatz – oder Minderungsanspruch der VII. Senat: BGH, NJW 85, 1551 f.

87 Palandt-Heinrichs, § 432 Rn. 2; BGH, NJW 98, 1482, 1483; 94, 119; 84, 796; Werner-Pastor, Rn. 515.

88 BGH, NJW 73, 1235; BGH, NJW 79, 1406.

das Schrifttum[89] – insoweit dogmatisch inkonsequent – lediglich die **Sachmängelgewährleistungsansprüche** des Käufers nach **Werkvertragsrecht** beurteilen, nicht jedoch den gesamten Errichtungsteil des Vertrages. Die Klage auf Zahlung des Kaufpreises findet bislang keine Erwähnung in der Fachliteratur. Es entsprach nämlich der jahrzehntelangen notariellen Praxis, zur erleichterten Durchsetzung des Zahlungsanspruchs des Bauträgers den Käufer gem. § 794 Abs. 1 Nr. 5 ZPO der **Zwangsvollstreckung** aus der notariellen Urkunde zu unterwerfen.

b) Die Vollstreckungsunterwerfung

Gem. §§ 724, 726 ZPO ist die Erteilung der Vollstreckungsklausel, die **833**
die Grundlage für die Zwangsvollstreckung aus der notariellen Urkunde bildet, davon abhängig, daß dem Notar der Nachweis der Fälligkeit des zu vollstreckenden Anspruchs durch öffentliche oder öffentlich beglaubigte Urkunden geführt wird.[90] Auf diese ihn schützende Bestimmung kann der Vollstreckungsschuldner jedoch nach h.A.[91] verzichten mit der Folge, daß die Vollstreckungsklausel auch ohne den Nachweis des Entstehens bzw. der Fälligkeit der Forderung erteilt werden darf. Während dieser sogenannte Nachweisdispens in der Kautelarpraxis sonst unbedenklich erscheint, ist er beim Bauträgervertrag seit 1992[92] zunehmend in Frage gestellt worden. Die Möglichkeit der sofortigen Zwangsvollstreckung und damit des Zugriffs des Bauträgers auf Vermögenswerte des Käufers wurde entweder im Hinblick auf §§ 12, 3 MaBV[93] oder im Hinblick auf § 11 Nr. 15 AGBG[94] als **rechtlich bedenklich** bzw. unzulässig angesehen. Durch die Grundsatzentscheidung des BGH vom 22.10.1998[95] wurde eine Klärung dahingehend herbeigeführt, daß die Vollstreckungsunterwerfung gem. § 134 BGB i.V.m. §§ 3, 12 MaBV wegen Verstoßes gegen ein gesetzliches Verbot nichtig ist, wenn ein **Nachweisdispens** vereinbart wurde, d.h., wenn der Notar die Vollstreckungsklausel ohne besonderen Nachweis zu erteilen hat. Aus Sicht des BGH kommt die durch den Nachweisverzicht dem Bauträger eingeräumte Möglichkeit des sofortigen und uneingeschränkten Zugriffs auf Ver-

Vollstrekkungsunterwerfung bei Nachweisdispens unzulässig

89 Basty, Rn. 474; Palandt-Sprau, § 631 Rn. 4; Werner-Pastor, Rn. 1444 ff.
90 Zöller-Stöber, § 794 Rn. 31.
91 Vgl. Zöller-Stöber, § 726 Rn. 16; BGH, NJW 81, 2756, 2757; OLG Celle, DNotZ 69, 102 f.; Düsseldorf, DNotZ 77, 413; München, NJW-RR 95, 763.
92 Kniffka ZfBR 92, 195 ff.; BGH, ZfBR 92, 219; Zum Meinungsstand vgl. die Übersicht bei Cuypers, ZfBR 98, 4 ff.
93 OLG Hamm, BauR 96, 141.
94 OLG Düsselforf, BauR 96, 143.
95 – VII ZR 99/97 – BauR 99, 53 ff.

mögenswerte des Käufers der gem. § 3 MaBV unzulässigen Ermächtigung wirtschaftlich so nahe, daß der Schutz des Erwerbers den Ausspruch der Nichtigkeit gem. § 12 MaBV gebietet. Das Urteil erscheint sowohl in dogmatischer wie auch praktischer Hinsicht **problematisch**: Zum einen bezieht sich das Verbot des § 3 MaBV nur auf »Ermächtigungen«, d.h. die rechtsgeschäftliche Einräumung einer Verfügungsbefugnis,[96] während die Unterwerfungserklärung nach h.A.[97] keine privatrechtliche, sondern eine ausschließlich auf das Zustandekommen des Vollstreckungstitels gerichtete, einseitige, prozessuale Willenserklärung darstellt, die ausschließlich prozessrechtlichen Grundsätzen untersteht. Zum anderen wird mit dem hier begründeten Automatismus, wonach der Nachweisdispens zwangsläufig die Nichtigkeit der Unterwerfungsklausel zur Folge hat, den Gerichten jede Möglichkeit einer den Besonderheiten des Einzelfalls gerecht werdenden Entscheidung genommen. Bisher war der Käufer bei Einleitung von Zwangsvollstreckungsmaßnahmen zwar gezwungen, sich mittels **Zwangsvollstreckungsgegenklage** aktiv zu wehren. Durch die im Ermessen des erkennenden Gerichts stehende Möglichkeit der Einstellung der Zwangsvollstreckung mit oder ohne Sicherheit gem. §§ 732 Abs. 2, 766 Abs. 2, 769 ZPO wurde dem Schutzbedürfnis des Käufers hinreichend Rechnung getragen,[98] zumal die Gerichte in der Praxis überwiegend die Einstellung der Zwangsvollstreckung ohne Sicherheitsleistung des Käufers zu bewilligen pflegten, insbesondere wenn die Eigentumsumschreibung auf den Käufer von der vollständigen Kaufpreiszahlung abhängig gemacht wurde. Gerade in den in der Praxis nicht seltenen Fällen, in denen zahlungsunwillige Käufer mit aufgebauschten Bagatellmängeln ihre Zahlungsverpflichtung zu **unterlaufen** suchen, bietet die auf Basis einer Schlüssigkeitsprüfung der Klage erfolgende Entscheidung zur Einstellung der Zwangsvollstreckung eine vernünftige Basis für eine dem konkreten Einzelfall gerecht werdende Vorentscheidung des Gerichts.

834 Durch das Urteil des BGH vom 22.10.1998 dürften sich auf einen Schlag alle diejenigen anhängigen Zwangsvollstreckungsgegenklagen erledigt haben, bei denen durch lange Prozeßdauer bzw. langwierige Begutachtungen der Streit über das Bestehen und die Bewertung von Mängeln sich über den Ablauf der nur zweijährigen kaufvertraglichen Verjährungsfrist hinweggezogen hat. Denn nun werden die Erwerber sich mit Erfolg auf die Verjährungseinrede berufen können, da § 218 Abs. 1 2 BGB mangels wirksamer Vollstreckungsunterwerfung nicht

96 Vgl. Marcks, MaBV § 3 Rn. 7, § 2 Rn. 4.

97 Zöller-Stöber, § 794 Rn. 29; RG 146, 308 ff.; BGH, DNotZ 81, 738; BGH, NJW 85, 2423; 96, 2792.

98 Vgl. Cuypers ZfBR 98, 4 ff., 5 – wobei sich die Erfahrungen Cuypers zur Einstellungspraxis der Gericht mit denen der Verf. decken.

gilt.[99] Das Ergebnis ist umso mißlicher, als selbst vorausschauende Bauträger – oder deren Rechtsberater – in der Vergangenheit wohl kaum durch eine Zahlungsklage die Verjährungsunterbrechung hätten herbeiführen können, da nach h.A.[100] das Rechtsschutzbedürfnis für eine Klage – als allgemeine Prozeßvoraussetzung – zu verneinen ist, wenn ein sonstiger Vollstreckungstitel vorliegt, z.B. in Form einer vollstreckbaren Urkunde, oder auf einfacherem Weg zu erlangen ist, z.B. durch Klauselerteilung.

Für die Zukunft werden Bauträger und deren Beratung die Konse- **835**
quenz zu ziehen haben, daß man auf den Nachweisdispens vollständig verzichtet und stattdessen die Klauselerteilung von dem Nachweis der Fälligkeit der **Baurate** abhängig macht. Da der Nachweis gem. § 726 ZPO durch öffentliche oder öffentlich beglaubigte Urkunden zu führen ist, empfiehlt sich die Klarstellung der **Nachweisvoraussetzungen** im notariellen Kaufvertrag, um Streit über die Klauselerteilung zu vermeiden. Da zu den **öffentlichen Urkunden** diejenigen zählen, die von öffentlichen Behörden innerhalb der Grenzen ihrer Amtsbefugnisse ausgestellt werden,[101] dürften sowohl der Rohbauabnahmeschein wie auch der behördliche Schlußabnahmeschein als geeignete öffentliche Urkunden anzusehen sein.[102] Denkbar erscheint auch die Zulassung einer Bautenstandsbescheinigung eines unabhängigen, öffentlich bestellten Bausachverständigen in notariell beglaubigter Form. Allerdings darf dem Käufer nicht der Nachweis der Unrichtigkeit eines solchen Gutachtens abgeschnitten sein, d.h., der Gutachter darf nicht in der Funktion eines Schiedsgutachters tätig werden, da die formularmäßige Vereinbarung einer obligatorischen Schiedsgutachterklausel nach der einschlägigen Rechtsprechung[103] wegen Verstoßes gegen § 9 AGBG unwirksam ist.

c) *Die Verjährung*

Gemäß § 196 Abs. 1 Nr. 1 BGB unterliegen die Zahlungsansprüche des **836**
Bauträgers gegen den Käufer der zweijährigen Verjährung. Die Verjährung **beginnt** mit Ablauf des Jahres, in dem die Abnahme stattfindet oder

99 Vgl. BGH, BauR 99, 53 ff. 55; Palandt-Heinrichs, § 218 Rn. 3.
100 Zöller-Greger, Vor § 253, Rn. 18 a; BGH MDR 85, 562; BGH, LM § 212 Nr. 4; OLG Hamm, NJW-RR 98, 423; BGH, NJW 90, 206; RGZ 130, 218; BGHZ 111, 168, 171; BGH, NJW 94, 1351; OLG Lüneburg, NJW-RR 92, 1190; BGH, NJW 98, 1636.
101 Wolfsteiner, Die vollstreckbare Urkunde, Rn. 44.8.
102 Cuypers, ZfBR 98, 4 ff. 6.
103 BGHZ 115, 329 = NJW 92, 433; OLG Köln v. 07.02.1992 OLG Z 93, 123.

trotz vorhandener Abnahmefähigkeit zu Unrecht verweigert wird.[104] Bei den einzelnen nach Baufortschritt fälligen Bauraten stellt sich die Frage, ob jede Rate gem. § 3 Abs. 2 MaBV hinsichtlich der Fälligkeit und Verjährung gesondert zu beurteilen ist und abweichend von anderen Raten verjähren kann.[105] Da jede Abschlagszahlung immer nur vorläufigen Charakter hat und die Raten gem. § 3 Abs. 2 MaBV keineswegs sicher zu umreißende, in sich abgeschlossene Leistungsteile bzw. Gewerke bezeichnen, ist von einem **einheitlichen Vergütungsanspruch** des Bauträgers auszugehen, bei dem die Verjährungsfrist erst mit Abnahme beginnt.[106]

Tip

Angesichts der noch offenen Entwicklung der Rechtsprechung ist dem Bauträger jedoch zu **verjährungsunterbrechenden Maßnahmen** zu raten, wenn die Fälligkeit von Bauraten sich über mehrere Jahre erstreckt.

d) *Der Zahlungsverzug des Käufers*

837 Vertragliche Hauptpflicht des Käufers ist gem. § 433 Abs. 2 BGB die Zahlung des Kaufpreises, und zwar Zug-um-Zug gegen Übertragung des Kaufgegenstandes, bei Zahlung nach Baufortschritt entsprechend den in § 3 MaBV festgelegten Bauraten.[107] Zahlt der Käufer weder bei Fälligkeit noch auf Mahnung des Bauträgers, gerät er mit dieser Hauptleistungspflicht in Verzug. Der Bauträger kann sodann gem. § 326 BGB nach Fristsetzung und Ablehnungsandrohung entweder vom Vertrag zurücktreten oder Schadensersatz wegen Nichterfüllung fordern.[108] Bei Ausübung des Rücktrittsrechts[109] sind gem. §§ 346, 348 BGB die wechselseitig empfangenen Leistungen zurückzugewähren. Der Bauträger hat Anspruch auf Löschung der zugunsten des Käufers eingetragenen Auflassungsvormerkung Zug-um-Zug gegen Rückerstattung der bereits

Verzugseintritt

104 Werner-Pastor, Rn. 2376; Kleine-Möller-Merl-Oelmaier, § 10 Rn. 238.
105 So Basty, Rn. 77; Brych-Pause, Rn. 325.
106 Werner-Pastor, Rn. 2376; wohl auch Kleine-Möller- Merl-Oelmaier, § 10 Rn. 241
107 Palandt-Putzo, § 433 Rn. 26.
108 BGHZ 59, 104 ff; Basty, Rn. 104; Reithmann-Meichssner-v. Heymann, B Rz. 233 ff.
109 Das dem Bauträger als vertragliches Gestaltungsrecht auch bei Abtretung des Kaufpreisanspruchs an die finanzierende Bank zusteht – vgl. BGH, NJW 85, 2640; Basty, Rn. 104.

erhaltenen Kaufpreisraten.[110] Da bei Ausübung des Rücktrittsrechts der Bauträger die ihm entstandenen Kosten (z.B. Zweithaftung für Notarkosten oder Grunderwerbsteuer) nicht auf den Käufer überwälzen kann –, mit Ausnahme der zwischen Verzugseintritt und Rücktritt entstandenen **Verzugsschäden**,[111] wird er sich zweckmäßigerweise für den Schadensersatz entscheiden. Beim sogenannten »großen« Schadensersatzanspruch kann er das verkaufte Bauobjekt ebenfalls zurücknehmen, d.h. Löschung der Auflassungsvormerkung fordern, wenn er die Schadensberechnung nach der **Differenztheorie**[112] vornimmt. Die Verpflichtung des Bauträgers, die Gegenleistung zu erbringen, entfällt. Der Schaden besteht in der Differenz zwischen der Leistung des Käufers/Schuldners zzgl. etwaiger Folgeschäden und der ersparten Gegenleistung des Bauträgers. Möglich ist auch die Vereinbarung eines pauschalierten Schadensersatzes im Bauträgervertrag, allerdings nur in den Grenzen des § 11 Nr. 5 AGBG. Hiernach darf dem Käufer nicht der Nachweis abgeschnitten werden, ein Schaden sei nicht oder in geringerer Höhe entstanden.

Schadensberechnung

Tip

Eine Pauschale von 5 % des Gesamtkaufpreises dürfte sowohl im Hinblick auf § 11 Nr. 5 wie auch § 10 Nr. 7 AGBG (pauschalierter Aufwendungsersatz) jedenfalls im Rahmen des Angemessenen liegen.

Beim Werkvertrag ist die gem. **§ 640 BGB** vom Besteller geschuldete **Abnahme** vertragliche **Hauptpflicht**.[113] Bei Streit über die Verpflichtung zur Abnahme kann isoliert auf Abnahme geklagt werden.[114] Bei Verzug oder Nichterfüllung gelten § 644 Abs. 1 S. 2 BGB und die allgemeinen Vorschriften (§§ 325, 326 BGB). Demgegenüber ist die Abnahmepflicht des Käufers gem. **§ 433 Abs. 2 BGB** i.d.R. **Nebenpflicht**, mit der Folge, daß bei Nichterfüllung der Abnahmepflicht unter den Voraussetzungen der §§ 284, 285 BGB der Käufer zum Schadensersatz gem. § 286 BGB verpflichtet ist.[115] Da mit der Abnahme einer Immobilie typischerweise nicht nur der Übergang des Besitzes, sondern auch der **838**

Klage auf Abnahme

110 Reithmann-Meichssner-v. Heymann, B Rz. 237 mit Hinweis auf OLG Koblenz v. 17.12.1795 DB 1976, 192.

111 Vgl. umgekehrt oben Rz. 793 ff.

112 Vgl. Palandt-Heinrichs, § 325 Rn. 10 ff.; RG 50, 262; BGHZ 87, 159; WM 83, 559; BGH, NJW 58, 1915.

113 Palandt-Sprau, § 640 Rn. 1.

114 BGHZ 132, 96; BGH, BauR 81, 284 ff. = NJW 81, 1448; BGH, NJW 96, 1749 = BB 96, 766; Werner-Pastor, Rn. 1749.

115 Palandt-Putzo, § 433 Rn. 36; MüKo-Westermann, § 433 Rn. 77.

Kosten und Lasten verbunden ist, bei Wohnungseigentum auch die Verpflichtungen gegenüber der Gemeinschaft gem. § 16 Abs. 2 WEG, ist beim Kauf vom Bauträger von einem **Gegenseitigkeitsverhältnis** auszugehen. Dies hat zur Folge, daß auch bei kaufvertraglicher Beurteilung des Vertrages die Abnahme zur Hauptpflicht wird und die allgemeinen Regeln über Verzug bzw. Nichterfüllung gelten.

e) Die Verletzung von Nebenpflichten

839 Nebenpflichten für den Käufer können sich in unterschiedlicher Weise aus dem abgeschlossenen Vertrag ergeben. Es kann sich um **Mitwirkungspflichten** im Hinblick auf die Auswahl bzw. Bemusterung einzelner Bauleistungen handeln, z.B. die Entscheidung bezüglich Oberböden, Sanitärobjekten, Tapeten oder die Abwicklung von Sonderwünschen. Da die verweigerte Mitwirkung des Käufers sowohl beim Bau von Eigentumswohnungen wie auch bei der Errichtung einer Reihenwohnanlage zu empfindlichen Störungen des Bauablaufs oder auch **Zusatzkosten** bzw. Behinderungsschäden führen kann, ist dem Bauträger in analoger Anwendung der §§ 642, 643 BGB das Recht auf Schadensersatz bzw. Kündigung zuzubilligen. Das Kündigungsrecht ist auf diejenigen Fälle zu beschränken, in denen anders als durch Kündigung des Vertrages die Konfliktsituation nicht zu lösen ist.

840 Mitwirkungspflichten des Käufers können sich auch im Bereich der Baufinanzierung ergeben. Handelt es sich um eine einheitliche Baumaßnahme, bei der für alle Erwerber eine gemeinschaftliche – globale – Zwischenfinanzierung erfolgt, führen fehlende Mitwirkungshandlungen des Erwerbers (z.B. Vorlage von Steuererklärungen oder Selbstauskünften oder sonstigen Bonitätsunterlagen) ebenfalls zu erheblichen Störungen des Gesamtablaufs. Auch hier dürfte die analoge Anwendung der §§ 642, 643 BGB eine interessengerechte Lösung bieten, da die Gewährung nur von Schadensersatzansprüchen aus positiver Vertragsverletzung weder dem Bauträger noch den übrigen Käufern des Gesamtprojekts eine angemessene Konfliktlösung bietet, wenn infolge der fehlenden Mitwirkungshandlungen eines einzelnen Käufers entweder das Gesamtprojekt oder dessen Finanzierung zu scheitern drohen. Darüber hinaus hat der Bauträger, da die Verletzung von Nebenpflichten als positive Vertragsverletzung zu bewerten ist, Anspruch auf Schadensersatz in Höhe des nachgewiesenen Schadens.

VI. Die Leistungsstörungen im Vertragsgefüge des Bauherrenmodells

VI. Die Leistungsstörungen im Vertragsgefüge des Bauherrenmodells

841 Entsprechend der Vielfalt von Risiken, die bei der Durchführung eines Bauvorhabens auftreten können, ist die Zahl bzw. der Inhalt denkbarer Garantie- oder Dienstleistungsverträge zu deren Abwälzung bzw. Vermeidung beim Bauherrenmodell nahezu unbegrenzt. Entsprechend problematisch gestaltet sich die Frage nach der Haftung, wenn die Abwicklung des Projekts nicht »modellgerecht« läuft. Da typischerweise der Kapitalanleger nicht durch den Preis oder Standort des Bauprojekts zum Beitritt motiviert wird, sondern durch den bei optimaler Inanspruchnahme von Steuervorteilen möglichen Steuerersparniseffekt in Verbindung mit der zugesicherten Rendite, führten die seit 1981 ergangenen Bauherrenerlasse des BMinFinanzen zu einer faktischen Regelung des Marktes, nämlich der Begrenzung der Garantien und Dienstleistungen auf diejenigen Vertragstypen, bei denen die steuerliche Anerkennungsfähigkeit der als Gegenleistung vom Bauherren zu zahlenden Vergütung gewährleistet ist. Die denkbare Zahl der Vertragstypen und Haftungsprobleme wird hiermit eingegrenzt. Erzieherische Wirkung hatten auch die seit etwa 1978 von der Rspr. entwickelten Rechtsinstitute der **Prospekthaftung**[1] bzw. Initiatorenhaftung. Ihre Notwendigkeit ergab sich aus folgendem Umstand: Der von der Zivilrechtsprechung für erforderlich gehaltene Schutz von Kapitalanlegern gegen Vermögensverluste aus Kapitalanlagen, die im Vertrauen auf unrichtige oder unvollständige Prospekte erworben worden waren, ließ sich mit den damals gegebenen Möglichkeiten des geltenden Zivilrechts nur schwer verwirklichen.[2] Eine deliktische Haftung scheiterte i.d.R. an dem Umstand, daß § 823 BGB nur bestimmte absolute Rechtsgüter und nicht das Vermögen als solches schützt und daß i.d.R. die Unrichtigkeit oder Unvollständigkeit des Prospekts nicht auf Vorsatz, sondern auf **Fahrlässigkeit** – Schlamperei, Hektik der Abwicklung, eigene Rechtsunkenntnis – beruhte. Bei vertraglicher Haftung gab es zwar Schadensersatzansprüche aus positiver Vertragsverletzung (p.V.V.), jedoch nur gegenüber den Partnern abgeschlossener Verträge, die im allgemeinen nicht mit den Prospektverantwortlichen identisch waren bzw. sind. Rechtliche Unsicherheit bei der Beurteilung von möglichen Regressfällen ergab sich zusätzlich aus dem Umstand, daß dem Zivilrecht eine Haftung für den Eintritt **steuer-**

Prospekthaftung

1 Vgl. BGHZ 111, 314,; 123, 106 ff.; vgl. u. Rz. 863 ff.
2 Vgl. Tewes, Bauherrenmodelle, Teil 5 Kap. 2.3 S. 1.

licher Zielvorstellungen grundsätzlich fremd ist und daß die im Rahmen von Kapitalanlagemodellen geschaffenen bzw. abgeschlossenen Verträge und Vertragstypen im BGB weder enthalten noch geregelt sind. Schon der Begriff der **Treuhandschaft** ist gesetzlich nicht definiert mit der Folge, daß die Zuordnung dieses für das Bauherrenmodell zentralen Vertrages zu einem der im BGB schon enthaltenen Vertragstypen erforderlich ist, um überhaupt die Basis für eine mögliche Haftung des Treuhänders zu schaffen. Auch die für das Bauherrenmodell typischen Kosten- und Erfolgsgarantien sind im Katalog der Schuldrechtsverhältnisse des BGB nicht zu finden und müssen daher entsprechend der im Vertrag selbst definierten »Leistung« als Dienstvertrag, Dienstvertrag mit Geschäftsbesorgungscharakter oder Werkvertrag eingestuft werden, damit überhaupt eine Beurteilung der vertraglichen Erfüllungs- und Gewährleistungspflichten möglich ist. Entsprechend schwierig gestaltet sich im Einzelfall für den Bauherren bzw. seinen Berater die Beurteilung der Frage, welcher Vertragspartner wofür haftet und insbesondere, welche Verjährungsfristen im Einzelfall gelten. Denn die in den Verträgen selbst enthaltenen Gewährleistungsregelungen und -fristen sind vielfach zu kurz, um den aus der steuerlichen Langzeitwirkung sich ergebenden Schaden noch erfassen zu können. Sie sind vielfach aber auch wegen Verstoßes gegen das AGBG unwirksam, weil die gesetzlich geltende Gewährleistungsfrist in unzulässiger Weise verkürzt wurde.

1. Die Rechte des Betreuten

842 Im Vordergrund der Betrachtung steht beim Bauherrenmodell bei möglichen Störfällen die Frage nach den Rechten des Kapitalanlegers. Dieser ist typischerweise gegenüber den meisten Vertragspartnern vorleistungspflichtig, damit – nach dem Abflußprinzip – die Kosten als steuerwirksame Verluste aus Vermietung und Verpachtung zeitnah anfallen. Entsprechend hoch ist das Risiko des Kapitalanlegers, die Zahlung umsonst geleistet zu haben, wenn der jeweilige Vertragspartner entweder gar nicht oder mangelhaft erfüllt.

a) Die Haftung des Treuhänders

Da der Treuhandvertrag als Dienstvertrag mit Geschäftsbesorgungscharakter einzustufen ist,[3] auf den die §§ 675, 664 ff. BGB anzuwenden sind, handelt es sich um einen Vertrag ohne gesetzliche Gewährleistungspflichten.[4] Bei einem solchen Vertrag richten sich die Rechtsfolgen der vom Schuldner zu vertretenden Schlechtleistung allein – vorbehaltlich konkurrierender deliktischer Ansprüche – nach den Grundsätzen über die Haftung aus positiver Vertragsverletzung (p.V.V.). Ist eine vor Abschluß des Treuhandvertrages seitens des Treuhänders unterlassene Aufklärung über wesentliche Tatsachen schadensursächlich geworden – z.B. ein unterlassener Hinweis auf die zu erwartende Versagung der Baugenehmigung oder die bevorstehende Insolvenz eines der wesentlichen Vertragspartner, die zum Scheitern des Modells führt – so haftet der Treuhänder aus culpa in contrahendo.[5] Ist der Treuhänder Mitinitiator des Modells bzw. für den Prospekt mitverantwortlich, so haftet er außerdem nach den Grundsätzen über die Prospekthaftung. [6] **843**

Treuhandvertrag als Dienstvertrag

Bezüglich der Frage, welche Pflichten ein Treuhänder hat, für deren Verletzung er dann haftet, ist das Gesetz wenig ergiebig. Die Bestimmungen des Auftragsrechts sehen nur die Verpflichtung des Beauftragten zur **Auskunft und Rechnungslegung** (§ 666 BGB) und zur **Herausgabe des aus der Geschäftsführung Erlangten** (§ 667 BGB) vor. Allerdings ist das Fehlen einer gesetzlichen Definition der vertraglichen Leistungspflichten gerade beim Treuhandvertrag nicht nachteilig. Üblicherweise enthält der Treuhandvertrag einen umfassenden **Aufgabenkatalog**, der alle Pflichten des Treuhänders ausführlich regelt und im einzelnen festlegt, unter welchen Voraussetzungen der Treuhänder die einzelnen – im Regelfall schon im Prospekt beschriebenen – Verträge abzuschließen, die Vertragsinhalte umzusetzen und mit welcher Maßgabe er die ordnungsgemäße Durchführung der Verträge durch die einzelnen Vertragspartner zu überwachen hat. **844**

Pflichten des Treuhänders

Die **Festlegung** des Katalogs der Treuhänderaufgaben erfolgt entweder entsprechend der zeitlichen Abfolge mit Untergliederung in die Projekt-, Plazierungs-, Finanzierungs-, Investitions- und Bewirtschaftungsphase[7] oder die Aufteilung erfolgt nach sachlichen Inhalten, d.h. Tätigkeiten im bautechnischen, im wirtschaftlich-finanziellen oder steuerli- **845**

3 Vgl. oben Rz. 426; Tewes, Praxishdb. Teil 5/3.2.2.1.
4 BGH, NJW 83, 1188; Palandt-Heinrichs, § 276 Rn. 109.
5 BGH, NJW 79, 1983; 85, 1769 ff.; Palandt-Heinrichs, § 276 Rn. 65, 74; Brych-Pause, Rn. 926; Tewes, Bauherrenmodelle, Teil 5 Kap. 2.3.2 S. 2.
6 Vgl. unten Rz. 863.
7 Tewes, Praxishdb. Teil 5/3.2.2.1.

chen Bereich.[8] Aus der Tatsache, daß die Vielfalt der in der Praxis anzutreffenden Vertragsgestaltungen und demzufolge die entsprechend breite Darstellung der Treuhandtätigkeiten in der einschlägigen Fachliteratur[9] ein maximales Gesamtleistungsbild möglicher Treuhandaufgaben aufzeigt, darf allerdings nicht die Schlußfolgerung gezogen werden, daß jeder Treuhänder als eine Art allzuständiger Zentraltreuhänder entsprechend umfassend verpflichtet ist und haftet.[10] Maßgebend kann nur der im jeweiligen Treuhandvertrag im einzelnen festgelegte Leistungs- und Pflichtenkatalog sein, wobei **Mißständen** in Form von Freizeichnungen, Haftungseinschränkungen oder sonstigen Benachteiligungen des Kapitalanlegers durch das AGBG wirksam vorgebeugt wird.[11] Denn bei dem Treuhandvertrag handelt es sich typischerweise um ein vom Treuhänder gestelltes, für eine Vielzahl von Verträgen vorgesehenes Klauselwerk, welches immer vom Treuhänder »gestellt« ist, auch wenn das »Angebot« vom Käufer abgegeben wird.

846 **Voraussetzung: Schuldhafte Pflichtverletzung**

Allerdings spielen die »üblichen« Treuhänderpflichten unabhängig von der Festlegung im einzelnen Treuhandvertrag sehr wohl eine Rolle, nämlich bei der Beurteilung der Frage, wann der Treuhänder »schuldhaft« seine Vertragspflichten verletzt hat. Tatbestandliche Voraussetzung der Haftung aus p.V.V. ist eine zumindest fahrlässige Verletzung der im Verkehr erforderlichen Sorgfalt. Hier wird der Treuhänder an den objektiv üblichen Sorgfaltskriterien gemessen.[12] Hiernach liegt eine **schuldhafte Pflichtverletzung** vor, wenn der Treuhänder

8 Brych-Pause, Rn. 928 ff.

9 Tewes, Praxishdb. Teil 5/ 3.2.2.1; Brych-Pause, Rn. 923 ff.; Reithmann-Meichssner-v. Heymann, M Rz. 10 ff.

10 BGH, BauR 88, 103 ff = NJW 88, 1663 ff.; OLG Hamburg, WM 84, 1400 = DB 84, 2398; Reithmann-Meichssner-v. Heymann, M Rz. 33; so aber wohl Brych-Pause, Rn. 928 ff., die den Treuhänder offenbar für verpflichtet halten, auf jedem Sektor nicht nur marktübliche, sondern »optimale« Konditionen und Sicherheiten nicht nur zu verlangen, sondern auch durchzusetzen.

11 Vgl. BGH, BauR 88, 103 ff. = NJW 88, 1663; BGH, DB 84, 2398 = WM 84, 1400; BGHZ 97, 21 ff.; OLG Stuttgart v. 02.04.1987, RPK Eildienst Nr. 532/87, zitiert bei Tewes, Bauherrenmodelle, Teil 5 Kap. 3.3.4 S. 4.

12 BGH, BB 84, 564; BGH WM 88, 54 ff. 55; Brych-Pause, Rz. 941; vgl. die »Grundsätze ordnungsgemäßer Treuhandschaft bei Bauherrenmodellen« (GoT von Kurth/Krükel in RPK Nr. 36/1983; Tewes, Bauherrenmodelle, Teil 5 Kap. 3.3.1; Vollhardt, BB 82, 2142.

- durch Vertragsabschlüsse im Namen und für Rechnung des Bauherren Leistungen bzw. Vergütungen vereinbart, die zur Erreichung des erstrebten wirtschaftlichen und steuerlichen Erfolgs nicht nötig sind und an denen der Bauherr auch sonst kein vernünftiges Interesse haben kann;[13] **847** **z.B.**
- für sich selbst oder Personen bzw. Firmen aus dem Initiatorenkreis persönliche Vorteile, Provisionen bzw. »Kickbacks« fordert oder gewährt, die nicht durch Leistungen zugunsten des Bauherren objektiv gerechtfertigt sind;[14]
- vertragliche Verpflichtungen ohne Rücktrittsmöglichkeit für den Bauherren eingeht bzw. Zahlungen zu dessen Lasten ohne Sicherstellung einer eventuellen Rückzahlungsverpflichtung des Zahlungsempfängers leistet, bevor die Realisierung des Bauvorhabens durch Erteilung der Baugenehmigung,[15] Schließung der Bauherrengemeinschaft[16] (notfalls durch einen leistungsfähigen Plazierungsgaranten) und Erteilung der Gesamtfinanzierungszusage[17] sichergestellt ist;[18]
- eigene Verflechtung mit den Initiatoren bzw. den übrigen Vertragspartnern des Bauherren verschweigt;[19]
- vorhersehbare Überschreitungen des kalkulierten Gesamtaufwands hinnimmt, die nicht im Rahmen des typischen, nicht abwälzbaren Bauherrenrisikos liegen (z.B. Kostenerhöhungen durch Baugrundrisiken oder überraschende Bauzeitverzögerungen) ohne die vorherige Zustimmung des/der Bauherren einzuholen;[20]
- die Zwischen- oder Endfinanzierung zu ungünstigeren als den marktüblichen Konditionen beschafft;[21]
- Zahlungen vor Fälligkeit leistet[22] bzw. die nach Baufortschritt zu leistenden Bauraten zahlt, ohne deren Berechtigung (Erreichen des je-

13 BGH, NJW 83, 985;BB 84, 564; BGH, BauR 88, 103 = NJW 88, 1663; Brych-Pause, Rn. 941; OLG München, BB 83, 1692; BGH, NJW 84, 2162; OLG Hamburg, BB 84, 934.

14 BGH, NJW-RR 87, 42; OLG Köln, NJW-RR 88, 144; OLG München, WM 86, 1141; Brych-Pause, Rn. 942.

15 BGH, NJW-RR 87, 20 = BB 86, 1807 = ZIP 86, 1124.

16 BGH, NJW 94, 1864.

17 BGH, NJW 94, 1864.

18 Reithmann-Meichssner-v. Heymann, M Rz. 37 ff.; Brych-Pause, Rn. 944; Tewes, Teil 5/3.2.2.1; BGH, NJW-RR 86, 1158.

19 BGH, NJW-RR 91, 599; Brych-Pause, Rn. 941.

20 BGH, NJW 94, 1864.

21 OLG Hamburg, WM 84, 1400 = DB 84, 2398; Reithmann-Meichssner-v. Heyman,n M Rz. 33.

22 BGH, NJW-RR 89, 1102; OLG Hamburg, WM 84, 1400 = DB 84, 2398; OLG Karlsruhe, WM 88, 1068; Brych-Pause, Rz. 947.

weiligen Bautenstandes) in geeigneter Weise zu überprüfen[23] oder durch kompetente Dritte (Baubetreuer, Architekt oder Sachverständiger) prüfen zu lassen oder aber angemessene Einbehalte für Mängel oder Restleistungen vorzunehmen;[24]

- von der möglichen Inanspruchnahme der Garanten aus den bestehenden Garantieverträgen absieht;
- die gebotene Aufklärung des Bauherren in steuerlicher Hinsicht unterläßt,[25] z.B. Bedenken über die Anerkennung der Bauherren-Eigenschaft, die steuerliche Abzugsfähigkeit von vertragliche vorgesehenen Werbungskosten, die etwa bestehende Unsicherheit über die Höhe der Grunderwerbsteuer, sofern nicht die Gestaltung des Modells und seine Abwicklung den gesicherten steuerrechtlichen Erkenntnissen bzw. der durch Erlasse vorgegebenen Praxis der Finanzverwaltung entspricht.

848 **Schadensersatzansprüche** kann der Gläubiger (Bauherr) nach den allgemeinen zivilrechtlichen Grundsätzen nur geltend machen, wenn die objektive Pflichtverletzung vom Schuldner (Treuhänder) schuldhaft begangen und außerdem sowohl das **Verschulden** wie auch die **Kausalität** zwischen der Pflichtverletzung und dem Schaden dargelegt und bewiesen wurde. Nach h.A.[26] kann dem Gläubiger im Falle einer positiven Vertragsverletzung nicht einschränkungslos die Beweislast für alle Voraussetzungen des Schadensersatzanspruches auferlegt werden. Die Rspr. hat – teils in analoger Anwendung des § 282 BGB und teils aufgrund allgemeiner Zumutbarkeitserwägungen – eine Beweislastverteilung nach Gefahren- oder Verantwortungsbereichen entwickelt. Hiernach gilt: Fällt dem Schuldner objektiv eine Pflichtverletzung zur Last oder ist die Schadensursache in sonstiger Weise aus seinem Verantwortungsbereich hervorgegangen, so muß er beweisen, daß er die Pflichtverletzung nicht zu vertreten hat. Die Beweislastumkehr gilt in gleicher Weise für Ansprüche aus positiver Vertragsverletzung wie für Ansprüche aus culpa in contrahendo.[27] Sie schließt auch die Haftung für Erfüllungsgehilfen mit ein, für die ebenfalls der Entlastungsbeweis zu führen ist.[28]

Beweislastverteilung nach Verantwortungsbereichen

23 BGH, DB 79, 2026; BGH, NJW 81, 572; Brych-Pause, Rn. 947; Maser, NJW 80, 961.

24 Brych-Pause, Rn. 947; Reithmann-Meichssner-v. Heymann, M Rz. 39.

25 BGH, NJW-RR 91, 660 = BB 91, 571; BGH, NJW 84, 863 = ZIP 84, 73; Brych-Pause, Rn. 951; Reithmann-Meichssner-v. Heymann, M Rz. 17.

26 BGHZ 66, 53; 67, 383 ff.; BGH, NJW 78, 2197; 80, 2186; Palandt-Heinrichs, § 282 Rn. 6 ff.; Locher-Koeble, Baubetreuungs- und Bauträgerrecht, Rn. 157.

27 BGHZ 66, 52; 67, 383 ff.; BGH, NJW 87, 640; Palandt-Heinrichs, § 282 Rn. 10.

28 Palandt-Heinrichs, § 282 Rn. 4 m.w.Hinw.

Für den Kausalzusammenhang zwischen der Pflichtverletzung und dem Schaden trägt nach allgemeinen Grundsätzen der Gläubiger die Beweislast.[29] Bei Verletzung vertraglicher oder auch vorvertraglicher Beratungs- oder Aufklärungspflichten gilt jedoch auch hier eine Beweislastumkehr. Der Schuldner, hier also der Treuhänder, hat den Entlastungsbeweis dahingehend zu führen, daß der Schaden auch bei pflichtgemäßem Verhalten entstanden wäre, der Geschädigte sich also nicht »aufklärungsrichtig« verhalten hätte.[30] Insoweit stand der Treuhänder auf der Basis des 3. Bauherrenerlasses vom August 1981 in Konflikt zwischen den steuerlichen Interessen des Bauherren einerseits und seinem wirtschaftlichen Sicherungsinteresse andererseits. Denn gem. § 11 EStG i.V.m. dem 3. Bauherrenerlaß galt das Abflußprinzip in der Form, daß Zahlungen auf ein Konto des Zahlungsempfängers dann nicht steuerwirksam – als sofort abzugsfähige Werbungskosten – im alten Jahr anerkannt wurden, wenn der Zahlungsempfänger im Interesse des Anlegers – z.B. bei Zahlung auf Sperrkonto – hierüber nicht frei verfügen konnte.[31] Lediglich Verfügungseinschränkungen zugunsten der Bank des Empfängers – z.B. als Sicherheit für eine zugunsten des Anlegers gestellte Absicherungsbürgschaft – wurden als steuerunschädlich angesehen.[32] Da das Sicherungsinteresse typischerweise dann – nachträglich – in den Vordergrund rückt, wenn der Sicherungsfall, z.B. Insolvenz des Vertragspartners, tatsächlich eingetreten ist, darf die Frage, ob der Bauherr sich bei ordnungsgemäßer Beratung und Aufklärung anders bzw. »aufklärungsrichtig« verhalten hätte, nicht auf die nachträgliche Sicht (ex post), sondern den Zeitpunkt der zu treffenden Entscheidung (ex ante) abgestellt werden. Die Schadensersatzpflicht ist bei vorzeitiger Zahlung durch den Treuhänder zu **bejahen**, wenn diese nach dem Vertragsinhalt nur bei Nachweis der **ordnungsgemäßen Verwendung** bzw. Sicherstellung zulässig war.[33] Ein Schaden ist zu verneinen, wenn nach dem Vertrag die Zahlung ohnehin hätte geleistet werden müssen.[34] Da der 4. Bauherrenerlaß vom August 1990 keine Aussage mehr zur Frage des Zahlungsabflusses bei Gebührenzahlungen auf Sperrkonten ent- **849**

29 BGH, NJW 78, 2197; 80, 2186; 88, 200; DB 96, 2075; Palandt-Heinrichs, § 282 Rn. 14.

30 BGHZ 61, 118; 72, 90 ff.; 106, 124; 151, 159; BGH, NJW 92, 3296; Palandt-Heinrichs, § 282 Rn. 15.

31 R 45 Abs. 5 S. 10 EStR 1993; Stuhrmann, NWB F 3 S. 9557; vgl. Tewes, Praxishdb., Teil 6/7.1.

32 BFH v. 11.08.87 BStBl II 1989 S. 702; vom 9.07.87 BStBl II 1988 S. 342; Tewes, Praxishdb., Teil 6/7.1.

33 BGH, BauR 86, 590 = ZIP 86, 1124 = ZfBR 86, 513.

34 OLG Köln v. 28.02.86 RPK Urteil-Eildienst Nr. U 416/86, zitiert bei Tewes, Bauherrenmodelle, Teil 5 Kap. 3.3.2.

hält,[35] ist dieser Konflikt ausgeräumt mit der Folge, daß der Treuhänder – wie auch sonstige gleichgestellte Funktionsträger, z.B. der wirtschaftliche/steuerliche Baubetreuer – bei Vorauszahlungen ohne ausreichende Sicherstellung entweder der Leistungserbringung oder der Rückzahlung der Vergütung zum Schadensersatz verpflichtet ist, wenn der Empfänger die Leistung nicht erbringt bzw. die erhaltene Vergütung nicht zurückzahlt.

850 Die vorstehenden Grundsätze gelten in gleicher Weise für die Haftung aus culpa in contrahendo. Da dem Treuhänder Vertragsabschlüsse wie auch Verfügungen zu Lasten des Bauherren naturgemäß erst dann möglich sind, wenn ihm bereits Vollmacht erteilt und der Treuhandvertrag schon abgeschlossen wurde, kommt eine Haftung aus culpa in contrahendo nur in Betracht, wenn bei ordnungsgemäßer Aufklärung der Beitritt zum Bauherrenmodell gar nicht erfolgt wäre:

z.B.

- Angesichts der Einkommens- und Steuersituation des Bauherren ist der Beitritt wirtschaftlich unsinnig.[36]
- Aufgrund der dem Treuhänder bekannten, unmittelbar bevorstehenden Insolvenz der Initiatoren steht das Scheitern des Modells fest.
- Die Prospektangaben sind unrichtig und dies ist dem Treuhänder bekannt. Bei Kenntnis der Unrichtigkeit wäre der Bauherr nicht beigetreten. Der Treuhänder haftet hier als Mitherausgeber des Prospekts im Rahmen der Rechtsinstituts der Prospekthaftung.[37]

851 **Schadensumfang** Der Treuhänder hat in solchen Schadensfällen den Bauherren so zu stellen, wie er ohne die unterlassene Aufklärung bzw. die Pflichtverletzung gestanden hätte. Die Bandbreite des möglichen Schadens liegt damit zwischen der **Erstattung** der pflichtwidrig geleisteten Zahlung und der **Freistellung** von allen zu Lasten des Bauherren eingegangenen Verbindlichkeiten, d.h. dem Gesamtaufwand der gezeichneten Kapitalanlage.[38]

35 Vgl. Tewes, Praxishdb., Teil 6/4.
36 OLG Stuttgart v. 10.03.87 – 11 U 151/85 – RPK Urteil – Eildienst Nr. U 553/87; Tewes, Bauherrenmodelle, Teil 5 Kap. 3.3.4.
37 Vgl. unten Rz. 863 ff.
38 BGH, NJW-RR 86, 1158; OLG Karlsruhe, ZIP 88, 1258; OLG Stuttgart v. 10.03.87 – 11 U 151/85, zitiert bei Reithmann-Meichssner-v. Heymann, M Rz. 37.

b) Die Haftung des wirtschaftlichen Baubetreuers

852 Der bei den früher üblichen Formen des »kleinen« Kölner Modells eingeschaltete Baubetreuer, vielfach der eigentliche Initiator des Bauprojekts, war i.d.R. anstelle eines Treuhänders eingeschaltet und hatte identische Aufgaben und Funktionen. Beim sogenannten »großen« Kölner Bauherrenmodell, welches sich als die gebräuchlichste Form der Immobilienkapitalanlage entwickelt hat, ist i.d.R. eine Vielzahl von Bauherren und eine Vielzahl von Funktionsträgern eingeschaltet. Hier tritt der wirtschaftliche Baubetreuer mit teils sich überschneidenden Aufgaben neben den Treuhänder. Da er wirtschaftliche Betreuungsleistungen mit teilweise steuerlichen Beratungstätigkeiten zu erbringen hat, ist der Vertrag über die wirtschaftliche Betreuung ebenfalls als **Dienstvertrag mit Geschäftsbesorgungscharakter** einzustufen.[39] Den **Baubetreuer** treffen daher genau wie den Treuhänder umfassende **Auskunfts- und Informationspflichten**, deren Erfüllung im Klagewege erzwungen werden kann. Zur Rechnungslegung und Herausgabe erlangter Mittel (§§ 666, 667 BGB) ist der Baubetreuer – im Gegensatz zum Treuhänder – nur verpflichtet, wenn ihm auch Aufgaben im Zusammenhang mit der Zahlungsabwicklung übertragen wurden.[40]

Großes Kölner Bauherrenmodell

853 Der Vertrag über die wirtschaftliche Baubetreuung ist ebenso wie der Treuhandvertrag ein Vertrag ohne gesetzliche Gewährleistungspflichten.[41] Auch der wirtschaftliche Baubetreuer haftet auf Schadensersatz nach den Grundsätzen über die positive Vertragsverletzung. Die von Rspr. und Lit. für die Treuhänderhaftung entwickelten Grundsätze[42] gelten in gleicher Weise für den wirtschaftlichen Baubetreuer. Soweit in den jeweiligen Verträgen klar abgegrenzte Aufgaben entweder dem Treuhänder oder dem Baubetreuer zugewiesen sind, haftet jeder von ihnen allein für die **eigene** Pflichtverletzung. Soweit die Aufgabenbereiche sich überschneiden, haften Treuhänder und Baubetreuer gesamtschuldnerisch, da hier der typische Fall einer Gleichstufigkeit der Pflichten, des wesentlichen Strukturelements der **Gesamtschuld**[43], vorliegt. Allerdings kann der Treuhänder sich nur bedingt durch Delegation entlasten. Da durch die Einschaltung eines Treuhänders und die Verlagerung der Bauherreneigenschaft direkt auf den Kapitalanleger die Schutzvorschriften der MaBV umgangen werden, kann diese Konstruktion rechtlich nur anerkannt werden, wenn die Tätigkeit des Treuhänders diese

Haftung nach Aufgabenbereichen

Gesamtschuld bei Überschneidung

39 OLG Hamm, MDR 82, 317; Palandt-Sprau, § 675 Rn. 20; Brych-Pause, Rn. 1001.

40 Brych-Pause, Rn. 1006.

41 Vgl. oben Rz. 843 (Anm. 4).

42 Vgl. oben Rz. 843 ff.

43 OLG Hamburg, NJW-RR 87, 915; BGH, NJW-RR 89, 1102.

Schutzvorschrift tatsächlich entbehrlich macht.[44] Der Treuhänder bleibt daher immer zur umfassenden, gewissenhaften Interessenwahrung – insbesondere in der zentralen Aufgabe der Steuerung der Zahlungen und der Mittelverwendungskontrolle – verpflichtet. Er kann sich durch Einschaltung weiterer Berater seiner Pflichten nicht entledigen[45] und haftet insoweit immer gesamtschuldnerisch mit diesen gemeinsam.

c) *Die Haftung des technischen Baubetreuers*

854 Der zur Erbringung **technischer** Betreuungsleistungen abgeschlossene Vertrag ist nach h.A.[46] **Werkvertrag** mit der Folge, daß die Gewährleistung sich nach den §§ 633 ff. BGB richtet. Da der technische Baubetreuer, ähnlich wie der Architekt, nicht das Bauwerk selbst schuldet, sondern das »Entstehenlassen« entsprechend den von der Bauherrengemeinschaft genehmigten bzw. den dem Prospekt und der Baubeschreibung zugrundeliegenden Plänen, scheiden Nachbesserungsansprüche gegen den technischen Baubetreuer wegen Baumängeln ihrer Natur nach aus. Da i.d.R. die Bauausführung beim Bauherrenmodell einem Generalunternehmer übertragen wird, um im Hinblick auf die sichere Festlegung des Gesamtaufwandes die Baukosten »wasserdicht« durch einen absoluten Pauschalfestpreis sicherzustellen, obliegen dem technischen Betreuer im wesentlichen Überwachungs- und Kontrollaufgaben im Hinblick auf Bautenstände, Zahlungsfreigaben, Mängelfeststellung und Überwachung von Nachbesserungsarbeiten sowie Koordination der Leistungen von eventuell noch zusätzlich beauftragten Architekten und Fachingenieuren mit dem/den bauausführenden Unternehmen. Bei mangelhafter Betreuungsleistung hat der Bauherr daher primär den Schadensersatzanspruch gem. § 635 BGB. Soweit Baumängel zugleich durch mangelhafte Überwachung des Betreuers verursacht wurden, haftet dieser ebenso wie ein Architekt gesamtschuldnerisch mit dem Bauunternehmer. Schäden durch vorzeitige Zahlungsfreigaben oder Nichtberücksichtigung von Einbehalten wegen Mängeln hat er durch Erstattung der Zinsen für den Zeitraum der vorzeitigen Zahlung auszugleichen, bei Ausfall der Forderung gegen den Bauunternehmer, z.B. infolge Insolvenz, durch Erstattung der zu Unrecht freigegebenen Zahlungen. Hat der Baubetreuer eine **Kostengarantie** bezüglich der Herstellkosten über-

keine Nachbesserungsansprüche

44 BGH, BauR 88, 103 = NJW 88, 1663.
45 BGH, NJW-RR 91, 660; Brych-Pause, Rn. 927.
46 BGH, NJW-RR 91, 218; BGH, NJW 94, 2825; Brych-Pause, Rn. 1012; Locher-Koeble, Baubetreuungs- und Bauträgerrecht Rn. 19; Tewes, Bauherrenmodelle, Teil 5 Kap. 6.1.

nommen, haftet er zugleich für die Kostenerhöhung, selbst wenn es sich um sogenannte Sowieso-Kosten handelt.[47]

d) Die Haftung der sonstigen Vertragspartner

Beim Bauherrenmodell werden typischerweise eine ganze Reihe sonstiger Verträge abgeschlossen, deren Ziel auf die störungsfreie Realisierung des Bauvorhabens, seiner Finanzierung sowie der Gewährleistung der im Prospekt zugesicherten Rendite gerichtet ist. Sie sind nicht zwingende Voraussetzung für den Beitritt zu einem Bauherrenmodell, da sie verzichtbare Leistungen regeln, die nach dem Bauherrenerlaß 1990 abwählbar sein **müssen**, um als Werbungskosten anerkannt zu werden[48] und die sich nur in der individuellen Rechtssphäre des Einzelbauherren auswirken. **855**

Ebenso vielfältig wie die Art der Verträge ist deren jeweilige Zuordnung zu den Vertragstypen des BGB und damit die Feststellung der bei der Nichterfüllung bzw. Schlechtleistung gegebenen Anspruchsgrundlagen. **856**

Den Schwerpunkt bilden die sogenannten **Garantieverträge**, mit denen entweder Kosten- oder Erfolgsgarantien zur Absicherung gegen die Risiken eines Bauherrenmodells übernommen werden. Daneben stehen Verträge, die auf die Vermittlung bzw. Beschaffung einer Leistung gerichtet sind, z.B. der Finanzierung, der Vermietung bzw. Vermietung zu bestimmten Kondititonen, teils mit und teils ohne Eintrittsrecht des Vermieters oder Garanten. Für die Nichterfüllung bzw. Schlechterfüllung gilt hiernach im einzelnen: **857**

aa) Finanzierungsvermittlung

Bei Vermittlung der Zwischen- oder Endfinanzierung gegen Gebühr oder Provision handelt es sich um einen **Maklervertrag** im Sinne des § 652 BGB. Da der erfolgsabhängige Provisionsanspruch nur entsteht, wenn die Finanzierung dem Bauherren nachgewiesen und von ihm tatsächlich in Anspruch genommen wurde, ist die i.d.R. vorausbezahlte Provision gem. § 812 BGB **zurückzuzahlen**,[49] soweit die Finanzierung nicht vermittelt wurde. **858**

47 BGH, NJW 94, 2825.
48 BMF Schreiben v. 31.08.1990 IV B 3 – BStBl I 1990 S. 366 (Ziff. 3.3.e); Tewes Praxishdb. Teil 12/2.1. S. 5.
49 BGH, NJW 83, 95; 85, 2477; OLG München, BB 83, 1692; OLG Hamburg, BB 84, 934.

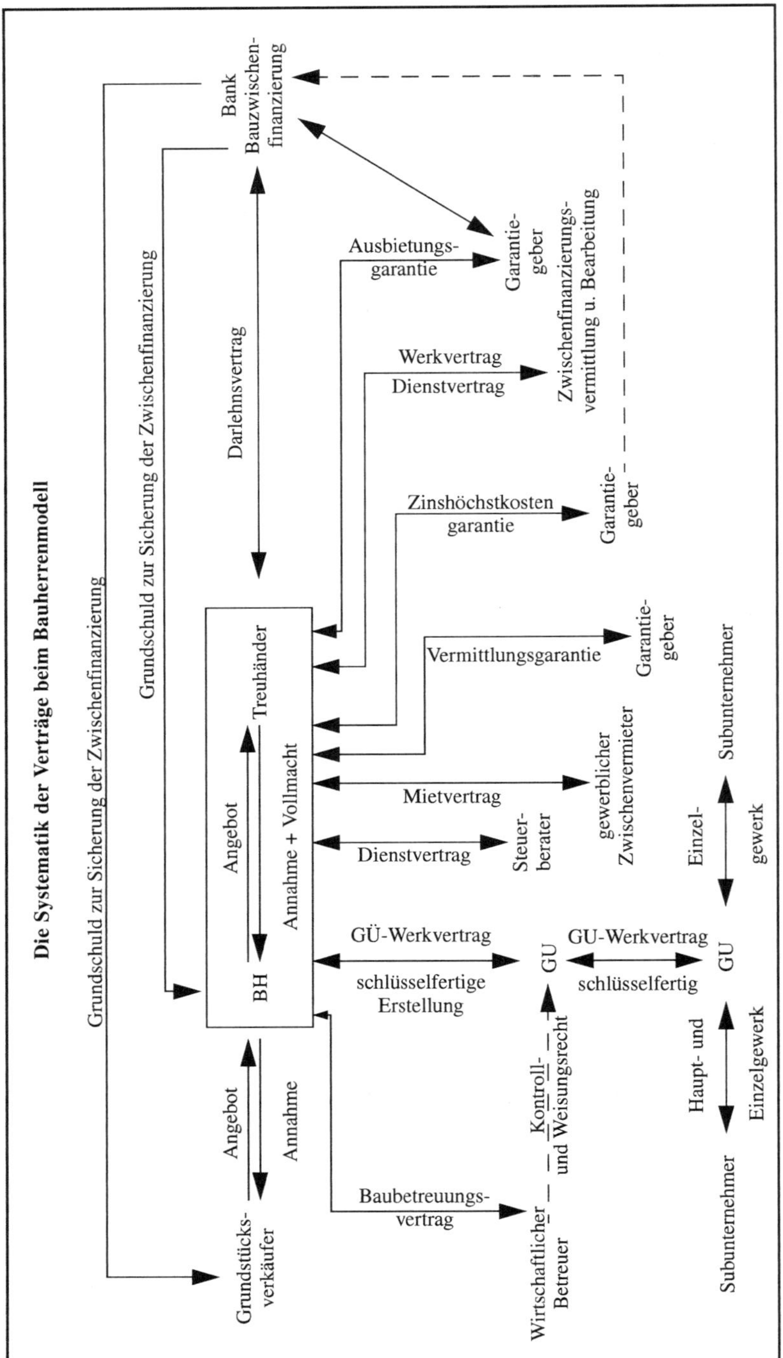
Die Systematik der Verträge beim Bauherrenmodell
Bank Bauzwischenfinanzierung
Darlehnsvertrag
Grundschuld zur Sicherung der Zwischenfinanzierung
Grundschuld zur Sicherung der Zwischenfinanzierung
Ausbietungsgarantie
Garantiegeber
Werkvertrag
Dienstvertrag
Zwischenfinanzierungsvermittlung u. Bearbeitung
Zinshöchstkosten garantie
Garantiegeber
Vermittlungsgarantie
Garantiegeber
Treuhänder
Angebot
Annahme + Vollmacht
BH
Mietvertrag
gewerblicher Zwischenvermieter
Dienstvertrag
Steuerberater
GÜ-Werkvertrag
schlüsselfertige Erstellung
GU
GU-Werkvertrag
schlüsselfertig
GU
Einzelgewerk
Subunternehmer
Haupt- und Einzelgewerk
Subunternehmer
Angebot
Annahme
Grundstücksverkäufer
Baubetreuungsvertrag
Wirtschaftlicher Betreuer
Kontroll- und Weisungsrecht

bb) Finanzierungsgarantie

Hier sichert der Garant die **Beschaffung** einer Finanzierung – i.d.R. der Zwischenfinanzierung – zu bestimmten Konditionen zu, während der Bauherr zur Abnahme der Finanzierung verpflichtet ist. Es handelt sich hier um einen **Geschäftsbesorgungsvertrag mit Werkvertragscharakter**, bei dem der Garant einen Erfolg im Sinne des § 631 BGB schuldet.[50] Er kann im Klagewege auf Erfüllung bzw. gem. § 635 BGB auf Schadensersatz in Anspruch genommen werden, wenn er das zugesicherte Darlehen nicht oder zu schlechteren Konditionen beschafft. Da der Garant i.d.R. den Globalkredit vorher »einkauft« und gegenüber der Bank bei (teilweiser) Nichtabnahme zur Zahlung von **Strafzinsen** bzw. Nichtabnahmegebühren verpflichtet ist, gilt § 649 BGB. Der Bauherr hat bei Nichtabnahme des Darlehens die vereinbarte Vergütung zu zahlen[51] und ggf. Aufwendungsersatz zu leisten. 859

cc) Kostengarantien

Die Absicherung von Kostenrisiken, die typischerweise beim Bauherrenmodell – selbst bei Vereinbarung eines pauschalen Generalunternehmer-Festpreises – gegeben sind, erfolgt durch verschiedene Typen von **Garantieverträgen**. 860

- Entweder wird das Risiko der Verteuerung des Bauens (Baugrund, Erschließungskosten, Bauzeitverlängerung mit Kostensteigerung etc.) durch sog. **Höchstkosten- oder Rücknahmegarantie** abgedeckt. **z.B.**
- Oder es wird die Zusammenführung einer ausreichenden Anzahl von Bauherren (**Plazierungsgarantie**) bzw. die Fertigstellung des Bauvorhabens auch bei Ausfall der Finanzierungsbeiträge von Mitbauherren (**Fertigstellungsgarantie**) abgesichert.
- Oder es werden die Finanzierungskonditionen während der Bauzeit – Zinsatz oder Laufzeit – abgesichert (**Zinsgarantie**).
- Oder es werden zugunsten des/der Vertragspartner des Bauherren (Bank/Mitbauherren) **Ausbietungs- oder Ausfallgarantien** in Form einer Bürgschaft abgegeben.

Der Garantievertrag ist im BGB nicht geregelt, als Vertrag **sui generis** gem. § 305 BGB jedoch zulässig, wobei im Rahmen der Vertragsfreiheit 861

50 BGH, NJW-RR 91, 914.
51 BGH, NJW-RR 91, 914; Brych-Pause, Rn. 1107.

aber die Schranken des AGBG zu beachten sind.[52] Erfüllt der Garant die vertraglich übernommene Verpflichtung nicht, kann er auf Vertragserfüllung verklagt werden. Bei Verzug gelten die §§ 325, 326 BGB. Der Bauherr kann dann entweder vom Garantievertrag zurücktreten und die bereits geleistete Garantiegebühr in voller Höhe zurückfordern oder Schadensersatz wegen Nichterfüllung verlangen. Im Fall des Schadensersatzes schuldet der Garant die Differenz zwischen dem kalkulierten Gesamtaufwand und dem infolge des Eintritts des Risikofalls beim Bauherrn entstandenen höheren Kostenaufwand, und zwar unter Abzug der insoweit wiederum angefallenen Steuervorteile (Vorteilsausgleichung).

dd) Erfolgsgarantien

862 Durch die Abgabe einer Erfolgsgarantieerklärung übernimmt der Vertragspartner die **Einstandspflicht** für den Eintritt bestimmter allgemeiner, wirtschaftlicher oder steuerlicher Ergebnisse. Trotz des Umstandes, daß der Garant den Eintritt eines bestimmten Erfolges schuldet, handelt es sich nicht um einen Werkvertrag, bei dem der Bauherr die Erfüllung bzw. Gewährleistung gemäß den §§ 631 ff. BGB einklagen könnte, sondern um einen Garantievertrag als Vertrag sui generis, bei dem die Abwicklung wegen Nichterfüllung oder Schlechterfüllung genau wie vorstehend bei der Kostengarantie erfolgt. Je nach dem Inhalt der im Garantievertrag definierten Verpflichtung des Garanten hat dieser, falls der garantierte Erfolg ausbleibt, entweder eine Verpflichtung zum Selbsteintritt oder die Pflicht, den Bauherren kostenmäßig so zu stellen, wie wenn der garantierte Erfolg eingetreten wäre. Eine Verpflichtung zum Selbsteintritt bestand bei den früher üblichen Rücknahmegarantien, die wegen Steuerschädlichkeit alsbald vom Markt verschwanden. Sie besteht heute noch bei den Plazierungsgarantien, soweit sie einen Selbsteintritt des Garanten vorsehen und damit nicht als Kosten- sondern Erfolgsgarantie einzustufen sind. Der wesentliche Anwendungsbereich liegt im Bereich der Vermietungsgarantie, soweit sie den Selbsteintritt des Garanten als Mieter – zu den garantierten Mietkonditionen und für den Garantiezeitraum – vorsehen.[53]

52 Tewes, Praxishdb. Teil 5/7.3.
53 BGH, NJW-RR 91, 218; vgl. Brych-Pause, Rn. 1126 ff.

e) Die Prospekthaftung

Unter »Prospekthaftung« werden allgemein die von der Rechtsprechung in der Zeit ab 1978 entwickelten Grundsätze zum Schutz des Kapitalanlegers vor unrichtigen oder **irreführenden Prospektangaben** über die Beteiligung an einer Kapitalanlage angesehen. Im Boom der 70er Jahre waren solche Kapitalanlagen vielfach als Spekulations- oder Risikogeschäfte einzustufen, bei denen das Scheitern oder jedenfalls ein Verlauf entgegen den Prospektankündigungen zum Verlust des gezeichneten Kapitals oder zu erheblichen Mehraufwendungen führte. Der geschädigte Kapitalanleger war auf der Basis des geltenden Zivilrechts ungeschützt, da seine Vertragspartner i.d.R. nicht für das Scheitern des Projekts verantwortlich waren, während die Initiatoren und eigentlichen Hintermänner keine vertraglichen Bindungen gegenüber dem Anleger eingegangen waren. Ein Gesetzentwurf über den Vertrieb von Anteilen an Vermögensanlagen wurde, ebenso wie die sogenannte ProspektVO, nicht verabschiedet, so daß die Rspr. gezwungen war, im Interesse des Anlegerschutzes die Lücken im Wege der richterlichen Rechtsfortbildung zu schließen.[54] 863

Gesetzeslücke

Grundlage der Prospekthaftung wurde das ebenfalls im Wege der richterlichen Rechtsfortbildung bereits früh entwickelte Institut der Haftung aus Verschulden aus Vertragsverhandlungen, der **culpa in contrahendo** (cic). Grundlage der Haftung und damit tatbestandliche Voraussetzung jeder Prospekthaftung ist die Herausgabe eines **Werbeprospektes**. Dieser wird nicht als unbeachtliches Werbemittel angesehen sondern als rechtlich relevante, vielfach einzige oder vorrangige Informationsquelle für den Kapitalanleger, die **gezielt** zu dem Zweck eingesetzt wird, die Entscheidung des Anlegers zugunsten der angebotenen Kapitalanlage zu **beeinflussen**.[55] Wer als Prospektherausgeber oder Prospektverantwortlicher in dieser Weise durch von ihm in den Verkehr gebrachte Prospekte oder vergleichbare Werbemittel auf die Anlageentscheidung Einfluß nimmt, haftet dem Anleger für die Vollständigkeit und Richtigkeit der im Prospekt gemachten Angaben. Im Ausgangspunkt wurden die Prospekthaftungsgrundsätze auf die Publikums-KG angewandt[56] und dann später auf das Bauherrenmodell ausgedehnt.[57] Inzwischen wird zwischen zwei unterschiedlichen Ausprägungen der Prospekthaftung unterschieden: Der Prospekthaftung im engeren und im weiteren, uneigentlichen Sinne, die sich nach den Anspruchsvorausset- 864

Voraussetzung der Prospekthaftung

54 Vgl. Klumpe/Kießling, HdB 4500 Rn. 1 ff.
55 BGHZ 77, 172 = NJW 80, 1840; Reithmann-Meichssner-v. Heymann, N Rz. 7.
56 BGH, NJW 81, 1449; NJW 84, 865; Brych-Pause, Rn. 968.
57 OLG Köln, WM 82, 23; OLG Celle, NJW 85, 260; BGH, NJW 90, 228; 92, 2461; 94, 2226.

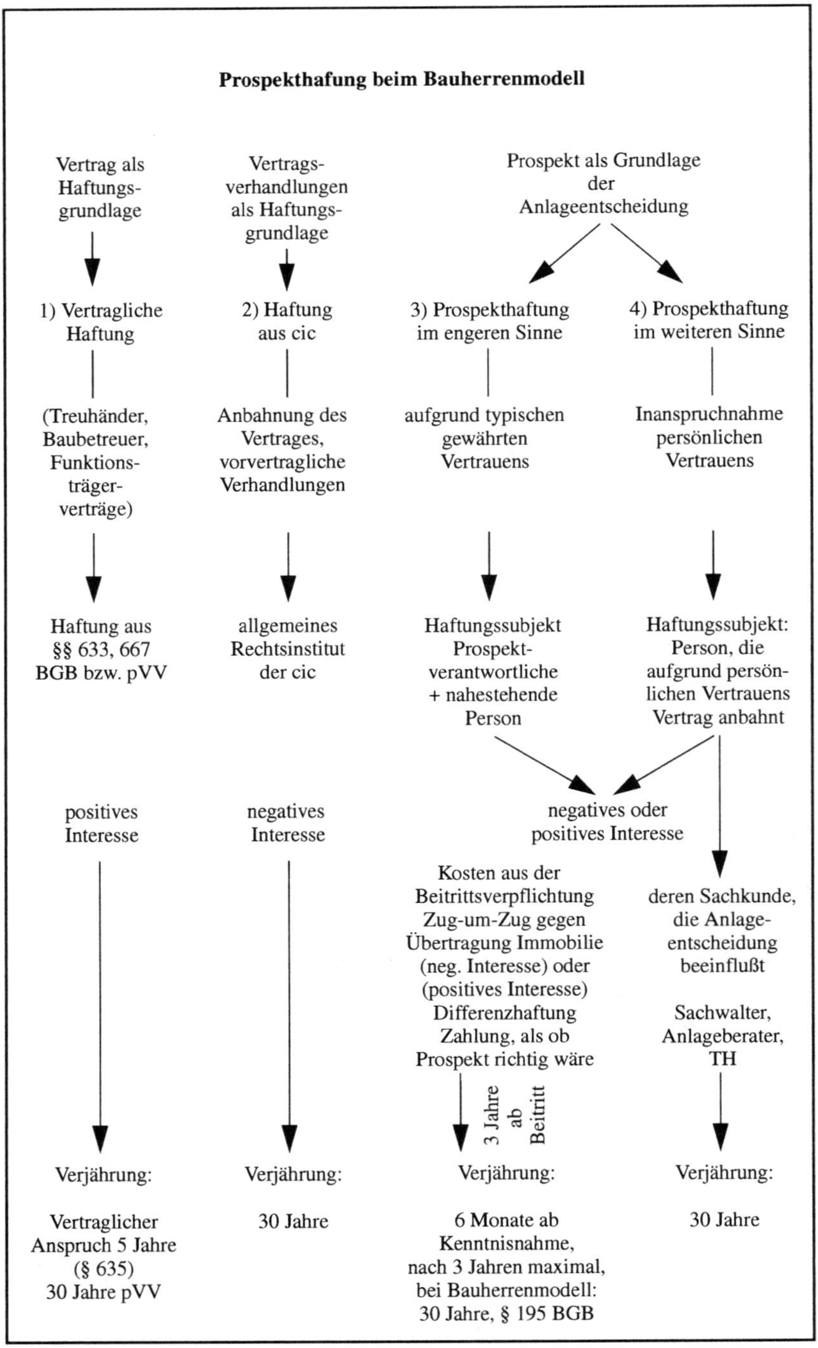
Prospekthafung beim Bauherrenmodell
Vertrag als Haftungs-grundlage
Vertrags-verhandlungen als Haftungs-grundlage
Prospekt als Grundlage der Anlageentscheidung
1) Vertragliche Haftung
2) Haftung aus cic
3) Prospekthaftung im engeren Sinne
4) Prospekthaftung im weiteren Sinne
(Treuhänder, Baubetreuer, Funktions-träger-verträge)
Anbahnung des Vertrages, vorvertragliche Verhandlungen
aufgrund typischen gewährten Vertrauens
Inanspruchnahme persönlichen Vertrauens
Haftung aus §§ 633, 667 BGB bzw. pVV
allgemeines Rechtsinstitut der cic
Haftungssubjekt Prospekt-verantwortliche + nahestehende Person
Haftungssubjekt: Person, die aufgrund persön-lichen Vertrauens Vertrag anbahnt
positives Interesse
negatives Interesse
negatives oder positives Interesse
Kosten aus der Beitrittsverpflichtung Zug-um-Zug gegen Übertragung Immobilie (neg. Interesse) oder (positives Interesse) Differenzhaftung Zahlung, als ob Prospekt richtig wäre
deren Sachkunde, die Anlage-entscheidung beeinflußt
Sachwalter, Anlageberater, TH
3 Jahre ab Beitritt
Verjährung:
Vertraglicher Anspruch 5 Jahre (§ 635) 30 Jahre pVV
Verjährung:
30 Jahre
Verjährung:
6 Monate ab Kenntnisnahme, nach 3 Jahren maximal, bei Bauherrenmodell: 30 Jahre, § 195 BGB
Verjährung:
30 Jahre

zungen, dem Kreis der möglichen Haftungssubjekte und insbesondere der Verjährungsfrist unterscheiden.[58] Da Anspruchskonkurrenz zu den regulären Ansprüchen aus c.i.c. bzw. p.V.V. besteht, kann die Wahl des »richtigen« Anspruchs für den geschädigten Anleger bzw. seinen Berater recht schwierig werden.

aa) Prospektmängel

Anspruchsvoraussetzung ist in beiden Formen der Prospekthaftung der **mangelhafte Prospekt**. Dieser darf keine unrichtigen oder unvollständigen Angaben zu den nachfolgend genannten Umständen und den damit typischerweise verbundenen Risiken enthalten: **865**

Anspruchsvoraussetzung

- Gesamtaufwand bzw. Herstellkosten i.V.m. den Bauzeitzinsen,[59]
- **Abweichungen** von der Baubeschreibung oder fehlende Wohnfläche,[60]
- bestehende Verflechtung der Vertragspartner, insbesondere fehlende Unabhängigkeit des Treuhänders,[61]
- Ertrags- und Liquiditätsberechnungen,[62]
- zu erwartende Steuervorteile bzw. Steuersparniseffekte[63] mit Angabe der Berechnungsgrundlage auf Basis der zum Zeitpunkt der Projektverwendung geltenden steuerlichen Rechtsgrundlagen.

Die Prospekthaftung gewährt dem Bauherren dagegen **keine umfassende Erfolgshaftung** für die erfolgreiche Realisierung des Anlagemodells. Bei zutreffenden Prospektangaben hat er Schäden bzw. Mehrkosten aus eingetretenem Bauherrenrisiko selbst zu tragen. Hierzu zählen sowohl die Risiken aus der Realisierung des Bauwerks (Gründungsrisiko, Verzögerung wegen Schlechtwetter oder Insolvenz von Bauunternehmern) wie auch aus der Veränderung der Mietmarktes oder der Steuergesetze bzw. der Praxis der Finanzverwaltungen und Finanzgerichte.

58 Reithmann-Meichssner-v. Heymann, N Rz. 9 ff.; Palandt-Heinrichs, § 276 Rn. 23-25.
59 Brych-Pause, Rn. 983; Reithmann-Meichssner-v. Heymann, N Rz. 39.
60 BGH, NJW-RR 91, 217; BGH, NJW 92, 228.
61 OLG Köln, NJW-RR 92, 278; BGH, NJW 95, 130.
62 OLG Bremen, ZIP 83, 423; OLG Koblenz, ZIP 81, 968; BGH, NJW 94, 2226; OLG Köln, NJW-RR 92, 278.
63 BGH, NJW-RR 88, 348; BGH, NJW 84, 863; BGH, NJW-RR 91, 660.

bb) Prospekthaftung im engeren Sinne

866 Sie knüpft nicht an persönliches oder an typisiertes Vertrauen an und setzt auch nicht voraus, daß der Anleger die für den Prospekt Verantwortlichen und ihre Mitwirkung kannte. Haftungssubjekte sind unabhängig von ihrer gesellschaftsrechtlichen Funktion alle Personen, die **besonderen Einfluß** in der GmbH bzw. sonstigen Gesellschaft ausüben und **Mitverantwortung** tragen.[64] Außerdem haften die im Prospekt als Referenz benannten Personen[65] oder die sogenannten Prospektgaranten, die als Wirtschaftsprüfer, Steuerberater, Rechtsanwalt oder in ähnlicher Funktion einen Vertrauenstatbestand für die Richtigkeit des Prospekts geschaffen haben, sofern deren Mitwirkung nach Außen in Erscheinung getreten ist.[66]

867 Schadensersatzansprüche aus Prospekthaftung im engeren Sinne verjähren im allgemeinen – d.h. bei sonstigen Kapitalanlagen – binnen 6 Monaten ab Kenntnis des Anlegers vom Prospektmangel, spätestens in 3 Jahren ab Erwerb der Kapitalanlage.[67] Speziell beim Immobilienerwerb durch Bauherren bzw. Ersterwerber soll dies – insoweit dogmatisch inkonsequent – nach der neueren Rspr. des BGH[68] nun wiederum nicht gelten. Nachdem eine Zeitlang die 5-jährige Verjährungsfrist des § 638 BGB als einschlägig galt, weil der Schwerpunkt des Erwerbs das Bauwerk betraf,[69] wird nun § 195 BGB als Regelverjährung zugrundegelegt mit der Begründung, daß die Prospekthaftung aus der culpa in contrahendo abgeleitet ist, für die generell die **30-jährige Verjährung** gilt. Die Argumentation ist dogmatisch falsch, weil die culpa in contrahendo ihre Grundlage in der Anbahnung vertraglicher, d.h. persönlicher, Beziehungen hat, während bei der Prospekthaftung gerade das **Fehlen** des **persönlichen Kontaktes** zum Anleger haftungsbegründende Tatsache ist. Die Anwendung der Regelfrist des § 195 BGB ist jedoch im Ergebnis gerechtfertigt wegen der **Langzeitwirkung** der Prospektangaben und des Schadenseintritts. Denn erst nach steuerlicher Betriebsprüfung, ggf. Ausschöpfung von Rechtsmitteln und endgültiger Steuerveranlagung, die unter Umständen erst mehr als ein Jahrzehnt nach dem Beitritt erfolgt, steht der Schadenseintritt definitiv fest. Auch falsche Renditeversprechen lassen sich erst in der Bewirtschaftungsphase aufdecken. Soweit daher der Anspruch des Bauherren auf Prospekthaftung

64 BGHZ 123, 106 = WM 93, 1787; BGHZ 72, 382 ff.; 79, 337 ff.
65 BGH, NJW 92, 2149.
66 BGHZ 77, 172 = NJW 80, 1840.
67 BGHZ 83, 222; Palandt-Heinrichs, § 195 Rn. 11.
68 BGH, NJW 94, 2226; ebenso Palandt-Heinrichs, § 195 Rn. 11; a.A. Brych-Pause, Rn. 989; Wagner, ZfBR 91, 133 ff. 138.
69 BGH, NJW 90, 2461; BGH, NJW 91, 217.

im engeren Sinne gestützt wird, gilt – aber auch nur für unrichtige Prospektangaben – § 195 BGB. Konkurrierende vertragliche Ansprüche verjähren innerhalb der Regelfristen des jeweiligen Vertrags.

cc) Prospekthaftung im weiteren Sinne

Hier handelt es sich um einen Spezialfall der culpa in contrahendo. Per- **868**
sonen, die als sogenannte »Sachwalter« oder Vertreter **persönliches Vertrauen** für sich in Anspruch nehmen, sich bei Erfüllung der ihnen insoweit obliegenden Aufklärungspflicht eines Prospekts bedienen und sich dessen – unrichtigen – Inhalt zu eigen machen, haften für den Schaden aus unrichtigen Prospektangaben in gleicher Weise wie die Prospektherausgeber selbst, allerdings nach den **allgemeinen Grundsätzen** über die culpa in contrahendo[70] und mit einer Verjährungsfrist von 30 Jahren gem. § 195 BGB. Haftungssubjekte sind alle, die unter den vorgenannten Voraussetzungen Vertragsverhandlungen mit dem Anleger führen, z.B. Anlageberater bzw. -vermittler, Kreditinstitute, Treuhänder oder Baubetreuer, sowie die von ihnen eingesetzten Verhandlungsgehilfen.[71]

dd) Der Schaden bei Prospekthaftung

Der zu ersetzende **Schaden** besteht i.d.R. im sogenannten **negativen** **869**
Interesse. Der Bauherr ist so zu stellen, als wäre er dem Bauherrenmodell nicht beigetreten.[72] Dies bedeutet Rückerstattung der geleisteten Eigenmittel und Zinsen und Freistellung von eingegangenen Darlehnsverbindlichkeiten Zug-um-Zug gegen Übertragung des Eigentums an der Immobilie, ggf. auch Auskehr der vereinnahmten Mieten. Die dem Bauherren zugeflossenen Steuervorteile sind beim Immobilienerwerb im Bauherrenmodell, da es sich um Einkünfte aus Vermietung und Verpachtung handelt, i.d.R. schadensmindernd zu berücksichtigen, es sei

70 BGHZ 74, 103 = NJW 79, 1449; BGH, NJW 95, 130.
71 BGH, NJW 85, 380; 87, 2677; BGH, NJW-RR 91, 804; Palandt-Heinrichs, § 276 Rn. 25.
72 Vgl. BGH, NJW-RR 90, 970; 91, 1246; BGH, NJW 93, 2865; Brych-Pause, Rn. 985 ff.

denn, daß der Bauherr die Schadensersatzleistung als Veräußerungsgewinn zu versteuern hätte. [73]

2. Pflichtverletzungen des Anlegers

870 Die umfangreichen Pflichten einerseits des Treuhänders und andererseits der übrigen Vertragspartner des Anlegers korrespondieren mit denen des Bauherren. Dieser ist sowohl dem Treuhänder wie auch den Vertragspartnern gegenüber zur **Zahlung** der jeweils vereinbarten Vergütung verpflichtet. Darüber hinaus hat sich der Bauherr mit Abschluß des BGB-Gesellschaftsvertrages auch seinen Mitbauherren gegenüber zur gemeinschaftlichen Errichtung des Bauwerks sowie insbesondere der Erbringung der hierzu erforderlichen finanziellen Beiträge verpflichtet. Störer-Bauherren werfen nicht nur für den Treuhänder und die übrigen Vertragspartner sondern insbesondere auch für die Mitbauherren erhebliche Probleme auf. Ein einziger Störer-Bauherr, der seine finanziellen Verpflichtungen nicht erfüllt, kann unter Umständen das gesamte Projekt zum Scheitern bringen.[74]

a) Zahlungsverzug des Bauherren

871 Gegenüber dem Treuhänder schuldet der Bauherr einerseits die vereinbarte **Treuhandgebühr**. Wird diese weder aus Eigenmitteln noch aus dem durch den Treuhänder abgeschlossenen Kredit bezahlt z.B. wegen fehlender Bonität oder Nichtlieferung der für die Kreditgewährung erforderlichen Steuerunterlagen, Vermögensnachweise etc. – kann der Treuhänder entweder auf Erfüllung, d.h. Zahlung der Treuhandgebühr, klagen oder die Rechte aus §§ 325, 326 BGB geltend machen und nach Fristsetzung mit Ablehnungsandrohung entweder vom Vertrag zurücktreten oder Schadensersatz wegen Nichterfüllung verlangen.

872 Hat der Treuhänder bereits von der ihm erteilten Vollmacht Gebrauch gemacht und die nach dem Modell vorgesehenen Verträge im Namen des Bauherren abgeschlossen, schuldet der Bauherr **Aufwendungsersatz** und **Freistellung** von den für Rechnung des Bauherrn eingegangenen Verpflichtungen.[75] Bei Vertragsuntreue des Bauherren bleibt ebenfalls

73 BGH, NJW 90, 571; Brych-Pause, Rn. 986, die allerdings teilweise Vorteilsausgleichung auch bei Personengesellschaften zugrundelegen, obwohl hier die Vorteilsausgleichung generell unterbleibt, weil die Ersatzleistung gem. § 16 I Nr. 2 EStG zu versteuern ist; BGH, NJW-RR 88, 856 und 788.

74 Tewes, Bauherrenmodelle, Teil 5 Kap. 3.4.2.

75 Tewes, Praxishdb., Teil 5/3.2.4.

die Klage auf Erfüllung (§§ 669, 670 BGB) oder die Geltendmachung der Rechte aus §§ 325, 326 BGB. Falls zugunsten des Bauherren bereits eine Auflassungsvormerkung im Grundbuch eingetragen oder gar das Eigentum bereits umgeschrieben ist, stellt der Rücktritt des Treuhänders kein geeignetes Mittel zur Beseitigung des Störfalles, der sich zwangsläufig auch in den Treuhandverträgen mit den übrigen Mitbauherren auswirkt, mehr dar.

Tip

Hier ist der Treuhänder gehalten, Schadensersatz wegen Nichterfüllung zu verlangen und zwecks Eliminierung des notorisch vertragsungetreuen Bauherren die Bauherrengemeinschaft zu bemühen, um durch **Ausschluß** des Störers aus der Gemeinschaft – zu dem nur die Mitgesellschafter, nicht der Treuhänder berechtigt sind – Schadensbegrenzung zu betreiben.

Die übrigen Funktionsträger können, falls die vereinbarten Vergütungen **873** für Betreuungsleistungen, Vermittlungen oder Garantieleistungen nicht gezahlt werden, ebenfalls die Erfüllung der Verpflichtungen einklagen oder aber ihre Rechte aus §§ 325, 326 BGB geltend machen. Ein Rücktritt mit der Folge des Wegfalls der Garantieverpflichtung kommt naturgemäß nur dort in Frage, wo nur die individuellen Einzelinteressen des Bauherren betroffen sind, d.h. bei der Vermietungs-, Zins- oder Zinshöchstkostengarantie. Bei den auf einen Gesamterfolg gerichteten Garantieverträgen dagegen – Vollplazierungsgarantie, Fertigstellungsgarantie scheidet der Rücktritt schon wegen der gegenüber den übrigen (vertragstreuen) Bauherren übernommenen, auf denselben Leistungserfolg gerichteten Garantieverpflichtungen aus, so daß diesen Funktionsträgern faktisch nur der Anspruch auf Schadensersatz einschließlich der Verzugsschäden verbleibt.

Problematisch wird der Störfall des nicht zahlenden Einzelbauherren **874** im Verhältnis zum Generalunternehmer. Handelt es sich bei der Baumaßnahme um eine **Gesamtbaumaßnahme**, insbesondere die Errichtung von Eigentumswohnungen, so stellt sich, falls die Finanzierungslücke nicht durch den Fertigstellungsgaranten geschlossen wird, für den Generalunternehmer die Frage, ob überhaupt und unter welchen Voraussetzungen er entweder zur Einstellung der Bauarbeiten gem. § 320 BGB bzw. § 16 Nr. 5 VOB/B oder aber zur Fertigstellung des Bauwerks ver-

Keine Gesamtschuld der Bauherren

pflichtet ist.[76] Die Bauherren haften nach h.A.[77] nicht gesamtschuldnerisch, sondern anteilig entsprechend ihrer Beteiligung an der Baumaßnahme (Gesellschaftsanteil/Bruchteil am Grundstück bzw. späterer Miteigentumsanteil). Wurde der Ausschluß der gesamtschuldnerischen Haftung zwar – wie in der Praxis üblich – im Vertrag mit dem Generalunternehmer ausgeschlossen, im übrigen aber ein einheitlicher Vertrag zwischen dem Generalunternehmer und der Bauherrengemeinschaft geschlossen, ist der Generalunternehmer beim Ausbleiben von Teilvergütungen eines einzelnen Mitbauherren gem. § 320 BGB oder gem. § 16 Nr. 5 der im Regelfall vereinbarten VOB/B zur Berechnung von Verzugszinsen berechtigt, was wegen des Ausschlusses der gesamtschuldnerischen Haftung nur den säumigen Mitbauherren trifft. Er kann aber auch nach Einhaltung der entsprechenden Formen und Fristsetzungen die Bauarbeiten **einstellen** bzw. den Vertrag **kündigen**. In diesem Falle ist der Störer-Bauherr nicht nur dem Generalunternehmer, sondern insbesondere auch seinen Mitbauherren gegenüber zum Schadensersatz verpflichtet.[78]

b) Die Verletzung vertraglicher Nebenpflichten

875 Wie oben[79] bei Darstellung der Vertragsinhalte bereits geschildert, obliegen dem Bauherren sowohl gegenüber dem Treuhänder wie auch den Mitbauherren gegenüber eine Vielzahl vertraglicher Nebenpflichten und Obliegenheiten. Diese lassen sich dahingehend charakterisieren, daß der Bauherr alles zu unterlassen hat, was den vertraglich vereinbarten Zweck der Realisierung des Gesamtbauvorhabens stören oder gefährden könnte. Verletzt der Bauherr die ihm insoweit obliegenden Nebenpflichten, hat er dem Geschädigten, d.h. dem Treuhänder, Baubetreuer oder den Mitbauherren, den hierdurch verursachten Schaden zu ersetzen. Es dürfte sich i.d.R. um Schäden aus verzögerter Baufertigstellung als Folge verweigerter Mitwirkungspflichten handeln, die in Form erhöhter Baufinanzierungszinsen, Mietausfall etc. konkret nachzuweisen und – falls sie durch die Pflichtverletzung kausal verursacht wurden – dem jeweils Geschädigten zu erstatten sind.

76 Vgl. oben Rz. 461.
77 BGH, NJW 77, 294; 79, 2101; 82, 390; Brych-Pause, Rn. 1092 ff.
78 BGH, NJW-RR 86, 1419; BGH, NJW-RR 88, 616.
79 Vgl. oben Rz. 476 ff.

VII. Die Haftung mehrer Baubeteiligter

VII. Die Haftung mehrer Baubeteiligter

Wirken bei der Entstehung eines Baumangels mehrere Ursachen zusammen, die entweder in den Verantwortungsbereich mehrerer Bauunternehmer fallen oder aber durch den Architekten/Sonderfachmann im **Zusammenwirken** mit dem bauausführenden Unternehmer zu verantworten sind, kann der Auftraggeber, sofern **Gesamtschuld** besteht, nach seiner Wahl entweder alle Mitverursacher gemeinsam oder nur einen von ihnen allein in Anspruch nehmen. Dagegen muß er sich für den **»richtigen« Schuldner entscheiden, wenn entweder nur** parallele Haftungsgrundlagen oder **Subsidiarität** besteht. **876**

1. Die gesamtschuldnerische Haftung

Eine gemeinschaftliche Verpflichtung der am Bau Beteiligten ist gegenüber dem Bauherren als Auftraggeber nur dann gegeben, wenn sie als Gesamtschuldner i.S.d. § 421 BGB einzustufen sind. **877**

a) Der Begriff der Gesamtschuld

Kennzeichnend für das Gesamtschuldverhältnis ist gem. § 421 BGB, daß der Gläubiger des Anspruchs die Leistung – z.B. Vorschuß zur Nachbesserung – von jedem der Gesamtschuldner nach seinem Belieben ganz oder teilweise fordern, sie aber insgesamt nur einmal beanspruchen kann. **Erfüllt einer** der Gesamtschuldner die Forderung, so **erlischt** sie mit Wirkung für **alle** Gesamtschuldner. Die Pflichten der Gesamtschuldner müssen sich auf **dasselbe Leistungsinteresse**, z.B. die Bewirkung eines mängelfreien Bauwerks, beziehen.[1] Es ist jedoch nicht erforderlich, daß die beiden Forderungen auf demselben Rechtsgrund beruhen oder inhaltlich gleichartig sind. Gesamtschuld besteht somit auch dann, wenn die eine Verpflichtung – die des Bauunternehmers – auf Nachbesserung gerichtet ist, die andere dagegen – die des Architekten oder Fachingenieurs – auf Schadensersatz.[2] In diesen Fällen besteht zwar bezüg- **878**

keine Identität des Rechtsgrundes erforderlich

1 Palandt-Heinrichs, § 421 Rn. 4.

2 BGH, GrZS 43, 232; Kleine-Möller-Merl-Oelmaier § 12 Rn. 812 ff.; Werner-Pastor, Rn. 1973.

lich der Errichtung des Bauwerks keine Gesamtschuld, wohl aber bezüglich der Gewährleistung.

879 Problematisch wird in dogmatischer Hinsicht der Fall, daß der Vorunternehmer und der Nachfolgeunternehmer für denselben Mangel verantwortlich sind: Bilden sich z.B. Risse im Putz oder Fliesenbelag, die ihre eigentliche Ursache in Mängeln des Rohbaus (fehlende Bauwerkstrennfugen, Risse im Mauerwerk) haben, haftet der Vorunternehmer aufgrund der Verursachung des Mangels, der Nachfolgeunternehmer wegen Verletzung der Hinweispflicht (§ 4 Nr. 3 VOB/B). Der Auftraggeber hat gegenüber jedem der beiden Unternehmer die vollen Gewährleistungsansprüche und damit die **Wahl**, wen er – in voller Höhe – in Anspruch nimmt. Hier besteht kein klassisches Gesamtschuldverhältnis im Sinne der vom BGH[3] früher geforderten Zweckgemeinschaft, was zu unbilligen **Zufallsergebnissen** führen kann, wenn dem in Anspruch genommenen Unternehmer der Rückgriff gegenüber dem Mitverursacher versagt ist.

880 Nach inzwischen h.A.[4] genügt zwar schon die **Gleichstufigkeit der Verpflichtungen**, um eine gesamtschuldnerische Zweckgemeinschaft i.S.d. § 421 BGB zu bejahen. Eine solche Gleichartigkeit ist jedoch nicht gegeben, wenn mehrere Unternehmer **voneinander abgrenzbare Leistungen** an dem selben Bauwerk erbringen, wie typischerweise der Vor- und Nachunternehmer.[5] Auf Basis dieser h.A.[6] kann der Nachfolgeunternehmer im vorgenannten Beispielsfall als Konsequenz des Fehlens der Gleichstufigkeit keinen Rückgriff beim Vorunternehmer nehmen. Hier erscheint es zwecks Vermeidung allzu unbilliger Ergebnisse jedoch gerechtfertigt, den Begriff der gesamtschuldnerischen Zweckgemeinschaft zumindest auf diejenigen Fälle zu erweitern, in denen die Pflichtwidrigkeit mehrerer Unternehmer nachweisbar für ein und denselben Schaden mitursächlich geworden ist.[7]

b) Gesamtschuldverhältnisse im Bauvertragsrecht

881 Auf der Basis der vorstehenden Grundsätze ist Gleichstufigkeit der Verpflichtungen, d.h. eine Zweckgemeinschaft i.S.d. § 421 BGB, bei folgenden Fallkonstellationen gegeben:

3 BGHZ 13, 365; 43, 2201; BGH, NJW 85, 2475.
4 BGHZ 106, 319; 108, 183; Palandt-Heinrichs, § 421 Rn. 7.
5 Werner-Pastor, Rn. 1969 ff.; OLG Hamm, BauR 90, 643; OLG Frankfurt, SFH Nr. 3 zu § 426 BGB; OLG Düsseldorf, BauR 98, 199 = NJW-RR 98, 527.
6 Vgl. vorstehend Anm. 4 und 5.
7 So Kleine-Möller-Merl-Oelmaier, § 12 Rn. 812; MüKo-Soergel, § 635 Rn. 90 f.; Brügmann, BauR 76, 383.

- Zwischen dem planenden Architekten/Sonderfachmann und dem bauausführenden Unternehmer, wenn der Mangel auf einem Ausführungsfehler und zugleich auf mangelhafter Bauüberwachung beruht[8] oder wenn ein Planungsmangel ursächlich ist, auf den der Bauunternehmer nicht gem. § 4 Nr. 3 VOB/B hingewiesen hat;[9] **z.B.**
- Zwischen dem Architekten und dem Sonderfachmann,[10] wenn letzterer in seinen Berechnungen Mängel der Architektenleistung übernimmt, die er erkannt hat oder bei gebotener Sorgfalt hätte erkennen können, ebenso wenn umgekehrt der Architekt die von ihm erkannten oder erkennbaren Mängel der Fachplanung in der Umsetzung der Planung übernimmt;
- Zwischen mehreren ausführenden Unternehmern, wenn diese nachweislich die Ursachen für denselben Schaden gesetzt haben.[11]

Ist der Baumangel durch einen Planungs-, Anordnungs- oder Koordinierungsmangel des vom Auftraggeber beauftragten Architekten oder Sonderfachmanns verursacht und im Bauwerk als Baumangel verkörpert worden, so haftet der Unternehmer nicht uneingeschränkt. Im Verhältnis zum Bauunternehmer ist der Auftraggeber verpflichtet, eine mangelfreie Planung zur Verfügung zu stellen, die zeitliche und bautechnische Koordination durchzuführen und geeignete bauleitende Anordnungen zu treffen. Bezüglich dieser Aufgaben gilt der Architekt/Ingenieur als **Erfüllungsgehilfe** des Bauherrn, dessen Verschulden sich dieser gem. §§ 254, 278 BGB **anrechnen lassen** muß.[12] Trotz des bestehenden Gesamtschuldverhältnisses muß der Auftraggeber sich in diesen Fällen die ihm bzw. seinem Architekten/Ingenieur zuzurechnende Haftungsquote im Verhältnis zum Unternehmer von vornherein anrechnen lassen.[13] Etwas anderes gilt für Ausführungsmängel, für die der Architekt dem Auftraggeber aufgrund unzureichender Überwachung haftet. Da der Auftragnehmer sich nicht darauf berufen kann, er sei unzureichend überwacht worden, kommt hier eine Beschränkung seiner Haftungsquote nicht in Betracht.[14] **882**

8 BGHZ 43, 227 = NJW 65, 1175; OLG Hamm, NJW-RR 90, 915; OLG Düsseldorf, NJW-RR 94, 1240; Werner-Pastor, Rn. 1972; Kleine-Möller-Merl-Oelmaier, § 12 Rn. 815.

9 Kleine-Möller-Merl-Oelmaier, § 12 Rn. 814; Werner-Pastor, Rn. 1972.

10 BGH, BauR 71, 265; OLG Köln, NJW-RR 86, 183; OLG Hamm, NJW-RR 90, 915.

11 MüKo-Soergel, § 635 Rn. 90 f.; Kleine-Möller-Merl-Oelmaier, § 12 Rn. 812.

12 H.A. vgl. BGH, NJW 85, 2475; OLG Düsseldorf, NJW-RR 95, 532 f.; NJW-RR 97, 975; Werner-Pastor, Rn. 1981.

13 BGH, BauR 84, 395 ff.; Kleine-Möller-Merl-Oelmaier, § 12 Rn. 814; Werner-Pastor, Rn. 1975, 1981; a.A. OLG Köln, NJW-RR 97, 597.

14 BGH, BauR 97, 1021 ff.; OLG Köln, BauR 96, 548; Werner-Pastor, Rn. 1985.

c) Der Haftungsausgleich im Gesamtschuldverhältnis

883 Besteht zwischen mehreren Baubeteiligten ein Gesamtschuldverhältnis, so hat derjenige Schuldner, der vom Auftraggeber in Anspruch genommen wird, gem. § 426 Abs. 1 S. 1 BGB einen Anspruch auf Mitbeteiligung des/der anderen Gesamtschuldner entsprechend dem Verhältnis ihrer Quote. Es handelt sich um ein **gesetzliches Schuldverhältnis**, das zu seiner Entstehung keiner vertraglichen Vereinbarung bedarf. § 426 Abs. 2 BGB begründet einen gesetzlichen **Forderungsübergang**: Soweit der vom Auftraggeber in Anspruch genommene – z.B. der Bauunternehmer – die Forderung befriedigt, geht das Recht des Auftraggebers gegen den/die übrigen Gesamtschuldner auf ihn über. Er kann Rückerstattung desjenigen Betrages verlangen, der im Innenverhältnis über die eigene Haftungsquote hinausgeht.[15] Entgegen dem Grundsatz des § 426 Abs. 1 BGB, der als Grundregel gleiche Anteile der Gesamtschuldner vorsieht, wenn sich aus dem konkreten Fall keine andere Verteilungsquote ergibt, finden sich in der praktischen Abwicklung meist abweichende Verteilungsquoten. Beim reinen Ausführungsmangel haftet der Unternehmer im Innenverhältnis allein, da die Überwachungspflicht des Architekten nur gegenüber dem Bauherrn als vertragliche Leistungspflicht besteht. Hier haftet im Innenverhältnis der Unternehmer allein. Dasselbe gilt umgekehrt bei der gesamtschuldnerischen Inanspruchnahme des Auftragnehmers wegen eines Planungsmangels. Hier trifft im Innenverhältnis des Architekten/Ingenieurs zum ausführenden Unternehmer den Planer die Haftung allein, so daß sich die Quote des Bauunternehmers auf Null reduzieren kann. Im Innenverhältnis entscheidet, wer die hauptsächliche Mängelursache gesetzt und wer gegen seine Sorgfaltspflicht verstoßen hat. Haftungsbeschränkende Vereinbarungen zwischen einem Gesamtschuldner und dem Auftraggeber wirken sich innerhalb des Gesamtschuldverhältnisses nicht aus.[16]

Haftungsunterschiede im Innenverhältnis

884 Haftungsvorteile eines der Gesamtschuldner können sich nicht etwa nur aus einer gewollten Begünstigung (z.B. Erlaß) eines Gesamtschuldners gegenüber den übrigen durch den Bauherrn ergeben. Sie können auch unbeabsichtigt Folge der unterschiedlichen Ausgestaltung der Verträge sein – entweder kraft Gesetzes oder durch die entsprechende Gestaltung des Bauvertrages. Nach der Rspr.[17] wirken sich Beschränkungen der Haftung nur im Außenverhältnis gegenüber dem Gläubiger aus. Im Innenverhältnis zwischen den Gesamtschuldnern wirkt sich nach

Beschränkungen nur im Außenverhältnis

15 OLG München, MDR 72, 239; Werner-Pastor, Rn. 1990; Kleine-Möller-Merl-Oelmaier, § 12 Rn. 823.

16 BGH, NJW 89, 2386; NJW 72, 942.

17 BGH, NJW 89, 2386; 87, 2669; 86, 1097; OLG Hamm, BauR 97, 1056.

Ansicht des BGH[18] der Haftungsvorteil, den der Begünstigte hat, nicht zu dessen Gunsten aus: Er ist in vollem Umfang entsprechend seiner internen Quote den übrigen Gesamtschuldnern zum vollen Ausgleich verpflichtet. Diese Abwicklung beim sog. »gestörten oder hinkenden« Gesamtschuldverhältnis führt dazu, daß z.B. dem Auftragnehmer, der sich beim VOB-Vertrag gegenüber dem Auftraggeber nach 2 Jahren auf die Verjährungseinrede berufen kann, auf dem Umweg über die Haftung des anderen Gesamtschuldners, der z.B. 5 Jahre haftet, eine ebenfalls 5-jährige oder gar längere Inanspruchnahme droht, weil er sich intern an dessen Verpflichtung zu beteiligen hat. Denn die Verjährungsfrist für den Innenausgleichanspruch aus § 426 beläuft sich gem. § 195 BGB auf 30 Jahre. Nach Ansicht der Lit.[19] soll dagegen der Anspruch des Auftraggebers gegen jeden der Gesamtschuldner sich von vornherein **reduzieren** um den Minderungsbetrag des begünstigten Gesamtschuldners. Diese Ansicht erscheint allenfalls vertretbar in Fällen, in denen die Privilegierung eines der Gesamtschuldner auf einem **bewußten Willensakt des Gläubigers** beruht, z.B. bei einer nachträglichen Haftungsbeschränkung. Ergibt sich die Privilegierung dagegen als Folge der unterschiedlichen Laufzeiten der Verjährung (§ 638 BGB/§ 13 VOB/p.V.V.), so erscheint eine Verkürzung der Rechte des Gläubigers auf den Umfang des Geringverpflichteten weder dogmatisch vertretbar noch aus Billigkeit geboten, da hier der Auftraggeber unangemessen benachteiligt würde.

Gem. § 426 Abs. 2 BGB hat der Gesamtschuldner, der vorgeleistet **885**
hat, einen Erstattungsanspruch. Er muß mit dessen Geltendmachung allerdings nicht abwarten bis nach erfolgter Zahlung, da die Gesamtschuld nicht zur Vorfinanzierung im Außenverhältnis verpflichtet. Wird er vom Gläubiger/Auftraggeber in Anspruch genommen, hat er gegenüber den Mit-Gesamtschuldnern einen Anspruch auf Freistellung in Höhe der seinen eigenen Anteil übersteigenden Quote. Dieser Freistellungsanspruch kann im Klagewege ab demjenigen Zeitpunkt geltend gemacht werden, ab dem der eine zuerst in Anspruch genommene Gesamtschuldner selbst gerichtlich oder außergerichtlich vom Auftraggeber auf Zahlung in Anspruch genommen wird.

2. Die subsidiäre Haftung

Eine subsidiäre Haftung ist in denjenigen Fällen gegeben, in denen der **886**
Verpflichtete seine eigene werkvertragliche Haftung entweder **ausschließt oder einschränkt** und ein Wiederaufleben der eigenen Haftung

18 BGH, WM 71, 101; BGHZ 47, 376 ff.
19 Werner-Pastor, Rn. 2009 m. Hinw. auf die zahlr. Lit.

entweder gar nicht oder nur hilfsweise oder nur nach Eintritt bestimmter Bedingungen zuläßt. Typischerweise handelt es sich um Bauträgerverträge, in denen der Bauträger unter Ausschluß der eigenen Haftung die Ansprüche gegen die übrigen Baubeteiligten an die Erwerber abtritt. Auch in Architekten-Formularverträgen finden sich Haftungseinschränkungen dergestalt, daß bestimmte Gewährleistungsansprüche, z.B. Schadensersatz, ausgeschlossen oder von der vorherigen Inanspruchnahme des Bauunternehmer abhängig gemacht werden. Eine derartige Freizeichnung scheitert an den Bestimmungen des AGBG, insbesondere § 11 Nr. 10 a AGBG, und ist i.d.R. auch beim Individualvertrag gem. § 242 BGB unwirksam.[20] Der Freizeichnende haftet weiterhin subsidiär: Seine eigene werkvertragliche Haftung lebt wieder auf, wenn der Auftraggeber/Erwerber die Durchsetzung der Ansprüche gegen Dritte versucht hat und dieser Versuch fehlgeschlagen ist, z.B. nach mehreren erfolglosen Nachbesserungsversuchen des Bauunternehmers, Insolvenz des Handwerkers oder dessen Weigerung zur außergerichtlichen Befriedigung der Ansprüche.

Ausblick: Baurecht und Europa

887 Bauen und Bauverträge in Deutschland sind nach landläufiger Vorstellung ausschließlich Sache des nationalen deutschen Rechts. In den gängigen baurechtlichen Lehrbüchern und Kommentaren finden sich daher in der Regel keine oder nur minimale Hinweise auf die Probleme, die sich bei grenzüberschreitenden baurechtlichen Rechtsbeziehungen ergeben können. Angesichts der Internationalisierung im Zusammenhang mit der Abwicklung deutscher Baustellen ist diese Außerachtlassung der Rechtsprobleme, die sich bei einem Bauvertrag mit internationalem Bezug ergeben können, gefährlich oder zumindest leichtfertig. Immerhin ist die Zahl ausländischer Bauunternehmer, Architekten und Ingenieure, die Bauwerke in Deutschland planen, errichten oder an der Errichtung mitwirken, in den letzten Jahren sehr stark angestiegen. Entscheidend sind vielfach die Kostenvorteile, die ausländische Bauunternehmungen aufgrund der günstigeren Kostenstrukturen der Drittländer - insbesondere im Personalbereich - gegenüber deutschen Mitbietern konkurrenzlos werden lassen. Ausländische Planer können vielfach aufgrund fehlender Honorarordnungen mit deutlichen Preisvorteilen auch deutsche Bauherren werben. Häufig ist auch das spezielle Know-how ausländischer Unternehmen, z. B. auf dem Sektor des Anlagenbaus, ausschlaggebend für ihre Einbindung in deutsche Bauprojekte. Darüber hin-

20 Vgl. Ingenstau-Korbion A, Anh. Rn. 199 ff.; 204 m. Hinw. auf die zahlr. Rspr. und Lit.; BGH, BauR 87, 552.

aus ergibt sich schon jetzt – in Zukunft in noch stärkerem Maße – aus der Verpflichtung zur EG-weiten Ausschreibung von Bau- und Architektenleistungen oberhalb eines bestimmten Stellenwertes die zunehmende Beteiligung ausländischer Auftragnehmer an deutschen Bauprojekten.

Bei einem Bauprojekt, welches innerhalb der Bundesrepublik **888**
Deutschland errichtet wird, zieht typischerweise weder der inländische Vertragspartner noch dessen Rechtsberater die Möglichkeit grenzüberschreitender Rechtsprobleme in Betracht. Dabei ergibt sich vielfach bereits aus den – meist relativ versteckt – in Allgemeinen Vertragsbedingungen eines ausländischen Unternehmens enthaltenen Rechtswahl- oder Gerichtsstandsklauseln zwangsläufig die Notwendigkeit, den Blick über die Grenzen des inländischen deutschen Baurechts hinweg auf das ausländische Recht des Vertragspartners zu richten oder aber kollisionsrechtliche Regelungsmaterien, die vielfach nicht einmal der Rechtswahl unterliegen, in die juristische Betrachtung einzubeziehen. Deutsche Auftraggeber akzeptieren ohne weiteres auch von ihrem ausländischen Vertragspartner, z.B. einem Bauunternehmer, Bürgschaften ausländischer Banken, sofern es sich um ein renommiertes Kreditinstitut handelt. Daß im Bürgschaftstext die Anwendung des deutschen materiellen Rechts wie auch der deutsche Gerichtsstand vereinbart sein müssen, um die problemlose Durchsetzung der Rechte aus der Bürgschaft zu sichern, wird hierbei häufig übersehen. Tritt der Fall der Inanspruchnahme des Bürgen - der ja immer ein Fall gestörter Vertragsabwicklung ist - dann auf, so ergibt sich für den Bürgschaftsnehmer – meist den Auftraggeber – dann unter Umständen die unangenehme Überraschung, daß er im Ausland auf der Grundlage des ausländischen Rechts (des Bürgen) und auf der Grundlage einer fremden Prozeßordnung, die unter Umständen eine Erstattung von Gerichts- oder Rechtsanwaltskosten nicht vorsieht, klagen muß.

Derartige Überraschungen können vermieden werden, wenn bei Ver- **889**
tragsabschlüssen mit einem ausländischen Vertragspartner von vornherein die Anwendung des materiellen deutschen Rechts vereinbart wird. Insbesondere sollte der inländische Vertragspartner die ihm vor oder bei Vertragsabschluß vorgelegten Allgemeinen Geschäftsbedingungen seines ausländischen Verhandlungspartners sehr genau studieren, bevor er diese im Rahmen eines ihm vorgelegten Verhandlungsprotokolls, eines Vertrags mit Bezugnahme auf die AGB des Geschäftspartners oder gar mit Rücksendung eines Auftragsschreibens, in dem auf diese AGB lediglich Bezug genommen ist, akzeptiert. Enthalten nun diese AGB des ausländischen Vertragspartners eine Rechtswahl- oder Gerichtsstandsklausel, mit der das Recht des Heimatstaates des Vertragspartners und der Gerichtsstand seines Firmensitzes vereinbart werden, so können sich für den deutschen Vertragspartner böse Überraschungen ergeben. Dies

gilt insbesondere in Fällen, bei denen der deutsche Auftragnehmer gemäß § 648 a BGB eine Absicherungsbürgschaft verlangt und – im Vertrauen auf die sichere deutsche Rechtsgrundlage – die Bauarbeiten wegen des Ausbleibens der geforderten Sicherheit einstellt oder gar nach Fristsetzung gemäß § 648 a Abs. 5 BGB den Vertrag kündigt. Ausländische Rechtsordnungen innerhalb Europas kennen keine dem § 648 a BGB vergleichbare gesetzliche Absicherung des Unternehmers. Hier bleibt dem deutschen Vertragspartner dann der – unter Umständen untaugliche – Versuch, auf der Grundlage des deutschen internationalen Privatrechts in Verbindung mit dem Brüsseler EWG-Übereinkommen über die gerichtliche Zuständigkeit und die Vollstreckung gerichtlicher Entscheidungen in Zivil- und Handelssachen (EuGVÜ) oder aber in Verbindung mit dem Luganer Übereinkommen über die gerichtliche Zuständigkeit und die Vollstreckung gerichtlicher Entscheidungen in Zivil- und Handelssachen vom 16.09.1988 (LGVÜ) die Wirksamkeit der Rechtswahl- oder Gerichtsstandsklausel einer gerichtlichen Überprüfung unterziehen zu lassen.

890 Gemäß Art. 27 EGBGB unterliegt ein Vertrag der freien Rechtswahl der ihn abschließenden Parteien. An die ausdrückliche Rechtswahl ist die inländische Partei auch dann gebunden, wenn sie die Tragweite der entsprechenden Vertragsklausel erst später erkennt. Außerdem kann gemäß Art. 27 Abs. 1 Satz 2 EGBGB die Rechtswahl auch stillschweigend getroffen sein, wenn sich nur mit hinreichender Sicherheit entweder aus den Bestimmungen des Vertrages oder aus den Umständen des Falles diese Rechtswahl ergibt.[21] Indiz für eine stillschweigende Rechtswahl kann z. B. eine Gerichtsstandsvereinbarung sein.[22] Auch die Verweisung auf die VOB/B in einem Bauvertrag kann auf die stillschweigende Wahl des deutschen Schuldrechts hinweisen.[23]

891 Erfolgt die Rechtswahl oder auch die Vereinbarung einer Gerichtsstandsklausel in Allgemeinen Geschäftsbedingungen, so richtet sich die Frage der wirksamen Einbeziehung der AGB nach Art. 27 Abs. 4 i.V.m. Art. 31 Abs. 1 EGBGB. Hiernach ist die Frage, ob eine wirksame Einbeziehung der AGB des ausländischen Vertragspartners erfolgt ist, nach dem Recht desjenigen Staates zu beurteilen, welches wirksam wäre, wenn der Vertrag oder die Bestimmung wirksam wäre. Der inländische Vertragspartner bzw. sein Rechtsberater ist einem solchen Falle gezwungen, sich zunächst einmal mit dem in Bezug genommenen ausländischen materiellen Recht zu befassen, welches im Hinblick auf die Geltung von AGB möglicherweise keine dem deutschen AGBG entsprechende Bestimmung kennt, bevor er überhaupt beurteilen kann, mit welchem

21 Thode/Wenner, Internationales Architekten- und Bauvertragsrecht, Rn. 79 ff.
22 BGH NJW 1996, 2569; Palandt-Heldrich, Art. 27 EGBGB, Rn. 6
23 BGH Z, 104, 268, 270; Thode, ZfBR 1989, 43, 45; Thode/Wenner, Rn. 84

Gerichtsstand und auf der Basis welchen materiellen Rechts die Ansprüche des deutschen Bauvertragspartners durchgesetzt werden können. Eine Ausnahme gilt gemäß Art. 31 Abs. 2 EGBGB nur in denjenigen Fällen, in denen es nach den Umständen des Vertragsabschlusses nicht gerechtfertigt wäre, die Wirkung des zustimmenden Verhaltens des Vertragspartners nach dem ausländischen Recht zu bestimmen. Bei der Prüfung dieser Frage sind unter Umständen die Wertungen des § 3 des deutschen AGBG heranzuziehen, wonach überraschende Klauseln nicht Vertragsbestandteil werden. Art. 31 Abs. 2 EGBGB und § 3 AGBG verfolgen insofern dieselben Ziele.[24] An einer wirksamen Rechtswahlvereinbarung in Allgemeinen Geschäftsbedingungen gemäß Art. 31 Abs. 2 EGBGB fehlt es regelmäßig dann, wenn die Rechtswahlklausel bei Geltung deutschen Rechts nach § 3 AGBG überraschend wäre. Diese Fallgestaltung ist jedoch nur in denjenigen Ausnahmefällen gegeben, in denen – wie z.B. bei Vertragsabschluß mit der deutschen GmbH-Tochter eines ausländischen Konzerns – ein reiner Inlandsvertrag vorliegt, bei dem abgesehen von der Rechtswahlklausel oder der Gerichtsstandsklausel jeder weitere Auslandsbezug fehlt und außerdem jeweils der überraschende Charakter der Rechtswahlklausel nicht durch konkrete Umstände, z.B. besonderer Hinweis in den Vertragsbedingungen, hervorgehobene Plazierung der Klausel im Vertragstext, ausgeräumt wird.[25] Bei Fällen mit Auslandsbezug ist es somit immer geboten, sich bereits bei Abschluß des Vertrages Gedanken über die Rechtswahl entweder des deutschen Rechts oder des Staates des ausländischen Vertragspartners zu machen und hier klare Vereinbarungen zu treffen. Unter Umständen schadet auch ein Blick über die deutschen Grenzen hinweg nicht, weil möglicherweise das über die Rechtswahl anwendbare ausländische Recht den Auftragnehmer günstiger stellt. Auch im Hinblick auf eine etwaige spätere Rechtsverfolgung kann es sinnvoll sein, bereits bei Abschluß des Vertrages spätere Konsequenzen zu bedenken. Wenn eine Zustellung der bei einem deutschen Gericht eingereichten Klage im Ausland (§ 199 ZPO i.V.m. den Regeln des Haager Übereinkommens über die Zustellung gerichtlicher und außergerichtlicher Schriftstücke im Ausland) an der Tatsache scheitert, daß wegen fehlender Gegenseitigkeitsabkommen die Auslandszustellung ausgeschlossen oder mit Schwierigkeiten verbunden ist oder wenn die Vollstreckung aus einem ausländischen Urteil gemäß § 328 Abs. 1 Nr. 5 ZPO im Ausland nicht möglich ist, weil die Verbürgung der Gegenseitigkeit im Staat des Sitzes der anderen Vertragspartei nicht gegeben ist, kann es unter Umständen sinnvoll sein, entweder auf den Vertragsabschluß ganz zu verzichten

24 Schmidt in Ulmer-Brandner-Hensen, Anhang §§ 9-11 AGBG, Rn. 577
25 Schmidt in Ulmer/Brandner-Hensen, Anhang §§ 9-11 AGBG, Rn. 577; Wolf-Horn-Lindacher, Anhang § 2 AGBG, Rn. 36 a; Taupitz, BB 1990, 642 ff.

oder im Wege der entsprechenden Rechtswahl von vornherein auf das ausländische Recht auszuweichen.

Fazit:

Bauen mit internationalen Vertragsparteien – aus der Sicht des Technikers oder Kaufmanns so einfach und prestigeträchtig – kann und wird eine zufriedenstellende Alternative im Rahmen fortschreitender Internationalisierung sein, wenn die Probleme des grenzüberschreitenden Vertrages bei seinem Abschluß bedacht und geregelt werden. Wird der deutsche Vertragspartner hiermit erst im Rahmen einer gestörten Vertragsabwicklung konfrontiert, so sind die juristischen Abwicklungsprobleme vorprogrammiert und der Ruf nach dem kompetenten Rechtsberater meist zu spät.

Anhang

I. BGB (in Auszügen)

Bürgerliches Gesetzbuch
(in Kursivdruck die ab 1.5.2000 geltende Fassung)

§ 276

(1) Der Schuldner hat, sofern nicht ein anderes bestimmt ist, Vorsatz und Fahrlässigkeit zu vertreten. Fahrlässig handelt, wer die im Verkehr erforderliche Sorgfalt außer acht läßt. Die Vorschriften der §§ 827, 828 finden Anwendung.
(2) Die Haftung wegen Vorsatzes kann dem Schuldner nicht im voraus erlassen werden.

§ 278

Der Schuldner hat ein Verschulden seines gesetzlichen Vertreters und der Personen, deren er sich zur Erfüllung seiner Verbindlichkeit bedient, in gleichem Umfang zu vertreten wie eigenes Verschulden. Die Vorschrift des § 276 Abs. 2 findet keine Anwendung.

§ 284

(1) Leistet der Schuldner auf eine Mahnung des Gläubigers nicht, die nach dem Eintritt der Fälligkeit erfolgt, so kommt er durch die Mahnung in Verzug. Der Mahnung steht die Erhebung der Klage auf die Leistung sowie die Zustellung eines Mahnbescheids im Mahnverfahren gleich.
(2) Ist für die Leistung eine Zeit nach dem Kalender bestimmt, so kommt der Schuldner ohne Mahnung in Verzug, wenn er nicht zu der bestimmten Zeit leistet. Das gleiche gilt, wenn der Leistung eine Kündigung vorauszugehen hat und die Zeit für die Leistung in der Weise bestimmt ist, daß sie sich von der Kündigung ab nach dem Kalender berechnen läßt.
(3) Abweichend von den Absätzen 1 und 2 kommt der Schuldner einer Geldforderung 30 Tage nach Fälligkeit und Zugang einer Rechnung oder einer gleichwertigen Zahlungsaufforderung in Verzug. Bei Schuldverhältnissen, die wiederkehrende Geldleistungen zum Gegenstand haben, bleibt Absatz 2 unberührt

§ 286

(1) Der Schuldner hat dem Gläubiger den durch den Verzug entstehenden Schaden zu ersetzen.
(2) Hat die Leistung infolge des Verzugs für den Gläubiger kein Interesse, so kann dieser unter Ablehnung der Leistung Schadensersatz wegen Nichterfüllung verlangen. Die für das vertragsmäßige Rücktrittsrecht geltenden Vorschriften der §§ 346 bis 356 finden entsprechende Anwendung.

§ 288

(1) Eine Geldschuld ist während des Verzugs mit vier vom Hundert für das Jahr zu verzinsen. Kann der Gläubiger aus einem anderen Rechtsgrund höhere Zinsen verlangen, so sind diese fortzuentrichten.
(1) Eine Geldschuld ist während des Verzugs für das Jahr mit fünf Prozentpunkten über dem Basiszinssatz nach § 1 des Diskontsatz-Überleitungs-Gesetzes vom 9. Juni 1998 (BGBl. I S. 1242) zu verzinsen.
(2) Die Geltendmachung eines weiteren Schadens ist nicht ausgeschlossen.

§ 320

(1) Wer aus einem gegenseitigen Vertrag verpflichtet ist, kann die ihm obliegende Leistung bis zur Bewirkung der Gegenleistung verweigern, es sei denn, daß er vorzuleisten verpflichtet ist. Hat die Leistung an mehrere zu erfolgen, so kann dem einzelnen der ihm gebührende Teil bis zur Bewirkung der ganzen Gegenleistung verweigert werden. Die Vorschrift des § 273 Abs. 3 findet keine

Anwendung. (2) Ist von der einen Seite teilweise geleistet worden, so kann die Gegenleistung insoweit nicht verweigert werden, als die Verweigerung nach den Umständen, insbesondere wegen verhältnismäßiger Geringfügigkeit des rückständigen Teiles, gegen Treu und Glauben verstoßen würde.

§ 321

Wer aus einem gegenseitigen Vertrag vorzuleisten verpflichtet ist, kann, wenn nach dem Abschluß des Vertrags in den Vermögensverhältnissen des anderen Teiles eine wesentliche Verschlechterung eintritt, durch die der Anspruch auf die Gegenleistung gefährdet wird, die ihm obliegende Leistung verweigern, bis die Gegenleistung bewirkt oder Sicherheit für sie geleistet wird.

§ 322

(1) Erhebt aus einem gegenseitigen Vertrag der eine Teil Klage auf die ihm geschuldete Leistung, so hat die Geltendmachung des dem anderen Teil zustehenden Rechtes, die Leistung bis zur Bewirkung der Gegenleistung zu verweigern, nur die Wirkung, daß der andere Teil zur Erfüllung Zug um Zug zu verurteilen ist.

(2) Hat der klagende Teil vorzuleisten, so kann er, wenn der andere Teil im Verzug der Annahme ist, auf Leistung nach Empfang der Gegenleistung klagen. (3) Auf die Zwangsvollstreckung findet die Vorschrift des § 274 Abs. 2 Anwendung.

§ 323

(1) Wird die aus einem gegenseitigen Vertrag dem einen Teil obliegende Leistung infolge eines Umstandes unmöglich, den weder er noch der andere Teil zu vertreten hat, so verliert er den Anspruch auf die Gegenleistung; bei teilweiser Unmöglichkeit mindert sich die Gegenleistung nach Maßgabe der §§ 472, 473.

(2) Verlangt der andere Teil nach § 281 Herausgabe des für den geschuldeten Gegenstand erlangten Ersatzes oder Abtretung des Ersatzanspruchs, so bleibt er zur Gegenleistung verpflichtet; diese mindert sich jedoch nach Maßgabe der §§ 472, 473 insoweit, als der Wert des Ersatzes oder des Ersatzanspruchs hinter dem Wert der geschuldeten Leistung zurückbleibt.

(3) Soweit die nach diesen Vorschriften nicht geschuldete Gegenleistung bewirkt ist, kann das Geleistete nach den Vorschriften über die Herausgabe einer ungerechtfertigten Bereicherung zurückgefordert werden.

§ 324

(1) Wird die aus einem gegenseitigen Vertrag dem einen Teil obliegende Leistung infolge eines Umstandes, den der andere Teil zu vertreten hat, unmöglich, so behält er den Anspruch auf die Gegenleistung. Er muß sich jedoch dasjenige anrechnen lassen, was er infolge der Befreiung von der Leistung erspart oder durch anderweitige Verwendung seiner Arbeitskraft erwirbt oder zu erwerben böswillig unterläßt.

(2) Das gleiche gilt, wenn die dem einen Teil obliegende Leistung infolge eines von ihm nicht zu vertretenden Umstandes zu einer Zeit unmöglich wird, zu welcher der andere Teil im Verzug der Annahme ist.

§ 325

(1) Wird die aus einem gegenseitigen Vertrag dem einen Teil obliegende Leistung infolge eines Umstandes, den er zu vertreten hat, unmöglich, so kann der andere Teil Schadensersatz wegen Nichterfüllung verlangen oder von dem Vertrag zurücktreten. Bei teilweiser Unmöglichkeit ist er, wenn die teilweise Erfüllung des Vertrags für ihn kein Interesse hat, berechtigt, Schadensersatz wegen Nichterfüllung der ganzen Verbindlichkeit nach Maßgabe des § 280 Abs. 2 zu verlangen oder von dem ganzen Vertrag zurückzutreten. Statt des Anspruchs auf Schadensersatz und des Rücktrittsrechts kann er auch die für den Fall des § 323 bestimmten Rechte geltend machen.

(2) Das gleiche gilt in dem Fall des § 283, wenn nicht die Leistung bis zum Ablauf der Frist bewirkt wird oder wenn sie zu dieser Zeit teilweise nicht bewirkt ist.

§ 326

(1) Ist bei einem gegenseitigen Vertrag der eine Teil mit der ihm obliegenden Leistung im Verzug, so kann ihm der andere Teil zur Bewirkung der Leistung eine angemessene Frist mit der Erklärung bestimmen, daß er die Annahme der Leistung nach dem Ablauf der Frist ablehne. Nach dem Ablauf der Frist ist er berechtigt, Schadensersatz wegen Nichterfüllung zu verlangen oder von dem Vertrag zurückzutreten, wenn nicht die Leistung rechtzeitig erfolgt ist; der Anspruch auf Erfüllung ist ausgeschlossen. Wird die Leistung bis zum Ablauf der Frist teilweise nicht bewirkt, so findet die Vorschrift des § 325 Abs. 1 Satz 2 entsprechende Anwendung.
(2) Hat die Erfüllung des Vertrags infolge des Verzugs für den anderen Teil kein Interesse, so stehen ihm die im Absatz 1 bezeichneten Rechte zu, ohne daß es der Bestimmung einer Frist bedarf.

§ 327

(1) Auf das in den §§ 326, 326 bestimmte Rücktrittsrecht finden die für das vertragsmäßige Rücktrittsrecht geltenden Vorschriften der §§ 346-356 entsprechende Anwendung.
(2) Erfolgt der Rücktritt wegen eines Umstandes, den der andere Teil nicht zu vertreten hat, so haftet dieser nur nach den Vorschriften über die Herausgabe einer ungerechtfertigten Bereicherung.

§ 433

(1) Durch den Kaufvertrag wird der Verkäufer einer Sache verpflichtet, dem Käufer die Sache zu übergeben und das Eigentum an der Sache zu verschaffen. Der Verkäufer eines Rechtes ist verpflichtet, dem Käufer das Recht zu verschaffen und, wenn das Recht zum Besitz einer Sache berechtigt, die Sache zu übergeben.
(2) Der Käufer ist verpflichtet, dem Verkäufer den vereinbarten Kaufpreis zu zahlen und die gekaufte Sache abzunehmen.

§ 434

Der Verkäufer ist verpflichtet, dem Käufer den verkauften Gegenstand frei von Rechten zu verschaffen, die von Dritten gegen den Käufer geltend gemacht werden können.

§ 435

(1) Der Verkäufer eines Grundstücks oder eines Rechtes an einem Grundstück ist verpflichtet, im Grundbuch eingetragene Rechte, die nicht bestehen, auf seine Kosten zur Löschung zu bringen, wenn sie im Falle ihres Bestehens das dem Käufer zu verschaffende Recht beeinträchtigen würden.
(2) Das gleiche gilt beim Verkauf eines eingetragenen Schiffs oder Schiffsbauwerks oder einer Schiffshypothek für die im Schiffsregister eingetragenen Rechte.

§ 436

Der Verkäufer eines Grundstücks haftet nicht für die Freiheit des Grundstücks von öffentlichen Abgaben und von anderen öffentlichen Lasten, die zur Eintragung in das Grundbuch nicht geeignet sind.

§ 437

(1) Der Verkäufer einer Forderung oder eines sonstigen Rechtes haftet für den rechtlichen Bestand der Forderung oder des Rechtes.
(2) Der Verkäufer eines Wertpapiers haftet auch dafür, daß es nicht zum Zwecke der Kraftloserklärung aufgeboten ist.

§ 438

Übernimmt der Verkäufer einer Forderung die Haftung für die Zahlungsfähigkeit des Schuldners, so ist die Haftung im Zweifel nur auf die Zahlungsfähigkeit zur Zeit der Abtretung zu beziehen.

§ 439

(1) Der Verkäufer hat einen Mangel im Recht nicht zu vertreten, wenn der Käufer den Mangel bei dem Abschluß des Kaufes kennt.
(2) Eine Hypothek, eine Grundschuld, eine Rentenschuld, eine Schiffshypothek oder ein Pfandrecht hat der Verkäufer zu beseitigen, auch wenn der Käufer die Belastung kennt. Das gleiche gilt von einer Vormerkung zur Sicherung des Anspruchs auf Bestellung eines dieser Rechte.

§ 440

(1) Erfüllt der Verkäufer die ihm nach den §§ 433 bis 437, 439 obliegenden Verpflichtungen nicht, so bestimmen sich die Rechte des Käufers nach den Vorschriften der §§ 320 bis 327.
(2) Ist eine bewegliche Sache verkauft und dem Käufer zum Zwecke der Eigentumsübertragung übergeben worden, so kann der Käufer wegen des Rechtes eines Dritten, das zum Besitz der Sache berechtigt, Schadensersatz wegen Nichterfüllung nur verlangen, wenn er die Sache dem Dritten mit Rücksicht auf dessen Recht herausgegeben hat oder sie dem Verkäufer zurückgewährt oder wenn die Sache untergegangen ist.
(3) Der Herausgabe der Sache an den Dritten steht es gleich, wenn der Dritte den Käufer oder dieser den Dritten beerbt oder wenn der Käufer das Recht des Dritten anderweit erwirbt oder den Dritten abfindet.
(4) Steht dem Käufer ein Anspruch auf Herausgabe gegen einen anderen zu, so genügt anstelle der Rückgewähr die Abtretung des Anspruchs.

§ 441

Die Vorschriften des § 440 Abs. 2 bis 4 gelten auch dann, wenn ein Recht an einer beweglichen Sache verkauft ist, das zum Besitz der Sache berechtigt.

§ 442

Bestreitet der Verkäufer den vom Käufer geltend gemachten Mangel im Recht, so hat der Käufer den Mangel zu beweisen.

§ 443

Eine Vereinbarung, durch welche die nach den §§ 433 bis 437, 439 bis 442 wegen eines Mangels im Recht dem Verkäufer obliegende Verpflichtung zur Gewährleistung erlassen oder beschränkt wird, ist nichtig, wenn der Verkäufer den Mangel arglistig verschweigt.

§ 444

Der Verkäufer ist verpflichtet, dem Käufer über die den verkauften Gegenstand betreffenden rechtlichen Verhältnisse, insbesondere im Falle des Verkaufs eines Grundstücks über die Grenzen, Gerechtsame und Lasten, die nötige Auskunft zu erteilen und ihm die zum Beweise des Rechtes dienenden Urkunden, soweit sie sich in seinem Besitz befinden, auszuliefern. Erstreckt sich der Inhalt einer solchen Urkunde auch auf andere Angelegenheiten, so ist der Verkäufer nur zur Erteilung eines öffentlich beglaubigten Auszugs verpflichtet.

§ 445

Die Vorschriften der §§ 433 bis 444 finden auf andere Verträge, die auf Veräußerung oder Belastung eines Gegenstandes gegen Entgelt gerichtet sind, entsprechende Anwendung.

§ 446

(1) Mit der Übergabe der verkauften Sache geht die Gefahr des zufälligen Unterganges und einer zufälligen Verschlechterung auf den Käufer über. Von der Übergabe an gebühren dem Käufer die Nutzungen und trägt er die Lasten der Sache.
(2) Wird der Käufer eines Grundstücks oder eines eingetragenen Schiffs oder Schiffsbauwerks vor der Übergabe als Eigentümer in das Grundbuch, das Schiffsregister oder das Schiffsbauregister eingetragen, so treten diese Wirkungen mit der Eintragung ein.

§ 447

(1) Versendet der Verkäufer auf Verlangen des Käufers die verkaufte Sache nach einem anderen Ort als dem Erfüllungsort, so geht die Gefahr auf den Käufer über, sobald der Verkäufer die Sache dem Spediteur, dem Frachtführer oder der sonst zur Ausführung der Versendung bestimmten Person oder Anstalt ausgeliefert hat.
(2) Hat der Käufer eine besondere Anweisung über die Art der Versendung erteilt und weicht der Verkäufer ohne dringenden Grund von der Anweisung ab, so ist der Verkäufer dem Käufer für den daraus entstehenden Schaden verantwortlich.

§ 459

(1) Der Verkäufer einer Sache haftet dem Käufer dafür, daß sie zu der Zeit, zu welcher die Gefahr auf den Käufer übergeht, nicht mit Fehlern behaftet ist, die den Wert oder die Tauglichkeit zu dem gewöhnlichen oder dem nach dem Vertrag vorausgesetzten Gebrauch aufheben oder mindern. Eine unerhebliche Minderung des Wertes oder der Tauglichkeit kommt nicht in Betracht.
(2) Der Verkäufer haftet auch dafür, daß die Sache zur Zeit des Überganges der Gefahr die zugesicherten Eigenschaften hat.

§ 460

Der Verkäufer hat einen Mangel der verkauften Sache nicht zu vertreten, wenn der Käufer den Mangel bei dem Abschluß des Kaufes kennt. Ist dem Käufer ein Mangel der im § 459 Abs. 1 bezeichneten Art infolge grober Fahrlässigkeit unbekannt geblieben, so haftet der Verkäufer, sofern er nicht die Abwesenheit des Fehlers zugesichert hat, nur, wenn er den Fehler arglistig verschwiegen hat.

§ 461

Der Verkäufer hat einen Mangel der verkauften Sache nicht zu vertreten, wenn die Sache auf Grund eines Pfandrechts in öffentlicher Versteigerung unter der Bezeichnung als Pfand verkauft wird.

§ 462

Wegen eines Mangels, den der Verkäufer nach den Vorschriften der §§ 459, 460 zu vertreten hat, kann der Käufer Rückgängigmachung des Kaufes (Wandelung) oder Herabsetzung des Kaufpreises (Minderung) verlangen.

§ 463

Fehlt der verkauften Sache zur Zeit des Kaufes eine zugesicherte Eigenschaft, so kann der Käufer statt der Wandelung oder der Minderung Schadensersatz wegen Nichterfüllung verlangen. Das gleiche gilt, wenn der Verkäufer einen Fehler arglistig verschwiegen hat.

§ 464

Nimmt der Käufer eine mangelhafte Sache an, obschon er den Mangel kennt, so stehen ihm die in den §§ 462, 463 bestimmten Ansprüche nur zu, wenn er sich seine Rechte wegen des Mangels bei der Annahme vorbehält.

§ 465

Die Wandelung oder die Minderung ist vollzogen, wenn sich der Verkäufer auf Verlangen des Käufers mit ihr einverstanden erklärt.

§ 466

Behauptet der Käufer dem Verkäufer gegenüber einen Mangel der Sache, so kann der Verkäufer ihn unter dem Erbieten zur Wandelung und unter Bestimmung einer angemessenen Frist zur Erklärung darüber auffordern, ob er Wandelung verlange. Die Wandelung kann in diesem Falle nur bis zum Ablauf der Frist verlangt werden.

§ 467

Auf die Wandelung finden die für das vertragsmäßige Rücktrittsrecht geltenden Vorschriften der §§ 346 bis 348, 350 bis 354, 356 entsprechende Anwendung; im Falle des § 352 ist jedoch die Wandelung nicht ausgeschlossen, wenn der Mangel sich erst bei der Umgestaltung der Sache gezeigt hat. Der Verkäufer hat dem Käufer auch die Vertragskosten zu ersetzen.

§ 468

Sichert der Verkäufer eines Grundstücks dem Käufer eine bestimmte Größe des Grundstücks zu, so haftet er für die Größe wie für eine zugesicherte Eigenschaft. Der Käufer kann jedoch wegen Mangels der zugesicherten Größe Wandelung nur verlangen, wenn der Mangel so erheblich ist, daß die Erfüllung des Vertrags für den Käufer kein Interesse hat.

§ 469

Sind von mehreren verkauften Sachen nur einzelne mangelhaft, so kann nur in Ansehung dieser Wandelung verlangt werden, auch wenn ein Gesamtpreis für alle Sachen festgesetzt ist. Sind jedoch die Sachen als zusammengehörend verkauft, so kann jeder Teil verlangen, daß die Wandelung auf alle Sachen erstreckt wird, wenn die mangelhaften Sachen nicht ohne Nachteil für ihn von den übrigen getrennt werden können.

§ 470

Die Wandelung wegen eines Mangels der Hauptsache erstreckt sich auch auf die Nebensache. Ist die Nebensache mangelhaft, so kann nur in Ansehung dieser Wandelung verlangt werden.

§ 471

Findet im Falle des Verkaufs mehrerer Sachen für einen Gesamtpreis die Wandelung nur in Ansehung einzelner Sachen statt, so ist der Gesamtpreis in dem Verhältnis herabzusetzen, in welchem zur Zeit des Verkaufs der Gesamtwert der Sachen in mangelfreiem Zustand zu dem Wert der von der Wandelung nicht betroffenen Sachen gestanden haben würde.

§ 472

(1) Bei der Minderung ist der Kaufpreis in dem Verhältnis herabzusetzen, in welchem zur Zeit des Verkaufs der Wert der Sache in mangelfreiem Zustand zu dem wirklichen Wert gestanden haben würde.

(2) Findet im Falle des Verkaufs mehrerer Sachen für einen Gesamtpreis die Minderung nur wegen einzelner Sachen statt, so ist bei der Herabsetzung des Preises der Gesamtwert aller Sachen zugrunde zu legen.

§ 473

Sind neben dem in Geld festgesetzten Kaufpreis Leistungen bedungen, die nicht vertretbare Sachen zum Gegenstand haben, so sind diese Leistungen in den Fällen der §§ 471, 472 nach dem Wert zur Zeit des Verkaufs in Geld zu veranschlagen. Die Herabsetzung der Gegenleistung des Käufers erfolgt an dem in Geld festgesetzten Preis; ist dieser geringer als der abzusetzende Betrag, so hat der Verkäufer den überschießenden Betrag dem Käufer zu vergüten.

§ 474

(1) Sind auf der einen oder der anderen Seite mehrere beteiligt, so kann von jedem und gegen jeden Minderung verlangt werden.
(2) Mit der Vollziehung der von einem der Käufer verlangten Minderung ist die Wandelung ausgeschlossen.

§ 475

Durch die wegen eines Mangels erfolgte Minderung wird das Recht des Käufers, wegen eines anderen Mangels Wandelung oder von neuem Minderung zu verlangen, nicht ausgeschlossen.

§ 476

Eine Vereinbarung, durch welche die Verpflichtung des Verkäufers zur Gewährleistung wegen Mängel der Sache erlassen oder beschränkt wird, ist nichtig, wenn der Verkäufer den Mangel arglistig verschweigt.

§ 476a

Ist an Stelle des Rechts des Käufers auf Wandlung oder Minderung ein Recht auf Nachbesserung vereinbart, so hat der zur Nachbesserung verpflichtete Verkäufer auch die zum Zwecke der Nachbesserung erforderlichen Aufwendungen, insbesondere Transport-, Wege-, Arbeits- und Materialkosten, zu tragen. Dies gilt nicht, soweit die Aufwendungen sich erhöhen, weil die gekaufte Sache nach der Lieferung an einen anderen Ort als den Wohnsitz oder die gewerbliche Niederlassung des Empfängers verbracht worden ist, es sei denn, das Verbringen entspricht dem bestimmungsgemäßen Gebrauch der Sache.

§ 477

(1) Der Anspruch auf Wandelung oder auf Minderung sowie der Anspruch auf Schadensersatz wegen Mangels einer zugesicherten Eigenschaft verjährt, sofern nicht der Verkäufer den Mangel arglistig verschwiegen hat, bei beweglichen Sachen in sechs Monaten von der Ablieferung, bei Grundstükken in einem Jahr von der Übergabe an. Die Verjährungsfrist kann durch Vertrag verlängert werden.
(2) Beantragt der Käufer das selbständige Beweisverfahren nach der Zivilprozeßordnung, so wird die Verjährung unterbrochen. Die Unterbrechung dauert bis zur Beendigung des Verfahrens fort. Die Vorschriften des § 211 Abs. 2 und des § 212 finden entsprechende Anwendung.
(3) Die Hemmung oder Unterbrechung der Verjährung eines der im Absatz 1 bezeichneten Ansprüche bewirkt auch die Hemmung oder Unterbrechung der Verjährung der anderen Ansprüche.

§ 478

(1) Hat der Käufer den Mangel dem Verkäufer angezeigt oder die Anzeige an ihn abgesendet, bevor der Anspruch auf Wandelung oder auf Minderung verjährt war, so kann er auch nach der Vollendung der Verjährung die Zahlung des Kaufpreises insoweit verweigern, als er auf Grund der Wandelung oder der Minderung dazu berechtigt sein würde. Das gleiche gilt, wenn der Käufer vor der Vollendung der Verjährung das selbständige Beweisverfahren nach der Zivilprozeßordnung beantragt oder in einem zwischen ihm und einem späteren Erwerber der Sache wegen des Mangels anhängigen Rechtsstreit dem Verkäufer den Streit verkündet hat.
(2) Hat der Verkäufer den Mangel arglistig verschwiegen, so bedarf es der Anzeige oder einer ihr nach Absatz 1 gleichstehenden Handlung nicht.

§ 479

Der Anspruch auf Schadensersatz kann nach der Vollendung der Verjährung nur aufgerechnet werden, wenn der Käufer vorher eine der im § 478 bezeichneten Handlungen vorgenommen hat. Diese Beschränkung tritt nicht ein, wenn der Verkäufer den Mangel arglistig verschwiegen hat.

§ 480

(1) Der Käufer einer nur der Gattung nach bestimmten Sache kann statt der Wandelung oder der Minderung verlangen, daß ihm an Stelle der mangelhaften Sache eine mangelfreie geliefert wird. Auf diesen Anspruch finden die für die Wandelung geltenden Vorschriften der §§ 464 bis 466, des § 467 Satz 1 und der §§ 469, 470, 474 bis 479 entsprechende Anwendung.
(2) Fehlt der Sache zu der Zeit, zu welcher die Gefahr auf den Käufer übergeht, eine zugesicherte Eigenschaft oder hat der Verkäufer einen Fehler arglistig verschwiegen, so kann der Käufer statt der Wandelung, der Minderung oder der Lieferung einer mangelfreien Sache Schadensersatz wegen Nichterfüllung verlangen.

§ 631

(1) Durch den Werkvertrag wird der Unternehmer zur Herstellung des versprochenen Werkes, der Besteller zur Entrichtung der vereinbarten Vergütung verpflichtet.
(2) Gegenstand des Werkvertrags kann sowohl die Herstellung oder Veränderung einer Sache als ein anderer durch Arbeit oder Dienstleistung herbeizuführender Erfolg sein.

§ 632

(1) Eine Vergütung gilt als stillschweigend vereinbart, wenn die Herstellung des Werkes den Umständen nach nur gegen eine Vergütung zu erwarten ist.
(2) Ist die Höhe der Vergütung nicht bestimmt, so ist bei dem Bestehen einer Taxe die taxmäßige Vergütung, in Ermangelung einer Taxe die übliche Vergütung als vereinbart anzusehen.

§ 632a

Ein Unternehmer kann von dem Besteller für in sich abgeschlossene Teile des Werkes Abschlagszahlungen für die erbrachten vertragsmäßigen Leistungen verlangen. Dies gilt auch für erforderliche Stoffe oder Bauteile, die eigens angefertigt oder angeliefert sind. Der Anspruch besteht nur, wenn dem Besteller Eigentum an den Teilen des Werkes, an den Stoffen oder Bauteilen oder Sicherheit hierfür geleistet wird.

§ 633

(1) Der Unternehmer ist verpflichtet, das Werk so herzustellen, daß es die zugesicherten Eigenschaften hat und nicht mit Fehlern behaftet ist, die den Wert oder die Tauglichkeit zu dem gewöhnlichen oder dem nach dem Vertrag vorausgesetzten Gebrauch aufheben oder mindern.
(2) Ist das Werk nicht von dieser Beschaffenheit, so kann der Besteller die Beseitigung des Mangels verlangen. § 476a gilt entsprechend. Der Unternehmer ist berechtigt, die Beseitigung zu verweigern, wenn sie einen unverhältnismäßigen Aufwand erfordert.
(3) Ist der Unternehmer mit der Beseitigung des Mangels im Verzug, so kann der Besteller den Mangel selbst beseitigen und Ersatz der erforderlichen Aufwendungen verlangen.

§ 634

(1) Zur Beseitigung eines Mangels der im § 633 bezeichneten Art kann der Besteller dem Unternehmer eine angemessene Frist mit der Erklärung bestimmen, daß er die Beseitigung des Mangels nach dem Ablauf der Frist ablehne. Zeigt sich schon vor der Ablieferung des Werkes ein Mangel, so kann der Besteller die Frist sofort bestimmen; die Frist muß so bemessen werden, daß sie nicht vor der für die Ablieferung bestimmten Frist abläuft. Nach dem Ablauf der Frist kann der Besteller Rückgängigmachung des Vertrags (Wandelung) oder Herabsetzung der Vergütung (Minderung) verlan-

gen, wenn nicht der Mangel rechtzeitig beseitigt worden ist; der Anspruch auf Beseitigung des Mangels ist ausgeschlossen.

(2) Der Bestimmung einer Frist bedarf es nicht, wenn die Beseitigung des Mangels unmöglich ist oder von dem Unternehmer verweigert wird oder wenn die sofortige Geltendmachung des Anspruchs auf Wandelung oder auf Minderung durch ein besonderes Interesse des Bestellers gerechtfertigt wird.

(3) Die Wandelung ist ausgeschlossen, wenn der Mangel den Wert oder die Tauglichkeit des Werkes nur unerheblich mindert.

(4) Auf die Wandelung und die Minderung finden die für den Kauf geltenden Vorschriften der §§ 465 bis 467, 469 bis 475 entsprechende Anwendung.

§ 635

Beruht der Mangel des Werkes auf einem Umstand, den der Unternehmer zu vertreten hat, so kann der Besteller statt der Wandelung oder der Minderung Schadensersatz wegen Nichterfüllung verlangen.

§ 636

(1) Wird das Werk ganz oder zum Teil nicht rechtzeitig hergestellt, so finden die für die Wandelung geltenden Vorschriften des § 634 Abs. 1 bis 3 entsprechende Anwendung; an die Stelle des Anspruchs auf Wandelung tritt das Recht des Bestellers, nach § 327 von dem Vertrag zurückzutreten. Die im Falle des Verzugs des Unternehmers dem Besteller zustehenden Rechte bleiben unberührt.

(2) Bestreitet der Unternehmer die Zulässigkeit des erklärten Rücktritts, weil er das Werk rechtzeitig hergestellt habe, so trifft ihn die Beweislast.

§ 637

Eine Vereinbarung, durch welche die Verpflichtung des Unternehmers, einen Mangel des Werkes zu vertreten, erlassen oder beschränkt wird, ist nichtig, wenn der Unternehmer den Mangel arglistig verschweigt.

§ 638

(1) Der Anspruch des Bestellers auf Beseitigung eines Mangels des Werkes sowie die wegen des Mangels dem Besteller zustehenden Ansprüche auf Wandelung, Minderung oder Schadensersatz verjähren, sofern nicht der Unternehmer den Mangel arglistig verschwiegen hat, in sechs Monaten, bei Arbeiten an einem Grundstück in einem Jahr, bei Bauwerken in fünf Jahren. Die Verjährung beginnt mit der Abnahme des Werkes.

(2) Die Verjährungsfrist kann durch Vertrag verlängert werden.

§ 639

(1) Auf die Verjährung der im § 638 bezeichneten Ansprüche des Bestellers finden die für die Verjährung der Ansprüche des Käufers geltenden Vorschriften des § 477 Abs. 2, 3 und der §§ 478, 479 entsprechende Anwendung.

(2) Unterzieht sich der Unternehmer im Einverständnis mit dem Besteller der Prüfung des Vorhandenseins des Mangels oder der Beseitigung des Mangels, so ist die Verjährung so lange gehemmt, bis der Unternehmer das Ergebnis der Prüfung dem Besteller mitteilt oder ihm gegenüber den Mangel für beseitigt erklärt oder die Fortsetzung der Beseitigung verweigert.

§ 640

(1) Der Besteller ist verpflichtet, das vertragsmäßig hergestellte Werk abzunehmen, sofern nicht nach der Beschaffenheit des Werkes die Abnahme ausgeschlossen ist. *Wegen unwesentlicher Mängel kann die Abnahme nicht verweigert werden. Der Abnahme steht es gleich, wenn der Besteller das*

Werk nicht innerhalb einer ihm vom Unternehmer bestimmten angemessenen Frist abnimmt, obwohl er dazu verpflichtet ist.

(2) Nimmt der Besteller ein mangelhaftes Werk *gemäß Absatz 1 Satz 1* ab, obschon er den Mangel kennt, so stehen ihm die in den §§ 633, 634 bestimmten Ansprüche nur zu, wenn er sich seine Rechte wegen des Mangels bei der Abnahme vorbehält.

§ 641

(1) Die Vergütung ist bei der Abnahme des Werkes zu entrichten. Ist das Werk in Teilen abzunehmen und die Vergütung für die einzelnen Teile bestimmt, so ist die Vergütung für jeden Teil bei dessen Abnahme zu entrichten.

(2) Die Vergütung des Unternehmers für ein Werk, dessen Herstellung der Besteller einem Dritten versprochen hat, wird spätestens fällig, wenn und soweit der Besteller von dem Dritten für das versprochene Werk wegen dessen Herstellung seine Vergütung oder Teile davon erhalten hat. Hat der Besteller dem Dritten wegen möglicher Mängel des Werkes Sicherheit geleistet, gilt dies nur, wenn der Unternehmer dem Besteller Sicherheit in entsprechender Höhe leistet.

(3) Kann der Besteller die Beseitigung eines Mangels verlangen, so kann er nach der Abnahme die Zahlung eines angemessenen Teils der Vergütung verweigern, mindestens in Höhe des Dreifachen der für die Beseitigung des Mangels erforderlichen Kosten.

(2) = *(4)* Eine in Geld festgesetzte Vergütung hat der Besteller von der Abnahme des Werkes an zu verzinsen, sofern nicht die Vergütung gestundet ist.

§ 641a

(1) Der Abnahme steht es gleich, wenn dem Unternehmer von einem Gutachter eine Bescheinigung darüber erteilt wird, dass

1. das versprochene Werk, im Falle des § 641 Abs. 1 Satz 2 auch ein Teil desselben, hergestellt ist und

2. das Werk frei von Mängeln ist, die der Besteller gegenüber dem Gutachter behauptet hat oder die für den Gutachter bei einer Besichtigung feststellbar sind,

(Fertigstellungsbescheinigung). Das gilt nicht, wenn das Verfahren nach den Absätzen 2 bis 4 nicht eingehalten worden ist oder wenn die Voraussetzungen des § 640 Abs. 1 Satz 1 und 2 nicht gegeben waren; im Streitfall hat dies der Besetller zu beweisen. § 640 Abs. 2 ist nicht anzuwenden. Es wird vermutet, dass ein Aufmaß oder eine Stundenlohnabrechnung, die der Unternehmer seiner Rechnung zugrunde legt, zutreffen, wenn der Gutachter dies in der Fertigstellungsbescheinigung bestätigt.

(2) Gutachter kann sein

1. ein Sachverständiger, auf den sich Unternehmer und Besteller verständigt haben, oder

2. ein auf Antrag des Unternehmers durch eine Industrie- und Handelskammer, eine Handwerkskammer, eine Architektenkammer oder eine Ingenieurkammer bestimmter öffentlich bestellter und vereidigter Sachverständiger.

Der Gutachter wird vom Unternehmer beauftragt. Er ist diesem und dem Besteller des zu begutachtenden Werkes gegenüber verpflichtet, die Bescheinigung unparteiisch und nach bestem Wissen und Gewissen zu erteilen.

(3) Der Gutachter muss mindestens einen Besichtigungstermin abhalten; eine Einladung hierzu unter Angabe des Anlasses muss dem Besteller mindestens zwei Wochen vorher zugehen. Ob das Werk frei von Mängeln ist, beurteilt der Gutachter nach einem schriftlichen Vertrag, den ihm der Unternehmer vorzulegen hat. Änderungen dieses Vertrages sind dabei nur zu berücksichtigen, wenn sie schriftlich vereinbart sind oder von den Vertragsteilen übereinstimmend gegenüber dem Gutachter vorbegebracht werden. Wenn der Vertrag entsprechende Angaben nicht enthält, sind die allgemein anerkannten Regeln der Technik zugrunde zu legen. Vom Besteller geltend gemachte Mängel bleiben bei der Erteilung der Bescheinigung unberücksichtigt, wenn sie nach Abschluß der Besichtigung vorgebracht werden.

(4) Der Besteller ist verpflichtet, eine Untersuchung des Werkes oder von Teilen desselben duch den Gutachter zu gestatten. Verweigert er die Untersuchung, wird vermutet, dass das zu untersuchende Werk vertragsgemäß hergestellt worden ist; die Bescheinigung nach Absatz 1 ist zu erteilen.

(5) Dem Besteller ist vom Gutachter eine Abschrift der Bescheinigung zu erteilen. In Ansehung von Fristen, Zinsen und Gefahrenübergang treten die Wirkungen der Bescheinigung erst mit dem Zugang beim Besteller ein.

§ 642

(1) Ist bei der Herstellung des Werkes eine Handlung des Bestellers erforderlich, so kann der Unternehmer, wenn der Besteller durch das Unterlassen der Handlung in Verzug der Annahme kommt, eine angemessene Entschädigung verlangen.
(2) Die Höhe der Entschädigung bestimmt sich einerseits nach der Dauer des Verzugs und der Höhe der vereinbarten Vergütung, andererseits nach demjenigen, was der Unternehmer infolge des Verzugs an Aufwendungen erspart oder durch anderweitige Verwendung seiner Arbeitskraft erwerben kann.

§ 643

Der Unternehmer ist im Falle des § 642 berechtigt, dem Besteller zur Nachholung der Handlung eine angemessene Frist mit der Erklärung zu bestimmen, daß er den Vertrag kündige, wenn die Handlung nicht bis zum Ablauf der Frist vorgenommen werde. Der Vertrag gilt als aufgehoben, wenn nicht die Nachholung bis zum Ablauf der Frist erfolgt.

§ 644

(1) Der Unternehmer trägt die Gefahr bis zur Abnahme des Werkes. Kommt der Besteller in Verzug der Annahme, so geht die Gefahr auf ihn über. Für den zufälligen Untergang und eine zufällige Verschlechterung des von dem Besteller gelieferten Stoffes ist der Unternehmer nicht verantwortlich.
(2) Versendet der Unternehmer das Werk auf Verlangen des Bestellers nach einem anderen Ort als dem Erfüllungsort, so finden die für den Kauf geltenden Vorschriften des § 447 entsprechende Anwendung.

§ 645

(1) Ist das Werk vor der Abnahme infolge eines Mangels des von dem Besteller gelieferten Stoffes oder infolge einer von dem Besteller für die Ausführung erteilten Anweisung untergegangen, verschlechtert oder unausführbar geworden, ohne daß ein Umstand mitgewirkt hat, den der Unternehmer zu vertreten hat, so kann der Unternehmer einen der geleisteten Arbeit entsprechenden Teil der Vergütung und Ersatz der in der Vergütung nicht inbegriffenen Auslagen verlangen. Das gleiche gilt, wenn der Vertrag in Gemäßheit des § 643 aufgehoben wird.
(2) Eine weitergehende Haftung des Bestellers wegen Verschuldens bleibt unberührt.

§ 646

Ist nach der Beschaffenheit des Werkes die Abnahme ausgeschlossen, so tritt in den Fällen der §§ 638, 641, 644, 645 an die Stelle der Abnahme die Vollendung des Werkes.

§ 647

Der Unternehmer hat für seine Forderungen aus dem Vertrag ein Pfandrecht an den von ihm hergestellten oder ausgebesserten beweglichen Sachen des Bestellers, wenn sie bei der Herstellung oder zum Zwecke der Ausbesserung in seinen Besitz gelangt sind.

§ 648

(1) Der Unternehmer eines Bauwerkes oder eines einzelnen Teiles eines Bauwerkes kann für seine Forderungen aus dem Vertrag die Einräumung einer Sicherungshypothek an dem Baugrundstück des Bestellers verlangen. Ist das Werk noch nicht vollendet, so kann er die Einräumung der Sicherungshypothek für einen der geleisteten Arbeit entsprechenden Teil der Vergütung und für die in der Vergütung nicht inbegriffenen Auslagen verlangen.

(2) Der Inhaber einer Schiffswerft kann für seine Forderungen aus dem Bau oder der Ausbesserung eines Schiffs die Einräumung einer Schiffshypothek an dem Schiffsbauwerk oder dem Schiff des Bestellers verlangen; Absatz 1 Satz 2 gilt sinngemäß. § 647 findet keine Anwendung.

§ 648a

(1) Der Unternehmer eines Bauwerks, einer Außenanlage oder eines Teils davon kann vom Besteller Sicherheit für die von ihm zu erbringenden Vorleistungen *einschließlich dazugehöriger Nebenforderungen* in der Weise verlangen, daß er dem Besteller zur Leistung der Sicherheit eine angemessene Frist mit der Erklärung bestimmt, daß er nach dem Ablauf der Frist seine Leistung verweigere. *Sicherheit kann bis zur Höhe des voraussichtlichen Vergütungsanspruchs, wie er sich aus dem Vertrag oder einem nachträglichen Zusatzauftrag ergibt, sowie wegen Nebenforderungen verlangt werden; die Nebenforderungen sind mit 10 vom Hundert des zu sichernden Vergütungsanspruchs anzusetzen.* ~~Sicherheit kann bis zur Höhe des voraussichtlichen Vergütungsanspruchs verlangt werden, wie er sich aus dem Vertrag oder einem nachträglichen Zusatzauftrag ergibt~~. Sie ist auch dann als ausreichend anzusehen, wenn sich der Sicherungsgeber das Recht vorbehält, sein Versprechen im Falle einer wesentlichen Verschlechterung der Vermögensverhältnisse des Bestellers mit Wirkung für Vergütungsansprüche aus Bauleistungen zu widerrufen, die der Unternehmer bei Zugang der Widerrufserklärung noch nicht erbracht hat.

(2) Die Sicherheit kann auch durch eine Garantie oder ein sonstiges Zahlungsversprechen eines im Geltungsbereich dieses Gesetzes zum Geschäftsbetrieb befugten Kreditinstituts oder Kreditversicherers geleistet werden. Das Kreditinstitut oder der Kreditversicherer darf Zahlungen an den Unternehmer nur leisten, soweit der Besteller den Vergütungsanspruch des Unternehmers anerkennt oder durch vorläufig vollstreckbares Urteil zur Zahlung der Vergütung verurteilt worden ist und die Voraussetzungen vorliegen, unter denen die Zwangsvollstreckung begonnen werden darf.

(3) Der Unternehmer hat dem Besteller die üblichen Kosten der Sicherheitsleistung bis zu einem Höchstsatz von 2 vom Hundert für das Jahr zu erstatten. Dies gilt nicht, soweit eine Sicherheit wegen Einwendungen des Bestellers gegen den Vergütungsanspruch des Unternehmers aufrechterhalten werden muß und die Einwendungen sich als unbegründet erweisen.

(4) Soweit der Unternehmer für seinen Vergütungsanspruch eine Sicherheit nach den Absätzen 1 oder 2 erlangt hat, ist der Anspruch auf Einräumung einer Sicherungshypothek nach § 648 Abs. 1 ausgeschlossen.

(5) Leistet der Besteller die Sicherheit nicht fristgemäß, so bestimmen sich die Rechte des Unternehmers nach den §§ 643 und 645 Abs. 1. Gilt der Vertrag danach als aufgehoben, kann der Unternehmer auch Ersatz des Schadens verlangen, den er dadurch erleidet, daß er auf die Gültigkeit des Vertrags vertraut hat. *Dasselbe gilt, wenn der Besteller in zeitlichem Zusammenhang mit dem Sicherheitsverlangen gemäß Absatz 1 kündigt, es sei denn, die Kündigung ist nicht erfolgt, um der Stellung der Sicherheit zu entgehen. Es wird vermutet, dass der Schaden 5 Prozent der Vergütung beträgt.*

(6) Die Vorschriften der Absätze 1 bis 5 finden keine Anwendung, wenn der Besteller 1. eine juristische Person des öffentlichen Rechts oder ein öffentlich-rechtliches Sondervermögen ist oder 2. eine natürliche Person ist und die Bauarbeiten zur Herstellung oder Instandsetzung eines Einfamilienhauses mit oder ohne Einliegerwohnung ausführen läßt; dies gilt nicht bei Betreuung des Bauvorhabens durch einen zur Verfügung über die Finanzierungsmittel des Bestellers ermächtigten Baubetreuer.

(7) Eine von den Vorschriften der Absätze 1 bis 5 abweichende Vereinbarung ist unwirksam.

§ 705

Durch den Gesellschaftsvertrag verpflichten sich die Gesellschafter gegenseitig, die Erreichung eines gemeinsamen Zweckes in der durch den Vertrag bestimmten Weise zu fördern, insbesondere die vereinbarten Beiträge zu leisten.

§ 706

(1) Die Gesellschafter haben in Ermangelung einer anderen Vereinbarung gleiche Beiträge zu leisten.

(2) Sind vertretbare oder verbrauchbare Sachen beizutragen, so ist im Zweifel anzunehmen, daß sie gemeinschaftliches Eigentum der Gesellschafter werden sollen. Das gleiche gilt von nicht vertretbaren und nicht verbrauchbaren Sachen, wenn sie nach einer Schätzung beizutragen sind, die nicht bloß für die Gewinnverteilung bestimmt ist.
(3) Der Beitrag eines Gesellschafters kann auch in der Leistung von Diensten bestehen.

§ 707

Zur Erhöhung des vereinbarten Beitrags oder zur Ergänzung der durch Verlust verminderten Einlage ist ein Gesellschafter nicht verpflichtet.

§ 708

Ein Gesellschafter hat bei der Erfüllung der ihm obliegenden Verpflichtungen nur für diejenige Sorgfalt einzustehen, welche er in eigenen Angelegenheiten anzuwenden pflegt.

§ 709

(1) Die Führung der Geschäfte der Gesellschaft steht den Gesellschaftern gemeinschaftlich zu; für jedes Geschäft ist die Zustimmung aller Gesellschafter erforderlich.
(2) Hat nach dem Gesellschaftsvertrag die Mehrheit der Stimmen zu entscheiden, so ist die Mehrheit im Zweifel nach der Zahl der Gesellschafter zu berechnen.

§ 710

Ist in dem Gesellschaftsvertrag die Führung der Geschäfte einem Gesellschafter oder mehreren Gesellschaftern übertragen, so sind die übrigen Gesellschafter von der Geschäftsführung ausgeschlossen. Ist die Geschäftsführung mehreren Gesellschaftern übertragen, so finden die Vorschriften des § 709 entsprechende Anwendung.

§ 711

Steht nach dem Gesellschaftsvertrag die Führung der Geschäfte allen oder mehreren Gesellschaftern in der Art zu, daß jeder allein zu handeln berechtigt ist, so kann jeder der Vornahme eines Geschäfts durch den anderen widersprechen. Im Falle des Widerspruchs muß das Geschäft unterbleiben.

§ 712

(1) Die einem Gesellschafter durch den Gesellschaftsvertrag übertragene Befugnis zur Geschäftsführung kann ihm durch einstimmigen Beschluß oder, falls nach dem Gesellschaftsvertrag die Mehrheit der Stimmen entscheidet, durch Mehrheitsbeschluß der übrigen Gesellschafter entzogen werden, wenn ein wichtiger Grund vorliegt; ein solcher Grund ist insbesondere grobe Pflichtverletzung oder Unfähigkeit zur ordnungsmäßigen Geschäftsführung.
(2) Der Gesellschafter kann auch seinerseits die Geschäftsführung kündigen, wenn ein wichtiger Grund vorliegt; die für den Auftrag geltenden Vorschriften des § 671 Abs. 2, 3 finden entsprechende Anwendung.

§ 713

Die Rechte und Verpflichtungen der geschäftsführenden Gesellschafter bestimmen sich nach den für den Auftrag geltenden Vorschriften der §§ 664 bis 670, soweit sich nicht aus dem Gesellschaftsverhältnis ein anderes ergibt.

§ 714

Soweit einem Gesellschafter nach dem Gesellschaftsvertrag die Befugnis zur Geschäftsführung zusteht, ist er im Zweifel auch ermächtigt, die anderen Gesellschafter Dritten gegenüber zu vertreten.

§ 715

Ist im Gesellschaftsvertrag ein Gesellschafter ermächtigt, die anderen Gesellschafter Dritten gegenüber zu vertreten, so kann die Vertretungsmacht nur nach Maßgabe des § 712 Abs. 1 und, wenn sie in Verbindung mit der Befugnis zur Geschäftsführung erteilt worden ist, nur mit dieser entzogen werden.

§ 716

(1) Ein Gesellschafter kann, auch wenn er von der Geschäftsführung ausgeschlossen ist, sich von den Angelegenheiten der Gesellschaft persönlich unterrichten, die Geschäftsbücher und die Papiere der Gesellschaft einsehen und sich aus ihnen eine Übersicht über den Stand des Gesellschaftsvermögens anfertigen.
(2) Eine dieses Recht ausschließende oder beschränkende Vereinbarung steht der Geltendmachung des Rechtes nicht entgegen, wenn Grund zu der Annahme unredlicher Geschäftsführung besteht.

§ 717

Die Ansprüche, die den Gesellschaftern aus dem Gesellschaftsverhältnis gegeneinander zustehen, sind nicht übertragbar. Ausgenommen sind die einem Gesellschafter aus seiner Geschäftsführung zustehenden Ansprüche, soweit deren Befriedigung vor der Auseinandersetzung verlangt werden kann, sowie die Ansprüche auf einen Gewinnanteil oder auf dasjenige, was dem Gesellschafter bei der Auseinandersetzung zukommt.

§ 718

(1) Die Beiträge der Gesellschafter und die durch die Geschäftsführung für die Gesellschaft erworbenen Gegenstände werden gemeinschaftliches Vermögen der Gesellschafter (Gesellschaftsvermögen).
(2) Zu dem Gesellschaftsvermögen gehört auch, was auf Grund eines zu dem Gesellschaftsvermögen gehörenden Rechtes oder als Ersatz für die Zerstörung, Beschädigung oder Entziehung eines zu dem Gesellschaftsvermögen gehörenden Gegenstandes erworben wird.

§ 719

(1) Ein Gesellschafter kann nicht über seinen Anteil an dem Gesellschaftsvermögen und an den einzelnen dazu gehörenden Gegenständen verfügen; er ist nicht berechtigt, Teilung zu verlangen.
(2) Gegen eine Forderung, die zum Gesellschaftsvermögen gehört, kann der Schuldner nicht eine ihm gegen einen einzelnen Gesellschafter zustehende Forderung aufrechnen.

§ 720

Die Zugehörigkeit einer nach § 718 Abs. 1 erworbenen Forderung zum Gesellschaftsvermögen hat der Schuldner erst dann gegen sich gelten zu lassen, wenn er von der Zugehörigkeit Kenntnis erlangt; die Vorschriften der §§ 406 bis 408 finden entsprechende Anwendung.

§ 721

(1) Ein Gesellschafter kann den Rechnungsabschluß und die Verteilung des Gewinns und Verlustes erst nach der Auflösung der Gesellschaft verlangen.
(2) Ist die Gesellschaft von längerer Dauer, so hat der Rechnungsabschluß und die Gewinnverteilung im Zweifel am Schluß jedes Geschäftsjahrs zu erfolgen.

§ 722

(1) Sind die Anteile der Gesellschafter am Gewinn und Verlust nicht bestimmt, so hat jeder Gesellschafter ohne Rücksicht auf die Art und die Größe seines Beitrags einen gleichen Anteil am Gewinn und Verlust.

(2) Ist nur der Anteil am Gewinn oder am Verlust bestimmt, so gilt die Bestimmung im Zweifel für Gewinn und Verlust.

§ 723

(1) Ist die Gesellschaft nicht für eine bestimmte Zeit eingegangen, so kann jeder Gesellschafter sie jederzeit kündigen. Ist eine Zeitdauer bestimmt, so ist die Kündigung vor dem Ablauf der Zeit zulässig, wenn ein wichtiger Grund vorliegt. Ein wichtiger Grund liegt insbesondere vor,
1. wenn ein anderer Gesellschafter eine ihm nach dem Gesellschaftsvertrag obliegende wesentliche Verpflichtung vorsätzlich oder aus grober Fahrlässigkeit verletzt hat oder wenn die Erfüllung einer solchen Verpflichtung unmöglich wird;
2. wenn der Gesellschafter das 18. Lebensjahr vollendet hat.

Der volljährig Gewordene kann die Kündigung nach Nummer 2 nur binnen drei Monaten von dem Zeitpunkt an erklären, in welchem er von seiner Gesellschafterstellung Kenntnis hatte oder haben mußte. Das Kündigungsrecht besteht nicht, wenn der Gesellschafter bezüglich des Gegenstandes der Gesellschaft zum selbständigen Betrieb eines Erwerbsgeschäftes gemäß § 112 ermächtigt war oder der Zweck der Gesellschaft allein der Befriedigung seiner persönlichen Bedürfnisse diente. Unter den gleichen Voraussetzungen ist, wenn eine Kündigungsfrist bestimmt ist, die Kündigung ohne Einhaltung der Frist zulässig.

(2) Die Kündigung darf nicht zur Unzeit geschehen, es sei denn, daß ein wichtiger Grund für die unzeitige Kündigung vorliegt. Kündigt ein Gesellschafter ohne solchen Grund zur Unzeit, so hat er den übrigen Gesellschaftern den daraus entstehenden Schaden zu ersetzen.

(3) Eine Vereinbarung, durch welche das Kündigungsrecht ausgeschlossen oder diesen Vorschriften zuwider beschränkt wird, ist nichtig.

§ 724

Ist eine Gesellschaft für die Lebenszeit eines Gesellschafters eingegangen, so kann sie in gleicher Weise gekündigt werden wie eine für unbestimmte Zeit eingegangene Gesellschaft. Dasselbe gilt, wenn eine Gesellschaft nach dem Ablauf der bestimmten Zeit stillschweigend fortgesetzt wird.

§ 725

(1) Hat ein Gläubiger eines Gesellschafters die Pfändung des Anteils des Gesellschafters an dem Gesellschaftsvermögen erwirkt, so kann er die Gesellschaft ohne Einhaltung einer Kündigungsfrist kündigen, sofern der Schuldtitel nicht bloß vorläufig vollstreckbar ist.

(2) Solange die Gesellschaft besteht, kann der Gläubiger die sich aus dem Gesellschaftsverhältnis ergebenden Rechte des Gesellschafters, mit Ausnahme des Anspruchs auf einen Gewinnanteil, nicht geltend machen.

§ 726

Die Gesellschaft endigt, wenn der vereinbarte Zweck erreicht oder dessen Erreichung unmöglich geworden ist.

§ 727

(1) Die Gesellschaft wird durch den Tod eines der Gesellschafter aufgelöst, sofern nicht aus dem Gesellschaftsvertrag sich ein anderes ergibt.

(2) Im Falle der Auflösung hat der Erbe des verstorbenen Gesellschafters den übrigen Gesellschaftern den Tod unverzüglich anzuzeigen und, wenn mit dem Aufschub Gefahr verbunden ist, die seinem Erblasser durch den Gesellschaftsvertrag übertragenen Geschäfte fortzuführen, bis die übrigen Gesellschafter in Gemeinschaft mit ihm anderweit Fürsorge treffen können. Die übrigen Gesellschafter sind in gleicher Weise zur einstweiligen Fortführung der ihnen übertragenen Geschäfte verpflichtet. Die Gesellschaft gilt insoweit als fortbestehend.

§ 728

(1) Die Gesellschaft wird durch die Eröffnung des Insolvenzverfahrens über das Vermögen der Gesellschaft aufgelöst. Wird das Verfahren auf Antrag des Schuldners eingestellt oder nach der Bestätigung eines Insolvenzplans, der den Fortbestand der Gesellschaft vorsieht, aufgehoben, so können die Gesellschafter die Fortsetzung der Gesellschaft beschließen.
(2) Die Gesellschaft wird durch die Eröffnung des Insolvenzverfahrens über das Vermögen eines Gesellschafters aufgelöst. Die Vorschriften des § 727 Abs. 2 Satz 2, 3 finden Anwendung.

§ 729

Wird die Gesellschaft aufgelöst, so gilt die Befugnis eines Gesellschafters zur Geschäftsführung zu seinen Gunsten gleichwohl als fortbestehend, bis er von der Auflösung Kenntnis erlangt oder die Auflösung kennen muß. Das gleiche gilt bei Fortbestand der Gesellschaft für die Befugnis zur Geschäftsführung eines aus der Gesellschaft ausscheidenden Gesellschafters oder für ihren Verlust in sonstiger Weise.

§ 730

(1) Nach der Auflösung der Gesellschaft findet in Ansehung des Gesellschaftsvermögens die Auseinandersetzung unter den Gesellschaftern statt, sofern nicht über das Vermögen der Gesellschaft das Insolvenzverfahren eröffnet ist.
(2) Für die Beendigung der schwebenden Geschäfte, für die dazu erforderliche Eingehung neuer Geschäfte sowie für die Erhaltung und Verwaltung des Gesellschaftsvermögens gilt die Gesellschaft als fortbestehend, soweit der Zweck der Auseinandersetzung es erfordert. Die einem Gesellschafter nach dem Gesellschaftsvertrag zustehende Befugnis zur Geschäftsführung erlischt jedoch, wenn nicht aus dem Vertrag sich ein anderes ergibt, mit der Auflösung der Gesellschaft; die Geschäftsführung steht von der Auflösung an allen Gesellschaftern gemeinschaftlich zu.

§ 731

Die Auseinandersetzung erfolgt in Ermangelung einer anderen Vereinbarung in Gemäßheit der §§ 732 bis 735. Im übrigen gelten für die Teilung die Vorschriften über die Gemeinschaft.

§ 732

Gegenstände, die ein Gesellschafter der Gesellschaft zur Benutzung überlassen hat, sind ihm zurückzugeben. Für einen durch Zufall in Abgang gekommenen oder verschlechterten Gegenstand kann er nicht Ersatz verlangen.

§ 733

(1) Aus dem Gesellschaftsvermögen sind zunächst die gemeinschaftlichen Schulden mit Einschluß derjenigen zu berichtigen, welche den Gläubigern gegenüber unter den Gesellschaftern geteilt sind oder für welche einem Gesellschafter die übrigen Gesellschafter als Schuldner haften. Ist eine Schuld noch nicht fällig oder ist sie streitig, so ist das zur Berichtigung Erforderliche zurückzubehalten.
(2) Aus dem nach der Berichtigung der Schulden übrig bleibenden Gesellschaftsvermögen sind die Einlagen zurückzuerstatten. Für Einlagen, die nicht in Geld bestanden haben, ist der Wert zu ersetzen, den sie zur Zeit der Einbringung gehabt haben. Für Einlagen, die in der Leistung von Diensten oder in der Überlassung der Benutzung eines Gegenstandes bestanden haben, kann nicht Ersatz verlangt werden.
(3) Zur Berichtigung der Schulden und zur Rückerstattung der Einlagen ist das Gesellschaftsvermögen, soweit erforderlich, in Geld umzusetzen.

§ 734

Verbleibt nach der Berichtigung der gemeinschaftlichen Schulden und der Rückerstattung der Einlagen ein Überschuß, so gebührt er den Gesellschaftern nach dem Verhältnis ihrer Anteile am Gewinn.

§ 735

Reicht das Gesellschaftsvermögen zur Berichtigung der gemeinschaftlichen Schulden und zur Rückerstattung der Einlagen nicht aus, so haben die Gesellschafter für den Fehlbetrag nach dem Verhältnis aufzukommen, nach welchem sie den Verlust zu tragen haben. Kann von einem Gesellschafter der auf ihn entfallende Beitrag nicht erlangt werden, so haben die übrigen Gesellschafter den Ausfall nach dem gleichen Verhältnis zu tragen.

§ 736

(1) Ist im Gesellschaftsvertrag bestimmt, daß, wenn ein Gesellschafter kündigt oder stirbt oder wenn das Insolvenzverfahren über sein Vermögen eröffnet wird, die Gesellschaft unter den übrigen Gesellschaftern fortbestehen soll, so scheidet bei dem Eintritt eines solchen Ereignisses der Gesellschafter, in dessen Person es eintritt, aus der Gesellschaft aus.

(2) Die für Personenhandelsgesellschaften geltenden Regelungen über die Begrenzung der Nachhaftung gelten sinngemäß.

§ 737

Ist im Gesellschaftsvertrag bestimmt, daß, wenn ein Gesellschafter kündigt, die Gesellschaft unter den übrigen Gesellschaftern fortbestehen soll, so kann ein Gesellschafter, in dessen Person ein die übrigen Gesellschafter nach § 723 Abs. 1 Satz 2 zur Kündigung berechtigender Umstand eintritt, aus der Gesellschaft ausgeschlossen werden. Das Ausschließungsrecht steht den übrigen Gesellschaftern gemeinschaftlich zu. Die Ausschließung erfolgt durch Erklärung gegenüber dem auszuschließenden Gesellschafter.

§ 738

(1) Scheidet ein Gesellschafter aus der Gesellschaft aus, so wächst sein Anteil am Gesellschaftsvermögen den übrigen Gesellschaftern zu. Diese sind verpflichtet, dem Ausscheidenden die Gegenstände, die er der Gesellschaft zur Benutzung überlassen hat, nach Maßgabe des § 732 zurückzugeben, ihn von den gemeinschaftlichen Schulden zu befreien und ihm dasjenige zu zahlen, was er bei der Auseinandersetzung erhalten würde, wenn die Gesellschaft zur Zeit seines Ausscheidens aufgelöst worden wäre. Sind gemeinschaftliche Schulden noch nicht fällig, so können die übrigen Gesellschafter dem Ausscheidenden, statt ihn zu befreien, Sicherheit leisten.

(2) Der Wert des Gesellschaftsvermögens ist, soweit erforderlich, im Wege der Schätzung zu ermitteln.

§ 739

Reicht der Wert des Gesellschaftsvermögens zur Deckung der gemeinschaftlichen Schulden und der Einlagen nicht aus, so hat der Ausscheidende den übrigen Gesellschaftern für den Fehlbetrag nach dem Verhältnis seines Anteils am Verlust aufzukommen.

§ 740

(1) Der Ausgeschiedene nimmt an dem Gewinn und dem Verlust teil, welcher sich aus den zur Zeit seines Ausscheidens schwebenden Geschäften ergibt. Die übrigen Gesellschafter sind berechtigt, diese Geschäfte so zu beendigen, wie es ihnen am vorteilhaftesten erscheint.

(2) Der Ausgeschiedene kann am Schluß jedes Geschäftsjahrs Rechenschaft über die inzwischen beendigten Geschäfte, Auszahlung des ihm gebührenden Betrags und Auskunft über den Stand der noch schwebenden Geschäfte verlangen.

II. Gesetz zur Beschleunigung fälliger Zahlungen

Gesetz zur Beschleunigung fälliger Zahlungen
Vom 30. März 2000

(BGBl. I, S. 330)

Der Bundestag hat folgendes Gesetz beschlossen:

Artikel 1
Änderung des Bürgerlichen Gesetzbuchs

Das Bürgerliche Gesetzbuch in der im Bundesgesetzblatt Teil III, Gliederungsnummer 400-2, veröffentlichten bereinigten Fassung, zuletzt geändert durch Artikel 1 des Gesetzes vom 21. Juli 1999 (BGBl. I S. 1642), wird wie folgt geändert:

1. Dem § 284 wird folgender Absatz 3 angefügt:
   »*(3) Abweichend von den Absätzen 1 und 2 kommt der Schuldner einer Geldforderung 30 Tage nach Fälligkeit und Zugang einer Rechnung oder einer gleichwertigen Zahlungsaufforderung in Verzug. Bei Schuldverhältnissen, die wiederkehrende Geldleistungen zum Gegenstand haben, bleibt Absatz 2 unberührt.*«
2. § 288 Abs. 1 Satz 1 wird wie folgt gefasst:
   »*Eine Geldschuld ist während des Verzugs für das Jahr mit fünf Prozentpunkten über dem Basiszinssatz nach § 1 des Diskontsatz-Überleitungs-Gesetzes vom 9. Juni 1998 (BGBl. I S. 1242) zu verzinsen.*«
3. Nach § 632 wird folgender § 632a eingefügt:
   »*§ 632a*
   Ein Unternehmer kann von dem Besteller für in sich abgeschlossene Teile des Werkes Abschlagszahlungen für die erbrachten vertragsmäßigen Leistungen verlangen. Dies gilt auch für erforderliche Stoffe oder Bauteile, die eigens angefertigt oder angeliefert sind. Der Anspruch besteht nur, wenn dem Besteller Eigentum an den Teilen des Werkes, an den Stoffen oder Bauteilen oder Sicherheit hierfür geleistet wird.«
4. § 640 wird wie folgt geändert:
   a) Dem Absatz 1 werden folgende Sätze angefügt:
   »*Wegen unwesentlicher Mängel kann die Abnahme nicht verweigert werden. Der Abnahme steht es gleich, wenn der Besteller das Werk nicht innerhalb einer ihm vom Unternehmer bestimmten angemessenen Frist abnimmt, obwohl er dazu verpflichtet ist.*«
   b) In Absatz 2 werden nach dem Wort »Werk« die Worte »*gemäß Absatz 1 Satz 1*« eingefügt.
5. § 641 wird wie folgt geändert:
   a) Nach Absatz 1 werden die folgenden Absätze eingefügt:
   »*(2) Die Vergütung des Unternehmers für ein Werk, dessen Herstellung der Besteller einem Dritten versprochen hat, wird spätestens fällig, wenn und soweit der Besteller von dem Dritten für das versprochene Werk wegen dessen Herstellung seine Vergütung oder Teile davon erhalten hat. Hat der Besteller dem Dritten wegen möglicher Mängel des Werkes Sicherheit geleistet, gilt dies nur, wenn der Unternehmer dem Besteller Sicherheit in entsprechender Höhe leistet.*
   (3) Kann der Besteller die Beseitigung eines Mangels verlangen, so kann er nach der Abnahme die Zahlung eines angemessenen Teils der Vergütung verweigern, mindestens in Höhe des Dreifachen der für die Beseitigung des Mangels erforderlichen Kosten.«
   b) Der bisherige Absatz 2 wird Absatz 4.

6. Nach § 641 wird folgender § 641a eingefügt:
»§ 641a
(1) Der Abnahme steht es gleich, wenn dem Unternehmer von einem Gutachter eine Bescheigung darüber erteilt wird, dass
1. das versprochene Werk, im Falle des § 641 Abs. 1 Satz 2 auch ein Teil desselben, hergestellt ist und
2. das Werk frei von Mängeln ist, die der Besteller gegenüber dem Gutachter behauptet hat oder die für den Gutachter bei einer Besichtigung feststellbar sind,
(Fertigstellungsbescheinigung). Das gilt nicht, wenn das Verfahren nach den Absätzen 2 bis 4 nicht eingehalten worden ist oder wenn die Voraussetzungen des § 640 Abs. 1 Satz 1 und 2 nicht gegeben waren; im Streitfall hat dies der Besetller zu beweisen. § 640 Abs. 2 ist nicht anzuwenden. Es wird vermutet, dass ein Aufmaß oder eine Stundenlohnabrechnung, die der Unternehmer seiner Rechnung zugrunde legt, zutreffen, wenn der Gutachter dies in der Fertigstellungsbescheinigung bestätigt.
(2) Gutachter kann sein
1. ein Sachverständiger, auf den sich Unternehmer und Besteller verständigt haben, oder
2. ein auf Antrag des Unternehmers durch eine Industrie- und Handelskammer, eine Handwerkskammer, eine Architektenkammer oder eine Ingenieurkammer bestimmter öffentlich bestellter und vereidigter Sachverständiger.
Der Gutachter wird vom Unternehmer beauftragt. Er ist diesem und dem Besteller des zu begutachtenden Werkes gegenüber verpflichtet, die Bescheinigung unparteiisch und nach bestem Wissen und Gewissen zu erteilen.
(3) Der Gutachter muss mindestens einen Besichtigungstermin abhalten; eine Einladung hierzu unter Angabe des Anlasses muss dem Besteller mindestens zwei Wochen vorher zugehen. Ob das Werk frei von Mängeln ist, beurteilt der Gutachter nach einem schriftlichen Vertrag, den ihm der Unternehmer vorzulegen hat. Änderungen dieses Vertrages sind dabei nur zu berücksichtigen, wenn sie schriftlich vereinbart sind oder den von den Vertragsteilen übereinstimmend gegenüber dem Gutachter vorbegebracht werden. Wenn der Vertrag entsprechende Angaben nicht enthält, sind die allgemein anerkannten Regeln der Technik zugrunde zu legen. Vom Besteller geltend gemachte Mängel bleiben bei der Erteilung der Bescheinigung unberücksichtigt, wenn sie nach Abschluß der Besichtigung vorgebracht werden.
(4) Der Besteller ist verpflichtet, eine Untersuchung des Werkes oder von Teilen desselben duch den Gutachter zu gestatten. Verweigert er die Untersuchung, wird vermutet, dass das zu untersuchende Werk vertragsgemäß hergestellt worden ist; die Bescheinigung nach Absatz 1 ist zu erteilen.
(5) Dem Besteller ist vom Gutachter eine Abschrift der Bescheinigung zu erteilen. In Ansehung von Fristen, Zinsen und Gefahrenübergang treten die Wirkungen der Bescheinigung erst mit dem Zugang beim Besteller ein.«
7. § 648a wird wie folgt geändert:
a) Absatz 1 wird wie folgt geändert:
aa) In Satz 1 werden nach dem Wort »Vorleistungen« die Wörter »einschließlich dazugehörender Nebenforderungen« eingefügt.
bb) Satz 2 wird wie folgt gefasst:
»Sicherheit kann bis zur Höhe des voraussichtlichen Vergütungsanspruchs, wie er sich aus dem Vertrag oder einem nachträglichen Zusatzauftrag ergibt, sowie wegen Nebenforderungen verlangt werden; die Nebenforderungen sind mit 10 vom Hundert des zu sichernden Vergütungsanspruchs anzusetzen.«
b) Dem Absatz 5 werden folgende Sätze angefügt:
»Dasselbe gilt, wenn der Besteller in zeitlichem Zusammenhang mit dem Sicherheitsverlangen gemäß Absatz 1 kündigt, es sei denn, die Kündigung ist nicht erfolgt, um der Stellung der Sicherheit zu entgehen. Es wird vermutet, dass der Schaden 5 Prozent der Vergütung beträgt.«

Artikel 2
Änderung sonstiger Vorschriften

(1) In den fünften Teil des Einführungsgesetzes zum Bürgerlichen Gesetzbuche in der Fassung der Bekanntnmachung vom 21. September 1994 (BGBl. I S. 2494; 1997 I S. 1061), das zuletzt durch Artikel 1 Abs. 1 des Gesetzes vom 20. Dezember 1999 (BGBl. I S. 2493) geändert worden ist, wird nach Artikel 228 folgender Artikel 229 eingefügt:

»Artikel 229

Weitere Überleitungsvorschriften

(1) § 284 Abs. 3 des Bürgerlichen Gesetzbuchs in der seit dem 1. Mai 2000 geltenden Fassung gilt auch für Geldforderungen, die vor diesem Zeitpunkt entstanden sind. Vor diesem Zeitpunkt zugegangene Rechnungen lösen die Wirkungen des § 284 Abs. 3 nicht aus. § 288 des Bürgerlichen Gesetzbuchs und § 352 des Handelsgesetzbuchs in der jeweils seit dem 1. Mai 2000 geltenden Fassung sind auf alle Forderungen anzuwenden, die von diesem Zeitpunkt an fällig werden.

(2) §§ 632a, 640, 641, 641a und 648a in der jeweils ab dem 1. Mai 2000 geltenden Fassung gelten, soweit nichts anderes bestimmt wird, nicht für Verträge, die vor diesem Zeitpunkt abgeschlossen worden sind. § 641 Abs. 3 und § 648a Abs. 5 Satz 3 in der seit dem 1. Mai 2000 [geltenden Fassung] *sind auch auf vorher geschlossene Verträge anzuwenden. § 640 gilt für solche Verträge mit der Maßgabe, dass der Lauf der darin bestimmten Frist erst mit dem 1. Mai 2000 beginnt.«*

(2) Nach § 27 des AGB-Gesetzes vom 9. Dezember 1976 (BGBl. I S. 3317), das zuletzt durch den Artikel 2 Abs. 2 des Gesetzes vom 21. Juli 1999 (BGBl. I S. 1642) geändert worden ist, wird folgender § 27a eingefügt:

»§ 27a

Abschlagszahlungen beim Hausbau

Das Bundesministerium der Justiz wird ermächtigt, im Einvernehmen mit dem Bundesministerium für Wirtschaft und Technologie durch Rechtsverordnung, die der Zustimmung des Bundesrates nicht bedarf, auch unter Abweichung von § 632a des Bürgerlichen Gesetzbuchs zu regeln, welche Abschlagszahlungen bei Werkverträgen verlangt werden können, die die Errichtung eines Hauses oder eines vergleichbaren Bauwerks zum Gegenstand haben, insbesondere wie viele Abschläge vereinbart werden können, welche erbrachten Gewerke hierbei mit welchen Prozentsätzen der Gesamtbausumme angesetzt werden können, welcher Abschlag für eine in dem Vertrag enthaltene Verpflichtung zur Verschaffung des Eigentums angesetzt werden kann und welche Sicherheit dem Besteller hierfür zu leisten ist.«

(3) In § 352 Abs. 1 des Handelsgesetzbuches in der im Bundesgesetzblatt Teil III, Gleiderungsnummer 4100-1, veröffentlichten bereinigten Fassung, das zuletzt durch Artikel 1 des Gesetzes vom 24. Februar 2000 (BGBl. I S. 154 geändert worden ist, werden die Wörter »mit Einschluss der Verzugszinsen« durch die Wörter »*mit Ausnahme der Verzugszinsen*« ersetzt.

(4) Die Zivilprozessordnung in der im Bundesgesetzblatt Teil III, Gliederungsnummer 310-4, veröffentlichten bereinigten Fassung, zuletzt geändert durch Artikel 1 Nr. 1 des Gesetzes vom 17. Dezember 1999 (BGBl. I S. 2448), wird wie folgt geändert:

1. Dem § 301 Abs. 1 wird folgender Satz eingefügt:
   »Über einen Teil eines einheitlichen Anspruchs, der nach Grund und Höhe streitig ist, kann durch Teilurteil nur entscheiden werden, wenn zuglich ein Grundurteil über den restlichen Teil des Anspruchs ergeht.«
2. In § 302 Abs. 1 wird der Halbsatz », die mit der Klage geltend gemachten Forderung nicht in rechtlichem Zusammenhang steht,« gestrichen.

Artikel 3
Inkrafttreten

Artikel 2 Abs. 2 tritt am Tage nach der Verkündung in Kraft. Im übrigen tritt das Gesetz am 1. Mai 2000 in Kraft.

III. AGB-Gesetz

Gesetz zur Regelung des Rechts der Allgemeinen Geschäftsbedingungen

AGB-Gesetz

Erster Abschnitt
Sachlich-rechtliche Vorschriften

1. Unterabschnitt
Allgemeine Vorschriften

§ 1 Begriffsbestimmung

(1) Allgemeine Geschäftsbedingungen sind alle für eine Vielzahl von Verträgen vorformulierten Vertragsbedingungen, die eine Vertragspartei (Verwender) der anderen Vertragspartei bei Abschluß eines Vertrages stellt. Gleichgültig ist, ob die Bestimmungen einen äußerlich gesonderten Bestandteil des Vertrages bilden oder in die Vertragsurkunde selbst aufgenommen werden, welchen Umfang sie haben, in welcher Schriftart sie verfaßt sind und welche Form der Vertrag hat.
(2) Allgemeine Geschäftsbedingungen liegen nicht vor, soweit die Vertragsbedingungen zwischen den Vertragsparteien im einzelnen ausgehandelt sind.

§ 2 Einbeziehung in den Vertrag

(1) Allgemeine Geschäftsbedingungen werden nur dann Bestandteil eines Vertrages, wenn der Verwender bei Vertragsabschluß
1. die andere Vertragspartei ausdrücklich oder, wenn ein ausdrücklicher Hinweis wegen der Art des Vertragsabschlusses nur unter unverhältnismäßigen Schwierigkeiten möglich ist, durch deutlich sichtbaren Aushang am Ort des Vertragsabschlusses auf sie hinweist und
2. der anderen Vertragspartei die Möglichkeit verschafft, in zumutbarer Weise von ihrem Inhalt Kenntnis zu nehmen, und wenn die andere Vertragspartei mit ihrer Geltung einverstanden ist.
(2) Die Vertragsparteien können für eine bestimmte Art von Rechtsgeschäften die Geltung bestimmter Allgemeiner Geschäftsbedingungen unter Beachtung der in Absatz 1 bezeichneten Erfordernisse im voraus vereinbaren.

§ 3 Überraschende Klauseln

Bestimmungen in Allgemeinen Geschäftsbedingungen, die nach den Umständen, insbesondere nach dem äußeren Erscheinungsbild des Vertrags, so ungewöhnlich sind, daß der Vertragspartner des Verwenders mit ihnen nicht zu rechnen braucht, werden nicht Vertragsbestandteil.

§ 4 Vorrang der Individualabrede

Individuelle Vertragsabreden haben Vorrang vor Allgemeinen Geschäftsbedingungen.

§ 5 Unklarheitenregel

Zweifel bei der Auslegung Allgemeiner Geschäftsbedingungen gehen zu Lasten des Verwenders.

§ 6 Rechtsfolgen bei Nichteinbeziehung und Unwirksamkeit

(1) Sind Allgemeine Geschäftsbedingungen ganz oder teilweise nicht Vertragsbestandteil geworden oder unwirksam, so bleibt der Vertrag im übrigen wirksam.

(2) Soweit die Bestimmungen nicht Vertragsbestandteil geworden oder unwirksam sind, richtet sich der Inhalt des Vertrages nach den gesetzlichen Vorschriften.
(3) Der Vertrag ist unwirksam, wenn das Festhalten an ihm auch unter Berücksichtigung der nach Absatz 2 vorgesehenen Änderung eine unzumutbare Härte für eine Vertragspartei darstellen würde.

§ 7 Umgehungsverbot

Dieses Gesetz findet auch Anwendung, wenn seine Vorschriften durch anderweitige Gestaltungen umgangen werden.

2. Unterabschnitt
Unwirksame Klauseln

§ 8 Schranken der Inhaltskontrolle

Die §§ 9 bis 11 gelten nur für Bestimmungen in Allgemeinen Geschäftsbedingungen, durch die von Rechtsvorschriften abweichende oder diese ergänzende Regelungen vereinbart werden.

§ 9 Generalklausel

(1) Bestimmungen in Allgemeinen Geschäftsbedingungen sind unwirksam, wenn sie den Vertragspartner des Verwenders entgegen den Geboten von Treu und Glauben unangemessen benachteiligen.
(2) Eine unangemessene Benachteiligung ist im Zweifel anzunehmen, wenn eine Bestimmung
1. mit wesentlichen Grundgedanken der gesetzlichen Regelung, von der abgewichen wird, nicht zu vereinbaren ist, oder
2. wesentliche Rechte oder Pflichten, die sich aus der Natur des Vertrages ergeben, so einschränkt, daß die Erreichung des Vertragszwecks gefährdet ist.

§ 10 Klauselverbote mit Wertungsmöglichkeit

In Allgemeinen Geschäftsbedingungen ist insbesondere unwirksam
1. (Annahme- und Leistungsfrist)
eine Bestimmung, durch die sich der Verwender unangemessen lange oder nicht hinreichend bestimmte Fristen für die Annahme oder Ablehnung eines Angebots oder die Erbringung einer Leistung vorbehält;
2. (Nachfrist)
eine Bestimmung, durch die sich der Verwender für die von ihm zu bewirkende Leistung entgegen § 326 Abs. 1 des Bürgerlichen Gesetzbuchs eine unangemessen lange oder nicht hinreichend bestimmte Nachfrist vorbehält;
3. (Rücktrittsvorbehalt)
die Vereinbarung eines Rechts des Verwenders, sich ohne sachlich gerechtfertigten und im Vertrag angegebenen Grund von seiner Leistungspflicht zu lösen; dies gilt nicht für Dauerschuldverhältnisse;
4. (Änderungsvorbehalt)
die Vereinbarung eines Rechts des Verwenders, die versprochene Leistung zu ändern oder von ihr abzuweichen, wenn nicht die Vereinbarung der Änderung oder Abweichung unter Berücksichtigung der Interessen des Verwenders für den anderen Vertragsteil zumutbar ist;
5. (Fingierte Erklärungen)
eine Bestimmung, wonach eine Erklärung des Vertragspartners des Verwenders bei Vornahme oder Unterlassung einer bestimmten Handlung als von ihm abgegeben oder nicht abgegeben gilt, es sei denn, daß
a) dem Vertragspartner eine angemessene Frist zur Abgabe einer ausdrücklichen Erklärung eingeräumt ist und
b) der Verwender sich verpflichtet, den Vertragspartner bei Beginn der Frist auf die vorgesehene Bedeutung seines Verhaltens besonders hinzuweisen;

6. (Fiktion des Zugangs)
eine Bestimmung, die vorsieht, daß eine Erklärung des Verwenders von besonderer Bedeutung dem anderen Vertragsteil als zugegangen gilt;
7. (Abwicklung von Verträgen)
eine Bestimmung, nach der der Verwender für den Fall, daß eine Vertragspartei vom Vertrag zurücktritt oder den Vertrag kündigt,
a) eine unangemessen hohe Vergütung für die Nutzung oder den Gebrauch einer Sache oder eines Rechts oder für erbrachte Leistungen oder
b) einen unangemessen hohen Ersatz von Aufwendungen verlangen kann.

§ 11 Klauselverbote ohne Wertungsmöglichkeit

In Allgemeinen Geschäftsbedingungen ist unwirksam
1. (Kurzfristige Preiserhöhungen)
eine Bestimmung, welche die Erhöhung des Entgelts für Waren oder Leistungen vorsieht, die innerhalb von vier Monaten nach Vertragsabschluß geliefert oder erbracht werden sollen; dies gilt nicht bei Waren oder Leistungen, die im Rahmen von Dauerschuldverhältnissen geliefert oder erbracht werden;
2. (Leistungsverweigerungsrechte)
eine Bestimmung, durch die
a) das Leistungsverweigerungsrecht, das dem Vertragspartner des Verwenders nach § 320 des Bürgerlichen Gesetzbuchs zusteht, ausgeschlossen oder eingeschränkt wird, oder
b) ein dem Vertragspartner des Verwenders zustehendes Zurückbehaltungsrecht, soweit es auf demselben Vertragsverhältnis beruht, ausgeschlossen oder eingeschränkt, insbesondere von der Anerkennung von Mängeln durch den Verwender abhängig gemacht wird;
3. (Aufrechnungsverbot)
eine Bestimmung, durch die dem Vertragspartner des Verwenders die Befugnis genommen wird, mit einer unbestrittenen oder rechtskräftig festgestellten Forderung aufzurechnen;
4. (Mahnung, Fristsetzung)
eine Bestimmung, durch die der Verwender von der gesetzlichen Obliegenheit freigestellt wird, den anderen Vertragsteil zu mahnen oder ihm eine Nachfrist zu setzen;
5. (Pauschalierung von Schadensersatzansprüchen)
die Vereinbarung eines pauschalierten Anspruchs des Verwenders auf Schadensersatz oder Ersatz einer Wertminderung, wenn
a) die Pauschale den in den geregelten Fällen nach dem gewöhnlichen Lauf der Dinge zu erwartenden Schaden oder die gewöhnlich eintretende Wertminderung übersteigt, oder
b) dem anderen Vertragsteil der Nachweis abgeschnitten wird, ein Schaden oder eine Wertminderung sei überhaupt nicht entstanden oder wesentlich niedriger als die Pauschale;
6. (Vertragsstrafe)
eine Bestimmung, durch die dem Verwender für den Fall der Nichtabnahme oder verspäteten Abnahme der Leistung, des Zahlungsverzugs oder für den Fall, daß der andere Vertragsteil sich vom Vertrag löst, Zahlung einer Vertragsstrafe versprochen wird;
7. (Haftung bei grobem Verschulden)
ein Ausschluß oder eine Begrenzung der Haftung für einen Schaden, der auf einer grob fahrlässigen Vertragsverletzung des Verwenders oder auf einer vorsätzlichen oder grob fahrlässigen Vertragsverletzung eines gesetzlichen Vertreters oder Erfüllungsgehilfen des Verwenders beruht; dies gilt auch für Schäden aus der Verletzung von Pflichten bei den Vertragsverhandlungen;
8. (Verzug, Unmöglichkeit)
eine Bestimmung, durch die für den Fall des Leistungsverzugs des Verwenders oder der von ihm zu vertretenden Unmöglichkeit der Leistung
a) das Recht des anderen Vertragsteils, sich vom Vertrag zu lösen, ausgeschlossen oder eingeschränkt oder
b) das Recht des anderen Vertragsteils, Schadensersatz zu verlangen, ausgeschlossen oder entgegen Nummer 7 eingeschränkt wird;

9. (Teilverzug, Teilunmöglichkeit)
eine Bestimmung, die für den Fall des teilweisen Leistungsverzugs des Verwenders oder bei von ihm zu vertretender teilweiser Unmöglichkeit der Leistung das Recht der anderen Vertragspartei ausschließt, Schadensersatz wegen Nichterfüllung der ganzen Verbindlichkeit zu verlangen oder von dem ganzen Vertrag zurückzutreten, wenn die teilweise Erfüllung des Vertrages für ihn kein Interesse hat;
10. (Gewährleistung)
eine Bestimmung, durch die bei Verträgen über Lieferungen neu hergestellter Sachen und Leistungen
a) (Ausschluß und Verweisung auf Dritte)
die Gewährleistungsansprüche gegen den Verwender einschließlich etwaiger Nachbesserungs- und Ersatzlieferungsansprüche insgesamt oder bezüglich einzelner Teile ausgeschlossen, auf die Einräumung von Ansprüchen gegen Dritte beschränkt oder von der vorherigen gerichtlichen Inanspruchnahme Dritter abhängig gemacht werden;
b) (Beschränkung auf Nachbesserung)
die Gewährleistungsansprüche gegen den Verwender insgesamt oder bezüglich einzelner Teile auf ein Recht auf Nachbesserung oder Ersatzlieferung beschränkt werden, sofern dem anderen Vertragsteil nicht ausdrücklich das Recht vorbehalten wird, bei Fehlschlagen der Nachbesserung oder Ersatzlieferung Herabsetzung der Vergütung oder, wenn nicht eine Bauleistung Gegenstand der Gewährleistung ist, nach seiner Wahl Rückgängigmachung des Vertrags zu verlangen;
c) (Aufwendungen bei Nachbesserung)
die Verpflichtung des gewährleistungspflichtigen Verwenders ausgeschlossen oder beschränkt wird, die Aufwendungen zu tragen, die zum Zweck der Nachbesserung erforderlich werden, insbesondere Transport-, Wege-, Arbeits- und Materialkosten;
d) (Vorenthalten der Mängelbeseitigung)
der Verwender die Beseitigung eines Mangels oder die Ersatzlieferung einer mangelfreien Sache von der vorherigen Zahlung des vollständigen Entgelts oder eines unter Berücksichtigung des Mangels unverhältnismäßig hohen Teils des Entgelts abhängig macht;
e) (Ausschlußfrist für Mängelanzeige)
der Verwender dem anderen Vertragsteil für die Anzeige nicht offensichtlicher Mängel eine Ausschlußfrist setzt, die kürzer ist als die Verjährungsfrist für den gesetzlichen Gewährleistungsanspruch;
f) (Verkürzung von Gewährleistungsfristen)
die gesetzlichen Gewährleistungsfristen verkürzt werden;
11. (Haftung für zugesicherte Eigenschaften)
eine Bestimmung, durch die bei einem Kauf-, Werk- oder Werklieferungsvertrag Schadensersatzansprüche gegen den Verwender nach den §§ 463, 480 Abs. 2, § 635 des Bürgerlichen Gesetzbuchs wegen Fehlens zugesicherter Eigenschaften ausgeschlossen oder eingeschränkt werden;
12. (Laufzeit bei Dauerschuldverhältnissen)
bei einem Vertragsverhältnis, das die regelmäßige Lieferung von Waren oder die regelmäßige Erbringung von Dienst- oder Werkleistungen durch den Verwender zum Gegenstand hat,
a) eine den anderen Vertragsteil länger als zwei Jahre bindende Laufzeit des Vertrags,
b) eine den anderen Vertragsteil bindende stillschweigende Verlängerung des Vertragsverhältnisses um jeweils mehr als ein Jahr oder
c) zu Lasten des anderen Vertragsteils eine längere Kündigungsfrist als drei Monate vor Ablauf der zunächst vorgesehenen oder stillschweigend verlängerten Vertragsdauer;
13. (Wechsel des Vertragspartners)
eine Bestimmung, wonach bei Kauf-, Dienst- oder Werkverträgen ein Dritter an Stelle des Verwenders in die sich aus dem Vertrag ergebenden Rechte und Pflichten eintritt oder eintreten kann, es sei denn, in der Bestimmung wird
a) der Dritte namentlich bezeichnet, oder
b) dem anderen Vertragsteil das Recht eingeräumt, sich vom Vertrag zu lösen;

14. (Haftung des Abschlußvertreters)
eine Bestimmung, durch die der Verwender einem Vertreter, der den Vertrag für den anderen Vertragsteil abschließt,
a) ohne hierauf gerichtete ausdrückliche und gesonderte Erklärung eine eigene Haftung oder Einstandspflicht oder
b) im Falle vollmachtsloser Vertretung eine über § 179 des Bürgerlichen Gesetzbuchs hinausgehende Haftung auferlegt;
15. (Beweislast)
eine Bestimmung, durch die der Verwender die Beweislast zum Nachteil des anderen Vertragsteils ändert, insbesondere indem er
a) diesem die Beweislast für Umstände auferlegt, die im Verantwortungsbereich des Verwenders liegen;
b) den anderen Vertragsteil bestimmte Tatsachen bestätigen läßt.

Buchstabe b gilt nicht für gesondert unterschriebene Empfangsbekenntnisse;

16. (Form von Anzeigen und Erklärungen)
eine Bestimmung, durch die Anzeigen oder Erklärungen, die dem Verwender oder einem Dritten gegenüber abzugeben sind, an eine strengere Form als die Schriftform oder an besondere Zugangserfordernisse gebunden werden.

Zweiter Abschnitt
Kollisionsrecht

§ 12 Zwischenstaatlicher Geltungsbereich

Unterliegt ein Vertrag ausländischem Recht, so sind die Vorschriften dieses Gesetzes gleichwohl anzuwenden, wenn der Vertrag einen engen Zusammenhang mit dem Gebiet der Bundesrepublik Deutschland aufweist. Ein enger Zusammenhang ist insbesondere anzunehmen, wenn

1. der Vertrag auf Grund eines öffentlichen Angebots, einer öffentlichen Werbung oder einer ähnlichen im Geltungsbereich dieses Gesetzes entfalteten geschäftlichen Tätigkeit des Verwenders zustandekommt und
2. der andere Vertragsteil bei Abgabe seiner auf den Vertragsschluß gerichteten Erklärung seinen Wohnsitz oder gewöhnlichen Aufenthalt im Geltungsbereich dieses Gesetzes hat und seine Willenserklärung im Geltungsbereich dieses Gesetzes abgibt.

Dritter Abschnitt
Verfahren

§ 13 Unterlassungs- und Widerrufsanspruch

(1) Wer in Allgemeinen Geschäftsbedingungen Bestimmungen, die nach §§ 9 bis 11 dieses Gesetzes unwirksam sind, verwendet oder für den rechtsgeschäftlichen Verkehr empfiehlt, kann auf Unterlassung und im Fall des Empfehlens auch auf Widerruf in Anspruch genommen werden.
(2) Die Ansprüche auf Unterlassung und auf Widerruf können nur geltend gemacht werden
1. von rechtsfähigen Verbänden, zu deren satzungsgemäßen Aufgaben es gehört, die Interessen der Verbraucher durch Aufklärung und Beratung wahrzunehmen, wenn sie in diesem Aufgabenbereich tätige Verbände oder mindestens fünfundsiebzig natürliche Personen als Mitglieder haben,
2. von rechtsfähigen Verbänden zur Förderung gewerblicher Interessen oder
3. von den Industrie- und Handelskammern oder den Handwerkskammern.
(3) Die in Absatz 2 Nr. 1 bezeichneten Verbände können Ansprüche auf Unterlassung und auf Widerruf nicht geltend machen, wenn Allgemeine Geschäftsbedingungen gegenüber einem Unternehmer (§ 24 Satz 1 Nr. 1) verwendet oder wenn Allgemeine Geschäftsbedingungen zur ausschließlichen Verwendung zwischen Unternehmern empfohlen werden.
(4) Die Ansprüche nach Absatz 1 verjähren in zwei Jahren von dem Zeitpunkt an, in welchem der Anspruchsberechtigte von der Verwendung oder Empfehlung der unwirksamen Allgemeinen

Geschäftsbedingungen Kenntnis erlangt hat, ohne Rücksicht auf diese Kenntnis in vier Jahren von der jeweiligen Verwendung oder Empfehlung an.

§ 14 Zuständigkeit

(1) Für Klagen nach § 13 dieses Gesetzes ist das Landgericht ausschließlich zuständig, in dessen Bezirk der Beklagte seine gewerbliche Niederlassung oder in Ermangelung einer solchen seinen Wohnsitz hat. Hat der Beklagte im Inland weder eine gewerbliche Niederlassung noch einen Wohnsitz, so ist das Gericht des inländischen Aufenthaltsorts zuständig, in Ermangelung eines solchen das Gericht, in dessen Bezirk die nach §§ 9 bis 11 dieses Gesetzes unwirksamen Bestimmungen in Allgemeinen Geschäftsbedingungen verwendet wurden.

(2) Die Landesregierungen werden ermächtigt, zur sachdienlichen Förderung oder schnelleren Erledigung der Verfahren durch Rechtsverordnung einem Landgericht für die Bezirke mehrerer Landgerichte Rechtsstreitigkeiten nach diesem Gesetz zuzuweisen. Die Landesregierungen können die Ermächtigung durch Rechtsverordnung auf die Landesjustizverwaltungen übertragen.

(3) Die Parteien können sich vor den nach Absatz 2 bestimmten Gerichten auch durch Rechtsanwälte vertreten lassen, die bei dem Gericht zugelassen sind, vor das der Rechtsstreit ohne die Regelung nach Absatz 2 gehören würde.

(4) Die Mehrkosten, die einer Partei dadurch erwachsen, daß sie sich nach Absatz 3 durch einen nicht beim Prozeßgericht zugelassenen Rechtsanwalt vertreten läßt, sind nicht zu erstatten.

§ 15 Verfahren

(1) Auf das Verfahren sind die Vorschriften der Zivilprozeßordnung anzuwenden, soweit sich aus diesem Gesetz nicht etwas anderes ergibt.

(2) Der Klageantrag muß auch enthalten:
   1. den Wortlaut der beanstandeten Bestimmungen in Allgemeinen Geschäftsbedingungen;
   2. die Bezeichnung der Art der Rechtsgeschäfte, für die die Bestimmungen beanstandet werden.

§ 16 Anhörung

Das Gericht hat vor der Entscheidung über eine Klage nach § 13 zu hören

1. die zuständige Aufsichtsbehörde für das Versicherungswesen, wenn Gegenstand der Klage Bestimmungen in Allgemeinen Versicherungsbedingungen sind, oder
2. das Bundesaufsichtsamt für das Kreditwesen, wenn Gegenstand der Klage Bestimmungen in Allgemeinen Geschäftsbedingungen sind, die das Bundesaufsichtsamt für das Kreditwesen nach Maßgabe des Gesetzes über Bausparkassen, des Gesetzes über Kapitalanlagegesellschaften, des Hypothekenbankgesetzes oder des Gesetzes über Schiffspfandbriefbanken zu genehmigen hat.

§ 17 Urteilsformel

Erachtet das Gericht die Klage für begründet, so enthält die Urteilsformel auch:

1. die beanstandeten Bestimmungen der Allgemeinen Geschäftsbedingungen im Wortlaut;
2. die Bezeichnung der Art der Rechtsgeschäfte, für die die den Unterlassungsanspruch begründenden Bestimmungen der Allgemeinen Geschäftsbedingungen nicht verwendet werden dürfen;
3. das Gebot, die Verwendung inhaltsgleicher Bestimmungen in Allgemeinen Geschäftsbedingungen zu unterlassen;
4. für den Fall der Verurteilung zum Widerruf das Gebot, das Urteil in gleicher Weise bekanntzugeben, wie die Empfehlung verbreitet wurde.

§ 18 Veröffentlichungsbefugnis

Wird der Klage stattgegeben, so kann dem Kläger auf Antrag die Befugnis zugesprochen werden, die Urteilsformel mit der Bezeichnung des verurteilten Verwenders oder Empfehlers auf Kosten des Beklagten im Bundesanzeiger, im übrigen auf eigene Kosten bekanntzumachen. Das Gericht kann die Befugnis zeitlich begrenzen.

§ 19 Einwendung bei abweichender Entscheidung

Der Verwender, dem die Verwendung einer Bestimmung untersagt worden ist, kann im Wege der Klage nach § 767 ZPO einwenden, daß nachträglich eine Entscheidung des Bundesgerichtshofs oder des Gemeinsamen Senats der Obersten Gerichtshöfe des Bundes ergangen ist, welche die Verwendung dieser Bestimmung für dieselbe Art von Rechtsgeschäften nicht untersagt, und daß die Zwangsvollstreckung aus dem Urteil gegen ihn in unzumutbarer Weise seinen Geschäftsbetrieb beeinträchtigen würde.

§ 20 Register

(1) Das Gericht teilt dem Bundeskartellamt von Amts wegen mit
  1. Klagen, die nach § 13 oder nach § 19 anhängig werden,
  2. Urteile, die im Verfahren nach § 13 oder nach § 19 ergehen, sobald sie rechtskräftig sind,
  3. die sonstige Erledigung der Klage.

(2) Das Bundeskartellamt führt über die nach Absatz 1 eingehenden Mitteilungen ein Register.

(3) Die Eintragung ist nach zwanzig Jahren seit dem Schluß des Jahres zu löschen, in dem die Eintragung in das Register erfolgt ist. Die Löschung erfolgt durch Eintragung eines Löschungsvermerks; mit der Löschung der Eintragung einer Klage ist die Löschung der Eintragung ihrer sonstigen Erledigung (Absatz 1 Nr. 3) zu verbinden.

(4) Über eine bestehende Eintragung ist jedermann auf Antrag Auskunft zu erteilen. Die Auskunft enthält folgende Angaben:
  1. für Klagen nach Absatz 1 Nr. 1
  a) die beklagte Partei,
  b) das angerufene Gericht samt Geschäftsnummer,
  c) den Klageantrag;
  2. für Urteile nach Absatz 1 Nr. 2
  a) die verurteilte Partei,
  b) das entscheidende Gericht samt Geschäftsnummer,
  c) die Urteilsformel;
  3. für die sonstige Erledigung nach Absatz 1 Nr. 3 die Art der Erledigung.

§ 21 Wirkungen des Urteils

Handelt der verurteilte Verwender dem Unterlassungsgebot zuwider, so ist die Bestimmung in den Allgemeinen Geschäftsbedingungen als unwirksam anzusehen, soweit sich der betroffene Vertragsteil auf die Wirkung des Unterlassungsurteils beruft. Er kann sich jedoch auf die Wirkung des Unterlassungsurteils nicht berufen, wenn der verurteilte Verwender gegen das Urteil die Klage nach § 19 erheben könnte.

§ 22

(aufgehoben)

AGBG Vierter Abschnitt
Anwendungsbereich

§ 23 Sachlicher Anwendungsbereich

(1) Dieses Gesetz findet keine Anwendung bei Verträgen auf dem Gebiet des Arbeits-, Erb-, Familien- und Gesellschaftsrechts.

(2) Keine Anwendung finden ferner
  1. § 2 für die mit Genehmigung der zuständigen Verkehrsbehörde oder auf Grund von internationalen Übereinkommen erlassenen Tarife und Ausführungsbestimmungen der Eisenbahnen und die nach Maßgabe des Personenbeförderungsgesetzes genehmigten Beförderungsbedingungen der Straßenbahnen, Obusse und Kraftfahrzeuge im Linienverkehr;
  1a. § 2 für die Allgemeinen Geschäftsbedingungen und Entgelte der Anbieter von Telekommunikationsdienstleistungen über das Angebot von Telekommunikationsdienstleistungen für die

Öffentlichkeit nach dem Telekommunikationsgesetz, sofern sie in ihrem Wortlaut im Amtsblatt der Regulierungsbehörde veröffentlicht worden sind und bei den Geschäftsstellen der Anbieter zur Einsichtnahme bereitgehalten werden;
1b. § 2 für die Allgemeinen Geschäftsbedingungen der Deutschen Post AG für Leistungen im Rahmen des Beförderungsvorbehalts nach dem Postgesetz, sofern sie in ihrem Wortlaut im Amtsblatt der Regulierungsbehörde veröffentlicht worden sind und bei den Geschäftsstellen der Deutschen Post AG zur Einsichtnahme bereitgehalten werden;
2. die §§ 10 und 11 für Verträge der Elektrizitäts- und der Gasversorgungsunternehmen über die Versorgung von Sonderabnehmern mit elektrischer Energie und mit Gas aus dem Versorgungsnetz, soweit die Versorgungsbedingungen nicht zum Nachteil der Abnehmer von den auf Grund des § 7 des Energiewirtschaftsgesetzes erlassenen Allgemeinen Bedingungen für die Versorgung mit elektrischer Arbeit aus dem Niederspannungsnetz der Elektrizitätsversorgungsunternehmen und Allgemeinen Bedingungen für die Versorgung mit Gas aus dem Versorgungsnetz der Gasversorgungsunternehmen abweichen;
3. § 11 Nr. 7 und 8 für die nach Maßgabe des Personenbeförderungsgesetzes genehmigten Beförderungsbedingungen und Tarifvorschriften der Straßenbahnen, Obusse und Kraftfahrzeuge im Linienverkehr, soweit sie nicht zum Nachteil des Fahrgastes von der Verordnung über die Allgemeinen Beförderungsbedingungen für den Straßenbahn- und Obusverkehr sowie den Linienverkehr mit Kraftfahrzeugen vom 27. Februar 1970 abweichen;
4. § 11 Nr. 7 für staatlich genehmigte Lotterieverträge oder Ausspielverträge;
5. § 10 Nr. 5 und § 11 Nr. 10 Buchstabe f für Leistungen, für die die Verdingungsordnung für Bauleistungen (VOB) Vertragsgrundlage ist;
6. § 11 Nr. 12 für Verträge über die Lieferung als zusammengehörig verkaufter Sachen, für Versicherungsverträge sowie für Verträge zwischen den Inhabern urheberrechtlicher Rechte und Ansprüche und Verwertungsgesellschaften im Sinne des Gesetzes über die Wahrnehmung von Urheberrechten und verwandten Schutzrechten.

(3) Ein Bausparvertrag, ein Versicherungsvertrag sowie das Rechtsverhältnis zwischen einer Kapitalanlagegesellschaft und einem Anteilinhaber unterliegen den von der zuständigen Behörde genehmigten Allgemeinen Geschäftsbedingungen der Bausparkasse, des Versicherers sowie der Kapitalanlagegesellschaft auch dann, wenn die in § 2 Abs. 1 Nr. 1 und 2 bezeichneten Erfordernisse nicht eingehalten sind.

§ 24 Persönlicher Anwendungsbereich

Die Vorschriften der §§ 2, 10, 11 und 12 finden keine Anwendung auf Allgemeine Geschäftsbedingungen,
1. die gegenüber einer Person verwendet werden, die bei Abschluß des Vertrages in Ausübung ihrer gewerblichen oder selbständigen beruflichen Tätigkeit handelt (Unternehmer);
2. die gegenüber einer juristischen Person des öffentlichen Rechts oder einem öffentlich-rechtlichen Sondervermögen verwendet werden.

§ 9 ist in den Fällen des Satzes 1 auch insoweit anzuwenden, als dies zur Unwirksamkeit von in den §§ 10 und 11 genannten Vertragsbestimmungen führt; auf die im Handelsverkehr geltenden Gewohnheiten und Gebräuche ist angemessen Rücksicht zu nehmen.

§ 24a Verbraucherverträge

Bei Verträgen zwischen einem Unternehmer und einer natürlichen Person, die den Vertrag zu einem Zweck abschließt, der weder einer gewerblichen nach einer selbständigen beruflichen Tätigkeit zugerechnet werden kann (Verbraucher), sind die Vorschriften dieses Gesetzes mit folgenden Maßgaben anzuwenden:
1. Allgemeine Geschäftsbedingungen gelten als vom Unternehmer gestellt, es sei denn, daß sie durch den Verbraucher in den Vertrag eingeführt wurden;
2. die §§ 5, 6 und 8 bis 12 sind auf vorformulierte Vertragsbedingungen auch dann anzuwenden, wenn diese nur zur einmaligen Verwendung bestimmt sind und soweit der Verbraucher auf Grund der Vorformulierung auf ihren Inhalt keinen Einfluß nehmen konnte;

3. bei der Beurteilung der unangemessenen Benachteiligung nach § 9 sind auch die den Vertragsabschluß begleitenden Umstände zu berücksichtigen.

Fünfter Abschnitt
Schluß- und Übergangsvorschriften

§ 25
Änderungsvorschriften

§ 26
Änderungsvorschriften

§ 27 Ermächtigung zum Erlaß von Rechtsverordnungen

Das Bundesministerium für Wirtschaft und Technologie kann im Einvernehmen mit dem Bundesministerium der Justiz durch Rechtsverordnung mit Zustimmung des Bundesrates die Allgemeinen Bedingungen für die Versorgung mit Wasser und Fernwärme sowie die Entsorgung von Abwasser einschließlich von Rahmenregelungen über die Entgelte ausgewogen gestalten und hierbei unter angemessener Berücksichtigung der beiderseitigen Interessen

1. die Bestimmungen der Verträge einheitlich festsetzen,
2. Regelungen über den Vertragsabschluß, den Gegenstand und die Beendigung der Verträge treffen sowie
3. die Rechte und Pflichten der Vertragsparteien festlegen.

Satz 1 gilt entsprechend für Bedingungen öffentlich-rechtlich gestalteter Ver- und Entsorgungsverhältnisse mit Ausnahme der Regelung des Verwaltungsverfahrens.

§ 27a
Abschlagszahlungen beim Hausbau

Das Bundesministerium der Justiz wird ermächtigt, im Einvernehmen mit dem Bundesministerium für Wirtschaft und Technologie durch Rechtsverordnung, die der Zustimmung des Bundesrates nicht bedarf, auch unter Abweichung von § 632a des Bürgerlichen Gesetzbuchs zu regeln, welche Abschlagszahlungen bei Werkverträgen verlangt werden können, die die Errichtung eines Hauses oder eines vergleichbaren Bauwerks zum Gegenstand haben, insbesondere wie viele Abschläge vereinbart werden können, welche erbrachten Gewerke hierbei mit welchen Prozentsätzen der Gesamtbausumme angesetzt werden können, welcher Abschlag für eine in dem Vertrag enthaltene Verpflichtung zur Verschaffung des Eigentums angesetzt werden kann und welche Sicherheit dem Besteller hierfür zu leisten ist.

§ 28 Übergangsvorschrift

(1) Dieses Gesetz gilt vorbehaltlich des Absatzes 2 nicht für Verträge, die vor seinem Inkrafttreten geschlossen worden sind.
(2) § 9 gilt auch für vor Inkrafttreten dieses Gesetzes abgeschlossene Verträge über die regelmäßige Lieferung von Waren, die regelmäßige Erbringung von Dienst- oder Werkleistungen sowie die Gebrauchsüberlassung von Sachen, soweit diese Verträge noch nicht abgewickelt sind.
(3) Auf Verträge über die Versorgung mit Wasser und Fernwärme sind die Vorschriften dieses Gesetzes erst drei Jahre nach seinem Inkrafttreten anzuwenden.
(4) Rechtsverordnungen, die auf Grund von § 27 in seiner vor dem 14. August 1999 geltenden Fassung erlassen worden sind, können nach Maßgabe des § 27 in seiner seitdem geltenden Fassung geändert oder aufgehoben werden.

§ 29 Berlin-Klausel

Dieses Gesetz gilt nach Maßgabe des § 13 Abs. 1 des Dritten Überleitungsgesetzes vom 4. Januar 1952 (Bundesgesetzbl. I S. 1) auch im Land Berlin. Rechtsverordnungen, die auf Grund dieses Gesetzes erlassen werden, gelten im Land Berlin nach § 14 des Dritten Überleitungsgesetzes.

§ 29 Kundenbeschwerden

(1) Bei Streitigkeiten aus der Anwendung der §§ 675a bis 676g des Bürgerlichen Gesetzbuchs können die Beteiligten unbeschadet ihres Rechts, die Gerichte anzurufen, eine Schlichtungsstelle anrufen, die bei der Deutschen Bundesbank einzurichten ist. Die Deutsche Bundesbank kann mehrere Schlichtungsstellen einrichten. Sie bestimmt, bei welcher ihrer Dienststellen die Schlichtungsstellen eingerichtet werden.

(2) Das Bundesministerium der Justiz regelt durch Rechtsverordnung die näheren Einzelheiten des Verfahrens der nach Absatz 1 einzurichtenden Stellen nach folgenden Grundsätzen:

1. Durch die Unabhängigkeit der Einrichtung muß unparteiisches Handeln sichergestellt sein.
2. Die Verfahrensregeln müssen für Interessierte zugänglich sein.
3. Die Beteiligten müssen Tatsachen und Bewertungen vorbringen können, und sie müssen rechtliches Gehör erhalten.
4. Das Verfahren muß auf die Verwirklichung des Rechts ausgerichtet sein. Die Rechtsverordnung soll bis zum Ablauf des 31. Oktober 1999 erlassen werden. Sie regelt in Anlehnung an § 51 des Gesetzes über das Kreditwesen auch die Pflicht der Kreditinstitute, sich an den Kosten des Verfahrens zu beteiligen.

(3) Das Bundesministerium der Justiz wird ermächtigt, im Einvernehmen mit den Bundesministerien der Finanzen und für Wirtschaft und Technologie durch Rechtsverordnung mit Zustimmung des Bundesrates die Streitschlichtungsaufgabe nach Absatz 1 auf eine oder mehrere geeignete Stellen zu übertragen, wenn die Aufgabe dort zweckmäßiger erledigt werden kann.

§ 30 Inkrafttreten

Dieses Gesetz tritt vorbehaltlich des Satzes 2 am 1. April 1977 in Kraft. § 14 Abs. 2, §§ 26 und 27 treten am Tage nach der Verkündung in Kraft. § 23 Abs. 2 Nr. 1a und 1b tritt mit Ablauf des 31. Dezember 2002 außer Kraft.

IV. VOB Teil B (bisherige Fassung)

VOB Teil B

Ausgabe 1992 (Ergänzungsband 1998)

Präambel

Die nachstehenden Allgemeinen Vertragsbedingungen gelten für Kauf-, Werk- und Werklieferungsverträge. Sie gelten für andere Verträge über Leistungen entsprechend.

§ 1
Art und Umfang der Leistung.

1. Die auszuführende Leistung wird nach Art und Umfang durch den Vertrag bestimmt. Als Bestandteil des Vertrags gelten auch die Allgemeinen Technischen Vertragsbedingungen für Bauleistungen.
2. Bei Widersprüchen im Vertrag gelten nacheinander:
   a) die Leistungsbeschreibung,
   b) die Besonderen Vertragsbedingungen,
   c) etwaige Zusätzliche Vertragsbedingungen,
   d) etwaige Zusätzliche Technische Vertragsbedingungen,
   e) die Allgemeinen Technischen Vertragsbedingungen für Bauleistungen,
   f) die Allgemeinen Vertragsbedingungen für die Ausführung von Bauleistungen.
3. Anderungen des Bauentwurfs anzuordnen, bleibt dem Auftraggeber vorbehalten.
4. Nicht vereinbarte Leistungen, die zur Ausführung der vertraglichen Leistung erforderlich werden, hat der Auftragnehmer auf Verlangen des Auftraggebers mit auszuführen, außer wenn sein Betrieb auf derartige Leistungen nicht eingerichtet ist. Andere Leistungen können dem Auftragnehmer nur mit seiner Zustimmung übertragen werden.

§ 2
Vergütung

1. Durch die vereinbarten Preise werden alle Leistungen abgegolten, die nach der Leistungsbeschreibung, den Besonderen Vertragsbedingungen, den Zusätzlichen Vertragsbedingungen, den Zusätzlichen Technischen Vertragsbedingungen, den Allgemeinen Technischen Vertragsbedingungen für Bauleistungen und der gewerblichen Verkehrssitte zur vertraglichen Leistung gehören.
2. Die Vergütung wird nach den vertraglichen Einheitspreisen und den tatsächlich ausgeführten Leistungen berechnet, wenn keine andere Berechnungsart (z. B. durch Pauschalsumme, nach Stundenlohnsätzen, nach Selbstkosten) vereinbart ist.
3. (1) Weicht die ausgeführte Menge der unter einem Einheitspreis erfaßten Leistung oder Teilleistung um nicht mehr als 10 v. H. von dem im Vertrag vorgesehenen Umfang ab, so gilt der vertragliche Einheitspreis.
   (2) Für die über 10 v. H. hinausgehende Uberschreitung des Mengenansatzes ist auf Verlangen ein neuer Preis unter Berücksichtigung der Mehr- oder Minderkosten zu vereinbaren.
   (3) Bei einer über 10 v. H. hinausgehenden Unterschreitung des Mengenansatzes ist auf Verlangen der Einheitspreis für die tatsächlich ausgeführte Menge der Leistung oder Teilleistung zu erhöhen, soweit der Auftragnehmer nicht durch Erhöhung der Mengen bei anderen Ordnungszahlen (Positionen) oder in anderer Weise einen Ausgleich erhält. Die Erhöhung des Einheitspreises soll im wesentlichen dem Mehrbetrag entsprechen, der sich durch Verteilung der Baustelleneinrichtungs- und Baustellengemeinkosten und der Allgemeinen Geschäftskosten auf die verringerte Menge ergibt. Die Umsatzsteuer wird entsprechend dem neuen Preis vergütet.

(4) Sind von der unter einem Einheitspreis erfaßten Leistung oder Teilleistung andere Leistungen abhängig, für die eine Pauschalsumme vereinbart ist, so kann mit der Anderung des Einheitspreises auch eine angemessene Anderung der Pauschalsumme gefordert werden.

4. Werden im Vertrag ausbedungene Leistungen des Auftragnehmers vom Auftraggeber selbst übernommen (z. B. Lieferung von Bau-, Bauhilfs- und Betriebsstoffen), so gilt, wenn nichts anderes vereinbart wird, § 8 Nr. 1 Abs. 2 entsprechend.
5. Werden durch Anderung des Bauentwurfs oder andere Anordnungen des Auftraggebers die Grundlagen des Preises für eine im Vertrag vorgesehene Leistung geändert, so ist ein neuer Preis unter Berücksichtigung der Mehr- oder Minderkosten zu vereinbaren. Die Vereinbarung soll vor der Ausführung getroffen werden.
6. (1) Wird eine im Vertrag nicht vorgesehene Leistung gefordert, so hat der Auftragnehmer Anspruch auf besondere Vergütung. Er muß jedoch den Anspruch dem Auftraggeber ankündigen, bevor er mit der Ausführung der Leistung beginnt.
   (2)Die Vergütung bestimmt sich nach den Grundlagen der Preisermittlung für die vertragliche Leistung und den besonderen Kosten der geforderten Leistung. Sie ist möglichst vor Beginn der Ausführung zu vereinbaren.
7. (1) Ist als Vergütung der Leistung eine Pauschalsumme vereinbart, so bleibt die Vergütung unverändert. Weicht jedoch die ausgeführte Leistung von der vertraglich vorgesehenen Leistung so erheblich ab, daß ein Festhalten an der Pauschalsumme nicht zumutbar ist (§ 242 BGB), so ist auf Verlangen ein Ausgleich unter Berücksichtigung der Mehr- oder Minderkosten zu gewähren. Für die Bemessung des Ausgleichs ist von den Grundlagen der Preisermittlung auszugehen. Die Nummern 4, 5 und 6 bleiben unberührt.
   (2) Wenn nichts anderes vereinbart ist, gilt Absatz 1 auch für Pauschalsummen, die für Teile der Leistung vereinbart sind; Nummer 3 Absatz 4 bleibt unberührt.
8. (1) Leistungen, die der Auftragnehmer ohne Auftrag oder unter eigenmächtiger Abweichung vom Auftrag ausführt, werden nicht vergütet. Der Auftragnehmer hat sie auf Verlangen innerhalb einer angemessenen Frist zu beseitigen; sonst kann es auf seine Kosten geschehen. Er haftet außerdem für andere Schäfen, die dem Auftraggeber hieraus entstehen.
   (2) Eine Vergütung steht dem Auftragnehmer jedoch zu, wenn der Auftraggeber solche Leistungen nachträglich anerkennt. Eine Vergütung steht ihm auch zu, wenn die Leistungen für die Erfüllung des Vertrags notwendig waren, dem mutmaßlichen Willen des Auftraggebers entsprachen und ihm unverzüglich angezeigt wurden.
   (3) Die Vorschriften des BGB über die Geschäftsführung ohne Auftrag (§ 677 ff.) bleiben unberührt.
9. (1) Verlangt der Auftraggeber Zeichnungen, Berechnungen oder andere Unterlagen, die der Auftragnehmer nach dem Vertrag, besonders den Technischen Vertragsbedingungen oder der gewerblichen Verkehrssitte, nicht zu beschaffen hat, so hat er sie zu vergüten.
   (2) Läßt er vom Auftragnehmer nicht aufgestellte technische Berechnungen durch den Auftragnehmer nachprüfen, so hat der die Kosten zu tragen.
10. Stundenlohnarbeiten werden nur vergütet, wenn sie als solche vor ihrem Beginn ausdrücklich vereinbart worden sind (§ 15).

§ 3
Ausführungsunterlagen

1. Die für die Ausführung nötigen Unterlagen sind dem Auftragnehmer unentgeltlich und rechtzeitig zu übergeben.
2. Das Abstecken der Hauptachsen der baulichen Anlagen, ebenso der Grenzen des Geländes, das dem Auftragnehmer zur Verfügung gestellt wird, und das Schaffen der notwendigen Höhenfestpunkte in unmittelbarer Nähe der baulichen Anlagen sind Sache des Auftraggebers.
3. Die vom Auftraggeber zur Verfügung gestellten Geländeaufnahmen und Abstekkungen und die übrigen für die Ausführung übergebenen Unterlagen sind für den Auftragnehmer maßgebend. Jedoch hat er sie, soweit es zur ordnungsgemäßen Vertragserfüllung gehört, auf etwaige Unstimmigkeiten zu überprüfen und den Auftraggeber auf entdeckte oder vermutete Mängel hinzuweisen.

4. Vor Beginn der Arbeiten ist, soweit notwendig, der Zustand der Straßen und Geländeoberfläche, der Vorfluter und Vorflutleitungen, ferner der baulichen Anlagen im Baubereich in einer Niederschrift festzuhalten, die vom Auftraggeber und Auftragnehmer anzuerkennen ist.
5. Zeichnungen, Berechnungen, Nachprüfungen von Berechnungen oder andere Unterlagen, die der Auftragnehmer nach dem Vertrag, besonders den Technischen Vertragsbedingungen, oder der gewerblichen Verkehrssitte oder auf besonderes Verlangen des Auftraggebers (§ 2 Nr. 9) zu beschaffen hat, sind dem Auftraggeber nach Aufforderung rechtzeitig vorzulegen.
6. (1) Die in Nr. 5 genannten Unterlagen dürfen ohne Genehmigung ihres Urhebers nicht veröffentlicht, vervielfältigt, geändert oder für einen anderen als den vereinbarten Zweck benutzt werden.
(2) An DV-Programmen hat der Auftraggeber das Recht zur Nutzung mit den vereinbarten Leistungsmerkmalen in unveränderter Form auf den festgelegten Geräten. Der Auftraggeber darf zum Zwecke der Datensicherung zwei Kopien herstellen. Diese müssen alle Identifikationsmerkmale enthalten. Der Verbleib der Kopien ist auf Verlangen nachzuweisen.
(3) Der Auftragnehmer bleibt unbeschadet des Nutzungsrechts des Auftraggebers zur Nutzung der Unterlagen und der DV-Programme berechtigt.

§ 4
Ausführung

1. (1) Der Auftraggeber hat für die Aufrechterhaltung der allgemeinen Ordnung auf der Baustelle zu sorgen und das Zusammenwirken der verschiedenen Unternehmer zu regeln. Er hat die erforderlichen öffentlich-rechtlichen Genehmigungen und Erlaubnisse – z. B. nach dem Baurecht, dem Straßenverkehrsrecht, dem Wasserrecht, dem Gewerberecht – herbeizuführen.
(2) Der Auftraggeber hat das Recht, die vertragsgemäße Ausführung der Leistung zu überwachen. Hierzu hat er Zutritt zu den Arbeitsplätzen, Werkstätten und Lagerräumen, wo die vertragliche Leistung oder Teile von ihr hergestellt oder die hierfür bestimmten Stoffe und Bauteile gelagert werden. Auf Verlangen sind ihm die Werkzeichnungen oder andere Ausführungsunterlagen sowie die Ergebnisse von Güteprüfungen zur Einsicht vorzulegen und die erforderlichen Auskünfte zu erteilen, wenn hierdurch keine Geschäftsgeheimnisse preisgegeben werden. Als Geschäftsgeheimnis bezeichnete Auskünfte und Unterlagen hat er vertraulich zu behandlen.
(3) Der Auftraggeber ist befugt, unter Wahrung der dem Auftragnehmer zustehenden Leitung (Nr. 2) Anordnungen zu treffen, die zur vertragsgemäßen Ausführung der Leistung notwendig sind. Die Anordnungen sind grundsätzlich nur dem Auftrag-nehmer oder seinem für die Leitung der Ausführung bestellten Vertreter zu erteilen, außer wenn Gefahr im Verzug ist. Dem Auftraggeber ist mitzuteilen, wer jeweils als Vertreter des Auftragnehmers für die Leitung der Ausführung bestellt ist.
(4) Hält der Auftragnehmer die Anordnungen des Auftraggebers für unberechtigt oder unzweckmäßig, so hat er seine Bedenken geltend zu machen, die Anordnungen jedoch auf Verlangen auszuführen, wenn nicht gesetzliche oder behördliche Bestimmungen entgegenstehen. Wenn dadurch eine ungerechtfertigte Erschwerung verursacht wird, hat der Auftraggeber die Mehrkosten zu tragen.
2. (1) Der Auftragnehmer hat die Leistung unter eigener Verantwortung nach dem Vertrag auszuführen. Dabei hat er die anerkannten Regeln der Technik und die gesetzlichen und behördlichen Bestimmungen zu beachten. Es ist seine Sache, die Ausführung seiner vertraglichen Leistung zu leiten und für Ordnung auf seiner Arbeitsstelle zu sorgen.
(2) Er ist für die Erfüllung der gesetzlichen, behördlichen und berufsgenossenschaftlichen Verpflichtungen gegenüber seinen Arbeitnehmern allein verantwortlich. Es ist ausschließlich seine Aufgabe, die Vereinbarungen und Maßnahmen zu treffen, die sein Verhältnis zu den Arbeitnehmern regeln.
3. Hat der Auftragnehmer Bedenken gegen die vorgesehene Art der Ausführung (auch wegen der Sicherung gegen Unfallgefahren), gegen die Güte der vom Auftraggeber gelieferten Stoffe oder Bauteile oder gegen die Leistungen anderer Unternehmer, so hat er sie dem Auftraggeber unverzüglich – möglichst schon vor Beginn der Arbeiten – schriftlich mitzuteilen; der Auftraggeber bleibt jedoch für seine Angaben, Anordnungen oder Lieferungen verantwortlich.

4. Der Auftraggeber hat, wenn nichts anderes vereinbart ist, dem Auftragnehmer unentgeltlich zur Benutzung oder Mitbenutzung zu überlassen:
   a) die notwendigen Lager- und Arbeitsplätze auf der Baustelle,
   b) vorhandene Zufahrtswege und Anschlußgleise,
   c) vorhandene Anschlüsse für Wasser und Energie. Die Kosten für den Verbrauch und den Messer oder Zähler trägt der Auftragnehmer, mehrere Auftragnehmer tragen sie anteilig.
5. Der Auftragnehmer hat die von ihm ausgeführten Leistungen und die ihm für die Ausführung übergebenen Gegenstände bis zur Abnahme vor Beschädigung und Diebstahl zu schützen. Auf Verlangen des Auftraggebers hat er sie vor Winterschäden und Grundwasser zu schützen, ferner Schnee und Eis zu beseitigen. Obliegt ihm die Verpflichtung nach Satz 2 nicht schon nach dem Vertrag, so regelt sich die Vergütung nach § 2 Nr. 6.
6. Stoffe oder Bauteile, die dem Vertrag oder den Proben nicht entsprechen, sind auf Anordnung des Auftraggebers innerhalb einer von ihm bestimmten Frist von der Baustelle zu entfernen. Geschieht es nicht, so können sie auf Kosten des Auftragnehmers entfernt oder für seine Rechnung veräußert werden.
7. Leistungen, die schon während der Ausführung als mangelhaft oder vertragswidrig erkannt werden, hat der Auftragnehmer auf eigene Kosten durch mangelfreie zu ersetzen. Hat der Auftragnehmer den Mangel oder die Vertragswidrigkeit zu vertreten, so hat er auch den daraus entstehenden Schaden zu ersetzen. Kommt der Auftragnehmer der Pflicht zur Beseitigung des Mangels nicht nach, so kann ihm der Auftraggeber eine angemessene Frist zur Beseitigung des Mangels setzen und erklären, daß er ihm nach fruchtlosem Ablauf der Frist den Auftrag entziehe (§ 8 Nr. 3).
8. (1) Der Auftragnehmer hat die Leistung im eigenen Betrieb auszuführen. Mit schriftlicher Zustimmung des Auftraggebers darf er sie an Nachunternehmer übertragen. Die Zustimmung ist nicht notwendig bei Leistungen, auf die der Betrieb des Auftragnehmers nicht eingerichtet ist.
   (2) Der Auftragnehmer hat bei der Weitervergabe von Bauleistungen an Nachunternehmer die Verdingungsordnung für Bauleistungen zugrunde zu legen.
   (3) Der Auftragnehmer hat die Nachunternehmer dem Auftraggeber auf Verlangen bekanntzugeben.
9. Werden bei Ausführung der Leistung auf einem Grundstück Gegenstände von Altertums-, Kunst- oder wissenschaftlichem Wert entdeckt, so hat der Auftragnehmer vor jedem weiteren Aufdecken oder Andern dem Auftraggeber den Fund anzuzeigen und ihm die Gegenstände nach näherer Weisung abzuliefern. Die Vergütung etwaiger Mehrkosten regelt sich nach § 2 Nr. 6. Die Rechte des Entdeckers (§ 984 BGB) hat der Auftraggeber.

§ 5
Ausführungsfristen

1. Die Ausführung ist nach den verbindlichen Fristen (Vertragsfristen) zu beginnen, angemessen zu fördern und zu vollenden. In einem Bauzeitenplan enthaltene Einzelfristen gelten nur dann als Vertragsfristen, wenn dies im Vertrag ausdrücklich vereinbar ist.
2. Ist für den Beginn der Ausführung keine Frist vereinbart, so hat der Auftraggeber dem Auftragnehmer auf Verlangen Auskunft über den voraussichtlichen Beginn zu erteilen. Der Auftragnehmer hat innerhalb von 1 2 Werktagen nach Aufforderung zu beginnen. Der Beginn der Ausführung ist dem Auftraggeber anzuzeigen.
3. Wenn Arbeitskräfte, Geräte, Gerüste, Stoffe oder Bauteile so unzureichend sind, daß die Ausführungsfristen offenbar nicht eingehalten werden können, muß der Auftragnehmer auf Verlangen unverzüglich Abhilfe schaffen.
4. Verzögert der Auftragnehmer den Beginn der Ausführung, gerät er mit der Vollendung in Verzug oder kommt er der in Nr. 3 erwähnten Verpflichtung nicht nach, so kann der Auftraggeber bei Aufrechterhaltung des Vertrages Schadenersatz nach §6 Nr. 6 verlangen oder dem Auftragnehmer eine angemessene Frist zur Vertragserfüllung setzen und erklären, daß er ihm nach fruchtlosem Ablauf der Frist den Auftrag entziehe (§ 8 Nr. 3).

§ 6
Behinderung und Unterbrechung der Ausführung

1. Glaubt sich der Auftragnehmer in der ordnungsgemäßen Ausführung der Leistung behindert, so hat er es dem Auftraggeber unverzüglich schriftlich anzuzeigen. Unterläßt er die Anzeige, so hat er nur dann Anspruch auf Berücksichtigung der hindernden Umstände, wenn dem Auftraggeber offenkundig die Tatsache und deren hindernde Wirkung bekannt waren.
2. (1) Ausführungsfristen werden verlängert, soweit die Behinderung verursacht ist:
   a) durch einen vom Auftraggeber zu vertretenden Umstand,
   b) durch Streik oder eine von der Berufsvertretung der Arbeitgeber angeordnete Aussperrung im Betrieb des Auftragnehmers oder in einem unmittelbar für ihn arbeitenden Betrieb,
   c) durch höhere Gewalt oder andere für den Auftragnehmer unabwendbare Umstände.
   (2) Witterungseinflüsse während der Ausführungszeit, mit denen bei Abgabe des Angebots normalerweise gerechnet werden mußte, gelten nicht als Behinderung.
3. Der Auftragnehmer hat alles zu tun, was ihm billigerweise zugemutet werden kann, um die Weiterführung der Arbeiten zu ermöglichen. Sobald die hindernden Umstände wegfallen, hat er ohne weiteres und unverzüglich die Arbeiten wiederaufzunehmen und den Auftraggeber davon zu benachrichtigen.
4. Die Fristverlängerung wird berechnet nach der Dauer der Behinderung mit einem Zuschlag für die Wiederaufnahme der Arbeiten und die etwaige Verschiebung in eine ungünstigere Jahreszeit.
5. Wird die Ausführung für voraussichtlich längere Dauer unterbrochen, ohne daß die Leistung dauernd unmöglich wird, so sind die ausgeführten Leistungen nach den Vertragspreisen abzurechnen und außerdem die Kosten zu vergüten, die dem Auftragnehmer bereits entstanden und in den Vertragspreisen des nicht ausgeführten Teils der Leistung enthalten sind.
6. Sind die hindernden Umstände von einem Vertragsteil zu vertreten, so hat der andere Teil Anspruch auf Ersatz des nachweislich entstandenen Schadens, des entgangenen Gewinns aber nur bei Vorsatz oder grober Fahrlässigkeit.
7. Dauert eine Unterbrechung länger als 3 Monate, so kann jeder Teil nach Ablauf dieser Zeit den Vertrag schriftlich kündigen. Die Abrechnung regelt sich nach den Nummern 5 und 6; wenn der Auftragnehmer die Unterbrechung nicht zu vertreten hat, sind auch die Kosten der Baustellenräumung zu vergüten, soweit sie nicht in der Vergütung für die bereits ausgeführten Leistungen enthalten sind.

§ 7
Verteilung der Gefahr

1. Wird die ganz oder teilweise ausgeführte Leistung vor der Abnahme durch höhere Gewalt, Krieg, Aufruhr oder andere unabwendbare, vom Auftragnehmer nicht zu vertretende Umstände beschädigt oder zerstört, so hat dieser für die ausgeführten Teile der Leistung die Ansprüche nach § 6 Nr. 5; für andere Schäden besteht keine gegenseitige Ersatzpflicht.
2. Zu der ganz oder teilweise ausgeführten Leistung gehören alle mit der baulichen Anlage unmittelbar verbundenen, in ihre Substanz eingegangenen Leistungen, unabhängig von deren Fertigstellungsgrad.
3. Zu der ganz oder teilweise ausgeführten Leistung gehören nicht die noch nicht eingebauten Stoffe und Bauteile, sowie die Baustelleneinrichtung und Absteckungen. Zu der ganz oder teilweise ausgeführten Leistung gehören ebenfalls nicht Baubehelfe, z. B. Gerüste, auch wenn diese als Besondere Leistung oder selbständig vergeben sind.

§ 8
Kündigung durch den Auftraggeber

1. (1) Der Auftraggeber kann bis zur Vollendung der Leistung jederzeit den Vertrag kündigen.
   (2) Dem Auftragnehmer steht die vereinbarte Vergütung zu. Er muß sich jedoch anrechnen lassen, was er infolge der Aufhebung des Vertrags an Kosten erspart oder durch anderweitige Verwendung seiner Arbeitskraft und seines Betriebs erwirbt oder zu erwerben böswillig unterläßt (§ 649 BGB).

2. (1) Der Auftraggeber kann den Vertrag kündigen, wenn der Auftragnehmer seine Zahlungen einstellt, das Vergleichsverfahren beantragt oder in Konkurs gerät.
(2) Die ausgeführten Leistungen sind nach § 6 Nr. 5 abzurechnen. Der Auftraggeber kann Schadenersatz wegen Nichterfüllung des Rests verlangen.
3. (1) Der Auftraggeber kann den Vertrag kündigen, wenn in den Fällen des § 4 Nr. 7 und des § 5 Nr. 4 die gesetzte Frist fruchtlos abgelaufen ist (Entziehung des Auftrags). Die Entziehung des Auftrags kann auf einen in sich abgeschlossenen Teil der vertraglichen Leistung beschränkt werden.
(2) Nach der Entziehung des Auftrags ist der Auftraggeber berechtigt, den noch nicht vollendeten Teil der Leistung zu Lasten des Auftragnehmers durch einen Dritten ausführen zu lassen, doch bleiben seine Ansprüche auf Ersatz des etwa entstehenden weiteren Schadens bestehen. Er ist auch berechtigt, auf die weitere Ausführung zu verzichten und Schadenersatz wegen Nichterfüllung zu verlangen, wenn die Ausführung aus den Gründen, die zur Entziehung des Auftrags geführt haben, für ihn kein Interesse mehr hat.
(3) Für die Weiterführung der Arbeiten kann der Auftraggeber Geräte, Gerüste, auf der Baustelle vorhandene andere Einrichtungen und angelieferte Stoffe und Bauteile gegen angemessene Vergütung in Anspruch nehmen.
(4) Der Auftraggeber hat dem Auftragnehmer eine Aufstellung über die entstandenen Mehrkosten und über seine anderen Ansprüche spätestens binnen 1 2 Werktagen nach Abrechnung mit dem Dritten zuzusenden.
4. Der Auftraggeber kann den Auftrag entziehen, wenn der Auftragnehmer aus Anlaß der Vergabe eine Abrede getroffen hatte, die eine unzulässige Wettbewerbsbeschränkung darstellt. Die Kündigung ist innerhalb von 12 Werktagen nach Bekanntwerden des Kündigungsgrundes auszusprechen. Nummer 3 gilt entsprechend.
5. Die Kündigung ist schriftlich zu erklären.
6. Der Auftragnehmer kann Aufmaß und Abnahme der von ihm ausgeführten Leistungen alsbald nach der Kündigung verlangen; er hat unverzüglich eine prüfbare Rechnung über die ausgeführten Leistungen vorzulegen.
7. Eine wegen Verzugs verwirkte, nach Zeit bemessene Vertragsstrafe kann nur für die Zeit bis zum Tag der Kündigung des Vertrags gefordert werden.

§ 9
Kündigung durch den Auftragnehmer

1. Der Auftragnehmer kann den Vertrag kündigen:
a) wenn der Auftraggeber eine ihm obliegende Handlung unterläßt und dadurch den Auftragnehmer außerstande setzt, die Leistung auszuführen (Annahmeverzug nach §§ 293 ff. BGB),
b) wenn der Auftraggeber eine fällige Zahlung nicht leistet oder sonst in Schuldnerverzug gerät.
2. Die Kündigung ist schriftlich zu erklären. Sie ist erst zulässig, wenn der Auftragnehmer dem Auftraggeber ohne Erfolg eine angemessene Frist zur Vertragserfüllung gesetzt und erklärt hat, daß er nach fruchtlosem Ablauf der Frist den Vertrag kündigen werde.
3. Die bisherigen Leistungen sind nach den Vertragspreisen abzurechnen. Außerdem hat der Auftragnehmer Anspruch auf angemessene Entschädigung nach § 642 BGB; etwaige weitergehende Ansprüche des Auftragnehmers bleiben unberührt.

§ 10
Haftung der Vertragsparteien

1. Die Vertragsparteien haften einander für eigenes Verschulden sowie für das Verschulden ihrer gesetzlichen Vertreter und der Personen, deren sie sich zur Erfüllung ihrer Verbindlichkeiten bedienen (§§ 276, 278 BGB).
2. (1) Entsteht einem Dritten im Zusammenhang mit der Leistung ein Schaden, für den auf Grund gesetzlicher Haftpflichtbestimmungen beide Vertragsparteien haften, so gelten für den Ausgleich zwischen den Vertragsparteien die allgemeinen gesetzlichen Bestimmungen, soweit im Einzelfall nichts anderes vereinbart ist. Soweit der Schaden des Dritten nur die Folge einer Maßnahme ist, die der Auftraggeber in dieser Form angeordnet hat, trägt er den Schaden allein, wenn ihn der Auftrag-

nehmer auf die mit der angeordneten Ausführung verbundene Gefahr nach § 4 Nr. 3 hingewiesen hat.

(2) Der Auftragnehmer trägt den Schaden allein, soweit er ihn durch Versicherung seiner gesetzlichen Haftpflicht gedeckt hat oder innerhalb der von der Versicherungsaufsichtsbehörde genehmigten Allgemeinen Versicherungsbedingungen zu tarifmäßigen, nicht auf außergewöhnliche Verhältnisse abgestellten Prämien und Prämienzuschlägen bei einem im Inland zum Geschäftsbetrieb zugelassenen Versicherer hätte decken können.

3. Ist der Auftragnehmer einem Dritten nach den § § 823 ff. BGB zu Schadenersatz verpflichtet wegen unbefugten Betretens oder Beschädigung angrenzender Grundstücke, wegen Entnahme oder Auflagerung von Boden oder anderen Gegenständen außerhalb der vom Auftraggeber dazu angewiesenen Flächen oder wegen der Folgen eigenmächtiger Versperrung von Wegen oder Wasserläufen, so trägt er im Verhältnis zum Auftraggeber den Schaden allein.
4. Für die Verletzung gewerblicher Schutzrechte haftet im Verhältnis der Vertragsparteien zueinander der Auftragnehmer allein, wenn er selbst das geschützte Verfahren oder die Verwendung geschützter Gegenstände angeboten oder wenn der Auftraggeber die Verwendung vorgeschrieben und auf das Schutzrecht hingewiesen hat.
5. Ist eine Vertragspartei gegenüber der anderen nach den Nummern 2, 3 oder 4 von der Ausgleichspflicht befreit, so gilt diese Befreiung auch zugunsten ihrer gesetzlichen Vertreter und Erfüllungsgehilfen, wenn sie nicht vorsätzlich oder grob fahrlässig gehandelt haben.
6. Soweit eine Vertragspartei von dem Dritten für einen Schaden in Anspruch genommen wird, den nach den Nummern 2, 3 oder 4 die andere Vertragspartei zu tragen hat, kann sie verlangen, daß ihre Vertragspartei sie von der Verbindlichkeit gegenüber dem Dritten befreit. Sie darf den Anspruch des Dritten nicht anerkennen oder befriedigen, ohne der anderen Vertragspartei vorher Gelegenheit zur Außerung gegeben zu haben.

§ 11
Vertragsstrafe

1. Wenn Vertragsstrafen vereinbart sind, gelten die §§ 339 bis 345 BGB.
2. Ist die Vertragsstrafe für den Fall vereinbart, daß der Auftragnehmer nicht in der vorgesehenen Frist erfüllt, so wird sie fällig, wenn der Auftragnehmer in Verzug gerät.
3. Ist die Vertragsstrafe nach Tagen bemessen, so zählen nur Werktage; ist sie nach Wochen bemessen, so wird jeder Werktag angefangener Wochen als 1/6 Woche gerechnet.
4. Hat der Auftraggeber die Leistung abgenommen, so kann er die Strafe nur verlangen, wenn er dies bei der Abnahme vorbehalten hat.

§ 12
Abnahme

1. Verlangt der Auftragnehmer nach der Fertigstellung – gegebenenfalls auch vor Ablauf der vereinbarten Ausführungsfrist – die Abnahme der Leistung, so hat sie der Auftraggeber binnen 12 Werktagen durchzuführen; eine andere Frist kann vereinbart werden.
2. Besonders abzunehmen sind auf Verlangen:
   a) in sich abgeschlossene Teile der Leistung,
   b) andere Teile der Leistung, wenn sie durch die weitere Ausführung der Prüfung und Feststellung entzogen werden.
3. Wegen wesentlicher Mängel kann die Abnahme bis zur Beseitigung verweigert werden.
4. (1) Eine förmliche Abnahme hat stattzufinden, wenn eine Vertragspartei es verlangt. Jede Partei kann auf ihre Kosten einen Sachverständigen zuziehen. Der Befund ist in gemeinsamer Verhandlung schriftlich niederzulegen. In die Niederschrift sind etwaige Vorbehalte wegen bekannter Mängel und wegen Vertragsstrafen aufzunehmen, ebenso etwaige Einwendungen des Auftragnehmers. Jede Partei erhält eine Ausfertigung.

   (2) Die förmliche Abnahme kann in Abwesenheit des Auftragnehmers stattfinden, wenn der Termin vereinbart war oder der Auftraggeber mit genügender Frist dazu eingeladen hatte. Das Ergebnis der Abnahme ist dem Auftragnehmer alsbald mitzuteilen.

5. (1) Wird keine Abnahme verlangt, so gilt die Leistung als abgenommen mit Ablauf von 12 Werktagen nach schriftlicher Mitteilung über die Fertigstellung der Leistung.
(2) Hat der Auftraggeber die Leistung oder einen Teil der Leistung in Benutzung genommen, so gilt die Abnahme nach Ablauf von 6 Werktagen nach Beginn der Benutzung als erfolgt, wenn nichts anderes vereinbart ist. Die Benutzung von Teilen einer baulichen Anlage zur Weiterführung der Arbeiten gilt nicht als Abnahme.
(3) Vorbehalte wegen bekannter Mängel oder wegen Vertragsstrafen hat der Auftraggeber spätestens zu den in den Absätzen 1 und 2 bezeichneten Zeitpunkten geltend zu machen.
6. Mit der Abnahme geht die Gefahr auf den Auftraggeber über, soweit er sie nicht schon nach § 7 trägt.

§ 13
Gewährleistung

1. Der Auftragnehmer übernimmt die Gewähr, daß seine Leistung zur Zeit der Abnahme die vertraglich zugesicherten Eigenschaften hat, den anerkannten Regeln der Technik entspricht und nicht mit Fehlern behaftet ist, die den Wert oder die Tauglichkeit zu dem gewöhnlichen oder dem nach dem Vertrag vorausgesetzten Gebrauch aufheben oder mindern.
2. Bei Leistungen nach Probe gelten die Eigenschaften der Probe als zugesichert, soweit nicht Abweichungen nach der Verkehrssitte als bedeutungslos anzusehen sind. Dies gilt auch für Proben, die erst nach Vertragsabschluß als solche anerkannt sind.
3. Ist ein Mangel zurückzuführen auf die Leistungsbeschreibung oder auf Anordnungen des Auftraggebers, auf die von diesem gelieferten oder vorgeschriebenen Stoffe oder Bauteile oder die Beschaffenheit der Vorleistung eines anderen Unternehmers, so ist der Auftragnehmer von der Gewährleistung für diese Mängel frei, außer wenn er die ihm nach § 4 Nr. 3 obliegende Mitteilung über die zu befürchtenden Mängel unterlassen hat.
4. (1) Ist für die Gewährleistung keine Verjährungsfrist im Vertrag vereinbart, so beträgt sie für Bauwerke und für Holzerkrankungen 2 Jahre, für Arbeiten an einem Grundstück und für die vom Feuer berührten Teile von Feuerungsanlagen ein Jahr.
(2) Bei maschinellen und elektrotechnischen/elektronischen Anlagen oder Teilen davon, bei denen die Wartung Einfluß auf die Sicherheit und Funktionsfähigkeit hat, beträgt die Verjährungsfrist für die Gewährleistungsansprüche abweichend von Abs. 1 ein Jahr, wenn der Auftraggeber sich dafür entschieden hat, dem Auftrag-nehmer die Wartung für die Dauer der Verjährungsfrist nicht zu übertragen.
(3) Die Frist beginnt mit der Abnahme der gesamten Leistung; nur für in sich abgeschlossene Teile der Leistung beginnt sie mit der Teilabnahme (§ 12 Nr. 2a).
5. (1) Der Auftragnehmer ist verpflichtet, alle während der Verjährungsfrist hervortretenden Mängel, die auf vertragswidrige Leistung zurückzuführen sind, auf seine Kosten zu beseitigen, wenn es der Auftraggeber vor Ablauf der Frist schriftlich verlangt. Der Anspruch auf Beseitigung der gerügten Mängel verjährt mit Ablauf der Regelfristen der Nummer 4, gerechnet vom Zugang des schriftlichen Verlangens an, jedoch nicht vor Ablauf der vereinbarten Frist. Nach Abnahme der Mängelbeseitigungsleistung beginnen für diese Leistung die Regelfristen der Nummer 4, wenn nichts anderes vereinbart ist.
(2) Kommt der Auftragnehmer der Aufforderung zur Mängelbeseitigung in einer vom Auftraggeber gesetzten angemessenen Frist nicht nach, so kann der Auftraggeber die Mängel auf Kosten des Auftragnehmers beseitigen lassen.
6. Ist die Beseitigung des Mangels unmöglich oder würde sie einen unverhältnismäßig hohen Aufwand erfordern und wird sie deshalb vom Auftragnehmer verweigert, so kann der Auftraggeber Minderung der Vergütung verlangen (§ 634 Abs. 4, § 472 BGB). Der Auftraggeber kann ausnahmsweise auch dann Minderung der Vergütung verlangen, wenn die Beseitigung des Mangels für ihn unzumutbar ist.
7. (1) Ist ein wesentlicher Mangel, der die Gebrauchsfähigkeit erheblich beeinträchtigt, auf ein Verschulden des Auftragnehmers oder seiner Erfüllungsgehilfen zurückzuführen, so ist der Auftragnehmer außerdem verpflichtet, dem Auftraggeber den Schaden an der baulichen Anlage zu ersetzen, zu deren Herstellung, Instandhaltung oder Anderung die Leistung dient.

(2)Den darüber hinausgehenden Schaden hat er nur dann zu ersetzen,
a) wenn der Mangel auf Vorsatz oder grober Fahrlässigkeit beruht,
b) wenn der Mangel auf einem Vorstoß gegen die anerkannten Regeln der Technik beruht,
c) wenn der Mangel in dem Fehlen einer vertraglich zugesicherten Eigenschaft besteht oder
d) soweit der Auftragnehmer den Schaden durch Versicherung seiner gesetzlichen Haftpflicht gedeckt hat oder innerhalb der von der Versicherungsaufsichtsbehörde genehmigten Allgemeinen Versicherungsbedingungen zu tarifmäßigen, nicht auf außergewöhnliche Verhältnisse abgestellten Prämien und Prämienzuschlägen bei einem im Inland zum Geschäftsbetrieb zugelassenen Versicherer hätte decken können.
(3)Abweichend von Nummer 4 gelten die gesetzlichen Verjährungsfristen, soweit sich der Auftragnehmer nach Absatz 2 durch Versicherung geschützt hat oder hätte schützen können oder soweit ein besonderer Versicherungsschutz vereinbart ist.
(4)Eine Einschränkung oder Erweiterung der Haftung kann in begründeten Sonderfällen vereinbart werden.

§ 14
Abrechnung

1. Der Auftragnehmer hat seine Leistungen prüfbar abzurechnen. Er hat die Rechnungen übersichtlich aufzustellen und dabei die Reihenfolge der Posten einzuhalten und die in den Vertragsbestandteilen enthaltenen Bezeichnungen zu verwenden. Die zum Nachweis von Art und Umfang der Leistung erforderlichen Mengenberechnungen, Zeichnungen und andere Belege sind beizufügen. Anderungen und Ergänzungen des Vertrags sind in der Rechnung besonders kenntlich zu machen; sie sind auf Verlangen getrennt abzurechnen.
2. Die für die Abrechnung notwendigen Feststellungen sind dem Fortgang der Leistung entsprechend möglichst gemeinsam vorzunehmen. Die Abrechnungsbestimmungen in den Technischen Vertragsbedingungen und den anderen Vertragsunterlagen sind zu beachten. Für Leistungen, die bei Weiterführung der Arbeiten nur schwer feststellbar sind, hat der Auftragnehmer rechtzeitig gemeinsame Feststellungen zu beantragen.
3. Die Schlußrechnung muß bei Leistungen mit einer vertraglichen Ausführungsfrist von höchstens 3 Monaten spätestens 12 Werktage nach Fertigstellung eingereicht werden, wenn nichts anderes vereinbart ist; diese Frist wird um je 6 Werktage für je weitere 3 Monate Ausführungsfrist verlängert.
4. Reicht der Auftragnehmer eine prüfbare Rechnung nicht ein, obwohl ihm der Auftraggeber dafür eine angemessene Frist gesetzt hat, so kann sie der Auftraggeber selbst auf Kosten des Auftragnehmers aufstellen.

§ 15
Stundenlohnarbeiten

1. (1) Stundenlohnarbeiten werden nach den vertraglichen Vereinbarungen abgerechnet.
(2)Soweit für die Vergütung keine Vereinbarungen getroffen worden sind, gilt die ortsübliche Vergütung. Ist diese nicht zu ermitteln, so werden die Aufwendungen des Auftragnehmers für
- Lohn- und Gehaltskosten der Baustelle, Lohn- und Gehaltsnebenkosten der Baustelle, Stoff kosten der Baustelle, Kosten der Einrichtungen, Geräte, Maschinen und maschinellen Anlagen der Baustelle, Fracht-, Fuhr- und Ladekosten, Sozialkassenbeiträge und Sonderkosten, die bei wirtschaftlicher Betriebsführung entstehen, mit angemessenen Zuschlägen für Gemeinkosten und Gewinn (einschließlich allgemeinem Unternehmerwagnis) zuzüglich Umsatzsteuer vergütet.
2. Verlangt der Auftraggeber, daß die Stundenlohnarbeiten durch einen Polier oder eine andere Aufsichtsperson beaufsichtigt werden, oder ist die Aufsicht nach den einschlägigen Unfallverhütungsvorschriften notwendig, so gilt Nummer 1 entsprechend.
3. Dem Auftraggeber ist die Ausführung von Stundenlohnarbeiten vor Beginn anzuzeigen. Uber die geleisteten Arbeitsstunden und den dabei erforderlichen, besonders zu vergütenden Aufwand für den Verbrauch von Stoffen, für Vorhaltung von Einrichtungen, Geräten, Maschinen und maschinellen Anlagen, für Frachten, Fuhr- und Ladeleistungen sowie etwaige Sonderkosten sind, wenn nichts anderes vereinbart ist, je nach der Verkehrssitte werktäglich oder wöchentlich Listen (Stun-

denlohnzettel) einzureichen. Der Auftraggeber hat die von ihm bescheinigten Stundenlohnzettel unverzüglich, spätestens jedoch innerhalb von 6 Werktagen nach Zugang, zurückzugeben. Dabei kann er Einwendungen auf den Stundenlohnzetteln oder gesondert schriftlich erheben. Nicht fristgemäß zurückgegebene Stundenlohnzettel gelten als anerkannt.

4. Stundenlohnrechnungen sind alsbald nach Abschluß der Stundenlohnarbeiten, längstens jedoch in Abständen von 4 Wochen, einzureichen. Für die Zahlung gilt § 1 6.
5. Wenn Stundenlohnarbeiten zwar vereinbart waren, über den Umfang der Stundenlohnleistungen aber mangels rechtzeitiger Vorlage der Stundenlohnzettel Zweifel bestehen, so kann der Auftraggeber verlangen, daß für die nachweisbar ausgeführten Leistungen eine Vergütung vereinbart wird, die nach Maßnahme von Nummer 1 Abs. 2 für einen wirtschaftlich vertretbaren Aufwand an Arbeitszeit und Verbrauch von Stoffen, für Vorhaltung von Einrichtungen, Geräten, Maschinen und maschinellen Anlagen, für Frachten, Fuhr- und Ladeleistungen sowie etwaige Sonderkosten ermittelt wird.

§ 16
Zahlung

1. (1) Abschlagszahlungen sind auf Antrag in Höhe des Wertes der jeweils nachgewiesenen vertragsgemäßen Leistungen einschließlich des ausgewiesenen, darauf entfallenden Umsatzsteuerbetrags in möglichst kurzen Zeitabständen zu gewähren. Die Leistungen sind durch eine prüfbare Aufstellung nachzuweisen, die eine rasche und sichere Beurteilung der Leistungen ermöglichen muß. Als Leistungen gelten hierbei auch die für die geforderte Leistung eigens angefertigten und bereitgestellten Bauteile sowie die auf der Baustelle angelieferten Stoffe und Bauteile, wenn dem Auftraggeber nach seiner Wahl das Eigentum an ihnen übertragen ist oder entsprechende Sicherheit gegeben wird.
   (2)Gegenforderungen können einbehalten werden. Andere Einbehalte sind nur in den im Vertrag und in den gesetzlichen Bestimmungen vorgesehenen Fällen zulässig.
   (3)Abschlagszahlungen sind binnen 18 Werktagen nach Zugang der Aufstellung zu leisten.
   (4)Die Abschlagszahlungen sind ohne Einfluß auf die Haftung und Gewährleistung des Auftragnehmers; sie gelten nicht als Abnahme von Teilen der Leistung.
2. (1) Vorauszahlungen können auch nach Vertragsabschluß vereinbart werden; hierfür ist auf Verlangen des Auftraggebers ausreichende Sicherheit zu leisten. Diese Vorauszahlungen sind, sofern nichts anderes vereinbart wird, mit 1 v. H. über dem Lombardsatz der Deutschen Bundesbank zu verzinsen.
   (2)Vorauszahlungen sind auf die nächstfälligen Zahlungen anzurechnen, soweit damit Leistungen abzugelten sind, für welche die Vorauszahlungen gewährt worden sind.
3. (1) Die Schlußzahlung ist alsbald nach Prüfung und Feststellung der vom Auftrag-nehmer vorgelegten Schlußrechnung zu leisten, spätestens innerhalb von 2 Monaten nach Zugang. Die Prüfung der Schlußrechnung ist nach Möglichkeit zu beschleunigen. Verzögert sie sich, so ist das unbestrittene Guthaben als Abschlagszahlung sofort zu zahlen.
   (2)Die vorbehaltlose Annahme der Schlußzahlung schließt Nachforderungen aus, wenn der Auftragnehmer über die Schlußzahlung schriftlich unterrichtet und auf die Ausschlußwirkung hingewiesen wurde.
   (3)Einer Schlußzahlung steht es gleich, wenn der Auftraggeber unter Hinweis auf geleistete Zahlungen weitere Zahlungen endgültig und schriftlich ablehnt.
   (4)Auch früher gestellte, aber unerledigte Forderungen werden ausgeschlossen, wenn sie nicht nochmals vorbehalten werden.
   (5)Ein Vorbehalt ist innerhalb von 24 Werktagen nach Zugang der Mitteilung nach Abs. 2 und 3 über die Schlußzahlung zu erklären. Er wird hinfällig, wenn nicht innerhalb von weiteren 24 Werktagen eine prüf bare Rechnung über die vorbehaltenen Forderungen eingereicht oder, wenn das nicht möglich ist, der Vorbehalt eingehend begründet wird.
   (6)Die Ausschlußfristen gelten nicht für ein Verlangen nach Richtigstellung der Schlußrechnung und ?zahlung wegen Aufmaß-, Rechen- und Ubertragungsfehlern.
4. In sich abgeschlossene Teile der Leistung können nach Teilabnahme ohne Rücksicht auf die Vollendung der übrigen Leistungen endgültig festgestellt und bezahlt werden.

5. (1) Alle Zahlungen sind aufs äußerste zu beschleunigen.
(2) Nicht vereinbarte Skontoabzüge sind unzulässig.
(3) Zahlt der Auftraggeber bei Fälligkeit nicht, so kann ihm der Auftragnehmer eine angemessene Nachfrist setzen. Zahlt er auch innerhalb der Nachfrist nicht, so hat der Auftragnehmer vom Ende der Nachfrist an Anspruch auf Zinsen in Höhe von 1 v. H. über dem Lombardsatz der Deutschen Bundesbank, wenn er nicht einen höheren Verzugsschaden nachweist. Außerdem darf er die Arbeiten bis zur Zahlung einstellen.
6. Der Auftraggeber ist berechtigt, zur Erfüllung seiner Verpflichtungen aus den Nummern 1 bis 5 Zahlungen an Gläubiger des Auftragnehmers zu leisten, soweit sie an der Ausführung der vertraglichen Leistung des Auftragnehmers aufgrund eines mit diesem abgeschlossenen Dienst- oder Werkvertrags beteiligt sind und der Auftrag-nehmer in Zahlungsverzug gekommen ist. Der Auftragnehmer ist verpflichtet, sich auf Verlangen des Auftraggebers innerhalb einer von diesem gesetzten Frist darüber zu erklären, ob und inwieweit er die Forderungen seiner Gläubiger anerkennt; wird diese Erklärung nicht rechtzeitig abgegeben, so gelten die Forderungen als anerkannt und der Zahlungsverzug als bestätigt.

§ 17
Sicherheitsleistung

1. (1) Wenn Sicherheitsleistung vereinbar ist, gelten die § §232 bis 240 BGB, soweit sich aus den nachstehenden Bestimmungen nichts anderes ergibt.
(2) Die Sicherheit dient dazu, die vertragsgemäße Ausführung der Leistung und die Gewährleistung sicherzustellen.
2. Wenn im Vertrag nichts anderes vereinbart ist, kann Sicherheit durch Einbehalt oder Hinterlegung von Geld oder durch Bürgschaft eines Kreditinstituts oder Kredit-versicherers geleistet werden, sofern das Kreditinstitut oder der Kreditversicherer
   - in der Europäischen Gemeinschaft oder
   - in einem Staat der Vertragsparteien des Abkommens über den Europäischen Wirtschaftsraum oder
   - in einem Staat der Vertragsparteien des WTO-Ubereinkommens über das öffentliche Beschaffungswesen

   zugelassen ist.
3. Der Auftragnehmer hat die Wahl unter den verschiedenen Arten der Sicherheit; er kann eine Sicherheit durch eine andere ersetzen.
4. Bei Sicherheitsleistung durch Bürgschaft ist Voraussetzung, daß der Auftraggeber den Bürgen als tauglich anerkannt hat. Die Bürgschaftserklärung ist schriftlich unter Verzicht auf die Einrede der Vorausklage abzugeben (§ 771 BGB); sie darf nicht auf bestimmte Zeit begrenzt und muß nach Vorschriften des Auftraggebers ausgestellt sein.
5. Wird Sicherheit durch Hinterlegung von Geld geleistet, so hat der Auftragnehmer den Betrag bei einem zu vereinbarenden Geldinstitut auf ein Sperrkonto einzuzahlen, über das beide Parteien nur gemeinsam verfügen können. Etwaige Zinsen stehen de Auftragnehmer zu.
6. (1) Soll der Auftraggeber vereinbarungsgemäß die Sicherheit in Teilbeträgen von seinen Zahlungen einbehalten, sodaß er jeweils die Zahlung um höchstens 10v. H. kürzen, bis die vereinbarte Sicherheitssumme erreicht ist. Den jeweils einbehaltenen Betrag hat er dem Auftragnehmer mitzuteilen und binnen 1 8 Werktagen nach dieser Mitteilung auf Sperrkonto bei dem vereinbarten Geldinstitut einzuzahlen. Gleichzeitig muß er veranlassen, daß dieses Geldinstitut den Auftragnehmer von der Einzahlung des Sicherheitsbetrages benachrichtigt. Nummer 5 gilt entsprechend.
(2) Bei kleineren oder kurzfristigen Aufträgen ist es zulässig, daß der Auftraggeber den einbehaltenen Sicherheitsbetrag erst bei der Schlußzahlung auf Sperrkonto einzahlt.
(3) Zahlt der Auftraggeber den einbehaltenen Betrag nicht rechtzeitig ein, so kann ihm der Auftragnehmer hierfür eine angemessene Nachfrist setzen. Läßt der Auftraggeber auch diese verstreichen, so kann der Auftragnehmer die sofortige Auszahlung des einbehaltenen Betrages verlangen und bracht dann keine Sicherheit mehr zu leisten.
(4) Öffentliche Auftraggeber sind berechtigt, den als Sicherheit einbehaltenen Betrag auf eigenes Verwahrgeldkonto zu nehmen; der Betrag wird nicht verzinst.

7. Der Auftragnehmer hat die Sicherheit binnen 18 Werktagen nach Vertragsabschluß zu leisten, wenn nichts anderes vereinbart ist. Soweit er diese Verpflichtung nicht erfüllt hat, ist der Auftraggeber berechtigt, vom Guthaben des Auftragnehmers einen Betrag in Höhe der vereinbarten Sicherheit einzubehalten. Im übrigen gelten Nummer 5 und Nummer 6 außer Absatz 1 Satz 1 entsprechend.
8. Der Auftraggeber hat eine nicht verwertete Sicherheit zum vereinbarten Zeitpunkt, spätestens nach Ablauf der Verjährungsfrist für die Gewährleistung, zurückzugeben. Soweit jedoch zu dieser Zeit seine Ansprüche noch nicht erfüllt sind, darf er einen entsprechenden Teil der Sicherheit zurückhalten.

§ 18
Streitigkeiten

1. Liegen die Voraussetzungen für eine Gerichtsstandsvereinbarung nach § 38 Zivilprozeßordnung vor, richtet sich der Gerichtsstand für Streitigkeiten aus dem Vertrag nach dem Sitz der für die Prozeßvertretung des Auftraggebers zuständige Stelle, wenn nichts anderes vereinbart ist. Sie ist dem Auftrag-nehmer auf Verlangen mitzuteilen.
2. Entstehen bei Verträgen mit Behörden Meinungsverschiedenheiten, so soll der Auftragnehmer zunächst die der auftraggebenden Stelle unmittelbar vorgesetzte Stelle anrufen. Diese soll dem Auftragnehmer Gelegenheit zur mündlichen Aussprache geben und ihn möglichst innerhalb von 2 Monaten nach der Anrufung schriftlich bescheiden und dabei auf die Rechtsfolgen des Satzes 3 hinweisen. Die Entscheidung gilt als anerkannt, wenn der Auftragnehmer nicht innerhalb von 2 Monaten nach Eingang des Bescheides schriftlich Einspruch beim Auftraggeber erhebt und dieser ihn auf die Ausschlußfrist hingewiesen hat.
3. Bei Meinungsverschiedenheiten über die Eigenschaft von Stoffen und Bauteilen, für die allgemeingültige Prüfungsverfahren bestehen, und über die Zulässigkeit oder Zuverlässigkeit der bei der Prüfung verwendeten Maschinen oder angewendeten Prüfungsverfahren kann jede Vertragspartei nach vorheriger Benachrichtigung der anderen Vertragspartei die material-technische Untersuchung durch eine staatliche oder staatlich anerkannte Materialprüfungsstelle vornehmen lassen; deren Feststellungen sind verbindlich. Die Kosten trägt der unterliegende Teil.
4. Streitfälle berechtigten den Auftragnehmer nicht, die Arbeiten einzustellen.

V. VOB 2000: Neuerungen bei den Teilen A und B*

Zusammenstellung

für die 66. Arbeitssitzung am Freitag, 10. Dezember 1999
der Deutschen Gesellschaft für Baurecht e.V.
Arbeitskreis Bauvertragsrecht Bayern

I. Anlaß der VOB 2000

a) EG-Richtlinie 97/52/EG vom 13.10.1997 zur Änderung u.a. der EG-Richtlinie 93/37/EWG vom 14.06.1993 (Baukoordinierungsrichtlinie, BKR)
b) EG-Richtlinie 98/4/EG vom 16.02.1998 zur Änderung der EG-Richtlinie 93/38/EWG vom 14.06.1993 (Sektorenrichtlinie, SKR)

Ablauf der Umsetzungsfrist zu a) am 13.10.1998, zu b) am 16.02.1999.

II. Stand und Zeitplan

- Verabschiedung der VOB-Änderungen durch den HAA des DVA am 27./28.10.1999 in Berlin
- Beschlußfassung des Vorstands des DVA zur Veröffentlichung der neuen Teile A und B am 10.12.1999
- Bekanntmachung der VOB/A und VOB/B im Bundesanzeiger voraussichtlich Anfang Januar 2000
- Buchausgabe mit allen 3 Teilen A, B und C voraussichtlich April/Mai 2000
- neue Vergabeverordnung (neue Bezeichnung »Verordnung über öffentliche Beschaffungen«):
  - Diskussionsentwurf (Stand: 20.10.1999) mit Vorblatt und Begründung vom BMWi an die Bundesressorts und Länderwirtschaftsministerien verteilt
  - Verabschiedung durch den Bundesrat voraussichtlich noch 1. Jahreshälfte 2000

III. Beschlossene VOB-Änderungen

Teil A: Wesentliche Änderungen

Abschnitt 1

1.) Anpassung von § 8 Nr. 5 Abs. 1 Buchst. a an die Insolvenzordnung: »Von der Teilnahme am Wettbewerb dürfen Unternehmer ausgeschlossen werden, über deren Vermögen das Insolvenzverfahren oder ein vergleichbares gesetzlich geregeltes Verfahren eröffnet oder die Eröffnung beantragt worden ist oder der Antrag mangels Masse abgelehnt wurde.«

2.) Einschränkung der Verwendung von Bedarfspositionen und Positionen für angehängte Stundenlohnarbeiten in § 9 Nr. 1 Sätze 2 und 3 neu:

* Letzter vorliegender Entwurf

»Bedarfspositionen (Eventualpositionen) dürfen nur ausnahmsweise in die Leistungsbeschreibung aufenommen werden. Angehängte Stundenlohnarbeiten dürfen nur in dem unbedingt erforderlichen Umfang in die Leistungsbeschreibung aufgenommen werden«.

3.) Streichung von § 13 Nr. 1 (Verzicht auf Gewährleistung) ersatzlos.

4.) Ergänzung von § 14 Nr. 1:
»Bei Beschränkter Ausschreibung sowie bei Freihändiger Vergabe sollen Sicherheitsleistungen in der Regel nicht verlangt werden«.
(Noch nicht endgültig, DVA-Vorstand muß entscheiden).

5.) Entschädigung auch der Versendungskosten nach § 20 Nr. 1 Abs. 1:
»Bei Öffentlicher Ausschreibung darf für die Leistungsbeschreibung und die anderen Unterlagen ein Entgelt gefordert werden. Dieses Entgelt darf nicht höher sein als die Selbstkosten des Auftraggebers für die Vervielfältigung der Leistungsbeschreibung und der anderen Unterlagen sowie der Kosten der postalischen Versendung an die betreffenden Bieter; dies gilt auch bei digitaler Übermittlung. In der Bekanntmachung (§ 17 Nr. 1) ist anzugeben, wie hoch es ist und dass es nicht erstattet wird«.

6.) Wesentliche Änderungen bei § 21 (Form und Inhalt der Angebote):

»1. (1) Die Angebote müssen schriftlich eingereicht und unterzeichnet sein.
Daneben kann der Auftraggeber mit digitaler Signatur im Sinne des Signaturgesetzes versehene digitale Angebote zulassen, die verschlüsselt eingereicht werden müssen. Die Angebote sollen nur die Preise und die geforderten Erklärungen enthalten. Änderungen des Bieters an seinen Eintragungen müssen zweifelsfrei sein.«

»3. Die Anzahl von Nebenangeboten oder Änderungsvorschlägen ist an einer vom Auftraggeber in den Verdingungsunterlagen bezeichneten Stelle aufzuführen. Etwaige Änderungsvorschläge oder Nebenangebote müssen auf besonderer Anlage gemacht und als solche deutlich gekennzeichnet werden.«

»4. Soweit Preisnachlässe ohne Bedingungen gewährt werden, sind diese an einer vom Auftraggeber in den Verdingungsunterlagen bezeichneten Stelle aufzuführen«.

Die Zulassung von digitalen Angeboten hat weitere VOB-Änderungen bewirkt, nämlich beim Anschreiben (§ 10 Nr. 5 Abs. 2), bei der Bekanntmachung (§ 17 Nr. 1 Abs. 2), beim Zurückziehen des Angebots (§ 15 Nr. 3) und beim Eröffnungstermin (§ 22 Nr. 1 und Nr. 3 Abs. 1).

7.) In § 22 Unterscheidung zwischen schriftlichen und digitalen Angeboten, Kennzeichnung der Angebote noch während des Eröffnungstermins, Verbesserung der Mitteilung an die Bieter:

»1. Bei Ausschreibungen ist für die Öffnung und Verlesung (Eröffnung) der Angebote ein Eröffnungstermin abzuhalten, in dem nur die Bieter und ihre Bevollmächtigten zugegen sein dürfen. Bis zu diesem Termin sind die auf direktem Weg oder per Post schriftlich zugegangenen Angebote, die beim Eingang auf dem ungeöffneten Umschlag zu kennzeichnen sind, unter Verschluß zu halten; entsprechend sind digitale Angebote zu kennzeichnen und verschlüsselt aufzubewahren«.

»3. (1) Der Verhandlungsleiter stellt fest, ob der Verschluß der schriftlichen Angebote unversehrt ist und die digitalen Angebote verschlüsselt sind.
(2) Die Angebote werden geöffnet und in allen wesentlichen Teilen im Eröffnungstermin gekennzeichnet. Name und Wohnort der Bieter und die Endbeträge der Angebote oder ihrer einzelnen Abschnitte, ferner andere den Preis betreffende Angaben werden verlesen. Es wird bekanntgegeben, ob und von wem Änderungsvorschläge oder Nebenangebote eingereicht sind. Weiteres aus dem Inhalt der Angebote soll nicht mitgeteilt werden«.

»7. Den Bietern und ihren Bevollmächtigten ist die Einsicht in die Niederschrift (Nrn. 5 und 6 sowie § 23 Nr. 4) zu gestatten; den Bietern können die Namen der Bieter sowie die verlesenen und die nachgerechneten Endbeträge der Angebote sowie die Zahl Ihrer Änderungsvorschläge und Nebenangebote nach der rechnerischen Prüfung mitgeteilt werden. Nach Antragstellung hat dies unverzüglich zu erfolgen. Die Niederschrift darf nicht veröffentlicht werden.«

8.) In § 25 fakultativer Ausschluß von Nebenangeboten mit Formmängeln, Verwendung des Begriffs wirtschaftlichstes Angebot statt annehmbarstes sowie Nichtwertung von Preisnachlässen an nicht vorgesehener Stelle:

»1. (2) Außerdem können Angebote von Bietern nach § 8 Nr. 5 sowie Angebote, die dem § 21 Nr. 3 Satz 2 nicht entsprechen, ausgeschlossen werden«.

»3. (3) In die engere Wahl kommen nur solche Angebote, die unter Berücksichtigung rationellen Baubetriebs und sparsamer Wirtschaftsführung eine einwandfreie Ausführung einschließlich Gewährleistung erwarten lassen. Unter diesen Angaben soll der Zuschlag auf das Angebot erteilt werden, das unter Berücksichtigung aller Gesichtspunkte, wie z.B. Preis, Ausführungsfrist, Betriebs- und Folgekosten, Gestaltung, Rentabilität oder technischer Wert als das wirtschaftlichste erscheint. Der niedrigste Angebotspreis allein ist nicht entscheidend«.

»5. Änderungsvorschläge und Nebenangebote sind zu werten, es sei denn, der Auftraggeber hat sie in der Bekanntmachung oder in den Vergabeunterlagen nicht zugelassen. Preisnachlässe ohne Bedingung sind nicht zu werten, wenn sie nicht an der vom Auftraggeber nach § 21 Nr. 4 bezeichneten Stelle aufgeführt sind«.

Abschnitt 2

1.) Umstellung der EG-Schwellenwerte in § 1a und 17a von ECU auf Euro.

2.) In § 1a Nr. 2 Zweiteilung des Schwellenwerts nach Auftraggeberkategorien:
130.000 Euro für »zentrale Regierungsbehörden« (= Bundesministerien), dagegen 200.000 Euro für alle übrigen Auftraggeber.

3.) Weitere Modifizierung der Angebotsfrist in § 18a Nr. 1:
Statt 52 und 36 Tage ausnahmsweise auch 22 Tage beim Offenen Verfahren.

4.) In § 26a Erweiterung der Sachverhalte um den der Beendigung des Vergabeverfahrens nach § 122 GWB bei der Mitteilung an die Bewerber und Bieter sowie das EG-Amtsblatt.

5.) In § 33a wurde die Statistik aufwendiger:
a) jährlich statt alle 2 Jahre,
b) mehr Angaben als bisher nach Anhang F.

Abschnitt 3

1.) In § 1b Umstellung der EG-Schwellenwerte vom ECU auf Euro.

2.) § 8b Nr. 5 Abs. 1 ergänzt:
Bei einem Prüfsystem (Präqualifikationsverfahren) müssen sich Unternehmen jederzeit einer Prüfung unterziehen können.

3.) § 17b Nr. 2 Abs. 3 Buchst. c:
Die Angaben zum vorgesehenen Auftrag müssen nach Aufruf zum Wettbewerb über eine regelmäßige Bekanntmachung nunmehr sehr ins einzelne gehen.

4.) Weitere Modifizierungen der Angebotsfrist in § 18b Nr. 1:
Statt 52 und 36 Tage ausnahmsweise auch 22 Tage beim Offenen Verfahren.

5.) In § 33b Statistik aufwendiger:
Wesentlich mehr Angaben als bisher.

Abschnitt 4

1.) In § 1 SKR Umstellung der EG-Schwellenwerte von ECU auf Euro.

2.) § 5 SKR Nr. 5 Abs. 1 ergänzt:
Bei einem Prüfsystem (Präqualifikationsverfahren) müssen sich die Unternehmen jederzeit einer Prüfung unterziehen können.

3.) § 7 SKR Nr. 3 neu:
Zulassung von digitalen Angeboten nach dem Wortlaut der BKR.

4.) § 8 SKR Nr. 2 Abs. 3 Buchst. c:
Die Angaben zum vorgesehenen Auftrag müssen sich nach Aufruf zum Wettbewerb über eine regelmäßige Bekanntmachung nunmehr sehr detailliert sein.

5.) Weitere Modifizierung der Angebotsfrist in § 9 SKR Nr. 1 Abs. 2:
Statt 52 und 36 Tage ausnahmsweise auch 22 Tage beim Offenen Verfahren.

6.) In § 13 SKR Statistik aufwendiger:
Wesentlich mehr Angaben als bisher.

Fazit: a) Die Änderungen in Abschnitt 4 decken sich sehr weit mit den Änderungen in Abschnitt 3, da beidemal aus der SKR resultierend.
b) Gewisse Ännäherung zwischen BKR und SKR und damit zwischen Abschnitt 2 einerseits und den Abschnitten 3 und 4 andererseits.

Teil B: Änderungen

»Philosophie«: Kein Abgehen vom Prinzip, dass nicht jede Einzelregelung ausgewogen sein muß, sondern nur die »VOB/B als Ganzes«.
Grund: Die VOB/B soll als Ganzes vereinbart und nicht zerpflückt werden, was zu befürchten wäre, wenn jede Einzelregelung bereits für sich allein ausgewogen wäre.

Die dazu konträre »Philosophie« von Kraus u. a. (Freiburger Baurechtsinstitut), die die Rechtsfigur der »VOB/B als Ganzes« als Mangel der VOB/B kritisiert, ist nicht übernommen worden.
Grund: Die von der Rechtsprechung (BGH Z 86/135) entwickelte Konstruktion, daß die »VOB als Ganzes« als ausgewogene Regelung gelte und eine isolierte Inhaltskontrolle zu unterbleiben habe, wollte man nicht aufgeben. Folge: Ein Großteil der vom Institut für Baurecht Freiburg im Breisgau e.V. unterbreiteten Vorschläge ist nicht realisiert worden.

1.) Klarstellung in § 2 Nr. 8 Abs. 2:

»8.(2) Eine Vergütung steht dem Auftragnehmer jedoch zu, wenn der Auftraggeber solche Leistungen nachträglich anerkennt. Eine Vergütung steht ihm auch zu, wenn die Leistungen für die Erfüllung des Vertrags notwendig waren, dem mutmaßlichen Willen des Auftraggebers entsprachen und ihm unverzüglich angezeigt wurden. Soweit dem Auftragnehmer eine Vergütung zusteht, gelten die Berechnungsgrundlagen für geänderte oder zusätzliche Leistungen der Nummer 5 oder 6 entsprechend«.

2.) Kündigungsmöglichkeit bei unzulässiger Weitervergabe nach § 4 Nr. 8 Abs. 1:

»8.(1) Der Auftragnehmer hat die Leistung im eigenen Betrieb auszuführen. Mit schriftlicher Zustimmung des Auftraggebers darf er sie an Nachunternehmer übertragen. Die Zustimmung ist nicht notwendig bei Leistungen, auf die der Betrieb des Auftragnehmers nicht eingerichtet ist. Erbringt der Auftragnehmer ohne schriftliche Zustimmung des Auftraggebers Leistungen nicht im eigenen Betrieb, obwohl sein Betrieb darauf eingerichtet ist, kann der Auftraggeber ihm eine angemessene Frist zur Aufnahme der Leistung im eigenen Betrieb setzen und erklären, dass er ihm nach fruchtlosem Ablauf der Frist den Auftrag entziehe (§ 8 Nr. 3 VOB/B)«.

3.) Klare Trennung von technischer und rechtlicher Abnahme in § 4 Nr. 10 neu:

»10. Der Zustand von Teilen der Leistung ist auf Verlangen gemeinsam von Auftraggeber und Auftragnehmer festzustellen, wenn diese Teile der Leistung durch die weitere Ausführung der Prüfung und Feststellung entzogen werden. Das Ergebnis ist schriftlich niederzulegen«.

4.) Anpassung von § 6 Nr. 2 Abs. 1 Buchst. a an Rechtsprechung und herrschende Meinung:

»2. (1) Ausführungsfristen werden verlängert, soweit die Behinderung verursacht ist:
a) durch einen Umstand aus dem Risikobereich des Auftraggebers«.

5.) Folgeänderung in § 12 Nr. 2 aus der Änderung Nr. 3.):

»2. Auf Verlangen sind in sich abgeschlossene Teile der Leistung besonders abzunehmen«.

6.) Reaktion auf die schlechte Zahlungsmoral in § 16 Nr. 5 Abs. 3:

»5. (3) Zahlt der Auftraggeber bei Fälligkeit nicht, so kann Ihm der Auftragnehmer eine angemessene Nachfrist setzen. Zahlt er auch innerhalb der Nachfrist nicht, so hat der Auftragnehmer vom Ende der Nachfrist an Anspruch auf Zinsen in Höhe von 5 v.H. über dem Zinssatz der Spitzenrefinanzierungsfazilität der Europäischen Zentralbank, wenn er nicht einen höheren Verzugsschaden nachweist. Außerdem darf er die Arbeiten bis zur Zahlung einstellen«.

IV. Besonderheiten der neuen Vergabeverordnung

- Wesentlich größerer Umfang (26 §§ statt bisher 7)
- Schwellenwerte in § 3, jedoch keine Zweiteilung in Euro und in SZR in Euro (wie in BRR und SKR vorgesehen)
- Umfangreicher § 4 zur Schätzung der Schwellenwerte
- In § 14 Pflicht zur Information über die Vergabeentscheidung vor dem Zuschlag zwecks Ermöglichung von rechtzeitigen Nachprüfungsanträgen = Umsetzung der EuGH-Entscheidung vom 28.10.1999 zur Anfrage Österreichs

- In § 15 Verwendung des »Gemeinsamen Vokabulars für das öffentliche Auftragswesen (CPV)« zur Beschreibung der Auftragsgegenstände bei EG-Bekanntmachungen vorgeschrieben (bisher nur empfohlen)
- In § 16 Zulassung der elektronischen Angebotsabgabe durch den Auftraggeber ermöglicht (bedenklich Zulassung auch von Angeboten per Telekopie)
- In § 17 Ausschluß von mit einem Bewerber verflochtenen Personen des Auftraggebers von Mitwirkung an der Vergabe (Umsetzung des Beschlusses des OLG Brandenburg vom 03.08.1999 – 6 Verg 1/99)
- In § 19 Regelung der Zuständigkeiten der Vergabekammern, vor allem der des Bundes
- In § 20 Bescheinigungsverfahren im Sektorenbereich
- In § 21 Schlichtungsverfahren im Sektorenbereich (Ausräumung von Umsetzungsdefiziten bei der SKR durch §§ 20, 21)

VI. ArchLG

Gesetz zur Regelung von Ingenieur- und Architektenleistungen

§ 1

(1) Die Bundesregierung wird ermächtigt, durch Rechtsverordnung mit Zustimmung des Bundesrates eine Honorarordnung für Leistungen der Ingenieure zu erlassen. In der Honorarordnung sind Honorare für Leistungen bei der Beratung des Auftraggebers, bei der Planung und Ausführung von Bauwerken und technischen Anlagen, bei der Ausschreibung und Vergabe von Bauleistungen sowie bei der Vorbereitung, Planung und Durchführung von städtebaulichen und verkehrstechnischen Maßnahmen zu regeln.

(2) In der Honorarordnung sind Mindest- und Höchstsätze festzusetzen. Dabei ist den berechtigten Interessen der Ingenieure und der zur Zahlung der Honorare Verpflichteten Rechnung zu tragen. Die Honorarsätze sind an der Art und dem Umfang der Aufgabe sowie an der Leistung des Ingenieurs auszurichten. Für rationalisierungswirksame besondere Leistungen des Ingenieurs, die zu einer Senkung der Bau- und Nutzungskosten führen, können besondere Honorare festgesetzt werden.

(3) In der Honorarordnung ist vorzusehen, daß

1. die Mindestsätze durch schriftliche Vereinbarung in Ausnahmefällen unterschritten werden können;
2. die Höchstsätze nur bei außergewöhnlichen oder ungewöhnlich lange dauernden Leistungen überschritten werden dürfen;
3. die Mindestsätze als vereinbart gelten, sofern nicht bei Erteilung des Ingenieurauftrages etwas anderes schriftlich vereinbart ist.

§ 2

(1) Die Bundesregierung wird ermächtigt, durch Rechtsverordnung mit Zustimmung des Bundesrates eine Honorarordnung für Leistungen der Architekten (einschließlich der Garten- und Landschaftsarchitekten) zu erlassen. In der Honorarordnung sind Honorare für Leistungen bei der Beratung des Auftraggebers, bei der Planung und Ausführung von Bauwerken und Anlagen, bei der Ausschreibung und Vergabe von Bauleistungen sowie bei der Vorbereitung, Planung und Durchführung von städtebaulichen Maßnahmen zu regeln.

(2) In der Honorarordnung sind Mindest- und Höchstsätze festzusetzen. Dabei ist den berechtigten Interessen der Architekten und der zur Zahlung der Honorare Verpflichteten Rechnung zu tragen. Die Honorarsätze sind an der Art und dem Umfang der Aufgabe sowie an der Leistung des Architekten auszurichten. Für rationalisierungswirksame besondere Leistungen des Architekten, die zu einer Senkung der Bau- und Nutzungskosten führen, können besondere Honorare festgesetzt werden.

(3) In der Honorarordnung ist vorzusehen, daß

1. die Mindestsätze durch schriftliche Vereinbarung in Ausnahmefällen unterschritten werden können;
2. die Höchstsätze nur bei außergewöhnlichen oder ungewöhnlich lange dauernden Leistungen überschritten werden dürfen;
3. die Mindestsätze als vereinbart gelten, sofern nicht bei Erteilung des Architektenauftrages etwas anderes schriftlich vereinbart ist.

§ 3

Eine Vereinbarung, durch die der Erwerber eines Grundstücks sich im Zusammenhang mit dem Erwerb verpflichtet, bei der Planung oder Ausführung eines Bauwerks auf dem Grundstück die Leistungen eines bestimmten Ingenieurs oder Architekten in Anspruch zu nehmen, ist unwirksam. Die Wirksamkeit des auf den Erwerb des Grundstücks gerichteten Vertrages bleibt unberührt.

VII. HOAI (in Auszügen)

Verordnung über die Honorare für Leistungen der Architekten und der Ingenieuere (Honorarordnung für Architekten und Ingenieure – HOAI –)

§ 1 Anwendungsbereich

Die Bestimmungen dieser Verordnung gelten für die Berechnung der Entgelte für die Leistungen der Architekten und der Ingenieure (Auftragnehmer), soweit sie durch Leistungsbilder oder andere Bestimmungen dieser Verordnung erfaßt werden.

§ 2 Leistungen

(1) Soweit Leistungen in Leistungsbildern erfaßt sind, gliedern sich die Leistungen in Grundleistungen und Besondere Leistungen.

(2) Grundleistungen umfassen die Leistungen, die zur ordnungsgemäßen Erfüllung eines Auftrags im allgemeinen erforderlichen sind. Sachlich zusammengehörige Grundleistungen sind zu jeweils in sich abgeschlossenen Leistungsphasen zusammengefaßt.

(3) Besondere Leistungen können zu den Grundleistungen hinzu – oder an deren Stelle treten, wenn besondere Anforderungen an die Ausführung des Auftrags gestellt werden, die über die allgemeinen Leistungen hinausgehen oder diese ändern. Sie sind in den Leistungsbildern nicht abschließend aufgeführt. Die Besonderen Leistungen eines Leistungsbildes können auch in anderen Leistungsbildern oder Leistungsphasen vereinbart werden, in denen sie nicht aufgeführt sind, soweit sie dort nicht Grundleistungen darstellen.

§ 3 Begriffsbestimmungen

Im Sinne dieser Verordnung gelten folgende Begriffsbestimmungen:

1. Objekte sind Gebäude, sonstige Bauwerke, Anlagen, Freianlagen und raumbildende Ausbauten.
2. Neubauten und Neuanlagen sind neu zu errichtende oder neu herzustellende Objekte.
3. Wiederaufbauten sind die Wiederherstellung zerstörter Objekte auf vorhandenen Bau- oder Anlageteilen. Sie gelten als Neubauten, sofern eine neue Planung erforderlich ist.
4. Erweiterungsbauten sind Ergänzungen eines vorhandene Objekts, zum Beispiel durch Aufstockung oder Anbau.
5. Umbauten sind Umgestaltungen eines vorhandenen Objekts mit wesentlichen Eingriffen in Konstruktion oder Bestand.
6. Modernisierungen sind bauliche Maßnahmen zur nachhaltigen Erhöhung des Gebrauchswertes eines Objekts, soweit sie nicht unter die Nummern 4, 5 oder 10 fallen, jedoch einschließlich der durch diese Maßnahmen verursachten Instandsetzungen.
7. Raumbildende Ausbauten sind die innere Gestaltung oder Erstellung von Innenräumen ohne wesentliche Eingriffe in Bestand oder Konstruktion. Sie können im Zusammenhang mit Leistungen nach den Nummern 2 bis 6 anfallen.
8. Einrichtungsgegenstände sind nach Einzelplanung angefertigte nicht serienmäßig bezogene Gegenstände, die keine wesentlichen Bestandteile des Objekts sind.
9. Integrierte Werbeanlagen sind der Werbung an Bauwerken dienende Anlagen, die fest mit dem Bauwerk verbunden sind und es gestalterisch beeinflussen.
10. Instandsetzungen sind Maßnahmen zur Wiederherstellung des zum bestimmungsmäßigen Gebrauch geeigneten Zustandes (Soll-Zustandes) eines Objekts, soweit sie nicht unter Nummer 3 fallen oder durch Maßnahmen nach Nummer 6 verursacht sind.
11. Instandhaltungen sind Maßnahmen zur Erhaltung des Soll-Zustandes eines Objekts.

12. Freianlagen sind planerisch gestaltete Freiflächen und Freiräume sowie entsprechend gestaltete Anlagen in Verbindung mit Bauwerken oder in Bauwerken.

§ 4 Vereinbarung des Honorars

(1) Das Honorar richtet sich nach der schriftlichen Vereinbarung, die die Vertragsparteien bei Auftragserteilung im Rahmen der durch diese Verordnung festgesetzten Mindest- und Höchstsätze treffen.
(2) Die in dieser Verordnung festgesetzten Mindestsätze können durch schriftliche Vereinbarung in Ausnahmefällen unterschritten werden.
(3) Die in dieser Verordnung festgesetzten Höchstsätze dürfen nur bei außergewöhnlichen oder ungewöhnlich lange dauernden Leistungen durch schriftliche Vereinbarung überschritten werden. Dabei haben Umstände, soweit sie bereits für die Einordnung in Honorarzonen oder Schwierigkeitsstufen, für die Vereinbarung von Besonderen Leistungen oder für die Einordnung in den Rahmen der Mindest- und Höchstsätze mitbestimmend gewesen sind, außer Betracht zu bleiben.
(4) Sofern nicht bei Auftragserteilung etwas anderes schriftlich vereinbart worden ist, gelten die jeweiligen Mindestsätze als vereinbart.

§ 4 a Abweichende Honorarermittlung

Die Vertragsparteien können abweichend von den in der Verordnung vorgeschriebenen Honorarermittlungen schriftlich bei Auftragserteilung vereinbaren, daß das Honorar auf der Grundlage einer nachprüfbaren Ermittlung der voraussichtlichen Herstellungskosten nach Kostenberechnung oder nach Kostenanschlag berechnet wird. Soweit auf Veranlassung des Auftraggebers Mehrleistungen des Auftragnehmers erforderlich werden, sind diese Mehrleistungen zusätzlich zu honorieren. Verlängert sich die Planungs- und Bauzeit wesentlich durch Umstände, die der Auftragnehmer nicht zu vertreten hat, kann für die dadurch verursachten Mehraufwendungen ein zusätzliches Honorar vereinbart werden.

§ 5 Berechnung des Honorars in besonderen Fällen

(1) Werden nicht alle Leistungsphasen eines Leistungsbildes übertragen, so dürfen nur die für die übertragenen Phasen vorgesehenen Teilhonorare berechnet werden.
(2) Werden nicht alle Grundleistungen einer Leistungsphase übertragen, so darf für die übertragenen Leistungen nur ein Honorar berechnet werden, das dem Anteil der übertragenen Leistungen an der gesamten Leistungsphase entspricht. Das gleiche gilt, wenn wesentliche Teile von Grundleistungen dem Auftragnehmer nicht übertragen werden. Ein zusätzlicher Koordinierungs- und Einarbeitungsaufwand ist zu berücksichtigen.
(3) Werden Grundleistungen im Einvernehmen mit dem Auftraggeber insgesamt oder teilweise von anderen an der Planung und Überwachung fachlich Beteiligten erbracht, so darf nur ein Honorar berechnet werden, das dem verminderten Leistungsumfang des Auftragnehmers entspricht. § 10 Abs. 4 bleibt unberührt.
(4) Für Besondere Leistungen, die zu den Grundleistungen hinzutreten, darf ein Honorar nur berechnet werden, wenn die Leistungen im Verhältnis zu den Grundleistungen einen nicht unwesentlichen Arbeits- und Zeitaufwand verursachen und das Honorar schriftlich vereinbart worden ist. Das Honorar ist in angemessenem Verhältnis zu dem Honorar für die Grundleistung zu berechnen, mit der die Besondere Leistung nach Art und Umfang vergleichbar ist. Ist die Besondere Leistung nicht mit einer Grundleistung vergleichbar, so ist das Honorar als Zeithonorar nach § 6 zu berechnen.
(4 a) Für Besondere Leistungen, die unter Ausschöpfung der technisch-wirtschaftlichen Lösungsmöglichkeiten zu einer wesentlichen Kostensenkung ohne Verminderung des Standards führen, kann ein Erfolgshonorar zuvor schriftlich vereinbart werden, das bis zu 20 vom Hundert der vom Auftragnehmer durch seine Leistungen eingesparten Kosten betragen kann.
(5) Soweit Besondere Leistungen ganz oder teilweise an die Stelle von Grundleistungen treten, ist für sie ein Honorar zu berechnen, das dem Honorar für die ersetzten Grundleistungen entspricht.

§ 5 a Interpolation

Die zulässigen Mindest- und Höchstsätze für Zwischenstufen der in den Honorartafeln angegebenen anrechenbaren Kosten, Werte und Verrechnungseinheiten (VE) sind durch lineare Interpolation zu ermitteln.

§ 6 Zeithonorar

(1) Zeithonorare sind auf der Grundlage der Stundensätze nach Absatz 2 durch Vorausschätzung des Zeitbedarfs als Fest- oder Höchstbetrag zu berechnen. Ist eine Vorausschätzung des Zeitbedarfs nicht möglich, so ist das Honorar nach dem nachgewiesenen Zeitbedarf auf der Grundlage der Stundensätze nach Absatz 2 zu berechnen.

(2) Werden Leistungen des Auftragnehmers oder seiner Mitarbeiter nach Zeitaufwand berechnet, so kann für jede Stunde folgender Betrag berechnet werden:
1. für den Auftragnehmer 75 bis 160 DM,
2. für Mitarbeiter, die technische oder wirtschaftliche Aufgaben erfüllen, soweit sie nicht unter Nummer 3 fallen, 70 bis 115 DM,
3. für Technische Zeichner und sonstige Mitarbeiter mit vergleichbarer Qualifikation, die technische oder wirtschaftliche Aufgaben erfüllen, 60 bis 85 DM.

§ 7 Nebenkosten

(1) Die bei der Ausführung des Auftrages entstehenden Auslagen (Nebenkosten) des Auftragnehmers können, soweit sie erforderlich sind, abzüglich der nach § 15 Abs. 1 des Umsatzsteuergesetzes abziehbaren Vorsteuern neben den Honoraren dieser Verordnung berechnet werden. Die Vertragsparteien können bei Auftragserteilung schriftlich vereinbaren, daß abweichend von Satz 1 eine Erstattung ganz oder teilweise ausgeschlossen ist.

(2) Zu den Nebenkosten gehören insbesondere:
1. Post- und Fernmeldegebühren,
2. Kosten für Vervielfältigungen von Zeichnungen und von schriftlichen Unterlagen sowie Anfertigung von Filmen und Fotos,
3. Kosten für ein Baustellenbüro einschließlich der Einrichtung, Beleuchtung und Beheizung,
4. Fahrtkosten für Reisen, die über den Umkreis von mehr als 15 Kilometer vom Geschäftssitz des Auftragnehmers hinausgehen, in Höhe der steuerlich zulässigen Pauschalsätze, sofern nicht höhere Aufwendungen nachgewiesen werden,
5. Trennungsentschädigungen und Kosten für Familienheimfahrten nach den steuerlich zulässigen Pauschalsätzen, sofern nicht höhere Aufwendungen an Mitarbeiter des Auftragnehmers aufgrund von tariflichen Vereinbarungen bezahlt werden,
6. Entschädigungen für den sonstigen Aufwand bei längeren Reisen nach Nummer 4, sofern die Entschädigungen vor der Geschäftsreise schriftlich vereinbart worden sind,
7. Entgelte für nicht dem Auftragnehmer obliegende Leistungen, die von ihm im Einvernehmen mit dem Auftraggeber Dritten übertragen worden sind,
8. im Falle der Vereinbarung eines Zeithonorars nach § 6 die Kosten für Vermessungsfahrzeuge und andere Meßfahrzeuge, die mit umfangreichen Meßinstrumenten ausgerüstet sind, sowie für hochwertige Geräte, die für Vermessungsleistungen und für andere meßtechnische Leistungen verwandt werden.

(3) Nebenkosten können pauschal oder nach Einzelnachweis abgerechnet werden. Sie sind nach Einzelnachweis abzurechnen, sofern nicht bei Auftragserteilung eine pauschale Abrechnung schriftlich vereinbart worden ist.

§ 8 Zahlungen

(1) Das Honorar wird fällig, wenn die Leistung vertragsgemäß erbracht und eine prüffähige Honorarschlußrechnung überreicht worden ist.

(2) Abschlagszahlungen können in angemessenen zeitlichen Abständen für nachgewiesene Leistungen gefordert werden.

(3) Nebenkosten sind auf Nachweis fällig, sofern nicht bei Auftragserteilung etwas anderes schriftlich vereinbart worden ist.
(4) Andere Zahlungsweisen können schriftlich vereinbart werden.

§ 9 Umsatzsteuer

(1) Der Auftragnehmer hat Anspruch auf Ersatz der Umsatzsteuer, die auf sein nach dieser Verordnung berechnetes Honorar und auf die nach § 7 berechneten Nebenkosten entfällt, sofern sie nicht nach § 19 Abs. 1 des Umsatzsteuergesetzes unerhoben bleibt; dies gilt auch für Abschlagszahlungen gemäß § 8 Abs. 2. Die weiterberechneten Nebenkosten sind Teil des umsatzsteuerlichen Entgelts für eine einheitliche Leistung des Auftragnehmers.
(2) Die auf die Kosten von Objekten entfallende Umsatzsteuer ist nicht Bestandteil der anrechenbaren Kosten.

§ 10 Grundlagen des Honorars

(1) Das Honorar für Grundleistungen bei Gebäuden, Freianlagen und raumbildenden Ausbauten richtet sich nach den anrechenbaren Kosten des Objekts, nach der Honorarzone, der das Objekt angehört, sowie bei Gebäuden und raumbildenden Ausbauten nach der Honorartafel in § 16 und bei Freianlagen nach der Honorartafel in § 17 .
(2) Anrechenbare Kosten sind unter Zugrundelegung der Kostenermittlungsarten nach DIN 276 in der Fassung vom April 1981 (DIN 276) zu ermitteln
1. für die Leistungsphasen 1 bis 4 nach der Kostenberechnung, solange diese nicht vorliegt, nach der Kostenschätzung;
2. für die Leistungsphasen 5 bis 7 nach dem Kostenanschlag, solange dieser nicht vorliegt, nach der Kostenberechnung;
3. für die Leistungsphasen 8 und 9 nach der Kostenfeststellung, solange diese nicht vorliegt, nach dem Kostenanschlag.
(3) Als anrechenbare Kosten nach Absatz 2 gelten die ortsüblichen Preise, wenn der Auftraggeber
1. selbst Lieferungen oder Leistungen übernimmt,
2. von bauausführenden Unternehmen oder von Lieferern sonst nicht übliche Vergünstigungen erhält,
3. Lieferungen oder Leistungen in Gegenrechnung ausführt oder
4. vorhandene oder vorbeschaffte Baustoffe oder Bauteile einbauen läßt.
(3 a) Vorhandene Bausubstanz, die technisch oder gestalterisch mitverarbeitet wird, ist bei den anrechenbaren Kosten angemessen zu berücksichtigen; der Umfang der Anrechnung bedarf der schriftlichen Vereinbarung.
(4) Anrechenbar sind für Grundleistungen bei Gebäuden und raumbildenden Ausbauten die Kosten für Installationen, zentrale Betriebstechnik und betriebliche Einbauten (DIN 276, Kostengruppen 3.2 bis 3.4 und 3.5.2 bis 3.5.4), die der Auftragnehmer fachlich nicht plant und deren Ausführung er fachlich auch nicht überwacht,
1. vollständig bis zu 25 v. H. der sonstigen anrechenbaren Kosten,
2. zur Hälfte mit dem 25 v. H. der sonstigen anrechenbaren Kosten übersteigenden Betrag.

Plant der Auftragnehmer die in Satz 1 genannten Gegenstände fachlich und/oder überwacht er fachlich deren Ausführung, so kann für diese Leistungen ein Honorar neben dem Honorar nach Satz 1 vereinbart werden.

(4 a) Zu den anrechenbaren Kosten für Grundleistungen bei Freianlagen rechnen insbesondere auch die Kosten für folgende Bauwerke und Anlagen, soweit sie der Auftragnehmer plant oder ihre Ausführung überwacht:
1. Einzelgewässer mit überwiegend ökologischen und landschaftsgestalterischen Elementen,
2. Teiche ohne Dämme,
3. flächenhafter Erdbau zur Geländegestaltung,
4. einfache Durchlässe und Uferbefestigungen als Mittel zur Geländegestaltung, soweit keine Leistungen nach Teil VIII erforderlich sind,
5. Lärmschutzwälle als Mittel zur Geländegestaltung,

6. Stützbauwerke und Geländeabstützungen ohne Verkehrsbelastung als Mittel zur Geländegestaltung, soweit keine Leistungen nach § 63 Abs. 1 Nr. 3 bis 5 erforderlich sind,
7. Stege und Brücken, soweit keine Leistungen nach Teil VIII erforderlich sind,
8. Wege ohne Eignung für den regelmäßigen Fahrverkehr mit einfachen Entwässerungsverhältnissen sowie andere Wege und befestigte Flächen, die als Gestaltungselement der Freianlagen geplant werden und für die Leistungen nach Teil VII nicht erforderlich sind.

(5) Nicht anrechenbar sind für Grundleistungen bei Gebäuden und raumbildenden Ausbauten die Kosten für:
1. das Baugrundstück einschließlich der Kosten des Erwerbs und des Freimachens (DIN 276, Kostengruppen 1.1 bis 1.3),
2. das Herrichten des Grundstücks (DIN 276, Kostengruppe 1.4), soweit der Auftragnehmer es weder plant noch seine Ausführung überwacht,
3. die öffentliche Erschließung und andere einmalige Abgaben (DIN 276, Kostengruppen 2.1 und 2.3),
4. die nichtöffentliche Erschließung (DIN 276, Kostengruppe 2.2) sowie die Abwasser- und Versorgungsanlagen und die Verkehrsanlagen (DIN 276, Kostengruppen 5.3 und 5.7), soweit der Auftragnehmer sie weder plant noch ihre Ausführung überwacht,
5. die Außenanlagen (DIN 276, Kostengruppe 5), soweit nicht unter Nummer 4 erfaßt,
6. Anlagen und Einrichtungen aller Art, die in DIN 276, Kostengruppen 4 oder 5.4 aufgeführt sind, sowie die nicht in DIN 276 aufgeführten, soweit der Auftragnehmer sie weder plant, noch bei ihrer Beschaffung mitwirkt, noch ihre Ausführung oder ihren Einbau überwacht,
7. Geräte und Wirtschaftsgegenstände, die nicht in DIN 276, Kostengruppen 4 und 5.4 aufgeführt sind, oder die der Auftraggeber ohne Mitwirkung des Auftragnehmers beschafft,
8. Kunstwerke, soweit sie nicht wesentliche Bestandteile des Objekts sind,
9. künstlerisch gestaltete Bauteile, soweit der Auftragnehmer sie weder plant noch ihre Ausführung überwacht,
10. die Kosten der Winterbauschutzvorkehrungen und sonstige zusätzliche Maßnahmen nach DIN 276, Kostengruppe 6; § 32 Abs. 4 bleibt unberührt,
11. Entschädigungen und Schadensersatzleistungen,
12. die Baunebenkosten (DIN 276, Kostengruppe 7),
13. fernmeldetechnische Einrichtungen und andere zentrale Einrichtungen der Fernmeldetechnik für Ortsvermittlungsstellen sowie Anlagen der Maschinentechnik, die nicht überwiegend der Ver- und Entsorgung des Gebäudes zu dienen bestimmt sind, soweit der Auftragnehmer diese fachlich nicht plant oder ihre Ausführung fachlich nicht überwacht; Absatz 4 bleibt unberührt.

(6) Nicht anrechenbar sind für Grundleistungen bei Freianlagen die Kosten für:
1. das Gebäude (DIN 276, Kostengruppe 3) sowie die in Absatz 5 Nr. 1 bis 4 und 6 bis 13 genannten Kosten,
2. den Unter- und Oberbau von Fußgängerbereichen nach § 14 Nr. 4, ausgenommen die Kosten für die Oberflächenbefestigung.

§ 11 Honorarzonen für Leistungen bei Gebäuden

(1) Die Honorarzone wird bei Gebäuden aufgrund folgender Bewertungsmerkmale ermittelt:
1. Honorarzone I:
Gebäude mit sehr geringen Planungsanforderungen, das heißt mit
- sehr geringen Anforderungen an die Einbindung in die Umgebung,
- einem Funktionsbereich,
- sehr geringen gestalterischen Anforderungen,
- einfachsten Konstruktionen,
- keiner oder einfacher Technischer Ausrüstung,
- keinem oder einfachem Ausbau;

2. Honorarzone II:
Gebäude mit geringen Planungsanforderungen, das heißt mit
- geringen Anforderungen an die Einbindung in die Umgebung,
- wenigen Funktionsbereichen,

- geringen gestalterischen Anforderungen,
- einfachen Konstruktionen,
- geringer Technischer Ausrüstung,
- geringem Ausbau;

3. Honorarzone III:
Gebäude mit durchschnittlichen Planungsanforderungen, das heißt mit
   - durchschnittlichen Anforderungen an die Einbindung in die Umgebung,
   - mehreren einfachen Funktionsbereichen,
   - durchschnittlichen gestalterischen Anforderungen,
   - normalen oder gebräuchlichen Konstruktionen,
   - durchschnittlicher Technischer Ausrüstung,
   - durchschnittlichem normalem Ausbau;
4. Honorarzone IV:
Gebäude mit überdurchschnittlichen Planungsanforderungen, das heißt mit
   - überdurchschnittlichen Anforderungen an die Einbindung in die Umgebung,
   - mehreren Funktionsbereichen mit vielfältigen Beziehungen,
   - überdurchschnittlichen gestalterischen Anforderungen,
   - überdurchschnittlichen konstruktiven Anforderungen,
   - überdurchschnittlicher Technischer Ausrüstung,
   - überdurchschnittlichem Ausbau;
5. Honorarzone V:
Gebäude mit sehr hohen Planungsanforderungen, das heißt mit
   - sehr hohen Anforderungen an die Einbindung in die Umgebung,
   - einer Vielzahl von Funktionsbereichen mit umfassenden Beziehungen,
   - sehr hohen gestalterischen Anforderungen,
   - sehr hohen konstruktiven Ansprüchen,
   - einer vielfältigen Technischen Ausrüstung mit hohen technischen Ansprüchen,
   - umfangreichem qualitativ hervorragendem Ausbau.

(2) Sind für ein Gebäude Bewertungsmerkmale aus mehreren Honorarzonen anwendbar und bestehen deswegen Zweifel, welcher Honorarzone das Gebäude zugerechnet werden kann, so ist die Anzahl der Bewertungspunkte nach Absatz 3 zu ermitteln; das Gebäude ist nach der Summe der Bewertungspunkte folgenden Honorarzonen zuzurechnen:

1. Honorarzone I:
Gebäude mit bis zu 10 Punkten,
2. Honorarzone II:
Gebäude mit 11 bis 18 Punkten,
3. Honorarzone III:
Gebäude mit 19 bis 26 Punkten,
4. Honorarzone IV:
Gebäude mit 27 bis 34 Punkten,
5. Honorarzone V:
Gebäude mit 35 mit 42 Punkten.

(3) Bei der Zurechnung eines Gebäudes in die Honorarzonen sind entsprechend dem Schwierigkeitsgrad der Planungsanforderungen die Bewertungsmerkmale Anforderungen an die Einbindung in die Umgebung, konstruktive Anforderungen, Technische Ausrüstungen und Ausbau mit je bis zu sechs Punkten zu bewerten, die Bewertungsmerkmale Anzahl der Funktionsbereiche und gestalterische Anforderungen mit je bis zu neun Punkten.

§ 12 Objektliste für Gebäude

Nachstehende Gebäude werden nach Maßgabe der in § 11 genannten Merkmale in der Regel folgenden Honorarzonen zugerechnet:

1. Honorarzone I:
Schlaf- und Unterkunftsbaracken und andere Behelfsbauten für vorübergehende Nutzung;

Pausenhallen, Spielhallen, Liege- und Wandelhallen, Einstellhallen, Verbindungsgänge, Feldscheunen und andere einfache landwirtschaftliche Gebäude;
Tribünenbauten, Wetterschutzhäuser;

2. Honorarzone II:
Einfache Wohnbauten mit gemeinschaftlichen Sanitär- und Kücheneinrichtungen;
Garagenbauten, Parkhäuser, Gewächshäuser;
geschlossene, eingeschossige Hallen und Gebäude als selbständige Bauaufgabe, Kassengebäude, Bootshäuser; einfache Werkstätten ohne Kranbahnen;
Verkaufslager, Unfall- und Sanitätswachen;
Musikpavillons;
3. Honorarzone III:
Wohnhäuser, Wohnheime und Heime mit durchschnittlicher Ausstattung;
Kinderhorte, Kindergärten, Gemeinschaftsunterkünfte, Jugendherbergen, Grundschulen;
Jugendfreizeitstätten, Jugendzentren, Bürgerhäuser, Studentenhäuser, Altentagesstätten und andere Betreuungseinrichtungen;
Fertigungsgebäude der metallverarbeitenden Industrie, Druckereien, Kühlhäuser;
Werkstätten, geschlossene Hallen und landwirtschaftliche Gebäude, soweit nicht in Honorarzone I, II oder IV erwähnt, Parkhäuser mit integrierten weiteren Nutzungsarten;
Bürobauten mit durchschnittlicher Ausstattung, Ladenbauten, Einkaufszentren, Märkte und Großmärkte, Messehallen, Gaststätten, Kantinen, Mensen, Wirtschaftsgebäude, Feuerwachen, Rettungsstationen, Ambulatorien, Pflegeheime ohne medizinisch-technische Ausrüstung, Hilfskrankenhäuser;
Ausstellungsgebäude, Lichtspielhäuser;
Turn- und Sportgebäude sowie -anlagen, soweit nicht in Honorarzone II oder IV erwähnt;
4. Honorarzone IV:
Wohnhäuser mit überdurchschnittlicher Ausstattung, Terrassen- und Hügelhäuser, planungsaufwendige Einfamilienhäuser mit entsprechendem Ausbau und Hausgruppen in planungsaufwendiger verdichteter Bauweise auf kleinen Grundstücken, Heime mit zusätzlichen medizinisch-technischen Einrichtungen;
Zentralwerkstätten, Brauereien, Produktionsgebäude der Automobilindustrie, Kraftwerksgebäude;
Schulen, ausgenommen Grundschulen; Bildungszentren, Volkshochschulen, Fachhochschulen, Hochschulen, Universitäten, Akademien, Hörsaalgebäude, Laborgebäude, Bibliotheken und Archive, Institutsgebäude für Lehre und Forschung, soweit nicht in Honorarzone V erwähnt;
landwirtschaftliche Gebäude mit überdurchschnittlicher Ausstattung, Großküchen, Hotels, Banken, Kaufhäuser, Rathäuser, Parlaments- und Gerichtsgebäude sowie sonstige Gebäude für die Verwaltung mit überdurchschnittlicher Ausstattung;
Krankenhäuser der Versorgungsstufe I und II, Fachkrankenhäuser, Krankenhäuser besonderer Zweckbestimmung, Therapie- und Rehabilitationseinrichtungen, Gebäude für Erholung, Kur und Genesung;
Kirchen, Konzerthallen, Museen, Studiobühnen, Mehrzweckhallen für religiöse, kulturelle oder sportliche Zwecke;
Hallenschwimmbäder, Sportleistungszentren, Großsportstätten;
5. Honorarzone V:
Krankenhäuser der Versorgungsstufe III, Universitätskliniken;
Stahlwerksgebäude, Sintergebäude, Kokereien;
Studios für Rundfunk, Fernsehen und Theater, Konzertgebäude, Theaterbauten, Kulissengebäude, Gebäude für die wissenschaftliche Forschung (experimentelle Fachrichtungen).

§ 13 Honorarzonen für Leistungen bei Freianlagen

(1) Die Honorarzone wird bei Freianlagen aufgrund folgender Bewertungsmerkmale ermittelt:
1. Honorarzone I:
Freianlagen mit sehr geringen Planungsanforderungen, das heißt mit
   - sehr geringen Anforderungen an die Einbindung in die Umgebung,
   - sehr geringen Anforderungen an Schutz, Pflege und Entwicklung von Natur und Landschaft,

- einem Funktionsbereich,
- sehr geringen gestalterischen Anforderungen,
- keinen oder einfachsten Ver- und Entsorgungseinrichtungen;

2. Honorarzone II:
Freianlagen mit geringen Planungsanforderungen, das heißt mit
- geringen Anforderungen an die Einbindung in die Umgebung,
- geringen Anforderungen an Schutz, Pflege und Entwicklung von Natur und Landschaft,
- wenigen Funktionsbereichen,
- geringen gestalterischen Anforderungen,
- geringen Ansprüchen an Ver- und Entsorgung;

3. Honorarzone III:
Freianlagen mit durchschnittlichen Planungsanforderungen, das heißt mit
- durchschnittlichen Anforderungen an die Einbindung in die Umgebung,
- durchschnittlichen Anforderungen an Schutz, Pflege und Entwicklung von Natur und Landschaft,
- mehreren Funktionsbereichen mit einfachen Beziehungen,
- durchschnittlichen gestalterischen Anforderungen,
- normaler oder gebräuchlicher Ver- und Entsorgung;

4. Honorarzone IV:
Freianlagen mit überdurchschnittlichen Planungsanforderungen, das heißt mit
- überdurchschnittlichen Anforderungen an die Einbindung in die Umgebung,
- überdurchschnittlichen Anforderungen an Schutz, Pflege und Entwicklung von Natur und Landschaft,
- mehreren Funktionsbereichen mit vielfältigen Beziehungen,
- überdurchschnittlichen gestalterischen Anforderungen,
- einer über das Durchschnittliche hinausgehenden Ver- und Entsorgung;

5. Honorarzone V:
Freianlagen mit sehr hohen Planungsanforderungen, das heißt mit
- sehr hohen Anforderungen an die Einbindung in die Umgebung,
- sehr hohen Anforderungen an Schutz, Pflege und Entwicklung von Natur und Landschaft,
- einer Vielzahl von Funktionsbereichen mit umfassenden Beziehungen,
- sehr hohen gestalterischen Anforderungen,
- besonderen Anforderungen an die Ver- und Entsorgung aufgrund besonderer technischer Gegebenheiten.

(2) Sind für eine Freianlage Bewertungsmerkmale aus mehreren Honorarzonen anwendbar und bestehen deswegen Zweifel, welcher Honorarzone die Freianlage zugerechnet werden kann, so ist die Anzahl der Bewertungspunkte nach Absatz 3 zu ermitteln; die Freianlage ist nach der Summe der Bewertungspunkte folgenden Honorarzonen zuzurechnen:

1. Honorarzone I:
Freianlagen mit bis zu 8 Punkten,
2. Honorarzone II:
Freianlagen mit 9 bis 15 Punkten,
3. Honorarzone III:
Freianlagen mit 16 bis 22 Punkten,
4. Honorarzone IV:
Freianlagen mit 23 bis 29 Punkten,
5. Honorarzone V:
Freianlagen mit 30 bis 36 Punkten.

(3) Bei der Zurechnung einer Freianlage in die Honorarzone sind entsprechend dem Schwierigkeitsgrad der Planungsanforderungen die Bewertungsmerkmale Anforderungen an die Einbindung in die Umgebung, an Schutz, Pflege und Entwicklung von Natur und Landschaft und der gestalterischen Anforderungen mit je bis zu acht Punkten, die Bewertungsmerkmale Anzahl der Funktionsbereiche sowie Ver- und Entsorgungseinrichtungen mit je bis zu sechs Punkten zu bewerten.

§ 14 Objektliste für Freianlagen

Nachstehende Freianlagen werden nach Maßgabe der in § 13 genannten Merkmale in der Regel folgenden Honorarzonen zugerechnet:

1. Honorarzone I:
   Geländegestaltungen mit Einsaaten in der freien Landschaft;
   Windschutzpflanzungen;
   Spielwiesen, Ski- und Rodelhänge ohne technische Einrichtungen;
2. Honorarzone II:
   Freiflächen mit einfachem Ausbau bei kleineren Siedlungen, bei Einzelbauwerken und bei landwirtschaftlichen Aussiedlungen;
   Begleitgrün an Verkehrsanlagen, soweit nicht in Honorarzone I oder III erwähnt; Grünverbindungen ohne besondere Ausstattung; Ballspielplätze (Bolzplätze); Ski- und Rodelhänge mit technischen Einrichtungen; Sportplätze ohne Laufbahnen oder ohne sonstige technische Einrichtungen; Geländegestaltungen und Pflanzungen für Deponien, Halden und Entnahmestellen; Pflanzungen in der freien Landschaft, soweit nicht in Honorarzone I erwähnt; Ortsrandeingrünungen;
3. Honorarzone III:
   Freiflächen bei privaten und öffentlichen Bauwerken, soweit nicht in Honorarzone II, IV oder V erwähnt;
   Begleitgrün an Verkehrsanlagen mit erhöhten Anforderungen an Schutz, Pflege und Entwicklung von Natur und Landschaft;
   Flächen für den Arten- und Biotopschutz, soweit nicht in Honorarzone IV oder V erwähnt;
   Ehrenfriedhöfe, Ehrenmale; Kombinationsspielfelder, Sportanlagen Typ D und andere Sportanlagen, soweit nicht in Honorarzone II oder IV erwähnt;
   Camping-, Zelt- und Badeplätze, Kleingartenanlagen;
4. Honorarzone IV:
   Freiflächen mit besonderen topographischen oder räumlichen Verhältnissen bei privaten und öffentlichen Bauwerken;
   innerörtliche Grünzüge, Oberflächengestaltungen und Pflanzungen für Fußgängerbereiche; extensive Dachbegrünungen;
   Flächen für den Arten- und Biotopschutz mit differenzierten Gestaltungsansprüchen oder mit Biotopverbundfunktionen;
   Sportanlagen Typ A bis C, Spielplätze, Sportstadien, Freibäder, Golfplätze;
   Friedhöfe, Parkanlagen, Freilichtbühnen, Schulgärten, naturkundliche Lehrpfade und -gebiete;
5. Honorarzone V:
   Hausgärten und Gartenhöfe für hohe Repräsentationsansprüche, Terrassen- und Dachgärten, intensive Dachbegrünungen;
   Freiflächen im Zusammenhang mit historischen Anlagen; historische Parkanlagen, Gärten und Plätze;
   botanische und zoologische Gärten;
   Freiflächen mit besonderer Ausstattung für hohe Benutzungsansprüche, Garten- und Hallenschauen.

§ 14 a Honorarzonen für Leistungen bei raumbildenden Ausbauten

(1) Die Honorarzone wird bei raumbildenden Ausbauten aufgrund folgender Bewertungsmerkmale ermittelt:

1. Honorarzone I:
   Raumbildende Ausbauten mit sehr geringen Planungsanforderungen, das heißt mit
   - einem Funktionsbereich,
   - sehr geringen Anforderungen an die Lichtgestaltung,
   - sehr geringen Anforderungen an die Raum-Zuordnung und Raum-Proportionen,
   - keiner oder einfacher Technischer Ausrüstung,
   - sehr geringen Anforderungen an Farb- und Materialgestaltung,
   - sehr geringen Anforderungen an die konstruktive Detailgestaltung;

2. Honorarzone II:
   Raumbildende Ausbauten mit geringen Planungsanforderungen, das heißt mit
   - wenigen Funktionsbereichen,
   - geringen Anforderungen an die Lichtgestaltung,
   - geringen Anforderungen an die Raum-Zuordnung und Raum-Proportionen,
   - geringer Technischer Ausrüstung,
   - geringen Anforderungen an Farb- und Materialgestaltung,
   - geringen Anforderungen an die konstruktive Detailgestaltung;
3. Honorarzone III:
   Raumbildende Ausbauten mit durchschnittlichen Planungsanforderungen, das heißt mit
   - mehreren einfachen Funktionsbereichen,
   - durchschnittlichen Anforderungen an die Lichtgestaltung,
   - durchschnittlichen Anforderungen an die Raumzuordnung und Raum-Proportionen,
   - durchschnittlicher Technischer Ausrüstung,
   - durchschnittlichen Anforderungen an Farb- und Materialgestaltung,
   - durchschnittlichen Anforderungen an die konstruktive Detailgestaltung;
4. Honorarzone IV:
   Raumbildende Ausbauten mit überdurchschnittlichen Planungsanforderungen, das heißt mit
   - mehreren Funktionsbereichen mit vielfältigen Beziehungen,
   - überdurchschnittlichen Anforderungen an die Lichtgestaltung,
   - überdurchschnittlichen Anforderungen an die Raum-Zuordnung und Raum-Proportionen,
   - überdurchschnittlichen Anforderungen an die Technische Ausrüstung,
   - überdurchschnittlichen Anforderungen an die Farb- und Materialgestaltung,
   - überdurchschnittlichen Anforderungen an die konstruktive Detailgestaltung;
5. Honorarzone V:
   Raumbildende Ausbauten mit sehr hohen Planungsanforderungen, das heißt mit
   - einer Vielzahl von Funktionsbereichen mit umfassenden Beziehungen,
   - sehr hohen Anforderungen an die Lichtgestaltung,
   - sehr hohen Anforderungen an die Raum-Zuordnung und Raum-Proportionen,
   - einer vielfältigen Technischen Ausrüstung mit hohen technischen Ansprüchen,
   - sehr hohen Anforderungen an die Farb- und Materialgestaltung,
   - sehr hohen Anforderungen an die konstruktive Detailgestaltung.

(2) Sind für einen raumbildenden Ausbau Bewertungsmerkmale aus mehreren Honorarzonen anwendbar und bestehen deswegen Zweifel, welcher Honorarzone der raumbildende Ausbau zugerechnet werden kann, so ist die Anzahl der Bewertungspunkte nach Absatz 3 zu ermitteln; der raumbildende Ausbau ist nach der Summe der Bewertungspunkte folgenden Honorarzonen zuzurechnen:

1. Honorarzone I:
   Raumbildende Ausbauten mit bis zu 10 Punkten,
2. Honorarzone II:
   Raumbildende Ausbauten mit 11 bis 18 Punkten,
3. Honorarzone III:
   Raumbildende Ausbauten mit 19 bis 26 Punkten,
4. Honorarzone IV:
   Raumbildende Ausbauten mit 27 bis 34 Punkten,
5. Honorarzone V:
   Raumbildende Ausbauten mit 35 bis 42 Punkten.

(3) Bei der Zurechnung eines raumbildenden Ausbaus in die Honorarzonen sind entsprechend dem Schwierigkeitsgrad der Planungsanforderungen die Bewertungsmerkmale Anzahl der Funktionsbereiche, Anforderungen an die Lichtgestaltung, Anforderungen an die Raum-Zuordnung und Raum-Proportionen sowie Anforderungen an die Technische Ausrüstung mit je bis zu sechs Punkten zu bewerten, die Bewertungsmerkmale Farb- und Materialgestaltung sowie konstruktive Detailgestaltung mit je bis zu neun Punkten.

§ 14b Objektliste für raumbildende Ausbauten

Nachstehende raumbildende Ausbauten werden nach Maßgabe der in § 14a genannten Merkmale in der Regel folgenden Honorarzonen zugerechnet:

1. Honorarzone I:
Innere Verkehrsflächen, offene Pausen-, Spiel- und Liegehallen, einfachste Innenräume für vorübergehende Nutzung;
2. Honorarzone II:
Einfache Wohn-, Aufenthalts- und Büroräume, Werkstätten; Verkaufslager, Nebenräume in Sportanlagen, einfache Verkaufskioske; Innenräume, die unter Verwendung von serienmäßig hergestellten Möbeln und
Ausstattungsgegenständen einfacher Qualität gestaltet werden;
3. Honorarzone III:
Aufenthalts-, Büro-, Freizeit-, Gaststätten-, Gruppen-, Wohn-, Sozial-, Versammlungs- und Verkaufsräume, Kantinen sowie Hotel-, Kranken-, Klassenzimmer und Bäder mit durchschnittlichem Ausbau, durchschnittlicher Ausstattung oder durchschnittlicher technischer Einrichtung; Messestände bei Verwendung von System- oder Modulbauteilen; Innenräume mit durchschnittlicher Gestaltung, die zum überwiegenden Teil unter Verwendung von serienmäßig hergestellten Möbeln und Ausstattungsgegenständen gestaltet werden;
4. Honorarzone IV:
Wohn-, Aufenthalts-, Behandlungs-, Verkaufs-, Arbeits-, Bibliotheks-, Sitzungs-, Gesellschafts-, Gaststätten-, Vortragsräume, Hörsäle, Ausstellungen, Messestände, Fachgeschäfte, soweit nicht in Honorarzone II oder III erwähnt; Empfangs- und Schalterhallen mit überdurchschnittlichem Ausbau, gehobener Ausstattung oder überdurchschnittlichen technischen Einrichtungen, zum Beispiel in Krankenhäusern, Hotels, Banken, Kaufhäusern, Einkaufszentren oder Rathäusern; Parlaments- und Gerichtssäle, Mehrzweckhallen für religiöse, kulturelle oder sportliche Zwecke; Raumbildende Ausbauten von Schwimmbädern und Wirtschaftsküchen; Kirchen; Innenräume mit überdurchschnittlicher Gestaltung unter Mitverwendung von serienmäßig hergestellten Möbeln und Ausstattungsgegenständen gehobener Qualität;
5. Honorarzone V:
Konzert- und Theatersäle; Studioräume für Rundfunk, Fernsehen und Theater; Geschäfts- und Versammlungsräume mit anspruchsvollem Ausbau, aufwendiger Ausstattung oder sehr hohen technischen Ansprüchen; Innenräume der Repräsentationsbereiche mit anspruchsvollem Ausbau, aufwendiger Ausstattung oder mit besonderen Anforderungen an die technischen Einrichtungen.

§ 15 Leistungsbild Objektplanung für Gebäude, Freianlagen und raumbildende Ausbauten

(1) Das Leistungsbild Objektplanung umfaßt die Leistungen der Auftragnehmer für Neubauten, Neuanlagen, Wiederaufbauten, Erweiterungsbauten, Umbauten, Modernisierungen, raumbildende Ausbauten, Instandhaltungen und Instandsetzungen. Die Grundleistungen sind in den in Absatz 2 aufgeführten Leistungsphasen 1 bis 9 zusammengefaßt. Sie sind in der folgenden Tabelle für Gebäude und raumbildende Ausbauten in Vomhundertsätzen der Honorare des § 16 und für Freianlagen in Vomhundertsätzen der Honorare des § 17 bewertet.

	Bewertung der Grundleistungen in v.H. der Honorare		
	Gebäude	*Frei-anlagen*	*raum-bildende Ausbauten*
1. Grundlagenermittlung Ermitteln der Voraussetzungen zur Lösung der Bauaufgabe durch die Planung	3	3	3
2. Vorplanung (Projekt- und Planungsvorbereitung) Erarbeiten der wesentlichen Teile einer Lösung der Planungsaufgabe	7	10	7
3. Entwurfsplanung (System- und Integrationsplanung) Erarbeiten der endgültigen Lösung der Planungsaufgabe	11	15	14
4. Genehmigungsplanung Erarbeiten und Einreichen der Vorlagen für die erforderlichen Genehmigungen oder Zustimmungen	6	6	2
5. Ausführungsplanung Erarbeiten und Darstellen der ausführungsreifen Planungslösung	25	24	30
6. Vorbereitung der Vergabe Ermitteln der Mengen und Aufstellen von Leistungsverzeichnissen	10	7	7
7. Mitwirkung bei der Vergabe Ermitteln der Kosten und Mitwirkung bei der Auftragsvergabe	4	3	3
8. Objektüberwachung (Bauüberwachung) Überwachen der Ausführung des Objekts	31	29	31
9. Objektbetreuung und Dokumentation Überwachen der Beseitigung von Mängeln und Dokumentation des Gesamtergebnisses	3	3	3

(2) Das Leistungsbild setzt sich wie folgt zusammen:

Grundleistungen	*Besondere Leistungen*
1. Grundlagenermittlung	
Klären der Aufgabenstellung	Bestandsaufnahme
Beraten zum gesamten Leistungsbedarf	Betriebsplanung
Formulieren von Entscheidungshilfen für die Auswahl anderer an der Planung fachlich Beteiligter	Aufstellen eines Raumprogramms Aufstellen eines Funktionsprogramms
Zusammenfassen der Ergebnisse	Prüfen der Umwelterheblichkeit Prüfen der Umweltverträglichkeit

2. Vorplanung (Projekt- und Planungsvorbereitung)

Analyse der Grundlagen

Abstimmen der Zielvorstellungen (Randbedingungen, Zielkonflikte)

Aufstellen eines planungsbezogenen Zielkatalogs (Programmziele)

Erarbeiten eines Planungskonzepts einschließlich Untersuchung der alternativen Lösungsmöglichkeiten nach gleichen Anforderungen mit zeichnerischer Darstellung und Bewertung, zum Beispiel versuchsweise zeichnerische Darstellungen, Strichskizzen, gegebenenfalls mit erläuternden Angaben

Integrieren der Leistungen anderer an der Planung fachlich Beteiligter

Klären und Erläutern der wesentlichen städtebaulichen, gestalterischen, funktionalen, technischen, bauphysikalischen, wirtschaftlichen, energiewirtschaftlichen (zum Beispiel hinsichtlich rationeller Energieverwendung und der Verwendung erneuerbarer Energien) und landschaftsökologischen Zusammenhänge, Vorgänge und Bedingungen, sowie der Belastung und Empfindlichkeit der betroffenen Ökosysteme

Vorverhandlungen mit Behörden und anderen an der Planung fachlich Beteiligten über die Genehmigungsfähigkeit

Bei Freianlagen: Erfassen, Bewerten und Erläutern der ökosystemaren Strukturen und Zusammenhänge, zum Beispiel Boden, Wasser, Klima, Luft, Pflanzen- und Tierwelt, sowie Darstellen der räumlichen und gestalterischen Konzeption mit erläuternden Angaben, insbesondere zur Geländegestaltung, Biotopverbesserung und -vernetzung, vorhandenen Vegetation,

Neupflanzung, Flächenverteilung der Grün-, Verkehrs-, Wasser-, Spiel- und Sportflächen; ferner Klären der Randgestaltung und der Anbindung an die Umgebung

Bei Freianlagen: Erfassen, Bewerten und Erläutern der ökosystemaren Strukturen und Zusammenhänge, zum Beispiel Boden, Wasser, Klima, Luft, Pflanzen- und Tierwelt, sowie Darstellen der räumlichen und gestalterischen Konzeption mit erläuternden Angaben, insbesondere zur Geländegestaltung, Biotopverbesserung und -vernetzung,

Untersuchen von Lösungsmöglichkeiten nach grundsätzlich verschiedenen Anforderungen

Ergänzen der Vorplanungsunterlagen aufgrund besonderer Anforderungen

Aufstellen eines Finanzierungsplanes

Aufstellen einer Bauwerks- und Betriebs-Kosten-Nutzen-Analyse

Mitwirken bei der Kreditbeschaffung

Durchführen der Voranfrage (Bauanfrage)
Anfertigen von Darstellungen durch besondere Techniken, wie zum Beispiel Perspektiven, Muster, Modelle

Aufstellen eines Zeit- und Organisationsplanes

Ergänzen der Vorplanungsunterlagen hinsichtlich besonderer Maßnahmen zur Gebäude- und Bauteiloptimierung, die über das übliche Maß der Planungsleistungen hinausgehen, zur Verringerung des Energieverbrauchs sowie der Schadstoff- und CO_2-Emissionen und zur Nutzung erneuerbarer Energien in Abstimmung mit anderen an der Planung fachlich Beteiligten. Das übliche Maß ist für Maßnahmen zur Energieeinsparung durch die Erfüllung der Anforderungen gegeben, die sich aus Rechtsvorschriften und den allgemein anerkannten Regeln der Technik ergeben.

vorhandenen Vegetation, Neupflanzung, Flächenverteilung der Grün-, Verkehrs-, Wasser-, Spiel- und Sportflächen; ferner Klären der Randgestaltung und der Anbindung an die Umgebung

Kostenschätzung nach DIN 276 oder nach dem wohnungsrechtlichen Berechnungsrecht

Zusammenstellen aller Vorplanungsergebnisse

3. Entwurfsplanung (System- und Integrationsplanung)

Durcharbeiten des Planungskonzepts (stufenweise Erarbeitung einer zeichnerischen Lösung) unter Berücksichtigung städtebaulicher, gestalterischer, funktionaler, technischer, bauphysikalischer, wirtschaftlicher, energiewirtschaftlicher (zum Beispiel hinsichtlich rationeller Energieverwendung und der Verwendung erneuerbarer Energien) und landschaftsökologischer Anforderungen unter Verwendung der Beiträge anderer an der Planung fachlich Beteiligter bis zum vollständigen Entwurf

Integrieren der Leistungen anderer an der Planung fachlich Beteiligter

Objektbeschreibung mit Erläuterung von Ausgleichs- und Ersatzmaßnahmen nach Maßgabe der naturschutzrechtlichen Eingriffsregelung
Zeichnerische Darstellung des Gesamtentwurfs, zum Beispiel durchgearbeitete, vollständige Vorentwurfs- und/oder Entwurfszeichnungen (Maßstab nach Art und Größe des Bauvorhabens; bei Freianlagen: im Maßstab 1:500 bis 1:100, insbesondere mit Angaben zur Verbesserung der Biotopfunktion, zu Vermeidungs-, Schutz-, Pflege- und Entwicklungsmaßnahmen sowie zur differenzierten Bepflanzung; bei raumbildenden Ausbauten: im Maßstab 1:50 bis 1:20, insbesondere mit Einzelheiten der Wandabwicklungen, Farb-, Licht- und Materialgestaltung), gegebenenfalls auch Detailpläne mehrfach wiederkehrender Raumgruppen

Verhandlungen mit Behörden und anderen an der Planung fachlich Beteiligten über die Genehmigungsfähigkeit

Kostenberechnung nach DIN 276 oder nach dem wohnungsrechtlichen Berechnungsrecht

Kostenkontrolle durch Vergleich der Kostenberechnung mit der Kostenschätzung

Zusammenfassen aller Entwurfsunterlagen

Analyse der Alternativen/Varianten und deren Wertung mit Kostenuntersuchung (Optimierung)

Wirtschaftlichkeitsberechnung

Kostenberechnung durch Aufstellen von Mengengerüsten oder Bauelementkatalog Ausarbeiten besonderer Maßnahmen zur Gebäude- und Bauteiloptimierung, die über das übliche Maß der Planungsleistungen hinausgehen, zur Verringerung des Energieverbrauchs sowie der Schadstoff- und CO_2-Emissionen und zur Nutzung erneuerbarer Energien unter Verwendung der Beiträge anderer an der Planung fachlich Beteiligter. Das übliche Maß ist für Maßnahmen zur Energieeinsparung durch die Erfüllung der Anforderungen gegeben, die sich aus Rechtsvorschriften und den allgemein anerkannten Regeln der Technik ergeben.

4. Genehmigungsplanung

Erarbeiten der Vorlagen für die nach den öffentlich-rechtlichen Vorschriften erforderlichen Genehmigungen oder Zustimmungen einschließlich der Anträge auf Ausnahmen und Befreiungen unter Verwendung der Beiträge anderer an der Planung fachlich Beteiligter sowie noch notwendiger Verhandlungen mit Behörden

Einreichen dieser Unterlagen

Vervollständigen und Anpassen der Planungsunterlagen, Beschreibungen und Berechnungen unter Verwendung der Beiträge anderer an der Planung fachlich Beteiligter

Bei Freianlagen und raumbildenden Ausbauten: Prüfen auf notwendige Genehmigungen, Einholen von Zustimmungen und Genehmigungen

Mitwirken bei der Beschaffung der nachbarlichen Zustimmung

Erarbeiten von Unterlagen für besondere Prüfverfahren

Fachliche und organisatorische Unterstützung des Bauherrn im Widerspruchsverfahren, Klageverfahren oder ähnliches

Ändern der Genehmigungsunterlagen infolge von Umständen, die der Auftragnehmer nicht zu vertreten hat

5. Ausführungsplanung

Durcharbeiten der Ergebnisse der Leistungsphasen 3 und 4 (stufenweise Erarbeitung und Darstellung der Lösung) unter Berücksichtigung städtebaulicher, gestalterischer, funktionaler, technischer, bauphysikalischer, wirtschaftlicher, energiewirtschaftlicher (zum Beispiel hinsichtlich rationeller Energieverwendung und der Verwendung erneuerbarer Energien) und landschaftsökologischer Anforderungen unter Verwendung der Beiträge anderer an der Planung fachlich Beteiligter bis zur ausführungsreifen Lösung

Zeichnerische Darstellung des Objekts mit allen für die Ausführung notwendigen Einzelangaben, zum Beispiel endgültige, vollständige Ausführungs-, Detail- und Konstruktionszeichnungen im Maßstab 1:50 bis 1:1, bei Freianlagen je nach Art des Bauvorhabens im Maßstab 1:200 bis 1:50, insbesondere Bepflanzungspläne, mit den erforderlichen textlichen Ausführungen

Bei raumbildenden Ausbauten: Detaillierte Darstellung der Räume und Raumfolgen im Maßstab 1:25 bis 1:1, mit den erforderlichen textlichen Ausführungen; Materialbestimmung

Erarbeiten der Grundlagen für die anderen an der Planung fachlich Beteiligten und Integrierung ihrer Beiträge bis zur ausführungsreifen Lösung

Fortschreiben der Ausführungsplanung während der Objektausführung

Aufstellen einer detaillierten Objektbeschreibung als Baubuch zur Grundlage der Leistungsbeschreibung mit Leistungsprogramm*

Aufstellen einer detaillierten Objektbeschreibung als Raumbuch zur Grundlage der Leistungsbeschreibung mit Leistungsprogramm*

Prüfen der vom bauausführenden Unternehmen aufgrund der Leistungsbeschreibung mit Leistungsprogramm ausgearbeiteten Ausführungspläne auf Übereinstimmung mit der Entwurfsplanung*

* Diese Besondere Leistung wird bei Leistungsbeschreibung mit Leistungsprogramm ganz oder teilweise Grundleistung. In diesem Fall entfallen die entsprechenden Grundleistungen dieser Leistungsphase, soweit die Leistungsbeschreibung mit Leistungsprogramm angewandt wird.

Erarbeiten von Detailmodellen

Prüfen und Anerkennen von Plänen Dritter nicht an der Planung fachlich Beteiligter auf Übereinstimmung mit den Ausführungsplänen (zum Beispiel Werkstattzeichnungen von Unternehmen, Aufstellungs- und Fundamentpläne von Maschinenlieferanten), soweit die Leistungen Anlagen betreffen, die in den anrechenbaren Kosten nicht erfaßt sind

6. Vorbereitung der Vergabe

Ermitteln und Zusammenstellen von Mengen als Grundlage für das Aufstellen von Leistungsbeschreibungen unter Verwendung der Beiträge anderer an der Planung fachlich Beteiligter Aufstellen von Leistungsbeschreibungen mit Leistungsverzeichnissen nach Leistungsbereichen Abstimmen und Koordinieren der Leistungsbeschreibungen der an Planung fachlich Beteiligten	Aufstellen von Leistungsbeschreibungen mit Leistungsprogramm unter Bezug auf Baubuch/Raumbuch* Aufstellen von alternativen Leistungsbeschreibungen für geschlossene Leistungsbereiche Aufstellen von vergleichenden Kostenübersichten unter Auswertung der Beiträge anderer an der Planung fachlich Beteiligter

7. Mitwirkung bei der Vergabe

Zusammenstellen der Verdingungsunterlagen für alle Leistungsbereiche Einholen von Angeboten Prüfen und Werten der Angebote einschließlich Aufstellen eines Preisspiegels nach Teilleistungen unter Mitwirkung aller während der Leistungsphasen 6 und 7 fachlich Beteiligten Abstimmen und Zusammenstellen der Leistungen der fachlich Beteiligten, die an der Vergabe mitwirken Verhandlung mit Bietern Kostenanschlag nach DIN 276 aus Einheits- oder Pauschalpreisen der Angebote Kostenkontrolle durch Vergleich des Kostenanschlags mit der Kostenberechnung Mitwirken bei der Auftragserteilung	Prüfen und Werten der Angebote aus Leistungsbeschreibung mit Leistungsprogramm einschließlich Preisspiegel* Aufstellen, Prüfen und Werten von Preisspiegeln nach besonderen Anforderungen

8. Objektüberwachung (Bauüberwachung)

Überwachen der Ausführung des Objekts auf Übereinstimmung mit der Baugenehmigung oder Zustimmung, den Ausführungsplänen und den Leistungsbeschreibungen sowie mit den allgemein anerkannten Regeln der Technik und den einschlägigen Vorschriften Überwachen der Ausführung von Tragwerken nach § 63 Abs. 1 Nr. 1 und 2 auf Übereinstimmung mit dem Standsicherheitsnachweis Koordinieren der an der Objektüberwachung fachlich Beteiligten Überwachung und Detailkorrektur von Fertigteilen Aufstellen und Überwachen eines Zeitplanes (Balkendiagramm)	Aufstellen, Überwachen und Fortschreiben eines Zahlungsplanes Aufstellen, Überwachen und Fortschreiben von differenzierten Zeit-, Kosten- oder Kapazitätsplänen Tätigkeit als verantwortlicher Bauleiter, soweit diese Tätigkeit nach jeweiligem Landesrecht über die Grundleistungen der Leistungsphase 8 hinausgeht * Diese Besondere Leistung wird bei Leistungsbeschreibung mit Leistungsprogramm ganz oder teilweise Grundleistung. In diesem Fall entfallen die entsprechenden Grundleistungen dieser Leistungsphase, soweit die Leistungsbeschreibung mit Leistungsprogramm angewandt wird.

Führen eines Bautagebuches

Gemeinsames Aufmaß mit den bauausführenden Unternehmen

Abnahme der Bauleistungen unter Mitwirkung anderer an der Planung und Objektüberwachung fachlich Beteiligter unter Feststellung von Mängeln

Rechnungsprüfung

Kostenfeststellung nach DIN 276 oder nach dem wohnungsrechtlichen Berechnungsrecht
Antrag auf behördliche Abnahmen und Teilnahme daran

Übergabe des Objekts einschließlich Zusammenstellung und Übergabe der erforderlichen Unterlagen, zum Beispiel Bedienungsanleitungen, Prüfprotokolle

Auflisten der Gewährleistungsfristen

Kostenkontrolle durch Überprüfung der Leistungsabrechnung der bauausführenden Unternehmen im Vergleich zu den Vertragspreisen und dem Kostenanschlag

9. Objektbetreuung und Dokumentation

Objektbegehung zur Mängelfeststellung vor Ablauf der Verjährungsfristen der Gewährleistungsansprüche gegenüber den bauausführenden Unternehmen

Überwachen der Beseitigung von Mängeln, die innerhalb der Verjährungsfristen der Gewährleistungsansprüche, längstens jedoch bis zum Ablauf von fünf Jahren seit Abnahme der Bauleistungen auftreten

Mitwirken bei der Freigabe von Sicherheitsleistungen

Systematische Zusammenstellung der zeichnerischen Darstellungen und rechnerischen Ergebnisse des Objekts

Erstellen von Bestandsplänen

Aufstellen von Ausrüstungs- und Inventarverzeichnissen

Erstellen von Wartungs- und Pflegeanweisungen

Objektbeobachtung

Objektverwaltung

Baubegehungen nach Übergabe

Überwachen der Wartungs- und Pflegeleistungen

Aufbereiten des Zahlenmaterials für eine Objektdatei

Ermittlung und Kostenfeststellung zu Kostenrichtwerten

Überprüfen der Bauwerks- und Betriebs-Kosten-Nutzen-Analyse

---

(3) Wird das Überwachen der Herstellung des Objekts hinsichtlich der Einzelheiten der Gestaltung an einen Auftragnehmer in Auftrag gegeben, dem Grundleistungen nach den Leistungsphasen 1 bis 7, jedoch nicht nach der Leistungsphase 8, übertragen wurden, so kann für diese Leistung ein besonderes Honorar schriftlich vereinbart werden.

(4) Bei Umbauten und Modernisierungen im Sinne des § 3 Nr. 5 und 6 können neben den in Absatz 2 erwähnten Besonderen Leistungen insbesondere die nachstehenden Besonderen Leistungen vereinbart werden:

maßliches, technisches und verformungsgerechtes Aufmaß
Schadenskartierung
Ermitteln von Schadensursachen
Planen und Überwachen von Maßnahmen zum Schutz von vorhandener Substanz
Organisation von Betreuungsmaßnahmen für Nutzer und andere Planungsbetroffene
Mitwirken an Betreuungsmaßnahmen für Nutzer und andere Planungsbetroffene
Wirkungskontrollen von Planungsansatz und Maßnahmen im Hinblick auf die Nutzer, zum Beispiel durch Befragen.

§ 16 Honorartafel für Grundleistungen bei Gebäuden und raumbildenden Ausbauten

(1) Die Mindest- und Höchstsätze der Honorare für die in § 15 aufgeführten Grundleistungen bei Gebäuden und raumbildenden Ausbauten sind in der nachfolgenden Honorartafel festgesetzt.

Honorartafel zu § 16 Abs. 1

Anrechenbare Kosten	*Zone I*		*Zone II*		*Zone III*		*Zone IV*		*Zone V*	
	von	*bis*	*von*	*bis*	*von*	*bis*	*von*	*bis*	*von*	*bis*
DM	DM		DM		DM		DM		DM	
50.000	3.880	4.720	4.720	5.850	5.850	7.540	7.540	8.670	8.670	9.510
60.000	4.650	5.650	5.650	6.990	6.990	8.990	8.990	10.330	10.330	11.330
70.000	5.440	6.600	6.600	8.150	8.150	10.470	10.470	12.020	12.020	13.180
80.000	6.200	7.520	7.520	9.290	9.290	11.930	11.930	13.700	13.700	15.020
90.000	6.990	8.470	8.470	10.440	10.440	13.400	13.400	15.370	15.370	16.850
100.000	7.760	9.390	9.390	11.550	11.550	14.810	14.810	16.970	16.970	18.600
200.000	15.510	18.550	18.550	22.610	22.610	28.700	28.700	32.760	32.760	35.800
300.000	23.270	27.490	27.490	33.120	33.120	41.570	41.570	47.200	47.200	51.420
400.000	31.020	36.200	36.200	43.100	43.100	53.450	53.450	60.350	60.350	65.530
500.000	38.770	44.720	44.720	52.650	52.650	64.540	64.540	72.470	72.470	78.420
600.000	44.770	51.750	51.750	61.060	61.060	75.010	75.010	84.320	84.320	91.300
700.000	49.790	57.930	57.930	68.790	68.790	85.070	85.070	95.930	95.930	104.070
800.000	54.100	63.400	63.400	75.810	75.810	94.420	94.420	106.830	106.830	116.130
900.000	57.720	68.200	68.200	82.160	82.160	103.120	103.120	117.080	117.080	127.560
1.000.000	60.630	72.260	72.260	87.770	87.770	111.030	111.030	126.540	126.540	138.170
2.000.000	110.340	130.760	130.760	157.990	157.990	198.840	198.840	226.070	226.070	246.490
3.000.000	160.090	189.300	189.300	228.240	228.240	286.660	286.660	325.600	325.600	354.810
4.000.000	209.760	247.750	247.750	298.400	298.400	374.380	374.380	425.030	425.030	463.020
5.000.000	259.440	306.230	306.230	368.610	368.610	462.180	462.180	524.560	524.560	571.340
6.000.000	311.320	363.970	363.970	434.160	434.160	539.450	539.450	609.640	609.640	662.290
7.000.000	363.210	421.710	421.710	499.720	499.720	616.730	616.730	694.740	694.740	753.240
8.000.000	415.100	479.460	479.460	565.280	565.280	694.000	694.000	779.820	779.820	844.180
9.000.000	466.980	537.200	537.200	630.830	630.830	771.280	771.280	864.910	864.910	935.130
10.000.000	518.870	594.950	594.950	696.390	696.390	848.560	848.560	950.000	950.000	1.026.080
20.000.000	1.037.740	1.179.410	1.179.410	1.368.300	1.368.300	1.651.640	1.651.640	1.840.530	1.840.530	1.982.200
30.000.000	1.556.610	1.753.370	1.753.370	2.015.720	2.015.720	2.409.250	2.409.250	2.671.600	2.671.600	2.868.360

40.000.000	2.075.480	2.316.840	2.316.840	2.638.660	2.638.660	3.121.380	3.121.380	3.443.200	3.443.200	3.684.560
50.000.000	2.594.350	2.882.940	2.882.940	3.267.720	3.267.720	3.844.890	3.844.890	4.229.670	4.229.670	4.518.250

(2) Das Honorar für Grundleistungen bei Gebäuden und raumbildenden Ausbauten, deren anrechenbare Kosten unter 50.000 Deutsche Mark liegen, kann als Pauschalhonorar oder als Zeithonorar nach § 6 berechnet werden, höchstens jedoch bis zu den in der Honorartafel nach Absatz 1 für anrechenbare Kosten von 50.000 Deutsche Mark festgesetzten Höchstsätzen. Als Mindestsätze gelten die Stundensätze nach § 6 Abs. 2, höchstens jedoch die in der Honorartafel nach Absatz 1 für anrechenbare Kosten von 50.000 Deutsche Mark festgesetzten Mindestsätze.

(3) Das Honorar für Gebäude und raumbildende Ausbauten deren anrechenbare Kosten über 50 Millionen Deutsche Mark liegen, kann frei vereinbart werden.

§ 17 Honorartafel für Grundleistungen bei Freianlagen

(1) Die Mindest- und Höchstsätze der Honorare für die in § 15 aufgeführten Grundleistungen bei Freianlagen sind in der nachfolgenden Honorartafel festgesetzt.

Honorartafel zu § 17 Abs. 1

Anrechenbare Kosten	*Zone I*		*Zone II*		*Zone III*		*Zone IV*		*Zone V*	
	von	*bis*	*von*	*bis*	*von*	*bis*	*von*	*bis*	*von*	*bis*
DM	DM		DM		DM		DM		DM	
40.000	4.650	5.700	5.700	7.090	7.090	9.180	9.180	10.570	10.570	11.620
50.000	5.790	7.090	7.090	8.820	8.820	11.410	11.410	13.140	13.140	14.440
60.000	6.900	8.450	8.450	10.510	10.510	13.600	13.600	15.660	15.660	17.200
70.000	8.010	9.800	9.800	12.190	12.190	15.760	15.760	18.150	18.150	19.940
80.000	9.110	11.140	11.140	13.850	13.850	17.900	17.900	20.610	20.610	22.640
90.000	10.190	12.460	12.460	15.480	15.480	20.010	20.010	23.030	23.030	25.300
100.000	11.260	13.760	13.760	17.090	17.090	22.080	22.080	25.410	25.410	27.910
200.000	21.300	25.920	25.920	32.070	32.070	41.310	41.310	47.460	47.460	52.080
300.000	30.080	36.440	36.440	44.920	44.920	57.640	57.640	66.120	66.120	72.480
400.000	37.680	45.400	45.400	55.680	55.680	71.120	71.120	81.400	81.400	89.120
500.000	44.020	52.720	52.720	64.320	64.320	81.730	81.730	93.330	93.330	102.030
600.000	52.820	62.600	62.600	75.630	75.630	95.190	95.190	108.220	108.220	118.000
700.000	61.630	72.270	72.270	86.460	86.460	107.740	107.740	121.930	121.930	132.570
800.000	70.430	81.730	81.730	96.790	96.790	119.390	119.390	134.450	134.450	145.750
900.000	79.240	90.950	90.950	106.560	106.560	129.970	129.970	145.580	145.580	157.290
1.000.000	88.030	99.940	99.940	115.820	115.820	139.650	139.650	155.530	155.530	167.440
2.000.000	176.070	194.470	194.470	219.000	219.000	255.800	255.800	280.330	280.330	298.730
3.000.000	264.100	290.280	290.280	325.190	325.190	377.560	377.560	412.470	412.470	438.650

(2) § 16 Abs. 2 und 3 gilt sinngemäß.

(3) Werden Ingenieurbauwerke und Verkehrsanlagen, die innerhalb von Freianlagen liegen, von dem Auftragnehmer gestalterisch in die Umgebung eingebunden, dem Grundleistungen bei Freianlagen übertragen sind, so kann ein Honorar für diese Leistungen schriftlich vereinbart werden. Honoraransprüche nach Teil VII bleiben unberührt.

§ 18 Auftrag über Gebäude und Freianlagen

Honorare für Grundleistungen für Gebäude und für Grundleistungen für Freianlagen sind getrennt zu berechnen. Dies gilt nicht, wenn die getrennte Berechnung weniger als 15.000 Deutsche Mark anrechenbare Kosten zum Gegenstand hätte; § 10 Abs. 5 Nr. 5 und Abs. 6 findet insoweit keine Anwendung.

§ 19 Vorplanung, Entwurfsplanung und Objektüberwachung als Einzelleistung

(1) Wird die Anfertigung der Vorplanung (Leistungsphase 2 des § 15) oder der Entwurfsplanung (Leistungsphase 3 des § 15) bei Gebäuden als Einzelleistung in Auftrag gegeben, so können hierfür anstelle der in § 15 Abs. 1 festgesetzten Vomhundertsätze folgende Vomhundertsätze der Honorare nach § 16 vereinbart werden:
1. für die Vorplanung bis zu 10 v.H.,
2. für die Entwurfsplanung bis zu 18 v.H.

(2) Wird die Anfertigung der Vorplanung (Leistungsphase 2 des § 15) oder der Entwurfsplanung (Leistungsphase 3 des § 15) bei Freianlagen als Einzelleistung in Auftrag gegeben, so können hierfür anstelle der in § 15 Abs. 1 festgesetzten Vomhundertsätze folgende Vomhundertsätze der Honorare nach § 17 vereinbart werden:
1. für die Vorplanung bis zu 15 v.H.,
2. für die Entwurfsplanung bis zu 25 v.H.

(3) Wird die Anfertigung der Vorplanung (Leistungsphase 2 des § 15) oder der Entwurfsplanung (Leistungsphase 3 des § 15) bei raumbildenden Ausbauten als Einzelleistung in Auftrag gegeben, so können hierfür anstelle der in § 15 Abs. 1 festgesetzten Vomhundertsätze folgende Vomhundertsätze der Honorare nach § 16 vereinbart werden:
1. für die Vorplanung bis zu 10 v.H.,
2. für die Entwurfsplanung bis zu 21 v.H.

(4) Wird die Objektüberwachung (Leistungsphase 8 des § 15) bei Gebäuden als Einzelleistung in Auftrag gegeben, so können hierfür anstelle der Mindestsätze nach den §§ 15 und 16 folgende Vomhundertsätze der anrechenbaren Kosten nach § 10 berechnet werden:
1. 2,1 v.H. bei Gebäuden der Honorarzone 2,
2. 2,3 v.H. bei Gebäuden der Honorarzone 3,
3. 2,5 v.H. bei Gebäuden der Honorarzone 4,
4. 2,7 v.H. bei Gebäuden der Honorarzone 5.

§ 20 Mehrere Vor- oder Entwurfsplanungen

Werden für dasselbe Gebäude auf Veranlassung des Auftraggebers mehrere Vor- oder Entwurfsplanungen nach grundsätzlich verschiedenen Anforderungen gefertigt, so können für die umfassendste Vor- oder Entwurfsplanung die vollen Vomhundertsätze dieser Leistungsphasen nach § 15, außerdem für jede andere Vor- oder Entwurfsplanung die Hälfte dieser Vomhundertsätze berechnet werden. Satz 1 gilt entsprechend für Freianlagen und raumbildende Ausbauten.

§ 21 Zeitliche Trennung der Ausführung

Wird ein Auftrag, der ein oder mehrere Gebäude umfaßt, nicht einheitlich in einem Zuge, sondern abschnittsweise in größeren Zeitabständen ausgeführt, so ist für die das ganze Gebäude oder das ganze Bauvorhaben betreffenden, zusammenhängend durchgeführten Leistungen das anteilige Honorar zu berechnen, das sich nach den gesamten anrechenbaren Kosten ergibt. Das Honorar für die restlichen Leistungen ist jeweils nach den anrechenbaren Kosten der einzelnen Bauabschnitte zu berechnen. Die Sätze 1 und 2 gelten entsprechend für Freianlagen und raumbildende Ausbauten.

§ 22 Auftrag für mehrere Gebäude

(1) Umfaßt ein Auftrag mehrere Gebäude, so sind die Honorare vorbehaltlich der nachfolgenden Absätze für jedes Gebäude getrennt zu berechnen.

(2) Umfaßt ein Auftrag mehrere gleiche, spiegelgleiche oder im wesentlichen gleichartige Gebäude, die im zeitlichen oder örtlichen Zusammenhang und unter gleichen baulichen Verhältnissen errich-

tet werden sollen oder Gebäude nach Typenplanung oder Serienbauten, so sind für die 1. bis 4. Wiederholung die Vomhundertsätze der Leistungsphasen 1 bis 7 in § 15 um 50 vom Hundert, von der 5. Wiederholung an um 60 vom Hundert zu mindern. Als gleich gelten Gebäude, die nach dem gleichen Entwurf ausgeführt werden. Als Serienbauten gelten Gebäude, die nach einem im wesentlichen gleichen Entwurf ausgeführt werden.

(3) Erteilen mehrere Auftraggeber einem Auftragnehmer Aufträge über Gebäude, die gleich, spiegelgleich oder im wesentlichen gleichartig sind und die im zeitlichen oder örtlichen Zusammenhang und unter gleichen baulichen Verhältnissen errichtet werden sollen, so findet Absatz 2 mit der Maßgabe entsprechende Anwendung, daß der Auftragnehmer die Honorarminderungen gleichmäßig auf alle Auftraggeber verteilt.

(4) Umfaßt ein Auftrag Leistungen, die bereits Gegenstand eines anderen Auftrags für ein Gebäude nach gleichem oder spiegelgleichem Entwurf zwischen den Vertragsparteien waren, so findet Absatz 2 auch dann entsprechende Anwendung, wenn die Leistungen nicht im zeitlichen oder örtlichen Zusammenhang erbracht werden sollen.

§ 23 Verschiedene Leistungen an einem Gebäude

(1) Werden Leistungen bei Wiederaufbauten, Erweiterungsbauten, Umbauten oder raumbildenden Ausbauten (§ 3 Nr. 3 bis 5 und 7) gleichzeitig durchgeführt, so sind die anrechenbaren Kosten für jede einzelne Leistung festzustellen und das Honorar danach getrennt zu berechnen. § 25 Abs. 1 bleibt unberührt.

(2) Soweit sich der Umfang jeder einzelnen Leistung durch die gleichzeitige Durchführung der Leistungen nach Absatz 1 mindert, ist dies bei der Berechnung des Honorars entsprechend zu berücksichtigen.

§ 24 Umbauten und Modernisierungen von Gebäuden

(1) Honorare für Leistungen bei Umbauten und Modernisierungen im Sinne des § 3 Nr. 5 und 6 sind nach den anrechenbaren Kosten nach § 10, der Honorarzone, der der Umbau oder die Modernisierung bei sinngemäßer Anwendung des § 11 zuzuordnen ist, den Leistungsphasen des § 15 und der Honorartafel des § 16 mit der Maßgabe zu ermitteln, daß eine Erhöhung der Honorare um einen Vomhundertsatz schriftlich zu vereinbaren ist. Bei der Vereinbarung der Höhe des Zuschlags ist insbesondere der Schwierigkeitsgrad der Leistungen zu berücksichtigen. Bei durchschnittlichem Schwierigkeitsgrad der Leistungen kann ein Zuschlag von 20 bis 33 vom Hundert vereinbart werden. Sofern nicht etwas anderes schriftlich vereinbart ist, gilt ab durchschnittlichem Schwierigkeitsgrad ein Zuschlag von 20 vom Hundert als vereinbart.

(2) Werden bei Umbauten und Modernisierungen im Sinne des § 3 Nr. 5 und 6 erhöhte Anforderungen in der Leistungsphase 1 bei der Klärung der Maßnahmen und Erkundung der Substanz, oder in der Leistungsphase 2 bei der Beurteilung der vorhandenen Substanz auf ihre Eignung zur Übernahme in die Planung oder in der Leistungsphase 8 gestellt, so können die Vertragsparteien anstelle der Vereinbarung eines Zuschlags nach Absatz 1 schriftlich vereinbaren, daß die Grundleistungen für diese Leitungsphasen höher bewertet werden, als in § 15 Abs. 1 vorgeschrieben ist.

§ 25 Leistungen des raumbildenden Ausbaus

(1) Werden Leistungen des raumbildenden Ausbaus in Gebäuden, die neugebaut, wiederaufgebaut, erweitert oder umgebaut werden, einem Auftragnehmer übertragen, dem auch Grundleistungen für diese Gebäude nach § 15 übertragen werden, so kann für die Leistungen des raumbildenden Ausbaus ein besonderes Honorar nicht berechnet werden. Diese Leistungen sind bei der Vereinbarung des Honorars für die Grundleistungen für Gebäude im Rahmen der für diese Leistungen festgesetzten Mindest- und Höchstsätze zu berücksichtigen.

(2) Für Leistungen des raumbildenden Ausbaus in bestehenden Gebäuden ist eine Erhöhung der Honorare um einen Vomhundertsatz schriftlich zu vereinbaren. Bei der Vereinbarung der Höhe des Zuschlags ist insbesondere der Schwierigkeitsgrad der Leistungen zu berücksichtigen. Bei durchschnittlichem Schwierigkeitsgrad der Leistungen kann ein Zuschlag von 25 bis 50 vom Hundert

vereinbart werden. Sofern nicht etwas anderes schriftlich vereinbart ist, gilt ab durchschnittlichem Schwierigkeitsgrad ein Zuschlag von 25 vom Hundert als vereinbart.

§ 26 Einrichtungsgegenstände und integrierte Werbeanlagen

Honorare für Leistungen bei Einrichtungsgegenständen und integrierten Werbeanlagen können als Pauschalhonorar frei vereinbart werden. Wird ein Pauschalhonorar nicht bei Auftragserteilung schriftlich vereinbart, so ist das Honorar als Zeithonorar nach § 6 zu berechnen.

§ 27 Instandhaltungen und Instandsetzungen

Honorare für Leistungen bei Instandhaltungen und Instandsetzungen sind nach den anrechenbaren Kosten nach § 10 der Honorarzone, der das Gebäude nach den §§ 11 und 12 zuzuordnen ist, den Leistungsphasen des § 15 und der Honorartafel des § 16 mit der Maßgabe zu ermitteln, daß eine Erhöhung des Vomhundertsatzes für die Bauüberwachung (Leistungsphase 8 des § 15) um bis zu 50 vom Hundert vereinbart werden kann.

§ 33 Gutachten

Das Honorar für Gutachten über Leistungen, die in dieser Verordnung erfaßt sind, kann frei vereinbart werden. Wird ein Honorar nicht bei Auftragserteilung schriftlich vereinbart, so ist das Honorar als Zeithonorar nach § 6 zu berechnen. Satz 1 und 2 sind nicht anzuwenden, soweit in den Vorschriften dieser Verordnung etwas anderes bestimmt ist.

§ 55 Leistungsbild Objektplanung für Ingenieurbauwerke und Verkehrsanlagen

(1) Das Leistungsbild Objektplanung umfaßt die Leistungen der Auftragnehmer für Neubauten, Neuanlagen, Wiederaufbauten, Erweiterungsbauten, Umbauten, Modernisierungen, Instandhaltungen und Instandsetzungen. Die Grundleistungen sind in den in Absatz 2 aufgeführten Leistungsphasen 1 bis 9 zusammengefaßt und in der folgenden Tabelle für Ingenieurbauwerke in Vomhundertsätzen der Honorare des § 56 Abs. 1 und für Verkehrsanlagen in Vomhundertsätzen der Honorare des § 56 Abs. 2 bewertet.

		Bewertung der Grundleistungen in v.H. der Honorare
1.	Grundlagenermittlung Ermitteln der Voraussetzungen zur Lösung der Bauaufgabe durch die Planung	2
2.	Vorplanung (Projekt- und Planungsvorbereitung) Erarbeiten der wesentlichen Teile einer Lösung der Planungsaufgabe*	15
3.	Entwurfsplanung (System- und Integrationsplanung) Erarbeiten der endgültigen Lösung der Planungsaufgabe	30
4.	Genehmigungsplanung Erarbeiten und Einreichen der Vorlagen für die erforderlichen Genehmigungen oder Zustimmungen	5

* Bei Objekten nach § 51 Abs. 1 Nr. 6 und 7, die eine Tragwerksplanung erfordern, wird die Leistungsphase 2 mit 8 v.H. bewertet.

5.	Ausführungsplanung Erarbeiten und Darstellen der ausführungsreifen Planungslösung	15
6.	Vorbereitung der Vergabe Ermitteln der Mengen und Aufstellen von Ausschreibungsunterlagen	10
7.	Mitwirkung bei der Vergabe Einholen und Werten von Angeboten und Werten von Angeboten und Mitwirkung bei der Auftragsvergabe	5
8.	Bauoberleitung Aufsicht über die örtliche Bauüberwachung Abnahme und Übergabe des Objekts	15
9.	Objektbetreuung und Dokumentation Überwachung der Beseitigung von Mängeln und Dokumentation des Gesamtergebnisses	3

(2) Das Leistungsbild setzt sich wie folgt zusammen:

Grundleistungen	*Besondere Leistungen*
1. Grundlagenermittlung	
Klären der Aufgabenstellung	Auswahl und Besichtigung ähnlicher Objekte
Ermitteln der vorgegebenen Randbedingungen	Ermitteln besonderer, in den Normen nicht festgelegter Belastungen
Bei Objekten nach § 51 Abs. 1 Nr. 6 und 7, die eine Tragwerksplanung erfordern: Klären der Aufgabenstellung auch auf dem Gebiet der Tragwerksplanung	
Objektbesichtigung	
Zusammenstellen der die Aufgabebeeinflussenden Planungsabsichten	
Zusammenstellen und Werten von Unterlagen	
Erläutern von Planungsdaten	
Ermitteln des Leistungsumfangs und der erforderlichen Vorarbeiten, zum Beispiel Baugrunduntersuchungen, Vermessungsleistungen, Immissionsschutz; ferner bei Verkehrsanlagen: Verkehrszählungen	
Formulieren von Entscheidungshilfen für die Auswahl anderer an der Planung fachlich Beteiligter	
Zusammenfassen der Ergebnisse	
2. Vorplanung (Projekt- und Planungsvorbereitung)	
Analyse der Grundlagen	Anfertigen von Nutzen-Kosten-Untersuchungen
Abstimmen der Zielvorstellungen auf die Randbedingungen, die insbesondere durch Raumordnung,	Anfertigen von topographischen und hydrologischen Unterlagen

Landesplanung, Bauleitplanung, Rahmenplanung sowie örtliche und überörtliche Fachplanungen vorgegeben sind	Genaue Berechnung besonderer Bauteile
Untersuchen von Lösungsmöglichkeiten mit ihren Einflüssen auf bauliche und konstruktive Gestaltung, Zweckmäßigkeit, Wirtschaftlichkeit unter Beachtung der Umweltverträglichkeit	Koordinieren und Darstellen der Ausrüstung und Leitungen bei Gleisanlagen
Beschaffen und Auswerten amtlicher Karten	
Erarbeiten eines Planungskonzepts einschließlich Untersuchung der alternativen Lösungsmöglichkeiten nach gleichen Anforderungen mit zeichnerischer Darstellung und Bewertung unter Einarbeitung der Beiträge anderer an der Planung fachlich Beteiligter	
Bei Verkehrsanlagen: Überschlägige verkehrstechnische Bemessung der Verkehrsanlage; Ermitteln der Schallimmissionen von der Verkehrsanlage an kritischen Stellen nach Tabellenwerten; Untersuchen der möglichen Schallschutzmaßnahmen, ausgenommen detaillierte schalltechnische Untersuchungen, insbesondere in komplexen Fällen	
Klären und Erläutern der wesentlichen fachspezifischen Zusammenhänge, Vorgänge und Bedingungen	
Vorverhandlungen mit Behörden und anderen an der Planung fachlich Beteiligten über die Genehmigungsfähigkeit, gegebenenfalls über die Bezuschussung und Kostenbeteiligung	
Mitwirken beim Erläutern des Planungskonzepts gegenüber Bürgern und politischen Gremien	
Überarbeiten des Planungskonzepts nach Bedenken und Anregungen	
Bereitstellen von Unterlagen als Auszüge aus dem Vorentwurf zur Verwendung für ein Raumordnungsverfahren	
Kostenschätzung	
Zusammenstellung aller Vorplanungsergebnisse	
3. Entwurfsplanung (System- und Integrationsplanung)	
Durcharbeiten des Planungskonzepts (stufenweise Erarbeitung einer zeichnerischen Lösung) unter Berücksichtigung aller fachspezifischer Anforde-	Beschaffen von Auszügen aus Grundbuch, Kataster und anderen amtlichen Unterlagen

rungen und unter Verwendung der Beiträge anderer an der Planung fachlich Beteiligter bis zum vollständigen Entwurf

Erläuterungsbericht

Fachspezifische Berechnungen, ausgenommen Berechnungen des Tragwerks

Zeichnerische Darstellung des Gesamtentwurfs

Finanzierungsplan; Bauzeiten- und Kostenplan; Ermitteln und Begründen der zuwendungsfähigen Kosten sowie Vorbereiten der Anträge auf Finanzierung; Mitwirken beim Erläutern des vorläufigen Entwurfs gegenüber Bürgern und politischen Gremien; Überarbeiten des vorläufigen Entwurfs aufgrund von Bedenken und Anregungen

Verhandlungen mit Behörden und anderen an der Planung fachlich Beteiligten über die Genehmigungsfähigkeit

Kostenberechnung

Kostenkontrolle durch Vergleich der Kostenberechnung mit der Kostenschätzung

Bei Verkehrsanlagen: Überschlägige Festlegung der Abmessungen von Ingenieurbauwerken; Zusammenfassen aller vorläufigen Entwurfsunterlagen; Weiterentwickeln des vorläufigen Entwurfs zum endgültigen Entwurf; Ermitteln der Schallimmissionen von der Verkehrsanlage nach Tabellenwerten; Festlegen der erforderlichen Schallschutzmaßnahmen an der Verkehrsanlage, gegebenenfalls unter Einarbeitung der Ergebnisse detaillierter schalltechnischer Untersuchungen und Feststellen der Notwendigkeit von Schallschutzmaßnahmen an betroffenen Gebäuden; rechnerische Festlegung der Anlage in den Haupt- und Kleinpunkten; Darlegen der Auswirkungen auf Zwangspunkte; Nachweis der Lichtraumprofile; überschlägiges Ermitteln der wesentlichen Bauphasen unter Berücksichtigung der Verkehrslenkung während der Bauzeit

Zusammenfassen aller Entwurfsunterlagen

Fortschreiben von Nutzen-Kosten-Untersuchungen

Signaltechnische Berechnung

Mitwirken bei Verwaltungsvereinbarungen

4. Genehmigungsplanung

Erarbeiten der Unterlagen für die erforderlichen öffentlich-rechtlichen Verfahren einschließlich der Anträge auf Ausnahmen und Befreiungen, Aufstellen des Bauwerksverzeichnisses unter Verwendung der Beiträge anderer an der Planung fachlich Beteiligter

Mitwirken beim Beschaffen der Zustimmung von Betroffenen

Herstellen der Unterlagen für Verbandsgründungen

Einreichen dieser Unterlagen

Grunderwerbsplan und Grunderwerbsverzeichnis

Bei Verkehrsanlagen: Einarbeiten der Ergebnisse der schalltechnischen Untersuchungen

Verhandlungen mit Behörden

Vervollständigen und Anpassen der Planungsunterlagen, Beschreibungen und Berechnungen unter Verwendung der Beiträge anderer an der Planung fachlich Beteiligter

Mitwirken beim Erläutern gegenüber Bürgern

Mitwirken im Planfeststellungsverfahren einschließlich der Teilnahme an Erörterungsterminen sowie Mitwirken bei der Abfassung der Stellungnahmen zu Bedenken und Anregungen

5. Ausführungsplanung

Durcharbeiten der Ergebnisse der Leistungsphasen 3 und 4 (stufenweise Erarbeitung und Darstellung der Lösung) unter Berücksichtigung aller fachspezifischen Anforderungen und Verwendung der Beiträge anderer an der Planung fachlich Beteiligter bis zur ausführungsreifen Lösung

Aufstellen von Ablauf- und Netzplänen

Zeichnerische und rechnerische Darstellung des Objekts mit allen für die Ausführung notwendigen Einzelangaben einschließlich Detailzeichnungen in den erforderlichen Maßstäben

Erarbeiten der Grundlagen für die anderen an der Planung fachlich Beteiligten und Integrieren ihrer Beiträge bis zur ausführungsreifen Lösung

Fortschreiben der Ausführungsplanung während der Objektausführung

6. Vorbereitung der Vergabe

Mengenermittlung und Aufgliederung nach Einzelpositionen unter Verwendung der Beiträge anderer an der Planung fachlich Beteiligter

Aufstellen der Verdingungsunterlagen, insbesondere Anfertigen der Leistungsbeschreibungen mit Leistungsverzeichnissen sowie der Besonderen Vertragsbedingungen

Festlegen der wesentlichen Ausführungsphasen

7. Mitwirkung bei der Vergabe

Zusammenstellen der Verdingungsunterlagen für alle Leistungsbereiche

Einholen von Angeboten

Prüfen und Werten der Angebote einschließlich Aufstellen eines Preisspiegels

Abstimmen und Zusammenstellen der Leistungen der fachlich Beteiligten, die an der Vergabe mitwirken

Mitwirken bei Verhandlungen mit Bietern

Fortschreiben der Kostenberechnung

Kostenkontrolle durch Vergleich der fortgeschriebenen Kostenberechnung mit der Kostenberechnung

Mitwirken bei der Auftragserteilung

Prüfen und Werten von Nebenangeboten und Änderungsvorschlägen mit grundlegend anderen Konstruktionen im Hinblick auf die technische und funktionelle Durchführbarkeit

8. Bauoberleitung

Aufsicht über die örtliche Bauüberwachung, soweit die Bauoberleitung und die örtliche Bauüberwachung getrennt vergeben werden, Koordinieren der an der Objektüberwachung fachlich Beteiligten, insbesondere Prüfen auf Übereinstimmung und Freigeben von Plänen Dritter

Aufstellen und Überwachen eines Zeitplans (Balkendiagramm)

Inverzugsetzen der ausführenden Unternehmen

Abnahme von Leistungen und Lieferungen unter Mitwirkung der örtlichen Bauüberwachung und anderer an der Planung und Objektüberwachung fachlich Beteiligter unter Fertigung einer Niederschrift über das Ergebnis der Abnahme

Antrag auf behördliche Abnahmen und Teilnahme daran

Übergabe des Objekts einschließlich Zusammenstellung und Übergabe der erforderlichen Unterlagen, zum Beispiel Abnahmeniederschriften und Prüfungsprotokolle

Zusammenstellen von Wartungsvorschriften für das Objekt

Überwachen der Prüfungen der Funktionsfähigkeit der Anlagenteile und der Gesamtanlage

Auflisten der Verjährungsfristen der Gewährleistungsansprüche

Kostenfeststellung	
Kostenkontrolle durch Überprüfen der Leistungsabrechnung der bauausführenden Unternehmen im Vergleich zu den Vertragspreisen und der fortgeschriebenen Kostenberechnung	
9. Objektbetreuung und Dokumentation	
Objektbegehung zur Mängelfeststellung vor Ablauf der Verjährungsfristen der Gewährleistungsansprüche gegenüber den ausführenden Unternehmen	Erstellen eines Bauwerksbuchs
Überwachen der Beseitigung von Mängeln, die innerhalb der Verjährungsfristen der Gewährleistungsansprüche, längstens jedoch bis zum Ablauf von 5 Jahren seit Abnahme der Leistungen auftreten	
Mitwirken bei der Freigabe von Sicherheitsleistungen	
Systematische Zusammenstellung der zeichnerischen Darstellungen und rechnerischen Ergebnisse des Objekts	

(3) Die Teilnahme an bis zu 5 Erläuterungs- oder Erörterungsterminen mit Bürgern oder politischen Gremien, die bei Leistungen nach Absatz 2 anfallen, sind als Grundleistung mit den Honoraren nach § 56 abgegolten.

(4) Die Vertragsparteien können bei Auftragserteilung schriftlich vereinbaren, daß die Leistungsphase 5 bei Ingenieurbauwerken nach § 51 Abs. 1 Nr. 1 bis 3 und 5 abweichend von Absatz 1 mit mehr als 15 bis zu 35 vom Hundert bewertet wird, wenn in dieser Leistungsphase ein überdurchschnittlicher Aufwand an Ausführungszeichnungen erforderlich wird. Wird die Planung von Anlagen der Verfahrens- und Prozeßtechnik für die in Satz 1 genannten Ingenieurbauwerke an den Auftragnehmer übertragen, dem auch Grundleistungen für diese Ingenieurbauwerke in Auftrag gegeben sind, so kann für diese Leistungen ein Honorar frei vereinbart werden. Wird ein Honorar nach Satz 2 nicht bei Auftragserteilung schriftlich vereinbart, so ist das Honorar als Zeithonorar nach § 6 zu berechnen.

(5) Bei Umbauten und Modernisierungen im Sinne des § 3 Nr. 5 und 6 von Ingenieurbauwerken können neben den in Absatz 2 erwähnten Besonderen Leistungen insbesondere die nachstehenden Besonderen Leistungen vereinbart werden: Ermitteln substanzbezogener Daten und Vorschriften Untersuchen und Abwickeln der notwendigen Sicherungsmaßnahmen von Bau- oder Betriebszuständen Örtliches Überprüfen von Planungsdetails an der vorgefundenen Substanz und Überarbeiten der Planung bei Abweichen von den ursprünglichen Feststellungen Erarbeiten eines Vorschlags zur Behebung von Schäden oder Mängeln. Satz 1 gilt sinngemäß für Verkehrsanlagen mit geringen Kosten für Erdarbeiten einschließlich Felsarbeiten sowie mit gebundener Gradiente oder bei schwieriger Anpassung an vorhandene Randbebauung.

§ 64 Leistungsbild Tragwerksplanung

(1) Die Grundleistungen bei der Tragwerksplanung sind für Gebäude und zugehörige bauliche Anlagen sowie für Ingenieurbauwerke nach § 51 Ab. 1 Nr. 1 bis 5 in den in Absatz 3 aufgeführten Leistungsphasen 1 bis 6, für Ingenieurbauwerke nach § 51 Abs. 1 Nr. 6 und 7 in den in Absatz 3 aufgeführten Leistungsphasen 2 bis 6 zusammengefaßt.

		Bewertung der Grundleistungen in v.H. der Honorare
1.	Grundlagenermittlung* Klären der Aufgabenstellung	3
2.	Vorplanung (Projekt- und Planungsvorbereitung) Erarbeiten des statisch-konstruktiven Konzepts des Tragwerks	10
3.	Entwurfsplanung (System- und Integrationsplanung) Erarbeiten der Tragwerkslösung mit überschlägiger statischer Berechnung	12
4.	Genehmigungsplanung Anfertigen und Zusammenstellen der statischen Berechnung mit Positionsplänen für die Prüfung	30
5.	Ausführungsplanung Anfertigen der Tragwerksausführungszeichnungen	42
6.	Vorbereitung der Vergabe Beitrag zur Mengenermittlung und zum Leistungsverzeichnis	3
7.	Mitwirkung bei der Vergabe	-
8.	Objektüberwachung	-
9.	Objektbetreuung	-

* Die Grundleistungen dieser Leistungsphase für Ingenieurbauwerke nach § 51 Abs. 1 Nr. 6 und 7 sind im Leistungsbild der Objektplanung des § 55 enthalten.

(2) Die Leistungsphase 5 ist abweichend von Absatz 1 mit 26 vom Hundert der Honorare des § 65 zu bewerten:
1. im Stahlbetonbau, sofern keine Schalpläne in Auftrag gegeben werden,
2. im Stahlbau, sofern der Auftragnehmer die Werkstattzeichnungen nicht auf Übereinstimmung mit der Genehmigungsplanung und den Ausführungszeichnungen nach Absatz 3 Nr. 5 überprüft,
3. im Holzbau, sofern das Tragwerk in den Honorarzonen 1 oder 2 eingeordnet ist.

(3) Das Leistungsbild setzt sich wie folgt zusammen:

Grundleistungen	*Besondere Leistungen*
1. Grundlagenermittlung	
Klären der Aufgabenstellung auf dem Fachgebiet Tragwerksplanung im Benehmen mit dem Objektplaner	
2. Vorplanung (Projekt- und Planungsvorbereitung)	
Bei Ingenieurbauwerken nach § 51 Abs. 1 Nr. 6 und 7: Übernahme der Ergebnisse aus Leistungsphase 1 von § 55 Abs. 2	Aufstellen von Vergleichsberechnungen für mehrere Lösungsmöglichkeiten unter verschiedenen Objektbedingungen
Beraten in statisch-konstruktiver Hinsicht unter Berücksichtigung der Belange der Standsicherheit, der Gebrauchsfähigkeit und der Wirtschaftlichkeit	Aufstellen eines Lastenplanes, zum Beispiel als Grundlage für die Baugrundbeurteilung und Gründungsberatung

Mitwirken bei dem Erarbeiten eines Planungskonzepts einschließlich Untersuchung der Lösungsmöglichkeiten des Tragwerks unter gleichen Objektbedingungen mit skizzenhafter Darstellung, Klärung und Angabe der für das Tragwerk wesentlichen konstruktiven Festlegungen für zum Beispiel Baustoffe, Bauarten und Herstellungsverfahren, Konstruktionsraster und Gründungsart

Mitwirken bei Vorverhandlungen mit Behörden und anderen an der Planung fachlich Beteiligten über die Genehmigungsfähigkeit

Mitwirken bei der Kostenschätzung nach DIN 276

Vorläufige nachprüfbare Berechnung wesentlicher tragender Teile

Vorläufige nachprüfbare Berechnung der Gründung

3. Entwurfsplanung (System- und Integrationsplanung)

Erarbeiten der Tragwerkslösung unter Beachtung der durch die Objektplanung integrierten Fachplanungen bis zum konstruktiven Entwurf mit zeichnerischer Darstellung

Überschlägige statische Berechnung und Bemessung

Grundlegende Festlegungen der konstruktiven Details und Hauptabmessungen des Tragwerks für zum Beispiel Gestaltung der tragenden Querschnitte, Aussparungen und Fugen; Ausbildung der Auflager- und Knotenpunkte sowie der Verbindungsmittel

Mitwirken bei der Objektbeschreibung

Mitwirken bei Verhandlungen mit Behörden und anderen an der Planung fachlich Beteiligten über die Genehmigungsfähigkeit

Mitwirken bei der Kostenberechnung, bei Gebäuden und zugehörigen baulichen Anlagen: nach DIN 276

Mitwirken bei der Kostenkontrolle durch Vergleich der Kostenberechnung mit der Kostenschätzung

Vorgezogene, prüfbare und für die Ausführung geeignete Berechnung wesentlich tragender Teile

Vorgezogene, prüfbare und für die Ausführung geeignete Berechnung der Gründung

Mehraufwand bei Sonderbauweisen oder Sonderkonstruktionen, zum Beispiel Klären von Konstruktionsdetails

Vorgezogene Stahl- oder Holzmengenermittlung des Tragwerks und der kraftübertragenden Verbindungsteile für eine Ausschreibung, die ohne Vorliegen von Ausführungsunterlagen durchgeführt wird

Nachweise der Erdbebensicherung

4. Genehmigungsplanung

Aufstellen der prüffähigen statischen Berechnungen für das Tragwerk unter Berücksichtigung der vorgegebenen bauphysikalischen Anforderungen

Bei Ingenieurbauwerken: Erfassen von normalen Bauzuständen

Bauphysikalische Nachweise zum Brandschutz

Statische Berechnung und zeichnerische Darstellung für Bergschadenssicherungen und Bauzustände, soweit diese Leistungen über das Erfassen von normalen Bauzuständen hinausgehen

Anfertigen der Positionspläne für das Tragwerk oder Eintragen der statischen Positionen, der Tragwerksabmessungen, der Verkehrslasten, der Art und Güte der Baustoffe und der Besonderheiten der Konstruktionen in die Entwurfszeichnungen des Objektplaners (zum Beispiel in Transparentpausen)

Zusammenstellen der Unterlagen der Tragwerksplanung zur bauaufsichtlichen Genehmigung

Verhandlungen mit Prüfämtern und Prüfingenieuren

Vervollständigen und Berichtigen der Berechnungen und Pläne

Zeichnungen mit statischen Positionen und den Tragwerksabmessungen, den Bewehrungs-Querschnitten, den Verkehrslasten und der Art und Güte der Baustoffe sowie Besonderheiten der Konstruktionen zur Vorlage bei der bauaufsichtlichen Prüfung anstelle von Positionsplänen

Aufstellen der Berechnungen nach militärischen Lastenklassen (MLC)

Erfassen von Bauzuständen bei Ingenieurbauwerken, in denen das statische System von dem des Endzustands abweicht

5. Ausführungsplanung

Durcharbeiten der Ergebnisse der Leistungsphasen 3 und 4 unter Beachtung der durch die Objektplanung integrierten Fachplanungen

Anfertigen der Schalpläne in Ergänzung der fertiggestellten Ausführungspläne des Objektplaners

Zeichnerische Darstellung der Konstruktionen mit Einbau- und Verlegeanweisungen, zum Beispiel Bewehrungspläne, Stahlbaupläne, Holzkonstruktionspläne (keine Werkstattzeichnungen)

Aufstellen detaillierter Stahl- oder Stücklisten als Ergänzung zur zeichnerischen Darstellung der Konstruktionen mit Stahlmengenermittlung

Werkstattzeichnungen im Stahl- und Holzbau einschließlich Stücklisten, Elementpläne für Stahlbetonfertigteile einschließlich Stahl- und Stücklisten

Berechnen der Dehnwege, Festlegen des Spannvorganges und Erstellen der Spannprotokolle im Spannbetonbau

Wesentliche Leistungen, die infolge Änderungen der Planung, die vom Auftragnehmer nicht zu vertreten sind, erforderlich werden

Rohbauzeichnungen im Stahlbetonbau, die auf der Baustelle nicht der Ergänzung durch die Pläne des Objektplaners bedürfen

6. Vorbereitung der Vergabe

Ermitteln der Betonstahlmengen im Stahlbetonbau, der Stahlmengen im Stahlbau und der Holzmengen im Ingenieurholzbau als Beitrag zur Mengenermittlung des Objektplaners

Überschlägliches Ermitteln der Mengen der konstruktiven Stahlteile und statisch erforderlichen Verbindungs- und Befestigungsmittel im Ingenieurholzbau

Aufstellen von Leistungsbeschreibungen als Ergänzung zu den Mengenermittlungen als Grundlage für das Leistungsverzeichnis des Tragwerks

Beitrag zur Leistungsbeschreibung mit Leistungsprogrammen des Objektplaners1)

Beitrag zum Aufstellen von vergleichenden Kostenübersichten des Objektplaners

Aufstellen des Leistungsverzeichnisses des Tragwerks*

* Diese Besondere Leistung wird bei Leistungsbeschreibung mit Leistungsprogramm Grundleistung. In diesem Fall entfallen die Grundleistungen dieser Leistungsphase.

7. Mitwirkung bei der Vergabe	
	Mitwirken bei der Prüfung und Wertung der Angebote aus Leistungsbeschreibung mit Leistungsprogramm
	Mitwirken bei der Prüfung und Wertung von Nebenangeboten
	Beitrag zum Kostenanschlag nach DIN 276 aus Einheitspreisen oder Pauschalangeboten
8. Bauoberleitung	
	Ingenieurtechnische Kontrolle der Ausführung des Tragwerks auf Übereinstimmung mit den geprüften statischen Unterlagen
	Ingenieurtechnische Kontrolle der Baubehelfe, zum Beispiel Arbeits- und Lehrgerüste, Kranbahnen, Baugrubensicherungen
	Kontrolle der Betonherstellung und Verarbeitung auf der Baustelle in besonderen Fällen sowie statistische Auswertung der Güteprüfungen
	Betontechnologische Beratung
9. Objektbetreuung und Dokumentation	
	Baubegehung zur Feststellung und Überwachung von die Standsicherheit betreffenden Einflüssen

(4) Bei Umbauten und Modernisierungen im Sinne des § 3 Nr. 5 und 6 kann neben den in Absatz 3 erwähnten Besonderen Leistungen insbesondere nachstehende Besondere Leistung vereinbart werden:
Mitwirken bei der Überwachung der Ausführung der Tragwerkseingriffe.

VIII. MaBV

Verordnung über die Pflichten der Makler, Darlehens- und Anlagenvermittler, Bauträger und Baubetreuer

Makler- und Bauträgerverordnung MaBV

§ 1 Anwendungsbereich

Diese Verordnung gilt für Gewerbetreibende, die nach § 34c Abs. 1 der Gewerbeordnung der Erlaubnis bedürfen. Gewerbetreibende, die

1. als Versicherungs- oder Bausparkassenvertreter im Rahmen ihrer Tätigkeit für ein der Aufsicht des Bundesaufsichtsamtes für das Versicherungswesen unterliegendes Versicherungsunternehmen oder für eine der Aufsicht des Bundesaufsichtsamtes für das Kreditwesen unterliegende Bausparkasse den Abschluß von Verträgen über Darlehen vermitteln oder die Gelegenheit zum Abschluß solcher Verträge nachweisen oder
2. den Abschluß von Verträgen über die Nutzung der von ihnen für Rechnung Dritter verwalteten Grundstücke, grundstücksgleichen Rechte, gewerblichen Räume oder Wohnräume vermitteln oder die Gelegenheit zum Abschluß solcher Verträge nachweisen,

unterliegen hinsichtlich dieser Tätigkeit nicht den Vorschriften dieser Verordnung.

§ 2 Sicherheitsleistung, Versicherung

(1) Bevor der Gewerbetreibende zur Ausführung des Auftrages Vermögenswerte des Auftraggebers erhält oder zu deren Verwendung ermächtigt wird, hat er dem Auftraggeber in Höhe dieser Vermögenswerte Sicherheit zu leisten oder eine zu diesem Zweck geeignete Versicherung abzuschließen; dies gilt nicht in den Fällen des § 34c Abs. 1 Satz 1 Nr. 2 Buchstabe a der Gewerbeordnung, sofern dem Auftraggeber Eigentum an einem Grundstück übertragen oder ein Erbbaurecht bestellt oder übertragen werden soll. Zu sichern sind Schadensersatzansprüche des Auftraggebers wegen etwaiger von dem Gewerbetreibenden und den Personen, die er zur Verwendung der Vermögenswerte ermächtigt hat, vorsätzlich begangener unerlaubter Handlungen, die sich gegen die in Satz 1 bezeichneten Vermögenswerte richten.

(2) Die Sicherheit kann nur durch die Stellung eines Bürgen geleistet werden. Als Bürge können nur Körperschaften des öffentlichen Rechts mit Sitz im Geltungsbereich dieser Verordnung, Kreditinstitute, die im Inland zum Geschäftsbetrieb befugt sind, sowie Versicherungsunternehmen bestellt werden, die zum Betrieb der Bürgschaftsversicherung im Inland befugt sind. Die Bürgschaftserklärung muß den Verzicht auf die Einrede der Vorausklage enthalten. Die Bürgschaft darf nicht vor dem Zeitpunkt ablaufen, der sich aus Absatz 5 ergibt.

(3) Versicherungen sind nur dann im Sinne des Absatzes 1 geeignet, wenn
1. das Versicherungsunternehmen zum Betrieb der Vertrauensschadensversicherung im Inland befugt ist und
2. die allgemeinen Versicherungsbedingungen dem Zweck dieser Verordnung gerecht werden, insbesondere den Auftraggeber aus dem Versicherungsvertrag auch in den Fällen des Konkurs- und des Vergleichsverfahrens des Gewerbetreibenden unmittelbar berechtigen.

(4) Sicherheiten und Versicherungen können nebeneinander geleistet und abgeschlossen werden. Sie können für jeden einzelnen Auftrag oder für mehrere gemeinsam geleistet oder abgeschlossen werden. Der Gewerbetreibende hat dem Auftraggeber die zur unmittelbaren Inanspruchnahme von Sicherheiten und Versicherungen erforderlichen Urkunden auszuhändigen, bevor er Vermögenswerte des Auftraggebers erhält oder zu deren Verwendung ermächtigt wird.

(5) Die Sicherheiten und Versicherungen sind aufrechtzuerhalten

1. in den Fällen des § 34c Abs. 1 Satz 1 Nr. 1 der Gewerbeordnung, bis der Gewerbetreibende die Vermögenswerte an den in dem Auftrag bestimmten Empfänger übermittelt hat,
2. in den Fällen des § 34c Abs. 1 Satz 1 Nr. 2 Buchstabe a der Gewerbeordnung, sofern ein Nutzungsverhältnis begründet werden soll, bis zur Einräumung des Besitzes und Begründung des Nutzungsverhältnisses,
3. in den Fällen des § 34c Abs. 1 Satz 1 Nr. 2 Buchstabe b der Gewerbeordnung bis zur Rechnungslegung; sofern die Rechnungslegungspflicht gemäß § 8 Abs. 2 entfällt, endet die Sicherungspflicht mit der vollständigen Fertigstellung des Bauvorhabens.

Erhält der Gewerbetreibende Vermögenswerte des Auftraggebers in Teilbeträgen, oder wird er ermächtigt, hierüber in Teilbeträgen zu verfügen, endet die Verpflichtung aus Absatz 1 Satz 1, erster Halbsatz, in bezug auf die Teilbeträge, sobald er dem Auftraggeber die ordnungsgemäße Verwendung dieser Vermögenswerte nachgewiesen hat; die Sicherheiten und Versicherungen für den letzten Teilbetrag sind bis zu dem in Satz 1 bestimmten Zeitpunkt aufrechtzuerhalten.

§ 3 Besondere Sicherungspflichten für Bauträger

(1) Der Gewerbetreibende darf in den Fällen des § 34c Abs. 1 Satz 1 Nr. 2 Buchstabe a der Gewerbeordnung, sofern dem Auftraggeber Eigentum an einem Grundstück übertragen oder ein Erbbaurecht bestellt oder übertragen werden soll, Vermögenswerte des Auftraggebers zur Ausführung des Auftrages erst entgegennehmen oder sich zu deren Verwendung ermächtigen lassen, wenn

1. der Vertrag zwischen dem Gewerbetreibenden und dem Auftraggeber rechtswirksam ist und die für seinen Vollzug erforderlichen Genehmigungen vorliegen, diese Voraussetzungen durch eine schriftliche Mitteilung des Notars bestätigt und dem Gewerbetreibenden keine vertraglichen Rücktrittsrechte eingeräumt sind,
2. zur Sicherung des Anspruchs des Auftraggebers auf Eigentumsübertragung oder Bestellung oder Übertragung eines Erbbaurechts an dem Vertragsobjekt eine Vormerkung an der vereinbarten Rangstelle im Grundbuch eingetragen ist; bezieht sich der Anspruch auf Wohnungs- oder Teileigentum oder ein Wohnungs- oder Teilerbbaurecht, so muß außerdem die Begründung dieses Rechts im Grundbuch vollzogen sein,
3. die Freistellung des Vertragsobjekts von allen Grundpfandrechten, die der Vormerkung im Rang vorgehen oder gleichstehen und nicht übernommen werden sollen, gesichert ist, und zwar auch für den Fall, daß das Bauvorhaben nicht vollendet wird,
4. die Baugenehmigung erteilt worden ist oder, wenn eine Baugenehmigung nicht oder nicht zwingend vorgesehen ist,
   a) von der zuständigen Behörde bestätigt worden ist, daß
   aa) die Baugenehmigung als erteilt gilt oder
   bb) nach den baurechtlichen Vorschriften mit dem Vorhaben begonnen werden darf, oder,
   b) wenn eine derartige Bestätigung nicht vorgesehen ist, von dem Gewerbetreibenden bestätigt worden ist, daß
   aa) die Baugenehmigung als erteilt gilt oder
   bb) nach den baurechtlichen Vorschriften mit dem Bauvorhaben begonnen werden darf,
   und nach Eingang dieser Bestätigung beim Auftraggeber mindestens ein Monat vergangen ist.

Die Freistellung nach Satz 1 Nr. 3 ist gesichert, wenn gewährleistet ist, daß die nicht zu übernehmenden Grundpfandrechte im Grundbuch gelöscht werden, und zwar, wenn das Bauvorhaben vollendet wird, unverzüglich nach Zahlung der geschuldeten Vertragssumme, andernfalls unverzüglich nach Zahlung des dem erreichten Bautenstand entsprechenden Teils der geschuldeten Vertragssumme durch den Auftraggeber. Für den Fall, daß das Bauvorhaben nicht vollendet wird, kann sich der Kreditgeber vorbehalten, an Stelle der Freistellung alle vom Auftraggeber vertragsgemäß im Rahmen des Absatzes 2 bereits geleisteten Zahlungen bis zum anteiligen Wert des Vertragsobjekts zurückzuzahlen. Die zur Sicherung der Freistellung erforderlichen Erklärungen einschließlich etwaiger Erklärungen nach Satz 3 müssen dem Auftraggeber ausgehändigt worden sein. Liegen sie bei Abschluß des notariellen Vertrages bereits vor, muß auf sie in dem Vertrag Bezug genommen sein; andernfalls muß der Vertrag einen ausdrücklichen Hinweis auf die Verpflichtung des Gewerbetreibenden zur Aushändigung der Erklärungen und deren notwendigen Inhalt enthalten.

(2) Der Gewerbetreibende darf in den Fällen des Absatzes 1 die Vermögenswerte ferner in bis zu sieben Teilbeträgen entsprechend dem Bauablauf entgegennehmen oder sich zu deren Verwendung ermächtigen lassen. Die Teilbeträge können aus den nachfolgenden Vomhundertsätzen zusammengesetzt werden:
1. 30 vom Hundert der Vertragssumme in den Fällen, in denen Eigentum an einem Grundstück übertragen werden soll, oder 20 vom Hundert der Vertragssumme in den Fällen, in denen ein Erbbaurecht bestellt oder übertragen werden soll, nach Beginn der Erdarbeiten,
2. vom der restlichen Vertragssumme
- 40 vom Hundert nach Rohbaufertigstellung, einschließlich Zimmererarbeiten,
- 8 vom Hundert für die Herstellung der Dachflächen und Dachrinnen,
- 3 vom Hundert für die Rohinstallation der Heizungsanlagen,
- 3 vom Hundert für die Rohinstallation der Sanitäranlagen,
- 3 vom Hundert für die Rohinstallation der Elektroanlagen,
- 10 vom Hundert für den Fenstereinbau, einschließlich der Verglasung,
- 6 vom Hundert für den Innenputz, ausgenommen Beiputzarbeiten
- 3 vom Hundert für den Estrich,
- 4 vom Hundert für die Fliesenarbeiten im Sanitärbereich,
- 12 vom Hundert nach Bezugsfertigkeit und Zug um Zug gegen Besitzübergabe,
- 3 vom Hundert für die Fassadenarbeiten,
- 5 vom Hundert nach vollständiger Fertigstellung.

Sofern einzelne der in Satz 2 Nr. 2 genannten Leistungen nicht anfallen, wird der jeweilige Vomhundertsatz anteilig auf die übrigen Raten verteilt. Betrifft das Bauvorhaben einen Altbau, so gelten die Sätze 1 und 2 mit der Maßgabe entsprechend, daß der hiernach zu errechnende Teilbetrag für schon erbrachte Leistungen mit Vorliegen der Voraussetzungen des Absatzes 1 entgegengenommen werden kann.

(3) Der Gewerbetreibende darf in den Fällen des § 34c Abs. 1 Satz 1 Nr. 2 Buchstabe a der Gewerbeordnung, sofern ein Nutzungsverhältnis begründet werden soll, Vermögenswerte des Auftraggebers zur Ausführung des Auftrages in Höhe von 20 vom Hundert der Vertragssumme nach Vertragsabschluß entgegennehmen oder sich zu deren Verwendung ermächtigen lassen; im übrigen gelten Absatz 1 Satz 1 Nr. 1 und 4 und Absatz 2 entsprechend.

§ 4 Verwendung von Vermögenswerten des Auftraggebers

(1) Der Gewerbetreibende darf Vermögenswerte des Auftraggebers, die er erhalten hat oder zu deren Verwendung er ermächtigt worden ist, nur verwenden
1. in den Fällen des § 34c Abs. 1 Satz 1 Nr. 1 der Gewerbeordnung zur Erfüllung des Vertrages, der durch die Vermittlung oder die Nachweistätigkeit des Gewerbetreibenden zustande gekommen ist,
2. in den Fällen des § 34c Abs. 1 Satz 1 Nr. 2 der Gewerbeordnung zur Vorbereitung und Durchführung des Bauvorhabens, auf das sich der Auftrag bezieht; als Bauvorhaben gilt das einzelne Gebäude, bei Einfamilienreihenhäusern die einzelne Reihe.

(2) Der Gewerbetreibende darf in den Fällen des § 34c Abs. 1 Satz 1 Nr. 2 Buchstabe b der Gewerbeordnung, in denen er das Bauvorhaben für mehrere Auftraggeber vorbereitet und durchführt, die Vermögenswerte der Auftraggeber nur im Verhältnis der Kosten der einzelnen Einheiten zu den Gesamtkosten des Bauvorhabens verwenden.

§ 5 Hilfspersonal

Ermächtigt der Gewerbetreibende andere Personen, Vermögenswerte des Auftraggebers zur Ausführung des Auftrages entgegenzunehmen oder zu verwenden, so hat er sicherzustellen, daß dies nur nach Maßgabe der §§ 3 und 4 geschieht.

§ 6 Getrennte Vermögensverwaltung

(1) Erhält der Gewerbetreibende zur Ausführung des Auftrages Vermögenswerte des Auftraggebers, so hat er sie von seinem Vermögen und dem seiner sonstigen Auftraggeber getrennt zu verwalten. Dies gilt nicht für vertragsgemäß im Rahmen des § 3 Abs. 2 oder 3 Satz 1 geleistete Zahlungen.

(2) Der Gewerbetreibende hat Gelder, die er vom Auftraggeber erhält, unverzüglich für Rechnung des Auftraggebers auf ein Sonderkonto bei einem Kreditinstitut im Sinne des § 2 Abs. 2 Satz 2 einzuzahlen und auf diesem Konto bis zur Verwendung im Sinne des § 4 zu belassen. Er hat dem Kreditinstitut offenzulegen, daß die Gelder für fremde Rechnung eingelegt werden und hierbei den Namen, Vornamen und die Anschrift des Auftraggebers anzugeben. Er hat das Kreditinstitut zu verpflichten, den Auftraggeber unverzüglich zu benachrichtigen, wenn die Einlage von dritter Seite gepfändet oder das Konkursverfahren oder das Vergleichsverfahren zur Abwendung des Konkurses über das Vermögen des Gewerbetreibenden eröffnet wird, und dem Auftraggeber jederzeit Auskunft über den Stand des Kontos zu erteilen. Er hat das Kreditinstitut ferner zu verpflichten, bei diesem Konto weder das Recht der Aufrechnung noch ein Pfand- oder Zurückbehaltungsrecht geltend zu machen, es sei denn wegen Forderungen, die in bezug auf das Konto selbst entstanden sind.

(3) Wertpapiere im Sinne des § 1 Abs. 1 des Gesetzes über die Verwahrung und Anschaffung von Wertpapieren, die der Gewerbetreibende vom Auftraggeber erhält, hat er unverzüglich für Rechnung des Auftraggebers einem Kreditinstitut im Sinne des § 2 Abs. 2 Satz 2 zur Verwahrung anzuvertrauen. Absatz 2 Satz 2 bis 4 ist anzuwenden.

§ 7 Ausnahmevorschrift

(1) Gewerbetreibende im Sinne des § 34c Abs. 1 Satz 1 Nr. 2 Buchstabe a der Gewerbeordnung, die dem Auftraggeber Eigentum an einem Grundstück zu übertragen oder ein Erbbaurecht zu bestellen oder zu übertragen haben, sind von den Verpflichtungen des § 3 Abs. 1 und 2, des § 4 Abs. 1 und der §§ 5 und 6, die übrigen Gewerbetreibenden im Sinne des § 34c Abs. 1 der Gewerbeordnung sind von den Verpflichtungen des § 2, des § 3 Abs. 3 und der §§ 4 bis 6 freigestellt, sofern sie Sicherheit für alle etwaigen Ansprüche des Auftraggebers auf Rückgewähr oder Auszahlung seiner Vermögenswerte im Sinne des § 2 Abs. 1 Satz 1 geleistet haben. § 2 Abs. 2, Abs. 4 Satz 2 und 3 und Abs. 5 Satz 1 gilt entsprechend. In den Fällen des § 34c Abs. 1 Satz 1 Nr. 2 Buchstabe a der Gewerbeordnung, in denen dem Auftraggeber Eigentum an einem Grundstück übertragen oder ein Erbbaurecht bestellt oder übertragen werden soll, ist die Sicherheit aufrechtzuerhalten, bis die Voraussetzungen des § 3 Abs. 1 erfüllt sind und das Vertragsobjekt vollständig fertiggestellt ist. Ein Austausch der Sicherungen der §§ 2 bis 6 und derjenigen des § 7 ist zulässig.

(2) Der Gewerbetreibende ist von den in Absatz 1 Satz 1 erwähnten Verpflichtungen auch dann freigestellt, wenn es sich bei dem Auftraggeber um
1. eine juristische Person des öffentlichen Rechts oder ein öffentlich-rechtliches Sondervermögen oder
2. einen in das Handelsregister oder das Genossenschaftsregister eingetragenen Kaufmann

handelt und der Auftraggeber in gesonderter Urkunde auf die Anwendung dieser Bestimmungen verzichtet. Im Falle des Satzes 1 Nr. 2 hat sich der Gewerbetreibende vom Auftraggeber dessen Eigenschaft als Kaufmann durch einen Auszug aus dem Handelsregister oder dem Genossenschaftsregister nachweisen zu lassen.

§ 8 Rechnungslegung

(1) Hat der Gewerbetreibende zur Ausführung des Auftrages Vermögenswerte des Auftraggebers erhalten oder verwendet, so hat er dem Auftraggeber nach Beendigung des Auftrages über die Verwendung dieser Vermögenswerte Rechnung zu legen. § 259 des Bürgerlichen Gesetzbuchs ist anzuwenden.

(2) Die Verpflichtung, Rechnung zu legen, entfällt, soweit der Auftraggeber nach Beendigung des Auftrages dem Gewerbetreibenden gegenüber schriftlich darauf verzichtet oder der Gewerbetreibende mit den Vermögenswerten des Auftraggebers eine Leistung zu einem Festpreis zu erbringen hat.

§ 9 Anzeigepflicht

Der Gewerbetreibende hat der zuständigen Behörde die jeweils mit der Leitung des Betriebes oder einer Zweigniederlassung beauftragten Personen unverzüglich anzuzeigen. Dies gilt bei juristischen Personen auch für die nach Gesetz, Satzung oder Gesellschaftsvertrag jeweils zur Vertretung berufenen Personen. In der Anzeige sind Name, Geburtsname, sofern er vom Namen abweicht, Vornamen, Staatsangehörigkeit, Geburtstag, Geburtsort und Anschrift der betreffenden Personen anzugeben.

§ 10 Buchführungspflicht

(1) Der Gewerbetreibende hat von der Annahme des Auftrages an nach Maßgabe der folgenden Vorschriften Aufzeichnungen zu machen sowie Unterlagen und Belege übersichtlich zu sammeln. Die Aufzeichnungen sind unverzüglich und in deutscher Sprache vorzunehmen.

(2) Aus den Aufzeichnungen und Unterlagen sämtlicher Gewerbetreibender müssen ersichtlich sein

1. der Name und Vorname oder die Firma sowie die Anschrift des Auftraggebers,
2. folgende Angaben, soweit sie im Einzelfall in Betracht kommen,

a) das für die Vermittler- oder Nachweistätigkeit oder für die Tätigkeit als Baubetreuer vom Auftraggeber zu entrichtende Entgelt; Wohnungsvermittler haben das Entgelt in einem Bruchteil oder Vielfachen der Monatsmiete anzugeben;

b) ob der Gewerbetreibende zur Entgegennahme von Zahlungen oder sonstigen Leistungen ermächtigt ist;

c) Art und Höhe der Vermögenswerte des Auftraggebers, die der Gewerbetreibende zur Ausführung des Auftrages erhalten oder zu deren Verwendung er ermächtigt werden soll;

d) daß der Gewerbetreibende den Auftraggeber davon unterrichtet hat, daß er von ihm nur im Rahmen des § 3 Vermögenswerte entgegennehmen oder sich zu deren Verwendung ermächtigen lassen und diese Vermögenswerte nur im Rahmen des § 4 verwenden darf, es sei denn, daß nach § 7 verfahren wird;

e) Art, Höhe und Umfang der vom Gewerbetreibenden für die Vermögenswerte zu leistenden Sicherheit und abzuschließenden Versicherung, Name oder Firma und Anschrift des Bürgen und der Versicherung;

f) Vertragsdauer.

(3) Aus den Aufzeichnungen und Unterlagen von Gewerbetreibenden im Sinne des § 34c Abs. 1 Satz 1 Nr. 1 der Gewerbeordnung müssen ferner folgende Angaben ersichtlich sein, soweit sie im Einzelfall in Betracht kommen,

1. bei der Vermittlung oder dem Nachweis der Gelegenheit zum Abschluß von Verträgen über den Erwerb von Grundstücken oder grundstücksgleichen Rechten: Lage, Größe und Nutzungsmöglichkeit des Grundstücks, Art, Alter und Zustand des Gebäudes, Ausstattung, Wohn- und Nutzfläche, Zahl der Zimmer, Höhe der Kaufpreisforderung einschließlich zu übernehmender Belastungen, Name, Vorname und Anschrift des Veräußerers;
2. bei der Vermittlung oder dem Nachweis der Gelegenheit zum Abschluß von Verträgen über die Nutzung von Grundstücken oder grundstücksgleichen Rechten: Lage, Größe und Nutzungsmöglichkeit des Grundstücks, Art, Alter und Zustand des Gebäudes, Ausstattung, Wohn- und Nutzfläche, Zahl der Zimmer, Höhe der Mietzinsforderung sowie gegebenenfalls Höhe eines Baukostenzuschusses, einer Kaution, einer Mietvorauszahlung, eines Mieterdarlehens oder einer Abstandssumme, Name, Vorname und Anschrift des Vermieters;
3. bei der Vermittlung oder dem Nachweis der Gelegenheit zum Abschluß von Verträgen über die Nutzung von gewerblichen Räumen oder Wohnräumen: Lage des Grundstücks und der Räume, Ausstattung, Nutz- und Wohnfläche, Zahl der Räume, Höhe der Mietzinsforderung sowie gegebenenfalls Höhe eines Baukostenzuschusses, einer Kaution, einer Mietvorauszahlung, eines Mieterdarlehens oder einer Abstandssumme, Name, Vorname und Anschrift des Vermieters;
4. (weggefallen)
5. bei der Vermittlung oder dem Nachweis der Gelegenheit zum Abschluß von Verträgen über den Erwerb von Anteilscheinen einer Kapitalanlagegesellschaft oder von ausländischen Investmentanteilen: Firma und Sitz der Kapitalanlagegesellschaft oder der ausländischen Investmentgesellschaft sowie je ein Stück der Vertragsbedingungen und des Verkaufsprospekts (§ 19 des Gesetzes über Kapitalanlagegesellschaften und § 3 des Gesetzes über den Vertrieb ausländischer Investmentanteile und über die Besteuerung der Erträge aus ausländischen Investmentanteilen); bei der Vermittlung oder dem Nachweis der Gelegenheit zum Abschluß von Verträgen über den Erwerb von ausländischen Investmentanteilen außerdem Angaben darüber, ob die ausländische Investmentgesellschaft in ihrem Sitzland im Hinblick auf das Investmentgeschäft einer staatlichen Aufsicht

untersteht, ob und wann die ausländische Investmentgesellschaft die Absicht, ihre Anteile öffentlich zu vertreiben, dem Bundesaufsichtsamt für das Kreditwesen angezeigt hat sowie ob und wann das Bundesaufsichtsamt für das Kreditwesen den öffentlichen Vertrieb untersagt hat oder die Rechte aus der Vertriebsanzeige durch Verzicht erloschen sind;

6. bei der Vermittlung oder dem Nachweis der Gelegenheit zum Abschluß von Verträgen über den Erwerb von sonstigen öffentlich angebotenen Vermögensanlagen, die für gemeinsame Rechnung der Anleger verwaltet werden, sowie über den Erwerb von öffentlich angebotenen Anteilen an einer Kommanditgesellschaft:
   a) die Kosten, die insgesamt jeweils von jeder Zahlung des Erwerbers abgezogen werden;
   b) die laufenden Kosten, die darüber hinaus jährlich nach den Vertragsbedingungen einbehalten werden;
   c) (weggefallen)
   d) ob rechtsverbindlich öffentliche Finanzierungshilfen zugesagt worden sind;
   e) ob die eingezahlten Gelder von einem Kreditinstitut treuhänderisch verwaltet werden, sowie Firma und Sitz dieses Kreditinstituts;
   f) ob bei einer Kommanditgesellschaft die Kapitalanteile von Kommanditisten als Treuhänder für die Anleger gehalten werden, sowie Name, Vorname oder Firma und Anschrift oder Sitz dieser Treuhänder;
   g) wie hoch der Anteil der Fremdfinanzierung an der gesamten Finanzierung ist, ob die Kredite fest zugesagt sind und von wem;
   h) ob ein Kontrollorgan für die Geschäftsführung bestellt ist und welche Befugnisse es hat;
   i) ob die Haftung des Erwerbers auf die Einlage beschränkt ist;
   j) ob weitere Zahlungsverpflichtungen für den Erwerber bestehen oder entstehen können;
   k) Firma und Sitz des Unternehmens, das die angebotene Vermögensanlage verwaltet, oder der Gesellschaft, deren Anteile angeboten werden;
7. bei der Vermittlung oder dem Nachweis der Gelegenheit zum Abschluß von Verträgen über den Erwerb von öffentlich angebotenen Anteilen an einer Kapitalgesellschaft oder verbrieften Forderungen gegen eine Kapitalgesellschaft oder Kommanditgesellschaft:
   a) Firma, Sitz und Zeitpunkt der Gründung der Gesellschaft;
   b) ob und an welchen Börsen die Anteile oder Forderungen gehandelt werden;
   c) ob ein Emissionsprospekt und ein Börsenprospekt vorliegen;
   d) nach welchem Recht sich die Beziehungen zwischen dem Erwerber und der Gesellschaft richten;
   e) sämtliche mit dem Erwerb verbundenen Kosten; bei verbrieften Forderungen außerdem Angaben über Zinssatz, Ausgabekurs, Tilgungs- und Rückzahlungsbedingungen und Sicherheiten.

(4) Aus den Aufzeichnungen und Unterlagen von Gewerbetreibenden im Sinne des § 34c Abs. 1 Satz 1 Nr. 2 der Gewerbeordnung müssen zusätzlich zu den Angaben nach Absatz 2 folgende Angaben ersichtlich sein, soweit sie im Einzelfall in Betracht kommen,

1. bei Bauvorhaben, die ganz oder teilweise zur Veräußerung bestimmt sind: Lage und Größe des Baugrundstücks, das Bauvorhaben mit den von der Bauaufsicht genehmigten Plänen nebst Baubeschreibung, sofern das Bauvorhaben nicht genehmigungspflichtig ist, neben den vorerwähnten Plänen und der Baubeschreibung die Bestätigung der Behörde oder des Gewerbetreibenden gemäß § 3 Abs. 1 Satz 1 Nr. 4 Buchstabe a oder b, der Zeitpunkt der Fertigstellung, die Kaufsache, die Kaufpreisforderung, die Belastungen, die Finanzierung, soweit sie nicht vom Erwerber erbracht werden soll;
2. bei Bauvorhaben, die ganz oder teilweise vermietet, verpachtet oder in anderer Weise zur Nutzung überlassen werden sollen: Lage und Größe des Baugrundstücks, das Bauvorhaben mit den von der Bauaufsicht genehmigten Plänen nebst Baubeschreibung, sofern das Bauvorhaben nicht genehmigungspflichtig ist, neben den vorerwähnten Plänen und der Baubeschreibung die Bestätigung der Behörde oder des Gewerbetreibenden gemäß § 3 Abs. 1 Satz 1 Nr. 4 Buchstabe a oder b, der Zeitpunkt der Fertigstellung, der Vertragsgegenstand, die Mietzins-, Pachtzins- oder sonstige Forderung, die darüber hinaus zu erbringenden laufenden Leistungen und die etwaigen einmaligen Leistungen, die nicht zur Vorbereitung oder Durchführung des Bauvorhabens verwendet werden sollen;

3. bei Bauvorhaben, die der Gewerbetreibende als Baubetreuer wirtschaftlich vorbereiten oder durchführen soll: Lage und Größe des Baugrundstücks, das Bauvorhaben mit Plänen und Baubeschreibung, der Zeitpunkt der Fertigstellung, die veranschlagten Kosten, die Kostenobergrenze und die von dem Gewerbetreibenden bei Dritten zu beschaffende Finanzierung.

(5) Aus den Aufzeichnungen, Unterlagen und Belegen sämtlicher Gewerbetreibender müssen ferner ersichtlich sein, soweit dies im Einzelfall in Betracht kommt,

1. Art und Höhe der Vermögenswerte des Auftraggebers, die der Gewerbetreibende zur Ausführung des Auftrages erhalten hat oder zu deren Verwendung er ermächtigt wurde,
2. das für die Vermittler- oder Nachweistätigkeit oder für die Tätigkeit als Baubetreuer vom Auftraggeber entrichtete Entgelt,
3. eine Bestätigung des Auftraggebers über die Aushändigung der in § 2 Abs. 4 Satz 3 bezeichneten Unterlagen,
4. Kopie der Bürgschaftsurkunde und des Versicherungsscheins,
5. Verwendungen von Vermögenswerten des Auftraggebers durch den Gewerbetreibenden nach Tag und Höhe, in den Fällen des § 2 Abs. 5 Satz 2 auch eine Bestätigung des Auftraggebers darüber, daß ihm die ordnungsgemäße Verwendung der Teilbeträge nachgewiesen worden ist,
6. Tag und Grund der Auftragsbeendigung,
7. Tag der Beendigung des Bürgschaftsvertrages und der Versicherung,
8. die in § 7 Abs. 2 erwähnten Unterlagen,
9. Nachweis, daß dem Auftraggeber die in § 11 bezeichneten Angaben rechtzeitig und vollständig mitgeteilt worden sind.

(6) Sonstige Vorschriften über Aufzeichnungs- und Buchführungspflichten des Gewerbetreibenden und die §§ 2 und 3 des Gesetzes über die Sicherung der Bauforderungen in der im Bundesgesetzblatt Teil III, Gliederungsnummer 213-2, veröffentlichten bereinigten Fassung in der jeweils geltenden Fassung bleiben unberührt.

§ 11 Informationspflicht

Der Gewerbetreibende hat dem Auftraggeber schriftlich und in deutscher Sprache folgende Angaben mitzuteilen, soweit sie im Einzelfall in Betracht kommen:

1. in den Fällen des § 34c Abs. 1 Satz 1 Nr. 1 Buchstabe a der Gewerbeordnung, sofern der Abschluß von Verträgen über Grundstücke, grundstücksgleiche Rechte, gewerbliche Räume oder Wohnräume vermittelt oder die Gelegenheit zum Abschluß solcher Verträge nachgewiesen werden soll, unmittelbar nach der Annahme des Auftrages die in § 10 Abs. 2 Nr. 2 Buchstaben a und f erwähnten Angaben und spätestens bei Aufnahme der Vertragsverhandlungen über den vermittelten oder nachgewiesenen Vertragsgegenstand die in § 10 Abs. 2 Nr. 2 Buchstabe b bis e und Abs. 3 Nr. 1 bis 3 erwähnten Angaben,
2. in den Fällen des § 34c Abs. 1 Satz 1 Nr. 1 Buchstabe b der Gewerbeordnung vor der Annahme des Auftrages die in § 10 Abs. 2 Nr. 2 und Abs. 3 Nr. 5 bis 7 erwähnten Angaben,
3. in den Fällen des § 34c Abs. 1 Satz 1 Nr. 2 der Gewerbeordnung spätestens bis zur Annahme des Auftrages die in § 10 Abs. 2 Nr. 2 und Abs. 4 erwähnten Angaben. Vor diesem Zeitpunkt hat der Gewerbetreibende dem Auftraggeber die Angaben zu machen, die zur Beurteilung des Auftrages nach dem jeweiligen Verhandlungsstand erforderlich sind. Im Falle des § 10 Abs. 4 Nr. 3 entfällt die Verpflichtung, soweit die Angaben vom Auftraggeber stammen.

§ 12 Unzulässigkeit abweichender Vereinbarungen

Der Gewerbetreibende darf seine Verpflichtungen nach den §§ 2 bis 8 sowie die nach § 2 Abs. 1 zu sichernden Schadensersatzansprüche des Auftraggebers durch vertragliche Vereinbarung weder ausschließen noch beschränken.

§ 13 Inseratensammlung

(1) Je ein Stück sämtlicher Veröffentlichungen und Werbeschriften, insbesondere Inserate und Prospekte, in denen der Gewerbetreibende Tätigkeiten ankündigt, die den Vorschriften dieser Verordnung unterliegen, ist in der Reihenfolge des Erscheinens übersichtlich zu verwahren. Die gesam-

melten Inserate müssen einen Hinweis auf die Bezeichnung der Druckschrift und den Tag ihres Erscheinens enthalten. Bei gleichlautenden Dauerinseraten genügt die Verwahrung der erstmaligen Veröffentlichung mit einem Vermerk über alle weiteren Erscheinungstage. Der Gewerbetreibende kann an Stelle der Inserate die Kopien der Anzeigenaufträge und die Rechnungen oder die Kopien der Rechnungen des Verlagsunternehmens, aus denen die Bezeichnung der Druckschrift und der Tag ihres Erscheinens ersichtlich sein müssen, verwahren.

(2) Soweit die Verwahrung einer Veröffentlichung nach Absatz 1 wegen ihrer Art nicht möglich ist, ist ein Vermerk über ihren Inhalt und den Tag ihres Erscheinens zu der Sammlung zu nehmen.

§ 14 Aufbewahrung

(1) Die in den §§ 10 und 13 bezeichneten Geschäftsunterlagen sind 5 Jahre in den Geschäftsräumen aufzubewahren. Die Aufbewahrungsfrist beginnt in den Fällen des § 10 mit dem Schluß des Kalenderjahres, in dem der letzte aufzeichnungspflichtige Vorgang für den jeweiligen Auftrag angefallen ist, in den Fällen des § 13 mit dem Schluß des Kalenderjahres, in dem die letzte Veröffentlichung oder Werbung stattgefunden hat. Vorschriften, die eine längere Frist bestimmen, bleiben unberührt.

(2) Die nach Absatz 1 aufzubewahrenden Unterlagen können auch in Form einer verkleinerten Wiedergabe aufbewahrt werden, wenn gesichert ist, daß die Wiedergabe mit der Urschrift übereinstimmt. Der Gewerbetreibende hat auf Verlangen der zuständigen Behörde auf seine Kosten die erforderliche Anzahl ohne Hilfsmittel lesbarer Reproduktionen vorzulegen; bei Ermittlungen oder Prüfungen in den Geschäftsräumen sind für verkleinerte Wiedergaben die erforderlichen Lesegeräte bereitzuhalten.

§ 15

(weggefallen)

§ 16 Prüfungen

(1) Gewerbetreibende im Sinne des § 34c Abs. 1 der Gewerbeordnung haben auf ihre Kosten die Einhaltung der sich aus den §§ 2 bis 14 ergebenden Verpflichtungen für jedes Kalenderjahr durch einen geeigneten Prüfer prüfen zu lassen und der zuständigen Behörde den Prüfungsbericht bis spätestens zum 31. Dezember des darauffolgenden Jahres zu übermitteln. Sofern der Gewerbetreibende im Berichtszeitraum keine nach § 34c Abs. 1 Satz 1 der Gewerbeordnung erlaubnispflichtige Tätigkeit ausgeübt hat, hat der spätestens bis zu dem in Satz 1 genannten Termin anstelle des Prüfungsberichts eine entsprechende Erklärung zu übermitteln. Der Prüfungsbericht muß einen Vermerk darüber enthalten, ob Verstöße des Gewerbetreibenden festgestellt worden sind. Verstöße sind in dem Vermerk aufzuzeigen. Der Prüfer hat den Vermerk mit Angabe von Ort und Datum zu unterzeichnen.

(2) Die zuständige Behörde ist befugt, Gewerbetreibende im Sinne des § 34c Abs. 1 der Gewerbeordnung auf deren Kosten aus besonderem Anlaß im Rahmen einer außerordentlichen Prüfung durch einen geeigneten Prüfer überprüfen zu lassen. Der Prüfer wird von der zuständigen Behörde bestimmt. Absatz 1 Satz 2 bis 4 gilt entsprechend.

(3) Geeignete Prüfer sind

1. Wirtschaftsprüfer, vereidigte Buchprüfer, Wirtschaftsprüfungs- und Buchprüfungsgesellschaften,

2. Prüfungsverbände, zu deren gesetzlichem oder satzungsmäßigem Zweck die regelmäßige und außerordentliche Prüfung ihrer Mitglieder gehört, sofern

a) von ihren gesetzlichen Vertretern mindestens einer Wirtschaftsprüfer ist,

b) sie die Voraussetzungen des § 63b Abs. 5 des Gesetzes betreffend die Erwerbs- und Wirtschaftsgenossenschaften erfüllen oder

c) sie sich für ihre Prüfungstätigkeit selbständiger Wirtschaftsprüfer oder vereidigter Buchprüfer oder einer Wirtschaftsprüfungs- oder Buchprüfungsgesellschaft bedienen.

Bei Gewerbetreibenden im Sinne des § 34c Abs. 1 Satz 1 Nr. 1 Buchstabe a der Gewerbeordnung können mit der Prüfung nach den Absätzen 1 und 2 auch andere Personen, die öffentlich bestellt oder zugelassen worden sind und die auf Grund ihrer Vorbildung und Erfahrung in der Lage sind, eine ordnungsgemäße Prüfung in dem jeweiligen Gewerbebetrieb durchzuführen, sowie deren Zusammenschlüsse betraut werden. Ungeeignet für eine Prüfung sind Personen, bei denen die Besorgnis der Befangenheit besteht.

§ 17 Rechte und Pflichten der an der Prüfung Beteiligten

(1) Der Gewerbetreibende hat dem Prüfer die Einsicht in die Bücher, Aufzeichnungen und Unterlagen zu gestatten. Er hat ihm alle Aufklärungen und Nachweise zu geben, die der Prüfer für eine sorgfältige Prüfung benötigt.

(2) Der Prüfer ist zur gewissenhaften und unparteiischen Prüfung und zur Verschwiegenheit verpflichtet. Er darf nicht unbefugt Geschäfts- und Betriebsgeheimnisse verwerten, die er bei seiner Tätigkeit erfahren hat. Ein Prüfer, der vorsätzlich oder fahrlässig seine Pflichten verletzt, ist dem Gewerbetreibenden zum Ersatz des daraus entstehenden Schadens verpflichtet. Mehrere Personen haften als Gesamtschuldner.

§ 18 Ordnungswidrigkeiten

Ordnungswidrig im Sinne des § 144 Abs. 2 Nr. 1 der Gewerbeordnung handelt, wer

1. Vermögenswerte des Auftraggebers annimmt oder sich zu deren Verwendung ermächtigen läßt, bevor er
   a) nach § 2 Abs. 1 Sicherheit geleistet oder eine Versicherung abgeschlossen oder
   b) die in § 2 Abs. 4 Satz 3 bezeichneten Urkunden ausgehändigt hat,
2. entgegen § 2 Abs. 5, auch in Verbindung mit § 7 Abs. 1 Satz 2, oder § 7 Abs. 1 Satz 3 die Sicherheit oder Versicherung nicht aufrechterhält,
3. einer Vorschrift des § 3 über die Entgegennahme oder die Ermächtigung zur Verwendung von Vermögenswerten des Auftraggebers zuwiderhandelt,
4. einer Vorschrift des § 4 über die Verwendung von Vermögenswerten des Auftraggebers zuwiderhandelt,
5. einer Vorschrift des § 6 Abs. 1, Abs. 2 Satz 1 oder 2, Abs. 3 Satz 1 oder Abs. 3 Satz 2 in Verbindung mit Abs. 2 Satz 2 über die getrennte Vermögensverwaltung zuwiderhandelt,
6. entgegen § 9 die Anzeige nicht, nicht richtig, nicht vollständig oder nicht rechtzeitig erstattet,
7. entgegen § 10 Abs. 1 bis 5 erforderliche Aufzeichnungen nicht, nicht richtig, nicht vollständig, nicht ordnungsgemäß oder nicht rechtzeitig macht oder Unterlagen oder Belege nicht oder nicht übersichtlich sammelt,
8. entgegen § 11 Satz 1 Nr. 1 bis 3 dem Auftraggeber die dort bezeichneten Angaben nicht, nicht richtig, nicht vollständig oder nicht rechtzeitig mitteilt,
9. einer Vorschrift des § 13 über die Verwahrung, Kennzeichnung oder Aufzeichnung von Werbematerial zuwiderhandelt,
10. entgegen § 14 Abs. 1 Satz 1 Geschäftsunterlagen nicht während der vorgeschriebenen Frist aufbewahrt,
11. (weggefallen)
12. entgegen § 16 Abs. 1 Satz 1 oder 2 einen Prüfungsbericht nicht, nicht richtig, nicht vollständig oder nicht rechtzeitig oder eine dort genannte Erklärung nicht, nicht richtig oder nicht rechtzeitig vorlegt oder
13. den Duldungs- oder Mitwirkungspflichten des § 17 Abs. 1 nicht, nicht ausreichend oder nicht rechtzeitig nachkommt.

§ 19 Aufhebung von Vorschriften

§ 20 Übergangsvorschriften

(1) Gewerbetreibende, die Vermögenswerte des Auftraggebers nach den §§ 3 oder 7 Abs. 1 in der bis zum 28. Februar 1991 geltenden Fassung abzusichern haben, können die Verträge weiterhin nach diesen Vorschriften abwickeln.

(2) Betreuungsunternehmen im Sinne des § 37 Abs. 2 des Zweiten Wohnungsbaugesetzes und des § 22c Abs. 2 des Wohnungsbaugesetzes für das Saarland, die diese Eigenschaft verlieren, dürfen Vermögenswerte des Auftraggebers von diesem Zeitpunkt an nur noch unter den Voraussetzungen der §§ 2 bis 7 entgegennehmen oder sich zu deren Verwendung ermächtigten lassen.

§ 21 Berlin-Klausel

(gegenstandslos)

§ 22 Inkrafttreten

(Inkrafttreten)

IX. EStG

Einkommensteuergesetz 1997

§ 7 Absetzung für Abnutzung oder Substanzverringerung

(1) [1]Bei Wirtschaftsgütern, deren Verwendung oder Nutzung durch den Steuerpflichtigen zur Erzielung von Einkünften sich erfahrungsgemäß auf einen Zeitraum von mehr als einem Jahr erstreckt, ist jeweils für ein Jahr der Teil der Anschaffungs- oder Herstellungskosten abzusetzen, der bei gleichmäßiger Verteilung dieser Kosten auf die Gesamtdauer der Verwendung oder Nutzung auf ein Jahr entfällt (Absetzung für Abnutzung in gleichen Jahresbeträgen). [2]Die Absetzung bemißt sich hierbei nach der betriebsgewöhnlichen Nutzungsdauer des Wirtschaftsguts. [3]Als betriebsgewöhnliche Nutzungsdauer des Geschäfts- oder Firmenwerts eines Gewerbebetriebs oder eines Betriebs der Land- und Forstwirtschaft gilt ein Zeitraum von 15 Jahren. [4]Bei Wirtschaftsgütern, die nach einer Verwendung zur Erzielung von Einkünften im Sinne des § 2 Abs. 1 Nr. 4 bis 7 in ein Betriebsvermögen eingelegt worden sind, mindern sich die Anschaffungs- oder Herstellungskosten um die Absetzungen für Abnutzung oder Substanzverringerung, Sonderabschreibungen oder erhöhte Absetzungen, die bis zum Zeitpunkt der Einlage vorgenommen worden sind. [5]Bei beweglichen Wirtschaftsgütern des Anlagevermögens, bei denen es wirtschaftlich begründet ist, die Absetzung für Abnutzung nach Maßgabe der Leistung des Wirtschaftsguts vorzunehmen, kann der Steuerpflichtige dieses Verfahren statt der Absetzung für Abnutzung in gleichen Jahresbeträgen anwenden, wenn er den auf das einzelne Jahr entfallenden Umfang der Leistung nachweist. [6]Absetzungen für außergewöhnliche technische oder wirtschaftliche Abnutzung sind zulässig; soweit der Grund hierfür in späteren Wirtschaftsjahren entfällt, ist in den Fällen der Gewinnermittlung nach § 4 Abs. 1 oder nach § 5 eine entsprechende Zuschreibung vorzunehmen.

(2) [1]Bei beweglichen Wirtschaftsgütern des Anlagevermögens kann der Steuerpflichtige statt der Absetzung für Abnutzung in gleichen Jahresbeträgen die Absetzung für Abnutzung in fallenden Jahresbeträgen bemessen. [2]Die Absetzung für Abnutzung in fallenden Jahresbeträgen kann nach einem unveränderlichen Hundertsatz vom jeweiligen Buchwert (Restwert) vorgenommen werden; der dabei anzuwendende Hundertsatz darf höchstens das Dreifache des bei der Absetzung für Abnutzung in gleichen Jahresbeträgen in Betracht kommenden Hundertsatzes betragen und 30 vom Hundert nicht übersteigen. [3]§ 7 a Abs. 8 gilt entsprechend. [4]Bei Wirtschaftsgütern, bei denen die Absetzung für Abnutzung in fallenden Jahresbeträgen bemessen wird, sind Absetzungen für außergewöhnliche technische oder wirtschaftliche Abnutzung nicht zulässig.

(3) [1]Der Übergang von der Absetzung für Abnutzung in fallenden Jahresbeträgen zur Absetzung für Abnutzung in gleichen Jahresbeträgen ist zulässig. [2]In diesem Fall bemißt sich die Absetzung für Abnutzung vom Zeitpunkt des Übergangs an nach dem dann noch vorhandenen Restwert und der Restnutzungsdauer des einzelnen Wirtschaftsguts. [3]Der Übergang von der Absetzung für Abnutzung in gleichen Jahresbeträgen zur Absetzung für Abnutzung in fallenden Jahresbeträgen ist nicht zulässig.

(4) [1]Bei Gebäuden sind abweichend von Absatz 1 als Absetzung für Abnutzung die folgenden Beträge bis zur vollen Absetzung abzuziehen:

1. bei Gebäuden, soweit sie zu einem Betriebsvermögen gehören und nicht Wohnzwecken dienen und für die der Bauantrag nach dem 31. März 1985 gestellt worden ist, jährlich 4 vom Hundert,
2. bei Gebäuden, soweit sie die Voraussetzungen der Nummer 1 nicht erfüllen und die
a) nach dem 31. Dezember 1924 fertiggestellt worden sind, jährlich 2 vom Hundert,
b) vor dem 1. Januar 1925 fertiggestellt worden sind, jährlich 2,5 vom Hundert

der Anschaffungs- oder Herstellungskosten; Absatz 1 Satz 4 gilt entsprechend. [2]Beträgt die tatsächliche Nutzungsdauer eines Gebäudes in den Fällen der Nummer 1 weniger als 25 Jahre, in den Fällen der Nummer 2 Buchstabe a weniger als 50 Jahre, in den Fällen der Nummer 2 Buchstabe b weniger als 40 Jahre, so können an Stelle der Absetzungen nach Satz 1 die der tatsächlichen Nutzungsdauer entsprechenden Absetzungen für Abnutzung vorgenommen werden. [3]Absatz 1 letzter

Satz bleibt unberührt. [4]Bei Gebäuden im Sinne der Nummer 2 rechtfertigt die für Gebäude im Sinne der Nummer 1 geltende Regelung weder die Anwendung des Absatzes 1 letzter Satz noch den Ansatz des niedrigeren Teilwerts (§ 6 Abs. 1 Nr. 1 Satz 2).

(5) [1]Bei im Inland belegenen Gebäuden, die vom Steuerpflichtigen hergestellt oder bis zum Ende des Jahres der Fertigstellung angeschafft worden sind, können abweichend von Absatz 4 als Absetzung für Abnutzung die folgenden Beträge abgezogen werden:

1. bei Gebäuden im Sinne des Absatzes 4 Satz 1 Nr. 1, die vom Steuerpflichtigen auf Grund eines vor dem 1. Januar 1994 gestellten Bauantrags hergestellt oder auf Grund eines vor diesem Zeitpunkt rechtswirksam abgeschlossenen obligatorischen Vertrags angeschafft worden sind,

– im Jahr der Fertigstellung und in den folgenden 3 Jahren	jeweils 10	vom Hundert,
– in den darauffolgenden 3 Jahren	jeweils 5	vom Hundert,
– in den darauffolgenden 18 Jahren	jeweils 2,5	vom Hundert,

2. bei Gebäuden im Sinne des Absatzes 4 Satz 1 Nr. 2, die vom Steuerpflichtigen auf Grund eines vor dem 1. Januar 1995 gestellten Bauantrags hergestellt oder auf Grund eines vor diesem Zeitpunkt rechtswirksam abgeschlossenen obligatorischen Vertrags angeschafft worden sind,

– im Jahr der Fertigstellung und in den folgenden 7 Jahren	jeweils 5	vom Hundert,
– in den darauffolgenden 6 Jahren	jeweils 2,5	vom Hundert,
– in den darauffolgenden 36 Jahren	jeweils 1,25	vom Hundert,

3. bei Gebäuden im Sinne des Absatzes 4 Satz 1 Nr. 2, soweit sie Wohnzwecken dienen, die vom Steuerpflichtigen

a) auf Grund eines nach dem 28. Februar 1989 und vor dem 1. Januar 1996 gestellten Bauantrags hergestellt oder nach dem 28. Februar 1989 auf Grund eines nach dem 28. Februar 1989 und vor dem 1. Januar 1996 rechtswirksam abgeschlossenen obligatorischen Vertrags angeschafft worden sind,

– im Jahr der Fertigstellung und in den folgenden 3 Jahren	jeweils 7	vom Hundert,
– in den darauffolgenden 6 Jahren	jeweils 5	vom Hundert,
– in den darauffolgenden 6 Jahren	jeweils 2	vom Hundert,
– in den darauffolgenden 24 Jahren	jeweils 1,25	vom Hundert,

b) auf Grund eines nach dem 31. Dezember 1995 gestellten Bauantrags hergestellt oder auf Grund eines nach diesem Zeitpunkt rechtswirksam abgeschlossenen obligatorischen Vertrags angeschafft worden sind,

– im Jahr der Fertigstellung und in den folgenden 7 Jahren	jeweils 5	vom Hundert,
– in den darauffolgenden 6 Jahren	jeweils 2,5	vom Hundert,
– in den darauffolgenden 36 Jahren	jeweils 1,25	vom Hundert

der Anschaffungs- oder Herstellungskosten. [2]Im Fall der Anschaffung kann Satz 1 nur angewendet werden, wenn der Hersteller für das veräußerte Gebäude weder Absetzungen für Abnutzung nach Satz 1 vorgenommen noch erhöhte Absetzungen oder Sonderabschreibungen in Anspruch genommen hat.

(5 a) Die Absätze 4 und 5 sind auf Gebäudeteile, die selbständige unbewegliche Wirtschaftsgüter sind, sowie auf Eigentumswohnungen und auf im Teileigentum stehende Räume entsprechend anzuwenden.

(6) Bei Bergbauunternehmen, Steinbrüchen und anderen Betrieben, die einen Verbrauch der Substanz mit sich bringen, ist Absatz 1 entsprechend anzuwenden; dabei sind Absetzungen nach Maßgabe des Substanzverzehrs zulässig (Absetzung für Substanzverringerung).

§ 7 b Erhöhte Absetzungen für Einfamilienhäuser, Zweifamilienhäuser und Eigentumswohnungen

(1) [1]Bei im Inland belegenen Einfamilienhäusern, Zweifamilienhäusern und Eigentumswohnungen, die zu mehr als $66^2/_3$ vom Hundert Wohnzwecken dienen und die vor dem 1. Januar 1987 hergestellt oder angeschafft worden sind, kann abweichend von § 7 Abs. 4 und 5 der Bauherr im Jahr der Fer-

tigstellung und in den sieben folgenden Jahren jeweils bis zu 5 vom Hundert der Herstellungskosten oder ein Erwerber im Jahr der Anschaffung und in den sieben folgenden Jahren jeweils bis zu 5 vom Hundert der Anschaffungskosten absetzen. [2]Nach Ablauf dieser acht Jahre sind als Absetzung für Abnutzung bis zur vollen Absetzung jährlich 2,5 vom Hundert des Restwerts abzuziehen; § 7 Abs. 4 Satz 2 gilt entsprechend. [3]Übersteigen die Herstellungskosten oder die Anschaffungskosten bei einem Einfamilienhaus oder einer Eigentumswohnung 200 000 Deutsche Mark, bei einem Zweifamilienhaus 250 000 Deutsche Mark, bei einem Anteil an einem dieser Gebäude oder einer Eigentumswohnung den entsprechenden Teil von 200 000 Deutsche Mark oder von 250 000 Deutsche Mark, so ist auf den übersteigenden Teil der Herstellungskosten oder der Anschaffungskosten § 7 Abs. 4 anzuwenden. [4]Satz 1 ist nicht anzuwenden, wenn der Steuerpflichtige das Einfamilienhaus, Zweifamilienhaus, die Eigentumswohnung oder einen Anteil an einem dieser Gebäude oder an einer Eigentumswohnung

1. von seinem Ehegatten anschafft und bei den Ehegatten die Voraussetzungen des § 26 Abs. 1 vorliegen;
2. anschafft und im zeitlichen Zusammenhang mit der Anschaffung an den Veräußerer ein Einfamilienhaus, Zweifamilienhaus oder eine Eigentumswohnung oder einen Anteil an einem dieser Gebäude oder an einer Eigentumswohnung veräußert; das gilt auch, wenn das veräußerte Gebäude, die veräußerte Eigentumswohnung oder der veräußerte Anteil dem Ehegatten des Steuerpflichtigen zuzurechnen war und bei den Ehegatten im Zeitpunkt der Anschaffung und im Zeitpunkt der Veräußerung die Voraussetzungen des § 26 Abs. 1 vorliegen;
3. nach einer früheren Veräußerung durch ihn wieder anschafft; das gilt auch, wenn das Gebäude, die Eigentumswohnung oder der Anteil im Zeitpunkt der früheren Veräußerung dem Ehegatten des Steuerpflichtigen zuzurechnen war und bei den Ehegatten die Voraussetzungen des § 26 Abs. 1 vorliegen.

(2) [1]Absatz 1 gilt entsprechend für Herstellungskosten, die für Ausbauten und Erweiterungen an einem Einfamilienhaus, Zweifamilienhaus oder an einer Eigentumswohnung aufgewendet worden sind und der Ausbau oder die Erweiterung vor dem 1. Januar 1987 fertiggestellt worden ist, wenn das Einfamilienhaus, Zweifamilienhaus oder die Eigentumswohnung vor dem 1. Januar 1964 fertiggestellt und nicht nach dem 31. Dezember 1976 angeschafft worden ist. [2]Weitere Voraussetzung ist, daß das Gebäude oder die Eigentumswohnung im Inland belegen ist und die ausgebauten oder neu hergestellten Gebäudeteile zu mehr als 80 vom Hundert Wohnzwecken dienen. [3]Nach Ablauf des Zeitraums, in dem nach Satz 1 erhöhte Absetzungen vorgenommen werden können, ist der Restwert den Anschaffungs- oder Herstellungskosten des Gebäudes oder dem an deren Stelle tretenden Wert hinzuzurechnen; die weiteren Absetzungen für Abnutzung sind einheitlich für das gesamte Gebäude nach dem sich hiernach ergebenden Betrag und dem für das Gebäude maßgebenden Hundertsatz zu bemessen.

(3) [1]Der Bauherr kann erhöhte Absetzungen, die er im Jahr der Fertigstellung und in den zwei folgenden Jahren nicht ausgenutzt hat, bis zum Ende des dritten auf das Jahr der Fertigstellung folgenden Jahres nachholen. [2]Nachträgliche Herstellungskosten, die bis zum Ende des dritten auf das Jahr der Fertigstellung folgenden Jahres entstehen, können abweichend von § 7 a Abs. 1 vom Jahr ihrer Entstehung an so behandelt werden, als wären sie bereits im ersten Jahr des Begünstigungszeitraums entstanden. [3]Die Sätze 1 und 2 gelten für den Erwerber eines Einfamilienhauses, eines Zweifamilienhauses oder einer Eigentumswohnung und bei Ausbauten und Erweiterungen im Sinne des Absatzes 2 entsprechend.

(4) [1]Zum Gebäude gehörende Garagen sind ohne Rücksicht auf ihre tatsächliche Nutzung als Wohnzwecken dienend zu behandeln, soweit in ihnen nicht mehr als ein Personenkraftwagen für jede in dem Gebäude befindliche Wohnung untergestellt werden kann. [2]Räume für die Unterstellung weiterer Kraftwagen sind stets als nicht Wohnzwecken dienend zu behandeln.

(5) [1]Erhöhte Absetzungen nach den Absätzen 1 und 2 kann der Steuerpflichtige nur für ein Einfamilienhaus oder für ein Zweifamilienhaus oder für eine Eigentumswohnung oder für den Ausbau oder die Erweiterung eines Einfamilienhauses, eines Zweifamilienhauses oder einer Eigentumswohnung in Anspruch nehmen. [2]Ehegatten, bei denen die Voraussetzungen des § 26 Abs. 1 vorliegen, können erhöhte Absetzungen nach den Absätzen 1 und 2 für insgesamt zwei der in Satz 1 bezeichneten Gebäude, Eigentumswohnungen, Ausbauten oder Erweiterungen in Anspruch nehmen. [3]Den

erhöhten Absetzungen nach den Absätzen 1 und 2 stehen die erhöhten Absetzungen nach § 7 b in der jeweiligen Fassung ab Inkrafttreten des Gesetzes vom 16. Juni 1964 (BGBl. I S. 353) und nach § 15 Abs. 1 bis 4 des Berlinförderungsgesetzes in der Fassung des Gesetzes vom 11. Juli 1977 (BGBl. I S. 1213) gleich. [4]Ist das Einfamilienhaus, das Zweifamilienhaus oder die Eigentumswohnung (Erstobjekt) dem Steuerpflichtigen nicht bis zum Ablauf des Begünstigungszeitraums zuzurechnen, so kann der Steuerpflichtige abweichend von den Sätzen 1 bis 3 erhöhte Absetzungen bei einem weiteren Einfamilienhaus, Zweifamilienhaus oder einer weiteren Eigentumswohnung im Sinne des Absatzes 1 Satz 1 (Folgeobjekt) in Anspruch nehmen, wenn er das Folgeobjekt innerhalb eines Zeitraums von zwei Jahren vor und drei Jahren nach Ablauf des Veranlagungszeitraums, in dem ihm das Erstobjekt letztmals zugerechnet worden ist, anschafft oder herstellt; Entsprechendes gilt bei einem Ausbau oder einer Erweiterung eines Einfamilienhauses, Zweifamilienhauses oder einer Eigentumswohnung. [5]Im Fall des Satzes 4 ist der Begünstigungszeitraum für das Folgeobjekt um die Anzahl der Veranlagungszeiträume zu kürzen, in denen das Erstobjekt dem Steuerpflichtigen zugerechnet worden ist; hat der Steuerpflichtige das Folgeobjekt in einem Veranlagungszeitraum, in dem ihm das Erstobjekt noch zuzurechnen ist, hergestellt oder angeschafft oder einen Ausbau oder eine Erweiterung vorgenommen, so beginnt der Begünstigungszeitraum für das Folgeobjekt abweichend von Absatz 1 mit Ablauf des Veranlagungszeitraums, in dem das Erstobjekt dem Steuerpflichtigen letztmals zugerechnet worden ist.

(6) [1]Ist ein Einfamilienhaus, ein Zweifamilienhaus oder eine Eigentumswohnung mehreren Steuerpflichtigen zuzurechnen, so ist Absatz 5 mit der Maßgabe anzuwenden, daß der Anteil des Steuerpflichtigen an einem dieser Gebäude oder an einer Eigentumswohnung einem Einfamilienhaus, einem Zweifamilienhaus oder einer Eigentumswohnung gleichsteht; Entsprechendes gilt bei dem Ausbau oder der Erweiterung von Einfamilienhäusern, Zweifamilienhäusern oder Eigentumswohnungen, die mehreren Steuerpflichtigen zuzurechnen sind. [2]Satz 1 ist nicht anzuwenden, wenn ein Einfamilienhaus, ein Zweifamilienhaus oder eine Eigentumswohnung ausschließlich dem Steuerpflichtigen und seinem Ehegatten zuzurechnen ist und bei den Ehegatten die Voraussetzungen des § 26 Abs. 1 vorliegen.

(7) Der Bauherr von Kaufeigenheimen, Trägerkleinsiedlungen und Kaufeigentumswohnungen kann abweichend von Absatz 5 für alle von ihm vor dem 1. Januar 1987 erstellten Kaufeigenheime, Trägerkleinsiedlungen und Kaufeigentumswohnungen im Jahr der Fertigstellung und im folgenden Jahr erhöhte Absetzungen bis zu jeweils 5 vom Hundert vornehmen.

(8) Führt eine nach § 7 c begünstigte Baumaßnahme dazu, daß das bisher begünstigte Objekt kein Einfamilienhaus, Zweifamilienhaus und keine Eigentumswohnung mehr ist, kann der Steuerpflichtige die erhöhten Absetzungen nach den Absätzen 1 und 2 bei Vorliegen der übrigen Voraussetzungen für den restlichen Begünstigungszeitraum unter Einbeziehung der Herstellungskosten für die Baumaßnahme nach § 7 c in Anspruch nehmen, soweit er diese Herstellungskosten nicht in die Bemessungsgrundlage nach § 7 c einbezogen hat.

Einkommensteuer-Durchführungsverordnung 1997 (EStDV 1997)

§ 9a Anschaffung, Herstellung

Jahr der Anschaffung ist das Jahr der Lieferung, Jahr der Herstellung ist das Jahr der Fertigstellung.

§ 10 Absetzung für Abnutzung im Fall des § 4 Abs. 3 des Gesetzes

(1) [1]Bei nicht in dem in Artikel 3 des Einigungsvertrages genannten Gebiet belegenen Gebäuden, die bereits am 21. Juni 1948 zum Betriebsvermögen gehört haben, sind im Fall des § 4 Abs. 3 des Gesetzes für die Bemessung der Absetzung für Abnutzung als Anschaffungs- oder Herstellungskosten höchstens die Werte zugrunde zu legen, die sich bei sinngemäßer Anwendung des § 16 Abs. 1 des D-Markbilanzgesetzes in der im Bundesgesetzblatt Teil III, Gliederungsnummer 4140-1, veröffent-

lichten bereinigten Fassung ergeben würden. [2]In dem Teil des Landes Berlin, in dem das Grundgesetz bereits vor dem 3. Oktober 1990 galt, tritt an die Stelle des 21. Juni 1948 der 1. April 1949.

(2) Für Gebäude, die zum Betriebsvermögen eines Betriebs oder einer Betriebsstätte im Saarland gehören, gilt Absatz 1 mit der Maßgabe, daß an die Stelle des 21. Juni 1948 der 6. Juli 1959 sowie an die Stelle des § 16 Abs. 1 des D-Markbilanzgesetzes der § 8 Abs. 1 und der § 11 des D-Marksbilanzgesetzes für das Saarland in der im Bundesgesetzblatt Teil III, Gliederungsnummer 4140-2, veröffentlichten bereinigten Fassung treten.

§ 15 Erhöhte Absetzung für Einfamilienhäuser, Zweifamilienhäuser und Eigentumswohnungen

(1) Bauherr ist, wer auf eigene Rechnung und Gefahr ein Gebäude baut oder bauen läßt.

(2) In den Fällen des § 7b des Gesetzes in den vor Inkrafttreten des Gesetzes vom 22. Dezember 1981 (BGBl. I S. 1523) geltenden Fassungen und des § 54 des Gesetzes in der Fassung der Bekanntmachung vom 24. Januar 1984 (BGBl. I S. 113) ist der § 15 der Einkommensteuer-Durchführungsverordnung 1979 (BGBl. 1980 I S. 1801),, geändert durch die Verordnung vom 11. Juni 1981 (BGBl. I S. 526), weiter anzuwenden.

X. Bauherrenerlaß 1990

(Negative Einkünfte aus der Vermietung und Verpachtung im Rahmen von sog. Bauherrenmodellen und vergleichbaren Modellen sowie geschlossenen Immobilienfonds)

(BMF-Schreiben vom 31.08.1990 IV B 3 – S 2253a – 49/90) (BStBl I 1990 S. 366)

Unter Bezugnahme auf das Ergebnis der Erörterungen mit den obersten Finanzbehörden der Länder wird zu der Frage der einkommensteuerrechtlichen Behandlung von Einkünften aus der Vermietung und Verpachtung aufgrund der Errichtung, Sanierung, Modernisierung oder des Erwerbs von Gebäuden und Eigentumswohnungen im Rahmen von Gesamtobjekten (§ 1 Abs. 1 Nr. 2 der Verordnung zu § 180 Abs. 2 AO), von vergleichbaren Modellen mit nur einem Kapitalanleger sowie von sog. geschlossenen Immobilienfonds wie folgt Stellung genommen:

I. Gesamtobjekte und vergleichbare Modelle mit nur einem Kapitalanleger

1. Abgrenzung des Bauherrn zum Erwerber

1.1 Der Anleger, der sich aufgrund eines von den Projektanbietern vorformulierten Vertragswerks beteiligt und sich bei den damit zusammenhängenden Rechtsgeschäften durch die Projektanbieter oder von ihnen eingeschalteten sonstigen Personen (z.B. Treuhänder, Geschäftsbesorger, Betreuer) umfassend vertreten läßt, ist regelmäßig nicht Bauherr, sondern Erwerber des bebauten und gegebenenfalls sanierten oder modernisierten Grundstücks (BFH-Urteil vom 14.11.1989, BStBl 1990 II S. 299, m.w.N.). Das gilt auch, wenn der Anleger unter Verzicht auf eine dazu bevollmächtigte Person die Verträge selbst unterzeichnet, falls die Verträge vorher vom Projektanbieter bereits ausgehandelt bzw. vorformuliert worden sind, oder wenn die vertraglichen Vereinbarungen vorsehen, daß einzelne der in dem Vertragswerk angebotenen Leistungen abgewählt werden können.

1.2 Der Anleger ist nur Bauherr, wenn er auf eigene Rechnung und Gefahr ein Gebäude baut oder bauen läßt und das Baugeschehen beherrscht (BFH-Urteil vom 14.11.1989, a.a.O., vgl. auch BFH-Urteil vom 13.09.1989, BStBl II S. 986). Der Bauherr muß das umfassend zu verstehende Bauherrenwagnis, d.h. wirtschaftlich das für die Durchführung des Bauvorhabens auf seinem Grundstück typische Risiko, tragen, sowie rechtlich und tatsächlich die Planung und Ausführung in der Hand haben. Das ist regelmäßig nicht der Fall, wenn eine Vielzahl von Wohnungen oder gleichförmig ausgestalteten Wohngebäuden nach einem bereits vor Beitritt des einzelnen Anlegers ausgearbeiteten Vertragswerk errichtet werden und der einzelne Anleger demzufolge weder die Vertragsgestaltung noch die Vertragsdurchführung wesentlich beeinflussen kann.

1.3 Die Entscheidung darüber, ob die Voraussetzungen für die Erwerber- oder Bauherreneigenschaft vorliegen, ist nach dem Gesamtbild unter Berücksichtigung aller Umstände des Einzelfalls zu treffen, und zwar unabhängig von den in den Verträgen gewählten Bezeichnungen nach dem wirklichen Gehalt der von den Beteiligten getroffenen Vereinbarungen und deren tatsächlicher Durchführung.

1.4 Wird für den Gesamtaufwand (einschließlich der bis zur Fertigstellung des Bauobjekts angefallenen Finanzierungskosten) ein Höchstpreis vereinbart, über den nach Abschluß der Bauarbeiten nicht gegenüber dem Beteiligten selbst detailliert Rechnung gelegt zu werden braucht, ist der Beteiligte ebenfalls Erwerber. Das gilt auch, wenn die tatsächlichen Baukosten zwar abgerechnet werden, der Unterschiedsbetrag zu dem vereinbarten Höchstpreis jedoch als Gebühr für die Höchstpreisgarantie beansprucht wird.

2. Allgemeines zur rechtlichen Einordnung der aufzubringenden Kosten

2.1 Die mit der Errichtung und dem Vertrieb der Objekte befaßten Personen sind regelmäßig bestrebt, möglichst hohe Werbungskosten auszuweisen. Hierzu wird der Gesamtaufwand durch eine Vielzahl von Verträgen und durch Einschaltung zahlreicher, zum Teil finanziell und personell verbundener Unternehmen aufgespalten. Die geltend gemachten Aufwendungen können, auch wenn sie im Einzelfall nach dem Wortlaut der Vereinbarungen Werbungskosten sind, nicht als solche anerkannt werden, wenn sie in Wirklichkeit für andere als die in den Verträgen bezeichneten Leistungen gezahlt werden, die nicht zu Werbungskosten führen können. Die vereinbarten Kosten sind deshalb nicht nach der vertraglichen Bezeichnung, sondern nach dem tatsächlichen wirtschaftlichen Gehalt der erbrachten Leistungen zu beurteilen (vgl. BFH-Urteil vom 29.10.1986, BStBl II S. 217).

Diese Beurteilung ist auch vorzunehmen, wenn Leistungen, die zu Anschaffungs- oder Herstellungskosten führen, nicht oder zu niedrig berechnet werden. Erfahrungsgemäß erfolgt in diesen Fällen ein Ausgleich, der dem tatsächlichen wirtschaftlichen Gehalt der Leistungen entspricht. Die Beurteilung nach dem tatsächlichen wirtschaftlichen Gehalt ist auch dann maßgebend, wenn für den Teil der Aufwendungen, der den Werbungskosten zuzurechnen ist, im folgenden Vom-Hundert-Sätze oder Bruchteile angegeben werden.

2.2 Der Anleger muß im einzelnen nachweisen, welche tatsächlichen Leistungen an ihn erbracht worden sind und welches Entgelt er dafür leisten mußte.

2.3 Soweit für Werbungskosten nachfolgend Vom-Hundert-Sätze oder Bruchteile angegeben sind, handelt es sich um Nettobeträge (ohne Umsatzsteuer).

3. Rechtliche Einordnung der vom Erwerber aufzubringenden Kosten

3.1 Die Kosten, die der Erwerber im Zusammenhang mit der Errichtung, Sanierung oder Modernisierung des Gebäudes oder der Eigentumswohnung aufzubringen hat, können Anschaffungskosten des Grund und Bodens, Anschaffungskosten des Gebäudes oder der Eigentumswohnung oder sofort abziehbare Werbungskosten sein.

Zu den einzelnen Aufwendungen gilt folgendes:

3.2 Anschaffungskosten

3.2.1 Zu den Anschaffungskosten gehören grundsätzlich alle auf Grund des vorformulierten Vertragswerks an die Anbieterseite geleisteten Aufwendungen, die auf den Erwerb des Grundstücks mit dem bezugsfertigen Gebäude gerichtet sind, insbesondere die Baukosten für die Errichtung des Gebäudes, die Baubetreuungsgebühren, Treuhandgebühren, Finanzierungsvermittlungsgebühren, Zinsfreistellungsgebühren, Gebühren für die Vermittlung des Objekts oder Eigenkapitals und des Treuhandauftrags, Abschlußgebühren, Courtage, Agio, Beratungs- und Bearbeitungsgebühren, Plazierungsgarantiegebühren, Kosten für die Ausarbeitung der technischen, wirtschaftlichen und steuerlichen Grundkonzeption, für die Werbung der Bauinteressenten, für die Prospektprüfung und sonstige Vorbereitungskosten sowie Gebühren für die Übernahme von Garantien und Bürgschaften (vgl. BFH-Urteil vom 14.11.1989, a.a.O.).

Eine Aufspaltung dieser Aufwendungen in sofort abziehbare Werbungskosten und Anschaffungskosten danach, ob sie auf die Finanzierung, die steuerliche Beratung oder die Errichtung des Gebäudes entfallen, kommt nicht in Betracht (vgl. BFH vom 14.11.1989, a.a.O.).

3.2.2 Besonderheit bei Baumaßnahmen i.S. der §§ 7 h und 7 i EStG

Der Gesamtaufwand ist, soweit das eindeutig möglich ist, unmittelbar dem Grund und Boden, der Altbausubstanz des Gebäudes, den bescheinigten Baumaßnahmen i.S. der §§ 7 h, 7 i EStG, den übrigen Baumaßnahmen und den sofort abziehbaren Werbungskosten zuzuordnen. Aufwendungen, die sich nicht eindeutig zuordnen lassen, sind auf die Kostenarten, mit denen sie zusammenhängen, aufzuteilen. Die Aufteilung erfolgt im Verhältnis der auf diese Kostenarten eindeutig entfallenden Kosten. Die eindeutig den bescheinigten Baumaßnahmen i.S. der §§ 7 h, 7 i EStG zuzuordnenden Aufwendungen zuzüglich der nach den vorstehenden Grundsätzen ermittelten Anteile der nicht eindeutig zuzuordnenden Anschaffungskosten, die den Aufwendungen für bescheinigte Baumaßnahmen i.S. der §§ 7 h, 7 i EStG zuzurechnen sind, ergeben die begünstigten Anschaffungskosten i.S. der §§ 7 h, 7 i EStG.

Ist der Erwerber dem Gesamtobjekt erst nach Beginn der begünstigten Baumaßnahmen i.S. der §§ 7 h, 7 i EStG beigetreten, gehören die Aufwendungen für Baumaßnahmen, soweit sie bis zu seinem Beitritt durchgeführt worden sind, zu den nicht begünstigten Anschaffungskosten.

Der Erwerber hat die Aufteilung darzulegen. Ist er später beigetreten, hat er darzulegen, inwieweit die anteilig den Baumaßnahmen i.S. der §§ 7 h, 7 i EStG zuzurechnenden Aufwendungen auf Maßnahmen entfallen, die nach dem rechtswirksamen Abschluß des obligatorischen Erwerbsvertrags oder eines gleichstehenden Rechtsakts durchgeführt worden sind.

3.3 Werbungskosten

Aufwendungen, die nicht auf den Erwerb des Grundstücks mit dem bezugsfertigen Gebäude gerichtet sind und die auch der Erwerber eines bebauten Grundstücks außerhalb eines Gesamtobjekts als Werbungskosten abziehen könnte, sind nicht den Anschaffungskosten des Objekts zuzurechnen.

Werden sie an die Anbieterseite geleistet, sind sie unter den nachfolgenden Voraussetzungen Werbungskosten (vgl. BFH-Urteil vom 14.11.1989, a.a.O.):

a) Bereits vor der Zahlung müssen klare Vereinbarungen über den Grund und die Höhe dieser Aufwendungen bestehen.

b) Die vereinbarten Leistungen und das jeweils zugehörige Entgelt müssen den tatsächlichen Gegebenheiten entsprechen; der Rechtsgedanke des § 42 AO darf dem Werbungskostenabzug in der begehrten Höhe nicht entgegenstehen.

c) Die Aufwendungen müssen von den übrigen Aufwendungen, die mit der Anschaffung des Erwerbsgegenstandes in Zusammenhang stehen, einwandfrei abgrenzbar sein.

d) Die Vergütung darf nur dann zu zahlen sein, wenn der Anleger die Gegenleistung in Anspruch nimmt.

e) Die rechtliche und tatsächliche Abwahlmöglichkeit der Leistung und die dann eintretende Ermäßigung des Gesamtpreises muß in dem Vertrag klar und eindeutig zum Ausdruck kommen.

3.3.1 Zinsen der Zwischen- und Endfinanzierung

Zinsen und Bearbeitungskosten des Kreditinstituts sind, wenn der Anleger sie aufgrund eigener Verpflichtung gegenüber dem Darlehensgeber zahlt, Entgelt für die Überlassung des Kredits und damit Werbungskosten.

Eine andere Beurteilung ist jedoch z.B. dann geboten, wenn hinsichtlich der Bauzeitzinsen eine Vereinbarung mit der Anbieterseite besteht, nach der eine bestimmte Zinsbelastung garantiert wird, und hierbei höhere Zinsen vom Garantiegeber getragen, niedrigere Zinsen jedoch dem Erwerber nicht erstattet werden. In einem derartigen Fall stellen die vom Darlehensnehmer zu zahlenden Zinsen und die Gebühr für die Zinsgarantie lediglich einen Kalkulationsbestandteil des Gesamtpreises und damit Anschaffungskosten dar.

3.3.2 Vorauszahlung von Schuldzinsen

Zinsen sind im Regelfall spätestens am Ende des jeweiligen Jahres zu entrichten. Bei einer Vorauszahlung liegt ein Zahlungsabfluß nur vor, wenn für die Vorauszahlung ein wirtschaftlich vernünftiger Grund maßgebend ist. Hiervon kann ausgegangen werden, wenn Schuldzinsen für einen Zeitraum von nicht mehr als 12 Monaten vorausgezahlt werden. Bei einer Vorauszahlung für einen Zeitraum von mehr als 12 Monaten ist der wirtschaftlich vernünftige Grund vom Steuerpflichtigen im Einzelfall darzulegen. Bestehen für die Vorauszahlung von Schuldzinsen für einen Zeitraum von mehr als einem Jahr keine vernünftigen wirtschaftlichen Gründe, sind die vorausgezahlten Schuldzinsen anteilig in den Jahren als Werbungskosten abziehbar, zu denen sie wirtschaftlich gehören.

3.3.3 Zinsfreistellungsgebühren

Vereinbarungen, nach denen der Anleger für mehrere Jahre von Zinszahlungsverpflichtungen gegenüber dem Darlehensgläubiger gegen Entrichtung von Gebühren an diesen freigestellt wird, haben den Charakter eines zusätzlichen Darlehens. Die gezahlten Gebühren sind deshalb anteilig in den Jahren als Werbungskosten abziehbar, für die der Anleger von Zinszahlungsverpflichtungen freigestellt worden ist.

3.3.4 Damnum, Disagio, Bearbeitungs- und Auszahlungsgebühren

Diese Aufwendungen sind in Höhe des vom jeweiligen Darlehensnehmer an das Kreditinstitut gezahlten Betrags als Werbungskosten abziehbar, soweit unter Berücksichtigung der jährlichen Zinsbelastung die marktüblichen Beträge nicht überschritten werden. Der über die marktüblichen Beträge hinausgehende Teil ist auf den Zinsfestschreibungszeitraum bzw. bei dessen Fehlen auf die Laufzeit des Darlehens zu verteilen. Eine Zinsvorauszahlung ist regelmäßig anzunehmen, wenn der Nominalzins ungewöhnlich niedrig und das Damnum entsprechend hoch bemessen ist.

Aus Vereinfachungsgründen kann von der Marktüblichkeit ausgegangen werden, wenn für ein Darlehen mit einem Zinsfestschreibungszeitraum von mindestens 5 Jahren ein Damnum in Höhe von bis zu 10 v.H. vereinbart worden ist. Ist ein Damnum nicht mehr als 3 Monate vor Auszahlung der Darlehensvaluta oder einer ins Gewicht fallenden Teilauszahlung des Darlehens geleistet worden, kann davon ausgegangen werden, daß ein wirtschaftlich vernünftiger Grund besteht (BFH-Urteil vom 03.02.1987, BStBl II S. 492).

3.3.5 Kosten der Darlehenssicherung

Die anteiligen Notariats- und Grundbuchkosten für die Darlehenssicherung sind in der Höhe sofort abziehbare Werbungskosten, in der sie an den Notar und das Grundbuchamt abgeführt worden sind.

3.3.6 Gebühren für die Übernahme von Garantien und Bürgschaften im Zusammenhang mit der Vermietung

Die Anerkennung von Gebühren für die Übernahme von Garantien und Bürgschaften als Werbungskosten setzt stets voraus, daß das vom Garantiegeber oder Bürgen getragene Risiko im Verhältnis zu der dafür erhobenen Gebühr als eine wirtschaftlich ernsthafte Gegenleistung anzusehen ist. Außerdem muß der Garantiegeber oder Bürge wirtschaftlich (einkommens- und vermögensmäßig) in der Lage sein, die Garantieverpflichtung zu erfüllen. Alle diese Voraussetzungen sind vom Anleger darzulegen.

Gebühren für die erstmalige Vermietung des Objekts sind Werbungskosten, soweit sie die ortsübliche Maklerprovision nicht überschreiten. Im allgemeinen kann eine Gebühr in Höhe von bis zu 2 Monatsmieten als angemessen angesehen werden.

An einer wirtschaftlich ernsthaften Gegenleistung fehlt es, wenn z.B. das Objekt schon von der Planung her für einen ganz bestimmten Mieter errichtet werden soll oder wenn bereits zum Beitrittszeitpunkt des Anlegers ein Mietvertrag oder eine entsprechende Vorvereinbarung mit dem Mieter bestand. Eine Mietervermittlungsgebühr ist auch nicht anzuerkennen, wenn der Vermittler mit dem Mieter identisch oder wirtschaftlich verflochten ist, der Anleger das Objekt selbst bezieht oder aus anderen Gründen die angebotenen Leistungen nicht in Anspruch nimmt. In diesen Fällen stellen die erhobenen Gebühren anteilig Anschaffungskosten des Grund und Bodens und des Gebäudes oder der Eigentumswohnung dar.

Gebühren für die Mietgarantie sind Werbungskosten, wenn tatsächlich ein Mietausfallwagnis besteht. Bei dem üblicherweise vereinbarten Garantiezeitraum von 5 Jahren kann das wirtschaftliche Risiko durch eine Gebühr bis zur Höhe von 4 Monatsmieten als abgedeckt angesehen werden. War das Objekt im Zeitpunkt des Vertragsabschlusses bereits vermietet, muß das Risiko entsprechend geringer bewertet werden; es ist regelmäßig mit einer Gebühr in Höhe von bis zu 2 Monatsmieten angemessen abgegolten.

3.3.7 Gebühren im Zusammenhang mit der Endfinanzierung

Geldbeschaffungskosten, Bürgschafts- und Garantiegebühren für die Endfinanzierung sind unter den Voraussetzungen der Tz. 3.3.6 Abs. 1 sowie der Tzn. 4.1.1 und 4.1.6 als Werbungskosten abzuziehen. Die Tzn. 4.1.1 und 4.1.6 sind für die Bestimmung der Höhe des abziehbaren Betrags entsprechend anzuwenden.

3.3.8 Vergütungen an Steuer- und Rechtsberater

Beratungskosten im Zusammenhang mit der Anschaffung des Grund und Bodens oder der Errichtung des Gebäudes oder der Eigentumswohnung sind den jeweiligen Anschaffungskosten zuzurechnen. Soweit auch der Erwerber eines bebauten Grundstücks außerhalb eines Gesamtobjekts die Gebühren sofort als Werbungskosten abziehen könnte, können sie, insbesondere, soweit die Leistungen den Zeitraum nach Bezugsfertigkeit betreffen (z.B. Abgabe von Feststellungserklärungen, Rechtsbehelfsverfahren), als Werbungskosten berücksichtigt werden. Ist der Steuer- und Rechtsberater zugleich Vermittler, Initiator oder Treuhänder, ist bei vereinbarter gesonderter Berechnung der Gebühren zu prüfen, ob die Gebühren dem jeweiligen Leistungsumfang angemessen sind. Ist für die Vermittler-, Initiatoren- oder Treuhandtätigkeit und die Steuer- und Rechtsberatungstätigkeit ein Gesamthonorar vereinbart, gehören die Gebühren zu den Anschaffungskosten. Das gilt auch, wenn ein pauschales Steuer- und Rechtsberatungshonorar, das die Zeit vor und nach Bezugsfertigkeit umfaßt, vereinbart worden ist und die Tätigkeit vor Bezugsfertigkeit mit der Anschaffung des bebauten Grundstücks wirtschaftlich zusammenhängt.

3.3.9 Beiträge zu Sach- und Haftpflichtversicherungen

Beiträge zu den Sach- und Haftpflichtversicherungen für während der Bauzeit eintretende Schäden sind Werbungskosten, soweit sie der Erwerber als Versicherungsnehmer gezahlt hat.

4. Rechtliche Einordnung der vom Bauherrn aufzubringenden Kosten

4.1 Die Kosten, die der Bauherr im Zusammenhang mit der Errichtung des Gebäudes oder der Eigentumswohnung aufzubringen hat, können Anschaffungskosten des Grund und Bodens und – bei Beitritt nach Baubeginn – des bereits erstellten Teils des Gebäudes oder der Eigentumswohnung, Herstellungskosten des Gebäudes oder der Eigentumswohnung oder sofort abziehbare Werbungskosten sein.

Zu den nachstehenden Aufwendungen gilt folgendes:

4.1.1 Gebühren für die Vermittlung und die damit verbundene Bearbeitung der Zwischen- und Endfinanzierung

Diese Geldbeschaffungskosten sind in Höhe der marktüblichen Konditionen als Werbungskosten abziehbar. Erfahrungsgemäß betragen sie insgesamt 2 v.H. des jeweils vermittelten Darlehens. Der darüber hinausgehende Teil ist den Herstellungskosten des Gebäudes oder der Eigentumswohnung und den Anschaffungskosten anteilig hinzuzurechnen. Hat der Bauinteressent derartige Gebühren gezahlt, obwohl er die Finanzierung selbst beschafft, sind diese in vollem Umfang wie vorstehend aufzuteilen.

4.1.2 Gebühren für die Vermittlung des Objekts oder Eigenkapitals und des Treuhandauftrags, Abschlußgebühren, Courtage, Agio, Beratungs- und Bearbeitungsgebühren sowie Plazierungsgarantiegebühren

Diese Kosten sollen Leistungen des Anlageberaters an den Bauherrn abgelten. Sie sind auf die Erlangung des Bauobjekts gerichtet und gehören deshalb anteilig zu den Herstellungskosten des Gebäudes oder der Eigentumswohnung und zu den Anschaffungskosten (vgl. BFH-Urteil vom 13.10.1983, BStBl 1984 II S. 101).

4.1.3 Kosten für die Ausarbeitung der technischen, wirtschaftlichen und steuerlichen Grundkonzeption, für die Werbung der Bauinteressenten, für die Prospektprüfung und sonstige Vorbereitungskosten

Diese Kosten decken regelmäßig Kosten der Initiatoren des Bauvorhabens ab. Werden solche Aufwendungen vom Bauherrn übernommen, gehören sie anteilig zu den Herstellungskosten des Gebäudes oder der Eigentumswohnung und zu den Anschaffungskosten.

4.1.4 Treuhandgebühren

Die Leistungen des Treuhänders betreffen zum Teil die Geldbeschaffung und die spätere Vermietung. Die hierauf entfallenden Teile der Treuhandgebühren können als Werbungskosten abgezogen werden. Zum Teil betreffen die Leistungen des Treuhänders die Anschaffung des Grund und Bodens. Deshalb gehört z.B. das Entgelt für die Mitwirkung beim Abschluß des Grundstückskaufvertrags oder für die Bewirkung der Grundbuchumschreibung bezüglich des

Grunderwerbs im Namen des Bauherrn zu den Anschaffungskosten des Grund und Bodens. Zum Teil stehen die Leistungen des Treuhänders mit der Herstellung des Gebäudes oder der Eigentumswohnung im Zusammenhang. Die darauf entfallenden Teile der Treuhandgebühren gehören deshalb zu den Anschaffungs- oder Herstellungskosten des Gebäudes oder der Eigentumswohnung.
Hierzu rechnen z.B. Entgeltsanteile für
a) die Vergabe der Gebäudeplanung durch den Treuhänder im Namen des Bauherrn,
b) die Vertretung des Bauherrn gegenüber Baubehörden,
c) die sachliche und zeitliche Koordination aller für die Durchführung des Bauvorhabens erforderlichen Leistungen,
d) die Stellung des Antrags auf Baugenehmigung für den Bauherrn oder für die Abgabe der zur Begründung des Wohnungseigentums von den künftigen Eigentümern erforderlichen Erklärungen,
e) die Entgegennahme und Verwaltung der Geldmittel,
f) die Beaufsichtigung des Baubetreuers.

Erfahrungsgemäß betrifft die Tätigkeit des Treuhänders überwiegend den Herstellungsbereich, während auf den Finanzierungsbereich und den Bereich der späteren Vermietung nur ein geringer Teil seiner gesamten Tätigkeit entfällt. Deshalb kann ein Viertel der Kosten für die Leistungen des Treuhänders, in aller Regel jedoch nicht mehr als 0,5 v.H. der Gesamtaufwendungen abzüglich der in den Tzn. 3.3.4 und 4.1.2 genannten Aufwendungen den Werbungskosten zugeordnet werden.

4.1.5 Baubetreuungskosten

Im Rahmen der Baubetreuung ist eine Vielzahl von unterschiedlichen Leistungen zu erbringen. Auch hierbei ist stets zu prüfen, ob die Aufwendungen des Bauherrn zu den Herstellungskosten des Gebäudes oder der Eigentumswohnung, den Anschaffungskosten oder den sofort abziehbaren Werbungskosten gehören.

Anschaffungskosten des Grund und Bodens sind z.B. Kosten für die Regelung der eigentums- und bauplanungsrechtlichen Verhältnisse am Grundstück, z.B. betreffend Abtretung von Straßenland, Vorbereitung und Abschluß von Erschließungs- und Versorgungsverträgen sowie für Maßnahmen bei Vermessung und Erschließung des Grundstücks.

Im wesentlichen betreffen die Leistungen die Herstellung des Gebäudes oder der Eigentumswohnung.

Zu den Herstellungskosten gehören z.B. Entgeltsanteile für

a) die Vertretung des Bauherrn gegenüber Baubehörden, den an der Baudurchführung beteiligten Architekten, Ingenieuren und bauausführenden Unternehmen,
b) die Aufstellung eines Baufristenplans,
c) die Aufstellung eines Geldbedarfs- und Zahlungsplans in Koordination mit dem Baufristenplan,
d) die Führung eines Baugeld-Sonderkontos für den Bauherrn,
e) die Vornahme des gesamten das Bauobjekt betreffenden Zahlungsverkehrs,
f) die laufende Unterrichtung des Treuhänders,
g) die Übersendung von Auszügen des Baukontos,
h) die Erstellung der Schlußabrechnung und die Erteilung der dazu erforderlichen Informationen an den Treuhänder,
i) die sachliche und zeitliche Koordination aller für die Durchführung des Bauvorhabens erforderlichen Leistungen,

j) eine Wirtschaftlichkeitsberechnung, die zur Beurteilung der Wirtschaftlichkeit des Herstellungsvorgangs für den Bauherrn erstellt worden ist.

Zu den sofort abziehbaren Werbungskosten gehören z.B. Entgeltsanteile für

k) eine Wirtschaftlichkeitsberechnung, die Finanzierungszwecken des Bauherrn zu dienen bestimmt ist,
l) Leistungen, die den Vermietungsbereich betreffen,
m) Leistungen, die den Betreuungsbereich nach Fertigstellung des Objekts (z.B. Abschluß von Wartungsverträgen) betreffen.

Nach allgemeiner Erfahrung können den Werbungskosten ein Achtel der Baubetreuungskosten, in aller Regel jedoch nicht mehr als 0,5 v.H. des Gesamtaufwands abzüglich der in den Tzn. 3.3.4 und 4.1.2 genannten Aufwendungen zugeordnet werden.

4.1.6 Bürgschaftsgebühren für die Zwischen- und Endfinanzierung, Ausbietungsgarantie

Neben den Voraussetzungen der Tz. 3.3.6 Abs. 1 ist eine weitere vom Anleger darzulegende Voraussetzung für die Anerkennung der im Zusammenhang mit der Finanzierung stehenden Gebühren, daß die selbstschuldnerische Garantie oder Bürgschaft vom Darlehensgläubiger nachweislich gefordert und bei diesem auch hinterlegt worden ist.

Gebühren für die Übernahme von Bürgschaftsverpflichtungen gegenüber dem Kreditgeber zur Sicherstellung der Zwischenfinanzierung können unabhängig von der Zahl der Bürgen in Höhe einer banküblichen Avalprovision (insgesamt 2 v.H. jährlich des verbürgten und zugesagten Betrags) den Werbungskosten zugerechnet werden.

Mit Rücksicht auf die übrigen bestehenden Sicherungen können Gebühren für die Übernahme der Bürgschaft für die Endfinanzierung und der Ausbietungsgarantie einmalig, d.h. für den gesamten Zeitraum und unabhängig von der Zahl der Bürgen und Garantiegeber, in Höhe von insgesamt 0,5 v.H. der in Anspruch genommenen Darlehensmittel den Werbungskosten zugerechnet werden.

4.1.7 Gebühren für die Preissteigerungs-, Kosten-, Vertragsdurchführungs-(Fertigstellungs-)Garantie

Vergütungen für die Übernahme solcher Garantien gegenüber dem Bauherrn sind keine sofort abziehbaren Werbungskosten. Sie sind den Herstellungskosten des Gebäudes oder der Eigentumswohnung zuzurechnen. Gebühren für die Vertragsdurchführungsgarantie gehören in den Fällen, in denen die Garantie z.B. auf die Werbung von Bauinteressenten gerichtet ist, anteilig zu den Herstellungskosten des Gebäudes oder der Eigentumswohnung und den Anschaffungskosten.

Bezieht sich bei der Herstellung von Eigentumswohnungen die Garantie auf die Finanzierung des gesamten Bauvorhabens, handelt es sich in der Regel um eine Vertragsdurchführungsgarantie, so daß die Kosten hierfür anteilig zu den Herstellungskosten des Gebäudes oder der Eigentumswohnung und den Anschaffungskosten gehören.

4.2 Als Werbungskosten kommen darüber hinaus Aufwendungen in Betracht, die nach den Grundsätzen der Tzn. 3.3.1 bis 3.3.9 sofort abziehbar sind.

II. Geschlossene Immobilienfonds

5. Einkunftserzielung

Erfüllt ein geschlossener Immobilienfonds in der Rechtsform der KG oder Gesellschaft bürgerlichen Rechts in der gesellschaftsrechtlichen Verbundenheit seiner Gesellschafter den Tatbestand der Einkunftserzielung, ist auf der Ebene der Gesellschaft zu entscheiden, ob Aufwendungen, die die Gesellschaft trägt, Herstellungskosten, Anschaffungskosten oder Werbungskosten sind. Der auf der Ebene der Gesellschaft ermittelte Überschuß der Einnahmen über die Werbungskosten ist den einzelnen Gesellschaftern zuzurechnen (vgl. BFH-Beschluß vom 19.08.1986, BStBl 1987 II S. 212 m.w.N.).

6. Abgrenzung des Bauherrn zum Erwerber

Die Fondsgesellschaft kann Bauherr i.S. der Tz. 1.2 sein, wenn das der Errichtung des Fondsobjekts zugrundeliegende konkrete Vertragswerk von einem Gesellschafter der Fondsgesellschaft in seiner Eigenschaft als Gesellschafter entwickelt worden ist. Dieser Gesellschafter darf nicht nur aus steuerlichen Gründen Gesellschafter der Fondsgesellschaft sein (§ 42 AO). Lediglich steuerliche Gründe sind anzunehmen, wenn er hinsichtlich der Kündigung und der gesellschaftsrechtlichen Mindestbeteiligung nicht den gleichen Bedingungen wie die übrigen vergleichbaren Gesellschafter unterliegt. Wird der Fondsgesellschaft ein Vertragsbündel angeboten und von ihr angenommen, ist sie Erwerberin (vgl. Tz. 1.1). In diesem Fall sind die Tzn. 3 und 7.1 entsprechend anzuwenden.

7. Rechtliche Einordnung der von dem als Bauherrn anzusehenden Immobilienfonds aufzubringenden Kosten

Tzn. 2 und 4 gelten, soweit im nachfolgenden keine abweichende Regelung getroffen ist, entsprechend.

Ferner können insbesondere folgende Aufwendungen sofort abziehbare Werbungskosten sein:

7.1 Eigenkapitalvermittlungsprovisionen

Provisionen, die die Fondsgesellschaft für die Vermittlung des Eintritts von Gesellschaftern zahlt, sind in der Regel Werbungskosten (BFH-Urteil vom 24.07.1987, BStBl II S. 810). Bemessungsgrundlage ist das jeweils vermittelte Eigenkapital. Hierzu gehören neben der Einlage des Gesellschafters auch ein an die Gesellschaft zu leistendes Agio sowie ein Gesellschafterdarlehen, wenn es eigenkapitalähnlichen Charakter hat. Das ist grundsätzlich der Fall, wenn das Darlehen derselben zeitlichen Bindung wie die Gesellschaftereinlage unterliegt und zur Erreichung des Gesellschaftszwecks notwendig ist. Ist bei Refinanzierung der Einlage oder des Gesellschafterdarlehens das Refinanzierungsdarlehen durch Gesellschaftsvermögen gesichert, gehören die Beträge nur zum Eigenkapital, soweit das Refinanzierungsdarlehen gleichzeitig durch Vermögen des Gesellschafters tatsächlich gesichert ist. Provisionen von bis zu insgesamt höchstens 6 v.H. des vermittelten Eigenkapitals können den Werbungskosten zugerechnet werden. Damit sind sämtliche Vertriebsleistungen Dritter, die auf die Werbung von Gesellschaftern gerichtet und nicht den Anschaffungs- oder Herstellungskosten zuzurechnen sind, abgegolten. Hierzu gehören insbesondere die Aufwendungen für die Prospekterstellung, Prospektprüfung und Übernahme der Prospekthaftung, für den Außenvertrieb, für Werbung und für Marketing.

7.2 Haftungsvergütungen und Geschäftsführungsgebühren für Komplementäre

Vergütungen, die der Komplementär für die Übernahme der Haftung oder Geschäftsführung aufgrund gesellschaftsrechtlich wirksamer Vereinbarung erhält, mindern, soweit sie nicht unangemessen sind, die Ergebnisanteile der übrigen Gesellschafter (vgl. BFH-Urteil vom 07.04.1987, BStBl II S. 707). Die Haftungsvergütungen können wie Bürgschaftsgebühren entsprechend Tz. 4.1.6 behandelt werden, soweit die in dieser Tz. genannten Höchstbeträge noch nicht ausgeschöpft sind.

7.3 Geschäftsführungsgebühren bei schuldrechtlichem Leistungsaustausch

Vergütungen, die ein Gesellschafter für die Übernahme der Geschäftsführung erhält, können wie entsprechende Leistungen an einen Nichtgesellschafter auf einem schuldrechtlichen Leistungsaustausch beruhen. In diesem Fall kommt ein Werbungskostenabzug auf der Gesellschaftsebene in Betracht.

Die Geschäftsführung während der Investitionsphase betrifft im wesentlichen die Tätigkeiten i.S. der Tzn. 4.1.4 und 4.1.5. Hierzu zählen z.B. auch die »Verwaltung« der Gesellschaft, die Mittelverwaltung und die »Buchführung«, die Unterrichtung der Beteiligten über den Fortgang des Projekts und die Einberufung von Gesellschafterversammlungen (Gesellschafterbetreuung). Diese Tätigkeiten sind untrennbar mit der Erstellung des Fondsobjekts verbunden. Die während der Investitionsphase geleisteten Geschäftsführungsgebühren einschließlich der auf die Zeit nach Abschluß der Investition entfallenden Beträge sind in dem Verhältnis aufzuteilen, in dem die Geschäftsführungstätigkeit die Baubetreuung und die Treuhandtätigkeit im Sinne der Tzn. 4.1.4 und 4.1.5 betrifft. Die jeweiligen Anteile sind gegebenenfalls mit weiteren für die Baubetreuung oder Treuhandtätigkeit gezahlten Gebühren zusammenzufassen und nach den Grundsätzen der Tzn. 4.1.4 und 4.1.5 zu behandeln.

7.4 Vergütungen für Treuhandkommanditisten

Vergütungen von Treugebern an Treuhandkommanditisten für die Wahrnehmung ihrer Interessen in der Gesellschaft sind Sonderwerbungskosten der Treugeber, soweit sie die Verwaltung der treuhänderisch gehaltenen Gesellschaftsanteile betreffen (z.B. Vertretung in der Gesellschafterversammlung). Werden diese Vergütungen von der Gesellschaft gezahlt, ist nicht zu beanstanden, wenn sie als Werbungskosten der Gesellschaft behandelt werden, soweit sie ausschließlich den jeweiligen Treugebern zugerechnet werden.

7.5 Zinsen und Gebühren für die Vermittlung und die damit verbundene Bearbeitung der Zwischen- und Endfinanzierung

Zinsen sowie Vermittlungs- und Bearbeitungsgebühren, die bei der Einkunftsermittlung auf der Ebene der Gesellschaft Werbungskosten sind, stellen auch für den Gesellschafter Werbungskosten dar.

7.6 Konzeptionsgebühren und Plazierungsgarantiegebühren gehören nicht zu den Werbungskosten (vgl. Tzn. 4.1.2 und 4.1.3 sowie BFH-Beschluß vom 19.08.1986, a.a.O.).

7.7. Späterer Beitritt von Gesellschaftern

Aufwendungen, die vor dem Beitritt eines Gesellschafters zu einer Fondsgesellschaft rechtlich entstanden und gezahlt worden sind, gehören bei dem Gesellschafter zu den Anschaffungskosten.

Rechtlich entstandene Aufwendungen, die nach dem Beitritt eines Gesellschafters von der Gesellschaft gezahlt werden und bei der Ermittlung der Einkünfte auf der Ebene der Gesellschaft den Werbungskosten zuzurechnen sind, sind bei dem neu eintretenden Gesellschafter Werbungskosten, wenn er mit ihnen belastet wird (vgl. BFH-Beschluß vom 19.08.1986, a.a.O.).

7.8 Bei geschlossenen Immobilienfonds in der Rechtsform der GmbH & Co. KG sind die Tzn. 5 bis 7.6 sinngemäß anzuwenden.

III. Erstmalige Anwendung

Dieses BMF-Schreiben ist in allen Fällen anzuwenden, in denen ein bestandskräftiger Steuerbescheid noch nicht vorliegt. Soweit die Anwendung dieser Regelungen zu einer Verschärfung der Besteuerung gegenüber der bisher geltenden Verwaltungspraxis führt, ist dieses Schreiben nicht anzuwenden, wenn

a) vor dem 1. Juni 1990 der Steuerpflichtige dem Bauherrenmodell oder dem vergleichbaren Modell beigetreten ist, das Modell insgesamt übernommen oder der Außenvertrieb der Anteile eines geschlossenen Immobilienfonds begonnen hat oder
b) der Antrag auf Baugenehmigung vor dem 1. Juni 1990 gestellt worden ist und vor dem 1. August 1990 einer der in Buchstabe a genannten Tatbestände verwirklicht worden ist.

Soweit die Anwendung der Tz. 7.1 zu einer Verschärfung der Besteuerung gegenüber der bisher geltenden Verwaltungspraxis führt, ist die Tz. 7.1 erstmals auf geschlossene Immobilienfonds anzuwenden, für deren Anteile der Außenvertrieb nach dem 31. Dezember 1990 begonnen hat.

Dieses BMF-Schreiben tritt an die Stelle des BMF-Schreibens vom 13. August 1981 (BStBl I S. 604).

Literaturverzeichnis

Basty: Der Bauträgervertrag, 3. Auflage, 1997

Beck'scher VOB-Kommentar: Verdingungsordnung für Bauleistungen Teil B, 1997

Bindhardt/Jagenburg: Die Haftung des Architekten, 8. Auflage, 1981

Brych/Pause: Bauträgerkauf und Baumodelle, 3. Auflage, 1999

Cuypers: Bauvertragsrecht, 1998

Dornfeld/Klumpe/Quast/Richter/Schmider/Söffing: Handbuch der Bauherrengemeinschaften und geschlossenen Immobilienfonds, 101. Ergänzungslieferung, Stand: Mai 1999

Ernst/Zinkahn/Bielenberg: BauGB, Kommentar, 60. Lieferung, Stand: Februar 1999

Fabricius/v. Nordenflycht/Bindhardt: GOA, Kommentar, 8. Auflage, 1973

Glatzel/Hofmann/Frikell: Unwirksame Bauvertragsklauseln, 7. Auflage, 1995

Goldbeck/Uhde: Das Bauherrenmodell in Recht und Praxis, 1984

Gross/Kromik/Motzke/Rusam/Schwaiger: VOB – Haftungs- und Prozeßrisiken aus Bauverträgen, Stand: Juli 1986

Heiermann/Riedl/Rusam: Handkommentar zur VOB, Teil A und B, 8. Auflage 1997

Hesse/Korbion/Mantscheff/Vygen: HOAI – Honorarordnung für Architekten und Ingenieure, Kommentar, 5. Auflage, 1996

Hinke: Neue Steuervergünstigungen im Wohnungsbau, 38. Lieferung, Stand: August 1991

Ingenstan/Korbion: VOB, Teil A und B, Kommentar, 13. Auflage, 1996

Jochem: HOAI, Kommentar, 4. Auflage 1998

Kilger/Schmidt: Insolvenzgesetze KO/VglO/GesO, 17. Auflage, 1997

Kleine-Möller/Merl/Oelmaier: Handbuch des privaten Baurechts, 2. Auflage, 1997

Knobbe-Keuk: Bilanz- und Unternehmens-Steuerrecht, 8. Auflage, 1991

Korbion/Hochstein: VOB-Vertrag, Handbuch zum System der VOB-Vertragsbedingungen, 7. Auflage, 1998

Korbion/Locher: AGB-Gesetz und Bauverrichtungsverträge, 3. Auflage, 1997

Kuhn/Uhlenbruck: Konkursordnung Kommentar, 11. Auflage, 1994

Locher, Horst: Das private Baurecht, 6. Auflage, 1996

Locher/Koeble/Frick: Kommentar zur HOAI, 7. Auflage 1996

Locher/Koeble: Baubetreuungs- und Bauträgerrecht, 4. Auflage, 1985

Locher/König: Bauherrenmodelle in zivil- und steuerrechtlicher Hinsicht, 1982

Locher, Ulrich: Die Rechnung im Werkvertragsrecht, 1990

Löffelmann/Fleischmann: Architektenrecht, 3. Auflage, 1995

Löwe/Graf von Westphalen/Trinkner: Großkommentar zum AGB-Gesetz, Band II, 2. Auflage, 1983

Marcks: Makler- und Bauträgerverordnung, 6. Auflage, 1998

Münchener Kommentar zum BGB: §§ 607-704, 3. Auflage, 1997

Neuenfeld/Baden/Dohna/Groscurth: Handbuch des Architektenrechts, 2. Auflage, Stand: April 1996

Palandt: BGB, Kommentar, 59. Auflage, 2000

Papst/Quast/Schmider/Richter: Praxis der steuerbegünstigten Kapitalanlagen, 1982

Pott/Dahlhoff/Kniffka: HOAI, Honorarordnung für Architekten und Ingenieure, Kommentar, 7. Auflage, 1996

Rädler/Raupach: Handbuch der steuerbegünstigten Kapitalanlagen, 1973

Reithmann/Meichssner/von Heymann: Kauf vom Bauträger, 7. Auflage, 1995

RGRK: Kommentar zum BGB, 12. Auflage, 1997

Schmalzl: Die Haftung der Architekten und des Bauunternehmers, 4. Auflage, 1980

Siegburg: Gewährleistung beim Bauvertrag, 3. Auflage, 1994

Staudinger: Kommentar zum BGB, 13. Auflage, 1994

Tewes: Steuerlich anerkannte Bauherrenmodelle, 49. Lieferung, Stand: August 1994

Tewes: Praxishandbuch Immobilien-Kapitalanlagen, 14. Aktualisierung, Stand: Juli 1999

Ulmer/Brandner/Hensen: AGB-Gesetz, Kommentar, 8. Auflage, 1997

Vygen: Bauvertragsrecht nach VOB und BGB, 3. Auflage, 1997

Werner/Pastor: Der Bauprozeß, 9. Auflage, 1999

Wimmer (Hrsg.): Frankfurter Kommentar zur Insolvenzordnung, 1999

Wolf/Horn/Lindacher: AGB-Gesetz, Kommentar, 4. Auflage, 1999

Zöller: Zivilprozeßordnung, Kommentar, 21. Auflage, 1999

Stichwortverzeichnis

(Die Verweise beziehen sich auf die Randnummern)

B

C

D

E

F

G

H

T

U

V